A F R I

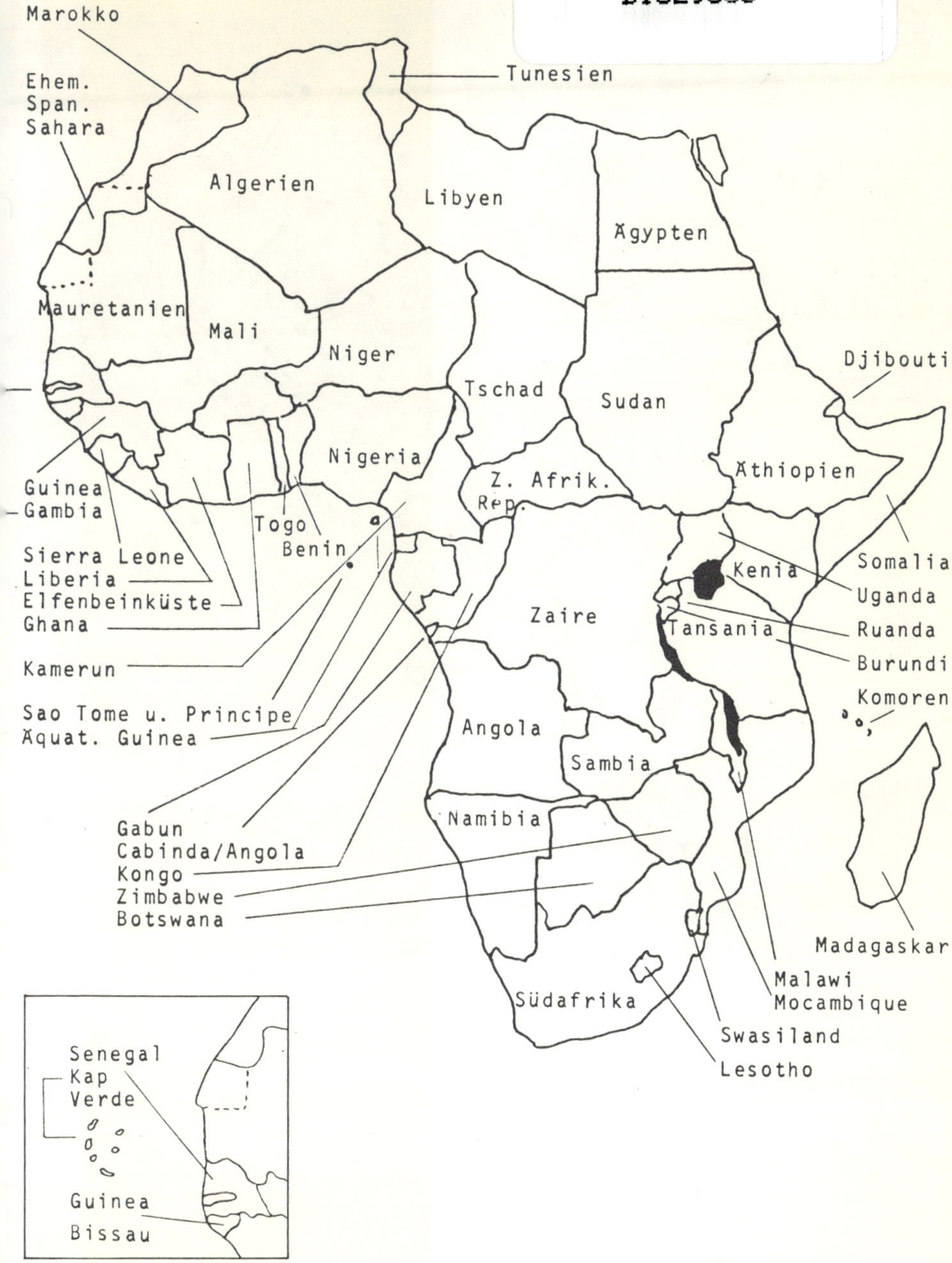

Marokko
Ehem. Span. Sahara
Tunesien
Algerien
Libyen
Ägypten
Mauretanien
Mali
Niger
Tschad
Sudan
Djibouti
Nigeria
Äthiopien
Z. Afrik. Rep.
Guinea
Gambia
Togo
Benin
Somalia
Kenia
Uganda
Sierra Leone
Liberia
Elfenbeinküste
Ghana
Zaire
Tansania
Ruanda
Burundi
Kamerun
Komoren
Sao Tome u. Principe
Äquat. Guinea
Angola
Sambia
Gabun
Cabinda/Angola
Kongo
Zimbabwe
Botswana
Namibia
Madagaskar
Malawi
Mocambique
Südafrika
Swasiland
Lesotho
Senegal
Kap Verde
Guinea Bissau

ASIEN

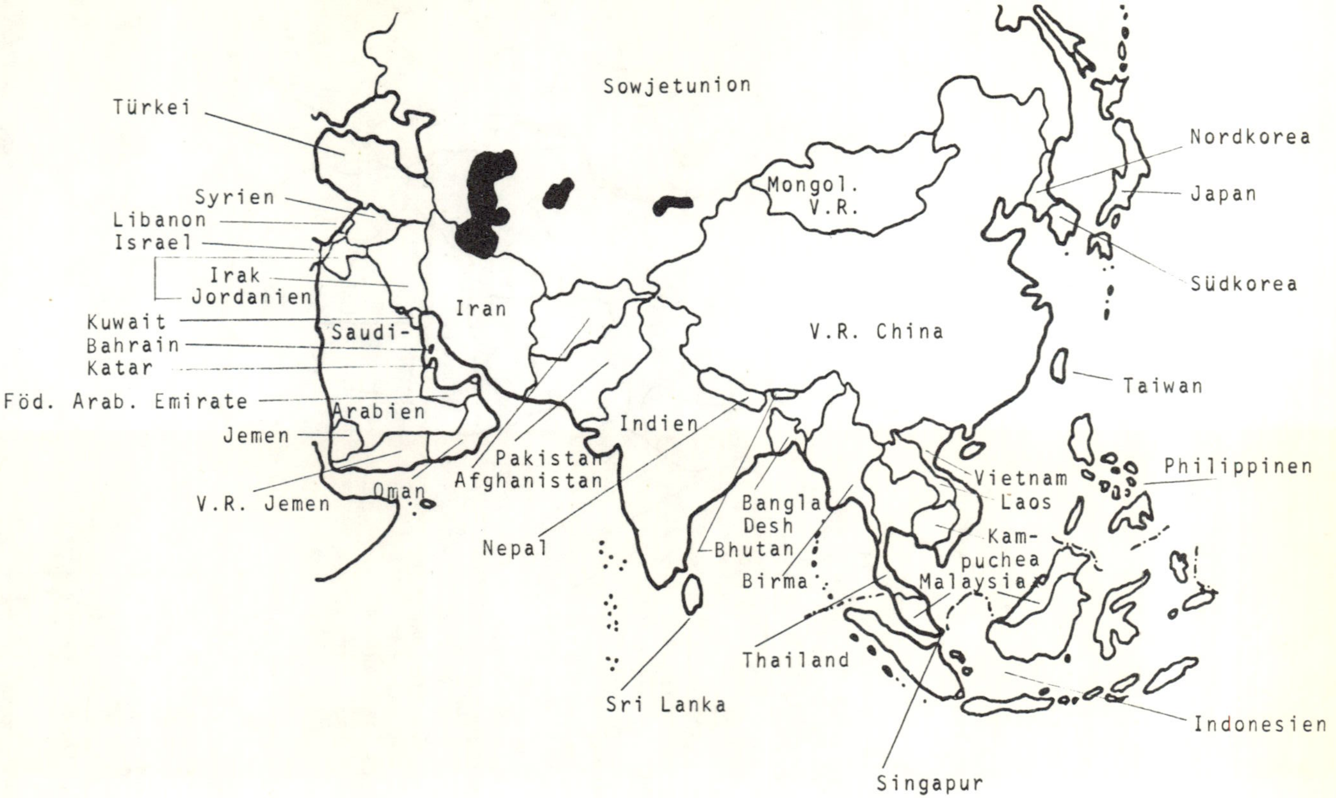
Sowjetunion
Türkei
Syrien
Libanon
Israel
Irak
Jordanien
Kuwait
Bahrain
Katar
Föd. Arab. Emirate
Saudi-
Arabien
Jemen
V.R. Jemen
Oman
Iran
Pakistan
Afghanistan
Nepal
Indien
Bangla
Desh
Bhutan
Birma
Thailand
Sri Lanka
Mongol.
V.R.
V.R. China
Nordkorea
Japan
Südkorea
Taiwan
Philippinen
Vietnam
Laos
Kam-
puchea
Malaysia
Singapur
Indonesien

Dieter Nohlen (Hrsg.)

LEXIKON DRITTE WELT

DIETER NOHLEN (Hrsg.)

LEXIKON DRITTE WELT

Redaktion: Roland Sturm

Mitarbeit:

Dieter W. Benecke, Klaus Bodemer, Andreas Boeckh, Otto Boye Soto, Dietmar Dirmoser, Reza Fadai Mohadjer, Mario Fernández Baeza, Dirk Gerdes, Bernd Girrbach, Christiano German, Andreas Hildenbrand, Klaus Jancovius, Volker Kasch, Hanna Keitel, Reiner Knoblauch, Hans-Peter Kotthaus, Michael Kreile, Volker G. Lehr, Hans U. Luther, Hanspeter Matte, Ulrich Menzel, Karin Michaelis-Jähnke, Gerd Nickoleit, Roman Niedworok, Eleonore von Oertzen, Günther Philipp, Karin Stahl, Klaus Trusch, Achim Wachendorfer, Ute Wachendorfer, Klaus Ziemer, Wolfgang-Peter Zingel

Signal-Verlag · Hans Frevert · Baden-Baden

Schutzumschlagentwurf:
Werner A. Kilian, Wiesbaden

CIP-Kurztitelaufnahme der Deutschen Bibliothek
Lexikon Dritte Welt/hrsg. von Dieter Nohlen.
– Baden-Baden: Signal-Verlag Frevert, 1980.
ISBN 3-7971-0200-3 Efal.
ISBN 3-7971-0179-X Lw.
NE: Nohlen, Dieter [Hrsg.]

Printed in Germany

Satz + Druck: Druckerei F. W. Wesel, Baden-Baden

Buchbinderarbeiten: J. Spinner, 7583 Ottersweier

AUTORENVERZEICHNIS

Dr. Dieter Benecke, Konrad Adenauer Stiftung, Sankt Augustin	db
Dr. Klaus Bodemer, Universität Mainz	kb
Prof. Dr. Andreas Boeckh, Gesamthochschule Essen	ab
Otto Boye Soto, Universität Heidelberg	obs
Dietmar Dirmoser, Doktorand, Universität Heidelberg	dd
Reza Fadai Mohadjer, Doktorand, Universität Heidelberg	rfm
Dr. Mario Fernández Baeza, Universität Heidelberg	mfb
Dr. Dirk Gerdes, Universität Heidelberg	dg
Bernd Girrbach, Student, Universität Heidelberg	bg
Christiano Germano MA, Doktorand, Universität Freiburg	cg
Andreas Hildenbrand, Student, Universität Heidelberg	ah
Klaus Jancovius, Journalist, München	kj
Volker Kasch, Dipl.-Sozialwirt, Universität Hamburg	vk
Hanna Keitel MA, Doktorandin, Universität Heidelberg	hk
Reiner Knoblauch, Dipl.-Volkswirt, Universität Frankfurt	rk
Hans-Peter Kotthaus, Dipl.-Übersetzer, Deutsch-Arab. Gesellschaft, Bonn	hpk
Dr. Michael Kreile, Universität Heidelberg	mk
Volker G. Lehr MA, Doktorand, Universität Bonn	vl
Dr. Hans U. Luther, Universität Hamburg	hul
Hanspeter Mattes, Dipl.-Volkswirt, Doktorand, Universität Heidelberg	hpm
Dr. Ulrich Menzel, Universität Bremen	um
Karin Michaelis-Jähnke, Studienrätin, Doktorandin, Universität Heidelberg	kmj
Gerd Nickoleit, Projektreferent GEPA, Wuppertal	gn
Roman Niedworok MA, Doktorand, Universität Heidelberg	rn
Prof. Dr. Dieter Nohlen, Universität Heidelberg	dn
Eleonore von Oertzen, Doktorandin, Universität Hannover	evö
Dr. Günther Philipp, Diakonisches Werk, Karlsruhe	gp
Karin Stahl, Doktorandin, Universität Heidelberg	ks
Roland Sturm, Doktorand, Universität Heidelberg	rs
Klaus Trusch MA, Pontifica Universidad Católica del Peru, Lima	kt
Achim Wachendorfer MA, Doktorand, Universität Heidelberg	aw
Ute Wachendorfer, Dipl.-Übersetzer, Doktorandin, Universität Heidelberg	uw
Dr. Klaus Ziemer, Universität Heidelberg	kz
Dr. Wolfgang-Peter Zingel, Südasien-Institut, Universität Heidelberg	wpz

Vorwort

Das hiermit vorgelegte Lexikon Dritte Welt will vor allem ein Arbeitsinstrument sein. Es soll eine Materie, die unaufhörlich wächst – sowohl hinsichtlich der Probleme und der Erklärungen ihrer Entstehungsursachen als auch hinsichtlich der nationalen und internationalen Organisationen, die sich mit ihrer Lösung befassen sowie des Instrumentariums, das dabei verwandt wird – zugänglich und verständlich machen. Neuartig ist die im Lexikon Dritte Welt verwirklichte Kombination von Länderanalysen, organisationskundlichen und begrifflich-systematischen Stichwörtern. Damit gewinnt der Benutzer des Lexikons in Schule und Hochschule, in Wirtschaft und Politik und insbesondere im Bereich der Bewußtseinsbildung über Dritte-Welt-Probleme eine schnelle und solide Information zu einem breiten Spektrum möglicher Fragen, die sich ihm lehrend oder lernend stellen mögen.

Der Herausgeber hat sich auf eine Vielzahl von Mitarbeitern stützen können. Ihnen dankt er für die gute Zusammenarbeit und für das Verständnis, das sie für seine Nöte gezeigt haben, den einzelnen Beiträgen vielfach nur wenige Seiten oder gar Zeilen einräumen zu können. Besonderer Dank gilt Roland Sturm für seine unermüdliche Arbeit am Gesamtmanuskript, zumal er seine eigenen Forschungen für die arbeitsintensive Redaktion des Lexikons unterbrechen mußte. Auch Linda Mandel, Dr. Mario Fernández und Andreas Hildenbrand, meinen Mitarbeitern, sei herzlich gedankt. Leider haben die Rückwirkungen auf die Familie die vorausgeplanten Grenzen weit überschritten. Die Erwähnung dieses Tatbestandes an dieser Stelle sei mit dem Versprechen verbunden, in Zukunft bei ähnlichen Projekten die Spielregeln familiären Zusammenlebens besser einzuhalten.

Schließlich möchte der Herausgeber auch dem Verleger danken, von dem die Initiative ausging. Er hat sich einen bewußtseinsbildenden Beitrag zur Dritte-Welt-Problematik von dem Werk versprochen. An dieser Zielsetzung möchte der Herausgeber das Lexikon Dritte Welt letztendlich gemessen wissen.

Heidelberg, 15. 6. 1980 Dieter Nohlen

Abkürzungsverzeichnis

A.	Alter
Abh./abh.	Abhängigkeit/abhängig
abs.	absolut
allg./i. allg.	allgemein, im allgemeinen
and. Ang.	Andere Angaben
APuZ	Aus Politik und Zeitgeschichte. Beilage zur Wochenzeitung „Das Parlament", Bonn
Ausf.	Ausfuhr
bes.	besonders
Bev.	Bevölkerung
BIP	Bruttoinlandprodukt
brit.	britisch
BSP	Bruttosozialprodukt
Dienstl.	Dienstleistungen
dipl.	diplomatisch
E.	Entwicklung
ehem.	ehemalig
Einf.	Einfuhr
EL	Entwicklungsländer
EPHL	Entwicklungspolitik. Handbuch und Lexikon, hrsg. von H. Besters und E. E. Boesch, Berlin/Mainz 1966
europ.	europäisch
evang.	evangelisch
Ew.	Einwohner
finanz.	finanziell
franz.	französisch
gegr.	gegründet
ges.	gesamt
gesch.	geschätzt
HDW	Handbuch der Dritten Welt, hrsg. von D. Nohlen und F. Nuscheler, 4 Bände, Hamburg 1974–78
HIZ	Handbuch für Internationale Zusammenarbeit, Loseblattsammlung, Baden-Baden lfd.
Hrsg./hrsg.	Herausgeber/herausgegeben von
Hs	Hauptstadt
IL	Industrieländer
Imp./imp.	Imperialismus/imperialistisch
Ind./ind.	Industrie/industriell
insbes.	insbesondere
insges.	insgesamt
int.	international
J./j.	Jahr/jährlich
jap.	japanisch
Jh.	Jahrhundert
JHE	Journalisten Handbuch Entwicklungspolitik, hrsg. vom *BMZ, erscheint jährl.
JZ	durchschnittl. jährl. Zuwachsrate
LA	Lateinamerika
LE	durchschnittl. Lebenserwartung bei Geburt
lfd.	laufend
Lit.	Literatur
m	Meter
max.	maximal
med.	medizinisch
mind.	mindestens
Mio.	Millionen
MP	Ministerpräsident
Mrd.	Milliarden
N	Nord(en)
nat.	national
O	Ost(en)
ökon.	ökonomisch
parl.	parlamentarisch
pazif.	pazifisch
pol.	politisch
Präs.	Präsident
qkm	Quadratkilometer
rel.	relativ
Rep.	Republik
S	Süd(en)
s.u.	siehe unten
T.	Tausend
t	Tonne
trad.	traditionell
u.a.	und andere/unter anderem
UE	Unterentwicklung
Unabh./unabh.	Unabhängigkeit/unabhängig
u.v.a.	und viele andere
versch.	verschiedene
vgl.	vergleiche
W	West(en)
Wirtsch./wirtsch.	Wirtschaft/wirtschaftlich
z.T.	zum Teil
z.Z.	zur Zeit

Hinweise für Benutzer:

Das LEXIKON DRITTE WELT ist zuallererst ein Lexikon zum Nachschlagen von Begriffen, Sachkomplexen, Institutionen etc. Für die alphabetische Einordnung der Stichwörter zu Organisationen und Instituten wurde in aller Regel die gebräuchliche Abkürzung gewählt, deren Aufschlüsselung in der Praxis die meisten Probleme macht. Das Register hat ergänzende Funktion, nimmt die Langversionen in den Bezeichnungen der behandelten Gegenstände auf und enthält weitere Stichwörter, die nicht mit einem selbständigen Beitrag vertreten sind. Für das Aufsuchen eines Begriffs, einer Institution etc. empfiehlt sich deshalb folgendes Vorgehen: Zunächst Nachschlagen im alphabetisch geordneten Textteil, bei Fehlanzeige Suche im ergänzenden Register. Möglicherweise eröffnet sich dann die gewünschte Information über eine alternative Bezeichnung. Beispiel: Gesucht wird Information zur Friedrich-Ebert-Stiftung. Im Textteil ist das Stichwort nicht zu finden. Im ergänzenden Register hingegen findet sich der Hinweis auf die Abkürzung FES, unter der die Information in den Textteil eingefügt wurde.

Das Lexikon arbeitet mit zwei Verweissystemen. Sternchen * verweisen auf Abkürzungen, Begriffe etc., die möglicherweise bei der Lektüre eines Stichworts Probleme aufgeben, die durch Nachschlagen im vorliegenden Lexikon selbst gelöst werden können. Die Sternchenverweise verhelfen aber auch vielfach dazu, das gesuchte Stichwort in den begrifflich-systematischen Zusammenhang zu stellen, z. B. wenn bei *big push* mittels Sternchen der Verweis auf Wachstum und damit Wachstumstheorie erfolgt. Mit Pfeilen wird der Benutzer auf Stichwörter aufmerksam gemacht, die die Information im nachgeschlagenen Stichwort sinnvoll ergänzen können.

Das Verweissystem räumt die Möglichkeit einer z. T. handbuchartigen Benutzung des Lexikons ein, die verstärkt wird durch die Systematisierung etlicher Stichwörter und insbesondere das Schema auf Seite 9. Datenvergleiche unter den Ländern bleiben im wesentlichen auf den Tabellenteil beschränkt, der sich im Anhang befindet.

Bis auf wenige Fälle sind die im Text gewählten Abkürzungen aus sich heraus verständlich. Der Herausgeber hofft, daß sich die Benutzer schnell in die wichtigsten Abkürzungen E. = Entwicklung, UE = Unterentwicklung, EL = Entwicklungsländer und IL = Industrieländer, einliest. Weitere, in der Regel gebräuchliche Abkürzungen schlüsselt das Abkürzungsverzeichnis auf.

Die Literaturangaben sind weiterführend und erheben keinen Anspruch auf Vollständigkeit. In vielen Fällen wurden sie von der Redaktion zusammengestellt.

Die Namen der Verfasser werden jeweils unter den Beiträgen angegeben; die Kürzel entschlüsselt das Autorenverzeichnis.

Für die laufende Dokumentation über die in dem vorliegenden Lexikon behandelten Gegenstände sei dem Benutzer im übrigen das in Loseblattform erscheinende HANDBUCH FÜR INTERNATIONALE ZUSAMMENARBEIT empfohlen, das im Nomos-Verlag Baden-Baden erscheint. Notwendige Ergänzung zum LEXIKON DRITTE WELT ist hinsichtlich der Entwicklungstheorie und der Entwicklungsprozesse in den Ländern der Dritten Welt das von D. Nohlen und F. Nuscheler herausgegebene HANDBUCH DER DRITTEN WELT, das ab 1981 in der zweiten, gänzlich neubearbeiteten Auflage beim Hoffmann und Campe Verlag in Hamburg erscheint.

Adresse der Redaktion: Institut für politische Wissenschaft an der Universität Heidelberg, Marstallstr. 6, 6900 Heidelberg

SCHEMA: THEMENBEREICHE ENTWICKLUNG

	HAUPTKONZEPTE	zuordnungsfähige STICHWÖRTER
ENTWICKLUNG – KERNPROBLEME	**Bevölkerung**	Landflucht, Urbanisierung, Weltbevölkerungskonferenz, Familienplanung, UNFPA
	Beschäftigung	Arbeitslosigkeit, Armut, Marginalität, ILO
	Wachstum	Akkumulation, Sparquote, Investitionen, Produktivität, Sozialprodukt, Pro-Kopf-Einkommen
	Bildung	Analphabetismus, Alphabetisierung, Desertionsquote, Brain drain, Bildungsökonomie, Pädagogik der Befreiung
	Ernährung/ Gesundheit	Armut, Massenkrankheiten, Sterberate, Kindersterblichkeit, Lebenserwartung, Welternährungskonferenz, FAO, IFAD, WFC/WFP, WHO, Öko-System
	Partizipation	Einkommensverteilung, Lorenz-Kurve, GINI-Koeffizient, Genossenschaften, Gewerkschaften, Community-Development
	Abhängigkeit	int. Arbeitsteilung, Neokolonialismus, Terms of Trade, Handelshemmnisse, Verschuldung, Technologietransfer, Rüstung
ENTWICKLUNGSSTRATEGIEN	**Wachstum**	Sozialprodukt, Industrialisierung, Importsubstitution, take off, big push, Investitionen
	soz. Wandel	Kulturwandel, Akkulturation, Dualismus
	autozentrierte Entwicklung	Abhängigkeit, strukturelle Heterogenität, Dissoziation, self reliance, selektive Teilnahme
	Grundbedürfnisse	ländl. Entwicklung, WCARRD, angepaßte Technologie, arbeitsintensiv, Ernährung/Gesundheit
	Neue Weltwirtschaftsordn.	Charta, Nationalisierung, Integriertes Rohstoffprogramm, Gemeinsamer Fonds, Indexierung, STABEX
	Collective self reliance	Süd-Süd-Beziehungen. ECDC, TCDC, Gruppe der 77
ENTWICKLUNGSPOLITIK/-HILFE	**Instrumentarium**	Kapitalhilfe, ODA, Technische Hilfe, Personelle Hilfe (Entwicklungshelfer, -experte), Projekt-, Programmhilfe, Warenhilfe, Humanitäre Hilfe, Regionale Entwicklungsbanken, Counterparts, Zinssubventionen, Zuschußelement, Umschuldung
	Organisationen national	BMZ, AwZ, GTZ, KfW, DED, DSE, CDG, DEG, GATE AG-KED, Brot für die Welt, EZE, KAEF, Misereor, KZE, GKKE, KAS, FES, FNS, Bensheimer Kreis
	international	UN, ECOSOC, UNCTAD, UNDP, UNIDO, GATT, IWF, Weltbank, IDA, IFC, FAO, WHO, ILO, DAC, BID, ADB

Abhängige Entwicklung

Unter a. E. wird eine spezielle Form von E. verstanden, die sich auszeichnet durch wirtschaftl. Wachstum, das hauptsächlich außengerichtet bzw. exportorientiert ist. Für a. E. gelten folgende Merkmale: 1. Struktur der Produktion (statt Prod. von Gütern zur Bedarfsdeckung der einheimischen Bev. Herstellung von Erzeugnissen für den Weltmarkt und entsprechend dem Bedarfsprofil der IL); 2. Muster der Integration der Wachstumssektoren (statt nationaler Einbindung Integration in das int. Produktionssystem in vertikaler Form (Agrarerzeugnisse, mineralische Rohstoffe, industrielle Halbfertigerzeugnisse); 3. Ursprung von Kapital und Technologie (nicht intern, sondern extern, „von außen induzierte Dynamik und Stagnation" [Senghaas]); 4. Verteilungsmuster der Profite (Gewinne verbleiben zum geringsten Teil im jeweiligen EL, sondern werden von den internationalen *multinationalen Konzernen in die IL transferiert; was im Lande bleibt, wird sehr ungleich verteilt). A. E. steht in ursächlicher Verbindung mit dem Muster der *internationalen Arbeitsteilung. Entwicklungstheoretisch verweist der Begriff a. E. darauf, daß wirtsch. Wachstum nicht gleich *Entwicklung ist. dn

Abhängige Gebiete

Als a. G. bezeichnet man die pol. abh. Länder und Territorien, die unter Fremdherrschaft stehen bzw. deren Autonomie durch das Mandat int. Organisationen (Völkerbund, *UN) oder von diesen übertragenen Mandaten beschränkt ist. A. G. ist ein völkerrechtlicher Begriff, der pol. insbes. durch die UN (Charta verkündete Grundsatz der Selbstregierung, Verpflichtung aller Staaten zu regelmäßiger Berichterstattung über die wirtsch. und sozialen Verhältnisse in den von ihnen a. G.n) Bedeutung gewann. Durch den erfolgreichen Kampf der unter Kolonialherrschaft stehenden Völker um Unabh. und Selbstbestimmung hat sich die Zahl der a. G. seit Beginn der *Dekolonisation drastisch verringert. dn

Abhängigkeit

Unter A. wird in der entwicklungspol. Diskussion nicht jedwede Form von A. verstanden (irgendwie sind wir alle voneinander abhängig, auch die IL von den EL), sondern strukturelle A. Dieser Begriff bezeichnet die Vermittlung bzw. Verpflanzung von Bedürfnisstruktur und Reproduktionsdynamik der entwickelten Länder in die Volkswirtschaften der EL, was *strukturelle Heterogenität sowie Entstehung und Verfestigung von UE (im Gegensatz zu Nichtentwicklung) zur Folge hat. In diesem Verständnis ist A. zu einem Parallelbegriff von UE geworden, deren Beziehung zueinander (A. synonym, Ursache oder Wirkung von UE) in der Literatur umstritten ist, vielfach aber gar nicht reflektiert wird. → Dependencia-Theorien. dn

Adveniat

Pastoralhilfe für Lateinamerika, gegr. 1961, Sitz Essen; Aufgabe: Unterstützung der Kirche in Lateinamerika durch finanzielle Förderung pastoraler Projekte, die nicht selten in den entwicklungspol. Bereich hineinragen. dn

AFDB

Afrikanische Entwicklungsbank (auch ADB, *African Development Bank*), 1963 in Khartum gegründet, Geschäftsaufnahme 1966, Sitz in Abidjan/Elfenbeinküste, 1979 48 Mitgl., reine Regionalbank ohne IL-Mitgl. *Ziele*: Wirtschaftl. E. und sozialer Fortschritt der Mitgl.-Länder, Projekte mit überregionalen E.-Impulsen haben Vorrang; Harmonisierung von nat. E.-Strategien für ausgewogene gesamtafrik. E.; Kooperation mit *OAU und *ECA, 1973 Afrik. Konferenz über Handel und E. des monetären Systems. Wegen geringer Finanzkraft von AFDB (bis zur Erhöhung der Erdölpreise; 1975 Stammkapital 4,8 Mrd. US-$) Gründung von Tochter- bzw. Hilfsorganisationen: 1. Afrik. E.-Fonds ADF (*African Development Fund*), 1972 gegr., zählte 1979 16 IL als Mitgl.; 2. Gesellschaft zur Förderung privater Investitionen in Afrika SIFIDA (*Société international financière pour les investissements et le développement en Afrique),* auf Initiative von AFDB und *IFC gegründet, Sitz in Genf, Mitgl. etwa 100 Unternehmen aus USA, Europa und Japan. dn

Afghanistan

Der Einmarsch sowjet. Truppen rückte A. 1980 in dem Mittelpunkt des Weltinteresses. Die Erhebung des Marxismus/Leninismus zur entwicklungspol. Leitlinie in A. findet jedoch seine Schranke im Nationalbewußtsein der afghan. Bev., das den Kolonialmächten bereits im 19. Jh. trotzte, den trad. Gesellschaftsstrukturen und v. a. der vom Iran ausstrahlenden Erneuerung des islamischen Selbstbewußtsein (→Islamisierung).

1. Der Binnenstaat A. läßt sich topographisch in 3 Regionen einteilen: Die nördl. Ebene zwischen der sowjet. Grenze und dem Karakorum, das zentrale Hochland, das mehr als die Hälfte des Staatsgebietes einnimmt, und das südwestl. Plateau. Das Land ist gebirgig, die Vegetation ist spärlich.

Die Bev. (ca. 20 Mio./JZ 2,6%; Hs Kabul 1975: 750 T. Ew. mit Vororten) ist ethnisch wie linguistisch stark gemischt. Die Anteile der einzelnen Volksgruppen können nur geschätzt werden, da in A. noch keine Volkszählung stattfand. Pashtunen (Pathanen), größte Gruppe (ca. 50%), gehören zumeist den großen Stämmen der Durrani und Ghilzai an, dominieren im S und O; Tadschiken (ca. 25%) leben v. a. im nördl. Kabulbecken, im Hindukush, in Badakschan und um Herat; Usbeken und Turkmenen (ca. 10%) siedeln im NW, die mongol. Hazara (10%) bes. um den Kohi-Baba und im zentr. Hochland (Hazarajat). Der Rest entfällt auf Chahar Aymak, Belutschen, Nuristani, Perser und Kirgisen (5%). Die beiden Staatssprachen Pashtu und Dari (Persisch) werden von etwa 80% der Bev. gesprochen, Staatsreligion ist der Islam, etwa 90% der Bev. sind Sunniten, der Rest Schiiten.

2. Die moderne Geschichte A.s beginnt im 18. Jh.: 1739 besiegte der aus dem Iran stammende Turkmene Nadir Shah vernichtend das Mogul-Reich und eroberte alle Gebiete westl. des Indus; nach seiner Ermordung löste Ahmed Shah Abdali (Durrani) A. aus dem persischen Reich; seit dieser Zeit ist A. ein selbständiger Staat, wenngleich mit wechselndem territorialem Bestand. Das ganze 19. Jh. A. stand unter dem Einfluß des Ringens Rußlands und GB.s um die Vormachtstellung in Asien. Während die russ. Zaren einen Zugang zu den „warmen Gewässern" suchten, lag den Briten an der Erhaltung ihrer unangefochtenen Vormachtstellung im Indischen Ozean (→Indien). A. konnte in 3 Kriegen zwar nicht von den Briten erobert werden und ist deshalb eines der wenigen EL, die niemals europ. Kolonie waren. Allerdings kam auch eine russ. Kontrolle und ein Zugang Rußlands zum Ind. Ozean nicht zustande.

Die Reformversuche des westl. erzogenen Königs Amanullah (1919–29) (Verbot der Vielehe und des Schleiers, allg. Schulpflicht für Kinder beiderlei Geschlechts, Trennung von Religion und Staat, Einsetzen eines Parlaments, Vorschrift europ. Kleidung) stießen auf erbitterten Widerstand, schließlich wurde er zur Abdankung gezwungen. Seine Nachfolger Nadir Shah (1929–33) und dessen Sohn Zahir Shah (1933–73) verfolgten eine restaurative Politik, insbes. durch Stärkung der Stämme, später eine Politik der zurückhaltenden Modernisierung; tiefgreifende wirtsch. und soziale Reformen wurden nicht in Angriff genommen. In der Außenpolitik versuchte Zahir Shah mit Erfolg, wirtsch. Kapital aus der strategischen Lage A.s zu schlagen; sowohl die USA und andere westl. IL als auch die Sowjetunion unterstützten den wirtsch. Aufbau des Landes massiv, ohne dafür pol. Zugeständnisse zu bekommen. 1973 wurde Zahir Shah von seinem Vetter, dem MP Mohammed Daud, gestürzt, der das Land in eine Republik umwandelte und eine Reihe von Verstaatlichungen durchführte. Seine diktatorische Regierung wurde 1978 in einem Staatsstreich kommunistischer Führer gestürzt, Daud und seine Familie erschossen. Fraktionskämpfe innerhalb der Regierung (der erste Führer Mohammad Taraki wird von seinem Nachfolger Nurul Amin erschossen, der wiederum gewaltsam dem derzeitigen Präs. Babrak Kamal weicht) und Widerstand innerhalb der Bev. führten zum Bürgerkrieg und im Dezember 1979 zur sowjet. Invasion. Seither hat sich der Widerstand der Stämme, v. a. im Pashtunengebiet entlang der pakistanischen Grenze, noch verstärkt. Die Unterwerfung unter die sowjet. Führung bedeutet, daß der seit der Unabh. eingeschlagene Weg der pol. Neutralität verlassen wurde, was nach

dem Stand der Dinge zum faktischen Verlust der Souveränität geführt hat.
Innenpol. ist ein Kurs erkennbar, der offenbar in eklatantem Gegensatz zu den Wünschen des Großteils der Bev. steht. Die bisher bekanntgewordenen Aktionen der neuen Regierung deuten weniger auf die Erreichung einer sozialist. Wirtschafts- und Sozialordnung als auf die Etablierung der Macht einer kleinen Funktionärsschicht hin. Bei den Führern der *Guerillabewegung handelt es sich aber ebenfalls um keine sozialreformerischen Gruppen, sondern offensichtlich um ein Zweckbündnis so unterschiedl. Gruppen wie dem islam. Klerus, Stammesführern, Großgrundbesitzern, Intellektuellen und ehem. Bürokraten.
3. A. ist hinsichtlich der Produktionsstruktur, der Erwerbstätigkeit, des Außenhandels und der Siedlungsstruktur ein Agrarland. Gemessen am *Sozialprodukt (1976: 190 US-Dollar pro Kopf) zählt A. zu den ärmsten EL. Die rel. geringe Bev.-Dichte (32 Ew./qkm) ermöglicht, daß sich die überwiegend bäuerliche und nomadische Bev. weitgehend selbst ernährt. Das Versorgungsniveau ist jedoch niedrig und die Verteilung – zumindest vor der Revolution – ungleich; in Jahren schlechter Ernte sind Nahrungsmittelimporte erforderlich (Sowjetunion, früher auch USA). Nach *FAO-Schätzungen werden durchschnittl. 2 000 Kcal pro Kopf und Tag verbraucht; 37% erreichen noch nicht einmal das Existenzminimum von 1 548 Kcal/Tag. Die LE beträgt 38 J. Weite Teile des Landes sind aufgrund der Bodenbeschaffenheit und der klimatischen Bedingungen kaum oder überhaupt nicht landw. nutzbar. Auf ca. 12% des Territoriums betreiben seßhafte Bauern Landw., ca. 2–3 Mio. Nomaden züchten (Karakul-) Schafe, Ziegen, Kamele und Pferde und ziehen über weite Strecken, vielfach auch über die Grenzen der Nachbarländer. Etwa 3% des Bodens sind mit Wald bedeckt, der jedoch durch Raubbau (Holzschmuggel nach Pakistan) und Überweidung gefährdet ist.
Die Landw. leidet unter Land- und Wasserknappheit und einem allg. niedrigen E.-Stand. Das Bewässerungspotential ist aber bei weitem noch nicht genutzt, so daß bei Einsatz verbesserter Produktionstechniken eine Verbesserung der Versorgung mit Nahrungsmitteln und Faserpflanzen auch für eine steigende Bev.-Zahl möglich ist. Bei Energie ist A. nur bei Öl defizitär, durch Exporte von Erdgas (Sowjetunion) ist es aber theoretisch möglich, daß die Energiebilanz per Saldo ausgeglichen wird, bes. wenn die inländ. Kohlevorkommen in stärkerem Maße als Hausbrand eingesetzt werden. Dies könnte zu einer Verringerung des unkontrollierten Holzeinschlags führen, durch die die verbliebene landw. Nutzfläche bedroht ist (Erosion). Als rel. rohstoffarmes Land werden für A. auch in Zukunft Probleme bestehen, die für die Finanzierung der Importe notwendigen Exporte zu realisieren. Wenn es jedoch gelingt, die Überweisungen der afghan. Arbeiter im Ausland für die Finanzierung der E. heranzuziehen, so wäre das Land nicht wie bisher von Auslandshilfe abh. Für den Aus- bzw. Aufbau der Ind. (bisher nur Textil- und Nahrungsmittelind.) und des tertiären Sektors ist der Ausbau des Erziehungssektors eine erste Voraussetzung, da A. wegen seiner geogr. Lage, fehlender *Infrastruktur (außer Fernstraßen) und niedrigem Bildungsstand (Analphabetenanteil wenigstens 80%) mit anderen Niedriglohnländern nicht konkurrenzfähig ist. Die grundsätzlich nicht ungünstigen Chancen können aber nicht genutzt werden, solange in A. Bürgerkrieg herrscht, der immer mehr int. Dimensionen annimmt.

Lit.: W. Jensch, Die afghan. Entwicklungspläne vom 1. bis zum 3. Plan, Meisenheim 1973; W. Kraus (Hrsg.), Afghanistan. Natur, Geschichte und Kultur, Staat, Gesellschaft und Wirtschaft, Tübingen 1972; K. H. Rudersdorf, Afghanistan – eine Sowjetrepublik?, Hamburg 1980. wpz

Afrikanische Einheit

Der Begriff der a.E. ist historisch eng verbunden mit dem Kampf der Afrikaner um die Anerkennung des Selbstbestimmungsrechts auch für Afrika, der durch den II. Weltkrieg einen mächtigen Aufschwung nahm. Unter Rückgriff auf Grundideen liberaler europ. Demokratie wurde im Befreiungskampf gegen *Kolonialismus und Rassismus die a.E. als um so notwendiger begriffen, je stärker in der Sicht der Afrikaner die Kolonialherrschaft – trotz aller Differenzen in der Herrschaftspraxis – als eine einheitliche, ganz Schwarzafrika überziehende erschien. Unter den pol. Führern

Afrikas war es v. a. K. *Nkrumah, der unablässig die a.E. beschwor. Doch stand ernsthaft nie außer Zweifel, daß ein in viele Staaten zerstückeltes Afrika aus dem Prozeß der *Dekolonisation hervorgehen würde, wobei die Grenzziehungen durch die Kolonialmächte das Territorium der jungen Staaten bestimmen würden. Historisch stand dann jedoch nicht die Utopie eines Zusammenschlusses dieser neuen Gebilde zu einer Staaten-Union, sondern der Prozeß des **nation-building* auf der Tagesordnung. Die von Ghana ausgehenden, pol. und ideologisch von Nkrumah geprägten Versuche, unmittelbar nach der Dekolonisation mit dem organisierten Aufbau der a.E. zu beginnen, schlugen fehl. Einziges Ergebnis war die Gründung der *OAU, mit der allerdings aufzuzeigen gelang, daß die unabh. afrikan. Länder die zwischen ihnen bestehenden pol.-ideologischen Differenzen (gemäßigte Monrovia-Gruppe, fortschrittliche sozialist. Casablanca-Gruppe) in Funktion des Kampfes gegen die verbliebene weiße Herrschaft zu überbrücken in der Lage waren. In der Tat holte die OAU durch die von ihr verfolgte Befreiungspolitik, durch die Rolle, die insbes. ihr Befreiungskomitee bei der Koordinierung und Unterstützung nat. *Befreiungsbewegungen spielte, das ursprüngliche instrumentale Verständnis der a.E. vollends ein. Zu Beginn der 80er J. sind zwar weiße Vorherrschaft und Rassismus noch nicht gänzlich beseitigt (→ Apartheid), doch ist die Dekolonisation nach der Unabh. Zimbabwes weitgehend abgeschlossen.

Gegen Ende der zweiten *Entwicklungsdekade mehrten sich die Stimmen, die dazu aufforderten, dem Begriff der a.E. einen neuen Inhalt zu geben. Ausgangspunkt für solche Überlegungen ist die besonders schlechte Lage des Kontinents im Vergleich zu anderen Entwicklungsregionen. Unter den 30 *LLDCs stellt Afrika mit 19 Ländern das größte Kontingent, ebenso bei den *MSACs mit 27 von 45. Afrika, das 22% der Erdoberfläche einnimmt (10,1% der Weltbev. 1977), ist mit 60% seiner Fläche an den Trockengebieten der Erde beteiligt (Wüsten, Steppen, trockene Savannen). Fast 4/5 der erwerbstätigen Bev. ist in der Landw. beschäftigt, in den afrikan. LLDCs sind es über 85%. Der Industrialisierungsgrad ist gering. Der Anteil Afrikas an der Industrieproduktion der EL liegt bei 9% (LA 36,5%, Asien 54,4%); am Welthandel ist es mit etwa 4% beteiligt. Die afrikan. Wirtschaft wird als die offenste der Welt bezeichnet. Die Dominanz ausländ. Interessen im Bankwesen und Handel, in der Industrie und im Management wurde erst in wenigen Ländern gebrochen. Die Abh. von ausländ. Technologie, insbes. aber von fremder Kapital- und Nahrungsmittelhilfe hat in den 70er Jahren noch zugenommen, seit v. a. die ökologische Benachteiligung (Dürrekatastrophen) und die Unfähigkeit des pol. Führungspersonals (Diktaturen, Grenzkonflikte, Flüchtlingsströme) dramatische Folgen zeigten. Die LE liegt in Afrika bei 45 J., in Asien bei 56 J. und in LA bei 62 J. Von wenigen Ländern abgesehen – die zumeist auch nur zufriedenstellende wirtschaftl. Wachstumsraten aufweisen können – stagniert der Kontinent, was im Zusammenhang der globalen Entwicklung nur weitere Marginalisierung Afrikas bedeuten kann.

Angesichts dieses Tatbestandes formulierte auch das vom Generalsekretär der OAU einberufene Symposium afrikan. Politiker und Wissenschaftler von Monrovia Febr. 1979 die Zielsetzung eines neuen Inhalts für den Begriff der a.E. Er soll stärkere Eigenständigkeit und innerafrikan. Zusammenarbeit zum Kern haben, die neuen Leitlinien einer afrikan. Entwicklungsstrategie. Hauptziel soll sein, „eine materielle und kulturelle Umwelt zu schaffen, die Selbstverwirklichung und kreative Partizipation ermöglicht". Dazu müsse sich Afrika vom „übertriebenen Hang zur Nachahmung auf allen Gebieten (trennen), von der zwanghaften Anhäufung von materiellem und finanziellem Besitz und der ständigen Verwechslung von Wachstum und Entwicklung, die die Gestaltung einer Politik behindert, durch die eine bessere Einkommensverteilung im Interesse einer ausgeglichenen und gerechten eigenständigen Entwicklung erzielt werden könnte ...". Das zweite Ziel ist, eine Politik für die rationelle Nutzung und Verwertung der natürlichen Ressourcen zu entwickeln, die vor allem zur Autarkie in der Nahrungsmittelversorgung und in der lokalen Verarbeitung von Rohstoffen führen soll. Mehr als alles andere ist die Autarkie in der Nahrungsmittelversorgung eine Garantie für die Sicherheit und als solche ein Beitrag nicht nur zum Wohl der Afrikaner, sondern auch zum Weltfrieden. Das dritte Ziel sei, die Kluft zwischen Bildung und Arbeitsmarkt/Gesellschaft/Kultur zu beseitigen und die Wissenschaft auf die dringendsten Bedürfnisse und Probleme Afrikas auszurichten, das vierte Ziel schließlich, das Problem von Freiheit und Gerechtigkeit nicht länger ungelöst zu belassen. Auf einer anderen Ebene bedeutet a.E. im Abschlußbericht des Symposiums auch die Fortführung und Vertiefung der Integration (→ECOWAS →EAEC), zu der *ECA in Verbindung mit dem *UNDP die entsprechenden Vorkehrungen treffen sollten, um die Bildung eines Gemeinsamen Afrikan. Marktes zu ermöglichen. Der neue Inhalt für den Begriff der a.E. sei notwendig, „wenn das Konzept einer Entwicklung auf der Grundlage von **collective self-reliance* und der eigenen Werte der afrikan. Völker einen realistischen Ansatz darstellen soll".

Lit.: I. Wallerstein, Africa. The Politics of Unity, London 1968; J. Woronoff, Organizing African Unity, Metuchen/USA 1970; F. Ansprenger, Die Befreiungspolitik der Organisation für Afrikanische Einheit (OAU) 1963–1975, München 1975; E. Stahn, Das Afrika der Vaterländer, Frankfurt 1976; Neue Entwicklungspolitik, Afrikanische Perspektiven, Jahrgang 5 (Heft 3), 1979. Weitere Lit. zur Politik in Afrika: F. Nuscheler/K. Ziemer, Politische Organisation und Repräsentation in Afrika, 2 Bände, Berlin/New York 1978; J. M. Werobebel-La Rochelle u. a., Politisches Lexikon Schwarzafrika, München 1978; D. G. Lavroff (Hrsg.), Aux urnes l'Afrique. Elections et pouvoirs en Afrique noire, Paris 1978; H. Bley/R. Tetzlaff (Hrsg.), Afrika und Bonn. Versäumnisse und Zwänge deutscher Afrika-Politik, Reinbek 1978; F. Nuscheler/K. Ziemer, Politische Herrschaft in Schwarzafrika. Geschichte und Gegenwart, München 1980.

dn

AGEH

Arbeitsgemeinschaft für Entwicklungshilfe e. V., 1959 gegr. von 39 kath. Verbänden und Institutionen; zuständig im Bereich der kath. E.-Arbeit für Personaldienste in Übersee in enger Zusammenarbeit mit *Misereor, dessen finanzielles Hilfsprogramm es ergänzt. Die AGEH vermittelt deutsche Fachkräfte auf Nachfrage aus EL in Vorhaben einheimischer Projektträger und bereitet diese in mehrmonatigen Kursen auf den Auslandsaufenthalt vor. Die Nachfrage ist rückläufig. Adresse: Theodor-Hürth-Str. 2–6, 5000 Köln 21.

dn

AG-KED

Arbeitsgemeinschaft Kirchlicher Entwicklungsdienst, 1970 gegr. als organisatorisches Dach für die E.-Arbeit evang. Institutionen. Konstituierende Mitgl.: Evang. Kirche in Deutschland (EKD) mit *KED und *Kammer für den kirchl. E.-Dienst, Diakonisches Werk der EKD (geschäftsführend für *Brot für die Welt), *DÜ, *EMW, *EZE. *Ziel:* Koordination und Planung der Arbeit der selbständigen Mitgl.-Organisationen, insbes.: Klärung prinzipieller Fragen des kirchl. Beitrags zur E.; Koordination der entwicklungsbezogenen Dienste der einzelnen Organisationen; Stärkung von Programmen und Projekten überseeischer und ökumenischer Partner; Förderung entwicklungspol. Bildungsarbeit in Öffentlichkeit und Kirchen. *Organe:* Leitungsausschuß (verantwortlich für die Richtlinien); Vorstand (Beaufsichtigung der laufenden Geschäfte); Geschäftsführung: zusammengesetzt aus den Geschäftsführern der Arbeitsstäbe der beteiligten Organisationen, tagt monatlich und entscheidet über die Zuweisung eingegangener Projektanträge an die einzelnen Arbeitsstäbe. In der Regel Zuweisung nach folgendem Schema: Brot für die Welt: Experimentier- und Modellprojekte; EZE: kostenintensive Schwerpunktprojekte mit integraler Planung in einer Region; DÜ: Personaldienste; KED: Kapitalhilfen, Folgekosten, Stipendienprogramme etc. Planungs- und Grundsatzabteilung, konzeptionelles Hirn der AG-KED, erarbeitet grundsätzliche und e.-strategische Leitlinien (→Kirchen). Funktionale Ausschüsse, bearbeiten spezielle Fragen der evang. E.-Arbeit: Folgekostenausschuß (FKA), entscheidet über zusätzliche und/oder Weiterfinanzierungen; Ausschuß für Gesellschaftsbezogene Dienste (AGD) für das evang. Missionswerk (Laien- und Erwachsenenbildung, Akademien, Studienzentren, Stadt-, Land- und Industriemission), seit 1970; Kommunikationsausschuß (Kom-Kom), seit 1966, zuständig für Programme und Projekte wie Zeitungs- und Zeitschriftenarbeit, Literatur- und Alphabetisierungsarbeit, Aktivitäten auf dem Gebiet der elektronischen Medien; Ausschuß für entwicklungsbezogene Bildung und Publizistik (ABP), seit 1977, fördert entwicklungspol. Bildungsarbeit in der BRD, erarbeitet entwicklungspol. Bildungsprogramme. AG-KED Adresse: Diemershaldenstr. 48, 7000 Stuttgart 1. kj

Agrarreform

Unter A. ist die tiefgreifende Veränderung der Agrarstrukturen eines Landes zu verstehen, d. h. die Schaffung neuer Besitzverhältnisse an Land und Wasser. Als notwendige flankierende Maßnahmen sind u. a. anzusehen: die Bereitstellung von Krediten, die Befreiung von übermäßigen Pachtabgaben oder Steuern, die Bereitstellung von technischen Hilfsmitteln, von Saatgut und Düngemitteln, der Aufbau des Vermarktungswesens und von Industrien zur Weiterverarbeitung landw. Produkte, die Verbesserung der materiellen und sozialen *Infrastruktur. Als weitere Bestandteile von A. werden häufig auch die unmittelbare Beteiligung der Bauern und Landarbeiter am Reformprozeß und die Bildung von *Genossenschaften genannt. A.en sollen die Menschen begünstigen, die das Land bearbeiten bzw. auf dem Lande leben, aber auch durch die Steigerung der Agrarproduktivität der gesamten Volkswirtschaft zugute kommen.

Die Forderung nach A.en ist älter als die moderne Entwicklungsdiskussion (s. mexikanische Revolution von 1910), stand jedoch am Beginn der entwicklungspol. Zieldebatten der int. Organisationen nach dem II. Weltkrieg. Ausgehend von einem Situationsbericht der UN und *FAO über die Lage der Agrarwirtschaft in den EL wurde auf der ersten int. Konferenz über Agrarreform 1951 A. bereits verstanden im Sinne obiger Definition, d. h. über die bloße Landumverteilung oder auch Neulandgewinnung weit hinausreichender Maßnahmenerfordernisse. Bis in die Mitte der 60er J. hinein wurden jedoch die int. und nationalen E.-Politiken von modernisierungstheoretischen Leitideen beherrscht. Der *Industrialisierung wurde faktisch Vorrang eingeräumt, da von ihr die Lösung des Agrarproblems mittels Technisierung, Steigerung der Erträge und Aufnahme freigesetzter ländl. Arbeitskräfte erwartet wurde. Ernstgemeinte Agrarstrukturreformen wurden fast nirgends durchgeführt; die Ausnahme Kuba begründete im Rahmen der *Allianz für den Fortschritt nicht mehr als folgenlose Beteuerung ihrer Notwendigkeit.

Als sich Mitte der ersten *Entwicklungsdekade abzeichnete, daß die Industrialisierung in den EL den Agrarsektor nicht in ausreichendem Maße dynamisieren würde und die *Bev.-Explosion im Vergleich zum geringen Wachstum der Agrarerzeugnisse Hungerkatastrophen nach sich ziehen müsse, setzte die zweite int. Konferenz über A. von 1966 auf die Steigerung der Agrarerzeugnisse mittels techn. Lösungen. Statt A.en wurde die *„Grüne Revolution" propagiert. Nur in wenigen Ländern wurden A.en in Angriff genommen (Chile, Peru, Algerien etc.).

Die zweischneidigen Ergebnisse der *„Grünen Revolution" (zwar Ertragssteigerungen, aber Verfestigung der Strukturen der UE im ländl. Raum) begünstigten ab Mitte der 70er J. die Rückkehr der Entwicklungstheoretiker zu den agrarpol. Forderungen von 1950. A.en wurden verstärkt im Zusammenhang ländl. E. gesehen, d. h. als Maßnahmen, die der Mehrheit der Bev. in den EL nutzen und die Befriedigung ihrer Grundbedürfnisse zum Ziel haben. Die dritte Weltkonferenz über Agrarreform und *ländl. Entwicklung *WCARRD (Rom 1979) sprach sich entwicklungsstrategisch für den Vorrang des Agrarsektors aus. Während die Aktionsprogramme, die Maßnahmen von den EL forderten, einstimmig angenommen wurden, versagten die IL den Teilen des Programms ihre Zustimmung, welche sie entwicklungspol. in Pflicht nahmen (*Entwicklungshilfe, *Neue Weltwirtschaftsordnung, *Nationalisierungspassus). Im Rahmen der neuen Dimension, welche die Frage der A. seit ihrer Verbindung mit E.-Problemen des ländl. Raums und weltwirtsch. Zusammenhängen (u. a. *Rohstoffabkommen) gewonnen hat, erscheinen Agrarstrukturreformen im Sinne der obigen Definition (Veränderung der Verfügungsgewalt über Boden und Wasser) jedoch nach wie vor im Status von Lippenbekenntnissen zu verharren.

Lit.: E. Feder, Agrarstruktur und Unterentwicklung in Lateinamerika, Frankfurt 1973; H. Elsenhans (Hrsg.), Agrarreform in der Dritten Welt, Frankfurt 1980; R. Hanisch/R. Tetzlaff (Hrsg.), Die Überwindung der ländl. Armut in der Dritten Welt, Frankfurt 1979. dn

Ägypten

*Nasser hatte Ä. einen arab. Sozialismus verschrieben mit engen Beziehungen zum sozialist. Lager. Sadat hat innen- und außenpol. einen Frontwechsel vorgenommen und versucht, mit der finanziellen und technolog. Unterstützung durch die USA und die arab. Länder die wachsenden Probleme des Landes zu lösen. Der Frieden mit Israel begründet neue Hoffnungen regionaler Kooperation im Nahen Osten, hat Ä. jedoch im arab. Lager isoliert.

1. Das ges. Kultur- und Siedlungsland Ä.s ist mit nur 3,5 % der Fläche gering und fast ausschließlich im Niltal konzentriert. Die Landw. absorbiert nach wie vor den größten Teil der Erwerbstätigen (1976: 44%, Ind. 13%). Zur wasserwirtsch. Kontrolle des Nil und zur Ausdehnung der Kulturfläche wurde ständig an der Verbesserung des Kanal- und Flußregulierungssystems gebaut (1970: Fertigstellung des Assuan-Hochdamm mit Stausee von 50 000 qkm).

Die fruchtbaren Nilböden erbringen bei ganzjähriger Bewässerung jährl. 2–3 Ernten. Der Hauptanteil der Agrarproduktion entfällt auf qualitativ hochwertige langstapelige Baumwolle (20%), die fast ausschließlich exportiert wird (Exportanteil 1952: 87%, 1965: 72%; 1973: 58%). Sonstige Produkte des arbeitsintensiven Ackerbaus sind Reis, Mais, Weizen, Zucker (und Fleisch); die Produktion liegt weit unter dem Bedarf, so daß hohe Lebensmittelimporte (pro Jahr 30–40% der Gesamteinf.) notwendig sind. Die Viehwirtschaft leidet bes. unter dem Mangel an Dauergrünland. Ä.s Bodenschätze sind bei weitem nicht alle erschlossen. Gefördert werden v. a. Eisenerz, Naturphosphat, Erdöl und Salz. Die Erdölförderung ist nach der Wiedergewinnung des Sinai schnell angestiegen; neue Ölfunde lassen Ä. bis in die 80er J. zu einem mittleren Ölproduzenten aufrücken.

2. Die Bev. Ä.s (1977: 38,7 Mio.) konzentriert sich auf das nur 35 580 qkm umfassende Kulturland, so daß sich angesichts der raschen JZ (1966: 2,5%; 1977: 2,3%) die Bev.-Dichte ebenso signifikant erhöhte: von 30 Ew. (1966) auf 39 (1977) in bezug auf die ges. Fläche, von 845 Ew. (1966) auf 1 089 (1977) in bezug auf das Kulturland. Der *Urbanisierungsgrad erhöhte sich von 1960: 38% auf 1976: 43,9%. 1978 zählte die Hs Kairo 7,1 Mio. Ew., mit Vororten 8,37 Mio. Ew. und Alexandria 2,4 Mio. Ew.

Der Anteil der Jugendlichen unter 15 J. stieg von 41% (1960) auf 43,1% (1975). Seit 1965 *Familienplanung mit dem Ziel: Senkung der Geburtenrate von 2,5% auf 1,7%. Ethnisch ist Ä. wenig differenziert: in Ober-Ä. lebt eine nahezu homogene Fellachengesellschaft, d. h. die arabisierten Nachkommen der alten Ägypter. Der Anteil der Minderheiten (in Unter-Ä.: Syrer, Libanesen, Griechen, Juden) macht kaum 1% der Bev. aus. Reine Araber sind die auf etwa 100 000 Ew. geschätzten Beduinen. 93% der Bev. sind sunnitisch-islam. Glaubens (Islam ist Staatsreligion), 7% christl. Kopten.

3. Das brit. Protektoratsverhältnis über Ä. bestand bis Febr. 1922, als Ä. als Königreich unter König Fuad (1926–1936) die Unabh. gewährt wurde, allerdings bei Vorbehalten bezüglich der Landesverteidigung und dem Schutz ausländ. Interessen in Ä. Gegen Fuads Sohn Faruk putschte am 23. 7. 1952 der „Bund der Freien Offiziere" unter Führung von Gamal Abd el-Nasser. Für Nasser war der Weg einer von der Armee getragenen nationaldemokratischen Revolution die einzige Alternative, die notwendigen radikalen Reformen und die endgültige nat. Befreiung Ä.s von der noch immer währenden brit. Vorherrschaft durchzuführen.

Die ägypt. Revolution hat die sozio-ökon. Strukturen Ä.s in 3 Etappen grundlegend verändert. In Phase I (1952–1956) konzentrierte sich das Militärregime Nassers auf die Transformation der pol. Strukturen, d. h. Abschaffung der Monarchie (1953), Entfernung der trad. pol. Elite aus den Schaltstellen der Politik, Auflösung der pol. Parteien. Im Zuge der Realisation einer modernen, nat. ausgerichteten Industriegesellschaft wurde wirtsch. v. a. die Verbesserung des Lebensstandards der Fellachen/Kleinbauern angestrebt. Als Ansatzpunkt dazu diente die 1952 verabschiedete (Modifizierung 1958) Agrarreformgesetzgebung. Damit konnte die extrem ungleiche Bodenverteilung (vor der Revolution besaßen 94,3% der Eigentümer 35,5% des

Kulturlandes, 1 786 Großgrundbesitzer hingegen 17% des Bodens) trotz der Schwerfälligkeit der Bürokratie und Gesetzeslücken durch Enteignung der Großgrundbesitzer und die Neulanderschließung deutlich verbessert werden: 1965 besaßen 94,5% der Eigentümer 57,1% des Bodens. Der Grundbesitz wurde auf max. 200 feddan (85 ha), 1961 auf 100 f. und 1969 auf 50 f. begrenzt. Nicht betroffen von dieser Agrarreform war die duale Betriebsstruktur, d. h. die Koexistenz von trad. kleinen Produktionsbetrieben und kapital. bewirtschafteten Großbetrieben. Zur Überwindung der unrentablen kleinen Betriebsgrößen wurden Bodenreform-*Genossenschaften eingerichtet (1952: 1 727 Genossenschaften, 500 000 Mitgl.; 1971: 5 013 Genossenschaften, 3,1 Mio. Mitgl.), die den Einsatz von Maschinen, Dünger, Wasserverteilung etc. zentral regeln, obwohl der Boden Eigentum der Fellachen bleibt. Der Erfolg dieser Bodenreform schlug sich in einer Steigerung der Agrarproduktion nieder.
In Phase II (1956–1961) ging das *Militärregime verstärkt zur zentralen Wirtschaftsplanung über (1957 Gründung eines Planungskomitees), um das angestrebte ind. Wachstum und eine weitere Nivellierung der Einkommen zu erreichen.
Die mangelnde Kooperationsbereitschaft der ägypt. Industriebourgeoisie mit den Planungsbehörden führte schließlich zu Phase III (1961–Juni 1967), in der umfassende *Nationalisierungen (Banken, gesamte Schwerindustrie, Schlüsselindustrien) erfolgten, die den modernen Industriesektor in staatl. Verfügungsgewalt brachten. Die Verstaatlichung vollzog sich im Rahmen des von Nasser 1961 geprägten Begriffes des „arabischen Sozialismus". Unangetastet von dieser Politik blieb das Eigentum der Mittelklasse (Einzelhandel, Handwerk, mittlerer Grundbesitz und kleine Industriebetriebe). *De facto* kristallisierte sich dadurch eine **mixed economy* heraus, in der der Staat mit über 50% der nat. Wertschöpfung (1953: 15%) beteiligt war.
Trotz der Öffnung Ä.s für ausländ. Kapital seit 1967 zeigte dieses wenig Neigung zu *Investitionen und der erhoffte Wachstumsschub blieb aus. Gegenwärtig verschlechtert sich die Versorgung mit wichtigen Nahrungsmitteln, die *Urbanisierung führt zu Wohnungsnot, Überbelastung des Transportsystems und die hohe *Inflationsrate (bei vielen lebensnotwendigen Produkten Verdoppelung der Preise zwischen 1973 und 1978) hat real sinkende Einkommen zur Folge. Noch gravierender wird dieses Problem bes. vor dem Hintergrund einer unbewältigten *Arbeitslosigkeit.

4. Mit Beginn der ägypt. Revolution wurde das Gesundheits- und Erziehungswesen in Ä. wesentl. ausgeweitet und reorganisiert. Infolge hoher öffentl. Aufwendungen verbesserte sich im Gesundheitswesen die Ärzte-Ew.-Relation von 1 : 3 782 (1952) auf 1 : 1 830 (1971), stieg die LE von 41 J. auf 51 J. (Männer) und von 47 J. auf 54 J. (bei Frauen). Unverändert krasse Stadt/Land-Unterschiede herrschen bei der ärztl. Versorgung (Zahl der ländl. Krankenhausbetten nur 20% der städt. Anzahl).
Noch größere Anstrengungen unternahm das Militärregime zum Ausbau des Erziehungswesens. Einschulungsquote-Landesdurchschnitt: 80% der Kinder im A. von 6–12 J.; Steigerung der *Alphabetisierungsrate von 30,3% (1960) auf 41% (1970), angestrebtes Ziel 1980: 50%. Berufsschulen zur techn. Ausbildung von Facharbeitern für die Bedürfnisse des Landes bestehen kaum.

5. Die Entmachtung der Agrar- und Industriebourgeoisie und die Entwicklung des Planungsapparates führten innenpol. zur Entstehung einer regimetreuen Klasse von Militärs, die alle wichtigen Schaltstellen des Staatsapparates besetzte. Nasser baute 1963 mit der Arabischen Sozialist. Union (ASU) eine Einheitspartei auf, die als Allianz der aktiven Volkskräfte (Bauern, Arbeiter, Soldaten, Intellektuelle, nichtausbeutende nat. Kapitalisten) mit einer 50% Mindestvertretung von Bauern und Arbeitern in den Organisationen der ASU „wirkliche Demokratie" und „arabischen *Sozialismus" verwirklichen sollte.
Nach dem Tode Nassers 1970 verließ Sadat den von Nasser vertretenen Kurs in dreierlei Hinsicht: 1. Unter dem Druck der wirtsch. Notlage Öffnung für ausl. Investitionen; 2. Aufgabe des prosowjet. Kurses, den Nasser im Zuge seiner antiimp. Außenpolitik und aus Gründen des Waffenerwerbs eingeschlagen hatte (im Juli 1972

Ausweisung der sowjet. Militärberater); 3. Zulassung pol. Lager innerhalb der ASU, die im Nov. 1976 anläßlich der Wahl zur Nationalversammlung eigene Parteien bildeten. Diese Transformation in Richtung auf ein Mehrparteiensystem hat Sadat im August 1978 mit der Bildung einer eigenen Partei, der Nationaldemokratischen Partei, vorerst abgeschlossen (1979: 310 von 360 Mandaten in der Nationalversammlung).

6. Die pol. Demokratisierung Ä.s findet ihre Grenze in dem sozialen Konfliktpotential aufgrund der schlechten Wirtschaftslage. Teile der Bev. lehnen die Aussöhnungspolitik Sadats mit Israel (seit 1977) ab. Ä. hat sich dadurch in der gesamten arab. Welt isoliert, wenn auch die arab. Finanzhilfe trotz des Abbruchs der dipl. Beziehungen nicht total gestoppt wurde. Bes. belastet ist das Verhältnis mit Libyen, das sich noch 1973 mit Ä. vereinigen wollte. Die Planungsaktivitäten Ä.s waren bisher wenig kontinuierlich. So wurde der am 1. 1. 74 verabschiedete Zehnjahresplan (1973–1982) nach dem Oktoberkrieg annuliert und durch eine ad-hoc Planung ersetzt, wobei bes. das Kanalwiederaufbauprogramm und die Sinai Priorität einnahmen. Nach der Wiedereröffnung des Suezkanals (5. 6. 75) und der Wiedererlangung der Ölfelder auf der Sinai (74/75) hat sich das Finanzaufkommen Ä.s aus eigener Quelle verbessert. Der Fünfjahresplan 1976–1980 mit dem Schwerpunkt: Industrieausbau, Neulandgewinnung und *Infrastruktur wurde ebenfalls mehrmals revidiert und inzwischen durch einen neuen Plan (1978–82) ersetzt. Bei gleichbleibender Forcierung von Industrieprojekten (24% der Ausgaben), Infrastruktur (23%), Elektrizität und Landw. (je 9%) wird ein Wirtschaftswachstum von jährl. über 12% angestrebt bei gleichzeitigem Abbau der Handelsbilanzdefizite. Die Fähigkeit Ä.s zur Bewältigung dieses Grundproblems erscheint allerdings problematisch, nachdem Ä. dies seit Jahren erfolglos versucht. Als halbindustrialisiertes EL hätte Ä. vorrangig die übermäßig hohen Rüstungsausgaben zu senken, damit diejenigen Mittel freiwerden, um durch weiteren Industrieaufbau (bes. Exportindustrie) und die Agrarentwicklung als den beiden wirtsch. Grundpfeilern Ä.s die sozialen Mißstände des zu hohen Bev.-Wachstums zu bewältigen.

Lit.: A. Abdel-Malek, Ägypten. Militärgesellschaft, Frankfurt 1971, M. Hussein, L'Egypte, 2 Bände, Paris 1975; F. Büttner/V. Büttner, Ägypten, in: HDW, Band 2, Hamburg 1976, S. 13 ff.; A.-H. Nossier, Die sozio-politischen Bedingungen der wirtschaftlichen Entwicklung, dargestellt am Beispiel Ägyptens, Diss. Bochum 1979. hpm

AID

Auch US-AID, US-amerik. Entwicklungsbehörde (*Agency for International Development*), 1961 gegr., halbautonomes Organ des US-Außenministeriums, Sitz in Washington, D.C. Unterhält Regionalbüros in Afrika, Lateinamerika, im Nahen Osten und in Südostasien. Aufgabe: Förderung und Ausführung US-amerik. Hilfsprogramme für die Dritte Welt (u. a. *technische und *personelle Hilfe, Nahrungsmittelprogramme, Lieferung landw. und industrieller Ausrüstungsgüter). dn

Akkulturation

In der E.-Soziologie, die den *Kulturwandel in E.-Gesellschaften untersucht, die *exogen bedingte Auslösung dieses Prozesses durch Kulturkontakt mit „einer anderen, ursprünglich mehr oder weniger fremdartigen Kultur ... (Interkultureller Wandel) vollzieht sich im Prozeß der Nachahmung und Übernahme ursprünglich fremder Kulturelemente in die eigene Kultur durch deren Diffusion, wobei die eigene Kultur unter Umständen tiefgreifende und umfassende Wandlungen durchmachen kann" (R. F. Berendt 1965, S. 116). A. kann gewaltsam erfolgen (*Kolonialismus), aber auch durch freiwillige Öffnung einer nicht oder weniger entwickelten Gesellschaft gegenüber Werkzeugen, Technologien, Werterhaltungen, Organisationsformen etc. einer entwickelteren Gesellschaft. R. F. Berendt unterscheidet zwei Typen von A.: 1. passiv – imitative Anpassung an die als überlegen empfundene Kultur; 2. aktive Verarbeitung und u. U. Umgestaltung unter Anwendungsgesichtspunkten an die Bedürfnisse und Möglichkeiten eines EL.

Lit.: R. F. Berendt, Soziale Strategie für EL, Frankfurt 1965. dn

Akkumulation

Der Begriff A. wird in der klassischen Wirtschaftstheorie sowie im Marxschen System zur Kennzeichnung einer Anhäufung oder Ansammlung von Reichtum, v. a. von produzierten Produktionsmitteln verwendet. A. umfaßt in der bürgerl. Ökonomie die Vermögensbildung einer Volkswirtschaft, die sich aus den Spar- und Investitionstätigkeiten der einzelnen Wirtschaftssubjekte zusammensetzt. Für Karl Marx ist die ursprüngliche A. der historische Prozeß, der die Existenzbedingungen des Kapitalismus herbeigeführt hat. Dies geschah durch Auflösung des auf eigner Arbeit beruhenden Privateigentums, d. h. der Arbeiter (Bauer oder Handwerker) ist nicht mehr „freier Privateigentümer seiner von ihm selbst gehandhabten Arbeitsbedingungen", sondern in einen freien Lohnarbeiter umgewandelt. Die A. des als Kapital gewordenen Kapitals umfaßt die Rückwandlung von Mehrwert in Kapital. Basierend auf dem Kapitalverhältnis – die wichtigsten Produktionsmittel sind Eigentum der Kapitalisten und die Arbeiter sind nur im Besitz ihrer Arbeitskraft – begründet A. die erweiterte kapital. Reproduktion. hk

Akkumulationsquote

Anteil des *Sozialprodukts, der für *Investitionen verwandt wird (= Investitionsquote).

Im Marschen Sinne der Teil des Mehrwerts, der zur *Akkumulation verwandt wird. In seiner Akkumulationstheorie verwand wird. In seiner Akkumulationstheorie zeigt Marx, daß die Unternehmer in zunehmendem Maße *kapitalintensive Methoden im Produktionsprozeß einsetzen und dadurch das konstante Kapital (Maschinen) schneller wächst als das variable Kapital, mit dem das Produktionsmittel Arbeit gekauft wird. Die Folge ist (intern) eine Konzentration der Produktion und des Kapitals, ergänzt durch die Zentralisation des Kapitals in Form externer Zusammenschlüsse. hk

AKP-Staaten

zunächst 46 Staaten in Afrika, in der Karibik und des Pazifik, die 1975 mit der EG das *Lomé-Abkommen unterzeichneten. März 1977 wurden weitere 6 Staaten (Komoren, Seychellen, Surinam, Kapverde, Sao Tomé und Principe, Papua-Neuguienea) aufgenommen. Das Nachfolgeabkommen (Lomé II) wurde 1979 mit 58 EL unterzeichnet. Zur Statistik der AKP-Staaten → Dritte Welt. du

ALALC

Lateinamerikanische Freihandelszone (Asociación Latinoamericana de Libre Comercio, engl. LAFTA), gegr. Febr. 1960 durch den Vertrag von Montevideo, seit Juni 1961 in Kraft; Sitz: Montevideo. Mitgl. 11 (Argentinien, Brasilien, Chile, Mexiko, Paraquay, Peru, Uruguay als Gründungsmitgl.; Ecuador u. Kolumbien seit 1961, Venezuela seit 1966, Bolivien seit 1968). Ziel: Liberalisierung der Wirtschaftsbeziehungen, Abbau von Zoll- und Handelsschranken zwischen den Mitgl.-Ländern durch periodische Verhandlungen über sog. nationale und gemeinsame Listen, die Produkte enthalten, deren Belastungen durch Zölle im intraregionalen Handel nach und nach verringert werden sollten. Die im wesentlichen kommerziellen Zielsetzungen der ALALC sollten innerhalb von 12 J. (bis 1973) erfüllt werden. Im sog. Protokoll von Caracas 1969 wurde die Vollendung der Freihandelszone auf 1980 verschoben. Seit 1969 jedoch keine Fortschritte in der *Integration. ALALC scheiterte im wesentlichen daran, daß die Mitgl. nicht wirklich die regionale Integration anstreben, sondern in der ALALC nur einen multilateralen Handelsvertrag zur Erhöhung des Warenaustausches sahen und damit ein Instrument der Vetretung nationaler Interessen. ALALC begünstigte die größeren Länder der region, woraus die kleineren Länder den Schluß zogen, die Bildung subregionaler Gemeinschaften anzustreben die eine über die kommerziellen Zielsetzungen hinausgehende wirtsch. Integration (gemeinsame industrielle Entwicklung) verfolgten. Als subregionale Organisationen im Rahmen von ALALC entstanden 1969 der *Andenpakt und die *La-Plata-Gruppe. August 1980 wurde ALALC aufgelöst und die *Asociación Latinoamericana de Integración* (ALADI) gegründet. dn

Algerien

A. wird entwicklungstheoretisch Modellcharakter zugeschrieben. Dabei wird abgehoben auf die Inwertsetzung einer *Ressource (Erdöl) für die nat. E. zugleich mit *Industrialisierung und Agrarrevolution. Auch hinsichtlich der Außenwirtschaftsbeziehungen wird das Verhältnis von dissoziativen und assoziativen (weltmarktintegrativen) Elementen als modellhaft herausgestellt.

1. Die Demokratische Volksrepublik A. ist mit 2,38 Mio. qkm der zweitgrößte Staat Afrikas; vom Staatsgebiet entfallen rund 2 Mio. qkm (85 %) auf die fast vegetationslosen Saharagebiete Oasis und Saoura und nur rund 288 710 qkm auf die fruchtbareren Gebiete des Nordens.

A. ist reich an Bodenschätzen: Erdöl, Erdgas, Phosphat, Steinkohle, Zink-, Blei-, Kupfererze, Salz und noch nicht erschlossenen Vorkommen von Wolfram, Bauxit, Mangan, Zinn, Antimon etc. sowie Uran.

Im Süden, der vegetationslosen Wüste, bestehen in den Oasen die trad. Dattelpalmkulturen und je nach Bewässerungsmöglichkeit Pflanzungen von Mandel- und Zitrusbäumen und Gemüse.

Die Steppengebiete werden durch teilweise nomadischen Weidebetrieb (Schafe, Ziegen, Rinder und Kamele) genutzt. Die Küstenzone und der Tellatlas (Waldbestand) stehen unter dem Einfluß des Mittelmeerklimas, das den Anbau von Wein, Zitrusfrüchten, Oliven, Gemüse und Getreide ermöglicht (Nahrungsmittelproduktion nur auf 3 % des Staatsgebietes). Der Waldbestand (mit Gebüsch 1 % der Fläche) wird gegenwärtig planmäßig aufgeforstet, um die Bodenerosion einzudämmen. Wegen der Lebensmittelknappheit werden landw. Produkte kaum ausgeführt (weniger als 10 % der Exporte) mit Ausnahme von Wein, Zitrusfrüchten und Datteln. Zur Steigerung der landw. Produktion reduziert man den Weinanbau, verbessert das Saatgut und versucht eine Modernisierung der trad. Produktionsmethoden. Bei der Viehzucht wird durch Zuchtstationen und Veterinärmaßnahmen eine Steigerung der Fleischproduktion angestrebt. Die Landw. bildet in A. nach wie vor die Basis der ökon. Aktivität, da rund 70 % der Bev. von der Landw. abhängig ist; der Beitrag zum BSP liegt nur bei 7 %. Von Jahr zu Jahr bedeutender wird angesichts der forciert betriebenen Industrialisierungspolitik das produzierende Gewerbe, dessen Anteil am BSP an 2. Stelle (rund 12 %) nach dem Bergbau (Erdölförderung) mit 31 % (1975) liegt.

2. Entsprechend der landw. Nutzbarkeit A.s verteilt sich die Bev. äußerst ungleichmäßig. Im alg. N, mit nur 15 % der Fläche, sind über 95 % der Bev. konzentriert, während in den Wüstengebieten nur 5 % der Bev. leben. Die Bev.-Dichte schwankt zwischen 54 Ew. pro qkm im N und etwa 0,5 Ew. pro qkm im S (1977). Die Bev. A.s wächst mit einer der höchsten JZ der Erde (1974: 3,2 %; 1977: 3,5 %). Die Bev. stieg von nur 2,8 Mio. (1876) auf 11,9 Mio. (1965) und trotz eines Exodus von über 1 Mio. Algerienfranzosen am Ende des Algerienkrieges auf 16,3 Mio. (1974) und etwa 19 Mio. 1979 (einschließlich rund 1 Mio. Algerier, die überwiegend in Frankreich arbeiten). Nord-A. weist einen hohen *Urbanisierungsgrad auf (1974 rund 52 %). Das ökon. und pol. Zentrum A.s ist die Hs Algier mit 1,8 Mio. Ew. Fast die Hälfte der Bev. ist unter 15 Jahren (1977: 48 %). Durch die nach der Unabh. ausgeweitete Gesundheitsfürsorge (1978: 6 % des Staatshaushaltes) hat sich trotz noch bestehender Stadt/Landunterschiede die Relation von Arzt : Ew. von 1 : 30 600 (1965) auf 1 : 6 100 (1975) deutlich verbessert. Die ärztl. und Krankenhausbehandlung ist seit 1974 gratis. Nach der Unabh. hat sich durch den Abruf der A.-Franzosen (heutiger Rest von 64 000) die Bev. ethnisch, sprachlich und religiös vereinheitlicht. Der überwiegende Teil der Bev. (80–90 %) spricht Arabisch, nur noch 10–20 % einen Berberdialekt. Franz. ist als koloniales Erbe weitverbreitete Bildungs- und Handelssprache. Zu 95 % ist die Bev. muslimisch-sunnitisch (maliktischer Ritus). (Ehem. Anteil von Katholiken: 11,2 %).

3. Nach der franz. Eroberung A.s von 1830 wurden die muslimischen Algerier aus ihren angestammten Siedlungsgebieten verdrängt. Das Land sollte durch Ansiedlung europ. Kolonisten *(colons)* in die „überlegene" franz. Zivilisation eingegliedert werden. Widerstand wurde militär. gebrochen.

Während nun ein Teil der muslimischen Algerier, bes. die franz. gebildeten städt. Schichten, sich für eine Assimilationspolitik auf friedlichem Wege einsetzten (Bendjellul, Ferhat Abbas), radikalisierte sich ein anderer Teil wegen der starren Haltung der Kolonisten. Der alg. *Nationalismus vertrat – gestützt vor allem auf die unteren städt. Schichten – einen stark sozialrevolutionären Kurs und forderte pol. die vollständige Unabh. A.s (Vertreter: Messali Hadj, bzw. der *Etoile nord-africain,* MTLD). Der Konfrontationskurs der Algerienfranzosen bewirkte schließlich, daß dem alg. Nationalismus nur der bewaffnete Kampf gegen das repressive Kolonialsystem blieb. Organisiert vom nationalen Flügel der MTLD (Ben Bella, Khider, Ahmed) begann am 1. 11. 1954 der alg. Unabhängigkeitskampf. Den alg. Nationalisten, in der Nationalen Befreiungsfront (FLN) als pol. und militär. Kampforganisation zusammengeschlossen, gelang es durch die erfolgreiche Mobilisierung der bis dahin passiven ländl. Massen, trotz militär. Überlegenheit der franz. Kolonialtruppen und der franz. Armee, nach 7jährigem *Guerrillakrieg bei zunehmender int. Solidarisierung mit der FLN in den Verhandlungen von Evian die Unabhängigkeit (1962) zu erkämpfen.

4. Unter der franz. Herrschaft spezialisierten sich die Agrarkolonisten auf den Agrarexport (Wein, Zitrusfrüchte, Korkeiche etc.) dem auf dem franz. Markt eine Vorzugsstellung eingeräumt wurde, während F. verarbeitete Konsumgüter lieferte und den Bedarf an Maschinen etc. deckte; die verdrängten muslimischen alg. Kleinbauern, gegenüber dem modernen Agrarexportsektor (2,8 Mio. ha) nur als Subsistenzwirtschaft produzierend (391 000 Bauern mit weniger als 10 ha sowie 480 000 landlose Bauern), vielfach gegen minimale Entlohnung bei den Agrarkolonisten arbeitend, verschafften jenen zusätzliche Kostenvorteile. Nach der Unabh. war das erste Projekt der Ben-Bella-Regierung die Transformation des kolonialen Agrarsystems in ein den nat. Interessen entsprechendes Produktionssystem: das ehem. *colons*-Land wurde enteignet und durch Gewährung der Selbstverwaltung an die Landarbeiter in einen sozialist. Sektor umgestaltet. Privates Land durfte eine nach Land und Anbauprodukt unterschiedliche Hektarfläche nicht überschreiten. Die unrentabel wirtschaftenden Selbstverwaltungsbetriebe, die Absorbierung zu vieler ehem. Kriegsveteranen bewirkte eine Stagnation der Agrarproduktion, so daß 1970/71 die Durchführung einer zweiten Agrarrevolution notwendig wurde. Diesmal stand bes. die Modernisierung des trad. privaten Agrarsektors im Mittelpunkt, wo mittels einer Bodenneuverteilung und der Entwicklung einer genossenschaftl. Produktionsweise unter Anwendung neuer Produktionstechniken (einschl. Dünger und neuem Saatgut) eine Produktionssteigerung angestrebt wurde.

Mit der Ablösung Ben Bellas durch Boumedienne änderte sich die postkoloniale Strategie. Nunmehr wurde eine rasche Industrialisierung mit einer max. Steigerung des Produktionspotentials aufgrund zentraler Wirtschafts- und E.-Planung angestrebt durch: 1. die Anwendung modernster Technologie, um bis 1980 den Übergang zu einer Industriegesellschaft vollziehen zu können. 2. Die Förderung bes. derjenigen Industrien, deren Produkte Vorleistungen (Inputs) anderer Wachstumsbranchen sind. Das Schwergewicht innerhalb dieser Strategie gebührte der Schwerindustrie (Stahlerzeugung), doch steht auch die Verarbeitung der heimischen Agrarerzeugnisse und der Rohstoffe (als Dünger), bzw. des Erdöls im Vordergrund. 3. Die *Nationalisierung aller wichtigen Unternehmen und der ges. Erdölindustrie/Erdölförderung; dieser Schritt war bes. wichtig, um mittels der Disposition über die Erdöleinnahmen den Entwicklungs- und Wachstumsprozeß der alg. Wirtschaft entsprechend den nat. Interessen zu steuern.

Die Industrialisierungspolitik A.s spiegelt sich in einer Strukturverschiebung der Erwerbstätigenzahl wider. Von den etwa 2,5 Mio. Erwerbstätigen (im erwerbsfähigen Alter sind etwa 3,1 Mio., d. h. eine hohe Anzahl ist direkt arbeitslos oder unterbeschäftigt) sind 1975 435 000 im Produktionsgewerbe tätig, gegenüber nur 268 300 (1970). Nach offiziellen Angaben hat die *Beschäftigung außerhalb der Landw. zwischen 1966 und 1976 jährl. im Durchschnitt 7 % zugenommen (in der Industrie 9,8 %, Bauwirtsch. 12 %). Trotz der zunehmenden staatl. Dispositionsgewalt im Wirtschaftssektor existiert nach wie vor ein nicht zu unterschätzender privater Produktionssektor, vor allem das Handwerk und die Kleinindustrie, die Konsumgüter des täglichen Bedarfs erzeugen. Die wachsende staatl. Textil-, Schuh-, Lederindustrie mit ihren Kostenvorteilen wird aber auch hier bald einen Schrumpfungsprozeß einleiten.

Insgesamt ist die staatl. Wirtschaftsplanung positiv zu beurteilen; nach Planungsanfängen bereits 1962 wurde intensiviert ab 1968 geplant: Gründung eines Nationalen Planungsrates, 1. Dreijahresplan 1967–1969, 1. Vierjahresplan 1970–1973, 2. Vierjahresplan 1974–1977, derzeit läuft der 3. Vierjahresplan 1978–1981 mit einem anvisierten jährl. Wirtschaftswachstum von 10%. Eines der dringendsten Probleme der Planung ist gegenwärtig der immer noch herrschende Kadermangel und ein zu ineffektives Management in Ind., Landw. und Verwaltung.

5. Die Deformation der Sozialstruktur durch 130 J. Kolonialzeit war zu schwerwiegend, um in kurzer Zeit überwunden werden zu können. Der nach der Unabh. gesteuerte Kurs brachte aber auch Veränderungen mit sich (z. B. die Differenzierung der Arbeitseinkommen nach Branchen und Qualifikationen), welche bedingte Zunahmen der Einkommensungleichheit beinhalteten. Eine neue alg. Klasse hoher Einkommensbezieher nahm die Position der A.-Franzosen ein und beansprucht trotz eines Anteils von nur 2,65% der Bev. (1969) 10,8% des Volkseinkommens. Dabei handelt es sich v. a. um die Technokraten der Verwaltung und nat. Gesellschaften. Erfolge sind im Gesundheits- und Bildungswesen seit 1962 zu verzeichnen. Nachdem während der Kolonialzeit die Algerier von der Schulbildung bis auf Ausnahmen ferngehalten wurden und mit der Unabh. 80% des Lehrpersonals A. verließ, hat sich dank hoher Investitionen (1975: 6,5% des BSP) und neu ins Land gekommener franz. Lehrer die Situation an den Schulen und Universitäten bedeutend verbessert.

Problematisch bleiben: 1. die v. a. in ländl. Gebieten immer noch nicht 100%ige Verwirklichung der allg. Schulpflicht und 2. die bedeutend geringere Einschulungsrate von Mädchen und ihre Unterrepräsentation in allen Schularten. Die 1962 über 90%ige Analphabetenrate konnte inzwischen auf unter 70% gesenkt werden, v. a. auch aufgrund zahlreicher Erwachsenenbildungsmaßnahmen. Das ges. Angebot des Bildungsbereichs ist kostenlos und wird durch Stipendien großzügig gefördert. In den Wüstengebieten bestehen zahlreiche Schulzentren mit Internaten. Mit einer in den 70er J. gestarteten Kulturrevolution mit einer verstärkten Propagierung islam.-arab. Werte soll zusätzlich das bisher noch als Unterrichtssprache dienende Franz. durch Arab. abgelöst werden; der kulturelle, wissenschaftlich-technische Einfluß F.s bleibt allerdings davon ungestört aufgrund intensiven Studentenaustauschs, da die techn. Lehrbücher und fast alle alg. Zeitungen in Franz. sind, wegen der hohen Zahl alg. Arbeiter in F. und der starken Außenhandelsorientierung an F.: rund 50% der Importe aus EG-Ländern stammen aus F.

6. Die innenpol. Entwicklung wurde von der Einheitspartei A.s, FLN, und der Nationalen Volksarmee/ANP (die ehemalige Nationale Befreiungsarmee) als Hüterin und Wächterin über die alg. Revolution bestimmt. Als Ben Bella, seit 1962 Präsident, versuchte, den pol. Einfluß der ANP zu verringern, wurde er Juni 1965 vom ANP-Chef und Verteidigungsmin. Boumedienne durch einen Putsch abgesetzt. Nach der verstärkten Aufnahme der Wirtschaftsplanung 1967 wurde ein erneuter FLN-interner Konflikt sichtbar, da sich die FLN-Anhänger in zwei Lager spalteten: eine Gruppe, die sich mehr einem alg. Sozialismus islamischer Prägung verpflichtet fühlte, und die – letztlich siegreiche – Gruppe der Technokraten, die die forcierte Industrialisierungspolitik als Kader und privilegierte Schicht steuerten. Mehrere Volksabstimmungen und Wahlen (die ersten seit dem Putsch 1965) in den Jahren 1976/77 sollten den von Boumedienne gesteuerten Kurs eines revolutionären Sozialismus, die neue Verfassung und Islam als Staatsreligion, die FLN als Einheitspartei und einen außenpol. Neutralismus mit Tendenz zum sozialist. Lager demokratisch legitimieren. Nach dem Tode von Boumedienne (Dez. 1978) hat sein Nachfolger, Oberst Chadli, eine vorsichtige Liberalisierungspolitik betrieben, ohne den

autoritären Charakter des Regimes in Frage zu stellen.
7. In der postkolonialen Phase ist es A. gelungen, die Basis für eine endgültige Überwindung der kolonialen Strukturen zu legen. Die Industrie, vormals kaum existent, ist zusammen mit dem Erdöl- und Bausektor der wachstumskräftigste Wirtschaftssektor, wobei eine – allerdings ineffektive Züge aufweisende – Staatsbürokratie die *Akkumulation steuert und langfristig im Rahmen der E.-Planung umverteilt. Nach wie vor gravierendstes Problem ist bei limitierter Bodennutzung das rasche Bev.-Wachstum. Die bereits bestehende Unterbeschäftigung auf dem Lande und die Überbürokratisierung lassen als einziges Ventil zum Abbau der hohen *Arbeitslosenrate nur die Industrialisierung zu, deren Erzeugnisse bes. für eine Produktionssteigerung in der Landw. nützlich sind.
Die notwendig erkannte kulturrevolutionäre Bewußtseinsbildung leidet unter der Unfähigkeit der FLN, eine führende Rolle bei der Massenmobilisierung zu spielen. Der pol. Kurs der alg. „staatsabhängigen Entwicklungsgesellschaft" wird mehr von ökon. Determinanten beeinflußt (A. tendiert so mehr zu den sozialist. Staaten) und läßt der FLN nur wenig Spielraum, um die Vorstellungen der Basis in der Staatsspitze durchzusetzen. Dieser Mangel pol Einflußmöglichkeit ist es, der sich negativ auf eine Massenmobilisierung auswirkt.

Lit.: F. Fanon, Aspekte der algerischen Revolution, Frankfurt 1969; H. Elsenhans, Frankreichs Algerienkrieg 1954–1962, Berlin 1974; J. C. Martens, Le modèle algérien de developpement, Algier 1973; H. Elsenhans, Algerien, in: HDW, Band 2, Hamburg 1976, S. 69 ff. hpm

ALIDE

Vereinigung lateinamerik. Entwicklungsbanken (*Asociación Latinoamericana de Instituciones Financieras de Desarrollo*), 1968 in Washington gegr., Sitz in Lima. Dachorganisation von (1980) etwa 150 Banken und Finanzierungsinstituten. Aufgaben: Förderung und Koordination entwicklungspol. Maßnahmen insbes. im Bereich der E.-Finanzierung; Ausbildung von Fach- und Führungskräften für E.-Banken. Es besteht eine Kooperation mit der *DSE. dn

Allende Gossens, Salvador

Präsident der Republik Chile 1970–1973, erster marxistischer Präsident in der Welt, der aus freien Wahlen hervorging und dessen Wahlsieg und Revolutionsprogramm der sozialist. Theorie neue Impulse gab. Geb. am 27. 7. 1908 in Santiago de Chile, studierte A. Medizin an der Universität Chile, praktizierte jedoch kaum, sondern verschrieb sich der Politik. Aus bürgerl. Hause stammend, schloß sich der Freimaurer der sozialist. Bewegung an, in der er bald eine hervorgehobene Rolle spielte. Er war einer der Gründer der Sozialistischen Partei Chiles (1933), errang für sie 1937 sein erstes Abgeordnetenmandat, wurde 1939 in der Volksfrontregierung Gesundheitsminister und gehörte dem chilenischen Senat seit 1945 ununterbrochen bis zu seiner Wahl zum Präsidenten 1970 an. 1967 wurde er zum Senatspräsidenten gewählt. Seit 1952 kandidierte A. bei den Präsidentschaftswahlen, 1958 zum ersten Mal als Bewerber der Linksparteien (FRAP), als er nur um 40 000 Stimmen dem Kandidaten der Rechten unterlag. 1964 erzielte er zwar seinen höchsten Stimmenanteil (38,9 %), verlor allerdings eindeutig gegen den christdemokratischen Bewerber *Frei. 1970 überraschte sein Wahlsieg als Kandidat der „Volkseinheit" nicht nur seine pol. Gegner und die Weltöffentlichkeit, sondern auch Teile seiner pol. Freunde. Nachdem die christdemokratischen Parlamentarier A. im zweiten Wahlgang im Kongreß zur absoluten Stimmenmehrheit verholfen hatten, begann der Versuch eines *chilenischen Weges zum Sozialismus, dessen Scheitern durch den Putsch der Militärs am 11. September 1973 besiegelt wurde. A., vermeintlich allein, jedoch mit einem Augenzeugen im belagerten Präsidentenpalast Moneda zurückgeblieben, wählte den Freitod.
A. war kein Theoretiker, darin wird man Regis Débray zustimmen müssen. Er war ein Mann der Praxis und der Widersprüche, mit denen er zu leben verstand, und begriff sich selbst als antiimp. Kämpfer und Revolutionär. Fest in der chil. Geschichte verankert und der pol. Kultur dieses Landes noch im Tod verpflichtet (Vorbild Präsident Balmaceda, den die Oligarchie 1891 in den Selbstmord trieb), ist er in der Welt

zum Symbol weniger des Scheiterns, sondern einer Hoffnung geworden.

Lit.: R. Débray/S. Allende, Der chilenische Weg, Neuwied 1972; D. Nohlen, Feuer unter der Asche, Baden-Baden 1974. dn

Allianz für den Fortschritt

Die A. wurde 1961 von den USA als E.-Programm für LA konzipiert, um nach dem Sieg Castros in Kuba weitere Revolutionen in der westl. Hemisphäre zu verhindern. Im August 1961 unterzeichneten in Punta del Este alle Mitgl.-Staaten der *OAS mit Ausnahme Kubas die „Erklärung an die Völker Amerikas" und die Charta der A. Als Ziele der auf 10 J. angelegten A. wurden u. a. genannt: Stärkung der demokrat. Institutionen, Beschleunigung der sozialen und ökon. E. und *Integration LAs, Anspornung der privaten Unternehmen zur wirtsch. Belebung, *Agrarreform, Verbesserung der schulischen Ausbildung, der Arbeitsbedingungen und des Gesundheitswesens, höhere Besteuerung der hohen Einkommen. Die USA versprachen, die „friedliche Revolution der Hoffnung" (Kennedy) mit mehreren Mrd. US-Dollar zu unterstützen. Die A. führte innerhalb der OAS zu organisatorischen Reformen (z. B. Erhöhung des Ausbildungsniveaus der OAS-Funktionäre, Kompetenz- und Ressourcenerweiterung des *CIES).
In ökon. Hinsicht wurde die A. rasch zu einem Vehikel der Durchdringung LAs mit US-Kapital; bis 1969 sollen im Verlauf der A. Transaktionen von 2 Mrd. US-Dollar zwischen den USA und Lateinamerika stattgefunden haben. In pol. Hinsicht degenerierte sie zu einem rhetorischen Überbau der direkten Systemstabilisierung gegenüber revolutionären Bewegungen. Von den ursprünglichen Reformprogrammen war schon 1967 beim interamerik. Präsidententreffen fast nur noch die Förderung der ökon. Integration des Subkontinents übriggeblieben; 2 J. später wurde die A. stillschweigend begraben.

Lit.: J. W. Nystrom/N. A. Haverstock, The Alliance of Progress, Princeton 1966. vl

Alphabetisierung

Alphabetisierung ist die planmäßige Behebung des *Analphabetismus: 1. als Investition zur Verbesserung der Voraussetzungen wirtsch. E. (→Bildungsökonomie), 2. als Beitrag zur **nation building*, 3. als Beitrag zur pol. Beteiligung (→Pädagogik der Befreiung). Unter funktionaler Alphabetisierung wird nach einer Definition der *UNESCO „zugleich pädagogische, ökon. und soziale Aktion" verstanden. „Um sicherzustellen, daß die Inhalte wirklich funktional sind, d. h. die sozio-ökon. und kulturellen Aktivitäten fördern, nimmt man die individuelle Motivation als Ausgangspunkt. Als Mittel dienen differenzierte Programme nach Maß, die umweltbezogen sind und direkt verwendbare Kenntnisse vermitteln."
Die UNESCO legte 1965 in Verbindung mit dem *UNDP ein Experimentalprogramm zur Beseitigung des *Analphabetismus vor (EWLP, *Experimental World Literacy Programme*), das nach dem 10 J. später vorgelegten Rechenschaftsbericht nicht den erhofften Erfolg brachte. Statt 1 Mio. wurden 330 Mio. Menschen erreicht. Konzeptionelle Schwächen lagen v. a. in der Fehleinschätzung der *Bildungsökonomie sowie in einer zu geringen Beachtung regionaler Verhältnisse. Einige nat. Anstrengungen hingegen, die nach sozialen *Revolutionen gemacht wurden, waren erfolgreicher (so in Kuba, Mozambique, Guinea-Bissau, Tansania); die hier durchgeführten A.-Programme können als Elemente des revolutionären Prozesses selbst angesehen werden. Die revolutionären Eliten verbanden A. mit Kampagnen pol. Bildung (Politisierung). Diese A.-Programme sind von daher nur bedingt übertragbar.
Ein sehr erfolgreiches A.-Programm, das als Hilfe zur *Selbsthilfe gleichzeitig übertragbar erscheint, begründete Paulo Freire unter der Regierung Goulart in Brasilien (→Pädagogik der Befreiung). Freires Methode besteht hauptsächlich darin, praxisnahe konfliktive Themen („generative Themen") zunächst in Bildern zu präsentieren, sie zu diskutieren und einzelne Schlüsselbegriffe aus dem Themenbereich schließlich im Symbol, also im Schriftbild, darzustellen. So erfahren die Lernenden das Schreiben als Fortsetzung der Kommunikation. Instrumente seines Programms waren Tausende von „Kulturzirkeln", die Medien sind Dias und, immer wieder, der Dialog.

Freire erreichte auf diese Weise über die A. großer Bev.-Teile hinaus die E. eines kritischen pol. Bewußtseins, das z. B. innerhalb eines einzigen Jahres (1963/64) die Entstehung von 1 300 landw. *Gewerkschaften im Nordosten Brasiliens begünstigte (→Partizipation).

Lit.: UNESCO, The Experimental World Literacy Programme: A Critical Assessment, Paris 1976; E. Faure u. a., „Wie wir leben lernen". Bericht über Ziele und Zukunft unserer Erziehung. Reinbek 1973; P. Freire, Erziehung als Praxis der Freiheit, Stuttgart 1974. kmj

Amazonas-Kooperation

Am 3. Juli 1978 unterzeichneten 8 Staaten (Bolivien, Brasilien, Ecuador, Guyana, Kolumbien, Peru, Surinam, Venezuela) auf Initiative Brasiliens in Brasilia das Abkommen über die Zusammenarbeit im Amazonasgebiet. *Ziele:* Harmonische E. des A.-Gebietes bei Erhaltung der Umwelt und rationeller Nutzbarmachung des Ressourcen; Verbesserung der physischen Infrastruktur, Beschleunigung der wirtsch. und sozialen E. *Organe:* Außenminister-Konferenz, erarbeitet Richtlinien zur Ausführung der Vertragsziele; Rat für Zusammenarbeit, bestehend aus hohen dipl. Vertretern der Vertragspartner, tritt einmal im J. zusammen; Sekretariat, von der Vertragspartei ausgeübt, auf deren Territorium die nächste Ratssitzung stattfindet (alphabetisch wechselnd); ständige Nationale Kommissionen und Sonderkommissionen der Vertragspartner. Beschlüsse erfordern Einstimmigkeit. dn

Amin, Samir

Sozial- und Wirtschaftswissenschaftler, Ägypter, geb. 1931, einer der wichtigsten Dependenztheoretiker, lehrte an verschiedenen franz. und afrikan. Universitäten, Leiter des Instituts für Entwicklung und Wirtschaftsplanung (IDEP) der *UN in Dakar/Senegal. Zahlreiche Schriften zur Herausbildung des *peripheren Kapitalismus und zur Theorie des *ungleichen Tausches.

Lit.: S. Amin, Die ungleiche Entwicklung, Hamburg 1975. dn

Amnesty International (ai)

Gefangenenhilfsorganisation, gegr. 1961, Hauptsitz (Intern. Sekretariat, 110 Mitarbeiter) in London; nat. Sektionen (in 39 Ländern; Sitz für die BRD in 5300 Bonn, Heerstr. 178), Einzelmitgl. (in 86 Ländern). *Aufgaben:* Durchsetzung der *Menschenrechte in der Welt; Schutz der pol. Gefangenen und Verfolgten; Untersuchungen über die Zahl der pol. Häftlinge und ihre Haftbedingungen; Verbreitung von Informationen; Organisierung von Petitionen. *Finanzierung:* Als Mitgl.-Organisation wird ai durch die Mitgl. finanziert. Einnahmen und Ausgaben werden jährl. veröffentlicht.

Grundprinzip von ai ist pol. und finanzielle Unabh. ai bezieht in keiner ideologischen Auseinandersetzung Stellung und unterstützt oder bekämpft keine Partei oder Religion.

Grundlage der Arbeit von ai ist die sog. Adoption einzelner pol. Gefangener durch Gruppen von Mitgl., welche Briefe an Regierungen schreiben, in denen sie um die Freilassung der Gefangenen, für die sie arbeiten, nachsuchen. Adoptiert werden solche Gefangenen, die keine Gewalt angewandt und auch nicht zur Anwendung von Gewalt aufgerufen haben. ai bekämpft auch Folter und Todesstrafe und setzt sich für gerechte Gerichtsverfahren und bessere Haftbedingungen ein. Seit 1973 Kampagnen zur Abschaffung der Folter, 1978: Sonderbericht zum Thema Todesstrafe.

ai hat Beraterstatus beim *ECOSOC und ist auch bei der *UNESCO, bei der *OAS, bei der *OAU und beim Europarat entsprechend anerkannt.

Jede Gruppe von ai ist Teil einer nat. und int. Struktur; sie wird bei den jährl. Treffen des Internat. Rates vertreten, der über Programm und Politik für das kommende Jahr entscheidet. Der Rat wählt daneben ein Int. Exekutivkommitee, das zusammen mit dem Generalsekretariat für die tägl. Arbeit im Int. Sekretariat und für Verfahrensentscheidungen zuständig ist. Es gibt 2 283 ai-Gruppen; da aber die Gruppen nicht überall gleich viele Mitgl. haben, steht die Gesamtmitgl.-Zahl nicht fest. Die jüngste Schätzung geht von 200 000 Mitgl. aus; die Zahl dürfte wahrscheinlich zu niedrig angesetzt sein. 1977 gab es in 31 Ländern 1 945 Adoptionsgruppen. Im Zeitraum eines Jahres 1976–1977 wurden 2 285 Fälle neuer Gefangener aufgenommen, 1 657

Gefangene entlassen. Neueste Daten sind den Jahresberichten der ai, 1979 Fischer Taschenbuch, zu entnehmen. dn

Analphabetismus

Nach der *UNESCO-Definition von 1951 ist eine Person ein Analphabet, wenn sie eine kurze, einfache Aussage über ihr Alltagsleben mit Verständnis weder schreiben noch lesen kann. Unter funktionalen Analphabeten versteht man solche Personen, die eine Tätigkeit, für die normalerweise Lesen und Schreiben-Können Voraussetzung ist, nicht ausüben können. Das sind Personen, die möglicherweise eingeschult wurden, die Schule aber frühzeitig verlassen haben (→ Desertionsquote), oder allg. solche Personen, die erste Kenntnisse im Lesen und Schreiben erworben haben, die entweder nicht ausreichen oder die sie wieder eingebüßt haben. Nach Schätzungen der UNESCO waren Mitte der 70er J. etwa die Hälfte der in den EL lebenden Bev. Analphabeten, ca. 800 Mio. Menschen. Der Kampf gegen den A. kann zwar hinsichtlich der Senkung des prozentualen Anteils von Analphabeten an der erwachsenen Bev. als durchaus erfolgreich bezeichnet werden (→Tabelle 7). Doch nahm aufgrund des hohen Bev.-Wachstums die absolute Zahl der Analphabeten zu. Die zu geringen Einschulungsraten und insbes. die zu hohen Desertionsquoten lassen für die nahe Zukunft keine durchschlagenden Erfolge gegen den A. erwarten. In Afrika u. Asien wird nur jedes zweite Kind im schulpflichtigen Alter eingeschult, in Lateinamerika immerhin 75%. Aber nur 30% der Grundschüler erreichen das letzte Schuljahr. Die absolute Zahl der nicht eingeschulten Kinder im Alter zwischen 6 und 11 J. wächst. →Alphabetisierung dn

ANC

Afrik. National Kongreß (*African National Congress*), 1912 gegründete Partei der schwarzen Bev.-Mehrheit in Südafrika, seit 1960 in Südafrika verboten, jedoch als Widerstandsbewegung weiterhin aktiv. Ziel: Sturz der weißen Minderheitsregierung in Südafrika, Abschaffung der *Apartheid, Errichtung eines demokratischen *Sozialismus. Der ANC wird von der *OAU als Repräsentant des südafrik. Volkes anerkannt. Führer: Oliver Tambo. Neben dem ANC bestehen weitere Widerstands- und *Befreiungsbewegungen der Schwarzafrikaner: FLN (Nationale Befreiungsfront); LIBSA (Befreiungsfront für Südafrika); BUF (Schwarze Einheitsfront); AZAPO (Azania-Volksorganisation). Azania ist der von den Schwarzafrikanern vielfach verwandte Name für ein ungeteiltes Südafrika. Im Juni 1980 räumte die Bundesregierung dem ANC als erster afrik. *Befreiungsbewegung die Möglichkeit ein, in Bonn ein Informationsbüro zu errichten. dn

Andenpakt

Im Abkommen von Cartagena (26. 5. 1969) schlossen sich 5 Mitgl.-Staaten der *ALALC, Bolivien, Chile, Kolumbien, Ecuador und Peru, zum subregionalen Andenpakt zusammen. Venezuela (an den Vorverhandlungen beteiligt) trat dem Abkommen am 1. 1. 1974 bei, Chile verließ den Pakt am 30. 6. 1976.

Zielsetzung: Wirtschaftsgemeinschaft mittels Abbau der zwischenstaatl. Handelsschranken, gemeinsamen Außenzolltarif, gemeinsamen *Industrialisierungsprogramm, Harmonisierung der Wirtschafts- und Sozialpolitik; damit Überwindung der begrenzten ALALC-*Integration und Anwendung der *CEPAL-Lehren.

Ziele und Entscheidungen im einzelnen: 1. Interner Zollabbau bis 1980, einheitlicher Außenzoll bis 1975; 2. sektorale Programme zur industriellen Entwicklung (PSDI): gemeinsame und aufeinander abgestimmte Industrialisierungspläne für Industriezweige; nat. Kontingente; 3. Entscheidung 24 (von 1970): Beschränkungen für Auslandskapital. Unterscheidung zwischen „nationalen", „gemischten" und „ausländischen" Unternehmen, wobei die ersten über 80%, die zweiten zwischen 51 und 80% andines Kapital aufweisen müssen. Strategische Bereiche bleiben Auslandskapital verwehrt, für andere Bereiche muß der ausländ. Investor sich verpflichten, seinen Kapitalanteil nach festgelegten Fristen zu reduzieren; jährl. zulässiger Gewinntransfer auf höchstens 14% festgesetzt.

Organe: Kommission, oberstes zwischenstaatl. Gremium, jedes Land entsendet 2 Mitgl., 3 Sitzungen pro J.; Entscheidungen mit ⅔ Mehrheit, bei zentralen Fragen

(PSDI) Einstimmigkeit. *Junta* (JUNAC), der Kommission gleichgestelltes Gemeinschaftsorgan, 3 Mitgl., einstimmig von der Kommission auf 3 J. berufen, jährl. Wechsel im Vorsitz. *Junta* leitet permanentes Sekretariat. Entscheidungen werden von Kommission und Junta gemeinsam getroffen, wobei *Junta* Vorlagen ausarbeitet und mit der Kommission verhandelt.
Ergebnisse: Ausweitung des intrazonalen Handels, PSDI für metallmechanische Industrie (1972), Petrochemie (1975), Automobilindustrie (1977); Fristen für Liberalisierung des Handels innerhalb des Andenpaktes und für Errichtung eines gemeinsamen Außenzolls konnten nicht eingehalten werden; die Bedingungen für das Auslandskapital wurden aufgeweicht (u. a. Gewinntransfer von 14 auf 20% und neuerdings auf 24% erhöht). Die schärfste Kritik am Andenpakt lautet, daß die hauptsächlichen Nutznießer der subregionalen Integration doch die ausländ. Unternehmen seien. dn

Angepaßte Technologien

Unter a. T. ist eine den technologischen Bedürfnissen der EL entsprechende Technologie zu verstehen. Diese Bedürfnisse berücksichtigen die entwicklungspol. Problemsituationen, denen sich die meisten EL gegenübersehen. Beispielsweise sind E.-Gesellschaften – von den reichen *OPEC-Ländern abgesehen – von Kapitalmangel und Arbeitslosigkeit gekennzeichnet. Sie verfügen nur über einen Bruchteil (5%) der Investitionsressourcen der IL, ihr Potential an Arbeitskraft ist aber dreimal so groß. Daraus folgt, daß eine kapitalsparende und arbeitsintensive Technologie den EL-Bedingungen angemessener erscheint als der Transfer modernster Technologie (*kapitalintensiv und arbeitssparend). Insbes. im Rahmen von *Grundbedürfnisstrategien ergeben sich für die a. T. sinnvolle und entwicklungspol. bedeutende Anwendungsbereiche. Wird die Produktion der EL auf die Versorgung der einheimischen Bev. umgepolt, so können die einfacheren Güter arbeitsintensiv produziert werden; die erhöhte Beschäftigung verringert *Marginalität, hilft, die *Einkommensverteilung gerechter zu gestalten, und bildet einen einheim. Markt aus.
Die E. des am Produktionsfaktor Arbeit orientierten Konzepts der a. T. geht auf Schumacher/London zurück. Weitere Forschungsarbeiten – insbes. hinsichtlich der konkreten Anwendung – haben u. a. *Weltbank, *ILO, *FAO, *UNIDO, *UNESCO und *DAC vorgelegt. Die Befürworter von a. T. sehen sich der Unterstellung ausgesetzt, die IL würden den EL die modernste Technologie zu eigenem Nutzen vorenthalten wollen. Die Bilanz kapitalintensiven *Technologietransfers zwingt jedoch einfach zu einem Umdenken. *Arbeitsintensive a. T. müssen aber größtenteils erst noch entwickelt werden. Die Bemühungen in den IL gehen dahin, entsprechende Forschungen zu unternehmen oder zu unterstützen und auch Pläne der EL, Informationsbüros für die Weitergabe von Informationen über a. T.n (etwa im Rahmen von *TCDC) zu fördern.

Lit.: E. F. Schumacher, Die Rückkehr zum menschlichen Maß, Reinbek 1977. dn

Angola

Die Volksrepublik A. gehört zu den potentiell reichsten Ländern Afrikas. Probleme liegen in der Überwindung der durch die portugiesische Kolonialherrschaft deformierten Wirtschaft und der Folgen des im Prozeß der Dekolonisation aufgebrochenen pol. Konflikts, der ethnische Grundlagen hat. Fraglich ist, inwieweit es angesichts der Probleme der Machtstabiliserung der gegenwärtigen pol. Führung A.s gelingt, einen von der UdSSR unabhängigen E.-Weg zu beschreiten.
1. A. (Fläche: 1 246 700 qkm; Exclave Cabinda: 7 270 qkm) besitzt nicht nur gute Voraussetzungen für den Anbau einer Vielfalt landw. Produkte für die Eigenversorgung (u. a. Hülsenfrüchte, Kaffee, Erdnüsse, Hirse, Maniok) und den Export (Kaffee, Baumwolle, Sisal, Mais, Zuckerrohr, Palmöl, Tabak, Bohnen, Reis, Südfrüchte etc.), sondern v. a. zahlreiche bisher nur in geringem Maße erschlossene Bodenschätze. Gefördert werden insbes. Diamanten, Eisenerz und in Cabinda Erdöl. 1482 wurde das Küstengebiet A.s durch Diogo Cão entdeckt. Bis zum Verlust von Brasilien 1822 war A. Portugals Sklavenlieferant für diese Kolonie. Die intensive Besiedlung A.s und die „Befriedung“ der angol. Völker,

deren Widerstand bis Ende des I. Weltkrieges andauerte, fand insbes. nach dem II. Weltkrieg statt. Die Portugiesen errichteten v. a. Kaffee-, Baumwoll-, Sisal- und Zuckerrohrplantagen und bauten die Rohstoffe A.s ab. Die portug. Kolonialpol. zeichnete sich durch brutale Ausbeutung aus: 1. In einem Land, in dem Privateigentum fast unbekannt war, wurde jeglicher nicht in privater Hand befindliche Besitz zu portug. Staatseigentum. 2. Bis 1962 wurde ein System der Zwangsarbeit aufrechterhalten. 3. Agrarprodukte wurden den Afrikanern zu oktroyierten Bedingungen abgekauft. 4. A. war u. a. wegen eines Systems von Preis- und Importkontrollen ein geschützter Markt für portug. Fertigwaren. Der Beginn des Befreiungskampfes 1961 veranlaßte Portugal zum Abbau extremer Formen der Ausbeutung (neue Arbeitsgesetze) und zu sozialen Investitionen v. a. im Erziehungswesen. Die Siedlungspolitik wurde forciert und als gesellschaftspol. Ziel wurde die Assimilation propagiert. A. wurde für das ausländ. Kapital geöffnet: So sicherte sich *Gulf Oil* die Ölvorkommen in Cabinda, Krupp übernahm die Erzlager von Lobito und Cassinga, südafrikan. und nordamerik. Konzerne erhielten Konzessionen im Diamantenbereich. Der 1974 eingeleitete *Dekolonisationsprozeß bedeutete jedoch das Ende dieses auch Afrikaner einbeziehenden „reformierten" *Kolonialismus.

2. Die Bev. A.s betrug 1972 (gesch.) 6,73 Mio. Ew. (= 5,4 Ew. je qkm). 1970 lebten 11 % der Bev. in Städten (Hs Luanda: 475 328 Ew.). Das hervorstechendste Merkmal der Bev. ist ihre Heterogenität. Trotz der portug. Siedlungspol. fiel der Anteil der schwarzen Bev. nie unter 90 %. Nach dem Exodus der Weißen im Laufe des Befreiungskampfes wurde ihre Zahl 1978 auf weniger als 40 000 geschätzt. Die schwarze Bev. setzt sich aus ca. 100 Bantustämmen (8 Stammesgruppen) mit eigenen Sprachen zusammen. Portugiesisch ist Amts- u. Verkehrssprache. Die afrikan. Bev. gehört überwiegend Naturreligionen an, während die weiße Bev. in der Mehrzahl kath. ist. Die Zahl der Analphabeten beträgt über 85 %.

3. Die Wirtschaftsstruktur A.s steht im Spannungsverhältnis zwischen der trad. Bedarfswirtsch., in der ein Großteil der Bev. lebt, und der Markt- u. Geldwirtsch., die sich ausdehnt. Etwa 80 % der Bev. lebt von Landw., die vier Sektoren umfaßt: 1. Europ. Großbetriebe und *Plantagen mit Exportproduktion. 2. Weiße und schwarze Betriebe mit Produktionsüberschüssen und Marktbelieferung. 3. *Subsistenzwirtsch. 4. Extensive Viehzucht. Landw. Exportprodukte wurden in den 60er und 70er J. durch die rasche Expansion der extraktiven Industrie (Erdöl, Eisenerz, Diamanten) zurückgedrängt. Die 1961 beginnenden Auseinandersetzungen um die Befreiung A.s von der portug. Kolonialherrschaft bedeuteten einen entscheidenden Einschnitt in der E. des Landes. Im N A.s war, basierend auf der Stammesgruppe der Bakongo, die FNLA (Nationale Befreiungsfront von A.) unter Holden Roberto entstanden, von der sich später Jonas Savimbi löste und die im S operierende UNITA (Nationalunion für die volle Unabh. A.s) gründete. Linksintellektuelle Weiße und Schwarze gründeten die MPLA (Volksbewegung für die Befreiung A.s), deren wichtigster Führer Agostinho Neto war. Die von ausländ. Interessen forcierten Rivalitäten zwischen den 3 Befreiungsbewegungen, wobei die UdSSR die MPLA, die USA und Zaire die FNLA und Südafrika die UNITA unterstützten, erschwerten den durch die portug. Revolution vom April 1974 eingeleiteten Dekolonisierungsprozeß. Im Bürgerkrieg brachte die Unterstützung der UdSSR für die MPLA und der Einsatz kubanischer Truppen auf ihrer Seite im Februar 1976 die Entscheidung für die MPLA, deren Regierung heute von fast allen afrikan. Staaten anerkannt ist. A. wurde sozialist. Volksrepublik (Verfassung vom Nov. 75) nach Moskauer Vorbild. Durch den Bürgerkrieg und den Abzug der Portugiesen wurde die Wirtschaft A.s in eine Krise gestürzt: 1. Fachleute fehlen. 2. Landw. Betriebe sind zerstört. 3. Die UNITA kämpft weiter und kontrolliert die wichtige Benguela-Bahnlinie und den landw. produktivsten südl. Landesteil. 4. Portugal scheidet z. T. als gesicherter Absatzmarkt angolan. Produkte aus. Da die enge Anlehnung an die Sowjetunion die Probleme der Versorgung der Bev. und der Wiederankurbelung der Produktion nicht in ausreichendem Maße löste, leitete Präsident Neto eine vorsichtige Öffnung A.s ge-

genüber ausländ. Kapital ein, ein Kurs, von dem man nicht weiß, ob ihn sein nach Netos Tod im September 1979 eingesetzter Nachfolger José Eduardo dos Santos weiterverfolgen wird.

Lit.: M. Kuder, Angola. Eine geograph., soziale und wirtschaftl. Landeskunde, Darmstadt 1971; P. Kivouvou, Angola. Vom Königreich Kongo zur Volksrepublik, Köln 1980 rs

Anreizsysteme

Mat. und mor. Arbeitsanreizsysteme sind Bestandteil unterschiedlicher Konzepte zur Planung und Leitung einer sozialist. Wirtschaft. Mat. Anreize beruhen auf dem in der UdSSR praktizierten „System der wirtschaftlichen Rechnungsführung" (SwR), mor. Anreize auf dem von Che Guevara entwickelten „Haushaltsmäßigen Finanzierungssystem" (HF) oder „Budget-Finanzierungssystem", das in Kuba v. a. von 1965–75 angewandt wurde.
Grundlegender Unterschied zwischen beiden Konzepten ist ihre unterschiedliche Beurteilung der Rolle des Wertgesetzes in einer sozialist. Planwirtschaft. Das SwR geht von dem objektiven Bestehen des Wertgesetzes in einer Planwirtschaft und innerhalb des staatl. Sektors aus, das vom Staat daher in der Praxis der Planung der Volkswirtschaft zur Effektivierung und rationellen Leitung der Produktion, zur Verbesserung der Arbeitsmethoden und zur Verwirklichung einer wirtschaftl. Rechnungsführung bewußt angewandt werden muß. Das SwR basiert daher auf Warenproduktion innerhalb des staatl. Sektors. Zwischen den einzelnen Betrieben, die finanzielle Autonomie besitzen, herrschen Markt- und Ware-Geld-Beziehungen. Die Produktion eines jeden Betriebs ist innerhalb eines staatl. Rahmenplans auf eigenen Gewinn und Rentabilität ausgerichtet. Um diese Ziele zu erreichen, bedient man sich des mat. Arbeitsanreizes als grundlegenden Hebel der Produktion. Das bedeutet: Es werden differenzierte Lohnskalen festgesetzt und Arbeitsnormen aufgestellt, deren Einhaltung, Übererfüllung oder Nichterfüllung durch ein straffes Vertragssystem geregelt sind. Die Verbindung von Lohn und Norm sieht eine Entlohnung nach der Arbeitsleistung vor: Bei Übererfüllung der Normen werden v. a. individuelle Geldprämien (z. T. auch kollektive Prämien) ausgezahlt, bei Nichterfüllung Geldstrafen verhängt oder Lohnabzüge vorgenommen. Überstunden werden bezahlt. Für das HF ist das Wertgesetz mit der kapitalist. Warenproduktion unlöslich verbunden. Es besteht nur solange fort, wie noch Reste der Warenproduktion (Existenz eines Privatsektors) in der Planwirtschaft vorhanden sind. Als kapitalist. Größe widerspricht das Wertgesetz der Planwirtschaft. Die Nicht-Existenz innerhalb des staatl. Sektors einer sozialist. Planwirtschaft schließt seine bewußte Anwendung aus. Der Güteraustausch zwischen den staatl. Produktionseinheiten stellt ausschließlich einen internen Vorgang der Ressourcenumverteilung dar; erst wenn die Produkte den staatl. Sektor verlassen und auf den Markt kommen, entsteht Warenverkehr. Die einzelnen Unternehmen besitzen daher keine finanzielle Autonomie und sind eng an den staatl. Plan gebunden. Sie erhalten die benötigten Geldmittel, Maschinen und Ressourcen in Abstimmung mit dem zentralen Plan von der zuständigen zentralen Behörde und führen die erwirtschafteten Erträge und Überschüsse an die Behörde zur allg. Verwendung ab. Die Produktion der einzelnen Betriebe ist daher auf Planerfüllung und Steigerung der Gesamtwirtschaft ausgerichtet. Entsprechend beruht das Arbeitsanreizsystem nicht auf dem individuellen mat. Interesse, sondern auf mor. Stimuli, die zur Entwicklung eines sozialist. Bewußtseins, einer kollektiven revolutionären Moral und einer veränderten Haltung gegenüber der Arbeit (Arbeit als gesellschaftl. Pflicht und kollektive Anstrengung zur Erreichung eines gesellschaftl. Ziels) als grundlegender Hebel der Produktion beitragen sollen. Mat. Anreize, die durch Entwicklung des mat. Einzelinteresses Egoismus und Konkurrenzkampf zwischen den Menschen fördern, werden als kapital. Relikt verurteilt und als Widerspruch zum sozialist. Bewußtsein betrachtet.

→Guevara →Kuba →China

Lit.: E. Che Guevara, Ökonomie und neues Bewußtsein, Berlin 1969; Bettelheim/Castro/Guevara/Mandel/Mora, Wertgesetz, Planung und Bewußtsein. Die Planungsdebatte in Kuba, Frankfurt 1969; S. de Santis, Bewußtsein und Produktion, in: Kursbuch 18, Frankfurt 1969. ks

Apartheid

A. (afrikaans für Trennung) bezeichnet die in der Südafrikan. Republik praktizierte Politik der Rassentrennung. Sie räumt den Bewohnern aufgrund äußerer rassischer Merkmale (Hell- oder Dunkelhäutigkeit) abgestufte Bürgerrechte ein. Im Ergebnis sichert die A.politik die Dominanz der weißen Minderheit (1978: 18,4%), woran auch die als Reaktion auf den *Dekolonisationsprozeß im südl. Afrika eingeräumten kleinen Konzessionen an Mischlinge und Asiaten nichts geändert haben. V. a. die schwarze Mehrheit des Landes bleibt ein billiges und leicht auszubeutendes Arbeitskräftepotential in einer ansonsten hochentwickelten Industriegesellschaft.

Darüber täuschen auch die offiziellen Begründungen für die A.politik nicht hinweg, sei es die falsche Behauptung, daß die Weißen als erste das menschenleere Südafrika besiedelten, sei es der Verweis auf die „wohltätige" Wirkung der A. („hoher" Lebensstandard für Schwarze in Südafrika; Bewahrung der kulturellen Identität der Schwarzen durch die „getrennte E.") oder seien es offen rassistische Thesen, wie die der niederländisch-reformierten Kirche vom gottgewollten Unterschied zwischen Schwarzen und Weißen. Mittel zur Durchsetzung der A. sind 1. Räuml. Rassentrennung: Seit 1961 werden den Schwarzen Reservate (Bantustans, Homelands) zwangsweise als Wohngebiete zugewiesen. Nur wer in den „weißen" Gebieten gebraucht wird, darf sich dort für die Dauer seiner Arbeit aufhalten. 2. Wirtsch. Rassentr.: Die Schwarzen sind von den gelernten Berufen ausgeschlossen. Inder und Mischlinge dürfen nur bestimmte Berufe erlernen. Gewerkschaften und ein beschränktes Streikrecht gibt es nur für Weiße. Schwarze dürfen kein Land besitzen. 3. Soziale Rassentr.: Sexuelle Beziehungen und Eheschließungen zwischen Farbigen und Weißen werden bestraft. Alle gesellschaftl. Einrichtungen sind nach Rassen getrennt. Schwarze Kinder sollen in den Schulen nur die Grundkenntnisse erwerben, die sie für ungelernte Arbeiten benötigen. 4. Pol. Unterdrückung: Schwarze haben nur für einen Teil ihrer Selbstverwaltungsorgane in den Bantustans Wahlrecht, ihre Bürgerrechtsorganisationen – die bedeutendste ist der *African National Congress* (*ANC) – sind verboten, ihre pol. Führer sind, wenn sie nicht ermordet wurden (S. Biko), auf Lebenszeit in Gefängnissen oder im Exil.

Lit.: E. H. Brooks, Apartheid, London 1968; H. Adam, Südafrika, Soziologie einer Rassengesellschaft, Frankfurt/M. 1969; E. Runge, Südafrika – Rassendiktatur zwischen Elend und Widerstand, Reinbek 1974; G. Weinberger, An den Quellen der Apartheid, Berlin (DDR) 1975; R. Brückner, Südafrikas schwarze Zukunft, Frankfurt/M. 1977; T. Haug/H. Weiland/G. Vierdag, Südafrika: Friedlicher Wandel, München 1978; W. Höpker (Hrsg.), Südafrika auf der Waage, Köln 1978; H. Adam/H. Giliomee, Ethnic Power Mobilized: Can South Africa Change?, New Haven and London 1979. rs

APRA

Die APRA (*Alianza Popular Revolucionaria Americana,* seit 1930: *Partido Aprista Peruano,* PAP) wurde 1924 als „anti-imp. Front der Hand- und Kopfarbeiter" von dem Peruaner Haya de la Torre im mexikan. Exil gegr. Haya entwickelte eine Strategie des kontinentalen anti-imp. Kampfes, der, von einer poliklassistischen Allianz aus Mittelschichten (Führung), Arbeitern und Bauern getragen, die Schaffung eines auf Staatskapitalismus und Kooperativenbereich gestützten Staates zum Ziel hatte.

Die Konfrontation mit nahezu der Gesamtheit des herrschenden Machtblocks Perus hatte bei der Partei Hayas einen *Populismus bes. militanter Ausprägung zur Folge, der von den jeweiligen Regierungen mit beispielloser Härte unterdrückt wurde. Die schrittweise Anpassung der Partei an die Spielregeln des pol. Systems führte zu Bündnissen zuerst mit der Bourgeoisie (Unterstützung der Präs. Manuel Prado, 1939–45, und Luis Bustamante, 1945–48), dann mit der Grundbesitzeroligarchie. Nach einer weiteren Phase der Repression (Diktatur Odría, 1948–56) und der Kooperation mit der zweiten Regierung Prado (*Convivencia,* 1956–62), betrieb die APRA bis zum Militärputsch 1968 zusammen mit der Oligarchen-Partei Odrias parl. Obstruktion gegen die reformistische Regierung Belaúnde.

Die gespannten Beziehungen der APRA zur reformistischen Militärregierung (1968–80) verbesserten sich erst in der zweiten Phase der peruanischen Revolution (ab 1975). Nach dem Tod Haya de la Torre im August 1979 wurde die Partei von schweren inneren Auseinandersetzungen erschüttert, bei denen sich der sozialdemokrat. Flügel um Präs.-Kandidat (für die Wahlen 1980) Armando Villanueva gegen den rechten um Townsend durchsetzte. Die APRA wird von der Sozialistischen Internationale unterstützt. uw

Äquatorial Guinea

1. Die Fläche Ä.G.s (28 051 qkm) gliedert sich in die Inseln Macías Nguema Biyogo (fr. Fernando Póo; 2 017 qkm), Pagalu (fr. Annobón, 17 qkm) und in das Festlandsgebiet (Mbini) mit den Elobey-Inseln (26 017 qkm). Die ethnisch in Bantu (Fang, Benga), Bubi (I. Macías Nguema), Ibos aus Nigeria (Plantagenarbeiter) und eine span. Minorität gegliederte Bev. (1978: 350 000) weist eine hohe Kindersterblichkeit auf. Holzreichtum und fruchtbare vulkan. Böden sind günstige E.-Ressourcen, das feuchtheiße Klima hingegen begünstigt Sumpffieber, Schlafkrankheit, Lepra u. a. Krankheiten. Der Agrarsektor, von dem mehr als 80% der Bev. direkt abh. sind, dominiert. Kakao, Kaffee und trop. Hölzer sind die wichtigsten Exportgüter (Spanien, EG). Die bislang wenig entwickelte Industrie (Anteil am BIP 5%) beschränkt sich auf die Aufbereitung einheim. land- und forstwirtsch. Erzeugnisse.

2. Unter dem Druck der Unabh.-Bewegung (Monalige, Munge u. a.) gab die Kolonialmacht Spanien ihre Politik der Integration der Territorien in den span. Staatsverband (1959) und der Assimilierung (Ausbau des Schulwesens) auf und gewährte 1964 innere Autonomie. Die koloniale Bevorzugung von Fernando Póo schuf ein E.-Gefälle zwischen Fernando Póo und dem ärmeren, aber bev.-starken Rio Muni, der die Stammesdifferenzen zwischen den Bubi und Fernandinos (= Nachkommen freigelassener Sklaven aus Westafrika und der Karibik) und den Fang auf dem Festland verschärfte. Im Gegensatz zu den Fang, die die völlige Unabh. forderten, wollten die Bewohner F.P.s daher urspr. im span. Staatsverband verbleiben, da sie eine Mayorisierung durch die festländ. Fang befürchteten. Der 1968 gewählte Präs. Macías Nguema errichtete gestützt auf Militär u. Polizei, v. a. aber mit Hilfe der organisierten Staatsjugend als ständig eingesetztem Terror- und Einschüchterungsinstrument, eine blutige Diktatur, die neben der Liquidierung der oppositionellen Kräfte, der Zusammenfassung aller Parteien zur Einheitspartei PUNT (*Partido Unico Nacional de Trabajadores*) 1978 auch die kath. Religion verbot (80% der Bev. kath.). Mit dem Sturz und der Exekution Nguemas nach dem Staatsstreich des Führers des Militärrates Mbasogo (derz. Staatsoberhaupt) im Aug. 1979 scheint das wesentlichste E.-Hemmnis beseitigt zu sein, die pol. Zukunft und Struktur Ä.G.s ist jedoch noch ungeklärt. ah

Arabische Liga

Die Liga der Arabischen Staaten (AL) wurde 1945 von den 7 damals völkerrechtlich unabh. Staaten Ägypten, Irak, Jemen (heute Arab. Republik Jemen), Libanon, Saudi Arabien, Syrien und Transjordanien (heute Jordanien) gegründet. Mit den wachsenden Unabh.-Bestrebungen und der schließlichen *Dekolonisation im nördl. Afrika und Vorderasien wuchs die Zahl der Ligamitglieder auf den heutigen Stand von 22; allerdings ist die Mitgliedschaft Ägyptens z. Zt. wegen des bilateralen Friedensvertrags zwischen Ägypten und Israel suspendiert. Aus dem gleichen Grund wurde auch im Frühjahr 1979 der Sitz der AL von Kairo nach Tunis verlegt. Wichtigste *Ziele* sind: 1. der Ausbau der Beziehungen der Mitgl. untereinander, 2. der Schutz der Unabh. und Souveränität der Mitgl., 3. die Wahrung arab. Interessen gegenüber anderen Mächten, 4. die Schlichtung und Verhütung von Streitfällen. *Organe:* Oberstes Beschlußorgan: Ligarat, tagt zweimal jährl., 16 Ausschüsse für Wirtsch., Pol., Erdölfragen, Rechtswesen, Menschenrechte, Kultur, Gesundheit u. a. Daneben später gebildete Unterorganisationen und Fachkommissionen zur Förderung und Koordination der Zusammenarbeit der Ligastaaten v. a. in den Bereichen Wirtschaft, Wissenschaft, Kultur und Militär. Exekutivorgan: Generalsekretär, dessen Entscheidungskompetenzen jedoch sehr eingeschränkt sind und dessen Möglichkeiten der pol. Einflußnahme v. a. von seiner persönl. Überzeugungskraft abhängt (seit 1979 Chedli Klibi, ehemaliger tunesischer Informations- und Kultusmini-

ster). Gründung und Fortbestand der AL sind Ausdruck des kulturell und historisch begründeten Strebens nach Einheit der arab. Welt nach dem II. Weltkrieg. Jedoch hat die Zersplitterung durch Fremdherrschaft und *Kolonialismus zur Entwicklung von Partikularinteressen seitens einzelner Mitglieder der AL geführt und so verhindert, daß ein Teil ihrer Ziele verwirklicht wurde. Andererseits sollte man die integrierende Kraft der AL nicht unterschätzen. Das zeigt nicht zuletzt die Verdreifachung der Mitgl.-Zahl seit der Gründung und die Ausstrahlung auf die an der Peripherie der arab. Welt liegenden Staaten wie Mauretanien, Somalia und Dschibuti, die ebenfalls der AL angehören.
Die Tatsache, daß 7 Staaten der AL gleichzeitig Mitgl. in der *OAU sind und mehrere arab. Staaten auch zu den Wortführern der *Blockfreienbewegung gehörten oder gehören, hat dazu beigetragen, daß sich die AL im wesentl. als eine Organisation der Dritten Welt begreift und deshalb die Kooperation, v. a. mit Afrika, durch die Schaffung geeigneter Institutionen wie etwa der Arab. Bank für Wirtschaftl. E. in Afrika (BADEA) zu verbessern sucht.
Nach dem Oktoberkrieg von 1973 hat die AL auch ihr Verhältnis zur EG intensiviert. Mit dem „Europ.-Arab. Dialog" (EAD) wurden die Bemühungen um eine bessere Zusammenarbeit institutionalisiert. Beide Seiten sind in einer „Allg. Kommission" vertreten, die die Prinzipien der europ.-arab. Zusammenarbeit festlegen und die Arbeitsgruppen für die verschiedenen Bereiche der Zusammenarbeit koordinieren soll. Die bisherigen Erfolge des seit 1974 bestehenden EAD sind jedoch begrenzt, da die europ. Seite sich auf Fragen der wirtsch. und technisch-wirtsch. Zusammenarbeit beschränken möchte, während die AL diese Zusammenarbeit in den pol. Kontext einer Lösung des *Nahostkonflikts stellt, zumal Palästina – repräsentiert durch die *PLO – Mitglied der AL ist. Ein weiteres bisher nicht überwundenes Hindernis für den EAD bildet die Ablehnung des ägypt.-israel. Friedensvertrages durch die AL.

Lit.: R. Robert, Die Liga der Arabischen Staaten, in: APuZ, 23/1980, S. 25 ff.; F. Saadeddin, Die arabische Wirtschaftsintegration, Tübingen 1977. hpk

arbeitsintensiv

Als a. werden Technologie oder Produktion bezeichnet, wenn ein großer Anteil an menschlicher Arbeitskraft zur Herstellung von Gütern benötigt wird, hingegen wenig Maschineneinsatz. Gegensatz *kapitalintensiv. dn

Arbeitskreis Lernen und Helfen in Übersee e. V.

1962 gegründete Dachorganisation der deutschen Freiwilligen- und E.-Dienst-Organisationen, die durch Entsendung von *Entwicklungshelfern *personelle Entwicklungshilfe leisten: *AGEH, *DED, *DÜ, Eirene (Internat. Christlicher Friedensdienst e. V.) und Weltfriedensdienst e. V. dn

Arbeitslosigkeit

Eines der drängendsten E.-Probleme ist die wachsende A. in den EL, die aufs engste (kausal) mit *Armut verknüpft ist. Der fundamentale Unterschied zur A. in IL besteht darin, daß in EL kaum Sozialversicherungen bestehen. Die statistische Erfassung der Arbeitslosen bereitet einige Schwierigkeiten, da unter A. zwei Kategorien von Arbeitslosen verstanden werden: 1. die offene bzw. stationäre A., welche von den nat. Statistiken erfaßt wird; 2. die versteckte (auch verdeckte) A.: die vorhandene Arbeitskraft eines Beschäftigten wird nur zum Teil ausgenutzt. Es gibt verschiedene Formen versteckter A. a) saisonale A.: das Arbeitskräftepotential wird nur während der Bodenbestellung und der Ernte voll ausgelastet; b) zyklische A.: der Beschäftigungsgrad schwankt entsprechend den Nachfrageschwankungen (insbes. bei *Exportkulturen); c) stationäre: strukturelle Unterbeschäftigung mithelfender Familienangehöriger (insbes. im *Subsistenzsektor, auf *Minifundien). Diese drei Formen betreffen die Bev. im ländl. Raum. In den Städten tritt versteckte A. in Form von kleinem Straßenhandel, Losverkauf, Schuhputzkolonnen etc. auf. Die versteckte A. übersteigt zahlenmäßig bei weitem die offene A., welche die EL als offizielle A. führen. Nach *ILO-Berechnungen waren 1975 33 Mio. Menschen in den EL von offener A. betroffen (18 in Asien, 10 in Afrika, 5 in Lateinam.). Demgegenüber betrug die versteckte A.

251 Mio. (168 in Asien, 53 in Afrika, 28 Mio. in Lateinam.). Offene und versteckte A. zusammen betreffen etwa 40 % der erwerbsfähigen Bev. in EL. Angesichts des riesigen Ausmaßes des Problems wurde *Beschäftigung seit Mitte der 70er J. immer mehr in den Mittelpunkt entwicklungsstrategischer Überlegungen gerückt (→angepaßte Technologie →Grundbedürfnisse →ländliche Entwicklung →ILO dn

Argentinien

A. ist partiell industrialisiert und weist unter den EL (ohne *OPEC-Länder) mit das höchste *Pro-Kopf-Einkommen auf. Es muß jedoch zu den EL gezählt werden, da es von den typischen Strukturen der Abh. und sozio-ökon. Deformation geprägt ist. Bes. hervorstechend ist die enge Verknüpfung sozio-ökon. und pol. Faktoren im pol. Prozeß A.s, dessen Ablauf und Ablaufmuster zu kennen grundlegend ist für das Verständnis der E.-Probleme des Landes.

1. A., mit einer Fläche von knapp 2,8 Mio. qkm das zweitgrößte Land LA.s, aber mit 26,6 Mio. Ew. nur rel. gering bevölkert, besitzt eine gute Ausstattung mit natürl. Ressourcen, wobei insbes. die landw. Nutzfläche für Vieh- und Weidewirtschaft herausragt. Der BIP-Anteil der Industrie (1977: 36,5 %, Anteil der Beschäftigten: 29,1 %), entspricht jedoch dem eines IL, womit deutlich wird, daß A. in der Lage gewesen ist, seine Volkswirtschaft zu diversifizieren. Freilich ist die arg. Industrie auf die Einfuhr zahlreicher Grundstoffe, Halbfertigwaren und Investitionsgüter angewiesen, nur sehr begrenzt exportfähig und in ihren Kernbereichen vom Auslandskapital dominiert. Die Landwirtschaft, deren Anteil am BIP und der Beschäftigtenrate seit 1930 stetig zurückgegangen ist und 1970 bei 12,9 % bzw. 13,5 % lag, ist unverändert der bedeutendste Devisenbringer: ca. 85 % der Exporte entfallen auf tierische und pflanzliche Produkte (hauptsächlich Rindfleisch und Weizen, aber auch Zuckerrohr, Baumwolle, Wein etc.) Dieser typischen Art der Einbindung A.s in die *internationale Arbeitsteilung nach dem *Exportmodell entspricht auch der Import von Eisen, Stahl, chemischen Produkten, Maschinen, Elektroerzeugnissen etc. Mit einem jährlichen BSP von 1 300 US Dollar und einer LE von ca. 70 Jahren steht A. an der Spitze Lateinamerikas. Ca. 90 % der Bev. können lesen und schreiben, ca. 40 % der 15- bis 19jährigen besuchen Mittelschulen oder Gymnasien, 1,4 % der Bev. eine Hochschule. Doch bilden weiterführende Schulen und Universitäten fast ausschließlich den Aufstiegskanal der ca. 40 % der Bev. umfassenden Mittelklassen, während die ärmeren Schichten praktisch keinen Zugang haben. A. hat eine enorm starke *Gewerkschaftsbewegung und eine breite, pol. einflußreiche Mittelklasse, Faktoren, die im allg. als Voraussetzungen pol. Stabilität gelten. Seit 1930 hat jedoch nur ein Präs. seine Amtszeit regulär beenden können. Das Militär bildet den entscheidenden Machtfaktor.

2. In der Kolonialepoche stand A. im Schatten der edelmetallträchtigen Regionen des andinen Hochlandes. Seit 1543/44 systematisch besiedelt (die spätere Hs Buenos Aires wurde 1536 gegründet), bestand die koloniale Funktion des nördl. A.s, dessen relativ geringe Zahl von Ureinwohnern ausgerottet oder vertrieben worden war, infolge idealer Bedingungen für Ackerbau und Viehzucht darin, Lebensmittel für die Bergbaugebiete zu liefern. Die relativ geringe Bedeutung A.s für die span. Krone kommt auch dadurch zum Ausdruck, daß die Region erst 1776 in den Rang eines Vizekönigreiches erhoben wurde, nachdem sie zuvor ca. 200 Jahre lang von Lima/Peru aus verwaltet worden war. Der Aufstieg zum Vizekönigkreich war für A. und insbes. für Buenos Aires mit einer wirtsch. Entfaltung verbunden. Auf der Grundlage der Land- und Viehwirtschaft und des in Buenos Aires konzentrierten Handels entwikkelte sich eine Agraroligarchie und Handelsbourgeoisie, die zusammen mit den Besitzern von Manufaktur- und Handwerksbetrieben und städt. Bürgertum zunehmend die von der span. Krone auferlegten ökon. und pol. Beschränkungen in Frage stellten. Nach der Unabh. (9. Juli 1816) äußerten sich die unterschiedl. Interessen der privilegierten sozialen Gruppen in bürgerkriegsähnlichen Wirren, verstärkt durch die militär. Auseinandersetzungen mit Brasilien um das spätere Uruguay. Nach einer innen- und außenpol. stabilen Periode unter der Diktatur von José M. de Rojas (1829-1852), der

primär die Interessen der Agraroligarchie repräsentierte, brachen die internen Machtkämpfe wieder auf, als A. sich verstärkt in den Weltmarkt integrierte und vor allem brit. Kapital ins Land strömte. Das Militär erhielt durch den Vernichtungskrieg gegen Paraguay (1865–1870) und die Feldzüge gegen die Chaco-Indios eine entscheidende Aufwertung.

3. Insbes. von 1880 bis zum I. Weltkrieg erfuhr die Wirtschaft- und Sozialstruktur A.s einschneidende Veränderungen. Durch Verbesserungen der *Infrastruktur des Hinterlandes, Ausbau des Eisenbahnnetzes, Erschließung neuer Agrarzonen, Verbesserungen von Viehzucht und Weidebedingungen wurde der Export enorm gesteigert und A. zum führenden Exporteur von Mais und Rindfleisch auf dem Weltmarkt. Das im Rahmen dieses *Booms* verstärkt einfließende brit. Kapital übernahm die Kontrolle des Eisenbahnnetzes, des Großteils der Banken und der Mehrzahl der großen Handelsunternehmen. Vorzugsweise aus Italien und Spanien strömten mehrere Mio. Einwanderer ins Land, die zur verstärkten *Urbanisierung beitrugen und entscheidend die Klassenstruktur veränderten. Unter ihrem Einfluß entwickelten sich verstärkt anarchosyndikalistisch oder sozialistisch orientierte Arbeiterorganisationen auf regionaler, sektoraler und nat. Ebene, die teilweise militante Streiks durchführten. Die im Rahmen der Expansion des arg. Kapitalismus neuformierten Schichten stellten die Herrschaftsausübung des agrar. Machtblocks immer mehr in Frage. Gegen dessen ökon. Privilegien und undemokr. Praktiken formierten sich die immer selbstbewußter auftretenden Mittelschichten mit einem antioligarchischen und anti-imp. Programm in der Sammlungsbewegung der Radikalen, der *Unión Cívica Radical* (UCR). Unterstützt von der Arbeiterschaft gelang es der UCR nach harten Kämpfen, Zeiten der Illegalität und Verfolgung, 1916 in den ersten freien Präsidentschaftswahlen ihren Kandidaten durchzusetzen. Die Regierung von H. Yrigoyen unternahm den ersten Versuch in A., eine national-kapital. E. in Verbindung mit sozialen Reformen durchzuführen, was notwendigerweise mit den Interessen von Agraroligarchie, Handelsbourgeoisie und Auslandskapital kollidieren mußte. 1930 wurde Yrigoyen, der 1928 triumphal wiedergewählt worden war, durch einen Militärputsch im Interesse des trad. Machtblockes beseitigt. Der Militärputsch leitete eine Ära konservativ-restaurativer militär. oder paramilitär. Diktaturen ein, charakterisiert durch Korruption, Wahlfälschungen, Repression, Annulierung der Reformen und verstärkter Öffnung für das jetzt verstärkt aus den USA kommende Auslandskapital. Ökon. wie pol. Auswirkungen des II. Weltkrieges wie Rückgang der Importe und Zwang zu verstärkter *Importsubstitution stärkten das Gewicht der nat. Industriebourgeoisie und gaben reformist., nationalist., auf Neutralität gegenüber den kriegführenden Mächten drängenden Militärs Auftrieb. 1943/44 putschte diese Militärfraktion, zu der auch Oberst Juan Domingo Peron, führendes Mitgl. der Gruppe Vereinigter Offiziere (GOU) zählte. Nationalist. und antikommunist. gesonnen, hatte die GOU zwar Anleihen aus der Ideologie des deutschen und italienischen Faschismus aufgenommen – Peron war ein Bewunderer Mussolinis –, doch können Programm und Ideologie der GOU auf keinen Fall als faschistisch bezeichnet werden.

4. In der neuen Militärregierung setzte Peron (zunächst als Staatssekretär, dann als Arbeitsmin.) eine progressive Sozialpolitik, Einkommensverbesserungen für die Unterschichten und die Respektierung gewerkschaftl. Rechte durch. Nach Kriegsende erreichten die USA durch Druck auf die arg. Regierung, daß Peron seines Postens enthoben und verbannt wurde. Doch war dessen Charisma bei den städt. Massen bereits derart groß, daß tagelange Massendemonstrationen und Streiks die Regierung Farell dazu zwangen, Peron in sein Amt zurückzurufen. In seiner 1. Regierungsperiode setzte Peron im Rahmen einer nationalist., *populistischen Politik einschneidende Reformen durch: Zahlreiche Großbetriebe und die unter brit. Kontrolle stehenden Eisenbahnen wurden verstaatlicht, Maßnahmen zur Stärkung der kleinen und mittleren Industrie ergriffen, die materiellen Lebensbedingungen der Unterschichten verbessert, die Arbeiterklasse gesellschaftlich aufgewertet sowie die *Verschuldung A.s beglichen. Pol. Stütze des peronist. Reformprogrammes, das aller-

dings die ungerechten Strukturen und Besitzverhältnisse im Agrarsektor nicht antastete, waren vor allem der gewerkschaftliche Dachverband *Confederación General de Trabajadores* (C.G.T.), der von Oppositionellen gesäubert wurde und die hierarchische strukturierte Justizialistische Partei. Neben der Sozialpolitik gründete sich das Charisma Perons auf das Wirken seiner Frau Evita, die als eine Art ‚Madonna der Armen' nahezu mystische Verehrung genoß. Gegen Ende seiner 2. Amtszeit – Peron wurde 1951 mit 68 % der Stimmen wiedergewählt – verlor Peron, der inzwischen infolge wirtschaftl. Schwierigkeiten Zugeständnisse an die USA und die Opposition gemacht hatte, zunehmend die Unterstützung seiner Verbündeten, so der Industriebourgeoisie, der die sozialen Folgekosten des Modells zu teuer geworden waren, aber auch eines Teils der Arbeiterbasis, der den immer autoritäreren Regierungsstil nicht mehr akzeptierte. Dazu kam die volle Gegnerschaft der kath. Kirche aufgrund verschiedener antikirchl. Maßnahmen. Als Peron, der sich zum Schluß nur noch auf Gewerkschaftsbürokratie, Polizeiapparat und Parteihierarchie gestützt hatte, im Sept. durch einen Militärputsch, hinter dem sich die Front seiner Gegner (Oligarchie, Auslandskapital, Teile der Mittelklassen, Kirche) vereint hatte, gestürzt wurde, erhoben sich kaum Proteste. Doch zeigte es sich unter den folgenden Militär- und Zivilregierungen, deren Politik sich primär darauf konzentrierte, die Reformen abzubauen und die Wirtschafts- und Sozialordnung zugunsten der privilegierten Klassen zu restaurieren, daß der Peronismus als Bewegung existent blieb, wobei der C.G.T. die Funktion zufiel, den Willen der nicht repräsentierten peronist. Massen zu artikulieren. Bei Neuwahlen im Jahre 1958, unter Ausschluß der Peronisten, wurde Frondizi vom linken Flügel der Radikalen, den *Intransingentes* mit Hilfe peronist. Wählerstimmen Präs. (41,8 % der Stimmen). Frondizi wurde 4 J. später durch einen Militärputsch abgesetzt, ebenso wie sein Nachfolger Illia vom rechten Flügel der Radikalen (1963–1966), wobei der letztere Militärputsch von der Angst eines wiedererstarkten radikalisierten Peronismus ohne Peron – der sich im Madrider Exil befand – diktiert war. Unter der Militärdiktatur Ongania, charakterisiert durch extremen Wirtschaftsliberalismus und pol. Repression, gingen vor allem im Industriesektor Kernbereiche in ausländ. Besitz über. Während 1957 von den 100 größten Betrieben nur 14 vom Auslandskapital kontrolliert worden waren, stieg deren Zahl bis 1969 auf 60 an. Das Auslandskapital konzentriert sich vor allem in den dymanischsten und produktivsten Branchen wie Chemie-, Elektro- und KFZ-Industrie.

Da es auch der harten Repression der Militärregierung Ongania nicht gelungen war, den Peronismus, der zunehmend in eine rechte (reformistisch-bürokratische) und linke (antikapital.-revolutionäre) Tendenz zerfiel, zu eliminieren, suchten die nachfolgenden *Militärregimes (1970 Levinson, 1970–74 Lanusse) die Verständigung mit Peron. Während die Verfolgung gegen linksoppositionelle Tendenzen anhielt, wurden am 11. März 1975 Präsidentschaftswahlen abgehalten, die von H. Campora, dem Statthalter Perons, mit 49,6 % der Wählerstimmen gewonnen wurden. In den Jahren repressiver Militärherrschaft und wirtsch. Misere hatte sich bei den Unterschichten Perons Bild von früheren Makeln gereinigt und in der Erinnerung verklärt. Er gewann die Neuwahlen nach dem erzwungenen Rücktritt von Campora Sept. 1973 mit 61,9 % der Stimmen. Die Spaltung des Peronismus in einen linken und rechten Flügel wurde nun pol. akut. Peron entschied sich gegen den Linksperonismus, mit dem er Mai 1974 öffentl. brach und den er aus der reorganisierten Justitialist. Partei verbannte. Nach dem Tode Perons am 3. Juli 1974 trieb das Land unter der Regierung seiner 2. Frau Isabel rasch ins pol. Chaos. Die Inflationsrate stieg auf mehrere hundert Prozent, Streikwellen erschütterten Mitte 1975 das Land, Linksoppositionelle – die wichtigste linksperonistische Organisation, die Montoneros, war inzwischen in den Untergrund gegangen – wurden blutig verfolgt. In dieser Situation, in der das Land paralysiert, die Regierung verschlissen und von Korruptionsskandalen geschüttelt, parl. Institutionen im Auflösung begriffen und pol. Morde an der Tagesordnung waren, übernahmen, für niemanden überraschend, am 24. März 1976 die

Streitkräfte, die schon zuvor durch Bekämpfung der *Guerilla und oppositionelle Gewerkschaften in den pol. Alltag involviert waren, die Regierungsgewalt.
5. Aus dem Putsch, getragen von Agraroligarchie, Auslandskapital und mit ihm assoziierter Bourgeoisie, wohlwollend begrüßt vom kleinem und mittlerem Unternehmertum und von einem Teil der Mittelschichten, ging ein *Militärregime, getragen von den drei Teilstreitkräften unter Führung von General Videla hervor. Die von ihm verfolgte Wirtschaftspolitik zielt darauf ab, die exportorientierte Agraroligarchie zu begünstigen, in geringerem Maße auch das in A. produzierende Auslandskapital und seine einheimischen Partner. Der Staatshaushalt wurde durch Abbau staatl. Subventionen, Entlassungen, weitgehende Reprivatisierung staatl. Unternehmen (bis März 1979: 770 Firmen) sowie Demontage des Gesundheitswesens und Bildungssektors reduziert. Reallöhne von Arbeitern und Angestellten wurden drastisch gesenkt, wachsende Teile der Arbeiterklasse *marginalisiert. Diese Politik wird mit einer für arg. Verhältnisse beispiellosen Unterdrükkung durchgesetzt (Suspendierung gewerkschaftl. und parteipol. Aktivitäten, Verbot der Linksparteien, inhaltliche und personelle ‚Säuberung' an den Hochschulen). Zehntausende von Oppositionellen, oft ganze Familien, wurden ermordet, verschwanden spurlos, füllten die Gefängnisse oder wurden ins Exil getrieben. Die *Guerilla wurde zerschlagen. Wenn auch die Phase der offenen Repression beendet scheint, die selektive Unterdrückung hält an.
Trotz hoher humaner und sozialer Kosten konnte die Wirtsch.-Krise bisher nicht überwunden werden. 1978 lag die Inflationsrate bei ca. 170%. Pol. Opposition flammt in Streikbewegungen, verbunden mit Sabotageakten, immer wieder auf. Die soziale Basis des Militärregimes hat sich verringert, da die kleinen und mittleren Unternehmen durch die liberale Wirtschaftspolitik noch schärfer dem Konkurrenzdruck der Großunternehmen und des Auslandskapitals ausgesetzt sind und massenhaft Konkurs machen. Innerhalb der Streitkräfte kam es zu Differenzen und Fraktionsbildungen über die pol. Perspektive für die nächsten Jahre. Es ist davon auszugehen, daß die arg. Militärs auf der ideolog. Grundlage der *Doktrin der nat. Sicherheit die Staatsführung vorläufig nicht aus der Hand geben werden und daß mögliche Liberalisierungstendenzen nur der Stabilisierung ihrer Herrschaft dienen.

Lit.: P. Waldmann, Der Peronismus 1943–1955, Hamburg 1974; A. Münster, Argentinien. Guerilla und Konterrevolution, München 1977; D. Boris/P. Hiedl, Argentinien. Geschichte und politische Gegenwart, Köln 1978. aw

Armut

Die Diskussion über A. als Merkmal und Strukturdatum von UE hat in der Mitte der 70er J. durch die Feststellung einer wachsenden absoluten Verarmung und die Herausarbeitung eines entsprechenden Konzepts der absoluten A. eine neue Dimension erhalten. Unter relativer A. wird das Wohlstandsgefälle zwischen IL und EL und innerhalb der EL zwischen den Regionen und sozialen Schichten (→Einkommensverteilung) verstanden. Der Weltbankpräsident, R. McNamara, definierte absolute A. in seiner wegweisenden Rede Sept. 1973 in Nairobi/Kenia wie folgt: „Absolute A. (...) ist durch einen Zustand solch entwürdigender Lebensbedingungen wie Krankheit, Analphabetentum, Unterernährung und Verwahrlosung charakterisiert, daß die Opfer dieser A. nicht einmal die grundlegendsten menschlichen Existenzbedürfnisse befriedigen können. Verhältnismäßig wenige Menschen in den entwickelten Ländern, jedoch Aberhunderte Mio. Menschen in den EL (...) leiden unter diesen unmenschlichen Lebensbedingungen (...): – Ein Drittel bis zur Hälfte der 2 Mrd. Menschen in den EL hungern oder leiden an Unterernährung; – 20–25% der Kinder dort sterben vor dem 5. Geburtstag; die nicht sterben, sind zu einem armseligen Dasein verdammt, weil als Folge von Unterernährung ihre Gehirne geschädigt, ihre Körper verkrüppelt und ihre Lebenskraft erschöpft wurden; – die LE beträgt 20 Jahre weniger als in den wohlhabenden Ländern. Mit anderen Worten: Menschen in den EL werden 30% der Lebensjahre verweigert (...). Schon bei Geburt sind diese Menschen zu einem frühen Tod verurteilt; – 800 Mio. Menschen sind Analphabeten und die Mehrzahl ihrer Kinder werden trotz des wachsenden Ausbaus des Erziehungswesens in den kommenden Jahren Analphabeten bleiben. (...) Diese Bedingungen sind so weit verbreitet, daß sie das Los von etwa 40% der Menschen in den EL bestimmen." Nach dem Berechnungen der Weltbank sind das etwa 800 Mio. Menschen am Ende der 70er J. Der Weltentwicklungsbericht von 1979 schätzt, daß trotz großer E.-Anstrengungen im J. 2000 die Zahl der voraussichtlich in absoluter A. lebenden Menschen nicht unter 600 Mio. gesenkt werden kann. Verschiedene Institutionen haben sich um weitere Differenzierung des Konzepts der A. und um die Bestimmung von Armutsgrenzen bemüht – Voraussetzung für eine zielgerichtete Politik der Bekämpfung von A. Die *IDA hat 5 Kern-*Indikatoren der absoluten A. entwickelt und die Armutsgrenze quantitativ wie folgt bestimmt: jährl. *Pro-Kopf-Einkommen unter 150 US-$; tägl. Kalorienverbrauch unter 2 160 bis 2 670 Einheiten je nach Land; LE unter 55 J.; Kindersterblichkeit über 33 pro T.; Geburtenrate über 25 pro T. Die *ILO sieht zwei Armutsgrenzen. „Die eine wird mit dem Durchschnittsverdienst eines ungelernten Arbeiters in einem Großbetrieb der verarbeitenden Industrie Indiens gleichgesetzt (‚sehr arm'); die andere entspricht einem Einkommen im Gegenwert von einer Rupie (Gegenwert etwa 25 Pfennig pro Tag = ‚völlig verarmt')." Mit Hilfe der Kosten eines typischen ‚Warenkorbes' lassen sich entsprechende Einkommenswerte in anderen Ländern errechnen. Sie führen zu folgendem Ergebnis: a) ‚sehr arm' sind Menschen, deren Einkommen in Westeuropa unter der Grenze von 500 US-$, in Lateinamerika von 180 US-$, in Afrika von 115 US-$ und in Asien von 100 US-$ pro Jahr liegt; b) ‚völlig verarmt' sind Menschen, die über ein jährl. Einkommen von weniger als 250 US-$ in Westeuropa, von 90 US-$ in Lateinamerika, von 59 US-$ in Afrika und von 50 US-$ in Asien verfügen." (JHE 1979, S. 153). Aufgrund dieser Kriterien waren nach ILO-Berechnungen 1972 in den EL 1,2 Mrd. Menschen oder 67% der dort lebenden Bev. sehr arm, innerhalb dieser Gruppe ca. 700 Mio. Menschen oder 39% der Bev. insges. völlig verarmt.

Lit.: F. Fröbel u. a. (Hrsg.), Die Armut des Volkes, Reinbek 1974; L. Boudestam/S. Bergström (Hrsg.), Poverty and Population Control, London u. a. 1980.

dn

Arusha-Erklärung

1. Programmatische Erklärung des tansanischen Staatspräsidenten *Nyerere zu den Grundlagen *_Ujamaa_ und *_self-reliance_ des tansanischen Weges zum *Sozialismus von 1967.
2. Erklärung und Aktionsprogramm der *Gruppe der 77 vom Febr. 1979: 1. Förderung des Handels der EL untereinander *ECDC) und mit den *Staatshandelsländern zur Stärkung der Verhandlungsmacht der EL; 2. Vereinbarungen über Zusammenarbeit unter EL und Gründung von transnat. Handels- und Produktionsunternehmen gegen die *multinat. Konzerne der IL (Aufbau einer Gegenmacht der Dritten Welt); 3. Stärkung der *UNCTAD als Schlüsselinstrument für int. Verhandlungen über Handel und E., insbes. über die Errichtung einer *Neuen Weltwirtschaftsordnung; 4. Aufforderung an IL, v. a. an USA, Japan und BRD, die UN-Leitlinien für E.-Hilfe zu erfüllen: 0,7% des BSP aus öffentl. Mitteln; 5. Forderung nach besserem Marktzugang für Produkte der EL auf den Märkten der IL.

dn

ASDB

Asiatische Entwicklungsbank (auch ADB, _Asian Development Bank_), 1965 gegr., Sitz Manila. Regionale und nichtregionale Mitgl.; Kapitalanteile der regionalen Mitgl. unter Einschluß von Japan, Australien und Neuseeland 60%. _Ziele:_ Förderung von E.-Projekten, die Bestandteile staatl. oder regionaler E.-Pläne sind; Förderung der schwächsten Mitgl. (dazu im Widerspruch steht freilich die bisherige Kreditvergabepraxis); Aufbau privatwirtsch. orientierter, mit den westl. IL eng verflochtener Volkswirtschaften. _Probleme:_ Im Rahmen der Förderung einer exportorientierten *Industrialisierung nach dem Modell der neuen *int. Arbeitsteilung finden die *Grundbedürfnisse der einheimischen Bev. kaum Berücksichtigung.

Im Rahmen der ASDB wurde 1974 der Asiatische E.-Fonds ASDF (auch ADF, _Asian Development Fund)_ gegründet, dem v. a. westl. IL als Geberländer angehören und der Kredite plus finanztechnische Unterstützung für landw. und infrastrukturelle E.-Projekte gewährt.

dn

ASEAN

Verband südostasiatischer Staaten (*Association of South-East Asian Nations*), 1967 in Bangkok von den 5 Mitgl. Indonesien, Malaysia, Philippinen, Singapur und Thailand gegr. Wirtschaftsgeographische Eckdaten: Bev.: 241 Mio. (1976); Rohstoffe: Rohöl, Kautschuk (83 %), Palmöl (84 %), Zinn (72 %), tropische Hölzer, Kopra, Pfeffer, verschied. Mineralien (in Klammern: Anteil an der Weltproduktion 1975); BIP pro Kopf 356 US-$ (1976); JZ des BSP 1970–76: 6–9 %.

Pol. Zielsetzung: Förderung der regionalen Kooperation und Stärkung der wirtsch. und sozialen Stabilität der Region. Institutionen: Keine Organe mit supranat. Befugnissen. 1. Regelmäßige jährl. Tagungen der Außenminister; 2. Ständiger Ausschuß; 3. Ständige Komitees (nach Ressorts) und ad hoc-Kommissionen, etwa ASEAN-Brüssel-Komitee für die Verhandlungen mit der EG; 4. Nat. Sekretariate in jedem Land; 5. Einrichtung eines ständigen zentralen Sekretariats 1976 in Djakarta, das ausschließlich Koordinierungsfunktionen hat. 6. Schaffung eines Hilfsfonds 1977 zur Überwindung kurzfristiger *Zahlungsbilanzschwierigkeiten. Interne Zusammenarbeit und Organe befinden sich in weiterem Ausbau.

Ergebnisse: geringe Fortschritte in der *Integration (Zollabbau, regionale Industrieprojekte), was angesichts der heterogenen Struktur der Ökonomien der ASEAN-Staaten (man vergleiche nur Singapur und Malaysia) nicht verwunderlich ist. 1977 Einigung über Vorzugszölle unter den Mitgl.-Ländern. Bedeutende und wachsende Rolle als Stabilitätsfaktor im südostasiatischen Raum: antikommunistisch, prowestlich, Neutralitätspolitik. Gemeinsames Auftreten in der Außenpolitik (auch bei *UNCTAD-Konferenzen) stärkt Verhandlungsmacht der Mitgl.-Länder gegenüber den IL, insbes. Japan (Haupthandelspartner und -Investor) und den USA. Neuerdings EG-Orientierung zur Diversifizierung der Außenbeziehungen. Euro-Asiatische Außen- und Handelsminister-Konferenzen Nov. 1978 und Febr. 1979 bereiteten das ASEAN-EG-Abkommen über Handel und wirtsch. Zusammenarbeit vor, das März 1980 unterzeichnet wurde. Es öffnet die europ. Märkte den Exporten der ASEAN-Staaten; im Gegenzug sichert es Europa den Zugang zu beträchtlichen Rohstoffvorkommen und ein attraktives Investitionsfeld. Probleme: ASEAN-Staaten verfolgen, dem Beispiel Singapurs entsprechend, weltmarktintegrative, exportabhängige E.-Modelle auf der Basis von Rohstoffen und des Angebots einer Billig-Lohn-Arbeiterschaft. Verknüpfung dieser Modelle wirtsch. Wachstums mit pol. Repression (z. T. Militärdiktaturen) als strukturell notwendiger Rahmenbedingung. Von dort her ist mehr als fraglich, ob der Anspruch der ASEAN, eine „Zone des Friedens, der Freiheit und der Neutralität" zu schaffen, erfüllt werden kann.

Lit.: B. Dahms/W. Draguhn (Hrsg.), Politics, Society and Economy in the ASEAN States, Wiesbaden 1975; J. Dauth: ASEAN – Die Gemeinschaft der Südostasiatischen Staaten, in: APuZ 8/1979, S. 31 ff.

dn

Assoziierung (EG)

Im Art. 131 des EWG-Vertrages von Rom regelte die EG die Fragen, die sich aus den besonderen Beziehungen einiger Mitgl.-Staaten mit überseeischen Ländern (früheren *abhängigen Gebieten) ergaben, im Wege der Assoziierung: „Ziel der A. ist die Förderung der wirtsch. und sozialen E. der (überseeischen) Länder und Hoheitsgebiete." Nach erfolgter *Dekolonisation wählten die unabh. gewordenen Staaten bis auf Neuguinea und Guinea die Assoziierung. So entstand die Gruppe der „Assoziierten Afrikanischen Staaten und Madagaskar" (AASM), die 1963 in Jaunde ein Abkommen über Zollfreiheit sowie finanz. und techn. Kooperation mit der EG abschlossen, das 1969 erneuert wurde. Im gleichen Jahr vereinbarte die EG mit der *EAC in Arusha ein Abkommen über eine Freihandelszone. Ihre Fortsetzung fand die A.-Politik in den nach EG-Beitritt Großbritanniens abgeschlossenen *Lomé-Abkommen.

dn

Äthiopien

Nach der Revolution von 1974 versucht Ä. mit Unterstützung der UdSSR und ihrer Verbündeten, die Einheit des Landes und den zentralistischen Staatsaufbau zu erhal-

ten sowie das Land nach den Prinzipien des Marxismus/Leninismus umzugestalten.
1. Ä. (Fläche 1 221 900 qkm) ist heute *LLDC und *MSAC. Aufgrund seiner fruchtbaren Böden und der im Durchschnitt sehr reichlichen Regenfälle, die 2 bis 4 Ernten im Jahr erlauben, könnte das Agrarland (90 % der Bev. leben auf dem Lande und von der Landw.) die Kornkammer Ostafrikas und des Vorderen Orients sein.
2. Ä.s Geschichte ist seit dem 13. Jh. von Auseinandersetzungen um die Vorherrschaft im Lande geprägt, in die gegen Ende des 19. Jh. auch Italien einzugreifen versuchte (1. afrikan. Sieg gegen eine europ. – die italien. – Kolonialarmee 1896). 1930 gelang es Haile Selassie, sich zum König der Könige krönen zu lassen. Er führte die Zentralisierungspolitik seiner Vorgänger durch eine Steuer- und Heeresreform weiter, schuf die Institutionen eines modernen Staates (Verfassung 1931), beseitigte die Sklaverei und legte die Grundlagen zu einem allg. Schulsystem. Er änderte jedoch nur wenig an den feudalen Besitzverhältnissen. Die Zeit der italien. Besetzung Ä.s (1935–1941) blieb ein Intermezzo. Nach dem II. Weltkrieg setzte Selassie die Zentralisierungs- und Amharisierungspolitik fort. Allmählich wuchs jedoch die innenpol. Opposition, die eine Landreform, die Zulassung pol. Parteien, die Abschaffung des Zensuswahlrechts, eine freie Presse und die Freilassung pol. Gefangener forderte. In Eritrea weiteten sich die Konflikte aus. 1952 war Eritrea als „autonome und föderierte Einheit" aufgrund eines *UN-Beschlusses mit Ä. verbunden worden. 1962 beschloß das eritreische Parlament seine Selbstauflösung. Der Zusammenschluß mit Ä. bedeutete für Eritrea jedoch eine eklatante Benachteiligung, denn Ziel der Zentralregierung blieb, aus der militär. und wirtsch. bevorzugten Lage der Provinz und aus ihrem höheren E.-Stand Vorteile für das Rest-Ä. zu ziehen.
3. Die Bev. Ä.s wurde 1978 auf 29,71 Mio. Ew. geschätzt. Die Bev.-Dichte beträgt 24,3 Ew./qkm. Nur 12 % leben in Städten (Hs Addis Abeba 1977 gesch.: 1 133 200 Ew.). Die Bev. ist sehr heterogen. Die Großgruppen unterscheiden sich sprachlich, konfessionell, rassisch und kulturell und sind selbst noch vielfach untergliedert in ethnische Einheiten: ⅖ Gallas; ca. ⅓ Tigre (im N); ca. ⅓ Amharen (zentrales Hochland). Die Amharen halten fast alle Schlüsselstellungen in Staat, Wirtsch. und Gesellschaft besetzt; jeweils 5–10 % Gurage, Somalis und Danakil. Daneben leben ca. 10 000 Italiener in Ä. Es gibt etwa 70 Sprachen und ca. 200 Dialekte. Staatssprache ist das Amharinya, die Sprache der Amharen (2. Amtssprache: Galla). Religion: 60 % äth. Christen (bes. Amharen und Tigre), 30 % Muslimen (Somali, Danakil, Teile d. Galla), 28 000 Juden und Anhänger von Naturreligionen (im SW), ca. 200 000 Katholiken.
4. Die landw. Produktion ist für Ä. der bei weitem wichtigste Wirtsch.sektor (90 % der Exporte sind landw. Produkte/70 % Kaffee). Die Landw. war aus einer Reihe von wenigstens bis zur Revolution von 1974 zutreffenden Gründen wenig produktiv: 1. Landanteile der kaiserl. Familie, der Kirche und des Staates lagen oft brach. 2. Privateigentum an Boden war v. a. *Rist* – Eigentum, d. h. Familienland. Der Bauer, der den Boden bearbeitete, hatte wenig Interesse, durch Investitionen den Besitz entfernter Verwandter zu vergrößern 3. Der Kaiser setzte für das *Rist*-Land häufig Obereigentümer ein, denen die Bauern Abgaben zu entrichten hatten. 4. Beim verpachteten Land lagen die Abgaben zwischen 50 und 75 %. Neben der Pachtleistung wurden die Bauern gegen gesetzl. Vorschriften auch zu Hand- und Spanndiensten herangezogen. Der Grundherr verlangte häufig von dem künftigen Pächter ein „Eintrittsgeld". Die Lage des Pächters blieb unsicher, da selten schriftl. Verträge geschlossen wurden. Wegen des Abzuges des Mehrprodukts waren Investitionen in der Landw. kaum möglich. Die Bauern wichen zur Anlage von Erträgen auf Viehhaltung aus (83 % der landw. Nutzfläche, nur 17 % ist Ackerland). Ä. hat vielerlei Bodenschätze, in nennenswertem Umfange werden Gold, Platin und Salz abgebaut. Die größten Industriebetriebe des Landes sind regional stark konzentriert (fast 90 % der Produktion findet in der näheren Umgebung der Städte Addis Abeba, Asmara und Dire Dawa statt). Die mit der Industrieansiedelung beabsichtigte *Importsubstitution konnte nicht erreicht werden. Die

Produktionskosten sind hoch, die Industrien sind nicht ausgelastet, haben lange Ausfallzeiten wegen Ersatzteilmangels und bieten wegen ihrer Kapitalintensität nur wenige Arbeitsplätze.

5. Die soziale und kulturelle *Infrastruktur Ä.s ist einseitig auf die Städte zugeschnitten. Gesundheitswesen (1970: 76 200 Ew. auf 1 Arzt, LE 38,5 J. Ende der 60er J.) und Bildungswesen (ohne Schulbildung über 90%) gehören zu den am wenigsten ausgebauten Afrikas.

6. Der pol. Unmut mit dem Regime Selassies kulminierte nach der Hungersnot von 1973. Im Sept. 74 wurde der Kaiser vom Militär abgesetzt. Ä. wird seither vom „Provisorischen Militär. Verwaltungsrat" (DERG) unter Oberstleutnant Menghistu Hailé Mariam regiert. Neben einer *Agrarreform wurde die Verstaatlichung der Banken und größeren Industriebetriebe verkündet. Vordringliches Ziel der Militärs war jedoch die Sicherung der Einheit des Landes. Mit Hilfe der UdSSR und kuban. Truppen wurden bis Ende 1978 sowohl die von Somalia unterstützten Kräfte der Westsomalischen Befreiungsfront aus dem Ogaden verdrängt als auch den verschiedenen Widerstandsgruppen der Eritrer und anderer Nationalitäten Niederlagen beigebracht. Nach Berichten des „Guardian" haben die eritreischen Befreiungsbewegungen 1980 ihre Einflußzone wieder bedeutend erweitert, hat die Landreform den Charakter einer Administration des früheren Großgrundbesitzes durch Regierungsverwalter angenommen und werden in Ä. Vorbereitungen zur Installierung einer kommunistischen Partei nach Moskauer Modell getroffen.

Lit.: S. Rubenson, The Survival of Ethiopian Independence, London/Ibadan/Nairobi/Lusaka 1976; F. V. Göricke, Revolutionäre Agrarpolitik in Äthiopien, Saarbrücken 1977 rs

Auslagerung/Produktionsauslagerung

Unter A. versteht man die Ansiedelung von Industriebetrieben oder Industriebranchen, die bisher ihren Standort in IL hatten, in EL im Rahmen der neuen *int. Arbeitsteilung. Motive für A. liegen bei den Unternehmern in der billigeren Arbeitskraft in EL, bei den EL in deren Industrialisierungszielen und Hoffnungen auf Beschäftigungseffekte. →Direktinvestitionen →Freie Produktionszonen dn

Autozentrierte Entwicklung

Eigenständige E., entwicklungsstrategisches Konzept, das innerhalb der *Dependencia-Theorien zu verorten ist. Ausgehend von der Bestimmung der EL-Ökonomien als verkrüppelte Ökonomien, die keine vollständigen Wirtschaftskreisläufe kennen, empfiehlt die Strategie autozentr. E. den Aufbau einer lebensfähigen Ökonomie, gestützt auf die lokal verfügbaren Ressourcen und gekennzeichnet durch ökon. Verkoppelungen und Vermaschungen, die ein integriertes Gebilde entstehen lassen. Dazu werden wirtschaftspol. Maßnahmen erforderlich, die mehr oder weniger gleichzeitig in Angriff zu nehmen sind: 1. Aufbau eines eigenen ind. Sektors für die Produktion von Produktionsmitteln und Zwischengütern; 2. Entwicklung neuer, insbes. *angepaßter Technologien sowie Fortentwicklung und Anpassung bestehender Technologien; 3. Produktivitätssteigerung in der Landw.; 4. Ind. Produktion von Massenkonsumgütern, die zur Befriedigung der Grundbedürfnisse der Masse der Bev. geeignet sind. Autozentr. E. ist binnenmarktorientiert und setzt insofern *Dissoziation aus dem Weltmarkt voraus, wenn anders nicht die strukturelle Reorganisation einer EL-Ökonomie bewerkstelligt werden kann. Sie verstößt gegen die Doktrin der *komparativen Kosten, denn sie geht von der These aus, daß der kostengünstigere Weltmarkt innerhalb der asymmetrischen Struktur der Austauschbeziehungen zwischen IL und EL die strukturelle Verkrüppelung der weniger produktiven Ökonomie vertieft. Die in der BRD hauptsächlich von D. Senghaas gegen die Integrationisten (E. durch Exportorientierung der EL-Ökonomien und Weltmarktintegration) vertretene entwicklungsstrateg. Position darf weder als Autarkie noch als neuaufgelegte *Importsubstitutionspolitik mißverstanden werden. Andererseits verbleibt das Konzept fast ausschließlich im Ökonomischen stecken. Die pol. Bedingungen seiner Realisierung werden kaum reflektiert, soziale Mobilisierung als Mittel wird nur angedeutet. Als Fallbeispiele verweist Senghaas auf die VR China, auf Nordkorea und Albanien.

Lit.: D. Senghaas, Weltwirtschaftsordnung und Entwicklungspolitik. Plädoyer für Dissoziation, Frankfurt 1977. dn

AwZ

Ausschuß für wirtsch. Zusammenarbeit des Deutschen Bundestags, proportional entsprechend dem Mandatsverhältnis der Parteien im Bundestag von den Parteien besetzt (1976–1980: CDU/CSU 11; SPD: 10, FDP: 2; Vorsitzender: Uwe Holtz/SPD), spielt angesichts der großen Bedeutung der Ausschußarbeit im Parlamentarismus der BRD eine beachtliche Rolle. Führt unter anderem *Hearings* (Anhörungen) mit Sachverständigen durch, die – im Gegensatz zur Ausschußarbeit – öffentlich sind. Bislang 4 Hearings: April 1970 über Prinzipien der E.-Politik in der Zweiten *Entwicklungsdekade; Nov. 1974 über Tätigkeit und entwicklungspol. Einfluß deutscher *Multinationaler Konzerne in EL; Mai 1977 über die Rohstoffproblematik im Nord-Süd-Verhältnis unter besonderer Berücksichtigung des *Integrierten Rohstoffprogramms; April 1979 über Nord-Süd-Verflechtung: Auswirkungen verstärkter Förderung der Länder der Dritten Welt durch öffentl. und privaten Kapitaltransfer auf die EL und auf die IL (→öffentl. Hilfe, →Direktinvestitionen). dn

Bahrein

1. Das Emirat B. besteht aus einem Archipel von 33 Inseln (Fläche 622 qkm) im Golf von B., der vom saudiarab. Festland und der Halbinsel Katar umschlossen wird. Die größten Inseln sind B. (56,3 qkm), Hawar (41,3 qkm), Umm An-Nasan (18,9 qkm) u. Muharrak (13,8 qkm). Sie sind, abgesehen von den bewässerten Flächen (ca. 5 % des Landes), wo Obst und Gemüse angebaut werden, wüstenhaft. Bevor die pol. Macht in B. 1782 von der noch heute herrschenden Familie el-Chalifa übernommen wurde, war B. im Besitz der Portugiesen (seit 1507) und Perser (seit 1602). Durch Verträge mit GB wurde B. im 19. Jh. zum Protektorat (GB für Verteidigung u. Auswärtiges zuständig). 1971 zog GB seine Truppen ab und erkannte B. als unabh. Monarchie an.
2. B. hatte 1978 216 078 Ew. (mit Ausländern gesch. 345 000, jährl. Bev.-Wachstum 1970–77: 3,1 % etwa die Hälfte der Bev. ist unter 15 J.). 78 % der überwiegend arab. Bev. lebt in den Städten (Hs Manama 1979 gesch. 150 000 Ew.).
3. Die wirtsch. Struktur B.s ist von der Erdöl-/Erdgasindustrie bestimmt, in der allerdings nur 7 % der Bev. arbeiten (7 % in der Landw. / 33 % produzierendes Gewerbe / 16,5 % Dienstleistungssektor). Seit 1967 wird die Erdölförderung konstant gehalten, um die rel. kleinen Vorräte nicht so schnell zu erschöpfen. Die BAPCO (*Bahrain Petroleum Company* = in gleichen Teilen im Besitz der *Standard Oil of California* und *Texacos* / 50 % des Gewinns gehen an den Emir, der damit über ⅔ des Staatshaushalts finanziert) errichtete auf B. die drittgrößte Erdölraffinerie des Mittl. Ostens, in der die ges. Ölförderung des Landes nur 25 % des Durchsatzes stellt (75 % des verarbeiteten Öls kommt aus Saudi-Arabien). B. exportiert Erdölderivate (79 % der Ausfuhr) und Aluminium (19 %), zu dessen Erzeugung als Energiequelle Erdgas benutzt wird.
4. Die Bev. B.s bekennt sich je zur Hälfte etwa zur sunnitischen und zur schiitischen Richtung des Islam, wodurch zu einem gewissen Grad (der Emir ist Sunnit) pol. Spannungen erzeugt werden. Das gut ausgebaute Bildungswesen trägt dazu bei, die Zahl der Analphabeten (88 %) zu verringern. Zur Universitätsausbildung ist allerdings ein Auslandsaufenthalt erforderlich. Staatssprache ist arab., Bildungssprache englisch. Die gesundheitl. Betreuung der Bev. ist kostenlos.
5. Der Emir von B. (seit 1961: Scheich Isa bin Sulman el-Chalifa) regiert mit einem sog. Staatsrat, der vorwiegend aus seinen Verwandten besteht. Es gibt kein Parlament und keine Parteien.
6. B. versucht heute durch die Nutzung seiner Bedeutung als Handelsplatz zwischen den arab. Ländern am Pers. Golf und den IL sowie den Ausbau des *Tourismus, seine einseitige Abh. von der Ölwirtschaft zu verringern. rs

Balanced growth

Innerhalb der ökon. E. Theorie besagt die von P. N. Rosenstein-Rodan und R. Nurkse vertretene B.g.-Theorie, daß sich selbsttragendes wirtsch. Wachstum (*self-sustained growth*) in EL nur durch ein Gesamtkonzept aufeinander abgestimmter *Investitionen, die gleichzeitig vorgenommen werden und wechselseitig die Nachfrage nach Produkten schaffen, herbeigeführt werden kann. Dieser Theorie zugeordnet sind zwei strategische Elemente: 1. die **Big push*-Theorie von P. N. Rosenstein-Rodan; 2. die Theorie des „kritischen Minimums" von H. Leibenstein. Sie setzt das Wachstum des *Sozialprodukts mit dem Wachstum der Bev. miteinander in Beziehung und postuliert, daß der Umfang des Kapitaleinsatzes zumindest so groß sein muß, daß die JZ des Sozialprodukts höher ausfällt als die der Bev. Gegentheorie: **Unbalanced growth.* dn

Bandung-Konferenz

Vorläufer der Konferenzen der Blockfreien; erste afroasiatische Konferenz April 1955, auf der 23 asiat. und 6 afrikan. Staaten vertreten waren. Verabschiedung der „Fünf Prinzipien der friedlichen Koexistenz", die von J. Nehru anknüpfend an alte indische Leitideen formuliert wurden: 1. Gegenseitige Achtung der territorialen Unverletzlichkeit und Souveränität; 2. Gegenseitiger Nichtangriff; 3. Gegenseitige Nichteinmischung in die inneren Angelegenheiten des anderen; 4. Gleichheit und gegenseitiger Nutzen; 5. friedliche Koexistenz.

Lit.: D. Schröder, Die Konferenzen der Dritten Welt, Hamburg 1968. dn

Bangladesh

1. B. (Fläche: 143 998 qkm) gilt seit seiner Unabh. (1971) als beinahe „hoffnungsloser Fall" eines EL. In seinen grundsätzlichen E.-Problemen unterscheidet es sich kaum von den anderen Ländern Südasiens (→Indien, →Pakistan), einige von ihnen treten aber besonders akzentuiert auf: Die allg. Armut, die sich in einem *Pro-Kopf-Einkommen von (1970) 90 $ ausdrückt, ist noch größer als im benachbarten Indien oder Burma. Mit ca. 625 Ew./qkm weist B. die höchste Bev.-Dichte unter allen Flächenstaaten auf, sie steigt ständig durch das hohe Bev.-Wachstum (JZ mind. 2,5 %), so daß die Bev. 1980 knapp 80 Mio. (8. Stelle aller Staaten) beträgt; auch bei einer wirksamen *Familienplanung muß mit mind. 120 Mio. Ew. im J. 2000 gerechnet werden. Die große Landknappheit (Durchschnittsgröße der 8,2 Mio. landw. Betriebe: 0,9 ha) und die rückständige Produktionstechnik erlauben keine ausreichende Nahrungsmittelproduktion; Bodenschätze (außer Erdgas) fehlen fast völlig. Die Industrie ist kaum entwickelt (außer Jute), der allg. Bildungsstand ist niedrig (78 % Analphabeten), vor allem bei der weibl. Bev. (89 %); eine allg. Schulpflicht gibt es nicht. Ebenso unzureichend sind der allg. Gesundheitszustand und die ärztl. Versorgung, es gibt (1976) nur 1 Arzt auf 12 000 Ew. und 1 Krankenhausbett auf 4 500 Ew.

2. Die noch völlig dominierende Landw. ist von der Verfügbarkeit von Wasser abh., ein Zuwenig (Dürre) oder Zuviel (Überschwemmung) bedeutet für die Bev. und die Wirtschaft jedesmal eine existentielle Bedrohung. Die außenwirtsch. Verflechtung beschränkt sich beim Export auf einige wenige landw. Roh- und Verarbeitungsprodukte, v. a. auf Jutebasis, wo B. besonders günstige natürliche Produktionsvoraussetzungen besitzt. Dagegen ist der Bedarf an Importwaren praktisch unbegrenzt, da B. nicht nur fast alle Industrieerzeugnisse, sondern auch Nahrungsmittel (bis zu ¼ des Nahrungsgetreides) einführen muß. Die Finanzierung des Importüberschusses geschieht überwiegend durch Schenkungen und Kredite zu Vorzugsbedingungen aus dem Ausland, bes. den USA und den anderen IL, der Weltbank und Indien; in den letzten Jahren auch aus den islam. erdölexportierenden Ländern. Dazu kommen seit kurzem in wachsendem Maße die Heimüberweisungen der im Ausland arbeitenden Bangladeshi (v. a. in Nahost). Eine Besonderheit B.s ist die große ethnische, linguistische und religiöse Homogenität: Die Bev. besteht fast ausschließlich aus Bengalen, spricht und schreibt Bengali, eine alte Literatursprache mit eigener Schrift, und bekennt sich (85 %) zum Islam. Mit der angrenzenden ind. Provinz West-Bengalen teilt B. die Geschichte, die Herkunft, die Sprache und Schrift, nicht aber die Religion: dort sind es mehrheitlich Hindus. Die einzige problematische Minorität B.s sind die 0,5 bis 1,5 Mio. sog. Biharis, meist aus der ind. Provinz Bihar stammende und Urdu sprechende Flüchtlinge, die sich als Moslems nach der Teilung Indiens 1947 für Pakistan entschieden. Weil ihnen vorge-

worfen wird, während des Unabh.-Krieges mit den Westpakistani kollaboriert zu haben und damit für den Tod vieler Hunderttausender mitverantwortlich zu sein (die Schätzungen gehen bis zu 3 Mio. Opfern), und sie auch vor 1971 nicht integriert waren, leben sie noch immer vielfach in Lagern; mehrere Hunderttausend konnten nach Pakistan auswandern. Die zahlenmäßig größte Minderheitengruppe sind die Hindus (13,5 %), davon die Hälfte Angehörige der „eingetragenen" (niederen) Kasten; ferner sind die (meist buddhistische) Stammesbev. (0,6 %) und die Christen (0,3 %) zu nennen.

Hauptproblem des Landes ist die Versorgung der Bev. mit Nahrungsmitteln. Nach FAO-Schätzungen nehmen 38 % der Bev. weniger als die als kritische Grenze angesehenen 1 517 Kcal am Tage zu sich. Da fast das ges. Staatsgebiet schon landw. genutzt wird, ist eine Steigerung der Nahrungsmittelproduktion nur durch eine erhöhte Anbauintensität (z. Z. 150 %) und verbesserte Anbaumethoden zu lösen, da die Hektarerträge trotz der potentiell hochertragreichen Schwemmlandböden unter denen anderer EL liegen. Neben dem – zumindest technisch – lösbar erscheinenden Problem der Steigerung der Agrarproduktion gibt es ein akutes Verteilungsproblem, das sich v. a. bei den landlosen (und unterbeschäftigten) Landarbeitern und den arbeitslosen bzw. unterbeschäftigten **squatter* in den wenigen großen Städten stellt. Da unter den derzeitigen Bedingungen die Aufnahmefähigkeit der beng. Landw. und des ländl. Handwerks und Gewerbes erschöpft ist, steht B. eine weitere rapide *Urbanisierung (Vervierfachung der städt. Bev. 1951–1974) bevor. Die Hs Dacca hatte 1951 erst 0,34 Mio. Ew., heute sind es ca. 2,5 Mio. Ew.

3. Der hier lagernde pol. Zündstoff kam nur deshalb noch nicht zur Entzündung, weil er von anderen Problemen verdeckt wurde: Bis 1947 stand die Frage der Unabh. von der ehem. Kolonialmacht England bzw. von einem überwiegend hinduistischen Staat Indien, danach die Kontroverse zwischen Ost- und Westpakistan über die tatsächliche oder vermeintliche Benachteiligung des heutigen B. im Mittelpunkt; im Anschluß an die erfolgreiche Sezession (1971) stand der Wiederaufbau der fast völlig zerstörten Industrieanlagen und *Infrastruktur sowie der Ersatz der nach Pakistan oder ins Ausland geflüchteten Führungskräfte im Vordergrund; auch mußten die 10 Mio. vorübergehend nach Indien geflüchteten Bangladeshi wieder eingegliedert werden.

Die Einziehung des Vermögens der (West-)Pakistani, die die Industrie, Handel, Verkehr und Banken fast völlig kontrolliert hatten, leitete eine großangelegte Verstaatlichung ein. Der Versuch des populären Führers der Unabh., Sheikh Mujibur Rahman, B. mit Hilfe der Sowjetunion und ind. Unterstützung in ein sozialist. Land zu verwandeln, führte zu einer völligen Lähmung der Wirtschaft, die sich noch nicht von den Schäden des Unabh.-Krieges erholt hatte. 1974 geriet B. nach einer erneuten Mißernte an den Rand einer Hungerkatastrophe, die nur durch umfangreiche Nahrungsmittellieferungen aus dem Ausland verhindert werden konnte. Zunehmender Personenkult, Korruption, Fraktionskämpfe innerhalb der regierenden Awami-Liga sowie umherziehende rivalisierende Armee- und Freischärlerverbände brachten das Land erneut an den Rand eines Bürgerkrieges. Mujib, der hierauf mit Ausnahmegesetzen und Massenverhaftungen reagierte, wurde am 14. 8. 75 zu Beginn einer Reihe von Putschen ermordet. Seit Nov. 1975 regiert General (jezt Präsident) Zia-ur-Rahman an der Spitze einer auf das Militär gestützten Regierung, seit März 1979 mit einem frei gewählten Parlament, in dem seine (neugegründete) *Bangladesh National Party* die absolute Mehrheit hat.

Innenpol. wird seitdem eine Abkehr von der Verstaatlichungspolitik betrieben, ohne daß jedoch die Betriebe reprivatisiert worden wären. Die ausländ. Investoren verhalten sich noch abwartend, so daß Auslandskapital, auf das B. völlig angewiesen ist, nur in Form von *E.-Hilfe ins Land kommt, mittlerweile weniger als Übertragung, wie nach 1971, sondern als Kredite. Als Folge gehört B. heute zu den meistverschuldeten EL.

Nachdem B. sich nach 1975 von der Sowjetunion gelöst hat, die Beziehungen zu Indien reserviert sind (Angst vor einer ind. Hegemonie, Streit um das von Indien bei

Farakka nach Calcutta abgeleitete Wasser des Ganges), eine Anlehnung an China aber zu ind. Reaktionen führen könnte, lehnt sich B. wirtsch. weiter an die westl. IL an. Außenpol. wird ein strikter Neutralitätskurs in Abstimmung mit den islam. Staaten verfolgt.

Lit.: D. Conrad, Von der Teilung Indiens zur Teilung Pakistans, Staatsrechtliche Aspekte, in: Internationales Asienforum, Jg. 4 (April 1973), Heft 2, S. 136–192; P. Hess, Bangla Desh. Tragödie einer Staatsgründung, Frauenfeld – Stuttgart 1972; W. Knapp et al., Neue Wege für Bangladesh. Sozio-ökonomische Analyse der Entwicklungsaufgaben und -möglichkeiten des neuen Staates, Hamburg 1975. wpz

Bariloche-Modell

Weltmodell einer Forschergruppe aus Ländern der Dritten Welt, benannt nach der die Forschungen fördernden Stiftung Bariloche/Argentinien, das sich als Gegenmodell zum Bericht des *Club of Rome* begreift. Betonte der *Club of Rome* die „Grenzen des Wachstums", ausgehend von der Endlichkeit der Ressourcen und Verknappungsannahmen, so stellt das Bariloche-Modell die „Grenzen des Elends" in den Mittelpunkt des Argumentationszusammenhangs. Die Zukunftsvision des *Club of Rome* sei bereits für den Großteil der Menschheit brutale Wirklichkeit. Die Ursachen lägen jedoch nicht in den physischen Grenzen der Erde, sondern seien sozio-ökon. und pol. Natur, beruhen auf ungleicher Machtverteilung und seien folglich überwindbar. Im einzelnen wird die Verknappungsannahme widerlegt (die Gesamtmenge aller Rohstoffe der Erde vorherzusagen sei unmöglich, insb. da ihr Abbau und ihre Verwertung vom Stand der Technologie und ökon. Bedingungen abh. sei) und eine an den *Grundbedürfnissen der Bev. in den EL orientierte Wachstumspolitik empfohlen. Dem mathematischen Modell wurde zu berechnen aufgegeben, Zeiträume und Bedingungen festzustellen, innerhalb derer eine angemessene Befriedigung der Grundbedürfnisse erreicht werden kann. Sowohl die Voraussetzungen, die im Modell gemacht werden, als auch die gesellschaftspol. Zielvorstellungen der Bariloche-Gruppe (Gleichheits-, Vollbeteiligungs- und Nichtkonsumgesellschaft) bleiben teilweise vage oder utopisch und dementsprechend die entwicklungsstrategischen Vorschläge realitätsfern. Die berechtigte Kritik am *Club of Rome* führt jedoch immerhin zu alternativen Überlegungen zur Frage, wie die Menschheit überleben kann aus der Sicht der EL.

Lit.: A. O. Herrera/H. D. Scolnik u. a., Grenzen des Elends. Das Bariloche-Modell: So kann die Menschheit überleben, Frankfurt 1977; D. Meadows u. a., Die Grenzen des Wachstums, Stuttgart 1972; H. v. Nussbaum (Hrsg.), Die Zukunft des Wachstums, Düsseldorf 1973. dn

Befreiungsbewegungen

Als B. werden solche pol. Organisationen bezeichnet, die die Freiheit und Unabh. eines kolonisierten oder anderweitig unterdrückten Volkes anstreben. Eindeutige Kriterien für die Anwendung des Terminus B. gibt es nicht. So kann es geschehen, daß heute noch von bestimmten Staaten als „Terroristen" bekämpfte Widerstandskämpfer morgen int. Anerkennung finden (vgl. die Geschichte der ZANU und der *PLO). B. können unterschieden werden 1. nach ihrer Zielsetzung (antikolonialistisch, nationalistisch, sozialistisch); 2. nach den Mitteln ihres Kampfes (gewaltloser Widerstand, bewaffneter Kampf, *Guerilla); 3. nach den sie unterstützenden Mächten (westl. IL, östl. IL, Dritte Welt); 4. nach den Rahmenbedingungen ihres Kampfes (Wiedererrichtung eines eigenen Staates, z. B. ELF; Anschluß von Volksteilen unter Fremdherrschaft, z. B. WSLF; Kampf um nat. Einheit, z. B. FLN; Kampf um ein eigenes Staatsgebiet, z. B. PLO; Kampf gegen Rassismus, z. B. *ANC). Die westl. IL haben in den letzten Jahren ihre überwiegend ablehnende Haltung gegenüber B. in der Dritten Welt nicht zuletzt auf dem Hintergrund der Erfahrungen des Vietnamkrieges und wegen der zahlreichen Erfolge von B. im *Dekolonisierungsprozeß teilweise überprüft. Beispiele für eine gewandelte Haltung sind die westl. Reaktion auf die Erfolge der Sandinistas in Nicaragua, die Anerkennung der ZANU-Regierung in Zimbabwe und die allmähliche Aufwertung der PLO. Daneben gibt es in den westl. IL auch weiterhin Strömungen, die sich dem sozialen Wandel in den EL entgegenstemmen. Zudem wird eine Reihe von B. wegen ihrer, wie es heißt, „geringen Bedeutung" in den westl. IL kaum beachtet, wie die F.POLISARIO, die FRETILIN, die

PFLO, die MNLF und lange Zeit auch die Kämpfe der Kurden. Die an Moskau ausgerichteten sozialist. Länder sehen in den B. antiimp. Bewegungen, deren Politik es zu unterstützen gilt, auch wenn nicht alle ein sozialist. Programm haben. Auch die VR China setzt sich gemäß der Drei-Welten-Theorie für die materielle und ideelle Unterstützung der B. ein, räumt allerdings bei konkurrierenden B. dem Kriterium der UdSSR-Ferne der jeweiligen B. Priorität ein (z. B. Unterstützung der FNLA in Angola gegen die MPLA). Kuba hat als erstes Land LAs sogar Truppen zur Unterstützung erfolgreicher oder im Kampf befindlicher B. (MPLA) eingesetzt. Die *OAU erkennt nur solche Organisationen als B. an, die gegen weiße Minderheitsregime kämpfen. Die Unterstützung von Unabh.-Bewegungen innerhalb etablierter Staaten wird wegen des prinzipiellen Festhalten am territorialen *status quo* abgelehnt. Die größten Erfolge von B. der letzten Jahre sind der Sieg der FNL in Südvietnam, die Regierungsübernahme der MPLA in Angola (wo allerdings die konkurrierende B. UNITA diese weiterhin bekämpft), der PAIGC in Guinea-Bissau, der FRELIMO in Mozambique und der ZANU in Zimbabwe.

Lit.: F. Ansprenger, Die Befreiungspolitik der OAU 1963–1975, München/Mainz 1975; A. Cabral, Die Revolution der Verdammten, Berlin (West) 1974; G. Chaliand, Revolution in the Third World, Harmondsworth 1978; A. Iskenderow, Die nationale Befreiungsbewegung, Frankfurt/M. 1972; N. Miller/R. Aya, National Liberation, New York 1971. rs

Benin

1. Bei 50 Ethnien (Bariba, Fon, Yoruba, Dendi, „Kreolen" [Nachfahren freigelassener brasilian. Sklaven] als soziale Elite in der Küstenregion, u. a.) läßt sich die in Nord-Süd-Richtung über 700 km lange VR B., bis 1975 Dahomey (112 622 qkm ca. 3,2 Mio. Ew.), die einen Küstenstreifen von 125 km besitzt, in drei z. T. präkolonialen Reichen entsprechende Zonen mit ausgeprägtem Regionalbewußtsein unterteilen: den unterbevölkerten (auf 73 % der Fläche ca. 28 % der Ew.), in seiner sozioökon. *Infrastruktur bereits in der Kolonialzeit vernachlässigten Norden, den Süden und den Südwesten (in etwa das frühere Königreich Abomey). Das seit dem 19. Jh. ausgebaute europ. Schulwesen brachte in der Küstenregion eine rel. zahlreiche, früh politisierte Elite hervor („*Quartier Latin* Westafrikas").

2. Die rel. hohe Zahl qualifizierter Schulabgänger (bei starkem Süd-Nord-Gefälle) hat unter dem Druck der *Gewerkschaften den öffentl. Dienst stark aufgebläht (bis zu 80 % der Staatsausgaben) und zugleich in den Städten (Verwaltungshs. Porto Novo 37 000 Ew., Cotonou 200 000 Ew., Abomey 35 000 Ew. u. a.) die Arbeitslosigkeit ansteigen lassen (allein in Cotonou in den 70er J. ca. 15 000), was die in regionalen und persönl. Rivalitäten zwischen den drei führenden Politikern Maga (Norden), Apithy (Süden) und Ahomadegbé (Abomey) begründete pol. Instabilität noch verstärkte (afrikan. „Rekordergebnis" zwischen 1960 [Unabhängigkeit] und 1972: fünf Militärputsche [plus weitere Putschversuche], vier Verfassungen, neun verschiedene Staats- bzw. Regierungschefs).

3. Bei einer seit je katastrophalen Handelsbilanz (1975 nur 16,1 % der Importe durch Exporte gedeckt) erbrachten noch Mitte der 70er J. Palmprodukte über ⅔ der Exporterlöse (Rest: Baumwolle, Kakao, Erdnüsse u. a.). Die Landbev. (ca. 85 % der Ew.) produziert aus Rentabilitätsgründen seit etwa 1970 wieder verstärkt für den Binnenmarkt (Maniok, Yams u. a.). 38 % der Erwerbstätigen (1970) arbeiten im tertiären Sektor, davon stellen jedoch die Marktfrauen (*Revendeuses*) im Süden gut 80 %.

4. Das seit 1972 bestehende *Militärregime unter Präsident Kérékou hat trotz Putschversuchen und einer nicht ganz geklärten, wenige Stunden dauernden Söldner-Invasion von 1977 der 1975 proklamierten „Volksrepublik B." eine neue Verfassung gegeben, eine marx.-len. Einheitspartei gegründet und eine Reihe tiefgreifender Reformen (u. a. im Verwaltungs- und Bildungssystem) durchgeführt, die v. a. auf eine stärkere Einbeziehung der Landbev. in das pol. und sozioökon. Leben abzielen, deren Erfolg sich jedoch noch nicht endgültig beurteilen läßt.

5. Die Außen- und Wirtschaftspolitik ist trotz des verbalen Radikalismus des Regimes eher pragmatisch. Bei Beibehaltung der Kontakte zur EG wurden die Handelsbe-

ziehungen durch die Ausdehnung auf die osteurop. Staaten und China diversifiziert, aufgrund einer *Austerity*-Politik ist der Haushalt seit 1976 erstmals ohne fremde Hilfe (früher: von Frankreich) ausgeglichen. Ansätze für eine positivere ökon. E. bietet die wachsende Bedeutung des Tiefseehafens Cotonou (Ausweichhafen für das überlastete Lagos, Umschlagplatz für das Uran aus Niger), der weitere Aufbau der bescheidenen, landw. Produkte verarbeitenden Industrie u. a. Der Erfolg dabei hängt jedoch von einer engen Zusammenarbeit mit den (liberal-kapital. ausgerichteten) Nachbarstaaten ab. kz

Bensheimer Kreis (BK)

Im BK haben sich verschiedene deutsche *Nichtstaatl. Organisationen auf freiwilliger Basis vereint, um ihre Arbeit in EL und ihre Bildungs- und Öffentlichkeitsarbeit in der BRD untereinander und mit staatl. Stellen abzustimmen. Die Träger des BK werden in ihren entwicklungspol. Aktivitäten aus dem E.-Haushalt des Bundes unterstützt. Die Mittel betrugen 1976 ca. 5 Mio., 1978 ca. 8,1 Mio. DM. Träger des BK sind: Andheri-Hilfe, Bonn (Betreuung und Förderung besonders bedürftiger Bev.-Gruppen); Arbeiterwohlfahrt Bundesverband, Bonn (Sozialstrukturhilfe in ländl.- und Stadtrandgebieten in Indien); Deutsche Ärztegemeinschaft für medizinische Zusammenarbeit, Berlin (Aufbau von Einrichtungen der Gesundheitshilfe, Aus- und Fortbildung von paramedizinischem Fachpersonal); *Deutsche Welthungerhilfe, Bonn (ländl. E.-Programme zur Verbesserung der Ernährungslage und der wirtsch. und sozialen Situation der Landbev.); Deutscher Caritasverband, Freiburg (Projekte im Bereich der sozialen Wohlfahrt, Maßnahmen der Sozialstrukturhilfe); Deutsches Aussätzigen-Hilfswerk, Würzburg (Behandlung von Leprakranken, Rehabilitierungsmaßnahmen); Deutsches Rotes Kreuz, Bonn (Mithilfe beim Aufbau nat. Rot-Kreuz-Gesellschaften in EL); EIRENE, Int. Christl. Friedensdienst (handwerkl. Berufsausbildung von Jugendlichen und Behinderten); Friedrich-Thieding-Stiftung des Hartmannbundes, Bonn (Reintegration von in der BRD ausgebildeten med. Fachkräften in die EL); Kübel-Stiftung, Bensheim (E.-Programme mit sozio-ökon. Zielsetzung in ländl. Gebieten; ASA-Programm – Arbeits- und Studienaufenthalte in der Dritten Welt für Studenten); Lions Deutschland, Köln (Aufforstungsprogramme in der Sahel-Zone); Medico International, Frankfurt (Präventive Basisgesundheitsmaßnahmen); ORT – Organisation for Rehabilitation Through Training, Frankfurt (Maßnahmen der Berufsausbildung); Sozial- und Entwicklungshilfe des Kolpingwerkes, Köln (Handwerkl. Berufsausbildung und Förderung von Kleingewerbe); *Terre des Hommes; Weltfriedensdienst, Berlin (E.-Dienst, **Community-Development* in ländl. Regionen). dn

Beschäftigung

Mit der zweiten *Entwicklungsdekade ist die Beschäftigungspolitik in den Mittelpunkt entwicklungspol. Überlegungen getreten. B. bzw. Arbeitsbeschaffung wurde als wichtiges Element von E. erkannt und als bestes Instrument gegen wachsende *Arbeitslosigkeit und *Armut angesehen. Nicht „Arbeitsbeschaffung durch Entwicklung", wie es die Dekadenstrategie formulierte, sondern „Entwicklung durch Arbeitsbeschaffung" war die neue Sichtweise, die von der *ILO vertreten und zum Kern des von ihr 1969 vorgelegten und seither weiterentwickelten Weltbeschäftigungsprogramms erhoben wurde. Eine beschäftigungsorientierte E.-Strategie sollte *Investitionen in die E. der Arbeitskraft, in die ländl. Räume (wo die große Masse der Arbeitslosen und Unterbeschäftigten lebt), in arbeitsintensive Anlagen und in die Produktion lebenswichtiger Gebrauchsgüter lenken. Grundlegend war die Erkenntnis, daß die Landw. eher als andere *Wirtschaftssektoren Möglichkeiten bietet, Menschen zu beschäftigen und zu ernähren. Von ihr ausgehend war der Schritt nicht mehr weit zum entwicklungspol. Vorrang der Grundbedürfnisbefriedigung und der *ländlichen Entwicklung.

B. ist jedoch nur ein Element von Entwicklung, die Hebung des Beschäftigungsniveaus keine letztlich entwicklungspol. ausreichende Maßnahme. Darauf hat *ECOSOC im Rahmen seines integrierten Ansatzes für die Analyse und Planung von E. (s. HDW, Bd. 1, S. 104.) bereits 1973 hingewiesen. B. muß einhergehen mit Produktivitätssteigerung und Wachstum. UE ist sowohl durch Nichtproduktion bzw. Nichtintegration *marginalisierter Bev.-Teile in den Produktionsprozeß als auch durch zurückgebliebene *Produktivität der Arbeit sowie Aneignung und Verschwendung des Mehrprodukts durch eine soziale Minderheit verursacht und gekennzeichnet. Insofern verbieten sich derart einspurige und indifferenzierte Überlegungen wie die, daß der Anbau von *Exportkulturen auf Böden, die zur Produktion von Nahrungsmitteln gebraucht werden, zu unterbleiben haben, u. a. auch aus dem Grunde, daß die schlechten und schwankenden Erlöse für diese Exporte meistens weniger Arbeit und Brot garantierten als die *Subsistenzwirtschaft (Leben von eigener Ernte) (so A. Gregory, in: P. J. Opitz, Weltprobleme, München 1980, S. 121). Der Subsistenzsektor verschafft den EL weder eine beschäftigungspol. noch eine entwicklungspol. Perspektive. Die Durchsetzung von B.-Strategien ist darüber hinaus pol. und entwicklungspol. nicht einfach, da sie einerseits Strukturreformen voraussetzen (*Agrarreform), andererseits Wirkungen auslösen (Migrationen), die regional/sektoral das Problem der Arbeitslosigkeit und Armut noch verschärfen können. B.-Politik sollte demnach in umfassende Programme regionaler und nat. E. eingebunden sein (Import von *Investitionsgütern, *angepaßte Technologie, Ausbildungsprogramme, Umverteilungsmaßnahmen, etc.). Letztlich sollte auch in der Diskussion gehalten werden, ob B. als Ziel oder als Mittel anzusehen ist.

Lit.: W. von Urff (Hrsg.), Wachstum, Einkommensverteilung und Beschäftigung in Entwicklungsländern, Berlin 1978. dn

Bevölkerung

Die Weltbev. ist unverändert in raschem Wachstum begriffen. Sie wurde für 1980 auf 4,4 Mrd. geschätzt, von denen 3,3 Mrd. in EL leben. Für das Jahr 2000 wird eine Weltbev. von 6,4 Mrd. erwartet (5,0 Mrd. in EL). Die Bev.-Explosion ist mit fast allen Teilproblemen von E. aufs Engste verknüpft. Ob es sich um Fragen der *Ernährung, der *Gesundheit, der *Landflucht und *Urbanisierung, der *Armut, der *Einkommensverteilung etc. handelt, überall spielt das extreme hohe Bev.-Wachstum in den EL mit hinein. Die JZ sind zwar in aller Regel rückläufig (→Tabelle 2). Die Verringerung kann jedoch noch nicht als Wendepunkt in der Bev.-Entwicklung begriffen werden. Im Weltentwicklungsbericht der *Weltbank wurden für das Jahrzehnt 1980–1990 nach den dort ausgewiesenen 4 Ländergruppen folgende JZ geschätzt: EL 2,3; IL 0,5; *OPEC-Länder 2,8; Staatshandelsländer 1,1 (jeweils in %). So muß auch in den folgenden Jahrzehnten mit einem anhaltenden Bev.-Wachstum und in den entwicklungspol. Problemfeldern mit diesem Faktor gerechnet werden, der die erzielten E.-Ergebnisse stets relativiert. Nicht nur um der int. Vergleichbarkeit willen, auch um die realen Verhältnisse und ihren Wandel zu erfassen, ist es notwendig, absolute Ergebnisse (das *Sozialprodukt, die landw. Produktionssteigerung etc.) auf Pro-Kopf-Werte umzurechnen. Dabei treten dann vielfach die bekannten Erscheinungen auf, daß achtbare absolute Ergebnisse durch das schnellere Bev.-Wachstum ins Negative umschlagen, wie etwa im Falle der Nahrungsmittelproduktion, deren JZ von der der Bev. übertroffen wird. Die Herstellung dieser Relation steht jedoch immer in der Gefahr, als Kausalbeziehung mißverstanden zu werden, als bilde die Bev.-Explosion die Ursache für mangelndes Wachstum oder gar für UE. Damit werden die strukturellen Ursachen (zumeist nicht ohne Absicht) aus der Analyse ausgeblendet. Auch wird dabei verkannt, daß das Bev.-Wachstum auch in der Weise mit wirtschaftl. und sozialer E. in Verbindung steht, daß es als abhängig vom E.-Stand eines Landes begriffen werden kann. Die Bev.-Explosion ist demnach weniger Ursache als Symptom von UE.

Diese notwendigen Überlegungen führen keineswegs weg von der entwicklungspol. zwingenden Forderung, das Bev.-Wachstum der EL zu begrenzen. Die Probleme der Beschäftigung und Ernährung scheinen sonst kaum lösbar, der Druck auf die Ressourcen und die Belastung der Umwelt andernfalls kaum auszuhalten. Die Einsicht, daß wirtsch. und soziale E. eine wesentliche Voraussetzung für die Begrenzung des Bev.-Wachstums darstellt, kann allerdings nicht untätiges Warten auf das Wirksamwerden dieser Kausalbeziehung begründen, denn das übergroße Bev.-Wachstum verstärkt die sozialen Mißstände, verschlimmert die soziale Ungleichheit. Maßnahmen wirtschaftl. und sozialer E. müssen mit bev.-pol. Maßnahmen gekoppelt werden. Der Bericht der *Brandt-Kommission vertritt in diesem Zusammenhang die Ansicht, „daß zur E.-Politik eine nat. Bev.-Politik gehören muß, die den richtigen Ausgleich zwischen Bev. und Ressourcen sucht, indem sie Hilfen zur *Familienplanung frei verfügbar macht und mit anderen Maßnahmen für Wohlfahrt und sozialen Wandel abstimmt" (S. 158).

So scheint in diesen beiden Grundelementen der Schlüssel zum Bev.-Problem zu liegen: 1. Hebung des Lebensstandards der breiten Masse der Bev. durch eine Strategie der gezielten Hereinnahme des armen Bev.-Teils in den E.-Prozeß, wozu die neueren Konzepte der Befriedigung der *Grundbedürfnisse, der *ländl. Entwicklung, der *arbeitsintensiven Industrialisierung etc. geeignete Ansätze darstellten; 2. Familienplanung, die unter nat. Verantwortung der einzelnen EL läuft, im Falle der Bereitschaft der EL, die kontinuierlich zugenommen hat, der int. Unterstützung durch erhöhte Mittel des *UNFPA – Bev.-Fonds bedarf.

Lit.: J. Schmid, Einführung in die Bevölkerungssoziologie, Reinbek 1976; UNC (Hrsg.), The Population Debate; Dimensions and Perspektives, 2. Bde., New York 1975; K. M. Bolte/D. Kappe/J. Schmid, Bevölkerung, Opladen 1980; L. Bondestam/S. Bergström (Hrsg.), Poverty and Population Control, London u. a. 1980. dn

Bhutan

1. Das Himalaya-Königreich B. (Fläche 47 T. qkm / Ew. gesch. 1977: 1,2 Mio. / Hs Thimbu ca. 15 000 Ew.) bildet einen Pufferstaat zwischen China und Indien. Indien kontrolliert in Fortsetzung des Unterwerfungsvertrags B.s unter die Vorherrschaft Brit. Indiens (1774) seit 1947 die Außen-, aber auch weitgehend die Innenpolitik B.s. B. reagiert darauf mit einer Politik der Isolation, die durch die weltanschauliche und soziale Dominanz der lamaistischen Klöster gefördert wird. Entscheidend für eine solche Politik ist auch, daß die Bev. B.s trotz unterentwickelter Landw. und Parzellierung der Anbaufläche sich noch selbst ernähren kann.

2. Ethnisch setzt sich die Bev. aus drei Gruppen zusammen: Bhutanesen tibetanischer Abstammung (ihre Sprache Dzonka/Tibetanisch ist Amtssprache, aus ihrer Gruppe stammt der König, sie dominieren pol. und kulturell), Nicht-Tibetaner, die ebenfalls der Staatsreligion Lamaismus anhängen (Sprache: Hindi) und Nepalesen (Religion: Hindu/Sprache: Nepalesisch). Die Gruppe der vielfach diskriminierten Nepalesen wächst rascher als die anderen ethnischen Gruppen und entwickelt allmählich ein pol. Selbstbewußtsein. Dies ist eine der Ursachen pol. Spannungen in B., neben der Frage der Haltung zum indischen Nachbarn und dem Widerspruch zwischen jahrtausendealter Tradition und zaghafter Modernisierung.

3. Letztere hat weder das Bildungssystem (93 % Analphabeten) noch die med. Versorgung (Kindersterblichkeit eine der höchsten der Welt, LE 43 J.) noch das Regierungssystem erfaßt. Auf ind. Druck wurde 1968 die Verfassung B.s reformiert. B. wurde vom theokratisch-absolutistischen Staat formal zu einem mehr konstitutionellen. Das Parlament hat das Recht, mit ⅔-Mehrheit den König (seit 1972: Jigme Singhye Wangtschuk) abzusetzen (an seine Stelle tritt dann der Thronfolger). Regieren blieb aber bisher Sache der alten dzonka-sprechenden lamaistischen Oberschicht. rs

BID

Interamerikanische Entwicklungsbank (*Banco Interamericano de Desarrollo*, engl. IBD), 1959 von der OAS gegr.; ihr gehörten 1979 26 amerik. Staaten an, einschließlich USA und Kanada. Seit 1976 zählen auch nicht-amerik. Länder zu den Mitgl., 1979 15 hauptsächl. europ. Länder. *Ziele*: Förderung der wirtsch. E. der lateinamerik. Länder sowie des Subkontinents insgesamt; Finanzierung von E.-Projekten sowie beratende und finanztechnische Unterstützung. Der BID finanziert jedoch nicht mehr als 50 % der Gesamtkosten eines Projekts, in der Regel nur 25 %, so daß nur von einer Mitfinanzierung gesprochen werden kann. Trotzdem ist der BID die Hauptquelle auswärtiger öffentl. Finanzierung in LA. Sie absorbiert etwa ¼ aller Kredite der nat. und multinat. Institutionen der *OECD und der sozialist. Länder. Die Kreditvergabe erfolgt über verschiedene

Fonds nach unterschiedlichen Bedingungen, den allgemeinen Kapitalfonds (im wesentl. zu kommerziellen Bedingungen), den Fonds für Sonderoperationen (weiche Zinsbedingungen für weniger entwickelte Länder bei freier Konvertibilität der Währungen, d. h. Rückzahlbarkeit der Darlehen in nat. Währungen), den Venezuela Treuhandfonds und den Treuhandfonds für Sozialen Fortschritt. Im Rahmen des BID wurde 1964 das Institut für lateinamerik. Integration INTAL (*Instituto para la Integración de América Latina*) mit Sitz in Buenos Aires gegr., das Forschungen auf dem Gebiet der *Integration in Lateinamerika sowie Unterstützung des BID in wissenschaftl. und technischen Fragen zur Aufgabe hat. dn

Big push

Schlüsselbegriff einer Investitionstheorie zur Erreichung eines sich selbst tragenden *Wachstums, die von P. N. Rosenstein-Rodan stammt. Ihr zufolge ist nur ein kräftiger Investitionsstoß geeignet, entscheidende Wachstumserfolge des *Pro-Kopf-Einkommens zu erzielen. Neben dem Volumen der Investitionsmittel ist für die *Big push*-Theorie auch die Gleichzeitigkeit bzw. Geballtheit des Kapitaleinsatzes sowie die an Komplementaritätswirkungen orientierte Verteilung der Finanzierungsmittel wichtig. Die *Big push*-Theorie steht in engem Zusammenhang mit der **Balanced growth*-Theorie. dn

Bildung

B. gehört zu den entwicklungspol. Problemfeldern, die am stärksten von abh. Deformation gekennzeichnet sind. Bildungsinhalte und Bildungssysteme in EL sind vielfach das Produkt kolonialer Vergangenheit. Eine *Dekolonisation im Bereich Bildung und Erziehung hat noch kaum stattgefunden, zumal nach der pol. Unabh. der Import westl. Erziehungssysteme – unter dem Einfluß von *Modernisierungstheorien – noch gesteigert wurde. Das Konzept Bildung ist folglich kaum auf die Bedürfnisse der EL zugeschnitten, sondern entspricht eher den sozialen und pol. Ambitionen einer kleinen Elite, welche sich an westl. Standards mißt und das Bildungswesen zum Zwecke der Herrschaftsstabilisierung instrumentalisiert. Die gravierendsten Folgen sind ungenügende Grundschulerziehung, mangelnde berufsbezogene Ausbildung, akademische Berufsbilder, welche den sozio-ökon. Erfordernissen (Fächer: Landw., Natur und Ingenieurwissenschaften) nicht entsprechen. Die sozio-kulturelle Abh. ist dabei eine Erscheinungsform der gesamtgesellschaftl. Abh.

Die entwicklungspol. Forderungen an Bildung und Erziehung in EL lauten: Die Bildungssysteme haben sich an den konkreten gesellschaftl. Bedürfnissen der EL zu orientieren, die Bildungsziele müssen die konkreten Lebens- und Arbeitsbeziehungen der Menschen in den EL zum Ausgangspunkt nehmen. Dabei kann Bildung nicht nur technisch, d. h. entwicklungspol. neutral bleiben. Sie hat die aktive Beteiligung der Menschen am wirtsch. und sozialen Fortschritt zur Aufgabe, den Willen und die Fähigkeit von einzelnen und Gruppen zu stärken, ihre Lebensbedingungen und die Voraussetzungen sozialer Gerechtigkeit zu verbessern sowie schließlich die Ausweitung der kulturellen und pol. Selbstbestimmung anzustreben. Im einzelnen: 1. Sicherung des Zugangs aller Kinder und Jugendlichen zur Allgemeinbildung und Berufsausbildung; 2. Neustrukturierung der Bildungssysteme unter Vorrang jener Disziplinen, die qualifiziertes Führungspersonal für die Bedürfnisse der EL ausbilden; 3. Ausbau der Erwachsenenbildung.

→Bildungshilfe →Bildungsökonomie →Analphabetismus →Alphabetisierung

Lit.: M. Berger, Bildungswesen und Dependenzsituation, München 1977; E. Mock, Afrikanische Pädagogik, Wuppertal 1979. dn

Bildungshilfe

Nach dem Grundsatzprogramm der BRD für die Bildungs- und Wissenschaftshilfe von 1971 umfaßt BH den „Auf- und Ausbau der *Infrastruktur für das Bildungswesen und für die Wissenschaft sowie Anwendung wissenschaftl. und techn. Erkenntnisse". In ihrer Förderungspolitik geht die BRD von der Notwendigkeit spezifischer Lösungen für die EL aus. Des weiteren soll bedacht werden: 1. Länderbezogene BH soll nur nach vorhergehender Analyse der bestehenden Bildungssysteme, ihrer E.-Tendenzen und der sie bestimmenden Trägergruppen vergeben werden; 2. BH soll EL unterstützen, Reformen zu ergreifen, welche das Bildungswesen und die Erfordernisse der Arbeitswelt und der sozialen Umwelt besser aufeinander abstimmen; 3. Vorrang haben solche Maßnahmen, „die eine funktionale und ausbaufähige Grunderziehung für die Masse der vom formalen Schulsystem bis jetzt ausgeschlossenen oder unzureichend geförderten Jugendlichen, vor allem in ländl. Regionen, vorsehen und die geeignet sind, das Bildungswesen beschäftigungsorientiert zu gestalten"; 4. Die Wissenschaftshilfe soll die Untersuchung von Engpässen für den wirtsch. und sozialen Fortschritt und die Anwendung entwicklungsrelevanter Forschungsergebnisse fördern; 5. die EL sollen bei der besseren Ausnutzung ihrer Mittel und Einrichtungen für Bildung und Wissenschaft, bei der E. kostengünstiger Verfahren und Techniken sowie bei der Rationalisierung und Neuinvestitionen unterstützt werden; 6. Die Abh. vieler EL von ausländ. Mustern, Lieferungen und Leistungen in Bildung und Wissenschaft soll abgebaut und neuer einseitiger Abh. entgegengewirkt werden; 7. Bei allen Maßnahmen der BH soll dem **brain-drain* entgegengewirkt werden; 8. Mit *Nichtstaatl. Organisationen soll unter Beachtung der obigen Grundsätze zusammengearbeitet werden. (→HIZ II A 41, 01)

Lit.: J. Dabisch, Pädagogische Auslandsarbeit der Bundesrepublik Deutschland in der Dritten Welt, Saarbrücken 1979. H. Bosse, Verwaltete Unterentwicklung. Funktionen und Verwertung der Bildungsforschung in der staatl. Entwicklungspolitik, Frankfurt 1978. dn

Bildungsökonomie

B., Disziplin der Wirtschaftswissenschaft, geht von der Grundannahme aus, daß Bildung ein Investitionsfaktor ist, der sich sowohl von der Kosten- wie auch von der Ertragsseite her betrachten und ökon. nutzbringend einsetzen läßt. In verschiedenen wissenschaftl. Ansätzen ist jeweils das Humankapital, also das Kapital „Mensch", die wirtsch. Größe, mit der für die Wirtschafts- und Bildungsplanung Kalkulationen angestellt werden. Die Rechnung mit dieser Größe geht aber aus internen wie externen Gründen nur bedingt auf: Zum einen haben sich die Methoden, die den Ertrag von Bildungsinvestitionen messen sollen, als ungenau erwiesen. Zu viele unwägbare Einflüsse verhindern auf dem Ausbildungssektor ein marktanaloges Angebots- und Nachfrage-Denken. Auch ist die Annahme fragwürdig, daß individuelle Entscheidungen notwendig mit gesellschaftl. korrespondieren müssen. Im übrigen entzieht sich die kapitalist. Produktionsweise selber einer exakten Planung. Zum anderen stellt sich die Frage, ob der Bedarf an Qualifikationen (Fähigkeiten) wirklich primär unter ökon. Gesichtspunkten ermittelt werden darf. Sollen nämlich gesellschaftl. Ziele wie Chancengleichheit oder Emanzipation realisiert werden, müßten Ausbildungsplanungen in weit größerem Maße als bisher pol. determiniert werden. Politökon. (der pol. Ökonomie von Marx verpflichtete) Analysen weisen allerdings darauf hin, daß die Autonomie der staatl. Bildungspolitik nur begrenzt ist. Sie ist zu sehr im allg. Widerspruch der kapitalist. Gesellschaft befangen, die einerseits ungeheure Möglichkeiten hat, die Entfaltung menschlicher Produktivkräfte zu befördern, die aber andererseits aufgrund des Verwertungsinteresses nur die Qualifikationen zulassen darf, die unbedingt notwendig sind.

Lit.: E. Altvater/F. Huisken, Materialien zur politischen Ökonomie des Ausbildungssektors, Erlangen 1971; F. Huisken, Zur Kritik bürgerlicher Didaktik und Bildungsökonomie, München 1972; H. Sanders, Bildungsökonomie und Bildungsplanung. Theoretische Stringenz und praktische Relevanz, Frankfurt 1978; P. Meyer-Dohm (Hrsg.), Bildungsökonomische Probleme der Entwicklungsländer, Tübingen/Basel 1978. kmj

Binnenländer

Länder ohne direkten Zugang zum Meer (engl. *landlocked countries*); Kategorie von EL, die wegen ihrer bes. geograph. Lage und den daraus resultierenden Problemen der Verkehrsinfrastruktur und des Handels im Rahmen der bi- und multilateralen E.-Hilfe eine den LLDCs entsprechende Behandlung erfahren. dn

Blockfreiheit, Blockfreienbewegung

Begriff und pol. Zielsetzung von B. sind eng verbunden mit der historischen Entwicklung der Bb. Diese entstand im Zuge der *Dekolonisation nach dem II. Weltkrieg auf der Grundlage einer einzelne Länder verbindenden, gemeinsamen Orientierung ihrer Außenpolitik gegenüber den

Machtblöcken im Ost-West-Konflikt. Die pol. Führung der Bb. lag in der Entstehungsphase bei Jugoslawien, Indien und Ägypten, verkörpert durch *Tito, Nehru und *Nasser. Für ihre erste Gipfelkonferenz in Belgrad 1961 erarbeitete die Kairoer Vorkonferenz (zusammengefaßt) folgende Kriterien, nach denen Länder als „blockfrei" zu gelten hätten: 1. Betreiben einer auf Unabh. gegenüber den Machtblöcken in Ost und West gerichteten und an der Friedlichen Koexistenz orientierten Politik; 2. Nichtbeteiligung an Militärbündnissen, die sich aus dem Ost-West-Gegensatz herleiteten; 3. beständige Unterstützung nat. Unabh.-Bewegungen. In der Praxis wurden diese Kriterien jedoch sehr weich gehandhabt. Letztlich gelten jene Staaten als blockfrei, die von den bereits der Bb. angehörenden Staaten als neue Mitgl.-Staaten aufgenommen wurden. Ihre Zahl ist kontinuierlich gewachsen, in den 70er J. von 53 (Lusaka-Gipfel) auf 93 (La Havanna-Gipfel). Die Organisation der Bb. ist recht lose und informell; es gibt weder eine Gründungscharta noch ein Organisationsstatut, das bestimmte Institutionen vorsieht. Wichtige Arbeitsinstrumente sind die Konferenzen auf verschiedenen Ebenen (Gipfelkonferenzen, Außenminister-, Minister- und Botschafterkonferenzen), zu deren Vorbereitung zu Beginn der 70er J. ein Koordinationsbüro (mit Sitz bei den *UN in New York) eingerichtet wurde. Es entlastet auch das der Bb. zwischen den Gipfelkonferenzen (und zu ihrer Vorbereitung) vorsitzende Land. Gipfelkonferenzen fanden bisher in Belgrad 1961, Kairo 1964, Lusaka 1970, Algier 1973, Colombo 1976 und La Havanna 1979 statt. Das pol. Wirkungsfeld der Bb. verlagerte sich schwerpunktmäßig vom Ost-West-Gegensatz und von der *Dekolonisationsfrage auf den *Nord-Süd-Konflikt. Im ersten Jahrzehnt standen mehr pol. und insbes. sicherheitspol. Problemstellungen im Vordergrund, „die deutlich die gefährdete Situation militär. schwacher und pol. instabiler Länder in den durch Ost-West-Konflikt, Kalten Krieg und Blockpolitik geprägten int. Beziehungen widerspiegelten: z. B. Auflösung der Militärblöcke, Abrüstungsfragen, das Prinzip der Nichteinmischung in innere Angelegenheiten, die territoriale Integrität aller Staaten sowie die nat. Selbstbestimmung und die Stärkung der Vereinten Nationen" (Matthies). Im zweiten Jahrzehnt wurden Fragen wirtschaftl. Unabh. und E. in der Programmatik der Bb. betont und erfolgreich in die int. Debatte eingeführt: z. B. Herbeiführung des Nord-Süd-Dialogs, Forderung der *Neuen Weltwirtschaftsordnung. Voraussetzung dafür war die durch die Bb. im Verein mit anderen Zusammenschlüssen der Dritte-Welt-Länder wie der *Gruppe der 77 herbeigeführte pol.-wirtschaftl. Zusammenarbeit unter den Südländern, welche das Gewicht der Dritten Welt in den int. Beziehungen erhöhte.

Unterhalb der Ebene eines globalen Forderungskatalogs gegenüber den IL treten jedoch erhebliche Spannungen in der Bb. auf. Sie ergeben sich einerseits durch pol.-ideolog. Präferenzen und Orientierungen einzelner Länder der Bb. im Wettstreit der Systeme, wobei insbes. Kuba durch sein offenes Eintreten für ein Bündnis der Blockfreien mit dem „natürlichen Verbündeten", der Sowjetunion, im Kampf gegen den *Imperialismus auf der Havanna-Konferenz eine Krise heraufbeschworen hat. Die Mehrheit der Bb. hielt jedoch am Prinzip der Distanz zu beiden Machtblöcken fest. Spannungen ergeben sich andererseits aus den in konkreten Fragen doch erheblichen und wachsenden Interessenunterschieden zwischen den Mitgl.-Ländern und Ländergruppen (*OPEC-Länder, *Schwellenländer, *LLDC-Länder) der Bb.

Lit.: Bewegung der Blockfreien, Archiv Dritte Welt, Heft 4, Köln 1978; V. Matthies, Die Bewegung der Blockfreien, in: APuZ 37/1979, S. 35–46. dn

BMZ

Bundesministerium für wirtschaftl. Zusammenarbeit, Nov. 1961 entstanden mit dem Auftrag, die auf verschiedene Ministerien verteilten entwicklungspol. Maßnahmen der Bundesregierung (Auswärtiges Amt, Bundeswirtschaftsministerium, Bundeslandwirtschaftsministerium) zu koordinieren. Mit der Anerkennung der Eigenständigkeit der *Entwicklungspolitik wurde der Aufgabenbereich des BMZ 1964 auf die Erarbeitung von Grundsätzen und Programmen der E.-Politik sowie auf die Planung und Durchführung der *Technischen Hilfe ausgedehnt. 1972 wurde dem BMZ auch die

Zuständigkeit für die *Kapitalhilfe im Rahmen bi- und multilateraler Zusammenarbeit übertragen. Seither ist das BMZ zuständig für Konzeption und Planung, Durchführung und *Evaluierung der gesamten bi- und multilateralen E.-Politik. Die Abstimmung, ja teilweise Konkurrenz mit anderen Ressorts bleibt jedoch nach wie vor bestehen. Bilateral vereinbarte E.-Hilfe bedarf der Zustimmung des Auswärtigen Amtes. Verhandlungen über Themen der von den EL geforderten *Neuen Weltwirtschaftsordnung fallen zugleich in die Kompetenz des Bundeswirtschaftsministeriums. Bei den *UNCTAD-Konferenzen ist die BRD folglich mit einer gemischten Delegation und zwei Ressortschefs vertreten, die durchaus unterschiedliche Positionen einnehmen können. Das BMZ ist wie folgt organisiert: Minister (W. Scheel 1961–1966; H.-J. Wischnewski 1966–1968; E. Eppler 1968–1974; E. Bahr 1974–1976; M. Schlei 1976–1978; R. Offergeld seit 1978), ein parl. Staatssekretär und ein beamteter Staatssekretär; 3 Abteilungen: Abtl. 1 (17 Referate): länderbezogene E.-Politik (Planung, Entscheidung über, Durchführung, Evaluierung von Projekten der bilateralen Kapital- und Techn. Hilfe); Abtl. 2 (20 Referate): Ziele, Konzeption und Planung von E.-Politik; multilaterale E.-Politik und int. Zusammenarbeit; Abtl. 3 (14 Referate): allg. Verwaltung, Zusammenarbeit mit öffentl. und privaten Institutionen.
dn

Bolivar, Simón

Einer der wichtigsten Vorkämpfer der Unabh. LAs. Bolivar wurde am 24. 7. 1782 in Caracas (Venezuela) als Sohn einer der ältesten Familien des Landes geboren. Nach zwei Aufenthalten in Europa beteiligte er sich ab 1810 als Mitgl. der *Sociedad Patriótica* (Patriotische Vereinigung) an der in Caracas entstandenen Unabh.-Bewegung. Zwischen 1812–1819 zeichnete er sich als milit. Führer aus und wurde nach der Unabh. Venezuelas zum Präsidenten der Republik ausgerufen. Zwischen 1819–1825 befehligte er die Feldzüge, die zur Unabh. von Kolumbien, Ecuador (die zusammen mit Venezuela bis 1830 die Republik Kolumbien bildeten), Peru und Bolivien führten. B. trat für die Errichtung einer zentralistischen und starken Regierungsform ein, als Mittelding zwischen Monarchie und Republik, und setzte sich im regionalen int. Rahmen für die Einheit Iberoamerikas ein. Von diesem Hauptgedanken geleitet berief er im Dezember 1824 die Staatschefs der neuen iberoamerik. Staaten zu einem Kongreß ein, der 1826 in Panama stattfand. Obwohl keine Einigung erzielt wurde, stellt der Kongreß die erste Initiative zur regionalen pol. Einheit in LA dar. Bolivar starb am 17. 12. 1830 in Kolumbien.
mfb

Bolivien

Im pol. instabilsten Land Lateinamerikas wurden die Hoffnungen auf eine Demokratisierung durch den unter brutaler Verletzung der *Menschenrechte durchgeführten Militärputsch des Generals Garcia Meza zunichte gemacht. Das Militär will ein *Billitärregime nach der *schel. B. (Fläche 1,1 Mio. qkm) gliedert sich in 3 Regionen: 1. Im Altiplano konzentrieren sich die wichtigsten wirtsch. Aktivitäten, insbes. der Abbau von Zinn, Zink, Wolfram, Antimon u. a., aber auch die verarbeitende Industrie. Die Landw. auf dem Altiplano (Andenhochplateau) dient fast ausschließl. der Selbstversorgung der indianischen Kleinbauern. In den Yungas und Valles werden Kakao, Kaffee, Zuckerrohr, Coca und tropische Früchte angebaut; im O des Departements Santa Cruz (dem Kerngebiet kapital. Landw. B.s und einzigem sich entwickelnden Industriezentrum außerhalb des Antiplano) auch Baumwolle und Reis. 3. Die Llanos (59 % des Territoriums, unter 1 % der Bev.) liefern neben Kautschuk (N) und Holz Erdgas und -öl (Dept. Santa Cruz 95 % der Förderung; Erdgas und -öl je 9,5 % der Exporte).
2. Mit der Unabh. 1825 hatte B. 300 J. span. Kolonialherrschaft hinter sich, die an Stelle der von Pizarro und Almagro zerstörten ausgewogenen Versorgungswirtsch. der Inkahochkultur eine Bergbauenklavenökonomie setzte, deren einzige Aufgabe es war, Gold und Silber nach Europa zu liefern. Nur wenig später als die Bergbauzentren entwickelte sich eine in großen Besitztümern organisierte Landw., zunächst um die Nahrungsmittelversorgung der Eroberer sicherzustellen, später um Exportprod. an-

zubauen. Von der Unabh. bis 1952 wurde B. ökon., pol. und sozial von einem Machtblock aus Bergwerks- und Großgrundbesitzern span. Abstammung völlig dominiert. In der v. a. von den städt. Mittelschichten und den Zinnarbeitern getragenen Revolution von 1952 verlor die Minen- und Grundoligarchie ihre ökon. Basis: die Zinnminen wurden verstaatlicht, eine radikale Landreform durchgeführt, die Armee aufgelöst und den Indios Bürgerrechte gewährt. Bis 1964 versuchten Regierungen, insges. mit wenig Erfolg, die Abh. von Rohstoffexporten zu lockern, eine *importsubstituierende Industrialisierung einzuleiten und die landw. Produktion zu steigern. Der Wirtsch.-*Nationalismus mußte zugunsten eines orthodoxen *Exportmodells und günstiger Bedingungen für die Anlage ausl. Kapitals aufgegeben werden. Bereits Ende der 50er J. wurde eine enge Zusammenarbeit mit den USA eingeleitet. Wesentliches Resultat dieser Kooperation war die neue Armee, die 1964 putschte und bis 1979 an der Macht blieb, wobei die Regierungswechsel sich stets in Form von Staatsstreichen vollzogen. Seit Juli 1979 hat B. erstmals wieder ein gewähltes Parlament.

3. Für 1980 erwartet man in B. eine Gesamtbev. von 5,566 Mio. 40,2% der Ew. leben in Städten. Bev.-Dichte auf dem Altiplano 5 Ew. pro qkm, im trop. Tiefland (Llanos) unter 1. Altiplano, Yungas und Valles konzentrieren 84% der Bev. LE 51 J. Ethnische Gliederung: Weiße 15–20%, Indios 50%, Mestizen 30%. ⅔ der Bev. sprechen die Indianersprachen Quechua und Aymará, ohne die Staatssprache Spanisch zu beherrschen.

4. Wichtigster Ind.-Zweig B.s ist der Bergbau (Arbeitskräfteabsorbtion nur 3,9%, 1975). 1977 erzielte er 70% der Exporterlöse, davon ⅔ in Regie der Staatsfirma COMIBOL. B. ist der zweitgrößte Zinnerzeuger der Welt (16% der Weltprod.). Die Abh. von einem Produkt macht die Wirtsch. anfällig. Sinkt der Weltmarktpreis für Zinn auch nur um einen Dollar pro Pfund, büßt B. 8% seiner Exporterlöse ein. Charakteristisch für die Landw. ist der Kleinstbesitz. Die *Latifundien des Altiplano und der Valles sind im Zuge der Landreform seit 1953 liquidiert worden. Inzwischen hat sich der Großgrundbesitz allerdings im O in großen agro-industriellen Komplexen auf einer neuen Grundlage wieder hergestellt. Im Rahmen der Landreform wurden bis heute 8,4 Mio. ha verteilt, 197%00 Familien begünstigt, meist indem die auf den Latifundien arbeitenden Familien die von ihnen bearbeitete Parzelle als Eigentum erhielten. Resultat ist das Vorherrschen von *Subsistenzproduktion. Die Landw. ist für über die Hälfte der Erwerbsbev. die einzige Einnahmequelle.

5. Der Stadt-Land-Gegensatz ist markant ausgeprägt, sowohl hinsichtlich der räuml. Verteilung der Industrie (Hs La Paz ⅔ der Manufakturproduktion, in den 4 größten Städten 90% der Ind.-Arbeiter) als auch hinsichtlich der Verteilung von Lebenschancen. Die Stadtbev. verfügt nicht nur über ein viel höheres Einkommen als die Landbev., sondern auch über den größten Teil der sozialen Einrichtungen (9 des med. Personals und der med. Einrichtungen in den Städten). ¾ der Bildungsausgaben werden für die Städte aufgewendet.

*Arbeitslosigkeit und Unterbeschäftigung stellen ein Problem ersten Ranges dar (ca. 40–45%). 36% der Einkommen bleibt bei den oberen 5% der Bev., 59% bei den oberen 20%, während die unteren 80% nur über 41% der Einkommen verfügen.

6. B. ist eine präsidiale Republik mit einem Zweikammerparlament, das allerdings während der Militärdiktaturen zwischen 1964 und 1979 kaum Einfluß auf die pol. Entscheidungen hatte. Wichtigster Machtfaktor ist die 15 000 Mann starke Armee.

7. B. befindet sich in einer schweren Wirtschaftskrise, gegen die die staatl. Wirtschaftspolitik lediglich monetaristische Maßnahmen und die Hoffnung auf höhere Exporterlöse zu setzen weiß. Der krisenbedingte Produktionsverfall v. a. in der Landw. hat zu einer drastischen Verschlechterung der sozialen Lage weiter Teile der Bev. geführt und ein explosives Sozialklima entstehen lassen. Rechtsparteien und rechte Militärfraktion auf der einen Seite, Linksparteien, Gewerkschaften und bisweilen auch die linke Militärfraktion auf der anderen bilden ein labiles Gleichgewicht, das möglicherweise durch den Putsch von 1980 nachhaltig zugunsten der (selbst im lateinam. Vergleich) extrem reaktionäre Kräfte verändert wurde.

Lit.: D. Nohlen/K. Schäffler, Bolivien, in: HDW, Band 3, Hamburg 1976, S. 57 ff. dd

Botswana

Die seit 1966 unabh. Rep. B. (Fläche: 600 372 qkm) hat ca. 7 Mio. Ew. Trotz der geringen Bev.-Dichte von 1 Ew./qkm weist das Land eine rel. Überbev. auf, da vom Trockenwald im O und dem versumpften, durch Tsetsefliegen verseuchten Okawango-Delta abgesehen 80% der Fläche auf die Kalahari-Wüste entfallen, so daß wegen des Wassermangels und der bislang unzureichenden Landerschließung eine intensive Landnutzung erschwert wird.
Erzeugnisse der Viehzucht (50–60% des Exports) und der immer mehr expandierende Bergbausektor (Diamanten, Gold, Kohle) bilden die ökon. Grundlage B.s. Die finanz. und infrastrukturellen Fördermaßnahmen der E.-Planung konzentrieren sich auf die Bergbauprojekte bei Orapa (Diamanten) und Selibe Pikwe (Kupfer – Nikkel), von denen neben höheren Staatseinnahmen durch Steuern v. a. E.-Impulse für den Aufbau einer Konsumgüterindustrie erwartet werden. Davon profitieren werden insbes. südafrikan. Bergbaukonzerne, die zusammen mit der Dominanz des südafrikan. Kapitals in anderen Sektoren sowie durch gemeinsames Kommunikationsnetz und die Zollunion B. wirtsch. von Südafrika abh. machen. Ökonom. Unabh. von Südafrika durch Diversifizierung der Außenhandelsbeziehungen (assoziiert mit EG) ist daher neben dem Bemühen um ökon. Wachstum und die Intensivierung von Viehzucht und Agrikultur Ziel der E.-Politik.
Die acht Bantustämme, unter denen der Stamm der Bamangwato mit 38% der Bev. die pol. Führungsrolle spielt, bilden den Kern der Bev. Hinzu kommen 3 500 Weiße, 3 000 Inder und „Couloreds" und 20 000 Buschmänner mit z.T. noch intakten Stammesverfassungen.
Eine Analphabetenrate von 65–75%, qualitative und quantitative Ernährungsmängel und eine LE von 43 J. machen B. zu einem der am wenigsten entwickelten Länder Afrikas. Die Einkommensstrukturen weisen neben sektoralen Unterschieden krasse Disparitäten zwischen schwarzen Arbeitern und Weißen sowie der einheim. Führungsschicht auf. Die hohe Zahl der in die Städte strömenden Wanderarbeiter führt auf dem Land zur Zerstörung der Familienstrukturen.
Das aus dem ehem. brit. Protektorat Betschuanaland hervorgegangene B. wird nach westl.-parl. Vorbild (parlament, „*house of chiefs*") von Präs. Khama regiert, dessen „B. Democratic Party" 1974 27 von 32 Parlamentssitzen errang und für eine gemäßigte, multirassiale E. eintritt. Trotz der pol. Orientierung auf Schwarzafrika und der Ablehnung der südafrikan. *Apartheids-Politik durch alle vier im Parlament vertretenen Parteien, bleibt der Spielraum zwischen Kooperation und Konfrontation aufgrund der bestehenden Abh. von Südafrika eng bemessen. ah

Brain Drain

Unter B. D. versteht man die Abwanderung ausgebildeter Fachkräfte und teilweise hochqualifizierter Personen aus EL in die IL. Der B. D. relativiert nicht nur die *personelle Hilfe der IL, da sich mehr qualifizierte Arbeitskräfte aus den EL in den IL befinden als umgekehrt vermittelt werden, sondern die E.-Hilfe insges. Die *Weltbank hat für 1970 den B. D. der EL in Richtung USA wie folgt berechnet: Ingenieure 6 400, Ärzte 2 211, Wissenschaftler 2 625; Verlust der EL von 3,66 Mrd. US-$. Die gesamten als E.-Hilfe deklarierten Leistungen der USA an die EL (Waffenhilfe eingeschlossen) beliefen sich im gleichen Jahr auf 3,05 Mrd. US-$. *UNCTAD V regte Maßnahmen von EL und IL an, die zu studieren das UNCTAD-Sekretariat übernahm, um den sog. umgekehrten *Technologietransfer zu verringern. dn

Brandt-Kommission

„Unabh. Kommission für int. Entwicklungsfragen" (auch „Nord-Süd-Kommission") unter Vorsitz von Willy Brandt, auf Anregung des Präsidenten der *Weltbank, R. McNamara, gegr., um Lösungsvorschläge für die dringendsten Nord-Süd-Probleme zu erarbeiten, nachdem die Verhandlungen im *Nord-Süd-Dialog ins Stocken geraten waren. 18 Kommissionsmitgl. (10 aus den EL, 8 aus den IL; u. a. E. *Frei/Chile, E. Heath/GB, A. Malik/Indonesien, O.

Palme/Schweden), 2jährige Beratungen, 10 Sitzungen in 9 versch. Ländern, Dez. 1977 – Dez. 1979.
BK legte März 1980 ihren Bericht „Das Überleben sichern" vor, der die entwicklungspol. Diskussion in den 80er J. (= 3. E.-Dekade) stark beeinflussen dürfte. Der Bericht stellt Forderungen sowohl an die IL als auch an die EL und unterbreitet zahlreiche Vorschläge zur Lösung der als dramatisch dargestellten int. sozialen Lage (*Armut, Hunger, Stagnation der Weltwirtschaft mit Inflation, int. Währungswirrwarr, steigende Verschuldung, Protektionismus, erhebliche Spannungen zwischen Staaten im Wettlauf um Energie, Nahrung und Rohstoffe, wachsende Weltbev. und mehr *Arbeitslosigkeit in Nord und Süd, zunehmende Gefährdung der Umwelt, bedrohliches Wettrüsten etc.). Der BK geht es um einvernehmliche Lösungen, welche die Interessen aller Beteiligten berücksichtigen. Bes. Bedeutung kommt den Überlegungen zur E.-Finanzierung zu. Die BK schlägt Wege automatischer Mittelaufbringung vor, welche die E.-Finanzierung von dem Willen einzelstaatl. Entscheidungsträger unabh. machen sollen. Gedacht werden an Abgaben auf den Handel, auf Waffengeschäfte, auf Verteidigungsetats, auf Luft- oder Frachttransporte, auf das int. gehandelte Rohöl. Besteuert werden könnten auch die Gewinne „neuer Weltunternehmen" zur Ausbeutung von Bodenschätzen auf dem Meeresgrund. Alternative Finanzierungsmöglichkeiten werden in der Ausweitung der *Sonderziehungsrechte und der Nutzbarmachung der Goldbestände innerhalb des *IWF gesehen. Diese Überlegungen bilden einen integralen Bestandteil der Forderung, den Transfer von Ressourcen in die EL massiv zu steigern. In diesem Zusammenhang erwägt der Bericht die Schaffung eines neuen „Weltentwicklungsfonds" mit weltweiter Mitgliedschaft und gleichberechtigter Partnerschaft in Entscheidungen und Kontrolle. Im institutionellen Bereich schlägt die BK ein Gipfeltreffen von Staats- und Regierungschefs aus IL und EL mit beschränkter Teilnehmerzahl (hier äußert sich die berechtigte Kritik an den vielfach recht ergebnislos verlaufenden Mammutkonferenzen int. Bürokratien und Funktionseliten), die sich insbes. mit einem Sofortprogramm 1980–85 befassen soll. Für dieses *emergency-program* erhebt die BK folgende Forderungen: 1. Höhere E.-Hilfe der EL: 0,7% des BSP bis 1985, 1,0% bis 2000 an *öffentl. E.-Hilfe; 2. Vereinbarung einer int. Energiestrategie: Sicherung regelmäßiger Versorgung, rigorose Energiesparmaßnahmen, vorhersehbare und schrittweise Preiserhöhungen für Rohöl, gemeinsame E. alternativer und erneuerbarer Energiequellen; 3. Aufbau eines weltumspannenden Nahrungsmittelprogramms: Steigerung der Produktion insges., ländl. E. in den EL; 4. Reformen im int. Wirtschaftssystem: Schaffung eines effektiven int. Währungs- und Finanzsystems bei Gleichberechtigung aller Partner, Reform des Welthandels in Richtung auf Verbesserung der Position der EL.

Lit.: W. Brandt, Das Überleben sichern, Köln 1980.

dn

Brasilien

B. ist zur Führungsmacht in LA aufgestiegen und betrachtet sich selbst als Großmacht von morgen. Das seit 1964 verfolgte bras. Modell wirtsch. E., vom Militärregime autoritär durchgesetzt, kann erhebliche Wachstumserfolge aufweisen. Doch sind die erwarteten **trickle down*-Effekte im wesentlichen ausgeblieben. Die Struktur der UE hat sich weiter verfestigt; insb. die sozialen und humanen Folgekosten sind hoch (extrem ungleiche Verteilung, pol. Unterdrückung). Die Schwierigkeiten, das nach dem ökon. Erfolgskriterium des Modells erforderliche Wachstum zu erreichen, haben sich erhöht.
1. B. ist das größte Land (8 511 965 qkm) auf dem südamerik. Subkontinent (47,3% der Fläche). 2 Großlandschaften bestimmen das Relief B.s: im N und NW das Tiefland des Amazonas, im O und SO das Bergland mit Mittelgebirgscharakter. B. weist ein beachtliches natürliches E.-Potential aus. Über Erdöl verfügt es jedoch nicht, so daß die Energieversorgung zu einem vordringlichen wirtschaftspol. Problem wurde, insb. seit sich die Erdölimporte verteuerten und das Wachstum der Wirtsch. hemmten.
2. Die Bev. B.s hat sich seit 1950 verdoppelt (JZ gesch.: 2,8%). Sie wird für 1980 mit 123 Mio. angegeben. Hiervon sind 40,7% unter 15 J. Etwa 90% der Bev.

konzentrieren sich auf ca. ⅓ der Landesfläche in den Ballungsgebieten der küstennahen Regionen des NO, SO und S. Die Verlegung der Hauptstadt ins Landesinnere (Brasilia, 800 000 Ew.) war eine Maßnahme, das Hinterland zu erschließen. Über 60% der Bev. lebt in Städten, ein wachsender Teil davon in Elendsvierteln (*favelas*). Schätzungen nach sind 60% der Br. Weiße, meist portug., ital. und span. Abstammung, sowie ca. 2 Mio. deutschstämmig. Über 26% sind Mulatten und Caboclos (Mischlinge von Weißen und Indianern), 10–12% Schwarze und Cafusos (Mischlinge von Indianern und Schwarzen), 1% Japaner. Ein geringer Rest von Indianern (ca. 180 000) lebt weit verstreut im N und W des Landes. Die Landessprache ist Portugiesisch. Mit ca. 92% Kath. ist B. das größte kath. Land der Welt. Hiervon sind jedoch ein erheblicher Teil Anhänger der afro-bras. Kulte und Spiritisten. Der Rest sind Protestanten, Orthodoxe, Juden, Buddhisten u. a.; Kirche und Staat sind seit 1891 verfassungsmäßig getrennt.

3. Die Geschichte B.s seit Beginn der Kolonisierung im J. 1500 ist zugleich eine Geschichte struktureller *Abhängigkeit mit den von der *Dependencia aufgezeigten internen Konsequenzen. Von Anfang an bildeten sich exportorientierte Produktionsstrukturen heraus, eine Wirtschaftsform nach der anderen. Bis zur 2. Hälfte des 18. Jh.s bestimmten 4 Hauptprodukte die br. Wirtsch. Der Zyklus des Brasilholzes dauerte nach der Entdeckung des Landes etwa 50 J. Ihm folgte der durch Sklavenarbeit getragene Zuckerrohrzyklus im NO, der nach der Ankunft der ersten Schößlinge um 1530 begann und seine Blütezeit im 16./17. Jh. erlebte. Danach erfolgte der Gold- und Edelsteinboom in Minas Gerais, der das gesamte 18. Jh. beherrschte. Gegen Mitte des 18. Jh. breitete sich die Kaffeewirtsch. von N nach S aus. São Paulo und Paraná wurden zu den Hauptproduzenten dieses bis heute bedeutendsten Exportzweiges. Neben den genannten Hauptprodukten konnte B. durch den umfangreichen Export von Leder, Tabak, Gummi und Kakao zusätzliche Vormachtstellungen auf dem Weltmarkt behaupten. Durch die Anpassung seiner ges. Wirtsch.- und Produktionsstruktur an der Weltmarktnachfrage wurde jedoch die strukturelle Abh. des br. Marktes begründet, im 16./17. Jh. zunächst von Portugal und zeitweise Holland, im 18./19. Jh. von England und seit dem I. Weltkrieg von den IL USA, BRD, GB und Japan. Jeder Zyklus hat dem Gebiet, in dem er sich abspielte, eine Epoche wirtsch. Aufstiegs und des Wohlstands gebracht. Nach seiner Beendigung ließ er jedoch eine sterbende Wirtschaft und eine archaische Sozialstruktur zurück. In großen Teilen B.s ist die UE somit der E. gefolgt und ihr nicht vorausgegangen.

4. Im Jahre 1822 rief der spätere Dom Pedro I. die Unabh. B.s aus und gründete das Kaiserreich B. Die ablehnende Reaktion der Plantagenbesitzer auf die entschädigungslose Freilassung aller Sklaven (1888), das Fehlen eines männl. Thronfolgers, antimonarchische Strömungen in der kirchl. Orthodoxie und im republik. orientierten Militär waren 1889 Gründe für die Absetzung Pedro II. durch einen Militärputsch. Die föderative Republik wurde zur neuen Staatsform der „Vereinigten Staaten von Brasilien" erklärt. Nach 5 J. Militärherrschaft begann mit dem Regierungsantritt des 2. Präs. Campos Sales (1898–1902) die „Politik der Gouverneure". Dieser neue pol. Stil sicherte dem Präs. die Unterstützung des Kongresses durch gegenseitige Absprachen mit und unter den Gouverneuren, Senatoren und Abgeordneten hinsichtlich der Kandidatenauslese. Diese Politik erlaubte die Koexistenz formaldemokrat. Institutionen mit der trad. agrarisch-feudalen Gesellschaftsstruktur. Bis 1930 lösten sich die Gouverneure der mächtigsten Staaten São Paulo, Minas Gerais und Rio Grande do Sul im Amt des Präs. ab. Diese „Kaffee mit Milch"-Politik, die sich auf den Reichtum aus Kaffee und Viehzucht gründete, erklärt sich durch die einschneidenden wirtsch. Veränderungen in der Übergangsphase zur Republik. Das ökon. Zentrum verlagerte sich vom NO mit der ursprüngl. auf Sklavenarbeit beruhenden Erzeugung von Zucker, Baumwolle und Kakao in den Süden. São Paulo und Minas Gerais wurden zum geograph., wirtsch. und demograph. Zentrum des Landes. Zu Beginn des 20. Jh.s erfolgte der Zusammenbruch des Kautschukexportes durch die einsetzende Konkurrenz der Engländer

und Holländer in Ostindien. Dasselbe Schicksal ereilte den Kaffeemarkt mit einem durch Überproduktion verursachten, folgenschweren Preisverfall. Zur parallel verlaufenden Weltwirtschaftskrise kamen noch innenpol. Spannungen durch die kompromißlose Haltung São Paulos bei der Auswahl des Präsidentschaftskandidaten. In dieser Krise brach 1930 eine Revolution aus. Die pol. Vorherrschaft der „Kaffeebarone" wurde gebrochen und mit dem Wechsel der Machteliten trat das moderne B. hervor. Präsident Getúlio Vargas führte eine fortschrittl. Sozialgesetzgebung ein. Durch einen Staatsstreich sicherte sich Vargas 1937 weiterhin die Machtausübung. Kongreß und Parteien wurden aufgelöst. Die Verfassung des „Neuen Staates" schuf die formale Grundlage für ein autoritäres und zentralistisches Regime (*getulismo*), das eine *importsubstituierende Industrialisierung betrieb. Im Zuge der in LA erwachenden demokrat. Bewegungen zwang das Militär nach Ende des II. Weltkrieges den Diktator zum Rücktritt. Mit der Wahl General Dutras zum Präs. wurden die Voraussetzungen für die Verfassung (1946) einer repräsentativen Demokratie geschaffen. Unter Juscelino Kubitschek wurde die „getulistische" Politik der Importsubstitution allmählich aufgegeben. Der gezielte Ausbau des Exportsektors in den folgenden Jahren und die Öffnung des Landes für ausländ. *Direktinvestitionen führten zwar zu einer Dynamisierung der Wirtsch., aber auch zu Profittransfer, *Verschuldung und größerer Abh. Mit Janio Quadros kam 1961 zum ersten Mal seit 1945 ein Kandidat der Oppositionspartei UDN und nicht der beiden von Vargas gegründeten Parteien PSD und PTB an die Macht. Die eingeleitete Reformpolitik (*Nationalisierung ausländ. Betriebe, z. B. Telefon) wurde nach dem überraschenden Rücktritt von Quadros von seinem Nachfolger Joao Goulart verstärkt fortgeführt – unter wachsender Politisierung und Mobilisierung der Bev. (studentische Proteste, gewerkschaftl. Streiks, Bewegung der Landarbeiter/Bauernligen). Wachsende soziale Spannungen und rückläufige Wachstumsraten der Wirtschaft, Steigerung der Inflation und Rückzug des Auslandskapitals führten jene Situation herbei, in der die Streitkräfte März 1964 die Macht übernahmen. Die Militärs hatten sich auf diese Intervention zielstrebig und systematisch vorbereitet, insbes. durch den Ausbau der ESG *(Escola Superior de Guerra)* zu einem entwicklungsökon. und sozialwissenschaftlichen Studienzentrum und durch Formulierung einer ideologischen Grundlage ihrer Herrschaftsausübung, der *Doktrin der Nat. Sicherheit.

5. Das pol. System wurde dem ökon. Modell untergeordnet und entsprechende Pol. Rahmenbedingungen für die strikt verfolgten wirtsch. Wachstumsziele repressiv durchgesetzt. Dabei wurde mit Blick auf das Ausland, von dem Kapitalinvestitionen erwartet wurden und dem trotz Massenverhaftungen und Terror ein freundliches Investitionsklima in B. suggeriert werden sollte, verfassungsrechtlich eine demokratische Fassade aufrechterhalten. Parteien wurden nicht grundsätzlich verboten, das Parteiensystem jedoch umstrukturiert. In Konkurrenz zur Regierungspartei ARENA wurde eine offizielle Oppositionspartei MDB zugelassen, der eine begrenzte Opposition gestattet wurde, solange das Regime sie zu tragen bereit war. Als gegen Ende der 60er Jahre die oppositionelle Betätigung ziviler Politiker, der Studenten und der kath. Kirche sowie Untergrundaktivitäten zunahmen, erließ Costa e Silva, der dem ersten Präs. Castelo Branco turnusgemäß gefolgt war, den unbefristeten „Institutionellen Akt Nr. 5" (AI-5), der ihm u. a. die Befugnis verlieh, jedem Staatsbürger die pol. Rechte für 10 J. abzuerkennen und Mandate zur Legislative zu „kassieren". General Costa e Silva hinterließ seinem Nachfolger eine bis heute gültige Verfassung (1969). Präs. Medici behielt die Regierungsform des „autoritären Zentralismus" bei. Die Wirtsch. erlebte nach der Rezession unter Castelo Branco und Costa e Silva im J. 1968 einen beeindruckenden Aufschwung. Das „brasilianische Wirtsch.-Wunder" zeichnete sich von 1967 bis 1973 durch jährl. Zuwachsraten von über 10% aus. Durch eine extrem ungleiche Einkommensverteilung profitierte jedoch nur ein geringer Teil der Bev. von den Früchten des Wachstums. Als 1974 General Ernesto Geisel an die Macht kam, waren innerhalb und außerhalb B.s die Hoffnungen groß, daß das Regime eine Liberalisierung erfah-

ren würde. Die Initiative zur Realisierung der „rel. Demokratie" überließ General Geisel seinem Nachfolger Figueiredo. Vor dem Amtsantritt des neuen Präsidenten im März 1979 war zu Beginn des J. der berüchtigte AI-5 abgeschafft worden. Sondergesetze hatten seit 1964 mehreren tausend Bürgern die pol. Rechte aberkannt.

6. Im Gefolge der *Importsubstitutionspolitik von Vargas stieg die Industrieproduktion von 1929–1937 um etwa 50%, die Rohstoffproduktion für den Binnenmarkt um mehr als 40%. Unter Kubitschek wurde durch gezielte Förderung des Exportsektors, der den Zusammenbruch des Kaffeemarktes während der Weltwirtschaftskrise noch nicht verkraftet hatte, und durch die Öffnung des Landes für ausländ. Direktinvestitionen dem Auslandskapital der dynamische Sektor der Wirtschaft anvertraut. Diese Politik wurde nach der Krise zu Beginn der 60er Jahre, als die Masse der Bev. die internen Konsequenzen der abh. E. zu spüren bekam, unter der Militärdiktatur fortgesetzt. Nach anfänglicher Rezession unter Castelo Branco und Costa e Silva begann 1968/69 das sog. bras. Wirtsch.-Wunder, das bis zur Energiekrise von 1973 anhielt.

Das bras. Modell gründete sich auf eine Allianz von hohen Militärs und zivilen Technokraten. Die im „Windschatten der Militärdiktatur" durch Lohnstopp, Disziplinierung der Gewerkschaften und pol. Repression ermöglichten hohen Wachstumsraten wurden durch externe *Verschuldung und verstärkte Auslandsinvestitionen erzielt. Die geringe Partizipation der Gesamtbev. („zuerst Wachstum, dann mehr Gleichheit") an den Früchten des Wirtschaftswunders machte nur einen geringen Teil der Bev. immer reicher (1979 befanden sich 39% des Nationaleinkommens bei 5% der Bev.), die Mehrheit aber rel. ärmer. Die Übernahme bzw. Verpflanzung einer *kapitalintensiven Produktionsweise durch ausl. Konzerne erwies sich unter den Bedingungen der Massenarbeitslosigkeit und im Sinne einer ausgewogenen regionalen und sozialen E. nur bedingt angemessen. Sie wurde den Erfordernissen des *„Brückenkopfs" in Funktion seiner ausländ. Zentren untergeordnet und war einseitiger E.-Pol in einer *strukturell heterogenen Gesellschaft.

Die weltweite Rezession und die Folgewirkungen der Energiekrise trafen die br. Wirtsch. durch die einseitig auf Export ausgerichtete und vom Erdöl abh. Wirtsch.-Politik besonders hart. Genau 50% der erwarteten Außenhandelseinnahmen wird das Land voraussichtlich 1980 für Erdölimporte aufbringen müssen. Trotz der wirtsch. Probleme genießt B. aufgrund seiner *Ressourcen und seines E.-Potentials weiterhin Kredit. Ferner wuchs nach Angaben der br. Zentralbank die Gesamtsumme der Auslandsinvestitionen Ende August 1979 um 13,2% auf 15,5 Mrd. Dollar (1978: 13,7 Mrd. Dollar). Nach den USA steht die BRD an 2. Stelle mit über 2,5 Mrd. Dollar (1979).

Bei sinkendem Realeinkommen, steigenden Lebenshaltungskosten und einer hohen Inflationsrate (1979 zweithöchster Stand seit dem Sturz Goularts) besteht das größte innenpol. Problem der Regierung in den sich verschärfenden sozialen Spannungen. Da sich das Militärregime nicht mehr auf wirtsch. Erfolge als Legitimationsbegründung berufen kann, setzt die Regierung Figueiredo im Sinne des „relativen" Demokratisierungskonzeptes auf eine Umstrukturierung des pol. Rahmens. Nach einer eingeschränkten Amnestie für pol. Gefangene wurde vom Kongreß im Okt. 1979 ein Gesetz zur Schaffung neuer Parteien gebilligt. Die Oppositionspartei, im Zwei-Parteiensystem erstarkt, zerbrach planmäßig in 3 Lager.

Im Zuge der Liberalisierung konnten die bras. Emigranten wieder in ihr Land zurückkehren.

7. Die Bewertung des bras. E.-Weges bzw. -Modells ist in Wissenschaft und Politik umstritten. F. H. Cardoso bezieht in der Kapitalismus-kritischen *Depencia-Diskussion eine differenzierte Position, welche *Entwicklung unter kapitalistischen Bedingungen nicht grundsätzlich leugnet, sondern ihre Widersprüche thematisiert. Sie arbeitet er v. a. im Bereich der Beziehungen unterschiedlicher wirtschaftl. Sektoren und Kapitalfraktionen heraus, *Multinationale, staatlicher Sektor, privates nat. Kapital. Als Hauptwiderspruch nennt Cardoso u. a. die ungleiche *Einkommensverteilung, die auch in der allg. pol. Diskussion um das bras. E.-Modell hervorgehoben wird. Nach dem

Weltbankbericht für 1979 ist. B. das Land mit den größten Einkommensdifferenzen. 10% der Einkommensempfänger verfügt über die Hälfte des im Land erwirtschafteten Einkommens, während 40% der armen Bev. mit 7% des nat. Einkommens auskommen müssen. Die mit den *Wachstumstheorien einhergehenden **Trickle-down*-Effekte haben sich also nicht eingestellt. Im Gegenteil: Einkommensdifferenzen, regionale Ungleichgewichte, etc. haben sich erhöht. Dieser Befund rechtfertigt jedoch nicht, den teilweise recht kurzschlüssigen Wachstumsideologien der Verteidiger des bras. E.-Weges mit pauschalen Gegenthesen zu begegnen. Die Wirklichkeit ist differenzierter, widerlegt auch eine Reihe von theoretischen Annahmen über abh. kapitalist. E. Eine Bewertung muß dies berücksichtigen.

Lit.: T. E. Skidmore, Politics in Brazil, 1930–1964. An Experiment in Democracy, London u. a. 1967; A. Stephan, The Military in Politics. Changing Patterns in Brazil, Princeton 1971; A. Stephan (Hrsg.), Authoritarian Brazil. Origins, Politics, and Future, New Haven 1973; F. H. Cardoso, Die Widersprüche der assoziierten Entwicklung, in: H. R. Sonntag (Hrsg.), Lateinamerika: Faschismus oder Revolution, Berlin 1974, S. 33–62; W. Grabendorff/M. Nitsch, Brasilien: Entwicklungsmodell und Aussenpolitik, München 1977; P. Evans, Dependent Development. The Alliance of Multinational, State, and Local Capital in Brazil, Princeton 1979; T. Maus, Entwicklungspolitik und Unterentwicklung. Ein Beitrag zum Problem der Steuerbarkeit abhängiger Entwicklungsprozesse am Beispiel Nordostbrasiliens, Meisenheim 1979. cg

Brot für die Welt (BfdW)

Hilfswerk der Evang. Kirche in Deutschland (EKD) und diakonische Arbeitsgemeinschaft evang. Kirchen, hervorgegangen aus der 1959 von EKD und evang. Freikirchen durchgeführten Spendenaktion, die seither jährl. wiederholt wurde und deren Ergebnis der Finanzierung von E.-Projekten in der Dritten Welt dient. Das Gesamt*spendenaufkommen* setzt sich aus Kirchenkollekten in der Advents- und Weihnachtszeit, aus Einzel- und Direktspenden an BfdW bzw. an die Diakonischen Werke und aus Spenden für Sonderaktionen zusammen. In den bisher von BfdW durchgeführten 21 Sammlungsaktionen seit 1959 wurden rund 690 Mio. DM gespendet. Das jährl. erzielte Spendenaufkommen stieg von 14,6 Mio. (1959/60) über 31,1 Mio. (1968/69) auf inzwischen über 53 Mio. DM (1979/80). Die *Geschäftsführung* von BfdW liegt beim Diakonischen Werk der EKD (DWEKD) in Stuttgart. Ihm wie den Diakonischen Werken der Gliedkirchen in der BRD und Westberlin obliegen die Durchführung der Spendenaktionen. Das BfdW-Referat im DWEKD mit lediglich rund 30 Mitarbeitern bearbeitet jährl. durchschnittl. 400 Projekte aus EL. Bei der Projektplanung kann sich das Referat auf die Beratung durch Fachleute und die ökumenischen Weltbünde in Genf (Ökumenischer Rat, Lutherischer Weltbund) stützen. Die Vergabe der Mittel von BfdW erfolgt durch den von der EKD berufenen 13köpfigen Verteilungsausschuß. Dieses Gremium setzt auch die Maßstäbe der Prüfung von Anträgen, die unterschieden werden nach den Kategorien: 1. Speisungen und Soforthilfe in Katastrophenfällen; 2. konstruktive Diakonie/Hilfe zur *Selbsthilfe; 3. Hilfe in Krankheit. *Partner*: Grundsätzlich unterstützt BfdW Gruppen und Organisationen, die sich für hungernde, entrechtete, hilflose oder vergessene Menschen in allen Ländern der Welt einsetzen. Angesichts der gestiegenen Anforderungen an BfdW-Mittel arbeitet BfdW heute vorwiegend mit kirchl. Partnern (Partnerkirchen) in EL zusammen. BfdW kooperiert mit zahlreichen staatl. supranat. und kirchl. Organisationen.
Die E.-Arbeit von BfdW ist theoretisch wie praktisch integraler Bestandteil der EKD-E.-Hilfe (→Kirchen). Sie war von Anfang an praxisorientiert, legte den Schwerpunkt auf die Bekämpfung des Hungers, eine Zielsetzung, die bald erweitert wurde in Konzepten wie „Kampf gegen Hunger und Krankheit" und „Hilfe zur *Selbsthilfe". In den 70er J. trat bei BfdW die entwicklungspol. Bewußtseinsbildung in den IL in den Vordergrund. An den recht allg. gehaltenen Zielsetzungen von BfdW wurde wiederholt Kritik geübt. BfdW betont demgegenüber, daß unabhängig von der gesellschaftspol. Ordnung und Orientierung der EL kirchl. E.-Arbeit geleistet werden kann, verkennt jedoch nicht, daß „langfristige, planmäßige Hilfen zur Strukturverbesserung in den Ländern des sozialen Umbruchs" im Mittelpunkt aller Bemühungen stehen müssen. Die Orientierung der Hilfsmaßnahmen am „magischen Dreieck" aus sozialer Gerechtigkeit, wirt-

schaftl. Wachstum und Eigenständigkeit bedeutete Anfang der 70er J. einen Wendepunkt in der Arbeit von BfdW in Richtung auf eine eigene E.-Strategie. In den letzten Jahren wurden in der *Projekthilfe verstärkt integrale *Programmhilfen gefördert. Vorgelagerte Maßnahmen sollen es den jeweiligen Bev.-Gruppen ermöglichen, Grundstrukturen gesellschaftl. Organisation zu entwickeln. Daran anknüpfend sollen integrale Programme (z.B. Nahrungsmittelproduktion, Wohnungsbau, Wasserversorgung, Bildung) dazu beitragen, daß die Bev. eigenverantwortlich ihre Interessen wahrzunehmen und Schritte zur Verbesserung ihrer Lebenssituation einzuleiten beginnt.

Die Förderungsmaßnahmen von BfdW beliefen sich von 1959 bis 1978 auf über 576 Mio. DM. Nach Kontinenten entfielen auf Projekte in Asien 42,5 %, in Afrika 33,3 %, Lateinamerika 13,7 % und Europa 2,; der Rest auf überregionale Projekte. Nach der BfdW eigenen Unterteilung der E.-Arbeit in Sachgebiete entfielen auf die Landw. (Land- und Forstwirtschaft, Handwerk, Gewerbe, Sozialeinrichtungen) 41,8 % der Mittel, auf medizinische Versorgung 18,4 %, Katastrophenhilfe 16,1 %, Investitionen für deutsche und überseeische Kräfte 13,2 %. Der Rest verteilt sich mit 6,3 % auf Bildungsmaßnahmen, mit 2,4 % auf übergreifende Maßnahmen und mit 1,8 % auf Projektplanungen. Werbungs-, Sa und Personalkosten von BfdW von derzeit jährl. etwa 4,5 Mio. DM werden aus Zinsen, aus Spendenmitteln, Kirchensteuermitteln und aus Zuschüssen der Hauptgeschäftsstelle des DWEKD aufgebracht, so daß der Grundsatz gewahrt bleibt, daß alle Spenden ohne Einschränkung den E.-Projekten zugute kommen. Adresse: Staffelbergstr. 76, 7 Stuttgart 1.

Lit.: Hauptgeschäftsstelle DWEKD (Hrsg.), Jahresberichte „Brot für die Welt“, Stuttgart 1966 ff.; H.-O. Hahn, Über die Entwicklungshilfe der Evang. Kirche, in: T. Dams (Hrsg.), Entwicklungshilfe – Hilfe zur Unterentwicklung, München 1974; H.-O. Hahn, Partnerschaft im kirchl. E.-Dienst, in: Schober/Thimme (Hrsg.), Gemeinde, Stuttgart 1979. gp

Brückenkopf

Als B.e werden die herrschenden Eliten in den EL bezeichnet, die – im *Zentrum-Peripherie-Modell – das Bindeglied zwischen *Metropolen und Peripherien darstellen, dabei integrale Bestandteile der Peripheriegesellschaften sind, deren Ökonomien in den Weltmarkt integrieren bzw. integriert halten (Exportsektoren), wie die Metropolen am Weltwirtschaftssystem profitieren und darauf ihre privilegierte Stellung in den EL-Gesellschaften gründen. dn

Buenos-Aires-Plan

Aktionsplan der EL zur Förderung der wirtsch. Zusammenarbeit unter den EL, verabschiedet von der *TCDC-Konferenz in Buenos Aires 1979. Der am Konzept der **Collective Self-Reliance* orientierte Aktionsplan enthält u.a. folgende Ziele, die es zu fördern gelte: 1. **self-reliance*; 2. *collective self-reliance* (durch Erfahrungsaustausch, *Pool*-Bildung, gemeinsame Nutzbarmachung techn. Ressourcen); 3. Forschung zu E.-Problemen (zur besseren Formulierung geeigneter Strategien der EL in den int. Wirtschaftsbeziehungen); 4. Transfer *angepaßter Technologien und des dazugehörigen **Know-how* unter EL (Erleichterung der Bereitstellung und der Aufnahmemöglichkeiten). dn

Bufferstocks

Ausgleichslager für Rohstoffe, die im Rahmen des *Integrierten Rohstoffprogramms und finanziert durch den *Gemeinsamen Fonds aufgrund von *Rohstoffabkommen eingerichtet werden sollen. Ziel ist die Stabilisierung der Rohstoffpreise. Durch Lagerkäufe sollen die Preisschwankungen gedämpft werden.

Von den Kritikern der B. in den IL wurde die Befürchtung geäußert, B.s führten zu Dirigismus, Preiserhöhungen, Überproduktionen, unbegrenzte Lagerkäufe etc. Das *UNCTAD-Sekretariat plant jedoch nur begrenzte Lagerkäufe, von denen kaum preistreibende Wirkungen zu erwarten sind. →Rohstoffabkommen dn

Burma

Der Versuch B.s, einen *Dritten Weg (Burmanischer Weg zum Sozialismus) zur E. des Landes zu gehen, kann heute als gescheitert angesehen werden. Nicht nur konnten die ethnischen Konflikte nicht überwunden werden, auch die Abschaffung des Privat-

kapitals mußte rückgängig gemacht werden.
1. B. (Fläche: 676 552 qkm) ist geprägt von in N-S-Richtung verlaufenden Gebirgszügen mit Vorkommen von Teakholz, Wolfram, Zinn, Silber, Edelsteinen und landw. genutzten Arealen (v. a. Reis im Terrassenanbau) und dem weiten Flußtal des Irrawaddy. Dessen Delta liefert den größten Teil der Reisernte. In der Flußebene werden auch Öl- und Erdgasvorräte erschlossen.
2. B. erlebte seine erste Blütezeit zwischen dem 11. u. 13. Jh. im Königreich von Pagan. Im 19. Jh. annektierten die Briten B. und unterstellten es dem Vizekönig von Indien. 1937 wurde B. selbständige brit. Kolonie. Der Widerstand gegen die japan. Besetzung (1942-45) unter General Aung San legte den Grundstein für die Unabh. B.s 1948. General Ne Win putschte 1962 an der Spitze eines militär. Revolutionsrates gegen die Republik, mit dem Ziel, die von den bewaffneten Aktionen kommunist. und ethnischer Gruppen (Karen; Shan u. a.) bedrohte Staatseinheit zu erhalten. Mit dem Machtwechsel verband sich die Erhebung des „Burmanischen Wegs zum Sozialismus" zur Regierungsdoktrin, die auch Leitlinie der Verfassung von 1974 ist.
3. Die Bev. B.s betrug 1978 (gesch.) 32,21 Mio. (= 47,6 Ew. pro qkm). Nur ca. 20 % leben in Städten (Hs Rangun um 3 Mio. Ew.). Mit 75 % der Bev. dominieren ethnisch die Birmesen deutlich gegenüber den Karen (7 %), Shan (6 %), Tschin (2 %), Katschin (1 %), Inder (1 %), Chinesen (1–2 %) u. a. Während der Kolonialzeit und in den ersten Jahren nach der Unabh. bildeten Inder, Chinesen, Briten und anglisierte Birm. die Führungsschicht des Landes.
4. Die Verstaatlichung von Industrie und Handel nach 1962 traf v. a. die Inder u. Chinesen. Offiziere und die Funktionäre der Einheitspartei *(Burma Socialist Programme Party)* bilden nun die neue Oberschicht. Ihr Versuch, einen burm. Sozialismus zu verwirklichen, ist gekennzeichnet durch die Abkapselung des Landes nach außen und die Förderung der Industrialisierung auf der Basis der Verarbeitung der einheim. Agrarprodukte. Ein Hindernis für letztere ist die sich aus der Isolation (kein *Tourismus) und der Agrarpolitik der Regierung ergebende, den Technologieimport beeinträchtigende Devisenschwäche des Landes. Die Landw. mit 60 % Exportanteil B.s Einnahmequelle Nummer eins, wurde trotz Enteignung des Großgrundbesitzes 1953 und der Übergabe des Landes an die ehem. (Schuld-)Pächter sowie der Einrichtung einiger Genossenschaften kaum ausgeweitet, ca. 25 % der Ernte werden nicht eingebracht. Grund dafür ist, daß der Bauer je nach Ertrag einen bestimmten Prozentsatz seiner Erzeugnisse zu einem Niedrigpreis an die Regierung abzugeben hat. Erntet er mehr, liefert er mehr ab. Der Rest wandert häufig auf den von der Regierung tolerierten Schwarzmarkt. Die Versorgungslage, insbes. in den Städten, ist schlecht und führte 1974/75 zu blutigen Auseinandersetzungen mit dem Militär. In den letzten Jahren wurde versucht, durch Rückgriff auf privatwirtsch. Mechanismen (1977 wurden Privatfirmen legalisiert) und verstärkte Beziehungen zu den westl. IL einen Ausweg aus den ökon. Problemen des Landes zu finden. Der Buddhismus ist in B. Staatsreligion (80 % der Bev.). Eine allg. Schulpflicht besteht nicht. Durch *Alphabetisierungsaktionen sank die Zahl der Bev. ohne Schulausbildung auf 25–30 %. Die Sozialgesetzgebung wurde seit 1962 ausgebaut. Die Behandlung in den staatl. Krankenhäusern ist kostenlos (LE: 43 J.).

Lit.: K. Fleischmann, Die neue Verfassung der Union von Birma, Hamburg 1976 rs

Burundi

Das ehemalige belgische Kolonialgebiet gehört zu den ärmsten EL (*LLDC, *MSAC, *Binnenland, *AKP). Wichtigstes E.-Problem ist die Ernährung der einheim. Bev. Ethnische Konflikte bestimmen den pol. Prozeß.
1. Über 90 % der Fläche von 27 834 qkm sind landw. nutzbar. S und N bieten günstige Möglichkeiten für den Anbau von Kaffee (80 % des Exportwertes) und Tee. Das Zentrum B.s ist Weideland für mehr als ½ Mio. Watussi-Rinder, Ziegen und Schafe. In der Landw. arbeiten über 90 % der Bev. (Anteil der Landw. am BIP: 80 %). Bodenschätze sind nur in geringem Umfang vorhanden.
2. Die Bev. B.s wurde 1978 auf 4,26 Mio.

geschätzt. Mit 153 Ew. pro qkm gehört B. zu den dichtest bevölkerten Ländern Afrikas. Fast 40% der Ew. leben in den Provinzen Kitega (Zentrum) und Ngozi (N) sowie in der Hs Bujumbura, die fast die ges. urbane Bev. B.s beherbergt. Die Landbev. lebt fast ausschließl. in Einzelgehöften. Der Populationsdruck war bereits in den 50er J. so stark, daß zeitweise 300 000 als Wanderarbeiter tätig waren. Die Bev. gliedert sich in 3 ethnische Gruppen: ca. 85% sind Bantu (Hutu), etwa 14% Tutsi hamitischen Ursprungs, der Rest pygmoide Twa. Fast 50% der Bev. gehört christl. Religionen an.
3. Der Großgrundbesitz des Hofes und der ca. 1 000 Adligen B.s überlebte das Ende der Lehnsherrschaft der Tutsi 1954. Erst nach der Unabh. (1960) und im Rahmen einer *Agrarreform ging ein Teil der landw. Nutzfläche mit einer durchschn. Betriebsgröße von 1 ha in das Eigentum von Hutu-Bauern über.
Neben einigen Hunderttausend selbständigen Kleinbauern bildete sich nach dem Aufbau agrarkultureller Großprojekte eine dünne Schicht lohnabh. Landarbeiter heraus. Der Autoritätsverfall des Hofes und die Entwicklungen im benachbarten Rwanda führten zu einer Eskalation der Spannungen zwischen Hutu-Majorität und Tutsi-Minorität, die in einem gescheiterten Militärputsch (Okt. 1965) ihren Höhepunkt fanden. Fast die ganze Hutu-Elite des Landes fiel den Säuberungsaktionen durch die königl. Armee zum Opfer. Den König, der immer mehr zum Spielball der Interessen einflußreicher Tutsi-Aristokraten geworden war, stürzte die Armee unter Oberst Micombero im Nov. 1966 und proklamierte die Republik. Mit dem Militärputsch von 1976 lösten Tutsi-Offiziere aus dem N die Bururi-Gruppe Micomberos in der Herrschaft ab. Die Politik der Militärregierung ist auf eine Minderung der ethnischen Konflikte gerichtet.
4. Die gegenwärtige Sozialstruktur B.s entspricht teilweise noch der kolonialen. Die dünne Ober- und Mittelschicht (Beamte, Angestellte, Angehörige der Armee und selbständige Bauern) werden von den Tutsi dominiert. Die Alphabetisierungsrate ist mit über 50% zwar recht hoch, doch erreichen weniger als 5% die Sekundarstufe. Hinzu kommt ein starkes Stadt-Land-Gefälle mit zwischen 70% Einschulungsrate in Bujumbura und 10% in den peripheren ländl. Regionen. Bis in die 70er J. lag das Erziehungswesen fast ausschließlich bei den christl. Missionen, die auch weitgehend das Gesundheitswesen dominierten. gp

Cabral, Amilcar

Theoretiker und Organisator des Befreiungskampfes der afrik. Völker unter portugiesischer Kolonialherrschaft. C. wurde am 12. 9. 1925 auf den Kapverden geboren, studierte Ingenieurwissenschaften an der Universität Lissabon und diente in der Agrarabteilung der Kolonialverwaltung für Guinea-Bissau, ehe er 1956 die Afrik. Partei für die Unabh. Guineas und der Kapverden PAIGC gründete. Seine Revolutionstheorie stellt eine Verbindung zwischen dem nat. Befreiungskampf und dem Kampf gegen den Neo-*Kolonialismus, von pol. Unabh. und Befreiung der nat. Produktivkräfte her. Konzentrierte sich die pol. Arbeit der PAIGC zunächst auf die städt. Siedlungen, so begann C. nach 1959 die Organisierung der bäuerlichen Massen. Als C. am 20. Jan. 1973 einem Attentat zum Opfer fiel, hatte die Befreiungsbewegung schon große Teile Guinea Bissaus unter ihrer Kontrolle. Die wachsende Einsicht der portug. Militärs, den Kolonialkrieg nicht gewinnen zu können, führte schließlich zur portug. Revolution vom 24. 4. 1974 und zur pol. Unabh. auch der anderen Kolonialgebiete Portugals. dn

Camara, Dom Helder

Am 7. Februar 1909 in São José (Fortaleza/Ceará), Brasilien, als Sohn eines Journalisten und einer Volksschullehrerin geboren; Priesterweihe 1931; Nationalsekretär der Kathol. Aktion, Koadjutor des Erzbischofs von Rio de Janeiro 1952; Erzbischof von Olinda und Recife 1964; Gründer der Bewegung „Aktion, Gerechtigkeit und Friede" 1968. Bekanntgeworden durch sein Engagement an der Seite der Armen und seine Denunzierung der Unterdrückung in Brasilien und Lateinamerika.

Lit.: J. de Broucker: Dom Helder Camara, Die Leidenschaft des Friedensstifters, Graz/Wien/Köln 1971 obs

Cardenal, Ernesto

Priester und Dichter, seit 1979 Kulturminister Nicaraguas. Geb. 1925, Sohn einer begüterten Familie. C. studierte Literatur in Managua, Mexiko und New York und promovierte 1959 mit einer Arbeit über „Sehnsucht und Sprache in der neuen Lyrik Nicaraguas". Zwei Jahre zuvor war er dem Jesuitenorden beigetreten, studierte seither Theologie in Guernavaca/Mexiko und Medellin/Kolumbien, wo er 1961 die „Psalmen" veröffentlichte. 1965 wurde C. in Managua zum Priester geweiht und gründete wenig später auf der Insel Mancarrón in der Solentiname-Gruppe des Großen Sees von Nicaragua eine kleine christl. Kommune, die Somoza 1977 zerstören ließ. An einem Putsch gegen den Diktator hatte C. sich bereits 1954 beteiligt. 1977 bekannte er sich zu den Sandinisten; nach der nat. Befreiung vom 19. Juni 1979 übernahm C. das Kultusministerium. Seine pol. Philosophie widerstrebt allen Einordnungsversuchen. Er ist Jesuit und Marxist, Revolutionär und Anhänger der Gewaltlosigkeit (wiewohl die Gewalt durch die Revolution legitimiert werden könne) und von der Idee getragen, eine Symbiose zwischen Christen und Marxisten herbeizuführen zwecks Aufbau einer neuen Gesellschaft, zwecks Verwirklichung des „Reiches Gottes auf Erden". Der Kampf gilt den reaktionären Christen und Marxisten – „die Revolution ist die Liebe". Gedichte und Schriften C.s sind in deutscher Sprache dank der verdienstvollen verlegerischen Bemühungen des Hammer- und des Jugenddienstverlages gut zugänglich. Der Börsenverein des Deutschen Buchhandels verlieh C. den Friedenspreis 1980. Werke u. a.: Psalmen, Wuppertal 1979; In Kuba – Bericht einer Reise, Wuppertal 1980; Das Evangelium der Bauern von Solentiname, 2. Bde. Wuppertal 1979. dn

CARICOM

Karibische Gemeinschaft (*Caribbean Community*), gegr. Juli 1973 von Barbados, Guyana, Jamaica sowie Trinidad und Tobago. Mai 1974 traten Belize, Dominica, Grenada, Montserrat, St. Lucia und St. Vincent bei, Juli 1974 Antigua und St. Kitts – Nevis – Anguilla. CARICOM trat an die Stelle von CARIFTA (Karib. Freihandelszone), deren Zielsetzung der Handelsliberalisierung um ökon. Integration erweitert wurde: Koordinierung nat. E.-Planung in globaler und sektoraler Hinsicht und der Außenhandelsbeziehungen gegenüber Dritten (gemeinsamer Außenhandelstarif, gemeinsame protektionistische Maßnahmen). Innerhalb CARICOM Vergünstigungen für LLDCs (alle Mitgl. außer Barbardos, Guyana, Jamaica sowie Trinidad und Tobago, die 90% der Fläche, 87% der Bev. stellen).

Organe: Konferenz der Regierungschefs, Beschlußfassung einstimmig; Ministerrat, je ein Delegierter eines Landes; 7 permanente Kommissionen; Sekretariat; Karibische E.-Bank (CDB).

Ergebnisse: Anstieg des insges. gering bleibenden intrazonalen Handels (mit Drittländern); Förderung der Produktion von Grundnahrungsmitteln *(Regional Food Plan)*; 1975: Gründung der Karib. Schifffahrtsgesellschaft NAMUCAR.

Probleme: Ungleiche Partner, Begünstigung des vom Erdöl profitierenden Trinidad und Tobago. →Integration dn

Cash Crops

Landw. Produkte, die zumeist in *Plantagen für den Weltmarkt und weniger für die Versorgung der einheim. Bev. unmittelbar bestimmt sind, wie Baumwolle, Tee, Palmöl, Tabak etc.

pro: Nutzung *komparativer Kostenvorteile im Außenhandel; Verbesserung der Devisenlage des Erzeugerlandes.

contra: Veränderung der für die Versorgung der einheim. Bev. notwendigen *food crops* (Nahrungsmittel); Abh. der EL von der Nachfrage und den Preisschwankungen auf dem Weltmarkt; negative **Terms of Trade*. Abhilfe: →ländliche Entwicklung →Neue Weltwirtschaftsordnung dn

Castro, Fidel

C. wurde am 13. 8. 1927 als Sohn einer alten und wohlhabenden Bauernfamilie in Mayari (Provinz Oriente)/Kuba geboren. Nachdem er eine Jesuitenschule in Havanna

absolviert hatte, nahm er 1945 an der Universität Havanna das Studium der Rechtswissenschaft auf. Er beteiligte sich während seines Studiums aktiv an der Studentenbewegung. 1947 nahm er an einer von Exil-Dominikanern und kuban. Aktivisten vorbereiteten Expedition gegen die Trujillo-Diktatur in der Dominikanischen Republik teil, die allerdings noch vor Beginn wieder abgeblasen wurde. Ebenfalls 1947 schloß er sich der Orthodoxen Partei von Chibás an, einer Abspaltung des *Partido Auténtico* von Präsident Grau San Martín, die v. a. gegen die Korruption und den Verrat der revolutionären Ziele von 1933 durch die *Auténticos* kämpfte.
C. ließ sich nach Beendigung seines Studiums 1950 als Rechtsanwalt in Havanna nieder. Er wurde aktives Mitglied in der *Partido Ortodoxo* und war 1952 Kandidat für den Stadtrat in Havanna, als Batista durch einen Militärputsch an die Macht kam und die bevorstehenden Wahlen verhinderte. 1953 organisierte er den mißglückten Überfall auf die Moncada-Kaserne in Santiago de Cuba, der das Signal für eine Volkserhebung gegen Batista geben sollte. Er wurde verhaftet und vor Gericht gestellt, wo er seine berühmte Verteidigungsrede „Die Geschichte wird mich freisprechen" hielt. 1955 wurde er amnestiert und ging nach Mexiko ins Exil. Er organisierte dort eine *Guerilla-Truppe, mit der er Ende 1956 nach Kuba zurückkehrte und in der Sierra Maestra einen Guerillakrieg gegen die Batista-Diktatur begann. Nach 3jährigen Kämpfen konnte Batista mit dem Sieg der kuban. Revolution gestürzt werden. Seit Febr. 1959 Ministerpräsident, wurde C. nach Verabschiedung der Verfassung von 1976 auch Staatspräsident. C. ist gleichzeitig Oberbefehlshaber der Streitkräfte, des weiteren erster Sekretär der Kommunist. Partei Kubas. Ende 1979 übernahm er das Innen-, Verteidigungs-, Gesundheits- und Erziehungsministerium. Auf der Konferenz der *Blockfreien 1979 in Havanna wurde er zum Vorsitzenden der Blockfreienbewegung gewählt. C. werden charismatische Führungsqualitäten zugesprochen. Pol.-ideologisch hat er den Anspruch eines eigenen Weges für Kuba und eines eigenen Revolutionsmodell für die Dritte Welt (Castrismus) unter den ökon. Zwängen der kub. Entwicklung zugunsten einer immer stärkeren Anlehnung an die Sowjetunion aufgegeben. Innerhalb der Blockfreien spricht C. für die Länder, welche die Bewegung in ein enges Bündnis mit der Sowjetunion führen wollen. ks

Caudillo, Caudillismo

In LA v. a. im 19. Jh. auftretende Herrschergestalt, deren Herrschaftsausübung teilweise auf Gewalt, teilweise auf freiwilliger Anerkennung durch Gefolgsleute und Anhänger beruht. Dem C. haften durchaus charismatische Führungsqualitäten an. Obwohl autoritär im Führungsstil, kann sich der Typus des C. auch in demokrat. pol. Systemen entfalten, wenn die wirtsch. und gesellschaftl. Voraussetzungen (allg.: Rückständigkeit, personale Beziehungsmuster bzw. Abh.-Verhältnisse in Wirtschaft, Politik und Gesellschaft; →Klientelismus) vorliegen. Der sozio-pol. Nährboden des C. ist jedoch trotz *Marginalisierung großer Teile der Bev. und ihrer Bereitschaft, charismatischen Führern zu folgen, durch die Institutionalisierung pol. Machtausübung im Schwinden begriffen. Wenn wir mit P. Waldmann den *Caudillismo* als „Typus autoritärer Herrschaft (definieren), der nicht institutionell verankert ist, sondern primär auf den persönl. Führungsqualitäten des bzw. der Herrschenden beruht", so bestätigt sich der Niedergang des C. v. a. in der institutionalisierten Form der Herrschaftsausübung heutiger *Militärregime in Lateinamerika und andernorts.

Lit.: P. Waldmann, Caudillismo als Konstante der politischen Kultur Lateinamerikas?, in: Jahrbuch für Geschichte von Staat, Wirtschaft und Gesellschaft Lateinamerikas, 15/1978, S. 191 ff. dn

CDG

Carl Duisberg-Gesellschaft, gegr. 1949, von Bund, Ländern und der deutschen Wirtschaft unterhalten, fördert neben der Fortbildung deutscher Nachwuchskräfte der Wirtschaft auch die Ausbildung von Fach- und Führungskräften aus EL, hauptsächlich in gewerblich-techn. Bereichen (u.a. Betriebswirtschaft, Verwaltung, *Tourismus, Massenmedien, Nahrungs- und Genußmittelherstellung, *Gesundheit etc.). Die Programme werden in der BRD und in den Heimatländern bzw. Drittländern in

EL (→*Sur place*-Programme) durchgeführt. Die Finanzierung erfolgt durch Mitgl.-Beiträge, Spenden und Zuwendungen der öffentl. Hand (Bund, Länder und multilaterale Institutionen, v. a. der EG). Jährl. Neuförderung von EL-Stipendiaten in der BRD ca. 1 000, durchschnittl. Zahl der ständig betreuten *BMZ-Stipendiaten ca. 2 500. ¼ der Programmteilnehmer *sur place*. Adresse: Hohenstaufenring 30–32, 5 Köln 1. dn

CDU-Entwicklungspolitische Leitlinien

Die entwicklungspol. Konzeption der CDU wurde u.a. auf ihrem entwicklungspol. Kongreß Sept. 1975 erörtert, niedergelegt in der Entschließung ihres Präsidiums vom 14. 6. 1976, fortgeschrieben im Grundsatzprogramm der CDU vom Okt. 1978 und in den Thesen der CDU zur Nord-Süd-Politik vom Okt. 1979. Die folgenden Thesen fassen in enger Anlehnung an die Formulierung der jeweiligen Dokumente die Positionen der CDU zusammen: 1. E.-Politik ist eine Investition in die Zukunft aller. 2. E.-Politik ist nicht wertneutral. Es gilt, die eigene, an den Grundwerten und Menschenrechten orientierte pol. Ordnung zu schützen und uns für unsere Werte in der Welt einzusetzen; Aufbau und Sicherung freiheitlicher Systeme in den El. 3. E.-Politik ist mit Außenpolitik, Sicherheitspolitik, Außenwirtschaftspolitik und auswärtiger Kulturpolitik ein untrennbares Ganzes. 4. Die sozialist. Länder Osteuropas haben den Ost-West-Konflikt offensiv in die EL hineingetragen. Der Wettkampf der Systeme ist weltweit. 5. E.-Hilfe soll vorrangig – unter Berücksichtigung des Grundsatzes der besonderen Bedürftigkeit der ärmsten EL – solchen EL geleistet werden, mit denen Zusammenarbeit im Bereich von Energie und Rohstoffen besteht oder angestrebt wird, die gegenüber dem Westen eine kooperationsbereite Haltung in wichtigen weltwirtsch. und weltpol. Fragen zeigen und die im Hinblick auf den Ost-West-Konflikt für den Westen eine bes. strategische und wirtsch. Bedeutung haben. 6. Partnerschaftliche Zusammenarbeit ist fraglich bzw. außen- und sicherheitspol. kaum vertretbar bei EL, die sich in die aggressive Globalstrategie der Sowjetunion in der Dritten Welt einordnen, die in regionale Konflikte verwickelt sind und dabei friedensgefährdende und radikale pol. Positionen vertreten, und solche, die den int. Terrorismus fördern. 7. Der Anteil der E.-Hilfe am Sozialprodukt muß erhöht werden. Die CDU akzeptiert grundsätzlich das 0,7-%-Ziel. Die IL müssen zu einem verstärkten Ressourcentransfer über einen längeren Zeitraum bereit sein. 8. Die E.-Hilfe ist nach dem E.-Stand der EL zu differenzieren. Die ärmsten Länder haben Vorrang; gegenüber den *Schwellenländern muß an die Stelle der Hilfe weitgehend der Handel treten. 9. Die Hauptverantwortung für ihre E. tragen die EL selbst. E.-Hilfe ist Hilfe zur *Selbsthilfe. 10. Die freie Marktwirtschaftsordnung darf nicht durch weltweiten Dirigismus ersetzt werden. Verbesserungen für die EL müssen vielmehr über eine konsequente Liberalisierungspolitik und damit über eine Fortschreibung der bestehenden int. Wirtschaftsordnung erreicht werden. 11. Die soziale Komponente der Weltwirtschaftsordnung muß verstärkt werden. Die int. soziale Marktwirtschaft muß den EL eine angemessene Teilhabe am wirtsch. und gesellschaftl. Fortschritt sichern. 12. Int. Partnerschaft bringt Rechte und Pflichten für IL und EL, z.B.: Sicherung des Ressourcentransfers von den IL in die EL und Sicherung der Rohstoffversorgung in umgekehrter Richtung. 13. Abzulehnen sind: *Produzentenkartelle, *Integriertes Rohstoffprogramm, *Indexierung der Rohstoffpreise, Beschränkung der Produktion Rohstoffe-substituierender Erzeugnisse; dirigistische Festlegung der Anteile an der Weltindustrieproduktion (→UNIDO), Schaffung zusätzlicher *SZR für EL (sog. **links*)*, die *Nationalisierung ausländ. Eigentums ohne Beachtung des Volksrechts. 14. Unterstützt werden folgende Forderungen der EL: Förderung und Begünstigung des *Technologietransfers und *Industrialisierung, Maßnahmen zur Förderung der Weiterverarbeitung von Rohstoffen in den EL, stärkere Beteiligung der EL in int. Institutionen, Förderung der regionalen Zusammenarbeit unter EL. 15. Die Politik der Maximalforderungen der EL ist ebensowenig erfolgversprechend wie die Politik der nur verbalen Zugeständnisse der IL.

16. Die Rolle der EG in der E.-Politik ist zu stärken. dn

CECLA

Sonderkommission für lateinamerik. Koordinierung, 1963 als Sonderinstitution der *OAS gegründet. Forum der lateinamerik. Staaten „ohne die USA", für Erklärungen gegen die US-Dominanz in LA; u. a. Grundsatzposition zu den US-lateinamerik. Beziehungen im Konsens von Viña del Mar 1969. dn

CELAM

Lateinamerik. Bischofsrat. Aus Anlaß des 36. Int. Eucharistischen Kongresses trafen sich die lateinamerik. Bischöfe 1955 in Rio de Janeiro/Brasilien zur Ersten Generalversammlung seit 1899 und beschlossen die Gründung von CELAM mit Sitz in Bogotá/Kolumbien. Diese Entscheidung wurde im Nov. desselben Jahres vom Papst anerkannt und stützte sich auf „die Notwendigkeit, eine Lösung für das schwere Problem des Priestermangels zu finden, die Ausbildung von Priestern zu fördern, den lateinamerik. Katholizismus zu beleben, angemessene Formen der Evangelisation und des Apostolats für LA zu suchen und zu verwirklichen sowie soziale Gerechtigkeit auf der Grundlage der kirchl. Soziallehre zu predigen" (Prien). Ausgehend von CELAM kam es zur Gründung einer ganzen Reihe lateinamerik. Institute bzw. Sektionen des CELAM, die sich mit der Koordinierung verschiedener kirchl. Arbeitszweige befassen. Bedeutsam sind hier die vom CELAM organisierte 2. und 3. Generalversammlung der lateinamerik. Bischöfe von Medellín/Kolumbien (1968) und Puebla/Mexiko (1979). Beide wurden vom Papst selbst eröffnet. Medellín bezeichnet einen Wendepunkt in der Geschichte der lateinamerik. Kirche, die ein neues Selbstbewußtsein über ihre Rolle in der Gesellschaft gewonnen hat. Die Versammlung hat die E.-Aufgabe als die entscheidende Herausforderung der Christen verstanden. Puebla hat diesen Prozeß weiterentwickelt und konsolidiert.

Lit.: H.J. Prien, Die Geschichte des Christentums in Lateinamerika, Göttingen 1978. obs

CENTO

Verteidigungsbündnis, das durch den Beitritt von GB, Pakistan und Iran zu dem 1955 in Bagdad zwischen der Türkei und dem Irak geschlossenen Bagdad- oder Nahost-Pakt entstand und nach dem Ausscheiden des Irak aus dem Bagdad-Pakt den Namen CENTO (*Central Treaty Organization*) erhielt. Die CENTO, die neben der militär. Zusammenarbeit der einzelnen Mitgl.-Staaten auch im Bereich der Wirtschaft, der Technik, des Verkehrs, der Rohstoffquellenerschließung und des Gesundheitswesens tätig wurde, war strategisches Verbindungsglied zwischen NATO und *SEATO. Mit den asiat. Mitgl. des Pakts schlossen die USA, die als Nichtmitgl. des Bündnisses seit 1956 im Wirtschafts- und Grenzsicherungsausschuß – und seit 1957 auch im Militärausschuß vertreten waren, 1959 bilaterale Verteidigungsabkommen ab. Nach dem Ausscheiden Irans, Pakistans und der Türkei 1979 verblieben nur noch GB und die USA (Beobachterstatus) im Bündnis. Am 30. 4. 1979 wurde in Ankara für den 28. 9. 1979 die endgültige Auflösung der CENTO beschlossen. ah

CEPAL

UN-Wirtschaftskommission für LA (*Comisión Económica para América Latina*; engl. ECLA), Febr. 1948 gegr. Organ des *ECOSOC; Sitz in Santiago de Chile, 1979 33 Mitgl. Aufgaben: wissenschaftl. Analysen der E.-Probleme und E.-Prozesse in den lateinamerik. Ländern (jährl. Berichte); *Evaluierungen des E.-Prozesses in LA, gemessen an den Zieldaten der Int. E.-Dekade (alle zwei Jahre); Ausbildung von Planungsstäben nat. Verwaltungen, Beratung lateinamerik. Regierungen (→ILPES); Förderung der lateinamerik. *Integration. CEPAL war das Zentrum der wirtschafts- und sozialwissenschaftl. Diskussion über UE in den 50er und 60er J., insbes. unter dem 1. Leiter, Raul *Prebisch. Von CEPAL ging die Initiative zur Gründung von *ALALC und *MCCA aus. Die wirtschaftswissenschaftl. Positionen der CEPAL formen den sog. *Cepalismo. dn

Cepalismo

Wirtschaftstheoretische Schule bzw. Positionen, die sich innerhalb der *CEPAL entwickelten und eine Kritik der klassischen Außenhandelstheorie und ihres Grundkonzepts der *komparativen Kosten darstellen. Grundkonzepte und -überlegungen des C.: 1. *Zentrum-Peripherie-Modell. Der Handel zwischen IL und EL ist nicht für beide Ländergruppen von gleichem Nutzen. Es profitieren die dynamischen Länder des Zentrums. Die wesentliche Erklärung dafür bieten die 2. **Terms of Trade,* die sich zuungunsten der EL verschlechtern; 3. Historisch läßt sich die Wirtschaftsgeschichte LAs periodisieren in drei Phasen: E. nach außen (*desarrollo hacia afuera*) = klassisches *Exportmodell, E. nach innen (*desarrollo hacia adentro*) = im wesentlichen *Importsubstitution und Stagnation = Krise des Importsubstitionsmodells; 4. Die Stagnationsphase ist durch ein Bündel struktureller Veränderungen im Innern der lateinamerik. Volkswirtschaften zu überwinden (*Agrarreform, *Diversifizierung der Produktionsstruktur, *Industrialisierung, Exportförderung, Steigerung des Beschäftigungsniveaus etc.), inbes. aber durch die Ausweitung des lateinamerik. Marktes; 5. Daraus folgt die Förderung der lateinamerik. *Integration (→ALALC, →MCCA, →Andenpakt). In der pol. Diskussion wurde der Cepalismo von rechts und links angegriffen und erhielt bald eine pejorative Bedeutung, da er einerseits Strukturreformen forderte, andererseits aber im Reformismus stecken blieb – Schicksal vieler vernünftiger, aber eben nur mittlerer Positionen.

Lit.: CEPAL, EL pensamiento de la CEPAL, Santiago 1972. dn

CGIAR

Beratungsgruppe für int. Agrarforschung (*Consultative Group for International Agrarian Research*), 1971 von *Weltbank, *FAO und *UNDP gegründet mit dem Ziel, Forschungsgelder für landw. Projekte in EL bereitzustellen. →Grüne Revolution

dn

Charta von Algier

Grundsatzerklärung der *Gruppe der 77 auf ihrer Konferenz von 1967 in Algier, in der die EL ihre Positionen und Forderungen für die *UNCTAD II formulierten; u. a. Präferenzen für Halb- und Fertigprodukte, Abbau von Zöllen in den IL ohne Forderung nach Gegenseitigkeit. dn

Charta der wirtschaftlichen Rechte und Pflichten der Staaten

Auf der *UNCTAD III in Chile 1972 schlug der damalige mexikan. Staatspräsident Echeverría mit der Charta eine Art pol.-ökon. Ergänzungsdokument der Erklärung der *Menschenrechte vor. Ausgehend von der ökon. Souveränität der Nationen und einer int. „Sozialverpflichtung" wirtsch. Handelns, enthält die Charta grundlegende Forderungen der Dritten Welt für den Aufbau einer *Neuen Weltwirtschaftsordnung. Zu den Zielvorstellungen der Charta gehören u. a. die Rechte der Staaten, ihre eigenen Ressourcen zu nutzen, sich zu Rohstoff-*Produzenten-Kartellen zusammenzuschließen, das Auslandskapital der eigenen Gerichtsbarkeit zu unterwerfen, die Aktivitäten der *Multinationalen Unternehmen zu reglementieren und ausländ. Besitz gegen Entschädigung zu *nationalisieren. Weiterhin von Bedeutung sind die Forderungen nach Krediterleichterungen, nach Abschaffung von Handelsdiskriminierungen gegenüber EL, nach Herabsetzung der Kosten für *Technologietransfer und nach Maßnahmen zur Stabilisierung der Rohstoffpreise. Nach fast 3 J. heftiger Diskussionen auf verschiedenen Ebenen wurde die Charta am 12. 12. 1974 von der UN-Vollversammlung mit überwältigender Mehrheit angenommen (120 zu 6 bei 10 Enthaltungen). Dagegen stimmten die USA, die BRD und vier weitere westl. IL.

ve

Chicago-Schule

Wirtschaftstheoretische Richtung, die als monetäre Version der neo-klassischen Wirtschaftstheorie bezeichnet wird. Sie verbindet sich mit dem Namen des Nobelpreisträgers Milton Friedman, der in Chicago lehrt und dessen int. Schüler auch *Chicago-Boys* genannt werden. Die Grundannahme der Theorie ist, daß die „Inflation immer und überall ein monetäres Phänomen ist", also mit der umlaufenden Geldmenge ursächlich zu tun hat. Inflation wird als Folge einer falschen Geldpolitik begriffen, eines Ungleichgewichts zwischen den „monetären Kräften" und den „realen Kräften" im Gegensatz zu einer strukturalistischen Erklärung, welche die Ursache im Mechanismus der privatwirtsch. organisierten Marktwirtschaft sieht.

In Stabilisierungsprogrammen wird der Kampf gegen die Inflation nach der Chicagoer Lehre mit folgenden Mitteln/Maßnahmen geführt: 1. Kontrolle der Geldmenge; 2. Reduzierung der Ausgaben und des Defizits des staatl. Sektors (*Austerity-Politik*); 3. Kontrolle der Löhne; 4. Aufgabe der Preiskontrollen. Die Maßnahmen basieren auf dem Vertrauen in den Marktmechanismus, dem jedoch keine staatl. Neutralität entspricht. Vielmehr wird durch Lohnkontrolle die Nachfrage begrenzt, was eine kräftige Verringerung der Lohnquote (→Einkommensverteilung) zur Folge hat. In enger Verbindung mit den obigen Maßnahmen, die in EL nur mittels repressiver Regime (Brasilien, Chile) durchsetzbar sind, steht die Öffnung der EL-Ökonomien zum Weltmarkt (Abbau fast sämtl. *Handelshemmnisse) und eine bedingungslose Öffnung gegenüber dem Auslandskapital (→Direktinvestitionen). Wachstumserfolgen, Verringerungen der Inflationsrate stehen hohe soziale Kosten (Verelendung der Masse der Bev., Absinken der Mittelschichten, weitere Konzentration der Einkommen) gegenüber. dn

Chile

Das pol. und entwicklungstheoretische Interesse an Chile hat sich v. a. an der Allende-Regierung entzündet, die den *chilenischen Weg zum Sozialismus propagierte, der aus einer Vielzahl von Gründen scheiterte. Seit dem Putsch vom Sept. 1973 versucht das Militärregime unter General Pinochet mit bislang geringem Erfolg, auf der Grundlage eines neo-liberalen Wirtschaftsmodells ohne Rücksicht auf humane und soziale Kosten das Land zu stabilisieren.

1. Die Republik Chile (Fläche: 756 945 qkm) weist eine „verrückte Geographie" auf. Die Längsausdehnung beträgt 4 000 km, die durchschnittl. Breite 200 km. Entsprechend hervorstechend sind die geographischen und klimatischen Kontraste: wüstenartiger, arider N, mild-gemäßigtes, agrarisch nutzbares Mittelchile, regnerischer, waldreicher S. Die *Ressourcen des Landes liegen in der Landw., die bis in die 30er Jahre einen wesentlichen Beitrag zum chil. Export leistete, seit den 50er Jahren die Versorgung der einheim. Bev. mit Nahrungsmitteln jedoch nicht mehr gewährleisten kann, und im Bergbau, bis zum I. Weltkrieg im Abbau von Salpeter, seither in der Gewinnung von Kupfer. Andere mineralische Rohstoffe fallen noch kaum ins Gewicht; die einheim. Erdölproduktion deckt zu ⅓ den Inlandbedarf.

Die Bev. wurde 1975 auf 10,2, 1980 auf 11,1 Mio. gesch. Die JZ lag in der Periode 1975–80 bei 1,72% und wird für 1980–85 mit 1,68% vorausgesagt. Die rel. junge Bev. ist ethnisch recht homogen und besteht zu 60–70% aus Mestizen; 25–30% sind Weiße (primär span. Abstammung) und 2–3% indian. Abstammung (Araukaner). Ca. 40 000 Ew. sind deutschstämmig. Der *Urbanisierungsgrad ist mit 78,12% (1975) recht hoch, fast ⅔ der Bev. konzentriert sich auf etwas mehr als 10% der Fläche. Die Hs Santiago de Chile (3,6 Mio. Ew.) und die Hafenstadt Valparaiso stellen mehr als 40% der Bev. Die LE betrug (1975–1980) 65,65 J. Staatssprache ist Spanisch. Die Bev. ist zu 89% röm.-kath., zu 3% protest.; etwa 30 000 Juden.

2. Anders als in den meisten Ländern LA.s gelang in Chile bereits wenige Jahrzehnte nach der pol. Unabh. (1818) die Stabilisierung des pol. Systems. Seither wurde Chile verfassungsmäßig regiert, ausgenommen wenige Jahre, in denen sich die soziale Basis des pol. Systems erweiterte, die Mittelschichten sich jedoch nur mit Hilfe des Militärs ihre Beteiligung an der pol. Machtausübung sichern konnten. Chile kam mit zwei Verfassungen (1833, 1925) aus, entwickelte fortschrittliche gesellschaftl. und pol. Institutionen, eine funktionierende Demokratie und ein differenziertes, stabiles Parteiensystem.

Ganz im Gegensatz dazu blieb die Wirtschaft des Landes rückständig. Chile wurde v. a. im Ausgang des 19. Jh.s in die Weltwirtschaft mit seinen agrarischen und mineralischen Exportprodukten eingebunden, wobei insbes. der Salpeterbergbau durch brit. Kapital beherrscht wurde. Der Kupferbergbau, der rechtzeitig ausgebaut wurde, um die Stellung des durch die künstliche Salpetergewinnung niedergehenden mineral. Exportprodukts einzunehmen, fiel von Anfang an in US-amerik. Hände. Je mehr die landw. Produktion bei rapide wachsender Bev. stagnierte, desto mehr wurde Chile von einem Exportprodukt abhängig, das es nicht kontrollierte und an dessen Gewinnen es nur zu einem geringen %-Satz in Form von Abgaben auf die Produktion und den Export von Kupfer beteiligt war. Diese Einkünfte aus Salpeter und Kupfer reichten jedoch – solange die *_terms of trade_ günstig waren, einer kleinen Schicht, welche die Verteilung kontrollierte, einen luxuriösen Lebensstil zu führen. Spätestens mit der Weltwirtschaftskrise wurde die exportorientierte E. (nach außen) zum Problem. Der Staat, inzwischen von den Mittelschichten eingenommen, die freilich in enger Verbindung mit den früher dominierenden Agraroligarchie und Handelsbourgeoisie verblieben, versuchte nun, eine führende Rolle bei der E. nach innen, der *Industrialisierung per *Importsubstitution zu spielen und investierte in die *Infrastruktur, gründete Industrien und Dienstleistungszentren in Ersatz mangelnder Aktivitäten einer einheimischen Unternehmerschicht.

3. Diese interventionistische Politik brachte jedoch nicht die erhofften Impulse. Vielmehr übernahm der Staat immer mehr Hilfsfunktionen für das private Kapital, ohne daß die bisherigen Besitzverhältnisse und Verteilungsmuster angetastet wurden. Weder wurde eine Kontrolle über den Kupfersektor, von dem Staatseinnahmen und *Entwicklungsplanung weitgehend abhingen, erreicht noch eine *Agrarreform eingeleitet. Die Wachstumseffekte des Industriesektors verringerten sich in dem Maße, wie das Industrialisierungskonzept der *Importsubstitution an seine natürlichen Grenzen stieß. Armut und *Marginalität nahmen zu, sichtbar im sozialen Elend der Landbev. und im Anwachsen der Slums. Die pol. Rechte, die seit Ende der 50er J. wieder die Regierung innehatte, wußte darauf keine Antwort. Die Folge war eine grundlegende Neustrukturierung des chil. Parteiensystems zugunsten der sozialreformerischen Parteien, der Kommunisten und Sozialisten, die auf die 20er und frühen 30er Jahre zurückgingen, einerseits, und der Christdemokraten (DC) andererseits, die erst mit der Kandidatur von Eduardo *Frei zu den Präs.-Wahlen große Teile der Wählerschaft, insbes. die neu entstandenen Mittelschichten, an sich binden konnten und zur stärksten chil. Partei wurden. 1964 entschieden sich die Wähler in der Alternative Frei–*Allende mit 56% der Stimmen für den DC-Bewerber und für eine Politik der schrittweisen, aufeinander abgestimmten Reformen: Teilnationalisierung des Kupfers, Agrarreform, Verfassungsreform, Gemeindeentwicklung (_promoción popular_). Die Strukturreformen sollten mit Investitionsprogrammen (Petrochemische Industrie, Kraftfahrzeugbau, Ausbau der Kupferproduktion) und Produktionssteigerungen insbes. in der Landwirtschaft einhergehen. In der Auseinandersetzung mit der wieder erstarkenden und sich zur Wehr setzenden pol. Rechten und den radikalere Maßnahmen fordernden marxist. Parteien sowie mit der einen nichtkapitalist. E.-Weg fordernden Opposition im eigenen Lager erreichte die Regierung Frei sehr viel mehr, als ihre vielen Kritiker je zuzugeben bereit sein könnten, zu wenig freilich, um einem christdem. Nachfolger die Fortsetzung der Reformvorhaben zu ermöglichen. 1970 gewann Salvador Allende die Wahlen, gestützt auf die Volkseinheit aus marxist. und nicht-marxist. Parteien und in der Wahl im Kongreß sogar auf die Stimmen der DC.

4. Allende vertrat einen *chil. Weg zum Sozialismus, den freilich radikalisierte Teile seiner eigenen Partei, die in den 70er Jahren unter den Einfluß des Castrismus, der gewaltsam-revolutionären Veränderung von Wirtschaft, Staat und Gesellschaft geraten war, ebenso wie die von Allende legalisierte Bewegung der Revolutionären Linken MIR nicht teilten. Die Volkseinheit war in sich pol. und ideologisch heterogen und besaß im Parlament keine Mehrheit. Die innenpol. Fronten verschärften sich bereits wenige Monate nach Regierungsantritt, den US-Firmen (ITT), CIA und inländ. pol. Rechte bereits zu verhindern versucht hatten, als Allende direkte Landnahmen revolutionärer Gruppen zuließ und mit

der Verstaatlichung von Industriebetrieben ohne gesetzliche Grundlage begann. Die eingeschlagene Wirtschaftspolitik zielte auf Konsumsteigerung mittels Einkommensumverteilung und ermöglichte die Auslastung der vorhandenen Kapazitäten, regte aber wegen der Rechtsunsicherheit nicht zu notwendigen Investitionen an, um Ungleichgewichte zwischen Konsumfähigkeit und Produktion zu verhindern, die nach einigen Monaten wirtschaftl. Aufschwungs einsetzten und zu wachsender Güterverknappung und Inflation führten. Die scharfe Konfrontation mit dem Auslandskapital in Form der entschädigungslosen *Nationalisierung des Kupferbergbaus, welche im Kongreß die einstimmige Zustimmung aller Parteien fand, verringerte den Zustrom ausländ. Kredite, die in Höhe und Konditionen nicht den wachsenden Bedürfnissen Chiles entsprachen. Der Verfall der Kupferpreise auf dem Weltmarkt sowie Ersatzteil- und Management-Probleme im Kupferbergbau verhinderten, daß das Kupfer die ihm zugedachte Rolle als Devisenbringer und Finanzierungsquelle für die in Angriff genommenen Reformen spielen konnte. Die Agrarreform wurde in dem Teil, der die Schaffung neuer Besitzverhältnisse betraf, rasch zu Ende geführt, doch zu Lasten eines rapiden Rückgangs der Produktion. In den staatl. Sektor der Wirtschaft, der nur sog. strategische Unternehmen enthalten sollte, wurden ziemlich ungeplant auch bankrotte Firmen aufgenommen, so daß die mangelnde Rentabilität vieler Betriebe den Staatshaushalt immer stärker zu belasten begann. Die wachsenden wirtschaftl. Probleme verringerten die pol. Basis der Regierung Allende und ermöglichten es der in- und ausländ. Opposition, mit ihren teilweise illegalen, teilweise aber durchaus legalen Aktionen (beispielsweise Streiks, parl. Abstimmungsniederlagen der Regierung) immer mehr Einfluß auf das Schicksal der Allende-Regierung zu erlangen. In dieser Situation, in der mit dem Verlust der Mittelschichten Allende die Aussicht genommen war, Wahlen gegen die vereinigte Opposition aus DC und pol. Rechte gewinnen zu können, verstärkte sich in und außerhalb des Linksbündnisses die Strategie der revolutionären Machtergreifung. Die Militärs, die sich lange loyal zu Allende verhalten hatten, schienen zunächst ihren Putsch gegen diese Wendung der chil. Politik zu richten, weshalb sie in breiten Teilen der Bev. durchaus Unterstützung fanden. Es stellte sich aber bald heraus, daß sie die chil. Demokratie vollends zerstören und die Herrschaft des mit dem Auslandskapital neu arrangierten Großkapitals wieder herstellen wollten.

5. Für das Scheitern Allendes werden in der Literatur 4 unterschiedl. Ursachenbündel geltend gemacht: 1. Gangbarkeit und Grenzen des *chil. Weges zum Sozialismus in der Theorie und die in der Praxis unbewältigte Schwierigkeit, die reformerische Strategie, mittels des bürgerl. Staates verfolgt, mit der revolutionären Strategie der direkten Aktionen und des Aufbaus der Volksmacht in Übereinstimmung zu bringen. 2. Fehlerhafte parteipol. Bündnispolitik der Volkseinheit (ohne bzw. gegen die DC) und die folgenschwere Unfähigkeit der Allende-Regierung, die Mittelschichten für sich zu gewinnen. 3. Nicht aufeinander abgestimmte Maßnahmen struktureller Umgestaltung der chil. Ökonomie (Nationalisierung des Kupfers, Verstaatlichung von Banken und Industrie, Agrarreform etc.) und die zwangsläufig in die Krise führende Wirtschaftspolitik (statt Investitionen Konsum bzw. eine zu wenig gesamtwirtschaftl. dosierte Umverteilung, negative Zahlungsbilanz, defizitärer Staatshaushalt, extreme Inflationsraten, Versorgungsengpässe). 4. Interventionen in- und ausländ. Kräfte in den chil. pol. Prozeß (parl. Obstruktionspolitik der Oppositionsparteien, Streiks inländ. Unternehmer, *CIA-Destabilisierungspolitik, int. Kreditsperre, niedrige Kupfernotierung auf dem Weltmarkt etc.), die vielfach auf Begriffe wie Verschwörung, Blockade und Dollarimperialismus gebracht werden.

6. Das Militär hat mit der Errichtung eines *Militärregimes auf der Grundlage der *Doktrin der Nationalen Sicherheit radikal mit der demokrat. Tradition Chiles gebrochen. Pol. Andersdenkende wurden verfolgt und liquidiert, teilweise auch außerhalb des Landes, die pol. Parteien verboten, gewerkschaftliche Aktivitäten und Pressefreiheit unterdrückt. Zwar hat das Regime offen brutale Herrschaftsmethoden inzwischen abgelegt, doch auf subtilere Weise besteht die Unterdrückung fort, etwa in Form

von Säuberungen an den Universitäten oder Deportationen mißliebiger Personen. In enger Verbindung mit dem Herrschaftssystem steht das seit 1973 verfolgte Wirtschaftsmodell der Chicagoer Schule. Die Wirtschaft wurde vollkommen umstrukturiert: Reprivatisierung, Zollabbau und Öffnung gegenüber dem Weltmarkt, Öffnung auch gegenüber dem Auslandskapital (und deshalb Austritt aus dem *Andenpakt), Abbau des staatl. Sektors, Stabilisierungspolitik. Diese Maßnahmen haben zu einer enormen Einkommenskonzentration geführt, die nat. Industrie dem Konkurrenzdruck des Weltmarktes ausgesetzt und den Niedergang der kleinen und mittleren Betriebe verursacht, hohe *Arbeitslosigkeit (insbes. durch die Entlassungen im Verwaltungsbereich von Sektoren der Mittelschichten) und ein starkes Absinken der Lohnquote (→Einkommensverteilung) bewirkt.

Wachstumserfolge ließen lange auf sich warten und müssen stets vor dem Hintergrund der enormen humanen und sozialen Kosten des Wirtschaftsmodells interpretiert werden. Seit 1977 liegt die JZ des *Sozialprodukts zwischen 7,3 und 8,6%; die Inflation konnte von über 340% (1975) auf unter 40% (1979) gesenkt werden. Auslandsinvestitionen wurden von Aug. 1974–Juni 1979 insg. in Höhe von 4,122 Mrd. US-Dollar getätigt; davon sind mehr als ¾ US-amerikan. Herkunft. Die Kupferproduktion konnte von etwa 500 000 t zu Zeiten Allendes auf durchschnittl. jährl. 800 000 t gesteigert werden. Schon wird in einigen Presseorganen vom chil. Wirtschaftswunder gesprochen, werden Ankündigungen einer Redemokratisierung als realistische Perspektive gehandelt.

7. Pinochet verkündete 1977 den Plan einer schrittweisen Redemokratisierung (*Plan de Chacarillas*), die 1980 beginnen und 1991 abgeschlossen sein soll. Der 1980 vorgelegte Verfassungsentwurf ging aus dem Streit zweier Fraktionen des Regimes hervor, einer mehr weichen Linie (gemäßigte Rechte und Wirtschaftsequipe) und der harten Linie (extreme Rechte). Der Entwurf sieht die Einrichtung einer „autoritären und geschützten Demokratie" vor. Die Rolle pol. Parteien soll eng begrenzt, die marxist. Parteien sollen verboten bleiben. Die Streitkräfte behalten sich die Kontrolle über den pol. Prozeß vor. Sie stellen die Mehrheit im Nat. Sicherheitsrat (*Consejo de Seguridad Nacional*), der den Präs. unterstützen und alle 10 J. die nat. Ziele festlegen soll. Der mit umfangreichen Kompetenzen ausgestattete Präs. soll auf 8 J. direkt vom Volk gewählt werden. Zusammen mit dem Nat. Sicherheitsrat kann er den Notstand ausrufen, ohne daß der Kongreß, bestehend aus 2 Kammern, zuzustimmen braucht. Der Verfassungsentwurf enthält auch Bestimmungen, die das neoliberale Wirtschaftsmodell festschreiben; u. a. erfordern unternehmerische Aktivitäten des Staates ein mit qualifizierter Mehrheit verabschiedetes Gesetz.

Eine tatsächliche Demokratisierung würde jedoch eine Abkehr vom ökon. Modell voraussetzen bzw. zur Folge haben. Unter Aufrechterhaltung des ökon. Modells ist eine Rückkehr zur Demokratie nicht vorstellbar. Mit der Absicht, parl. Institutionen einzurichten, geht es Pinochet v. a. um die Verbesserung des int. Ansehens des Regimes. Damit entspricht er den Vorstellungen der Wirtschaftsequipe, denen an einem verstärkten Zustrom von Auslandskapital gelegen ist. Inwieweit sich in der Auseinandersetzung um die Verfassung, die am 11. Sept. 1980 einem Referendum unterworfen wurde, eine Bresche für die pol. Opposition und für ein wirkliches Anknüpfen an die demokrat. und sozial fortschrittl. Tradition des Landes aufzutun vermag, steht dahin.

Lit.: D. Nohlen, Chile – Das sozialistische Experiment, Hamburg 1973; W. Weischet, Chile. Seine länderkundliche Struktur und Individualität, Darmstadt 1970; D. Nohlen, Feuer unter der Asche. Chiles gescheiterte Revolution, Baden-Baden 1974. dn

Chilenischer Weg zum Sozialismus

Von Salvador *Allende geprägtes Konzept zur Bestimmung der von der Volkseinheit vertretenen pol. Strategie gesellschaftl. Veränderung in *Chile. Bezieht sich v. a. auf den Versuch, im Rahmen der bestehenden bürgerl.-demokrat. Ordnung und mit legalen Mitteln den *Sozialismus einzuführen. Mittels einer reformistischen Strategie sollten die bestehenden Institutionen qualitativ so verändert werden, daß ein neuer Staat entstände, „in dem die Arbeiter und das Volk die Macht wirklich ausüben" (Programm der Volkseinheit). Das möglicherweise Modellhafte des chil. Weges zum Soz. beschränkt sich im wesentl. auf den Aspekt, wie der Übergang von einer peripher-kapitalist. Gesellschaft einschließlich des ihr entsprechenden Institutionensystems zu einer sozialist. Gesellschaft mit veränderter pol.-institutioneller Struktur bewältigt werden könnte, insbes. auf jenes Teilstück des Weges bis zum *point of no return,* d. h. bis zur Entscheidung der pol. Machtfrage. Diese Entscheidung sollte demokrat. mittels Wahlen herbeigeführt werden. Das Konzept bezieht sich damit kaum auf Fragen zur gesellschaftl. Zielvorstellung Sozialismus, also fast gar nicht oder gar nicht auf die nach der Entscheidung der Machtfrage einzurichtenden Produktions- und Distributionsverhältnisse und auf Partizipationslösungen. Es konnte nur eine vage Hoffnung bestehen, daß ein demokrat. Sozialismus durchgesetzt würde.

Der Anspruch auf einen chil. Weg zum Soz. wird durch verschiedene Tatbestände in Frage gestellt: 1. die häufig anzutreffende dogmatische Verneinung der Möglichkeit eines legalen, friedlichen Weges zum Soz. im Lager der pol. Linken, die sich durch das Scheitern Allendes bestätigt fühlt; 2. die auf der Grundlage dieser Überzeugung von den revolutionären Linken in Chile betriebene Politik unmittelbarer und gewaltsamer Veränderungen und des Aufbaus von Gegenmacht zur Aushöhlung und Ablösung der bürgerl. Staatsmacht, welche die Chancen des friedlichen Weges nicht mehrte, sondern Allende – der im Kongreß nicht über eine Mehrheit verfügte und ein Referendum zur Lösung der Machtfrage nicht wagte – parl. blockierte; 3. das Scheitern Allendes insofern, als er nicht in der Lage war, die Widerstände intern und extern, der nat. Opposition und des int. Kapitals (USA/ITT, Kupfergesellschaften, *CIA etc.) zu überwinden. Der chil. Weg zum Soz. sollte deshalb nicht als Modell und Alternativmodell zu den Lehren des wissenschaftl. Sozialismus und dem ihnen entsprechenden Revolutionsmodell begriffen werden, sondern als die Summe der strategischen Überlegungen im Lager der pol. Linken in Chile, einer speziellen historischen Situation in einem EL gerecht zu werden, um grundlegende gesellschaftl. Veränderungen herbeiführen zu können. dn

China VR

Der Entwicklungsbericht der *Weltbank 1979 weist für die VR China ein *Prokopfeinkommen von 390 US-$ auf. Danach läge China in der Negativrangliste der Weltbank zwischen Ghana und Honduras auf Platz 41 (von 125) und wäre damit gerade der Gruppe der *Vierten Welt entronnen. Gleichzeitig ist die VR China aber eines der 5 ständigen Mitgl. des UN-Sicherheitsrates mit Vetorecht und gehört somit zu den 5 Supermächten. Das Land versteht sich selbst als Mitgl. der Dritten Welt, gehört aber auch zum sozialist. Lager, was es jedoch nicht daran hindert, außenpol. zu den schärfsten Kritikern der Sowjetunion zu zählen. Die kapitalist. Länder bemühen sich darum, mit den Chinesen ins Geschäft zu kommen, die es nicht nötig haben, als Bittsteller aufzutreten. Fazit: China läßt sich nur schwer mit den Maßstäben anderer EL messen. Seine Größe, seine Bev., seine Bodenschätze, sein Markt und sein vermeintlicher oder tatsächlicher Modellcharakter machen das Land trotz seines unbestreitbar niedrigen Prokopfeinkommens zu einem begehrten und anerkannten Partner der int. Politik.
1. Das chin. Territorium umfaßt heute 9,56 Mio. qkm und reicht von der Grenze Sibiriens, mit nur kurzer frostfreier Periode, bis zum trop. Indochina mit ganzjähriger Wachstumsperiode. Weite Gebiete im SW, W und N sind durch Höhenlagen über 3 000 m und Wüsten gekennzeichnet. Nur etwa 11% des Territoriums (etwa 107 Mio. ha) sind landw. nutzbar; südl. des Yangtze und im äußersten S können sogar 3 Ernten im Jahr eingebracht werden. Die Möglichkeiten zur Neulandgewinnung sind begrenzt und haben bislang lediglich den laufenden Abgang durch Besiedlung und *Industrialisierung ausgeglichen. Die Hauptanbauregionen, die große Ebene zwischen Peking und Schanghai, die Täler des unteren Yangtze und Huang Ho, das Szechuan-Becken im SW sowie das sehr fruchtbare Delta des Sikang bei Kanton sind auch die Hauptsiedlungsgebiete der 958 Mio. Chinesen (Ende 1978), von

denen 110 Mio. in den Städten leben. Pro Kopf stehen also nur noch 0,112 ha Ackerland zur Verfügung. Der Wettlauf zwischen Bev.-Wachstum, das bis 1978 auf 1,2 % gedrückt werden konnte, und Steigerung der Flächenerträge erweist sich als grundsätzliches E.-Problem. Aber auch 1,2 % von 1 Mrd. bedeuten immer noch, daß jährl. 12 Mio. Esser mehr zu versorgen und 12 Mio. neue Arbeitsplätze zu schaffen sind. Die geringe Ackerfläche bedeutet aber auch, daß die pflanzliche Nahrungsmittelerzeugung absoluten Vorrang genießt. Weidegebiete abzuzweigen, wäre unverantwortlicher Luxus. Der Getreideanbau – Reis im S, Weizen, Hirse und Sorghum im N – ist nach wie vor das Herzstück der chin. Landw. Die Tierzucht beschränkt sich im chin. Kernland auf die Stallhaltung (Schweine, Geflügel). Lediglich in den Steppen- und Nomadengebieten des N und W ist die Weidewirtschaft von Bedeutung, wo die ca. 300 Mio. ha natürliche Weiden ein noch zu erschließendes Potential bilden.

Als weiteres Problem erweist sich die saisonal und regional ungleiche Verteilung der Wasserressourcen. Im S gibt es mit 75 % des Wassers bei nur 38 % der Anbaufläche zu viel, im N bei 52 % der Anbaufläche mit nur 7 % des Wassers zu wenig. Hinzu kommt, daß die sehr fruchtbare Ebene am Unterlauf des Huang Ho und anderer Flüsse, die aus den Lößgebieten des N kommen, permanent von Überschwemmungskatastrophen bedroht ist, da sich die mitgeführten Lößsedimente im Unterlauf dieser Flüsse ablagern und das Flußbett erhöhen, so daß die Deiche immer wieder erhöht werden müssen.

Die Ausstattung mit Bodenschätzen und Energievorkommen, 1978 betrug die Kohleförderung 618 Mio. t und die Erdölförderung 104 Mio. t, ist weitgehend komplett und auch in quantitativer Hinsicht als Basis jeglicher Art von Industrialisierung ausreichend.

Die natürliche *Infrastruktur ist eher dürftig. Neben der Küstenschiffahrt ist nur der untere Yangtze von Bedeutung, der bereits in der 1. Hälfte des 20. Jh. 600 km landeinwärts für Ozeanschiffe passierbar war. Trotz eines Eisenbahnnetzes von z. Z. 50 400 km Streckenlänge – leistungsfähige Fernstraßen sind kaum vorhanden – bildet das Transportwesen immer noch einen wesentlichen Engpaß.

2. Das trad. China war eine agrarische Klassengesellschaft von 80 % Bauern einerseits sowie kaiserlicher Bürokratie und lokalen Grundbesitzern, der *Gentry,* andererseits. Die Interessenlage von Bürokratie und *Gentry* ergänzte sich, da beide ihre Einkünfte in Form der Agrarsteuer bzw. Pacht aus der Landw. zogen, die *Gentry* auf lokaler Ebene an Stelle der Bürokratie Verwaltungsaufgaben wahrnahm und umgekehrt die Beamten bzw. die kaiserlichen Truppen Schutz vor revoltierenden und die Pachtzahlungen verweigernden Bauern boten. Gründete sich die Macht der *Gentry* auf ihren Grundbesitz, den sie nicht selber bewirtschaftete, sondern verpachtete (1930 mehr als 30 % der Ackerfläche), war die Macht der Bürokratie ursprünglich funktional legitimiert. Die Bürokratie nahm alle über die Möglichkeiten des Dorfes hinausgehenden Aufgaben wie Deich- und Kanalbauten, Anlegen von Kornspeichern, Verteilung von Saatgut in Notzeiten und militär. Schutz wahr.

Staatl. Monopole über Salz, Eisen, Außenhandel und Getreidetransport verhinderten, daß sich in nennenswertem Maße eine Schicht von Fernhändlern oder gar eine Industriebourgeoisie herausbilden konnte, die aufgrund einer eigenen ökon. Basis in Konkurrenz zum etablierten Machtgefüge hätte treten können. Auf der anderen Seite beließen die drückenden Pacht-, Zins- und Steuerbelastungen den Bauern nur ein so geringes Einkommen, daß sie neben der Landw. hausindustriellen Tätigkeiten nachgehen mußten, die sowohl der Eigenversorgung wie dem Absatz auf lokalen Märkten dienten. Diese nahezu autarken Marktgemeinden behinderten die Herausbildung eines übergreifenden Markts für Massenkonsumgüter und mögliche Investitionsfelder für eine Industrialisierung. Es konnte somit kaum wie in Europa zu einer Stadtentwicklung auf manufaktureller Basis kommen. Die Städte blieben reine Verwaltungszentren.

Die Existenz der chin. Gesellschaft war also in starkem Maße an eine funktionstüchtige Landw. gebunden, deren Erträge zumindest in gleichem Maße wie die Bev. wachsen mußten. Der Niedergang der bis

1911 regierenden Mandschu-Dynastie war aber mit einer Vernachlässigung der öffentl. Arbeiten, insbes. der Wasserkontrolle, verbunden. Die Bauern waren aufgrund mangelnder Überschüsse zu nennenswerten Investitionen nicht in der Lage. Die *Gentry* sah, solange durch verstärkten Zwang ihre Pachteinnahmen aufrechterhalten werden konnten, keinen Anlaß zu produktionssteigernden Maßnahmen, zumal ihre konfuzianische Ethik eigene wirtsch. Aktivitäten verbot. Resultat war eine sich rapide verschlechternde Agrarsituation, die zwar durch Arbeitsintensivierung in einem labilen Gleichgewicht gehalten werden konnte, bei der Dürren und Überschwemmungen aber zu periodischen Hungerkatastrophen führten. Die klassische Antwort auf eine solche Zuspitzung waren Bauernrevolutionen, die neue Dynastien begründeten, deren wichtigste Aufgabe die Reorganisation der Landw. war.

Reformversuche fortschrittlicher Teile der Bürokratie Ende des 19. Jhs. nach dem Muster der *Meiji*-Restauration in Japan nach 1868, wo eine Modernisierung von oben in Gang gesetzt werden konnte, scheiterten ebenso wie die Modernisierungsbestrebungen der *Kuomintang* (KMT) in der 1. Hälfte des 20. Jhs., da sie das überkommene Sozial- und Wirtschaftsgefüge auf dem Land aus Gründen der Machterhaltung nicht aufbrechen konnten und wollten. Hinzu kam, daß seit der Mitte des 19. Jhs. der ausländ. Einfluß zunahm, der die Handlungsfreiheit der chin. Regierung immer stärker einschränkte. Zu den internen, in erster Linie mit Stagnation der Landw. zu bezeichnenden Problemen, gesellten sich ganz neue dem *Kolonialismus und *Imperialismus von seiten der europ. Großmächte und später der USA und Japans verschuldete E.-Probleme.

Die ausländ. Mächte interessierte der chin. Markt von 500 Mio. Menschen, auf dem man europ. Fertigwaren im Austausch gegen begehrte chin. Produkte wie Tee und Seide abzusetzen hoffte. Aufgrund der militärischen Überlegenheit wurde China seit 1842 mit den Mitteln der Kanonenbootdiplomatie gezwungen, Zug um Zug den ausländ. Firmen Zugang zum chin. Markt zu gewähren. Die Öffnung der Häfen ab 1842, die Abtretung von Pachtgebieten mit exterritorialem Status, die Aufteilung Chinas in „Interessensphären", die Gewährung von Konzessionen zum Bau von Stichbahnen zur Erschließung des Hinterlands und das Recht zu *Direktinvestitionen ab 1895 hatten den Sinn, die Voraussetzungen zur Eroberung dieses Markts zu schaffen. Resultat dieser ausländ. Aktivitäten war eine Teilmodernisierung einiger Küstenregionen, in denen mit Hilfe ausländ. Kapitals eine Leichtindustrie und zugehörige Dienstleistungen aufgebaut wurden, die der Versorgung der Küstenstädte und der Verarbeitung von Exportgütern diente. Als krasser Fehlschlag erwies sich die Hoffnung, die chin. Bauern mit den Segnungen westl. Konsumgüter zu beglücken. Erreicht wurde eine weitere Akzentuierung des trad. Stadt-Land-Gegensatzes, indem es zwar gelang, das Hinterland der Küstenstädte unter Verdrängung des bäuerl. Gewerbes in die moderne Ökonomie einzubeziehen, während das verkehrsmäßig unerschlossene Hinterland gänzlich unberührt blieb und allenfalls unter dem verstärkten Steuerdruck des zerfallenden Kaiserreiches, später der *„Warlords"* und der KMT zu leiden hatte, die auf diese Weise ihre Rüstungs- und Modernisierungsprogramme zu finanzieren suchten.

Im Norden führte die schrittweise Durchdringung durch die Japaner, die mit der Herauslösung der Mandschurei aus dem chin. Staatsverband (1932) und im Pazifikkrieg zur weitgehenden Besetzung der ges. Ostküste endete, zu einer Sonderentwicklung, da das jap. Motiv nicht im Warenabsatz, sondern in der Errichtung einer schwerindustriellen Basis im Hinblick auf die Rüstungsanstrengungen für den Krieg gegen die USA bestand. China verfügte also in den 1940er J. sowohl über einen, wenn auch kleinen, schwerindustriellen Komplex wie über eine Konsumgüterindustrie, die aber weder in organischer Weise aufeinander noch auf die Versorgung der Landw. bezogen waren. Die Unterbrechung der Transportrouten im II. Weltkrieg und die Niederlage Japans machten ihren *Enklavenstatus besonders deutlich.

Bei der Führung der Kommunist. Partei Chinas (KPCh) war der westl. Einfluß zunächst ebenfalls vorhanden, da die Abgesandten der Komintern nach orthodoxmarx. und europ. Muster eine Konzentration der Agitation auf die Arbeiter und die Revolution in den Städten empfahlen, was, angesichts der skizzierten agrarischen Wirklichkeit, 1927 mit einer katastrophalen Niederlage endete. Erst danach setzte sich unter der maßgeblichen Führung *Mao Tse-tungs eine Strategie durch, die das Schwergewicht auf die Mobilisierung der Bauern und die Revolution im agrarischen Hinterland legte. Im Zuge der Kämpfe mit den KMT-Truppen mußten die ländl. Stützpunkte in Südchina aufgegeben werden. Nach dem berühmten langen Marsch 1934/35 setzten sich die Reste der Volksbefreiungsarmee im Gebiet von Yenan im Norden Chinas fest, wo unter denkbar schlechten Bedingungen – unter dem Eindruck der jap. Besetzung war eine Einheitsfront mit der KMT geschlossen worden – der antijap. Widerstandskrieg aufgenommen wurde. Die nahezu autarke *Guerilla-Ökonomie des Yenangebiets wurde 1937–45 zur Keimzelle dessen, was später im maoistischen Sinne als *Chin. E.-Modell verstanden wurde.

Niederlage und Abzug der Japaner im Jahre 1945 ließen den nur vertagten Konflikt mit der KMT wieder aufbrechen, die sich auf die in den Küstenstädten entstandene chin. Bourgeoisie, ländl. Großgrundbesitzer sowie amerik. Militärhilfen stützte.

Durch das Versprechen einer radikalen Agrarreform gelang es den chin. Kommunisten, die Masse der armen Bauern zu mobilisieren und in einem Bürgerkrieg in den Jahren 1948/49 zunächst das Land und schließlich auch die großen Städte zu erobern. Die KMT floh nach Taiwan.

3. Am 1. Okt. 1949 rief Mao Tse-tung die VR China aus. Die ersten Maßnahmen galten der Landw. Neben der Aufhebung aller Pachtbelastungen und Schulden wurden 1950 ca. 40% der Ackerfläche aus den Händen des Großgrundbesitzes an arme Bauern verteilt. Der so entstandene, weitgehend nivellierte, Grundbesitz bestand aber aus so kleinen Betriebseinheiten, daß eine sinnvolle Modernisierung der Landw. kaum möglich war, zumal die von der Pachtbelastung befreiten Bauern verständlicherweise das jetzt verfügbare höhere Einkommen zu zusätzlichem Konsum verwandten. Die schrittweise Überführung der Einzelbauernwirtschaften in Kollektive während der Jahre 1952–56 sollte die institutionellen Voraussetzungen schaffen, um zunächst mittels *arbeitsintensiver Landgewinnungs-, Bewässerungs- und Infrastrukturbauten die Erträge zu steigern, solange die industriellen Voraussetzungen für eine Agrarmodernisierung noch nicht vorhanden waren.

Im städt.-industriellen Bereich bestanden die ersten Maßnahmen in der *Nationalisierung der ausländ. Betriebe, im Wiederaufbau der zerstörten Produktionsanlagen und der Gründung von Behörden, die zunächst die „Kommandohöhen" der Wirtschaft – Außenhandel, Finanzwesen und die von den Japanern hinterlassene Schwerindustrie – in staatl. Verfügungsgewalt nahmen. Etwa im Jahre 1952 war das wirtsch. Vorkriegsniveau erreicht. Gleichzeitig wurde der Aufbau einer staatl.-zentralen Planwirtschaft in Angriff genommen. Die „nat. Kapitalisten", chin. Unternehmer, die sich nicht durch Zusammenarbeit mit den Ausländern oder der KMT kompromittiert hatten, und die die Konsumgüterindustrie kontrollierten, galten als bündnisfähig für die KPCh, zumal man auf ihre Mitarbeit beim wirtsch. Aufbau nicht verzichten wollte. Bis 1956 wurden ihre Betriebe nach und nach in die zentrale Planwirtschaft integriert, indem man die Besitzer abfand und sie weitgehend als Betriebsleiter weiterbeschäftigte. Die chin. Revolution hatte also zunächst einen starken antifeudalen Akzent, indem die ökon. Basis der lokalen Macht der *Gentry* gebrochen wurde. Sie hatte aber nicht den gleichen antikapitalist. Akzent, da man die „nat. Kapitalisten" zur Kooperation zu gewinnen suchte.

Resultat der Eroberung der Städte und ihrer Ökonomie war aber auch, daß der alte städt.-gewerkschaftlich orientierte Flügel der Partei wieder an Einfluß gewann, dessen soziale Basis im Gegensatz zur Mao-Linie nicht die Bauern, sondern die Arbeiter der Städte waren, und der mit orthodoxmarx. E.-Verständnis an einer vorrangigen *Industrialisierung interessiert war. Dieser Einfluß wurde durch die seit Anfang der 50er J. betriebene Anlehnung an die Sowjetunion (SU) verstärkt, da den Chinesen angesichts des Koreakrieges und des amerik. Boykotts keine andere Wahl blieb. Die

SU war bereit und in der Lage, nach dem Muster ihrer eigenen Industrialisierungspolitik, tatkräftige Hilfe bei der Planung, Administration und Ausbildung zu leisten, aber auch techn. Hilfe und Kapitalhilfe zu geben sowie die Lieferung von Maschinen und kompletten Betriebsanlagen zu besorgen. Die Konsequenz war, daß in den 50er J., ausgehend von den jap. Hinterlassenschaften in der Mandschurei, im Rahmen von Fünf-Jahresplänen, nahezu alle verfügbaren Ressourcen auf eine forcierte Schwerindustrialisierung konzentriert wurden, während man die Konsumgüterindustrie und die Landw. vorläufig der Eigeninitiative der „nat. Kapitalisten" und der Bauern überließ, ohne diesen Sektoren nennenswerte staatl. Mittel zur Verfügung zu stellen.
Trotz unstrittiger Erfolge, die sich in hohen schwerindustriellen Wachstumsraten äußerten, warf diese Strategie seit etwa 1956 eine Reihe von Problemen auf, an denen sich von unterschiedlichen Seiten Kritik entzündete, und in deren Folge sich das herauskristallisierte, was heute als originär chin. E.-Strategie bekannt ist. Die in Anlehnung an den früheren chin. Staatspräsidenten Liu Shao-chi als „liuistische" Linie bezeichnete Richtung der Partei kritisierte vor allem die ökon. Konsequenzen der engen Orientierung am sowj. Industrialisierungsmodell. Die einseitige Förderung der Schwerindustrie und die damit verbundenen hohen Investitionsraten führten zu erheblichen *Akkumulationsproblemen, da diese Art der Industrialisierung zu sehr auf Kosten von Landw. und Konsum ging. Der massive Maschinenimport aus der SU war zudem immer weniger durch zu steigernde Agrargüterexporte auszugleichen. Hinzu kamen die seit Mitte der 50er J. einsetzenden Rückzahlungen der sowjet. Kredite, was ernsthafte Zahlungsbilanzprobleme heraufbeschwor. Die Liuisten befürworteten deshalb ein gleichgewichtigeres Wachstum, das auch die anderen Sektoren stärker berücksichtigte, und die Reduzierung der Maschinenimporte zugunsten stärkerer chin. Eigenleistungen.
Die Kritik der maoistischen Linie entzündete sich eher an den gesellschaftspol. Konsequenzen des sowjet. Industrialisierungsmodells. Anders als in der SU war die soziale Basis der KPCh nicht die städt. Arbeiterklasse, die in der SU zumindest langfristig eher an den Erfolgen der stalinistischen Industrialisierungspolitik teilhaben konnte, sondern die armen Bauern, die vorläufig nur die Zeche zu zahlen hatten. Damit drohte sich die KPCh ihrer sozialen Basis zu entfremden. Im übrigen widersprachen die sowjet. Prinzipien von Effektivität, Spezialisierung, Direktionsverantwortung und Zentralisierung auch den gesellschaftspol. Vorstellungen der Maoisten.
In den Jahren 1958–60 setzte sich zunächst die maoistische Linie durch. Die sog. Politik der „Drei roten Banner" – Die Generallinie des sozialist. Aufbaus, die Gründung der Volkskommunen und der Große Sprung nach vorn – stellten den Versuch her, mangelndes Kapital durch Arbeit, mangelnde technologische Kenntnisse durch Enthusiasmus und Erfindungsgabe zu ersetzen, um in kürzester Zeit durch eine massenhafte Mobilisierung von Menschen die Probleme der Agrarmodernisierung und Industrialisierung schlagartig zu beheben. Die Voraussetzung sollten die im August 1958 gegr. Volkskommunen mit jeweils 50 000 und mehr Menschen schaffen. Die Volkskommunen stellten eine integrierte Einheit von Produktion und Verwaltung dar, in der Tätigkeiten wie Kochen, Altenpflege, Kinderbetreuung, die vorher individuell verrichtet worden waren, kollektiviert wurden, um so jede verfügbare Arbeitskraft, bes. das Reservoir der Frauen, freizusetzen und zu Arbeitseinsätzen in Infrastruktur, Landgewinnung und zum Aufbau kleinindustrieller Bergbau-, Eisen- und Stahlbetriebe zu gewinnen. Daneben stand aber auch der maoistische Gedanke, daß der Mensch die wichtigste Produktivkraft sei, die sich nur durch revolutionäre Praxis und dadurch vermittelte Erkenntnis entfalten könne, wobei der Kampf gegen die Japaner und später die KMT jetzt seine Fortsetzung im Produktionskampf finden würde.
Der Große Sprung nach vorn endete in einem Desaster. Neben einer Reihe von Mißernten sowie dem Abzug der sowjet. Experten und der Einstellung der Lieferung von Ausrüstungsgütern, als Folge des sich zuspitzenden ideolog. Konflikts mit der SU im Sommer 1960, ist dafür v. a. eine ungeheure Disproportionalitätskrise verantwortlich zu machen. Die Mobilisierung von so

vielen Arbeitskräften zu außeragrarischen Tätigkeiten hatte zu einer starken Vernachlässigung der Landw. geführt. Die Kampagne zur Eisen- und Stahlerzeugung hatte zwar eine große Aufblähung der Kapazitäten hervorgerufen, die eine große Menge qualitativ schlechter Erzeugnisse hervorbrachte; ihr stand aber kein entsprechender Bedarf gegenüber. Vor allem die Krise der Landw., wo die Getreideerzeugung von 205 Mio. t (1958) auf ca. 150 Mio. t (1960) zurückgegangen war, erwies sich als so gravierend, daß sich spontane Reprivatisierungstendenzen regten, und die weitere Existenz der Revolution auf dem Spiel stand.

Der Große Sprung wurde gestoppt, die Volkskommunen *de facto* aufgelöst, Mao mußte das Amt des Staatspräsidenten aufgeben und in die „zweite Führungslinie" zurücktreten. Das Krisenmanagement der Liuisten bestand zunächst darin, die spontanen Reprivatisierungen in Landw., Handwerk und Kleinhandel zu legalisieren, um dann seit etwa 1962/63, als sich die Lage allmählich besserte, eine Neuorientierung der ges. Wirtschaft in Gang zu setzen. Die Industrialisierung sollte über die E. der Landw. erfolgen, d. h. wachsende Einkommen der Bauern sollten den Markt für Konsumgüter bilden. Montan- und chemische Industrie sollten stärker an der Erzeugung von Agrarmaschinen und Kunstdünger orientiert werden. Dabei sollte im Unterschied zum Großen Sprung der städt.-staatl. Industrie die entscheidende Rolle zukommen. Solche Regionen waren bevorzugt zu beliefern, wo am ehesten aufgrund natürlicher Vorteile oder Stadtnähe und damit verbundenen Spezialisierungsmöglichkeiten Ertragssteigerungen zu erwarten waren. Die Konsequenz lag in der Vertiefung der Kluft zwischen den Städten und stadtnahen Landw. einerseits und dem weiten Hinterland andererseits. Das liuistische Primat der Produktion gegenüber Maos Primat der Politik ließ wenig Raum für die gesellschaftspol. Zielsetzungen der Maoisten.

Als die organisatorischen Voraussetzungen für den neuen Kurs 1965 weitgehend vorhanden waren und mit dem 3. Fünf-Jahres-Plan 1966 in die Tat umgesetzt werden sollten, opponierte die inzwischen wieder erstarkte maoistische Richtung. Im Zuge der Kulturrevolution von 1966–69 kam es zu heftigen innerparteilichen Auseinandersetzungen, bei denen es neben ideolog. Kontroversen v. a. um den Kurs der Wirtschaftspolitik und die Frage ging, wem sie in erster Linie zugute kommen sollte. Die Maoisten setzten sich durch und leiteten eine Erschließung des ländl. Raums nach dem Vorbild der 1964 von Mao erkorenen Musterbrigade Dadschai ein. Dadschai, eine Unterabteilung der ab 1963 reorganisierten Volkskommunen, lag im unwirtlichen Lößgebiet, wo die Bauern weitgehend aus eigener Kraft unter großem Einsatz beachtliche Erfolge erzielt hatten. Kern der ländl. Erschließung war der Aufbau lokaler Agroindustrien. Vom Großen Sprung hatte man gelernt, da die Dimension und Produktionsstruktur dieser Kleinbetriebe den örtlichen Gegebenheiten angepaßt wurden. Im Zentrum stand die Herstellung agrarischer Inputs wie Energie, Baumaterialien, Agrarmaschinen und Kunstdünger einerseits, die Verarbeitung agrarischer Rohstoffe zu Lebensmitteln und Textilien andererseits sowie die Erzeugung von einfachen Konsumgütern für den ländl. Bedarf.

Diese Strategie war erfolgreich, da mit Hilfe der Kleinbetriebe, außerhalb der zentralen Planung, erhebliche Produktionssteigerungen in den agrarrelevanten Branchen erzielt werden konnten, und sich auch die Landw. mit ihrer Hilfe entwickelte. Ihren Höhepunkt erreichte diese Bewegung in den Jahren 1972/73, als in manchen Branchen mehr als die Hälfte der Produktion durch Kleinbetriebe erzeugt wurde.

Seit Herbst 1972 machte sich allerdings ein Wiedererstarken des liuistischen Parteiflügels bemerkbar, das mit der Rehabilitierung Teng Hsiao-pings, einst rechte Hand Lius, im August 1973 einen spektakulären Gipfel erreichte. Die Rede Tschou En-lais über die Modernisierung Chinas bis zum Jahr 2000 auf dem 4. Nat. Volkskongreß im Januar 1975 setzte auch programmatisch neue Akzente, was sich seit 1973 durch zunehmenden Import von Großtechnologie aus dem Westen bereits angekündigt hatte. Bis zum Tode Maos am 9. 9. 1976 blieben die Auseinandersetzungen unentschieden. Der Sturz der „Viererbande" im Oktober 1976 bedeutete aber den Sieg der liuistischen über die maoistische Linie. Die „Vier Modernisierungen", die an die Grundprinzipien der ersten Hälfte der 60er J. anknüpften, konnten in Angriff genommen werden. Hinter diesem neuerlichen Strategiewandel stand eventuell, daß die Möglichkeiten der kleinindustriellen Agroindustrie an Grenzen gestoßen waren, die sich von 1974–1977 in sinkenden Wachstumsraten der Getreideproduktion äußerten und 1976 und 1977 zu einer Reduzierung der Pro-Kopf-Erträge führten, was den Liuisten nach dem Sturz der „Viererbande" die entscheidenden Argumente für den Kurswechsel geliefert haben dürfte. Dieser sah u. a. verstärkte Kooperation mit dem westl. Ausland, bes. auch den umfangreichen Import kompletter Kunstdüngergroßbetriebe und Stahlwerke – beides wichtige Voraussetzungen für die weitere Agrarentwicklung – vor.

4. Die Identifizierung des maoistischen mit *dem* *chin. Entwicklungsmodell beruht auf einem Mißverständnis. Maoismus und Liuismus haben beide zur chin. Entwicklung beigetragen. Der Linienkampf, die Auseinandersetzung um die Grundprinzipien gesellschaftl. wie wirtschaftl. E., findet seine Ursache in den unterschiedl. Interessen der verschiedenen Klassen und Schichten in China, die innerhalb der Partei repräsentiert sind. Maos Konzeption führt konsequent zu einer stärkeren Allokation gesellschaftl. *Ressourcen im agrarischen Hinterland. Lius Konzeption bedeutet eine stärkere Konzentration der Ressourcen auf die städt. Ökonomie. Damit wird die städt. Arbeiterklasse zum potentiellen Bündnispartner der bürgerl. Intelligenz in Wirtschaft, Wissenschaft und Administration, die an einer solchen E. eher partizipiert und ihre durch Expertenwissen legitimierten Privilegien wahren kann. Der grundsätzliche innergesellschaftl. Widerspruch ist somit der zwischen Stadt und Land und hat seine Ursache in der vorrevolutionären Gesellschaftsformation. Auch wenn die propagandistische Selbstdarstellung der jeweils herrschenden Linie nach außen hin den Eindruck erweckt haben mag, daß mit dem pol. Kurswechsel jeweils auch radikale Veränderungen im wirtsch. Bereich durchgeführt wurden, sollte das nicht darüber hinwegtäuschen, daß in der Realität immer Kompromisse geschlossen wurden. Auch während der Kulturrevolution wurden Großindustrie und staatl. Forschung weitergeführt. Umgekehrt existiert die ländl. Kleinindustrie trotz des Modernisierungskurses weiter. Hinter dem pol. Wandel läßt sich durchaus eine E.-Logik erkennen. Nach der Einsicht, daß die reine Übernahme des sowj. Industrialisierungsmodells für China ungeeignet war, begann eine Phase widerstreitenden Experimentierens, aus der sich die Strategie dezentraler, kleinindustrieller Agroindustrialisierung mittels einfacher Technologien herauskristallisierte, die, nachdem sie an Grenzen gestoßen war, in eine neue Form der Modernisierung übergeleitet wurde, bei der die neuerliche Kooperation mit dem Westen und der Import von Großtechnologie vor dem Hintergrund einer inzwischen gefestigten und differenzierten Binnenökonomie gesehen werden muß. Im Gegensatz zur Zeit vor der Revolution ist China nicht mehr der Spielball ausländ. Interessen, sondern kann seine Außenwirtschaftspolitik selektiv und nach Maßgabe interner Erfordernisse betreiben

Lit.: W. Franke (Hrsg.), China. Gesellschaft, Politik, Staat, Wirtschaft. Handbuch, Reinbek 1977; J. Kosta/J. Meyer, Volksrepublik China. Ökonomisches System und wirtschaftliche Entwicklung, Frankfurt 1976; U. Menzel, Theorie und Praxis des chin. Entwicklungsmodells. Ein Beitrag zum Konzept autozentrierter Entwicklung, Opladen 1978; U. Menzel, Wirtschaft und Politik im modernen China. Eine Sozial- und Wirtschaftsgeschichte von 1842 bis nach Maos Tod, Opladen 1978. um

Chinesisches Entwicklungsmodell

Mit dem ch. E. wird in aller Regel die maoistische E.-Konzeption identifiziert. Diese nimmt ihren Ausgang von gesellschaftspol. Zielsetzungen. Der Ursprung liegt in Maos praxisorientierter Erkenntnistheorie und seinen Erfahrungen mit der autarken *Guerilla-Ökonomie in Yenan. Bei Mao ist der Mensch die wichtigste Produktivkraft, die sich nur entfalten kann, wenn die Massen selber in der revolutionären Umgestaltung ihrer Lebens- und Arbeitsverhältnisse die gesellschaftl. Widersprüche erkennen und lösen lernen. Bei der materiellen E. haben demnach die pol. Aspekte im Vordergrund zu stehen, da nur der gesellschaftl. Erkenntnisfortschritt die Produktivkräfte freisetzt, über die der „neue Mensch" verfügt. Insofern hat die Transformation der Produktionsverhältnisse immer Vorrang, da zunächst die gesellschaftl. und institutionellen Barrieren weggeräumt werden müssen. In agrarisch geprägten Ländern wie China müssen die Bauern das historische Subjekt dieses Prozesses sein. Mao reflektiert in bes. Weise die spezifischen Probleme unterentwickelter Länder, da einer seiner Hauptwidersprüche im Gegensatz zwischen Stadt und Land liegt. Deshalb rückt die E. des agrarischen Hinterlandes ins Zentrum. Ein erster Schritt dazu ist die Mobilisierung der reichlich vorhandenen Arbeitskräfte und der Erfindungsgabe der Bauern. Um diese Potentiale freizusetzen, muß die institutionelle Transformation der Landw., also die Kollektivierung und Kommunisierung, der techn. Transformation vorausgehen. Im Rahmen kollektiver Einheiten soll aus eigener Kraft im weitesten Sinne eine dezentral organisierte und finanzierte Agrarentwicklung einsetzen, die sich einfache Technologie zunutze macht und eine schrittweise experimentelle Modernisierung der Landw. in Gang setzt. Entsprechend seinem Verständnis, daß der Widerspruch das ewige Movens der Geschichte ist, kann und soll diese Entwicklung in Sprüngen verlaufen, die zu gesamtwirtsch. Disproportionen führen und ihrerseits Gegenmaßnahmen erfordern. Das innergesellschaftl. Gefälle wird von unten geschlossen, indem der initierte soziale und technolog. Wandel auf dem Land die Kluft zur modernen städt. Ökonomie vermindert. Rotation zwischen manuellen und geistigen Tätigkeiten soll den Widerspruch zwischen Kopf- und Handarbeit lösen. Die mit der Agrarentwicklung verbundenen Einkommensverbesserungen erschließen die Landw. als Markt für die Industrie. Die industrielle Entwicklung soll nicht auf Kosten, sondern über die E. der Landw. erfolgen.

In der Praxis wurde die chin. E. ebensosehr von der konkurrierenden liuistischen (nach Liu Shao-chi; → VR China) Konzeption bestimmt. Sie nimmt eher auf wirtsch. Sachzwänge Rücksicht. Gesellschaftstheorie und soziale Basis unterscheiden sich weniger vom sowjet. Muster. Liu vertraut gegenüber Maos Erkenntnis- und Widerspruchstheorie auf die Möglichkeit theoretischer Schulung und die Aufhebbarkeit aller Widersprüche. Statt der praxisorientierten Massenlinie setzt er auf eine Kaderlinie und den wissenschaftl.-techn. Fortschritt. Wenn alle Widersprüche durch Klassenkompromisse aufhebbar sind, bedarf es keiner permanenten Revolution wie bei Mao, sondern einer kontinuierlichen, proportionalen und planmäßigen E., bei der Leistung, Kostenbewußtsein, materielle *Anreize und Expertenverantwortlichkeit im Vordergrund stehen. Der Produktivkraftentfaltung wird Priorität zugemessen. Die Transformation der Produktionsverhältnisse hat sich am jeweiligen Stand der Produktivkräfte zu orientieren. Das bedeutet gleichgewichtiges Wachstum, das sich an den Kapazitäten der Landw. zu orientieren hat. Die Agrarentwicklung ist also eine Funktion der städt. und industriellen Anforderungen und soll weniger um ihrer selbst willen betrieben werden. Deshalb stehen auch nicht das Vertrauen auf die eigene Kraft der Bauern und die lokale Initiative im Vordergrund, sondern eine auf potentielle Wachstumsregionen begrenzte E., bei der der Staat die Initiative ergreift, Finanzmittel und moderne Agrarinputs zur Verfügung stellt. Die Schwerindustrie soll sich im Sinne eines gleichgewichtigen Wachstums an der Herstellung agrarischer und leichtindustrieller Inputs orientieren. Die industrielle Organisation verfährt nach den Prinzipien von Zentralisierung, Spezialisierung, Arbeitsteilung, Betriebsverantwortlichkeit und leistungsbezogener Entlohnung. Dezentralisierung im liuistischen Sinn heißt nicht größere Verantwortung lokaler Behörden unabhängig von der Zentrale, sondern größere Autonomie der Betriebsleiter im Rahmen des zentralen Plans. Die soziale Basis der liuistischen Fraktion innerhalb der Partei ist die industrielle Arbeiterklasse. Sie bildet für Liu nach orthodoxem marx. Verständnis das historische Subjekt der Revolution, und sie hat zeitweilig ihre Avantgarde in Form der Partei aufs Land geschickt, um die Bauern als Bündnispartner zu mobilisieren.

um

Christen für den Sozialismus

Diese Priestergruppe wurde in Santiago de Chile im April 1971 gegründet. Sie sprach sich für den Aufbau des Sozialismus in Chile aus, unterstützte die Regierung des Präsidenten *Allende und organisierte ein Generalsekretariat unter der Leitung des Jesuitenpaters Gonzalo Arroyo. Im April 1972 fand in Santiago der 1. lateinamerik. Kongreß der „Christen für den Sozialismus" statt. Mehr als 400 Priester, Ordensleute und Laien aus allen Ländern LAs, aus den USA, Kanada und Europa, nahmen an der Versammlung teil. Mendez Arceo aus Cuernavaca/Mexiko, einziger teilnehmender Bischof, betonte, er wäre „mit der Überzeugung" gekommen, „daß es für unsere unterentwickelte Welt keine andere Lösung als den Sozialismus gibt", und formulierte damit die Grundposition der Bewegung, die in engem Zusammenhang mit der *Theologie der Befreiung steht. Das chilenische Episkopat verbot die Mitgliedschaft der Priester und Ordensleute in der Bewegung „Christen für den Sozialismus" am 11. April 1973. Diese Entscheidung wurde jedoch erst nach dem Sturz Allendes bekanntgegeben. Die Bewegung hat sich allerdings weltweit verbreitet; eine Sektion besteht auch in der BRD.

Lit.: H. Zwiefelhofer, Christen für den Sozialismus in Lateinamerika, Wuppertal 1974. obs

CIA

1947 gegründete Oberste Geheimdienstbehörde der USA (*Central Intelligence Agency*). Neben der Beschaffung und Verwertung von Informationen spielt sie auch bei den außenpol. Aktivitäten der Weltmacht USA eine wichtige Rolle. Kenntnis über die Beziehungen zwischen CIA-Tätigkeit und US-Außenpolitik gaben bislang die zahlreichen Fehlschläge des CIA in der Vergangenheit (1960 Abschuß des U-2-Spionageflugzeugs über der UdSSR, 1961 Schweinebucht-Affäre auf Kuba, 1967 Aufbringung des Spionageschiffs Pueblo vor Nord-Korea). Auch Verwicklungen in die Militärputsche in Griechenland (1967) und Chile (1973) werden dem CIA vorgeworfen. Mit den Vorwürfen und den ins Zwielicht geratenen Methoden des CIA (Verdacht von Mordanschlägen) beschäftigten sich Untersuchungskommissionen des US-Senats.

Lit.: P. Agee. CIA intern, Hamburg 1979; V. Marchetti/J. D. Marks, CIA, München 1976. ah

CIAP

Interamerik. Komitee der *Allianz für den Fortschritt (*Comité Interamericano de la Alianza para el Progreso,* engl. ICAP) der *OAS, 1963 gegr.; Aufgabe: Koordination und Verwaltung der Mittel und Koordination der Aktivitäten des E.-Programms der Allianz für den Fortschritt. 1974 aufgelöst; seine Funktionen übernahm CEPCIES, das ständige Exekutivkomitee des OAS-Wirtschaftsrates; Aufgabe: ständige Unterstützung der OAS-Staaten in Fragen des Handels, der Finanzierung und E.; Sitz Washington. dn

CIES

Interamerik. Wirtschafts- und Sozialrat *(Consejo Interamericano Económico-Social),* Koordinierungsorgan für die wirtsch. und sozialen Aktivitäten, 1939 gegr., seit 1948 Organ der *OAS. dn

c.i.f.

Abk. für *cost, insurance, freight;* bezeichnet im (Außen-)Handel, daß die in Rechnung gestellten Kosten sich als frei von Unkosten für Verladung, Versicherung und Fracht verstehen. Verkäufer übernimmt Verpflichtung, organisatorisch und finanziell dafür zu sorgen, daß die Ware ihren vereinbarten Bestimmungsort erreicht. dn

Circulus Vitiosus

auch Teufelskreis, Annahme der Existenz einer Beziehung zwischen verschiedenen Faktoren nach der Art einer Kausalkette, wobei einzelne Faktoren zugleich Ursache und Wirkung für und von andere(n) Faktoren sind (zirkuläre Verursachung). Die CV-Vorstellung dient zur Erklärung von sich negativ verstärkenden Prozessen und weist auf das schwer zu lösende Problem hin, den Teufelskreis zu durchbrechen. Beispiel: geringes Einkommen – geringe Ersparnisbildung – geringe Nachfrage – geringe *Investition – geringes Produktionsvolumen – geringe Beschäftigungseffekte – geringes Einkommen. Oder: *Armut – Unterernährung – hohe Krankheitsanfälligkeit/Mangelkrankheiten – niedrige Arbeitsleistung/ *Produktivität – größere Armut. Die Ausgangssituation (Armut) wird im CV noch verschärft bzw. zementiert. dn

Civic Action

Einsatz von Spezialeinheiten der Streitkräfte eines Landes (zunächst in LA) für E.-Vorhaben v. a. im Bereich der *Infrastruktur (vom Straßenbau bis zur Alphabetisierung) seit Ende der 50er J. C. a. beinhaltet eine Umorientierung der Aufgabenstellung der Militärs, deren Ursprung in der Absicht lag, revolutionären *Guerilla-Strategien zu begegnen bzw. ihnen zuvorzukommen und sich bei der Bev. beliebt zu machen.
Insofern ordneten sich C.a.-Programme in die von den USA den lateinamerik. Militärs verschriebene und finanzierte **Counter-Insurgency*-Strategie ein. Andererseits begünstigen sie das Entstehen eines neuen Selbstverständnisses der Militärs als entwicklungspol. Elite (Schulung in volkswirtsch., soziolog. und entwicklungstheoret. Fragen), welches ihre Bereitschaft erhöhte, die pol. Macht zu übernehmen und sie langfristiger als in der Vergangenkeit den zivilen pol. Eliten streitig zu machen, teilweise in der Absicht, E.-Programme durchzusetzen. →Militärregime dn

Club of Rome

Vereinigung von Persönlichkeiten aus Politik, Wirtschaft, Wissenschaft und Kultur hauptsächlich der IL, die durch die 1972 veröffentlichte Studie „Grenzen des Wachstums", die unter der Leitung von D. Meadows am *Massachusetts Institute of Technology* (MIT) erstellt wurde, hervortrat. Die Studie kommt zu dem Ergebnis, daß die Menschheit einer ökologischen Katastrophe entgegengehe, wenn nicht eine Null-Wachstumsrate der Bev. und der Ind.-Produktion erreicht werden könnte. Kritische Stimmen gegen die Prognose und insbes. die Empfehlungen wurden v. a. in der Dritten Welt laut. →Bariloche-Modell.

Lit.: D. Meadows, Die Grenzen des Wachstums, Stuttgart 1972; H. v. Nussbaum (Hrsg.), Die Zukunft des Wachstums, Düsseldorf 1973. dn

Cocoyoc-Erklärung

Abgegeben von einem Wissenschaftler-Gremium auf dem *UNEP/*UNCTAD-Symposium in Cocoyoc/Mexiko vom Okt. 1974, die grundlegende Bedeutung für die Neuorientierung der E.-Politik auf die Befriedigung der Grundbedürfnisse gewann. Auszug: „Als erstes müssen wir überhaupt Ziel und Zweck von E. neu definieren. Es kann sich nur darum handeln, den Menschen, nicht die Dinge zu entwickeln. Menschen haben bestimmte Grundbedürfnisse: Nahrung, Unterkunft, Kleidung, Gesundheit und Bildung. Jeder Wachstumsvorgang, der nicht zur Befriedigung dieser Bedürfnisse führt – oder sogar störend eingreift – ist eine Verkehrung des E.-Gedankens. Wir befinden uns noch in einem Stadium, wo das Hauptanliegen der E. ist, wie weit die elementaren Bedürfnisse der ärmsten Teile in der Gesellschaft, die bis zu 40% der Bev. ausmachen können, befriedigt werden können. Hauptziel des wirtsch. Wachstums sollte es sein, die Verbesserung der Lebensbedingungen dieser Gruppen sicherzustellen. Ein Wachstumsprozeß, der nur der wohlhabendsten Minderheit nutzt und die Gefälle zwischen den Ländern und innerhalb der Länder noch vergrößert, ist keine E. Es handelt sich vielmehr um Ausbeutung ... Die Hoffnung, daß schnelles wirtsch. Wachstum zum Nutzen weniger zur Masse des Volkes „durchsickern" wird, hat sich als illusorisch erwiesen. Deshalb verwerfen wir den Gedanken: Erst Wachstum, Gerechtigkeit bei der Verteilung des Nutzens später. E. soll sich nicht auf die Befriedigung der Grundbedürfnisse beschränken ... E. heißt auch Freiheit der Meinung und deren freie Weitergabe .. Es besteht ein tiefes soziales Bedürfnis, an der Gestaltung der Grundlagen seiner eigenen Existenz mitzuwirken und einen Beitrag zur Gestaltung der Zukunft der Welt zu leisten. V. a. aber heißt E. auch Recht auf Arbeit, womit wir nicht nur meinen, einen Broterwerb zu haben, sondern Selbstverwirklichung in der Arbeit zu finden, das Recht, nicht veräußert zu werden durch Produktionsprozesse, die Menschen nur als Werkzeuge benutzen" (zit. n. Entwicklungspolitik, Materialien Nr. 49, BMZ, Bonn 1975). dn

Collective Self-Reliance

CSR (= „kollektive Eigenständigkeit") bezeichnet die Übertragung des Konzepts der **self-reliance* auf die EL insgesamt bzw. auf Gruppen von ihnen. CSR besitzt verschiedene entwicklungsstrategische Inhalte: zum

einen in den Nord-Süd-Beziehungen die Zielsetzung von EL, eine verstärkte Verhandlungsposition (Gegenmacht) gegenüber den IL und den *multinationalen Konzernen aufzubauen, um die Interessen der Dritte-Welt-Länder insbes. in den Verhandlungen um die *Neue Weltwirtschaftsordnung besser durchsetzen zu können. Einige E.-Theoretiker verstehen CSR in diesem Zusammenhang auch als Strategie der *Dissoziation. Zum anderen, in den *Süd-Süd-Beziehungen, wird mit CSR die Vorstellung einer über bisherige regionale *Integrationen hinausreichende Intensivierung der wirtsch., pol. und kulturellen Beziehungen der EL untereinander (bi- und multilateral) verbunden. Durch Verstärkung der horizontalen Zusammenarbeit symmetrischer Struktur zwischen den EL soll die asymmetrische und abh. Beziehung zu den IL überwunden werden. Die *Gruppe der 77 hat auf *UNCTAD V ihren Forderungen ein Programm für CSR vorangestellt.
CSR ist ein noch junges und theoret./keineswegs abgeklärtes Konzept. Offen ist beispielsweise, ob *self-reliance* der EL als individuelle (national begrenzte) E.-Strategie der Anwendung von CSR vorauszugehen habe – oder CSR eine Voraussetzung von *self-reliance* ist. Auch ist unklar, in welchem Ausmaß sich CSR mit dem Weltmarkt bzw. der Neuen Weltwirtschaftsordnung stößt, inwieweit die Süd-Süd-Beziehungen die Nord-Süd-Beziehungen ersetzen sollen. Einer Durchsetzung von CSR stehen in der Praxis divergierende Interessenlagen einzelner oder Gruppen von EL entgegen.

Lit.: K. M. Khan u. V. Matthies, Collective Self-Reliance: Programme und Perspektiven der Dritten Welt, München/London 1978; S. Amin: Self-Reliance und die Neue Weltwirtschaftsordnung, in: D. Senghaas, Kapitalistische Weltökonomie, Frankfurt 1979, S. 317 ff. dn

Commonwealth

Das C. ist das freiwillige Miteinanderleben von Staaten, die vor der Erlangung der Unabh. im brit. Imperium den Status einer Kolonie hatten. Dem C. gehören Staaten unterschiedl. innen- und außenpol. Orientierung an. Grundlage ihres Zusammenwirkens ist ein 1931 vom brit. Parlament verabschiedetes Statut *(Statute of Westminster)*, das den *Dominion*-Status (autonome Gemeinwesen innerhalb des brit. Reiches von gleichem Status) der C.-Mitgl. definiert. Wenn eine Kolonie die Unabh. erlangt, kann sie sich um die Mitgliedschaft im C. bemühen, es entscheidet darüber die in der Regel jährl. stattfindende *C. Conference.* Seit 1950 führt der brit. Monarch den Titel *Head of the C.*
Mitgliedstaaten des C. (Stand 1. 9. 79): Vereinigtes Königreich, Australien, Bahamas, Bangladesh, Barbados, Botswana, Zypern, Dominica, Fidschi, Gambia, Ghana, Grenada, Guyana, Indien, Jamaika, Kanada, Kenia, Kiribati, Lesotho, Malawi, Malaysia, Malta, Mauritius, Nauru, Neuseeland, Nigeria, Papua-Neuguinea, Sambia, Samoa i Sisifo, Seychellen, Sierra Leone, Singapur, Solomon Islands, Sri Lanka, St. Lucia, St. Vincent, Swasiland, Tansania, Tonga, Trinidad und Tobago, Tuvalu, Uganda. Das C. verlassen haben: Irland (1949), Ägypten (1958), Südafrika (1961), Pakistan (1972).
1947 wurde zur Unterstützung der E.-Bemühungen der EL unter den C.-Ländern die *C. Development Corporation* gegr. Das brit. Verbindungsbüro zu den Mitgl. des C. ist seit 1968 das *Foreign and C. Office* in London. Gemeinsames Sekretariat des C.: Sitz London, Generalsekretär: Shirdath Ramphal/Guyana. 1971 wurde ein C.-Fond für techn. Zusammenarbeit geschaffen. Seit 1976 besitzt das C. Beobachterstatus bei der *UN, seit 1978 Konsultationsgruppen für Energie, interregionaler Handel u. a.

Lit.: K. C. Wheare, The Constitutional Structure of the C., Oxford 1961; H. Oppenheimer, The Fading C., Cambridge 1968; J. Bowle, The Imperial Achievement. The Rise and Transformation of the British Empire, Harmondsworth 1977. rs

Community Development

E.-Strategie, die auf die optimale Nutzung der menschl. Ressourcen in Form der Eigeninitiative und im Wege der „E. von unten“ abzielt. Für C.D. zentral sind: 1. die Teilnahme der Bev. selbst an Maßnahmen zur Verbesserung ihrer Lebensbedingungen, d. h. *Selbsthilfe und gegenseitige Hilfe; 2. Bereitstellung von techn. u. a. Diensten von staatl. Seite.
Ziele der C.D. sind von sozialer, wirtsch. und pol. Natur; entsprechende Programme sind etwa: Reform des Schulwesens und der

berufl. Bildung, Ausbau des Erwachsenenbildungswesens, *Alphabetisierungsprogramme, Verbesserung der sozialen *Infrastruktur in den Bereichen *Gesundheit, *Wohnen, *Frauen- und Jugendarbeit; Eingliederung der dörfl. Wirtschaft in die Volkswirtschaft, Förderung *arbeitsintensiver Produktionsformen; kommunale Selbstverwaltung sowie als Keimzelle der nat. pol. Kultur. Von den Theoretikern der C.D. wird betont, „daß das Kriterium für Erfolg niemals nur die sichtbare materielle Veränderung im jeweiligen Bereich sein kann (wie viele Brücken, wie viele Schulen, wie viele Krankenhäuser, wie viele Dorfräte etc.), sondern das Ausmaß, in dem diejenigen Grundhaltungen vermittelt werden, die das Funktionieren dieser Einrichtung voraussetzt, also Veränderung in den Motivationen, den Fertigkeiten und den sozialen Beziehungen der Menschen." (Jorges, in: EPHL 1966, S. 1066)

Lit.: J. C. Rhie, Community Development durch Selbsthilfegruppen, Saarbrücken 1977. dn

Consulting

Privates Beratungsunternehmen, das im Auftrag öffentl. Stellen (etwa des *BMZ) und privater Institutionen E.-Projekte berät und gegebenenfalls ausführt (insbes. im Auftrag von EL). dn

Corea-Plan

Nach dem Generalsekretär der *UNCTAD, Iamani Corea, benannter Plan, den dieser zur Preisstabilisierung der 18 wichtigsten Rohstoffe auf der UNCTAD-IV-Konferenz in Nairobi 1976 vorgelegt hat. →Integriertes Rohstoffprogramm dn

Costa Rica

C.R. zeichnet sich durch eine – im lateinamerik. Vergleich – homogene Sozialstruktur und eine rel. stabile Demokratie aus. Entwicklungspol. wird Auslandskapital und soziale E. in ein Gleichgewicht zu bringen versucht.

1. C.R. ist mit einer Fläche von 5 900 qkm nach El Salvador das kleinste Land LAs. Fruchtbare vulkanische Böden und günstige Klimabedingungen ließen die Land- und Viehwirtschaft zum wichtigsten Wirtschaftssektor werden. Hauptanbau- und Exportprodukte: Kaffee (kleine und mittlere Betriebe), Bananen (US-Großplantagen), Rinder (Groß- und Kleinbesitz), Zuckerrohr (Groß- und Kleinbetriebe), Kakao. C.R. besitzt wenig Rohstoffvorkommen (Schwefelabbau und Bauxitausbeutung).

2. Die Bev. C.R.s betrug 1978 2,11 Mio. Ew. (Bev.-Dichte 41,6 Ew. pro qkm), konzentriert auf das Zentrale Hochland (auf 5 % der Gesamtfläche über ⅓ der Bev.). Urbanisierungsgrad 40 %, Hs San José 776 963 Ew. (1978). Ethnische Zusammensetzung der Bev.: ca. 80 % Weiße, 15 % Mestizen, 4 % Schwarze, ca. 3 000 Indios. 97 % der Bev. C.R.s sind katholisch, Landessprache ist Spanisch.

3. C.R. wurde 1502 von Kolumbus entdeckt. Die Rohstoffarmut C.R.s verhinderte eine schnelle Kolonisierung des Landes. 1821 erlangte C.R. die pol. Unabh. und gehörte bis 1836 der zentralamerik. Föderation an. Erst Mitte des 19. Jh.s setzte mit der Einwanderung bäuerlicher, nordspan. Siedlergruppen eine stärkere Besiedlung C.R.s ein. Diese Einwanderungsstruktur verbunden mit der Verhinderung eines frühen wirtsch. Aufschwungs durch Errichtung von tragfähigen, exportorientierten *Agrarlatifundien haben, im Gegensatz zu anderen zentralamerik. Ländern, das Entstehen einer rel. homogenen Sozialstruktur, basierend auf bäuerl. Kleinbesitz, begünstigt. Mit der Einführung des Kaffeeanbaus 1808 und seiner Expansion ab 1838 setzte sich in diesem Sektor ansatzweise eine abh. Exportlandw. durch, die zum Entstehen einer Kaffeearistokratie als pol. Führungsschicht (bis 1870) führte. Erst 1878 entstand mit der Errichtung von US-Bananenplantagen die klassische Form einer außenorientierten Wirtsch.-*Enklave. Die seit den 50er J. einsetzende staatl. gelenkte und durch Steuervergünstigungen forcierte *Industrialisierung entwickelte den heute neben der Landw. wichtigsten Wirtsch.-Sektor C.R.s. Die Ausrichtung der Wirtsch.-Struktur C.R.s auf Exportproduktion erfordert dabei eine hohe Importrate v. a. an Konsumgütern, *Investitionsgütern u. Kraftfahrzeugen.

4. Der Industrialisierungsprozeß wandelte die sozio-ökon. Strukturen C.R.s: 1. Verstärkte (v. a. ausländ.) Investitionen in den wichtigsten Sektoren der Landw. und In-

dustrie führten zu einer Boden- und Kapitalkonzentration, die durch erhöhte *Produktivität auf der Basis moderner kapitalist. Großbetriebe bäuerl. Kleinbetriebe und Handwerksbetriebe zu verdrängen beginnt und eine Ausdehnung der Lohnarbeit zur Folge hat. Gleichzeitiges Ansteigen der *Arbeitslosigkeit von 4,1 % (1950) auf 7,3 % (1973). Die Bodenbesitzstruktur bleibt aber durch ein Übergewicht an Klein- und Mittelbetrieben gekennzeichnet. 2. Rückgang der ländl. Mittelschicht und Anwachsen der städt. Mittelklasse. Teilbereiche der sozialen *Infrastruktur haben sich vergleichsweise gut entwickelt. Das Gesundheitswesen hat sich seit dem II. Weltkrieg erheblich verbessert. Der Bildungsstand ist für LA hoch (Analphabetenrate 1973: 12 %). Allerdings besteht im Gesundheits-wie im Bildungswesen ein starkes Stadt-Land-Gefälle.

5. Früh konsolidierte sich in C.R. die pol. Demokratie. Nach der Verfassung von 1949 ist C.R. eine präsidiale Demokratie mit Einkammerparlament, das zusammen mit dem Präsidenten alle 4 Jahre gewählt wird. Es besteht allg. Wahlpflicht. Bemerkenswert ist die Regelung, daß Parlamentsabgeordnete für die nächste Amtsperiode, der Präsident für die nächsten zwei Amtsperioden nicht wiedergewählt werden dürfen. Das Militär wurde mit der neuen Verfassung 1949 abgeschafft und durch eine Bürgerwehr (ca. 2 000 Freiwillige) ersetzt. Die Parteien haben sich seit 1948 von personalistisch zu programmatisch orientierten Organisationen entwickelt. Stärkste Partei ist die *„Liberación Nacional"* (sozialdemokratisch), die bei den Wahlen 1978 allerdings Stimmen einbüßte; sie stellt den Präsidenten. Stärkste Parteien im Parlament: *„Partido Unidad"* und *„Union Nacional"* (konservativ).

Lit.: M. Monteforte Toledo, Centro America, Subdesarrollo y Dependencia, 2 Bände, Mexiko 1972; U. Fanger, Costa Rica, in: HDW, Band 3, Hamburg 1976, S. 136 ff. ks

Counterinsurgency

Gegenrevolutionäre bzw. Revolutionsvermeidungsstrategie; die Gesamtheit aller militärischen, paramilitärischen, pol., wirtschafl., psychologischen und **civic-action* Maßnahmen, die von einem Staat ergriffen werden, um Revolten vorzubeugen. Von den USA v. a. in der westl. Hemisphäre (LA) nach der erfolgreichen kuban. Revolution verfolgte Strategie der vorbeugenden Bekämpfung revolutionärer Veränderungen kommunistischer oder angeblich kommunistischer Inspiration. Sehr unterschiedliche Formen: sozialwissenschaftl. Untersuchungen über Vermeidungsmöglichkeiten revolutionärer Veränderungen (bekanntestes Beispiel: Projekt *Camelot* 1965 in Santigo de Chile); Wirtschaftshilfe (*Allianz für den Fortschritt) und Militärhilfe (Ausbildung von lateinam. Militärs in Anti-*Guerilla-Programmen, Bereitstellung von spezifischen Ausrüstungen für den Anti-Guerilla-Kampf, Finanzierungshilfen für *civic-action*-Programme).

Lit.: W. Barber/N. Ronning, Internal Security and Military Power. Counterinsurgency and Civic Action in Latin America, Ohio 1966. dn

Counterparts

In den EL beheimatete, einheim. Organisationen, mit denen über die *Techn. Hilfe ein E.-Vorhaben vereinbart wird, bzw. einheim. Fachkräfte, die mit den entsandten deutschen *Entwicklungsexperten oder *Entwicklungshelfern zusammenarbeiten und das Projekt weiterführen, wenn dessen Förderungslaufzeit beendet ist. Nach der entwicklungspol. Konzeption der BRD sollen einheim. C. garantieren, daß die Zielvorstellungen und Wünsche der EL Inhalt und Art der Durchführung eines geförderten Projektes bestimmen. Sie sollen möglichst rasch die deutschen Fachkräfte ersetzen. dn

DAAD

Deutscher Akademischer Austauschdienst, gegr. 1925, wiedergegr. 1950, Sitz in Bonn (Kennedyallee 50). *Aufgabe:* Förderung der int. Hochschulbeziehungen, v. a. des akademischen und wissenschaftl. Austausches der BRD mit dem Ausland. *Finanzierung* durch öffentl. Mittel, insb. vom Auswärtigen Amt, vom Bundesministerium für Bildung und Wissenschaft und vom *BMZ. Einen Schwerpunkt der *Förderungsprogramme* bilden die Stipendien für Studienanfänger und Graduierte aus den EL. Sie werden im Rahmen der deutschen *Bildungshilfe gefördert, wozu DAAD und

BMZ eine Übereinkunft trafen. Auf der Grundlage von Zuwendungsverträgen mit der *GTZ, welche die durchzuführenden Maßnahmen und die bereitgestellten Mittel verbindlich festlegen, organisiert der DAAD die entsprechenden Programme, u. a. Stipendien- und Gastprofessorenprogramme sowie **Sur-place*-Stipendien. dn

DAC

Ausschuß für E.-Hilfe *(Development Assistance Committee)* der *OECD, 1961 gegr., Sitz in Paris. 1979 18 Mitgl.: Australien, Belgien, BRD, Dänemark, Finnland, Frankreich, Italien, Japan, Kanada, Neuseeland, Niederlande, Norwegen, Österreich, Schweden, Schweiz, Großbritannien, USA und die Kommission der EG. Mitgl.-Länder durch Delegationen vertreten, jährl. Neuwahl des Vorsitzenden. *Aufgaben:* Allg. Unterstützung der EL, speziell: 1. Erhebung detaillierter Statistiken (Umfang der Hilfe, *finanzielle Nettoleistungen, Bedingungen der öffentl. Kredite, *Verschuldung und *Schuldendienst der EL); 2. Erarbeitung von entwicklungstheoret. und pol. Grundlagen zur Prüfung der jährl. Programme seiner Mitgl.-Länder nach Höhe, Zweckbestimmung, Wirksamkeit (→Evaluierung); 3. Erarbeitung von Empfehlungen, Setzen von Maßstäben, Definitionen, Strategien, an denen sich die E.-Politik der IL orientieren kann; 4. Veröffentlichung von Jahresberichten (laufend abgedruckt in HIZ). Der DAC hat seit Mitte der 70er J. sein E.-Konzept und seine multilaterale E.-Hilfe auf die Befriedigung der *Grundbedürfnisse orientiert. dn

DDR und Dritte Welt

Die DDR unterstützt Länder der Dritten Welt, um ihnen einen „nichtkapitalistischen" E.-Weg zu ermöglichen. Der Übergang von der feudalistischen zur sozialist. Gesellschaftsformation soll erreicht werden, ohne daß die Staaten der Dritten Welt die kapital. Ordnung teilweise oder voll durchlaufen müssen. Ein konsequent „nichtkapital." E.-Weg wird beschritten durch: 1. „Die Zerschlagung des alten und korrupten einheim. bzw. kolonialen Staatsapparates und die Errichtung einer revolutionär-demokrat. Diktatur der Arbeiter und Bauern durch die Heranführung der Arbeiterklasse an die Macht;" 2. „die Herstellung eines festen Bündnisses der Arbeiterklasse mit der Bauernschaft und die Einbeziehung der bäuerl. Massen in den Kampf gegen den Imp.;" 3. „den Zusammenschluß aller patriotischen und fortschrittlichen Kräfte in einer antiimp. Einheitsfront;" 4. „die Schaffung bzw. Festigung revolutionärer Parteien und ihre Orientierung auf den wissenschaftl. Sozialismus;" 5. „die Beseitigung der Erscheinungsformen des bürgerl. Demokratismus und die Verwirklichung einer revolutionären Demokratie;" 6. „die planmäßige Erhöhung des Lebensstandards und des Kultur- und Bildungsniveaus der Volksmassen;" 7. „die entschiedene außenpol. Orientierung auf den aktiven antiimp. Kampf;" 8. „die Schaffung eines festen Bündnisses mit dem Weltsozialismus und der int. Arbeiterbewegung." (Rathmann/Schilling, S. 19)

Die *Entwicklungshilfe der DDR umfaßt folgende Bereiche: 1. Außenhandel; 2. *Kapitalhilfe; 3. wissenschaftl.-techn. Hilfe (einschließl. *Bildungs- und Ausbildungshilfe sowie Beratertätigkeit);4. Militärhilfe; 5. Produktionskooperation; 6. Solidaritätsleistungen (Spenden).

Lamm/Kuper (S. 199 f.) fassen die Methoden und Ergebnisse der E.-Politik der DDR so zusammen: „1. Die DDR trägt durch ihren Anlagenexport zur *Industrialisierung der von ihr bevorzugten EL, insbes. zum Aufbau neuer Exportindustrien bei (Beispiele: Baumwollkombinate in Ägypten und Sri Lanka). 2. Durch den Abschluß langfristiger Abkommen sichert die DDR den EL über längere Zeit den Absatz von Gütern. Die Struktur des Güterangebots der EL entspricht jedoch oft nicht den Importbedürfnissen der DDR, so daß die Abnahmebereitschaft der DDR insbes. für bestimmte Industrieprodukte der EL begrenzt bleibt. Trotz leichter Zunahme der Einf. von Halb- und Fertigwaren aus einigen EL (z. B. Ägypten, Indien) machen Primärprodukte immer noch den Löwenanteil des Imports aus. 3. Mit den von der DDR gelieferten Anlagen werden punktuell *Beschäftigungsmöglichkeiten für die Bev. des betreffenden EL geschaffen. Beispiel: Baumwollkombinat in Sri Lanka. 4. Die DDR leistet ihren vom Gesamtumfang her zwar rel. geringen, gleichwohl wirksamen Beitrag zur Schaffung eines Bildungs- und Berufsbildungswesens und zum Aufbau eines Gesundheitswesens in den EL. Eine große Rolle spielt dabei die *personelle Hilfe. 5. Die DDR hilft beratend beim Ausbau des staatl. Wirtsch.-Sektors, bei der Planung der Volkswirtsch., bei der Ausarbeitung eines ‚dem Sozialismus adäquaten' Wirtsch.-Systems und bei der Kollektivierung der Landw. (Ägypten, Südjemen). 6. Ihr Ziel der wertmäßigen bilateralen Bilanzierung des Handels mit den EL hat die DDR bisher nur selten erreicht. Meist weist sie einen Ausf.-Überschuß mit diesen Ländern auf. 7. Der Außenhandel der DDR mit den EL ist zwar ständig gewachsen, insbes. mit den Schwerpunktländern, die 1964 für die ‚nächsten' J. versprochene Verdreifachung des Warenumsatzes wurde jedoch bislang noch nicht erreicht. Zudem unterlag der Handel starken Schwankungen, was den EL eine langfristige Planung erschwert... 8. Die DDR hat die Ausf. kompletter Anlagen für die Schlüsselind. der EL auf der Basis langfristiger Aufbaukredite erhöht. 9. Die Kreditbedingungen der DDR dürften – legt man den generellen Vergleich zwischen westl. und östl. Krediten zugrunde – insges. ‚härter' sein als die der westl. Länder. Die teilweise bestehende Möglichkeit, Kredite in Waren ... zurückzuzahlen, bringt für die EL manche Vorteile mit sich, kann aber auch im Einzelfall von Nachteil sein. 10. In einem gewissen (insges. freilich geringen) Umfang versucht die DDR, die Exportinteressen der EL zugleich mit den Bedürfnissen zu befriedigen, die sich aus der Umstrukturierung ihrer eigenen Produktion ergeben (Produktionskooperation). 11. Die DDR vergibt Produktionslizenzen (v. a. an Indien)."

Lit.: H. S. Lamm/S. Kupper, DDR und Dritte Welt, München/Wien 1976; L. Rathmann/H. Schilling, Probleme des nichtkapitalistischen Weges der Völker Asiens und Afrikas in der gegenwärtigen Etappe der nationalen Befreiungsbewegung, in: Nichtkapitalistischer Entwicklungsweg, Berlin (DDR), 2. Aufl. 1973. rs

DED

Deutscher Entwicklungsdienst, 1963 gegr., gemeinnützige Gesellschaft mbH, im Bereich der *personellen E.-Hilfe tätig, bildet freiwillige deutsche *Entwicklungshelfer aus und setzt sie in 2–3-Jahresverträgen in Projekten der EL staatl., kommunaler oder privater Institutionen ein. *Organe:* Verwaltungsrat (unter dem Vorsitz einer Persönlichkeit des öffentl. Lebens) 14 Mitgl. (der Bundesregierung, des *Arbeitskreises Lernen und Helfen in Übersee, der drei im Bundestag vertretenen Parteien sowie 2 E.-Helfer).

DED wird in EL aufgrund von Abkommen zwischen den Regierungen tätig; Finanzierung aus Mitteln des Bundeshaushalts (1978: 48,6 Mio. DM; 485 E.-Helfer entsandt). Der DED versteht sich als „Fachdienst mit sozialem Engagement", was nicht immer unproblematisch ist. Fast 50% der E.-Helfer sind Absolventen von Hoch- und Fachschulen, das Durchschnittsalter hat sich auf fast 30 J. erhöht.

Anschrift: Kladower Damm 299–327, 1000 Berlin 22. dn

DEG

Deutsche Gesellschaft für wirtsch. Zusammenarbeit mbH, kurz: Deutsche Entwicklungsgesellschaft, 1962 von der Bundesregierung gegr., *Ziel:* Aufbau der Wirtschaft der EL durch Förderung der Zusammenarbeit zwischen deutschen Unternehmern und Unternehmern in EL. *Funktion:* Förderung von *Direktinvestitionen der deutschen Wirtschaft in EL in Form 1. Kapitalbeteiligungen an Unternehmen in EL oder Gewährung beteiligungsähnlicher Kredite; 2. Beratung deutscher Investoren und von **joint ventures* in der Gründungs- und Anfangsphase; 3. Vermittlungshilfe für zusätzliche Finanzierungen von dritter Seite (nat. und int. *Entwicklungsbanken. *Organe:* Aufsichtsrat, bestehend aus Vertretern verschiedener Bundesministerien und – mehrheitlich – Vertretern der Wirtschaft, hier v. a. Industrie und Banken. Geschäftsführung, Vorsitzender Prof. Karl-Heinz Sohn. Nach Sohn steht die Arbeit der DEG im Spannungsverhältnis zwischen privatwirtsch. Rentabilität und entwicklungspol. Effizienz. „Sie soll sich einerseits nur an gewinnbringenden Investitionen in dafür geeigneten Ländern beteiligen, andererseits aber darauf achten, daß von ihr unterstützte Investoren unternehmerisches und technisches Wissen in das EL transferieren, dauerhafte Arbeitsplätze schaffen sowie zur Verminderung des Devisenbedarfs durch die Ersetzung bisheriger Einfuhren und die Erhöhung der Exportproduktion beitragen." Die DEG orientiert sich an den entwicklungspol. Leitlinien der BRD, etwa hinsichtlich der besonderen Förderungswürdigkeit der *LLDC-Länder und von Investitionen im ländl. Raum, der Mittel- und Kleinindustrie, mit hohem Beschäftigungseffekt. Dem steht jedoch die regionale Verteilung der DEG-Mittel gegenüber. 1962–1976 entfielen davon nur 15% auf die LLDCs; nach Kontinenten: Afrika: 52%, Asien 25%, LA 15%, Rest europ. EL. Die Verteilungsstruktur hat sich seither nicht wesentl. geändert, die eingesetzten Mittel erhöhten sich 1978 auf 112 Mio. DM. Der Mobilisierungseffekt beträgt etwa das Fünffache der von der DEG zugesagten Finanzierungsmittel.

Lit.: K.-H. Sohn, Die Bedeutung von Auslandsinvestitionen für die Struktur der deutschen Wirtschaft – Die DEG als Partner bei Investitionen in EL, Köln 1977.
dn

Dekolonisation

Auch Entkolonisierung, historischer Prozeß der Auflösung der europ. Kolonialreiche nach dem II. Weltkrieg durch die Gewährung bzw. Erkämpfung der völkerrechtl. Unabh. Die *UN beschlossen Dez. 1960 die Erklärung über die Gewährung der Unabh. an Kolonialländer und -völker. Die sog. Entkolonisierungsresolution der Vollversammlung sprach von der „Notwendigkeit, den *Kolonialismus in allen Erscheinungsformen schnell und bedingungslos zu beenden". Ein Termin für die Herbeiführung der Entkolonisierung wurde zwar nicht gesetzt, doch betrachtete die Weltorganisation die Durchsetzung des Selbstbestimmungsrechts als eine ihrer wichtigsten Aufgaben.
Wichtige Daten im Dekolonisationsprozeß: Indien wurde Anf. 1947, Indonesien Dez. 1949, Vietnam Juli 1954 völkerrechtl. unabh., GB, die Niederlande und Frankreich sahen sich in schmerzlichen historischen Erfahrungen gezwungen, ihre Kolonialgebiete aufzugeben. Als erstes schwarzafrikan. Land wurde Ghana, die ehem. Goldküste, März 1957 unabh. Weitere Daten waren die Beendigung des Algerienkrieges März 1962 und die Staatswerdung des Belgisch-Kongo, Zaire. Das autoritäre Portugal, selbst EL, wehrte sich am längsten gegen die Auflösung seines lusoafrikan. Reiches. Der zermürbende *Guerillakrieg der *Befreiungsbewegungen bewirkte schließlich den Sturz des Regimes, ähnlich wie in Frankreich mit der IV. Republik ein pol. System an der Dekolonisation scheiterte. Die Dekolonisation der span. Westsahara 1975 endete zunächst unglücklich in der Annektierung des Gebietes durch den EL-Nachbarn. Mit der Lösung des Rhodesien/Zimbabwe-Problems – dem Unterlaufen der Entkolonisierung durch die Errichtung weißer Minderheitsregime – ist die pol. Dekolonisation bis auf wenige noch *abh. Gebiete zu Beginn der 80er J. weitgehend abgeschlossen.

Lit.: W. H. Morris-Jones/G. Fischer, Decolonisation and After. The British and French Experience, London 1980
dn

Dependencia-Theorien

Mitte der 60er J. begannen in LA eine Reihe von wirtschafts- und sozialwissenschaftl. Studien zu erscheinen, die den Begriff der *„dependencia"* (*Abhängigkeit) in den Mittelpunkt ihrer Analyse stellten, und von denen viele einen doppelten Anspruch erhoben: auf theoretischer Ebene sollte eine Erklärung für die UE bzw. Blockierung von E. in LA, und auf einer pol. Ebene sollten Elemente einer Überwindungsstrategie gegen UE und Abh. geliefert werden.
Es war kein Zufall, daß Dependenz-Studien gerade zu jenem Zeitpunkt erschienen und innerhalb kürzester Frist eine derartige Popularität erlangten, daß dependenztheoret. Veröffentlichungen heute kaum noch zu überschauen sind. Die sich abzeichnenden mageren Ergebnisse der von den *UN proklamierten *Entwicklungsdekade und der mit großen Vorschußlorbeeren versehenen *Allianz für den Fortschritt in LA, d. h. die lateinamerik. Wachstumskrise der frühen 60er J., brachte nicht nur die bis dahin verfolgten E.-Strategien in Mißkredit, sondern auch die E.-Theorien, die dem vorherrschenden E.-Verständnis zugrunde lagen. Die bislang die E.-Diskussion dominierenden US-amerik. *Modernisierungstheorien wurden zunehmend wegen ihres offensichtlichen Mangels an historischer Dimension

und ihres oft krassen *Ethnozentrismus kritisiert. Für marx. Wissenschaftler boten die Arbeiten von P. A. Baran einen Ansatzpunkt für eine theoret. Neuorientierung, da sie mit dem Begriff des **Surplus-Transfers* die für die marx. Imperialismus-Forschung bis dahin typische Beschränkung auf die Untersuchung der Motivstruktur imp. Handelns überwanden und zum ersten Mal die Konsequenzen des *Imperialismus für die vom Imp. betroffenen Länder zum Ausgangspunkt der Analyse machten. Auf nichtmarx. Seite hatte Raúl *Prebisch mit seiner Theorie der säkularen Verschlechterung der **terms of trade* für Primärgüter in den als Ausbeutung begriffenen Handelsbeziehungen zwischen den LA-Ländern und den IL den wichtigsten Grund für die E.-Schwierigkeiten in LA ausgemacht. Beide Ansätze stellten somit das in den modernisierungstheoret. Forschungen übliche Vorgehen radikal in Frage, die Länder der Dritten Welt als geschlossene Systeme zu behandeln und die Untersuchung der E.-Hemmnisse je nach der Disziplin der Wissenschaftler auf *endogene wirtsch., soziale, sozialpsychologische und pol. Faktoren zu beschränken.

Die dependenztheoret. Ansätze griffen diese Forschungen auf, die die hauptsächlichen E.-Probleme im Bereich der int. Beziehungen verorteten, und stellten die bisher üblichen Erklärungen von UE gleichsam auf den Kopf: UE wurde nun nicht mehr als bloßes Zurückbleiben hinter dem E.-Stand moderner Industrienationen und als Folge einer mangelhaften *Integration in die moderne Welt begriffen, sondern umgekehrt als Konsequenz einer sehr effizienten Integration der EL (Peripherie) in die von den kapitalist. IL (Zentren, *Metropolen) beherrschten int. Marktbeziehungen. UE war somit nicht mehr ein vorgeschichtlicher Naturzustand, sondern das Resultat eines historischen Prozesses, dessen Determinanten es zu untersuchen galt.

Damit sind schon die Gemeinsamkeiten beschrieben, welche die unter dem Oberbegriff „Dependencia-Theorien“ zusammengefaßten Ansätze verbindet. Wie sich genau Abh. und UE herstellt, ist ebenso umstritten wie die Einschätzung des Charakters der *abh. E. und die Strategien zur Überwindung von Abh. und UE.

Dieser Dissens kann nicht überraschen, wenn man bedenkt, daß mit dem Begriff der abh. E. Länder mit stark divergierendem E.-Stand analysiert werden sollen. Je nach den spezifischen Ländererfahrungen der einzelnen Autoren werden daher die Strukturmerkmale von Abh. und UE anders gefaßt. Darüber hinaus unterscheiden sich die Dependenzautoren stark sowohl hinsichtlich ihrer theoret. Ausrichtung wie auch ihrer pol. Zielsetzung, was beides die Prämissen und die Ergebnisse ihrer Arbeiten beeinflußt. Während marx. Autoren dazu neigen, die Möglichkeit einer qualitativen E. der Peripherie im kapitalist. Weltsystem zu bestreiten, was sie für eine revolutionäre Herauslösung der Peripherie aus diesem System plädieren läßt, sehen andere Autoren durchaus noch Chancen für eine kapitalist. E. in den Peripherien, sofern einige Rahmenbedingungen des kapitalist. Weltmarktes verändert werden (→Neue Weltwirtschaftsordnung).

Was im einzelnen unter Abh. verstanden wird, und wie die abhängige E. mit den Strukturen der UE in Zusammenhang gebracht wird, kann daher nicht definitorisch bzw. in Form einer Zusammenfassung dargestellt werden, sondern nur durch eine Skizzierung der Kontroversen zu den zentralen Themen der dependenztheoretischen Ansätze.

1. Abhängigkeit und Unterentwicklung: Daß die Abh. von den kapitalist. Zentren in der Peripherie nur eine „Entwicklung der Unterentwicklung“ (A. G. Frank) erlaube, ist bei Dependenzautoren eine weitverbreitete, aber keineswegs unumstrittene Position. So sieht etwa F. H. Cardoso auch für den abh. (peripheren) Kapitalismus durchaus die Möglichkeit für eine qualitative E., ohne allerdings bestreiten zu wollen, daß die Situation der Abh. spezifische Schwierigkeiten mit sich bringe.

Ungeachtet dieser Differenzen hinsichtlich des E.-Potentials des abh. Kapitalismus lassen sich zur Frage der konstitutiven Elemente der Abh. und ihrer Verknüpfung mit dem Phänomen der UE zwei Erklärungsmuster unterscheiden. Während die eine Richtung (Th. Dos Santos, A. G. Frank, G. M. Marini, D. F. Maza Zavala u. a.) in der indirekten Ausbeutung (**terms of trade,* →ungleicher Tausch) und/oder in der direkten Ausbeutung (Dekapitalisierung als Folge der Gewinntransfers ausländischer Investoren) durch die kapitalist. IL sowohl das konstitutive Element für Abh. wie auch die wichtigste erklärende Variable für UE sieht, stellt die andere Richtung mehr die strukturellen Verflechtungen der Volkswirtschaften der peripheren Länder mit denen der IL in den Vordergrund (abh. Konsummuster, abh. Reproduktion), wobei die Problematik der Ausbeutung allenfalls den Stellenwert eines zusätzlichen Argumentes erhält. Allen Ansätzen ist gemeinsam, daß sich bei ihnen Abh. auf wirtsch. Gebiet konstituiert, und daß pol. und kulturelle Abh. als abgeleitete Phänomene behandelt werden.

Die indirekte Ausbeutung durch die kapitalist. IL, die entweder als Realeinkommenstransfer (Verfall der *terms of trade*) oder als Werttransfer (ungleicher Tausch) verstanden wird, hat nach Ansicht einiger Autoren zur Folge, daß die Produktion von Exportgütern (Nahrungsmittel, Rohstoffe) in der Peripherie ständig gesteigert werden muß, um ein einmal erreichtes Importvolumen beibehalten zu können (Verelendungswachstum). Dies erfordere eine zunehmende Überausbeutung der Arbeitskraft, was über die damit verbundene Kaufkraftminderung zu einer Verengung des internen Marktes und damit zu den bekannten Wachstumsschwierigkeiten der *importsubstituierenden Industrialisierung führe. Die indirekte Ausbeutung wird mit dem Unvermögen, eine an den materiellen Bedürfnissen der eigenen Bev. (d. h. am potentiellen inneren Markt) orientierte E. in Gang zu bringen, unmittelbar in Beziehung gesetzt.

Wird die direkte Ausbeutung in den Vordergrund gestellt, verläuft die Argumentation ähnlich. Der Transfer der überdurchschnittlich hohen Profite ausländ. (oft *multinationaler) Firmen in ihre Mutterländer übertreffe bei weitem die von diesen Firmen getätigten Investitionen in den Gastländern, was zur Dekapitalisierung der Gastländer beitrage, zumal viele dieser *Investitionen über den Kapitalmarkt der Gastländer finanziert würden und somit gar nicht als Ressourcenzufluß zu verbuchen seien. Die Dekapitalisierung behindere die Kapitalakkumulation in den peripheren Ländern und damit auch die E. der Produktivkräfte. Die Dekapitalisierung bei der gleichzeitigen Blockierung der E. der Produktivkräfte erfordere eine ständig zunehmende Überausbeutung der Arbeitskraft, was zu einem Realeinkommensverlust weiter Teile der Bev., damit zu einer Marktverengung für die Produkte der einheim. Industrie und zur Stagnation des industriellen Wachstums führe. Auch bei diesem Ansatz wird die als (direkte) Ausbeutung verstandene Abh. mit den Strukturen der UE unmittelbar in Beziehung gesetzt.

Der Erklärungswert dieser Ansätze ist bestenfalls umstritten, was z. T. mit den ihnen zugrunde liegenden fragwürdigen theoretischen Konstruktionen (→ungleicher Tausch), teils mit einer problematischen Operationalisierung der verwandten Konzepte und mit der Behandlung der empirischen Evidenz zu tun hat.

Zur direkten Ausbeutung gibt es einige quantitative Studien, aus denen hervorgeht, daß ausländ. Firmen in LA in der Tat häufig überdurchschnittl. Profite erzielen (bezogen auf die in den USA im industriellen Sektor üblichen Profite) und diese ins Ausland transferieren. Sind die Berechnungen mit der nötigen Exaktheit ausgeführt, dann handelt es sich meist um Stichprobenuntersuchungen nat. Planungsbehörden, bei denen es fraglich bleibt, ob sie auf alle Auslandsinvestitionen hochgerechnet werden können. Die globalen Berechnungen für einzelne Länder oder LA insges. leiden fast immer daran, daß sie sich auf eine Aufrechnung der Kapitalinvestitionen gegen die Gewinntransfers beschränken und die dynamisierenden Effekte, die Auslandsinvestitionen trotz hoher Gewinntransfers haben können, nicht in Rechnung stellen, ein Aspekt, der allerdings angesichts der oft mangelhaften Qualität lateinamerik. Industriestatistiken nur schwer zu quantifizieren ist. Darüber hinaus werden in diese Berechnungen häufig die Gewinntransfers der im extraktiven Sektor angesiedelten Auslandsfirmen einbezogen, die ihre Gewinne in der Regel nicht in ihren Gastländern, sondern auf dem int. Markt realisieren und deren Transfers folglich nicht das geringste mit Dekapitalisierung zu tun haben. Zwar spricht vieles dafür, daß in einigen Bereichen die Auslandsinvestitionen einen Nettoabfluß von Kapital bewirken, doch muß es angesichts des bisher erarbeiteten Zahlenmaterials fraglich bleiben, ob die Dekapitalisierung als die wichtigste erklärende Variable für UE herangezogen werden kann.

Die strukturalistische Variante der Dependenztheorie hat hingegen den Vorteil, daß sie nicht auf eine Neuauflage der Unterkonsumptionstheorien rekurrieren muß, die schon in der frühen Imp.diskussion – zu Recht – in Verruf geraten sind. Ungeachtet der Unterschiede im Detail läßt sich dieser Ansatz, der u. a. von Autoren wie C. Furtado, O. Sunkel, F. H. Cardoso, A. Quijano und A. Córdova vorgetragen wurde, wie folgt skizzieren: Die Eingliederung LAs in den vom brit. Kapital beherrschten Weltmarkt im Laufe des 19. Jh.s hat zu der Herausbildung von Export-Importökonomien geführt, deren Strukturen die Rahmenbedingungen für die weitere E. abgaben. Die rasch steigenden Exporteinnahmen wurden kaum zur Finanzierung von produktiven Investitionen verwandt, sondern vorwiegend zum Import von Konsumgütern für diejenigen Klassen, die den aus dieser Art der Weltmarktintegration resultierenden Nutzen für sich monopolisieren konnten (Agraroligarchien, Handelsbourgeoisien). Das damit verbundene wirtsch. Wachstum und die sich herausbildenden abh., an metropolitanen Standards orientierten Konsummuster brachten nicht nur keine Produktivkraftsteigerung hervor, sie entzogen vielmehr den handwerkl. Kleinproduzenten ihren Markt und damit ihre Existenzgrundlage, da sie mit den billigen Importen nicht konkurrieren konnten, und führten gleichzeitig im Gefolge der extensiven Expansion der agrarischen Exportproduktion zu einer Stärkung des Großgrundbesitzes auf Kosten der agrarischen Kleinproduzenten. Die auf der Basis einer solcherart polarisierten Wirtschafts- und Sozialstruktur einsetzende *Industrialisierung mußte sich daher zwangsläufig auf die Befriedigung der Konsumbedürfnisse der Ober- und Mittelschichten beschränken. Angesichts dieses kleinen Marktes erwies sich die für die Industrienationen typische Verknüpfung der Massengüterproduktion mit dem Kapitalgütersektor (*„autozentrierte Entwicklung" – Samir *Amin) als unmöglich, da die Größe des Marktes die Produktion von Massengütern nicht erlaubte, und die Luxusgüterproduktion alleine keinen Investitionsgütersektor hervorbringen konnte. Die für die Industrialisierung erforderlichen Investitionsgüter mußten und müssen daher weiterhin importiert und mit dem Erlös der Exporte bezahlt werden. Die kapitalist. Reproduktion ist somit unvollständig, da der Investitionsgütersektor der einheim. Industrie und damit auch das Technologiemonopol in den kapitalist. Metropolen verbleibt. Diese Art der „abh. Reproduktion" (Samir Amin) ist in ihrer Wachstumsdynamik gänzlich von den E.- (und Krisen-)Tendenzen der kapitalist. Metropolen abh.

Dieser Ansatz, der in der *„Theorie des peripheren Kapitalismus" von Autoren wie Samir Amin, Dieter Senghaas u. a. weiterentwickelt worden ist, wobei versucht wurde, den Begriff der Abh. akkumulationstheoretisch zu fassen und die der abh. E. eigene Polarisierung der Wirtschafts- und Sozialstruktur als eine hierarchische Zuordnung unterschiedl. Produktionsweisen auf die Reproduktionsbedürfnisse der insges. dominierenden kapitalist. Produktionsweise zu verstehen (*„strukturelle Heterogenität" – A. Córdova, D. Senghaas), hat den Vorzug, daß er sich einmal auf historisch belegbare Prozesse stützen und ferner die Gleichzeitigkeit von industriellem Wachstum und wirtsch. *Marginalisierung weiter Bev.-Schichten erklären kann, ohne auf theoret. fragwürdige und empirisch mangelhaft fundierte Konzepte zurückgreifen zu müssen. Problematisch ist hingegen die (auch bei Vertretern der Theorie des *peripheren Kapitalismus) häufig formulierte Ansicht, daß im Rahmen einer weltmarktbezogenen E. die Strukturdefekte des abh. (peripheren) Kapitalismus nicht zu beheben und die materielle Lage der großen Masse der Bev. nicht zu verbessern sei. Wo sich dieser Ansatz als Zusammenbruchstheorie gibt, wird er offensichtlich schon heute in verschiedenen Ländern von der Realität widerlegt.

2. Der abhängige (periphere) Staat: Für alle Varianten der Dependenztheorie steht es außer Frage, daß die Rahmenbedingungen der abh. E. von den Strukturen des von den kapitalist. Metropolen dominierten Weltmarktes bzw. den Reproduktionsverflechtungen zwischen der Peripherie und den

Metropolen gesetzt werden. Da jedoch in der nachkolonialen Phase in den seltensten Fällen die Bedingungen der abh. E. von außen her gewaltsam aufrechterhalten werden mußten, liegt die Annahme nahe, daß die abh. Gesellschaften die Bedingungen der abh. E. in sich selbst immer aufs Neue reproduzieren, was eine Unterscheidung von *endogenen und *exogenen Faktoren bei der Herausbildung von Abh. letztlich fragwürdig werden läßt.

Die interne Vermittlung von Abh. wird nach Meinung der meisten Dependenzautoren durch eine spezifische Form der Klassenherrschaft, und damit zusammenhängend durch die spezifische Rolle des Staates im abh. Kapitalismus gewährleistet. Die Klassenstrukturen und die in ihnen beschlossenen Machtverhältnisse werden sowohl als Resultat der abh. kapitalist. E. wie auch als deren Garant gesehen, wobei der Staat häufig als das Instrument der von der abh. E. profitierenden herrschenden Klasse verstanden wird, mit dem diese Klasse die wirtsch., polit. und ideologischen Bedingungen ihrer Herrschaft und damit der abh. E. aufrechterhält.

In dieser Lesart treten die herrschenden Klassen (die mit dem Auslandskapital liierte Industriebourgeoisie und die Exportbourgeoisie) als *Brückenköpfe der Kapitalinteressen der *Metropole auf, und der von ihnen kontrollierte Staat hat die Aufgabe, für diese Interessen die optimalen Operationsbedingungen zu schaffen. Die in LA zunehmend an Bedeutung gewinnenden staatskapitalist. Tendenzen werden ebenso in diesem Zusammenhang interpretiert wie die wachsende pol. Repression, mit der die für das weitere wirtsch. Wachstum notwendige Einkommenskonzentration durchgesetzt und angesichts der wachsenden gesellschaftl. Widersprüche im abh. Kapitalismus die pol. Voraussetzungen für dessen Stabilisierung geschaffen werden sollen (so vor allem Th. Dos Santos).

Es liegt auf der Hand, daß dieses Verständnis vom Staat als dem Agenten imp. Interessen und ihrer einheim. Verbündeten fast zwangsläufig zu der Vorstellung führen muß, daß Abh. und UE ohne eine revolutionäre Entmachtung der herrschenden Klassen in der Peripherie und einer nachfolgenden Herauslösung der Peripherien aus dem von den Metropolen dominierten Weltmarkt nicht zu überwinden sind. Dieses weitverbreitete Staatsverständnis gründet sich jedoch in der Literatur nicht auf eine eingehende Analyse der Klassenstrukturen und der Staatsentwicklung. Die Aussagen zum Staat sind meist recht plakativ und auf kurzgeschlossene Weise von ökon. Prämissen abgeleitet. Von den Autoren hat lediglich F. H. Cardoso eine differenzierte Staatsanalyse vorgelegt, die im Falle der brasilian. Staatsbürokratie zu Ergebnissen kommt, die sich mit der Agententhese nicht vereinbaren lassen. Dieses offensichtliche Defizit bei der Staatsanalyse hat erst in letzter Zeit zu Untersuchungen zum „Staat im peripheren Kapitalismus" geführt (T. Evers, H. Elsenhans, W. Hein und G. Simonis), die sich jedoch nicht mehr so ohne weiteres als dependenztheoretische Studien fassen lassen, und deren Resultate kaum schlüssige Aussagen zur Rolle des Staates bei der Aufrechterhaltung bzw. Überwindung von Abh. erlauben.

3. Die Überwindung der Abhängigkeit: Obgleich viele, vor allem marx. Autoren, den Anspruch erheben, die theoret. Voraussetzungen für die revolutionäre Praxis erarbeiten zu wollen, sind Aussagen zu möglichen Überwindungsstrategien recht selten und dann oft sehr knapp formuliert. Diese Zurückhaltung mag u. a. darin begründet liegen, daß die starke Fixierung auf die von den kapitalist. Metropolen vorgegebenen E.-Bedingungen die interne E.-Dynamik lediglich als Reflexe der übergreifenden Dynamik der kapitalist. Welt erscheinen läßt. Aussagen wie die, daß „das Ergebnis von Abh. nur noch mehr Abh. sein" könne (G. M. Marini) und das aphoristische Wort von der „Entwicklung der Unterentwicklung" (A. G. Frank) verraten ein deterministisches und statisches E.-Verständnis, das wirkliche Veränderungen nur von einer *Revolution erwarten läßt, und das qualitative Veränderungen unterhalb dieser Schwelle nicht mehr zu erkennen vermag. Damit fehlen einer Überwindungsstrategie die nötigen Ansatzpunkte, will man sich nicht auf einen revolutionären Voluntarismus zurückziehen.

Sofern sich Dependenzautoren die Überwindung der Abh. von einer Revolution erhoffen, sind sie durchweg Anhänger einer

Peripheriestrategie, die sich auf die schon von Trotzki formulierte Annahme stützt, daß der Zusammenbruch des kapitalist. Weltsystems an seiner schwächsten Stelle, nämlich in der kapitalist. Peripherie, erfolgt, wo die dem kapitalist. System eigenen Widersprüche am schärfsten hervortreten. Dabei geht man, teils implizit, teils explizit, davon aus, daß die in der abh. E. angenommenen Ausbeutungsbeziehungen dem kapitalist. System immanent und für dessen Überleben wesentlich sind. „Der Erhalt der E. in den entwickelten Gebieten der Welt (impliziert) objektiv die Aufrechterhaltung der Unterentwicklung, solange die kapitalist. Produktionsweise dominiert" (H.-R. Sonntag). In dieser Hinsicht unterscheiden sich die marx. Autoren von anderen, die entweder, wie D. Senghaas, ein „Rearrangement mit den Metropolen unter neuen, autozentrierte Entwicklung fördernden Bedingungen" fordern, oder lediglich von einer Veränderung der int. Handelsbedingungen (Stabilisierung der Rohstoffpreise, Senkung der Zölle in den IL für Industrieexporte aus der Dritten Welt) die Überwindung von UE und Abh. erhoffen. Bei den Autoren, die in der Revolution den Ausgangspunkt einer E.-Strategie sehen, wird die Frage nach dem revolutionären Subjekt recht unterschiedlich beantwortet. Während einige Autoren den revolutionären Anstoß von der Arbeiterschaft und dem marginalisierten Subproletariat erwarten, setzen andere auf die landlosen Bauern oder gar auf die Studenten, während bei wieder anderen recht pauschal von den verarmten Massen die Rede ist. Die oft recht vagen und widersprüchlichen Aussagen zur Frage des revolutionären Potentials der verschiedenen Klassen signalisieren einen Mangel an differenzierten empirischen Studien zu dem Problem, wie die abh. E. die Klassenstruktur und die Interessenlage der einzelnen Klassen bezüglich dieser abh. E. beeinflußt.

Die gesamte Überwindungsdiskussion läßt sich somit auf zwei, eng miteinander verknüpfte Probleme reduzieren. Erstens ist zu fragen, ob UE in den Peripherien (bzw. abh. E. mit dem Resultat der UE) für die Reproduktion des kapitalist. Weltsystems systemnotwendig ist. Wird die Frage bejaht, dann bleibt in der Tat nur noch die Hoffnung auf Revolution. Wird sie verneint, dann sind die über Verhandlungen angestrebten Veränderungen der int. Handelsbeziehungen und die Bemühungen um eine *neue Weltwirtschaftsordnung nicht völlig chancenlos. Zweitens sollte Klarheit darüber gewonnen werden, ob der abh. oder periphere Kapitalismus als historischer Endpunkt der kapitalist. E. in der Peripherie zu betrachten ist, oder aber als Übergangsphase zu einer *autozentrierten kapitalist. E. Die verfügbare historische Erfahrung reicht gewiß nicht aus, um diese Frage in der einen oder anderen Weise definitiv zu beantworten. Wahrscheinlich sind hier auch länderspezifische Unterschiede zu berücksichtigen. Doch gibt es zu denken, daß inzwischen auch marx. Autoren (W. Schoeller) den peripheren Kapitalismus mit seinen Strukturmerkmalen als Übergangsphase begreifen und die ungleiche E. auf int. Ebene und in den Peripherien nicht als Sonderfall eines peripheren Kapitalismus, sondern als Regelfall der kapitalist. E. interpretieren.

4. Abschließende Bemerkungen: Die dependenztheoretischen Ansätze haben sehr bald eine heftige wissenschaftl. Kontroverse ausgelöst. Neben einer begeisterten und oft kritiklosen Rezeption haben sie auch harte Kritik gefunden, die hier z. T. wenigstens referiert worden ist. Bei aller berechtigten Kritik muß jedoch festgestellt werden. daß man diesen Ansätzen kaum gerecht wird, wenn man sie, wie dies in der deutschen Kritik z. T. geschehen ist, lediglich als Emanzipationsversuch lateinamerik. Sozialwissenschaftler von der akademischen Vorherrschaft der US-amerik. und europ. Sozialforschung begreift bzw. als eine originelle Externalisierung hausgemachter Probleme, die man höheren, d. h. ausländ. Mächten in die Schuhe schiebt. Trotz der Schwächen im Detail haben diese Ansätze lange Zeit verschüttete Fragen des int. Kontextes von UE wieder zur Diskussion gestellt und dazu wertvolle Beiträge geliefert und dem bis dahin vorherrschenden ahistorischen E.-Verständnis ein Ende bereitet. Darüber hinaus haben sie für weitere Forschungen wichtige Anregungen geliefert. So gehen die jüngeren Untersuchungen zur Staatsproblematik zweifellos auf dependenztheoretische Anstöße zurück. Die Arbeiten von E. Wallerstein und A. G. Frank zur historischen

Genese der „kapitalist. Weltökonomie" wären ohne die vorausgegangene *Dependencia*-Debatte genausowenig denkbar wie die in der letzten Zeit in LA erscheinenden, sehr detaillierten und entwicklungstheoretisch durchdachten wirtschafts- und sozialhistorischen Untersuchungen.

Lit.: F. H. Cardoso/E. Faletto, Abhängigkeit und Entwicklung in Lateinamerika, Frankfurt 1976; D. Senghaas (Hrsg.), Imperialismus und strukturelle Gewalt, Frankfurt 1972; D. Senghaas (Hrsg.), Peripherer Kapitalismus, Frankfurt 1976; H. C. F. Mansilla, Entwicklung als Nachahmung, Meisenheim 1978; A. Boeckh, Interne Konsequenzen externer Abhängigkeit, Kronberg 1979. ab

Desertifikation

Unter D. versteht man das Vordringen von Trocken- oder Wüstengebieten auf der Erde, die Wissenschaftler seit Jahren beobachten. Trockengebiete (aride und semi-aride Zonen) umfassen etwa ⅓ der Erdoberfläche. Ihre Ausdehnung ist eine Folge der Zerstörung des *ökologischen Gleichgewichts (starker Bev.-Druck, wachsender Energiebedarf [Holz], Überweidung etc.). 1977 befaßte sich die *UN-Weltkonferenz über D. in Nairobi mit dem Problem einer Gegenstrategie gegen das Vordringen der Wüsten. dn

Desertionsquote

Anteil der Kinder/Jugendlichen in % der jeweiligen Altersgruppe, die vor Erreichung einer bestimmten Klasse oder eines Schulabschlusses die Schule verlassen. dn

DIE (DIEP)

Deutsches Institut für Entwicklungspolitik, Sitz: Berlin; wird getragen vom Bund und dem Land Berlin (Finanzierung: Bund 75%, Berlin 25%); Aufgaben: Vorbereitung von Fachkräften mit abgeschlossenem Hochschulstudium in einjährigen Kursen für spezielle Aufgabengebiete der E.-Politik. Absolventen des DIE werden in int. und nat., öffentl. und privaten Institutionen der *Entwicklungshilfe und in Behörden der EL eingesetzt. Neben der Ausbildung auch Forschung und Beratung deutscher und int. Organisationen sowie von Regierungen der EL. Adresse: Fraunhoferstr. 33–36, 1 Berlin 10. dn

Dienstleistungsbilanz

Gegenüberstellung der unsichtbaren, d. h. nicht in Form von Waren- oder Kapitalverkehr stattfindenden Exporte und Importe eines Landes (z. B. Patente, Reiseverkehr, Nebenkosten bei Ein- und Ausfuhren). dn

Direktinvestitionen

Kapitalanlagen von Inländern im Ausland durch Erwerb von direkten Eigentumsrechten in Form von Zweigwerken, Auslandsniederlassungen, Geschäftsanteilen, Grundstücken und Gebäuden sowie Re-Investitionen von Gewinnen aus früheren Direktinvestitionen. D. werden von seiten der Investoren vielfach als Teil der finanziellen Hilfe der IL an die EL angesehen. Die Motivstruktur bei D. in EL weist jedoch eine Vielzahl von Beweggründen auf (Sicherung der Marktstellung, Erschließung neuer Märkte, niedrigere Lohnkosten, Rohstoffsicherung, Erwartung hoher Erträge, Ausnutzung bestehender öffentl. Förderungsmaßnahmen [*DEG, EL-Steuergesetz]), unter denen entwicklungspol. Motive – von einem unspezifischen *good will* abgesehen – nicht einmal genannt werden. Eine empirische Untersuchung zu Beginn der 70er J. ergab einen Vorrang für Markterschließung und Marktsicherung. Aufgrund der geänderten int. Wettbewerbslage dürften Lohnkostenaspekte heute für D. und die mit ihnen einhergehende *Auslagerung bedeutender Teile der Produktion in EL eine zumindest gleichrangige Bedeutung haben. Auch die entwicklungspol. Auswirkungen von D. in EL lassen die oben erwähnte Einschätzung mehr als fraglich erscheinen. In der Diskussion über den entwicklungspol. Beitrag von D. werden als positive Wirkungen genannt: Beitrag zur Deckung des Kapitalbedarfs; Entlastung der *Zahlungsbilanz; Übertragung von technologischem und unternehmerischem **Know-how*; Schaffung von Arbeitsplätzen und Ausbildung von Arbeitskräften; *Diversifizierung der Wirtschaftsstruktur; Unterstützung der *Importsubstitutions- und Exportdiversifizierungspolitik; Mobilisierung weiterer inländ. *Ressourcen. Dem werden als nachteilige Wirkungen und Folgekosten entgegengestellt: Belastung der Zahlungsbilanz aufgrund hoher Gewinnrückflüsse und geringerer neuer Investitionen; Inanspruchnahme des einheim. Kapitalmarktes zu Lasten einheim. Unternehmen; Entstehung und Verfestigung *struktureller Heterogenität (regionale und sektoral/branchenmäßige Strukturungleichgewichte), damit Vertiefung entwicklungshemmender Strukturen; Ausbeutung einheim. Arbeitskräfte und Ressourcen; Abwälzung der Vorkosten (*Infrastruktur) und der sozialen Kosten auf das EL; Monopolisierung der Entscheidungsstruktur in der Mutterfirma; Unterwerfung der Entwicklung der Tochterfirma unter die weltweite Konzernstrategie; Übertragung kapitalintensiver Technologien; geringe **Linkage*-Effekte; Verschärfung des **Brain drain* etc.

Die vielfach allzu emotionsgeladene Debatte über die Auswirkungen von D. könnte durch einige Daten und neuere E.-Tendenzen versachlicht werden: 1. Nur der geringere Teil der D. westl. IL wird in EL angelegt. Der Anteil der EL an den gesamten D. der BRD im Ausland (58,2 Mrd. DM) belief sich 1978 auf 30%. Die deutschen Auslandsbeteiligungen gingen für dieses Jahr jedoch auf 20% zurück. 2. Die Kapitalbildung ist in der Mehrzahl der EL nach wie vor unbefriedigend. Die in den E.-Plänen erhofften Zuwächse der *Sparrate und der Investitionen traten nicht ein. 3. Die *öffentl. Hilfe der IL blieb in der Vergangenheit unter dem erhofften 0,7%-Ziel, und es spricht gegenwärtig wenig dafür, daß die allg. Überzeugung, sie müsse rasch auf diese Höhe gebracht werden, sich hinsichtlich der tatsächlichen Leistungen durchsetzt. 4. Der überwiegende Teil des Ressourcentransfers von IL in EL besteht in privaten Leistungen (D., Anleihen, Kredite). Die privaten und öffentl. Nettoleistungen der BRD an die EL betrugen 1978 14,5 Mrd. DM (1 Mrd. mehr als 1977). Davon entfielen auf die öffentl. Hilfe 4 Mrd., auf Darlehen etc. des öffentl. Sektors 446 Mio. und auf private Leistungen ca. 10 Mrd. DM. Die BRD erreichte damit das int. gesetzte 1%-Ziel der Nettoleistungen am BSP zu Marktpreisen. 5. Die EL entwickelten Instrumente zur Orientierung der D. an ihren entwicklungspol. Zielsetzungen (u. a. **Joint ventures,* Begrenzung des Gewinntransfers), wodurch einige der nachteiligen Wirkungen von D. gemildert werden konnten. 6. Die IL unterwerfen die Förderung von D. int. und nat. gesetzten entwicklungspol. Leitlinien.

Für die Förderung von D. durch die öffentl. Hand setzt die BRD zwei Instrumente ein: 1. steuerpol. das EL-Steuergesetz (Entw.L.StG). Das 1. Gesetz stammt von 1963, das 2. von 1974, Novellierung 1979. Einheim. Unternehmen werden für Kapitalanlagen in EL befristete Steuerfreibeträge (Steuerstundungen) auf die inländ. Gewinne gewährt. Abgestufte Behandlung der D. nach EL-Ländergruppen und Investitionsfeldern zur Beeinflussung der Richtung und Verteilung des Kapitaltransfers. 2. kreditpol. die Gewährung von Darlehen etc. über die *KfW und die *DEG unter zinsgünstigen Konditionen: ärmste EL 2,5 %, andere EL 3,5 %, Laufzeit 15 J. und 5 tilgungsfreie J. (neue Richtlinien 1979).

→Kapitalhilfe →Multinationale Konzerne

Lit.: H. Hemberger, Direkte Auslandsinvestitionen – Elemente des Entscheidungsprozesses und Erklärungsansätze, Frankfurt u. Zürich 1974; D. Schmieder, Auslandskapital und Entwicklungsstrategie, Meisenheim 1977. dn

Diskriminierung

Unter D. werden Beschränkungen in den Wirtschaftsbeziehungen zwischen Ländern und Ländergruppen (zwischen IL und EL) verstanden, etwa durch Entrichtung von Zöllen, mengenmäßige Beschränkungen, Handels- und Wechselkursbeschränkungen, Behinderungen der Mobilität der Produktionsfaktoren (Kapital, Arbeit), nat. Finanzpolitiken etc. Handelsliberalisierungen (→GATT-Runden), *Integrationsprozesse (unter EL) und Assoziationsabkommen (→Lomé-Abkommen) versuchen die Beseitigung bzw. Verringerung von D. dn

Dissoziation

oder Abkopplung, in der entwicklungspol. Diskussion die von den sog. Dissoziationisten vorgebrachte Forderung nach einer Herauslösung von EL aus dem Weltmarkt mit dem Ziel, eine eigenständige und lebensfähige Ökonomie und Gesellschaft aufzubauen, gestützt auf die eigenen Ressourcen und die eigenen Bedürfnisse. Die D.-Theorie schließt an die Theorie von F. List an, der für die der brit. Ökonomie nachhinkenden Festlandökonomien Mitte des 19. Jh.s der von GB ausgehenden klassischen liberalen Theorie die protektionistische Theorie der „Produktion produktiver Kräfte" zur Erschließung des eigenen E. Potentials gegenüberstellte. Sie überträgt auch historische Erfahrungen aus dem E.-Prozeß der heutigen IL und auch sozialist. Entwicklung einiger Länder (VR China, Albanien, Nordkorea) auf den E.-Prozeß der EL und formuliert für die Mehrzahl unter ihnen folgende entwicklungspol. Konsequenzen: Bruch mit der *internationalen Arbeitsteilung nach den beiden *Exportmodellen, Bruch mit der *Industrialisierung nach dem *Importsubstitutionsmodell. Dieser Bruch soll zeitweilig sein, bis die jetzigen Strukturmängel der EL-Volkswirtschaften (durch eine Strategie *autozentrierter Entwicklung) und ihre sozialen Folgen (*Arbeitslosigkeit, krasse Ungleichheit der *Einkommensverteilung, *Armut, *Verschuldung, etc.) so weit behoben sind, daß die EL am Weltmarkt gleichberechtigt und mit gleichem Nutzen entsprechend der Doktrin der *komparativen Kosten partizipieren können.

Das D.-Modell versteht sich als Gegenmodell zu dem in der entwicklungspol. Praxis vorherrschenden Modell weltmarktintegrativer und assoziativer E. Während es theoretisch durchaus zu überzeugen vermag, bestehen für seine Umsetzung in die Praxis erhebliche Schwierigkeiten. Die wichtigsten liegen 1. in der unterschiedl. Ausstattung der EL mit Ressourcen, Binnenmarktgrößen, E.-Fähigkeiten etc., die nicht allen EL eine dem vielzitierten E.-Modell VR China vergleichbare Möglichkeit eines dissoziativen E.-Weges einräumen. EL, deren einzige Ressource in einem Rohstoff liegt, können nicht darauf verzichten, den Import dringend benötigter Güter mit dem Export des Monoprodukts zu finanzieren,. 2. in dem Mangel an sozialen Trägergruppen zur Verwirklichung einer D.-Strategie in den EL: „Vor allem ... reflektiert die Ausgliederungsstrategie ihre eigenen Realisierungsbedingungen nicht mit und bleibt daher im Kern unpolitisch" (V. Matthies).

Lit.: D. Senghaas, Weltwirtschaft und Entwicklungspolitik. Plädoyer für Dissoziation, Frankfurt 1977; V. Matthies, Neue Weltwirtschaftsordnung, Opladen 1980. dn

Diversifizierung

Unter D. wird die Auffächerung der Produktions- oder Exportstruktur einer Volkswirtschaft verstanden. Auch ein Unternehmen kann seine Produkte diversifizieren. Man unterscheidet D. in vertikaler Richtung: Auffächerung in Form der Entwicklung der verschiedenen *Wirtschaftssektoren bzw. der Ausdehnung des Produktionsprogramms auf vor- und nachgelagerte Produktionsbereiche (*Grundstoffe, Grundstoffverarbeitung, Halbfertigwaren, Fertigwaren, Vermarktung), und D. in horizontaler Richtung: Ausdehnung der Produktion (etwa der Landwirtschaft) auf andere Produkte. Entwicklungspol. erscheinen beide Formen der D. notwendig. dn

Djibouti

1. Die Republik D. (21 700 qkm, 1976 ca. 220 000 Ew., davon 120 000–150 000 in der Hs Djibouti) ist charakterisiert durch heftige Spannungen zwischen den 65 000 Afar (Hauptsiedlungsgebiet: Äthiopien) einerseits und den 81 000 Issa (einer Somali-Untergruppe) und 45 000 Somali andererseits (ferner ca. 30 000 Europäer, Araber, sonstige Ausländer, vorwiegend Händler), was nach außen seine Entsprechung in z. T. offen geäußerten Annexionsforderungen der Nachbarn Äthiopien und Somalia findet. Bedeutung gewinnt D. ausschließlich durch seine strategische Position am Eingang des Roten Meeres, während es als eines der ärmsten Länder der Welt (keine Bodenschätze, keine Industrie, in den Städten über 50% *Arbeitslosigkeit, die Landbev. ist bei extrem trocken-heißem Klima ausschließlich nomadisch) wirtschaftl. abh. ist von den Einkünften der Eisenbahn Addis-Abeba–Djibouti, den Hafeneinnahmen (Versorgung von Schiffen mit Proviant), den Ausgaben der in D. stationierten franz. Streitkräfte (5 000 Mann plus Familienangehörige) sowie finanz. Zuwendungen von Frankreich und Saudi-Arabien. Der Außenhandel besteht fast ausschließlich aus Importen (v. a. aus Frankreich und Äthiopien).

2. Frankreich, das in der Kolonialzeit Afar und Issa gegeneinander ausspielte, sich jeweils auf die als „loyaler" eingeschätzte ethnische Gruppe stützte und die pol. Opposition (Issa/Somali) bis Mitte der 70er J.

kraß diskriminierte, hatte 1967 in einem Referendum, bei dem aufgrund der unkontrollierten Einwanderung aus Somalia und den ständigen Grenzübertritten der Nomaden die Erstellung der Wählerverzeichnisse zahlreiche Manipulationsmöglichkeiten bot, eine Mehrheit gegen eine Unabh. D.s feststellen lassen und revidierte seine Position erst Mitte der 70er J. Auch nach der Unabh. behält D. einen wichtigen Platz in Frankreichs militär-strategischer Konzeption, doch ist D. heute eher von Saudi-Arabien (finanz.) abhängig.
3. Nach der Verfassung ist D. eine präsidiale Republik mit einem Präsidenten (Hassan Gouled Aptidon), einem Premierminister und einem Einkammer-Parlament. Unter den vorwiegend nach ethnischen Kriterien konstituierten Parteien sind kurz nach der Unabh. die alten Rivalitäten erneut ausgebrochen und haben bereits mehrere Regierungskrisen ausgelöst. kz

Doktrin der nationalen Sicherheit

Ideologisches Modell der ab Mitte der 60er J. in Lateinamerika errichteten *Militärregime. Es wurde in den Studienzentren der Streitkräfte der verschiedenen Länder erarbeitet, hauptsächl. in der (1949 gegründeten) *Escola Superior de Guerra* (Oberste Kriegsschule) in Brasilien.
Grundlagen: 1. Globalisierende Konzeption von der – äußeren und inneren – Sicherheit als oberstes Ziel für Staat und Politik. 2. Übernahme der franz. und amerikan. **counter-insurgency* Doktrin als Mittel zur Gewährleistung der inneren Sicherheit. 3. Anwendung militär. Leitlinien auf die Politik, vor allem bezüglich der hierarchischen Unterteilung der Gesellschaft, der parteipol. Enthaltsamkeit und der Auffassung vom Staat als lebenden Organismus (Geopolitik).
Die auf dieser Doktrin basierenden Militärregime (Brasilien 1964; Argentinien 1966–73 und 1976; Chile 1973; Uruguay 1973) charakterisieren sich durch 1. die institutionelle Rolle der Streitkräfte (sie handeln als „Körperschaft"); 2. die Dauer der Machtausübung; 3. die Ersetzung der trad. pol. Parteien durch Gruppen von Technokraten oder Unternehmern als ihre Verbündeten bei der Ausübung der pol. Macht. mfb

Dokumentationsleitstellen

1. AFDOK, Dok.-Leitstelle Afrika; 2. ASDOK, Dok.-Leitstelle Asien; 3. LADOK, Dok.-Leitstelle Lateinamerika; 4. ORDOK, Dok.-Leitstelle Moderner Orient, alle Neuer Jungfernstieg 21, 2000 Hamburg 36. Aufgabe: Erfassung und Erschließung von regionalkundlich relevantem Schrifttum aus dem ges. Bereich der Sozialwissenschaften; Datendok.; Literaturhinweisdienst. dn

Dominikanische Republik

Der Wandlungsprozeß im pol. System der DR könnte symptomatisch sein für eine veränderte Haltung der USA zu den von ihr abhängigen EL. Traditionell von einem Machtkartell von Militär, kath. Kirche und Oligarchie beherrscht, zeigt die DR seit der Präsidentschaft Guzmáns Ansätze einer funktionsfähigen Demokratie.
1. Die DR (unabh. seit 1865), der zweitgrößte Staat der Karibe (Fläche 48 442 qkm), umfaßt ca. ⅔ der Insel Hispaniola, die sie sich mit Haiti teilt. Der Zuckerrohranbau in den südl. u. östl. Küstenebenen beherrscht die Wirtsch. des Landes (der Zuckerexport beträgt 40–50 % des Außenhandelswertes). Ca. 40 % der Fläche der DR sind landw. nutzbar. Die DR verfügt über eine Reihe von Rohstoffen (Bauxit, Nickel), als einheim. Energiequelle nur über Wasserkraft.
2. 1930 bis zu seiner Ermordung 1961 beutete der von den USA gestützte General Trujillo die DR wie einen Privatbesitz aus. Die Jahre des Bürgerkrieges und der Militärputsche (1962–1965) brachten für kurze Zeit (1963) die reformerische Regierung Juan Bosch an die Macht. Eine militär. Intervention der USA installierte das Regime von Joaquín Balaguer, einem Vertreter der konservativen Militärs. Bei den Präs.-Wahlen von 1978 unterlag Balaguer dem Kandidaten der reformerischen Linie, Antonio Guzmán, nachdem Teile des Militärs vergeblich versucht hatten, die Stimmauszählung zu verhindern.
3. Die Bev. der DR wurde 1978 auf 5,12 Mio. gesch. (rel. hohe Bev.dichte: 105 Ew.

je qkm/47 % städt. Bev., Hs: Santo Domingo als Nationaldistrikt: 1970 = 877 645 Ew.). Neben der Wanderung in die Städte emigriert die arbeitssuchende Bev. auch in starkem Maße v. a. in die USA. Fast ⅔ der Bev. sind Mulatten u. a. Mischlinge, 12 % Schwarze, ca. ⅓ Weiße.
4. Nach der Ermordung Trujillos wurden seine Besitzungen (⅔ der Zuckerindustrie, ⅓ aller übrigen Industrien) verstaatlicht. Die staatl. Politik vermochte dem Land jedoch weder in der Regierungszeit Balaguers (Korruption, Reprivatisierung), noch in der bisherigen Amtszeit Guzmáns (Sanierung des Staatshaushalts, Zuckererlöse 1978: $ 225 Mio., aber Öleinfuhren für $ 200 Mio., 1979 Schäden durch Hurrikan „David") E.-Impulse zu verleihen (*Arbeitslosigkeit gesch. 40 %). Die sozialen Trennungslinien der Gesellschaft der DR sind auch nach Hautfarbe stark akzentuiert: Ober- (ca. 5 % der Bev.) und Mittelschicht (ca. 25 %), die sich aus Großgrundbesitzern, Unternehmern und Vertretern von freien Berufen, Verwaltung und Militär zusammensetzen, orientieren sich pol. und in ihrem Lebensstandard an den USA.
5. Die span. Kolonialherrschaft hat der DR ihre Religion (fast 100 % Katholiken) und die Landessprache hinterlassen. In den teuren, fast immer kirchl. Privatschulen bleiben Ober- und Mittelschicht unter sich. Besonders auf dem Lande kommen die meisten Kinder in den ohnehin nur einklassigen Volksschulen nicht über 2 bis 3 Schulj. hinaus. Ähnlich ungleich verteilt ist die übrige soziale Infrastruktur wie Gesundheitswesen, Massenkommunikation und soziale Sicherung (LE 58 J./1970: 1 Arzt je 2 098 Ew.).
6. Die trad. einflußreichsten Gruppen des Landes sind das Militär, die kath. Kirche und die Interessenverbände der Oberschicht. Nach der Verfassung von 1966 ist die DR eine präsidiale Republik mit Gewaltenteilung, de facto dominiert jedoch die Exekutive (auf 4 Jahre direkt gewählter Präsident, Wahlrecht ab 18 J.). Das Parlament (*Congreso Nacional,* auf 4 Jahre gewählt) besteht aus 2 Kammern (*Senado:* 27 Vertreter für 26 Provinzen und 1 Nationaldistrikt und *Cámera de Diputados:* 74 Abg.). Die DR ist von den USA, ihrem Haupthandelspartner, durch die für die Wirtschaft des Landes entscheidende Zukerabnahmegarantie, durch Finanzhilfen, durch aus den USA kommende Geldüberweisungen von Auslandsdominikanern und durch US-*Direktinvestitionen abh. rs

Dreieckskooperation

Bezeichnet im Feld der E.-Hilfe eine neue Form der Zusammenarbeit, die drei Partner umfaßt: ein finanzstarkes EL (*OPEC-Länder), das einem finanzschwachen EL ein Vorhaben finanziert, zu dem ein IL das **Know-how* zur Verfügung stellt und mit der Ausführung betraut wird. dn

Dritter Weg

Wissenschaftl. und pol. umstrittenes Konzept, das von der Annahme ausgeht, die EL könnten einen E.-Weg beschreiten, der weder die kapitalist. E. der westl. IL kopiert, noch die E.-Strategie sozialist. Länder dogmatisiert. Der D.W. erhebt den Anspruch eines qualitativ Neuen, dessen einzelne Elemente freilich unbestimmt bleiben. Die Unbestimmtheit des Begriffes folgt aus der Tatsache, daß D.W. in der Praxis alle jene Versuche alternativer E. einschließt, die sich von der kapitalist. E. und der sozialist. E. explizit abgrenzen – er ist also eine Residualkategorie. Das Konzept weist – mit Recht – den eurozentristischen Gültigkeitsanspruch bestehender Leitbilder gesellschaftl. E. für EL-Gesellschaften zurück, postuliert eine autonome E.-Möglichkeit entsprechend den spezifischen Voraussetzungen und Traditionen der EL. D.W. ist somit jeweils das, was dem theoret.-ideolog. Selbstverständnis derjenigen pol. Gruppen entspricht, welche einen alternativen E.-Weg propagieren. So hat beispielsweise die christdemokrat. „Revolution in Freiheit" 1964–1970 ebenso wie der *„chilenische Weg zum Sozialismus" 1970–1973 das Selbstverständnis vom D.W. entwickelt – angesichts der Vagheit des Begriffs nicht ohne Berechtigung.
D.W. bezieht sich sowohl auf den Prozeß sozio-ökon. Wandels als auch auf das gesellschaftspol. Leitbild. Hinsichtlich des Prozesses sozio-ökon. Veränderung zeichnen sich D.W.-Strategien durch friedliche, reformistische Herbeiführung strukturellen

Wandels aus – im Gegensatz zur gewaltsamen Eroberung der Macht. Im ökon. und pol. System beinhaltet der D.W. pluralistische Organisationsprinzipien: in der Wirtschaft sollen verschiedene Sektoren nebeneinander bestehen bleiben, die sich durch die Besitzverhältnisse an den Produktionsmitteln unterscheiden: staatl., privater, genossenschaftl. Sektor; in der Politik sollen Gewaltentrennung und liberale Grundrechte weitergelten. Über die Mischung der Elemente (wieviel Privatkapitalismus, wieviel Staatskapitalismus, wieviel Markt, wieviel Plan, wieviel pol. Pluralität) besteht keine Richtlinie. Der Reformismus läßt sich nicht leicht auf einen Begriff bringen. Auch wird von einigen Befürwortern des D.W. das Konzept nur als Übergangsphase zu sozialist. Verhältnissen begriffen, hat also vor allem taktische Bedeutung.
Die Durchsetzung von D.W.-Strategien ist in der pol. Praxis durchweg gescheitert (→Chile, Peru), was nicht unbedingt gegen das Konzept selbst zu sprechen braucht. Denn die Gründe für das Scheitern liegen mehr in den Schwierigkeiten und Widerständen, auf die Überwindungsstrategien von UE stoßen, und in der dogmatischen Fixiertheit der E.-Theoretiker auf die bekannten, zudem von den Supermächten durchgesetzten Modelle, als in der Schwäche eines den Theoretiker nicht zufriedenstellenden Konzepts. *Autozentrierte E. setzt im übrigen die Möglichkeit alternativer oder andersartiger E. voraus.

Lit.: H. C. F. Mansilla (Hrsg.) Probleme des Dritten Weges. Darmstadt u. Neuwied 1974 dn

Dritte Welt

Der Begriff Dritte Welt hat sich erst in den letzten beiden Jahrzehnten zur Bezeichnung der außereuropäischen EL durchgesetzt. Häufig wird er jedoch noch in Anführungszeichen gesetzt, ohne daß die Verfasser es begründen. Über Bezeichnungsweisen zu streiten ist müßig, es sei denn, in der Bezeichnung liege eine Diskriminierung oder sie verdecke einen fundamentalen Tatbestand und führe die Analyse oder den Leser in die Irre. Das ist nun bei der Bezeichnung Dritte Welt nicht der Fall, wenn man nicht bereits in der Rangordnung Erste Welt, Zweite Welt, Dritte Welt und neuerdings auch *Vierte Welt eine Diskriminierung der Nachgeordneten sieht. Die Entstehung des Betriffs hat unmittelbar mit der Zuordnung der westl. IL zur Ersten Welt, der sozialist. Länder zur Zweiten Welt und des Restes zur Dritten Welt zu tun. Jedoch sind für die unter 1 und 2 rangierenden Ländergruppen die Bezeichnungen Erste Welt und Zweite Welt kaum gebräuchlich. In diesen Fällen wird auf konkretere Eigenschaften in den geläufigen Bezeichnungen abgehoben, was angesichts der Vielzahl und Vielfalt von EL, die der Dritten Welt angehören, kaum möglich ist. Kennzeichnendes Merkmal aller dieser Länder ist Unterentwicklung, doch eignet sich dieses Merkmal, das am Standard der entwickelten Länder gewonnen wird und die Ursachen nicht mit angeben kann, kaum als Bezeichnung der Ländergruppe, zumal sie gegen den Willen der EL durchgesetzt werden müßte. EL ist der international gebräuchlichste Begriff, schließt aber auch eine Reihe europ. Länder mit ein und verdeckt, daß sich natürlich auch die IL entwickeln bzw. weiterentwickeln – und das in viel schnellerem Tempo als die EL, so daß die Lücke zwischen IL und EL wächst.
Dritte Welt grenzt somit als Begriff die Länder rel. wertneutral aus, die es zu bezeichnen gilt – und tut dies auch besser als der geograph. festgelegte Begriff der Südländer, der sich daran stoßen muß, daß auch einige im Süden des Globus gelegene Länder zu den westl. IL gehören (Australien, Neuseeland) –, kann aber innerhalb der Ländergruppe notwendige Differenzierungen nicht leisten. Die Unterschiede zwischen EL haben im letzten Jahrzehnt zugenommen und machen insbesondere für Zwecke der int. E.-Politik die Bildung von Untergruppen notwendig. Die Maßstäbe, die der Ausdifferenzierung zugrundegelegt werden, sind jedoch nicht einheitlich. Sie haben sich auch historisch gewandelt und reagieren auf die konkreten Entwicklungen. Fast alle EL sind Mitgl. der *Gruppe der 77, fast 80% gehören der *Blockfreienbewegung an. Diese pol. Organisationen, welche betonen, daß eine zu starke Ausdifferenzierung der EL nach anderen als pol. Kriterien – die sie sich als Dritte Welt vor allem gegenüber den westl. IL verstehen lassen –, ihre Solidarität und Stärke untergraben

könnte, konkurrieren mit anderen EL-Subgruppen. Sie wurden nach folgenden Kriterien gebildet: Verfügungsgewalt über die Ressource Erdöl und daraus resultierenden Exporterlösen (*OPEC); ärmste EL (*LLDC) und solche, die besonders unter den Erdölpreissteigerungen, der weltwirtschaftlichen Rezession und Dürrekatastrophen zu leiden hatten (*MSAC), geographisch benachteiligte Länder (*Binnenländer, Inseln), EG-assoziierte Länder (*AKP-Staaten). Eine weitere Kategorie aufgrund des erreichten E.-Standes, die der sog. *Schwellenländer, ist umstritten. Zwischen den Gruppen gibt es Überlappungen. Siehe Tabelle 1 im Anhang. dn

3. Welt Magazin

erscheint monatl. im Progress-Dritte-Welt-Verlag Bonn und informiert über die Situation der EL. Daneben Schwerpunkthefte (Themenblöcke) zu wichtigen Einzelproblemen. rs

Dritte Welt Läden

1. *Entstehung:* Zur Verwirklichung der Idee des alternativen Handels mit Ländern der Dritten Welt – Verknüpfung des Angebotes von Produkten mit entwicklungspol. Informationen – riefen die beiden kirchl. Jugendverbände AEJ (Arbeitsgemeinschaft der Evang. Jugend) und BDKJ (Bund der deutschen kath. Jugend) 1970 die „Aktion Dritte Welt Handel" ins Leben. Diese Aktion betreute bald – insbes. pädagogisch – Hunderte von Aktionsgruppen im ges. Bundesgebiet. Parallel dazu wurden Waren aus EL importiert und angeboten. Neben den zahlreichen Aktionsgruppen, die meist nur für kurze Zeit tätig sind (z. B. Verkaufs- und Informationsausstellungen in der Vorweihnachtszeit), kam es nach und nach auf der Basis von entwicklungspol. engagierten Gruppen und Vereinen zu ständigen Einrichtungen dieser Art. Schließlich wurde eine rechtlich wie wirtschafl. selbständige Einheit, der „Dritte Welt Laden" (DWL) gegründet. Anfang 1975 gab es deren etwa 10, bei jährl. Neugründungen von etwa 20 Läden betrug ihre Zahl Anfang 1980 bereits über 120. 33 von ihnen haben sich einer bereits 1975 gegründeten Arbeitsgemeinschaft (Arbeitsgemeinschaft Dritte Welt Läden e. V.) angeschlossen, um gemeinsame Interessen zu verfolgen.

2. *Aktivitäten und Ziele:* Die meisten Läden kaufen Waren über die GEPA (Gesellschaft zur Förderung der Partnerschaft mit der Dritten Welt mbH) oder auch direkt von *Selbsthilfegruppen auf der Grundlage von „Kriterien zur Auswahl der Produzenten und Produkte", die von den Trägern der „Aktion Dritte Welt Handel" aufgestellt wurden. Sie verkaufen sie zusammen mit warenspezifischen sowie allg. entwicklungspol. Informationsmaterialien wie Handzettel, Bücher und Schallplatten und beraten Kunden über die Herkunft der Artikel, die Herstellungsbedingungen sowie über die Probleme des Welthandels.

Ziel dieser Läden ist einmal die „Förderung von *Selbsthilfeorganisationen, in Genossenschaften oder ähnlichen Selbsthilfegemeinschaften in den EL, deren Zielsetzung über die Verbesserung des individuellen Einkommens der Mitglieder hinausgeht. Gewinne sollen für Gemeinschaftsaufgaben eingesetzt werden, und die Produktionsgruppe soll sich über einen sozialen und gesellschaftspol. Bewußtseinsbildungsprozeß aktiv an den lockeren, regionalen und landesweiten Entscheidungen beteiligen". Zum anderen möchte man in der BRD durch die Bildungsarbeit Betroffenheit über den Zusammenhang zwischen UE in der Dritten Welt und dem hiesigen materiellen Wohlstand erzeugen. Ein Problembewußtsein über diese Abhängigkeiten, die Fehlentwicklungen unserer entwickelten Gesellschaft und die eigene Einbindung in komplexe, von wirtsch. Interessen bestimmte Strukturen wird als Ausgangspunkt für die Suche nach pol. Handlungsmöglichkeiten und eigener Verhaltensänderungen gesehen. Trotz dieser allg. anerkannten Zielsetzung sind die Schwerpunkte der Arbeit in den verschiedenen DWL sehr unterschiedlich. Während manche Läden in Angebot und Verkaufsverhalten sich kaum von rein kommerziell betriebenen Dritte Welt Boutiquen unterscheiden, beschränken sich andere auf reine Informationsarbeit und betrachten sich selbst mehr als Zentren für entwicklungspol. arbeitende Gruppen. Hintergrund dafür sind unterschiedliche Bewertungen des direkten Handels. Für die einen ist Handel mit der Dritten Welt an sich schon

etwas Gutes; denn – so argumentiert man – es werden Arbeitsplätze geschaffen. Für andere dagegen ist der Warenverkauf ausschließlich Mittel zum Zweck für die Bildungsarbeit – der Handel selbst führt ihrer Meinung nach eher zur *Abhängigkeit.
Auch innerhalb der einzelnen Ladengruppen wird die Frage der einen oder anderen Priorität kontrovers diskutiert. Die praktischen Notwendigkeiten (zur Deckung der Kosten muß Umsatz erzielt werden) und die Berührung mit theoret. Fragen (Warum muß für Textilien Zoll gezahlt werden?) zwingt aber die Gruppe zu einem permanenten Lernprozeß. Dieser Prozeß, die Suche nach einem eigenen Standpunkt und einer ihnen gemäßen Organisationsstruktur, werden häufig zu einem eigenen Schwerpunkt der Arbeit der Dritte Welt Gruppe.
Adresse: Arbeitsgemeinschaft Dritte Welt Läden e. V., Elisabethenstr. 51, 6100 Darmstadt

Lit.: Handbuch: Der Dritte Welt Laden, hrsg. von der Arbeitsgemeinschaft Dritte Welt Läden e. V.; E. Schmied, Die „Aktion Dritte-Welt-Handel" als Versuch der Bewußtseinsbildung, Aachen 1978. gn

Drop out-Quote

Anteil der Kinder an der Gesamtzahl der eingeschulten Kinder einer Altersklasse, die sehr früh in der Schule scheitern, sie verlassen und wieder in den *Analphabetismus zurückfallen. dn

DSE

Deutsche Stiftung für Int. Entwicklung, gegr. 1959, Hauptsitz in Berlin, Finanzierung durch den Bund (1978: 36,5 Mio., 1979: 45 Mio. DM); Aufgaben: Vorbereitung deutscher Fachkräfte und ihrer Ehepartner auf Einsatz und Aufenthalt in EL (1978: 410 Personen); Aus- und Fortbildungsprogramme für Fach- und Führungskräfte aus den EL auf den Gebieten der Verwaltung, der Land- und Forstwirtschaft, des Fischereiwesens und der Ernährung sowie der techn. Berufsausbildung (1978 ca. 1 590 Stipendiaten aus EL); Planung und Durchführung von Konferenzen, Exkursionen, Seminaren, Expertengesprächen für den Erfahrungsaustausch zwischen Führungskräften verschiedener Länder (1978: 3 300 ausländ. Teilnehmer). Die DSE gibt die auch fremdsprachlich erscheinende Monatszeitschrift „Entwicklung und Zusammenarbeit" (E+Z) heraus. Adresse: Rauchstr. 25, 1 Berlin 30; in Bonn: Simmrockstr. 1, 53 Bonn. dn

Dualismus (-modell)

Das Konzept „Dualismus" wird zur Bezeichnung von Ungleichheiten in der Sozialstruktur sowohl entwickelter als auch unterentwickelter Länder benutzt. Bei dessen Anwendung auf E.-Gesellschaften wird im allg. betont, wenn auch die Ursachen für die Herausbildung dualistischer Strukturen umstritten sind, daß diese temporärer Natur seien und zugunsten einer sozialen Homogenisierung verbunden mit und verursacht durch Entwicklungsfortschritte der EL verschwinden werden.
Das Dualismusmodell beschreibt periphere Gesellschaften als in zwei Sektoren gespaltene. Der eine dieser Sektoren ist modern, dynamisch, in den Weltmarkt integriert und verkörpert damit die Entwicklungschancen des jeweiligen Landes, der andere ist trad., stagnierend und nicht mit den höher entwickelten Wachstumspolen verbunden. Beide Sektoren entwickeln sich unabh. voneinander und nach ihren eigenen Gesetzmäßigkeiten. Aus der Perspektive entwicklungspol. Zielvorstellungen erschien es daher folgerichtig, den modernen, den extern gesetzten Imperativen des Weltmarktes folgenden („assoziierten") Sektor zu unterstützen, um dessen weitere Ausdehnung zu ermöglichen. Der trad. Sektor ist in dieser Perspektive lediglich ein zu modernisierender, dessen Resistenz gegen die Dynamik der kapitalist. Organisation der Produktion Ursache von UE ist.
Die Annahmen des Dualismusmodells werden heute durch das alternative Konzept der *Strukturellen Heterogenität in Frage gestellt.
→Modernisierung →Dependencia-Theorien

rs

DÜ

Dienste in Übersee, E.-Dienst der Evang. Kirche in Deutschland (EKD) 1960 gegr., Mitgl. der *AG-KED. Vermittelt aufgrund von Anforderungen jeweiliger Partner aus EL, die zu rd. 80% Kirchen oder kirchl. Einrichtungen sind, deutsche Fachkräfte nach Übersee. Dienst innerhalb der anfordernden Organisation, Vergütung durch DÜ nach BAT mit Zulagen. Bis 1979 wurden über 1 100 Dreijahresverträge abgeschlossen. Besonders gesuchte und primär vermittelte Berufsgruppen: 1. Landwirte, Agrarmanager, Agraringenieure; 2. Ärzte aller Fachrichtungen; 3. Gewerbelehrer, kaufmännische Ausbilder, Handelslehrer; 4. Betriebswirte, Finanzberater; 5. Ingenieure, Techniker, Meister mit Lehrbefähigung. Obwohl die Nachfrage nach Arbeit in EL bei DÜ steigt, stagniert die Zahl der Vermittlungen (jährl. ca. 70). Anforderungen aus EL jährl. über 200, wachsende Qualifikationsanforderungen. Vermittelt wurden nach Arbeitsfeldern: Technik und Handwerk 280, Medizin 250, Schulwesen und Universitäten 185, Betriebswirtschaft und Verwaltung 150, Landwirtschaft 105. Geograph. Verteilung bedingt durch trad. Beziehungen der Kirche nach Übersee; ca. die Hälfte aller Vermittlungen entfiel auf 7 EL: Tansania 165, Papua-Neuguinea 100, Indien 72, Kenia 72, Nepal 52, Kamerun 52, Togo 40. Neuere Vermittlungsländer u. a. Rwanda, Sierra Leone, Guinea-Bissau, Kapverden, Ecuador. Rückläufig: Indien, Papua-Neuguinea, Sambia, Kenia. Auf Afrika entfallen zur Zeit fast ¾ aller Vermittlungen. Etat 1979: 15,9 Mio. DM, aufgebracht aus hauptsächlich 3 Quellen: *EZE 36%, KED 30% und *Brot für die Welt 17%. Verwaltungskosten der Geschäftsstelle (38 Mitarbeiter) übernimmt EKD. Seit Mitte der 70er Jahre Konzeptionswandel: statt einseitiger Export von **Know-how* wechselseitiges Lehren und Lernen. Daraus folgend stärkere Bildungsarbeit von DÜ in der BRD, 1979 ca. 70 Seminare. Seit 1978 Rückkehrer-Inlandverträge für entwicklungspol. Arbeit. Adresse: Gerokstr. 17, 7000 Stuttgart 1. kj

DWHH

Deutsche Welt-Hungerhilfe, Trägerorganisation des *Bensheimer Kreises; April 1969 Tätigkeit aufgenommen, bis Ende 1978 mehr als 400 Projekte in EL gefördert. Ziele: Verbesserung der Welternährungslage, Förderung der landw. E. durch Hilfe zur *Selbsthilfe, Abstimmung mit int. Organisationen (*FAO); Projekte werden in der Regel von Partnerorganisationen in den EL getragen. Regionale Schwerpunkte: Afrika (30%) (Tansania, Kenia, Sahel-Zone, Kapverden, Gambia); Asien (36%) (Indien, Sri Lanka, Thailand); Lateinamerika (26%) (Ecuador, Haiti, Bolivien). Eigenmittel: wesentlich aus Spenden; 1968: 400 000 DM, 1978: 12 Mio. DM. Adresse: Adenauerallee 134, 5300 Bonn 1 dn

EAC

Ostafrikan. Gemeinschaft (*East African Community*), kurzlebige Wirtschaftsgemeinschaft von Kenia, Tansania und Uganda, 1967 gegründet mit dem Ziel der Errichtung eines gemeinsamen Marktes (EACM); zerbrach 1977 aufgrund der anhaltenden pol. Spannungen zwischen den Mitgl.-Ländern. dn

EAEC

Ostafrik. Wirtschaftsgemeinschaft (*East African Economic Community*), von der *ECA geplante Wirtschaftsgemeinschaft, die 16 ost- und südafrikan. Staaten umfassen soll: Angola, Botswana, Äthiopien, Komoren, Kenia, Lesotho, Madagaskar, Malawi, Mauritius, Mozambique, Seychellen, Somalia, Swasiland, Uganda, Tansania und Sambia. Es wird erwartet, daß Djibouti und nach der Unabh. Zimbabwe hinzustoßen. Die Zielsetzungen der *Integration richten sich zunächst an *ECOWAS aus. dn

ECA

UN-Wirtschaftskommission für Afrika (*Economic Commission for Africa*), April 1958 von der *ECOSOC gegründet, Sitz Addis Abeba, 1979 47 Mitglieder neben assoziierten Mitgl. (*abh. Gebiete in Afrika; Frankreich, GB, Spanien). Die Mitgliedschaft von Südafrika ist seit 1963 suspendiert.

Aufgaben: Unterstützung afrikan. Staaten bei der wirtschaftl. und sozialen E., wirtschaftl. Kooperation unter den afrikan. Staaten, Förderung einer afrikan. Staatengemeinschaft (→Afrikan. Einheit), Aufgabenteilung auf 4 regionale Büros für Nord-, Zentral-, West- und Ostafrika. ECA unterhält eigene Universität in Nairobi. Probleme: Pol. und wirtschaftl. Heterogenität

Afrikas, Mangel der Staaten an Personal mit hinreichender Fachausbildung.
→Afrikanische Einheit → OAK → AFDB

dn

Economies of Scale

Skaleneffekte, durch Ausdehnung der Produktion erzielte Steigerungen der *Produktivität der eingesetzten Maschinen und der beschäftigten Arbeitskräfte durch Sinken der Kosten je Produkteinheit. Die Produktionserweiterung ist abh. von den Möglichkeiten, den Markt auszudehnen, entweder den Binnenmarkt (Produktion für die Massen) zu erweitern oder auf den ausländ. Markt vorzudringen (Exportorientierung).

dn

ECDC

Wirtschaftl. Zusammenarbeit unter EL (*Economic Co-Operation Among Developing Countries*); im Rahmen der Süd-Süd-Beziehungen (CDC) und auf das Konzept der **Collective Self-Reliance* gestützte E.-Strategie, welche in der Förderung der wirtschaftl. Zusammenarbeit unter EL das wichtigste Instrument für die Stärkung der pol. und wirtschaftl. Unabh. und der Verhandlungsposition der EL in den Auseinandersetzungen um die *Neue Weltwirtschaftsordnung sieht.
1. Konferenz: Mexiko, Sept. 1976; von den EL aber auch im Rahmen der *Blockfreienbewegung (Colombo 1976, Belgrad 1978) und der *Gruppe der 77 (Arusha 1979) behandelt. Auf der *UNCTAD V wurde die Unterstützung von ECDC von seiten der int. Organisationen UN, UNCTAD, *UNDP, *regionale Wirtschaftskommissionen etc. beschlossen. Dem UNCTAD-Secretariat wurde die Unterstützung folgender Studiengruppen aufgegeben: 1. Einrichtung eines allg. Zollpräferenzsystems für den Handel unter EL; 2. Zusammenarbeit staatl. Handelsorganisationen der EL; 3. Einrichtung eines multinat. Vermarktungsunternehmens der EL.
→Aruska-Erklärung

dn

ECOSOC

Wirtschafts- und Sozialrat (*Economic and Social Council*) der *UN, 1945 als eines der 6 Hauptorgane der UN gegründet. ECOSOC hat 3 Hauptaufgaben: 1. Koordinierung der wirtschafts- und sozialpol. Aktivitäten der UN; 2. Verwaltung der den UN für Zwecke wirtschaftl. und sozialer E.-Maßnahmen zur Verfügung gestellten Finanzmittel; 3. Forum für die Diskussion wirtschaftl. und sozialer Fragen der int. E., aus der Berichte, Empfehlungen, Resolutionen hervorgehen können.
Der Rat hat eine beschränkte Zahl von Mitgl., die von der Generalversammlung der UN für eine Amtszeit von 3 Jahren (bei Drittelerneuerung jährl.) mit ⅔-Mehrheit gewählt werden. Die Zahl der Mitgl. betrug ursprünglich 18, 1965: 27 und seit 1973: 54. Die Zusammensetzung entwickelte sich entsprechend der Mitgliedschaft der UN: überwogen ursprünglich die westl. IL, so stellen seit 1973 die EL mit 37 Mitgl. eine Zweidrittelmehrheit (68 %) im ECOSOC (westl. IL: 12 Mitgl. = 22 %; Staatshandelsländer 5 Mitgl. = 9 %). Dem ECOSOC unterstehen zahlreiche Kommissionen, Ausschüsse und andere Nebenorgane, die ihm bei der Ausübung seiner Tätigkeit behilflich sind (Fachkommissionen für Statistik, Bev.-Fragen, soziale Fragen, *Menschenrechte, soziale Stellung der *Frau, Rauschgiftkontrolle; sowie *regionale Wirtschaftskommissionen).
In den 50er Jahren wurden im ECOSOC hauptsächlich Fragen des Wiederaufbaus und der Vollbeschäftigung in den IL sowie Fragen des Ost-West-Konfliktes diskutiert. Da sich die EL im ECOSOC durch die IL dominiert fühlten, versuchten sie, ihren entwicklungspol. Forderungen gegenüber den IL in neuen Organisationen Gehör zu verschaffen, deren Gründung (→UNCTAD, →UNIDO) die Funktionen von ECOSOC auszuhöhlen begann (Höhepunkt: Neuinterpretation der UN-Charta von seiten der EL 1964/65 in dem Sinne, daß für wirtschafts- und sozialpol. Fragen allein die Generalversammlung der UN zuständig sei). Erst der Wandel der Zusammensetzung des ECOSOC hat diese Tendenz wieder umgekehrt und den Rat in die Gruppe jener Organe eingereiht, in und mit welchen die EL ihre Interessen zumindest verbal, in Empfehlungen und Resolutionen, durchzusetzen versuchen. Die mit einfacher Mehrheit herbeigeführten Entschließungen (jedes Rats-

mitglied hat eine Stimme) sind jedoch nicht verbindlich. dn

ECOWAS

Wirtschaftsgemeinschaft westafrikan. Staaten (*Economic Community of West African States*), 1975 auf Initiative von Togo und Nigeria in Lagos gegründet. 16 Mitgl.: Benin, Elfenbeinküste, Gambia, Ghana, Guinea, Guinea-Bissau, Kapverden, Liberia, Mali, Mauretanien, Niger, Nigeria, Senegal, Sierra Leone, Obervolta, Togo. *Ziele:* wirtschaftl. Zusammenarbeit, gemeinsamer Markt, wirtschaftl. *Integration, stufenweise angestrebt; langfristige Perspektive: pol. Vereinigung, Vorreiter für *afrikan. Einheit. *Organe:* Konferenz der Staatschefs (= höchstes Entscheidungsgremium); Generalsekretariat (Sitz: Lagos); Kooperations-, Kompensations- und Entwicklungsfonds (Sitz Lomé), gespeist aus Beiträgen der Mitgl.-Länder, bemessen nach einem Koeffizienten aus BSP und *Pro-Kopf-Einkommen (Entscheidungen nach absoluter Mehrheit). *Probleme:* Große Strukturunterschiede zwischen den Mitgl.-Ländern (Übergewicht Nigerias); koloniale Hypotheken (Zugehörigkeit der Länder zu unterschiedl. Währungszonen; unterschiedl. E.-Strategien der Mitgl.-Länder; Doppelmitgliedschaften in konkurrierenden Organisationen (Westafrikan. Wirtschaftsgemeinschaft CEAO, Mitgl.: Elfenbeinküste, Obervolta, Niger, Mali, Senegal, Mauretanien). Bisherige Ergebnisse, mager: Einfrieren der Zölle innerhalb der ECOWAS (Mai 1979), nach zwei Jahren Zollharmonisierung geplant; auf 3 Monate begrenzte Bewegungsfreiheit ohne Visum für Bürger der ECOWAS-Länder in den Mitgl.-Ländern. →Franc-Zone dn

Ecuador

In der pol. höchst instabilen Andenrepublik E. haben die Militärs einer zivilen, aus Wahlen hervorgegangenen Regierung Platz gemacht, die mit den Gewinnen aus dem Erdöl Reformen finanzieren will. Fraglich ist, ob sie den Widerstand der Oberschicht überwinden und die Zerwürfnisse im eigenen Lager meistern kann.

1. E. (Fläche ca. 280 000 qkm) wird durch die Andenkette in 3 Regionen geteilt: 1. Die Küste. Hier konzentrieren sich die exportorientierten *Plantagen, die Bananen, Reis, Zucker, Kakao und Kaffee produzieren. 2. Die Sierra, in der ca. die Hälfte der Bev. lebt. Die landw. Produktion des Hochlandes orientiert sich v. a. an den Bedingungen des inneren Marktes: Gerste, Mais, Weizen, Kartoffeln u. a. Knollenfrüchte sowie Viehzucht. 3. Der dünn besiedelte Orient gewinnt zunehmende Bedeutung durch die Erdölförderung. Die spärliche Landw. produziert u. a. Kaffee, Tee und Erdnüsse. E. hat 2 Zentren: die Hs Quito (ca. 800 000 Ew.) und die Hafenstadt Guayaquil (ca. 900 000 Ew.). Hier konzentrieren sich ca. 80 % der Industriebetriebe und der gleiche Anteil der in der Industrie beschäftigten Erwerbsbev.

2. Die pol. Unabh. E.s begann mit seiner Trennung von Groß-Kolumbien 1830. Wirtschaftsgeschichtlich folgte auf einen Kautschuk- und China-Rinde-Boom in den 70er J. des vorigen Jhs. der Kakaoboom, der bis 1920 anhielt, gefolgt von einem kurzen Aufschwung des Kaffees. Das Ende des Kakaos bezeichnete auch das Ende der „plutokratischen" Regierungen, in denen die Liberalen der Küste und die Konservativen des Hochlands einen pol. Kompromiß gefunden hatten. Die Jahre 1925–1948 standen im Zeichen wirtsch. und pol. Instabilität. Der Bananen-Boom in den 50er J. schuf die Basis für 1½ Jahrzehnte rel. Stabilität. 1972–1975 versuchte eine „fortschrittliche" Militärregierung, die steigenden Erträge aus dem Erdöl zur Grundlage einer E. im Interesse der breiten Massen zu machen.

3. Von den ca. 7,5 Mio. Ew. leben 42 % in Städten. Die Bev.-Dichte beträgt 25,7 Ew. pro qkm, im Hochland 47 Ew. pro qkm. Die ethnische Zusammensetzung der Bev. weist 40 % Indios, 40 % Mestizen, 10–15 % Weiße und 5 % Neger und Mulatten auf. Die Staatssprache ist Spanisch, aber ein beträchtlicher Anteil der Hochlandindianer (ca. ½ Mio.) spricht Quechua. Ca. 90 % der Bev. ist kath.

4. Die Bevorzugung einer anderen Bananensorte durch die **United Fruit Company* hat den nahezu monokulturell ausgerichteten Export E.s seit Anfang der 60er Jahre verändert. Der Anteil US-amerik. Abnehmer fiel von 69 % 1963 auf 39 % 1977.

Die negat. Folgen dieser E. wurden von den zunehmenden Erdölexporten aufgefangen, die in den 70er J. auf 50% der Gesamtexporte stiegen. Wichtige Anteile am Export haben Kakao (15%) und Kaffee (13%) sowie Bananen (12%).
Die Verteilung des Bodens ist von extremer Ungleichheit gekennzeichnet: 1950 besaßen 0,4% der landw. Betriebe 45,1%; in der Sierra mußten sich 82% der Betriebe mit 17% des Bodens zufriedengeben, an der Küste entfielen auf 47% der Betriebe nur 2% des Bodens. Die Agrarreform von 1972 hat an dieser Bodenverteilung nur Unwesentliches geändert, da sie in erster Linie Kleinpächtern Besitztitel für die Parzellen zuerkannt hat, die sie bereits bearbeiteten. Insges. sind 22% der Erwerbsbev. in der Landw. beschäftigt.
Die hohe Wachstumsrate der Ind. in den letzten Jahren (um 10%) täuscht darüber hinweg, daß Investitionen weder der Schaffung von Arbeitsplätzen noch der Verringerung der Abh. vom Ausland gedient haben. Vorwiegend standen sie im Zusammenhang mit der Erdölförderung.
5. Die Unterschiede zw. Reichtum und *Armut sind in E. extrem: 1,2% der Erwerbsbev. erhalten 19% des Einkommens, während auf 50% der Erwerbsbev. nur 24% des Einkommens entfallen. Die LE beträgt 59,6 J. Im Landesdurchschnitt entfallen auf 10000 Ew. 4 Ärzte, die sich aber in den Städten konzentrieren. Etwa die Hälfte der Wohnungen in E. wird als „provisorisch" eingestuft.
Trotz der Probleme offener und verdeckter *Arbeitslosigkeit sind über 70000 Kinder im schulpflichtigen Alter erwerbstätig; und 86% der Männer über 65 J. sind noch ökon. aktiv. Der Analphabetismus wird auf bis zu 50% der über 18jährigen geschätzt.
6. Die „revolutionäre, nat." Militärregierung Rodriguez Lara (1972–75) hatte Schritte zur Verringerung der Abh. vom Ausland unternommen. Dem zunehmenden Druck der mit ausländ. Interessen verknüpften privatindustriellen Bourgeoisie, die sich mit dem trad. Großgrundbesitz verbündet hatte, konnte sie auf Dauer nicht standhalten. Mit der Machtübernahme durch eine Junta unter Vorsitz des Admirals Póveda Burbano wurde die Erdölpolitik nach und nach rückgängig gemacht und die Landreform als vorläufig abgeschlossen erklärt. Nach der Verfassung von 1978 wird die Gesetzgebung von einem Ein-Kammer-Parlament wahrgenommen, der Präsident wird für fünf Jahre gewählt, ohne Möglichkeit der Wiederwahl. Aus der Präs.-Wahl 1978 ging Jaime Roldos Aguilera als Sieger hervor, Kandidat der CFP (*Concentración de Fuerzas Populares*), eine Partei *populistisch-demokrat. Prägung.

Lit.: A. Abad Franco, Parteiensystem und Oligarchie in Ecuador, Berlin 1974; Ecuador hoy, Bogota/Mexico 1978; G. Drekonja-Kornat, How to handle the Bana Republic turned Oil state, in: Vierteljahresberichte, Nr. 80/1980, S. 149 ff. evö

ECWA

UN-Wirtschaftskommission für West-Asien (*Economic Community for Western Asia*), 1974 gegr., Sitz Beirut, 1979 12 Mitgl. (nur arab. Staaten) und seit 1977 *PLO. Aufgaben: Förderung der wirtschaftl. E. und der Kooperation, insbes. in finanz. Hinsicht. Schwerpunkte: Wasserversorgung, Ernährung, Handel, Technologie sowie *Entwicklungsplanung im allg. dn

EDCS

Ökumenische Entwicklungsgenossenschaft (*Ecumenial Development Cooperative Society*), 1977 durch den *WCC gegründete kirchl. Genossenschaftsbank, Sitz Niederlande, Startkapital 1 Mio. US-Dollar; vergibt Kredite an die ärmsten EL zu günstigen Bedingungen. dn

EEF

Europ. Entwicklungsfonds, 1958 von der EG gegr., Sitz Luxemburg. *Aufgabe:* Finanzierung der E.-Hilfe der EG-Länder für die mit der Gemeinschaft *assoziierten EL. *Ausstattung:* Das erste *Loméabkommen brachte eine Erhöhung von bisher 900 Mio. *RE auf 3 Mrd. RE; Lomé II sieht Leistungen in Höhe von 4,5 Mrd. *ERE vor. Der Fonds wird nach Mitgl.-Ländern wie folgt finanziert: Belgien 5,9%, BRD 28,3%, Dänemark 2,5%, Frankreich 25,6%, GB 18,0%, Irland 0,6%, Italien 11,5%, Luxemburg 0,2%, Niederlande 7,4%. dn

EIB

Europ. Investitionsbank (*European Investment Bank*), gegr. 1957 im Rahmen des EWG-Vertrags, seit 1958 tätig; Sitz der Hauptverwaltung: Luxemburg. *Aufgaben:* Bereitstellung von Langzeitkrediten und -garantien für Projekte der europ. Länder und – seit *Assoziierung von EL (→Lomé-Abkommen) – auch für EL. Die EIB räumt den *AKP-Staaten Zinsvergütungen auf die auf dem Kapitalmarkt aufgenommenen Anleihen von 3% ein, die durch Zuschüsse aus dem *EEF gedeckt werden. Lomé I sah zinsvergütete Darlehen in Höhe von 390 Mio. *ERE vor, Lomé II erhöhte das Volumen auf 685 Mio. ERE. dn

Einkommensverteilung

Die extrem ungleiche EV in den EL stellt eines der wichtigsten entwicklungspol. Problemfelder dar. Die Massenarmut in den EL ist nicht nur das Ergebnis mangelnder *Produktivität und eines ungenügenden wirtschaftl. Wachstums. Besonders jene EL, die eine hohe JZ des *Sozialprodukts erreichen und zugleich ein Anwachsen der *Armut zu verzeichnen haben (wie etwa Venezuela), sind ein Beweis dafür, daß E. in hohem Maße von der EV abhängt. Keine E. ohne Wachstum, aber auch keine E. ohne Umverteilung. Eines der wichtigsten Merkmale von *Entwicklungsmodellen ist, wie (wenn überhaupt) beide notwendigen Elemente des Begriffs von *Entwicklung miteinander verknüft werden. Wichtig ist auch festzustellen, daß das Muster der EV nicht allein *endogen bestimmt wird. Es ist historisch gewachsen, Ergebnis des Prozesses der Einbindung der EL in die *int. Arbeitsteilung. Die Einkommenskonzentration ist Ausdruck der *strukturellen Heterogenität der EL-Gesellschaften. In Zahlen drückt sie sich so aus, daß etwa ¾ des Sozialprodukts den 40% oberen Einkommensempfängern zur Verfügung stehen. Der Weltentwicklungsbericht der *Weltbank unterstellt, daß auch in den folgenden Jahrzehnten ¾ der Zunahme des Gesamteinkommens den oberen 40% Einkommensempfängern zuwächst, was den sozialen Gradienten, d. h. den Abstand zwischen arm und reich, in den EL noch verschärfen wird.

Die EV kann mit Hilfe verschiedener Konzepte analysiert und gemessen werden: 1. *Personelle EV.* Sie vergleicht die Einkommen einzelner Einkommensempfänger im Verhältnis zueinander und gibt an, wie viele Erwerbspersonen ein Einkommen einer bestimmten Höhe erhalten. Es werden Einkommensgruppen gebildet und Aussagen darüber angestrebt, wie hoch der Anteil einer Gruppe (etwa unterste 10% Einkommensempfänger) am Volkseinkommen ist. Graphisch kann die empirische EV mit Hilfe der *Lorenz-Kurve dargestellt werden. 2. *Funktionelle EV.* Sie bemißt die Verteilung des Volkseinkommens zwischen den Produktionsfaktoren Kapital (Produktionsmittelbesitzer) und Arbeit (abhängig Beschäftigte). Dazu werden alle Einkommensbezieher in zwei Klassen, Unternehmer und Arbeitnehmer, aufgeteilt. Die Anteile der Produktionsfaktoren am Volkseinkommen werden als Lohnquote (Arbeit) und Profitquote (Kapital) bezeichnet. Die Erhöhung der Profitquote ist nur zu Lasten der Lohnquote und umgekehrt möglich. 3. *Sektorale EV.* Sie vergleicht die Einkommensbezüge in verschiedenen Wirtschaftssektoren miteinander (etwa des Exportsektors mit der Restwirtschaft). 4. *Regionale EV.* Sie ermöglicht die Feststellung von regionalen Einkommensdifferenzen, etwa zwischen Stadt und Land.

Die vier EV-Konzepte haben jedoch Geldeinkommen zur Voraussetzung. Verglichen werden unterschiedliche Gruppen von Einkommensbeziehern. Große Teile der Bev. in EL sind jedoch ohne Geldeinkommen, insbes. innerhalb der *Subsistenzwirtschaft, in der andererseits auch Güter produziert werden, die nicht in das Sozialprodukt eingehen. Man kann feststellen, daß, je weniger entwickelt ein Land ist, desto schlechter können die realen Verhältnisse der Verteilung des gesellschaftl. Reichtums, besser gesagt, des Verbreitungsmusters und des Verbreitungsgrads von *Armut, mittels der vorgestellten Konzepte und Meßmethoden der EV datenmäßig erfaßt werden.

Auf der Suche nach nicht-monetären *Indikatoren sozialer Gleichheit/Ungleichheit entwickelte sich die Frage nach der Befriedigung der *Grundbedürfnisse zu einem alternativen Ansatz. Von bestimmten, nach Ländern variierenden Minima der Grundbedürfnisbefriedigung ausgehend, kann festgestellt werden, in welcher Verteilung und in welchem Umfang Grenzwerte erreicht bzw. unterschritten werden. Die Diskussion um *quality of life*-Indikatoren und Kennzahlen der Armut (*poverty-index*) ist in vollem Gange.

Lit.: HDW, Band 1, Hamburg 1974; M. Bohnet/R. Betz, Einkommensverteilung in EL, München 1975; H. B. Chenery u. a., Redistribution with Growth, London 1974; W. Zapf Forschungsansätze, Serie, Frankfurt 1974 ff.; H.-P. Nissen, Income Distribution and Redistribution in Developing Countries – From Theory to Policy, hekt. iafef-texte, Bonn 1976; W. Arnold, Personelle Einkommensverteilung in EL, Bochum 1978; HDW 2, Band 1, Hamburg 1981.

dn

Elfenbeinküste

Das *Entwicklungsmodell der EK, sich bewußt dem Weltmarkt zu öffnen und mit Hilfe ausländ. Kapitals eine Wirtschaftsentwicklung einzuleiten, die auf lange Sicht zu einer Gleichberechtigung im int. System führt, gilt Befürwortern wie Kritikern als Paradebeispiel für eine liberal-kapitalist. Option eines EL.

1. Mit 322 466 qkm Fläche und einer Bev.-Zahl von für 1978 gesch. 7,6 Mio. Ew. gehört die seit 1960 unabh. EK zu den mittelgroßen Staaten Afrikas. Klimatisch und nach Vegetationszonen gliedert sie sich in den von Urwald geprägten S mit Regen- und Feuchtwald und in den in der Sudanzone gelegenen N mit Feucht- und Trockensavannen. Ethnisch wie sprachlich ist EK in über 60 Gruppen aufgesplittert, die ihrerseits – bedingt durch die koloniale Grenzziehung – ihr Zentrum z. T. außerhalb des Landes haben (Baule ca. 20 %, Malinke ca. 17 %, Senufo ca. 12 %). Ein latentes Konfliktpotential ergibt sich aus der pol. und ökon. Vormachtstellung der in den reichen Kakao- und Kaffeeanbaugebieten des S und SO angesiedelten Baule und aus der Anwesenheit der inzwischen fast 2 Mio. Ausländer. Die Einschulungsrate ist mit 77 % der schulpflichtigen Kinder aufgrund erheblicher Aufwendungen für den Bildungssektor rel. hoch.

2. Um die E. des Landes zu beschleunigen, wurde ausländ. Kapital in großem Umfang ins Land geholt, wobei exzellente Bedingungen eingeräumt wurden (nur 10 % der Nettogewinne mußten im Land verbleiben). Neben der Förderung privater ausländ. und insbes. einheim. Betriebe wurden systematisch staatl. und gemischte Unternehmen mit staatl. Beteiligung aufgebaut. Ergebnis dieser Politik waren als „afrikan. Wirtschaftswunder" apostrophierte Wachstumsraten der Wirtschaft (in der Dekade 1960–1970 durchschnittlich 11 %, seither 6–8 %, außer einem Einbruch 1974). Tragende Säule der ivorischen Exportwirtschaft ist der Agrarsektor, in dem 1977 3 Produkte (Kaffee 37,5 %, Kakao 25,6 %, Edelhölzer 16,4 %) rund ⅘ der Exporterlöse erbrachten. Ende der 70er J. war EK erstmals führender Kakao-Produzent (Ernte 1979: 320 000 t) und drittgrößter Kaffee-Produzent der Welt. Etwa ⅔ der Bev. hängen direkt oder indirekt von diesen beiden Produkten ab, deren weiterer Expansion jedoch im Innern durch eine rel. starke Parzellierung der Anbauflächen (die Agrarbourgeoisie zählte 1965 etwa 20 000 Pflanzer, die etwa ¼ des Bodens kontrollierten und ⅔ der bezahlten Arbeitskräfte beschäftigten), nach außen durch eine nur begrenzte Aufnahmekapazität des Weltmarkts bzw. durch in int. *Rohstoffabkommen festgelegte (und von der EK bereits erreichte) Exportkontingente Grenzen gesetzt sind. Die Bedeutung der Holzproduktion, in der die EK in Afrika noch an der Spitze steht, wird vermutlich abnehmen, da die extensive Abholzung nicht von einer planmäßigen Wiederaufforstung begleitet war.

Um die Abh. von nur drei Export-Produkten zu verringern, wurde der Agrarsektor gezielt diversifiziert. Neben dem für den Export bereits relevanten Anbau von Ananas, Bananen und Zitrusfrüchten gewann dabei die Anlage von Ölpalm- und Kokos-Plantagen eine besondere Bedeutung, da diese neben Möglichkeiten für den Export auch den Ansatzpunkt für den Aufbau einer fettverarbeitenden Industrie boten. Ein ähnlich ehrgeiziges Projekt, die Anlage von Baumwollfeldern in der Savanne (in der Dekade bis Ende der 70er Jahre Verfünffachung der Produktion) und die Errichtung von Textilfabriken um Korhogo, sollen aus der EK eine textilexportierende Nation machen. Der durch künstliche Bewässerungssysteme ermöglichte Aufbau von Reiskulturen im N ließ die Produktion 1976 auf 460 000 t ansteigen, so daß sogar Reis exportiert werden konnte, während 1973/74 noch 150 000 t importiert werden mußten. In der Dekade 1960–70 lag das Schwergewicht der ind. E. in der *Importsubstitution und einer einheim. Rohstoffe weiterverarbeitenden Leichtindustrie, die jeweils nur begrenzte E.-Möglichkeiten boten. Ein Schwerpunkt der Industrialisierungspolitik der Dekade 1970–80 lag in der Ausnutzung der billigen einheim. Arbeitskraft. Importiertes Material soll kostengünstig bearbeitet und dann reexportiert werden, wobei der Anreiz für Investoren im steuerfreien Import der Rohstoffe und Export der Fertigwaren liegt. Der Gewinn für die EK besteht dabei lediglich in der Schaffung einer begrenzten Zahl von Arbeitsplätzen, nicht jedoch in einer entwicklungsfördernden Veränderung der Wirtschaftsstruktur. Trotz der hohen Zuwachsraten gerade der Industrie sprachen Kritiker der ivorischen Entwicklungspolitik wie Samir *Amin daher von einem „Wachstum ohne Entwicklung", zumal die privaten Investitionen im produktiven Bereich bis Mitte der 70er J. ganz überwiegend von ausländ. (1970 z. B. zu 80 % von franz.) Kapital vorgenommen wurden, das die Gewinne retransferierte, während der ivorische Staat die Kosten für die Errichtung der entsprechenden *Infrastrukturen (z. B. im Transportwesen) zu tragen hatte. Die bei dem theoret. Modell einer abh. E. in der Regel unterstellten negativen Folgen im sozio-ökon. Bereich lassen sich für die EK zu einem großen Teil nachweisen. So liegt der Schwerpunkt der wirtsch. E. im S bzw. SO; die Industrieunternehmen konzentrieren sich zu ¾ im Großraum Abidjan (ca. 1 Mio. Ew.). Starke Ungleichgewichte weist auch die *Einkommensverteilung auf. 1973/74 erhielten die 20 % der reichsten Bev.-Gruppen 51,6 % aller Einkommen, die 40 % der Ärmsten dagegen nur 19,7 %. Verschärft werden diese Diskrepanzen durch die Rolle der mittlerweile fast 2 Mio. Ausländer im Wirtschaftsleben der EK. Zu etwa 90 % stammen sie aus afrikan. Nachbarstaaten, die auf die Absorption ihrer Arbeitslosen durch die EK ebenso dringend angewiesen sind wie auf deren Überweisungen. Nicht zuletzt hierdurch ist die EK zur regional dominierenden Wirtschaftsmacht aufgestiegen. Die rund 100 000 Libanesen im Lande kontrollieren den Zwischen- und z. T. auch den Kleinhandel und das Bauwesen. Von der Unabh. von 7 000 auf Ende 1979 45 000 bis 47 000 Personen angewachsen ist die Zahl der Franzosen, von denen ca. 20 000 als E.-Helfer arbeiten, die meisten jedoch führende Positionen in der Wirtschaft (Anteil der Nicht-Afrikaner in der Direktion von Betrieben 1968: 95 %, bei leitenden Angestellten und Technikern 89 %) und als Berater in Ministerien und der Verwaltung innehaben.

3. Seit der Unabh. der EK (1960) ist Houphouet-Boigny (1945–58 Abgeordneter der Franz. Nationalversammlung/ 1956–58 franz. Minister) Präsident des Landes. Die Verfassung der EK ist der der V. franz. Republik nachgestaltet. Einheitspartei ist der *Parti Démocratique de la Cote d'Ivoire* (PDCI). War der PDCI vor der Unabh. von der Führungspruppe um Houphouet als Mittel zur Mobilisierung breiter Bev.-Schichten benutzt worden, so wurden seine Aktivitäten nach der Unabh. z. T. bewußt gedrosselt und seine Funktionen zunehmend auf ein Instrument zur Absicherung der Privilegien der etablierten Führungsschicht reduziert. Opposition regt sich v. a. unter Oberschülern und Studenten, die der PDCI seit Mitte der 50er J. nie mehr in den Griff bekam, sowie unter den marginalisierten Schichten der Städte.

4. Fazit: Die EK hat mittlerweile einen z. T. beträchtlich höheren Lebensstandard als die angrenzenden Staaten, doch ist dieser regional und nach Einkommensgruppen höchst ungleich verteilt und wird zudem durch wachsende Preissteigerungsraten beeinträchtigt. Die Probleme der Steuerung und der Abh. des Wachstums insbes. im ind. Bereich von außen zeigen sich deutlich in der bedrohlich wachsenden *Verschuldung bzw. dem *Schuldendienst, seit Ende der 70er J. der private ausländ. Kapitalzufluß merklich nachgelassen hat. Nicht gelungen ist die beabsichtigte Schaffung einer ivorischen Unternehmerschicht, da die einheim. Bourgeoisie fast ausschließlich im rasche Gewinne abwerfenden, aber unproduktiven tertiären Sektor (z. B. in der Grundstücksspekulation) investierte oder im Zuge der „Ivorisierung" des Wirtschaftslebens (z. B. beim Holzabbau) nur die Strohmänner für die weiter dominierenden Ausländer abgab.

Andererseits wurden die *Diversifizierung der Landw., des Agrarexports und – trotz steigender Einwohnerzahl – die wachsende Selbstversorgung mit Nahrungsmitteln erreicht. Die zunehmenden Einfuhrkosten für Erdöl können wahrscheinlich durch die anlaufende Ausbeutung von Erdölvorkommen im Küstenbereich reduziert werden.

Lit.: W. Veit, Nationale Emanzipation. Entwicklungsstrategie und Außenpolitik in Tropisch-Afrika. Die Beispiele Elfenbeinküste und Guinea, München 1978; M. A. Cohen, Urban Policy and Political Conflict in Africa. A Study of the Ivory Coast, Chicago/London 1974. kz

El Salvador

Nach dem Versuch einer reformistischen Lösung des wachsenden sozialen Konflikts scheinen für El Salvador (ES) nur zwei E.-Möglichkeiten offenzubleiben: Soziale *Revolution und radikale Veränderung der Besitzverhältnisse oder rechtsradikale Militärdiktatur zur Bewahrung des *Status quo* und blutiger Liquidierung der Opposition.

ES ist mit 21 393 qkm der kleinste Staat Zentralamerikas, weist aber mit 4,108 Mio. Ew. (1975) die höchste Bev.-Dichte auf (192 Ew. pro qkm). Staat, Wirtschaft und Gesellschaft werden von einem einheim. Machtblock kontrolliert, dessen Hauptbasis der agroind. Sektor ist, der aber gleichzeitig den Handels-, Finanz- und Industriesektor dominiert. Dem Auslandskapital kommt nur eine untergeordnete Rolle zu. Die Industrialisierung in ES ist die am weitesten fortgeschrittene in Zentralamerika, doch muß eine Lösung der strukturellen Probleme des Landes im Agrarsektor ansetzen. Gegenüber der langen Tradition blutiger Unterdrückung steht eine lange Tradition von Widerstand v. a. seitens der ausgebeuteten Landbev.

Im seit 1821 von Spanien unabh. ES setzte zusammen mit dem Aufstieg des Kaffees zum Monoexportprodukt in der 2. Hälfte des 19. Jh.s ein Konzentrationsprozeß des kultivierbaren Landes ein. Kaffeepflanzer, die zur wichtigsten Gruppe der herrschenden Klasse aufstiegen, erweiterten ihre Anbaufläche durch die zumeist gewaltsame Übernahme des bis dahin bedeutenden Kommunal- und Kollektivbesitzes, was zu einer zunehmenden Proletarisierung der sich erbittert wehrenden Landbev. führte. Die Phase der pol. Herrschaft der Kaffeebourgeoisie war jedoch enorm instabil (1850–1900: 47 Staatschefs). Nach einer Periode quasi oligarchischer Herrschaftsausübung durch den Familienclan Melendez-Quiñonez (1913–1931) wurde die zivil-oligarchische durch die militär. Herrschaft ersetzt. Nach dem II. Weltkrieg setzte ein Industrialisierungsprozeß ein, der sich zunächst auf die Veredelung von Rohstoffen beschränkte, im Rahmen des *MCCA neue Impulse erhielt und sich auf die Verarbeitung importierter Rohstoffe und von Halbfertigwaren ausweitete (Anteil der Ind. am BIP: 1972: 18,7 %). Das bis 1932 absolut dominierende Monoexportprodukt Kaffee ging anteilmäßig zugunsten von Baumwolle, die in *Plantagen an der pazif. Küste angebaut wurde, wobei die dort siedelnden Bauern und Pächter vertrieben wurden, zurück. Der Anteil des Auslandskapitals in der neuen Wirtsch. ES.s blieb jedoch begrenzt und betrug in den 70er J. nicht über 10 % des ges. Anlagevermögens.

Entscheidendes Problem und E.-Hemmnis blieb jedoch die Konzentration des kultivierbaren Landes in den Händen weniger, während gleichzeitig die Bev. stark anwuchs. 0,02 % der Bev. halten 31,5 % des kultivierbaren Bodens in ihren Händen, während sich 91,4 % 22 % des Landes teilen müssen. Ca. 93 % der Landbev. bilden ländl. Proletariat, ca. 65 % sind unterbeschäftigt. Folge: starke Migration in die Städte (1975 lebten 21,6 % der Bev. in Städten mit über 20 000 Ew.) oder bis 1969 in das dünnbesiedelte Honduras Auseinandersetzungen über die seit 1930 nach Honduras emigrierten land- und arbeitslosen Salvadorianer (bis 1969: ca. 300 000–350 000) waren 1969 letztlich Auslöser für den sog. Fußballkrieg zwischen ES und Honduras.

Extreme soziale Gegensätze, wechselnde Militärregimes als Statthalter einer letztlich innovationsunfähigen herrschenden Klasse, staatl. Terror als Reaktion auf soziale Proteste bestimmen mehr oder weniger seit 1932 die Realität in ES. Parl. Institutionen, Verfassung, Gesetze und die offiziösen Parteien, von regierenden Militärs zur Legitimation ihrer Macht gegründet (seit 1960 PCN – Partei der Nationalen Ver-

söhnung), haben höchstens dekorativen Charakter. Gegen dieses System verstärkt sich seit den 70er J. die von einer breiten Strömung (von Parteien über Gewerkschaften bis zur Kath. Kirche) getragene Opposition. Auf massive Proteste reagierten die Militärs mit blutiger Repression, was wiederum die gewaltsame revol. Strategie verschiedener *Guerillagruppen begünstigt. Um den drohenden Bürgerkrieg zu verhindern, übernahmen am 15. Oktober 1979 nach einem unblutigen Putsch jüngere Offiziere die Macht und bildeten eine militär.-zivile Junta und ein Kabinett aus Vertretern der 3 Oppositionsparteien und Unabhängigen.
Die Chance einer reformistischen Lösung des Konflikts verringerte sich rapide, als der anhaltende Widerstand der ökon. Mächtigen gegen jegliche Reformen, das allmähliche Zurückdrängen reformbereiter Militärs sowie eigenmächtige Repressionsmaßnahmen der Sicherheitskräfte im Januar 1980 zum Rücktritt der zivilen Mitgl. der Junta und des Kabinetts (außer den Christdemokrat.) führte. aw

EMW

Evangelisches Missionswerk, 1975 gegr. als eingetragener Verein, zu dessen Mitgl. die *EKD, Freikirchen und missionarische Einrichtungen gehören; Mitgl. der *AGKED, hier vornehmlich für den theolog.-missionarischen Sektor zuständig. Finanzierung aus Spenden und Mitgl.-Beiträgen (1977: 97,6 Mio. DM). Daneben jährl. „Liste des Bedarfs" (1977: 13,5 Mio. DM), aus verschiedenen Quellen (v. a. Landeskirchen) aufgebracht für Projekte und Programme, die vom Ökumenischen Rat der Kirchen, vom Lutherischen Weltbund und anderen int. kirchl. Organisationen durchgeführt werden. Arbeitsbereiche u. a.: Zwischenkirchl. Hilfe, Bibelhilfe, Kommunikation, Stadt-, Industrie-, Landmission, gesellschaftsbezogene Dienste, Theologenausbildung. Adresse: Mittelweg 143, 2 Hamburg 13. kj

Encomienda

Form der Ausbeutung der Indios unter der Kolonialherrschaft Spaniens in Lateinamerika. Die span. Krone betrachtete das eroberte Land als ihr Eigentum, unterwarf die Indios der Tributpflicht und belohnte besondere Verdienste der Eroberer mit der Verleihung *(mercedes)* von Land, nicht jedoch der Schenkung oder Belehnung von Boden. Mit der En. erzwang die Krone die Arbeit der Indios in Bergwerken und *Plantagen, verhinderte aber zugleich die Entstehung eines überseeischen Feudalismus. Das *Latifundium setzte sich erst im 19. Jh. gegen die En. durch. dn

Endogen

Im Inneren entstehend, von innen kommend; im Zusammenhang der Erklärung von UE oder der Hemmnisse zur Überwindung von UE bezeichnen e. Faktoren jene Ursachen bzw. Tatbestände, die intern im jeweiligen EL bestehen, beispielsweise überkommene Strukturen in Wirtschaft und Gesellschaft, mangelnde Reform- oder Leistungsbereitschaft etc. *Modernisierungstheorien und wirtsch. *Wachstumstheorien betonen die Bedeutung e. Faktoren, hinterfragen die Berechtigung einer Unterscheidung von e. Faktoren und (Gegensatz) *exogenen Faktoren. dn

Energie

Die Energieversorgung der IL hängt entscheidend von Lieferungen aus den EL ab. Nach Berechnungen der *Weltbank erzeugten die IL 1976 36,6% der Weltenergie; auf sie entfielen aber 57,3% des Weltverbrauchs. Die EL erzeugten 33,6% und verbrauchten 14,5% der Weltenergie. Die Energieübertragung aus den EL (im wesentl. aus den *OPEC-Ländern) in die IL verstärkt das aufgrund der unterschiedl. Größenordnung der *Bev. gewaltige Gefälle im Energieverbrauch pro Kopf zwischen IL und EL von etwa 12 zu 1. Auch für die EL sind Erdöl und Erdgas die wichtigsten Energiequellen; sie machten 1976 fast ⅘ des kommerziellen Energieverbrauchs aus (Rest: Kohle 14%, Wasserkraft 8%). Auch die EL wurden folglich – von den OPEC-Ländern abgesehen – negativ von der Teuerung der Erdölprodukte betroffen, da nur wenige EL Selbstversorger sind. Die Folgen waren kritische *Zahlungsbilanzen, Wachstumseinbußen, Inanspruchnahme wachsender Teile des Investitionskapitals für Öleinfuhren, auch der Kapitalzuflüsse aus den IL. Da Energie unabdingbare Voraussetzung für eigentlich sämtl. E.-Maßnahmen ist, auch und insbes. solche der *ländl. Entwicklung und der Befriedigung der *Grundbedürfnisse, ist eine vorrangige entwicklungspol. Aufgabe in der verstärkten Nutzung einheim. Energiequellen zu sehen. Dabei geht es sowohl um die Ausbeutung herkömmlicher Energiequellen wie Erdöl, Erdgas, Kohle, Wasserkraft, die bisher nicht von allen EL oder nur zu einem geringen Prozentsatz genutzt werden (das Wasserkraftpotential wird in Lateinamerika nur zu 12, in Asien nur zu 6 und in Afrika nur zu 2 % genutzt), als auch und insbes. um die Nutzung neuer regenerativer (nicht erschöpflicher) Energiequellen durch E. neuer Technologien.

Unter regenerativer Energietechnologie wird die Nutzung von Sonne, Wind, Biomasse etc. zur Energiegewinnung verstanden. Biomasse sind Materialien/Abfälle pflanzlichen und tierischen Ursprungs (Holz, Pflanzen, Mist, Algen, Tang etc.), die über eine entsprechende Biogastechnologie auf der Grundlage von Gärprozessen Gas abscheiden. Das bekannteste und gegenwärtig bedeutendste Beispiel neuer regenerativer Energieträger ist die Destillierung von Zuckerrohr zu Äthylalkohol in großen Mengen, wie in Brasilien erfolgt. Dort tanken gegenwärtig alle Kraftfahrzeuge eine 20%ige Alkoholbeimischung zum Benzin. Für 1985 ist die Steigerung des Alkoholanteils am Benzin auf 50 % vorgesehen.

Die BRD will im Rahmen der wissenschaftl.-technologischen Zusammenarbeit mit EL verstärkt nicht-erschöpfliche und nicht-nukleare Energiequellen erschließen. Von 1975–1979 wurden für insges. 42 Vorhaben 60 Mio. DM zur Verfügung gestellt, u. a. für die E. eines solaren Kühlhauses in Ägypten, für die Nutzung von Biomasse in Kamerun, für die Prüfung geeigneter Windkraftanlagen in Haiti etc. Die verstärkte int. Aufmerksamkeit gegenüber alternativen Energiequellen kommt neben Kreditprogrammen von *Weltbank, *EEF, *UNDP etc. auch in der Weltenergiekonferenz (München 1980) und in der für 1981 geplanten *UN-Konferenz über „neue und erneuerbare Energiequellen" zum Ausdruck.

Lit.: M. Massarrat, Weltenergieproduktion und Neuordnung der Weltwirtschaft, Frankfurt 1980. dn

Enklave

Ein vom eigenen Staatsgebiet eingeschlossener Teil eines fremden Staatsgebiets; in der EL-Forschung und inzwischen auch im pol. Sprachgebrauch geläufiger Begriff zur Bezeichnung der Teile von Ökonomien in EL, die im wesentl. nur mit dem Weltmarkt verbunden sind, für diesen produzieren und dabei eine den Weltmarkterfordernissen entsprechende Technologie verwenden, zumeist auch in Händen des Auslandskapitals sich befinden. Wirtschaftsenklaven sind losgelöst von den sie geograph. umgebenden, teilweise vormodernen Teilen der EL-Volkswirtschaften und von den EL-Ökonomien insgesamt, insofern als auch der Gewinn in die *Metropolen abfließt. dn

Entwicklung

Was unter E. zu verstehen ist, macht einen guten Teil der E.-Problematik selbst aus. Der Begriff ist weder vorgegeben noch allgemeingültig definierbar, noch wertneutral, sondern abhängig von Raum und Zeit sowie insbes. von individuellen und kollektiven Wertvorstellungen. E. ist folglich ein normativer Begriff, in den Vorstellungen über die gewünschte Richtung gesellschaftl. Veränderungen, Theorien über die Ursachen von UE, Aussagen über die sozialen Trägergruppen und Ablaufmuster sozioökon. Transformationen, Entscheidungen über das Instrumentarium ihrer Ingangsetzung und Aufrechterhaltung etc. einfließen. Neben verschiedenen pol. Optionen (z. B. kapitalist. oder sozialist. E.) verursachen auch Differenzen in der Sichtweise des E.-Problems, die zwischen den wissenschaftl. Disziplinen bestehen, die Vielfalt des E.-Begriffs. Dazu trägt auch noch bei, daß der Begriff historischem Wandel unterworfen ist. Schließlich berücksichtigt er auch Erfahrungen, die aus den objektiven E.-Prozessen in den EL gezogen werden, insbes. seit die E. der Dritten Welt zu einer int. Aufgabe erklärt wurde. Seither wurden bestimmte, int. formulierte quantitative Vorgaben (→Entwicklungsdekaden) im Rahmen der Kritik an den gewählten E.-Strategien auch zum Maßstab der Angemessenheit der diesen zugrundeliegenden E.-Begriffe. Die

Fehlschläge der E.-Politik haben entscheidend zur Weiterentwicklung des E.-Begriffs beigetragen.
Von der älteren *Entwicklungstheorie, die v. a. von Wirtschaftswissenschaftlern getragen wurde, wurde das wirtschaftl. Wachstum in den Mittelpunkt des E.-Begriffs und aller strategischer Überlegungen von E. gestellt. Die Formel „E. = Wachstum" findet sich im UN-Bericht von 1951, mit dem die int. E.-Politik einsetzte. Die Gleichsetzung von Wachstum mit E., welche die Messung von E.-Fortschritten mit Hilfe eines einzigen *Indikators, des *Pro-Kopf-Einkommens, zuließ, ging von der den *Wachstumstheorien eigenen Vorstellung aus, daß, wenn das wirtschaftl. Wachstum nur ausreichend groß sei, auch die sozialen und pol. Probleme eines Landes lösbar seien. Strukturwandel sei eine notwendige Folge wirtschaftl. Wachstums. Mangelnde Wachstumserfolge und das Ausbleiben der an wirtschaftl. Wachstum geknüpften sozialen E.-Fortschritte führten zu Beginn der 60er Jahre zu einer Ausweitung des E.-Begriffs. Nun wurde der Komponente *sozialer Wandel Eigenberechtigung zugesprochen; die Definition von E. lautete: Wachstum und Wandel. Mit Wandel wurden Veränderungen in den Wertsystemen und Verhaltensweisen der Bev. (→Kulturwandel), pol.-institutionelle Modernisierungen in Richtung auf eine größere Leistungsfähigkeit der pol. und administrativen Systeme (→Modernisierungstheorien), aber auch Investitionen im sozialen Bereich (*Ernährung, *Gesundheit, *Bildung etc.) und gerechtere Verteilung (*Agrarreform, *Einkommensverteilung) angesprochen. Während der 60er Jahre wurde der E.-Begriff durch den Rückgriff auf und die Weiterentwicklung von Theorien erweitert, welche die UE im Zusammenhang von IL und EL erklärten, der über den Weltmarkt und das Muster der *internationalen Arbeitsteilung hergestellt wird (→Dependencia-Theorien). Diese Theorien stellten in Frage, daß E. in der Peripherie in Abhängigkeit vom Zentrum möglich sei, oder hinterfragten die abh. Form der E., die in einzelnen Ländern stattfand. Sie betonten auch, daß UE weniger ein Stadium, welches EL zu durchschreiten hätten, als vielmehr eine Struktur sei und die deformierten EL-Ökonomien nicht ohne ein gewisses Maß an Unabh., an nat. Zuständigkeit für Fragen der Produktion, Diversifikation, Verteilung und des Konsums, aus der Sackgasse der „Entwicklung der Unterentwicklung" (A. G. Frank) herausgeführt werden könnten. Wachstum, Wandel, Unabhängigkeit – dies waren die Elemente des E.-Begriffs, der die konkurrierenden E.-Theorien, Modernisierung und Dependencia, miteinander zu verknüpfen suchte.
Eine neue begriffliche Annäherung an das, was unter E. verstanden werden sollte, ging zu Beginn der 70er Jahre von den *Grundbedürfnissen des Menschen aus, wobei die Selbstverwirklichung des Menschen als Leitidee diente. Die dazu notwendigen physischen und psychischen Voraussetzungen wurden zum Kern eines vieldimensionalen, an sozialen Werten und qualitativen Errungenschaften orientierten E.-Begriffs. D. Seers forderte als unabdingbare strukturelle und materielle Voraussetzungen zur Verwirklichung der im Menschen liegenden Möglichkeiten: Nahrung, Arbeit und soziale Gerechtigkeit. E. bedeutet danach eine Verbesserung der Lebensbedingungen der Masse der Bev.: Verbesserungen in der *Ernährung, der *Gesundheit, der Beschäftigung, im *Wohnen etc. Um E. zu messen, bedarf es mehr als eines Indikators. Freilich gehört wirtschaftl. Wachstum mit zu den Kernelementen des E.-Begriffs. D. Nohlen/F. Nuscheler haben im HDW folgende komplementäre Aspekte und Ziele von E. zum magischen Fünfeck des E.-Begriffs erhoben: Arbeit/Beschäftigung, wirtschaftl. Wachstum, soziale Gerechtigkeit/Strukturwandel, *Partizipation sowie pol. und wirtschaftl. Unabhängigkeit. Wirtschaftl. Wachstum wird eingebunden in ein Geflecht von E.-Zielen, die wie die pol. Mitwirkung und die soziale Teilhabe am gesellschaftl. Fortschritt sogar mehr Eigenwert für sich in Anspruch nehmen können, instrumental jedoch ebenfalls als gleichberechtigt anzusehen sind. Auch geht es um ein qualitativ anderes Wachstum. Die Position E. ohne/statt Wachstum hingegen ist absurd. Der Bericht der *Brandt-Kommission betont: „Wenn die Qualität des Wachstums und soziale Veränderung außer acht gelassen werden, kann man nicht von Entwicklung sprechen." Und an anderer

Stelle: E. „trägt in sich nicht nur die Idee des materiellen Wohlstands, sondern auch die von mehr menschlicher Würde, der Sicherheit, Gerechtigkeit und Gleichheit". Die Reflektion über das, was E. heißen soll, bleibt der entwicklungstheoret. und -strategischen Diskussion stets aufgegeben.
→Cocoyoc-Erklärung

Lit.: D. Seers, Was wollen wir messen, in: HDW, Band 1, Hamburg 1974, S. 222 ff.; D. Nohlen/F. Nuscheler, Entwicklungstheorien und Entwicklungsbegriff, in: HDW, Band 1, Hamburg 1974, S. 13 ff.; Brandt-Kommission, Das Überleben sichern, Köln 1980. dn

Entwicklungsdekade

Von den *UN eingerichtete 10-Jahres-Periode, für die sie eine sog. Dekadenstrategie beschließt, welche Globalziele für die E. der EL in Form eines Katalogs quantifizierter Daten enthält. Die erste E.-Dekade wurde 1961 proklamiert, die zweite umfaßte die 70er Jahre, die dritte wurde auf der Sondervollversammlung der UN Aug. 1980 ausgerufen.
Für die erste E.-Dekade lauteten die Globalziele: JZ des BSP von 5%, des *Pro-Kopf-Einkommens von 3%, die Industrieproduktion sollte jährl. um 8,5% wachsen, die der Landw. um 4%; die **terms of trade* der EL sollten sich um 10% verbessern. Hinsichtlich des Wirtschaftswachstums wurden die Zieldaten für die 2. E.-Dekade auf eine JZ des BSP von 6%, des Pro-Kopf-Einkommens von 3,5% angehoben. Sektoral sollte die Industrieproduktion j. um 8%, die landw. Produktion um 4% j., der Handel um 7% (der Export etwas mehr, der Import etwas weniger) jährl. wachsen. Die interne *Sparquote der EL sollte sich jährl. um 0,5% erhöhen; die *öffentl. E.-Hilfe der IL sollte 0,7% des BSP erreichen.
In beiden E.-Dekaden wurden Zielwerte nicht oder nur mit unbefriedigenden entwicklungspol. Auswirkungen erreicht (etwa hinsichtlich der Wachstumserfolge von BSP und Industriesektor). Die negativen Erfahrungen der 1. E.-Dekade zeigen *Pearson-Bericht und *Jackson-Bericht auf. Der von der *Brandt-Kommission vorgelegte Bericht kann als vorläufige *Evaluierung der 2. E.-Dekade gelten. Die Bedeutung der für die E.-Dekaden propagierten Ziele liegt angesichts des nur unverbindlichen Charakters darin, daß die nat. und int. E.-Anstrengungen orientiert und Kriterien ihrer Bewertung geliefert werden, auch wenn zu Recht beklagt wird, daß die entwicklungspol. Angemessenheit der Maßnahmen allein von den Zieldaten her nicht bewerkstelligt werden kann. Im übrigen vernachlässigen die Zieldaten den notwendigen Eigenbeitrag der EL etwa in der Form der Herbeiführung struktureller Reformen (*Agrarreform, Umverteilung der *Einkommen). Die Durchsetzung der *Grundbedürfnisse als neuer E.-Strategie Mitte der 70er Jahre hat überdies die Kurzsichtigkeit der Dekadenstrategen gezeigt bzw. die Notwendigkeit, im Verlaufe einer E.-Dekade die strategischen Ansätze neu zu bestimmen. Diese Neuorientierung geht in die Zieldaten der dritten E.-Dekade ein. dn

Entwicklungsexperte

auch Experte, Element der *personellen Hilfe, im Gegensatz zum *Entwicklungshelfer hoch vergütete Fachkraft entsprechend der bundesdeutschen Besoldungsgruppe zuzüglich nach Land und Klimazone variierender Auslandszuschläge. Infolge gewachsener Qualifikationsanforderungen und der Arbeitsmarktlage in der BRD (Problem der *Reintegration) fehlt es an qualifizierten, berufserfahrenen Kräften. dn

Entwicklungsdienste

Auch Freiwilligendienste, Organisationen für Freiwillige aus IL und EL, die unter Verzicht auf materielle Vorteile als *Entwicklungshelfer in E.-Projekten für eine bestimmte Zeit, mindestens ein Jahr, tätig werden und Helfen mit Lernen verbinden. ED verstehen sich als Element der *personellen Hilfe, die in ein weites Spektrum entwicklungspol. Maßnahmen eingebracht wird (*Bildungshilfe, *Gesundheitshilfe, *Technische Hilfe etc.). ED können nach den Trägerorganisationen und den Herkunftsländern unterschieden werden, in zweiter Linie auch danach, welcher Weltanschauung sie verpflichtet sind, welche Rolle die berufliche Qualifikation spielt, ob sie privat oder öffentlich sind etc. Allerdings werden auch die privaten bzw. *Nichtstaatlichen Organisationen für ED in den IL in der Regel aus öffentl. Geldern mitfinanziert. In der BRD haben Kirchen (ev.: *Dienste in Übersee; kath.: *AGEH), andere Nichtstaatl. Organisationen (*Lernen und Helfen in Übersee e. V.) und Staat (*DED) ihre eigenen ED. Int. am bedeutendsten sind der US-amerikan. *Peace Corps* (gegr. 1961) und der dem *UNDP angegliederte *UN-Freiwilligendienst UNV (*UN-Volunteers*).

Lit.: I. Pinkham, Service for Development, Washington 1978 dn

Entwicklungshelfer

Nach dem Entwicklungshelfer-Gesetz vom Juni 1969 lautet die Definition: „E.-Helfer ist, wer in EL ohne Erwerbsabsicht Dienst leistet, um in partnerschaftlicher Zusammenarbeit zum Fortschritt dieser Länder beizutragen (Entwicklungsdienst)." Das gleiche Gesetz stellt den E.-Dienst gleichrangig neben Wehrdienst und Zivildienst. E.-Helfer werden von den im *Arbeitskreis Lernen und Helfen in Übersee e. V. vertretenen Organisationen entsandt. Seit Mitte der 60er Jahre waren bis Ende 1978 etwa 9 000 E.-Helfer in ca. 80 EL tätig (Ende 1978 waren ca. 1 230 E.-Helfer im Einsatz). Sie erhalten ein Unterhaltsgeld und eine spätere Wiedereingliederungsbeihilfe. Vor Ort ist die bei gleicher Qualifikation und vergleichbarer Tätigkeit zum *Entwicklungsexperten sehr unterschiedliche Vergütung nicht unproplematisch. Die Möglichkeiten, die Erfahrungen der E.-Helfer in die entwicklungspol. Diskussion in der BRD einzubringen, wurden durch entsprechende Bildungsprogramme seit Mitte der 70er Jahre wesentlich verbessert. dn

Entwicklungshilfe

E.-Hilfe – im neueren Sprachgebrauch neutraler: finanz. und techn. Zusammenarbeit – dient als Sammelbezeichnung für Leistungen (Maßnahmen?) materieller Art (*Kapitalhilfe: Kredite, Zuschüsse, *Warenhilfe; *Techn. Hilfe: Ausrüstungsgegenstände; private Hilfe: *Direktinvestitionen; Exportkredite) und nicht-materieller Art (techn. Hilfe: Entsendung von Experten und Beratern) von privaten (Wirtschaft, *Kirchen u. a.) und öffentl. Stellen in IL an EL (*öffentliche Hilfe). Sie wird von einem Land zum anderen (bilateral) oder über int. Organisationen (multilateral; *Weltbank) gewährt. Im Gefolge der weltwirtsch. Umschichtungen seit Anfang der 70er J. werden neben den klassischen Instrumenten der E.-Hilfe (finanz. und techn. Zusammenarbeit) zunehmend neuere Formen diskutiert (E.-Hilfe durch Umverteilung von *Sonderziehungsrechten; sog. **link*); E.-Hilfe durch den Sonder-Treuhand-Fonds des *Internationalen Währungsfonds, E.-Hilfe durch den *Zinssubventionsfonds des IWF, Besteuerung der reichen zugunsten der armen Länder bzw. Erhebung einer E.-Steuer in IL (→Brandt-Kommission). Die Begriffe „Entwicklungshilfe" und „Entwicklungspolitik" werden im allgemeinen Sprachgebrauch häufig mit gleicher Bedeutung verwandt. In Wirklichkeit ist der Begriff „E.-Politik" jedoch umfassender und meint alle Mittel, Maßnahmen und Strategien, die von den EL oder den IL im Hinblick auf die wirtschaftl./soziale E. geplant oder angewandt werden.
Nach der entwicklungspol. Generalformel des BMZ ist *Ziel* der deutschen E.-Politik, Völkern zu helfen, sich selbst zu helfen (= Hilfe zur *Selbsthilfe), damit sie sozial und wirtsch. aufholen, ihre Gesellschaft nach eigenen Zielen modernisieren (= E. als *Modernisierung), zu gleichberechtigten Partnern im Welthandel werden (= *Integration in den Weltmarkt) und über ihre Zukunft selbst entscheiden können (= Selbstbestimmungsrecht, nat. Unabh.). E.-Politik fordert die Lernfähigkeit (Entwicklungspädagogik) auch unserer Gesellschaft heraus (= Notwendigkeit von Strukturveränderungen, neuer Lebensstil). Sektoral kommt die finanz. Zusammenarbeit in Form von E.-Krediten in Frage für Einzelprojekte (Produktionsanlagen, *Infrastrukturanlagen), für Warenlieferungen, für die Lieferung von Kapitalgütern, zur Förderung von Sektor-, Teilsektor- und Regionalprogrammen und zur Gewährung von Darlehen an nat. und *regionale Entwicklungsbanken. Das Schwergewicht der techn. Zusammenarbeit liegt im Ausbildungsbereich und bei der Lieferung von Ausrüstungsgegenständen.
Nicht alles, was sich E.-Hilfe nennt, verdient diese Bezeichnung. Nur etwas mehr

als 20% der E.-Hilfe sind unentgeltliche Zuwendungen, der Rest ist zu unterschiedl. Bedingungen rückzahlbar. Die beiden Formen der privaten Leistungen – Exportkredite und *Direktinvestitionen – (ca. die Hälfte der Gesamtleistungen) sind sowohl bezüglich der Konditionen (Zinshöhe, Freijahre, Laufzeit) wie der Gewinnraten als normale Geschäftsbeziehungen zu qualifizieren. Dennoch werden sie in den Statistiken der *OECD-Länder als E.-Hilfe gewertet. Der größte Einzelbereich der E.-Hilfe, die Kapital- oder Kredithilfe, dient als eine Art Spitzenfinanzierung, als Flankierungsmaßnahme für private Aktivitäten (Exporte, Beteiligungen). Die bis Mitte der 60er J. harten Kreditbedingungen (nahezu marktübliche Zinssätze und Laufzeiten für Kredite; v. a. in der BRD) und der Grundsatz der *Lieferbindung (zu nahezu 100% in den USA, in der BRD zu ca. 25%) sowie der wachsende Anteil der sog. Warenlieferungen (Rohstoffe, Ersatzteile) für bereits laufende Industrieanlagen unterstreichen noch den Vorrang wirtschaftspol. Eigeninteressen in der Vergabepolitik. Sie verhindern, daß die EL sich das günstigste Angebot auf dem Weltmarkt aussuchen können und verstärken die *Verschuldung dieser Länder. Seit Mitte der 60er J. wurden auf Drängen der EL (→UNCTAD) die Bedingungen der Kapitalhilfe wesentlich verbessert.

Neben der wirtschaftspol. Instrumentalisierung der Hilfe haben zumindest bis Ende der ersten *Entwicklungsdekade handfeste außenpol. Geberinteressen (Zurückdrängen des Kommunismus, Isolierung der DDR) zusätzlich zu einer Entfernung vom Globalziel „E. unterentwickelter Völker" beigetragen.

Die Überschätzung des Kapitals als E.-Motor und damit der Kapitalhilfe in der ersten E.-Dekade (→Pearson-Bericht) – Folge der verkürzten Gleichsetzung von E. mit ökon. Wachstum (→Wachstumstheorien) sowie die wachsende Kritik an der außenpol. Zweckentfremdung der Hilfe bzw. deren Erfolglosigkeit (s. Vietnam-Debakel der USA, weltweite Anerkennung der DDR, Entspannungspolitik) führten zu Beginn der zweiten E.-Dekade zu einer Teilrevision der *Entwicklungsstrategie. In Anlehnung an die Strategie der *UN für die zweite E.-Dekade wurden zu Schwerpunkten der bundesrepublikanischen Hilfe nunmehr: die unmittelbare Hilfe zur Verbesserung der Lebensbedingungen auf Gebieten wie *Ernährung; *Gesundheit und *Familienplanung; Strukturverbesserungen in ländl. Regionen; Bekämpfung von Arbeitslosigkeit und Unterbeschäftigung; Förderung arbeits- und umweltbezogener Bildungspläne; Ausweitung und Schaffung einer breiten Skala der gewerblichen Wirtschaft und der Ausfuhren; Stärkung der Fähigkeiten der EL zur Forschung, Planung und Organisation.

Bezüglich des *Instrumentariums* erfolgte ein nach dem jeweiligen E.-Stand des Nehmerlandes differenzierter Einsatz (kostenlose techn. Hilfe an die „Ärmsten der Armen" (LLDC, MSAC, Binnenländer), Kredite an zahlungskräftigere EL, rückzahlbare techn. Hilfe an die Ölländer (→OPEC), eine Schwerpunktverlagerung von der Kapitalhilfe zu den verschiedenen Formen der techn. Hilfe (insbes. im Agrar- und Bildungssektor) und der Handelshilfe, von der Förderung des Einzelprojekts (→Projekthilfe) zum Verbundprojekt (Kombination von techn. Hilfe und Kapitalhilfe) und zur Programmfinanzierung. Auf programmatischer Ebene traten kurzfristige außenpol. Interessen zugunsten langfristiger Ziele (Spannungsminderung, E.-Politik als Friedenspolitik) zurück; wirtschaftspol. Interessen der Geberländer gewannen jedoch, v. a. im Gefolge der sog. Energiekrise, eher noch an Bedeutung (Steigerung der Direktinvestitionen, E.-Hilfe zur Rohstoffsicherung und Exportförderung). Die Verschärfung des O-W-Konflikts im Gefolge der Iran- und Afghanistan-Krise erhöht zudem die Gefahr eines Wiederauflebens außenpol. Instrumentarisierung der E.-Hilfe.

Die Einschätzung der E.-Hilfe durch die EL ist ambivalent. Sie verurteilen sie einerseits als neokolonialistische Ausbeutung, sehen in ihr aber auf der anderen Seite einen Akt der Wiedergutmachtung vergangener Kolonialschuld und fordern – nicht zuletzt infolge hoher →Verschuldungsraten, Devisen- und Technologieknappheit – eine Erhöhung der Mittelübertragungen in Form nichtrückzahlbarer Budgethilfe sowie *Technologietransfer mit dem Ziel eines langfristigen weltweiten Wohlstandsausgleichs. Während unter längerfristiger Perspektive die IL den Zielen Rohstoffsicherung (v. a. die EG und Japan) und Erschließung bzw. Sicherung von Absatzmärkten Vorrang einräumen, stehen für die EL strukturelle Änderungen im int. Handels- und Währungssystem an erster Stelle. Entsprechend tritt die E.-Hilfe klassischen Typs mehr und mehr hinter den Bemühungen um eine Integration der EL in den Weltmarkt (= Konzept der IL, Devise „Handel statt Hilfe") bzw. hinter den Bemühungen um strukturelle Änderungen im Welthandels- und Weltwährungssystem (= Konzept der EL, Forderung einer *Neuen Weltwirtschaftsordnung, Devise „Vorzugsbehandlung statt Gleichbehandlung") zurück. Das originäre Ziel aller E.-Politik, einen direkten Beitrag zur Verbesserung der Lebensbedingungen der breiten Bev.-Schichten in der Dritten Welt zu leisten (→Grundbedürfnisse), wird jedoch in zahlreichen EL mehr denn je dem Interesse an hohen, v. a. einer Minderheit zugutekommenden Wachstumsraten aufgeopfert (Gefahr des „Wachstums ohne Entwicklung"). Der mögliche Widerspruch des Wachstumsziels zu den konkurrierenden Zielen „soziale Gerechtigkeit" und „nat. Unabhängigkeit" droht – von einigen Ausnahmen abgesehen (Tansania, Algerien, China) – ebenso ignoriert zu werden wie die Frage nach den sozialen Kosten/Opfern und den möglichen soziokulturellen Folgen entwicklungspol. Entscheidungen (Verlust an kultureller Identität; Sinnverlust).

Das langfristige Ziel der E.-Hilfe, sich selbst mit der Zeit überflüssig zu machen, dürfte um so schneller erreicht werden, als es den EL gelingt, den inländ. Markt sowie die wirtschaftl. und techn. Zusammenarbeit untereinander (→ECDC, →ICDC) auszubauen. Ob diese E. jedoch entgegen allen Integrationsvorstellungen der IL und der Mehrzahl der E.-Regierungen bis zur *Dissoziation der EL aus dem kapitalist. Weltmarkt und einer auf **self reliance* gegründeten *autozentrierten Entwicklung vorangetrieben werden kann – was radikale Kritiker des gegenwärtigen Weltwirtschaftssystems erhoffen, muß angesichts des Machtpotentials der IL und der Sogwirkung des kapitalist. Weltmarktes bezweifelt werden.

Lit.: H. G. Klein, Entwicklungshilfe – Spezifische Äußerungsform internationaler Politik, Baden-Baden 1977; G. Wiegand, Organisatorische Aspekte der internationalen Verwaltung von Entwicklungshilfe, Berlin 1978. *BMZ, Die entwicklungspolitischen Grundlinien der Bundesregierung, Bonn (Juli) 1980.kb

Entwicklungsländer

Was ein EL ist, welche Merkmale Grundlage einer Definition sind, ist umstritten. Der bedeutsamste Unterschied in den Definitionsversuchen liegt darin, ob UE als Zustand/Stadium oder als Struktur begriffen wird. EL sind dann entweder durch Kennzahlen wirtschaftl. und sozialer *Entwicklung oder durch die Struktur ihrer Einbindung in die *internationale Arbeitsteilung und deren interne Konsequenzen begrifflich und politisch bestimmt. Beiden Definitionsperspektiven liegen theoretische Annahmen über die Verursachung und die Bedingungen der Aufrechterhaltung von UE zugrunde, der ersteren meistens nur implizit, während die zweite bewußt die Definition von EL mit einer kausalen Erklärung von UE verbindet.

Innerhalb theoretischer Annahmen, denen zufolge die EL aufgrund von Merkmalen des geringeren E.-Standes der Produktivkräfte im Vergleich zu den heutigen IL rückständig bzw. zurückgefallen seien, werden von den Wirtschaftswissenschaftlern hauptsächlich ökonomische, von den Entwicklungssoziologen primär sozio-kulturelle Kriterien und Bedingungen erfolgreicher wirtschaftl. E. zur Definition von EL genannt. Es gibt eine Reihe wirtschaftl. Merkmalskataloge, welche die ökon. Gemeinsamkeiten von EL herausstellen. Die wichtigsten wirtschaftl. Merkmale sind folgende: 1. niedriges *Pro-Kopf-Einkommen; 2. niedrige Spar- und Investitionstätigkeit; 3. geringe Kapitalintensität, gemessen am Kapitalaufwand pro Beschäftigten, und geringe *Produktivität der Arbeit; 4. niedriger technischer Ausbildungsstand, mangelndes **Know-how* von Unternehmern und Managern; 5. Vorherrschaft des primären *Wirtschaftssektors in Form a) der Beschäftigung eines überwiegendenden Teils der Erwerbstätigen in der Landw. und b) der Dominanz weniger Produkte des Primärsektors in der Produktionsstruktur, teilweise eines *Monoprodukts; 6. mangelnde oder nicht ausreichende materielle *Infrastruktur. Auch Wirtschaftswissenschaftler, erst recht Sozialwissenschaftler und int. Gremien, die den Grad der UE eines EL ermitteln wollen, nehmen zur Kennzeichnung von EL soziale *Indikatoren hinzu. Die wichtigsten sind: 1. *Lebenserwartung bei Geburt und Kindersterblichkeitsrate bis zum 4. Lebensjahr für den niedrigen *Gesundheitsstand; 2. Kalorien- und Proteinaufnahme pro Tag für die ungenügende *Ernährung; 3. Anteil des *Analphabetismus unter der erwachsenen Bev. und *Desertionsquote für die unzureichenden Leistungen im Bereich der *Erziehung.

Sozio-kulturelle Bestimmungsmerkmale von EL finden viel geringeren Konsens als die genannten wirtschaftlichen und sozialen Kriterien. Sie werden auch kaum zur Differenzierung der EL untereinander herangezogen, obwohl nicht zu verkennen ist, daß mit ihnen wesentliche E.-Probleme angesprochen werden. Die geringere Beachtung dieser Merkmale für Definitionszwecke rührt u. a. daher, daß diese Kriterien konzeptuell sehr viel schwerer aufzustellen und auch weniger leicht meßbar sind, folglich Ländervergleiche erheblich mehr Schwierigkeiten bereiten. Folgende sozio-kulturelle Merkmale werden genannt: 1. nicht abgeschlossener *nation-building-process*; 2. geringe soziale Mobilität; 3. Vorherrschen traditionaler Verhaltensmuster, beruhend auf zugeschriebenen Rollen in fest abgegrenzten sozialen Bereichen (Familie, Verwandschaft, Clan, Sippe, Ethnie) und auf persönlichen Beziehungen, d. h. fehlende Rollenverständnisse und Handlungsformen, die Voraussetzungen für rationales wirtschaftl. Handeln sind; 4. geringe soziale Differenzierung. Die Möglichkeiten der Befriedigung individueller Bedürfnisse, individuellen Aufstiegs, beliebiger Wahlbeziehungen etc. sind gering.

Gegenüber den im wesentlichen *endogenen Merkmalen von UE betonen Definitionen von EL, welche UE als Struktur begreifen, die *exogenen Verursachungsfaktoren. EL sind danach Länder, die in asymmetrischer, sie benachteiligender Weise in die int. Arbeitsteilung eingebunden sind, deren Produktionsstruktur auf den Weltmarkt und auf die Befriedigung der Bedürfnisse der IL ausgerichtet ist. Der Wirtschaftskreislauf von EL-Ökonomie ist nicht geschlossen, es fehlen wichtige Sektoren (Konsumgütersektor, Investitionsgütersektor) oder diese sind nur schwach entwickelt. Wirtschaft und Gesellschaft der EL sind *strukturell heterogen (→*Dependencia*-Theorien). Die oben genannten Merkmale von UE als wirtschaftl. Rückständigkeit werden in dieser Problemperspektive interpretiert und nötigenfalls korrigiert. D. h., daß im konkreten Fall eines EL mit einem rel. hohen *Pro-Kopf-Einkommen, das weit über der int. festgelegten Grenze liegt, unterhalb derer die EL rangieren, im Rahmen einer strukturalistischen Definition von EL kaum Bedeutung für die Frage besitzt, ob es sich bei einem solchen Land noch um ein EL handelt oder nicht. Int. Organisationen und auch die BRD richten ihre E.-Politik gegenüber der Dritten Welt nach solchen quantitativen (und weniger qualitativen) Kriterien aus, etwa wenn Venezuela aufgrund des rel. hohen Pro-Kopf-Einkommens als *OPEC-Staat nicht mehr zu den EL gezählt wird. Im übrigen erweist sich hier der Begriff *Dritte Welt als der politischere gegenüber dem der EL, zumal wenn man bedenkt, daß auch einige europ. Länder zu den EL gezählt werden.

→Tabellenwerk im Anhang →Gruppierungen der EL unter Stichwort Dritte Welt, S. 100.

Lit.: B. Fritsch (Hrsg.), Entwicklungsländer, Köln–Berlin 1968; T. Szentes, Politische Ökonomie der Entwicklungsländer, Frankfurt–Köln 1974; HDW, Band 1, Hamburg 1974; K.-G. Riegel, Politische Soziologie unterindustrialisierter Gesellschaften: Entwicklungsländer, Wiesbaden 1976; HDW 2, Band 1, Hamburg 1981. dn

Entwicklungsmodell

Die E.-Politik sieht sich vor die Notwendigkeit gestellt, zwischen alternativen Möglichkeiten wirtschaftl., gesellschaftl. und polit. E. grundlegende Entscheidungen zu treffen. Diese Entscheidungen berühren beispielsweise die Art der Produktionsstruktur, die Kontrolle über die Produktionsmittel, die räumliche und sektorale Verteilung der Wachstumspole, die Art der Beziehungen zum Weltmarkt, die Art und den Grad der nat. Autonomie, die Verteilung des Nutzens sozio-ökon. E., Art und Grad der pol. *Partizipation der Bev. etc. Unter EM ist die vom Einzelfall abstrahierende grundlegende Entscheidung in mehreren dieser Problembereiche zugunsten einer Alternative zu verstehen. Ein EM besteht demnach aus einer Verbindung verschiedener Grundentscheidungen zu einer größeren Zahl von Sachverhalten und weist somit bestimmte Eigenschaften auf, die es von anderen unterscheidet. Konkrete Alternativen sind beispielsweise: Industriesektor – Agrarsektor; Schwerindustrie – Leichtindustrie; Wachstum – Verteilung, *kapitalintensiv – *arbeitsintensiv; Exportorientierung – Inlandmarktorientierung; konsumorientiert – investitionsorientiert; weltmarktintegrativ – *dissoziativ; abhängig – autonom/*autozentriert; autoritär/repressiv – demokratisch/partizipatorisch etc. Bestimmte Entscheidungen, ihre Kombination und ihre Beziehungsstruktur machen ein EM aus.

Die Verwendung des Begriffs steht vielfach im Zusammenhang der Frage, ob der E.-Weg eines EL tatsächlich modellhaft, d. h. abstraktionsfähig ist und auf ein anderes EL übertragen werden kann. So wird beispielsweise beim *chinesischen EM, dessen Modelleigenschaften so sehr abstrahiert und an eine Theorie angelehnt wurden, daß die Realität des chin. E.-Prozesses damit bereits nicht mehr eingefangen wird, diskutiert, ob nicht die chin. Voraussetzungen, insbes. die raumgeograph. und bev.-mäßigen, die Möglichkeit der Übertragung des EM auf andere EL ausschlössen. Das Denken in Modellen hat im übrigen den Vorteil, bestimmte Aspekte zu isolieren und der Analyse leichter zugänglich zu machen. In der (manchmal allzu großen) Vereinfachung liegt aber auch eine gewisse Gefahr. dn

Entwicklungsplanung

Einer Definition Jan Tinbergens zufolge ist EP die Vorbereitung der E.-Politik. Der *ECOSOC versteht unter EP geplanten Fortschritt in Richtung auf genau festgelegte Ziele. EP stellt die Verbindung her zwischen E.-Theorie (Aussagen über die Verursachung von UE und daraus abgeleitete Folgerungen zur Überwindung von UE) und E.-Politik. Sie fußt auf 1. wissenschaftl. Annahmen über die volkswirtschaftl. und gesellschaftl. Zusammenhänge sowie internen und externen Bedingungen von UE; 2. auf pol. Zielvorgaben der pol. und gesellschaftl. Gruppen, die den Staatsapparat kontrollieren; 3. auf der Erhebung statistischer Informationen, die möglichst den gesamten Bereich abdecken, für den geplant werden soll. Diese notwendigen Grundlagen von EP sind jedoch in den EL entweder nicht oder nur in einem Maße gegeben, die EP sehr erschwert oder gar unmöglich macht. Über die Verursachung und die Bedingungen, welche UE aufrechterhalten, herrscht wissenschaftl. keine Einigkeit (→Dependenztheorien, →Modernisierungstheorien). Die pol. Zielvorgaben unterliegen den bestehenden pol. Machtstrukturen; die Bedürfnisse der Mehrheit der Bev. setzen sich pol. nicht durch. Die statistische Erfassung der Basisdaten ist mangelhaft. Oft wird ohne statistische Informationen geplant. Angesichts dieser Befunde erstaunt nicht, daß zwischen den Entwicklungsplänen, auf die kaum noch ein EL verzichten zu können glaubt, und wirklicher EP zur Erreichung von E.-Fortschritten im Sinne eines akzeptablen *Entwicklungsbegriffs eine tiefe Lücke klafft. Zu diesen Schwierigkeiten bei der Planerarbeitung stößt auf der Durchführungsseite das Nicht- oder Kaumvorhandensein einer wirksamen öffentl. Verwaltung zur Implementierung der EP.

Es gibt eine Vielzahl von Planungsmodellen; wir beschränken uns darauf, im folgenden nur zwischen einzelnen Planphasen und Planungsmethoden zu unterscheiden. Hinsichtlich der Planphasen gelangt die Literatur zu unterschiedl. Einteilungen. Nimmt man die vorplanerischen Bereiche in die Phasenunterteilung mit hinein, so ergibt sich: 1. Analyse der bestehenden wirtschaftl. und sozialen Situation eines EL, der Entstehungsursachen von UE und der Faktoren, die sie bislang aufrechterhalten; 2. E.-Ziele bzw. pol. Zielvorstellungen entsprechend den pol. Präferenzen der maßgebenden gesellschaftl. und pol. Kräfte; 3. Bestimmung der Bereiche, in denen Maßnahmen nötig sind und ergriffen werden sollen, Festsetzung von Prioritäten; 4. Bestimmung der Mittel, die zur Verfügung stehen bzw. mobilisiert werden können, intern und extern, privat und öffentl.; 5. Bestimmung konkreter Maßnahmen und zugleich damit des Einsatzortes (Allokation) der Mittel; Ausarbeitung von Aktionsprogrammen; Koordinierung der Teile des Plans; 6. Bestimmung konkreter Zieldaten, die erreichbar scheinen und die realen Fortschritte meß- und kontrollierbar und den Plan korrigierbar machen; 7. Umsetzung des Plans in die Praxis (Implementierung); 8. *Evaluierung während oder am Ende einer Planperiode bei eventueller Korrektur der Ziele.

Bei den Planungsmethoden unterscheidet man zwischen globaler, die gesamte Volkswirtschaft erfassender und sektoraler, nur einzelne Sektoren betreffender EP. Planung läßt sich auch für einzelne Projekte oder Programme durchführen und kann insofern erfolgreicher sein, als möglicherweise ausreichendere Informationen zur Verfügung stehen als bei gesamtvolkswirtschaftl. ausgerichteten Planungsmodellen. Eine andere Art der Unterscheidung bieten die Laufzeiten von E.-Plänen: 3-, 5-, 7-Jahrespläne. Zeitlich länger angelegte EP setzt eine Stabilisierung der pol. Machtverhältnisse voraus, die vielfach nur repressiv gewährleistet wird und damit im Widerspruch zu partizipatorischen Anforderungen an den E.-Stil steht. Andererseits ist pol. Instabilität jeglicher EP zuwider.

Lit.: B. Knall, Grundlagen und Methoden der Entwicklungsprogrammierung, Wiesbaden 1969; J. H. Wolff, Planung in Entwicklungsländern, Berlin 1977.

dn

Entwicklungspolitik

Unter EP ist die Summe aller Mittel und Maßnahmen zu verstehen, die von EL und IL eingesetzt und ergriffen werden, um die wirtschaftl. und soziale Entwicklung der EL zu fördern, d. h. die Lebensbedingungen der Bev. in den EL zu verbessern. EP fußt auf bestimmten theoretischen Prämissen (→Entwicklungstheorie) und Einsichten in die E.-Problematik, auf pol. Zielsetzungen der nat. und int., öffentl. und priv. Organisationen und Institutionen, die an ihrer Formulierung und Durchführung beteiligt sind; sie bedarf organisierter Trägergruppen in EL und IL und eines den Zielsetzungen der EP angepaßten Instrumentariums.

Trägergruppen, Trägerorganisationen und Instrumentarium der *Entwicklungshilfe haben sich im Laufe von 3 Jahrzehnten EP sehr ausdifferenziert. Das Schema auf Seite 9 vermittelt einen gewissen Überblick über die im LEXIKON DRITTE WELT erfaßten entwicklungspol. Organisationen und Instrumentarien.

Lit.: K.-H. Sohn, Entwicklungspolitik. Theorie und Praxis der deutschen Entwicklungshilfe, München 1972; R. Schloz, Deutsche Entwicklungspolitik. Eine Bilanz nach 25 Jahren. München 1979. dn

ERE

Europ. Rechnungseinheit; die seit dem 1. Jan. 1978 gültige Währungseinheit, löste *RE ab im Zahlungsverkehr innerhalb der EG. Ihr Wert bestimmt sich mittels eines europ. Währungskorbs, was bedingt, daß sich täglich das Umrechnungsverhältnis zu den einzelnen nat. Währungen ändert (ERE betrug Jan. 1979 ca. 2,60 DM). Die E.-Leistungen der EG, die *öffentl. Hilfe, werden – wenn nicht in US-Dollar – in ERE angegeben, etwa im *Lomé-Abkommen. dn

Ernährung

Die Beseitigung des Hungers in der Welt ist in den vergangenen Jahrzehnten nicht gelungen und wird trotz mancher günstigerer Erwartungen und Prognosen schwerlich bis zum Jahrhundertende erreicht sein. Diese Einschätzung beinhaltet keinen Zweckpessimismus, sondern verdeutlicht die Herausforderung, die das Welternährungsproblem darstellt. Die Zahl der Hungernden und Unterernährten in der Welt betrug 1980 um die 800 Mio. Menschen. Die *FAO bezifferte sie für 1975 auf 628 Mio. und stellte für 1990 die Prognose von 832 Mio. Die *ILO nahm für 1978 bereits eine Zahl von 1 Mrd. an. Die Zahlen sind so enorm hoch, daß eine unmittelbare Betroffenheit bei den im Überfluß lebenden Menschen der IL und eine Vorstellung von Auswirkungen des Hungers und chronischer Unter- bzw. Fehlernährung sich kaum einstellen wollen. Mio. Menschen sterben an Hunger, ein Viertel aller lebend geborenen Kinder vor Vollendung ihres 4. Lebensjahres; über 100 000 Kinder erblinden j. als Folge von Vitamin A-Mangel. Mangel- und Fehlernährung verursachen irreparable geistige Schäden und damit eine eingeschränkte Lern- und Leistungsfähigkeit.

Unter Mangelernährung ist die unzureichende Zufuhr von Kalorien und Eiweiß (Proteinen) zu verstehen, unter Fehlernährung die unzureichende Zufuhr von einem oder mehreren weiteren Nährstoffen, Vitaminen, Mineralstoffen oder Spurenelementen. *Indikatoren für Ernährung bilden folglich die tägl. aufgenommene Zahl von Kalorien und Proteinen (neben solchen, die auch über die *Gesundheit einer Population Auskunft geben). Ernährungsminima festzulegen ist insofern schwierig, als der Ernährungsbedarf nach Klima, Alter, körperl. Beanspruchung und gesundheitl. Verfassung schwankt. Von dort her verstehen sich auch die unterschiedl. Schätzwerte der int. Organisationen über die Zahl der Hungernden in der Welt, zumal Mangelernährung noch schwieriger statistisch zu erfassen ist. Eine tägl. Kalorienzufuhr von durchschnittlich 2 400 Einheiten wird als ausreichend angesehen.

Die Ursachen des Welternährungsproblems sind vielfältig. Zu ihnen ist auch das rapide Wachstum der *Bevölkerung zu rechnen. Allein auf die Bev.-Explosion zu verweisen, würde jedoch weder als Erklärung ausreichen noch angesichts der sicheren Erwartung einer weiteren erheblichen Steigerung der Weltbev. Lösungswege aufzeigen lassen. Zudem beweisen bev.-starke Länder mit begrenzter landw. nutzbarer Fläche wie die VR China, daß der Hunger grundsätzlich beseitigt werden kann. Als wirkliche Ursachen sind anzusehen: 1. Ungenügende Zuwachsrate der Agrarproduktion, insb. in den EL. Das Ziel der zweiten *Entwicklungsdekade bestand in einer Steigerung der Agrarproduktion in den EL um 4%; tatsächlich wurden jedoch nur 2,8% erreicht. In Verbindung mit dem starken Bev.-Wachstum ergibt sich daraus, daß die durchschnittl. Pro-Kopf-Verfügbarkeit an Nahrung in den EL seit 1960 und stärker noch seit 1970 gesunken ist. Die wachsende Versorgungslücke zeigt sich v. a. in den zunehmenden Importen an Nahrungsmitteln. Dabei wandelten sich die EL insgesamt von Getreide-Exporteuren noch in den 50er Jahren zu Getreide-Importeuren (1970: 42 Mio. t, 1980 etwa 140 Mio. t). Im einzelnen ergeben sich zwischen den EL große Unterschiede. Indien z. B. konnte die Nahrungsmittelproduktion in den letzten 30 J. im Durchschnitt schneller steigern, als sich die Bev. erhöhte. In 14 afrik. Ländern war das Verhältnis jedoch umgekehrt. Diese Bilanz ist bes. erschreckend, wenn noch annäherungsweise ⅔ der Erwerbstätigen in der Landw. arbeiten. 2. Veraltete Agrarstrukturen, Besitzverhältnisse an Land und Wasser, welche der Masse der ländl. Bev. eine lohnende und ertragreiche Beschäftigung verwehren. Diese Ursache hat eine doppelte Dimension, insofern einerseits (volkswirtschaftl. gesehen) die Erträge der Landw. hinter möglichen Leistungen zurückbleiben, andererseits die Landarbeiter keine ausreichende Beschäftigung finden, um ihre Armut zu überwinden, um Kaufkraft zu erwerben und um sich Nahrung zu verschaffen. 3. Entwicklungsstrategische Vernachlässigung des Agrarsektors v. a. in den 50er und 60er Jahren; entweder Betonung der *Industrialisierung als Hebel und Merkmal der Überwindung der UE, oder Förderung landw. Bereiche in Funktion des Weltmarktes und eben nicht zur Befriedigung der Bedürfnisse der einheimischen Bev.

Seit Mitte der 70er Jahre hat unter dem Gebot der Lösung des Welternährungsproblems die Frage der Agrarentwicklung in der entwicklungstheoret. Diskussion einen vorrangigen Platz eingenommen. Wegweisend war die 1974 veranstaltete *Welternährungskonferenz mit der von ihr verabschiedeten Deklaration und mit den von ihr angeregten Institutionen, dem Agrarentwicklungsfonds *IFAD und dem Welternährungsrat *WFC. Die Agrarstrategien und Empfehlungen int. Organisationen richten sich an dem Ziel aus, den Hunger auszurotten. Die EL haben inzwischen erkannt, daß die Lösung des Welternährungsproblems zuallererst von ihnen selbst abhängt, da in den EL zunächst interne Voraussetzungen für eine Steigerung der Agrarproduktion herbeigeführt werden müssen. Hier kommt aber auch der *Kapitalhilfe aus den IL für Programme *ländl. Entwicklung große Bedeutung zu, während die Nahrungsmittelhilfe (→WFP) steil wachsenden Volumens einerseits notwendig, andererseits aber auch die dringend erforderlichen internen Lösungen hinauszuschieben scheint. →Tabellen im Anhang.

Lit.: K. O. Campbell, Food for the Future. How Agriculture Can Meet the Challenge, Lincoln/USA 1979.
dn

ESCAP

UN-Wirtschafts- und Sozialkommission für Asien und den Pazifik (*Economic and Social Commission for Asia and the Pacific*), vor 1974 ECAFE (UN-Wirtschafts- und Sozialkommission für Asien und den Fernen Osten), März 1947 gegr., Sitz Bangkok, 35 Mitgl. dn

Ethnozentrismus, ethnozentrisch

Unter Eth. wird in der entwicklungstheoret. Diskussion der Vorrang der Werte und Überzeugungen, beispielsweise der abendländ. (Eurozentrismus), in der Beurteilung sozialer, wirtschaftl. und pol. Verhältnisse und Prozesse in Ländern anderer Kulturbereiche verstanden. Damit geht die Vorstellung einher, nur eine Orientierung an den Werten, Ist- oder Soll-Zuständen gesellschaftl. E. der als vorrangig begriffenen Kultur gewährleiste eine wirkliche E. In der entwicklungstheoret. Diskussion, die voller eth. Annahmen steckt, liegt Eth. weniger Feindlichkeit gegenüber der fremden Kultur als Verständnislosigkeit zugrunde. Während die *Modernisierungstheorien den EL die westl.-kapitalist. Industriegesellschaft als E.-Ziel vorhielten, betonen neuere E.-Theorien – nicht erst seit dem Iran-Debakel – alternative, stärker mit der kulturellen Identität der EL-Gesellschaften übereinstimmende E.-Wege.

Lit.: D. Perrot/R. Preiswerk, Ethnocentrisme et Histoire. L'Afrique, l'Amerique indienne et l'Asie dans les manuels becidentaux, Paris 1975. dn

Evaluierung

Unter Erfolgskontrolle faßt man alle Maßnahmen zusammen, die ergriffen werden, um Auswirkungen eines E.-Projekts oder -Programms zu ermitteln. Mit der quantitativen Ausweitung des entwicklungspol. Engagements in den 60er Jahren und dem damit verbundenen Bedarf an einer Systematisierung des entwicklungspol. Ablaufprozesses wurde der Begriff der Erfolgskontrolle wegen seines statischen Charakters und seiner Beschränkung auf die Ergebnisphase zunehmend von dem umfassenderen Begriff Evaluierung verdrängt. Ev. sind systematische Untersuchungen laufender oder abgeschlossener Projekte oder Programme oder von Teilbereichen solcher Projekte und Programme durch die verantwortliche Organisationseinheit und in der Regel unter der Einschaltung externer, d. h. nicht mit der Planung und Durchführung des Projektes/Programms befaßter Gutachter. Keine Ev. im vorgenannten Sinn sind demnach Projektprüfungen durch die mit der Durchführung der Projekte beauftragten nachgeordneten Organisationen (→GTZ; →KfW), ferner Kontakt-, Informations-und Betreuungsreisen oder Projektkurzbesuche (sog. „*spot checks*") durch Angehörige der E.-Verwaltung. Nicht zur Ev. zählt auch die durch das Haushaltsrecht vorgeschriebene sog. Verwaltungsprüfung. Zur Rationalisierung des Prüfgeschäfts wird sich jedoch öfters mit Ev. gekoppelt. Nicht als Ev. wird auch die im Rahmen des Projekt- oder Programm-Managements erforderliche laufende Überwachung (Verlaufskontrolle) einschließlich des Reagierens auf Vorschläge oder in der Berichterstattung des Projektpersonals vor Ort aufgezeigte Probleme – im int. Bereich als „*monitoring*" bezeichnet – angesehen. Als bundesrepublikanische Sonderform der Ev. kann die sog. Inspektion gelten. Sie wird pragmatisch definiert und meint jene Ev., die von dem 1970 eingerichteten Referat für Inspektion und Evaluierung des *BMZ durchgeführt werden. Dabei gilt der Grundsatz, daß für die Inspektionstätigkeit grundsätzlich nur solches Prüfpersonal in Frage kommt, das nicht mit den Aufgaben der Planung, Steuerung und Durchführung der zu evaluierenden Maßnahmen betraut ist.

1. *Typen der Ev.*: a) Unterscheidung im zeitl. Ablauf: 1. in der Planungsphase: die *ex-ante* Ev. Hier bedeutet Ev. Auswahl und Vorprüfung eines Projekts/Programms aus einer Reihe von Alternativen anhand bestimmter Kriterien. Ihr sind die Fragen der Projektfindung, -auswahl und -vorprüfung zuzuordnen; 2. in der Durchführungsphase: (a) die „*operational evaluation*", die Wirtschaftlichkeitsprüfung; sie beschäftigt sich mit der Angemessenheit und Korrektheit der administrativen Maßnahmen, der Haushaltskontrolle und Rechnungslegung; (b) die „*built-in-evaluation*", die mitlaufende Kontrolle in der Implementationsphase; dabei setzt die auf Effizienz der Projekte/ Programme abgestimmte E. mittels Kosten-Nutzen-Analysen die Aufwendungen zu den

erzielten Resultaten in Beziehung. Diese Phase ist naturgemäß die wichtigste und quantitativ umfangreichste; auf dem Gebiet der *Kapitalhilfe sind hier die Projektprüfung, die Fortschritts- und Verwendungskontrolle und Teile der Erfolgskontrolle zu lokalisieren; 3. in der Ergebnisphase: die „*impact evaluation*", sie stellt fest, ob die vorgegebenen Zielsetzungen tatsächlich erfüllt werden und versucht, den Wert der erzielten Resultate für die wirtsch. und soziale Entwicklung des betreffenden Bereichs zu beurteilen.

(b) Unterscheidung nach dem Prüfgegenstand: Hier wird nach offizieller Sprachregelung unterschieden zwischen (a) Ev. im Rahmen des Managements laufender Projekte und Programme; (b) Analyse grundlegender Probleme (Schlüsselprobleme) von Sektoren, Branchen und Themen mit Zukunftsbedeutung; (c) länderumfassende Untersuchungen; (d) Untersuchung spezifischer Durchführungsfragen und (e) Untersuchung von Institutionen und Instrumenten.

2. *Interne und externe Ev.:* Interne Ev. ist Selbstkontrolle derjenigen Organisation, Institution oder Person, die für die Planung und Entscheidung der durchzuführenden Maßnahmen zuständig ist. Externe Ev. bedeutet, daß diese durch Stellen oder Personen durchgeführt wird, die nicht an der Planung, Entscheidung oder am Management der zu prüfenden Maßnahmen beteiligt sind.

Mit fortschreitender Ev.-Praxis wird die idealtypische Gegenüberstellung der beiden Ev.-Arten zunehmend fragwürdig, da auch die Prüfaktivitäten Externer mehr und mehr von der Entwicklungsverwaltung gesteuert und kontrolliert werden.

3. *Ziele der Ev.:* Die *Ziele* der Ev. lassen sich ableiten aus der Frage, wer Informationsbedürfnisse hat, die über Ev. zu erfüllen sind. In der Ev.-Praxis der deutschen E.-Hilfe dominiert eindeutig das Managementinteresse alle anderen Bedürfnisse. Ev. wird hiernach als integraler Bestandteil von Planung, Programmierung und Budgetprozeß begriffen. Vorrangig wird sie als interne Ev. angesehen mit der Begründung, daß derjenige, der Managementverantwortlichkeiten hat, sich ständig darüber vergewissern können muß, daß die von ihm entschiedenen Maßnahmen entsprechend seinen Vorstellungen laufen. Im Zentrum des E.-Interesses steht die Ergebnisbeurteilung. Sie läßt sich nach dem Ev.-Raster des BMZ in drei Teilfragen zerlegen: (a) die Frage nach der Effektivität (Waren die Methoden, Arbeitsweisen und Techniken der Projektdurchführung wirksam?); (b) die Frage nach der Effizienz (Ist das Verhältnis von Aufwand [Kosten] und Ertrag [Nutzen] zu rechtfertigen?); (c) die Frage nach der Signifikanz (Hat das Projekt einen nachhaltigen/bedeutenden Effekt für die wirtsch. und soziale Entwicklung des Landes/der Projektregion/der Zielgruppe?).

4. *Gegenstand der Ev.:* Ev. können nicht flächendeckend vorgenommen werden. Schon die begrenzte personelle Kapazität der verantwortlichen Stellen zwingt zur Auswahl. Die Prüfaktivitäten konzentrieren sich in erster Linie auf (a) Großprojekte oder -programme; (b) Risikoprojekte oder -programme; (c) komplexe Projekte oder Programme; (d) neuartige Projekte oder Programme; (e) Langzeitprojekte oder -programme.

5. *Bedürfnisorientierte Ev. – ein neuer Ansatz:* Die bedürfnisorientierte Prüfung von Projekten und Programmen fragt nicht nur, ob Arbeitsplätze geschaffen werden und das Produzierte nachgefragt wird, sondern darüber hinaus (a) wer beschäftigt wird, (b) wer das Produzierte verbraucht und (c) ob das, was verbraucht, auch gebraucht wird, d. h. ob ein gerechtfertigter Bedarf danach besteht. Zur Ermittlung eines solchen Bedarfs wird ein sog. *rationales Budget*, das den Bedarf darstellt (konkret: ein Warenkorb von Endverbrauchsgütern), dem Konsum unterschiedl. Gesellschaftsklassen gegenübergestellt. Der Grundgedanke des rationalen Budgets ist die Ablehnung einer Lebensweise, die darauf beruht, daß manche verschwenden und viele hungern.

6. *Methodische Schwierigkeiten in der Ev.-Praxis:* (a) Die in jedes Entwicklungsprojekt eingehenden Grundannahmen sind oft fragwürdig, weil ihre Gültigkeit bisher nur in unserer eigenen Gesellschaft nachgewiesen wurde; (b) um ein bestimmtes Ergebnis mit einiger Sicherheit der entwicklungspol. Maßnahme zuzuschreiben oder einen bestimmten Mißerfolg erklären zu können im Hinblick auf die Modifizierung der Planung, muß die Ev. die wichtigsten Fakto-

ren kennen, die das Ergebnis einer Maßnahme beeinflussen, insbes. die Voraussetzungen, auf die eine Maßnahme zu Beginn und im Prozeßverlauf trifft, und die Mittel, der sich die Maßnahme selbst bedient; dies ist in der Regel jedoch nur in Grenzen möglich; (c) die statistischen Grundlagen zu einer Analyse der Ausgangssituation und zur kontinuierlichen Überprüfung von Projekt- und Umwelteinflüssen sind meistens unvollkommen; (d) quasi-experimentelle Programmdurchführungen sind wegen der Langfristigkeit der Maßnahmen und mit Rücksicht auf die Zielgruppen gerade im sozialen Bereich nicht möglich. Die kausalen Beziehungen zwischen Maßnahmen und Beobachtungsdaten bleiben entsprechend unscharf; (e) Erfolgskriterien müssen einerseits in logischer Übereinstimmung mit den Zielsetzungen einer E.-Maßnahme stehen, andererseits empirisch verifizierbar sein, d. h. operational definiert sein. Während dies bei wirtsch., techn. und ökologischen Variablen rel. leicht möglich ist, ergeben sich bei soziologischen und psychologischen Variablen erhebliche Schwierigkeiten der Messung und Zuordnung zu einer bestimmten Zielsetzung. Diese methodischen Schwierigkeiten sind im wesentl. dafür verantwortlich, daß die Praxis der Ev. dahin tendiert, schwer objektivierbare soziologische und psychologische Auswirkungen von E.-Projekten und nichtwirtsch. Auswirkungen zu vernachlässigen.
7. *Das Problem der Rückkoppelung der Ev.-Ergebnisse:* V. a. dem sachlogischen Zusammenhang zwischen Planung und Ev., wurde im entwicklungspol. Entscheidungsprozeß bislang noch nicht hinreichend Rechnung getragen. So besteht (a) noch keine enge Zusammenarbeit zwischen Ev. und operationalen Entscheidungsträgern innerhalb und außerhalb des Projekts, (b) noch kein systematischer Zusammenhang zwischen laufenden und abgeschlossenen Projekten und Projektneuplanungen.

Lit.: K. Bodemer, Erfolgskontrolle der deutschen Entwicklungshilfe. Improvisiert oder systematisch, Meisenheim 1979. kb

Exogen

Außen entstehend, von außen kommend (Gegensatz zu *endogen); exogene Faktoren bezeichnen in der Diskussion über die Ursachen und Bedingungen der Aufrechterhaltung von UE jene Gründe, die nicht in Geschichte und Gesellschaft der EL selbst liegen, sondern außerhalb bzw. externer Natur sind, z. B. die *int. Arbeitsteilung, *Kolonialismus und *Imperialismus, die bestehende Weltwirtschaftsordnung etc. dn

Exportkulturen

Agrarerzeugnisse, die ausschließlich oder fast ausschließlich für den Export bestimmt sind. Ein anderer Begriff dafür ist **Cash crops.* EK werden meistens auf *Plantagen angebaut, die sich durch moderne Bearbeitungsmethoden (wenig *arbeitsintensive Produktionsmittel) auszeichnen. dn

Exportmodell (Export-Economy-Model)

Unter EM versteht man das Muster der Einbindung einer EL-Ökonomie in die Weltwirtschaft. Mehr als der Begriff *int. Arbeitsteilung, der ebenfalls die Struktur des Außenhandels zwischen IL und EL zum Kern hat, hebt EM auf die interne Produktionsstruktur und die sozialen Konsequenzen eines nach außen gerichteten, abh. wirtsch. Wachstumsprozesses ab.
Für die Struktur der Volkswirtschaft ist der Exportsektor entscheidend, der aufgrund seiner Außenabh. keinen fortschreitenden und dauerhaften Prozeß wirtsch. Wachstums tragen kann (koloniales Exportmodell), oder mit höchst problematischen sozialen und pol. Fehlentwicklungen (abh. kapitalist. Exportmodell) erkauft. Der Umpolung der Wirtschaft setzen beide Modelle ebenfalls Grenzen. Das kol. EM kann durch folgende Elemente und Folgeprobleme gekennzeichnet werden: 1. Dominanz der Primärgüter und Beschränkung auf wenige Hauptexportgüter (*Monostruktur); 2. Vorherrschaft des Auslandskapitals in *Plantagen- und Bergbauproduktion und im Handel (Export-Import), hoher Konzentrationsgrad des einheim. Eigentums an den restlichen, strategisch zumeist nachgeordneten Unternehmen; 3. Integration des expandierenden Exportsektors in die Weltwirtschaft und Herauslösung (Desintegration) aus der heimischen Ökonomie (*Enklaven, geringe **Linkage*-Effekte); keine

Produktion für den Binnenmarkt; 4. Minimale Beschäftigungseffekte aufgrund *kapitalintensiver Technologien, extreme Ungleichheiten in der *Einkommensverteilung, *Marginalität; 5. Verwendung der Exporterlöse für Luxuskonsum der Exportoligarchien und für die Aufrechterhaltung des Modells (Finanzierung der Importe an technolog. *Inputs* und des *Schuldendiensts).
Das abh. kapital. EM setzt eine *Industrialisierung in Gang, wandelt insofern die Produktionsstruktur möglicherweise grundlegend und setzt insbesondere bei *Diversifizierung des Außenhandels die billig verfügbare einheim. Arbeitskraft in Wert. dn

Exportquote

Verhältnis des Wertes der Exporte einer Volkswirtschaft zu deren BIP; zeigt auf, in welchem Maße eine Volkswirtschaft exportabhängig ist, aber auch, welchen Beitrag der Export von Waren und Dienstleistungen zum Volkseinkommen erbringt. dn

External Economies

Auswärtige Ersparnisse, in ökon. E.-Theorien u. a. das nicht im Inland ersparte Investitionskapital, sondern das im Ausland mobilisierte Fremdkapital, das in großen Mengen importiert mit dazu beitragen soll, die Voraussetzungen für wirtschaftl. Wachstum zu schaffen.

Lit.: M. Bohnet, Die Konzepte der External Economies unter besonderer Berücksichtigung ihrer Bedeutung für Entwicklungsländer, Berlin 1968. dn

Extraprofite

Im Vergleich der Profitraten, die das Kapital in IL und EL erzielt, werden unter EP in der marxistischen Wirtschaftstheorie die Profite verstanden, die über dem Durchschnittsprofit liegen, die das Kapital in den Mutterländern erzielt. dn

EZE

Evang. Zentralstelle für Entwicklungshilfe, gegr. 1962 auf das Angebot der Bundesregierung hin, die E.-Arbeit der *Kirchen durch Bundesmittel zu fördern. Mitgl. der *AG-KED, Sitz in Bonn, ca. 50 Mitarbeiter, Finanzvolumen z. Z. ca. 100 Mio. DM jährl.; enge Zusammenarbeit mit der *KZE, gemeinsames Auftreten gegenüber staatl. Stellen. kj

Familienplanung

Unter F. werden bev.-pol. Maßnahmen nat. und int. Organisationen verstanden, die auf die Kontrolle des *Bev.-Wachstums in den EL abzielen. F. setzt vornehmlich am Geburtenvorgang bzw. an der gezielten Senkung der Fruchtbarkeit (Geburtenkontrolle) an. Die Kleinhaltung der Kinderzahl, welche eine Frau zur Welt bringt, hängt jedoch nicht nur ab von den Kenntnissen über Schwangerschaft und ihre Verhütungsmittelpraktiken, welche die Kinderzahl regulieren. Sie hängt auch ab von Einstellungen der betreffenden Gesellschaften, sozialer Schichten und Familien zu Fragen der Kinderzahl und ihrer Begrenzung, welche wiederum mit dem ökon. E.-Niveau eines EL zusammenhängen. Insofern ist F. in die allg. E.-Problematik eingebettet und verlangt, ehe sie erfolgreich sein kann, Aufklärungsarbeit und propagandistische Vorbereitung. Die Methoden der Fruchtbarkeitsregulierung werden abgestimmt auf den Aufklärungsgrad: zunächst Hinauszögern aufeinanderfolgender Schwangerschaften, sodann empfängnisverhütende Mittel (Kontrazeptiva) wie Kondome, Anti-Babypillen, intrauterine Empfängnisverhüter. Die int. Programme werden von der *UNFPA getragen.
Zum Aufbau eines Familienprogramms bemerken K. M. Bolte u. a. folgendes: „Wenn ein Staat ein nationales FPP offiziell beschließt, wendet er sich um finanzielle, wissenschaftliche und technische Hilfe an Industriestaaten oder internationale Organisationen.
Von seiner Erstellung bis zur Ausführung durchläuft ein FPP verschiedene Stadien. (1) Zuerst wird versucht, die Intensität des Bevölkerungswachstums statistisch zu erfassen, um auf dieser Basis genauere Planungsziele bezüglich der Senkung der Fruchtbarkeit fixieren zu können. Da die Datenbeschaffung in allen Entwicklungsländern äußert schwierig ist, fällt eine exakte Preogrammplanung nicht leicht. (2) Organisation und Durchführung des FPP obliegen in vielen Fällen den Gesundheitsbehörden und sozialen Einrichtungen, die in Aufklärungskampanien immer mehr junge Familien, vor allem Frauen, für Geburtenkontrollmaßnahmen zu gewinnen trachten. (3)

Der gesamte Programmverlauf wird einer Kosten-Nutzen-Rechnung unterzogen, d. h. daß die Kosten des FPP – und damit die Fruchtbarkeitssenkung – mit den zu erwartenden Entwicklungschancen, die sich daraus ergeben, verglichen werden. Die Programmziele werden in bestimmten Zeitabständen auf den Grad ihrer Verwirklichung hin überprüft, wobei sich die Prüfungstermine häufig mit denen des allgemeinen nationalen Entwicklungsplanes decken, in den das FPP integriert ist."

Lit.:K. M. Bolte, D. Kappe, J. Schmid, Bevölkerung, Opladen 1980; C. Oswald, Familienplanung als volkswirtschaftliches Investitionsproblem, Diessenhofen (Schweiz) 1979. dn

Fanon, Frantz

Theoretiker der antikolonialen Revolution, geb. 1924 in Martinique, bäuerl. Herkunft, studierte in Frankreich Philosophie und Medizin, kämpfte während des II. Weltkriegs als Partisan. F. ging 1953 als Arzt nach Algerien, gab jedoch 1956 den Posten als Leiter einer psychiatrischen Klinik auf und trat in den Dienst der Nat. *Befreiungsbewegung FLN. Er war zeitweilig Botschafter der provisorischen algerischen Regierung in Accra. F. starb 1961 in New York an Leukämie. F. vertrat eine Philosophie der Gewalt, von der er eine befreiende und integrierende Wirkung auf die unterdrückten und ausgebeuteten Massen erwartete, als Antwort auf ein bestehendes koloniales Gewaltsystem. Hauptwerke: Die Verdammten dieser Erde, Hamburg 1969; Aspekte der Algerischen Revolution, Frankfurt 1969. dn

FAO

Ernährungs- und Landwirtschaftsorganisation der UN (*Food and Agriculture Organization*), wurde Okt. 1945 gegr. und 1946 als Sonderorganisation der *UN angegliedert, Sitz in Rom 1979 144 Mitgl.
Aufgabe: Hebung des Ernährungsniveaus und des Lebensstandards in der Welt, Steigerung der Prod. land-, forst- und fischereiwirtsch. Erzeugnisse, Verbesserung ihrer Verteilung, Befreiung der Menschheit vom Hunger. Die FAO untersucht die landw. und ernährungspol. Probleme der Welt, insbes. der EL, macht Vorschläge zu ihrer Lösung, empfiehlt int. und nat. Maßnahmen, gewährt *technische Hilfe, fördert Projekte und ergreift Sofortmaßnahmen (im Falle von Hungerkatastrophen, Seuchen)
Organe: FAO Konferenz aller Mitgl.-Länder, tritt alle 2 Jahre zusammen; Rat, von der Konferenz gewählt; Kommissionen, Arbeitsgruppen, Regional- und Verbindungsbüros. Finanzierung durch Beitragszahlungen der Mitgl. (USA 25 %, BRD 9,05 %, Österreich 0,71 %, Schweiz 1,04 %; die meisten EL Mindestquote von 0,02 %) und Zuwendungen aus *UNDP, *UNICEF etc.
1969 legte die FAO einen „Indikativen Weltleitplan für die landw. E." (IWP) vor, in dem aufgezeigt wird, welchen Verlauf die landw. E. nehmen muß, damit eine bedarfsdeckende Erzeugung erreicht wird. Der Leitplan berücksichtigte die Gesamtheit der E.-Probleme und schlug statt Einzellösungen sog. Paketlösungen landw. E. vor. Gemeinsam mit den UN führt FAO das Welternährungsprogramm (WFP) durch. Kooperation besteht mit *ILO, *UNESCO, *UNICEF, *ECOSOC, *WHO. 1979 verkündete der FAO-Generaldirektor einen 5-Punkte-Plan zur Sicherung der Welternährung, der v. a. auf die Verbesserung der Vorratshaltung abzielt: 1. Ausarbeitung staatl. Getreidevorratsstrategien; 2. Ausarbeitung von Richtlinien für die Freigabe von Vorräten; 3. Erhöhung der Selbstverpflichtungsquoten von Nahrungsmittelgeberländern; 4. Multilaterale Hilfe zur Schaffung und Unterhaltung von Nahrungsmittelreserven (*ASEAN-Staaten, Sahelzone) zur Stärkung der **Collective Self-Reliance*. dn

F.D.P. – entwicklungspolitische Leitlinien

Die F.D.P. hat auf der Sitzung ihres Bundeshauptausschusses März 1978 19 Thesen zur Dritte-Welt-Politik beschlossen, denen sie das Bekenntnis voranstellte, daß „die grundlegenden liberalen Forderungen nach Freiheit der Persönlichkeit und Würde des Menschen auch für den einzelnen in den Ländern der Dritten Welt gelten. Solange Hunger und Arbeitslosigkeit die Chancen, die Leistungsfähigkeit und den Leistungswillen der Menschen in den EL lähmen und ideelle Grundwerte damit zunächst in den Hintergrund schieben, solange gilt auch (die) Verpflichtung, vorrangig an der Beseitigung oder doch Milderung materieller Not mitzuwirken." Die Thesen fordern: 1. Frieden zwischen den Staaten, Verzicht auf Anwendung von Gewalt zwischen den Bürgern, Verwirklichung der *Menschen- und Bürgerrechte; Selbstbestimmung nach innen und außen für alle Völker; 2. E.-Hilfe soll frei von Bestrebungen bleiben, mit ihr das wirtsch. und pol. System der Empfänger zu fördern oder ihm entgegenzuwirken; 3. Gleichberechtigte Partnerschaft zwischen IL und EL, dazu Abbau der bestehenden wirtsch. und sozialen Ungleichgewichte, fußend auf größeren Anstrengungen der EL und verstärkten Leistungen der IL; 4. Freie Entfaltung der privaten Initiative; 5. Erhöhung der *öffentl. Hilfe in der nächsten Legislaturperiode auf 0,7 %; 6. Priorität für Projekte, die die breite Bev. an der E. teilhaben lassen. EL, die einen erheblichen Teil ihres Volkseinkommens für *Rüstung ausgeben, sollen keine E.-Hilfe erhalten; 7. Abbau der int. *Verschuldung der EL, Schuldenerlaß für LLDCs; 8. Schwerpunkte: *ländl. Entwicklung, gewerbl. Wirtschaft, Ausbildung, *Infrastruktur; 9. Wettbewerb statt *Lieferbindung; 10. Erhöhung des Anteils der EL am Welthandel (Arbeitsteilung und Wettbewerb), Verbesserung der gegenwärtigen Struktur der Weltwirtschaft, keine weltweite Planung durch ein umfassendes Netz dirigistischer Maßnahmen; 11. Von Protektionismus freie Handelspolitik; 12. Industrialisierungshilfen für die EL durch verstärkte *Direktinvestitionen und techn. Wissen. Vereinbarung von Verhaltensregeln für *multinat. Konzerne; 13. Stärkere Berücksichtigung der Lage der EL in der int. Wirtschafts- und Währungspolitik; 14. Fortsetzung der int. Rohstoffpolitik mit den Zielen: Verminderung der Preisschwankungen, Stabilisierung der Rohstoffexporterlöse, Sicherstellung der Rohstoffversorgung für IL, vermehrte Verarbeitung von Rohstoffen in EL. *Rohstoffabkommen müssen Marktmechanismen berücksichtigen; 15 Friedliche Lösung von Konflikten auch in der Dritten Welt; verstärkte regionale Zusammenarbeit unter EL; 16. Stärkung der *UN als friedenssichernder Institution; Gewaltverzicht, Abrüstung und Rüstungskontrolle; 17. Verstärkter kultureller und wissenschaftl. Dialog; 18. Weltweite Zusammenarbeit zur Bewältigung der Menschheitsprobleme; 19. Gemeinsame E.-Politik der EG. dn

Feasibility-Study

Projektstudie im Vorbereich der Projektplanung, also Projektvorstudie, die im wesentlichen die Frage der Durchführbarkeit eines Projekts prüft; demnach auch Durchführbarkeitsstudie. dn

FES

Friedrich-Ebert-Stiftung, älteste der *pol. Stiftungen in der BRD, 1925 gegr., der SPD nahestehend. Die FES entfaltet sehr breit gefächerte Aktivitäten in den EL. Schwerpunkte bilden: 1. gesellschaftspol. Bildung zur Motivation und Mobilisierung entwicklungsorientierter Verhaltensänderungen von Individuen und Gruppen. Zielgruppen sind *Gewerkschaften, pol. Parteien, *Genossenschaften, Jugend- und Frauenverbände, **Community Development*-Organisationen etc. In Einzelfällen arbeitet die FES auch mit staatl. Stellen zusammen. Die Zusammenarbeit mit pol. Parteien beschränkt sich auf Mitgl. der Sozialist. Internationale und solche Parteien, die fortschrittl. Positionen im Sinne eines demokrat. Sozialismus vertreten. Das schließt auch *Befreiungsbewegungen mit ein. 2. Erwachsenenbildung: Förderung von Erwachsenenbildungszentren (Costa Rica, Indonesien, Sambia, Sri Lanka, Sudan), in denen den Kursteilnehmern aus der Länderregion in praxisorientierter Schulung Fachwissen vermittelt wird, das sie zur besseren Ausübung ihrer berufl. und gesellschaftl. Funktion befähigt. Wichtiger Bestandteil des Programms bilden Analyse und Diskussion der gesellschaftl. und pol. Verhältnisse in den EL. 3. Förderung von Unternehmensformen, die wirtschaftl., sozial und pol. benachteiligten Bev.-Gruppen die Möglichkeit erschließen können, stärker am E.-Prozeß zu partizipieren (*Genossenschaften, *ländl. Entwicklung). 4. Förderung des Massenkommunikationswesens. Aufbau entwicklungs- und bildungsrelevanter Mediensysteme; 5. Forschung. Die FES unterhält eigene sozialwissenschaftl. Forschungsinstitute in der Dritten Welt. Der Forschung zugeordnet sind Stipendienprogramme für deutsche und ausländ. Graduierte. 1978 hatte die FES 106 *Entwicklungsexperten im Auslandseinsatz. Sie publiziert u. a. die „vierteljahresberichte". Adresse: Godesberger Allee 149, 5300 Bonn 2.

Lit.: FES, Jahresbericht, fortlaufend. dn

Fidschi

Die durch vulkanische Gebirge und trop.-maritimes Klima (SO-Passat) geprägten Inseln F.s (ca. 840, größte Insel Viti Levu/10 429 qkm mit Hauptstadt Suva) liegen in der Kontaktzone zwischen Melanesien und Polynesien. Auf die ca. 18 500 qkm große Landfläche entfallen 610 000 Ew., die sich auf die beiden Hauptinseln (Viti Levu, Vanu Levu) und die Zentren (37 %) konzentrieren. Neben den europ. und chines. Minoritäten dominieren die Inder (51 %) und die einheim. Fijians (42 %), die z. T. noch in trad.-hierarchisch von Häuptlingen geleiteten Dorfgemeinschaften leben. Die ethnisch-kulturelle Heterogenität zwischen den städtisch orientierten und stark das Wirtschaftsleben bestimmenden Indern und den nach Kultur und Sozialorganisation polynesisch geprägten Fijians führen immer wieder zu Konflikten, die eine multirassiale E. erschweren. Die seit 1970 unabh. ehemalige brit. Kolonie ist parl.-demokr. Monarchie (Staatsoberhaupt Königin Elisabeth II., vertreten durch Generalgouverneur) mit Zweikammerparlament (Ministerpräs. P.S.K. Mara). Das ethnisch versäulte Parteiensystem (*Alliance* P./ Fijians, *National Federation P.*/Inder) transferiert die latenten Rassengegensätze in die Politik. Die kolonial bedingte Ausrichtung der Ökonomie auf Zucker (50 % des Exports) machen F. von den Schwankungen des Weltmarkts abh. Die durch steigende Auslandsverschuldung (*Weltbank, *ADB, *EEF) finanzierten E.-Vorhaben im Agrarsektor und Infrastrukturbereich sind genauso wie die durch günstiges Investitionsklima geförderten Industrieprojekte stark von Auslandsinteressen bestimmt. Auch der als Devisenbringer bedeutsame, zunehmende Ferntourismus bringt von Beschäftigungseffekten abgesehen bislang nur wenig E.-Impulse, da ein Großteil der Devisen durch den Import von Konsumgütern für die Touristen wieder ausgegeben wird.

Lit.: F. Steinbauer, Fiji, in: HDW, Band 4, Hamburg 1978, S. 117 ff. ah

Flüchtlinge

Als F. gelten Personen, die ihr Heimatland verlassen haben, d. h. aus Gründen der Rasse, Religion, Nationalität oder pol. Meinung verfolgt werden, sich außerhalb ihres Heimatlandes befinden und in ihr Heimatland nicht zurückkehren können. Die *UN haben sich schon frühzeitig der F. angenommen. In der sie betreffenden Resolution der Generalversammlung vom Febr. 1946 heißt es: 1. Das F.-Problem ist von unmittelbarer Dringlichkeit und von int. Tragweite und Bedeutung; 2. Kein F. und keine verschleppte Person soll gegen ihren Willen zur Rückkehr in das Heimatland gezwungen werden, es sei denn in Verfolgung krimineller Straftaten; 3. F. und verschleppte Personen sollen der Obhut einer int. Organisation unterstellt werden. Das F.-Problem ist entgegen den damaligen Erwartungen (man dachte seinerzeit an die Lösung des europ. F.-Problems nach dem II. Weltkrieg) unverändert von unmittelbarer Dringlichkeit; es hat sich allerdings von Europa auf Asien, Afrika und Lateinamerika verlagert. Die int. Bemühungen zur Lösung bzw. Milderung der Probleme der F. (Sicherung der Rechtsstellung als F.; Betreuung in Lagern; Integration in Aufnahmeländern) liefen über die UN-Organisationen *UNHCR und *UNRWA (letztere für palästinensische F.), wobei zur Absicherung der Rechtsschutztätigkeit bereits Juli 1951 eine F.-Konvention vereinbart wurde, die bislang 67 Staaten ratifiziert haben. Anschwellen der F.-Zahlen in Afrika (1974 waren 1 Mio. afrik. F. unter der Obhut der UN) und in Asien (Ostpakistan, Vietnam, Kambodscha) in vorher unvorstellbarem Ausmaß. Demgegenüber in Lateinamerika von den Ziffern her vergleichsweise begrenzt, erhalten F. ebensolche öffentl. Aufmerksamkeit, z. B. im Fall der 15 000–17 000 chilenischen Flüchtlinge nach 1973 und der „Flucht der 10 000" aus Kuba April 1980, der eine Migrationswelle von ca. 120 000 Kubanern nach USA folgte. dn

FNS

Friedrich-Naumann-Stiftung, der F.D.P. nahestehende *pol. Stiftung, 1958 gegr.; Schwerpunkte ihrer Arbeit in EL sind: Aufbau und Ausbau von *Selbsthilfe-Organisationen, Ausbildung von Führungskräften (u. a. öffentl. Verwaltung), Medienwesen und entwicklungspol. Publikationen. 1977 wurden 27 längerfristige Projekte in EL gefördert, 50 *Entwicklungsexperten befanden sich 1978 im Ausland. Die FNS unterhält ein Stipendienprogramm für deutsche und ausländ. Studenten. Adresse: Baunscheidtstr. 15, 5300 Bonn 1. dn

f.o.b.

Abk. für *free on board*, d. h. die organisatorische und finanz. Verantwortung des Verkäufers endet mit der Verladung der Ware. Gegensatz zu *c.i.f. dn

Franc-Zone (F.-Z.)

Gesamtheit der mit dem franz. Franc (FF) verbundenen Währungsgebiete. 1945 wurde für die franz. Überseegebiete der „*Franc des colonies françaises d'Afrique*" (F CFA) und der „*Franc des colonies françises du Pacifique*" (F CFP) geschaffen (letzterer für Polynesien und Neukaledonien). Auch nach der Unabh. der schwarzafrikan. Staaten (fast durchweg 1960) blieb die Währungsgemeinschaft mit Frankreich (F.) erhalten. Jeweils eine Währungsunion mit gemeinsamer Zentralbank bildeten in Westafrika Mauretanien, Senegal, Mali, Elfenbeinküste, Obervolta, Niger, Dahomey (Benin) und Togo, in Äquatorialafrika Tschad, ZAR, Kongo-Brazzaville, Gabun und Kamerun; als eigene Einheit kam Madagaskar hinzu. F. garantierte den afrikan. Staaten einen festen Wechselkurs – die Parität 1 F CFA (seit 1962 wird die Abkürzung aufgelöst in *Communauté Financière Africaine*) = 0,02 FF ist seit 1958 unverändert – und eine unbegrenzte Konvertierbarkeit ihrer Währungen. Die einzelnen Staaten verfügen in Paris über ein „Operationskonto" bei ihrer jeweiligen Zentralbank, über das sie ihren gesamten Außenhandel abwickeln und auf das sie alle Devisengewinne und Goldvorräte einzuzahlen haben. Trotz unbestreitbarer Vorteile wächst seit den 60er J. die Kritik daran, daß der freie Geld- und Kapitalverkehr innerhalb der F.-Z. in Krisenzeiten die Flucht einheimischen Kapitals ins Ausland (v. a. nach F.) begünstigt und die Kontrolle der Gewinnabflüsse ausländ. Unternehmen erschwert. Ferner nützten die Verträge in der Praxis bisher v. a. F., dessen Franc-Abwertungen die afrik. Staaten automatisch mitmachen und das in den gemeinsamen Institutionen der F.-Z. eine erdrückende Machtposition besitzt, so daß die monetären Mechanismen eine Überwindung der in der Kolonialzeit angelegten Wirtschaftsstrukturen in der Regel eher blockieren als fördern. Zur Festigung ihrer Unabh. nach außen und innen verließen daher die F.-Z.: Guinea (1960), Mali (1962), Mauretanien (1972) und Madagaskar (1973). An der absoluten Dominanz F.s innerhalb der F.-Z. hat sich trotz einer in den 70er J. vorgenommenen Dezentralisierung der Institutionen wenig geändert.

Der F CFA gilt auch auf Réunion (franz. Übersee-Département). Der F.-Z. mit einem „nationalen" Franc angeschlossen sind ferner Mali (1967 unter harten Auflagen in die F.-Z. zurückgekehrt), Djibouti und die Komoren (beide seit 1977 unabh.). Währung in den franz. Übersee-Départements in Amerika und auf Mayotte ist der FF.

Lit.: C. Uhlig, Monetäre Integration bei wirtschaftlicher Abhängigkeit. Probleme einer währungspolitischen Strategie dargestellt am Beispiel der Franc-Zone, München 1976. kz

Frauen in der Dritten Welt

In der Dritten Welt tritt das Problem der doppelten Ausbeutung der Frau in der Wirtschaft und im Haushalt in verschärfter Form auf. Der Prozeß der abh. gesellschaftlichen E. ist nicht nur dabei, die letzten Reste matriarchalischer Traditionen in den EL zu zerstören, er verschlechtert auch die soziale und ökon. Stellung der Frau gegenüber dem Mann.

In der Landw. und Lebensmittelverarbeitung haben die Frauen vielfach jenes Maß an Kontrolle, das sie früher über den Produktionsprozeß und die Verteilung der Produkte hatten, verloren. Der für den Verkauf bestimmte Anbau wird von den Männern dominiert, die Zugang haben zu landw. Schulungs- und Beratungsstellen sowie zu Kreditmöglichkeiten, von denen die Frauen ausgeschlossen sind. Auf den *Plantagen wird weibliche Arbeitskraft noch intensiver ausgebeutet als männliche, und die Frauen werden zu weniger lukrativen Arbeiten herangezogen. Die eigenständige Arbeit der Frau, wie der Handel mit eigenen Produkten, die Herstellung von hausgemachten Lebens- und Genußmitteln und die handwerkliche Produktion werden durch das Wachstum großer Unternehmen zurückgedrängt. In den Ländern, wo die Frauen einen bedeutenden Sektor des einheim. Handels beherrschen, wie in Benin, Ghana und Togo, verlieren sie durch die Bildung von *Genossenschaften für den Absatz oft eine wichtige Einkommensquelle. In den Städten finden die Frauen im allgemeinen schwerer Arbeit und ihre Entlohnung ist niedriger. Das Problem der Kinderernährung und -betreuung stellt sich in verschärfter Form, da hier der soziale Hintergrund der Großfamilie fehlt. Überall dort, wo die Männer zum Geldverdienen in die Minen, die Ind.-Gebiete, auf die Plantagen oder sogar ins Ausland abgewandert sind, bleiben die Frauen mit der Landw., den Kindern und dem Haushalt allein zurück. Frauen sind die „idealen" von den *Multinationalen Konzernen gesuchten billigen Arbeitskräfte. Ums Überleben kämpfende Frauen in den Städten der EL sind das unerschöpfliche Reservoir für die von einer Reihe von Vermittlern zusätzlich ausgebeuteten Prostituierten der *Tourismusindustrie. Die Frauenarbeit produziert Arbeitskraft für die Zukunft, indem sie Kinder aufzieht, gleichzeitig hilft sie die Arbeitskraft der männlichen Lohnempfänger kostenlos zu erhalten. Sie kümmert sich um die temporär oder für immer aus dem Arbeitsprozeß ausgeschiedenen Kranken und Alten.

Die Aussichten für eine Verbesserung der Lage der Frau sind gering: In der Regel besuchen weit weniger Mädchen als Jungen die Grundschule. Ihr Anteil umfaßt in vielen Ländern noch nicht einmal 10% aller eingeschulten Kinder. Häufig müssen die Mädchen die Schulen vorzeitig verlassen und auch ausgebildeten Mädchen stehen fast nur sog. „Frauenberufe" offen. Mit der Reduktion der Entwicklungsproblematik auf ein „Überbevölkerungsproblem" wird der Schlüssel für den Weg aus der UE bei der Frau gesucht. Zahlreiche Frauen in den EL wurden ohne ihr Wissen und ihr Einverständnis sterilisiert. Die zum Export kommenden empfängnisverhütenden Mittel sind oft experimentell und Medikamente, die von den Gesundheitsbehörden westl. Länder nicht freigegeben werden, werden unentgeltlich Ländern der Dritten Welt „gespendet". Frauen in den EL werden somit auch zu regelrechten „Versuchskaninchen".

Angeregt durch die Weltfrauenkonferenz in Mexiko 1975 hat das *BMZ Maßnahmen zur verstärkten Einbeziehung der Frau in die *Entwicklungshilfe-Arbeit beschlossen: 1. E. von Kriterien der *Evaluierung von Projekten, um die Interessen der Frauen zu berücksichtigen. 2. E. einer Konzeption zur integrierten *ländl. Entwicklung, die der besonderen Bedeutung der Frau in der Landw. Rechnung trägt. 3. Verstärkte Ausrichtung der Massenmedienprojekte der Bundesregierung auf die Bedürfnisse von Frauen. 4. Verstärkte Förderung von Genossenschaften und anderen *Selbsthilfeorganisationen, in denen Frauen stark vertreten sind. 5. Anhebung des Anteils weiblicher Stipendiaten aus den EL (bisher unter 5%).

Auch die *Gewerkschaften fordern, sicherzustellen, daß E.-Hilfe-Programme auf die gleichberechtigte Eingliederung der Frauen in den E.-Prozeß abzielen: landw. Schulung und andere Berufsbildungssysteme sollten Frauen ebenso wie Männern offenstehen; Frauen ist der Zugang zu Krediterleichterungen und Erzeuger- und Verbrauchergenossenschaften zu erleichtern; es ist zu verhindern, daß Frauen und Kinder in der Landw. ohne Entgelt arbeiten; die *Familienplanung und die Aufteilung der Aufgaben und Verantwortlichkeiten innerhalb der Familie sind zu fördern.

Im Juli 1980 debattierte die II. Weltfrauenkonferenz zur Mitte der 1975 von der UN proklamierten „Frauendekade" in Kopenhagen deren Bericht zur Lage der Frau. Diese hat sich nach dem UN-Bericht verschlechtert (u. a. Anstieg des *Analphabetismus und der Arbeitslosigkeit). Kritisiert wurde die Konferenz 1. wegen ihrer geringen Repräsentativität (Teilnehmer von

Regierungen ernannt, ein Mann als Leiter der BRD-Delegation), deshalb gleichzeitig tagende „alternative Konferenz" 2. wegen ihrer Betonung nicht frauenspezifischer Themen (→Nahostkonflikt, →Apartheid, Bolivien) 3. wegen der Dominanz der weißen amerik. Frauen. III. Konferenz: Nairobi 1985.

Lit.: Changing Role of the South East Asian Women, Joint Issue: Southeast Asia Chronicle/Pacific Research Center, 1978/1979; Frauen und Entwicklung, in: Neue Entwicklungspolitik 4 (1978); C. Donner-Reichle, Die Last der UE – Frauen in Kenia, dialogus mundi, Berlin 1977; Towards Equality: Report of the Committee on the Status of Women in India, Government of India, Dezember 1974; L. Fleischer, Zur Rolle der Frau in Afrika, Bensheim 1977; Deutsche Evang. Missionshilfe, Frauen in der Dritten Welt – Texte und Fragen, Hamburg 1979; R. Erlbeck, Frauen in Indien, Münster 1978. D. Leßner, Zur sozialen Lage der Frau in Entwicklungsländern. Eine Fallstudie: Algerien, München 1977 rs

Frei Montalva, Eduardo

Präs. Chiles 1964–1970, bedeutendste Führungsfigur der Christdemokratie Lateinamerikas. Frei wurde am 16. 1. 1911 in Santiago de Chile geboren und entstammt einer mittelständischen Familie Schweizer Abstammung. Er studierte Jura an der Kath. Universität Chile, dortselbst später Professor für Arbeitsrecht. Zusammen mit anderen jungen kath. chilen. Politikern gründete er 1937 die sozialchristl. Partei *„Falange Nacional"*, aus der 1957 die Christdemokrat. Partei Chiles hervorging. Bei den Wahlen von 1964 erhielt Frei 56,1 % der Stimmen, wurde so zum ersten christdemokrat. Präs. Lateinamerikas; bei der Wahl von 1970 konnte er nicht wieder kandidieren, wurde unter Allende zum Führer der bürgerlich-demokrat. Opposition. Im int. Rahmen konzentrierte er seine Aktivitäten sowohl auf die Christdemokrat. Bewegung (Vizepräs. der CDWU) als auch auf den Bereich der Kooperation und Entwicklung. 1977–79 war er ständiges Mitglied der *Brandt-Kommission. F. veröffentlichte etliche pol. Schriften, in deutscher Sprache: Lateinamerika am Scheideweg, Mainz 1978. Mit seiner Schrift *„El Mandato de la Historia y las Exigencias del Porvenir"* (Der historische Auftrag und die Erfordernisse der Zukunft) wurde Frei ab Ende 1976 innerhalb Chiles zur wichtigsten Persönlichkeit der Opposition gegen das 1973 errichtete *Militärregime. mfb

Freie Produktionszonen

Standorte der weltmarktorientierten industriellen Produktionsstätten in EL, die sich der neuen internationalen Arbeitsteilung einzugliedern versuchen. Mit ihrer Einrichtung erbringen die EL erhebliche Vorleistungen für eine profitable Produktion, die den Anreiz bietet für die Auslagerung von Unternehmen oder Branchen in die EL. Zu diesen Vorleistungen zählen (und wurden von der UNIDO empfohlen): 1. volle Befreiung von Zöllen und Abgaben für einen bestimmten Zeitraum; 2. Befreiung von Einkommenssteuern für 5–10 J. und zeitweilige Befreiung oder Senkung der Sätze von anderen direkten oder indirekten Steuern oder Abgaben, die inländ. Unternehmen zu entrichten haben; 3. Verzicht auf Kontrolle des int. Zahlungsverkehrs und Garantie eines solchen Status auch für die Zukunft; zudem freie Repatriierung der erwirtschafteten Profite bis zu einem bestimmt fixierten Satz; 4. finanzielle Vergünstigungen, Bereitstellung von kurz-, mittel- und langfristigen Krediten zu Vorzugsbedingungen; 5. Vorzugstarife für Transportleistungen und andere Dienstleistungen; 6. Bereitstellung der materiellen *Infrastruktur.

Lit.: F. Fröbel u. a., Die neue internationale Arbeitsteilung, Reinbek 1977. dn

Friedensdienst

„Eine ohne materielle Gewinnabsicht freiwillig geleistete und von öffentl. Großinstitutionen möglichst unabh. Arbeit, die zur Verwirklichung von Frieden (oder doch zur Sensibilisierung für diese Aufgabe) beiträgt" (Warneck 1979). Wirkungsebenen: Gewaltverweigerung (Kriegsdienstverweigerung), Hilfsdienst, Arbeit an gesellschaftl. Alternativen.

Lit.: W. v. Eichborn, Freiwillige für den Frieden, Aufgabe und Probleme der Friedensdienste, Stuttgart 1970; W. Warneck, Friedensdienst – Sandkastenübung oder Element politischer Alternative, in: APuZ 11/1979, S. 30–53. dn

Friedenserziehung

In Anlehnung an einen Definitionsversuch von Ch. Wulf (im von ihm hrsg. Wörterbuch der Erziehung, München, 4. Aufl. 1978) kann FE als der Versuch einer Erziehung begriffen werden, die verschiedenen Formen der Gewalt und Friedlosigkeit im int. und innergesellschaftl. Bereich zu thematisieren, ihre Ursachen zu analysieren und ihre Interdependenzen zu erkennen sowie zu ihrer Verminderung beizutragen.

Diese Definition gilt für den „negativen Friedensbegriff", der Frieden mit Abwesenheit von Gewalt erklärt, ebenso wie für den „positiven Friedensbegriff", der darüber hinaus auf den Abbau der *strukturellen Gewalt (Abbau ungleicher Machtverhältnisse und ungleicher Lebenschancen), also auf Veränderung zielt. Eine Friedenserziehung, die mehr sein will als nur ein Beitrag zur Vermeidung von Krieg (Kritische Friedenserziehung), muß über die Thematisierung von Frieden hinaus Handlungsdispositionen (Verhaltensgrundlagen) entwickeln, die Friedensfähigkeit begünstigen. Dazu gehören etwa kritisches Bewußtsein, Ich-Stärke, Wandlungsfähigkeit, Konfliktfähigkeit, pol. Engagement und Solidarität. Diese Dispositionen sollen nicht als Mittel zum Zweck dienen, sondern die allmähliche Konkretisierung des Ziels bereits antizipierend vorwegnehmen. F. in diesem Sinn ist allerdings schwer und zunächst nur ansatzweise zu verwirklichen, da sie sich in einem Umfeld des Unfriedens und der strukturellen Gewalt das Feld der Wirkungsmöglichkeiten erst selbst bereiten muß.

F. galt lange Zeit als illusionär. Eine ernsthafte Auseinandersetzung mit ihr wird aber angesichts der nuklearen Bedrohung unumgänglich und dank der zunehmenden Entfaltung der Produktivkräfte auch im Prinzip realistisch. Die gegenwärtige ökologische Krise muß als zusätzlicher Impuls gesehen werden, aktive Zukunfts-und Friedensgestaltung zu betreiben.

→Pädagogik der Befreiung, →Partizipation

Lit.: Ch. Wulf (Hrsg.), Wörterbuch der Erziehung, München [4]1978; H. Nicklas, A. Ostermann, Zur Friedensfähigkeit erziehen, München, Berlin, Wien 1976; Ch. Küpper (Hrsg.), Friedenserziehung, München 1979. kmj

Friedensforschung

F. ist keine eigenständige wissenschaftl. Disziplin. Sie bezieht sich auf einen Komplex ausdifferenzierter Frage- oder Problemstellungen, zu deren Bearbeitung bestehende Disziplinen ihre je spezifischen Fragebereiche und methodischen Instrumente zusammenfügen (sollten). Die Beiträge der einzelnen Wissenschaften lösen sich in dem Ausmaß aus ihrem fachspezifischen Zusammenhang, in welchem sich in ihnen eine eigenständige Zielsetzung und Wertorientierung durchsetzen, die aus der Diskussion des Begriffs „Frieden" erwächst.

1. Zum Friedensbegriff: Im landläufigen Verständnis wird Friede in der Regel spontan durch eine negative Abgrenzung definiert: Friede als Abwesenheit von Krieg. Der Begriff „Kalter Krieg", im allg. Sprachgebrauch seit Anfang der 50er J. fest verankert, relativiert jedoch dieses Verständnis. Er lenkt die Aufmerksamkeit auf einen Zwischenbereich zwischen Krieg und Frieden, auf einen Zustand, in dem Abwesenheit von Krieg noch nicht Frieden bedeutet. Ein weiterer, weniger gebräuchlicher Begriff kennzeichnet einen vergleichbaren Zustand in innenpol. Konfliktlagen: der in der gewaltfreien Widerstandsbewegung geprägte Begriff „Friedlosigkeit".

Die Vergleichbarkeit dieser beiden Begriffe ergibt sich, wenn man den von ihnen bezeichneten Zwischenbereich als einen Zustand definiert, in dem ein Konflikt vor dem Hintergrund unvereinbarer Interessen aufgrund bestimmter einschränkender Bedingungen nicht ausgekämpft werden kann.

– Für den Zwischenbereich Kalter Krieg auf int. Ebene werden folgende Restriktionen und Resultate hervorgehoben: Die Konfliktgegner des Kalten Krieges vermeiden einen heißen Krieg, weil jedes denkbare Resultat – schlimmstenfalls die beiderseitige Vernichtung – in keinem Verhältnis zur Konfliktursache steht. Der Konflikt schwelt unterhalb der Schwelle direkten Gewalteinsatzes weiter – dies mit tiefgreifenden Auswirkungen auf die innere Verfassung der Konfliktgegner: ständiges Mißtrauen, gegenseitige Abschreckung, permanente Spannung. Nach Meinung des Friedensforschers Dieter Senghaas hat sich dieser Zwischenbereich im Ost-West-Konflikt zu einem Zustand organisierter Friedlosigkeit verfestigt, in dem nicht mehr der eigentliche Interessenkonflikt, sondern die beiderseitigen Bedrohungsvorstellungen das Verhalten der Konfliktgegner bestimmen. Friedenssiche-

rung wird nach dieser kontrovers diskutierten These zu einer primär innenpol. Aufgabe des Abbaus von Bedrohungsvorstellungen und ihrer Folgen (v. a. Rüstung).
– Friedlosigkeit als ursprünglich ausschließlich innenpol. Zustandsbezeichnung eines Zwischenbereichs zwischen Gewaltsamkeit und Frieden wird mit folgenden Restriktionen und Resultaten verknüpft: Der Interessenkonflikt besteht zwischen zwei sehr unterschiedl. starken Gegnern, im äußersten Fall also zwischen Unterdrückern und Unterdrückten. Der schwache Gegner muß jede gewaltsame Konfliktaustragung vermeiden, weil dies nur zu noch mehr Unterdrükkung oder gar seiner Vernichtung führt. Der Konflikt schwelt unterhalb der Schwelle gewaltsamen Widerstands und seiner Unterdrückung weiter: ausgetragen entweder als gewaltfreier Widerstand oder ebenfalls organisiert als scheinbar friedl. Unterdrückungssystem. Der Friedensforscher Johan Galtung bezeichnet diesen Zustand „organisierter Friedlosigkeit" bei ungleichen Gegnern als *strukturelle Gewalt. Erst die Aufhebung struktureller Gewalt sei als Friede zu bezeichnen.

In dieser durch einen negativen und einen positiven Friedensbegriff abgesteckten Spannweite differieren zugleich auch die Zieldefinitionen und Wertorientierungen der Friedensforschung. Konventionelle, kurzfristig orientierte Friedensforschung zielt auf Vermeidung direkter Gewaltanwendung durch Kontrolle oder Abbau von Spannungen. Mittelfristige Friedensforschung sieht Frieden als kombinierte Strategie des Abbaus von Spannungen und ihrer Ursachen, ohne unbedingt einer in sich schlüssigen Modellvorstellung von den Ursachen der „Friedlosigkeit" verpflichtet zu sein. Langfristige Friedensforschung orientiert sich an unterschiedl. normativen Ordnungsmodellen einer friedlichen Welt und zielt auf Aufhebung struktureller Gewalt im weitesten Sinne: Friede heißt so bei Galtung „soziale Gerechtigkeit".

2. Fragestellungen und Forschungsschwerpunkte: Der bis in die 60er J. dominierende Ost-West-Konflikt („Kalter Krieg") fand v. a. in den USA in einer vorwiegend auf Spannungskontrolle und -abbau zielenden kurz- und mittelfristig orientierten F. seine Entsprechung. Als Forum dieser Forschungsrichtung gilt bis heute v. a. die amerik. Zeitschrift *Journal of Conflict Resolution.* Die allmähliche Entspannung des Ost-West-Konflikts und der gleichzeitig eskalierende Vietnam-Krieg verstärkten ab Mitte der 60er J. die Aufmerksamkeit für den *Nord-Süd-Konflikt. Die Kritik richtete sich zunächst gegen die offene Gewaltanwendung der USA gegen einen scheinbar weit unterlegenen Gegner und mündete schließlich in einer verstärkten Beschäftigung mit Abh.-Verhältnissen zwischen Erster und Dritter Welt. Impulse hierzu kamen vor allem aus Skandinavien (vgl. Galtungs Begriff *strukturelle Gewalt) und aus Südamerika (*Dependencia). Als int. wichtigstes Forum dieser Forschungsrichtung hat sich die 1964 gegründete norwegische Zeitschrift *Journal of Peace Research* durchgesetzt. In der BRD lösten diese Impulse gegen Ende der 60er J. verstärkte Forschungsaktivitäten – bald auch staatl. gefördert – aus. Ein dezidiert gegen konventionelle F. gerichtetes Selbstverständnis formulierten kritische Friedensforscher auf einer Berliner Tagung im April 1971: „Friedensforschung ist Forschung über Ursachen und Bedingungen von Gewaltanwendung. Sie fragt nach den Möglichkeiten und Grenzen friedfertigen Konfliktverhaltens: Ihre Forschungsstrategie, die die strukturelle Dimension kollektiver Gewalt berücksichtigen muß, ist auf Verminderung organisierter Gewaltpotentiale sowie kollektiver und individueller Gewaltanwendung gerichtet." Je nach Ausmaß der Dominanz mittelfristiger Perspektiven folgten aus diesem Selbstverständnis unterschiedliche Zieldefinitionen und Forschungsschwerpunkte. Eine Gruppe von Forschern konzentrierte sich auf die Analyse der Aufrüstung (*Rüstung) von Ländern der Dritten Welt. Andere weiteten diese Fragestellung aus, indem sie die sozioökon. Auswirkungen des Rüstungsexports des Nordens und des Aufbaus von Militärapparaten in den Ländern der Dritten Welt untersuchten und in den Kontext von *Abhängigkeit und UE stellten. Die Bestimmung dieser UE als strukturelle Folge der einseitigen, asymmetrischen Abh.-Verhältnisse zwischen Nord und Süd (*Zentrum-Peripherie-Modell) motivierte schließlich eine generelle Kritik an Modellen, die sich aus verstärkter Zusammenarbeit zwischen Län-

dern der Ersten und Dritten Welt (im Sinne eines liberalisierten Welthandels bei gegenseitiger Öffnung der Märkte) eine *Modernisierung unterentwickelter Länder versprachen. Statt so eine Vertiefung *abh. E. zu forcieren, müsse man eine an den Bedürfnissen der unterentwickelten Länder ausgerichtete *autozentrierte Entwicklung fördern. Dies setze voraus, daß die zunehmenden Spannungen und schwelenden Konflikte zwischen Nord und Süd nicht – wie im symmetrischen Ost-West-Konflikt – durch mehr Kooperation, sondern durch ein gezieltes *Abkoppeln* (*Dissoziation) der Wirtschaftsentwicklung des Südens von den Interessen des Nordens abgebaut würden. Die Rolle *multinat. Konzerne, die Forderung nach einer *Neuen Weltwirtschaftsordnung und die Funktion des Agrarsektors (Agrarstruktur) in unterentwickelten Ländern rückten damit in den Mittelpunkt der langfristig orientierten F.
→ländl. Entwicklung

3. Institutionalisierung und Förderung der Friedensforschung in der BRD: Die Rede des Bundespräsidenten Gustav Heinemann zum 30. Jahrestag des Ausbruchs des II. Weltkriegs gab in der Bundesrepublik den entscheidenden Anstoß für eine staatl. Förderung der F. Institutionalisiert wurde diese Förderung bundesweit durch die Gründung der „Deutschen Gesellschaft für Friedens- und Konfliktforschung" (DGFK; Anschrift: Theaterplatz 28, 5300 Bonn-Bad Godesberg) im Jahre 1970. Nach einer Aufbauphase thematisch vergleichsweise breit gestreuter Forschungsförderung (1971–1974) konzentrierte sich die Förderung auf *zwei Schwerpunkte*: 1. Friedenswahrung und Übergangsstrategien in Europa, 2. Konflikte zwischen westeurop. IL und EL und deren friedliche Überwindung. Im Rahmen des zweiten Förderungsschwerpunkts wurden v. a. Studien zu den im oben aufgeführten Fragestellungen gefördert. Seit 1977 ist eine verstärkte Akzentuierung der Fragestellung nach den Grenzen und der Durchsetzbarkeit alternativer *Entwicklungsstrategien erfolgt.

Die pol. Brisanz der geförderten Forschung spiegelt sich in zahlreichen Kontroversen zu veröffentlichten Forschungsergebnissen wider. Diese Kontroversen führten gegen Ende der 70er J. zu verstärkten Forderungen nach stärkerer Praxisbezogenheit der F., die u. a. auch aus der Kritik an den langfristigen Perspektiven kritischer F. erwuchsen und 1979 zunächst im Austritt Bayerns, dann Niedersachsens aus der DGFK gipfelten.

Lit.: Zeitschrift „Friedensanalysen – Für Theorie und Praxis", Frankfurt (Edition Suhrkamp), 1975 ff.; Alfred Schmidt (Hrsg.): Strategien gegen Unterentwicklung, Zwischen Weltmarkt und Eigenständigkeit, Frankfurt 1976. dg

Gabun

Auch nach der Unabh. (1960) unter massivem wirtsch. und pol. Einfluß Frankreichs, gilt G. aufgrund seiner liberal-kapitalist. Wirtschaftsordnung als ein Land mit optimalen Gewinnmöglichkeiten für ausländ. Investoren (nur 10% der Gewinne müssen in G. reinvestiert werden). Die Erdöl-Hausse der 70er J. brachte dem *OPEC-Mitgl. zwar erhöhte Einnahmen, doch wuchs aufgrund von Luxuskonsum und Verschwendung der korrupten Führungsschicht gleichzeitig die *Verschuldung des Staates.

1. Schätzungen der Bev.-Zahl des 271 000 qkm großen Landes schwanken zwischen 500 000 und 1 Mio. Die zahlenmäßig größte der etwa 7 Volks- und Sprachgruppen (mit je zahlreichen Untergruppen) bilden die auch wirtsch. und pol. dominierenden Fang (ca. 30% der Ew.) vor den Eshira (20%), Mbede (15%) u. a.

2. Die Landw. spielt im Gegensatz zu anderen afrikan. Staaten für die Wirtsch. G.s nur eine ganz untergeordnete Rolle (Mitte der 70er J.: 10% des BSP, 0,5% der Gesamtfläche, nur ca. 40% der Ew. lebten von der Landw.), so daß Lebensmittel in größerem Umfang eingeführt werden müssen. Trop. Edelhölzer (v. a. Okumé und Ozigo) wurden seit Anfang der 70er J. als wichtigste Exportartikel zwar von Erdöl und Erdgas abgelöst, doch erbringen 4 Rohstoffe noch immer fast die Gesamtheit der Exportwerte: Erdöl/Erdgas (1976: 79%), Manganerze (12%), Hölzer (11%) und Uran (4%). G. besitzt in den entsprechenden Unternehmen in der Regel nur 25% des Kapitals (auch im Erdölsektor; Hauptanteile: v. a. franz. Gesellschaften).
War das kleine G. schon vor dem Erdöl-Boom ein rel. reiches Land, so wurde es

Mitte der 70er J. vielfach als „afrikan. Scheichtum" bezeichnet. Der Reichtum verteilt sich jedoch sehr ungleichmäßig. Trotz einer im Primarschulbereich inzwischen fast vollständigen Scholarisation – wohl der Rekordmarke in Schwarzafrika überhaupt – ist der Mangel an qualifizierten Fachkräften so gravierend, daß sich die Zahl der in G. arbeitenden Ausländer seit der Unabh. vervielfacht hat die Zahl der Franzosen (1960: 4800, 1970: 16000) hat in Libreville nach 1973 schneller zugenommen als die der Afrikaner; 1975: 15% der Ew. der Hs.

Die explosionsartigen Gewinne im Erdölbereich führten 1975–77 – nicht zuletzt aufgrund des Drucks franz. Geschäftskreise – zu Verschwendungen riesigen Ausmaßes. Zusammen mit der Korruption der Führungsschicht bewirkte dies eine wachsende Staatsverschuldung bei einer trotz exzellenter Handelsbilanzen negativen Zahlungsbilanz. Da gleichzeitig die Erdölproduktion 1978 rückläufig war und die Manganexporte unter der franz. Stahlkrise litten, mußten drastische Sparmaßnahmen im Staatshaushalt durchgeführt werden. Die franz. Importe wurden um die Hälfte gekürzt (F. ist noch immer der bei weitem wichtigste Handelspartner: 1976: 42% der Exporte, 69% der Importe), zahlreiche ausländ. Arbeitskräfte entlassen.

3. Formal hat G. eine präsidentielle Demokratie, doch bildet die Nationalversammlung nur eine Staffage. Präsident Bongo, der mit dem PDG 1968 eine Einheitspartei bilden ließ, besitzt eine noch größere Machtfülle als sein Vorgänger Léon Mba, der 1964 in einem Staatsstreich gestürzt, von franz. Fallschirmjägern aber nach kurzer Zeit wieder an die Macht gebracht worden war. Wie Mba arbeitet Bongo eng mit dem Westen, u. a. mit F. zusammen, auch und gerade im militär. Bereich (eine franz. Garnison ist in Libreville stationiert), etwa bei Interventionen in Afrika. kz

Gambia

Das entlang des Gambiaflusses keilförmig in den Senegal hineinragende G. (Hs: Banjul, früher Bathurst), ist mit einer Fläche von 11295 qkm das kleinste Land Afrikas. Mit der größten Bev.-Dichte unter den afrikan. Staaten (50,5 Ew./qkm) und einer Gesamtbev. von 570000 Ew. (1978) gliedert sich die Bev. G.s ethnisch in ca. ⅖ Mandingo, Wolof u. a., ⅕ Fulbe und ca. 600 Europäer. Ein ausgeprägtes Stadt-Land-Gefälle in der medizin. Versorgung und im Bildungswesen kennzeichnen zusammen mit dem rasanten Bev.-Wachstum (1963–73 JZ 4,6%) die soziale Problematik. Kapitalmangel, geringes E.-Potential und die Enge des Binnenmarktes sind hemmende Faktoren, die die Möglichkeiten der *Diversifizierung der landw. Produktion zur Überwindung der Monostruktur Erdnuß (90% des Exports Erdnußprodukte), den Aufbau einer Konsumgüterindustrie durch *Importsubstitution, die Verbesserung der materiellen und sozialen *Infrastruktur und das Ziel, langfristig die außenwirtsch. Abh. von GB zu reduzieren, in erheblichem Maße einschränken. Bis zur Unabh. 1965 wurde das Territorium von der brit. Kolonialverwaltung im Rahmen der **indirect-rule* regiert. Ab 1960 entstanden während der schrittweisen *Dekolonisation pol. Parteien, die, rein pragmatisch orientiert, fast keinerlei programmatische Unterschiede aufweisen; lediglich in der Frage der Bez. zu Senegal und dem Verhältnis zu GB divergieren die Standpunkte. Die PPP (*Progressive People's Party*), die 1970 die Umwandlung G.s von einer konstitutionellen Monarchie zur Rep. durchsetzte und die Union mit Senegal (Senegambia) vertrat, besitzt seit den Wahlen von 1977 27 von 33 Parlamentssitzen. Die UP (*United Party*) hingegen, von 1965–70 Verfechterin der konstitut. Monarchie, will die Bez. zu GB weiterhin fortsetzen. Bislang wurde von Regierungschef Jawara eine dem Auslandskapital gegenüber freundliche liberale Wirtschaftspolitik vertreten. ah

Gandhi, Mahatma

(1869–1948) lieferte den entscheidenden Beitrag zur Unabh. Indiens. Nehru äußerte über ihn: „G. brachte Indien die Freiheit (...). Er zeigte uns, wie man Furcht und Haß überwindet, verkündete uns Eintracht, Gleichheit und Brüderlichkeit, die Aufrichtung der Unterdrückten, die Würde der Arbeit und den Vorrang der geistigen Dinge." G. studierte Rechtswissenschaften in London, praktizierte 10 J. als Anwalt der indischen Minderheit in Südafrika und begann 1915 nach seiner Rückkehr nach Indien seine Politik des gewaltlosen Widerstands gegen die brit. Kolonialherrschaft. Er stemmte sich freilich erfolglos gegen die pol. Teilung des Subkontinents (Pakistan). Die Bedeutung G.s liegt neben seiner historischen Rolle als ind. Freiheitskämpfer in der (heute mit seinem Namen verbundenen) Methode pol. Kampfes: passiver Widerstand, ziviler Ungehorsam, Gewaltlosigkeit. Er selbst wurde in den Kämpfen zwischen Hindus und Moslems ein Opfer der Gewalt. dn

GATE

Deutsches Zentrum für Entwicklungstechnologie *(German Appropriate Technology Exchange)*, Service-Station für *angepaßte Technologie. Juni 1978 als Arbeitseinheit innerhalb der *GTZ mit dem Ziel eingerichtet: 1. über technolog. Lösungen für bestimmte Probleme Nachfrager aus EL zu informieren, 2. technolog. Probleme auszumachen, für die es noch keine Lösung oder noch keine angepaßte Lösung gibt, 3. Pilotprojekte durchzuführen, in denen angepaßte Technologien erprobt werden. dn

GATT

Allgemeines Zoll- und Handelsabkommen (*General Agreement on Tariffs and Trade*), multilaterales zwischenstaatl. Abkommen, das am 1. 1. 1948 in Kraft trat; gehört zu den Sonderorganisationen der *UN; Mitgl. 1976 insg. 103: 83 Voll-, 3 vorläufige und 17 weitere Mitgl., die das GATT auf *de-facto*-Basis anwenden. *Organe:* Vollversammlung, umfaßt alle ordentl. Mitgl., jedes Land eine Stimme, jährl. tagend; (seit 1960) Rat der Mitgl.-Länder, erledigt laufende Geschäfte zwischen den Vollversammlungen; Sekretariat mit Generaldirektor, Sitz in Genf. *Ziele:* Erhöhung des Lebensstandards, Sicherung der Vollbeschäftigung, Erhöhung des Realeinkommens aller Wirtschaftssubjekte in den Mitgl.-Ländern sowie die Erweiterung des Welthandels, die Erhöhung der effektiven Nachfrage auf weltweiter Basis und die volle Erschließung der natürlichen *Ressourcen der Weltwirtschaft zur Erhöhung der int. Produktion und Güterversorgung. *Mittel:* Kollektiver Zollabbau, gesichert durch Zollbindung auf der Grundlage der unbedingten *Meistbegünstigung, durch Vermeidung von *Diskriminierung und durch den Abbau mengenmäßiger Beschränkungen (Kontingentierung).

Das GATT ist auf die Bemühungen um eine neue Ordnung der Weltwirtschaft in organisatorisch-vertraglicher Form zurückzuführen, die zunächst in der Atlantik-Charta (1941) und in der UN-Charta (1945) allg. formuliert und dann in den *Proposals of Expansion of World Trade and Employment* konkretisiert wurden, die den Ansatzpunkt für die Einberufung einer int. Konferenz über Handel und Beschäftigung auf der 1. Sitzung des *ECOSOC am 18. 2. 1946 war. Diese Welthandelskonferenz (Havanna-Konferenz Nov. 1947–März 1948) stellte den Entwurf eines Welthandelsabkommens (Havanna-Charta) fertig und sah vor allem die Schaffung einer int. Handelsorganisation (ITO) vor. Auf der Vorkonferenz in Genf Okt. 1947 kam es zu allg. Zollverhandlungen, in deren Verlauf Übergangsregelungen zur Handelsliberalisierung vereinbart wurden, die den handelspol. Teil der Havanna-Charta vorwegnahmen. 23 Staaten unterzeichneten das Protokoll über die vorläufige Anwendung des GATT.

Das GATT verbietet grundsätzlich die Anwendung mengenmäßiger Ein- und Ausfuhrbeschränkungen. (Ausnahmen: nicht diskriminierende Anwendung mengenmäßiger Beschränkungen sowie Ausnahmen von der Regel der Nicht-Diskriminierung, die praktisch das Verbot der quantitativen Beschränkungen aufheben.) Der Zolltarif soll grundsätzlich das einzige Schutzmittel sein, freilich gebunden an das Prinzip der Meistbegünstigung. Das GATT verbietet auch die Belegung von bereits eingeführten Waren mit anderen Abgaben, die den Effekt eines Zolls haben könnten, verlangt also Gleichbehandlung von inländ. und ausländ. Waren im Inland. Aus den GATT-Regelungen hat sich ein System multilateraler Zollverhandlungen ergeben, das auf bilateral erhandelten Zollzugeständnissen beruht, die in multilateralen Länderlisten zusammengefaßt werden und somit automatisch allen GATT-Mitgl. zugute kommen. Eine Annullierung von Zollzugeständnissen oder eine Erhöhung der vereinbarten Tarife müssen durch anderweitige Konzessionen oder Begünstigungen ausgeglichen werden. Wesentliche Instrumente des allg. Zollabbaus sind die im Rahmen des GATT durchgeführten Zollsenkungsrunden (→Kennedy-Runde →Tokio-Runde).

Lit.: P. Bratschi, Allg. Zoll- und Handelsabkommen GATT, Zürich 1973; G. Heiduk, Die weltwirtsch. Ordnungsprinzipien von GATT und UNCTAD, Baden-Baden 1973. hk

Geburtenrate

Auch Fruchtbarkeitsrate, Maßzahl für den Pro-Tausend-Anteil der Geburten an der Gesamtbev. in einer bestimmten Periode; sie läßt den Vergleich der Fruchtbarkeit (Fertilität) verschiedener *Bevölkerungen zu; Ansatzpunkt für bev.-pol. Maßnahmen insbesondere in EL (*Familienplanung). dn

Gemeinsamer Fonds

Element des *Integrierten Rohstoffprogramms zur Finanzierung der *Rohstoffabkommen bzw. der in diesen vorgesehenen **Bufferstocks* (Ausgleichslager) für Rohstoffe. Ausgehend von den Beschlüssen von *UNCTAD IV, die zwischen IL und EL umstritten blieben, einigten sich beide Ländergruppen im Vorfeld von UNCTAD V im März 1979 auf die Grundelemente des GF. Er soll ein reines Finanzierungsinstrument sein und die Maßnahmen finanzieren, die in den separaten Rohstoffabkommen vorgesehen sind. Der GF soll zwei Schalter haben: Über den ersten Schalter werden die *Bufferstocks* finanziert, über den zweiten andere rohstoffbezogene pol. Maßnahmen, v. a. zugunsten der ärmeren Länder (z. B. F&E, Produktionssteigerung, *Diversifizierungs- und Vermarktungshilfen etc.). Das Eigenkapital des GF wird 750 Mio. US-Dollar betragen, 400 Mio. für den ersten und 350 Mio. für den zweiten Schalter. Während die Mittel überwiegend durch die IL aufgebracht werden (erster Schalter: alle beteiligten Länder je 1 Mio. US-Dollar sowie 320 Mio., die sich auf die Ländergruppen wie folgt aufteilen: IL: 68 %, EL 10 %, Sozialist. Länder 17 %, China 5 %; zweiter Schalter: zu 1/5 direkt von den UNCTAD-Mitgl., zu 4/5 durch freiwillige Beiträge), richten sich die Stimmrechte nicht nach der Kapitalmehrheit, sondern verteilen sich wie folgt: EL 47 %; westl. IL 42 %; sozialist. Länder 8 %, China 3 %. Für Satzungsänderungen und Beschlüsse mit weitreichenden finanz. Auswirkungen wird allerdings eine 3/4Mehrheit gefordert.

Die unterschriftsreife Vereinbarung über den GF wurde Juni 1980 in Genf erzielt. Der Vertrag tritt in Kraft, sobald mindestens 90 der UNCTAD Mitgl.-Staaten den Vertrag ratifiziert und 2/3 der Direktbeiräge aufgebracht haben (frühestens Ende 1981). Der GF wird von einem aus 28 Staaten zusammengesetzten Exekutivausschuss mit einem Direktor an der Spitze geleitet. Sitz: Amsterdam. Weitere Durchführungsbestimmungen bedürfen noch der Aushandlung.

Problematisch bleiben die einzeln zu vereinbarenden Rohstoffabkommen, die allein dem GF beitreten können. Von ihnen funktionierten 1980 nur vier: Zinn, Kautschuk, Kakao, Zucker. Ihre Zahl hat in den letzten Jahren eher ab- als zugenommen. Fraglich ist auch, ob sog. reiche Abkommen (wie etwa Kupfer) sog. arme Abkommen (wie Jute, Tee) unterstützen werden.

Lit.: J. Betz, Der gemeinsame Rohstoff-Fonds, ein marktwirtschaftliches Instrument, in: VRÜ 1/1979, S. 25 ff. dn

Genossenschaften

G.en sind weltweit in den verschiedensten Bereichen der Wirtschaft tätig. Besondere Erwartungen werden an sie in den EL geknüpft, wurden bisher jedoch nur teilweise erfüllt.

1. Wesensmerkmale/Interne Struktur: Die G. ist eine Personengemeinschaft, deren Mitgl durch ein von ihnen gemeinsam getragenes und demokrat. kontrolliertes Unternehmen ihre ökon. und soz. Situation zu verbessern suchen. Diese Definition gibt den problematischen, aber auch vorteilhaften Doppelcharakter der G. wieder. Sie ist eine Personengemeinschaft und eine Unternehmung. Zudem ist die Zielsetzung eindeutig festgelegt auf die Verbesserung der Mitgl.-Situation. Schließlich gibt sie einen wesentl. Unterschied zu Kapitalgesellschaften an: In G.en herrschen demokrat. Spielregeln (1 Mann – 1 Stimme, regelmäßig stattfindende Wahlen, Mehrheitsprinzip, Nichtdiskriminierung von Minderheiten). Das ökon. bedeutsamste Modell ist das

Identitätskriterium: Die Mitgl. sind gleichzeitig Eigentümer und Nutzer (Kunden, Lieferanten, Arbeitnehmer) *ihres* Unternehmens. Den ideellen Hintergrund geben eine Reihe von teils doktrinär, teils pragmatisch bestimmten „Genossenschaftsprinzipien", die auf den Leitlinien der „Pioniere von Rochdale" basieren (z. B.: pol. und religiöse Neutralität, demokrat. Leitung und Kontrolle, Barverkauf zu Marktpreisen und Überschußverteilung nach Umsatz, unbegrenzte Mitgl.-Zahl, genossenschaftl. Ausbildung). Daneben sind weltweit als G.-Initiatoren bekannt: R. Owen, Ch. Fourier, L. Blanc, H. Schultze-Delitzsch, F . W. Raiffeisen. Die G. hat mindestens folgende 4 Organe: 1. Mitgl.-Versammlung (MV): An ihr können alle Mitgl. teilnehmen. Sie sollte wenigstens einmal im J. stattfinden. In ihr werden die Entscheidungen über die für die Gruppe besonders bedeutsamen Sachverhalte (Satzung, Wahl der Führungsgremien, Beschluß über das Jahresergebnis etc.) nach dem 1-Mann-1-Stimme-Prinzip getroffen. 2. Vorstand (V): Er besteht aus mindestens 5 Mitgl. der G., die von der MV meist für 1 J. (besser für 3 J.) gewählt werden. Ihnen obliegt es, die Führungsentscheidungen für die Personengruppe und die Unternehmung vorzubereiten oder zu fällen. 3. Aufsichtsrat: Er besteht aus mindestens 3 Mitgl. der G., die i. d. R. von der MV (in Ausnahmefällen vom V) gewählt/bestimmt werden. Sie sollen im Interesse der Mitgl. die Geschäftsführung und die Entscheidungen des Vs kontrollieren. 4. Geschäftsführung: Der Geschäftsführer kann, muß aber nicht, Mitgl. der G. sein. Er ist im Auftrag des Vs tätig und diesem, nicht direkt der MV, verantwortlich. In der Praxis wird der Geschäftsführer aufgrund seines betriebswirtsch. Sachverstands vielfach zum eigentlichen Leiter der G. Daneben gibt es viele Möglichkeiten, die Mitgl. an den sozialen und unternehmerischen Entscheidungen zu beteiligen (Komitee für Kredite, für Disziplin, für Lagerbau, für Transportfragen etc.). Zudem wird von den G.en in EL zunehmend die Möglichkeit genutzt, die Wirtschaftsprüfung auf eine externe Institution (Verband, Buchprüfergesellschaften) zu delegieren.

2. Genossenschaftstypen: Es gibt Agrar-, Konsum-, Spar- und Kredit-, Handwerks-, Industrie-, Wohnungsbau-, Versicherungs-, Elektrifizierungs-, Wasserversorgungs-, Erziehungs-, Erholungs-G.en und viele Arten mehr. Sie erfüllen drei grundlegende wirtsch. Funktionen für die Mitgl.: Beschaffung, Absatz und/oder Produktion (Verarbeitung) von Gütern und Leistungen. Vielfach werden diese Funktionen gleichzeitig ausgeübt (z. B. Agrar-G.en: Beschaffung von Saatgut, Dünger, Krediten, Konsumgütern, Vermarktung der Agrarprodukte, gemeinsame Produktion der Mitgl. und/oder Weiterverarbeitung der Produkte der Mitgl., Annahme von Spareinlagen: „Multiaktive G.en").

Neben dieser funktionellen Unterscheidung gibt es die nach der Verantwortung (auf die Kapitaleinlage beschränkte und alle Vermögenswerte der Mitgl. erfassende unbeschränkte Haftung), nach der Offenheit (generell für alle positiv Interessierte möglicher Beitritt und auf eine abgegrenzte Zielgruppe – z. B. Kleinbauern – beschränkte Mitgliedschaft), nach der gegenseitigen Abh. von Mitgl. und G.-Unternehmen (zwischen völlig autarker Gruppe und jeweiligen nicht-gruppenbezogenen Aktivitäten), nach dem Integrationsniveau (Primärg. mit natürlichen Personen als Mitgl. und Sekundärg. mit Primärg. als Mitgl.). Das Verhalten der Mitgl. zueinander, zu den Führungsgremien und zu ihrer G.-Unternehmung ist je nach den Typen graduell unterschiedl. bezüglich der Gruppensolidarität, Beteiligung an Kommunikations- und Entscheidungsprozessen, Inanspruchnahme der G.-Unternehmung. Auch die Erfolgschancen der unterschiedl. G.-Typen sind nicht einheitlich zu beurteilen.

3. E.-Erwartungen und Erfolgsfaktoren: Speziell die int. E.-Agenturen haben hohe Erwartungen in den Beitrag der G.en zum E.-Prozeß gesetzt. Zu verweisen ist auf folgende E.-Funktionen: 1. Ökon. Besserstellung der Mitgl. durch höhere Preise beim Absatz (niedrigere beim Bezug); Zugang zu Krediten; gesicherter Absatz; Bezug höherwertiger Güter; produktivitätsgerechte Entlohnung etc. Eine „Ausbeutung" der Mitgl. durch ihre G.-Unternehmung ist aus Gewinnmotiven nicht gegeben (evtl. wegen ineffizienter Administration). 2. Soziale Besserstellung der Mitgl. durch Absicherung in der Gruppe, soziale Integration, so-

zialer Aufstieg. 3. Kulturelle Besserstellung durch den (erforderlichen) internen Kommunikations-, Informations- und Ausbildungsprozeß. 4. Makroökon. und -*sozialer Wandel durch die Belebung des Wettbewerbs zugunsten der ärmeren Bev. (daraus folgende Einkommensumverteilung, Aufbau eines Mittelstandes, Anreize für das Wirtschaftswachstum, mehr ökon. und soziale Gerechtigkeit sowie soziale Aufstiegschancen, wodurch das Potential an Führungspersönlichkeiten für den E.-Prozeß besser genutzt werden kann).

In den EL ist vielfach eine große Diskrepanz zwischen theoretisch möglichen und tatsächlich erreichten Ergebnissen der G.-Arbeit festzustellen. Dies liegt im wesentl. daran, daß folgende Erfolgsfaktoren zu wenig beachtet werden: 1. Soziale Offenheit der G.en und Bereitschaft zu einer aktiven Expansionspol.; 2. Innovationsbereitschaft der G.-Leitung; 3. intensive Kommunikation zwischen Führungsgremien und Mitgl.; 4. Ausschöpfung des Eigenfinanzierungspotentials durch Anreize zur Anlage; 5. Sanktionen bei Außenseiterverhalten; 6. permanente Aus- und Weiterbildung der Mitgl.; 7. Rotation in den Führungsämtern; 8. realitätsnahe Planziele; 9. Integration (Kooperation) mit anderen G.en; 10. Beeinflussung des Staates hinsichtlich einer neutral-wohlwollenden Haltung.

Ebenso wie eine Einzelperson wird auch eine G. zu schwach sein, um den E.-Prozeß entscheidend zu beeinflussen, daher bedarf es einer Stärkung der heute schon überall gegebenen horizontalen und vertikalen Integrationsstrukturen. Entwicklungspol. Unterstützung ist vorteilhaft, sollte sich aber auf ökon., operationalisierbare Maßnahmen beschränken und nicht ein „fertiges Modell“ zu exportieren versuchen, um der Landesangemessenheit der Kooperation – bei allen weltweiten Gemeinsamkeiten der G. – Rechnung zu tragen.

Lit.: D. W. Benecke, Kooperation und Wachstum in den Entwicklungsländern, Tübingen 1973; E. Boettcher, Kooperation und Demokratie in der Wirtschaft, Tübingen 1974. dwb

Gesellschaft für bedrohte Völker

deutsche und österreichische Sektion von *Survival International.* Setzt sich insbes. für bedrohte Minderheitenvölker ein. Ihre Tätigkeit wird von für die Menschenrechte engagierten, innerhalb und außerhalb der Kirchen stehenden Persönlichkeiten, die man pol. als Linksliberale bezeichnen könnte, gefördert. *Publikationen:* „pogrom“ erscheint zweimonatlich als aktuelles Magazin. Außerdem erscheinen unregelmäßig Sonderdrucke zu bestimmten Themen in Buchform: T. Zülch (Hrsg.): Von denen keiner spricht, Reinbek 1975; Adresse: Parkallee 18, 2000 Hamburg 13. rs

Gesundheit

Nach einer Definition der *WHO wird unter G. das körperliche, seelische und soziale Wohlbefinden des Menschen verstanden. G. ist ein *Grundbedürfnis des Menschen und Teil des Konzepts der sozialen E. Sie steht in engem Wechselverhältnis zu anderen Elementen der sozialen *Infrastruktur. G. ist beispielsweise in hohem Maße von ausreichender und richtiger *Ernährung abhängig. Ein anderer Bezug zur allg. E.-Problematik ergibt sich daraus, daß G. auch eine Voraussetzung für die Steigerung von Arbeitsproduktivität und Wirtschaftswachstum ist. So führen unterschiedl. entwicklungstheoretische Vorstellungen – sowohl Grundbedürfnisansätze als auch *Wachstumstheorien – zur Betonung der G. als entwicklungspol. Kernbereich. Nun haben die bislang in den EL verfolgten E.-Strategien zu Erscheinungen geführt, die mit der obigen Definition von G. nicht vereinbar sind. Die Zerstörungen der physischen und sozialen Umwelt durch extreme Belastungen der eingesetzten Technologie mit ihren bedenklichen sozialen Folgen (*Arbeitslosigkeit) bewirken psychische Schäden, die auch vom Konzept G. her die Suche nach alternativen E.-Wegen nahelegen, wenn G. in dem obigen Sinne definiert wird. G. ist umfassender als die körperliche Gesundheit; sie muß in die physische und soziale Umwelt integriert gesehen werden. Während jedoch für die körperliche G. eine Reihe von *Indikatoren zur Verfügung steht, die über diesen Teilaspekt des G.-Zustandes einer Bev. Auskunft geben, sind die seelischen und sozialen Komponenten schwieriger zu messen. Das liegt wesentl. auch daran, daß sie schwieriger zu umreißen sind, zumal sie interkulturell als ver-

schieden angesehen werden müssen. *Industrialisierung mit der Folge der Zerstörung des sozialen Zusammenhalts der dörfl. Gemeinschaft kann zu seelischer Verkrüppelung führen.
Als Indikatoren für Gesundheit gelten: *Lebenserwartung bei Geburt, Kindessterblichkeitsrate (im Alter bis zu 4 J.) Zahl der Erw., für die ein Arzt, ein Krankenhausbett zur Verfügung steht.

Lit.: W. Meyer, Medizinische Strategie für Entwicklungsländer, Bonn 1979. dn

Gesundheitshilfe

Nach einer Definition des *BMZ befaßt sich GH „mit den vorbeugenden, die Gesundheit bewahrenden und die Gesundheit wiederherstellenden Maßnahmen". Sie ist im wesentl. an einem engeren Begriff von *Gesundheit orientiert und hebt v. a. auf den physischen Aspekt ab. Entsprechend sind die vom BMZ für die GH der BRD genannten Schwerpunkte 1. Ausrottung oder zumindest Kontrolle von *Massenkrankheiten und Krankheitsüberträgern; 2. Errichtung und Ausstattung von Diensten zur Gesundheitserhaltung und Krankheitsbekämpfung; 3. Dienste für werdende und stillende Mütter, Säuglinge und Kleinkinder einschließlich der Familienplanung; 4. Datenerhebung zum Ernährungsstand der Bev. und Erziehung zu vernünftigen Ernährungsgewohnheiten; 5. Ausbildung von Fachpersonal zur Bewältigung dieser Aufgaben; 6. Versorgung mit Trinkwasser; 7. Verbesserung und Kontrolle der hygienischen Verhältnisse,Trinkwasser- und Gebrauchswasserentsorgung, Fäkalienbeseitigung (→HIZ II A 42,11). dn

Gewerkschaften – entwicklungspol. Leitlinien

Die Anerkennung des Rechts der Arbeitnehmer in den EL, sich gewerkschaftl. zusammenzuschließen und Forderungen für die Masse der Bev. zu erheben und durchzusetzen, muß als wesentlicher Bestandteil des Begriffs *Entwicklung und als Voraussetzung für eine erfolgreiche E.-Politik begriffen werden. Diese Grundposition vertritt der Deutsche Gewerkschaftsbund (DGB), der sich in seinen entwicklungspol. Vorstellungen eng an die von ihm mitgestalteten Leitlinien des Int. Bundes Freier Gewerkschaften (IBFG) anlehnt. Der IBFG, dem der DGB als Gründungsmitglied angehört, hat im Mai 1978 in Hamburg eine „Entwicklungscharta" beschlossen. Wichtigste Leitideen: 1. Wiederbelebung der Weltwirtschaft durch geplantes Wachstum, da EL noch stärker als IL von der Rezession betroffen sind. 2. Reform des Welthandels: Liberalisierung bei Anerkennung von bes. Präferenzzöllen für EL. Stabilisierung der Rohstoffpreise durch Schaffung eines *Gemeinsamen Fonds. 3. Kontrolle der *Multinat. Konzerne durch zwischenstaatl. und nat. Gesetzgebung. Aufbau von Gegenmacht der G. auf int. Ebene. 4. Reform des Weltwährungssystems, insb. Maßnahmen zum Abbau der *Verschuldung der EL. 5. Anhebung der *Öffentl. Hilfe an EL auf mindestens 1% des BSP. 6. Orientierung der entwicklungspol. Maßnahmen an den *Grundbedürfnissen, deren Befriedigung zum Kern der dritten *Entwicklungsdekade erhoben werden soll; enge Verknüpfung zwischen *Industrialisierung und E. der ländl. Gebiete; gerechte Verteilung von Einkommen und Wohlstand.
Die G. betonen die Notwendigkeit einer weltweiten Beschäftigungspolitik und folgen darin den Konzepten der *ILO. Im Zusammenhang mit den Wandlungen der *int. Arbeitsteilung verlangen sie, daß die Politik der *Auslagerung von Produktionsstätten in EL von angemessenen Lohn-, Arbeits- und Sozialbedingungen begleitet wird. Nur so könne sie entwicklungspol. gerechtfertigt werden. Die Einhaltung der entsprechenden Mindestforderungen der ILO wird zugleich auch als Maßnahme zur Sicherung der Arbeitsplätze in IL begriffen. Insbes. für den sensiblen Textilbereich fordern die G. im Welttextilabkommen die Aufnahme einer Sozialklausel und im Rahmen des *GATT die Bildung einer dreigliedrigen int. Kommission aus Vertretern der Regierungen, der G. und der Arbeitnehmer, welche u. a. die Anwendung der Sozialklausel zu überprüfen hat.

Lit.: Gewerkschaften und Entwicklungspolitik, in: Entwicklungspolitik, hrsgg. vom BMZ, Materialien 60, Bonn 1978. dn

Gewerkschaften (in der Dritten Welt)

1. Entstehungsbedingungen, Entwicklung und Funktionen von G.: Die Entstehung von G.en ist historisch eng mit dem Prozeß der Durchsetzung der kapital. Produktionsweise verbunden. In der 2. Hälfte des 19. Jh.s wurden in Europa und in den USA mit der Expansion des Industriekapitalismus immer größere Kontingente von Arbeitskräften in Lohnarbeitsverhältnisse einbezogen. Die dadurch entstandene zahlenmäßig starke, in sich relativ homogene Arbeiterklasse war die soziale Basis der G. in den IL.

Das Muster der *int. Arbeitsteilung verhinderte in der Dritten Welt einen vergleichbaren Industrialisierungsprozeß. Kapitalist. Produktionsbedingungen – Voraussetzung gewerkschaftl. Organisierung – entwickelten sich zuerst in den exportorientierten Wirtschaftssektoren. In den Bergwerken, auf den Zuckerrohr- und Baumwollfeldern, Bananenplantagen, Erdölfeldern etc., zumeist vom Auslandskapital dominiert, bildeten sich die ersten kampfkräftigen Gewerkschaften der Dritten Welt. In einigen Regionen der Dritten Welt setzte im 2. Drittel des 20. Jh.s eine begrenzte, abh. *Industrialisierung ein, in deren Gefolge es zu einer Ausweitung der Arbeiterklasse und der Herausbildung lohnabh. Mittelschichten kam, was zur Formierung neuer Sektoren führte. Allgemein läßt sich für die Dritte Welt jedoch feststellen, daß Lohnarbeit nur einen Teil der Erwerbstätigen erfaßt. Der Großteil der Bev. verbleibt in nicht-kapitalist. Produktionsweisen: so die Kleinbauern, Pächter, vom Grundherrn Abhängige, Dorf- und Stammesgemeinschaften, Klein- und Straßenhändler, Familienarbeiter, Hausangestellte etc.

Neben dieser Begrenzung der gewerkschaftl. Organisierung als Folge der sozioökon. Struktur sehen sich die G.en anderen Problemen gegenüber; extrem hohe Quote von Arbeitslosen und Unterbeschäftigten, die eine ständige Bedrohung gewerkschaftl. Aktion bildet; ausgeprägte Differenzierung der Lohnabhängigen untereinander in bezug auf Einkommen, Bewußtsein, Ausbildung, Arbeitsplatzsicherheit; staatl. Interventionismus etc.

Trotz dieser strukturellen Hemmnisse erlangten die G. in einer Reihe von EL eine bedeutende Rolle. Denn die sozio-ökon. Systeme der EL sind wenig stabil und vom Funktionieren einiger weniger Wirtschaftssektoren – meist der Exportenklaven und eines kleinen hochtechnologisierten Industriesektors – abh.

Die gerade hier besonders gut organisierten G.en haben damit eine große Verhandlungsmacht, da längerfristige Arbeitsniederlegungen und Störungen in diesen Sektoren das sozio-pol. System erschüttern können (z. B. Bergarbeiterstreiks in Bolivien, Chile und Peru, Erdölarbeiterstreiks im Iran etc.).

Die Funktion der G. kann in den einzelnen EL sehr verschieden sein. Prägend sind die sozio-ökon. Struktur, der E.-Stand, historische Tradition, sozio-kulturelle Faktoren: In einer Reihe von EL, v. a. in Schwarzafrika, setzen sich die G.en aus der kleinen Gruppe von qualifizierten Arbeitern und Angestellten mit rel. hohem Einkommen und Sozialstatus zusammen. Hier nützen die G.en ihre Stellung als Gemeinschaft von Arbeitsplatzbesitzern oft dazu aus, die privilegierte Stellung ihrer Mitgl. noch zu verstärken und gleichzeitig alle Versuche der Besitzlosen, ihre Situation zu verbessern, abzuwehren. Auf diese Weise übernehmen die G.en die Funktion einer ständischen Interessengruppe und tragen dazu bei, den ungerechten Status quo aufrechtzuerhalten.

In anderen EL, insbesondere in LA und unter den Bedingungen von Militärherrschaft oder autoritären Zivilregierungen, haben G.en die Rolle des organisatorischen Kerns von Massenbewegungen übernommen, die für eine Veränderung der sozialen Verhältnisse kämpfen. Diese ‚Politisierung' und Funktionserweiterung von G.en ist v. a. durch zwei Faktoren bedingt:

1. Indem der Staatsapparat zunehmend den Tarif- und Arbeitsbereich monopolisiert und direkt in den gewerkschaftl. Bereich interveniert wird der Staat immer stärker der direkte Kontrahent und Gegenspieler der G.en und nicht mehr der einzelne Unternehmer. Der Tarifkonflikt kann so zur direkten Konfrontation zwischen Staat und G.en führen, wodurch jener die Fiktion einer neutralen, über den Klassen stehenden Instanz aufgibt. Der Kampf der G.en nimmt so den Charakter eines Kampfes ge-

gen das System an. Verstärkt wird der pol. Charakter dieser Streiks noch, wenn sie sich in ausländ. Unternehmen abspielen und Bestandteil eines antiimp. Kampfes werden.
2. Durch das weitgehende Fehlen organisierter, demokrat. Massenparteien infolge permanenter pol. Instabilität des Systems werden die G.en gezwungen, Funktionen von pol. Parteien mitzuübernehmen. Das heißt, G.en vertreten dann nicht mehr die direkten Interessen ihrer Mitgl., sondern integrieren allgemeinpol. Forderungen in ihre Kämpfe.
3. Internationale Gewerkschaftsorganisationen in der Dritten Welt: Ein Großteil der nat. G.-Verbände der EL ist an einen der drei existierenden int. Verbände bzw. an deren Regionalorganisationen angeschlossen. Jedoch wird die int. G.-Politik eindeutig von den westeurop., US-amerik. und osteurop. G.-Verbänden dominiert, die über große Mitgl.-Zahlen, gute Organisation, finanz. Ressourcen und staatl. Wohlwollen bzw. Unterstützung verfügen.
– Der Internationale Bund Freier Gewerkschaften (IBFG) entstand 1949 aus der Spaltung des Weltgewerkschaftsbundes. Ihm gehören praktisch alle westeurop. G.en mit Ausnahme der kommunistisch und christlich beeinflußten Dachverbände an. Die US-amerik. G.-Zentralen AFL und CIO, die lange Zeit den Kurs des IBFG bestimmt hatten, waren 1969 ausgetreten. Die Regionalorganisation des IBFG in Asien ist die ARO mit Sitz in New Delhi, in Afrika die AFRO mit Sitz in Freetown/Sierra Leone und die ORIT in Amerika mit Sitz in Mexico-City. Letztere wird weitgehend vom US-Dachverband AFL/CIO kontrolliert, der zwar aus dem IBFG austrat, aber in dessen Regionalorganisation verblieb. 1975 waren dem IBFG 119 Mitgl.-Organisationen aus 88 Ländern mit 53 Mio. Mitgl. angeschlossen.
– Der Weltverband der Arbeitnehmer (WVA) entstand aus der christl. G.-Bewegung und ist die Nachfolgeorganisation des 1920 gegr. Internationalen Bundes Christlicher Gewerkschaften. Nach einer anfänglichen Begrenzung auf Europa dehnte sich der Verband 1954 auf LA aus, wo die Regionalorganisation CLASC (seit 1971 CLAT) gegründet wurde. Es folgten die afrikan. Regionalorganisation UPTC und die asiat. BATU. Mit der Ausweitung des WVA drangen in den ursprünglich konservativen Verband auch progressive Ideen, v. a. aus LA und Frankreich kommend ein. Pol. Divergenzen und unterschiedl. E. der Mitgl.-Organisationen führten praktisch zur Paralysierung des WVA. Die afrikan. Regionalorganisation wurde aufgelöst, die asiat. besteht nur noch auf dem Papier. Die wichtigste Mitgl.-Organisation, die franz. CFDT, kündigte 1978 ihren Austritt an, wodurch im europ. Raum nur noch zwei größere Organisationen übrig bleiben, dazuhin die lateinamerik. CLAT. Eine zeitweise möglich erscheinende Fusion mit dem IBFG scheiterte v. a. an der Ablehnung der ORIT durch die CLAT.
– Der Weltgewerkschaftsbund (WGB) wurde 1945 auf Initiative eines brit.-sowj. Gewerkschaftsausschusses im Rahmen des gemeinsamen Kampfes gegen das Hitler-Regime gegründet. An seiner Gründung nahmen die Dachverbände des Ostblocks, der weitaus größte Teil der westeurop. Organisationen und der US-Verband CIO teil. 1949 kam es zur Spaltung zwischen kommunistischen und nicht-kommunistischen Organisationen, wobei letztere zusammen mit der US-amerik. AFL den IBFG gründeten. Den größten Teil der Mitgl.-Organisationen im WGB stellten danach die Ostblockg., nachdem auch die Chinesen ausgetreten waren. Aus Westeuropa verblieben nur die franz. CGT und die ital. CGIL, wobei letztere 1978 ebenfalls austrat. In LA bildet die CPUSTAL, die einige bedeutende Dachverbände umfaßt, die Regionalorganisation des Weltgewerkschaftsbundes. Der Einfluß des WGB in der afrikan. Bewegung ist rel. gering, in Asien sind ihm wichtige Verbände aus Indonesien, Indien, Ceylon sowie Japan angeschlossen.

aw

Ghana

G., die ehem. brit. Kronkolonie Goldküste (Fläche: 238 537 qkm) erlangte als erstes schwarzafrikan. Land am 6. 3. 1957 die völkerrechtl. Unabh. Bev.: 1970 8,5 Mio., 1980 ca. 11,0 Mio., JZ ca. 3 %, Bev.-Dichte 44 Ew./qkm (1977), starke regionale Ungleichgewichte, Konzentration auf den S westl. des Voltaflusses (Großraum

Accra-Tema/60 % der Bev. auf ¼ der Fläche). Binnenwanderung verstärkt regionale Disparitäten und trägt zum Entstehen marginalisierter urbaner Sektoren bei. Autochthone Bev. fast ausschließlich Sudanneger, im N z. T. mit hamitischem Einschlag. Akan-Völker (Ashanti, Fanti, Brong) stellen ca. 45 % der Bev., gefolgt von den Mole-Dagbani (16 %), den Ewe (13 %) und den Ga-Adangbe (8 %). Amts- und allg. Verständigungssprache ist Englisch. Es wird von ca. 60 % der Ghanaer verstanden, die meist mehrere der über 70 trad. Sprachen und Dialekte der Kwa- und Gur-Gruppe sprechen, wobei „Ga" und „Twi" als **lingua franca* von ca. 70 % der Bev. gesprochen und verstanden werden. Etwa 38 % der Bev. sind Anhänger trad. Religionen, 12 % sind Moslems und ca. 40 % sind Christen. Das staatl. dominierte Schulsystem schreibt eine allg. Schulpflicht vom 6.–16. Lebensj. vor (Einschulungsquote 60–80 %) und hat die ghan. Bev. immerhin zu 43,2 % (1970) alphabetisiert. Mit 19,7 % der gesamten Staatsausgaben setzt der Staat rel. Priorität auf die E. des Bildungswesens. Auch das staatl. Gesundheitswesen G.s ist im innerafrikan. Vergleich als gut zu bewerten (1976: 8 500 Ew. pro Arzt; 1975: 599 Ew. pro Hospitalbett). Die Zahlen verbergen allerdings die prekäre Unterversorgung des Hinterlandes. Ein allg. Kranken- und Rentenversicherungssystem befindet sich im Aufbau.

G. baut für den Eigenbedarf Bananen, Getreide, Knollengewächse und Gemüse an. Neben der dominanten Kakaokultur (auf 45 % der landw. Nutzfläche) haben noch Kaffee, Copra, Kolanüsse, ferner Kautschuk, Jute, Palmöl und Tabak eine gewisse Bedeutung für die absatzorientierte Erzeugung. Das Rückgrat der Volkswirtschaft ist heute nach wie vor die Landw.: ihr Beitrag zum BIP beträgt 51 % (Ind. 18,5 %, Dienstl. 30,5 %/Daten 1974). 55 % der aktiven Erwerbsbev. finden in der Landw. Beschäftigung. Davon sind 42 % selbständig (Bauern, Farmer, Kleinpächter/sog. „*holders*"). 50 % von ihnen sind **cash crop* Bauern (davon 36 % Kakaopflanzer), 36 % produzieren primär für den Eigenbedarf, 14 % sind reine *Subsistenzbauern. Die ghan. Agrarwirtschaft ist im wesentl. kleinbäuerlich strukturiert (unter 0,8 ha: 30,6 % aller Betriebe/0,9–1,6 ha: 24,1 %/über 20 ha: 1,8 %). Dem Überhandnehmen der Auslandskontrolle in Industrie und Handel begegnete die NRC-Regierung (1972–79) mit einer Politik der Ghanaisierung: Seit 1976 sieht ein Gesetz eine nach Wirtschaftsbereichen gestaffelte Mindestbeteiligung an Auslandsunternehmen vor. Die dominante Kakaowirtschaft (G. ist größter Weltlieferant: 30–55 % des Weltbedarfs) stellt je nach Weltmarktpreis 60–70 % des Exportwertes, finanziert den Löwenanteil des Staatsbudgets und bestimmt, direkt oder indirekt, das Einkommen eines Großteils der Erwerbsbev. Bei etwa konstantem Importpreisindex und tendenziell fallendem Exportpreisindex haben sich G.s **terms of trade* eindeutig zuungunsten des Landes entwickelt. Angesichts ungleicher *Einkommensverteilung, dreistelliger Inflationsraten, extrem niedriger Agrarankaufspreise der staatl. Vermarktungsbehörden, einer anhaltend schlechten Versorgungslage und hoher *Arbeitslosigkeit ist die soziale Situation der Bev.-Mehrheit höchst unbefriedigend.

Seit der Unabh. lassen sich 7 verschiedene Regierungssysteme unterscheiden: 1. Ein parl. Mehrparteiensystem (nach *Westminstermodell), geprägt von der Vorherrschaft der von *Nkrumah geführten *Convention People's Party* (CPP) (1957–1960/61). 2. Ein repressives, nach verbaler Bekenntnis „sozialist.", wirtsch. bankrottes, diktatorisches Einparteisystem, das von einer Clique um Nkrumah kontrolliert wurde (1960/61–Feb. 1966). 3. Eine durch einen Staatsstreich an die Macht gelangte, antisozialist. und prowestl. orientierte Militärregierung des *National Liberation Council* (NLC) unter der Führung der Militärs Afrifa und Ankrah und des Polizeichefs Harley (1966 – Sept. 1969). 4. Nach freien Wahlen übernahm in einem parl. Mehrparteiensystem die bürgerl.-konservative, *tribalistisch und anti-nkrumahistisch eingestellte *Progressive Party* (PP) unter der Führung von K. A. Busia die Regierung (Sept. 1969 – Jan. 1972). 5. Nach einem Putsch installierte der aus höheren Militärs zusammengesetzte *National Redemption Council* (NRC; ab 1975: *Supreme Military Council,* [SMC]) unter Führung des Oberst Acheampong [ab 1978 General Akuffo]) eine *populistische Erziehungsdiktatur, die sich außenpol. zu positivem Neutralismus und entwicklungsökonom. zu **self reliance* bekannte, aber über einen gewissen Wirtschaftspragmatismus hinaus keine deutliche pol. Programmatik entwickelte (1972 – Juni 1979). Wirtschaftliche Schwierigkeiten und zunehmender Druck aus der Bev. zwangen das Regime, eine Rezivilisierung des Regierungssystems einzuleiten. 6. Durch einen Umsturz mittlerer Dienstgrade um den Fliegerlautnant J. J. Rawlings kam dieser für ein viermonatiges Intermezzo an die Macht (Juni – Sept. 1979). Einziges Ziel: Säuberung des Staates (insbes. des Militärs) von seinen korrupten Exponenten. (Hinrichtung dreier früherer Staatschefs: Akuffo, Acheampong, Afrifa). Dennoch kam es zur planmäßigen Machtübergabe an eine gewählte Zivilregierung. 7. In seiner III. Republik präsentiert sich G. wieder als ein parl. präsidentielles Mehrparteiensystem (seit 24. 9. 1979). Die *People's National Party* (PNP) erreichte bei den Parlamentswahlen mit 71 von 140 Sitzen eine knappe absolute Mehrheit. Ihr Führer Hilla Limann setzte sich bei den Präsidentschaftswahlen durch.

Nach einer anfänglichen Periode orthodoxer E.-Politik konnte das Regime Nkrumah in seiner „sozialist." Schlußphase (Zurückdrängen des Auslandskapitals, verstärkte ökonom. Aktivität des Staates) den wirtschaftl. Niedergang des Landes nicht aufhalten. Unter dem NLC und der Regierung Busia (1966–72) sollte dann nach einer umfassenden Reprivatisierung die E. mittels ausländ. *Direktinvestitionen initiiert werden. Etliche *Multinat. Konzerne (Unilever u. a.) drangen ins Land und penetrierten zentrale Wirtschaftsbereiche. Der NRC/SMC (1972–79) besann sich in Anlehnung an das tansan. Prinzip des **self-reliance* auf die E. aus eigenen Kräften und betrieb eine mehr binnenmarktorientierte Politik. Gleichzeitig bemühte man sich jedoch um das Wohlwollen ausländ. Kapitalgeber. Nach dem Scheitern der Militärherrschaft hat sich die neue Regierung Limann bisher nur vage und global über ihre pol. Pläne geäußert: Unter Aufrechterhaltung des recht aufgeblähten staatl. Wirtschaftssektors will man, bei einer gewissen Vorliebe für staatl. Interventionismus, die landw. anstelle der industr. E. vorantreiben, allerdings auf Verstaatlichungen und den Sozialismus Nkrumahs verzichten.

Lit.: F. Ansprenger/H. Traeder/R. Tetzlaff: Die politische Entwicklung Ghanas von Nkrumah bis Busia, München 1972; R. Hanisch, Der Handlungsspielraum eines Landes der Peripherie im Internationalen System, Das Beispiel Ghanas. Saarbrücken 1975; R. Tetzlaff: Ghana, in: HDW, Band 2, Hamburg 1976, S. 179 ff. bg

Gini-Koeffizient

Der von der *Lorenzkurve abgeleitete Gini-Koeffizient ist eine statistische Kennzahl für die Messung wirtsch. Konzentration. Dieses Konzentrationsmaß ist definiert als die zweifache Fläche zwischen dem Fahrstrahl und der Lorenzkurve. Der Nachteil dieses Meßverfahrens besteht darin, daß ein ermittelter Konzentrationsgrad nicht notwendigerweise einem eindeutigen Sachverhalt entspricht. Folgendes Beispiel anhand der Einkommensverteilung erläutert die Zweideutigkeit.

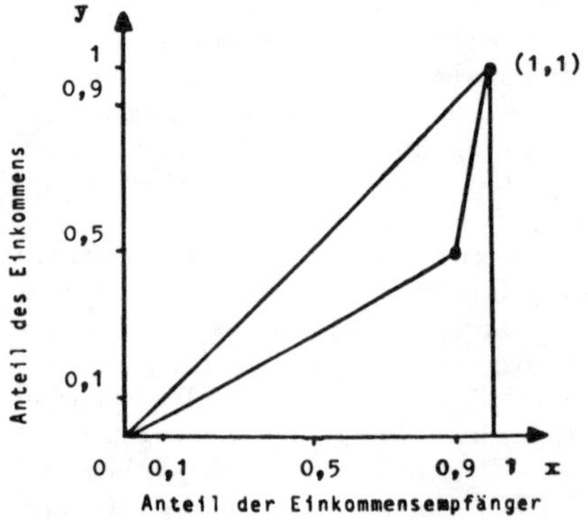

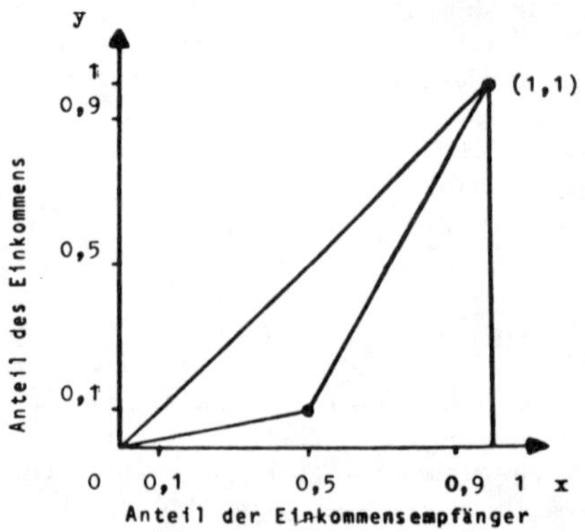

Während bei der oberen Darstellung auf 50% der Einkommensempfänger 10% des Einkommens verteilt sind und sich die restlichen 90% des Einkommens auf die weiteren 50% der Einkommensempfänger verteilen, zeigt die untere Darstellung, daß bei gleichem Konzentrationsmaß nach Gini 10% der Einkommensempfänger über 50% des Einkommens und 90% der Einkommensempfänger über die restlichen 50% des Einkommens verfügen. hk

GKKE

Gemeinsame Konferenz der Kirchen für Entwicklungsfragen; in der GKKE arbeiten *AG-KED und *KAEF zusammen, v. a. in Stellungnahmen und Memoranden zu wichtigen entwicklungspol. Themen (z. B. *UNCTAD IV und V). Insofern kann man die GKKE als gemeinsames Sprachrohr der Kirchen auf dem Felde der *Entwicklungs-Hilfe bezeichnen. dn

Grundbedürfnisse, Grundbedürfnisstrategien

Es wird schwierig sein, die Urheberschaft an G.orientierten Strategien zu klären. Der *DAC verweist auf das 1969 von der *ILO in Angriff genommene Weltbeschäftigungsprogramm, welches Juni 1976 der Weltbeschäftigungskonferenz (Genf) vorgelegt wurde. Die Forderung, wirtsch. E. mit sozialer E. zu verbinden, wurde jedoch zu Beginn der 70er J. von verschiedener Seite vertreten (*Pearson-Bericht, D. Seers, Was wollen wir messen?, D. Nohlen/F. Nuscheler, *Cocoyoc-Erklärung, *Weltbank, *US-Foreign Assistance Act* von 1973 etc.).

Hauptziel der G.-Strategien ist die Befriedigung der G. (*basic needs*) aller Menschen. G. umfassen 1. die Mindestanforderungen einer Familie an privatem Verbrauch: ausreichende Ernährung, Wohnung und Kleidung, bestimmte Haushaltsgeräte und Möbel; 2. elementare öffentl. Dienstl. wie Trinkwasser, sanitäre Anlagen, Verkehrsmittel, Gesundheits-, Bildungs- und Kultureinrichtungen. Die Definition der G. führt zu einer Reihe von integralen Bestandteilen des Konzepts selbst: 1. Das wirtsch. Wachstum muß mit der Befriedigung der G. der armen Bev.-Gruppen in Einklang gebracht werden. 2. Vorrang bei der Produktion haben Güter und Dienstl., die den unteren Bev.-Schichten zugänglich gemacht werden können (Massenkonsum). 3. Den armen Bev.-Gruppen muß der Zugang zu den Produktionsmitteln geöffnet werden. Produktive Beschäftigung bietet ihnen Einkommen und die Möglichkeit, für den Lebensunterhalt selbst Sorge zu tragen. 4. Beschäftigung verschafft dem einzelnen auch das Gefühl der Selbstachtung und die Chance der Selbstverwirklichung. 5. Die G.-Strategie erfordert die demokrat. Beteiligung der Bev.

G.-Strategien haben inzwischen etliche int. Organisationen aufgenommen (*UNICEF: Strategie für Grunddienste, 1976/77; *WHO: Programm für med. Grundversorgung, 1975; Programm Gesundheit für alle bis zum Jahre 2000, 1978); das *BMZ hat 1978 ein G.-Konzept erarbeitet. Von den EL wurde jedoch unterstellt, die IL betonten die G.-Strategien als Gegenstrategien zu Programmen der *Industrialisierung und der *Neuen Weltwirtschaftsordnung. G.-Strategien stehen somit in entwicklungspol. Widerstreit. Er dürfte sich in dem Maße verstärken, wie die hinter dem neuen Konzept verborgenen unterschiedl. entwicklungspol. Positionen herausgearbeitet werden. Denn G.-Strategien bleiben eng mit übergreifenden Theorien der UE und E. verknüpft. Folglich können sie die Bekämpfung der Armut als sozialpol. Aufgabe, als Umverteilung von Gütern und Dienstl., fußend auf höherem wirtsch. Wachstum, oder als Änderung der Machtstrukturen in Wirtschaft und Politik (*Agrarreform) angehen. G. materieller Natur können über technokratische Lösungen zu befriedigen versucht werden; die Befriedigung über das Materielle hinausgehender Bedürfnisse setzt jedoch *Partizipation, Berücksichtigung individuell-seelischer und kultureller Bedürfnisse voraus.

Lit.: Internationales Arbeitsamt (ILO), Beschäftigung, Wachstum und Grundbedürfnisse, Genf 1976; D. Nohlen/F. Nuscheler (Hrsg.), Handbuch der Dritten Welt, Band 1, Hamburg 1974. dn

Grundstoffe

Stoffe mit niedrigem Verarbeitungsgrad, neben Rohstoffen z. T. auch Halbfertig- und Fertigwaren (z. B. neben Baumwolle auch Chemiefaser). Dienen der Weiterverarbeitung zu ind. Erzeugnissen, gliedern sich nach Warenart, ind. oder landw. sowie nach Herkunft, in- oder ausländisch. dn

Grüne Revolution

Unter GR wird die Steigerung der *Produktivität in der Landw. durch neue Anbaumethoden verstanden, also nicht *Agrarreform, sondern kapital- und betriebskostenintensivere Produktionsform durch besseres Saatgut, das höhere Erträge garantiert und mehrmalige Ernten im J. ermöglicht, durch Verwendung größerer Mengen an Wasser, Energie, Düngemitteln und Pflanzenschutzmitteln und durch Mechanisierung. Mit der GR wird die Entwicklung der in Mexiko und auf den Philippinen gezüchteten, hochertragreichen Weizen- und Reissorten verbunden, sichtbare Ergebnisse der int. Agrarforschung, die in 10 großen int. Forschungszentren betrieben und von der Beratungsgruppe für int. Agrarforschung *CGIAR unterstützt wird (CIMMYT/Mexiko, IPRI/Philippinen, CIAT/Kolumbien, IITA/Nigeria, CIP/Peru, ICRISAT/Indien, WARDA/Liberia u. a.).

Kritik an der GR hat angesetzt an der Begünstigung reicher Bauern bei der Kreditbeschaffung, an der Freisetzung von Arbeitskräften, an der Verschärfung der Einkommensunterschiede und an der Steigerung der Importe (Ausrüstungsgüter und Auslandskapital). In der Tat ist die Produktionssteigerung der GR vor allem auf die Gebiete mit geregelter Bewässerung, in denen die hochertragreichen Saatsorten sowie Kunstdünger eingesetzt werden konnten, beschränkt geblieben. Der bessere Zugang zu Kapital (Kredite) und Technologie begünstigte die marktnahen Unternehmen einer bestimmten Betriebsgröße, so daß die relative Rückständigkeit der Kleinbetriebe und insb. der Subsistenzbauern zunahm. Statt einer Agrarreform wurden Besitzkonzentration sowie regionale und individuelle Einkommensdifferenzen noch gefördert.

Seit dieser Kritik konzentriert sich die int. Agrarforschung stärker auf Erzeugnisse, die in Kleinbetrieben angebaut werden können, nicht produktionsmittelintensiv und resistent sind gegenüber einer Reihe von Pflanzenkrankheiten sowie in Trockenlandschaften gedeihen. dn

Gruppe der 77

Zusammenschluß von EL, der im Anschluß an *UNCTAD I (Genf 1964) in Algier 1967 erfolgte. Die Gruppe zählte seinerzeit 77 Mitgl., Febr. 1979 117 Mitgl. Sie stimmen sich bes. vor UNCTAD-Konferenzen auf gemeinsame Grundpositionen ab. Von Tagungen der Gd77 gehen wichtige Impulse für die Politik der EL gegenüber den IL aus. Bezeichnend dafür die auf der Tagung vom Febr. 1979 in Tansania verabschiedete *Arusha-Erklärung. Zusammenhalt und Solidarität der Gd77 werden jedoch durch die wachsenden Unterschiede zwischen EL und vor allem Gruppen von EL (*OPEC, *LLDC, *MSAC, *Binnenländer, *Schwellenländer) in Frage gestellt, die auch die Verhandlungsmacht, um deren Stärkung die Gd77 als Organisation bemüht ist, der EL bedrohen. Auf der Arusha-Tagung konnte keine Einigkeit über eine EL-Institution erzielt werden, die einer Art *OECD der Dritten Welt entsprechen sollte. →Dritte Welt dn

GTZ

Deutsche Gesellschaft für Technische Zusammenarbeit (GmbH), April 1974 gebildet durch Vereinigung der 1969 gegr. Bundesstelle für Entwicklungshilfe (BfE) mit der Deutschen Förderungsgesellschaft für EL GAWI (Garantie- und Abwicklungsgesellschaft). Damit gelangten Durchführungskompetenz (BfE) und Abwicklung (GAWI) von Projekten in eine Hand. Die GTZ übernimmt Aufträge des BMZ zur Prüfung und Durchführung vom Vorhaben der *Technischen Hilfe (Zusammenarbeit). *Tätigkeitsfelder:* 1. Fachliche Planung, Leitung und Überwachung von Projekten/Programmen; 2. Beratung anderer Träger von E.-Maßnahmen; 3. Personalleistungen (Suche, Vorbereitung, Entsendung von *Entwicklungsexperten, persönl. Betreuung und fachl. Lenkung); 4. Sachleistungen (Sachausrüstungen); 5. Abwicklung finanz. Verpflichtungen gegenüber Partnern in EL. Die GTZ kann nach Zustimmung durch das BMZ Aufträge von Dritten entgegennehmen (= Techn. Zusammenarbeit gegen Entgelt). dn

Guatemala

G. ist eines der mittelamerikan. Länder, die nach wie vor völlig von den USA abhängig sind. Innenpol. „Stabilität" garantiert ein von den USA ausgerüstetes *Militärregime mit ziviler Fassade.

1. G. ist mit 108 889 qkm (= 60,8 Ew. pro qkm) das drittgrößte Land Zentralamerikas. 1978 betrug die Bev. G.s (gesch.) 6 620 000. Ihre Wachstumsrate (1963–71: ca. 3,1 %) gehört zu den höchsten LAs. 45 % der Bev. ist unter 15 J. Die Wohnungsnot ist groß. Die Bev. der Hs. Ciudad de G. wächst am schnellsten (39 % zwischen 1964 und 1974). Im Ggs. zu anderen Ländern LAs konnten sich jedoch auch einige mittelstädt. Nebenzentren entwickeln, in denen die aus ländl. Gebieten abwandernde Bev.sich zunächst ansiedelte. Die Migrationsgewinne der Hs. stammen überwiegend aus anderen Städten und setzen sich i. a. aus höher Qualifizierten zusammen, was den sozialen Abstand zwischen dem *Zentrum und dem Umland weiter vergrößert. Im Zensus wird zwischen Indios (indian. Lebensweise und Sprache = 45 %) und Ladinos (moderne Lebensformen, span.-sprechend = 40 %) unterschieden. Migration der indian. Landbev. bedeutet zumeist auch deren Latinisierung.

2. 96,9 % der Bev. sind kathol., wobei die Kirche viele vorchristl. Elemente in der Glaubenswelt der Stammesgruppen toleriert. Die Schulpflicht vom 7.–14. Lebensj. hat wegen Lehrermangels und der kulturellen Distanz der Indios (18 Maya-Quiché-Dialekte) zum span.-sprach. Bildungswesen kaum zum Abbau der auch für LA hohen Zahl von *Analphabeten (über 50 %) beigetragen (Schulbesuch der 7–13jähr. 1963: 36 %). 1969 kam 1 Arzt auf 20 964 Ew., die LE beträgt lediglich 51 J.

3. Das gemäßigte Klima der Sierra Madre, des von Mexiko, dem nördl. und östl. Nachbarn G.s, hereinziehenden Gebirgszugs, macht diese zum bevorzugten Siedlungsgebiet (etwa 60 % der Bev./165 Ew. pro qkm leben hier). Im NO grenzt G. an das von ihm beanspruchte brit Belize. G. hat eine Reihe bisher kaum erschlossener Bodenschätze (u. a. Nickel), aber keine fossilen Brennstoffe, weshalb elektrische Energie vorwiegend durch Wasserkraft erzeugt wird.

4. 1524 von den Spaniern unterworfen und seit 1821 unter mexikan. Herrschaft, erhielt G. nach vorübergehender Zugehörigkeit zur Zentralamerik. Föderation 1839 die Unabh. Die innere Situation G.s im 19. u. 20. Jh. wird durch die Auseinandersetzungen zwischen Lib. und Kons. bestimmt. Während der Amtszeit des liberalen Präsidenten J. R. Barrios (1873–85) wurden die Grundlagen für die spätere ökon. E. des Landes gelegt (Aufbau der Kaffeeproduktion und der Bananenindustrie). Bis gegen Ende des II. Wk.s blieb die Vorherrschaft der Großgrundbesitzer und der **United Fruit Company* (UFC) ungebrochen. 1944 leitete eine Studentenrevolte eine zeitweilige Wende ein. Die Verfassung von 1945 ermöglichte zahlreiche Reformmaßnahmen (Präs. J. J. Arévalo), u. a. wurde in der Amtszeit des Nachfolgers Arévalos (J. Arbenz) die UFC enteignet. Doch bereits 1954 putschte C. Armas mit massiver Unterstützung des *CIA und der guatem. Oligarchie vom südl. Nachbarstaat Honduras aus und stellte die alte Besitzverteilung wieder her. Die Verfassung wurde suspendiert, alle Linksparteien (und -gewerkschaften) aufgelöst und die MDN (*Movimiento Democrático Nacional*) als Staatspartei eingesetzt.

5. Die Wirtsch. G.s ist durch den Gegensatz zwischen hochtechnisierten Großbetrieben (Baumwolle, Viehzucht, Bananen/US-Konzern Del Monte), die wenig Arbeitsplätze schaffen und weltmarktabh. sind, und Kleinstbetrieben, oft auf *Subsistenzniveau im Hochland, die Grundnahrungsmittel für den Inlandsbedarf anbauen (Mais, Reis, Bohnen) und durch Besitzzersplitterung, trad. Anbaumethoden, Fehlen von Düngemitteln und Kapital, schlechte Transportverh. und z. T. minderwertige Böden geprägt sind, gekennzeichnet. Mehr als 80 % der Bev. G.s gehört der Unterschicht an, die aus den *Minifundisten (¾ d. Unterschicht lebt auf dem Land), einfachen Arbeitern und Handwerkern besteht. Fast alle Indios gehören ihr an. Die Mittelschicht macht ca. 17 % der Bev. aus

(kleine Geschäftsleute, mittlere Handwerker, Hausbesitzer, Beamte, Angestellte, Militärs). Die Oberschicht ist mit 1 % d. Bev. sehr klein, ihr Anteil am Volkseinkommen ist aber sehr groß (so besitzen z. B. 100 Personen ⅙ des Landes/10 % d. Eigentümer über 80 % d. Nutzfläche).
6. Die derzeit gültige (5.) Verf. G.s stammt von 1966. Sie sieht Gewaltenteilung vor: Legisl. = Einkammer-Parlament (*Congreso Nacional*) mit auf 4 J. bestellten, aber nicht unmittelbar aufeinanderfolgend und nur einmal wiederwählbaren Abg., von denen die Hälfte alle 2 J. neu ermittelt wird. Es besteht Wahlpflicht für Alphabeten ab 18 J., Analphabeten ist die Wahl freigestellt. Exek. = Präsident (seit 1978 General R. C. Garcia), alle 4 J. gewählt, keine Wiederwahl. *De facto* dominiert die Exek., die zunehmend nicht mehr durch die Vertreter der Oberschicht, sondern durch Angehörige der Mittelschicht, die durch die Kanäle des Militärs und der Universität sozial aufsteigen, gestellt wird. Die Parteien bilden einen dem Militär nachgeordneten Machtfaktor, ihr Spektrum ist durch Verbote als subversiv beurteilter Gruppen auf „gemäßigte" beschränkt. Den bisherigen Wahlen haftet der Manipulationsverdacht an. Ein bestimmendes Merkmal der pol. Auseinandersetzungen ist die *violencia* (Gewalt), die sowohl die linke *Guerilla wie rechtsradikale Verbände anwenden.
7. G.s Wirtschaft ist von wenigen agrar. Exportprodukten (Kaffee bis 40 %, Baumwolle 10–15 %, Bananen, Zucker, äther. Öle) und damit von den Nachfrage- und Preisschwankungen des Weltmarkts abh. Pol. steht G. im Schatten seines Haupthandelspartners USA. Allerdings wurden in den letzten Jahren erfolgreich auch Verbindungen zu anderen Märkten (EG, *MCCA) geschaffen, die das handelspol. Gewicht der USA verringerten. Innenpol. verschärfen sich die sozialen Ggs., da mit dem Wachstum der Bev. und der Verstädterung der Arbeitskräfteüberschuß zur region. und sektor. *Marginalisierung und Verarmung eines großen Teils der Bev. führt. Die ländl. Besitzstruktur, der ungenügende Einsatz techn. Hilfsmittel in den Klein- und Mittelbetrieben sowie die extensive Nutzung der Großbetriebe sind für diesen Prozeß verantwortlich, der auch nicht durch die teilweise in Gang gekommene Industrieproduktion (Anteil am BSP: 16 %, Schwerpunkt: Nahrungs- u. Genußmittel), die allerdings noch organisator. und Absatzprobleme hat, aufgefangen werden kann.
Ein grundsätzlicher Wandel der sozioökon. Struktur G.s wird von den außenorientierten herrschenden Gruppen des Landes im Verein mit den durch Besitz am *Status quo* interessierten *multinationalen Konzernen abgelehnt. rs

Guerilla

G. (span.: kleiner Krieg) bezeichnet den Kampf irregulärer einheim. Truppen oder bewaffneter Gruppen gegen eine feindliche Armee bzw. Besatzungsmacht oder im Bürgerkrieg gegen die eigene Regierung.
Kennzeichnend für den G.krieg sind: 1. die Einheit von Guerillas und Zivilbev.; 2. die enge Verbindung militär. und pol. Zielsetzungen (Durchführung von Sozialreformen in den befreiten Gebieten); 3. Beschaffung von Waffen aus den Arsenalen des Feindes, teilw. auch durch Lieferungen befreundeter Staaten; 4. häufig weitgehende Unwirksamkeit der trad. Kampfmethoden regulärer Armeen gegen die Guerillas.
Im wesentl. beruht die G. auf einer von 3 unterschiedl. Theorien bzw. Strategien: 1. Die von *Mao Tsetung entwickelte revolutionäre Kriegsführung verbindet die militär. Führungsrolle der kommunist. Partei im G.krieg mit dem modellhaftem Wandel der von der G. befreiten ländl. Gebiete und sichert durch eine agrar. *Revolution die Unterstützung der Bev. Mao verglich die Volksmassen mit dem Meer, in dem die G. wie die Fische im Wasser schwimmen, in dem die Feinde ertrinken, wenn die ganze Bev. mobilisiert wird. 2. Die castristische G. betonte das Gewicht kleiner bewaffneter Gruppen, die als Kern (*foco*) der *Befreiungsbewegung den Kampf vom Lande aus initiieren. Der in den Schriften Che *Guevaras und Régis Debrays theoretisch erarbeitete *foquismo* und die Hoffnungen auf eine kontinentale Revolution in LA führten zu zahlreichen Aufstandsbewegungen (in Argentinien, Brasilien, Bolivien, Kolumbien, der Dominikan. Republik, Ecuador, Paraguay und Peru v. a. in den 60er J., die aufgrund der von Kuba unterschiedl. Struk-

turbedingungen zu ebensovielen Niederlagen der G. führten (Che Guevara wurde 1967 in Bolivien erschossen). 3. Die Schwierigkeiten der G., ländl. Basen in LA gegen die überlegenen staatl. Militärapparate zu halten, führten zu einer teilweisen Verlagerung der G. in die Städte, in denen die G. glaubt, weniger *Infrastrukturprobleme zu haben, anonym bleiben zu können und den Gegner wirkungsvoller treffen zu können (Stadtguerilla, z. B. Tupamaros in Uruguay, ERP (*Ejércitio Revolucionario del Pueblo*) in Argentinien, ALN (*Ação Libertadora Nacional*) in Brasilien: Theoretiker Marighella).

Die Methoden der G. reichen von Terrorakten, Botschaftsbesetzungen (1980: M-19 in Kolumbien) u. a., bis zum Kampf mit regulären Armeen. Die G. war u. a. siegreich in China: 1927–49; Indonesien 1945–49; Algerien 1954–62; Kuba 1956–59; Vietnam 1946–75 und Nicaragua 1963–79.

Lit.: Mao Tsetung, Theorie des Guerillakrieges oder Strategie der Dritten Welt, Reinbek 1966; Che Guevara, Guerilla – Theorie und Methode, Berlin (West) 1968; C. Marighella, Minihandbuch des Stadtguerilla, Berlin (West) 1970; R. F. Lamberg, Die castristische Guerilla in LA, Hannover 1971; R. Gott, Rural Guerillas in LA, Harmondsworth 1973; F. R. Allemann, Macht und Ohnmacht der Guerilla, München 1974; J. Kohl/J. Litt, Urban Guerilla Warfare in LA, Cambridge (Mass.) 1974; R. E. Kießler, Guerilla und Revolution, Bonn/Bad Godesberg 1975. rs

Guevara, Che

Ernesto „Che" G. wurde am 14. 6. 1928 in Rosario/Argentinien geboren. Von 1948–53 studierte er an der Universität Buenos Aires Medizin. Ende 1953 reiste er nach Guatemala, um die sozialen Reformen der Regierung J. Arbenz Guzmán zu unterstützen. Nach dem von den USA unterstützten Putsch gegen Arbenz 1954 floh G. nach Mexiko, wo er 1955 mit *Fidel Castro und einer Gruppe von Exilkubanern zusammentraf. Im Nov. 1956 brach er mit Castro u. a. *Guerillakämpfern nach Kuba auf, wo er sich an dem 3jährigen siegreichen Guerillakrieg gegen Batista beteiligte. 1960 wurde G. zum Präs. der Nationalbank und 1961 zum Ind.-Minister ernannt. Ab 1963 begünstigte G. in Kuba die Einführung eines von den anderen sozialist. Ländern unterschiedl. Wirtschaftssystems, des „Haushaltsmäßigen Finanzierungssystems" (→Anreizsysteme). Der Aufbau einer sozialist. Gesellschaft bedeutete für ihn gleichzeitig die Erziehung der Menschen zu solidarischem und menschl. Verhalten in einer befreiten Welt. Er verzichtete daher im Mai 1965 auf seine Ämter und die kuban. Staatsangehörigkeit und beteiligte sich als *Guerillero* an Befreiungskämpfen im Kongo und in LA, wo er am 9. 10. 1967 bei einem Gefecht in Higueras/Bolivien von einem Offizier der bolivian. Armee erschossen wurde.

Lit.: siehe Guerilla ks

Guinea

Die Republik G., die 1958 gegen den Willen de Gaulles als erstes Land des franz. sprachigen Schwarzafrika die Unabh. gewählt hatte, galt (und gilt z. T. bis heute) aufgrund ihres pol. und wirtsch. Systems als ein Musterland für einen „sozialist." bzw. „progressistischen" Entwicklungsweg in Schwarzafrika.

1. Das 245 857 qkm große Land gliedert sich in vier geograph.-klimatisch und ethnisch verschiedene Regionen: Die Küstenebene mit ihren extrem hohen Niederschlägen, die reiche Möglichkeiten für die Landw. bieten, wird überwiegend von Sussu bewohnt (rund 13 % der 1978 auf 5,8 Mio. geschätzten Ew.), deren Sprache sich allmählich zu einer auch überregional verstandenen **lingua franca* entwickelt, u. a., weil die Hauptstadt Conakry (525 000 Ew.) an der Küste liegt. Die im bergigen Fouta-Djallon lebenden Peul (Fulbe), mit rund ⅓ der Gesamtbev. die größte ethnische Gruppe G.s, sind bis heute nicht voll in das pol. System des unabh. Staates integriert. In dem sich anschließenden Savannenplateau Oberguineas sind Angehörige der Mande, v. a. Malinke (22,5 %) beheimatet. Am weitesten von der guin. Küste entfernt ist die Wald-Region, die ethnisch heterogen (Kissi, Kpelle, Toma u. a.) und aufgrund geograph. Gegebenheiten und der bisherigen Verkehrswege wirtsch. stärker auf die Nachbarländer Sierra Leone und Liberia hin ausgerichtet ist.

2. Der guin. E.-Weg, bestehende externe Abh.-Strukturen durch eine begrenzte, pol. kontrollierte Kooperation mit den IL zu

überwinden und intern basisdemokrat. Strukturen zu errichten, die zugleich die Gewinnung landw. Autarkie erleichtern sollten, wurde in mehreren Etappen formuliert. Nach dem Bruch mit Frankreich (entsprechend der Aufforderung der guin. Führung stimmten am 28. 9. 1958 95,2 % im Referendum über die Verfassung der V. Republik mit Nein und damit für die sofortige Unabh. von F.) geriet der junge Staat in eine schwierige Lage. De Gaulle wollte G. „bestrafen" und durch den Abbruch jeglicher Beziehungen beweisen, daß es ohne franz. Hilfe nicht lebensfähig sei. Da nur 150 franz. Beamte (freiwillig) blieben (davon 110 Lehrer) und die Zahl der afrikan. Beamten weniger als 1 000 betrug (die meisten Lehrer bzw. mit unzureichender Ausbildung und Erfahrung), mußte auf die einzige landesweite Organisation, den PDG *(Parti Démocratique de Guinée, de facto* bereits Einheitspartei) zurückgegriffen werden, um ein Minimum an staatl. Funktionen aufrechtzuerhalten. Dem 1946/47 gegründeten und von der Kolonialverwaltung bis Mitte der 50er Jahre diskriminierten „nationalistischen" PDG war unter Führung des *Gewerkschafters Sekou Touré (Jahrgang 1922) nach einem landesweiten Streik 1953 eine sich bis zur Unabh. noch steigernde Massenmobilisierung gelungen (außer in Teilen des Fouta Djallon, wo bis heute Opposition gegen den PDG konzentriert ist), der die durch die Zusammenarbeit mit F. diskreditierten anderen Parteien nichts entgegenzusetzen hatten. Die Zielsetzung der PDG-Führung im gesellschaftl. Bereich orientierte sich z. T. an idealisierten Vorstellungen einer vorkolonialen, von Basisdemokratie und sozialer Solidarität geprägten Gesellschaft („Kommunokratie"). Oberstes Gebot für die soziale Entwicklung G.s sollte es sein, die Ausbildung von Klassengegensätzen zu verhindern.

3. Obwohl noch Anfang 1959 nur 6,2 % der damals auf rund 2,9 Mio. geschätzten Bev. in Orten über 2 500 Ew. lebten (davon die Hälfte in Conakry) und 52,9 % des BIP noch von der „trad." Wirtschaft (Landw. und Handwerk) erbracht wurden (weitere 9,2 % von der für den Export produzierenden Landw.: Bananen, Erdnüsse, Kaffee u. a., die Ende der 50er Jahre mit ca. 60 % der Exporterlöse mit Abstand wichtigster Devisenbringer war), wurde das Schwergewicht der *Entwicklungsplanung auf den extraktiven Sektor gelegt, der die zumal nach dem Verlassen der *Franc-Zone 1960 dringend benötigten Devisen erwirtschaftete. G. besitzt die größten gegenwärtig bekannten Bauxitvorkommen der Erde, die seit Mitte der 50er Jahre abgebaut werden. Da das für den Aufbau der Bauxitförderung (und später der Aluminiumgewinnung) notwendige technische Wissen und das Kapital fehlten, sah sich die guin. Führung zur Zusammenarbeit mit *multinationalen Konzernen gezwungen. Das Vorhaben, deren Aktionsradius durch Verträge einzuschränken und ihren Einfluß auf das sozio-ökon. Leben G.s klar abzugrenzen, glückte nur teilweise (unzureichend qualifizierte guin. „Kontrolleure", der Mehrheit der Bev. unerreichbare – aber vielen sichtbare – Konsummuster der in den multinat. Unternehmen tätigen, gut bezahlten guin. „Arbeiteraristokratie" u. a.). Während der Staat bis 1973 an dem lange Jahre führenden Unternehmen Fria (überwiegend US- und franz. Kapital) nur mit ⅓ der Gewinne beteiligt war, hat Fria seither wie die anderen seit den 60er J. in G. tätigen Unternehmen zur Bauxitförderung die Form einer **joint venture*, in der der Staat 49 % der Anteile besitzt, den Verwaltungsvorsitzenden stellt und 65 % der Gewinne erhält. Der extraktive Sektor hat inzwischen fast eine Monopolstellung in der Exportbilanz gewonnen (1975/76: Bauxit 61 %, Aluminium 35 %, Rest: trop. Früchte für die UdSSR), und sein weiterer Ausbau ist geplant.

Bereits bis Anfang der 60er J. wurden Banken u. Versicherungen (diese waren überwiegend in franz. Hand) sowie Binnen- und Außenhandel verstaatlicht. Heute wird die Versorgung der Bev. mit Verbrauchsgütern (einschließlich Lebensmittel) zu einem großen Teil über den schwarzen Markt abgewickelt, was die Behörden stillschweigend dulden, solange keine aus Staatsbetrieben entwendeten Erzeugnisse angeboten werden.

Die Landw., die noch Ende der 70er J. 82 % der aktiven Bev. beschäftigte, wurde seit der Unabh. v. a. zugunsten des Bergbaus stark vernachlässigt. Zwar wurde bald nach der Unabh. durch Gesetz aller Grund und Boden zum Staatseigentum erklärt, doch gehört er nach dem Ausführungsgesetz weiterhin demjenigen, der ihn bebaut. Auch mehrere, jeweils mit großem Propagandaaufwand verkündete Versuche zu *Agrarreformen (u.a. 1961–1964 Aufbau von – aufgrund der Erinnerung an die Zwangsarbeit in der Kolonialzeit unbeliebten – Kollektivfeldern) führten in der Praxis dazu, daß das Verfügungsrecht über den Boden an den örtl. Parteichef überging und diejenigen, die landw. Arbeitfskräfte bezahlen können (Großgrundbesitzer und Kaufleute), ihre Besitzverhältnisse festigen konnten. Z.T. fehlt damit – auch aufgrund der niedrigen (staatl.) Aufkaufpreise – für die Masse der Bauern ein Anreiz zu gesteigerter Produktion, z.T. wandern beträchtliche Mengen der guin. Agrarerzeugnisse (Reis, Mais, Erdnuß, Palmprodukte, Kaffee, Bananen usw.) auf Schmuggelwegen in die 6 Nachbarländer, wo höhere Preise dafür gezahlt werden. Die Folge ist, daß G. seit Jahren zur Sicherung seiner Lebensmittelversorgung auf umfangreiche Einfuhren (v.a. Reis aus den USA) angewiesen ist.

4. Positiver ist die Bilanz im kulturellen Bereich. Von 1957/58 bis 1972/73 stieg die Zahl der Primarschüler von 42543 auf 201578, in allen Schularten von 45090 auf 281959.

Die Qualität des Unterrichts litt allerdings stark an extremem Mangel an finanz. Mitteln, an z.T. völlig unzureichend qualifizierten Lehrern und einer Flut von Reformen und Gegenreformen. Konsequenter als andere afrikan. Staaten versuchte G., sich bei den *Curricula* von den franz. Vorbildern zu lösen und die Lehrinhalte den Erfordernissen der guin. Gesellschaft anzupassen, was durch die Einführung afrikan. Sprachen im Unterricht der unteren Klassen unterstrichen wurde.

5. Im pol.-institutionellen Bereich wurde nach der Unabh. die dominierende Rolle des PDG weiter verstärkt. Die innerhalb weniger Tage 1958 ausgearbeitete, am Vorbild der V. Franz. Republik und der Verfassung der USA orientierte Staatsverfassung mit einem Ein-Kammer-Parlament und einem ebenfalls in allg. Wahl bestellten, aber übermächtigen Staatspräs. besitzt in der Praxis weniger Bedeutung als das häufig der jeweiligen E. angepaßte Parteistatut. Hatten dem PDG in der Phase der „nat. Demokratie" (1958–1964) über die Hälfte der erwachsenen Bev. als nominelle Mitgl. angehört, so erklärte S. Touré 1964, als die Existenz von Klassengegensätzen nicht mehr zu leugnen war, den PDG von einer „Massenpartei" zur „revolutionären Avantgardepartei", in der die „revolutionäre Mehrheit" gegen die „konterrevolutionäre Minderheit" organisiert sei. Aufgrund des „Rahmengesetzes von 1964" wurde die PDG-Mitgliederzahl auf ⅙ der Bev. (in Conakry 30000) festgelegt. Angehörige des Partei- und Verwaltungsapparats mußten Rechenschaft über die Herkunft ihres seit der Unabh. erworbenen Vermögens geben, was heftigste Gegenwehr von seiten der Betroffenen auslöste.

Wenn auch der PDG teilweise nur auf dem Papier eine so umfangreiche Mitgliedschaft hat, wie die Parteiführung vorgibt („auf 11 Ew. ein gewählter Mandatsträger"), so gilt die Parteiorganisation doch als die gefestigste der Region und hat Parteien anderer westafrikan. Staaten z.T. als Vorbild gedient. Außenpol. von Beginn der Unabh. an für die E. Afrikas eintretend, schloß sich S. Touré zunächst eng an die „progressistischen" Regime von Mali und Ghana an, geriet nach deren Sturz aber in eine weitgehende außenpol. Isolation, die durch ständige Konflikte mit dem Nachbarstaat Elfenbeinküste noch verschärft wurde. Ende der 70er J. versuchte G. erneut eine Annäherung an den W (Motiv: *Kapitalhilfe und *Technologietransfer) bei gleichzeitiger Zusammenarbeit mit dem O (aufgrund der „ideolog." Nähe). Innenpol. bekräftigte der Parteitag 1978 eine „sozialist. revolutionäre und nichtkapital." Option G.s.

4. Eine eindeutige Wertung des guin. Regimes ist kaum möglich. Gegenüber der Kolonialzeit gelang zwar eine beachtliche *Diversifizierung der Abnehmerländer, doch kann G. nur ein einziges Produkt anbieten (Bauxit bzw. Aluminium). Da der Bergbausektor eine extrem auf das Ausland ausgerichtete *Enklave mit nur sehr geringen Verbindungen zu anderen Bereichen der Wirtschaft bildet, hat zum einen die Abh. von außen eher zugenommen, zum andern ist die guin. Führung durch den Rückgang der dem guin. Markt zur Verfügung stehen-

den Agrarproduktion verstärkt auf US-Reislieferungen angewiesen, womit einer tendenziell antiwestl. Außenpolitik ebenfalls gewisse Grenzen gesetzt sind. Weil den Bauern trotz aller „revolutionären" Parolen eine echte Teilhabe an polit. und wirtschaftl. Entscheidungen versagt blieb und sie hinter der Vielzahl von Strukturreformen in der Landw. letztlich nur den Sinn sahen, Privilegien zu Lasten der Bauern eine neue Form zu geben, fehlte ihnen ein Anreiz zu Produktionssteigerungen, so daß das Ziel einer landw. Autarkie bei weitem nicht erreicht werden konnte. Externe, durch Weltmarktstrukturen bedingte Faktoren spielten dabei nur eine untergeordnete Rolle. G. bietet vielmehr „ein Exempel dafür, daß ... pol. Faktoren determinierend für das Scheitern einer Entwicklungsstrategie sein können" (Veit, S. 332).

Lit.: C. Rivière, Dynamique de la stratification sociale, Paris 1975; L. Adamolekun, Sekou Tourés Guinea. An Experiment in Nation Building, London 1976; W. Veit, Nationale Emanzipation. E-Strategie und Außenpolitik in Tropisch Afrika. Die Beispiele Elfenbeinküste und Guinea, München 1978. kz

Guinea Bissau

Die Bev. (1978: 500 000) der 36 125 qkm großen Republik G./B. (Hauptort Bissau/11 169 Ew., Hauptstadt Madina do Boé) besteht vorwiegend aus Negern und Mulatten (Balante/30 %, Fulbe/20 %, Mandiako 14 %, Mandingo 12,5 %, Pepel 7 %), die neben der Staatssprache Portugiesisch sudanes. Umgangssprachen und ein kreol. Portug. (Crioulo) sprechen und sich zu ⅓ zum mosl. Glauben bekennen (Animisten, 44 000 Kathol.). Reis für die *Subsistenz und Erdnüsse für den Export (60 % des Exports) sind Hauptanbauprodukte des dominierenden Agrarsektors. In der mehr als 500 J. dauernden portug. Kolonialherrschaft errichteten die Portug. an der Küste zunächst Handelsplätze für den Sklavenhandel, nach dem int. Verbot des Sklavenhandels zwangen sie die einheim. Subsistenzbauern zum Anbau von Erdnüssen. Durch Kooperation mit dem tradit. Häuptlingssystem der islamisierten Gruppen konnte die hierarchisch-autoritäre Verwaltung der Portug. jeglichen Widerstand gegen die Kolonialherrschaft bei den Animisten unterdrücken, zur Verdrängung einheim. Bauern durch europ. *Plantagen kam es allerdings nicht, da G.B. reine Handelskolonie war. Die 1956 von intellektuellen *Assimilados* (Beruf, Beherrschung von Schrift u. portug. Sprache) unter der Führung A. *Cabrals gegründete *Befreiungsbewegung PAIGC (*Partido Africano da Independência da Guiné e de Cabo Verde*) erreichte durch polit. Mobilisierung der Bauern und ab 1963 durch bewaffneten Kampf nach einseitiger Erklärung der Unabh. durch die Nationale Volksversammlung (1973) von Portugal 1974 die Unabh. Die Rep. G.B. (Staatsoberhaupt: L.d.A. Cabral, Volksversammlung gewählt durch Regionalräte, Staatsrat, Revolutionäre Streitkräfte/FARP) versucht durch eine Politik der **self-reliance* einen sozialist. E.-Weg (kuban. Militär- und Zivilberater) zu beschreiten, der an den *Grundbedürfnissen der Bauern orientiert ist. Neben der Beseitigung von kolonialen Hypotheken (Erdnußmonostruktur, Infrastrukturmängel) ist die Sicherung der *Ernährung der bislang von devisenverzehrenden Nahrungsmittelimporten abh. Bev. entwicklungspol. Grundproblem. Die Erschließung der Bauxit-, Phosphat- und *off-shore* Erdölvorkommen bietet Ansatzpunkte für eine künftige *Industrialisierung.

Lit.: P. Handyside (Hrsg.), Revolution in Guinea. Selected Texts by Amilcar Cabral, New York und London 1969; B. Davidson, Die Befreiung Guineas, Frankfurt 1970; L. Rudebeck, Guinea-Bissau. A Study of Political Mobilization, Uppsala 1974; D. Nohlen/R. Witzel, Guinea-Bissau, in: F. Nuscheler/K. Ziemer, Politische Organisation und Repräsentation in Afrika, Berlin/ New York 1978, S. 847 ff. ah

Guyana

Die „*Cooperative Republic*" G. versucht einen nichtkapital. E.-Weg, der auf *Genossenschaften und *Selbsthilfe (*self-help*) aufbaut. Dieser *Dritte Weg ist allerdings durch die ökon. Probleme des Landes und den wachsenden Einfluß des *IWF auf seine Politik in Frage gestellt.

1. 85 % der ehem. brit. Kolonie G. (Fläche: 214 969 qkm) sind von trop. Regenwald bedeckt. Agrar. genutzt wird nur der Küstenstreifen G.s, wo v. a. Zucker (das wichtigste landw. Exportgut: 30 % d. Ausf.wertes) und Reis angebaut werden. Im Landesinnern wurden eine Reihe von Bodenschätzen nachgewiesen bzw. werden dort vermu-

tet. Am wichtigsten ist das Bauxit, von dessen Export (50% des Ausf.wertes) G.s Wirtschaft abhängt.

2. Aus der *Gewerkschaftsbewegung der 20er und 30er Jahre (1922 Gründung der *Guiana Labour Union*, der ersten Gewerkschaft der Karibik) ging 1950 die *People's Progressive Party* (PPP) des Inders Cheddi Jagan hervor, die ursprünglich die verschiedenen ethnischen Gruppen des Landes integrierte. Im Sog des Kalten Krieges geriet Jagan unter Kommunismusverdacht (und entsprechenden außen- und innenpol. Druck), worauf sich eine Gruppe von PPP-Mitgliedern, geführt von dem ehem. Erziehungsminister des von 1953–1964 regierenden Jagan, dem Afrikaner Forbes Burnham, von der PPP abspaltete und den PNC (*People's National Congress*) bildete. Ideolog. Trennlinien wurden somit durch Rassengegensätze noch verschärft bzw. überdeckt. Aus Sorge, der Marxist Jagan könne gestützt auf den ind. Bev.anteil von 50% und begünstigt durch das rel. Mehrheitswahlsystem erster Premierminister eines unabh. G. werden, verschob GB auf Druck der USA die Gewährung der Unabh. für das Land von 1963 auf 1966 und schrieb für die Wahlen 1964 die der brit. Tradition fremde Verhältniswahl vor. Dadurch gelang es Burnham, an der Spitze einer antiind. Koalition Premierminister zu werden, was er bis heute aufgrund weiterer Wahlerfolge (auch unter Zuhilfenahme von Wahlmanipulationen) und innenpol. Repressionsmaßnahmen geblieben ist.

3. Die Bev. G.s wurde 1978 auf 701 885 Ew. gesch. Sie konzentriert sich auf den Küstenstreifen (90%) und mehr und mehr auf die Städte (40%, Hs Georgetown mit Vororten 1970 gesch. 200 T. Ew.), wobei die ethnischen Gruppen sich entsprechend ihrer Wirtschaftstätigkeit verteilen (Inder im Agrarsektor, Afrikaner in den Städten). Über 50% der Bev. sind Inder, über 30% Schwarze, 4% Indianer, 2% Weiße, 0,7% Chinesen, ca. 10% Mischlinge.

4. Die Bauxitförderung (Arbeitsplätze für nur 3,5% der Erwerbstätigen) ist der bedeutendste Wirtschaftszweig des Landes. 1971 wurde die *Demba Bauxit Co.* (gegen Entschädigungen) verstaatlicht. G. bleibt jedoch weiter von den Nachfrageschwankungen des Weltmarkts bzw. der Vermarktungsstrategie des kanad. ALCAN-Konzerns abhängig, der G.s Bauxit zum größten Teil verarbeitet. Bauxit hat in seiner Bedeutung das frühere Hauptexportgut Zukker abgelöst, das von 2 brit. Konzernen weiterhin für den Export produziert wird. Reis wird auf ca. 60% der kultivierten Fläche in zunehmendem Maße für die Eigenversorgung der auf dem Lande lebenden Bev. angebaut.

5. Die soziale Struktur G.s ist durch die Überlagerung ethnischer und sozialer Konfliktlinien gekennzeichnet. Am unteren Ende der gesellschaftl. Pyramide rangieren die Arbeitslosen in den Städten (deren Zahl wächst) und die Arbeiter auf den Zuckerplantagen. Die besten Löhne beziehen die Minenarbeiter, ausschließlich Afrikaner. Afrikaner dominieren auch den Staatsapparat. Der Staat, der wichtigster Arbeitgeber des Landes ist, benachteiligt bei der Vergabe von Arbeitsplätzen kontinuierlich die indische Bev.

6. Die koloniale Vergangenheit G.s hat eine religiöse (57% Christen, vorwiegend Protestanten/15% Hindus/9% Muslimen) und sprachliche Vielfalt (9 Stammesdialekte/Patois/Hindi/Amtssprache: Englisch) hervorgebracht. Im Erziehungswesen wirken die Konsequenzen des ehem. christl. Ausbildungsmonopols v. a. in dem überproportionalen Anteil der Inder an der Zahl der Analphabeten (1946: über 50%, insgesamt nur 24,1%) und deren geringeren Karrierechancen (Unterrepräsentation in Verwaltung, Erziehungs- u. Gesundheitswesen) fort. Das Bildungsgefälle zwischen den Rassen entspricht dem Stadt-Land-Gefälle, da sich die höheren Schulen in den Städten konzentrieren. Die Gesundheitsversorgung der Bev. wurde verbessert (1970: 1 Arzt je 4 311 Ew.), hält aber mit der wachsenden Bev. nicht Schritt (LE: 66 J.).

7. G. ist seit 1970 *Cooperative Republic* (z. Zt. wird gegen den Widerstand der PPP eine neue Verfassung vorbereitet), womit langfristig für G. als Ziel gesetzt wurde, sich zu einer nichtkapitalist. Gesellschaft (seit 1973 begreift sich der PNC als sozialist. Partei) fortzuentwickeln. *Genossenschaften sollen die staatl. und privatkapitalist. Wirtschaftssektoren verdrängen. Bis Ende 1972 waren etwa 15% der Bev. in mehr als 1 000 Genossenschaften organi-

siert. Deren Mehrzahl dient der Kapital- und Kreditmobilisierung, ein Drittel der Agrarproduktion, der Viehhaltung und der Vermarktung, die übrigen haben verschiedene Aufgaben der *„self-help"* (Slogan der Kooperativen): der industriellen Produktion, des Häuserbaus, der Arbeitsbeschaffung und der Dienstleistungen. Inwieweit die Genossenschaften in die ihnen zugedachte Rolle werden wachsen können, bleibt offen. Z. Zt. erzwingen andere Probleme G.s besondere Aufmerksamkeit. Die prekäre wirtschaftl. Lage des Landes veranlaßte die Regierung, sich (bisher) zweimal an den *IWF zu wenden (1978, 1979) und um Finanzhilfe zu bitten. Entscheidend für die zukünftige E. G.s wird sein, wie es mit den Problemen fertig wird, die sich zum einen aus der über die ökon. dominierende Rolle des Bauxit vermittelte externe *Abh. ergeben und die zum anderen durch die Spannungen bis zur Gewaltanwendung aus den ideolog. und sozialen Gegensätzen der voneinander abgeschlossenen, kaum kooperierenden ethnischen Gruppen entstehen.

rs

HABITAT

*UN-Siedlungs- und Städtekonferenz; erste Konferenz in Vancouver (Kanada), Mai 1976. Ausgehend vom 1972 verabschiedeten UN-Umwelt-Programm befaßte sich HABITAT speziell mit den Problemen menschlichen *Wohnens in IL und EL. Die Diskussion verlief auf 3 Ebenen: Konferenz der Regierungsdelegationen der einzelnen Staaten, Expertendiskussionen und Veranstaltungen für die Öffentlichkeit. Aus den ersten beiden Ebenen gingen mit dem allg. Ziel der Verbesserung der Lebensqualität in Siedlungen und Städten der EL eine Deklaration von Grundsätzen über menschenwürdiges Wohnen und zahlreiche Empfehlungen für nat. Aktionsprogramme hervor. Wichtigste Ergebnisse und Forderungen der Konferenz: 1. Integration der Siedlungspolitik in die nat. *Entwicklungsplanung; 2. Verfügbarkeit von Wohnungen für jedermann, die den minimalen Erfordernissen menschenwürdigen Wohnens gerecht werden; 3. Reduzierung der Stadt-Land-Disparitäten durch gleichmäßige Verteilung der Lebenschancen; 4. *Partizipation der betroffenen Bev. an der Planung und Implementierung von Siedlungen; 5. Erarbeitung von Planungskonzepten in den Bereichen der Regional-, Stadt- und Quartiersplanung; 6. Einrichtung und Förderung von Planungsinstitutionen auf nat. und kommunaler Ebene; 7. Reform der Bodenpolitik, die mit der Möglichkeit von Enteignungsmaßnahmen die individuellen Rechte mit den Zielen der öffentl. Hand in Einklang bringt; 8. Einsatz einheim. Produktivkräfte und Materialien bei der Beseitigung des Wohnungsmangels und Unterstützung von *Selbsthilfe-Projekten.

ah

Hacienda

Die trad. H. ist ein auf Selbstversorgung orientierter landw. Betrieb, der sich auf das Monopol am Boden, z. Teil auch Wasser, und die Leibeigenschaft der um sie herum wohnenden Bev. gründet. Bewirtschaftet wird – bei Abwesenheit des Besitzers, den ein *mayordomo* vertritt – nur ein kleiner Teil des Landes mit der Arbeitskraft des *colonos* (*inquilinos* in Chile, *yanacona* in Peru, etc.), die eine Parzelle Land zur Eigenversorgung mit der Verpflichtung erhalten, 3-5 Tage in der Woche für den *hacendado* zu arbeiten. H. stellt ein komplettes System wirtsch., sozialer und pol. Beziehungen zwischen der Person des Patron und der der Ausbeutung und Knechtschaft unterworfenen Landarbeiter dar. Es ist jedoch – nicht zuletzt durch das Modernisierungserfordernis der Landw. – im Schwinden begriffen. Auf dem Lande setzen sich auch im *Latifundium und erst recht in der *Plantage Lohnverhältnisse durch.

Lit.: G. Siebenmann (Hrsg.), Die lateinamerikanische Hacienda, Diessenhofen (Schweiz) 1979.

dn

Haiti

1. Die Republik H. liegt im westl. Drittel der zweitgrößten Insel der Großen Antillen (Fläche: 27 750 qkm). 11 800 qkm werden landw. genutzt, v. a. die fruchtbaren Küstenebenen (Anteil der Landw. an der Ausfuhr: 80%). Hauptexportprodukte: Kaffee (1972: 36% des Ausfuhrwertes), Zucker (8,4%), Kakao, Sisal (1,4%), Baumwolle und ätherische Öle (7,7%). Neben den Agrargütern verfügt H. über zahlreiche Holzbestände und z. T. unzureichend erforschte mineral. Rohstoffreserven. Nur

Bauxit (1972: 15,6% des Exports) und Kupfer werden durch ausländ. Konzerne kommerziell ausgebeutet und exportiert. Als weitere Einnahmequelle gewinnt der *Tourismus seit den 70er J. wieder an Bedeutung.
2. H. war bis 1804 franz. Kolonie. Das Wirtschafts- und Gesellschaftssystem beruhte auf der Ausbeutung afrikan. Sklaven. Nach einem 13jährigen Befreiungskrieg der Sklaven und Mulatten erlangte H. 1804 die pol. Unabh. von Frankreich und durchbrach das trad. koloniale Agrar-*Exportmodell. Die Verstaatlichung (66–90%) der landw. genutzten Fläche wurde in den folgenden Jahrzehnten mit der Verteilung der Ländereien an hohe Militärs und Staatsfunktionäre wieder rückgängig gemacht und feudale Agrarstrukturen mit verschiedenen Pacht- und Abhängigkeitsverhältnissen geschaffen. Seit 1883 geriet das Feudalregime zunehmend in eine Krise, und der weitere Zerfall der pol. Ordnung nach 1907 führte zur Besetzung H.s durch die USA (1915–1934), die eine Teil-Modernisierung (Schaffung einer Infrastruktur) und Vorrangstellung des US-Kapitalinteresses (Gesetze zur Erleichterung des Kapitalimports, US-Investitionen in der Landw.) zur Folge hatte. Die ungleichen sozialen Strukturen wurden nicht nur aufrechterhalten, vielmehr verschärfte sich die soziale Lage der Bauern durch Landvertreibung. Seit der US-Invasion ist die Wirtsch. H.s vollständig von dem Haupthandelspartner USA abhängig.
3. Die Bev. H.s wurde 1978 auf 4,83 Mio. geschätzt, die Bev.-Dichte auf 174 Ew. pro qkm. Der Urbanisierungsgrad beträgt 24% (Hs Port-au-Prince: 493 932 Ew.). Wegen der Überbev. und mangelnden Beschäftigungsmöglichkeiten auf dem Lande hält der Urbanisierungstrend sowie eine hohe Emigrationsrate (über 300 T. in den letzten 25 J.) an. Ethnische Zusammensetzung der Bev. (Schätzung): 90% Schwarze, 10% Mulatten, einige Tsd. weiße Ausländer.
4. Einer dünnen Oligarchie stehen über 90% Bauern, Landlose und *Marginalisierte gegenüber; Mittelschichten haben sich kaum entwickelt. Starke Heterogenität des Agrarsektors: ausländ. *Enklaven verfügen über 7% der agrar. Nutzfläche (hohe *Produktivität: 30% des landw. Produktionswertes), 91% der landw. Betriebe mit einer Größe unter 3 ha besitzen 62% der landw. Nutzfläche. Vorherrschendes Problem ist die *Arbeitslosigkeit und Unterbeschäftigung. Von der erwerbsfähigen Bev. sind in Port-au-Prince 40% arbeitslos, in den Provinzstädten ca. 60%.
5. 70% der Hait. sind kath., Amtssprache ist franz. Die Oberschicht ist an der Verbreitung und Pflege der franz. Kultur, Sprache und Erziehung orientiert, während die Masse der Bev. kaum mit diesen Werten in Berührung kommt und ihnen ablehnend gegenübersteht. Mit der Ausübung ihrer eigenen Kulte (*Voudou*-Kult, ein westafrikan. Kult, der mit christl. Elementen verschmolzen ist), ihrer eigenen Sprache (kreolisch) und eigenen Lebensweise *(Marronnage)* reagiert sie auf ihre Weise auf die Unterdrückung und Ausbeutung in der Gesellschaft. Die medizin. Versorgung (1 Arzt pro 15 000 Ew.) und Ausbildung der Bev. ist schlecht, 90% sind Analphabeten. Die LE beträgt 50 J.
6. H. ist eine präsidiale Republik. Die Nationalversammlung besteht aus 1 oppositionslosen Deputiertenkammer. Außer der Einheitspartei *Parti de l'Unité Nationale* sind alle Parteien verboten. 1956 wurde der Kandidat der schwarzen Oligarchie und des Militärs, F. Duvalier, zum Präs. gewählt. Mit der Verabschiedung der Verfassung von 1964 wurde seine Stellung durch Sondervollmachten und die Verlängerung der Amtszeit auf Lebenszeit gestärkt. F. Duvalier festigte sein autoritäres Herrschaftssystem durch pol. Unterdrückung und Verfolgung. In der Folgezeit brachen viele Staaten die dipl. Beziehungen zu H. ab, die USA stellten ihre Wirtsch.-Hilfe ein, int. Kredite wurden nicht mehr an H. vergeben.
Seit dem Machtwechsel 1971 versucht Präsident J. C. Duvalier die wirtsch. Entwicklung H.s durch intern. Zusammenarbeit und Kapitalhilfe, Vergünstigungen für ausl. Kapitalinvestitionen und langfristige Wirtsch.-Planung wieder anzukurbeln. Allerdings wird die beabsichtigte Industrialisierungs-und E.-Politik, die gerade das besonders niedrige Lohnniveau, die bestehende industrielle Reservearmee und soziale Ungleichheit zur Grundlage hat, kaum zur

Verbesserung der sozialen Lage der Bev. beitragen. Vielmehr läßt der beginnende extrem abh. kapitalistische E.-Prozeß H.s eine Erhöhung der Staatsverschuldung (freier Gewinntransfer, erhöhte Anleihen) und die Verfestigung der bestehenden sozialen Verhältnisse erwarten.

Lit.: O. Dallemand, Haiti, in: HDW, Band 3, Hamburg 1976, S. 227 ff.; D. Nichols, From Dessalines to Duvalier. Race, Colour and National Independence in Haiti, Cambridge 1979. ks

Handelshemmnisse

Zu unterscheiden sind tarifäre und nichttarifäre H. Unter tarifären H. sind Zölle zu verstehen, also Abgaben, die der Staat auf die Einfuhr, die Ausfuhr oder auch den Transit von Waren erhebt. Nicht-tarifäre H. umschließen alle Regelungen, Gesetze, Verwaltungsvorschriften und -praktiken, die neben Zöllen den Warenverkehr zwischen Ländern beschränken, wie mengenmäßige Einfuhrbeschränkungen (Importquoten, Importkontingentierung), devisenmäßige Belastungen, Kreditbeschränkungen, pflanzenschutz- und veterinärpolizeiliche Bestimmungen, komplizierte Verwaltungsformalitäten etc. dn

Hermes-Bürgschaften/-Garantien

der Hermes-Kreditversicherungs AG; bundesdeutsches Exportkreditversicherungssystem, sichert deutsche Unternehmen gegen die mit Investitionen in EL verbundenen wirtsch. (Zahlungsunfähigkeit) und pol. Risiken ab. Der Ermächtigungsrahmen des Bundes stieg von 120 Mio. DM 1949 auf 150 Mrd. DM 1980. Unterschieden wird zwischen Bürgschaften (Geschäften mit ausländ. Regierungen und Körperschaften des öffentl. Rechts) und Garantien (Geschäften mit privaten ausländ. Unternehmen). Der Exporteur trägt ein Versicherungsentgelt, das sich bei Garantien auf etwa 1,4% pro Jahr, bei Bürgschaften gestaffelt nach Höhe der *Investitionen auf 1,6% bis 3,0% beläuft. dn

Ho Chi Minh

Ho wurde (angeblich) am 19. 5. 1890 im Dorf Kim Lien bei Vinh (im N Vietnams) als Sohn eines nationalist. Verwaltungsbeamten geboren. Nach einem Aufenthalt in London, wo er mit den Ideen der Fabier in Berührung kam, ging er 1917 nach Harlem, um die Negerfrage zu studieren. Von 1918 an lebte er in Paris, wo er u. a. Tschou En-Lai und Léon Blum kennenlernte, mit deren Hilfe er die „Interkoloniale Union" aus Nationalisten der Kolonien bildete. Am 30. 12. 1920 war Nguyen Ai Quoc (= N. der Patriot), wie er sich damals nannte, Gründungsmitglied der KPF. 1924 ging er nach Moskau. In der Folgezeit arbeitete er für die Komintern in Asien und wurde häufig inhaftiert. 1930 gründete er die *Viet Nam Dang Lao Dong,* die „Arbeiterpartei Vietnams", Keimzelle der späteren KP Indochinas und 1941 die *Vietminh,* die „Unabh. Bewegung für Vietnam". 1944 rief er die „Provisorische Republikan. Regierung Vietnams" aus und nannte sich künftig Ho Chi Minh (= H., der Erleuchtung sucht). 1946 übernahm er die Ministerpräsidentenschaft und das Außenministerium der Demokr. Rep. Vietnam (DRV). Im 1. und 2. Indochinakrieg war er die führende Persönlichkeit auf nordvietnam. Seite und eine Symbolfigur des antiimp. Kampfes für die Jugend in den Metropolen. Bei seinem Tode am 3. 9. 1969 im Alter von 79 J. war Ho Präs. der DRV und Vorsitzender des ZK der 1951 gegr. „Partei der Werktätigen Vietnams". rs

Honduras

H. ist das Paradebeispiel einer „Bananenrepublik". Über das Exportprodukt Banane in den Weltmarkt integriert, ist H. vollständig von den USA ökon., pol. und militärisch abhängig.

1. Landschaftl. gliedert sich H. (Fläche 115 000 qkm) in das zentrale Bergland mit fruchtbaren Tälern und das karib. Tiefland, in dessen nördl. Teil das Hauptausf.gut H.s, die Banane, angebaut wird. Ca. ⅓ des Landes ist landw. nutzbar, ca. 12% werden gegenwärtig bewirtschaftet. Bodenschätze werden in geringer Menge von US-Gesellschaften abgebaut (Zink, Kupfer, Eisen), sind allerdings noch wenig erforscht.

2. Die Geschichte H.s seit der Unabh. des Landes (1838) ist gekennzeichnet durch gescheiterte Förderationsversuche, Grenzkonflikte, gewaltsame Regierungswechsel (von 1824–1971 rd. 125mal) und im 20. Jh.

militär. Interventionen der USA (alleine von 1903–1937: 7mal), die damit v. a. die Interessen der US-Gesellschaft **United Fruit* an deren die Wirtschaft H.s dominierenden Bananen-*Enklave verteidigten.

Die Bev. H.s (1970–76: JZ 3,8% = eine der höchsten LAs) wurde 1976 auf 2,83 Mio. gesch. Die Bev.-Dichte (25,2 Ew. je qkm) ist im Vergleich zu den Nachbarländern, ebenso wie der Urbanisierungsgrad (30%, Hs Tegucigalpa 1974 gesch. mit Außenbezirken über 300 T. Ew.), niedrig. Etwa 90% der Bev. sind Mestizen, Indios (6–7%) leben vorwiegend im inneren Bergland. Im karib. Tiefland und auf den vorgelagerten Inseln ist die Bev. akfrikan. Abstammung konzentriert (2–3%), die englisch spricht, aber durchweg auch die span. Landessprache beherrscht. 86% der Bev. sind kath. (daneben Protestanten, Juden).

3. Die wirtsch. Struktur H.s ist geprägt vom Gegensatz zwischen dem großen trad. Sektor der Landw. (*Minifundien, sehr extensiv bewirtschaftete *Latifundien) u. dem modernen, mechanisierten Sektor (Bananenenklave, ein Teil der Kaffeepflanzen, Viehzucht). ⅔ aller landw. Betriebe sind *Subsistenzwirtschaften, deren Zahl wächst. V. a. in den Kleinbetrieben werden die Grundnahrungsmittel (Mais, Reis, schwarze Bohnen) produziert, die für H.s Bev., eine der ärmsten LAs (80% leben am Existenzminimum), von entscheidender Bedeutung sind. Der moderne Sektor der Landw. ist völlig auf den Weltmarkt orientiert und von dessen Nachfrageschwankungen abh. Die Wirtschaft und andere Bereiche der Gesellschaft H.s werden von den USA dominiert: Diese sind bezüglich der Ein- und Ausfuhr mit Abstand H.s wichtigster Handelspartner. ⅔ der gesamten US-*Direktinvestitionen entfallen auf zwei Bananengesellschaften, die ihren Besitz durch Industriegründungen bzw. -aufkäufe *diversifizieren. 60% der Industrieproduktion wurde 1972 (gesch.) von ausländ. Unternehmen erstellt. Die wichtigsten *multinationalen Konzerne der USA sind in H. vertreten. Für H. ergibt sich allerdings die negative Bilanz, daß einem Kapitalzufluß zwischen 1960 und 1972 von $ 76 Mio. in Form von (v. a. US-)Direktinvestitionen ein Rücktransfer von $ 165 Mio. gegenübersteht. Die USA wirken außerdem an der *Entwicklungsplanung H.s mit, bilden Unternehmernachwuchs aus und finanzieren das Militär des Landes (Rüstungshilfe, Ausbildung der Armee- und Polizeioffiziere), ja garantieren neben militär. Beistand auch „die Aufrechterhaltung der inneren Sicherheit" H.s. Die Vermögensverteilung in H. ist ungleich (5% der Bev. verfügen über ⅓ des Volkseinkommens). Die offene *Arbeitslosigkeit betrug 1971: 8%, die versteckte Arbeitslosigkeit in der Landw. wird auf 40% gesch.

4. Die Staatstätigkeit, der angesichts der Schwäche des einheim. Kapitals eine wichtige Rolle zufällt, hat bisher wenig zum Abbau der US-Dominanz beigetragen. Mit der *Agrarreform von 1972 gelang es immerhin, durch die Umverteilung extensiv genutzten oder brach liegenden Landes bis 1975 ca. 5% d. Bev. zu begünstigen und einen produktiv-*genossenschaftl. Sektor in der Landw. aufzubauen (10% der Bev. ist genossenschaftl. organisiert).

5. *Infrastruktur und Kommunikationszentren des Landes sind v. a. auf die Bedürfnisse des Bananenexports und der Städte zugeschnitten. 35% der städtischen, aber 80% der Landbev. sind *Analphabeten. Bemühungen zur Verbesserung des Bildungswesens scheitern v. a. am Lehrermangel und der existenzbedrohenden *Armut der Bev.-mehrheit (Abgang meist nach 3 Jahren Schulzeit). Auch die medizin. Versorgung insbesondere außerhalb der großen Städte ist schlecht (LE: 52 J.). Heute wird H. von einer Militärjunta beherrscht (Staatsstreich 7. 8. 1978: Gen. P. J. Paz García).

6. Die wirtschaftl. Zukunft H.s bleibt weiterhin eng von der Entwicklung der Märkte für seine Exportprodukte (Bananen: 30–40% des Ausfuhrwertes; Kaffee: 12–16%, Holz, Baumwolle, Bergbauprodukte) abh., aber auch davon, ob pol. Entscheidungen getroffen werden, die die Entscheidungsgewalt über die nat. Ökonomie wenigstens teilweise den ausländ. Unternehmen nimmt, um der Entwicklung des Landes Priorität zu geben. rs

Humanitäre Hilfe

Unter h.H. versteht man die schnelle, unmittelbar einsetzende Hilfe zur Beseitigung oder Linderung der Folgen akuter Notlagen, z. B. bei Erdbeben, Überschwemmungen, Seuchen, Dürreperioden. Sie kommt unmittelbar der betroffenen Bev. zugute. Die Mittel für h.H., die sich seit 1976 auf 11 Mio. DM beliefen, unterstehen dem Bundesinnenministerium und dem Auswärtigen Amt. Das *BMZ wird in die Leistung von h.H. eingeschaltet. dn

HWWA

Institut für Wirtschaftsforschung, Hamburg (Neuer Jungfernstieg 21), Forschungsinstitut, das sich insbes. auch mit die EL betreffenden Fragen befaßt: *Entwicklungspolitik und Int. Währungspolitik, Int. Rohstoffpolitik und *Integrationspolitik. Schwerpunkte der Abtl. EL: *Entwicklungstheorie, Strukturprobleme der EL und E.-Prozeß, Handelspolitik, Kapitaltransfer und *Technologietransfer. Dokumentationszentrum zur Weltwirtschaft, etliche Schriftenreihen, u. a.: Wirtschaftsdienst, Finanzierung und Entwicklung, *Intereconomics.* dn

IAEA

Int. Atomenergie-Organisation (*International Atomic Energy Agency*), gegr. 1956, Sitz in Wien, Mitgl.: 110 (1979), unabh. int. Organisation, der *UN zugeordnet, Berichterstattung gegenüber der Vollversammlung jährlich; Aufgaben: Erforschung, Entwicklung und prakt. Beratung zur Verwendung der Atomenergie für friedl. Zwekke; Überwachung der Einhaltung des Vertrages über die Nichtweitergabe von Atomwaffen; Standardisierung von Sicherheitsvorschriften, Schutz vor Mißbrauch nuklearen Materials. dn

IBA

Int. Bauxit Vereinigung (*International Bauxit Association*), gegr. 1974, Sitz: Kingston/Jamaika, Mitgl. 11; Aufgabe: Informationsaustausch zwischen den Mitgl.-Ländern, gemeinsame Preispolitik im Export von Bauxit und Aluminium. dn

IDA

Int. Entwicklungsorganisation (*International Development Agency*), Tochtergesellschaft der *Weltbank, Sitz in Washington, 1960 gegr., spezielle Organisation für die *Kapitalhilfe an die EL unter günstigeren Bedingungen als Weltbank und *IFC. Mitgl. 1978: 117, Entscheidungsstruktur der *Weltbank entsprechend.

IDA-Kredite sind zinsfrei (es wird nur eine Bearbeitungsgebühr von jährlich 0,75 % erhoben) und haben eine Laufzeit von 50 Jahren. Sie werden hauptsächlich an ärmere EL vergeben. Im Geschäftsjahr 1978/79 hat IDA Kredite in Höhe von 3,02 Mrd. US-$ zugesagt für 105 Maßnahmen in 43 EL. Alle Kreditzusagen erfolgten an EL, deren *Pro-Kopf-Einkommen unter 580 US-$ (in Werten von 1977) lag, 79 % an solche unter 296 US-$. Die Mittel werden durch Kapitalzeichnungen und freiwillige Zuschüsse der IL und einiger *OPEC-Länder aufgebracht. dn

IFAD

Int. Fonds für landw. Entwicklung (*International Fund for Agrarian Development*), Sonderorganisation der *UN, deren Errichtung auf der Welternährungskonferenz der UN in Rom 1974 empfohlen wurde und sich 1977 konstituierte. *Ziele:* Erhöhung der Nahrungsmittelproduktion in den ärmsten Nahrungsmitteldefizitländern, Verbesserung des Ernährungsniveaus der ärmsten Bev.-Schichten in den EL und ihrer Lebensbedingungen. Zielgruppe des Fonds sind die Kleinbauern und die Landwirte ohne Bodenbesitz. Der IFAD vergibt Kredite nach unterschiedl. Bedingungen (sehr günstig bis normal) und bis zu 12,5 % der in einem Jahr bewilligten Mittel rückzahlungsfreie Zuschüsse an die ärmsten EL. Anfangskapital: über 1 Mrd. US-$; Mittelaufbringung: IL 567,3 Mio., OPEC 435,5, restl. EL 17,3 Mio. US-$.

Organe: Gouverneursrat, jedes Mitgl. vertreten, Stimmen wie folgt gewichtet: ⅓ IL, ⅓ OPEC-Länder, ⅓ andere EL. Sowohl Geber-Länder (IL + OPEC) als auch Empfänger-Länder (OPEC + restl. EL) verfügen über eine ⅔-Mehrheit im Exekutivrat: 18 Sitze, auf die 3 Ländergruppen zu gleichen Teilen verteilt. Präsident, von Gouverneursrat auf 3 Jahre gewählt. Zur Durchführung seiner Maßnahmen hat der IFAD Kooperationsabk. mit *FAO,

*Weltbank, *UNDP und den *regionalen E.-Banken geschlossen. dn

IFC

Int. Finanzgesellschaft (*International Finance Corporation*), Tochterorganisation der *Weltbank, 1956 gegr., Sitz in Washington, 1979 109 Mitgl., Entscheidungsstruktur wie bei der Weltbank.
Ziel: Förderung von Privatinvestitionen in den EL durch Schaffung von Anreizen in Form von Kapitalbeteiligung, Bereitstellung techn. Hilfe, Projektbeteiligung etc. Multiplikatorwirkung: IFC-*Investitionen erbringen dreifache Investitionsmittel von dritter Seite. Mittel werden überwiegend auf dem Kapitalmarkt aufgebracht, daher normale Verzinsung, 8 % (schwankend), Laufzeit zwischen 5 und 15 Jahren. Im Geschäftsjahr 1978/79 nahm die IFC 48 Investitionen im Gesamtvolumen von 425 Mio. US-$ in 33 Ländern vor; 54 % der Investitionen erfolgten in der verarbeitenden Industrie, 19 % im Agrarbereich, 8 % Bergbau und Energie, Rest: Dienstl./Finanzinstitute. dn

Ifo

Institut für Wirtschaftsforschung, München (Poschingerstr. 8); Forschungsinstitut zu wirtschaftstheoret. und wirtschaftspol. Problemen, Schwerpunkt u. a. EL: Probleme der *Verlagerung arbeits- und rohstoffintensiver Industrien in EL, Analyse von E.-Plänen, *ländl. Entwicklung, von *Integration und *Assoziierung, zur *Ökologie in der DrittenWelt und Regionalstudien. Schriftenreihe: Afrika-Studien, Forschungsberichte, Ifo-Studien zur Entwicklungsforschung, alle München, Weltform Verlag. dn

ILO

Int. Arbeitsorganisation (*International Labour Organization;* dtsch. Abk. IAO), bereits 1919 gegr., seit 1946 enge Zusammenarbeit mit den *UN und als deren Sonderorganisation eingerichtet, Sitz Genf, 1980 140 Mitgl.-Länder. Neben den Regierungen sind auch Arbeitgeber und Arbeitnehmer in allen Organen vertreten. In die Vollversammlung, die einmal jährlich zusammentritt, entsendet jedes Land zwei Regierungs-, einen Arbeitgeber- und einen Arbeitnehmervertreter (Prinzip der Dreigliedrigkeit). Verwaltungsrat: 56 Mitgl. (28 Regierungs-, 14 Arbeitgeber- und 14 Arbeitnehmervertreter); Generalsekretariat mit Generaldirektor (Francis Blanchard); daneben Regionalkonferenzen, Ausschüsse, Beratergruppen sowie das Int. Institut für Arbeitsfragen/Genf und das Int. Zentrum für berufl. und fachl. Fortbildung/Turin.
Aufgaben: allg. Beseitigung von *Armut und *Arbeitslosigkeit, Befriedigung der *Grundbedürfnisse der Allerärmsten, Verbesserung der Arbeits- und Lebensbedingungen der Menschen (neue Arbeitswelt); speziell: Forschung zu arbeits- und sozialpol. Problemen (Arbeitszeit, Unfallschutz, Sozialversicherung, Frauenarbeit, berufl. Ausbildung etc.); Gesetzgebung (Annahme int. Übereinkommen und Empfehlungen – seit 1919 153 respektive 161 –, die allerdings von den nat. Entscheidungsträgern ratifiziert werden müssen); *Techn. Hilfe (Transfer von Erfahrungen und Fertigkeiten von IL nach EL zur besseren Verwendung der Arbeitskräfte, besseren berufl. Ausbildung, besseren *Partizipation der Bev. am E.-Prozeß). Unter den E.-Studien ragen das Weltbeschäftigungsprogramm von 1969 (→Beschäftigung) und die 1976 auf der ILO-Konferenz über *Beschäftigung, *Einkommensverteilung und sozialen Fortschritt vorgelegte Untersuchung „Beschäftigung, Wachstum und Grundbedürfnisse" heraus. Beide Dokumente enthalten wesentl. Elemente einer an den *Grundbedürfnissen der armen Bev.-Mehrheit in den EL orientierten E.-Strategie, deren theoret. Grundlegung und pol. Propagierung vor allem durch die ILO erfolgte.
Einen Rückschlag für die ILO bedeutete der 1975 für 1977 angekündigte Austritt der USA wegen Einseitigkeit in der Behandlung des Themas der *Menschenrechte, Überschreitung der Kompetenzen, Politisierung u. a. Vorwürfen. Die ILO büßte 1978 ein Viertel der vorgesehenen Einnahmen ein, mußte ihr Programm um 21 % kürzen. Etat 1980/81 etwa 350 Mio. US-Dollar. dn

ILPES

Lateinamerik. Institut für wirtsch. und soziale Planung, auf Initiative der *CEPAL gegründet und für diese tätig im Bereich der Ausbildung nat. Verwaltungen, die sich mit *Entwicklungsplanung befassen; stellt auch Beraterstäbe für die lateinamerik. Regierungen; Sitz in Santiago de Chile. dn

Imperialismus

Unter I. ist die Politik eines Staates zu verstehen, die darauf ausgerichtet ist, Macht und Kontrolle außerhalb der eigenen Staatsgrenzen über Völker auszuüben – direkt (durch Vergrößerung des Staatsgebietes) oder indirekt (durch pol., ökon., militär., kulturelle Dominanz) –, die sich diesem Druck und Einfluß nicht zu unterwerfen bereit sind bzw. deren Eigeninteresse von der imp. Macht ignoriert wird.

Zur Erklärung des Expansionsdranges von Staaten wurde eine Reihe theoret. Ansätze entwickelt, die häufig allerdings nur Teilaspekte des I.-Problems oder einzelne historische Phasen des I. thematisieren.

1. Das machttheoret. Erklärungsmodell des I. versteht imp. Politik als Resultat des Eroberungsdranges machthungriger Individuen, einflußreicher gesellschaftl. Gruppen oder Staaten. So definiert Schumpeter den I. als „objektlose Disposition eines Staates zu gewaltsamer Expansion ohne angebbare Grenze".

Angewandt auf die Länder der Dritten Welt, würde dies den Versuch bedeuten, deren „Entdeckung" und koloniale Vereinnahmung lediglich der Böswilligkeit und dem Machthunger ihrer Kolonialherrn anzulasten. Dies führte zu absurden Urteilen über die innere Verfaßtheit der damaligen Kolonialmächte über Jahrhunderte hinweg und könnte erfolgreiche Einflußnahme ohne staatl. Unterwerfung (z. B. *British East Indian Company*) nicht erklären.

2. Politpsychologische Erklärungsmodelle weisen auf die von der neueren Forschung zur Außenpolitik allgemein akzeptierte These der engen Verbindungen zwischen Innen- und Außenpolitik hin. Der I. hat in dieser Perspektive primär eine innenpol. Funktion. Er wird „bewußt als Ventil für sozialen Druck" (Ansprenger) im Innern verstanden, der angestaute Aggressionen, Unmut gegen eine ungerechte Sozialordnung nach außen lenkt.

Neben psychologischen hat dies für die so mobilisierten Unterschichten auch materielle Konsequenzen. Die wirtsch. Prosperität des sich imp. ausdehnenden Landes wird gesichert und die Loyalität der sozial Unzufriedenen kann durch „Bestechung" erkauft werden. In diesem Zusammenhang haben Vertreter der *Third Worldism*-Schule immer wieder Kritik an der „Arbeiteraristokratie" der Industrieländer geübt.

3. Kulturphilosophische Modelle sind eher Rechtfertigungs- als Erklärungsmodelle des I. Sie betonen die „Segnungen", die die imp. Beherrschung durch entwickelte Länder den weniger entwickelten Ländern v. a. auch auf kulturellem Gebiet bringen. Diese Rechtfertigungsideologie, die es als „Bürde des weißen Mannes" (Kipling) ansah, den „Wilden" der Dritten Welt humanitäre und religiöse Werte zu vermitteln, ist eng mit der Blütezeit des brit. I. am Ende des 19. Jh.s verknüpft und wurde z. T. genährt von einem naiven Glauben an eine sich durch Industrialisierung ausdrückende kulturelle Überlegenheit. Die Länder der Dritten Welt haben aufgrund dieses teilweise gelungenen Versuchs der Oktroyierung fremder Wertvorstellungen beim Erlangen ihrer Unabh. meist mit mehr oder weniger Erfolg versucht, eigene Traditionen, eigene Sitten, eigene Sprachen, kurz ihre in den Hintergrund gedrängte Identität mit neuem Leben zu füllen.

4. Das in der Diskussion um eine theoret. Erklärung des I. vorherrschende Modell ist das politökon. Mit ihm wird versucht, den Voluntarismus machttheoret. Modelle zu überwinden und die „objektiven" Grundlagen des I. herauszuarbeiten, wenn auch häufig dabei Erscheinungen des Kulturimperialismus zu wenig Beachtung geschenkt wird. Die ökon. Ursachen des I. wurden zuerst von der kritischen „bürgerl." Theorie um die Jahrhundertwende herausgearbeitet. C. A. Conant und v. a. J. A. Hobson (auf dessen Schrift sich Lenin später in seinen Ausführungen zum I. wesentlich stützte) gingen davon aus, daß die mit dem erreichten Entwicklungsstand des Kapitalismus mögliche übermäßige *Akkumulation von Kapital im Inland als Folge des zu niedrigen Einkommens breiter Bevölkerungsschichten und einer unzureichenden Nachfrage nach Waren entstanden sei. Der I. ermöglichte durch Investitionen auf überseeischen Märkten die

Lösung der heimischen Absatz- und Kapitalanlageschwierigkeiten. Zweierlei vermag eine solche I.-Theorie jedoch nicht zu erklären: a) Die Verbindung von staatl. Expansionspolitik und Auslandsinvestitionen (Auslandsinvestitionen sind auch ohne Erweiterung des Staatsgebietes möglich!) b) Die Tatsache, daß vor dem I. Weltkrieg nur knapp die Hälfte der Auslandsinvestitionen HGB.S in den Dominions und Kolonien getätigt wurden, nur 5 % der franz. Auslandsinvestitionen und gar nur 2 % der deutschen.

Lenin knüpfte an die so argumentierende Theorie an. Seine Schrift „Der Imperialismus als höchstes Stadium des Kapitalismus" von 1916, die sich auf die Vorarbeiten Bucharins, Hilferdings, Kautskys und Luxemburgs stützen konnte, ist zum Standardwerk marx. I.-Theorie geworden. Seine Thesen werden nicht nur in den sozialist. Ländern, sondern auch von einem Teil der westl. Linken (Boccara, Mandel, Nehls) als heute noch gültig angesehen.

Nach Lenin ist der I. gekennzeichnet durch: a) „Konzentration der Produktion und des Kapitals, die eine so hohe Entwicklungsstufe erreicht hat, daß sie Monopole schafft, die im Wirtschaftsleben die entscheidende Rolle spielen"; b) „Verschmelzung des Bankkapitals mit dem Industriekapital und Entstehung einer Finanzoligarchie auf der Basis dieses ‚Finanzkapitals'"; c) „der Kapitalexport, zum Unterschied vom Warenexport, gewinnt besonders wichtige Bedeutung"; d) „es bilden sich int. monopol. Kapitalistenverbände, die die Welt unter sich teilen"; e) „die territoriale Aufteilung der Erde unter die kapitalist. Großmächte ist beendet".

Die Theorie des staatsmonopolist. Kapitalismus fügt dem Leninschen Merkmalskatalog noch als Ziel des I. kapitalist. Länder das Zurückdrängen des Sozialismus in der Welt hinzu.

In der Kritik an Lenins Thesen wurde darauf hingewiesen, daß seine Liste der Kriterien des I. nicht erklären kann, wieso sich die Investitionsströme beispielsweise in den 70er Jahren auf ein Verhältnis 30 : 70 (EL : IL) einpendelten, der Kapitalexport in die Kolonien bzw. die Staaten der Dritten Welt also nicht die angenommene überragende Bedeutung hat; daß weiterhin, wie bei der Kritik an Hobson unter b) angedeutet, die „Aufteilung der Erde" unter die kapitalist. Großmächte pol. einem Prozeß der *Dekolonisation Platz machte und daß schließlich der I., nach Lenin „höchstes Stadium des Kapitalismus" und „sterbender Kapitalismus", keineswegs am Ende ist.

Hervorzuheben ist, daß eine I.-Theorie, die den I. an die E. des Kapitalismus knüpft, sozialist. Länder von vornherein vom I.-Vorwurf ausnimmt. Diese v. a. von der UdSSR vertretenen These hat die VR China durch Rückgriff auf den machttheoretisch definierten I.-Begriff widersprochen. Sie sieht in der Außenpolitik der UdSSR im wesentl. ein Streben nach Hegemonie, die es als typisches Produkt des sowjet. Sozialimp. zu bekämpfen gilt.

5. Die nichtmarxist. Geschichtswissenschaft bezeichnet die Zeit von 1870–1918 aus historisch-deskriptiver Perspektive als „Zeitalter des I.". V. a. England begründete seit der Mitte des 19. Jh.s sein koloniales Weltreich. Afrika wurde unter England, Frankreich, Portugal, Belgien und Deutschland aufgeteilt, im Fernen Osten eroberten England und Frankreich Hinterindien, Japan behauptete seine Einflußsphäre in der Mandschurei gegen Rußland (Krieg 1904/05), China wurde seit 1900 zum Spielball europ. Kolonialmächte.

Verbindet man so den Begriff des I. mit dem des *Kolonialismus, so ist es leicht möglich, diesen auf einen bestimmten Zeitraum einzugrenzen. Zu fragen ist aber, ob die Triebkräfte, die den I. hervorbrachten und deren hauptsächlich ökon. Bedingungsgeflecht im Prozeß der Dekolonisation einfach verschwinden, I. also nur direkte staatl. vermittelte Dominanz meint, oder ob der I. nicht nur teilweise sein Erscheinungsbild gewandelt hat und heute in der Form des Neokolonialismus weiterbesteht.

6. Konstanz und Wandel des I. wurde u. a. von der *Dependencia-Theorie neu thematisiert. J. Galtung hat versucht, Erkenntnisse der *Friedensforschung mit der I.-Kritik der Dependenztheorie in einer „strukturellen Theorie des I." zu verbinden.

Galtung begreift die Abh.-Beziehungen der Länder der Dritten Welt von den Industrieländern als Ausdruck *struktureller Gewalt in den int. Beziehungen. I. wird von Galtung jedoch nicht alleine auf der Ebene

zwischenstaatl. Beziehungen verortet, er analysiert auch die Interessenlagen innerhalb der Nationen im Zentrum und innerhalb der Nationen an der Peripherie (*Zentrum-Peripherie-Modell). Nach seiner Definition ist I. „eine Beziehung zwischen einer Nation im Zentrum und einer Nation an der Peripherie, die so geartet ist, daß
a. Interessenharmonie zwischen dem Zentrum in der Zentralnation und dem Zentrum in der Peripherienation besteht,
b. größere Interessendisharmonie innerhalb der Peripherienation als innerhalb der Zentralnation besteht,
c. zwischen der Peripherie in der Zentralnation und der Peripherie in der Peripherienation Interessendisharmonie besteht".
Galtungs Modell, das in den Zentren der Peripherienationen „*Brückenköpfe" der imp. Zentren identifiziert, macht es möglich, den Fortbestand des I. auch nach der formalen Unabh. der Länder der Dritten Welt zu erklären. Er beschränkt dieses auch nicht auf ökon. Abh.-Beziehungen und unterscheidet fünf Typen des I.: a. ökon. I.; b. pol. I.; c. militär. I.; d. Kommunikationsimp.; e. kultureller I.
Da es Galtung nicht gelingt, deren relatives Gewicht jeweils genauer zu bestimmen, liegt in der bloßen Auflistung auch eine Schwäche seines Ansatzes.

Lit.: J. A. Hobson, Der Imperialismus, Köln/Berlin 1968; W. I. Lenin, Der Imperialismus als höchstes Stadium des Kapitalismus, in: LW 22, S. 189 ff; W. J. Mommsen, Das Zeitalter des Imperialismus, Frankfurt 1969; Senghaas, D. (Hrsg.), Imperialismus und strukturelle Gewalt, Frankfurt 1972; H. U. Wehler (Hrsg.), Imperialismus, Köln/Berlin 1970. rs

Importsubstitution

*Industrialisierung durch Importsubstitution war die erste Strategie, welche einige EL (insbes. in Lateinamerika) zur *Diversifizierung ihrer inländ. Produktionsstruktur einschlugen. Sie war wenig geplant, reagierte vielmehr auf die Auswirkungen der Weltwirtschaftskrise, den Rückgang der Exporterlöse und die daraus resultierenden Importengpässe. Der Aufbau einer heimischen Industrie folgte dem Muster der bislang importierten Konsumgüter eines beschränkten einheim. Marktes, war also weder verbunden mit dem Aufbau einer Investitionsgüterindustrie noch mit Produktion für die breite Bev., noch mit einer solchen für den Export. Das hatte zur Folge, daß 1. ein Importsog für *Investitionsgüter, Rohstoffe und Halbfertigwaren entstand (unveränderte Belastung der Devisenbilanz); 2. die nachgefragte Menge (Skalenerträge) so gering blieb, daß im Vergleich zum Weltmarkt nur kostenungünstig produziert werden konnte, so daß die importsubstituierenden Industrien vor ausl. Konkurrenz durch hohe Zölle und Devisenkontrollen geschützt werden mußten. Dies wiederum begünstigte die zu kleinen, unproduktiven und mit zu hohen Kosten arbeitenden Betriebe und beeinflußte deren techn. Fortschritt angesichts bereits bestehender geringer Kapazitätsauslastungen negativ.
Die Strategie der I. hat zwar in einigen EL Wachstumseffekte erzielt und die Krise trad. vorherrschender Wirtschaftssektoren (Bergbau, Landw.) gesamtwirtsch. aufzufangen vermocht. Sie barg jedoch bereits im Konzept selbst jene Begrenzungen, die sie als Industrialisierungsstrategie allenthalben scheitern ließen.

Lit.: B. Balassa u. a.: The Structure of Protection in Developing Countries, Baltimore und London 1971
dn

Indexierung

Herstellung von festen Preisrelationen zwischen verschiedenen Gruppen von Gütern, im Forderungskatalog der EL die Anbindung der Rohstoffpreise an die Preise der importierten Industriegüter. Damit sollen die **Terms of Trade* stabilisiert werden. dn

Indien

I. gehört zu den armen EL (Gruppe der *MSAC). Zugleich verfügt es über eine bedeutende Industrie und eine beachtliche technol. Kapazität. Die entscheidenden E.-Probleme liegen nicht in der Struktur der Volkswirtschaft, sondern primär in der ind. Sozialordnung.
1. I. ist mit einer Fläche von 3 287 782 qkm der siebtgrößte Staat der Erde und etwa so groß wie Westeuropa. Wie kaum ein anderes Land ist es von großen topographischen und klimatischen Gegensätzen gekennzeichnet. Fruchtbare Schwemmlandebenen am Ganges und Indus kontrastieren mit Wüsten- und Trockengebieten im westl.

(Rajasthan) und Zentralindien und mit trop. Regenwäldern im O (Assam) und S (Kerala). Während im Himalaya in den Höhen sub-polares Klima herrscht, finden wir im W trockenheißes Wüstenklima, im NO feucht-warmes, im größten Teil des Landes Monsun- (feucht-warmer Sommer, trockener kühler Winter und trocken-heißes Frühjahr) und im S Tropenklima. Entsprechend der jährl. Niederschlagsmenge lassen sich 4 Vegetationstypen feststellen: Über 2 000 mm Niederschlag im Jahr immergrüner Regenwald, 1 000–2 000 mm Monsunwälder, 500–1 000 mm Übergang von Monsunwäldern in offene Dornbuschsteppe, unter 500 mm Dornbuschsteppe. Die natürl. Vegetation ist aber über den größten Teil I.s durch menschl. und tier. Einwirkung (Ackerbau und Beweidung) zerstört, zumindest verändert worden. Die Gangesebene und Assam sind heute fast ausnahmslos eine offene Agrarlandschaft. Der Dekkan ist weitgehend landw. genutzt, Monsunwälder bedecken nur noch die Gebirge am nördl. und östl. Rand des Dekkan, immergrüne Regenwälder sind in den westl. Randgebirgen und im NO I.s anzutreffen. Im Ganges-Brahmaputra-Tiefland bestehen Möglichkeiten der Kanalbewässerung durch Ableiten von Wasser aus den ganzjährig wasserführenden Flüssen durch ein weitverzweigtes Kanalsystem bis auf die Felder, die Speicherung der Niederschläge bzw. des Flußwassers in Teichen (*tanks*) und Rückhaltebecken und die Nutzung der Grundwasserreserven durch Pumpen. Setzen die Schneeschmelze im Himalaya im Frühjahr und/oder der Monsun zu spät ein oder sind die Niederschläge zu gering, reichen die Bewässerungsmöglichkeiten nicht aus und es kommt zu erheblichen Ernteeinbußen. Zu Hochwasserkatastrophen kommt es, wenn Schneeschmelze und Monsun zusammentreffen.

I. verfügt über beträchtliche Bodenschätze und Wasserkraft, die aber erst zum Teil genutzt werden. Dadurch, daß Kohle und Eisenerz in derselben Region (Bihar/Orissa) gefördert werden können, verringern sich die Transportkosten, was den Aufbau einer ind. Schwerindustrie begünstigt. Im Vergleich zu den Kohle- und Eisenerzvorkommen sind die bisherigen Erdöl- und Erdgasfunde gering. Die umfangreichen Manganvorkommen erlauben einen umfangreichen Export; bei Glimmer ist I. der weltgrößte, bei Mangan der sechstgrößte Produzent. Weitere bedeutende Vorkommen finden sich bei Chromerz und Bauxit, Kalkstein, Steinsalz und Kupfer. Ferner gibt es Blei, Zink, Asphalt, Kali, Antimon, Molybdän, Kobalt und Nickel, Zinn, Gold, Thorium und Beryllium.

2. Die Bev. I.s (1980 ca. 665 Mio.) ist ethnisch, linguistisch und religiös heterogen wie die wohl keines anderen Landes, es werden über 1 600 Sprachen und Dialekte gesprochen, und alle großen Religionen der Welt sind zahlreich vertreten. Durch die regionale Konzentration der einzelnen Gruppen gibt es in I. die verschiedenartigsten Minderheitenprobleme, die die staatl. Einheit belasten.

Etwa 40 % der Bev. sind jünger als 14 Jahre. Zwischen 1961 und 1971 stieg die Bev. um 113 Mio. oder 25,6 % an, in den 10 Jahren davor waren es 21,6 % gewesen. Die derzeitige JZ wird mit 2,2 % (36,9 Geburten und 14,9 Todesfälle je 1 000 Ew. im Jahr) angegeben. Die Bev.dichte dürfte 1980 bei 202 Ew./qkm gegenüber 167 im Jahre 1971 (einschl. Jammu und Kashmir) liegen. Die Bev.dichte beträgt in einzelnen Regionen schon 500 Ew./qkm (Kerala, Bengalen). Der Anteil der Analphabeten ist zwar rückläufig, aber mit 73 % immer noch hoch, besonders auf dem Lande (76 % gegenüber 48 % in den Städten). Etwa 80 % der Bev. leben in ländl. Gebieten (1971), die *Landflucht sorgt für die schnell wachsende städt. Bev.; in den 10 Millionenstädten leben ca. 28 Mio. Ew., darunter in Kalkutta 7,0 Mio. (m. Vororten), Groß-Bombay 6,0 Mio., Delhi 3,7 Mio. Die überwiegende Mehrheit der Bev. sind Hindus (ca. 80 %), etwa 11 % (v. a. in N-I.) Moslems, daneben Christen (2–3 %), Sikhs (2 %, v. a. in Panjab), Jainas (0,5 %) und Buddhisten (0,5–1 %), ferner ca. 200 000 Parsen und 12 000 Juden. Über die ethnische Herkunft liegen keine Zahlenangaben vor, doch überwiegen Bev.gruppen mit indoarischen (Hindi, Urdu, Bengali etc. 72 %) Sprachen gegenüber solchen mit drawidischen (Telugu, Tamil etc. 25 %).

Zur Mitte des 19. Jh.s war ganz I. im brit. Einflußbereich. Nicht alle Gebiete wurden erobert und der brit. Verwaltung direkt unterstellt. In vielen Fällen blieb die formale Unabh. der Fürstenstaaten oder Stammesgebiete erhalten. 1857 kam es zum ersten großen Aufstand gegen die Briten (*Mutiny* oder *Sepoy*-Aufstand), der blutig unterdrückt wurde; danach zog die brit. Krone die Regierung an sich (1858), die brit. Königin wurde zur Kaiserin von Indien (in der Nachfolge der Moghul-Kaiser) erklärt. Neben der territorialen Macht der Briten nahmen auch ihre wirtschaftl. Aktivitäten zu. Hatte am Anfang die Kontrolle des Indien-Handels im Vordergrund gestanden, so waren es später Steuern und Abgaben und im 19. Jh. die Manufakturen, der Bergbau, die Eisenbahnen, *Plantagen (Kaffee, Tee, Kautschuk) und schließlich die aufkommende (Jute- und Baumwoll-)Industrie. I. stellte billige Rohstoffe und Arbeitskräfte und zugleich einen Absatzmarkt. Dies reflektiert auch den Einfluß unterschiedlicher brit. Gruppen in I.: Nach den Kaufleuten und Abenteuerern waren es im 19. Jh. vermehrt junge Adelige (Armee und Verwaltung). Im Gegensatz zu den brit. Kolonien in Afrika, Amerika und Australien wurde I. keine Siedlerkolonie. Außer einigen Plantagen hatten die Briten nie große Anteile am Landbesitz; gemessen an der ind. Bev. war die Zahl der in I. lebenden Briten immer gering.

Seit dem Ende des 19. Jh.s nahm die Unabh.-Bewegung zu (Kongreßpartei, *Gandhis Bewegung der Gewaltlosigkeit und des zivilen Ungehorsams). Die beiden Weltkriege stärkten gleichermaßen das pol. und wirtsch. Gewicht der Kolonie, wie sie das des Mutterlandes schwächten; nachdem 1935 innere Selbstverwaltung gewährt wurde, war die Unabh. nicht mehr aufzuhalten. Schwierigstes Problem war dabei die Organisation des Zusammenlebens von Hindus und Moslems, vor allem in Nordindien, wo es wechselseitige starke Minderheiten gab. Aus Furcht vor der Majorisierung durch die Hindus setzten die Moslems schließlich die Teilung Indiens durch, am 15. 8. 1947 wurde Indien unabh., an Pakistan fielen die Gebiete im Nordwesten sowie Ost-Bengalen.

Die Teilung kam in dieser Form unerwartet und führte in der Folge zu drei Kriegen mit Pakistan und der Verfolgung und Vertreibung religiöser Minderheiten in beiden neuen Staaten. Innenpol. stellte sich zuerst das Problem der Konsolidierung, der Integration der Fürstenstaaten, die Verfassungsdiskussion und der Sprachenstreit, der durch eine Neuordnung I.s in inzwischen 22 linguistisch determinierte Bundesstaaten und 9 Unionsterritorien führte. Von der Staatsgründung bis 1977 stellte die Kongreß-Partei als führende pol. Kraft die Regierung. Erst als es durch die wachsende Unzufriedenheit mit der Politik der Regierung Indira Gandhi (der Tochter des ersten Ministerpräsidenten Jawaharlal Nehru) wegen ihrer forcierten Wachstums- und Industrialisierungspolitik, der Verletzung der *Menschenrechte (Ausnahmezustand, Pressezensur, Verhaftung Oppositioneller) und der Zwangssterilisierung zu einem Wahlbündnis der Opposition (einschl. Splittergruppen der Kongreß-Partei) kam, wurde sie gestürzt. Mit seiner religiös-konservativen Politik konnte sich ihr Nachfolger Morarji Desai nicht durchsetzen, seine Regierung zerschliß sich in der Diskussion um das Verbot von Alkohol und des Verzehrs von Rindfleisch. Im Juli 1979 wurde er gestürzt, bald darauf auch sein Nachfolger, Charan Singh. Nach dem vergeblichen Versuch des aus der Kaste der „Unberührbaren“ stammenden Jagjivam Ram, die Regierung zu übernehmen, fanden im Januar 1980 Neuwahlen statt, die Indira Gandhi überlegen gewann. Nach den ersten Monaten ihrer Regierung ist deutlich, daß sie innen- wie außenpol. an ihren alten Kurs anknüpft: Stärkung der Zentralmacht im Innern, betonte Unabh. gegenüber den USA (trotz deren umfangreichen Nahrungsmittellieferungen während der 50er und 60er Jahre) und Anlehnung an die Sowjetunion als Gegengewicht im Dauerdisput mit Pakistan und China (Grenzkrieg 1962). Die sowjet. Invasion in Afghanistan dürfte aber zu einer Neueinschätzung der indo-pakistanischen Beziehungen führen.

3. Während einerseits nach *FAO-Schätzungen 1972–74 175 Mio. Ew. oder 30% der Bev. tägl. nicht einmal die als Existenzminimum angesehenen 1 486 Kcal zur Verfügung hatten (Durchschnitt: 1970 Kcal) und das *Pro-Kopf-Einkommen von (1977) 154 $ zu den niedrigsten der Welt gehört, steht I. in der Industrieproduktion

bereits an 10. Stelle (bei Baumwollstoff ca. an 5., bei Eisen an 14., Elektrizität an 11., Stahl an 16., Zigaretten an 9. Stelle).
Der nach wie vor dominierende Sektor ist die Landw., die fast die Hälfte zum *Sozialprodukt und ein Drittel zu den Exporten beiträgt. Die durchschnittl. Betriebsgröße (1970) erreicht aber lediglich 2,3 ha, davon 2,1 ha bebaut. Die Hälfte aller Betriebe ist kleiner als 1 ha, 4 % größer als 10 ha. Von 175 Mio. ha landw. Nutzfläche wurden 1973–74 142 Mio. ha bebaut, einschl. des Mehrfachanbaus gab es eine Erntefläche von 174 Mio. ha. Auf 117 Mio. ha wurde Nahrungsgetreide, auf 15 Mio. ha Ölsaaten und der Rest mit anderen Handelsgewächsen bebaut. 1978–79 wurden rund 52 Mio. ha künstlich bewässert gegenüber nur 37 Mio. ha 10 Jahre zuvor. Der Düngemittelverbrauch wurde auf 5 Mio. t geschätzt, gegenüber 2 Mio. t 1969/70. Auch der Einsatz von Hochertragssorten konnte ausgedehnt werden: Von 11 Mio. ha 1969/70 auf 42 Mio. ha 1978/79. Die im 4. Fünfjahresplan gesetzten Produktionsziele konnten bei Nahrungsgetreide aber nicht erreicht werden. Gemüse, Gewürze und Obst werden allenthalben für den örtl. Verbrauch angebaut. Für den Export sind Tee, Baumwolle, Pflanzenöl und Ölsaaten, Pfeffer, Tabak und Kaffee, ferner Cashew-Nüsse bedeutend.
Nach Schätzung der FAO ist der Rindviehbestand auf 177 Mio., 15 % des Weltbestandes, zu schätzen. Er wird sowohl als Zugkraft als auch für die Milchproduktion gebraucht. Die entsprechenden Leistungen sind aber wegen unzureichender Fütterung und schlechter Haltungsbedingungen gering. Der wirtsch. nachteilige Einfluß der Kuhverehrung wird außerhalb I.s aber häufig überschätzt, sicher ist jedoch, daß die Rinder so gut wie nicht zur Fleischerzeugung herangezogen werden. Häute, Felle, Wolle und Dung (Brennmaterial) stellen weitere wichtige tierische Produkte dar.
Mit einer Förderung von (1977–78) 105 Mio. t Kohle und 44 Mio. t Eisenerz gehört I. zu den größten Förderländern der Welt. Die Elektrizitätserzeugung (92 Mrd. kWh) ist zwar für ein EL bedeutend, pro Kopf der Bev. sind dies aber nur 145 kWh. Die Industrie befindet sich überwiegend in privatem Eigentum, im Grundstoffbereich ist aber auch der Staat tätig. Die industrielle Produktion konnte während der 70er Jahre um gut die Hälfte erhöht werden, so daß I. heute praktisch alle Konsum- und auch die meisten *Investitionsgüter herstellen kann. Dazu verfügt I. über eine leistungsfähige Rüstungsindustrie. Durch den z. T. hohen technolog. Stand der ind. Industrie und die durch den großen Inlandsmarkt gegebenen kostensenkende Massenproduktion hat sich I. auch auf den int. Märkten zu einem leistungsfähigen Wettbewerber entwickelt. Die absolute Größe der ind. Industrie darf aber nicht darüber hinwegtäuschen, daß I. von der Pro-Kopf-Versorgung mit Industrieprodukten her gesehen immer noch zu den am wenigsten entwickelten Ländern gehört.
4. Im deutlichen Gegensatz zu diesen wirtsch. Wachstumserfolgen steht die soziale E. Als Folge einer religiös fundierten hierarchischen Sozialordnung (Kastensystem), die durch erblichen Beruf, Endogamie, unbedingte Solidarität gegenüber der eigenen und deutlich sichtbare Abgrenzung gegenüber anderen Gruppen gekennzeichnet ist, stoßen Versuche, tragfähige soziale und wirtsch. Organisationen aufzubauen, die quer durch die religiösen Gruppen oder Kasten gehen (z. B. bei der Gründung einer Dorf-*Genossenschaft, auf große Widerstände.
Neben den Angehörigen der „eingetragenen" Kasten, den sog. Unberührbaren, d. h. den Hindus, die keiner der vier Hauptkasten (*Brahmanen* = Priester, *Kshatriyas* = Krieger, *Vayshas* = Kaufleute, *Sudras* = Bauern) angehören, nimmt auch die Stammesbev. (NO- und Zentralindien) eine Sonderstellung ein. Das Problem der Kasten ist außerdem nicht auf die Hindus beschränkt, besonders wenig geachtete Gruppen, die „unreine" Tätigkeiten ausüben (z. B. alle Arten des Säuberns, Lederbearbeitung etc.), gibt es auch bei den ind. Moslems und Christen. Eine Sonderstellung hat die kleine, pol. und wirtsch. aber einflußreiche Gruppe der Parsen.
Die 1974 auf 183 Mio. gesch. Erwerbsquote wird von 1974–86 auf 35,2 % ansteigen. Das bedeutet 65 Mio. zusätzliche Arbeitskräfte oder das Dreifache der gegenwärtigen Beschäftigung im sog. „organi-

sierten" Bereich (1977: Dienstl. 8,9 Mio., warenproduzierendes Gewerbe 5,6 Mio., Verkehrs- und Nachrichtenwesen 3,1 Mio.). Das Gros der Erwerbstätigen ist noch immer im landw. Bereich tätig, sei es direkt in der Landw. oder im ländl. Handwerk, Gewerbe und Handel.
Über das Ausmaß der *Arbeitslosigkeit fehlen verläßliche Angaben, es bestehen auch Abgrenzungs- und Messungsprobleme (saisonale Arbeitslosigkeit, Unterbeschäftigung). Nimmt man das Einkommen zum Maßstab, so hat die ind. Planungskommission ermittelt, daß 30% der Bev. als teilweise oder völlig unterbeschäftigt anzusehen sind. Auf sie entfielen 1973–74 nur 13,4% des privaten Konsums.
5. Aufgrund seiner Bodenschätze, seines Energiepotentials und seiner Infrastruktur sind die E.-Perspektiven für I. nicht ungünstig. Die ind. Industrie ist weniger als andere EL vom *Technologietransfer abh. I. bietet im Rahmen der *TCDC anderen EL industr. Technologie an. Probleme, die in der ind. Sozialordnung und Geschichte liegen, sind für das Ausbleiben weiterer E.-Erfolge verantwortlich zu machen. Das Nebeneinander von extremem Reichtum und großer Armut ist bereits in vorbrit. Zeit zu beobachten; den Briten ist anzulasten, daß sie diese Diskrepanz noch verstärkt haben, dem brit. Einfluß ist auch die Zerstörung des ind. Handwerks zuzuschreiben und die Polarisierung durch weitgehende Vernichtung des Mittelstandes. Die Verwaltung wie das Erziehungswesen wurden an den Bedürfnissen der Kolonialmacht, das Land mit möglichst wenig Personal zu verwalten und einen möglichst hohen Gewinn zu erzielen, orientiert. Dies hat zur fast völligen Auflösung tragfähiger pol. Organisationen auf unterer Ebene geführt. *Bildung hatte (und hat) einen elitären Charakter, insbes. wurde die techn. und naturwissenschaftl. Ausbildung völlig vernachlässigt. Nach der Unabh. hat I. dieses Verwaltungssystem übernommen, pol. Entscheidungen wurden so gut wie nicht an untere pol. Einheiten (Dorf, Distrikt) delegiert.
Die soziale Organisation erfolgt in der Familie, der Sippe oder Kaste, im pol. Bereich führt dies zur Entstehung von *Klientelen. Da sich die einzelnen unterschiedlichen sozialen Gruppen (Kasten) auf lokaler Ebene bewußt voneinander abgrenzen, können diese Strukturen kaum bzw. nur langsam überwunden werden. Dies bedeutet aber, daß sich zunehmend sozialer Konfliktstoff ansammelt, der dann in Krisensituationen (Überschwemmung, Dürre, religiöse Auseinandersetzungen) zu pol. Konflikten führt. Unter diesen Bedingungen scheint die grundsätzlich mögliche wirtschaft. Entwicklung in erster Linie durch interne Probleme gefährdet zu sein.

Lit.: D. Rothermund, Grundzüge der ind. Geschichte, Darmstadt 1976; D. Kantowsky, Dorfentwicklung und Dorfdemokratie in Indien, Bielefeld 1970; C. Sigrist u. a., Indien. Bauernkämpfe: Die Geschichte einer verhinderten Entwicklung von 1757 bis heute, Berlin 1976. wpz

Indikator

„Anzeiger" für bestimmte Sachverhalte, der zahlenmäßig erfaßt bzw. gemessen werden kann. Soziale I.en sind meßbare „Anzeiger" für gesellschaftl. Verhältnisse. Beispiel: Der Grad der Alphabetisierung einer Bev. ist ein I. für das Erziehungsniveau, oder: die durchschnittl. Lebenserwartung bei Geburt in Jahren (LE) ist ein I. für den Stand der gesundheitl. Versorgung der Bev. Ein I. ist demnach mehr als er unmittelbar mißt, I.en sind mehr als Daten oder Statistiken. Ein I. weist auf etwas anderes hin, was er selbst nicht oder nur partiell ist.
E.-I.en (wirtsch., soziale, pol. I.en) sind Variablen, die für Teilbereiche der E.-Prozesse repräsentativ sind. Es gibt keinen I., der geeignet wäre, E. meßbar zu machen, obwohl die Volkswirtschaftler dem BIP pro Kopf vielfach diese Eigenschaft unterstellen. Wie viele und welche E.-I.en gewählt werden, um Aussagen über den E.-Stand und den E.-Prozeß zu machen, hängt vom E.-Begriff ab, den man hat. „Die Anwendung von I.en stellt den Versuch dar, eine Konzeption oder Definition von Entwicklung zu quantifizieren" (McGranahan). Die I.en-Forschung befaßt sich mit dem Problem, die bestmöglichen I.en ausfindig zu machen, d. h. solche, die am besten das repräsentierte Phänomen erfassen (Beispiel: LE ist ein besserer Gesundheits-I. als Kindersterblichkeitsrate oder Arzt pro Ew.). Die Zusammenfassung mehrerer I.en kann als Index bezeichnet werden, wobei hier Probleme der Auswahl und Gewichtung auftreten.

→Entwicklung →Pro-Kopf-Einkommen

Lit.: D. McGranahan, Entwicklungsindikatoren und Entwicklungsmodelle, in: HDW, Band 1, Hamburg 1974, S. 208 ff., R. Werner, Soziale Indikatoren und pol. Planung, Reinbek 1975; H.-J. Hoffmann-Nowotny (Hrsg.), Soziale Indikatoren im int. Vergleich, Frankfurt 1980. dn

Indirect Rule

Das v. a. von brit. Kolonialtheoretikern entwickelte Prinzip der i. r. sah in der Theorie vor, daß die Kolonialmacht sich auf eine Art „Oberhoheit" über ein Gebiet beschränkt, die betroffene Gesellschaft jedoch ihre pol. und sozialen Systeme (einschl. des trad. pol. Führungspersonals) beibehält und sich in ihrer weiteren E. weniger am kolonialen „Mutterland" als an der autochthonen Zivilisation orientiert. Diese weniger in philanthropischen als in Zweckmäßigkeitsüberlegungen (v. a. Kostenersparnis) begründeten Leitsätze wurden in der Praxis nur selten (z. B. in den Emiraten Nordnigerias) voll angewandt. Da die brit. Verwaltung sich häufig auch in die „inneren" Angelegenheiten der autochthonen Gesellschaften einmischte (z. B. durch Ein- und Absetzung von Häuptlingen), ähnelte ihre Praxis stark dem franz. System der „direkten" Kolonialverwaltung. Durch die i. r. konnten die Briten jedoch diejenigen lokalen Herrscher und sozialen Schichten stützen, die ein Interesse am Fortbestand des (kolonialen) Status quo hatten, während die unter der Kolonialherrschaft entstehenden „modernen Eliten" nicht in das System der i. r. integriert werden konnten. kz

Indonesien

1. Das Hoheitsgebiet der Rep. Indonesien (I.) umfaßt eine Fläche von 7 Mio. qkm, von denen 1,9 Mio. qkm auf die von Nebenmeeren des Ind. und Pazif. Ozeans durchdrungenen Inseln entfallen. Die flächenmäßig von der Größe Frankreichs bis hin zum kleinen Atoll reichenden Inseln werden in die Großen Sunda Inseln (Java, Madura, Sumatra, Kalimantan Sulawesi), die Kleinen Sunda Inseln, die Molukken, Irian Jaya und Timor unterteilt. Fruchtbare vulkanische Böden und trop. Klima bieten günstige Grundlagen für die Land- und Forstwirtschaft. Seine Vorkommen an Bodenschätzen (Erdöl, Zinn, Nickel, Bauxit, Kupfer), unter denen Erdöl (1/5 aller Weltreserven) wirtsch. die größte Bedeutung besitzt, machen I. gemessen an seinem Ressourcenpotential zum drittreichsten Land der Erde.

2. Nach der Übernahme der das Land ausbeutenden niederl. Vereinten Ostindien Kompanie durch den ndl. Staat und einem kurzen, liberaleren brit. Interregnum wurde bis zur zweiten Hälfte des 19. Jh.s die alte merkantile Monopolpolitik fortgesetzt. Kennzeichen dieser Periode des Kultivationssystems (*Cultuur Stelsel*) waren Zwangsbewirtschaftung mit Exportprodukten (Kaffee, Gummi, Zucker), *Plantagenwirtschaft mit Lohnarbeit, Erhebung von Exportzöllen und hohen Steuern für die lokalen Farmer. Mit dieser Politik wurden die Grundlagen für die heutige dualistische Wirtschafts- und Gesellschaftsstruktur I.s und seine *monostrukturelle Abh. von den int. Rohstoffmärkten geschaffen. Während der Periode des Wirtschaftsliberalismus entstanden durch ausländ. Initiative auf Java und NO-Sumatra exportorientierte Plantagen sowie zahlreiche Unternehmen im Bergbausektor und der Forstwirtschaft. Der *Dualismus zwischen gewinnorientiertem westl. Verarbeitungs-, Bergbau- u. Handelssektor und der bäuerl. Kleingewerbewirtschaft wurde durch die Konzentration der wirtsch. Aktivität und der *Infrastruktur auf Java und die Küstenregionen von bis heute spürbaren räuml. E.-Disparitäten begleitet. Europ. kontrollierte Verwaltung und Exportwirtschaft, der von Chinesen bestimmte Handel und das Fehlen eines unternehmerischen indones. Mittelstandes waren weitere koloniale Hypotheken, die zusammen mit raschem nat. Bev.-Wachstum, ethnisch-sozialen, religiösen Gegensätzen, sowie *Armut, *Analphabetismus und wirtsch. Stagnation I. 1949 in die Unabh. begleiteten. Spannungen zwischen Zentralismus und Regionalismus, Autonomiebestrebungen einzelner Landesteile und religiöse, intraislamische Kontroversen gefährdeten zwischen 1949 und 1958 die für eine E. erforderliche innenpol. Stabilität. 1959 brach die schwache parl. Demokratie zusammen, und Staatspräsident *Sukarno begann im Rahmen der „gelenkten Demokratie" mit Rückkehr zum Präsidialsystem und weitgehender Reglementie-

rung der Wirtschaft einen *autozentrierten E.-Weg. Innenpol. Schwierigkeiten mit separatistischen Bewegungen (PRRI-Bermesta u. Islamstaat-Bewegung), die außenpol. Konfrontation anläßlich der Vereinigung Malaysias und letztlich auch die rigiden Maßnahmen gegen Holländer und Chinesen im Rahmen der an utopischen Zielen orientierten Politik führte zu wirtsch. Zerrüttung und weiterer Verarmung der Landbev. Nach einem gescheiterten kommunist. Putschversuch (1965) begann unter General Suharto die Politik der „Neuen Ordnung", deren technokratisch-wirtsch. E.-Ansatz dem *modernisierungstheoret. Leitbild verpflichtet ist. Ausbau der *Infrastruktur, Eindämmen der Inflationsrate, Rücknahme der *Nationalisierungen, Förderung ausländ. *Direktinvestitionen und die Liberalisierung des Außenhandels und des Devisenverkehrs sind neben stetigem Wirtschaftswachstum die allg. Zielvorstellungen. Die weitgehende Finanzierung der Wirtschaftspläne durch Kredite der westl. IL und die Förderung ausländ. Privatinvestitionen und Importe machen durch Abh. und wirtsch. Überfremdung diesen technokrat. E.-Weg problematisch.

3. Das rasante Wachstum der Bev., das die geringen Steigerungen des *Sozialprodukts aufzehrt, ist das Hauptproblem I.s. Mit einer Bev.-Zahl von 145 Mio. Ew. (1978) und einer JZ von 2,3–2,8 % ist I. bev.mäßig das fünftstärkste Land der Erde. Trotz dreier Reisernten im J. und Nahrungsmittelimporten sind ca. 10 Mio. Kinder unter 5 J. von Unterernährung bedroht. Der Anteil der jungen, wirtsch. inaktiven Bev. ist mit 43,4 % außerordentlich hoch, und die Zahl der neuen Arbeitssuchenden beträgt jährl. rd. 1,4 Mio. Die sozialen und wirtsch. Probleme werden zusätzlich durch die extremen Unterschiede in der regionalen Bev.-Verteilung verstärkt. Auf Java (7 % der Landesfläche) sind bei einer Bev.-Dichte von 552 Ew./qkm 60 % der Bev. konzentriert. Dieser Bev.-Druck auf Java, gekoppelt mit abnehmenden Beschäftigungs- und *Subsistenzmöglichkeiten im Agrarsektor, führt zu einer Migration erwerbsloser Landbev. in die überfüllten Slums der Mio.-Städte (Hs Djakarta 1977 6,4 Mio. Ew.). Trotz einiger Erfolge stößt *Familienplanung im Verhalten der Bev. (Kinderreichtum als Alters- und Sozialversicherung) an eine nur allmählich überwindbare Grenze. Auch die Umsiedlungsaktionen von Java auf die übrigen Inseln blieben bislang hinter den Erwartungen zurück. Die rassische, ethnisch-kulturelle und soziale Vielfalt I.s (360 Ethnien) erschwert ebenfalls die innere Konsolidierung und sozio-ökon. E. des Staates. Die Mehrheit der Bev. gehört der malaiisch-polynesischen Völkerfamilie an, die durch 3 Mio. Chinesen als wichtigste Minorität verstärkt wird. Ihr wirtsch. Erfolg im Handel und ihr spezifisch gruppenkonzentriertes Verhalten haben immer wieder zu Spannungen mit der malaiischen Bev. geführt. Das „Anti-Java-Syndrom" der übrigen Regionen und separatist. Bewegungen wie die Organisation „Freies Papua" auf Irian Jaya und die Fretelin auf dem ehem. port. Ost-Timor zeigen, daß *Ethnozentrismus und Regionalismus noch immer die nat. *Integration hemmen. Entsprechend der ethnischen Vielfalt sind in I. der Islam (85 % der Bev.), Buddhismus, Hinduismus (Bali) und Christentum durch relig. Synkretismus von alten indones. Stammesreligionen geprägt. Das Bemühen um nat. Integration spiegelt die aus dem Hochmalaiischen entwickelte Staatssprache „Bahasa Indonesia" wider.

4. Grundlage der Volkswirtschaft ist mit 64 % der Erwerbspersonen der Agrarsektor, der Kautschuk, Kopra, Gewürze, Tabak und Palmöl für den Export und Reis als Grundnahrungsmittel produziert. Rentenkapitalist. Praktiken, das Vorherrschen von Kleinbetrieben und Kapitalmangel sind limitierende Faktoren für die geplante Produktionssteigerung. Die Industrie (1976: 9,4 % des BIP) ist trotz hoher Zuwachsraten von jährl. 12 % noch rel. schwach entwickelt. Förderungsschwerpunkte sind Industrien, die den Ausbau der Agrarproduktion unterstützen, die regionale E. (80 % aller Unternehmen noch immer auf Java) vorantreiben und einheim. Rohstoffe verarbeiten. Wegen des nur allmählich steigenden Wachstums der Verbrauchsgüterind. besteht nach wie vor ein hoher Importbedarf an Konsum- und Investitionsgütern. Der Bergbau bestimmt mit 56 % Exportanteil (1972) v. a. durch die Erdölförderung die wirtsch. E. Außer der staatl. Gesellschaft Petramina sind über 45 über-

wiegend ausländ. Gesellschaften an der Förderung des Erdöls beteiligt (Export zu 80% nach Japan). Die seit 1967 im Rahmen der Industrieentwicklung genehmigten ausländ. Wirtschaftsprojekte (**joint ventures*) haben bisher das Arbeitsplatzangebot nicht vergrößert, sondern zur Verdrängung einheim. Betriebe geführt.

Lit.: B. Dahm, Sukarnos Kampf um Indonesiens Unabhängigkeit, Werdegang und Ideen eines asiatischen Nationalisten, Hamburg 1966; B. Dahm, Emanzipationsversuche von kolonialer Herrschaft in Südostasien. Die Philippinen und Indonesien. Ein Vergleich, Hamburg 1974; G. Deißmann, Indonesien. Allgemeine Wirtschaftskunde, Bremen 1978; W. Röll, Indonesien, Entwicklungsprobleme einer trop. Inselwelt, Stuttgart 1979; W. Müller, Bibliographie deutschsprachiger Literatur über Indonesien, Hamburg [2]1979. ah

Industrialisierung

Zu den wesentl. entwicklungspol. Zielen der EL gehört die I., die als Voraussetzung dafür begriffen wird, den Lebensstandard der IL zu erreichen. Historisch wurden die heutigen EL in eine *int. Arbeitsteilung hineingenommen, welche ihnen die Rolle als Rohstofflieferanten und Absatzmärkte der in den heutigen IL hergestellten Fertigwaren zuwies. Vernünftigerweise kann heute den EL das Recht, ihre Volkswirtschaften zu industrialisieren, nicht mehr bestritten werden. So wollen denn auch die IL den EL beim Aufbau einer verarbeitenden Industrie helfen. Andererseits verbietet sich eine I. nach dem Vorbild der IL. Eine solche Zielsetzung findet eine natürliche Grenze in der außerordentlichen Beanspruchung der *Ökologie: der Energieverbrauch pro Kopf würde auf das 10fache des heutigen Wertes ansteigen. Vor einer derartigen Entwicklung warnen insbesondere auch Stimmen aus der Dritten Welt, etwa Stefan Illich.

Mit der I. sind verschiedene Fragen verbunden. Weltwirtschaftl. geht es um den Anteil der EL an der Weltindustrieproduktion, der sich gegenwärtig auf fast 10% beläuft. Er hat steigende Tendenz, da die Industrieprod. in den EL schneller wächst als in den IL – eines der wenigen Felder, in denen die Kluft zwischen EL und IL geringer zu werden scheint. Die EL haben auf der *UNIDO II das sog. Lima-Ziel eines 25-%-Anteils der EL an der Weltindustrieprod. beschlossen, das in den IL auf Widerstand stößt (v. a. die mit diesem Ziel einhergehenden Forderungen nach Ressourcentransfer) und faktisch auch kaum erreichbar scheint. Volkswirtsch. und pol. geht es um die Wahl einer I.-Strategie. Hier bieten sich Alternativen an, zu denen bereits historische Erfahrungen vorliegen: 1. *Importsubstitution oder I. nach dem *Exportmodell. Die entwicklungspol. Ergebnisse beider Strategien sind überwiegend negativ. Die I. müßte vor allem am potentiellen einheim. Markt, d. h. an der Versorgung der einheim. Bev. mit einfachen Gütern orientiert sein. 2. *Kapitalintensive oder *arbeitsintensive I. Mit dieser Alternative sind mehrere Probleme angesprochen. In welcher Weise und in welchem Umfang soll die einheim. Arbeitskraft in Wert gesetzt werden und damit der Faktor, über den die EL verfügen? In welchem Umfang und unter welchen Bedingungen wird auf Auslandskapital zurückgegriffen und damit ein Faktor ersetzt, über den die EL (von einigen *OPEC-Ländern abgesehen) nicht verfügen? Die Beschäftigungseffekte haben Einfluß auf die E. des einheim. Marktes und natürlich der sozialen und pol. Struktur eines EL. 3. Schwer- oder Leichtindustrie, *Investitionsgüter- oder Konsumgüterindustrie. Diese Alternative entfällt für die meisten EL, da das Kapitalvolumen für den Aufbau einer Schwer- und *Investitionsgüterindustrie nicht aufgebracht werden kann. Nur wenige EL bringen die Voraussetzungen der VR China, Brasiliens, Venezuelas, Nigerias, Indiens etc. mit. 4. Modernste oder *angepaßte Technologie. Eine Alternative, die mit den Punkten 2, 3 und 4 in Verbindung steht und letztendlich danach zu entscheiden ist, welche entwicklungspol. Funktion I. haben soll. 5. Die letzte Alternative ist die einer Verbindung oder Nichtverbindung von I. mit anderen Wirtschaftssektoren, insbes. mit der Landw. Es ist auch die Frage nach den *forward* und *backward *linkages* und dem allg. E.-Impuls, der von I. ausgeht.

Nach der entwicklungspol. Konzeption der BRD werden im Rahmen der *Grundbedürfnisstrategie Klein- und Mittelbetriebe gefördert, entsprechend dem Konzept der angepaßten Technologie, und zur Bekämpfung des E.-Gefälles zwischen Stadt und Land die ländl. Industrialisierung bevorzugt. dn

Industrieländer

Mit dem Begriff sind in der entwicklungspolit. Diskussion in der Regel die westl. Industrieländer (IL) gemeint, das sind nach der Einteilung der *Weltbank die *OECD-Mitgliedsländer ohne Griechenland, Portugal, Spanien und die Türkei. dn

Informationszentrum Dritte Welt/ Aktion Dritte Welt e. V.

Aufgabe: Berichte zur EL-Problematik, Schwerpunkte: int. Wirtschaftsbeziehungen, Widerstandsgruppen, E.-Hilfe-Politik; Arbeit mit Solidaritätsgruppen; Veröffentlichungen: blätter des iz3w, 8mal jährl.; Adresse: Kronenstr. 16, 7800 Freiburg. rs

Infrastruktur

Unter I. versteht man im engeren Sinne der materiellen I. die „materiellen Voraussetzungen der wirtsch. Entwicklung im Sinne der Verfügbarkeit von Basisdaten wie Verkehrsverbindungen, Energieversorgung, Abwasserentsorgung und Nachrichtenwesen" (Jochimsen 1966). I. im weiteren Sinne umfaßt auch die soziale I., das sind Krankenhäuser, Schulen, Wohnungen, Sozialversicherungen, etc.

Lit.: R. Jochimsen, Theorie der Infrastruktur, Tübingen 1966. dn

Integration

Der Begriff I. wird in der EL-Forschung in unterschiedl. Zusammenhängen verwandt. Man kann grob unterscheiden zwischen nat., globaler und regionaler I. 1. Unter nat. I. versteht man den **nation-building*-Prozeß, die Herausbildung von Nationen innerhalb der vielfach durch die Kolonialmächte gezogenen territorialen Grenzen eines Landes, dessen Bev. ethnisch gespalten und vom *Tribalismus gekennzeichnet ist, den Wechsel des Loyalitätsbezuges von Dorf/Sippe/Stamm auf das Gemeinwesen. 2. Unter globaler I. versteht man die Einbeziehung der EL in den Weltmarkt, in die *int. Arbeitsteilung. Das Muster der weltwirtsch. I. der EL wird innerhalb der *Dependenztheorien als die wesentl. Ursache von UE bestimmt, worauf die sog. Dissoziationisten ihre Forderung auf *Dissoziation der EL aus dem Weltmarkt gründen. Die sog. Integrationisten hingegen halten an der Auffassung fest, daß I. in den Weltmarkt, gesteigerter Warenaustausch zwischen EL und IL bei diversifiziertem Warenangebot der EL die entwicklungspol. Bresche darstelle. 3. Unter regionaler I. werden staatenübergreifende Zusammenschlüsse recht unterschiedl. Charakters und unterschiedl. Zielsetzungen verstanden. Eine gültige Definition von reg. I. liegt nicht vor, ist wohl auch nicht zu erreichen, da I. als Begriff sich sowohl auf verschiedene Teilbereiche beziehen kann (wirtsch. I., pol. I.), als in Gang befindlicher Prozeß, als Stadium (erreichtes Ergebnis des Einigungsprozesses) und auch als Ziel verstanden wird und unterschiedliche I.-Formen umschließt (Freihandelszone, Zollunion, Gemeinsamer Markt, Wirtschaftsunion, supranationale Union), die man als Stufen des I.-Prozesses verstehen kann, was jedoch nicht zwingend ist (beispielsweise kann ein I.-Prozeß sofort auf die Errichtung eines Gemeinsamen Marktes hinauslaufen).

Regionale Wirtschaftsintegration (RWI) ist in den EL als eine wesentl. E.-Perspektive betrachtet und in die Praxis umzusetzen versucht worden (→ALALC, →MCCA, →CARICOM, →Andenpakt, →EAC, →EC ECOWAS, →ASEAN etc.). Die Impulse gingen von den europ. Integrationsbestrebungen aus, theoret. auch für die EL in Betracht gezogen und pol. propagiert zunächst durch die *CEPAL, später durch andere UN-Wirtschaftskommissionen. Theorien der RWI orientierten sich jedoch im wesentl. an der europ. I. und damit an den spezifischen Voraussetzungen, Funktionen und Zielsetzungen von RWI in westl. IL. Erst nach den Fehlschlägen von RWI in EL, die freilich auch in anderen Ursachen zu suchen sind, setzte sich langsam die Erkenntnis durch, daß EL aufgrund der anderen Voraussetzungen, insbes. der Probleme auf den beiden anderen I.-Ebenen, der nat. (→Marginalität) und globalen (→strukturelle Abh.), einer angepaßten I.-Strategie bedürfte. Während es einer I.-Theorie für IL darum gehe, Aussagen über die bestmögliche Zuordnung aller bereits vorhandenen Güter und Produktivkräfte zu machen, habe eine revidierte, für die EL verwendbare I.-Theorie sich nicht nur zu diesem Bereich zu äußern, sondern auch über solche Güter und Produktivkräfte, die noch nicht vorhanden sind, aber innerhalb einer bestimmten Zeit produziert werden müssen. In eine solche RWI-Theorie müssen auch die Unterbeschäftigten, die *Arbeitslosen und die Angehörigen des *Subsistenzsektors mit einbezogen werden. RWI nach der trad. I.-Theorie bewirkte im Gegensatz dazu nur die Ausweitung bestehender Märkte, nutzte also im wesentlichen denen, die bereits eine Marktstellung innehaben (als Anbieter oder Käufer), nutzte folglich v. a. den Unternehmen im modernen Sektor, deren Kapitalgrundlage in hohem Maße ausländ. ist, die ihre vertikale I. in den Weltmarkt durch eine horizontale I. unter EL erweiterten. Derartige RWI kann dazu beitragen, notwendige Strukturreformen im Innern der EL (*Agrarreform, gerechte *Einkommensverteilung) zur Ausweitung des inländ. Marktes zu umgehen. Die Hoffnung auf **spill-over*-Effekte hat sich als trügerisch erwiesen. RWI-Theorie für EL muß von der Dependenzsituation der EL ausgehen. Eine solche Theorie muß folglich die globale I. und die nat. Desintegration problematisieren und mit RWI verknüpfen, konkrete Aussagen machen über Ziele, Mittel und Methoden und die je verschiedenen Voraussetzungen von EL in unterschiedl. Wirtschaftsräumen berücksichtigen. Eine derartige Theorie liegt nicht vor.

Lit.: K. Dorner, Probleme der weltwirtschaftl. Integration der EL, Tübingen 1974; W. v. Urff (Hrsg.), Integration der EL in eine stabile Weltwirtschaft – Probleme, Chancen, Gefahren, Berlin 1976; H. Johann, Die wirtschaftl. Integrationsbestrebungen der EL, München 1973; H. Keitel, Zur Theorie der regionalen Wirtschaftsintegration von EL, Typoskript, Heidelberg 1980. dn

Integrierter Experte

Seit 1975 bestehender Typus des *Entwicklungsexperten; ergänzende Maßnahme der *personellen Hilfe. IE ist in die arbeitgebende Institution des Partners im EL voll integriert. Das Arbeitsverhältnis besteht mit der Partnerorganisation, die deutsche Seite zahlt Zuschüsse zum meistens unzureichenden örtl. Entgelt und zur sozialen Sicherung (*GTZ, ZAV und *DAAD). 1978 und 1979 waren jeweils ca. 200 IE im Einsatz. dn

Integriertes Rohstoffprogramm

IR ist der Versuch einer umfassend konzipierten Rohstoffpolitik zwischen EL und IL. Es wurde in seinen Grundlinien Mai 1976 von *UNCTAD IV in Nairobi beschlossen, bedarf aber weiterer Vereinbarungen zwischen Erzeugern und Verbrauchern.

In das IR sollen 18 Rohstoffe aufgenommen werden: 10 sog. Kernrohstoffe: Kakao, Kaffee, Tee, Zucker, Baumwolle und Baumwollgarn, Jutefasern und Jutefertigprodukte, Sisalfasern und Sisalfertigprodukte, Kautschuk, Kupfer und Zinn. Hier sollen **Bufferstock*abkommen vereinbart bzw. fortgeschrieben werden. 8 weitere Rohstoffe: Bananen, Pflanzenöle (einschließlich Olivenöl), Ölsaaten, trop. Hölzer, Fleisch, Eisenerz, Mangan und Phosphat. Die Kernrohstoffe machen drei Viertel des Exportwerts der EL bei den vorgesehenen 18 Rohstoffen aus. Folgende Ziele sollen mit IR angestrebt werden: 1. Stabilisierung der *Rohstoffpreise auf einem Niveau, das „lohnend und gerecht" für die EL, fair für die IL ist; 2. Stabilisierung der Exporterlöse; 3. Erweiterung der Rohstoffverarbeitung in den EL; 4. Verbesserung des Marktzugangs für unverarbeitete und weiterverarbeitete Rohstoffe der EL auf den Märkten der IL; 5. Verbesserung der Wettbewerbsfähigkeit der natürl. Rohstoffe gegenüber den synthetischen Ersatzprodukten; 6. Verbesserung der Absatz-, Verteilungs- und Transportsysteme für die Rohstoffe der EL. Diese Ziele erfordern Verhandlungen im Rahmen verschiedener int. Organisationen, etwa hinsichtlich Marktöffnung: *GATT, Erlösstabilisierung: *Int. Währungsfonds, Gemeinsamer Fonds zur Finanzierung der *Rohstoffabkommen: *UNCTAD.

Lit.: D. Kebschull/K. W. Menck/W. Künne, Das integrierte Rohstoffprogramm, Hamburg 1977. dn

Internationale Arbeitsteilung

Unter IA wird die Aufteilung verschiedener Funktionen im Prozeß der Verwertung und *Akkumulation des Kapitals auf verschiedene Länder und Ländergruppen im Weltmaßstab verstanden. Die IA ist jedoch kein statisches Etwas, sondern ein Prozeß. Historisch lassen sich unterschiedl. Typen von IA ausfindig machen. Die klassische IA war die über Jh.e ausgebildete Aufteilung der Länder nach Rohstofflieferanten und Kapital- und Konsumgüterproduzierenden, die identisch ist mit der Aufgliederung der Welt in EL und IL. Die heutigen EL wurden durch *Kolonialismus und *Imperialismus in diese IA vielfach hineingezwungen (Bsp. Zerstörung der indischen Textilindustrie). Die IL ließen in den EL nur die Produktion von Waren der verarbeitenden Industrie zu.

Bedingungen eines Wandels der klassischen IA eröffneten sich durch die Weltwirtschaftskrise von 1929 und die darauf folgenden *Industrialisierungsstrategien verschiedener EL nach dem *Importsubstitutionsmodell. In den EL entstanden Konsumgüterindustrien (teilweise unter ausländ. Kapitalinvestitionen, die sich – angeregt durch die *Nationalisierungsforderungen der EL im Rohstoffsektor – immer mehr auf den Industriesektor verlagerten, hauptsächlich zur Versorgung des einheim. Marktes.

Für die sog. neue IA wurden neue Rahmenbedingungen der Verwertung und *Akkumulation des Kapitals bestimmend: Verfügbarkeit billiger Arbeitskräfte in den EL, Zerlegbarkeit der Fertigungsprozesse von Gütern, Fortschritte in der Transport- und Kommunikationstechnologie etc. Damit wurde die Aussiedlung von Produktionsstätten, die Industriegüter für den Export in die EL herstellen, in den EL profitabel. Indem einige EL auf die strukturelle Änderungen der Weltökonomie mit Anpassung ihrer E.-Strategie reagiert haben (Einrichtung von *Freien Produktionszonen, Verbesserung der Investitionsbedingungen, Investitionsanreize, verschärfte soziale und pol. Kontrolle über die einheim. Arbeitskräfte, (repressive) Stabilisierung der pol. Systeme), wurde durch Verlagerung wachsender Teile der Industrieproduktion für den Weltmarkt in die EL die klassische IA durchbrochen.

pro: Die entwicklungspol. Zielsetzungen exportorientierter Industrialisierung der EL im Konzept der neuen IA wurden in der *UNIDO wie folgt umrissen: 1. Schaffung neuer Arbeitsplätze und damit Verringerung der *Arbeitslosigkeit in EL; 2. Verbesserung der Deviseneinnahmen, Ausgleich der Zahlungsbilanz; 3. Ausbildung der Arbeiterschaft in den EL und Zugang zu modernen Industrietechniken.

contra: 1. Zweischneidige Beschäftigungseffekte: Einseitigkeit der Beschäftigungsstruktur, Abzug aus Produktionszweigen, die für den Binnenmarkt produzieren, schwankende, vom Weltmarkt abh. Beschäftigungsnachfrage. 2. Deviseneinnahmen sind abh. von den unternehmensinternen Verrechnungen zwischen Tochterunternehmen und Konzernzentrale; ihnen stehen hohe Devisenbelastungen, insbes. bei Einrichtung und Aufrechterhaltung Freier Produktionszonen (Infrastruktur) gegenüber. 3. Weltmarktorientierte Prod. bleibt binnenwirtsch. (nat.) desintegriert, zeigt kaum **linkage*-Effekte. 4. Die EL konkurrieren um Industrieansiedlung zu Kosten der einheim. Arbeitskraft, deren Verbilligung die Ultima ratio der neuen IA ist. 5. Neue IA verschärft *abh. und ungleiche E.

Die IA der sozialist. Länder verschiedenen E.-Standes überwindet trad. Mechanismen der klassischen IA (s. Verhältnis der Sowjetunion zu Kuba); dieser Wandel wird jedoch mit neuen Abh.-Mustern erkauft.

Lit.: F. Fröbel u. a., Die neue internationale Arbeitsteilung, Hamburg 1977; A. Schmidt (Hrsg.); Internationale Arbeitsteilung und ungleicher Tausch, Frankfurt 1980. dn

Internationaler Währungsfonds (IWF)

1. *Entstehung, Aufgaben, Organisation.* Die Gründung der IWF war das Ergebnis der „Währungs- und Finanzkonferenz" der *UN, die im Juli 1944 in Bretton Woods (USA) stattfand. Die 45 Teilnehmerstaaten strebten eine Neuordnung der int. Wirtschaftsbeziehungen nach dem Kriege an, die eine Ausweitung des Welthandels auf der Basis fester Wechselkurse zwischen konvertiblen Währungen ermöglichen und so eine Wiederholung der Handelskonflikte und Abwertungswettläufe der Zwischenkriegszeit verhindern sollte. Das „Übereinkommen über den Internationalen Währungsfonds", das am 27. 12. 1945 in Kraft trat, trug den Charakter eines Kompromisses zwischen amerik. und brit. Vorstellungen, bei dem die USA ihre Interessen stärker hatten durchsetzen können, da sie sich bei Kriegsende in einer konkurrenzlosen weltwirtsch. Machtstellung befanden. Die Mitgl.-Staaten verpflichteten sich, ihren Wechselkurs durch Interventionen am Devisenmarkt innerhalb einer Bandbreite von 1 % ober- und unterhalb der dem IWF gegen-

über angemeldeten, in Gold oder Dollar fixierten Parität zu halten. Jedem Land wurde die Möglichkeit zugestanden, seinen Wechselkurs bis zu 10% der Anfangsparität im Falle eines „fundamentalen Ungleichgewichts" in der *Zahlungsbilanz zu ändern. Dabei bestand eine Konsultationspflicht gegenüber dem IWF. Im Interesse einer Liberalisierung des Handels wurden Devisenverkehrsbeschränkungen auf Dauer nur für Kapitalbewegungen gestattet. Im Falle vorübergehender Zahlungsbilanzdefizite sollten aus den Mitteln des Fonds den betroffenen Ländern Überbrückungskredite gewährt werden. Diese Bereitstellung int. Liquidität sollte es dem Defizitland erleichtern, die Anpassung der Zahlungsbilanz ohne Rückgriff auf Beschränkungen des Handels- und Zahlungsverkehrs oder stark deflatorische Maßnahmen zu leisten.

Die Summe der Quoten, von denen die Höhe der Einzahlungsverpflichtung (Subskription), die Höhe der Kreditrechte und das Stimmrecht jedes Mitglieds abhängen, wurde auf 8,8 Mrd. US-$ festgesetzt. Davon entfielen auf die USA 31,3%, auf GB 14,8%, auf die UdSSR 13,6%, auf China 6,3% und auf Frankreich 5,1%. Bei der Festlegung der Quoten spielten – wie leicht erkennbar – neben wirtsch. Kriterien macht- und prestigepol. Erwägungen eine bedeutende Rolle. Hinsichtlich der Stimmrechte wurde der hochgradig oligarch. Quotenstruktur ein egalitäres Element beigefügt, indem jedes Land einen Sockelbetrag von 250 Stimmen erhielt, was insgesamt 11% der Stimmen ausmachte. Nach mehrmaligen Quotenüberprüfungen und -erhöhungen betrug Ende 1978 die Quotensumme der damals 134 Mitglieder 39 Mrd. *SZR. Davon entfielen z. B. auf die USA 21,53%, die BRD 5,52%, auf die in der Zehnergruppe zusammengeschlossenen wichtigsten IL 56,23%, auf die wichtigsten *OPEC-Länder 9,7% und auf die EL 22,5%. Eine im Dezember 1978 verabschiedete Entschließung des Gouverneursrat sieht eine weitere Quotenanhebung – und damit eine Erhöhung der Ausleihmöglichkeiten um 50% auf 58,6 Mrd. SZR vor.

Ende April 1979 betrug die Mitgliederzahl 138. Von den RGW-Ländern ist nur Rumänien (seit 1972) Mitglied. Die Sowjetunion hatte zwar an den Bretton-Woods-Verhandlungen teilgenommen, war aber nicht beigetreten. Polen und die CSSR waren nach wenigen Jahren Mitgliedschaft ausgeschieden. Die Schweiz, obschon ein währungsstarkes Land, ist nicht Mitglied, wirkt aber in Teilbereichen an den IWF-Aktivitäten mit.

Das oberste Entscheidungsgremium ist der Gouverneursrat, in den jedes Land einen Gouverneur und einen Stellvertreter entsendet. Er tagt gewöhnlich einmal im J. und trifft zentrale Entscheidungen, so z. B. über die Aufnahme neuer Mitglieder, Quotenänderungen usw. Das eigentl. Leitungsgremium, das die laufenden Geschäfte führt, ist das Exekutivdirektorium, das Ende April 1979 21 Mitglieder hatte. Sechs Exekutivdirektoren werden von den folgenden Ländern ernannt: USA, GB, BRD, Frankreich, Japan und Saudi-Arabien. Die übrigen 15 werden durch die Gouverneure der anderen Mitgliedsländer alle 2 Jahre nach regionalen Gruppierungen gewählt. Die Exekutivdirektoren wählen auf 5 Jahre den Geschäftsführenden Direktor als Vorsitzenden. Dieser ist gleichzeitig Chef des IWF-Mitarbeiterstabs. Sitz des IWF ist Washington D.C.

Der IWF im Bretton-Woods-System. Da die Väter des Bretton-Woods-Abkommen die Probleme der Rekonstruktionsphase nach dem Krieg unterschätzt hatten und der IWF unter dem Druck der USA eine äußerst zurückhaltende, mit rigorosen Bedingungen verknüpfte Kreditpolitik betrieb, versank er bald in eine „Scheintodphase" (Andersen), die bis 1956 andauern sollte. Inzwischen waren nämlich mit dem Marshall-Plan (ERP) die Instrumente geschaffen worden, die den Ressourcentransfer zugunsten des europ. Wiederaufbaus finanzierten. Für Empfänger der ERP-Hilfe wurde der Zugang zu IWF-Mitteln fast völlig gesperrt. Das Liquiditätsmedium Reservewährungen lag außerhalb der Kontrolle des IWF. Ausländ. Zentralbanken gingen dazu über, Dollars als Reservemedium zu benutzen, da aufgrund der hohen amerik. Goldbestände und der (auf dem *Gold Reserve Act* von 1934 beruhenden) Goldeinlösungsgarantie des US-Schatzamts der Dollar so gut wie Gold und überdies verzinslich war. Weil die Goldproduktion beim Preis von 35 US-$ pro Unze Feingold nicht ausreichte, um die mit dem Welthandel rasch wachsenden Bedürfnisse an internat. Liquidität zu decken, wurde diese primär über die Reservewährung US-Dollar ausgeweitet. Dies geschah dadurch, daß die USA Zahlungsbilanzdefizite eingingen, die sie – dies ist das Privileg der Reservewährung – mit der Notenpresse finanzieren konnten. Mit Zunahme der Dollarreserven bei ausländ. Zentralbanken verschlechterte sich das Verhältnis zwischen den Dollarbeständen der Gläubiger-Länder und den amerik. Goldbeständen. Ende der 50er Jahre begann nicht nur die Periode des „normalen“ Funktionierens des Bretton-Woods-Systems, nachdem die Suezkrise (1956) mit zu einer Wiederbelebung des IWF beigetragen hatte (Stützungskredite an BG und Ägypten) und 12 europ. Länder Ende 1958 zur Ausländerkonvertibilität übergegangen waren; es kündigten sich auch schon die Vorboten einer Vertrauenskrise gegenüber dem Dollar an. Spekulative Dollarverkäufe wurden von einem Anwachsen der privaten Goldnachfrage begleitet. Bis Ende der 60er Jahre gelang es den USA, die Krise des Gold-Dollar-Standards, zu dem sich das Bretton-Wood-System faktisch entwickelt hatte, durch Maßnahmen zur Verringerung des Zahlungsbilanzdefizits, neue Instrumente der Zentralbankkooperation und Appelle an die Bündnisdisziplin abzuwenden. In den „Allgemeinen Kreditvereinbarungen“ von 1962 stellten die Mitglieder des Zehnerklubs, d. h. die 10 währungsstärksten Länder, dem IWF zusätzliche Kreditmittel als Feuerwehrfonds zur Verfügung, mit deren Hilfe spekulative Kapitalbewegungen gegen Reservewährungen bekämpft werden sollten. Die von dem Zehnerklub initiierten Verhandlungen über eine Reform des internationalen Währungssystems (1963–68) führten 1969 zur Schaffung eines neuen internationalen Liquiditätsmediums, den Sonderziehungsrechten (SZR). Als revolutionäre Neuerung gefeiert, blieb ihre Rolle als Reservemedium bescheiden. Daran hat sich auch durch die im Dez. 1978 beschlossene SZR-Zuteilung von 12 Mrd. SZR für den Dreijahres-Zeitraum 1979–81 wenig geändert. Allein zwischen Ende 1969 und Ende 1972 wuchsen die offiziellen Devisenreserven von 33 Mrd. US-$ auf 104 Mrd. US-$. Die Gesamtsumme der offiziellen Währungsreserven ohne Gold lag im Mai 1979 bei 257,1 Mrd. SZR.

Die rapide Zunahme der amerik. Zahlungsbilanzdefizite und die dadurch provozierten Spekulationskrisen gegen den Dollar veranlaßten Präsident Nixon, die Goldeinlösungsgarantie für den Dollar aufzuheben (15. 8. 1971). Dies war der Anfang vom Ende des Bretton-Woods-Systems. Nach kurzlebigen Stabilisierungserfolgen zerbrach im Frühjahr 1973 das Gefüge fester Wechselkurse endgültig und wurde durch ein halbanarchisches Regime floatender Währungen abgelöst.

2. *Reform des internationalen Währungssystems.* Vorschläge für eine Neuordnung der intern. Währungsbeziehungen auszuarbeiten, hatte sich der im Sommer 1972 gebildete Zwanziger-Ausschuß des Gouverneursrats zum Ziel gesetzt. Im Zentrum der Beratungen dieses Gremiums standen die Verbesserung des Mechanismus zur Anpassung der Zahlungsbilanzen, die Fortentwicklung der SZR zum Hauptreservemedium und die Rückkehr zu festen, aber anpassungsfähigen Wechselkursen. Die von dem Ausschuß im Juni 1974 vorgelegte „Reformskizze“ *(Outline of Reform)* wurde durch die Realität der Ölkrise und die dadurch ausgelösten Verschiebungen in den Zahlungsbilanzen überholt. Der Ausschuß beschloß deshalb einige dem Krisenmanagement dienende Sofortmaßnahmen wie z. B. die Schaffung der *Ölfazilität und der Erweiterten Fondsfazilität. Nachdem das Konzept einer Fundamentalreform begraben worden war, brachte das Abkommen von Kingston/Jamaika (Januar 1976) die Einigung über eine Stückwerksreform, die in einer Neufassung des Übereinkommens über den IWF, im April 1976 vom Gouverneursrat beschlossen, niedergelegt wurde. Danach wurde die Praxis floatender Währungen legalisiert. Zwar verpflichteten sich die Mitgl.-Länder auf eine Reihe von Prinzipien der Wechselkurspolitik (z. B. die Vermeidung „erratischer“ Kursausschläge), doch sind sie bei der Wahl des konkreten Wechselkursregimes weitgehend frei. Die „Einführung eines weitverbreiteten Systems von Wechselkursregelungen auf der Grundlage stabiler, aber anpassungsfähiger Paritä-

ten" (Art. IV, 4) ist an eine Mehrheit von 85 % der Stimmen gebunden. Dem Fonds ist die Überwachung der Wechselkurspolitik der Mitgl. aufgegeben. Der offizielle Goldpreis ist abgeschafft, den Währungsbehörden der Mitgliedstaaten der freie Goldhandel zu Marktpreisen gestattet. Die Mitgl. verpflichten sich zusammenzuarbeiten, „um das Sonderziehungsrecht zum Hauptreservemedium des int. Währungssystems zu machen" (Art. XXII). Die Entscheidungsstruktur des Fonds wurde in der Weise modifiziert, daß alle wichtigen Beschlüsse einer Mehrheit von 85 % der Stimmen bedürfen. Damit verfügen die USA ebenso wie die EG-Länder zusammen über eine Sperrminorität. Das SZR ist nach wie vor weit davon entfernt, Hauptreservemedium zu werden. Die Ausweitung int. Liquidität ist in den letzten Jahren ungesteuert und explosionsartig erfolgt, da die Zahlungsbilanzschwierigkeiten vieler Länder zu einer Aufstockung der Dollarreserven ausländ. Zentralbanken führten. Der anhaltende Kursverfall des Dollars hat indessen eine Reihe von Zentralbanken veranlaßt, ihre Währungsreserven zu diversifizieren.

3. *IWF und Dritte Welt.* Die von den EL seit Mitte der 60er Jahre geforderte Koppelung (**link*) zwischen SZR und E.-Finanzierung wurde zwar vom 20er-Ausschuß des IWF wieder erörtert und in Form zweier Modell-Vorschläge in die „Reformskizze" aufgenommen, doch scheiterte die Verwirklichung dieser Vorschläge am Widerstand einiger IL, insbes. der USA und der BRD. Die EL begründen ihre Forderung nach einer im Verhältnis zur jeweil. IWF-Quote überproportionalen Zuteilung von SZR damit, daß dadurch diejenigen Länder, die oft die größten Schwierigkeiten beim Zahlungsbilanzausgleich haben, dringend benötigte Reserven erhielten, die ungleiche Verteilung der Währungsreserven dadurch teilweise korrigiert und der Welthandel belebt würde. Seitens der IL wird dem entgegengehalten, daß durch den Ressourcentransfer über das *link* die int. Inflation angeheizt und das Vertrauen in die SZR gesenkt würde. Die bisher beschlossenen SZR-Zuteilungen (s. o.) dürften indessen kaum nennenswerte Inflationswirkungen gehabt haben, verglichen mit der durch die amerik. Zahlungsbilanzdefizite erzeugten Schöpfung int. Liquidität. Da das IWF-Übereinkommen von 1976 eine Privilegierung der EL bei der Zuteilung von SZR nicht zuläßt, wäre eine von den Quoten abweichende Zuweisung, wie sie auch von der *Brandt-Kommission befürwortet wird, nur nach einer Änderung des IWF-Übereinkommens durchzuführen.

Die EL zeigen sich auch deshalb an einer Stärkung der SZR interessiert, weil sie nur über sehr geringe Goldbestände verfügen. Von einer effektiven Demonetisierung des Goldes, wie sie durch die Beschlüsse von Jamaika 1976 angestrebt wurde, kann angesichts der jüngsten Entwicklungen auf dem Goldmarkt und des Verhaltens wichtiger Zentralbanken bisher kaum die Rede sein. Dies gilt, obwohl oder vielleicht gar weil der IWF selbst ein auf Jahre angelegtes Goldverkaufsprogramm abwickelt, bei dem ein Drittel der Goldbestände von 50 Mio. Unzen zur Hälfte zum Preis von 35 US-$ pro Unze an Mitgliedsländer rückverkauft, die andere Hälfte auf Goldauktionen versteigert wird, deren Gewinn über den Treuhandfonds teils als Vorzugsdarlehen an *LLDCs vergeben, teils direkt an EL verteilt wird.

Die Erlöse aus den IWF-Goldauktionen ergänzen die Sonderfazilitäten, die zur Bewältigung besonderer Zahlungsbilanzprobleme dienen, mit denen häufig EL konfrontiert sind. Diese Fazilitäten stehen gemäß dem *Diskriminierungsverbot prinzipiell allen Mitgliedern offen. Hierzu zählen:

– die Fazilität zur „kompensierenden Finanzierung von Exporterlösschwankungen" (seit 1963),

– die Fazilität zur „Finanzierung von **Bufferstocks*" (seit 1969), aus der Kredite an Länder gewährt werden, die sich an internat. *Rohstoffabkommen beteiligen,

– die 1974 eingeführte „Erweiterte Fondsfazilität", die mittelfristige Zahlungsbilanzhilfen mit einer Laufzeit von bis zu 8 Jahren bei relativ strikten wirtschaftspol. Auflagen (Konditionalität) vorsieht,

– die als Reaktion auf die Ölpreissteigerungen von 1973 geschaffene *Ölfazilität (1974), die längerfristig angelegt ist und durch Beiträge der *OPEC-Länder und einiger IL mit starker Zahlungsbilanz finanziert wurde,

– die „Zusätzliche Finanzierungsfazilität"

(*Witteveen-Fazilität*), für die bis zum 30. April 1979 13 Mitgl. sowie die Schweizerische Nationalbank Kredite in Höhe von insgesamt 7,784 Mrd. SZR zugesagt hatten.

Die schärfsten Konflikte zwischen Ländern der Dritten Welt und dem IWF sind bisher bei der Inanspruchnahme der allg. Kreditfazilitäten im Rahmen von Bereitschaftskreditabkommen (*Standby*-Kredite) entstanden. Die Ziehungsmöglichkeiten hängen von der Quote des Mitglieds und den vom Fonds gehaltenen Beständen in dessen Landeswährung ab. Automatische Ziehungen (d. h. der Kauf von Fremdwährungen gegen die Landeswährung) sind in Höhe der sog. Superreservetranche (bis 75 % der Quote) bzw. bis zu 100 % der Quote möglich, wenn diese nicht die Landeswährungsbestände des Fonds überschreiten („Reservetranche"). In den folgenden vier höheren Kredittranchen von je 25 % der Quote setzt die Kreditgewährung voraus, daß sich die Regierung des Mitgliedslandes in einer Absichtserklärung („*letter of intent*") zur Durchführung eines Stabiliserungsprogramms verpflichtet, das einen Abbau des Zahlungsbilanzdefizits ermöglicht. Die Verbindung der Kreditgewährung mit wirtschaftspol. Auflagen (Konditionalität) ist Ausdruck des für die int. Währungspolitik konstitutiven Gläubiger-Schuldner-Gegensatzes und gilt beim IWF als unabdingbare Voraussetzung einer erfolgreichen Zahlungsbilanzsanierung. In den letzten Jahren haben freilich die vom IWF diktierten Stabilisierungsprogramme in einer Reihe von Ländern zu sozialen Unruhen geführt, eine einschneidende Verschlechterung der Lebensbedingungen der armen Bev.-Schichten mit sich gebracht und pol. Polarisierungen ausgelöst, die labile demokrat. Systeme zu sprengen drohen. Diese Entwicklungen haben zu wachsender Kritik an der Handhabung der Konditionalität und zu Bestrebungen zu deren Aufweichung geführt. Bemerkenswert ist, daß in den letzten Jahren die Kreditmöglichkeiten des IWF in den regulären Tranchen nicht voll genutzt wurden, weil viele EL die wirtschaftspol. Auflagen scheuten und es vorzogen, die teureren, aber auflagenfreien Euromarkt-Kredite in Anspruch zu nehmen.

Die Finanzierung von Zahlungsbilanzdefiziten über die Euromärkte hat die *Verschuldung der EL steil anwachsen lassen. Einige Länder (z. B. Peru, Türkei, Zaire) gelangten an die Grenzen ihrer Kreditwürdigkeit und mußten Umschuldungsverhandlungen mit den int. Banken und den öffentlichen Gläubigern aufnehmen. Für sie wurde nun der IWF zum „*lender of last resort*" und sie mußten sich wieder der Disziplin der Konditionalität unterwerfen, wollten sie ihre int. Kreditwürdigkeit wiedererlangen.

Das Exekutivdirektorium reagierte auf die aus Kreisen der Mitglieder vorgetragene Kritik an der Auflagenpolitik, indem es am 2. 3. 1979 neue Richtlinien für *Stand-by*-Abkommen beschloß. Dadurch wurde die Möglichkeit eröffnet, das Anpassungsprogramm des Mitgliedslands auf drei Jahre auszudehnen, wenn dies soziale und pol. Zwänge erfordern. Die normale Geltungsdauer eines Stand-by-Abkommens beträgt weiterhin ein Jahr. Die Bewältigung der nach den Ölpreiserhöhungen von 1979/80 erneut verschärften Zahlungsbilanzprobleme und der Abbau des Schuldenbergs der EL erfordern längerfristige Finanzierungsmöglichkeiten zu günstigeren Konditionen, als sie die privaten int. Banken bieten. Eine Aufstockung der IWF-Mittel, gekoppelt mit einer zeitlichen Streckung der Anpassungsprogramme, könnte dazu einen Beitrag leisten, ebenso die von der *Brandt-Kommission vorgeschlagene Erweiterung der Programmkredite durch Darlehen anderer int. Organisationen.

Lit.: U. Andersen, Das internationale Währungssystem zwischen nationaler Souveränität und supranationaler Integration, Berlin 1977; F. E. Aschinger, Das Währungssystem des Westens, 2. Aufl. Frankfurt 1973; H.-H. Taake, Die währungspolitischen Auseinandersetzungen zwischen Entwicklungs- und Industrieländern. Eine Zwischenbilanz, in: Außenwirtschaft 34. Jg. H. II, Juni 1979, S. 143–157; E. Wagenhöfer, Unsere internationalen Währungsbeziehungen, Bonn (Bundesministerium der Finanzen) 1977. mk

Investitionen

In der Volkswirtschaft gibt es verschiedene Begriffe:

Bruttoinvestitionen: Summe aller Neu- und Reinvestitionen;

Nettoinvestitionen: Zuwachs der Produktionsmittel und Lagerbestände;

Reinvestitionen: Ersatz der durch die Produktion verbrauchten Produktionsmittel.

Dieser Begriff wird jedoch häufig in dem Sinne gebraucht, daß von ausländ. Unternehmen erzielte Gewinne nicht transferiert, sondern in demselben Tochterunternehmen oder auch in anderen Betrieben des Gastlandes investiert werden. Reinvestition steht hier also im Gegensatz zu Abzug bzw. Repatriierung der Gewinne.
Investitionsrate: Anteil der Bruttoinvestitionen am BSP;
Investitionsquote: Anteil der Nettoinvestitionen am Nettosozialprodukt. dn

Investitionsgüter

Genauer Anlageinvestitionsgüter, auch Kapitalgüter, innerhalb der ind. Produktion diejenigen Güter, die für die Anlageinvestitionen (Sachanlagen) bestimmt sind, also den Aufbau, Erhaltung, Erweiterung oder Verbesserung der Produktionsausrüstung (Maschinen, Transporteinrichtungen etc.). dn

Irak

1. Die Bev. des I. (Fläche: 438 446 qkm) wird für 1980 auf 13,3 Mio. geschätzt. Sie hat sich bei einer JZ von 3,3% seit 1957 (6,3 Mio.) mehr als verdoppelt. Die Bev.-dichte ist mit 28 Ew./qkm gering, jedoch konzentriert sich infolge anhaltender *Landflucht mit 7,2 Mio. mehr als die Hälfte der Bev. auf die städt. Gebiete (Hs Bagdad ca. 2,5 Mio. Ew.). Etwa 75% der Bev. sind Araber, die der sunnitischen bzw. der schiitischen Richtung des Islam angehören. Die stärkste nat. Minderheitengruppe bilden mit ca. 15% die Kurden, die jahrzehntelang für ihre nat. Eigenständigkeit gegen die Zentralregierung gekämpft haben. Eine bedingte Lösung des Kurdenproblems im I. begann 1974 mit der Errichtung einer autonomen kurd. Region. Diese Autonomie wurde Anfang 1980 mit der Einführung einer kurd. gesetzgeb. Versammlung weiter gefestigt.
2. Der Osmanenherrschaft folgte mit der Aufteilung des Osmanenreiches unter die europ. Großmächte Anfang des 20. Jh.s die brit. Kolonialherrschaft, unter der die heutigen Grenzen des I. willkürlich festgelegt wurden und der I. durch Eingliederung in den kapitalist. Weltmarkt in eine E. struktureller Abh. gezwungen wurde, deren Folgen bis heute nicht überwunden sind. Das Hauptinteresse der Briten galt der Ausbeutung der irak. Erdölquellen mit Hilfe der von der brit. BP kontrollierten *Iraq Petroleum Company* (IPC). Diese Kontrolle blieb bis 1972 unverändert bestehen.
3. Auf pol. Ebene gelang es erst mit der nationalist. Revolte von 1958 durch General Kassem, den I. dem brit.-amerik. Einfluß im Rahmen des anti-sowjet. Bagdad-Paktes zu entziehen. Aufgrund äußerer und innerer Widersprüche und einer wenig einheitl. Politik scheiterte das Regime Kassems jedoch. Von 1963–68 folgte eine Periode pol. Instabilität mit mehrfach wechselnden Regimen. Erst mit der Machtübernahme durch die Arab. Sozialist. *Baath* (Auferstehung) Partei (ASBP) am 17. Juli 1968 unter Führung von General Hassan Al-Bakr findet der I. zurück zu einem Weg pol. Stabilität und wirtsch. E. Die ASBP war 1941 von den syrischen Intellektuellen Michel Aflao und Salah Bitar gegründet worden und spielte eine wichtige ideolog. Rolle in den nat. *Befreiungsbewegungen in Syrien, im I. und anderen arab. Ländern. Sie rekrutiert ihre Basis v. a. aus den unteren und mittleren Bev.schichten, Arbeitern, Bauern, Intelligenz und Armee. Ideologie und Programm der ASBP, die in fast allen arab. Staaten Parteiorganisationen unterhält, beruhen auf den drei Prinzipien „Einheit" (der arab. Nation vom Atlantik bis zum Golf), „Freiheit" (Befreiung der arab. Welt von pol. und wirtsch. Bevormundung und Befreiung von sozialer Ungerechtigkeit im Innern) und „*Sozialismus" (Organisierung des gesellschaftl. Lebens auf der Basis von sozialer Gerechtigkeit und Kooperation aller gesellschaftl. Klassen). Nach mehrjährigen Schwierigkeiten gelang es der ASBP, die wichtigsten Konflikte im Innern teilweise mit Hilfe blutiger pol. Unterdrückung beizulegen und sich als pol., wirtsch. und sozialer Machtfaktor zu etablieren. Bis heute liegt die Regierungsgewalt ununterbrochen in Händen der von der ASBP beherrschten Nationalen Demokratisch-Fortschrittl. Front, einer Koalition aus Baathisten, Kommunisten, Kurdischer Demokrat. Partei und verschiedenen nationalist. Gruppierungen.
4. Einschneidend für die weitere sozioökon. Entwicklung des I. war die *Nationalisierung des gesamten Erdölsektors (ab

1972). Die Ausweitung des öffentl. Sektors und die im Gefolge der starken Anhebung der Rohölpreise gestiegenen Erdöleinnahmen ermöglichen die Durchführung ehrgeiziger und weitreichender E.-Pläne im Hinblick einer Umgestaltung der Wirtschafts- und Sozialstruktur entsprechend der Ideologie der ASBP. Die Beiträge der einzelnen Wirtschaftsbereiche zum BSP für 1977 machen jedoch deutlich, wie stark die strukturelle Unausgewogenheit noch ist: Landw. 8%, Erdöl 57%, Industrie und Bauwirtschaft 9%, Dienstl. und öffentl. Verwaltung 26%. Trotz der angestrebten Selbstversorgung im Nahrungsmittelbereich zum Ende der Planperiode 1976–80 stiegen die Aufwendungen für Nahrungsmittelimporte von $ 677,3 Mio. auf schätzungsweise $ 1,37 Mrd. für 1980. Dieser negativen E. will die Regierung in den 80er J. durch ein breites landw. E.-Programm entgegenwirken, welches u. a. die Verdoppelung der Anbauflächen durch die Errichtung größerer Bewässerungssysteme und die Erhöhung der *Produktivität durch landw. Großbetriebe mit integrierten Verarbeitungsunternehmen (agro-industrielle Komplexe) vorsieht. Die wichtigsten landw. Produkte sind Weizen, Gerste, Reis, Baumwolle, Tabak und v. a. Datteln (80% der Weltausfuhr kommt aus dem I.). Aufgrund des Arbeitskräftemangels in nahezu allen wirtsch. Bereichen und des starken Anteils Jugendlicher an der Gesamtbev. liegt ein weiterer entwicklungspol. Schwerpunkt im Bereich Ausbildung und Verbesserung der Lebensverhältnisse. Grundlage dafür ist eine großangelegte *Alphabetisierungskampagne, die 1977 gestartet wurde und so erfolgreich war, daß bis 1981 *Analphabetismus im I. praktisch verschwunden sein wird. Im Ausbildungsjahr 1979/80 stieg die Gesamtzahl an Schülern und Studenten auf fast ein Viertel der Gesamtbev. Außenpol. verfolgt der I. eine Politik der *Blockfreiheit und entwickelt sich nach dem Ausscheiden Ägyptens aus der *Arab. Liga und der Organisation arab. erdölexportierender Länder (*OAPEC) zunehmend zum Wortführer der arab. Staaten. Außenwirtsch. hat der I. in den letzten Jahren seine Beziehungen v. a. zu den Ländern der EG ausgebaut, nicht zuletzt auch unter dem pol. Aspekt, daß die EG seit 1977 eine ausgewogenere Haltung im *Nahostkonflikt einnimmt. hpk

Iran

Während die weltpol. Folgen der ir. Revolution und die innenpol. Entwicklungen I.s noch nicht auszumachen sind, läßt sich bereits mit Sicherheit feststellen, daß in I. eine total auslandsabh., extrem repressive und an den Bedürfnissen der einheim. Bev. rücksichtslos vorbeizielende E.-Strategie gescheitert ist. Die ir. Revolution und das, was seither geschah, gibt nicht nur den Politikern, sondern auch den E.-Theoretikern insofern zu denken, als diese in Anspruch nimmt, einen neuen Weg zur Überwindung der Abh. und UE für die Länder der Dritten Welt zeigen zu können.

1. Nahezu die Hälfte der Fläche I.s von 1 648 000 qkm besteht aus unkultivierbaren Wüstengebieten. 19 Mio. ha sind mit Wäldern bedeckt, 10 Mio. ha dauernd nutzbares Wiesen- und Weideland, 31 Mio. ha unbebautes, aber entw.fähiges Land und 22 Mio. ha für die landw. Nutzung geeignet, z. Zt. aber nur 8 Mio. ha kultiviert, davon weniger als 45% bewässert. Im Agrarland I. leben die meisten Iraner von der Landw. Von der bearbeiteten Nutzfläche dienen 80% dem Anbau von Getreide, der Rest teilt sich auf in „industr. Kulturen", wie Zuckerrüben, Baumwolle, Tabak, Zuckerrohr, Tee und Ölsaaten. Auch Vieh- und Geflügelzucht, 1977 mit 34,8% an der landw. Produktion beteiligt, gehören zum trad. Bestandteil der ir. Landw. (Forstwirtsch. 9%; Fischerei 2,3%). Dominierend in der ir. Wirtsch. ist das Erdöl, mit 255 Mio. t 1978 ist der I. viertgrößter Erdölproduzent der Welt. Seine Erdölreserven werden mit 7,92% als die viertgrößten der Welt gesch. Die Bedeutung der Erdgasförderung wächst. I. hat die zweitgrößten Erdgasreserven der Welt und nimmt den 8. Platz bei der Förderung ein. Die wichtigsten anderen Bodenschätze, neben Uran und Kupfer (1,5% der Weltreserven), sind Nickel, Eisen, Kohle und Magnesium.

2. I. ist ein Vielvölkerstaat. Neben ca. 50% Persern, die hauptsächlich im Mittel- und Südiran wohnen, stellen ca. 28% turktatarische Aserbeidschaner (NW), 15% Kurden

(SO), 2 % Araber (SW), 2 % Turkmenen (N) die wichtigsten nat. Minderheiten. Die Gesamtbev. I.s betrug 1979 36,5 Mio. (JZ derzeit bei 2,5 %). Die Bev.dichte beträgt 21,4 Ew./qkm. Von 1965 bis 1976 stieg der Anteil der städt. Bev. von ca. 30 % auf 46,8 %, dies aufgrund der Ruinierung der Landw. und Landflucht. 90 % der Ir. sind schiitische Moslems. 5–7 % Sunniten, der Rest Christen, mit Anhängern der armenischen Kirche; Juden, Anhänger der alten Zarathustra-Religion.

3. Im 19. Jh. war der I. Spielball brit. und russ. Interessen und wurde seit Entdeckung des Öls Ende des 19. Jh.s durch Ausbeutung v. a. brit. Unternehmen zur Halbkolonie GB.s. Seit Beginn des 20. Jh.s haben 5 große Ereignisse das pol. System I.s erschüttert, teilw. oder ganz verändert:

a. Die „Konstitutionelle *Revolution" von 1905–1911; eine demokr., anti-feudale und anti-imp. Bewegung, getragen von liberalen Kräften des Adels, der Geistlichkeit und des Großgrundbesitzes gegen die absolute Monarchie. Einrichtung einer konstitutionellen Monarchie nach belg. Muster. Der Gegenputsch des Hofes, gestützt auf seine Schutzherren GB und Rußland, führte zu innenpol. Wirren und zu wachsenden Forderungen nach nat. Unabh. und tiefgreifender gesellschaft. Umwälzung, vor der die liberalen Kräfte zurückschreckten. Okt. 1911 wurde die Revolution durch Einsatz brit. und russ. Truppen niedergeschlagen.

b. Putsch von Reza Khan am 21. Feb. 1921, der sich 1925 zum König ernannte und die 1979 gestürzte Dynastie begründete. Dem Putsch gingen Jahre des Aufschwungs nat.-demokrat. Kräfte voraus, die durch den Sieg der russ. Oktoberrevolution gefördert wurden. Aber auch GB glaubte seine Interessen in einer stark zentralist. Regierung besser gewährleistet, die Reza Khan zugleich mit einer einheitl. Armee und einem modernen Beamtenapparat schuf. Die versprochene *Agrarreform blieb jedoch aus. Auch änderte sich nichts an der Abh. I.s vom Ausland. 1933 verlängerte Reza Khan den Erdölvertrag mit GB von 1901 um 32 J. bis 1993. Der Staat blieb in den Händen der Feudalherren, zu deren größtem Reza Khan sich selbst machte. Als er sich dem Hitler-Faschismus zuwandte, wurde er von GB 1941 ins Exil geschickt, sein Sohn M. R. Pahlavi zum König ernannt und I. von alliierten Truppen besetzt.

c. Begünstigt durch den weltweiten antifaschist. Kampf nahm die nat.-demokrat. Bewegung in den 40er Jahren einen neuen Aufschwung. Zentrale Forderungen: Annullierung der Erdölverträge als Maßnahme zur Erlangung der nat. Unabh. Unter dem Druck der Massen mußte das Parlament 1949 die *Nationalisierung des Erdöls beschließen. Ministerpräs. Mossadegh, Führer der nat. Front, wollte tiefgreifende Reformen durchführen, stürzte jedoch durch einen *CIA-Putsch. Die USA sicherten sich dadurch gegenüber dem angeschlagenen brit. Imperium die dominierende Rolle in I.

d. Installierung des Schah-Regimes, gestützt auf die USA, dem Auslandskapital Tür und Tor öffnend. Die innenpol. Opposition wurde unterdrückt und verfolgt und eine Modernisierungspolitik eingeleitet, die als beispielhaft für gescheiterte E.-Strategien gelten kann – und nicht erst, seit wachsende Massenunruhen (beginnend 1977) und Streiks den Sturz der Monarchie herbeiführten, welchen sich alle oppositionellen Kräfte zum Ziel gesetzt hatten.

e. Revolution vom 12. Febr. 1979 und Umwandlung der Staatsform per Referendum vom März 1979 in die „Islam. Rep. I.".

4. Die E.-Strategie I.s konkretisierte sich seit 1960 in der sog. „Weißen Revolution", deren wichtigste Punkte die Landreform und die *Industrialisierung waren. Diese Reformen wurden eingeleitet, um eine Zuspitzung der sozialen Spannungen zu verhindern, dem Regime eine neue Klassenbasis zu verschaffen und dem ausländ. Kapital neue Absatzmärkte und Investitionsfelder zu erschließen. Die Bodenreform wurde in 3 Stufen durchgeführt. Entsprechend den gesetzl. Bestimmungen wurden die Ländereien z. T. zu überhöhten Preisen den Feudalherren abgekauft und den Bauern zu 15jähr. Ratenzahlung und 6 % Zinsen verkauft. Durch Verkauf von staatl. Industriebetrieben wurden die Finanzierungsmittel gesichert. Jeder Feudalherr war berechtigt, 1 Dorf oder je ⅙ von 6 Dörfern zu behalten und weitere Teile an seine Familienmitglieder abzutreten. Sämtl. *Plantagen sowie maschinell bewirtsch. Ländereien

waren vom „Verteilen" ausgeschlossen. Insges. wurden so über 11 T. Dörfer – ca. ⅓ der Dörfer –, ebenso 4,7 Mio. ha von 8,2 Mio. ha Weideland von der Bodenreform ausgeschlossen. Laut offiz. Angaben kamen 2,24 Mio. bäuerl. Familien in den Besitz eines Stück Bodens. Über 1,4 Mio. Familien (⅓) kamen nicht in den Genuß der „Verteilung". 2,2 Mio. bäuerl. Familien besitzen zwischen 0,5–1 ha Grund, die Hälfte dieser Zahl weniger als 1 ha.
Parallel zu dieser Bodenreform schuf die Reg. dem ausländ. Kapital und den aus der Bodenreform hervorgegangenen finanzstarken Feudalherren beste Voraussetzungen, in die Landw. zu investieren. Die bewässerungsfähigen, ertragreichsten und stadtnahen Ländereien wurden ihnen zur Verfügung gestellt. Es wurden Steuer- und Zollerleichterungen und großzügige Zuschüsse eingeräumt. Dies führte zur weiteren Ruinierung der Bauern, die ohnehin wegen fehlenden Startkapitals, veralterter Arbeitsgeräte und Wassermangels nicht konkurrenzfähig waren. *Landflucht war die Folge. Jährl. verließen über 500 T. Bauern ihre Dörfer auf der Suche nach Arbeit. Laut Statistik verfügen heute 60 % der Bauern nicht über das Existenzminimum. Die krisenhafte E. der Landw. verdeutlichen folgende Zahlen: noch Mitte der 50er Jahre nahezu Selbstversorger, mußte I. immer mehr landw. Produkte, sogar bis zu 65 % des Bedarfs an Nahrungsmitteln, einführen. Der Anteil an landw. Produktion am BSP ging von 23,1 % 1967 auf 9,2 % 1976 zurück.
Die *Industrialisierung ist von mehreren Fehlentwicklungen gekennzeichnet. V. a. entstanden Montagewerke, deren Produkte zu 80 % aus im Ausl. hergestellten Teilen zusammengesetzt wurden; des weiteren verfügten die entstandenen Industrieeinheiten nicht über notwendige Bindeglieder. 90 % der Industriebetriebe sind Kleinbetriebe (mit weniger als 9 Beschäftigten). Zwar verdoppelte sich die Zahl der Kleinbetriebe von 1966–1976, ihre Produktivität ging jedoch stark zurück. Die Großbetriebe (mit m als 9 Beschäftigten). Zwar verdoppelte sich die Zahl der Kleinbetriebe von 1966–1976, ihre Produktivität ging jedoch stark zurück. Die Großbetriebe (mit mehr als 10 Beschäftigten), die 10 % der ir. Industriebetriebe darstellen, erwirtschafteten 65 % der ges. industr. Wertschöpfung. Nur 40 Betriebe beschäftigten mehr als 1 000 Personen. Diese Einheiten sind fast alle mit ausländ. Kapital oder teilweise gemischtem Kapital entstanden. Die starke regionale Konzentration (45 % aller Großbetriebe und fast alle Betriebe mit mehr als 1 000 Beschäftigten befinden sich in nächster Umgebung Teherans) verstärkte noch die Fehlentwicklung. Trotz großzügiger staatl. Zuschüsse konnte der Anteil der Industrie am BSP nicht wesentl. erhöht werden. 1977 machte er nur 12,4 % aus. Im Zuge der Industrialisierung wurden diese Investitionen stark gefördert. Neben einer Reihe von Gesetzen zum Schutz des ausländ. Kapitals wurde ein 100%iger Gewinntransfer garantiert. So wuchs die Höhe des in I. vom Ausl. investierten Kapitals von einigen 100 Mio. auf mehr als 3 Mrd. Dollar an.
Neben der Montageind. investierte das Ausland v. a. im Bankwesen. Allein 40 % der Kapitalien in diesem Bereich gehören direkt dem Ausland. In kurzer Zeit erhöhte sich die Zahl der Banken auf 36, mit über 7 900 Filialen (ohne die Filialen der rein ausländ. Banken). Die katastrophale Lage der Ind. und Landw. konnte nur durch Erlöse aus dem Erdöl und anderen Rohstoffen wettgemacht werden. Der Export von Rohöl und Erdgas stellt mit 22 Mrd. US-Dollar 73,6 % der Staatseinnahmen und 35,8 % des BSP. Nur die Erträge aus dem Erdöl glichen die ir. Handelsbilanz aus. 1977 importierte I. Waren für 14,124 Mrd. Dollar. Der Export betrug nur 529,2 Mio. Dollar, er bestand zu ⅔ aus trad. Erzeugnissen. Mit dieser Handelspolitik sowie dem Ankauf modernster Waffen flossen die Erdöleinnahmen hauptsächlich in westl. Länder zurück.
5. Die Sozialstruktur I.s weist krasse Ungleichgewichte auf. Über 63 % der Ir. über 6 J. sind Analphabeten, die Analphabetenquote liegt in den Dörfern bei 74 % und ist bei den Frauen weitaus höher. Nur 11 Mio. Iraner, u. a. die Beamtenfamilien, sind krankenversichert. Insges. gibt es in I. 525 Krankenhäuser, davon 313 in den Provinzstädten, 113 in Teheran. Von den 525 Krankenhäusern sind 140 in priv. Hand. Die Zahl der Ärzte beläuft sich auf 13 428, davon 4 657 Spezialisten, die Zahl der

Zahnärzte auf 1 725. Aufgrund hoher Konzentration der Ärzte (6 134 Ärzte und ⅓ der Zahnärzte in Teheran), stehen in den restl. Teilen I.s 4 113 Personen ein Arzt, bzw. 43 165 Personen ein Zahnarzt zur Verfügung (alle Zahlen von 1976). Auf dem Wohnsektor sind die Verhältnisse ebenso katastrophal. Von 3,8 Mio. Wohneinheiten sind ca. ¼ elektrifiziert, ½ mit Wasser versorgt. 1977 waren 28,7 % der Gesamtbev. erwerbstätig, die Zahl der Arbeitslosen lag bei 30 %. Die *Einkommensverteilung war extrem ungleich: Während 1969 80 % der Bev. nur 32 % der Gesamteinkommen erhielten, entfielen auf die oberen 5 % der Bev. allein 34 % des Gesamteinkommens; eine Änderung war in den 70er J. nicht zu verzeichnen. Der inflationäre Prozeß (1977: 30 %) verstärkte noch die soziale Ungleichheit.

6. Die Revolution von 1979 hat die pol. Struktur I.s wesentl. verändert. Entgegen der Hoffnungen der national-demokrat. Opposition gegen das Schah-Regime übernahmen jedoch unter dem Revolutionsführer Ayatollah Khomeini die Klerikalen die pol. Macht. Sie dominieren den von Khomeini eingesetzten Revolutionsrat, gegen den sich der mit der Führung der Regierung beauftragte bürgerl.-liberale Politiker Bazargan nicht durchsetzen konnte. Zur Ausarbeitung eines Verfassungsentwurfs für die im März-Referendum 1979 beschlossene Islam. Rep. I. wurde ein Sachverständigenparlament durch Wahlen eingesetzt. Die erarbeitete Verfassung, die durch ein Referendum legalisiert wurde, war auch Ausdruck der Zusammensetzung dieses Parlaments. Wesentl. Merkmal dieser Verfassung ist, daß sie dem religiösen Führer (*walajate Faghih*) uneingeschränkte, absolute Macht einräumt. Dieser Führer, der nach dem Tode Khomeinis nur von schiit. Geistlichen ernannt werden darf, ist nicht nur der Oberbefehlshaber der Streitkräfte, er benennt auch die obersten Ränge in der Judikative, kann den durch allg. Wahlen gewählten Präs. absetzen, ernennt die Mitgl. des obersten Verteidigungsrates und bestimmt 6 Mitgl. des 12köpfigen Wächterrates (WR) aus den Reihen der Geistlichen. Die 6 anderen Mitgl. des WR werden auf Vorschlag des obersten Justizrates, dessen 2 Mitgl. wiederum vom Führer ernannt werden, vom Parlament bestellt. Aufgaben des WR bestehen darin, vom Parlament beschlossene Gesetze auf ihre Übereinstimmung mit der Verfassung und den islam. Gesetzen zu überprüfen. Hierbei haben nur die geistl. Mitgl. des WR Entscheidungsrecht. Der WR hat das Recht, jedes vom Parlament beschlossene Gesetz abzulehnen und muß die Kandidatur einer Person zur Präsidentenwahl genehmigen.

Die Praxis des neuen Regimes seit der Machtübernahme gegenüber seinen Opponenten zeigt, mit welcher Zielstrebigkeit am Aufbau eines neuen absoluten Herrschaftssystems gearbeitet wird. Fast alle nicht islam. oder von der Geistlichkeit nicht kontrollierten Zeitungen und Zeitschriften wurden verboten. Ein neues Pressegesetz, wesentlich repressiver als das unter dem Schah-Regime, wurde vom Revolutionsrat ins Leben gerufen. Einige Parteien wurden verboten. Alle fortschrittlichen und revolutionären Organisationen müssen mehr und mehr im Untergrund arbeiten. Nur die islam.-republik. Partei, eine erzkonservative, von Khomeini ins Leben gerufene Organisation der Geistlichkeit, genießt alle Freiheiten und wird allseitig vom Staat unterstützt. Sie stellt die Mehrheit im 1980 gewählten Parlament, die numerisch freilich nicht genau zu ermitteln ist. Den im Namen des Islam durchgeführten Säuberungsaktionen fielen bereits Hunderte von Menschen zum Opfer. Schärfste Repression erleiden die Minderheitsvölker.

Die Forderungen der nat. Minderheiten in Belutschistan, Khusistan, Kurdistan und Turkeman Sahra werden durch Einsatz von Armee und Pasdareneinheiten niedergeschlagen.

Den ursprünglichen Kredit bei der Masse der Bev. hat das neue Regime v. a. durch den Ruin der Wirtschaft und damit die Verschlechterung der Lebensverhältnisse verspielt. Die Wirtschaftstätigkeit ist drastisch zurückgegangen, sowohl die Industrieproduktion um über 50% als auch die Agrarproduktion.

Bei Verknappung lebenswichtiger Güter hat die Inflation stark zugenommen. Diese Situation, der das Regime konzeptions- und programmlos gegenübersteht, läßt ein weiteres Abbröckeln der Unterstützung für die Mullahs erwarten. Welche pol. Lösung

der wachsende Widerspruch zwischen *Islamisierung und den wirklichen Bedürfnissen der Bev. nehmen wird, steht jedoch noch dahin.
Außenpol. stellte sich der I. v. a. gegen die USA (Geiselaffäre), aber auch gegen die UdSSR. Innerhalb der herrschenden Kräfte ist eine starke Tendenz zur Kooperation mit den westeurop. Staaten festzustellen, abh. davon, ob die europ. Länder eine von den USA unabh. Politik betreiben.

Lit.: A. Naini, Die Revolution im Iran. Hintergründe und Ereignisse, Hamburg 1979; A. M. Behrawan, Iran: Die programmierte Katastrophe, Frankfurt/M. 1980; H. A. Fischer-Barnicol, Die islamische Revolution, Stuttgart/Berlin/Köln/Mainz 1980 rfm

Islamisierung/Re-Islamisierung

In den islam. Ländern (v. a. des Nahen Ostens) verstärkt sich seit Ende der 60er Jahre ein Phänomen, das eine Rückbesinnung auf islam. Werte beinhaltet und sich bei oberflächl. Betrachtung als Aufstand gegen die westl. Kultur und ihre zivilisatorisch-techn. Auswirkungen darstellt. Dieses Phänomen, allg. als Islamisierung oder Re-Islamisierung bezeichnet, gewann mit den Ereignissen in Iran nach 1978 an Bedeutung und öffentl. Aufmerksamkeit.
Für die Re-Islam. in den islam. Ländern werden zwei Gründe geltend gemacht: eine Identitätskrise der Völker islam. Religion sowie die sozio-ökon. Krise und die damit zusammenhängende Verelendung wachsender Teile der Bev. *Kolonialismus und Neo-Kolonialismus mit dem Ziel wirtschaftl. Ausbeutung sind stets von kulturellem Eindringen begleitet. Die kulturelle Verwestlichung (→Kulturwandel, →Akkulturation), propagiert zur Verbesserung der Voraussetzungen wirtschaftl. Wachstums, dient jedoch als Instrument zur Schaffung besserer Voraussetzungen für noch umfassendere ökon. Ausbeutung mit der Konsequenz verschärfter Verelendung. Somit sind beide genannten Ursachen eng miteinander verknüpft, der Faktor der ökon. Ausbeutung und Verarmung der Volksmassen jedoch vorrangig. Dafür sprechen unterschiedl. Funktionen des Isalms bzw. der Rückbesinnung auf den Islam in den verschiedenen islam. Ländern. 1. Die Zufluchtsuche beim Islam ist nur in den islam. Ländern zu verzeichnen, in denen sich der Islam als eine pol. Kraft gegen das herrschende abh. Regime stellt und die Überwindung der UE verspricht, nicht aber in den Ländern, in welchen der Islam mit dem herrschenden Regime konform geht oder seine Stütze bildet. In Ländern, deren Regime sich streng zu den islam. Werten bekennen und sie praktizieren, zeigt sich der Islam reformfreudig, an die Erfordernisse der modernen Zivilisation anpassungsfähig und sieht die Behebung der UE als Hauptaufgabe. Nur mit dieser Zielsetzung kann der Islam in diesen Ländern die Massen für sich gewinnen und sich an die Spitze von Reformbewegungen setzen.
2. In Ländern, in denen religiöse Kräfte die pol. Macht erobert haben, ihre Führer jedoch Re-Islamisierung im wesentl. als Antwort auf eine sozio-kulturelle Krise begreifen, verlieren sie an Massenbasis und geraten wegen wachsenden Widerstandes in eine Krise. Bezeichnendes Beispiel für diese E. ist der Iran nach 1979. Konnte der Klerus beim ersten Referendum 98,2% der Wahlberechtigten für die islam. Republik gewinnen, so sank die Wahlbeteiligung bei den Parlamentswahlen auf 50%; nur ⅔ der Wähler stimmten für einen Kandidaten des Klerus. Re-Islamisierung im Sinne kultureller Rückbesinnung kann UE nicht überwinden – dies ist jedoch die Erwartung, welche die Masse der Bev. gegenüber pol. Programmen und pol. Führern hegt.

Lit.: M. Cramer, Political Islam, London 1980; D. Khalid, Die politische Rolle des Islam im Vorderen Orient, Hamburg 1979. rfm

Itaipú

Das größte bilat. Projekt, das bislang im Rahmen der wirtsch. Zusammenarbeit der *La-Plata-Gruppe vereinbart wurde, ist das brasilianisch-paraguayische Abkommen über die Errichtung des Itaipú-Staudammes am Oberlauf des Paraná, des größten Staudamms der Welt. Nach voller Inbetriebnahme des Wasserkraftwerks (voraussichtliche Bauzeit 10 Jahre, Kosten ca. 14,0 Mrd. US-$) sollen ab 1983 jährl. 12,6 Mio. kWh erzeugt werden, das Sechsfache des Staudamms von Assuan/Ägypten. Die gewonnene Energie teilen sich anteilsgleich beide beteiligten Länder. Da Paraguay jedoch über ausreichende Energie verfügt, verkauft es seinen Anteil zu Brasilien begünstigenden Bedingungen an den Partner. Allerdings wird Paraguay erhebliche Einnahmen aus dem Energieexport erhalten (ab 1989 jährl. 600 Mio. US-$). dn

Jackson-Bericht

Von dem *UNDP in Auftrag gegebene Studie an den Australier R. Jackson über die Zusammenarbeit der *UN-Organisationen untereinander und mit anderen int. Institutionen, die eine Reihe von Mängeln aufdeckte. J. regte an, ein „integriertes Entwicklungssystem" zu schaffen, gestützt auf zwei zentrale Institutionen: das UNDP für die Koordination der *Techn. Hilfe und ihrer Vorbereitung in Projektstudien, die *Weltbank für die *Kapitalhilfe. UNDP hat sich in dem vorgeschlagenen Sinne entwickeln können.

Lit.: Jackson, United Nations, A Study of the Capacity of the United Nations Development System, 2 Bde, Genf 1969. dn

Jamaika

J.s E.-Probleme sind symptomatisch für Länder der Dritten Welt, die versuchen, entwicklungspol. einen *Dritten Weg zu gehen, kostspielige und notwendige soziale Reformen in die Wege leiten, aber aufgrund ihrer strukturellen *Abhängigkeit (*Tourismus, Bauxit) bald an die Grenzen einer solchen Strategie stoßen. Der Fall J. macht auch die wachsende Rolle deutlich, die der *IWF in diesem Zusammenhang spielt.

1. J. (Fläche: 10 962 qkm) gliedert sich in 3 Regionen: 1. Die Gebirgszüge im Landesinnern. An den Hängen wird Kaffee angebaut (1973 wertmäßig an 7. Stelle der agrar. Exportprodukte hinter Zucker, Bananen, Branntwein, Pfeffer und Piment, Südfrüchten, Tabakwaren). 2. Die Karst- und Kalksteinhügel und Hochebenen (*Cockpit Country*), Lagerstätten des wichtigsten Exportguts Bauxit. Sie zählen zu den größten der Erde (Reserven zwischen 700 und 1 000 Mio. t). Regierungsauflagen für den seit 1952 betriebenen Tagebau stellen sicher, daß durch Rekultivierung diese Gebiete wieder ihrer ursprüngl. Nutzung als Viehweide zugeführt werden können. 3. Die Küstenniederungen und die Täler im Landesinnern, in denen dank des maritimen trop. Klimas Landw. möglich ist (aufgrund der exportorientierten Produktionsstruktur müssen zusätzl. Nahrungsmittel eingeführt werden).

2. Die Eroberung J.s durch die Engländer 1655 integrierte die Insel nachfolgend in den Weltmarkt. Drei Phasen struktureller Abhängigkeit kennzeichnen ihre weitere E.: 1. 1655–1833: J. wird zum Zentrum der Zucker- und Rumproduktion des Brit. Weltreichs, ermöglicht durch die Einfuhr billiger Arbeitskraft aus Afrika (J. ist Zentrum des Sklavenhandels der Karibik). 2. 1834–1952: Rückgang der Zuckerproduktion und zeitweilige Dominanz der von US-Konzernen (**United Fruit*) betriebenen Bananenproduktion. 3. Seit 1952: Neben dem Export von Agrarprodukten (Zucker drittgrößter Devisenbringer) treten – verbunden mit einer weiteren Orientierung hin zu Nordamerika – die Bauxitausbeutung (durch kanad. und US-Konzerne) und der Tourismus (80 % der Besucher aus USA) an die erste und zweite Stelle der Staatseinnahmen.

3. 1978 betrug die Bev. J.s (gesch.) 2,13 Mio. Ew. Die Bev.-Dichte (193,8 Ew. pro qkm) ist die zweitgrößte der Großen Antillen hinter Puerto Rico. Sie ist in den letzten Jahrzehnten rasch angewachsen (von 1965 auf 1975 um rd. 25 %). Starke Binnenwanderung und *Urbanisierung (städt. Bev. 1974: 49,5 %). Allein in Kingston lebten 1970 bereits ⅔ der städt. Bev. Eine weitere Konsequenz der rel. Überbev. ist die nur durch Einwanderungsrestriktionen anderer Länder begrenzte Emigration (Höhepunkt 1962: 39 000; in GB leben rd. 200 000 Jamaikaner). Die Zusammensetzung der Bev. ist Resultat der Kolonialzeit. Es dominieren die Neger (77 %). Nach den Mulatten (18 %) stellen Inder (2 %), Chinesen und Weiße nur kleine Minderheiten (Zahlen von 1972). Die Inder, heute meist Kleinbauern, gelangten nach Aufhebung der Sklaverei (1833) als Kontraktarbeiter auf die Insel.

4. Der Wandel der wirtsch. Basis J.s seit den 50er Jahren hat die Beschäftigungsmöglichkeiten verbreitert. 1974 waren von den 815 000 Erwerbspersonen (gesch.) immer noch 34 % in der Landw. tätig, die oft nur zur Ernte Arbeit bietet und deshalb vielfach mit Unterbeschäftigung verbunden ist. Die Bodenbesitzstruktur ist geprägt durch das Nebeneinander von Groß- und

Kleinbetrieben. Die Kleinbetriebe (1969 rd. 97%) sind Ergebnis der bäuerl. Siedlung nach der Sklavenbefreiung und splittern sich aufgrund der Realteilung bei wachsender Bev. weiter auf. Bergbau, Industrie und Energiewirtschaft beschäftigten 1974 14,2% der Erwerbstätigen, wobei ersterer, der v. a. die Bauxitgewinnung umfaßt, lediglich mit 1% beteiligt war. Im tertiären Sektor arbeiteten 45,3%, davon in der Tourismusindustrie 17,1%. Die Arbeitslosigkeit ist das dringendste Problem des Landes. 1974 waren (gesch.) mind. 20% der Erwerbsbev. ohne Beschäftigung, bei jüngeren Altersgruppen z. T. über 50%. Der *Arbeitslosigkeit steht ein Mangel an Facharbeitern gegenüber, für die Spitzenlöhne gezahlt werden. Die Einkommensverhältnisse sind ungleich (1958: 5% Spitzenverdiener erhielten 13,3%, 60% am unteren Ende der Pyramide nur 19% der Einkommen) mit starkem Stadt-Land-Gefälle sowie *marginalisierter Bev. in den Städten und stark rassisch zuungunsten der Schwarzen verfestigt.

5. Die Landessprache J.s ist Englisch neben der Volksmundart *Patois*. In J. besteht Schulpflicht vom 6. bis 15. Lebensjahr, der allerdings infolge von Raum- und Lehrermangel nicht immer nachgekommen werden kann (1963/64 Scholarisationsrate 5–14 Jahre: 75%). Das Gesundheitswesen ist staatl. und ärztl. Versorgung in der Regel kostenlos (1973: 1 590 Ew. je Arzt). Seit 1966 besteht ein nat. Versicherungssystem (Alters-, Witwen- und Waisen-, Unfallrenten), seit 1975 wird ein Mindestlohn garantiert. Die große Mehrheit der Bev. gehört protest. Bekenntnissen an (Kathol. 1960: 7,2%, Andere 18%), Einfluß vorwiegend unter den marginalisierten Schwarzen hat die afrikan. Identität in den Vordergrund stellende Bewegung der *Rastafarians* gewonnen.

6. Im seit 1962 unabh. J. lösten sich bisher die beiden großen Parteien JLP (*J. Labour Party*) und PNP (*People's National Party*) jede zweite Wahl an der Spitze des nach brit. Vorbild aufgebauten Staates ab. War die erste Phase der E.-Politik J.s durch die von JLP und PNP gleichermaßen betriebene Strategie der *industrialization by invitation* bestimmt, so hat deren Scheitern v. a. in der PNP die Problematik *neokolonialer Abh. thematisiert. Im Rahmen des von MP Manley (PNP) seit 1974 gestarteten Versuchs, einen demokrat. *Sozialismus (Prinzipien: christl. Nächstenliebe, **self-reliance*) zu verwirklichen, wurde eine Reihe sozialpol. Reformen durchgeführt, zu deren Finanzierung die ausländ. Bauxitunternehmen in **joint ventures* mit jam. Mehrheitsbeteiligung umgewandelt wurden. Das inländ. (Kapitalflucht, Abwanderung der finanzkräftigen Oberschicht) und ausländ. Kapital (Rückgang der *Investitionen, Boykott der Insel durch US-Touristen: Hotelauslastung zu Beginn der 70er Jahre 60%, 1976: 33%) reagierten darauf mit einer Destabilisierungsstrategie. Die von 1977–80 unternommenen Versuche, fehlende Staatseinnahmen durch Kredite beim IWF auszugleichen, scheiterten an der Weigerung der Regierung Manley, die Wirtschaft J.s auf Kosten der Ärmsten zu sanieren. Die durch die Verschuldung J.s im Ausland entstandene ökon. Krise hat 1980 dramatische Ausmaße angenommen: Das Land steht vor dem Staatsbankrott, die Inflationsrate beträgt 30%, gewaltsame Auseinandersetzungen sind an der Tagesordnung. Manley sah sich gezwungen, Neuwahlen anzusetzen, die voraussichtlich Ende September 1980 stattfinden werden. Bei den Wahlen wird nicht nur über das Regierungspersonal, sondern auch über den künftigen E.-Weg J.s entschieden werden. Die Alternativen sind: 1. Fortführung der Politik Manleys, d. h. Aufrechterhaltung des sozialen Netzes und eine Politik der Beachtung der besonderen Probleme der Unterschichten, Lösung der Finanzkrise durch Importbeschränkungen, Energieeinsparungen und die vorrangige E. von Landw., Bauxit und Tourismus. 2. Die Politik der oppositionellen JLP unter E. Seaga: E. J.s nach dem puertorican. Modell, d. h. v. a. Öffnung des Landes für ausländ. Investoren. 3. Wenig Chancen hat die von ehemal. PNP-Mitgl. gegründete *Workers' Party of Jamaica* unter Führung von T. Munroe, die einen Sozialismus nach dem Moskauer Modell anstrebt.

Außenpol. nahm J. in der Regierungszeit Manleys in den 70er Jahren in zunehmendem Maße einen herausragenden Platz in der int. Politik als Interessenvertreter der Dritten Welt ein (*Gruppe der 77, *AKP-Verhandlungen, 1978 Verleihung des Anti-

*Apartheid-Preises der *UN an Manley) und war Gründungsmitgl. einer Reihe von regionalen Organisationen der EL (1973 *CARICOM, 1974 *IBA, 1975 *NAMUCAR und *SELA). Im Verhältnis zu den IL fordert Manley für J. *Blockfreiheit und eine *Diversifizierung der Wirtschaftsbeziehungen, die auch die osteurop. Länder miteinschließt.

Lit.: N. Girvan, Foreign Capital and Economic Underdevelopment, in Jamaica, Kingston 1971; T. Munroe, The Politics of Constitutional Decolonization, Jamaica 1944–62; C. Stone, The 1976 Parliamentary Election in Jamaica, in: Journal of Commonwealth and Comparative Politics 15 (1977), S. 250 ff.; A. Naliwaiko, Jamaika, in: Lateinamerika 2, Berlin (West) 1978; D. O'Flaherty, Finding Jamaica's Way, in: Foreign Policy 31 (1978), S. 137 ff. rs

Jemen-Nord

Im Gegensatz zum Jemen (Süd) lehnt sich der J. an Saudi-Arabien und den Westen in seiner Innen- und Außenpolitik an. Gegner dieser Politik im Lande weisen darauf hin, daß eine solche Orientierung einem anderen pol. Ziel des J., der Wiedervereinigung mit Jemen (Süd) widerspricht.

1. Die Arab. Rep. J. liegt an der SW-Spitze der arab. Halbinsel (Fläche: 195 000 qkm). Da bisher noch keine bedeutenden Bodenschätze nachgewiesen werden konnten (bis 1975 Salzexport), bestimmt v. a. das Vorkommen von Wasser (durch Bewässerung und Niederschläge) die Wirtschaftstätigkeit und Bev.-konzentration (im SW) des Landes.

2. J., im Altertum Zentrum des Fernhandels zwischen Indien und dem Mittelmeerraum, wurde 630 in das islam. Weltreich eingegliedert und war von 1517–1918 Teil des Osman. Reiches. Dem Imam (= geistl. und weltl. Oberhaupt) der zaiditischen Stämme im inneren Hochland, Yahya, gelang es nach erfolgreichen Kämpfen zu Beginn des 20. Jhs. 1918 das Land unter seiner Oberhoheit zu einen (erstmals: zentrale Verwaltung/stehendes Heer/Miliz zur Überwachung der Steuereintreibung/Einführung der *Schari'a* [= islam. Recht] für unterschiedl. Stammesrechte). Yahya (ermordet 1948) und sein Sohn und Nachfolger Ahmad (bis 1962) herrschten nach innen autokratisch und despotisch. Der Bruch Ahmads – nach anfänglicher Zusammenarbeit – mit dem *nasseristischen Ägypten der 50er Jahre bestärkte die trad. Opposition gegen den Imam: die Stadtbev., v. a. die Intellektuellen, Armeeangehörige sowie Kaufleute (Gegner der Handelsmonopole des Imams), die shafi'itische Bev. im S und an der Küste (Gegner der zaid. Herrschaft) und die zaid. Geistlichkeit (Gegner der Ämterpatronage zugunsten der Familie des Imams und dessen zeitweiliger Annäherung an *Nasser). Der offene Bürgerkrieg brach nach einem Militärputsch (1962) gegen Ahmads Nachfolger al-Badr aus. Ägypten unterstützte die Republikaner, Saudi-Arab. die Royalisten. Die Einstellung dieser Hilfeleistungen 1967 (Niederlage Ägyptens gegen Israel) machte einen innenpol. Kompromiß möglich, der Vertreter beider Lager an der Reg. einer arab. Republik beteiligte. 1974 löste das Militär die weiterhin instabile Reg. ab (Oberst al-Hamdi). Al-Hamdi, der versuchte, die Zentralgewalt gegenüber den Stämmen zu stärken, wurde 1977 ermordet. Seit 1978 ist Oberstltnt. Abdallah Salih Staatsoberhaupt (Reg.chef: Major Al Ghani).

3. 1978 betrug die Bev. J.s (gesch.) 5 650 000 (+ 4,8 Mio. im Ausland). Etwa 90% der Bev. lebt auf dem Land und in Kleinstädten, 5% als Beduinen in den östl. Geb. (Urbanisationsgrad: 6,3%; Hs San'a 1977 160 T., m. Vororten 448 T. Ew.). Die ethnisch homogene arab. Bev. J.s (Islam: Staatsreligion) ist geprägt von religiösen Gegensätzen zwischen den zaid. Schiiten (ca. 45%) und den shafi'itischen Sunniten (ca. 50%) und Stammesgegensätzen. Die Loyalität des Stammesmitglieds gilt allein dem Stamm. Die Stämme versuchen, ihre Unabh. gegenüber der Zentralgewalt zu behaupten und betrachten alle auf ihrem Gebiet lebenden Nicht-Stammesmitgl. als Unterprivilegierte (Klientel), die u. a. die von Stammesmitgliedern verachteten Berufe (Fleischer, Gerber, Töpfer, Barbier) auszuüben haben. Trotz des Ausbaus des Bildungswesens erfaßt dies nur ca. 10% aller schulpfl. Kinder. Die LE beträgt 45 J.

4. J. gehört zu den *LLDC. Die Agrarproduktion (Getreide, Viehzucht, Obst, Gemüse, Qat-Pflanze [mit narkotisierender Wirkung]) reicht für den Eigenbedarf nicht aus (1975/76 Anteil der Nahrungsmitteleinfuhren am Gesamtimport: 43,7%) und der Mangel an Facharbeitern und *Infrastruk-

turprobleme erschweren *Produktivitätssteigerungen und *Industrialisierung. Eine *Agrarreform (Anteil des Großgrundbesitz gesch. 40%) fand nicht statt. Der ind. Sektor mit weniger als 1% der Beschäftigung spielt, trotz einiger Fortschritte, eine sehr geringe Rolle. Wichtigstes Exportgut ist seit 1971/72 die Baumwolle (neben Häute/Felle, Kaffee, Biscuits). Finanziell ist J. von den Überweisungen der im Ausland lebenden Jem. und den Zuwendungen Saudi-Arab. abhängig, das J. in der Rolle eines „Pufferstaates" gegenüber der DVR J. sieht. Die Bemühungen um eine Vereinigung mit der DVR J. stagnieren heute.

Lit.: M. El-Azzazi, Die Entwicklung der arabischen Republik Jemen, Tübingen 1978. rs

Jemen-Süd

In J. wird der Versuch unternommen, mit der Staatsideologie des Marxismus/Leninismus eine trad. arab. Gesellschaft umzuformen. In den int. Beziehungen gilt der Hafen der Hs Aden als strategisch wichtiger Stützpunkt der UdSSR, v. a. auch im Hinblick auf die Öltankerrouten der Welt.

1. Die DVR (Demokrat. Volksrep.) J. liegt an der Südspitze der arab. Halbinsel (Fläche 332 968 qkm). Im Gegensatz zum Fischreichtum der angrenzenden Meere sind die vermuteten Bodenschätze des Landes (Öl, Kupfer) noch nicht erschlossen. In den fruchtbaren Wüstentälern (Wadis – 80% bewässert, ⅓ der Ges.fläche des Landes bebaut) werden landwirtsch. Produkte zur teilw. Deckung des Eigenbedarfs (Getreide, Sesam, Datteln) und Baumwolle für den Export angebaut.

2. J. wurde 630 Teil des islam. Weltreichs und im 16. Jh. des Osman. Reiches. 1839 besetzten die Briten Aden und unterstellten es der brit.-ind. Verwaltung, womit sie v. a. nach der Eröffnung des Suez-Kanals (1869), den Seeweg nach Indien kontrollierten. 1937 wurde Aden brit. Kronkolonie und der Rest der heutigen DVRJ westl. bzw. östl. Protektorat. Mitausgelöst durch den Militärputsch in Nordj. begannen 1963 im J. Befreiungskämpfe gegen die Briten, geführt von der von Ägypten unterstützten FLOSY (südj. Befr.front) und der nat. Befr.front (FLN, später: NFPO = Pol. Org. Nat. Front), aus denen letztere auch als Siegerin über ihre Rivalin FLOSY hervorging. 1967 wurde die VRSJ. gegründet (seit dem Abzug der Briten 1970: DVRJ zur Unterstreichung des Anspruchs, Modell für ein wiedervereinigtes J. zu sein).

3. 1978 betrug die Zahl der Ew. J.s (gesch.) 1 810 T. Etwa ⅔ der Bev. lebt auf dem Land (Hs Aden 1973: 285 373 Ew.). Die ethn. homogene Bev. J.s bekennt sich zu 92% zum Islam (meist Sunniten). Nach der Revolution wurde das Schulwesen wesentl. ausgebaut (1971: 10% des Budgets) mit dem Ziel, den *Analphabetismus zu beseitigen (die Einschulungsrate stieg in der Grundstufe von 25% auf 68%) und teilweise (seit 1973) auch die tertiäre Bildung im Lande zu ermöglichen. Die LE beträgt 42,3 J.

4. Die revolut. Regierung leitete 1968 eine *Agrarreform ein. Bis Ende 1972 entstanden 112 *Genossenschaften und 16 Staatsfarmen. Das Ziel der Reg.politik besteht in der Steigerung der Agrarproduktion (flankiert durch Infrastrukturmaßnahmen), deren Erträge in einheim. Betrieben verarbeitet werden sollen (80% der Beschäftigten arbeiten in der Landw.), und in der Ausweitung des Fischfangs (mit sowj. Hilfe). Neben Kleingewerbe zur Befriedigung lokaler Nachfrage gibt es als einzige große Industrieanlage des Landes die 1954 von *British Petrol* (BP) errichtete Erdölraffinerie in Little Aden, wo vorwiegend aus Kuwait geliefertes Öl verarbeitet wird (Ölderivate sind das wichtigste Ausf.gut, gefolgt von Baumwolle, Kaffee, Häute/Felle, Salz und Fischereiprodukte). J. ist dennoch *LLDC und finanziell v. a. auf die Überweisungen von im Ausland lebenden Jem. angewiesen.

5. Nach der Verfassung von 1978 steht an der Spitze J.s der Präsidentschaftsrat, dessen Vorsitzender (seit 1980 Ali Nasser Mohammed) Staatsoberhaupt ist. Die 1978 gegr. Jemenit. Sozialist. Partei ist Staatspartei. Der wissenschaftl. *Sozialismus bildet die ideolog. Grundlage der jem. Gesellschaft. Arbeiter-, Bauern- und Soldatenräte sollen die Kontrolle von der Basis her gewährleisten, de facto bleiben trad. Institutionen, wie die Stämme, Verbände (Schulverband), religiöse Bindungen weiterhin von Bedeutung. J.s wirtschaftl. und strategische Bedeutung ist in den letzten Jahren mit der Wiedereröffnung des Suez-

Kanals (1974) wieder gewachsen. Außenpol. steuert das Land einen Kurs der Zusammenarbeit sowohl mit den sozialist. Ländern als auch v. a. mit Saudi-Arab. rs

Joint Venture

Partnerschaftsunternehmen mit inländ. und ausländ. Anteilseignern am Unternehmenskapital, aus IL und EL, wobei das inländ. Kapital meist staatl. Ursprungs ist, das ausländ. privatwirtsch. Kapital darstellt. Neue Form des Kapitaltransfers, der die negativen Folgen der *Direktinvestitionen auszuschalten sucht. dn

Jordanien

1. Das Staatsgebiet J.s umfaßt 88 800 qkm ohne die 6 633 qkm Fläche von Ostjerusalem und Cisjord. die nach dem israel.-arab. Krieg von 1948 (*Nahostkonflikt) durch den damaligen König von Transjord. annektiert und 1967 von Israel besetzt wurden und auf die König Hussein nach der arab. Gipfelkonferenz von Rabat 1974 zugunsten eines zu gründenden palästinensischen Staates verzichtete. Nur etwa 10% der Gesamtfläche sind landw. nutzbar.

2. Bis zum I. Weltkrieg gehörte J. als Teil Großsyriens zum osmanischen Reich. Im Friedensvertrag von Sèvres 1920 wurde diese Region unter GB und Frankreich entsprechend dem geheimen Sykes-Picot-Abkommen von 1916 (*Nahostkonflikt) aufgeteilt. GB trennte von seinem Mandatsgebiet Palästina das Emirat Transjordanien ab und setzte dort den Emir Abdallah Ibn Hussein unter brit. Mandatsverwaltung als Herrscher ein. Unter Ausnutzung der Gegensätze zwischen der bäuerl. Bev. des Jordantales und den nomadisierenden Beduinenstämmen, die dem Monarchen verbunden sind, baute der englische General Glubb Pascha ab 1931 eine schlagkräftige, aus den Beduinenstämmen rekrutierte Armee auf, die bis heute sicherste Stütze der haschemitischen Monarchie ist. 1946 wurde Transjord. formell unabh. Königreich. Im Gefolge des israel.-arab. Krieges 1948 wurden Ostjerusalem und Ostpalästina (= Westjord.) annektiert, und der Staat nahm den Namen Haschemitisches Königreich J. an. Wegen seiner offensichtl. Kollaboration mit Israel wurde Abdallah 1951 ermordet. Ihm folgte sein Enkel Hussein II. Laut der Verfassung von 1952 ist J. eine konstitutionelle Monarchie mit erblicher Königswürde der Haschemiten. Ein Senat aus ernannten und ein Abgeordnetenhaus aus gewählten Mitgl. bilden das Parlament. Die Besetzung Westjord. durch Israel im Juni-Krieg 1967 hatte für J. tiefgehende wirtsch. und soziale Konsequenzen. Der Verlust der *Westbank* bedeutete den Wegfall von 65% der Obst- und Gemüseernte, 50% der Industrieproduktion, 55% des Gesamtumsatzes aus dem Dienstl.sektor und die zusätzliche Belastung durch ca. 1 Mio. palästin. Flüchtlinge.

3. Laut Zensus vom Nov. 1979 hat J. 2 152 273 Ew. Die extreme JZ von 4,85% erklärt sich durch die sehr hohe Geburtenrate von 50/1 000, die sinkende Sterberate und die Einbürgerung palästin. Flüchtlinge. Die *Urbanisierungsrate ist sehr hoch: Allein in Amman (649 000 Ew.) und Einzugsbereich leben mit 1,188 Mio. Menschen 55% der Gesamtbev. Addiert man die 612 000 Ew. des Stadtgebietes von Irbid, so leben in diesen beiden Städten 83% der Gesamtbev.

4. Das starke Einkommensgefälle zwischen J. und den Ölstaaten der arab. Halbinsel hat zu einer anhaltenden Abwanderung von Fachkräften geführt. Daher stieg der Anteil der erwerbstätigen Frauen an der weibl. Gesamtbev. von 4% 1974 auf 12% 1978, während die Arbeitslosenrate im Zeitraum 1970–77 von 14,0% auf 2,1% sank. Das BSP lag 1977 bei $ 710 pro Kopf, realer Zuwachs gegenüber dem Vorjahr 10,4%. Im Vergleich zu anderen EL zeigt die Wirtschaftsstruktur eine rel. Ausgeglichenheit der sektoralen Verteilung des BIP (zu lfd. Faktorkosten 1978): Landw. 10,8%, Bergbau 4,9%, Industrie 13%, Bauwirtschaft 7,4%, Strom/Wasser 1,1%, Transport/Verkehr 10,4%, Handel/*Tourismus 17,2%, Banken/Mieten 11,3%, Öffentl. Verwaltung/Verteidigung 20,2%. Mit dem Fünfjahresplan 1976–80 werden strukturelle Änderungen, v. a. in den Bereichen der ind. Produktion (Zement, Raffinerieprodukte, Textilien und Leder werden in geringem Umfang exportiert), des Bergbaus (Phosphate 30,3% der Gesamtausf.) und der Landw. angestrebt, um das chronische Handelsbilanzdefizit (1975 = $

650,6 Mio., 1978 = $ 1,3242 Mrd.) abzubauen. Die hohen Defizite konnten nur durch massive Kapitalhilfe aus dem westl. Ausland und den arab. Ländern ausgeglichen werden. Durch die Beschlüsse der arab. Gipfelkonferenz im Nov. 1978, die sog. „Frontstaaten" während der folgenden 10 J. wirtsch. zu unterstützen, erhält J. $ 1,250 Mrd. jährl., etwa soviel wie das jordan. BSP von 1977 (1,324 Mrd.).
5. Die Ablehnung der Camp David-Abkommen und des israel.-ägypt. Friedensvertrages, die offizielle Aussöhnung mit der *PLO und die vorsichtigte Annäherung an Syrien und den Irak haben die pol. Position der jordan. Monarchie im Innern und in der arab. Welt erheblich gefestigt.

Lit.: M. Haas, Husseins Königreich, Jordaniens Stellung im Nahen Osten, München 1975. hpk

KAEF

Katholischer Arbeitskreis Entwicklung und Frieden, 1968 gegründet, aus Arbeitskreis für E.-Hilfe hervorgegangen, der 1967 von Misereor, Adveniat, Caritas, Zentralkomitee der deutschen Katholiken, Kommissariat der deutschen Bischöfe eingerichtet worden war. Zu den Trägern von KAEF zählen noch die Int. Friedensbewegung Pax Christi und das Int. Kath. Missionswerk Missio. Koordinationsorgan der E.-Dienste der kath. Kirche in der BRD. *Aufgaben:* Förderung der kirchl. E.- und Friedensarbeit, der Zusammenarbeit kath. Organisationen und Einrichtungen im nat. und int. Bereich, der Bildungs- und Öffentlichkeitsarbeit, der Forschungstätigkeit; Erarbeiten von Stellungnahmen zu Fragen der nat. und int. E.- und Friedenspolitik. KAEF fungiert als „1. Forum der Meinungs- und Willensbildung sowie Gremium der Zusammenarbeit mit anderen im Aufgabenbereich tätigen Stellen, Einrichtungen und Personen; 2. als Beratungsorgan der Deutschen Bischofskonferenz, des Zentralkomitees der deutschen Katholiken sowie der Träger-Institutionen der KAEF; 3. als nat. Kommission Justitia et Pax. Leitungsorgan: Trägerkreis; ihm gehören je 2 Vertreter der Träger des KAEF an. Vorsitzender: Bischof H. Tenhumberg. Sektionen: Entwicklung und Frieden jeweils 45 Mitgl. (Sachverständige); Wissenschaftl. Kommission, ihr gehören 10 Wissenschaftler verschiedener Disziplinen an; Ständiger Ausschuß „Dienste für den Frieden" und Fachbeirat für Bildungs- und Öffentlichkeitsarbeit, jeweils 15 Mitgl. KAEF gibt Schriftenreihe „Entwicklung und Frieden" heraus. Adresse: KAEF Generalsekretariat, Hochkreuzallee 246, 5300 Bonn 2. dn

Kamerun

1. Die im Übergangsbereich zwischen West- und Zentralafrika gelegene Rep. K. (Fläche: 475 000 qkm) stellt mit ihren großen geograph. und bev.mäßigen Unterschieden ein „Afrika im Kleinen" dar.
2. Ethnisch gliedert sich K. in über 200 Sprach- und Volksgruppen. Rund 30% der 1976 (gesch.) 7,7 Mio. Ew. leben im N. wo die Emirate der islam. Fulbe, die die Kirdi („Heiden") in ihre Abh. gebracht hatten, z. T. erst nach der Unabh. ihre dominierende pol. Machtstellung verloren. Im S überwiegen Bantu- und Semibantu-Gruppen (maximal 10 000 Pygmäen leben in den Regenwäldern), Beti, Bamun, Bassa u. a. Wegen ihrer wirtsch. Dynamik überall gefürchtet sind die aufgrund der Überbev. ihrer Heimatregion sich über ihr Stammesgebiet im SW hinaus ausbreitenden Bamileke. Die Hauptstadt Jaunde zählte 1978 314 000 Ew., die wichtigste Hafenstadt, Duala, 458 000 Ew.; gut 70% der Bev. leben jedoch in Orten unter 5 000 Ew. Entsprechend waren von der für 1977 auf 3,9 Mio. geschätzten potentiell aktiven Bev. nur 348 000 (8,9%) regelmäßige Lohn- und Gehaltsempfänger (davon 60 000 im Staatsdienst und 48 000 in öffentl. oder parastaatl. Unternehmen).
3. Die Landw., die weitgehend auf kleinen Familienunternehmen aufbaut (nur in West-K. kontrolliert die *Cameroons Development Corporation* den größten Teil der Produktion), stellte bisher den bei weitem wichtigsten Wirtschaftssektor dar (Mitte der 70er Jahre knapp 80% der aktiven Bev., 40% des BIP), wobei nach Investitionen in den vorausgehenden Jahren Kakao, Kaffee und Hölzer durch Produktionssteigerungen ihre Stellung als wichtigste Exportgüter festigen konnten (1977 zusammen 70% der Exportwerte), während die Baumwollproduktion in den letzten Jahren eher rückläufig

war. An Bedeutung gewonnen hat dagegen der Export von Erdnuß (Produktion 1975/76: 56 800 t, 1977/78: 74 000 t) und Bananen (1977: 82 500 t). Im sich nur zögernd entwickelnden ind. Bereich, in dem rund 80 % der Investitionen von Ausländern getätigt wurden (5 % inländ. Privatkapital, 15 % staatl. Investitionen), herrschte zunächst *Importsubstitution und einfache Verarbeitung einheim. Agrarprodukte vor. Bedeutung für den Export gewann jedoch die Ende der 50er Jahre errichtete Aluminium-Schmelzanlage bei Edea (zunächst fast ausschließl. aus Guinea importiertes Bauxit, eigene Bauxitvorkommen sind prospektiert), deren Aluminium in den 60er Jahren über ¼ der Exporterlöse erbrachte. Noch wichtiger für die seit Mitte der 70er Jahre wieder positive Handelsbilanz (1977: Exporte: 192,4 Mrd. FCFA, Importe: 172,8 Mrd., Frankreich weiter mit Abstand erster Handelspartner bei 1977 30,5 % der Export- und 41 % der Importwerte) ist die von dem franz. Unternehmen Elf-Serepca 1978 aufgenommene Förderung von Erdöl im Küstenbereich, für die 1978 Einnahmen zwischen 15 und 20 Mrd. F CFA erwartet wurden (1977: Einfuhr von Erdölprodukten für 20 Mrd.). Bei Victoria wird bis 1981 eine Erdöl-Raffinerie mit einer Kapazität von 1,5 bis 2 Mio. t errichtet. Investitionen im Agrobusiness und im verarbeitenden Bereich haben Ende der 70er Jahre einen deutlichen Aufschwung genommen, doch wird eine weitere Expansion durch das mangelhafte Straßen- (u. a. fehlt eine große Nord-Süd-Achse) und Telekommunikationssystem gebremst, während in den letzten J. beträchtl. Mittel in den Ausbau des Eisenbahnnetzes investiert wurden (1965: 517 km, 1975: 1 166 km).

4. Das seit 1884 deutsche „Schutzgebiet" K. wurde nach dem I. Weltkrieg zwischen Frankreich und GB, das den kleineren westl. Teil erhielt, als Völkerbundsmandat geteilt. Unter den sich nach dem II. Weltkrieg bildenden Parteien entfaltete die „nationalist.", auf Unabh. bedachte und die „Wiedervereinigung" beider Teile K.s anstrebende *Union des Populations du Cameroun* (UPC) die größte Dynamik. Nach Unruhen 1955 verboten, ging die UPC mit ihrem Führer Ruben Um Nyobé in den Untergrund. Der 1958 zum Premierminister eingesetzte, aus dem N stammende konservative A. Ahidjo war bei der Bekämpfung der UPC-Rebellion auch nach der Unabh. (1960) bis Mitte der 60er Jahre auf franz. Militär angewiesen. Referenden im brit. Teil K.s ergaben 1961 im N eine Mehrheit für den Anschluß an Nigeria, während im S die Furcht vor den wirtsch. dominierenden Ibos ein Votum für den Anschluß an das bereits unabh. K. bewirkte. Nachdem er bis 1964 seine *Union Camérounaise* (UC) de facto zur einzigen Partei Ostkameruns gemacht und die in Westkamerun noch bestehenden Parteien 1966 zur Verschmelzung mit der UC zur seither bestehenden Einheitspartei *Union Nationale Camérounaise* (UNC) veranlaßt hatte, konnte der 1978 für fünf Jahre wiedergewählte Präsident Ahidjo mit der Auflösung der seit dem 1. 10. 1961 bestehenden beiden Bundesstaaten (mit eigenem Parlament und eigener Regierung, aber nur geringen Kompetenzen) 1972 das letzte Gegengewicht zur allumfassenden Machtfülle des Präsidenten beseitigen. Die 120 Abgeordnete umfassende Nationalversammlung leistet allenfalls in ihren techn. Ausschüssen eigenständige Arbeit. Bestehen bleibt auch weiterhin die zu den ethnischen und geograph. Gegensätzen hinzutretende Dreiteilung K.s im pol. Bereich in den englischsprachigen W, den islam. N. und den wirtsch. überlegenen S. kz

Kammer der EKD für Kirchl. Entwicklungsdienst

1969 vom Rat der Evang. Kirche in Deutschland (EKD) berufen, erarbeitete die 1973 veröffentlichte Denkschrift „Der Entwicklungsdienst der Kirche – ein Beitrag für Frieden und Gerechtigkeit in der Welt", das bis heute grundlegende Dokument der EKD zur E.-Problematik. Dez. 1979 wurde die Kammer vom neuen Rat der EKD neu berufen: 28 Mitgl. aus folgenden Bereichen: Kirche und Theologie (8), Publizistik, Werke, Einrichtungen (3), Parteien, Staat, Gesellschaft, int. Organisationen (10), Wissenschaft (7). Ständige Gäste sind die Geschäftsführer der evang. Hilfswerke der *AG-KED. Adresse: EKD

– Kirchenkanzlei –, Herrenhäuserstr. 2A, 3000 Hannover 21. kj

Kampuchea

K. ist in Gegenwart und Vergangenheit ein umkämpftes Land. Heute ist es in Gefahr, Satellit seines mächtigeren Nachbarn Vietnam zu werden; seine Bev. ist der Ausrottung nahe. Mehr als 50% der Fläche K.s (181 000 qkm) sind mit Wäldern bedeckt. K. hat den größten Süßwasserfischbestand Südostasiens. Während der Regenzeit bildet der über die Ufer tretende Mekong zusammen mit den Abflüssen des Großen Sees ein riesiges Überschwemmungsgebiet. Die fruchtbaren Schlammablagerungen erlauben einen intensiven Reisanbau. Diesem land- und fortwirtsch. Potential K.s steht heute die schreckliche Verelendung, der drohende Hungertod fast aller Kambodschaner gegenüber. In keiner Periode seiner überlieferten Geschichte, die mit dem Reich von Funan (3.–6. Jh.) beginnt und die ihren kulturellen Höhepunkt im 12. u. 13. Jh. hatte, als K. zur führenden Macht im kontinentalen Südostasien aufstieg (Königstadt Angkor), war das Volk der Khmer so existentiell bedroht. Perioden der Fremdherrschaft begannen 1431 mit der Eroberung Angkors durch die Thais und der Verlegung des Königshofes nach Phnom Penh. In den folgenden Jh.en ständig von W und O bedroht, stand K. um die Mitte des 19. Jh.s faktisch unter thailänd.-vietnames. Doppelherrschaft. Der erzwungene Protektoratsvertrag mit Frankreich von 1864 und die Eingliederung in die *Union Indochinoise* 1887 entzogen K. zwar der vietnames. Bedrohung und erlaubten das Überleben des Khmer Königreiches, machten das Land aber zum französischen Kolonialgebiet und zeichneten das sich heute durchsetzende Modell der Regierung des Landes von Vietnam aus vor. Nach der Besetzung Indochinas durch die Japaner im II. Weltkrieg proklamierte der 1941 vom franz. Generalgouverneur zum Herrscher bestimmte König Norodom Sihanouk 1945 die Unabh. K.s, ein Akt, der nach der Kapitulation Japans von den zurückgekehrten Franzosen annulliert wurde. 1949 wurde K. als assoziierter Staat der Franz. Union formal in die Unabh. entlassen, doch behielt sich Frankreich die Hoheit über Justiz, Streitkräfte, Währung und Außenpolitik vor. Starker antifranz. und antimonarchischer Widerstand veranlaßten Sihanouk zu einer dipl. Offensive und – auf dem Hintergrund der sich abzeichnenden franz. Niederlage in Vietnam – zur Verkündung der vollständigen Unabh. K.s 1953. 1955 dankte Sihanouk zugunsten seines Vaters als König ab und gründete die *Sangkum Reastr Niyum* (Sozialist. Volksgemeinschaft), die von nun an sämtl. Sitze in der Nationalversammlung, der neuen legitimatorischen Basis des personalistischen Regimes Sihanouks, gewann. Von Sihanouk in Gang gesetzte gesellschaftl. Wandlungsprozesse, wie die in den 60er Jahren vorgenommenen Verstaatlichungen weiter Bereiche der Wirtschaft, änderten allerdings wenig an der starken sozialen Polarisierung K.s. Der Masse der meist auf *Subsistenzniveau wirtschaftenden Kleinbauern stand eine bürokrat. Elite (einschl. des Königshauses) gegenüber, die über einen beträchtlichen Teil des Großgrundbesitzes verfügte. Handwerk und Handel wurden vorwiegend von ethnischen Minderheiten (v. a. Chinesen) kontrolliert. Die zur Zeit des Vietnamkriegs auftretenden ökon. Probleme verstärkten die Entschlossenheit der pro-amerik. Elitefraktion des Landes, Sihanouks Politik durch Reprivatisierungen rückgängig zu machen. Während einer Auslandsreise wurde Sihanouk am 18. 3. 1970 ganz im Interesse und mit der Rückendekkung der USA, die bestrebt war, den vietnames. Widerstand durch Aufrollen des kamb. Hinterlandes rücksichtslos zu brechen (allein zwischen dem 28. 1. 1973 und dem 11. 8. 1973 wurden mehr als 240 000 t Bomben, 50% mehr als über Japan während des Weltkriegs, auf K. abgeworfen; nach Schätzungen eines Ausschusses des US-Senats wurden 3,4 Mio. Menschen zu Flüchtlingen, 700 000 Mio. starben), von seinem Premierminister Lon Nol und Prinz Matak gestürzt. Sihanouk gründete daraufhin im Pekinger Exil den *Front Uni National Kampuchéa* (FUNK), dem sich die *Befreiungsbewegung Rote Khmer anschloß. Diese übernahm nach der Niederlage der USA und ihrem Rückzug aus Indochina 1975 die Regierungsgewalt. Der zurückgekehrte Sihanouk war Gefangener im eigenen Land. Die Revolutionäre Organisation (*Angkar*) der Roten Khmer, über deren Struktur bis heute wenig bekannt ist, deren Allgegenwart aber noch immer den Zusammenhalt der Roten Khmer und der von ihnen beherrschten Bev. garantiert, wurde unter Pol Pot und Ieng Sary zum brutalen Wegbereiter eines Agrarkommunismus. Nicht nur die vor den Bomben der Amerikaner nach Phnom Penh geflohenen Kambodschaner, auch alle anderen Bewohner der Hs. wurden aufs Land evakuiert. Totale Unterordnung unter *Angkar,* Abschaffung jeglichen Privateigentums, genossenschaftl. Reisproduktion ohne Entlohnung mit Bargeld, das abgeschafft wurde, und blutige Repression (über die Zahl der Opfer, die vermutlich die Mio.grenze überschreitet, gibt es unterschiedl. Angaben) und als Folge die Flucht in das Elend thailänd. Lager kennzeichnete die Lage der Bev. unter der Herrschaft der „Roten Khmer". Was an wirtsch. Konsolidierung des von der amerik. Aggression schwer getroffenen Landes erreicht wurde, wurde immer wieder von Grenzauseinandersetzungen mit Thailand und Vietnam belastet. Für die schließlich am 25. 12. 1978 erfolgte Invasion Vietnams in K. (1980 waren ca. 150 T. Mann in K. stationiert) und die Machtübernahme der von den Vietnamesen völlig abh. Kambodschanischen Einheitsfront für die Nationale Rettung (FUSNK = *Front Uni de Salut National du Kampuchéa)* unter dem ehem. Roten Khmer Heng Samrin werden eine Reihe unterschiedl. Gründe genannt: a. Opposition gegen K.s Variante des Agrarkommunismus (Samrin verspricht die Vertretung aller gesellschaftl. Gruppen im ZK der FUSNK, der Bev. das Recht auf freie Religionsausübung, Rückkehr an alte Wohnorte, einen 8-Stunden-Tag mit angemessener Bezahlung); b. Expansionismus Vietnams (V. will sich den Nahrungsmittelreichtum K.s sichern) c. Stellvertreterkrieg (zwischen dem Verbündeten Chinas = K. und dem Verbündeten der UdSSR = Vietnam). Obwohl die wesentl. Gebiete K.s unter der Kontrolle von Samrins Volksrepublik K. sind, hält sich hartnäckig der vom Westen und der VR China unterstützte Widerstand. Die VR China gewährt dem in der Mission als Anwalt eines freien K. von den Roten Khmer mit Ausreisegenehmigung versehenen Sihanouk (er befürwortet eine neue Indochina-Konferenz) erneut Asyl. Das Demokrat. K. der Roten Khmer hat nach eigenen Angaben 100 T., nach westl. Schätzungen 30–40 T. Soldaten zur Verfügung, die entlang der thailänd. Grenze einen *Guerilla-Krieg führen. Im Nordwestzipfel K.s kämpfen die neugegründeten antikommunist. *Khmer Seri* (freie Khmer), gesch. 8 T. Mann. Schrecklich ist die Lage der Zivilbev., die durch den Krieg, Hungersnöte und Seuchen (trotz versuchter Hilfeleistungen aus dem Ausland) ständig dezimiert wird (einige Beobachter werfen den Vietnamesen eine Ausrottungspolitik vor, mit dem Ziel, Landsleute als Bauern in K. anzusiedeln). Nirgends in K. gibt es noch ausreichend Nahrungsmittel oder genügend Reisanbau für die Zukunft. So gut wie nicht vorhanden sind medizin. Versorgung, Schulwesen und *Infrastruktur (Strom, Wasser). Alle Anstrengungen der Zivilbev. K.s im Lande und in den Lagern Thailands gelten dem einen Ziel – zu überleben. rs

Kapitalhilfe

auch finanz. Hilfe und neuerdings finanz. Zusammenarbeit. Durch KH werden den EL Finanzierungsmittel zu günstigen Bedingungen zur Förderung ihrer wirtsch. und sozialen E. zur Verfügung gestellt. KH wird in der Regel als Darlehen vergeben, wobei die BRD die Konditionen staffelt: für *LLDCs und *MSACs 0,75 % Zinsen, 50 Jahre Laufzeit, 10 tilgungsfreie Jahre; mittlere Gruppe von EL: 2 % Zinsen, 30 Jahre Laufzeit, 10 tilgungsfreie Jahre; fortgeschrittene EL bzw. solche mit hohen eigenen Deviseneinnahmen: 4,5 % Zinsen, 20 Jahre Laufzeit, 5 tilgungsfreie Jahre. Der E.-Stand eines EL bestimmt somit die Höhe des *Zuschußelements. Bei der KH der BRD überwiegen die zinsgünstigen Darlehen mit langen Laufzeiten. In Sonderfällen wird KH auch als nicht-rückzahlbarer Finanzierungsbeitrag geleistet, insbes. für Projekte der sozialen *Infrastruktur in den am wenigsten entwickelten Ländern. 1978 hat die BRD dieser Ländergruppe in früheren Jahren zugesagte Darlehen nachträglich in Zuschüsse umgewandelt und damit die *Verschuldung der ärmsten EL verrin-

gert. Für die KH der BRD besteht grundsätzlich keine *Lieferbindung. Dieser Grundsatz wird jedoch seit 1977 wieder aufgeweicht. Er kommt auch nicht bei der KH im Rahmen von Mischfinanzierungen zum Tragen: Verbindungen von KH-Krediten mit normalverzinslichen Exportkrediten für kommerzielle Projekte vor allem in jenen EL, denen die BRD aufgrund des dort erreichten E.-Standes zinsgünstige KH-Kredite nicht mehr einzuräumen bereit ist. Immerhin haben Mischfinanzierungen den Effekt, die knappen KH-Mittel durch öffentl. oder private Exportkredite zu strekken.
KH dient hauptsächlich zur (Teil-)Finanzierung von Projekten oder Programmen (→Projekthilfe), von Importgütern (→Warenhilfe) und zur Refinanzierung von *Entwicklungsbanken. Die Gewährung von KH-Krediten der BRD erfolgt auf der Basis von Regierungsabkommen zwischen der beantragenden Regierung eines EL und der Bundesregierung. Zuständig ist auf deutscher Seite das BMZ und für Vergabe und Abwicklung im Auftrag der Bundesregierung die *KfW. dn

kapitalintensiv

als k. werden Technologie oder Produktion bezeichnet, bei welcher ein hoher Anteil von Sachkapital (Maschinen) zur Herstellung von Gütern eingesetzt wird, aber nur wenig (und meist dann nur sehr spezialisierte) menschl. Arbeitskraft benötigt wird. Gegensatz *arbeitsintensiv. dn

Kapverdische Inseln

Die dem Senegal vorgelagerten K.V.I. (Hauptinsel São Tiago mit Hs Praia) besitzen eine Fläche von 4033 qkm und eine Bev. von 1978: 310000 Ew. Die überwiegend röm.-kath. Bev. spricht neben der Staatssprache Portugiesisch ein mit afrikan. Elementen durchsetztes portug. Crioulo und gliedert sich ethnisch in Creolen (70%), Neger (28%) und Weiße (1%). 90% aller Erwerbstätigen sind in Land-, Forst- und Viehwirtschaft sowie in der Fischerei (Fische und Fischprodukte ca. 50% des Exports) beschäftigt. Salz, Bananen und Pflanzenöle sind weitere Güter des Exports, der vorwiegend nach Portugal, USA, GB u. a. EG-Staaten, aber auch in west- und zentralafrikan. Länder geht. Die wenig entwickelte Industrie (Anteil am BIP 2%) beschränkt sich auf die Verarbeitung von Fisch- und Agrarprodukten. Größtes E.-Hemmnis der zur Sahel-Zone gehörenden K.V.I. ist der akute Wassermangel, der zu wiederholt auftretenden Dürrekatastrophen führt.
Bis zur Unabh. 1975 waren die K.V.I. seit 1595 portug. Kolonie und wichtiger Umschlagplatz für den Sklavenhandel. Die von den portug. Lehnsherren mit Negersklaven betriebene exportorientierte Plantagenwirtschaft (Kakao, Baumwolle, Sisal) verfiel durch Bodenerosion, Dürreperioden und Mitte des 19. Jh.s immer mehr, so daß viele Bewohner der K.V.I. nach USA, Brasilien und Portugal emigrierten. Nach der Abtrennung des bislang vom portug. Gouverneur der K.V.I. mitverwalteten Guinea-Bissau (1878) begann unter dem Salazarregime (1926) eine neue Besiedlungspolitik, in deren Verlauf die einheim. Bauern und Großgrundbesitzer ihr Land an die *Banco National Ultramarino* verloren. Im Rahmen des Umsturzes in Portugal (1974) konnte sich die von kap.verd. Kleinbourgeoisie auf Guinea Bissau gegründete Befreiungsbewegung PAIGC (*Partido Africano da Independencia da Guiné e Cabo Verde*) durchsetzen und bei der Wahl zur Nationalversammlung (1975) alle 56 Sitze erringen. Ziel der in beiden Staaten regierenden PAIGC ist die Föderation zwischen G.B. und der Rep. der K.V.I., deren Form letztlich die Zukunft des armen, sozial rückständigen und ökologisch abgewirtschafteten Archipels (*LLDC, *MSAC, *AKP) entscheiden wird. ah

Karibik

1. *Fläche:* Bahamas, ca. 700 Inseln, 20 bewohnt und 300 Korallenbänke und Felsklippen, 13935 qkm; Dominica, 790 qkm; Barbados, 430 qkm; Grenada, 305 qkm; St. Kitts (176 qkm)-Nevis (130 qkm-Anguilla (88 qkm), 394 qkm; Antigua, 442 qkm; St. Lucia 603 qkm; St. Vincent, 389 qkm; Turks and Caicos I., 6 Turks, 2 bewohnt, 24 Caicos, 4 bewohnt, 430 qkm; Cayman I., 3 Inseln: Grand C., C. Brac, Little C., 259 qkm; Jungfern I.,

174 qkm; Montserrat, 84 qkm; Guadeloupe, 1 779 qkm; Martinique 1 102 qkm; Niederl. Antillen, 6 Inseln: Über dem Winde = Saba (13 qkm), Sint Eustatius (21 qkm), Sint Maarten (34 qkm), Unter dem Winde = Aruba (190 qkm), Bonaire (288 qkm), Curacao (443 qkm), 989 qkm; US-Jungfern I., 3 Inseln: St. Croix (212 qkm), St. Thomas (83 qkm), St. John (49 qkm), 344 qkm.
Durch die Kolonialwirtschaft wurde das Landschaftbild der Karibik meist verändert und den Erfordernissen agrar. *Monokulturen angepaßt. Auch heute sind weite Teile der Karibik hauptsächlich vom Export landwirtsch. Produkte abh.
Dominica: Bananen; Barbados: Zucker; Grenada: Bananen, Kakao, Muskatnus (= ⅓ der Welterzeugung); St. Kitts: Zucker, Nevis: Baumwolle; Antigua: Baumwolle, Zucker; St. Lucia: Bananen, St. Vincent: Bananen, Pfeilwurz (Monopol); Turks and Caicos: Meerestiere; Cayman I.: Schildkrötenprodukte; Jungfern I.: Bananen, Gemüse; Montserrat: Baumwolle, Obst- und Zitrusfrüchte; Guadeloupe und Martinique: Bananen, Zucker.
Zunehmende wirtsch. Bedeutung hat der *Tourismus, v. a. aus Nordamerika (ca. ⅔ der Besucher), gewonnen.
Tourismus: Bahamas 1971: ca. 70% des BSP; Barbados 1971: 67,9% Anteil des tertiären Sektors am BIP. Tourismus auch auf Grenada, St. Kitts-Nevis-Anguilla, Antigua, Cayman I., Jungfern I., Martinique, Guadeloupe, US-Jungfern I., Niederl. Antillen. Von den kleinen Karibikinseln wurden nur Curaçao und Aruba in nennenswertem Umfang industrialisiert. Sie verdanken dies ihrer geograph. Nähe zu den Ölfeldern Venezuelas, die sie als Standort für Raffineriekapazitäten (95% der Exporte der Niederl. Antillen sind Erdölprodukte) geeignet macht.
2. Entdeckt wurden fast alle Karibik-Inseln von Kolumbus auf seinen 4 Amerikareisen. Die Spanier erweiterten in ihren neu gewonnenen Kolonien die wirtsch. Aktivitäten, die auf Fischfang und Jagd beschränkt waren, durch den Import von Haustieren (Viehzucht) und Nutzpflanzen (Zuckerrohr, Bananen, Orangen). Da die zur Arbeit gezwungenen einheim. Indianer großen Widerstand leisteten und in der Gefangenschaft rasch starben, begann man bald, Afrikaner als Sklaven auf die Inseln zu holen (16. Jh.). Spanien versuchte, den gewinnbringenden Handel mit seinen Kolonien durch Zugangsverbote für ausländ. Schiffe (außer portug.) zu monopolisieren, was aber den sich in Piraterie (Willis, Morgan) und Eroberungsversuchen (im 17. Jh. besetzten GB: St. Kitts, Nevis, Jamaika, Bahamas, Barbados u. a., Frankreich Guadeloupe, Martinique, die Niederl. andere Antilleninseln) manifestierenden Widerstand der großen europ. Mächte hervorrief. Das 18. Jh. ist die Blütezeit des Dreieckshandels: Afrika (Sklaven) – Karibik (Zucker u. a.) – Europa. Mit der Aufhebung der Sklaverei (brit. Kolonien: 1833, franz. 1848, niederl. 1863; span.: Puerto Rico 1873, Kuba 1886), der wachsenden Konkurrenz des europ. Rübenzuckers und der Bodenzersplitterung in Folge der Landnahme durch frühere Sklaven (v. a. auf Jamaika, Trinidad, Windward Islands) sinkt die Bedeutung der Karibik im Welthandel. Die Basis der Wirtschaftstätigkeit verändert sich von der Mitte des 19. bis zum Beginn des 20. Jh.s durch die Kontraktarbeit (Indentur, bis 1917) und ein gewandeltes, allerdings immer noch exportorientiertes Spektrum landw. Erzeugnisse. Seit dem II. Weltkrieg entstand in einigen karib. Gebieten eine neue Dependenzstruktur. Sie ist Folge der Funde von Bodenschätzen (Öl: Trinidad, Curaçao, Aruba; Bauxit: Jamaika, Guyana) und der damit verbundenen *Industrialisierung (Abh. von Anlagen- und *Technologieimporten) sowie der touristischen Nutzung der Inselwelt. Die Bindung an die alten Kolonialmächte wurde weitgehend durch die Dominanz der USA (Penetration durch *Multinat. Konzerne, Einfluß nordamerik. Kultur etc.) abgelöst.
3. Der durch die *Plantagenökonomie verursachte Zustrom indischer, v. a. aber afrikanischer Arbeitskräfte führte dazu, daß diese Ethnien heute die überwiegende Mehrheit der karib. Bevölkerung ausmachen. Der Anteil der Kinder und Jugendlichen an der Gesamtbev. ist hoch.
Bev.-Zahlen: Bahamas 1973: ca. 193 T. b) Dominica 1978: ca. 80 T. c) Barbados: 1977: 255 T. d) Grenada 1977: 110 T. e) St. Kitts (1970/71: 34,2 T.)-Nevis (1970/71: 11,2 T.)-Anguilla (1960: 5,6

T.) 1973: 65 T. f) Antigua 1973: 74 T. g) St. Lucia 1972/73: 107 T. h) St. Vincent 1972/73: 91 T. i) Turks and Caicos I. 1970/71: 5 675. j) Cayman I. 1971/72: 11 T. k) Jungfern I. 1973: 12 T. l) Montserrat 1973: 12 T. m) Guadeloupe 1978: ca. 325 T. n) Martinique 1978: ca. 342 T. o) Niederl. Antillen 1975: 229 T. (Aruba 60,8 T., Bonaire 8,2 T., Curaçao 149,1 T., Saba 0,9 T., Sint Eustatius 1,3 T., Sint Maarten 8,8 T.) p) US-Jungfern I. 1972: 63 T.

4. Auch nach der Aufhebung der Sklaverei blieb in der Karibik die pol. und ökon. Macht in der Hand der Weißen und der kreolischen Elite. Für die schwarze und farbige Bev.mehrheit bedeutete dies im 19. Jh. die Beschränkung auf den Status des kleinen Landbesitzers, des ungelernten und niedrig bezahlten städt. und Landarbeiters oder des Arbeitslosen. Die Klassenstruktur folgte damit eng rassischen Trennungslinien und verfestigte diese ihrerseits ideolog. und kulturell. Funde von Bodenschätzen, *Industrialisierung und pol. Unabh. erforderten insbes. seit dem II. Weltkrieg in geringerem Umfange angelernte und Facharbeiter (Ablösung *arbeitsintensiver landw. Arbeit durch Arbeit in *kapitalintensiven Industrien), Akademiker und Regierungspersonal. Dies ermöglichte das Entstehen der sog. schwarzen Bourgeoisie und der indischen Mittelklasse, die sich aber im Prozeß ihrer Etablierung kulturell und pol. verwestlichten. So wurden weder die krassen Einkommensunterschiede noch rassistische Denkweisen überwunden. Hauptprobleme der karib. Bev. bleiben weiterhin *Arbeitslosigkeit, durch die Zuwanderung in die Subzentren wachsende *Marginalisierung und der Zwang zur Emigration.

5. Sprache, Religionszugehörigkeit, Bildungs- und soziale Einrichtungen der karib. Länder sind geprägt von ihrer unterschiedl. kolonialen Vergangenheit und Gegenwart. *Sprache:* a) Bahamas: Amts- u. Umgangssprache Englisch. b) Dominica: Amtssprache E, Umgangsspr. kreol. Französisch. c) Barbados: Amts- u. Umgangsspr. E. d) Grenada: Amtsspr. E, Umgangsspr. kreol. E und kreol. F. e) St. Kitts-Nevis-Anguilla: Amtsspr. E, Umgangsspr. kreol. E. f) Antigua: Amtsspr. E, Umgangsspr. kreol. E. g) St. Lucia: Amtsspr. E, Umgangsspr. kreol. F. h) St. Vincent: Amts- u. Umgangsspr. E. i) Turks and Caicos I.: Amtsspr. E. j) Cayman I.: Amts- u. Umgangsspr. E. k) Jungfern I.: Amts- u. Umgangsspr. E. l) Montserrat: Amts- u. Umgangsspr. E. m) Guadeloupe: Amtsspr. F, Umgangsspr. kreol. F. n) Martinique: Amtsspr. F, Umgangsspr. kreol. F. o) Niederl. Antillen: Amtsspr. Niederländisch, auch Spanisch u. E, Umgangsspr. „Papiamento" = Mischidiom aus span., niederl., portug., engl. u. afrikan. Elementen. p) US-Jungfern I.: Amtsspr. E.

Religion: a) 1972: 52% Anglikaner, 25% Methodisten, Baptisten usw., 18% Römisch-Kath., 5% Sonstige. b) 1969: 75% RK, 20% A, M usw., 5% Sonst. c) 1971: 70% A, 30% M, RK u. a. d) Protestanten u. RK. e) 1971: 52% P, 44% RK, 4% Sonst. f) 1971: 80% A, 20% RK u. a. g) 1972: 70% RK, 20% A, M, 5% Sonst. h) überwiegend M u. A, daneben RK. i) 1971: 90% P, 10% RK. j) 1970: 90% P, 10% Sonst. k) 1971: 90% P, 10% RK u. a. l) überwiegend P, daneben RK. m) 1972: 90% RK, 10% RK u. a. n) 1972: 95% RK, 5% Sonst. o) 1960: 82% RK, 8% P, 10% Sonst. p) überwiegend P, daneben RK, Juden.

Gesundheitswesen (Ew. pro Arzt): a) 1969: 1 231. b) 1970: 6 364. c) 1970: 1 818. d) 1968: 3 448. e) 1967: 3 773. f) 1970: 2 609. g) 1968: 5 789. h) 1970: 6 250. i) 1966: 3 000. j) 1970: 5 000. k) 1970: 1 571. l) 1969: 1 875. m) 1967: 1 893. n) 1968: 1 594. o) 1968: 1 783. p) 1967: 824.

6. In keinem anderen Gebiet der Erde besteht eine derart kleinräumige Aufsplitterung in Territorien mit unterschiedl. pol. Status wie in der Karibik. Wenn auch Unabh.bestrebungen heute an Bedeutung gewinnen, wird dieser weiterhin entscheidend durch die Zuordnung zur jeweiligen Kolonialmacht und deren Intentionen bestimmt.

1) Der brit. Einflußbereich. Neben 6 unabh. Staaten, die Mitgl. im *Commonwealth sind, gehören zu ihm 2 assoziierte Staaten („responsible government", völlige innere Autonomie, GB hat Außenvertretung u. Verteidigung) und 4 Kronkolonien (brit. Administration auch mit exekutiven und legislativen Funktionen):

Unabhängige (von N nach S): Seit 1973: *Bahamas:* 2-Kammer-Parlament, Senat aus 16 ernannten, House of Assembly aus 38 gewählten Mitgl. Nach Wahlen 1972: Premierminister (PM) L. O. Pindling (Progressive Liberal Party), daneben: Free National Movement. Seit 1978: *Dominica:* House of Assembly aus 11 gewählten, 3 ernannten Mitgl. u. 1 Offizialmitglied. PM P. R. John (Labour Party), daneben: D. Labour Party, D. Freedom Party. Seit 1979: *St. Lucia:* House of Assembly aus 10 gewählten, 3 ernannten Mitgl. u. 1 Offizialmitgl. Nach Wahlen 1979 PM A. Louisy; Parteien: United Workers Party, St. Lucia Labour Party. Seit 1979: *St. Vincent:* House of Assembly aus 13 gewählten und 3 ernannten Mitgl., PM M. Cato; Parteien: People's Political Party, St. Vincent Labour Party. Seit 1966: *Barbados:* 2-Kammer-Parlament, Senat aus 21 ernannten und House of Assembly aus 24 gewählten Mitgl. Nach Wahlen 1976: PM J. M. G. Adams (Barbados Labour Party), daneben: Democratic Labour Party. Seit 1974: *Grenada:* 2-Kammer-Parlament, Senat aus 13 ernannten und House of Assembly aus 15 gewählten Mitgl. Nach Putsch 1979: PM M. Bishop (New Jewel Movement), daneben: Grenada United Labour Party u. a.

Assoziierte: Gemeinsame Währung (East Carribean Dollar), Fluglinie und Auslandsvertretungen. *St. Kitts-Nevis-Anguilla* (Anguilla 1969 aus Staatsverband ausgeschieden, daraufhin Invasion brit. Truppen und Unterstellung von Anguilla unter direkte Verwaltung durch GB, Status noch ungeklärt): House of Assembly aus 10 gewählten, 3 ernannten Mitgl. u. 1 Offizialmitglied. Nach Wahlen 1964: PM R. L. Bradshaw (Kitts Labour Party), daneben: People's Action Movement, Nevis Reformation Party. *Antigua:* 2-Kammer-Parlament, Senat aus 10 ernannten, House of Representatives aus 17 gewählten Mitgl. Nach Wahlen 1976: PM V. C. Bird (Antigua Labour Party), daneben: Progressive Labour Party. Antigua Carribean Liberation Movement.

Kronkolonien: Turks and Caicos Inseln: Neben Administratoren, State Council aus 9 gewählten, 2–3 ernannten und 3 Offizialmitgl. *Cayman-Inseln:* Neben Gouverneur Legislative Assembly aus 12 gewählten u. 3 ernannten Mitgl. Parteien: Cayman National Democratic Party, Christian Democratic Party. *Jungfern-Inseln:* Neben Administrator Legislative Council aus 7 gewählten, 3 ernannten und 3 Offizialmitgl. Parteien: Democratic Party, United Party, Virgin Islands Party. *Montserrat:* Neben Administrator, Legislative Council aus 7 gewählten, 1 ernannten und 2 Offizialmitgl. Parteien: Progressive Democratic Party, Unabhängige.

2) Der franz. Einflußbereich.

Guadeloupe und *Martinique* sind seit 1946 franz. Departments. Sie entsenden je 3 Abgeordnete in die franz. Nationalversammlung und 2 Abg. in den Senat. Ihr Parteienspektrum entspricht weitgehend dem franz. Daneben gibt es v. a. auf Martinique regionale Gruppierungen, z. B. Parti Progressiste Martiniquais, Union Democratique M.

3) Der niederländische Einflußbereich.

Die *niederländischen Antillen* sind Überseeprovinz mit innerer Selbstverwaltung. Ein von der Krone auf unbestimmte Zeit ernannter Gouverneur vertritt das Staatsoberhaupt und ernennt die Regierung, die des Vertrauens des Repräsentantenhauses („Staten", 22 Mitgl.) bedarf. Parteien: Demokratische Partij van Curaçao, Partido Patrióticó Arubano, Frente Obrero, Arubaanse Volkspartij.

4) Der US-amerikan. Einflußbereich.

Die *US-Jungfern-Inseln* (USA-Besitz) wählen einen Gouverneur (seit 1970: M. H. Evans), der dem US-Innenministerium verantwortlich ist. Er hat Vetorecht gegenüber dem mit legislativen Befugnissen ausgestatteten Insel-Senat (15 Mitgl.).

7. Bisher wurden keine Versuche unternommen, zu einer gemeinsamen E.politik aller karib. Staaten zu kommen. Selbst im brit. Einflußbereich, in dem es intensive z. T. vom Mutterland geförderte *Integrationsanstrengungen gab und gibt (Westindische Föderation, 1958–61: Barbados, Trinidad und Tobago, Jamaika, Grenada, St. Lucia, St. Kitts-Nevis, Montserrat, Antigua, Dominica, St. Vincent und – mit diesen u. a. Staaten – 1968 CARIFTA, 1973 *CARICOM, 1970 CDB: Sitz Barbados), werden sie durch nat. Rivalitäten, unterschiedl. E.-Grad (1968: Zusammenschluß der CARICOM-Kleinen in

ECCM) und die dominierenden Weltmarkteinflüsse ständig in Frage gestellt. Durchgesetzt hat sich eine auf *Enklaven beschränkte Modernisierung (Öl, Zucker, Bananen etc., *Tourismus), beschleunigt durch die großzügige Gewährung steuerlicher, zollpol. und anderer Vorteile. Die Bahamas wurden durch entsprechend günstige Gesetze sogar zur bevorzugten Niederlassung von Briefkastenfirmen (1970 waren 7,6 % der Beschäftigten des Landes im Finanzsektor tätig). Die von ausländ. Kapital durchdrungenen kapitalintensiven Sektoren (US-Hotelketten, Agrobusiness-Unternehmen, Ölkonzerne) dominieren die Ökonomien der Region. Die *Produktivität der trad. Landw. ist aufgrund der verwandten veralteten *Technologie gering. Sie reicht nicht aus, die wachsende Bev. auf dem Lande zu ernähren, die in die prosperierenden Subzentren abwandert, wo sie das Heer der *Arbeitslosen und *Marginalisierten vergrößert. Wegen der Orientierung der Agrarproduktion am Export müssen Nahrungsmittel in beträchtlichem Umfange eingeführt werden. Ihre hohen Preise verstärken inflationäre Tendenzen und vergrößern die krassen Unterschiede der Konsumptionsniveaus. In allen karib. Staaten besteht eine Tendenz zur Verschärfung der sozialen Gegensätze, die in der Vergangenheit auch schon zu sozialen Unruhen führte. Deutlich manifestiert sich das Scheitern der Konzeption der *„industrialization by invitation"* und deutlich wird die Dringlichkeit eines E.-Konzepts, das den Bedürfnissen der großen Mehrheit der Bev. gerecht wird.

Lit.: H. Blume, Die westindischen Inseln, Braunschweig 1968; G. Sandner/H. A. Steger (Hrsg.), Lateinamerika (Fischer Länderkunde Band 7), Frankfurt 1973; D. Lowenthal, West Indian Societies, Oxford/New York/London/Toronto 1972; G. L. Beckford, Carribean Economy. Dependence and Backwardness, Kingston 1975; W. G. Demas, Essays on Carribean Integration and Development, Kingston 1976; V. A. Lewis, Size, Self-Determination and International Relations: The Carribean, Kingston 1976; E. Wallace, The British Carribean: From the Decline of Colonialism to the End of Federation, London 1977; N. Girvan, Corporate Imperialism, Conflict and Expropriation. Transnational Corporations and Economic Nationalism in the Third World, New York 1977. rs

KAS

Konrad Adenauer-Stiftung, 1964 gegr. *politische Stiftung, in die verschiedene bereits vorher bestehende Institute der pol. Bildung und E.-Hilfe integriert wurden. Die heute 4 Institute der KAS sind in unterschiedl. Weise und Umfang entwicklungspol. aktiv. 1. die Pol. Akademie Eichholz veranstaltet im Rahmen ihres Programms pol. Bildung auch Tagungen zu entwicklungspol. Themen, die inhaltlich auf die entwicklungspol. Leitvorstellungen der *CDU hin orientiert sind; 2. Das Sozialwissenschaftl. Forschungsinstitut widmet sich u. a. dem Problembereich Int. Beziehungen, wobei der Nord-Süd-Konflikt allerdings eine nachgeordnete Rolle spielt; 3. Das Institut für Begabtenförderung (IBK) bietet ausländ. Studenten und Graduierten Stipendien für ein Studium in Deutschland (1978: 315); 4. Das Institut für Int. Solidarität (IIS) ist der wichtigste Träger entwicklungspol. Aktivitäten der KAS und ist hauptsächlich in den EL engagiert. Das IIS schließt in der Regel Verträge mit Partnerorganisationen der EL. Sie kommen aus den unterschiedlichsten Bereichen: Arbeitnehmer- und Unternehmerorganisationen, pol. Parteien, Genossenschaften, öffentl. Verwaltung, Massenmedien, Verlagswesen, Universitäten, Sozialwissenschaftl. Forschung, Sozialarbeit. Die Zusammenarbeit mit pol. Parteien beschränkt sich im wesentl. auf Christdemokrat. Parteien und Bewegungen. Das IIS entsendet *Entwicklungsexperten in die EL (1978: 49). Konzeptionell ist die entwicklungspol. Arbeit des IIS an den Leitvorstellungen einer demokrat. verfaßten und den Prinzipien einer freien und sozialen Wirtschaftsordnung verpflichteten Gesellschaft orientiert. Insofern kann es sowohl mit gewerkschaftl. als auch unternehmerischen Partnern in den EL zusammenarbeiten. Regionaler Schwerpunkt bildet Lateinamerika. Adresse: Rathausstr. 12, 5202 St. Augustin. dn

Katar

1. Das Emirat K. (Fläche 22 T. qkm) liegt auf der gleichnamigen Halbinsel (S–N-Ausdehnung ca. 180 km), die vom arab. Ufer in den Persischen Golf ragt. In der Wüste,

aus der K.s Oberfläche besteht, gedeiht nur aufgrund des geringen Winterregens eine spärliche Vegetation, die lediglich eine Nutzung des Landes zu Weidezwecken zuläßt. Auf der Halbinsel und *offshore* im Pers. Golf kommen in den Grenzen K.s Rohöl und Erdgas vor, deren Förderung den Charakter K.s als Ölland völlig bestimmen.

2. Die von Teilen nomadisierender Stämme gebildete Bev. K.s stand bis zum 19. Jh. unter der Vorherrschaft unterschiedl. Stammesführer. Erst 1872 (die Türken errichten ihre östlichste Garnison in Doha) und entscheidend 1916 (Vertrag des Scheichs der einheim. al-Thani-Dynastie mit GB, der die Verteidigung und außenpol. Vertretung K.s der brit. Regierung in Indien überträgt = Protektorat) intervenieren ausländ. Mächte in K. 1971 gab GB seine vertraglichen Verpflichtungen auf und K. wurde unabh.

3. Die Bev. K.s betrug 1978 (gesch.) 200 T. Ew. (Hs Doha 1977 gesch.: 130 T.), wobei mögliche Konflikte dadurch entstehen können, daß von diesen nur ca. 30% Einheimische sind. Der Ölboom führte seit den 50er J. zu einem raschen, v. a. durch Zuwanderungen aus Pakistan, Indien, Iran, den arab. Nachbarländern und den arab. Mittelmeerstaaten hervorgerufenen, Bev. wachstum. Die gesamte einheim. Bev. bekennt sich zum Islam (Sunniten mit starker Neigung zu der walhabitischen Bewegung Saudi-Arab.). Die Kultur des Landes wird von den Stammestraditionen und dem islam. Recht *(Shari'a)* bestimmt.

4. Der staatl. Reichtum hat die soziale Situation der Bev. verändert. Die Regierung ermöglicht: kostenlose Erziehung (Schulpflicht, 1969 Schulbesuch der 6–11jähr.: 100%, Aufbau einer Universität), Wirtschaftsförderung (Begünstigung einheim. Firmen) veränderte Umwelt (Steinhäuser, Hochhäuser, Elektrizität, fließendes Wasser im Haus, Straßen, Telefon, Hilfe beim Erwerb von Häusern), staatl. Dienstleistungen (Impfungen, freies Gesundheitswesen, Mütterberatung, sozialer Wohnungsbau, billige Kredite).

5. Über den Reichtum des Landes verfügt alleine der Emir, dessen Macht sich nach der Verfassung von 1972 innerhalb der al-Thani-Familie vererbt (heute: Scheich Khalif bin Hamad). Er ernennt sowohl den Premierminister und sein Kabinett als auch 3 Mitgl. der Beratenden Versammlung (+ 17 gewählte), deren Angehörige das Recht zur Gesetzesinitiative haben. Parteien im westl. Verständnis gibt es keine. Die Möglichkeit der persönl. Vorsprache beim Regenten oder die Interessenvertretung durch Vertreter (z. B. Stammesälteste) stellt ein partizipatorisches Element im ansonsten patriarchalisch-autokratischen Regierungssystem K.s dar.

6. Die Ölwirtschaft, deren Förderpolitik nach Verstaatlichungen (gegen Kompensationen) von Entscheidungen des Staates bestimmt wird, ist fast die ausschließliche Einnahmequelle K.s. Zur besseren Nutzung der Bodenschätze strebt die Regierung ein weitreichendes Industrialisierungsprogramm an (Eisen-, Stahl- und Düngemittelproduktion, Gasverflüssigung, petrochem. Industrie), wobei v. a. die Gasreserven des Landes als Energiequelle dienen sollen. rs

Kaunda, Kenneth

Staatspräs. Sambias, geb. 1924, gründete nach Aktivitäten innerhalb des *African National Congress* Nordrhodesiens 1958 eine radikalere Unabh.-Bewegung, die 1960 den Namen *United National Independence Party* (UNIP) annahm. 1964, im Jahr der Unabh. Sambias, wurde K. Minister- und Staatspräsident. Unter dem Namen *Afrikanischer Humanismus* versucht K., in Sambia einen von sozialist. Gedanken geprägten E.-Weg zu verwirklichen. Im Rhodesien-Konflikt nahm K. zunächst eine Vermittlerrolle zwischen den afrikan. pol. Führern und der von Smith geführten weißen Regierung ein. Nach dem Scheitern seiner Bemühungen unterstützte er bis zur Wahl Mugabes in Rhodesien (1980) u. a. durch *Guerillastützpunkte auf samb. Territorium die Politik der *Befreiungsbewegungen für die Befreiung Rhodesiens/Zimbabwes von der Vorherrschaft der Weißen.

Lit.: K. D. Kaunda, Humanism in Zambia and a Guide to its Implementation, Lusaka 1968. ah

KED

Kirchl. Entwicklungsdienst, Okt. 1968 durch Beschluß der Synode der Evang. Kirche in Deutschland (EKD) gegr. *Finanzierung* aus Haushaltsmitteln der Landeskirchen, 2% der Kirchensteuereinkünfte. Laut

Synode sollte Anteil ab 1975 auf 5 % erhöht werden; der Rat der EKD gab 5 %-Ziel 1974 auf und schrieb 2 %-Marke fest. Bedeutung des KED liegt in der Anerkennung der E.-Arbeit als zentrale Aufgabe, die nicht allein der Spendenbereitschaft von Christen überlassen, die vielmehr mit Kirchensteuermitteln institutionell abgesichert werden sollte. Landeskirchen stellten 1968–1978 620 Mio. DM zur Verfügung (1978 knapp 80 Mio.). Projektanträge werden von *EZE und *Brot für die Welt bearbeitet, über Föderung vom KED-Ausschuß „Kirchl. Mittel für den Entwicklungsdienst" entschieden, der vom Rat der EKD berufen wird; damit Einflußnahme der Landeskirchen gesichert.

Neben den beiden Bereichen Wirtschaftsförderung (Land- und Forstwirtsch., Handwerk und Gewerbe, **Community Development*, berufl. Bildung) und *Bildung (schulische, außerschulische, Jugendarbeit und Jugendheime), auf die jeweils über 14 % der verteilten Gelder entfallen, unterstützt der KED v. a. Bereiche, die bei den anderen Hilfswerken der *AG-KED zu kurz kommen: u. a. Folgekosten, Stärkung von Trägerstrukturen bei nat. Kirchenräten und *Genossenschaften, *Kapitalhilfen, über die erfahrene Partner selbst verfügen; daneben Finanzierung der Personalprogramme von *DÜ, Stipendienprogramme. Geograph. Verteilung der Hilfsmittel: 30 % überregional, Afrika ca. 33 %, Asien ca. 21 %, Rest LA. Zunehmende Unterstützung erfährt evang. E.-Arbeit in der BRD (Bildungs- und Informationsprogramme). Adresse: Herrenhäuser Str. 2 A, 3000 Hannover 21.

Lit.: Weltweite Partnerschaft. Zehn Jahre Kirchlicher Entwicklungsdienst, Otto Lembeck Verlag 1979. kj

Kenia

K. (*AKP) gilt als relativ erfolgreiches E.-Modell, das im Gegensatz zum Nachbarland Tansania auf westl.-kapitalist. Prinzipien basiert. Die Wachstumsraten, die den Zielvorstellungen der Wirtschaftsplaner in etwa entsprachen, bleiben jedoch durch die starke Außenhandelsabh. des Landes gefährdet, zumal die forcierte *Industrialisierung vervielfachte Ölimportkosten verursachte. Seither wird sozialen E.-Zielen stärkere Aufmerksamkeit geschenkt (*ländl. Entwicklung, **self reliance*, Umverteilung der Einkommen, Intensivierung der *Familienplanung).

1. Das ca. 583 000 qkm große K. verfügt über relativ wenige Bodenschätze (Soda, Zement, Salz, Flußspat). Ihr Anteil am BSP ist bislang gering. Lediglich 11,9 % der 57 Mio. ha großen agrar. Nutzfläche entfielen 1974 auf sehr fruchtbares Land. Die durch Vulkanismus geprägten Gesteine und geolog. Strukturen K.s bieten als Speicher von Wasser und geothermischer Energie bei entsprechender Erschließung ein für die Zukunft bedeutsames E.-Potential. Derzeit wichtigste *Ressource ist der wachsende *Tourismus, der neben den Kaffeeausfuhren zum wichtigsten Devisenbringer avancierte.

2. Die regionale Verteilung der 14 856 000 Ew. (1978) K.s wird durch das Klima bestimmt und erreicht am Viktoria See, im zentralen Hochland und an der Küste des Ind. Ozeans ihre größte Dichte. Fortschritte im Gesundheitswesen und sinkende Sterberaten führen bei rel. konstanter Geburtenziffer zu einer JZ der Bev. von derzeit 3,6 % (bei 3 % Verdoppelung der Bev. in 23 J.). Der geringe Anteil der städt. Bev. von 12 % (1975) verstärkt sich durch zunehmende *Landflucht in die Städte (1977: Hs Nairobi 776 000 Ew.) und führt zu wachsenden regionalen Disparitäten. 97 % der Bev. sind Afrikaner, die sich in 42 ethn. Gruppen bzw. Sprachgruppen gliedern, unter denen Kikuyu (20 %), Luo (13,8 %), Luhya (13,1 %), Kamba (10,8 %) und Kalenjin (10,8 %) die wichtigsten Stämme sind. Gegenüber dem Englisch (Elitensprache) und den Bantusprachen (60 % der Bev.) setzt sich immer mehr die 1974 eingeführte Amtssprache und Nationalsprache Kisuaheli durch. Der Bev.-Anteil der Inder, Pakistaner, Araber und Europäer ist aufgrund der gegen Minoritäten gerichteten Afrikanisierungspolitik seit 1967 rückläufig. Neben den relig. Minderheiten Islam und Hinduismus sind Christentum und trad. bzw. christl. beeinflußte Stammesreligionen vorherrschend.

3. Der Schwerpunkt der Wirtschaft K.s liegt bei der Produktion und Weiterverarbeitung land- und weidewirtsch. Erzeugnisse. 79 % aller Erwerbspersonen waren

1977 in der Landw. tätig und ca. 30% des Sozialprodukts wurden 1978 von Forstw., Fischerei und dem Agrarsektor erbracht. Dem trad. Wanderfeldbau zur *Subsistenz und auf kleinbetriebl. Grundlage stehen die *kapitalintensiven, exportorientierten Großbetriebe der *Plantagenwirtschaft gegenüber, die bislang überwiegend von Indern und Europäern geleitet wurden. Seit 1960 nimmt im Rahmen der Afrikanisierungspolitik durch *Agrarreform und Ansiedlungsprogramme der Anteil der Afrikaner an der Marktproduktion zu. Mais (Hauptnahrungspflanze), Weizen, Hafer und Süßkartoffeln werden für den einheim. Markt produziert, Tee, Sisal, Pyrethrum und Kaffee, der durch Rekordernten und den Anstieg der Weltmarktpreise 1976/77 einen Boom in der Wirtschaft K.s auslöste, sind die wichtigsten Exportprodukte. K. ist unter den ostafrikan. Staaten industriell am meisten fortgeschritten (1978: 16,2% des Sozialprodukts). Die Privatwirtschaft wird staatl. gefördert, und der Staatsanteil nimmt durch die stufenweise Afrikanisierung ausländ. Unternehmen zu. Besonders gefördert werden Betriebe, die durch *arbeitsintensive Produktionsmethoden neue Arbeitsplätze schaffen. Der Mangel an Primärenergie ist bisher limitierender Faktor der weiteren *Industrialisierung, die Ölkrise bekam K. besonders hart zu spüren und weiterhin muß aus Uganda Strom importiert werden. Tana-River-Wasserkraftwerk und die Nutzung von Erdwärme werden künftig die Energiesituation verbessern. Der Bergbau (Soda, Salz) spielt im bodenschatzarmen K. eine untergeordnete Rolle. Ein attraktives Angebot von Stränden (Malindi) für den Badeurlaub und zahlreiche Nationalparks für Jagd- und Photosafaris machen den Tourismus immer mehr zum wichtigsten Entwicklungsfaktor. Wichtigste Handelspartner K.s sind die Staaten der ehem. Ostafrikan. Gemeinschaft (Tansania, Uganda), USA, Japan und v. a. die EG.

4. Der vierte kenian. E.-Plan (1979/83) strebt ein Wirtschaftswachstum von j. 6,3% an und erwartet im Agrarsektor und Industriebereich Produktionssteigerungen von 6,5% bzw. 9%. Die Finanzierung der infrastrukturellen Planungen, insbes. des Ausbaus der Wasserkraftwerke am Tana-Fluß, wird durch einen Mitte 1979 zwischen K. und europ. Banken vereinbarten Kredit von 200 Mio. US-Dollar gesichert. Generell soll das Gewicht der Industrialisierung von der bisher verfolgten *Importsubstitution auf eine exportorientierte Strategie verlagert werden.

Nachdem die Portugiesen gegen Ende des 15. Jh.s Handelsstützpunkte gegründet hatten, beherrschten bis zum Beginn des brit. Einflusses im 19. Jh. die Araber die ostafrikan. Küste. Die Fertigstellung der Eisenbahnlinie von Mombasa zum Viktoria See markiert den Beginn der inneren Erschließung K.s als Teil des brit. Ostafrika Protektorats, in deren Verlauf das fruchtbarste Land durch europ. Siedler besetzt wurde. Die ursprüngl. selbständigen Bauern (Luo, Kikuyu) wurden durch Zwangsarbeit, Steuern und Vertreibung in abh. Lohnarbeiter auf den europ. Farmen verwandelt. Bis Ende der 40er J. beherrschten die Siedler die Kolonialverwaltung und kontrollierten die Wirtschaft, indem sie über Land, Ware, Arbeitskraft, Technologie, Produktanbau und Märkte verfügten. Bereits nach dem I. Weltkrieg formierte sich H. Thukus *Young Kikuyu Association* gegen Landraub, Paßzwang und Arbeitszwang (Hütten- und Kopfsteuer) auf den Farmen des „Weißen Hochlands". Nach der Mau-Mau-Rebellion (1952–60) wurde die Dekolonisation von der KANU (*Kenya African National Union)* vorangetrieben. Neben der von den Kikuyu, Luo und Kamba getragenen, zentralistisch orientierten KANU (Kenyatta, Odinga, Mboya) entstand die von kleineren Stämmen getragene, regionalistisch eingestellte KADU *(Kenya African Democratic Union*). Unter der Führung *Kenyattas wurde das Land 1963 unabh. Innerhalb der KANU setzte sich – durch die Auflösung der KADU gestärkt – der konservative Flügel (Kenyatta, Mboya) durch, der eine prowestl. Auslandskapital und Privateigentum begünstigende Politik vertrat. Seit 1978 ist D. A. Moi Staatspräsident und Vorsitzender der KANU. Trotz einer beginnenden Liberalisierung (Freilassung der pol. Gefangenen) war auch 1979 bei den Parlamentswahlen neben der Staatspartei KANU keine zweite Partei zugelassen.

Lit.: W. Leifer (Hrsg.), Kenya, Tübingen 1977; D. Berg-Schlosser, The Social and Economic Bases of

Politics in Kenya. A Structural and Cultural Analysis, Berkeley 1979 ah

Kennedy-Runde

Von 1964–1967 im Rahmen des *GATT geführte Zollsenkungsverhandlungen von 17 Teilnehmerstaaten, die insbes. der Beseitigung von Exporthindernissen der EL von seiten der IL dienen sollten – ohne Gegenleistung der EL. Die K.R. brachte einen Zollabbau von 35 % und war damit wesentl. erfolgreicher als alle vorherigen Zollsenkungsrunden (Annecy 1949: 2%; Torquay 1950/51: 3%; Genf 1955/56: 2%; Genf 1961/62: 7%). Die IL gewährten *tarifäre Handelserleichterungen bei 70% ihrer zollpflichtigen ind. Importe. Im Industriesektor senkten die Hauptimportländer (USA, EG, Japan) ihre Zölle um ⅓. Das Ziel eines 50%igen Abbaus wurde jedoch nicht erreicht. Bei Agrargütern machten die IL Konzessionen hauptsächl. in der Gruppe trop. Produkte. Die Nullzollsätze wurden im Agrarbereich von 11% auf 19%, bei Halbfertig- und Fertigwaren von 5% auf 7% erhöht. Die höchsten Zollsenkungen betrafen freilich Güter, die v. a. zwischen den IL gehandelt werden. *UNCTAD beurteilte die Ergebnisse der K.R. als günstiger für den Handel der IL als den der EL. Die K.R. hat jedoch das Bewußtsein um die Handelsprobleme der EL im GATT verstärkt.

Lit.: F. K. Liebich, Die Kennedy-Runde, Freudenstadt 1968; P. Bratschi, Allgemeines Zoll- und Handelsabkommen GATT, Zürich 1973. dn

Kenyatta, Jomo

(Kikuyu = Brennender Speer), geb. 1891 als Sohn eines Kikuyu Bauern, gründete 1945 in GB zusammen mit K. *Nkrumah die *Pan African Federation.* Nach seiner Rückkehr nach Kenia wurde er beschuldigt, maßgeblich an der Mau-Mau-Rebellion (1952–60) beteiligt zu sein und wurde 1953 für 7 Jahre von den Briten inhaftiert. Als Führer der KANU (*Kenya African National Union*) wurde er nach seinem Wahlsieg 1963 (Kenia unabh.) Ministerpräs. Kenias. Seit 1964 Staatspräs., machte er 1969 durch das Verbot der oppositionellen KPU (*Kenya People's Union:* Odinga/Luo-Stamm) Kenia zu einem Einpartei-Staat, in dem er als populärer Präs. mit weitreichenden Sondervollmachten autoritär regierte. Die Bevorzugung von Angehörigen des Kikuyu-Stammes bei der Vergabe wichtiger Positionen führte zu wachsender Kritik an K., der als Verbündeter des Westens Kenia zu einem der pol. und wirtsch. stabilsten Staaten Ostafrikas werden ließ. K. verstarb am 22. 8. 1978. ah

Kirchen – Grundsätze der E.-Arbeit

Ende der 50er J. begannen die beiden großen Kirchen in der BRD mit der E.-Arbeit. Im Vergleich etwa zu ökumenischen Gremien war dies recht spät. Ein Grund für die zeitliche Verzögerung lag sicher darin, daß sich die Kirchen nach dem II. Weltkrieg zuerst um Not und Wiederaufbau in Deutschland kümmerten.

1. Die *Evang. Kirche in Deutschland* (EKD) und die evang. Freikirchen entschlossen sich 1959, eine einmalige Spendenaktion *Brot für die Welt zugunsten der Dritten Welt durchzuführen, deren großer Erfolg sie zu einer ständigen Institution werden ließ. 1960 kamen *Dienste in Übersee und 1962 *EZE als Organisationen der *Evang. E.-Arbeit* hinzu. Für die ersten J. läßt sich die evang. E.-Arbeit wie folgt charakterisieren: Es ging darum, möglichst viel Geld zu beschaffen, um möglichst viele Projekte durchführen zu können, um damit möglichst viel Leid in der Welt zu lindern. Erst 1968 wurde eine Arbeitsgruppe beauftragt, sich mit theoretischen Fragen der E.-Problematik auseinanderzusetzen. 1969 berief der Rat der EKD die *Kammer für Kirchl. E.-Dienst. Diese erstellte eine 1973 erschienene Denkschrift zur E.-Problematik, die das erste gründliche noch heute gültige theoretische Dokument der EKD zur E.-Arbeit darstellt.

In der Denkschrift wird die E.-Arbeit der evang. Kirche als Folge und zugleich als Realisierung des Glaubens gesehen. Der E.-Dienst stellt eine entscheidende Bewährungsprobe für den Glauben dar, sie ist „Teil der Entfaltung des Gesamtauftrages, den die Kirche in der Nachfolge Jesu Christi vom Neuen Testament ableitet". Auch wenn die Denkschrift ihre grundlegende Gültigkeit behält, so zeigt sich doch in den letzten J. eine Weiterentwicklung in den Denkansätzen zur evang. E.-Arbeit. Während es früher eher eine Frage christl. Moral war, E.-Dienst zu betreiben, so rückt heute die drastische Verschlechterung der Lage der Dritten Welt Aspekte der Gerechtigkeit und die Notwendigkeit int. Ausgleiches verstärkt in den Vordergrund.

Eng verknüpft ist die EKD mit der entwicklungsstrategischen Diskussion im Bereich der Ökumene. Auch in der Ökumene stehen die theologisch-ethischen Begründungen für den E.-Dienst im Vordergrund: Diakonia (Liebesdienst), „panchristliche Solidarität im Kampf für den Frieden" und Schuldgefühle für vergangene Sünden der Mitgliedskirchen und Missionen. Darüber hinaus betonen die ökumenischen Gremien auch die pol. Motive der E.-Arbeit. Darin tut sich die EKD noch recht schwer, die zwar in den ökumenischen Gremien mitarbeitet, die von dort kommenden neuen Elemente aber immer mit einer gewissen zeitlichen Verzögerung aufnimmt. Die Begründung der Arbeit der einzelnen Hilfswerke ist eng an den Leitlinien der EKD orientiert. Die E.-Denkschrift 1973 gibt für die Arbeit der evang. Hilfswerke, die in der *AG-KED zusammengeschlossen sind, einen umfangreichen Zielkatalog an. Dazu gehören: Beseitigung der Ursachen sozialer Ungerechtigkeit, Hilfe zur *Selbsthilfe, soziale Gerechtigkeit, diese Welt für alle bewohnbar zu machen. Solche berechtigten, jedoch noch sehr allg. formulierten Ziele werden durch zahlreiche konkrete Zielvorstellungen ergänzt. Gerade auch auf dem Feld der angestrebten Ziele wird das sich wandelnde E.-Verständnis der evang. Kirche deutlich. Wurden ursprünglich ökon. Aspekte (über-)betont, so zeigen die heutigen Vorstellungen wesentlich erweiterte Denkansätze. Das angestrebte „magische Dreieck" (wirtsch. Wachstum, Eigenständigkeit, soz. Gerechtigkeit) wurde auch in kirchl. Kreisen weiterentwickelt und um den Anteil der verantwortlichen überlebensfähigen Gesellschaft (*sustainable society*) ergänzt. Zwar empfinden sich die evang. Hilfswerke noch immer als vor allem praxisorientierte E.-Dienste, doch anerkennt inzwischen auch die evang. Kirche die Notwendigkeit, der Praxis durch einen ausgearbeiteten theoretischen Rahmen die Richtung weisen zu müssen.

2. Die *Kath. Kirche in der BRD* begann ihre E.-Arbeit mit der Gründung des bischöflichen Hilfswerkes *Misereor. Als weitere Organisationen kamen später *AGEH, *KAEF und *KZE hinzu. *Adveniat und *Missio bestreiten Pastoralhilfe, aber auch einen Beitrag zur entwicklungspol. Bewußtseinsbildung in der BRD. Ähnlich wie bei der Evang. Kirche verstärkten sich erst Mitte der 70er J. die Bemühungen, der E.-Arbeit eine theologische und theoretische Begründung zu geben, welche über die Begriffe Liebesdienst und Hilfe hinausging. Die kath. Kirche hat auf der 8. Vollversammlung der Synode vom Nov. 1975 einen Beschluß über ihren Beitrag in der BRD zu Entwicklung und Frieden gefaßt. Sie begreift E.-Arbeit als angesichts der drohenden Weltkatastrophe („millionenfaches Elend, Ausbeutung von Menschen und Natur, Überbev. und Hungersnöte, Fehlproduktion und Umweltverschmutzung, ideologische Konflikte und Machtansprüche, Rüstungswettlauf und verheerende Kriege") notwendigen Beitrag der Kirche zur Umgestaltung der Welt, die zur Wahrheit des Evangeliums gehörig getan werden muß. Die kath. Kirche sieht E. und Frieden als einander zugeordnete Begriffe: „die gewaltfreie Veränderung ungerechter Verhältnisse setzt Nicht-Krieg voraus, andererseits sind pol. Freiheit und soziale Gerechtigkeit unabdingbare Grundlagen eines dauerhaften und sicheren Friedens." Ihrem universalen Sendungsauftrag entsprechend tritt sie für eine gerechtere Weltgesellschaft ein, nennt unter den Verursachungsfaktoren von UE u. a. die int. Handelsbeziehungen sowie die Wirtschafts- und Handelspolitik der IL. Ihre entwicklungspol. Aufgabe sieht die kath. Kirche in drei Bereichen: die Lage bewußt machen, Anwalt für die Interessen der Völker in den EL zu sein, materielle und personelle Hilfen zu leisten. Ihre eigene E.-Arbeit verpflichtet sie auf die Methoden der gewaltfreien Veränderung. Sie will jedoch der Theorie und Praxis des gewaltfreien Widerstands, wo er geboten sein sollte, bewußt das Wort reden.

3. *Zusammenarbeit mit staatl. Stellen.* 1962 unterbreitete die Regierung Adenauer den Kirchen das Angebot, ihre E.-Arbeit aus öffentl. Mitteln zu fördern, das von beiden Kirchen nach teilweise heftigem internem

Meinungsstreit angenommen wurde. Um die staatl. Mittel nicht mit Spenden und Kirchensteuermitteln zu vermengen, schufen die Kirchen Zentralstellen für E.-Hilfe, *EZE und *KZE. Beide Zentralstellen einigten sich mit dem Staat auf 3 Grundsätze, die gleichsam die Geschäftsgrundlage der gegenseitigen Zusammenarbeit darstellen: 1. Die Zentralstellen treffen die Auswahl der zu fördernden Projekte und sind in ihrer Programmgestaltung unabhängig. 2. Mit der Gewährung der Bundesmittel sind keine pol. Auflagen verbunden. 3. Projekte mit missionarischem Charakter scheiden aus der Förderung aus.

Über diese grundsätzlichen Vereinbarungen hinaus erließ die Bundesregierung Richtlinien, welche die Zusammenarbeit zwischen Kirchen und Staat genauer regeln. Wichtig ist, daß der Staat sich zweierlei vorbehält: Er prüft, ob 1. die von den Zentralstellen geplanten Vorhaben den gemeinsamen entwicklungspol. Zielsetzungen entsprechen, und 2. ob gegen die Projekte außenpol. Bedenken bestehen. Sollte dies der Fall sein, kann das Vorhaben gestoppt werden.

Kirchen und Staat verständigen sich auf gemeinsame entwicklungspol. Zielvorstellungen, die in recht allg. Leitgedanken formuliert wurden. Darin werden folgenden Bereichen eine hohe entwicklungspol. Bedeutung zugemessen: 1. Heranbildung von unteren und mittleren Führungskräften für alle Gebiete des sozialen Lebens, 2. integrale E.-Programme, v. a. in ländl. Gebieten; 3. Programme des präventiven Gesundheitswesens, der *Familienplanung, der Ernährungsberatung; 4. Randgruppenarbeit; 5. Projekte in bisher benachteiligten Regionen.

Für die Zusammenarbeit mit den Zentralstellen wurde beim *BMZ ein Kirchenreferat eingerichtet. Es prüft die eingereichten Projekte nach den genannten Kriterien. Die formale Seite der Zusammenarbeit zwischen den Zentralstellen und dem Staat gestaltet sich recht kompliziert, da an der Bearbeitung und Abrechnung verschiedene Bundesbehörden beteiligt sind. So ist beispielsweise bei Bauprojekten das Bundesministerium für Raumordnung, Bauwesen und Städteplanung mit zuständig, und die Abrechnungen unterliegen der Prüfung durch den Bundesrechnungshof, da es sich bei den zur Verfügung gestellten Geldern um Steuergelder handelt.

Insgesamt beurteilen Staat und Zentralstellen die Zusammenarbeit positiv und sind von der grundsätzl. Richtigkeit einer solchen Kooperation überzeugt. Die 1979 von den Zentralstellen vorgebrachten Vorschläge beziehen sich deshalb vor allem auf technisch-organisatorische Verbesserungen der Zusammenarbeit zwischen Kirchen und Staat auf dem Feld der E.-Arbeit.

Lit.: J. Senft, Entwicklungshilfe oder Entwicklungspolitik, Münster 1978; K. von Bismarck/H. Maier (Hrsg.), Entwicklung, Gerechtigkeit, Frieden. Entwicklungspolitischer Kongreß 1979. Kirchen im Gespräch mit Parteien und gesellschaftlichen Gruppen, Mainz 1979. kj/dn

KIWZ

Konferenz über Int. Wirtsch. Zusammenarbeit, Tagungsort Paris, Dez. 1975–Juni 1977, Teilnehmer 8 IL, 19 EL (darunter 7 *OPEC-Länder, kein *LLDC). Versuch, außerhalb des Rahmens der *UN in 4 Bereichen (Energie, Rohstoffe, E.-Politik, Finanzfragen) einvernehmliche Lösungen zu erarbeiten. Neben einigen Übereinstimmungen (Bejahung eines *Gemeinsamen Fonds als Schlüsselinstrument eines *Integrierten Rohstoffprogramms; besserer Zugang der EL zum privaten Kapitalmarkt, Unterstützung von *CDC durch die int. Organisationen, verstärkte Hilfe für LLDC's, verstärkte Förderung der *Industrialisierung der EL, etc.) keine Einigung über Exporterlösstabilisierung, Energieversorgungsbeitrag der EL, freien Zugang von Industriewaren aus den EL zu den Märkten der IL. Beide Seiten konnten für wesentl. Teile ihrer Forderungen kein Gehör finden. dn

Klientelismus (auch politischer Klientelismus)

Der Begriff ist in der pol. Soziologie der EL in den letzten Jahren stark in den Vordergrund getreten. Er setzt das Vorhandensein einer personalen Beziehung zwischen zwei Akteuren (oder Gruppen von Akteuren) voraus, wobei der Klient in einem Abh.-Verhältnis zum Patron („Herrn") steht. Beide verfügen über ungleiche Mittel, setzen diese jedoch zum wechselseitigen Nutzen ein. Die Anwendungsgebiete, in denen Klientelstrukturen analysiert werden, reichen von pol. Parteien, Interessengruppen, Bürokratien, Politikerkarrieren und pol. Integration (in der Dritten Welt z. B. das Verhältnis zwischen der pol. Zentralinstanz und Klientelherren, ohne deren „Mittlerrolle" die „modernen" Zentralinstitutionen die Masse der Bev. v. a. auf dem Lande kaum erreichen könnte) bis zu außenpol. Dependenzbeziehungen. Durch diese breite Auffächerung droht der Begriff jedoch an Präzision zu verlieren.

Lit.: J.-F. Médard, Le rapport de clientèle: du phénomène social à l'analyse politique, in: Revue Française de Science Politique 1976, S. 103 ff. kz

Klub von Dakar

1974 gegr. Vereinigung von etwa 100 unabh. Persönlichkeiten aus EL und IL; Forum für Diskussionen über die Zusammenarbeit zwischen IL und EL, unter EL und die *Industrialisierung der EL. Organisiert Tagungen zu entwicklungspol. Themen, 1975–1980 insg. 8, zuletzt in Berlin über die gegenwärtige Weltkrise und die Entwicklungszusammenarbeit. dn

Know-how

(engl. – wissen wie); der aus der amerik. Geschäftssprache stammende Begriff bezeichnet die Gesamtheit aller theoret. Erkenntnisse und praktischen Erfahrungen eines Unternehmens, die bei der Fertigung von Gütern, im Absatzbereich, bei Management-, Planungs- und Arbeitsorganisationsprozessen und dgl. gewonnen werden. Ähnlich wie bei Lizenzen kann im Rahmen von Verträgen das rechtlich nur unvollkommen schützbare K.h. durch Verkauf an andere Unternehmen weitergegeben werden. ah

Kolonialismus

K. bezeichnet den Prozeß der Ausdehnung der europ. Macht- und Einflußsphäre in den außereurop. Ländern. Träger des K. können sowohl Staaten als auch ökon. oder religiöse Gruppen sein, deren Vordringen in bislang „unbekannte" Gebiete meist Schutzgarantien der „Mutterstaaten" nach sich zog.

Vor dem Aufkommen des *Imperialismus Ende des 19. Jh.s beschränkte sich der K. zumeist auf die Errichtung und militär. Absicherung von Handelsstationen, die, ergänzt durch eine Kette strategischer Stützpunkte, die Randzonen der neu entdeckten Kontinente in die Handels- und Einflußsphären der Kolonialmächte einschloß. Die koloniale Beherrschung außereurop. Länder erfüllte v. a. den Zweck, durch Ausbeutung der Kolonien den Reichtum des Mutterlandes, die Staatseinnahmen, zu vergrößern (Merkantilismus). Als besonders profitabel erwies sich dabei der Abbau und Raub von Edelmetallen in Südamerika und der von GB beherrschte Dreieckshandel zwischen Afrika–Amerika und GB. Billig eingekaufte afrikan. Sklaven wurden in Amerika als Arbeitskräfte verkauft. Von dort wurden Zucker, Gewürze, Rum, Baumwolle etc. nach GB gebracht und zu hohen Preisen auf dem heimischen und europ. Markt veräußert.

Die einseitige Nutzung des kolonialen Austauschs zugunsten der Europäer wurde neben der Tatsache ihrer militär. Überlegenheit v. a. durch ihr Transportmonopol in der Seeschiffahrt gesichert. Daneben sorgte der Mythos von der anthropologischen Minderwertigkeit der Farbigen dafür, deren Behandlung als bloße Objekte europ. Interesses zu rechtfertigen. Zu der wirtsch. Ausbeutung gesellte sich religiöser und humanistischer Missionseifer, der die Zerstörung der Identität der außereurop. Völker mit der Überwindung des Barbarentums gleichsetzte. Damit wurde die Grundlage für die heute, wenn auch in der konkreten Erscheinungsform gewandelten, grundsätzlich aber ebenso einschneidend gebliebenen gesellschaftl. Deformationen der Länder der Dritten Welt gelegt. Die asymmetrische Interaktion zwischen den Kolonialmächten und ihren Kolonien wurde auch vom Liberalismus, der den Merkantilismus als außenpol. Doktrin ablöste, propagiert. David Ricardos (1772–1823) Theorie der *komparativen Kosten wird noch heute zur Begründung einer Politik herangezogen, die die Wirtschaftstätigkeit der Länder der Dritten Welt deshalb auf die Rohstoffproduktion begrenzen will, weil sie diese am billigsten bewerkstelligen können. Vergessen wird dabei, daß die wirtsch. Strukturen, die dies ermöglichen, Resultat des K. sind. Der Liberalismus führte diesen mit anderen Mitteln fort. Wenn auch im 19. Jh. die Sklaverei abgeschafft wurde, so blieb der

Zugang zu den Märkten und Rohstoffen der Kolonien für die Europäer doch weiterhin offen. Die Konkurrenz billiger europ. Fertigprodukte und das Fehlen schützender Zollschranken verhinderten den Aufbau nat. Industrien und perpetuierten die einseitige, oft *monokulturelle Ausrichtung der Kolonien. Gegen Ende des 19. Jh.s verband sich der K. mit der Doktrin des I. Nicht nur die Beherrschung von Märkten, sondern die Beherrschung von Territorien rückte nun in den Mittelpunkt kolonialist. Interesses. 1914 standen mehr als die Hälfte der Erdoberfläche und über ein Drittel der Weltbev. unter direkter kolonialer Herrschaft; dazu sind die formell souveränen, in hohem Grade allerdings pol. kontrollierten und wirtsch. abh., nach Interessengebieten aufgeteilten Territorien wie China, Persien und die Türkei miteinzubeziehen.

Auch nach dem Einsetzen des Prozesses der *Dekolonisation, der v. a. nach dem II. Weltkrieg zu einem sprunghaften Anstieg der Zahl souveräner Staaten führte, blieben, wie die häufig zu beobachtende ökon., militär., kulturelle und pol. Anbindung ehem. Kolonien an ihre einstigen Mutterländer zeigt, die Abh.-Strukturen, die sich auf die durch den K. hervorgerufenen gesellschaftl. Deformationen der Länder der Dritten Welt gründen, weiter bestehen. Die Frage wurde deshalb aufgeworfen, ob die staatl. Unabh. von Kolonien den K. automatisch beendet, oder ob nicht vielmehr alle Anzeichen darauf hindeuten, daß der K., solange sich die pol. Verfaßtheit der IL oder der EL nicht grundlegend ändert bzw. auf der int. Ebene der kapitalist. Weltmarkt das entscheidende Medium der Beziehungen zwischen IL und EL bleibt, in gewandelter Form als *Neokolonialismus weiterbesteht.

Lit.: F. Ansprenger, Auflösung der Kolonialreiche, München 1966; F. Fanon, Die Verdammten dieser Erde, Frankfurt 1966; E. Williams, Capitalism and Slavery, 10. Aufl., New York 1966; R. von Albertini, Europäische Kolonialherrschaft 1880–1940, Zürich/Freiburg 1976; E. Galeano, Die offenen Adern Lateinamerikas, Wuppertal 1977. rs

Kolumbien

K. zählt zu den wenigen Ländern LAs, die verfassungsmäßig regiert werden. Nach Auslaufen des vertraglich vereinbarten Alternierens von Liberalen und Konservativen in der pol. Machtausübung versucht die liberale Demokratie, den Gefährdungen von seiten der *Guerilla (M-19) durch den Aufbau eines „starken Staates" (Sondervollmachten für das Militär) zu begegnen.

1. Im Andenkomplex konzentrieren sich 77% der Bev. K.s (Fläche: 1,138 Mio. qkm). Wichtigstes Agrarprodukt des Landes ist der Kaffee (über 50% der Exporte). Auch die Viehwirtsch. ist von Bedeutung für den Export. K. verfügt über Eisenerz-, Kohle-(80% der lateinamerik. Reserven), Kupfer-, Blei-, Gold-, Silber- und Platinvorkommen. Außerdem ist K. der größte Smaragdproduzent der Welt. Nachdem über 50 J. lang Erdöl einen wichtigen Posten in der Exportbilanz darstellte, versiegen heute die Quellen. 1978 deckte die Eigenproduktion den internen Bedarf noch zu 83%.

2. 1819 machte sich die kreolische Oberschicht von Groß-K. von der span. Kolonialherrschaft frei. Nach ständigem Bürgerkrieg und der Abspaltung des heutigen Venezuela und Ecuador, erhielt K. 1886 seine heutigen Grenzen und die, wenn auch mit zahlreichen Änderungen, immer noch gültige Verfassung. Mitte des 19. Jh.s bildeten sich die Parteien der Konservativen, bei denen die Landoligarchie und der Klerus sich sammelten, und der Liberalen, als Zusammenschluß verschiedener Gruppen der Handelsbourgeoisie, Handwerker, Tabakpflanzer und städt. Intellektuellen heraus. Die 1. „liberale Republik" von 1849 bis 1885 brachte die Weltmarktintegration K.s auf der Basis des Freihandels. Wichtigstes Ausfuhrprodukt wurde der Tabak (daneben Indigo, Baumwolle, Kaffee). Die „konservative Republik" zwischen 1886 und 1930 schaltete um auf *Protektionismus, förderte die Manufaktur und zentralisierte den bis dahin föderalistischen Staatsaufbau. In die Zeit um die Jahrhundertwende fällt der Aufschwung von Kaffeeproduktion und Exporten. Die meisten kleinen Kaffeeanbauer gaben die *Subsistenzproduktion auf und wurden in die Marktökonomie integriert.

Ein Massaker unter Bananenarbeitern im Jahre 1929 führte zur Ablösung der Konservativen durch die Liberalen. Sie blieben bis 1946 an der Macht und widmeten sich dem Vorantreiben der ind. E. mittels Staatsinterventionismus. Der ab Mitte der 40er J. einsetzende pol. Polarisierungsprozeß führte zu einem 10jähr. Bürgerkrieg (*Violencia*), der das ganze Land in Anhänger von Konservativen und Liberalen aufspaltete und in dessen Verlauf über 300 000 Menschen getötet wurden. Um die Jahreswende 1956/57 einigten sich die trad. Parteien auf einen Kompromiß (Nat. Front), sich in der Regierung abzuwechseln und alle wichtigen Posten in Staatsapparat und Verwaltung im Verhältnis 1 :1 aus den beiden Parteien zu besetzen. Obwohl die Nat. Front bis 1974 befristet war, ist das ihr zugrundeliegende System der Machtaufteilung noch heute weitgehend intakt.

3. Die Bev. K.s wurde für 1973 mit 21,07 Mio. angegeben und für 1980 auf 26,89 Mio. Ew. geschätzt. 1973 lebten 40% in 23 Städten über 80 000 Ew. Durch *Landflucht in die Städte stagniert die Landbev. seit 10 J. Ethnisch setzt sich die Bev. aus 57% Mestizen, 21% Weißen, 4% Schwarzen, 14% Mulatten und 3% Zambos zusammen. Spanisch ist Staats- und Verkehrssprache. Die Kolumb. sind zu 98% kath.

4. Nach dem Aufschwung der Kaffeeproduktion in der 2. Hälfte des 19. Jh.s wurden Teile der Deviseneinnahmen in den Aufbau von Konsumgüterindustrien investiert, die trotz harter Konkurrenz durch die Importeure bis zur Weltwirtschaftskrise beträchtl. Fortschritte machte. Als in der Krise die Importe stark zurückgingen, konnte die kol. Industrie erstmals ihre Kapazitäten auslasten. Nach dem II. Weltkrieg begann in einem Umfang ausländ. Kapital nach K. zu fließen, daß schon bald von Denationalisierung gesprochen wurde. Heute arbeiten von den 100 größten Firmen 91 mit ausländ. Kapitalbeteiligung; 27 von ihnen (mit Beteiligungen über 40%) realisieren 15% der gesamten Industrieproduktion. Im wichtigsten Wirtschaftszweig K.s, dem Kaffeesektor, dürfen Ausländer nicht investieren. Der Anbau liegt in den Händen meist kleiner Betriebe. ⅔ der 300 000 Kaffeebauern haben weniger als 4 ha; ihr Anteil an der Produktion beträgt 35%. Der Staat versucht über die halbstaatl. Kaffeeaufkauf- und Lagergesellschaft und deren *Banco Cafetero* an der internen Preisgestaltung mitzuwirken. Die E. K.s ist von der Kaffeekonjunktur unmittelbar abh. Einnahmeausfälle durch sinkende Weltmarktpreise verringern das Wirtsch.-Wachstum. In verschiedenen Anläufen hat deshalb die staatl. Wirtsch.-Politik versucht, die einseitige Abh. vom Kaffee durch eine *Diversifizierung der Exporte zu mindern.

45% der Kolumb. leben von der Landw., die nur 27% zum BIP beiträgt. Der größte Teil der Erwerbsbev. besteht aus Klein- und Subsistenzbauern. 42% der Betriebe sind nicht größer als 1 ha (95% unter 10 ha). Knapp ⅔ der Betriebe kontrollieren nur 5% der Nutzfläche. Die meisten Kleinbauern sind nicht in der Lage, mit ihren Erträgen ihre Familie zu ernähren. Die *Agrarreform der 60er Jahre hat an der Betriebsgrößenstruktur nichts verändert. Zur Verteilung kamen lediglich 22 T. ha, deren größter Teil ohne Besitzer war. V. a. von den Großbetrieben, aber auch von der staatl. Agrarpolitik ging ein Trend aus, der heute ernste Versorgungsprobleme verursacht: die Ausrichtung der landw. Produktion auf Exportprodukte. Dies führte nicht nur zur Freisetzung von Arbeitskräften auf dem Lande, weil die Agroexportwirtsch. mit modernen Methoden arbeitet und massiv Maschinen einsetzt, sondern v. a. zu einer Versorgungskrise bei Grundnahrungsmitteln. Verschärft wird das Problem durch massiven Schmuggel von Vieh und Agrarprodukten. Der Staat sieht sich trotz der gegenwärtig blendenden Devisensituation nicht in der Lage, genügend Nahrungsmittel zu importieren, um Versorgungsengpässe zu verhindern. Die kolumb. Wirtsch.-Statistiken klammern die bedeutenden illegalen Exporte und Importe aus. K. ist der größte Marihuana- und Kokainexporteur der Welt.

5. Die *Einkommensverteilung K.s ist stark ungleich. Während 5% Spitzenverdiener 35–40% der gesamten Einkommen an sich bringen, entfällt auf 80% der Einkommensbezieher nicht mehr als der gleiche Prozentsatz (auf 50% sogar nur 17%). Zur Unterschicht rechnen sowohl die meisten der 450 T. Industriearbeiter, die zusammen mit Arbeitslosen und im Tertiärsektor Arbeitenden in den *Tugurio*- und Elendsvierteln der Städte wohnen als auch die ⅔ der ländl. Unterschicht, die unter meist viel schlechte-

ren Bedingungen leben. Die mediz. Versorgung (4 Ärzte pro 10 000 Ew.) ist mangelhaft. Fast ohne Versorgung bleiben die ⅔ der Bev. in Orten unter 20 000 Ew., wo nur 9 % der Ärzte praktizieren. Hunger und eine hohe Säuglingssterblichkeit reduzieren die LE. Arbeitslos sind 10–15 % der Erwerbsbev., unterbeschäftigt sind weitere 15–20 %, auf dem Lande mehr. 3 Mio. Kinder zw. 5 und 14 J. verdingen sich für Hungerlöhne oder werden von ihren Eltern vermietet, damit sie einen Beitrag zum Lebensunterhalt der Familie leisten. Entsprechend beträgt die Einschulungsrate nur 77 %, auf dem Lande 60 %. Jedes Jahr fliehen 250 000 Kolumb. vor den erbärmlichen Lebensbedingungen in ihrem Land ins Ausland.

6. Nach der Verfassung ist K. eine präsidiale Republik, wo Abgeordnetenhaus und Senat die Exekutive kontrollieren und eine unabh. Justiz über die Einhaltung der Gesetze wacht. Die 130jährige alternierende Herrschaft von liberaler und konservativer Partei, vollends aber deren Zusammenschluß in der Nat. Front, hat jedoch das Parlament zu einer Akklamationsmaschine gemacht. Mehr die Gewerkschaften als die Linke sind heute das Zentrum von Opposition und Protest. 5 Dachverbände repräsentieren 1,7 Mio. Mitgl. von 4 000 Einzelgewerkschaften und 850 000 Bauern (Organisationsgrad bei Arbeitern und Angestellten 20 %). Angesichts einer forcierten neoliberalen Wirtschaftspolitik seit 1974, die der Mehrheit der Bev. Kaufkraftverluste und eine Verschlechterung der Lebensbedingungen einbrachte, bildeten 4 oder 5 Dachverbände ein Koordinationsgremium, das die zunehmende Streikbewegung im Generalstreik vom September 1977 zu einem vorläufigen Höhepunkt führte. Im Parteiengefüge könnte die Gründung von FIRMES den Beginn einer Umstrukturierung andeuten. FIRMES hofft, die zersplitterte marx. und die nichtmarx. Linke mit dem Potential von Unzufriedenheit aus den traditionellen Parteien zu vereinigen.

7. Nach Amtsantritt der Regierung Lopez 1974 wurden die *Importsubstitutionskonzepte der 50er und 60er J. endgültig aufgegeben und eine E.-Strategie formuliert, die auf die trad. Exportsektoren und auf Industrien setzt, wo K. komparative Kostenvorteile besitzt (Rohstoffe, *arbeitsintensive Branchen, Agroindustrie). Die Intervention des Staates in die Wirtschaft ging drastisch zurück und im Zusammenhang damit wurde sowohl die Protektion für die nat. Industrie als auch Subventionen auf Massenkonsumgüter des Grundbedarfs aufgehoben. Die günstige Devisenbilanz während des Kaffeebooms konnte bislang eine bedrohliche Ausweitung der *Verschuldung verhindern. Ein früher oder später mit Sicherheit zu erwartender Verfall der Weltmarktpreise für Kaffee wird die *Verschuldung schnell ansteigen lassen, die Devisenreserven auffressen und der Regierung eine *Austerity*politik aufzwingen, die das ohnehin explosive Sozialklima weiter verschlechtern muß.

Lit.: U. Zelinsky, Parteien und politische Entwicklung in Kolumbien unter der Nationalen Front, Meisenheim am Glan 1978; A. Boeckh, Interne Konsequenzen externer Abhängigkeit. Eine vergleichende empirische Analyse der Dependenz am Beispiel der Industriearbeiterschaft Venezuelas, Kolumbiens und Perus, Königstein/Ts. 1979; G. Koopmann, Multinationale Unternehmen in Kolumbien, Hamburg 1978. dd

Kommunalismus

In der Literatur widersprüchlich verwandter und/oder bewerteter Begriff. Bezeichnet einerseits den Rückgriff auf kooperative Prinzipien der traditionalen afrikan. Dorfgemeinschaft, die im Rahmen von **community development*, *Genossenschaften und *ländl. E. wiederbelebt werden sollen (→*Ujamaa, Fokonolona* →Madagaskar). Andererseits wird unter K. ein an ethnischen, religiösen und/oder kulturellen Phänomen orientiertes Verhalten verstanden. Damit hebt der Begriff auf Konflikte zwischen ethnisch, religiös und kulturell bestimmten gesellschaftl. Gruppen ab (u. a. →Tribalismus). dn

Komparative Kosten

Der Lehrsatz der k. K. geht auf D. Ricardo zurück. Er besagt, daß Arbeitsteilung und Spezialisierung zwischen zwei oder mehreren Ländern dann von Vorteil sind, wenn die ausgetauschten Güter relative Kostendifferenzen in der Herstellung dieser Güter besitzen. Die rel. Kosten werden durch das Verhältnis der Produktionskosten zweier Güter ermittelt. Für ein 2-Güter/2-Länder-

Modell soll am folgenden Beispiel die Ableitung der k. K. erklärt werden.

Gut / Land	Produzierte Einheit der Güter 1	2
A	50	100
B	100	200

Unterstellt wird, daß beide Länder A und B die aufgeführten Einheiten der Güter 1 und 2 durch Einsatz ihrer ges. zur Verfügung stehenden Produktivkräfte erstellen. Folglich produziert Land B unter der obigen Annahme mehr von beiden Produkten, d. h. der Faktoraufwand pro erzeugter Einheit ist kleiner als im Land A. Land B wendet somit für beide Produkte geringere Realkosten auf.
Betrachtet man die rel. Kosten, so zeigt das oben angegebene Beispiel, daß Land B in der Erzeugung des Gutes 1 einen größeren Vorteil als in der Produktion des Gutes 2 aufweist (100/50 : 120/100). Es besitzt einen nicht nur absoluten, sondern auch einen komparativen Vorteil. Land A ist in beiden Produktionen unterlegen, wobei der Nachteil in der Erzeugung des Gutes 2 kleiner ist. Hier liegt für Land A ein nicht nur absoluter Nachteil, sondern auch ein komparativer Vorteil. Diese Kostendifferenzen sind für die Theorie von Ricardo die Ursache für die Vorteilhaftigkeit des Handels zwischen zwei Ländern, und sie bestimmen somit auch ihre Handelsstrukturen. hk

Kongo (Brazzaville)

Die (seit 1970 Volks-)Republik K. war der erste Staat Schwarzafrikas mit einer sich „marxistisch-leninistisch" und „proletarisch" bezeichnenden Einheitspartei. Seit 10 Jahren versucht sie – allerdings ohne überzeugende Erfolge – Staat, Wirtschaft und Gesellschaft nach Grundsätzen des „wissenschaftl. Sozialismus" umzugestalten.
1. K.s Fläche (342 000 qkm) teilt sich in mehrfacher Hinsicht in eine je deutlich verschiedene N- bzw. S-Hälfte auf: 1) Geograph.-klimatisch: im N das in der Nähe der Hs Brazzaville (rund 300 000 Ew.) beginnende savannenartige Hochland der Bateke sowie die oft nur schwer zugänglichen Regenwälder und Sumpfgebiete der Zuflüsse des Ubangi und des Kongo, im S die fruchtbare Niari-Hochebene. 2) Demographisch lassen sich bei gesch. 1,4 Mio. Ew. über 70 Ethnien unterscheiden, unter denen im N die M'Boschi (16 %) dominieren, während im S Angehörige der Kongogruppen (Bakongo, Basundi, Balali u. a.) gut 40 % der Gesamtbev. ausmachen. Aufgrund der geograph.-klimat. Gegebenheiten drängen sich im S auf etwa ⅓ der Fläche rund drei Viertel der Bev. 3) Entsprechend konzentrieren sich die wichtigsten Städte und wirtschaftl. Aktivitäten im S, insbes. entlang der Eisenbahnlinie Pointe Noire (Ozean) – Brazzaville.
2. Zur wichtigsten Einnahmequelle der kongol. Wirtschaft entwickelte sich in den 70er J. im Küstenbereich gefördertes Erdöl (1977: 57,2 % aller Exporterlöse), dessen Vorräte aber rel. gering sind und wie die bis 1977 bei Holle geförderte Pottasche (1977: 7,8 %) wenig geignet scheinen, die Wirtschaft langfristig auf eine gesicherte Basis zu stellen. Ähnliches gilt für andere Mineralien (früher Diamanten, heute Kupfer, Gold und Blei). Es ist daher verständlich, daß die staatl. Wirtschaftsplanung nun das Schwergewicht auf den lange vernachlässigten agrar- und forstwirtsch. Sektor legt, in dem die Produktion von Maniok (Anfang der 70er J. 577 000 t pro J.) und verschiedenen Gemüsesorten überwiegend für den eigenen Bedarf bestimmend ist, während Hölzer (1977: 16 %), Kaffee (4,5 %), Kakao (2,8 %) u. a. bereits wichtige Posten in der Exportbilanz ausmachen. Mitte der 70er J. wurden nach verschiedenen Schätzungen erst 2,5 bis 5 % der Gesamtfläche des K. landw. genutzt (für nutzbar gehalten werden zwischen 9 und 24 %). In Staatsbesitz befinden sich der agro-ind. Komplex SIAN sowie *Plantagen für Zuckerrohr, Palmöl u. a. Auch die Mitte der 70er J. rund 70 Betriebe der verarbeitenden Industrie waren zu gut der Hälfte staatl. Hauptbezugspunkt für die kongol. Wirtschaft bleibt nach wie vor die frühere Kolonialmacht Frankreich (1977: 50,4 % der Importe und 13,6 % der Exporte des K.), auch wenn eine gewisse *Diversifizierung der Handelspartner erreicht und außenpol. eine stärkere Zusammenarbeit mit sozialist. Staaten angestrebt wurde.
3. Der seit der Unabh. 1960 regierende

Staatspräs. F. Youlou wurde 1963 durch einen Generalstreik gestürzt. Die nachfolgenden, von Militärs und Intellektuellen geführten Regierungen (Einheitsparteien: ab 1964 *Mouvement Nationale de la Révolution* = MNR, ab 1970 *Parti Congolais du Travail* = PCT) schlugen innen- wie außenpol. einen wachsenden, allerdings vornehmlich verbal-radikalen Linkskurs ein. Treibende Kraft war dabei neben der Gewerkschaft die Jugendorganisation der Partei. Die höchsten Einschulungs- und Verstädterungsraten in Schwarzafrika (90 bzw. 45 %), denen keine entsprechenden Berufsmöglichkeiten gegenüberstanden, trugen mit zu einer v. a. aus Jugendlichen zusammengesetzten, leicht politisierbaren Masse von Arbeitslosen bei, die keine Regierung unter Kontrolle bekam. Trotz der „marxistisch-leninistischen" Staatsdoktrin bildete sich eine mit der Staats- und Parteiführung liierte „pol.-administrative Bourgeoisie" heraus, deren Privilegien auch und gerade nach 1963 Kritik von seiten der Schüler, Studenten und Gewerkschafter herausforderten (zahlreiche Massendemonstrationen). Dies und die ständigen Rivalitäten zwischen v. a. *tribalistisch bestimmten Patronagesystemen führten zu einer das kongol. Regime in den 60er und 70er J. kennzeichnenden ständigen pol. Instabilität. 1977 ließ der frühere Staatspräsident (1963–68) Massemba-Debat seinen Nachfolger M. Ngouabi ermorden und wurde seinerseits exekutiert. Der neue Präsident Y. Opango wurde 1978 in einem „legalen Staatsstreich" von seinem persönl. Rivalen D. S. Ngouesso gestürzt, wie seine Vorgänger seit 1963 ein Militär.

Die bemerkenswertesten Folgen des „marx." Kurses seit Mitte der 60er J. zeigten sich bisher auf dem Gebiet der Verfassungsgebung (Verfassungen von 1963, 1970, 1973, Änderungen 1977), die die Volkssouveränität ab 1970 der zeitweise weniger als 200 Mitglieder starken Einheitspartei übertrugen und 1970 bis 1973 sowie nach 1977 sogar das Parlament abschafften. Die zunehmend radikaler propagierte „sozialist." Wirtschafts- und Gesellschaftsordnung kam dagegen kaum über Verstaatlichungen ausländ. Unternehmen und den Aufbau parastaatl. Betriebe hinaus. Damit wurde zwar der Einfluß ausländ. Gesellschaften beschnitten, doch brachten Pfründenwirtschaft, Inkompetenz in der Führung der Betriebe und mangelnde Arbeitsmoral dem Staat beträchtliche Defizite und trugen zur Entfremdung der Einheitspartei PCT von der Masse der Bev. bei, wie die PCT-Spitze Ende 1975 selbst einräumte.

Lit.: S. Amin, Histoire économique du Congo 1880–1968, Paris 1969; R. Gauze, The Politics of Congo-Brazzaville, Stanford 1973; I. Varga, Sozialismus durch die Armee? Die Volksrepublik Kongo, in: G. Grohs/B. Tibi (Hrsg.), Zur Soziologie der Dekolonisation in Afrika, Frankfurt 1973, S. 265 ff.; K. Ziemer, Kongo-Brazzaville, in: F. Nuscheler/K. Ziemer, Politische Organisation und Repräsentation in Afrika, Berlin/New York 1978, S. 1014 ff. kz

Korea-Nord (NK)

Die Demokrat. Volksrepublik Korea hat im Rahmen enger Anlehnung an die UdSSR und die VR China einen E.-Weg des Vertrauens auf die eigenen Kräfte beschritten, der Auseinandersetzungen mit den beiden Mächten nicht scheute. Den Vertretern der *Dissoziation gilt NK als gelungenes Beispiel für die Umstrukturierung der Wirtschaft unter Abkopplung vom Weltmarkt.

1. NK umfaßt mit 121 000 qkm ca. 55 % des Territoriums der korean. Halbinsel. Nur 18 % der Gesamtfläche des Landes (SK: 23 %) werden agrarwirtsch. genutzt, wobei der Ackerbau überwiegt (Reis, Mais, Hirse, Hülsenfrüchte). Die Brennstoff- und Energieversorgung stützt sich auf große Wasserkraftreserven sowie Anthrazit- und Braunkohlelagerstätten. Für die E. der Hüttenind. und den auf ihr aufbauenden verarbeitenden Ind.en sind die Vorkommen an Eisenerz, Molybdän, Nickel, Wolfram, Kobalt, Chrom, Mangan, Kupfer, Blei, Zink, Aluminium, Graphit, Asbest, Glimmer u. v. a. von großer Bedeutung. Die chemische Ind. kann neben ihrer Kohlebasis auf Vorkommen an Kalkstein, Barit, Pyrit, Apatit, Fluorit und Pottasche zurückgreifen. Ebenso findet die Baustoffind. alle benötigten Steine und Erden im Land vor.

2. Nach UN-Schätzungen hatte NK 1975 ca. 16 Mio. Ew., was 31 % der Bev. der Halbinsel entsprach. In den 70er J. lag die JZ bei 2,5 %, die Bev.-Dichte bei 132 Ew. pro qkm. Etwa ⅘ der Bev. leben in den Ebenen und Hügellandschaften des W und

einem schmalen Küstenstreifen am Jap. Meer. Im Verlauf der forcierten *Industrialisierung wurden Arbeitskräfte von der Landw. in die Ind. transferiert. Dies führte zu einem starken Anstieg des Anteils der Stadtbev., ohne daß die von SK bekannten negativen Begleiterscheinungen (Verslummung, *Marginalisierung, Aufblähung des Dienstleistungssektors) zu beobachten waren. Neben der Hs Pjöngjang (1,5 Mio. Ew.) gibt es mindestens 8 weitere Städte mit mehr als 100 000 Ew. Der hohe Bev.-Anteil von Kindern, Jugendlichen und Auszubildenden (10jährige Schulpflicht) und eine Armee von rd. 500 000 Mann halten die Quote der Erwerbstätigen rel. niedrig. Von den hohen Ausbildungsinvestitionen (mit Schwergewicht auf polytechn. Bildung) erhofft man sich jedoch in Zukunft eine Steigerung des arbeitskräftesparenden techn. Fortschritts, was zusammen mit dem Aufrücken der jüngeren Jahrgänge in die ökon. aktive Bev. eine Behebung des chronischen Arbeitskräftemangels bewirken könnte. Unter den asiat. Volksrepubliken weist NK das rel. höchste E.-Niveau auf. Begrenzte individuelle Konsumwahlmöglichkeiten werden durch extrem billige Grundbedarfsgüterversorgung und vorbildliche Sozialleistungen (1964: 1 Arzt je 530 Ew.) kompensiert.

3. Nach 35jähriger jap. Kolonialherrschaft über Korea besetzten 1945 die UdSSR den N und die USA den S der Halbinsel. Der 38. Breitengrad sollte vorübergehend die Einflußzone abgrenzen. Die Verschlechterung des int. pol. Klimas führte jedoch dazu, daß innergesellschaftl. Auseinandersetzungen in den beiden Teilgebieten sich nur im Sinne der jeweiligen Besatzungsmacht entscheiden konnten. Der Konflikt zwischen Linksnationalen und Konservativen wurde damit zu einem nat. N-S-Gegensatz umgepolt, der die Teilung vertiefte. In NK vereinigten sich (unter sowjet. Schirmherrschaft) verschiedene einheim. und aus dem Exil (Yenan/China, UdSSR) zurückgekehrte Linksgruppen zur (kommunist.) Partei der Arbeit, die zur treibenden Kraft in der Nat. Einheitsfront wurde. Die sozialrevolutionären Reformen von 1946 (Enteignung des jap. Vermögens und des einheim. Großgrundbesitzes, Landumverteilung und Sozialgesetzgebung) machten das neue Regime bei Arbeitern und Bauern populär, führten aber auch zur Abwanderung vieler Bürgerlicher nach SK. Als in SK (mit Unterstützung der USA) die Republik Korea mit dem Konservativen Rhee als Präsidenten ausgerufen wurde, folgte im N die Gründung der DVRK (9. 9. 48) mit dem Partisanenführer Kim Il Sung als Regierungschef. Der Versuch, den zur nat. Frage ausgeweiteten innenpol. Machtkampf mit militär. Mitteln zu entscheiden, führte zum Koreakrieg (1950–53), in den auf südkor. Seite US- und UN-Truppen, auf nordkor. Seite chines. Freiwilligenverbände eingriffen. Abgesehen von geringfügigen territorialen Verschiebungen hatte der für beide Seiten äußerst verlustreiche Krieg langfristig die ökon. Auseinanderentwicklung, sozio-kulturelle Entfremdung und erbitterte pol.-ideolog. Feindschaft der beiden Teilstaaten zur Folge. In den 50er J.en erlebte NK z. T. heftige Fraktionskämpfe innerhalb der PdAK und den Beginn gewaltiger Massenmobilisierungskampagnen (*Tschollima*-Bewegung) zur Beschleunigung des ökon. Aufbaus. Die nach dem 20. Parteitag der KPdSU (1956) aufgetretene Kritik des Personenkultes bedrohte vorübergehend auch die Position von Parteichef Kim Il Sung. In allen wichtigen Streitfragen (Kollektivierung der Landw., vorrangiger Aufbau der Schwerind., Nicht-Beitritt zum RGW) setzte er sich jedoch mit seiner Partisanenfraktion gegen die Opposition der Sowjet- und Yenan-Fraktionen durch. Seine Führungsstellung in der PdAK ist seitdem unumstritten. Die Phase des „Lernens von der Sowjetunion“ wurde abgelöst von einer selbstbewußten Politik des Vertrauens auf die eigenen Kräfte (*Dschutschee*), die in ökon., pol. und kultureller Unabh. den korean. Weg zum Sozialismus suchte. Im Lager der *Blockfreien hat sich NK durch diesen Standpunkt der **self-reliance* und als E.-Hilfe-Geber ein gewisses Ansehen erworben. Während der 70er J. wurden erste Kontakte zur südkor. Regierung aufgenommen, die bislang aber zu keiner zwischenstaatl. Übereinkunft geführt haben. Die friedl. Wiedervereinigung (in Form einer lockeren Konföderation) bleibt aber ein zentrales Ziel nordkor. Politik.

4. Die beachtlichen Aufbauerfolge der Jahre 1946–49, ermöglicht durch Agrar-*Sur-

plus-Transfers an die Ind. und sowjet. techn. Hilfe, wurden durch den Koreakrieg wieder zunichte gemacht. 1953 waren 85 % der Ind.-Anlagen und 20 % der landw. Nutzfläche verwüstet. In den vorfristig erfüllten 3- und 5-Jahresplänen (1954–60) wurden die Kriegsschäden behoben, die Sozialisierung aller Wirtsch.-Bereiche abgeschlossen und eine rel. diversifizierte Investitionsgüterind. geschaffen, die sich v. a. auf die Verarbeitung einheim. Rohstoffe stützte. Ermöglicht wurde diese E. durch Mobilisierung interner Produktivitätsreserven bei gleichzeitiger Drosselung des Konsums und die (z. T. unentgeltliche) Wirtsch.-Hilfe der UdSSR, Chinas und der osteurop. Länder. 1960 erzielte die Ind. bereits 53 %, die Landw. nur noch 27 % des Nationaleinkommens. Anfang der 70er J. war der Maschinenbausektor mit mehr als 30 % an der Ind.-Produktion beteiligt und in der Lage, den Eigenbedarf an Schwer- und Präzisionsmaschinen weitgehend zu decken. Die chem. Ind. versorgte neben der Landw. (Düngemittel) auch die Textilind. mit auf einheim. Ressourcenbasis hergestellten Kunstfasern. Der Versuch, die Wirtsch. im Eiltempo zu modernisieren, führte zu umfangreichem *Technologietransfer aus kapitalist. Ländern, die NK jedoch in Zahlungsschwierigkeiten brachten, als die Weltmarktpreise seiner ertragreichsten Exportartikel (Buntmetalle, Stahl, Erze) im Verlauf der weltweiten Rezession erheblich abfielen. Angesichts der Wirtsch.-Kraft NKs – das mittlerweile selbst integrierte Ind.-Anlagen herstellt und dessen Landw. die Eigenversorgung mit Nahrungsmitteln garantiert – und seiner Goldvorräte darf angenommen werden, daß ihm die Tilgung der Auslandsschulden keine unlösbaren Schwierigkeiten bereiten wird.

Lit.: G. Wontroba/U. Menzel, Stagnation und Unterentwicklung in Korea, Meisenheim 1978; R. Juttka-Reisse, Agrarpolitik und Kimilsungismus in der Demokratischen Volksrepublik Korea, Königstein/Ts. 1979. rk

Korea-Süd (SK)

Die Republik K. hat sich voll in die neue *internationale Arbeitsteilung integriert und weist ein erhebliches Wirtschaftswachstum auf. Am Fall SK lassen sich jedoch gut die sozialen und pol. Folgeprobleme einer abh. *Industrialisierung studieren.

1. SK hat eine Fläche von 99 500 qkm mit einer Bev. von 37,6 Mio. (1979). Nur 23 % des kargen Bodens sind bisher landw. genutzt, 67 % sind Waldgebiete, 11 % Weideflächen oder urbane Zonen. SK ist außerordentlich dicht bevölkert (337,8 Ew. pro qkm). In den letzten zehn Jahren hat eine rapide *Landflucht und Verstädterung eingesetzt (Urbanisierungsgrad 1979: 50 %). Allein im Jahre 1978 verließen 850 000 Menschen das Land und zogen in die Städte, um dort Arbeit zu suchen. In der Hauptstadt Seoul (1979 ca. 9 Mio. Ew.) und den umliegenden Siedlungsbezirken wohnt heute fast ein Viertel der Bev. SKs.

2. SK ist eines der wenigen EL, das über eine ethnisch und sprachlich homogene Basis verfügt. Es gibt nur eine kleine chinesische Minderheit. Kultur und eigene Schrift sind ein wichtiges Bindeglied der nat. Identität und Geschichte. Historisch wurde K. fast immer von seinem mächtigen Nachbarn China dominiert. Gegen äußere Einflüsse wehrte sich das Königreich durch freiwillige Isolation und galt daher als das „Einsiedler-Königreich". Erst das Erstarken des Kaiserreiches Japan (J.) löste K. aus dem chin. Hegemoniebereich, aber nur um (1910) zu einer Kolonie (Generalgouvernement, ab 1942 Provinz) J.s zu werden. 36 Jahre jap. Kolonialherrschaft, die erst mit der Niederlage der Jap. im II. Weltkrieg endete, haben die pol. Kultur von K. entscheidend geprägt. Zwar entwickelten die Jap. das Land, verbesserten die Landw. und bauten Industrie und *Infrastruktur auf, diese Bemühungen waren jedoch einseitig auf die Bedürfnisse des „Mutterlandes" (und später besonders der jap. Kriegswirtschaft) ausgerichtet. So wurde K. z. B. in den 30er J. gezwungen, die Hälfte seiner Reisproduktion nach J. zu liefern, damit dort die Industriearbeiter billig ernährt werden konnten. Hinzu kam eine *Apartheid-ähnliche Politik der Jap. auf dem Bildungssektor, die Koreanern nur in Ausnahmefällen Hochschulausbildung oder eine leitende Stellung in der Verwaltung ermöglichte. Selbst die kor. Sprache und Schrift wurde schließlich von der Kolonialmacht verboten. Im Jahre 1948 kam in SK mit starker amerikan. Unterstützung Dr. Syngman

Rhee an die Macht, im Norden – auf die Kommunisten gestützt – Kim Il Sung (Korea-Nord). Der Korea-Krieg, der als Bürgerkrieg begann und seine Dimension erst durch das Eingreifen ausl. Mächte erhielt, spaltete das Land entlang dem 38. Breitengrad. Hinfort wurde „Anti-Kommunismus" im Süden K.s zum wichtigsten ideologischen Bindeglied. April 1960 wurde Syngman Rhee im Verlauf von Studentendemonstrationen gegen die korrupte Regierungspraxis gestürzt und es folgte ein kurzlebiges demokratisches Kabinettsystem unter John Chang als Premierminister. Bereits im Mai 1961 wurde die Zivilregierung von einer Gruppe junger Offiziere unter Führung des späteren Präsidenten Park Chung Hee abgesetzt. Es folgten 18 Jahre zunehmender pol. Unterdrükkung, ehe Park im Oktober 1979 vom Chef seines eigenen Geheimdienstes ermordet wurde.

3. Unter der Herrschaft Park Chung Hees, dem die Yushin-Verfassung von 1972 keine Beschränkung setzte, hat sich die Wirtsch.-Struktur SK.s radikal verändert. Aus dem rückständigen Agrarland, dessen Regierung ihre Existenz vor allem amerik. Hilfslieferungen verdankte, wurde in weniger als zwei Jahrzehnten ein sog. Schwellenland, das eine imposante Industrialisierung und herausragendes Wachstum zu verzeichnen hatte. Diese E. wird oft als „Wunder am Han-Fluß" bezeichnet und findet ihre Parallele nur in anderen exportorientierten Wachstumsökonomien wie Taiwan, Hongkong und Singapur.

Das „Wachstumswunder" ist um so erstaunlicher, als SK zwar über eine große Bev., aber kaum über wesentliche natürl. Ressourcen verfügt. Die Erklärung liegt in der Einbeziehung SK.s in die *internationale Arbeitsteilung begründet (d.*h. hier besonders in der Überausbeutung der reichlich vorhandenen Arbeitskraft). Aufgrund der mit Gewalt niedrig gehaltenen Löhne gelang es der südkor. Regierung, Auslandskapital und Kredite ins Land zu holen und so eine „abhängige Industrialisierung" durchzusetzen, die nicht auf den Binnenmarkt oder auf die Unterstützung der Landw., sondern vorrangig auf den Weltmarkt hin orientiert war. Die Folge dieser „Export um jeden Preis"-Politik war nicht nur die Zementierung eines sehr niedrigen Lohnniveaus (aus Konkurrenzgründen), sondern auch die systematische Vernachlässigung der Landwirtschaft, mit den Folgeproblemen Landflucht, Slumbildung, Unterernährung und Arbeitslosigkeit.

Die Zahl der Beschäftigten betrug 1978 rund 13,5 Mio. Die Veränderungen in der Beschäftigungsstruktur: 1965 waren in der Landw. 58,6 % aller Beschäftigten tätig, 1976: 42,4 %, in dem produzierenden Gewerbe 10,4 %, 1976: 21,3 %, und im Dienstleistungsbereich 31 %, 1976: 33,6 %. Die forcierte Umstrukturierung hatte hohe Folgekosten. So sank z. B. der Selbstversorgungsgrad an Nahrungsmitteln und erreichte 1974 den Tiefstand von 65 %. Die Vernachlässigung der Landw. ist inzwischen auch von der südkor. Regierung als der schwächste Punkt der E.-Politik erkannt worden. Trotz einer umfassenden *Agrarreform im J. 1949 sind viele kleinere Bauern wieder in Pachtabhängigkeit geraten (ca. 35 % der Landbev.) und der Lebensstandard der bäuerlichen Bev. lag lange weit unter dem der Städte (1979 bis auf 85 % dem Durchschnitt der inzwischen niedrigeren städt. Einkommen angeglichen). Insges. ist die südkor. Wirtschaft durch sehr ungleiches Wachstum und fehlende **links* zwischen den einzelnen Sektoren gekennzeichnet, was sich besonders in der ebenfalls sehr ungleichen Einkommensverteilung widerspiegelt und immer wieder zu (verbotenen!) Streiks und Demonstrationen von Arbeitern und Bauern geführt hat. Die Regierung Park Chung Hee hat in den letzten Jahren versucht, die Unzufriedenheit auf den Dörfern und in den Fabriken durch landesweite Mobilisierungskampagnen wie z. B. *Saemaul Undong* (Die Neue-Dorf-Bewegung) oder die Fabriken-*Saemaul*-Bewegung in den Griff zu bekommen und die pol. Kontrolle auch auf die unterste Ebene des Produktionsprozesses auszudehnen. Doch die „Dorf-Bewegung" führte zur Verschuldung der armen Mehrheit in den Dörfern und zur Herausbildung einer neuen Klasse von Mittelbauern. Die Fabrikbewegung hatte ebenfalls bisher nur wenig Erfolg.

4. Süd-Korea ist ein gutes Beispiel für den *Teufelskreis der vom Ausland abh. *Industrialisierung, die nicht auf die Grundbe-

dürfnisse der Bev. und auf den einheim. Markt zugeschnitten ist: Um überhaupt exportieren zu können, muß das rohstoffarme Land zuerst die zur Weiterverarbeitung bestimmten Güter teuer einkaufen und sich auch die zur Verarbeitung nötige Energie (Öl, Kohle) im Ausland beschaffen. Da ein großer Teil der Ind. in ausländ. Händen ist (v. a. Japan und USA) oder mit ausländ. Krediten finanziert wird, fließen auch die im Land gemachten Gewinne meist wieder ab oder werden von einheim. Unternehmern neu investiert. Im Lande bleiben nur die niedrigen Löhne, die meist gerade zur Reproduktion der Arbeitskraft ausreichen. Die ländl. Produkte werden durch staatl. festgesetzte Ankaufspreise künstlich niedrig gehalten, um die Industriearbeiterschaft mit billigen Nahrungsmitteln zu versorgen und so den Lohnanteil der erzeugten Produkte möglichst gering und diese dadurch konkurrenzfähig zu halten. Aufgrund des hohen „Importgehalts" der exportierten Produkte sind die Einfuhren nach SK in den letzten 20 Jahren schneller gestiegen als die Ausfuhren (1978 betrugen die Warenimporte 14,97 Mrd. US-Dollar und die Exporte 12,71 Mrd. US-Dollar). Dadurch hat die *Verschuldung SK.s gegenüber dem Ausland zugenommen (1979 bereits 15 Mrd. US-Dollar), was die Aufnahme von Krediten noch schwieriger macht. Auch zeigt sich, daß eine einseitig auf den Export orientierte Wirtschaftspolitik trotz beeindruckender Wachstumsraten nicht in der Lage ist, eine bessere Umverteilung des Sozialprodukts herbeizuführen. Die med. Versorgung der Bev. und der pro Kopf zur Verfügung stehende Wohnraum sind im Laufe der Industrialisierung wieder zurückgegangen, alles Indikatoren, die daran zweifeln lassen, daß die Grundbedürfnisse der Bev. durch eine derartige E.-Strategie befriedigt werden können. Ein wichtiger Aspekt ist auch die enge Verknüpfung von „Wirtschaftswachstum auf Kredit" mit pol. Repression in SK. Die Niedrighaltung der Lohnkosten und damit des Lebensstandards der Bev.-Mehrheit bei gleichzeitigem Wirtschaftsaufschwung ist nur unter fortgesetzter Gewaltanwendung durch den Staat in seiner „stärksten" Form als Militärdiktatur möglich. Streiks und Demonstrationen sind streng verboten, die Presse wird zensiert und ein großer Teil der pol. Opposition steckt in den Gefängnissen. Was die Beachtung der *Menschenrechte anbetrifft, steht SK in Asien an allerletzter Stelle.

Lit.: D. Y. Park (Hrsg.). Wachstum, Diktatur und Ideologie in Korea, Bochum 1980; S.-J. Park u. a., Economic Development and Social Change in Korea, Frankfurt 1980; M. Eli, Wirtschaftliche Entwicklungsperspektiven der Republik Korea, Hamburg 1979. hul

Kreditanstalt für Wiederaufbau

Die KfW (auch KW) ist die für die *öffentl. Hilfe der BRD wichtigste Organisation (E.-Bank des Bundes). Sie wurde 1948 als Körperschaft des öffentl. Rechts gegründet; Grundkapital 1 Mrd. DM (80% Bund, 20% Länder); Sitz: Frankfurt (Palmengartenstr. 5–9). Die KfW vergibt im Auftrag und in Abstimmung mit der Bundesregierung im Rahmen der *Kapitalhilfe Kredite an die EL, entweder deren Regierungen oder lokalen und *regionalen Entwicklungsbanken. Finanzierung der Maßnahmen aus öffentl. Mitteln und durch Aufnahmen auf dem Kapitalmarkt. Dementsprechend unterschiedl. Vergabebedingungen: Kredite; (seit 1973) Zuschüsse, insbes. für *LLDCs; Mischfinanzierungen: Kombination von Kapitalhilfe und kommerziellen Finanzierungsformen für Lieferungen von Investitionsgütern aus der BRD (→Lieferbindung). Im Durchschnitt der Jahre 1974–1978 vergab die KfW pro Jahr 108 Darlehen im Gesamtumfang von 2,3 Mrd. DM (im Vergleich dazu 1969–1973 pro J. 71 Darlehen im Gesamtumfang von 1,3 Mrd. DM). dn

Kuba

K. hat seit der *Revolution große E.-Anstrengungen unternommen und v. a. im sozialen Bereich erhebliche Fortschritte erzielt. Die Suche nach einem eigenen Weg zum *Sozialismus wurde jedoch nach ökon. Mißerfolgen, nach dem Tod Che *Guevaras und nach dem Scheitern der *Guerilla zugunsten einer immer stärkeren Anlehnung an das sowjet. Modell aufgegeben.

1. K. ist mit einer Fläche von 110922 qkm die größte Insel der Großen Antillen. Wichtigster Wirtschaftssektor ist die Landw. (ca. 50% des Landes kann landw. genutzt werden). Sie konzentriert sich auf

das Hauptexportprodukt Zucker (wegen des trop. Klimas günstige Anbaubedingungen, aber auch Wetterabh.: Trockenperioden, Wirbelstürme). Die Produkte der Zukkerind. machen ca. 80% des Gesamtausf.-Erlöses aus. Der monokulturelle Anbau von Zuckerrohr und die Exportorientiertheit der Wirtschaft des vorrevolutionären K. erforderten hohe Nahrungsmittelimporte (30% des Gesamtimports). Gegenwärtig strebt K. eine Diversifizierung der Landw. zur Dekkung des Eigenbedarfs an: verstärkter Anbau von Mais, Reis, Hirse, Bohnen; auch Tabak, Kaffee, Zitrusfrüchte (auch für Export); Ausbau der Viehwirtsch. (zweitwichtigster Sektor nach Zucker), Milchproduktion und Fischerei, Kultivierung zusätzlicher Anbauflächen.

K. besitzt im SO nicht unbedeutende Vorkommen an Erzen. Der Bergbau und die ind. Verarbeitung der Bodenschätze konzentriert sich v. a. auf die Nickelproduktion. Aufgrund fehlender eigener Energiereserven und Rohstoffmangels wurde der nach der Revolution forcierte Anbau einer Schwerind. nicht fortgesetzt (Abh. von Rohölimporten v. a. aus der UdSSR seit 1959). Stattdessen orientiert sich der ind. Aufbau K.s an den Bedürfnissen der Landw.: Ausbau der Zuckerind., Herstellung von Fleisch- und Fischkonserven, ind. Verarbeitung von Agrarerzeugnissen (Bier, Rum, Tabak u. a.), Verarbeitung von Nebenprodukten des Zuckerrohrs (Papier, Viehfutter), Ausbau der chem. Ind. (Kunstdünger, Kunstfasern), Herstellung landw. Maschinen, Zement.

2. K. wurde 1511 in das span. Kolonialsystem eingegliedert. Gemäß der feudalen Tradition Spaniens bildete sich eine von Spanien pol. und ökon. abh. Kolonialgesellschaft heraus, die als span. Handelsknotenpunkt und Versorgungsbasis diente und deren Wirtschaft bis ins 18. Jh. auf extensiver, in *Latifundien betriebener Viehwirtsch. (Export v. Häuten) und kleinbäuerlicher Tabakproduktion basierte (später auch Sklavenhandel). Die Zuckerwirtsch. nahm erst im 19. Jh. einen enormen Aufschwung (Ausfall Haitis als Zukkerproduzent, Gründung der USA, Liberalisierung der span. Handelspolitik 1918). In K. setzte sich die *monokulturelle *Plantagenproduktion von Zucker durch, die auf der Ausbeutung importierter afrikan. Sklaven basierte und für den Bedarf des span., später des US-Marktes produzierte. Nach dem 2. Unabh.-Krieg gegen Spanien (1895–98) erlangte K., die pol. Unabh., die aber aufgrund des Eingreifens der USA in den Krieg (wirtsch. Interessen) und den darauf in der kub. Verfassung zugesicherten Interventionsrechten der USA (*Platt Amendment*) eingeschränkt wurde. In der Folgezeit vollzog sich K.s endgültige Umwandlung zur Zuckerinsel, deren Wirtschaftsentwicklung der Weltzuckerkonjunktur und Exportschwankungen unterworfen war. Diese neue Phase pol. und struktureller Abh. K.s von den USA und die damit verbundene UE dauerte bis 1959 (Durchdringung der kub. Wirtschaft mit US-Kapital: 1958: 13 US-Zuckergesellschaften prod. 40% des Zukkers; US-Kapital kontrolliert 36% der Ländereien. 90% des Bergbaus, die ges. Energieversorgung; Gewinntransfer in die USA verhindert eigenständige E.).

Der Sieg der kub. Revolution 1959 unter Führung Fidel *Castros beendete das strukturelle Abh.-Verhältnis K.s von den USA. Das Handelsembargo der USA (seit 1960), der von den USA unterstützte Ausschluß K.s aus der *OAS und der Wirtsch.-Boykott der OAS-Staaten zwangen K. zu intensiven Handelsbeziehungen mit den sozialist. Ländern (v. a. UdSSR). Gleichzeitig radikalisierte sich die anfangs radikaldemokrat., antiimp. Revolution (v. a. nach dem von den USA unterstützten Invasionsversuch kub. und US-Söldner in K.). Mit Hilfe v. a. sowjet. Kredite wurde die ökon. E. und sozialist. Umgestaltung K.s eingeleitet. 1972 wurde K. Mitglied des COMECON. Als Haupthandelspartner, Kreditgeber und Zuckerabnehmer haben heute die UdSSR quantitativ den Platz eingenommen, den vor 1959 die USA innehatten. Die neue Abh. K.s hat sich allerdings nicht als neue strukturelle *Abhängigkeit erwiesen, sondern in verschiedenen Bereichen die Überwindung der UE ermöglicht.

3. Die Bev. K.s betrug 1980 gesch. 9859000 Ew. (Bev.-Dichte 87 Ew. pro qkm; Urbanisierungsgrad (1970) 60,3%; Hs La Habana (1974) 1849000 Ew.). Die vor der Revolution bestehenden starken Urbanisierungstendenzen sind mit dem Ausgleich des Stadt-Land-Gefälles zurück-

gegangen. Die JZ der Bev. ist von 1,8 (1965–74) auf 2,1 % (1975) gestiegen. Für die Periode 1960–80 wird sie mit 1,42 % angegeben und ist damit die nach Uruguay und Argentinien geringste in LA. Durch den Ausbau des Gesundheitswesens seit der Revolution ist u. a. die LE der Kub. auf 70 J. gestiegen und die Kindersterblichkeitsrate gesunken. Die nach der Revolution einsetzende, pol. motivierte Emigrationswelle (1959–1962: ca. 200 000; 1966: 56 408) flaute auf 10 455 (1972) ab, ehe sie 1980 wieder Ausmaße annahm (10 000 Flüchtlinge auf dem peruanischen Botschaftsgelände, ca. 120 000 von den USA aufgenommen), die die Weltöffentlichkeit überraschte. Die ethnische Zusammensetzung der Bev. spiegelt ebenso wie Sprache und Religionszugehörigkeit die Kolonialzeit wider: (1971) Weiße 50 %, Schwarze 26 %, Mulatten, Mestizen, Mischlinge 23 %, andere 1 %. 85–90 % der Bev. sind kath., die Landessprache ist spanisch.

4. Die kub. Rev. hat die sozio-ökon. Strukturen K.s grundlegend verändert.

Vor der Revolution: Ausrichtung der Wirtschaftstätigkeit (Investitionen, Infrastruktur) an den Bedürfnissen des hypertroph ausgebildeten, exportorientierten Zuckersektors; fehlende am Binnenmarkt orientierte nat. Industrie; Errichtung einiger ausländ. (US), kapitalintensiver Industriebetriebe, die als ausländ. *Enklaven nicht in den nat. Wirtschaftskreislauf integriert waren und kaum Arbeitsplätze schufen; höchste Bodenkonzentration in LA: 57 % d. Bodens entfiel auf 2,8 % der landw. Betriebe, 15 % des Bodens auf 78,5 % der Betriebe. Soziale Konsequenzen: hohe Arbeitslosenquote und Unterbeschäftigung (saisonelles Beschäftigungsangebot, abh. von der Zuckerernte); 1956 waren während der Ernte 9 % arbeitslos, nach der Ernte 21 %; extrem ungleiche Einkommensverhältnisse (benachteiligt v. a. die *Subsistenzbauern u. Landarbeiter (32 %) und die städt. *marginalen Schichten (23 %); hohes Stadt-Land-Gefälle.

Nach der Rev. wurde in K. ein sozialist. Wirtschaftssystem errichtet und die Produktionsmittel weitgehend verstaatlicht. 1959 und 1963 wurden *Agrarreformen durchgeführt, die 63 % der landw. Betriebe verstaatlichten. Die verbleibenden 36 % Privatbetriebe (bis 67 ha) sind in *Genossenschaften organisiert (Anteil der Privatbetriebe an der landw. Produktion: Viehzucht 40 %, Gemüse 50–70 %, Tabak, Kaffee bis 90 %). Bis 1968 wurde die ges. nat. und ausländ. Ind., der Handel, das Bank-, Verkehrs-, Gesundheits- und Bildungswesen ebenfalls verstaatlicht. Gleichzeitig wurden drastische Umverteilungsmaßnahmen unternommen zu Lasten der ehemals privilegierten Schichten (Oligarchie, Mittelschichten). Die Einkommensunterschiede wurden in den 60er J. weitgehend eingeebnet (moralisches *Anreizsystem, Zeitlohn, Abbau des Stücklohns und der Überstundenbezahlung). Mit den 1973 eingeführten differenzierten Lohnskalen, materiellen Stimuli und Akkordarbeit sind aber gegenwärtig wieder stärkere Einkommensunterschiede zugunsten z. B. der Betriebsleiter und techn. qualifizierter Arbeitskräfte zu erwarten. Eines der größten wirtsch. Probleme vor der Revolution, die Arbeitslosigkeit, wurde beseitigt. Gegenwärtig herrscht während der Erntezeit sogar Arbeitskräftemangel, da die Mechanisierung der Zuckerernte Schwierigkeiten aufwirft. Nach der Planungsdebatte 1963/64 setzte sich in K. ein stark zentralisiertes Planungs- und Leitungssystem durch: „Haushaltsmäßiges Finanzierungssystem" (zentrale Betriebsleitung, zentrale Zuweisung von Geldmitteln, Maschinen und Ressourcen, Rückfluß erwirtschafteter Erträge u. Überschüsse an die zuständige zentrale Behörde). Für die zentrale Planung des ges. Produktions- und Distributionsprozesses und die verbindliche Festlegung der Jahrespläne ist die zentrale Planungs-, Lenkungs- und Kontrollbehörde JUCEPLAN zuständig. Die landw. Privatbetriebe werden über die Kleinbauernorganisation ANAP in den Plan einbezogen. Mangelnde Berücksichtigung der wirtsch. Rentabilität und Kostenrechnung, Überzentralisation und fehlende Einbeziehung unterer Ebenen in die Planerstellung, mangelnde Koordination der Einzel- und Spezialpläne führten u. a. zu unrealistischen Planzielen, wirtsch. Desorganisation und Produktivitätsrückgang. Seit 1970 werden Versuche unternommen, die Überzentralisation des Planungs- und Leitungsapparats abzubauen und die Wirtschaft nach Effektivitäts- und

Rentabilitätskriterien zu organisieren. 1978 wurde das sowjet. „System der wirtsch. Rechnungsführung“ eingeführt, das neben der finanz. Autonomie der einzelnen Betriebe Markt- und Ware-Geld Beziehungen zwischen den Betrieben und eine Produktion nach Gewinn und Rentabilität einschließt. Das zentrale Planungssystem wurde rationalisiert und die Vorschläge auf Betriebsebene bei der Fixierung der Daten für die Jahrespläne stärker berücksichtigt. Außerdem werden die Jahrespläne mit der sowjet. Planungsbehörde GOSPLAN abgestimmt.

5. Die Maßnahmen, die nach dem Sieg der Revolution zur Veränderung der Sozialstruktur, ihres sektoralen und regionalen Ungleichgewichts, eingeleitet wurden, erzielten eine zunehmende Egalisierung der Gesellschaft. Die Mieten wurden auf höchstens 10% des Einkommens gesenkt, ein einheitliches Sozialversicherungssystem geschaffen (Alter, Krankheit, Invalidität) und ein weitgehend kostenloses Dienstleistungssystem eingeführt. Das Schul- und Gesundheitswesen, die Wasser-, Gas- und Elektrizitätsversorgung sind kostenlos. V. a. das Bildungs- und Gesundheitswesen sind qualitativ u. quantitativ ausgebaut worden. Erster Schritt bildete die Alphabetisierungskampagne 1961, die den *Analphabetismus von 23,6% auf 3,9*% senkte. Daran anschließend wurde die Erwachsenenbildung systematisch ausgebaut (Arbeiter- u. Bauernfakultäten, techn. Fortbildungskurse, Abendschulen). Um die Frauen in den allg. Bildungsprozeß zu integrieren, wurden Kindergärten und -Tagesstätten eingerichtet. Zur Beseitigung des regionalen Ungleichgewichts wurden v. a. auf dem Lande neue Schulen und Ausbildungsmöglichkeiten geschaffen. Zu den Ausbildungsreformen gehört auch eine praxisbezogene Ausbildung (Verbindung von Unterricht und produktiver Arbeit) und die Verlagerung der Lehrinhalte auf techn.-naturwissenschaftl. Bereiche. Für Schüler und Studenten sind Lehrmittel, Unterkunft, Verpflegung und Kleidung kostenlos, Studenten erhalten Stipendien. Die med. Versorgung wurde v. a. auf dem Lande ausgebaut, wo vor der Revolution nur ein Krankenhaus mit 10 Betten bestand. Bis 1968 entstanden insges. 177 Krankenhäuser und 260 Polikliniken; damit wurde eine Verdoppelung der Krankenhausbetten erreicht. Es entstanden zahlreiche med. Ausbildungsstätten, der Bereich der med. Vorsorge wurde ausgebaut. *Massenkrankheiten wie Polio, Gastroenteritis, Malaria und Typhus wurden eingedämmt, die Krankheits- und *Sterblichkeitsrate ist zurückgegangen. Trotz der Konsumgüterrationierungen, die in den 60er J. für fast alle Produkte eingeführt werden mußten und gegenwärtig gelockert werden, hat sich der Lebensstandard und die materielle Lage v. a. der früher unterprivilegierten Mehrheit des kub. Volkes spürbar verbessert.

6. Nach dem Unabh.-Krieg (1895–98) wurde die pol. E. K.s durch die Vorherrschaft der USA bestimmt. Eine funktionsfähige bürgerl.-parl. Demokratie konnte sich nicht entwickeln (häufig wechselnde, von den USA abh. Regierungen, Korruption, Diktaturen, pol. Unterdrückung). Der Militärputsch Batistas 1952 und seine anschließende korrupte und blutige Diktatur war auslösendes Moment für die E. der kub. revolutionären Bewegung, die in der Tradition der Unabh.-Kriege und des Volksaufstands 1933 gegen den Diktator Machado stand. 1959 gelang unter der Führung Fidel Castros nach dreijährigem *Guerillakrieg durch einen Generalstreik der Sturz Batistas. Die Verfassung von 1940 wurde außer Kraft gesetzt; die gesetzgebende Kompetenz an den Ministerrat übertragen und alle pol. Parteien verboten, die mit Batista kollaboriert hatten (außer der PSP).

Bis 1970 bewahrte sich K. eine weitgehende pol. Selbständigkeit. Außenpol. fand sie v. a. in der Ablehnung der sowjet. Politik der friedlichen Koexistenz, der Verurteilung des UdSSR-China-Konflikts, der Kritik an der Politik der orthodoxen KP und der aktiven Unterstützung v. a. lateinamerik. Guerillabewegungen ihren Ausdruck, ideolog. v. a. in der Theorie des gleichzeitigen Aufbaus von Sozialismus und Kommunismus und der damit verbundenen innenpol. Maßnahmen zur Egalisierung der Gesellschaft. Außerdem lehnte K. die Übertragung der pol. (und ökon.) Strukturen der bestehenden sozialist. Länder (v. a. UdSSR) auf K. ab.

Seit der Rechtfertigung des Einmarsches der Warschauer-Pakt-Staaten in die CSSR durch K. (1968) läßt sich eine wachsende pol.-ideolog. Angleichung an die UdSSR beobachten. Die pol. Struktur des revolutionären K. blieb bis zur Verabschiedung der sozialist. Verfassung 1976 in einem Volksreferendum durch den geringen Grad der Institutionalisierung und Formalisierung pol. Herrschaft gekennzeichnet. Institutionelle Ansätze bestanden im Aufbau der Kommunist. Partei (PCC) und den Massenorganisationen. Die sozialist. Verfassung von 1976 hob das institutionelle Vakuum auf. Oberstes gesetzgebendes Organ der Staatsmacht ist die Nationalversammlung, die den Staatsrat (31 Mitgl.) wählt, die Minister ernennt und die Mitgl. des Obersten Gerichts; die Trennung von Staat und Regierung wird durch die Bildung eines Ministerrats als oberstes Exekutivorgan impliziert; der Staatsratsvorsitzende (Präsident) ist gleichzeitig Staats- und Regierungsoberhaupt und Oberbefehlshaber über die Streitkräfte; volksgewählte Gemeindeversammlungen bilden als Organe der Staatsmacht die unterste Ebene des Staatsaufbaus; diese wählen die übergeordneten Provinzversammlungen und die Nationalversammlung. Außerdem werden in der Verfassung u. a. der Status der PCC als führende Kraft in Staat und Gesellschaft festgelegt und die Rechte der Massenorganisationen abgesichert.

7. Trotz des Fortbestehens wirtsch. Probleme und außenwirtsch. Abh. ist es K. in den 20 J. seiner revolutionären E. gelungen, die für unterentwickelte und abh. Länder typischen internen strukturellen Probleme zu beseitigen und eine homogene Wirtschaftsentwicklung einzuleiten. Schwerpunkt der E.-Strategie und bedeutendster Sektor der kub. Wirtschaft wird auch weiterhin die Landw. (v. a. Zuckerproduktion) und damit die Außenwirtsch. bleiben. Daneben ist in dem 5-Jahres-Plan 1976–80 auch eine gesteigerte Industrialisierung und der langsame Aufbau der Schwerind. vorgesehen, von der man sich nach 1980 eine von Fertigwaren dominierte Exportstruktur erhofft. Für die ökon. E. K.s werden weiterhin die Beziehungen zum COMECON (v. a. UdSSR) von entscheidender Bedeutung sein (Kredite, Handelspartner). Seit der außenpol. Entspannungspolitik K.s und dem Abbröckeln der von den USA betriebenen int. Isolierung des Landes haben sich auch die Beziehungen K.s zu den nicht-sozialist. Staaten, bes. zu den Ländern der Dritten Welt, verbessert. U. a. wird die Einfuhr von Rohöl aus Mexiko und Venezuela angestrebt. Neben bilateralen Abkommen mit den Ländern der Dritten Welt verfolgt K. eine Politik des gemeinsamen Handelns dieser Länder (z. B. Unterstützung der *Befreiungsbewegungen in Afrika, Mitgliedschaft im *CARICOM). Die Mitgliedschaft K.s in der Organisation der *Blockfreien kann allerdings nicht darüber hinwegtäuschen, daß K. ideolog. und pol. an die UdSSR gebunden ist.

Lit.: H. Thomas, Cuba. The Pursuit of Freedom, London 1971; K. S. Karol, Les Guerilleros au pouvoir, Paris 1970; K. H. Kimmig, Kuba, in: HDW, Band 3, Hamburg 1976, S. 292 ff.; C. Mesa-Lago, Cuba in the 1970's, Albuquerque 1978; J. Griffiths/P. Griffitths, Cuba. The Second Decade, London 1979; B. Goldenberg, Die kubanische Revolution 1959–1976. Darstellung und Analyse, in: APuZ 13/1979, S. 19 ff.

ks

Kulturwandel

Nach R. F. Behrendt bedeutet K. die Veränderung der überlieferten Verhaltens- und Verfahrensweisen in irgendeinem Kulturbereich, sofern sie die Struktur oder das Funktionieren von Gesellschaften beeinflußt. K. kann sich erstrecken auf: 1. Werthaltungen, geistige Interessen, religiöse Vorstellungen, Methoden und auch Institutionen der Erziehung und *Bildung; 2. Techn. und wirtsch. Verfahrensweisen und Produktionsfähigkeit; 3. Ausdrucksformen der bildenden Kunst, Musik, Dichtung, des Tanzes; 4. Weite und Intensität der zwischenmenschlichen Beziehungen; Zahl, Dichte und Verteilung der Bev.; Formen der Arbeitsteilung; Wirtschafts- und Beschäftigungsstruktur; soziale Schichtung und die Bedeutung der grundlegenden Sozialgebilde wie Familie, Sippe, Gemeinde, Staat etc. K. kann *endogen (intrakulturell, durch Schöpfer) oder exogen (interkulturell, durch *Akkulturation) ausgelöst werden. Als zentrales E.-Problem macht die mit dem Begriff K. arbeitende E.-Soziologie den gelenkten, dynamischen K. aus, d. h. Schaffung bestimmter seelischer, geistiger und gesellschaftl. Voraussetzungen für E., Erlernen von Neuerungen, Annahme zweckrationaler Gewohnheiten des Denkens und Handelns, des Arbeits- und Sparethos, der planmäßigen Lebensgestaltung im Individuellen und Kollektiven, des Leistungsprinzips. E.-Hilfe habe vorrangig die E.-Bereitschaft, die aktiv-dynamische *Akkulturation und die Fähigkeit der Verhaltensänderung zu fördern.

Lit.: R. F. Behrendt, Soziale Strategie für EL, Frankfurt 1968; W. Zapf (Hrsg.), Theorien des sozialen Wandels, Köln 1969. dn

Kuweit

Gemessen an seiner Bev.-Zahl ist das *OPEC-Land K. eines der reichsten Länder der Erde. Aufgrund der patriarchalischen Politik des Emirs partizipiert die Bev. K.s zu einem gewissen Teil an diesem Reichtum (v. a. in der Form von Sozialleistungen). Von der letztendlichen Verfügungsgewalt über diesen bleibt sie ausgeschlossen.

1. Das Emirat K. (Fläche 17 818 qkm) liegt an der NW-Küste des Persischen Golfs. Die Oberfläche K.s ist eine feuchtheiße (Temperaturmaxima 50 °C/rel. Luftfeuchtigkeit 60–100%) Sand- und Schotterwüste. Trinkwasser ist knapp (es gibt keine Flüsse und Seen, das Grundwasser ist brackig = Gemisch von Süß- und Salzwasser) und muß künstlich durch Meerwasserentsalzung hergestellt werden. Ackerbau ist so nur bei erheblichen Kosten und künstlicher Bewässerung möglich. Die u. a. auch durch jahrtausendealte Überweidung spärliche Vegetation bietet von der Weidewirtschaft lebenden Nomaden nur dürftige Existenzbedingungen. K ist v. a. Ölland. Seine Vorräte im Landesinnern und *offshore* im Pers. Golf werden auf 10% der Weltvorräte geschätzt, daneben besitzt K. reiche Erdgasvorkommen. Die Kosten für die Förderung und den Transport des Öls zu den Häfen gehören zu den niedrigsten aller Förderländer, denn die Lager sind außerordentlich ergiebig und stehen unter so hohem Druck, daß das Öl in der Regel bei der Förderung nicht gepumpt zu werden braucht. Geländehindernisse fehlen ebenso wie witterungsbedingte Transportstörungen.

2. Die Herrscher K.s verstanden es, dem Land über die Jh.e eine gewisse innere Autonomie zu erhalten (1756 Begründung der Herrscher-Dynastie durch Scheich Sabah al-Owel). 1922 (Abkommen von Uquair) wurden zwischen Saudi-Arab., der brit. Mandatsregierung des Irak und dem Emir von K. die Grenzen zwischen diesen Ländern festgelegt. Um einen Kompromiß über die Grenzziehung zwischen Saudi-Arab. und dem Irak zu erreichen, verlor K. zwei Drittel seines Territoriums an Saudi-Arab. Zwischen K. und Saudi-Arab. wurde eine neutrale Zone festgelegt, die 1965 in einem Abkommen mit Wirkung von 1969 zwischen beiden Ländern zu gleich großen Teilen aufgeteilt wurde. Als Entschädigung für den Gebietsverlust K.s erkannte die irak. Regierung die Grenze K.s zum Irak an. 1961 erlangte K. seine uneingeschränkte Unabh.

3. Die Bev. K.s betrug 1978 (gesch.) 1,2 Mio. Sie wächst außerordentlich schnell (Verdoppelung in 10 Jahren). Die Gründe hierfür sind hohe Geburtenziffern (Geburtenüberschuß 38,9%), eine gesenkte Sterberate (LE 69 J.) und v. a. die durch den Ölboom ausgelöste Zuwanderung vorwiegend aus den arab. Ländern, Persien, Indien und Pakistan (Ausländeranteil an der Bev. über 50%). Zuwanderer genießen nicht die gleichen Rechte wie die einheim. Bev. K.s, was zur Ursache sozialer Spannungen werden kann. Da die Öl- und Gasförderung wenig arbeitsintensiv ist, konzentriert sich die Bev. in den Städten (über 70%, Hs-Agglomeration Al Kuwait 1970 300 000 Ew.).

Die vorwiegend arab. Bev. K.s bekennt sich zu ca. 97% zum Islam (Sunniten), ca. 3% sind Christen. Die Landessprache ist Arab., bedeutendste Handels- und zweite Amtssprache ist Englisch. Mit dem Ölreichtum veränderte sich die Lebensweise der einheim. Bev. K.s dramatisch: Grundnahrungsmittel werden vom Staat subventioniert (fast alle Nahrungsmittel müssen importiert werden), Bildungs-, Erziehungs- und Gesundheitswesen wurden auf-und ausgebaut und sind kostenlos (1977: 1 Arzt je 985 Ew./1 Krankenhausbett je 180 Ew.; Schulpflicht seit 1962/1966 Gründung der Universität Kuwait/ reiche Stipendiengewährung für Auslandsstudien/ 10% des Budgets 1970 für das Bildungswesen vorgesehen).

4. K. ist eine konstitutionelle Monarchie. Die Stellung des Emirs, der jeweils schon im ersten Jahr seiner Herrschaft seinen Nachfolger aus den Reihen seiner Familie bestimmt, ist jedoch nach der Verfassung von 1962 (seit 1976 z. T. außer Kraft) unantastbar. Er ist immunes Staatsoberhaupt und Oberbefehlshaber der Streitkräfte mit umfassenden Befugnissen: Zusammen mit der Nationalversammlung (1976 aufgelöst) übt er die Legislative und in Zusammenarbeit mit der Regierung die Exekutive aus. Staatsoberhaupt seit 1978 ist Emir Dschabar al Ahmad al Dschabar as Sabah. Die Sabah-Familie stellt 7 der 19 Minister. Das Parlament (50 Mitgl.) wird alle 4 Jahre in direkter geheimer Wahl gewählt. Wahlrecht haben nur Männer und Alphabeten (1965: 45,6% Analphabeten, ihre Zahl sinkt schnell). Parteien sind in K. nicht zugelassen. Bei den Wahlen von 1975 fielen die meisten Sitze an konservative Gruppen.

5. Gemessen an der Zahl seiner Staatsbürger machen die Ölvorkommen K. zu einem der reichsten Länder der Erde. Von diesem Reichtum profitiert neben der Familie des Emirs nur ein geringer Teil der Bev. K.s, v. a. private Unternehmer, die der Staat mit Wirtschaftsförderungsmaßnahmen unterstützt und Bodeneigentümer, denen der Staat Land zu hohen Preisen für den Ausbau von Städten, Industrieanlagen und Infrastruktureinrichtungen abkauft.

6. Die Öl- und Gasförderung und -verarbeitung sind seit der Verstaatlichung der *Kuwait Oil Company* und der *Kuwait National Petroleum Company* 1975 (= rd. 90% der Erdölförderung) weitgehend in den Händen des Staates. Die Einnahmen aus Erdölexporten machten 1974/75 ca. 93% der Staatseinnahmen aus. An zweiter Stelle stehen die Einkünfte aus Auslandseinlagen der Ölgewinne. Versuche, die einseitige wirtsch. Basis des Landes zu verbreitern, werden mit der Nutzung von Erdgas zum Betrieb thermo-elektrischer Kraftwerke und angeschlossener Meerwasserentsalzungsanlagen, der Herstellung von Flüssiggas, dem Aufbau einer einheim. petrochem. Ind. (1974 wurden in K. 23% des geförderten Öls verarbeitet) und dem Ausbau der Fischereiwirtschaft (Lieferung von Garnelen in die USA) unternommen. rs

Landflucht

L. bezeichnet die Binnenwanderung in EL, die den Prozeß übersteigerter *Urbanisierung ausgelöst und nur selten zur Kolonisierung bisher unerschlossener Landesteile geführt hat. Motive für L. liegen in den extrem schlechten Lebensverhältnissen auf dem Lande, welche eine Reihe von Ursachen haben: überholte Besitzstrukturen an Boden und Wasser, niedrige *Produktivität, geringe Absorption vorhandener Arbeitskraft (→Arbeitslosigkeit), Vernachlässigung des Agrarsektors und chronische Benachteiligung der ländl. gegenüber der städt. Bev. (hinsichtlich Einkommen, med. Versorgung, Ausbildung etc.). L. ist mit der zumeist vergeblichen Hoffnung auf Arbeit und besseres Entgelt in den Städten verbunden. Die Folgen sind Entwurzelung und Leben in Elendsvierteln der Städte. Die urbane *Marginalität wird jedoch in aller Regel noch als eine Verbesserung gegenüber den Verhältnissen auf dem Lande begriffen, wo trotz Migration die ländl. Bev. absolut wächst. *Ländl. Entwicklung, *Agrarreformen und *Grundbedürfnisstrategien scheinen am ehesten geeignet, das Problem an der Wurzel zu fassen und die L. zu mildern.

dn

Ländliche Entwicklung

Seit Mitte der 70er J. forcierte E.-Strategie, die zur Rückbesinnung auf die Landw. (statt ausschließlicher Konzentration auf die *Industrialisierung) auffordert und im engen Zusammenhang steht mit der Ausarbeitung des *Grundbedürfniskonzepts. L. E. soll die wirtsch. In-Wert-Setzung des in den EL im Überfluß vorhandenen Produktionsfaktors Arbeit herbeiführen. 80% der arbeitslosen und unterbeschäftigten Bev. in den EL lebt auf dem Lande, wobei der *Urbanisierungsgrad von bevölkerungsreichen EL sehr gering ist: Indien 22%, Indonesien 19%, Bangladesh 19%. L. E. zielt auf eine Erhöhung der Produktion, die Einbeziehung von Klein- und Kleinstbetrieben (*Subsistenzsektor) in den Wirtschaftskreislauf, die Schaffung von Einkommen (und ihrer besseren Verteilung) und von Kaufkraft zur Befriedigung der Grundbedürfnisse.

Die BRD hat bereits lange bevor das Konzept aufkam, der L.E. durch gezielte Agrarhilfen Priorität eingeräumt. Sie verspricht sich folgende Effekte: 1. Erhöhte Nahrungsmittelproduktion; 2. Rohstoffsicherung von Naturprodukten; 3. Ausweitung von *Beschäftigung; 4. Verbesserung der Grundlagen der gewerblichen Wirtschaft; 5. *Diversifizierung der Volkswirtschaft; 6. Verbesserung der Handels- und *Zahlungsbilanz; 7. Raumordnungseffekte, Verringerung von *Landflucht und *Urbanisierung.

Lit.: R. Hanisch/R. Tetzlaff (Hrsg.), Die Überwindung der ländl. Armut in der Dritten Welt, Frankfurt 1979. J. Kranz/H. Schmutterer/W. Koch, Diseases, Pests and Weeds in Tropical Crops, Berlin/Hamburg 1978. R. Bendokat, Der Beitrag der Bildungspolitik zur ländlichen Entwicklung, dargestellt am Beispiel Rwandas, Berlin 1977. dn

Laos

1. Die Demokratische Volksrepublik L. ist ein rel. dünn besiedeltes *Binnenland und hat wegen seiner langgestreckten Form und mangelnder *Infrastruktur (keine Eisenbahnen, wenige Allwetterstraßen) große Verkehrsprobleme, was die Verwaltung des Landes, aber auch die Verteilung von Nahrungsmitteln und Hilfsgütern sehr erschwert.

2. Beherrschendes soziales Merkmal der Bev. L.s ist die ethnische Vielfalt. Von den 1979 ca. 3,5 Mio. Ew. sind 900 000 sog. „Bergstämme“ (Lao Teng oder Kha), 500 000 Thais, 400 000 H'mong (auch Meo genannt) sowie Yao und andere Minderheiten. Mehr als die Hälfte der laot. Bev. besteht aus kulturellen Minderheiten mit eigener Sprache und eigenen Gebräuchen. Viele dieser Minderheitsvölker erkennen die Oberherrschaft des laot. Staates nur formell an, pochen aber auf ihre trad. Autonomierechte und stehen Eingliederungs- bzw. Besteuerungsversuchen oft feindlich gegenüber. Dies hat auch nach der Machtübernahme durch die kommunist. Patriotische Front (*Pathet Lao,* gegr. 1956) im Dezember 1975 zu Stammesrebellionen und *Guerillakämpfen gegen die Zentralregierung geführt, welche angeblich vom Ausland (China, Thailand) unterstützt werden. In Nord-Thailand gibt es große Flüchtlingslager mit ca. 100 000 Laoten, vor allem Bergstämme (Meo), die auf seiten der USA gekämpft hatten.

3. Ca. ⅔ des Landes besteht aus Waldgebieten und nur 8 % der Gesamtfläche werden bisher landw. genutzt. Von den insges. 1,7 Mio. Beschäftigten (1979) sind ca. 85 % in der Landw. und Flußfischerei tätig, 9 % im sog. Dienstleistungs- und Verwaltungssektor und nur eine kleine Gruppe von 6 % im verarbeitenden Gewerbe. L. hat außer einigen Sägewerken und Reismühlen sowie Lebensmittelbetrieben, einem Zinnbergwerk und einer Brauerei kaum Ind. und ist daher gezwungen, die meisten Fertigprodukte gegen teure Devisen zu importieren. Aufgrund der schlechten Qualität der Böden und mangelnden Bewässerungsanlagen sowie fehlender Mechanisierung und Kunstdüngerversorgung blieb die Produktivität der Landw. äußerst gering, so daß L. ein chronisches Nahrungsmitteldefizit aufweist und jährl. ca. 80 000 t Reis und Getreide einführen muß. Die Verbindung all dieser Faktoren macht L. zu einem der ärmsten Länder Asiens. Ausreichende Selbstversorgung mit Nahrungsmitteln zur Deckung der Grundbedürfnisse ist daher das oberste E.-Ziel der laot. Regierung. Dennoch ist L. an Bodenschätzen und natürlichen *Ressourcen reich. Daß diese gute Ausstattung bisher kaum der Bev. zugute kam, liegt an der kolonialen Vergangenheit des Landes und an den bürgerkriegsähnlichen Verhältnissen der letzten 30 Jahre.

4. Nach einer kurzen Glanzperiode des erst im 14. Jh. geeinten laot. Königreichs Lan Xang wurde das zwischen mächtigen expandierenden Nachbarn eingekeilte L. in den folgenden Jh.en Stück für Stück zur Beute der stärkeren Thais (im S und W) und der Vietnamesen (entlang der östl. Grenzen). Im 19. Jh. war L. schließlich auf einen tributpflichtigen Vasallenstaat der Thais zusammengeschrumpft; indem Frankreich L. 1893 zu seinem Protektorat erklärte, sicherte es ihm damit wenigstens die territoriale Integrität. Die franz. Kolonialzeit trug nur sehr wenig zur E. des Landes bei, da L. kaum Rohstoffe (außer Zinn) besaß, die sich ohne große Kosten erschließen ließen. Dem Aufbau einer *Plantagenwirtschaft (wie im südl. Vietnam) waren durch die Bodenbeschaffenheit enge Grenzen gesetzt. Im Rahmen der Genfer Konferenz

von 1953 erhielt L. zwar seine formale pol. Unabh., doch inzwischen war das kleine Königreich durch Fraktionskämpfe der Oberklasse hoffnungslos aufgespalten. Diese Rivalitäten zogen L. wider Willen in den Strudel des II. Indochinakrieges, und die geringe *Infrastruktur wurde durch die US-Luftwaffe bald zerbombt. Aus dem Waffenstillstandsabkommen vom Februar 1973 ging eine neue Koalitionsregierung hervor, deren stärkste Kraft jedoch (wie schon 1957) die *Pathet-Lao* waren. Als im Dezember 1975 die Demokratische Volksrepublik L. ausgerufen wurde, blieb der „rote Prinz" Souphanouvong an der Spitze und wurde ihr erster Präsident. Doch der Versuch der Regierung, die bisher ihr Budget zu 80% aus ausländ. Hilfe gedeckt hatte, der pol. nun auch eine wirtsch. Eigenständigkeit folgen zu lassen, scheiterte an den katastrophalen Voraussetzungen und an der Politik des mächtigen Nachbarn Vietnam (V.).

5. Daher war ein unabh. Weg zum Sozialismus auch nach der Befreiung von den feudalistischen und royalistischen Kräften nicht möglich. In seiner Innen- und Außenpolitik wird L. seit 1975 zunehmend von V. dominiert, das zahlreiche Säuberungen gegen sog. „pro-chines." Kräfte durchgesetzt hat. E.-Hilfe kommt von der Sowjetunion, aber auch von westl. Staaten wie Schweden, das L. bei der Erschließung von Edelholzvorkommen hilft, während Thailand der wichtigste Handelspartner blieb. Den E.-Anstrengungen der laot. Regierung sind auch weiterhin enge Grenzen gesetzt. Viele Verwaltungsbeamte sind nach Thailand geflüchtet oder wurden als „Abweichler" in Umerziehungslager geschickt. Es fehlt an einem effizienten Verwaltungssystem, das die Versorgung der Bev. und die Verteilung von med. Hilfe sichern könnte. Krankheiten wie Malaria, Dysenterie und Tuberkulose sind verbreitet, Ärzte und Krankenhäuser kaum vorhanden. Es fehlt unverändert an materieller und sozialer *Infrastruktur. Hinzugekommen ist die Gefahr einer „Bürokratisierung der Revolution". Eifrige Polit-Kader haben die Kollektivierung beschleunigt und hohe Agrarsteuern erhoben, ohne die nötigen Produktionshilfen zur Verfügung stellen zu können, so daß die Ertragsmengen zurückgingen und die Kollektivierungs-Kampagne im Frühjahr 1980 eingestellt werden mußte. Außerdem muß eine „Schutztruppe" von vietnames. Soldaten mitversorgt werden. Größte Einnahmequelle des Landes ist der Verkauf von Hydroenergie aus dem mit ausländ. Hilfe erbauten Nam Ngum-Staudamm, v. a. an Thailand. Mit der Neuprospektierung der Bodenschätze haben vietnames. Ingenieure inzwischen begonnen. Gesenkt werden konnte die Inflation. Insges. sind jedoch die Belastungen aus der kolonialen Vergangenheit und die neuen Abh.en zu groß, um L. heute ein sich selbsttragendes Wachstum und eine autozentrierte E. zu ermöglichen, was nach der Ressourcenlage durchaus realisierbar wäre. rs

La-Plata-Gruppe

Umfaßt die Länder Argentinien (34%), Bolivien (19%), Brasilien (17%), Paraguay (100%) und Uruguay (80%), die mit den angegebenen Anteilen ihres Territoriums im La-Plata-Becken liegen und April 1969 in Brasilia den La-Plata-Becken-Vertrag unterzeichneten. Er soll der „harmonischen Entwicklung" und „physischen Integration" der Region dienen, ist jedoch als Alternative zu den gescheiterten *Integrationsbemühungen der *ALALC zu sehen.

Das La-Plata-Becken (*Cuenca del Plata*) ist das Einzugsgebiet des Flußsystems des Rio de la Plata (290 km Länge) und seiner großen Zuflüsse Paraná (4 000 km), Paraguay (2 500 km), Uruguay (2 200 km) mitsamt deren Nebenflüssen. Mit 3,2 Mio. qkm ist es eines der größten Stromtäler der Erde; hier leben gegenwärtig 80 Mio. Menschen. Wirtsch. bedeutend sind seit jeher die landw. Nutzflächen für den Agroexport; durch die südwestl. Stoßrichtung des brasilian. Wirtschaftswachstums in Verbindung mit dem Standort der argentin. Industrie ist das Becken auch ein ind. Wachstumspol Südamerikas. Besonders vielversprechend sind die hydroelektrischen Energieressourcen der großen Flüsse, deren Wasser auch der Landw. und dem Verkehr dienen.

Die ersten binat. Projekte nach dem Vertrag bezogen sich auf die Nutzung der Ströme zur Energiegewinnung (*Itaipu, Yacyretá, Corpus); andere Vorhaben sind in Vorbereitung. Bei der Verwirklichung solcher (meist binat.) Großprojekte erweist sich der La-Plata-Vertrag als ein unabdingbares Instrument zur Regelung von Konflikten zwischen den 5 Vertragspartnern, insbesondere zwischen Argentinien und Brasilien. Es bleibt allerdings abzuwarten, ob er neben der brasilian. Expansionspolitik im La-Plata-Raum auch dauerhaft den nat . Interessen der anderen Staaten zu dienen vermag. dn

Lateinamerika-Nachrichten – (früher Chile-Nachrichten)

Monatlich in Berlin (West) erscheinendes Magazin mit Berichten und Hintergrundinformationen zu LA (seit 1974), das aus der Solidaritätsbewegung mit dem *chilenischen Weg zum Sozialismus entstanden ist. Hrsg. ist das Forschungs- und Dokumentationszentrum Chile-Lateinamerika (FDCL), Berlin, Savignyplatz 5. rs

Latifundium (Latifundismus)

Der Begriff L. wird verwandt für landw. Großgrundbesitz, der sich von der *Plantage durch hohe Bodenkonzentration und niedrige Produktivität unterscheidet. Das L. steht jedoch begrifflich in enger Verbindung zur Plantage und zur *Hacienda, wenn die sozialen und pol. Auswirkungen der Kontrolle weniger über den Boden betrachtet werden. Der Großgrundbesitzer (*patroń*) beherrscht seine regionale Umwelt und übt auch auf nat. Ebene, gestützt auf Status und Einkommen, welches ihm das L. einbringen, großen Einfluß aus. Latifundismus bezeichnet nicht nur Bodenbesitzstrukturen, sondern v. a. die darauf gegründeten pol. und gesellschaftl. Machtverhältnisse. Ein derartiges Verständnis des Begriffs deutet an, warum es in den EL, insbes. LA, bisher kaum gelungen ist, in durchgreifenden *Agrarreformen die entwicklungsfeindlichen Bodenbesitzstrukturen zu verändern. dn

Lebenserwartung (LE)

Durchschnittl. LE bei Geburt, in Jahren angegeben, ist ein wichtiger, wenn nicht der beste *Indikator für das Niveau der *Ernährung und *Gesundheit einer Bev. (Population); LE gehört zur Gruppe der Indikatoren, die den Grad der Befriedigung der *Grundbedürfnisse einer Bev. anzeigen. Die LE hat sich in allen EL mehr oder weniger spürbar erhöht. Die Unterschiede nach Ländern (→Tabelle 6) und Ländergruppen sind jedoch nach wie vor beachtlich. Laut *Weltbank 1979 lag die LE für EL mit niedrigem *Pro-Kopf-Einkommen bei 50 J., für EL mit mittlerem Pro-Kopf-Einkommen bei 60 J., für *Staatshandelsländer bei 66 J. und für westl. IL bei 74 J. dn

Lesotho

1. Das Königreich L. zählt mit 30 355 qkm zu den kleinsten Staaten Afrikas. In dem durchweg über 2 000 m hohen Gebirgsland bilden 1,3 Mio. Sothos (auch Basothos od. Basutos) der Südbantugruppe eine ethnisch homogene Bev. Die JZ (1965–75: 2,2 %) ist rel. gering (hohe Kindersterblichkeit, Wanderarbeitertum), die Siedlungsdichte mit 44 Ew./qkm dagegen sehr hoch. Sie erreicht im westl. Tiefland, dem einzig landw. nutzbaren Gebiet, wo sich 70 % der Bev. auf ¼ der Gesamtfläche konzentrieren, sogar Werte über 100 Ew./qkm. Der *Urbanisierungsgrad blieb mangels Arbeitsplätzen noch gering (unter 5 %). Franz.-kanadische Missionsstationen christianisierten die Basotho zu rd. 70 % (davon 40 % röm.-kath.) und vermochten über das von ihnen dominierte Erziehungswesen über die Hälfte der Bev. zu alphabetisieren. Die spezielle geograph. Lage des allseitig von der Rep. Südafrika umschlossenen *Binnenlandes hat beträchtlichen Einfluß auf die pol. und sozio-ökon. Struktur des Landes.

2. Eingangs des 19. Jh.s vereinte Häuptling Moshoeshoe I. die vormals eigenständigen Sotho-Clans zur Basuto-Nation. Durch das Besetzen zentraler Positionen mit Angehörigen des eigenen Clans (*Place-System*) schuf Moshoeshoe die Häuptlingsoligarchie der *Sons of Moshoeshoe,* die bis heute die nat. Elite L.s ausmacht. Nach der Annektion (1868) wurde das Land 1884 brit. Kronkolonie. Die Einrichtung von Vertretungsorganen leitete Ende der 50er J. durch die Formierung pol. Parteien die *Dekolonisation ein (Unabh.: 4. 10. 1966). Bei den ersten allg. Wahlen siegte die vom westl. Ausland und der kath.

Kirche unterstützte, konservative und südafrikafreundliche *Basutoland National Party* unter Leabua Jonathan, der sich in der Folgezeit sowohl gegen die Opposition der sozialist., südafrikafeindlichen *Basutoland Congress Party* als auch gegen den auf trad. Herrschaftsrechten beharrenden König Moshoeshoe II. durchsetzte.

3. Mit einem jährl. *Pro-Kopf-Einkommen von nur 250 US-$ (1978) zählt L. zu den *LLDCs. Außer geringen Diamantenvorkommen besitzt L. kaum Rohstoffe. Ind. und Handwerk sind sehr rudimentär (2,4 % des BIP). Die Landw., nur auf 15 % der Fläche möglich, gehört zu den am wenigsten entwickelten der Welt (40%iger Ertragsrückgang 1950–70). Allenfalls bietet die touristische Nutzung der Hochgebirgslandschaft E.-Chancen. Bis heute ist die Landw. mit knapp 50 % der erzeugten Güter und Dienste der zentrale Wirtschaftsbereich: 85 % der Bev. hängen von ihr ab, und sie stellt wertmäßig ca. ⅔ der Ausfuhren (Hauptexportprodukte: Wolle, Mohair, Vieh). Ungünstiges Klima, Erosion, Überweidung, archaische Anbaumethoden und andere entwicklungshemmende Faktoren lassen L. nur eine 70–80%ige Selbstversorgungsquote erreichen. L. vermag nur einem Teil seiner Bev. Beschäftigung und Einkommen zu bieten. Dadurch werden etwa 50 % der männl. Erwerbsbev. und 10 % der Frauen gezwungen, als Wanderarbeiter in Südafrika für den Unterhalt ihrer Familien (die zurückbleiben müssen) zu sorgen. Diese existentielle Abh. macht L. trotz seiner staatsrechtl. Souveränität funktional zu einem Teil des südafrikan. Bantustan-Systems. Seit 1910 ist L. mit Südafrika, Namibia, Botswana und Swaziland durch eine Zoll- und Währungsunion verbunden (gesetzl. Zahlungsmittel ist der südafrikan. *Rand*). Südafrika ist außerdem der mit Abstand wichtigste Handelspartner.

4. Betrieb die Regierung Jonathan ursprünglich eine Südafrikapolitik, die weit über das Maß unabdingbarer Kooperation hinausging, so kühlten die Beziehungen nach verschiedenen Willkürmaßnahmen der südafrikan. Republik seit 1971 deutlich ab. Unter Annäherung an die *OAU wird die *Apartheid scharf verurteilt und den *Befreiungsbewegungen moralische Unterstützung erklärt.

Lit.: Z. Cervenka, u. a., Botswana, Lesotho, Swaziland, Bonn 1974; J. Jeske, Botswana, Lesotho, Swaziland. Agrargeographische Struktur und wirtschaftliche Verflechtung im südlichen Afrika, München 1977.

bg

Libanon

Der L., einst mit seiner Hs Beirut Verbindungsglied der arab. Welt mit dem Westen und umgekehrt (Finanzzentrum und *Tourismus), kann seit dem Bürgerkrieg diese Funktion nicht mehr wahrnehmen. Die innergesellschaftlichen ethnischen und sozialen Probleme wurden durch den *Nahost-Konflikt dynamisiert und scheinen nur durch eine pol. Lösung der Palästina-Frage erneut einem Kompromiß zuführbar, der vorher bis zum Beginn der 70er Jahre geherrscht hatte.

1. Den fruchtbaren, landw. intensiv genutzten Ebenen (Küstenebene, Biqaa Senke) des L. (Fläche 10 400 qkm) und den Terrassenkulturen der Mittelgebirgsregion stehen nur noch für Schafe und Ziegen nutzbare Weideflächen in den Hochgebirgsregionen (Libanon und Anti-Libanon) gegenüber. Abgesehen von Bausteinen ist der L. arm an Bodenschätzen, verfügt aber aufgrund seiner günstigen Verkehrslage und seiner landschaftl.-klimatischen Bedingungen (Tourismus) über beachtliche *Ressourcen.

2. Die heutige Wirtschaftsstruktur des L. ist von den Sektoren Handel und Banken (Beirut) bestimmt, die zusammen mit dem Fremdenverkehr den tertiären Sektor gegenüber der Landw. und der Ind. dominieren lassen. Im Vergleich zu anderen EL verfügt der L. über ein erhebliches *Pro-Kopf-Einkommen (1974: 1 060 US-Dollar), das auf den wirtschaftl. Aufschwung des Landes nach dem II. Weltkrieg zurückgeht. Die starke Orientierung der Volkswirtsch. auf den von externen ökon. Faktoren abh. tertiären Sektor, die Konjunkturen unterworfen sind, bedingte eine hohe Krisenanfälligkeit der lib. Wirtschaft. Diese zeigte sich denn auch im Bürgerkrieg, der zu einer Zerrüttung der lib. Wirtschaft führte, einerseits durch die Zerstörung von Gebäuden und Produktionsmitteln, andererseits durch den Abzug von Kapital und das Fernbleiben von Touristen.

3. Die Bev. des L. (1977: 2,9 Mio. Ew.), die sich abgesehen von zugewanderten

ethnischen Minoritäten (Armenier, Kurden, Türken, Griechen, Tscherkessen) vorwiegend als arab. betrachtet, weist eine demographische und soziokulturelle Heterogenität auf, die durch die Einwanderung verfolgter konfessioneller Minoritäten in das „Rückzugsland" L. entstanden ist. Diese Vielfalt der Konfessionsgruppen und Volksgruppen bestimmt heute zusammen mit den familiären Bindungen nicht nur die gesamten pol., wirtschaftl. und persönl. Beziehungen, sondern brachte auch im Verlaufe der Geschichte innenpol. Konflikte zwischen den verschied. Gruppen hervor, die 1975/76 bis zum Bürgerkrieg führten. Die Religionsgemeinschaften, die eigene Bildungsinstitutionen und eigene Gerichte besitzen, gliedern sich neben wenigen im Land gebliebenen Juden in kath. Maroniten, Katholiken, orthodoxe Christen, armenische Christen und auf mohammedanischer Seite in Sunniten, Schiiten und Drusen. Der Anteil der Mohammedaner ist durch Zuwanderung aus arab. Staaten und die große Zahl der Palästina-Flüchtlinge im Steigen begriffen.

4. Die Geschichte des L. als Teil des geschwächten Osman. Reiches wurde seit Napoleons Afrikafeldzug (1798/99) immer wieder von der Intervention und der gegenseitigen Rivalität der europ. Mächte (Frankreich, GB) in den Levante-Staaten beeinflußt. Frankr. baute seine alten Bez. zu den christl. Maroniten aus, GB, auf die Sicherung des Osman. Reichs bedacht, unterstützte die Drusen und Rußland war Schutzherr der Orthodoxen. Bereits im 18. Jh. konnten die Maroniten über die durch Fraktionskämpfe geschwächten Drusen zur pol. Führungsgruppe aufsteigen, als sie 1770 den ersten maronit. Emir stellten. Auch nach der Teilung des Landes in zwei autonome Bezirke (1842) nahmen die Spannungen zwischen den beiden Gruppen zu, da die Drusen befürchteten, auch in ihrem trad. Siedlungsgebiet im S durch die wachsende maronit. Einwanderung pol. und wirtschaftl. an Einfluß zu verlieren. Die sich verschärfenden Gegensätze führten 1841 und 1845 zum Bürgerkrieg, und 1859, als ein Aufstand maronit. Bauern gegen ihre christl. Feudalherren im N auf den S übergriff und sich dort als Bauernaufstand gegen die drus. Adelsfamilien in einen Konfessionskrieg verwandelt hatte, wurden Maroniten durch drus. Krieger massakriert, ein Ereignis, das bis heute die Beziehungen zwischen den beiden Gruppen belastet. Diese Auseinandersetzungen veranlaßten 1860 die Entsendung franz. Truppen und führten nach einem Abkommen zwischen den europ. Großmächten und der Hohen Pforte 1861 zur Gründung des autonomen „kleinen L." (Mont Liban), der unter europ. Einfluß durch einen osman. Gouverneur und einen einheim. mit allen konfess. Gruppen besetzten Verwaltungsrat regiert wurde. 1920 wurde dieser überwiegend von Christen bewohnte autonome Bezirk durch die Einbeziehung überwiegend von muslim. Bev. bewohnten Gebiets zum franz. Mandatsgebiet Groß-L. erweitert. Die Schaffung des Groß-L. (1926 konstitutionelle Rep.) kam den Interessen der Maroniten entgegen, die ihren besonderen staatl. Einfluß erhalten und gleichzeitig durch die Eingliederung von Häfen und fruchtbaren Gebieten die wirtschaftl. Struktur des bisherigen Staates verbessern wollten, die Franz. hingegen wollten mit maronit. Hilfe ihren Einfluß auf Syrien wahren. Durch das Prinzip des Religionsproporzes bei christl. Vorherrschaft sollte das harmon. Zusammenleben der versch. Gruppen ermöglicht werden, aber trotz des 1943 abgeschlossenen Nationalpakts, der die proporzgerechte Verteilung öffentl. Ämter unter den konfess. Gruppen vorsieht (Staatspräsident/maronit. Christ, Ministerpräsident/Sunnit, Parlamentspräsident/Schiit), konnte bis heute keine befriedigende Lösung der Probleme gefunden werden. Der Konfessionalismus, der das Regierungssystem bestimmt, führt dazu, daß stets wohlhabende Familienführer durch die von ihnen meist materiell abh., konfessionell geprägte „Klientel" gewählt werden, und somit innerhalb der lib. Demokratie feudalistische Elemente fortbestehen. Die Existenz zahlreicher von Parteien und Politikern unterhaltenen Milizen und paramilitär. Verbände zeigt außerdem, welche geringe Vertrauensbasis die Regierungen bei den konfess. Gruppen finden.

Seit dem II. Weltkrieg wurden die innerlib. Auseinandersetzungen von verstärktem Auslandseinfluß begleitet, da die auf Unabh. bedachten und prowestlichen Christen genauso wie die panarabisch orientierten Moslems zur Wahrung ihrer Interessen die Unterstützung auswärtiger Mächte suchten. Der Bürgerkrieg 1958, bei dem die Moslems durch die Vereinigte Arab. Rep. (Ägypten, Syrien) unterstützt wurden, endete mit der Intervention der USA. Nach einer de-facto-Neutralität im Sechs-Tage-Krieg (1967) wurde L. zunehmend in den *Nahost-Konflikt miteinbezogen, da palästinen. *Guerillaaktionen vom lib. Territorium aus gegen Israel zu Vergeltungsschlägen der Israelis führten. Nach dem Oktober-Krieg (1973) konnten sich die von Israel und dem Westen unterstützten christl. Milizen gegen die von der Ablehnungsfront (Irak, Lybien) militär. gestärkten Palästinenser nicht durchsetzen. Angesichts eines drohenden Kriegs mit Israel wurde allerdings der Sieg der Palästinenser durch die syr. Intervention verhindert. Über Drittländer unterstützten die USA und die UdSSR die kämpfenden Parteien mit Waffen. 1976 einigten sich die arab. Staaten auf die Entsendung einer gesamtarab. Friedenstruppe, die faktisch bald nur noch aus Syrern bestehend den größten Teil des Landes beherrschte. Zwischen Syrern und den verschiedenen christl. Milizen (maronit. Phalange/Ost-Beirut) kommt es genauso wie zwischen Syrern und den sich teilweise gegenseitig bekämpfenden palästin. Verbänden (PFLA, *PLO, PFLP) zu bewaffneten Auseinandersetzungen. Innerhalb dieser Konflikte sind die im S-L. stationierten UNIFIL Verbände des *UN-Sicherheitsrates weitgehend ohne Einfluß, vielmehr ist es dort zu einer Solidarisierung der Schiiten (Imam Musa-al-Sadr) und Drusen mit den Palästinensern gekommen. 1979 proklamierte der Führer der christl. Milizen, Major Haddad, in dem von Schiiten, Drusen, Maroniten und anderen Christen bewohnten Grenzstreifen zu Israel den „Freien L.“. Israel, das nicht nur aufgrund der PLO-Überfälle, sondern auch wegen der möglichen Beeinflussung seiner mehrheitlich von Arabern bewohnten Nordregion Galiläa an der Niederhaltung des moslem. Einflusses in S-L. interessiert ist, unterstützt Haddad (Waffen, Wehrsold) und versucht, durch Wasserversorgung und med. Hilfe bei den an der als *good fence* bezeichneten Grenze lebenden Libanesen Vertrauen zu gewinnen. Ob der beginnende Abzug der Syrer (1980) den L. einer Lösung der von der Palästinafrage überschatteten Krise näherbringt, ist fraglich.

Lit.: T. Hanf, Erziehungswesen in Gesellschaft und Politik des Libanon, Bielefeld 1969; G. T. Murray, Lebanon. The New Future. An Economic and Social Survey, Beirut 1974; D. T. Schiller, Der Bürgerkrieg im Libanon. Entstehung, Verlauf, Hintergründe, München 1979. ah

Liberia

1. Der im trop. Teil Westafrikas liegende Küstenstaat L. (112 370 qkm/1,7 Mio. Ew., JZ 3,4%) hat große hochwertige Eisenerz- und verschiedene andere Mineralvorkommen sowie günstige E.-Voraussetzungen im Primärsektor (geeignetes Klima, fruchtbare Böden, fischreiche Küstengewässer, trop. Hölzer).
2. Im Gefolge der Sklavenbefreiung im ausgehenden 18. und 19. Jh. bemühten sich philanthropische Bewegungen um eine Wiederansiedlung ehem. Sklaven in Afrika. Um 1820 begannen staatl. unterstützte US-amerik. Kolonisationsgesellschaften mit der Gründung von Siedlungen an der Küste des heutigen L. 1839 schlossen sich die meisten der Siedlungskolonien im *Commonwealth of Liberia* zusammen und erklärten am 16. 7. 1847 ihre Unabh.
3. Die Sozialstruktur L.s ist gekennzeichnet durch einen scharfen Gegensatz zwischen der kleinen Oberschicht der „Americo-Liberianer“ (die Siedlernachfahren umfassen nur 3% der Gesamtbev.) und der großen Masse der unterprivilegierten einheim. Ethnien (ca. 30 Stämme der Kwa-, Mande-, Kru- u. Westatlantic-Gruppe). Die „staatstragenden“ Americo-Liberianer, die die Autochtonen lange mit kolonialähnlichen Methoden diskriminierten, transponierten amerik. Rechts- und Verfassungsstrukturen nach L. Die miteingebrachten Sitten- und Normengefüge sind ebenso wie Sprache, Religion und ein südstaatlerischer Lebensstil heute noch offenkundig. Eine kleine Gruppe „dynastischer“ Familien okkupiert sämtl. Schlüsselpositionen in Staat, Gesellschaft und Wirtschaft und profitiert von einer der ungerechtesten Einkommensverteilungen Afrikas: eine 5%ige Oberschicht verbucht 61,7% des Einkommens,

die unteren 20% der Bev. müssen sich mit 5,3% bescheiden.
4. In der lib. Volkswirtschaft ist für die zu 70% auf dem Land lebende Bev. die Landw. (fast nur *Subsistenzproduktion; kaum Überschüsse für lokale Märkte) nach wie vor der zentrale Bereich: Sie bildet die Lebensbasis für 90% der Bev. Dem trug jedoch die E.-Politik der Regierung kaum Rechnung. Sie ist im wesentl. auf die Interessen des in- und ausländ. Kapitals ausgerichtet und ignoriert die Bedürfnisse der Landw. *Landflucht, soziale Probleme in den Städten (Monrovia 1979: 38% Arbeitslose), steigende Nahrungsmittelimporte (⅓ des Reis- und Maniokbedarfs) sowie eine Verstärkung des regionalen E.-Gefälles zwischen Küstenregion und Hinterland sind die Folge. Auf hohem Produktionsniveau befinden sich nur die exportorientierten, kommerziellen Kautschukplantagen, v. a. die marktbeherrschenden, sich in ausländ. Besitz befindlichen Konzessionspflanzungen (v. a. Firestone). Bis heute hat die Kautschukkultur einen hohen wirtsch. Stellenwert (zweitwichtigstes Exportgut, 1976: 11,5% der Ausf./Beschäftigungseffekt 1974: 16,8% der Erwerbsbev.), wenngleich seit den 60er J. der Eisenerzbergbau zum alles überragenden Wirtschaftsfaktor (Anteil am BIP 1975: 42,3%, Anteil am Export 1976: 73,5%, Anteil an den staatl. Inlandseinnahmen 1976: 21%) geworden ist. Auch dieser Bereich wird von wenigen *multinationalen Konzernen kontrolliert. Die Folge: In L. geschaffenes Einkommen fließt in beträchtlichem Maße ins Ausland, dem Land geht ¼ seines Inlandeinkommens verloren. Die sog. *open-door-policy* (wirtsch. Erschließung durch ausländ. Wirtschaftsaktivität, Gewährung äußerst großzügiger Rahmenbedingungen, Bekenntnis zu „freiem Unternehmertum") blieb bis heute wirtschaftsideolog. Leitlinie L.s. Unstrittig hat diese Politik der americo-lib. Elite und der zwischenzeitlich entstandenen, schmalen einheim. Mittelschicht eine beachtliche Prosperität gebracht. Allerdings konnte die große Mehrheit der lib. Bevölkerung an diesem E.-Prozeß nicht teilhaben.
5. Seit dem vorigen Jh. war das pol. System L.s durch die Vorherrschaft einer einzigen Partei, der *True Whig Party,* gekennzeichnet, die die Interessen der americo-lib. Oligarchie vertritt. Am 12. 4. 80 setzte ein blutiger Militärputsch der 133jährigen Herrschaft der Americo-Liberianer ein Ende. Neuer Staatschef ist der 28jährige Hauptfeldwebel Samuel Kanaan Doe, ein Angehöriger der autochthonen Bev.-Mehrheit. Er legitimierte den Umsturz mit der ausufernden Korruption im Lande, suspendierte die Verfassung, verhängte das Kriegsrecht und unterstellte das Land einem 17köpfigen „Volkserlösungsrat". Ersten Äußerungen zufolge will sich die neue Regierung der Bewegung der *Blockfreien anschließen, die besonderen Beziehungen zu den USA aber aufrechterhalten. In der Innenpolitik gibt sie sich eher sozialreformerisch, das Recht auf Privateigentum soll nicht angetastet werden.

Lit.: G. Philipp, Liberia, in: F. Nuscheler/K. Ziemer, Politische Organisation und Repräsentation in Afrika, Berlin/New York 1978, S. 1085ff. bg

Libyen

Erdöl und Revolution haben das ehemals rückständigste Land der nordafrikan. Mittelmeeranrainer rasch verändert.
1. L. (Fläche: 1759540 qkm) bildet den Übergang vom semitisch-berberischen Nordafrika zum negroiden Schwarzafrika. Diese geograph. Lage spiegelt sich in der historischen Zerrissenheit L.s in 3 Regionen wider: die magreb-orientierte Provinz Tripolitanien mit Hs Tripolis, die ägypt. beeinflußte Provinz Cyrenaika mit Zentrum Benghazi und die Südprovinz Fezzan mit Zentrum Sebha und überwiegend negroider Bev. Die Landesfläche besteht zu 95% aus unfruchtbarer Wüste, 5% sind landw. nutzbar, davon 125000 ha bewässert. Nur in einem zwischen 30 und 50 km breiten Küstengürtel in Tripolitanien und dem nördl. Teil der Cyrenaika ist Landw. auf Regenbasis möglich (Anbau von Oliven-, Mandel- und Zitrusbäumen, Getreidekulturen); im Fezzan findet sich ausschließlich Bewässerungslandw. (Dattelpalmen, Zitrusfrüchte und Bodenkulturen: hauptsächlich Melonen, Tomaten, Bohnen). Insges. liefert die landw. Produktion wegen geringer Produktivität, Wassermangel, ungenügenden Betriebsgrößen, geringem Lohnniveau und der dadurch verursachten Landflucht nur rund 40% der Grundnahrungsmittel, so

daß L. auf Importe angewiesen ist. Die von Nomaden betriebene Viehzucht findet gute Absatzmöglichkeiten in den fast ausschließlich im Küstenstreifen lokalisierten Städten. Dominiert wird die Wirtschaftstätigkeit vom Erdölsektor: nach ersten Erdölfunden im Sirtebecken im Jahr 1959 stieg L. innerhalb von 10 J. zum viertgrößten Erdölproduzenten der Welt auf. Die Erdölreserven betragen zur Zeit ca. 3,2 Mrd. t, die Erdgasreserven ca. 800 Mrd. m^3. Die jährl. Ölfördermenge wurde nach einer Maximalmenge von 160 Mio. t (1970) auf gegenwärtig rund 70 Mio. t gesenkt, eine Menge, die genügt, um die notwendigen Finanzmittel für L.s ind. Aufbau zu garantieren. Das Erdöl ist das einzige Exportprodukt. L. besitzt außer Erdöl nur unwesentliche Bergbauprodukte, von Interesse sind jedoch in Süd.L. bzw. dem von L. beanspruchten Nordtschad entdeckte Uranvorkommen.

2. Die Bev. L.s betrug 1973: 2,26 Mio. Ew. (hohe JZ von 4,2%). Bev.Dichte 1973 nur 1,29 Ew./qkm, hohe Konzentration von 80% aller Ew. im schmalen Küstenstreifen, rasche *Urbanisierung (Rate ca. 40%). Große Probleme für das Bildungssystem erwachsen aus der hohen Anzahl der Jugendlichen (über 50% der Gesamtbev.). Von der Bev. waren 1973: 96,7% seßhaft, 2,9% Halbnomaden und nur noch 0,4% Vollnomaden. Die Tendenz zur Seßhaftigkeit ist Resultat der Entwertung des Kamels als Transportmittel und dem Angebot lukrativer Arbeitsmöglichkeiten in den Küstenstädten, bes. nach Beginn der Erdölförderung und dem von ihr induzierten Wachstum im Bau-, Handels-, Importsektor, aber auch im Verwaltungsbereich. Die Bev. ist islam.-sunnitisch, der Islam Staatsreligion; ethnisch bildet sie ein heute nicht mehr voneinander zu unterscheidendes Gemisch von Berbern und Arabern, lediglich im S gibt es ein deutlich vortretendes negroides Element und im W noch einige rein berberische Stämme.

3. L.s sozio-ökon. und pol. E. wurde nach der Unabh. (1951) durch zwei Ereignisse bestimmt: 1. die 1959 beginnende Erdölförderung, 2. den Putsch der Militärs September 1969. Während L. vor der Unabh. zu den ärmsten Ländern der Erde zählte, ohne Ind. und einer vom Klima stark abh. Landw. (wobei vor dem II. Weltkrieg die besten Böden – 120000 ha – von den italien. Agrarkolonisten bewirtschaftet wurden), und auch nach 1951 bis zu den Erdölfunden L. nur dank der int. Finanzhilfe und brit./amerik. Subsidienzahlungen (im Austausch gegen die Benutzung von Militärstützpunkten) als Staat überlebensfähig war, änderte sich die Situation nach 1959 grundlegend: der plötzliche Kapitalüberschuß aus einem Wirtschaftssektor mit weniger als 1% Beschäftigten, der jedoch nach und nach bis zu 60% des BSP ausmachte, traf auf eine trad. Gesellschaft, deren Fähigkeit zur Steuerung des neuen Reichtums völlig unzureichend war. Zwar wurden Mittel für den Straßenbau (so z. B. die Straße in das 800 km südlicher gelegene Sebha) ausgegeben, Schulen, Krankenhäuser und neue Wohnsiedlungen errichtet, doch waren dies mehrheitlich Projekte zur Geldausgabe ohne vernünftigen E.-Rahmen. Die sozialen Konsequenzen des neuen ungleich verteilten Reichtums kamen hinzu: Landflucht, Rückgang der Agrarproduktion, Entstehen von Elendsvierteln um die Küstenstädte Tripolis, Benghazi, Derna etc., gravierende soziale Spannungen. Das Herrschaftssystem des Sanussi-Königs Idris, dessen Träger die trad. Stammeselite war, erwies sich als unfähig, die sozio-ökon. Probleme zu bewältigen. Nach der Septemberrevolution versuchte die neue Regierung den Ausgleich des ungleichgewichtigen wirtsch. Wachstums und die Beseitigung der sozialen Spannungen. Die E.-Ausgaben wurden neu strukturiert und ihr Einsatz auf den Aufbau einer eigenen Ind. (wichtig für die Zeit nach der Erdölära), eine Steigerung der Agrarproduktion unter Ausdehnung der landw. Nutzfläche und eine verstärkte Wohnungsbautätigkeit in Verbindung mit enormen Bildungsanstrengungen konzentriert.

Die *Nationalisierung der in L. operierenden ausländ. Wirtschaftsunternehmen, die Verstaatlichung des Banken- und Versicherungssektors, die Überführung der Erdölfirmen in **joint ventures* mit mindestens 51% lib. Beteiligung, teilweise sogar 100% Nationalisierung, waren Maßnahmen, um das lib. Volk in seine alten Rechte wieder einzusetzen und die Abh. vom Ausland zu reduzieren, während Maßnahmen wie die Garantie eines Mindestlohnes, kostenlose Gesundheitsfürsorge, das Recht auf Arbeit, ein progressives Steuersystem zur Überwindung der sozialen Spannungen beitragen sollten. Nach 1973 kam eine immer stärkere Aktivität des Staates in allen Wirtschaftsbereichen hinzu, es wurde ein umfassendes Mitbestimmungsrecht der Arbeitnehmer in den Betrieben und ein beispielhaftes Sozialversicherungssystem eingeführt. Größtes Problem der Libyer ist nach wie vor der Mangel an den überall benötigten qualifizierten Arbeitskräften, so daß immer noch auf Experten aus Ägypten, Palästina, Ost- und Westeuropa, aber auch Indien und den USA zurückgegriffen werden muß.

4. Die jahrhundertelange Unterdrückung der Libyer durch Türken, Italiener, die brit. und franz. Militärverwaltung und die überragende Rolle der westl. Mächte in L. nach der Unabh. bis 1969 hatte eine starke Identitätskrise zur Folge, die mit einer verstärkten Rückkehr zu den trad. Werten des Islam und dem arab. Erbe in Verbindung mit der Ablehnung allen ausl. Einflusses (ob westl.-kapitalist. oder östl.-kommunist.-atheistisch) überwunden werden soll. Das Verbot von Alkohol, Prostitution, Glücksspielen, der lateinischen Schrift, die Wiedereinführung des islam. Rechts in das Strafgesetzbuch, die Erhebung der islam. Almosensteuer etc. sind unter diesem Aspekt zu sehen, genauso wie die Suche nach einem eigenen E.-Weg, die ihren Niederschlag in der von Muammar al-Qaddafi verfaßten Dritten Universalen Theorie gefunden hat. Ihre Hauptinhalte, die Forderung nach arab. Einheit, Sozialismus als soziale Gerechtigkeit bei der Produktion und Verteilung sowie die Garantie von Freiheit, sind neben den herkömmlichen Fächern vorrangigstes Unterrichtsobjekt in den Schulen, die heute fast alle Jugendlichen erfassen. Dennoch gibt es auch heute über 50% *Analphabeten in L., Resultat der mangelhaften Bildungseinrichtungen unter den Türken und Italienern. Allerdings wurden gerade im Erwachsenenbildungswesen erhebliche Anstrengungen unternommen. In der Gesundheitsfürsorge hat die Revolutionsregierung ebenfalls beachtliche Erfolge erzielt: Gründung neuer Krankenhäuser oder Hilfsstationen fast im ges. Land, Senkung der Sterberate auf 0,83% (1971) so daß die LE auf inzwischen 52 J. gestiegen ist.

5. Die ersten Maßnahmen nach dem Machtwechsel 1969 galten der Beseitigung der brit. und amerik. Basen auf lib. Territorium und der Öffnung gegenüber den arab. Nachbarn. Daraus resultierte die Föderation Arabischer Republiken (1971), der Versuch einer totalen Verschmelzung mit Ägypten (1973) und Tunesien (1974). Innenpol. versuchte die pol. Führung, gebildet von einem anfangs 10köpfigen Revolutionären Kommandorat (RKR) unter Vorsitz von Oberst Qaddafi und dem vom RKR ernannten Ministerrat eine Mobilisierung der Bev., unabdingbare Voraussetzung für die Realisierung der vom RKR geplanten sozialen und ökon. Transformation der lib. Gesellschaft. Allerdings wurde dazu nicht auf das 1969 aufgelöste Parlament oder die Gründung von pol. Parteien herkömmlicher Art zurückgegriffen – die nach Ansicht Qaddafis wesentlich zur innenpol. Schwächung unter der Monarchie, ja zur Spaltung der arab. Nation insgesamt beigetragen haben – sondern auf das ägyptische Modell einer Union der aktiven Volkskräfte: Bauern, Arbeiter, Soldaten, Intellektuelle und nichtausbeuterische Unternehmer, in Form der Arab. Sozialist. Union (ASU). Da die ASU wegen ihres elitären Charakters nicht den erhofften Mobilisierungserfolg brachte, initiierte Qaddafi im April 1973 eine Volks- und Kulturrevolution, deren wichtigstes Element die Schaffung von Volkskomitees in der Verwaltung von Betrieben, Schulen, Krankenhäusern, Rundfunk und Lokaladministration war. 1975 wurden nach der Wiederbelebung der ASU die heutigen pol. Grundstrukturen geschaffen: die Basiseinheiten der ehem. ASU wurden zu sog. Basisvolkskonferenzen (BVK) umgestaltet, die sich ein Führungskomitee wählen, dessen Repräsentanten in einer Allgemeinen Volkskonferenz (AVK) (nat. Ebene) die Interessen der Basis wahrnehmen. Die Volkskomitees der Schulen, Krankenhäuser, Lokaladministration sind ihrerseits ebenfalls in ihren Aktivitäten der BVK verantwortlich und sind gleichzeitig die lokalen Exekutivorgane des Führungskomitees der AVK, des sog. Allgemeinen Volkskomitees (das die Funktionen eines herkömmlichen Kabinetts ausübt). Auf einer außeror-

dentlichen Sitzung der AVK März 1977 wurde dieses System als sog. „Volksherrschaft" verfassungsmäßig verankert und für L. die Bezeichnung Sozialist. Libysche Arab. Volksjamahiriya (Land, in dem die Massen herrschen) eingeführt. Zwar löste sich der RKR 1971 auf, doch nimmt das Militär (d. h. dieselbe Personengruppe wie bisher: Qaddafi, Jallud etc.) als sog. „Führer der Revolution" auch weiterhin die beherrschende Position im Staate ein.

6. Die revolutionäre Führung L.s versucht, die bisherige Abh. vom Erdölsektor durch eine forcierte *Industrialisierung und eine Agrarrevolution zu reduzieren. Bis 1980, dem Ende des 2. E.-Planes, soll der Anteil des Erdölsektors auf 50 % des BSP gesenkt werden. Die allerdings nur noch für etwa 30–40 J. reichenden Erdölreserven zwangen zu einer Reduktion der Fördermengen und bewirkten auch z. T. schon kurzfristige Liquiditätsschwierigkeiten.

Außenpol. hat die Neuorientierung des Kurses gegenüber Afrika und der Sowjetunion (bes. seit 1974) L. in die Nähe der sozialist. Staaten Kuba, Angola, Äthiopien, Algerien gerückt. Außenwirtschaftl. steht dem eine hohe Verzahnung mit Westeuropa gegenüber (bes. Italien und BRD, die 50 % des Erdöls abnehmen und 50 % der Investitions- und Konsumgüterexporte nach L. bestreiten).

Lit.: M. Flory, La Libye Nouvelle. Rupture et Continuité, Paris 1975, H. P. Mattes, Die Revolution der Sozialist. Libyschen Volksjamahiriya, Heidelberg (Ms.) 1980. hpm

Lieferbindung

Vertragliche Bindung von *Kapitalhilfe (*öffentl. Hilfe) an Lieferungen und Leistungen aus dem Geberland. EL fordern lieferungebundene Kredite, da sie diese entsprechend den dringendsten Bedürfnissen und zur Ausschöpfung von Preisvorteilen auf dem Weltmarkt einsetzen können. Auch können Kredite ohne L. zur Verstärkung des Handels unter EL beitragen. Der Anteil liefergebundener Kredite an der öffentl. Hilfe verringerte sich von 1967 57 % auf 1976 1 %, steigt seither jedoch wieder an (1977: 10 %, 1978: 18 %). Die Gründe dafür liegen einerseits in der Vergabe von Krediten als Bestandteil von Mischfinanzierungen (öffentl. Kapitalhilfe plus Marktkapital), andererseits in der Rücksichtnahme auf Beschäftigungseffekte in der BRD, v. a. in sog. sensiblen Bereichen, die nach Meinung der Bundesregierung unter wirtsch. Schwierigkeiten oder int. Wettbewerbsverzerrungen leiden. 87–92 % der öffentl. Hilfe der BRD flossen wieder in die westl. IL zurück, davon etwa ⅔ in die BRD. Kapitalhilfe bildet auch ohne L. einen Beitrag zur Arbeitsplatzsicherung in den IL-Gesellschaften. dn

Link

Koppelung von *Sonderziehungsrechten (SZR) mit *Entwicklungshilfe; Forderung der EL, die SZR in den Dienst der E.-Hilfe zu stellen und Teile der SZR-Zuteilungen an die EL abzuspalten.

→Internationaler Währungsfonds dn

Linkage-Effekte

Fähigkeit von *Direktinvestitionen und importierter *Technologie, weitere Investitionen bzw. zusätzliche Investitionssequenzen auszulösen. Man unterscheidet: 1. *backward-linkages:* Anregung zu weiteren Investitionen im Zulieferbereich infolge einer Industrietechnologie, welche die Nutzung einheim. Rohstoffe ermöglicht; 2. *forward-linkages:* Anregung zu weiteren Investitionen in nachgelagerten Produktionsstufen, einheim. Weiterverarbeitung von Produkten aus den vom Auslandskapital getragenen Fertigungsstätten. dn

LLDC

Least Developped Countries, Gruppe von EL, die nach Beschluß der *UN-Vollversammlung vom 18. 11. 1971 als am wenigsten entwickelte EL gelten. Die Zuordnung von EL zu den LLDCs erfolgt aufgrund von 3 *Indikatoren: BIP pro Kopf (100 US-Dollar); Anteil der ind. Produktion am BIP (10 %); Alphabetisierungsquote (20 % der Altersgruppe über 15 J.). LLDCs bleiben unterhalb der in Klammern angegebenen Werte. Der ersten Liste gehörten 25 EL an; Ausweitung 1975 auf 28 und 1978 auf 30 EL (→Dritte Welt). Auf *UNCTAD V wurde ein Sonderprogramm für die LLDCs beschlossen, das aus einem Sofortprogramm (1979–1981) und einem Aktionsprogramm für die 80er J. besteht. Die IL haben sich verpflichtet, die E.-Hilfe an die LLDCs so schnell wie möglich zu verdoppeln. Ziel ist die Erreichung eines Minimum-Standards in der Befriedigung der *Grundbedürfnisse.

→Tabelle 1 im Anhang dn

Lomé-Abkommen

In Fortsetzung der Politik der *Assoziierung schloß die EG Febr. 1975 in Lomé mit 46 (später 57) *AKP-Staaten ein *Präferenzabkommen, welches die Kooperation zwischen den Staatengruppen vertiefte und auf die ind. Zusammenarbeit sowie die Stabilisierung der Exporterlöse ausdehnte. Die wichtigsten Bestimmungen von Lomé I, das April 1976 mit einer Laufzeit von 5 Jahren in Kraft trat: 1. Zusammenarbeit im Bereich des Handels/Warenverkehrs: freier Zugang fast aller Waren (99,5 %) aus den AKP-Staaten zum EG-Markt; umgekehrt: Einräumung der *Meistbegünstigung von seiten der AKP-Staaten für Waren aus der EG; 2. *Kapitalhilfe und *Techn. Hilfe (bzw. Zusammenarbeit). Über den *EEF und die *EIB stellte die EG insgesamt 3,5 Mrd. *ERE zur Verfügung;
3. Errichtung des Systems der Ausfuhrerlös-Stabilisierung *Stabex; 4. Ind. Zusammenarbeit. Hier streben die AKP-Staaten die Verlagerung von Ind.-Projekten/-branchen aus der EG an. Die EG unterstützt die beschleunigte *Industrialisierung der AKP-Staaten durch Ausbau und *Diversifizierung des Ind.-Sektors, Verbesserung der Beziehungen des Ind.-Sektors sowohl intern mit den anderen *Wirtschaftssektoren wie auch zwischen AKP- und EG-Ländern, Erleichterung des Transfers von (möglichst) *angepaßter Technologie, Förderung unternehmerischen Engagements in den AKP-Staaten und dazu Gründung einer Informationsvermittlungszentrale CID (*Center for Industrial Development*) mit Sitz in Brüssel; 5. Lieferabnahme- und Preisgarantie für Zuckerexporte aus den AKP-Staaten zu jährl. neu festgesetzten Preisen; 6. Einrichtung gemeinsamer Organe: Ministerrat AKP-EG und Beratende Versammlung AKP-EG, die sich paritätisch aus je 2 Vertretern jedes AKP-Landes und einer gleichen Anzahl von Vertretern des europ. Parlaments zusammensetzt.
Die EG nimmt im Durchschnitt 50 % der AKP-Exporte auf und ist damit zum wichtigsten Handelspartner der Ländergruppe geworden, da auch die Ausfuhren der EG nach den AKP-Staaten kontinuierlich zunahmen. Die Importe aus den AKP-Staaten in die EG stiegen stärker als die aus anderen EL. Schwankungen im Anteil lagen in Produktionsrückgängen und im Preisverfall einiger Rohstoffe begründet, welche die Notwendigkeit von Stabex und seiner Verbesserung bestärkten.
Juni 1979 wurde nach 18monatigen Verhandlungen Lomé II abgeschlossen; das Abkommen trat am 1. 4. 1980 für eine Laufzeit von 5 Jahren in Kraft. Das neue Abkommen strebt eine Verbesserung und einen Ausbau des Erreichten an: 1. weitere Verringerung der *Handelshemmnisse, d. h. der restlichen Importbeschränkungen für Produkte aus den AKP-Staaten, wobei die Nichtgegenseitigkeit (hier freier Zugang, dort Meistbegünstigung) aufrechterhalten bleibt; 2. Ausbau von →Stabex; 3. Maßnahmen zur Erhaltung und Entwicklung des Bergbaus a) durch eine sog. Unfall-Versicherung bei den wichtigsten mineral. Rohstoffen: Kupfer und Kobalt, Phosphate, Mangan, Bauxit und Tonerde, Zinn, Eisenerz, wobei die Liste ergänzt werden kann. Die AKP-Staaten werden gegen alle Risiken (z. B. Produktionsrückgänge, Preisstürze) versichert, v. a. solche, die außerhalb ihrer Kontrolle liegen. Die Finanzierungshilfe der EG setzt ein, wenn der Schaden über 10 % der Produktions- oder Ausfuhrkapazität erreicht, und besteht nicht in einer Kapitalübertragung, sondern in der Finanzierung von Vorhaben zur Wiederherstellung des Produktionspotentials oder der Ausfuhrkapazität; b) durch Verstärkung der *techn. und *Kapitalhilfe zur Exploration und zum Abbau von Rohstoffen in Form der Vergabe von Darlehen und öffentl. Hilfe, Kapitalbeteiligungen und Beiträgen zu privaten Investitionen europ. Anleger; 4. Erhöhung der Finanzierungsmittel um (in *ERE) 62 % auf 5,6 Mrd. ERE für die Laufzeit von Lomé II, verteilt auf *EEF und *EIB. In den einzelnen Bereichen sind

die EG-Länder verstärkte Verpflichtungen gegenüber den am wenigsten entwickelten EL eingegangen, zu denen 35 AKP-Staaten (darunter 3 *Binnenländer und 19 Inseln) gerechnet werden.
Die Bewertung der Lomé-Abkommen am Maßstab der Forderungen der EL nach einer *Neuen Weltwirtschaftsordnung ergibt, daß in einigen Elementen Regelungen entsprechend diesen Forderungen erzielt wurden: 1. Erlösstabilisierung wichtiger Exportgüter; 2. Automatisierung von Leistungen der EG bei Vorliegen bestimmter Voraussetzungen in den AKP-Staaten; 3. gleichberechtigte Stellung der AKP-Staaten in den gemeinsamen Organen AKP–EG; 4. bevorzugte Behandlung der ärmsten EL. Es ist jedoch offensichtlich, daß eine Reihe von Präferenzen für die EG-IL nur tragbar sind, weil sie sich auf die AKP-Staaten beschränken. Andererseits wird die Zusammenarbeit zwischen AKP-Staaten und EG radikaleren Forderungen nach Umstrukturierung der EL-Ökonomien, nach **self-reliance* und **collective self-reliance,* nicht gerecht.

Lit.: Kommission der EG, Zweites Kooperationsabkommen zwischen den Staaten Afrikas, der Karibik und des pazif. Raumes und der Europäischen Gemeinschaft, Brüssel 1979; R. Osterkamp, Die Neuverhandlung des Lomé-Abkommens: Hintergründe und weltwirtschaftliche Bedeutung, in *ifo-Schnelldienst, 24/1978; *BMZ, Lomé II, Materialien Nr. 66, Bonn 1980. dn

Lorenz-Kurve

Die Lorenz-Kurve, benannt nach M. C. Lorenz, ist eine graphische Darstellung der *Einkommensverteilung. In einem Koordinatensystem werden die Einkommensempfänger in n-Gruppen eingeteilt, die, nach steigendem *Pro-Kopf-Einkommen geordnet, auf der Abszisse und deren jeweilige Anteile am Gesamteinkommen auf der Ordinate abgetragen werden (die Anteile der Einkommensempfänger als auch die des Einkommens werden in der Regel in Prozent angegeben). Wird der Anteil der i-ten Gruppe an der Gesamtheit der Einkommensempfänger mit x_1 und am Gesamteinkommen mit y_1 bezeichnet, so ergibt sich folgende graphische Darstellung der Lorenz-Kurve.

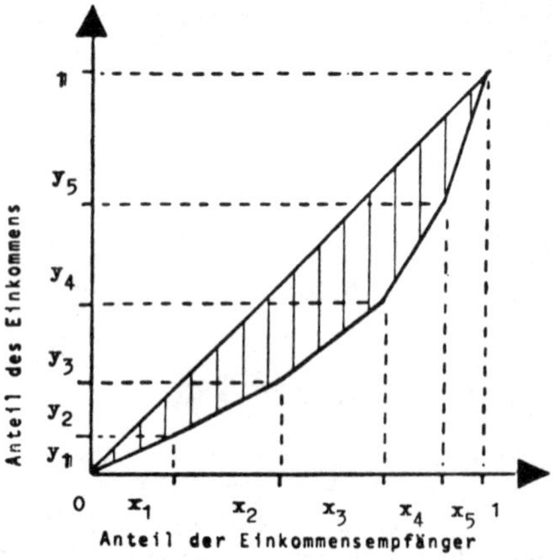

Eine völlige Gleichverteilung würde dann vorliegen, wenn die Lorenz-Kurve mit dem Fahrstrahl (0, (1,1)) identisch wäre, wenn also auf jede Einkommensempfängergruppe dasselbe Pro-Kopf-Einkommen entfallen würde. Für diesen Fall gilt $y_1/x_1 = y_2/x_2 = \ldots = y_n/x_n$. Dagegen würde eine Konzentration dann vorliegen, wenn die Lorenz-Kurve sich immer weiter von dem Fahrstrahl entfernen würde und der x-Achse und der zur y-Achse parallellaufenden 1, (1,1)-Achse annähern würde.

Madagaskar

Die Inselrepublik M. (*MSAC, *AKP) versucht einen sozialist. E.-Weg in Anknüpfung an vorkoloniale kommunitäre Organisationsformen. Hauptproblem ist die Steigerung der Agrarproduktion zur Versorgung der einheim. Bev. und zur Entlastung der Zahlungsbilanz.
1. M. ist mit 587 041 qkm (mit den Nebeninseln Nosy-Bé 293 qkm und St. Marie du Madagascar 165 qkm) die viertgrößte Insel der Welt. Die Bev. betrug 1978 8 290 000 Ew., davon lebten 15% in Städten (Hs Tananarive, 1977: 484 000 Ew.). Das trop. Klima M.s begünstigt zusammen mit den fruchtbaren Böden die Landw. Das vielseitige Angebot an Agrarerzeugnissen (Reis, Maniok, Mais, Hülsenfrüchte, Kaffee, Sisal, Vanille, Baumwolle, Bananen) wird durch Edelhölzer und zahlreiche Pflanzen zur Farb- und Gerbstoffgewinnung ergänzt. Die Ausbeutung der Minerallagerstätten (Chromerze, Graphit,

Glimmer) wird durch die unzureichende Verkehrserschließung noch weitgehend verhindert. Neben dem Erdöl im NW M.s bietet sich das große, noch weitgehend ungenutzte hydroelektrische Potential der mit starken Gefällstrecken nach O mündenden Flüsse zur Energiegewinnung an.

2. Grundlage der Volkswirtschaft bildet der Agrarsektor mit 85 % der Erwerbstätigen und 1975 rd. 42 % Anteil am BIP (einschl. Forstw. u. Fischerei). Reis, Maniok, Mais und Hülsenfrüchte werden für die Subsistenz und den Binnenmarkt – Tabak, Sisal, Vanille und Gewürznelken für den Export produziert. Veraltete Anbautechniken und Zuchtmethoden behindern zusammen mit der unzulänglichen Bewirtschaftung des Bodens (nur 5 % der Landesfläche Ackerland) die angesichts der hohen Wachstumsrate der Bev. notwendige Steigerung der Reisproduktion, was zur Abh. von Importreis geführt hat (Devisenbelastung). Ausweitung der Anbauflächen, Steigerung der ha-Erträge und Verbesserungen im Absatzbereich sind somit Hauptziele der Investitionsprogramme für den Agrarsektor. Die Viehzucht (Zeburinder) ist trotz großer Bestände (Kapitalanlage) ebenso wie die Forstwirtschaft und der Fischfang gesamtwirt. von rel. geringer Bedeutung. Kaffee (1973: rd. 43% des ges. Exportwerts), Vanille (80 % des Weltbedarfs) und Gewürznelken sind die wichtigsten Ausf.-Güter M.s.

Die Ind. steckt infolge des Kapitalmangels und der Enge des Binnenmarktes noch in den Anfängen (1975: 18 % des BIP). Konsumgüterindustrie, Chemie und Bauwirtschaft, die weitgehend auf dem Abbau und der Verarbeitung von Rohstoffen und Agrarerzeugnissen basieren, sind die wichtigsten Produktionszweige.

3. Trotz rel. dünner Besiedlung (Bev.-Dichte 15 Ew./qkm) ist die Bev. ungleichmäßig verteilt. Über ¼ lebt auf 4 % der Fläche in den östl. Randzonen des mad. Hochlands. Mehr als die Hälfte der Bev. M.s ist weniger als 20 J. alt, und die *Urbanisierung (15 %) ist trotz starker Binnenwanderung rel. gering. Die ethnische Differenzierung der afro-asiatischen Mischbev. geht auf verschiedene Einwanderungswellen zurück, bei denen sich das malaiisch-indonesische Element als dominierend durchgesetzt hat. Merina (26 %) und Betsileo (12 %) im Hochland, Betsimisaraka (15 %) an der Ostküste und die negritischen Sakalava an der Westküste sind die wichtigsten der 18 Stämme. 1 % der Bev. besteht aus Fremden (Franzosen, Inder, Chinesen). Das malayisch-polynesische Malagasy ist neben Französich offizielle Landessprache. 65 % der Bev. sind Animisten, 5 % Moslems und 30 % bei gleicher Verteilung Katholiken und Protestanten.

4. Bevor M. 1896 in das franz. Kolonialreich eingegliedert wurde, hatten die Merina die übrigen seit 1500 entstandenen Königreiche und Familienclans unterworfen und ein gesellschaftl. in Adel, Gemeinfreie und Ackerbausklaven gegliedertes Königreich errichtet. Die Aufrechterhaltung der Ordnung gewährleisteten die von Familienoberhäuptern geleiteten Generalversammlungen (*fokonolona*). Während der franz. Kolonialzeit wurde die Wirtschaftsstruktur M.s durch *Infrastrukturmaßnahmen (Banken, franz. Handelshäuser), agrar. *Diversifizierung (neu: Kaffee, Vanille) und den Vorrang franz. Importe auf die Bedürfnisse Frankreichs orientiert. Die rechtl. und soziale Ungleichheit zwischen Madegassen und Franzosen führte zu nationalist. Bewegungen, die von den Franzosen mit Gewalt unterdrückt wurden. 1956 wurde von Ph. Tsirana der *Parti Social Democrate* (PSD), dessen Anhänger sich aus den gemäßigten Küstenstämmen (Hochlandstämme radikal) rekrutierten, gegründet, und 1960 erreichte Tsirana die völkerrechtl. Unabh. M.s. Präsident Tsirana, Vertreter eines westl. orientierten *Sozialismus, setzte gegen den Widerstand der radikalen, marx. Hochland-Partei (AKFM) die Kooperation mit Frankreich fort. Die alten interethnischen mit Klassengegensätzen gekoppelten Konflikte zwischen Merina (Führungsschicht) und Küstenstämmen (Bauern) entzündeten sich 1972 anläßlich der von den Merina betriebenen und von den Küstenstämmen abgelehnten Ersetzung des Französischen in den Schulen durch das Malagasy (*malgachisation*) und führten nach blutigen Unruhen zum Sturz Tsiranas. Sein Nachfolger, General Ramanantsoa, betonte im Rahmen einer *autozentrierten E.-Strategie die Rückgewinnung der nat. Souveränität in Politik und Wirtschaft sowie die Wiederbelebung

der *fokonolona.* Seit 1975 steuern die Militärregierungen unter Präs. D. Ratsiraka einen sozialist. Kurs. Neben dem Ausbau der *Infrastruktur, Investitionen im Agrarsektor zur Überwindung der Abh. von Reisimporten und *Nationalisierungen im Industrie- und Handelssektor (1979 Umwandlung der bisher verstaatlichten Betriebe des Erdöl-, Banken- und Versicherungsbereichs in sozialist. Unternehmen) spielen v. a. die Dörfer und die Wiederbelebung der *fokonolona* beim Aufbau einer sozialist. Gesellschaftsordnung nach dem Vorbild des *Ujamaa-Systems in Tansania eine entscheidende Rolle. Außenpol. unterstützt M. die nat. *Befreiungsbewegungen Afrikas und fordert die Liquidierung aller ausländ. Militärstützpunkte im Indischen Ozean. Innerhalb der *Blockfreienbewegung lehnt sich M. an die sozialist. Staaten an.

Lit.: R. Archer, Madagascar depuis 1972. La Marche d'une Révolution, Paris 1976; D. Nohlen, Madagaskar, in: HDW, Band 2, Hamburg 1976, S. 309 ff.; G. Hepp, Erziehung und Politik im unabhängigen Madagaskar (1960–1973), Frankfurt 1976. ah

Malawi

Die Republik M. gehört zu den ärmsten EL (Ländergruppe der *LLDC). Wichtigste E.-Probleme des *AKP-Staates sind die Steigerung der landw. Produktion, der Ausbau der *Infrastruktur des *Binnenlandes und die Förderung der Agrarindustrie.

1. M., im SO Afrikas gelegen, ist mit 118 000 qkm (davon rd. 1/5 Malawi-See) etwa so groß wie die DDR. Die Bev. (1970: 5,78 Mio./JZ. 1970–77: 3,1 %; hohe Siedlungsdichte: 59 Ew./qkm;/niedr. Urbanisierungsgrad: 7 %) setzt sich aus mehreren Bantu-Völkerschaften zusammen (Nyaja u. Chichewa 50 %, Lonwe 14,5 %, Yao 13,0). Etwa die Hälfte der zwischenzeitlich zu 1/4 alphabetisierten Bev. gehört Naturreligionen an (gefolgt von rd. 40 % Christen u. 10 % Moslems).

2. Das von GB 1891 proklamierte *British Central African Protektorate,* 1907 in Njassaland umbenannt, diente der Kolonialmacht v. a. als Reservoir billiger Arbeitskraft für die Minen und Plantagen Rhodesiens und Südafrikas. 1953 mit Süd- und Nordrhodesien (heute Zimbabwe und Sambia) zur Zentralafrikan. Förderation zusammengeschlossen, forderte die antikoloniale Bewegung des *Njassaland African Congress* (NAC) die Auflösung der von den weißen Siedlern Rhodesiens dominierten Förderation und rief 1958 Dr. H. K. Banda (ein ehem. Wanderarbeiter, der in den USA studiert und in Ghana als Arzt praktiziert hatte) an ihre Spitze, der den Unabh.-Kampf organisierte. Die nach Parteiverbot, Verhaftung der Aktivisten von Parteifreunden gegr. *Malawi Congress Party* (MCP) setzte die NAC-Politik fort, erreichte die Freilassung der Inhaftierten und errang unter Bandas Führung bei den ersten allg. Wahlen 1961 22 der 28 Sitze. 1963 Austritt aus der Förderation und weitgehende Autonomie, am 6. 7. 1964 Unabh., 2 Jahre später: präsidiale Republik innerhalb des brit. **Commonwealth.* Das pol. System M.s ist bis heute durch die autokratische Herrschaftsausübung des (seit 1971) Lebenszeit-Präsidenten Ngwazi (d. h. Messias, Erlöser) Dr. Hastings Kamuzu Banda und dem pol. Monopol der Staatspartei MCP gekennzeichnet. Banda, nach eigenem Verständnis gestrenger aber gerechter, allwissender „Vater der Nation" (*Kamuzu knows best*), degradierte Parteitag und Nationalversammlung zu reinen Akklamationsstätten. Bei den allg. Wahlen werden die von ihm nominierten Kandidaten als gewählt verkündet. Seine enge pol. und wirtsch. Kooperation mit den weißen Eliten im südl. Afrika führte zur völligen Isolierung M.s innerhalb Schwarzafrikas. Dagegen bestehen intensive Beziehungen zu den westl. IL.

3. Das *Pro-Kopf-Einkommen M.s betrug 1977 150 US-Dollar; das reale Wachstum belief sich 1970–1977 auf 3,1 %; damit entsprach es der JZ des Bev.-Wachstums. 280 000 Malawier sind gezwungen, sich im Ausland Arbeit zu suchen (v. a. im Bergbausektor Rhodesiens und Südafrikas). Angesichts fehlender Rohstoffe und Mineralien und des noch geringen *Industrialisierungsgrades (1977: 11,3 % des BIP) ist die hauptsächlich zur Eigenversorgung betriebene Landw. der wichtigste Wirtschaftsbereich. Von ihr hängen 85 % der Bev. ab, und sie trägt (inclusive *Subsistenzproduktion) 50 % zum BIP bei. Gleichzeitig stellen Agrarprodukte 95 % des Exporterlöses (Hauptausf.-Güter 1977: Tabak 49 %, Tee 23 %, Rohzucker 10 %).

4. M. verfolgt ein kapitalist. *Entwick-

lungsmodell. Vorrang haben int. Finanz- und Wirtschaftshilfe (v. a. GB, Südafrika, USA, BRD sowie *Weltbank/*IDA u. UN/*FAO engagieren sich in großangelegten Projekten) und private (v. a. brit. u. südafrikan.) *Direktinvestitionen. Die entwicklungspol. Konzeption orientiert sich primär am Wachstumsziel und nur nachgeordnet an einer integrierten, sozialen E.

Lit.: J. G. Pike, Malawi. A Political and Economic History, London 1968; C. McMaster, Malawi. Foreign Policy and Development, London 1974; F. Nuscheler, Malawi, in: F. Nuscheler/K. Ziemer, Politische Organisation und Repräsentation in Afrika, Berlin/New York 1978, S. 1197 ff.
bg

Malaysia

1. M. ist künstliches Produkt der brit. Kolonialherrschaft in S-O-Asien. Die 1963 entstandene malays. Förderation umfaßt mit W-M. und O-M. zwei räumlich ca. 600 km voneinander entfernt liegende Gebiete, getrennt durch die südchines. See: die Halbinsel Malaya, die bereits 1957 in die Unabh. entlassen wurde, und den sich von W nach O erstreckenden Streifen im N der Insel Borneo außer dem erdölreichen Sultanat Brunei (noch unter brit. Protektoratsverwaltung), d. h. Sarawak und Sabah.
West-M. wird auf nur 40% der Staatsfläche (333 400 qkm) von 86% der Gesamtbev. (12,9 Mio.) bewohnt. Bereits diese ungleiche Bev.-Verteilung mit einer entsprechend unterschiedl. Besiedlungsdichte (West-M.: 80 Ew./qkm, Ost-M.: 9 Ew./qkm) und insbes. die Unterschiede der Bev.-Struktur und des E.-Niveaus sind deutliche Kennzeichen dafür, daß die beiden Gebiete kein natürliches, homogenes Staatsgebilde formen.
Noch ca. 60% der Landmasse M.s sind mit trop. immergrünem Regenwald bedeckt, einer wichtigen, ökon. nutzbaren *Ressource zur Erschließung und Besiedlung von Neuland und zur Gewinnung von wertvollen Hölzern. Der extensive und fast unkontrollierte Holzeinschlag vorwiegend jap. Firmen in O-M. droht jedoch, diese *Ressource und Devisenquelle zu erschöpfen, von den ernsthaften ökologischen Folgewirkungen einmal ganz abgesehen. Aufgrund der trop. Klimabedingungen besitzen die Böden nur geringe Qualität. Sie eignen sich hauptsächlich für Dauerkulturen und den Reisanbau. Neben dem Landpotential, das zur Errichtung einer exportorientierten *Plantagenwirtschaft mit den Hauptprodukten Kautschuk, Ölpalme und Pfeffer in O-M. sowie neuerdings auch Kakao genutzt wird, bildet Zinn die zweite bedeutende *Ressource, deren Ausbeutung seit Mitte des 19. Jh.s die sozio-ökon. Struktur M.s entscheidend geprägt hat. An weiteren nat. Ressourcen verfügt M. insbes. über Erdöl, das *Offshore* gewonnen wird und über Naturgasvorkommen in der Bintulu-Region in Sarawak. Aufgrund einer rel. erfolgreichen *Diversifizierungspolitik ist M. der Welt größter Produzent von Kautschuk (42%), Zinn (31%) und Palmöl (40%).
2. Der dichte Regenwald begrenzte die nat. Besiedlung des Landes zunächst auf die Flußläufe und hielt so die Bev.-Zahl auf einem sehr niedrigen Niveau. Ein nennenswertes Bev.-Wachstum setzte erst durch die Zuwanderung von Angehörigen fremder Ethnien ein, die die Ureinwohner fast vollständig verdrängten. Der Zinnbergbau löste die zweite massive Wanderungswelle nach Malaya von Chinesen aus, die ihren Bev.-Anteil bereits im Jahre 1911 auf 30% hochschnellen ließ. In einer dritten Welle strömten Inder, zumeist Tamilen aus Südindien, ins Land, deren Arbeitskraft auf den Kautschukplantagen nachgefragt wurde. Ihr Bev.-Anteil erreichte 1911 ca. 10%, was auch etwa dem heutigen Niveau entspricht. Aufgrund der rel. hohen JZ von 2,6% hat sich die Bev. M.s innerhalb der letzten 30 J. mehr als verdoppelt (12,9 Mio.). Entsprechend ist die Altersstruktur durch einen hohen Anteil (45%) von Jugendlichen unter 14 J. geprägt. Die LE liegt mit 67 J. recht hoch. Die Malayen stellen die größte ethnische Bev.-Gruppe: ihre absolute Mehrheit von 55% ergibt sich jedoch nur durch die statistische Manipulation, indem die ostmal. Ethnien der Dayak, Iban, Kadazan u. a. zu den Malayen gezählt werden. Der Anteil der Chinesen liegt bei 34% und der Inder bei 9%. Ein Drittel der Bev. lebt in städt. Gebieten über 10 000 Ew. Der geringe Grad der *Urbanisierung (4,4% JZ) mit nur 5 größeren Städten, die alle in der Westküstenregion der Halbinsel konzentriert sind und von denen die Hauptstadt Kuala Lumpur einschl. ihres Großraumes verglichen mit anderen südostasiati-

schen Hauptstädten nur eine geringe E.-Zahl von 800 000 besitzt, spiegelt deutlich den vorherrschend agrar. Charakter der mal. Gesellschaft wider.

3. Die mal. Sozialstruktur wird entscheidend durch die ethnische Vielfalt der Bev. geprägt. Die Identität von ethnischer Zugehörigkeit und Beschäftigung (Malayen als Kleinproduzenten von Reis oder Kautschuk, Chinesen und Inder im Zinnbergbau und *Plantagenwirtschaft) konnte bisher nur z. T. durchbrochen werden.

Konfliktträchtige Konsequenz ist eine ethnisch äußerst ungleiche Einkommensverteilung. 1970 lebte die Hälfte aller Haushalte unter der *Armutsgrenze, davon entfielen 86 % auf ländl. Haushalte. Die Malayen waren überproportional an den Armutshaushalten beteiligt.

Ein noch krasseres Bild zeigt die Verteilung des Produktivvermögens. Über 60 % der Anteile am Aktienkapital befindet sich in ausländischer Hand, während die Malayen lediglich über knapp 2 % verfügen, der chines. Anteil aber 22,5 % beträgt. Aber auch innerhalb der ethnischen Gruppen sind die Einkommen extrem ungleich verteilt. Die gesellschaftl. Konfliktlinie verläuft in der Hauptsache zwischen den Ethnien mit unterschiedl. sozio-kulturellen Lebensbereichen, deren jede spezifische Traditionen, Normen und insbes. eine eigene Sprache und Religion (*Kommunalismus) aufweist. Trotz der Bestimmung des Islam zur Staatsreligion wird die freie Ausübung der buddhistischen, hinduistischen und anderer Religionen gewährleistet. Entsprechend wird in dem rel. gut ausgebauten Grundschulbereich sowohl in malayischer, chines. und tamilischer Sprache unterrichtet. Im Sinne der Malayisierungspolitik soll jedoch das zur Nationalsprache erklärte Malayisch in naher Zukunft Englisch als Unterrichtssprache in den höheren Schulen und an den Universitäten des Landes ersetzen.

4. M.s Wirtschaftsstruktur weist typische Merkmale der UE auf, obwohl M. über das nach Singapur zweithöchste durchschnittl. *Pro-Kopf-Einkommen in Südostasien verfügt und in den 70er J. gesamtwirtsch. Wachstumsraten von ca. 8 % (real) verzeichnete, einschließlich rel. niedriger Inflationsraten, einer positiven Zahlungsbilanz und hoher Währungsreserven. Indikatoren der UE sind: extreme außenwirtsch. Abh. vom Export von Rohstoffen, die nur in sehr geringem Ausmaß im Inland weiterverarbeitet werden, ungebrochene Vorherrschaft des Primärsektors (Landw. und Bergbau), der knapp die Hälfte der Beschäftigten aufnimmt und der ¾ der Exporte bestreitet. ⅓ der kultivierten Agrarfläche, auf der zu über 80 % Exportprodukte angebaut werden, wird von *Plantagen in Anspruch genommen, deren Fläche sich zu 70 % in ausländisch. Besitz befindet. Der Kleinproduzenten-Sektor ist gekennzeichnet durch zersplitterten Landbesitz, kleine Betriebsgrößen mit einer entsprechend niedrigen *Produktivität und einem hohen Anteil von Pächtern (35 %). Mit Hilfe staatl. Bewässerungsprojekte, die mit Krediten der *Weltbank finanziert wurden, ist die Selbstversorgung mit Reis von 54 % zur Zeit der Unabh. (1957) auf derzeit ca. 80 % erhöht worden. Die Kompensationsstrategie zu einer *Agrarreform bildet die Neulanderschließung. Die *Federal Land Development Authority* hat bisher ca. 1 Mio. *acres* Land erschlossen (Erweiterung der agrar. genutzten Fläche seit 1957 um über 60 %), auf denen Kautschuk, Ölpalme oder Kakao angebaut wird, und ca. 40 000 Familien in den neuen Dörfern angesiedelt, wodurch ein – wenn auch kleiner – Teil der jährl. ihr Land verlierenden Familien (ca. 10 000) aufgenommen wurde.

Der *Industrialisierungsprozeß, der seit den 70er Jahren von der *Importsubstitution auf die Exportindustrialisierung mit Hilfe eines Bündels staatl. Förderungsmaßnahmen für das Auslandskapital wie z. B. der Einrichtung von Freien Handelszonen in Penang, Malakka und Kuantan umorientiert wurde, beschränkt sich auf die Produktion von leichten Konsum- und *arbeitsintensiven Exportgütern (Textil und Elektronik). Bei einem Anteil von 19 % am BSP beträgt der Anteil des Ind.-Sektors an der Beschäftigung nur 12 %. Das bereits bestehende West-Ost-Entwicklungsgefälle ist durch die regional auf die Wachstumspole der Westküste bezogene Industrialisierung noch weiter verstärkt worden.

5. M. wird pol. von einem Elitenbündnis der drei Ethnien beherrscht. Diese pol. Struktur, die die zumindest formale Repräsentanz aller im Lande lebenden Ethnien

gewährleisten soll, basiert auf einem mit der Kolonialmacht GB ausgehandelten Herrschaftskompromiß, der den Malayen verfassungsmäßig verankerte Sonderrechte und damit eine eindeutig führende pol. Position garantiert und im Gegenzug die rel. starke wirtsch. Stellung der Chinesen unangetastet ließ. Diese Formel kam zustande, nachdem der antikoloniale *Guerillakrieg der *Malayan Communist Party* (MCP) während der als *Emergency* bezeichneten Periode 1948–60 niedergeschlagen worden war. Gleichzeitig wurde die hauptsächlich von chin. Arbeitern gebildete starke *Gewerkschaftsbewegung, die die Basis der MCP bildete, als pol. Machtfaktor der mal. Innenpolitik ausgeschaltet. Damit war der Weg frei für das Bündnis von mal. Bürokratie, die sich in der *Malayan National Organization* (UMNO) zusammenschloß, und chin. Geschäftsleuten, die sich in der *Malaysian Chinese Association* (MCA) organisierten. Gemeinsam mit dem *Malaysian Indian Congress* (MIC) bildeten sie die Allianz, die 1974 durch die Integration von einigen Oppositionsparteien zur *National Front* ausgedehnt wurde. Die Koalitionen verfügten im Parlament jeweils über mehr als ⅔ der Mandate.
Die Kontinuität dieses Elitenbündnisses, formal durch Wahlen legitimiert, wurde nicht unerheblich durch eine repressive und diskriminierende Politik gegenüber Gewerkschaften und Oppositionsparteien abgesichert. Die bislang gefährlichste Bedrohung des Herrschaftsbündnisses bildeten die Rassenunruhen nach den Wahlen vom Mai 1969. Nach einer zweij. Notstandsphase antwortete der Staat auf die Herrschaftsbedrohung mit dem neuen E.-Konzept der *New Economic Policy* (NEP).
Die Rassenunruhen waren jedoch nur der äußere Anlaß für die Durchsetzung von Forderungen nach Umverteilung wirtsch. Macht zugunsten der Malayen, die bereits seit Mitte der 60er J. von einer Gruppe innerhalb der UMNO erhoben wurden, die sich mit der Übernahme des Amtes des Premierministers von Tunku Abdul Rahman durch Tun Abdul Razak zur neuen mal. Elite entwickelte. Sie vertritt einen strikten Kurs der Malayisierung der mal. Gesellschaft. Instrumente der geplanten Anhebung des mal. Anteils am Produktivvermögen von 2% (1970) auf 30% im Jahre 1990 sind die Ausdehnung des Staatssektors und der *Industrial Coordination Act*, der bestimmte Kapitalbeteiligungs- und Beschäftigungsquoten von Malayen vorsieht. Die Widersprüche der NEP liegen zum einen in dem Konflikt mit den chin. Geschäftsleuten, die ihre Investitionen zurückhalten, was durch einen verstärkten Zustrom von Auslandskapital ausgeglichen werden soll, und zum anderen im Konflikt zwischen den in den Städten lebenden Malayen, die allein von der Umverteilung profitieren können, und der Masse der auf dem Lande lebenden Malayen, aber auch der Angehörigen der anderen Ethnien, deren Lebensbedingungen sich auch durch die NEP nicht wesentl. verbessern, solange nicht grundlegende Reformmaßnahmen durchgeführt werden.

Lit.: P. P. Courtenay, A Geography of Trade and Development in Malaya, London 1972; J. D. Purcal, Rice Economy. Employment and Income in Malaysia, Honolulu 1971; W. Senftleben, Background to Agricultural Land Policy in Malaysia, Wiesbaden 1978.
vk

Malediven

1. Die ca. 400 Seemeilen südwestl. von Ceylon und in etwa gleicher Entfernung von der Südspitze Indiens liegenden M. bestehen aus ca. 2 000 Inseln (Fläche 298 qkm). Wegen der geringen Nutzfläche, den armen Korallenböden und dem Mangel an Frischwasser ist auf den M. Landw. kaum möglich (Kokospalmen, Hirse, Knollenfrüchte). 80% der Bev. lebt von Fischfang und -verarbeitung, die 90% der Exporte ausmachen (Hauptabnehmer Sri Lanka). Mit der Aufgabe des brit. Flottenstützpunktes in Gan 1976 (die M. gelten auch heute noch als strategisch wichtig) verloren die M., die *LLDC sind, eine wichtige Einnahmequelle.
2. Die Briten waren die letzten in einer Reihe von Kolonialherren, die die seit der sunnitischen Islamisierung (1153) herrschenden Sultane unterworfen hatten. Entdeckt wurden die M. von den Portugiesen (1507–1573), denen die Holländer folgten (1656–1796). Das brit. Protektorat M. erhielt 1965 die Unabh.
3. Die Bev. der M. betrug 1978 (gesch.) 140 000 Ew. (= 469,8 je qkm, womit die

M. einer der am dichtesten bev. Staaten Südasiens sind). Die interinsulare Wanderung ist gering, da ein nicht am Ort geborener Malediver 12 J. auf einer Insel gewohnt haben muß, um dort das Recht auf Zuteilung eines vererbbaren Stückes Land (30 × 15 m) zu erhalten (12% städt. Bev.; Hs Malé 1977 [gesch.] 30 T. Ew.). Landessprache ist Dihevi.

4. Das Außenhandelsmonopol des Staates ermöglicht der pol. Führung finanz. Transaktionen zu ihren Gunsten. So profitierte der ehem. Staatspräs. Nasir (seit 1978 ist Abdul Gayoom Staatschef) von den staatl. Investitionen in eine Frachtschifflinie und den *Tourismus. Zwischen der Mehrheit der Bev. und den Beamten der Hs bestehen gravierende Einkommensunterschiede.

5. Die soziale Lage der Bev. ist durch gesundheitl. und bildungspol. Unterversorgung (viele Seuchen; 1967: 1 Arzt pro 5000 Ew., LE 40–50 J.; trotz Schulpflicht zwischen 5 und 15 J. 64% Analphabeten, Platz- und Lehrermangel) sowie die Sorge um die *Ernährung gekennzeichnet.

6. Die M. sind eine präsidiale Republik. Es bestehen keine Parteien im 54 Mitgl. zählenden Parlament (46 Abg. auf 5 J. gewählt, 8 vom Präs. ernannt). Die umfassenden Rechte des Präs. (u. a. kann er den Ausnahmezustand auf Zeit erklären), sichern dessen dominierende Position.

Lit.: J. Metzner, Malediven, in: HDW, Band 4, Hamburg 1978, S. 451 ff. rs

Mali

1. Die Republik M. (bis 1960: Franz. Sudan) erstreckt sich zu gut einem Viertel ihres Staatsgebiets (1204000 qkm) in die Sahara, während über die Hälfte des teils ebenen, teils mittelgebirgigen Landes auf Savannenlandschaften entfällt.

2. In der südl. Hälfte M.s ist die Bev.-Dichte teilweise 100mal höher als im N, wo nur noch vereinzelt „weiße" Nomaden (Tuareg, einige T. Mauren) leben. Da die fast ausschließlich aus Schwarzafrikanern zusammengesetzte Regierung M.s die Dürrekatastrophe in der Sahelzone zu Beginn der 70er J. offenbar dazu nutzte, den Tuareg eine Revolte aus den Jahren 1963/64 mit der Verweigerung jeglicher Hilfsleistungen zu vergelten, dürfte deren Zahl durch die dadurch erreichte „natürliche" Dezimierung und einen Massenexodus nach Niger weit niedriger als 7% (so in den 60er J.) der für 1978 geschätzten 6,3 Mio. Ew. liegen. Die früher ebenfalls nomadischen Peul (Fulbe, über 10%) sind heute weitgehend seßhafte Viehhalter, vorwiegend Ackerbauern sind die etwa ⅓ der Bev. umfassenden Völker der Mande (Bambara, Malinke, Sarakole, Diula u. a.), die Songhai, Senufo u. a. Die überkommene, sich nur allmählich wandelnde Gesellschaftsstruktur war bei den meisten Ethnien extrem hierarchisiert: Bis in die Kolonialzeit Sklaven, (erbliche Berufs-)Kasten wie Schmiede und Barden, Gemeinfreie (Mehrheit der Bev.: Ackerbauern und Kaufleute), Aristokratie. Während Franz. heute Amtssprache ist, wird von der Mehrzahl der Bev. (überwiegend islamisch, z. T. animistisch) Bambara als Verkehrssprache benutzt.

3. Der von dem *Union Soudanaise-Rassemblement Démocratique Africain* (US-RDA)-Einparteiregime unter Modibo Keita nach dem Zerbrechen der nur zwei Monate dauernden Föderation mit Senegal ab September 1960 propagierte „sozialist. E.-Weg" für M. hatte zu berücksichtigen, daß über 90% der Bev. (1978 immer noch 85%) auf dem Lande lebten, daß etwa 17% der Erwerbstätigen Kaufleute mit z. T. beträchtlichem pol. Einfluß waren, daß die auf *Importsubstitution und Verarbeitung lokaler Produkte (Erdnuß, Baumwolle, u. a.) angelegte Industrie in den allerersten Anfängen steckte (nach der Unabh. wurden in diesen Bereichen Staatsbetriebe errichtet) und daß keinerlei Bodenschätze bekannt waren (in absehbarer Zeit sollen Goldvorkommen abgebaut werden). Ein großes Handicap für die Wirtschaft des vom Meer abgeschnittenen *Binnenlandes bildet bis heute die schlechte Verkehrsinfrastruktur. Das Schwergewicht der Politik Keitas lag auf der Landw., wo eine höchst unpopuläre Kollektivierungspolitik nur sehr vorsichtig betrieben wurde. Im Handel wurde nur der Import von Grundnahrungsmitteln und der Export von Agrarprodukten verstaatlicht. Den viel zu hoch angesetzten Zielen fehlte jedoch die materielle Grundlage, zumal die ohne Rücksicht auf die Mentalität der Bauern betriebene Agrarpolitik einen scharfen Rückgang der Agrarproduktion hervorgeru-

fen hatte, die eigentlich die wichtigste Einnahmequelle des Staates hätte darstellen sollen. 1967 war M. gezwungen, unter harten Bedingungen in die franz. *Franc-Zone zurückzukehren, die das Regime Keitas 1962 verlassen hatte, um innenpol. (vor allem gegen die Kaufleute) und außenpol. größeren Handlungsspielraum zu gewinnen. Ein seit 1966 verschärfter, sich gegen konservative Elemente der US-RDA wendender sozialist. Kurs, v. a. aber der Aufbau einer paramilitär. Miliz als Konkurrenz zur Armee, lösten 1968 einen von Militärs geführten Staatsstreich aus, gegen den sich keinerlei Widerstand regte. Obwohl eine stärkere Betonung der Privatwirtschaft zunächst eine gewisse Produktionssteigerung bewirkt hatte, litten Landw. und Viehzucht ganz erheblich unter den Auswirkungen der Dürrekatastrophen von 1971–74 und 1977. Die Getreideproduktion (Hirse, Sorghum, Mais, Reis) hatte 1978 mit rund 1 Mio. t in etwa wieder den Stand von 1966 erreicht (neben der Dürre hatten niedrige Aufkaufpreise die Produktion zuvor z. T. drastisch gesenkt), was immer noch zu gut ⅓ unter den Planzielen lag und bei dem hohen Bev.-Wachstum (1970–78: JZ ca. 3 %) hohe Lebensmittelimporte erfordert (1978: 10 % des Importwertes). Von den 1970 etwa 5 Mio. Rindern und gut 11 Mio. Schafen und Ziegen (lebendes Vieh bildete bis Anfang der 70er J. den zweitwichtigsten Exportartikel) verendeten bis 1974 mindestens ⅓, in der Wüstenregion 80 %. Ab Mitte der 60er J. verdrängte Baumwolle (1978: Baumwollfasern = 60 %) Erdnuß (1978: 14 %) vom ersten Platz der Exportstatistik.
Anzeichen einer gewissen wirtsch. Erholung zeigten sich 1977/78, als die Zahlungsbilanz erstmals positiv wurde und das trad. Handelsdefizit abnahm. Wichtigstes Ex- und Importland blieb selbst unter M. Keita Frankreich.
4. Außenpol. betont M. heute seine *Blockfreiheit, bei deutlichen Sympathien für die UdSSR und Kuba. Innenpol. wurde in den 70er J. eine langsame „Rezivilisierung“ eingeleitet, die über die Annahme einer Verfassung 1974 zur Bildung einer Einheitspartei *Union Démocratique du Peuple Malien* (UDPM) sowie Präsidentschafts- und Parlamentswahlen (ausgeschlossen: das pol. Führungspersonal der Endphase des US-RDA-Regimes) 1979 führte.

Lit.: S. Amin, Trois expériences africaines de développement: le Mali, La Guinée et la Ghana, Paris 1965; F. Ansprenger, Mali, in: HDW, Band 2, Hamburg 1976, S. 342 ff.; K. Ziemer, Mali, in: F. Nuscheler/K. Ziemer, Politische Organisation und Repräsentation in Afrika, Berlin/New York 1978, S. 1229 ff.
kz

Mao Tsetung

M. wurde am 26. 12. 1893 im Dorf Shao Shan in der Provinz Hunan als Bauernsohn geboren. Nach der Ausbildung zum Volksschullehrer (in dieser Zeit lernte er Liu Shao-chi kennen) ging er 1918 nach Peking und arbeitete als Hilfsbibliothekar an der dortigen Universität (Zusammentreffen mit Tschou En-lai und Teng Hsiao-ping). In den Folgejahren schloß er sich Gruppen an, die für eine bolschewistische Revolution in China kämpften und wurde 1921 Gründungsmitgl. der KPCh. Nach dem Scheitern der Kominterntaktik der Zusammenarbeit mit der *Kuomintang* gewinnt M.s Überzeugung, daß die chines. Revolution eine Bauernrevolution sein müsse, in der Partei zunehmend an Gewicht. 1931 proklamierte er im Gebirgsland des Chingkangshan die erste chines. Räterepublik. Am 15. 10. 1934 brachen rund 50 T. Kämpfer mit ihren Familienangehörigen aus der Räterepublik durch die Einkreisung der *Kuomintang*-Verbände aus und begannen den berühmten „Langen Marsch“. An ihm nahmen in 3 Frontarmeen rd. 230 T. Menschen teil; er dauerte bei praktisch ununterbrochenen Kämpfen gegen *Warlords* und *Kuomintang* fast 2 Jahre und führte über 12 T. km. In der Provinz Shansi am Yennan-Fluß errichtete M. die 2. Räterepublik, deren Grundlage eine *Agrarreform und die Einrichtung ind. Kleinbetriebe war. In der Yennan-Zeit legte M. mit seinen Schriften von 1937 „Über die Widersprüche“ und „Über die Praxis“ die theoret. Grundlage für seine Interpretation des Marxismus. Nach dem Zusammenbruch Japans und dem Sieg im Bürgerkrieg proklamierte M. am 1. 10. 1949 die *VR China. M. hat deren Geschichte und Zukunft durch die Bodenreform von 1949, die „100-Blumen-Kampagne“ von 1956, den „Großen Sprung nach vorne“ von 1958, den Bruch mit der Sowjetunion 1960 und v. a. die Kulturrevolution 1966 geprägt. Er starb am 18. 9. 1976 im Alter von 83 Jahren. rs

Marginalität

Der Begriff der M. war ursprünglich bezogen auf die Bev.-Sektoren, die im Zuge von *Landflucht und *Industrialisierung in Elendsvierteln an der Peripherie der großen Städte entstanden (*callampas, favelas, poblaciones, Villas miseria*). Er wurde in den 60er J. zunehmend auf die „strukturell gegenüber der Restgesellschaft von stabilen Arbeitsverhältnissen bei vernünftiger Produktivität und vernünftigem Einkommen ausgeschlossenen Bev.-Sektoren" angewandt (A. Cordova 1973, S. 13 f.). Diese Begriffsbestimmung geht einher mit der Annahme, daß die Ursachen von M. in der mangelnden Aufnahmefähigkeit der EL-Ökonomien für die einheim. Arbeitskraft liegen und dies wiederum eine Folge der weltwirtsch. Abh. der EL sei. Diese Erklärung und Definition von M. grenzte sich gegenüber der von DESAL 1967 vorgelegten Analyse ab, derzufolge M. als fehlende aktive (Beteiligung an Entscheidungsprozessen) und passive (Nicht-Erhalt sozialer Leistungen) *Partizipation aufgrund interner Desintegration, Atomisierung und Solidaritätsmangels der betreffenden Sektoren zu gelten habe. In *Dependenztheorien gehören die Marginalisierten zu den ausgebeuteten Bev.-Schichten in Stadt und Land. A. Cordova unterscheidet 3 Typen von M.: 1. Bev.-Gruppen, die unter vorkapital. Bedingungen leben: alle Arten von nicht entlohnter Arbeit, insbes. die *Subsistenzlandw.; 2. die nicht oder unter ihrer Qualifikation beschäftigte Bev., die sich nicht in den Produktionsprozeß integrieren kann; 3. die bereits integrierten Arbeitskräfte, die aus dem Produktionsprozeß wieder ausgestoßen werden. Sie scheinen geeignet, die verschiedenen Situationen von M. in zeitlicher und räumlicher Dimension zu umfassen.

Eine weitere Unterscheidung ist die zwischen rel. M. (aufgrund rassischer, pol., sozialer und kultureller Unterdrückung) und absoluter M. (Beschneidung jeglichen Zugangs zu ausreichendem und stabilem Einkommen). Die absolute M. verweist auf Analyse und Reform der *exogen vermittelten Mechanismen, die den Zugang breiter Bev.-Sektoren zu ausreichendem Einkommen aufgrund der strukturellen Begrenztheit der verfügbaren Produktionsmittel verhindern.

Lit.: DESAL, Marginalidad en América Latina. Un ensayo de diagnóstico, Santiago de Chile/Barcelona 1969; A. Cordova, Strukturelle Heterogenität und wirtschaftliches Wachstum, Frankfurt 1973. dn

Marokko

1. M. ist mit etwa 458 730 qkm (teilweise ungeklärter Grenzverlauf mit Algerien) nach Tunesien das kleinste nordafrikan. Land, rangiert aber mit einer absoluten Bev. von über 19 Mio. (1979) (Bev.-Dichte 1977 40 Ew. pro qkm) hinter Ägypten vor allen anderen arab. Staaten. Den größten Teil M.s nehmen Gebirge ein. Während das nördl. und zentrale M. größere Regenmengen erhält und ein mildes Klima besitzt, herrscht im S Wüstenklima vor und der O M.s, im Regenschatten des Atlas-Gebirges, weist ebenfalls schon deutlich aride Klimabedingungen auf. M. verfügt über große mineral. Bodenschätze: am bedeutendsten sind die Phosphatvorkommen (50% der Weltreserven), wichtig die Lagerstätten von Eisen, Mangan, Zink, Kobalt, Salz, Kupfer, aber auch Erdöl- und Erdgasfelder. Rohstoffe wurden mangels eigener Verarbeitungsmöglichkeiten (bis auf die Erdölproduktion von 22 000 t 1977) exportiert und somit (bes. das Rohphosphat) zu wichtigen Devisenbringern. Bedeutendster Wirtschaftssektor ist die Landw., die zwar (1975) nur 24% des BIP erbrachte, aber über 53% aller Erwerbspersonen beschäftigt (1971: 1,988 Mio.). Abh. von der Landw. sind wegen der großen Familien und einer chronischen Unterbeschäftigung rund 75% der Bev. Die gesamte landw. Nutzfläche M.s (20,35 Mio. ha) besteht zu etwa 30% aus Ackerland, 65% Flächen, die als Weide genutzt werden (Viehwirtschaftreide (auf 60% des Ackerlandes), doch bilden die Dauerkulturen von Zitrusfrüchten, Mandel- und Olivenbäumen und der Gemüseanbau wesentl. Produktionszweige. Bei der Ausfuhr spielen v. a. die Zitrusfrüchte, weniger getrocknete

Hülsenfrüchte, Tomaten und z. T. schon verarbeitetes Gemüse eine Rolle.

2. Infolge der hohen JZ von 3% (1975) hat sich die Bev. M.s seit der Unabh. verdoppelt: 1951/52: 9,18 Mio.; 1979: 19 Mio. Ew. Bev.-Dichte von den Küstenzonen ins Landesinnere stark abnehmend. Auf 1/10 der Fläche leben mehr als 2/3 der Bev. *Urbanisierungsgrad: 1976: 39%. Mit der Migrationsbewegung verbunden ist die Entstehung von riesigen Elendsvierteln, hauptsächlich in der Peripherie von Casablanca und Rabat, wo derzeit nach Schätzungen etwa 800 000 Wohnungen fehlen. Größte Stadt M.s ist mit über 2 Mio. Ew. Casablanca, gefolgt von der Hs Rabat mit 746 000 Ew. (1976). Der rasche Bev.-Anstieg wird durch die rel. gute med. Infrastruktur weiter gefördert. Die Anzahl der statistisch erfaßten Erwerbspersonen ist absolut und rel. gering: 1975: 4,78 Mio. (25%). Typisch für die Beschäftigungsstruktur ist der in islam. Ländern übliche geringe Anteil von Frauen an den Erwerbstätigen: 1975 nur 383 000, 7,6% der Erwerbstätigen.

Die ethnische Zusammensetzung zeigt deutlich die ehemals berberische Grundschicht, denn noch über 40% der Bev. sind reine Berber. Der Einfluß der arab. Invasionen im 7. und 11. Jh. schlägt sich heute in einem etwa 50%igen Anteil an Arabern oder Arabo-Berbern nieder. Sprachlich ist jedoch das Arab. dominierend, es wird von 70% der Bev. gesprochen. Die Zahl der v. a. während der franz. Protektoratszeit eingewanderten (größtenteils röm.-kath.) Europäer (1952: 5,2% der Bev.) verringerte sich bis 1975 auf 110 000. Entsprechend nahm ihr wirtsch. Einfluß ab. Die Marokkaner (der Islam ist Staatsreligion) sind fast durchweg malikitische Sunniten.

3. Die Wirtschaft M.s ist auch nach der Unabh. von der Existenz von – in krassem Gegensatz zueinander stehenden – trad. und modernen (Agrar-)Sektoren geprägt, wenn auch seit 1956 (bes. intensiv seit 1973) die ausländ. Dispositionsgewalt über den modernen Sektor durch die sog. Marokkanisierung zurückgedrängt wird. Dieser Prozeß beinhaltet die Verteilung des bisher von ausländ. *colons* bewirtschafteten Agrarlandes an königstreue städt. Kaufleute und ländl. Notabeln, die als Agrarbourgeoisie (seit 1956 neu entstanden) neben der absolut königstreuen Armee zur wesentlichsten Stütze der Königsfamilie und des Herrschaftssystems wurde. Die sozio-ökon. Struktur wurde damit jedoch nicht verändert, vielmehr die ökon. Stagnation M.s verfestigt. Der trad. Agrarsektor mit mehr als 1 Mio. *Minifundien konnte bisher kaum modernisiert werden, da die ländl. Aristokratie als Verwalter des kollektiven Stammeslandes oder als Grundeigentümer eine Demokratisierung der Produktionsentscheidung und die Bildung von *Genossenschaften sabotierten, sie selbst aber die Nutznießer aller *Agrarreformen waren.

Mit dem Beginn der Wirtschaftsplanung 1960 wurde – aufbauend auf der von den Franzosen hinterlassenen ind. Basis – eine rasche *Industrialisierung mit hoher Staatsbeteiligung angestrebt. Das von der Regierung Ibrahim dazu als notwendig erachtete staatl. Eingreifen wurde jedoch von der Agrarbourgeoisie abgelehnt (das Königshaus selbst ist der größte Ind.- und Grundeigentümer M.s), den Privatinvestitionen Vorrang gegeben. Dieses Abrücken vom Industrialisierungskonzept des 1. 5-Jahresplans wurde bis 1973 fortgesetzt, als infolge wachsender *Arbeitslosigkeit und der Zurückhaltung der Privatind. mit Investitionen erneut die Industrialisierung zum obersten Planziel aufrückte. Die Wirtschaftssektoren, die den Industrialisierungsprozeß direkt beeinflussen, sollten dazu nationalisiert werden (Abbau der Bodenschätze, der gesamte Energie- und Erdölsektor, die Schwerind., aber auch das Kredit- und Kommunikationswesen). Der Plan von 1973–1977 sah Gesamtinvestitionen von 40,1 Mrd. Dirham vor, 27,5% der Gesamtinvestitionen gingen in die Ind., nur noch 16,2% in die Landw. Der Lebensstandard der städt. wie ländl. Bev. wurde jedoch trotz Zunahme des *Pro-Kopf-Einkommens seit Beginn der Wirtsch.-Planung aufgrund der Monopolisierung des Mehrprodukts bei der herrschenden Schicht keineswegs verbessert. Pol. fand diese Misere ihren Ausdruck in den Krisen nach 1970 (Attentate auf den König 1971/72, Komplott 1973).

Statistisch zeigt sich die ökon. Stagnation bes. im *arbeitsintensiven Agrarsektor, wo die Nahrungsmittelerzeugung bei schwankender absoluter Produktion pro Ew. ständig gesunken ist und nur durch steigende Importe ausgeglichen wurde. Die Ind. (hoher Anteil von Auslandskapital, ausgerichtet auf die Ausnutzung billiger Arbeitskraft oder von Standortvorteilen) wuchs von 1960–68 mit 5% j., seit der forcierten Industrialisierung hat sich der Index der ind. Produktion von 1970 = 100 auf 1977 = 155 erhöht. Mangel an Integration in die nat. Planung soll durch *Nationalisierung auf vertraglichem Weg behoben werden. Zusammen mit der Dispositionsgewalt in den staatl. und halbstaatl. Unternehmen bekommt die herrschende Schicht M.s damit die Verfügungsgewalt über den Agrar- und den Industriesektor der nat. Wirtschaft. Der Einfluß des ausländ. Kapitals bleibt wegen der mangelnden Bereitschaft zur produktiven Investition des verfügbaren inländ. Kapitals erhalten. Seit 1977 hat sich die allgm. Wirtschaftslage M.s durch die hohen Kosten der Saharaannektion (→Westsahara) bzw. den Kampf gegen die dort operierende POLISARIO verschlechtert.

4. Nach der Unabh. hat die Abwanderung vieler Franzosen und Spanier (bes. Lehrer, Techniker, Ärzte) die Bildungs- und Gesundheitssituation (ja die allg. Wirtschaftslage) in M. kurzfristig verschlechtert. Die gesetzl. Schulpflicht wurde erst nach 1963 eingeführt. Die mangelhaften Planzuweisungen für das Bildungssystem haben aber dazu geführt, daß trotz absolut steigender Einschulungen selbst 1979 nach Schätzungen nur 30% der 6 bis 13jährigen die Schule besuchen; starke regionale Disparitäten zuungunsten der ländl. Gebiete. Unterrichtssprache Arab.; Franz. in Hochschule und öffentl. Leben als Bildungssprache. Im Gesundheitswesen findet sich ebenfalls ein starkes Angebotsgefälle an med. Dienstl. von Stadt zu Land. Die Arzt-Ew.-Relation erreichte erst 1976 (1 : 12 400) wieder den Stand von 1965. Med. Krisenherde sind die Elendsviertel und der teilweise minimale hygienische Standard auf dem Lande, der eine hohe Kindersterblichkeit zur Folge hat. Die krassen Einkommensunterschiede, die Inflationsschädigung der unteren Einkommen bei allg. niedrigen Löhnen hat bei vielen Marokkanern bereits zu einer Kalorienunterversorgung geführt.

5. M. wurde gemäß dem im Nov. 1955 mit Frankreich geschlossenen Vertrag am 2. 3. 1956 unabh.; Sultan Muhammad, der spätere König Muhammad V. institutionalisierte ein Herrschaftssystem, in dem der Monarch absolute Macht ausübte. Diese Macht wurde – trotz verbaler Demokratisierungsversprechen wie in der *Charte Royale* 1958 – bisher in allen Verfassungen M.s verankert (1961, 1962, 1970, 1972). Sie stützt sich auf die sozial dominierende Schicht der Agrarbourgeoisie, die dem König ergebene Verwaltung und die ihm ebenso loyale Armee. Zwar entsprach der König 1956 dem Druck der pol. Kräfte, die bewaffnet oder durch sonstige Aktionen die Unabh. M.s erreicht hatten, und enteignete einige ländl. Notabeln, die offensichtlich mit den franz.-span. Kolonialmächten kollaboriert hatten, verhinderte aber, daß die antikolonialistischen Kräfte die Nachfolge der Franzosen und Spanier im Verwaltungsapparat antraten, und besetzte statt dessen die Stellen mit Gefolgsleuten aus der loyalen ländl. Bourgeoisie. Polizei und Militär übernahmen die Sicherungsfunktion des Königs bzw. des Königreiches und wurden angesichts dieser Position von der herrschenden Schicht dermaßen privilegiert, daß innerhalb kurzer Zeit eine gegenseitige Verflechtung der Interessen eintrat. Die Offiziere (bes. die Generäle) entstammen fast ausschließlich der agrar. Großbourgeoisie. Zwei Gruppierungen stehen sich seit der Unabh. gegenüber: die Gruppe der Königstreuen, heute angeführt von der Unabh. Partei (*Istiqlal*-Partei), auf der Gegenseite die „Nationale Union der Volkskräfte" (UNFP, ehemals linker Flügel der *Istiqlal*-Partei, der sich 1959 unter Ben Barka von der Partei abspaltete). Nach 1970 wurden zunehmend königstreue „Unabh. Kandidaten" wichtig (sie erzielten 46,0% der Parlamentsmandate 1977); auf der Oppositionsseite spielte die „Sozialistische Union der Volkskräfte" (1974 als linker Teil der UNFP gegr.) und die „Sozialistische Fortschrittspartei" bei den Wahlen 1977 eine Rolle. Die Dominanz

der königstreuen Kräfte, mobilisiert bei nat. Aktionen, wie z.B. dem „Friedensmarsch" in die Span. Sahara (1975),ehat zu einer Blockierung der sozialen Transformation geführt.

Lit.: B. Tibi, Militär und Sozialismus in der Dritten Welt, Frankfurt 1973; K.-P. Treydte, Marokko, in: HDW, Band 2, Hamburg 1976, S. 361 ff.; C. Eikkenberg, Marokko. Rahmenbedingungen und Struktur der marokkanischen Wirtschaft, Hamburg 1977. hpm

Marti, José

Kuban. Dichter und Nationalheld (1853–1895), fiel im Kampf um die Unabh. Kubas gegen die span. Kolonialmacht, den er in seinen Reden und Schriften gepredigt hatte. Den Befreiungskrieg vermochte M. zwar zu organisieren (1892: Gründung des *Partido Revolucionario Cubano*), den Sieg 1898 erlebte er allerdings nicht. Sein literarisches Werk ist v.a. in Texten präsent, die vertont zur besten int. Folklore gehören (*Guantanamera, Cuando salí de Cuba*, etc.). Auf M. beriefen sich später – mit mehr oder weniger Recht – lateinamerik. und insbes. kuban. Politiker, am entschiedensten Fidel *Castro. Neben dem Anti-*Kolonialismus waren für M.s pol. Denken folgende Zielsetzungen zentral: 1. Abwehr einer Annektion Kubas durch die USA; 2. Konzentration auf die E. der Landw./*Agrarreform; 3. Hebung des Bildungsniveaus der Bauern; 4. Abschaffung des Monopolkapitals; 5. Zusammenfassung aller pol. Kräfte zur Erreichung gesteckter Ziele, insbes. der pol. Unabh. dn

Massenkrankheiten

Zu den typischen Massenkrankheiten der trop. EL, die bei regional recht unterschiedl. Verteilung Lebens- und Arbeitskraft der Bev. langfristig schwächen, die Anfälligkeit gegenüber anderen Krankheiten erhöhen und vielfach zu frühzeitigem Tod führen, gehören Malaria, Schlafkrankheit, Bilharzia, Lepra, Tuberkulose, Wurminfektionen, Magen- und Darmkrankheiten, Geschlechtskrankheiten, Gelbfieber, Typhus, Pocken, Pest, Meningitis, Grippe, Flußblindheit etc. Außerdem wird die körperliche und geistige Gesundheit der Menschen durch eine Reihe von Krankheiten beeinträchtigt, die auf qualitativen und quantitativen Mängeln der *Ernährung beruhen, beispielsweise die durch Proteinmangel verursachten Krankheiten Kwashiorkor und Marasmus (Muskelschwund). Nach Angaben der *WHO, die zusammen mit der *FAO Bekämpfungsprogramme gegen trop. Krankheiten durchführt, leiden in den EL derzeit 10-15 Mio. Menschen an Lepra, 35 Mio. (1979) sind von der afrikan. Schlafkrankheit (Trypanosomiasis) betroffen und ca. 500 Mio. leiden an Krankheiten, die zu Erblindung führen können (40–50 Mio. Blinde). Durch die Aktivitäten der WHO konnten 1975 in Asien die Pocken ausgerottet werden, die Zahl der Malariafälle hingegen nahm trotz anfänglicher Erfolge bei der Bekämpfung – bis 1970 wurden ca. 727 Mio. Menschen von der Malariagefahr befreit – in den letzten Jahren wieder um das Doppelte zu.

Die Existenz und Verbreitung der Krankheitserreger und die Lebenszyklen der bei einigen Krankheiten auftretenden Zwischenwirte sind an bestimmte natur-ökologische Umweltbedingungen gebunden. Ebenso konnten enge Verflechtungen zwischen der Art der landw. Nutzung (Rodung, Bewässerung) und dem Auftreten der häufigsten Tropenkrankheiten (Schlafkrankheit, Malaria, Gelbfieber, Flußblindheit) entdeckt werden, so daß für eine erfolgreiche Bekämpfung die Zusammenarbeit zwischen Medizin, *Ökologie und Agrarwissenschaft notwendig wird.

Lit.: A. Learmonth, Patterns of disease and hunger, London 1978. ah

Mauretanien

Die islam. Republik M. (*MSAC, *AKP), geograph. wie ethnograph. Bindeglied zwischen Nord- und Schwarzafrika, wurde von der Dürrekatastrophe der 70er J. schwer getroffen. Expansionsbestrebungen (→W Sahara) konnten ökon. und pol. nicht verkraftet werden. Entwicklungspol. wird die Landw. und damit die Versorgung der einheim. Bev. neben Industrie und *Infrastruktur in den Mittelpunkt gestellt.

1. M., seit 1960 unabh., ca. 1 037 000 qkm, liegt zu 70% in einer zur Sahara gehörenden Wüstenebene. Knapp 80% der 1977 ca. 1,4 Mio. Ew. (davon leben über 80% im südl. Viertel des Landes) sind

Mauren (davon etwa ⅓ „dunkle" Mauren, eine Mischbev. aus Berbern, Arabern und Negern), der Rest schwarzafrikan. Ethnien (Tukulör 17 %, Sarakolle u. a.), die in der Kolonialzeit im Gegensatz zu den Mauren europ. Schulen besuchten und deshalb bis heute in Führungspositionen überproportional vertreten sind. Zwar ist fast die ges. Bev. moslemisch, doch wehrten sich die Schwarzafrikaner heftig gegen eine Arabisierung. Nach jahrelangen, oft von schweren Unruhen begleiteten Auseinandersetzungen wurde 1968 Arab. als gleichberechtigte Amtssprache neben Franz. eingeführt, das nur noch vorübergehend beibehalten werden soll.

2. Das in der rel. kurzen Kolonialzeit ökon. kaum veränderte M. produzierte zu Beginn der Unabh. im Senegaltal etwa 100 000 t Hirse jährlich, auf den Oasen etwa 15 000 t Datteln, die Mehrheit der bis zu Beginn der 70er J. zu über ⅔ nomadischen Bev. lebte von Viehzucht (1970: 2 Mio. Rinder, 6 Mio. Schafe und Ziegen, 500 000 Kamele). Der höchst bescheidene Export bestand hauptsächlich aus Fisch (die Gewässer vor der 700 km langen Atlantikküste gelten als besonders fischreich) und Gummi arabicum (heute unbedeutend). Wichtigster Devisenbringer, der bereits Mitte der 60er J. für eine positive Handelsbilanz sorgte, wurde der kurz vor der Unabh. begonnene Abbau von Bodenschätzen in den Wüstengebieten (Eisenerz, in geringem Umfang Kupfer). Der extraktive Sektor beschäftigte jedoch nur 4 000 Personen (davon 20 % Europäer) und blieb v. a. ohne jede Verbindung zur Landw.

3. Formal war M. seit der Unabh. präsidiale Republik mit einer der V. Franz. Republik nachgebildeten Verfassung, doch war die Regierungspartei PPM (*Parti du Peuple Mauritien*) seit 1965 auch *de jure* Einheitspartei. Präs. Mokhtar Ould Daddah (Regierungschef seit 1957) versuchte zu Beginn der 70er J., durch Maßnahmen, die eine Lockerung der Abh. von Frankreich signalisieren sollten (u. a. 1972 Austritt aus der *Franc-Zone, neue Währung: Ouguiya, von arab. Staaten garantiert; 1974 *Nationalisierung der *multinationalen Konzerne: v. a. franz. Unternehmen im Bergbau), der sich in Unruhen der Schüler (Scholarisationsquote Mitte der 70er J. allerdings erst knapp 20 %) und ständigen Querelen mit den *Gewerkschaften (zahlreiche Streiks im Bergbau) äußernden Kritik entgegenzukommen. Die nach dem Abkommen mit Spanien und Marokko, das seinerseits bis Ende der 60er J. territorialen Anspruch auf das ganze M. erhoben hatte, 1975/76 vorgenommene Annexion des Südteils der Westsahara überstieg jedoch die Kapazitäten M.s. Militärisch den Angriffen der POLISARIO nicht gewachsen, wurde M. von franz. und v. a. marokkan. Truppenpräsenz abhängig. Gezielte Angriffe auf Produktionsstätten und Transportwege ließen den Erzexport teilweise völlig zusammenbrechen, obwohl die mauret. Armee von 1975 weniger als 2 000 auf 1978 fast 20 000 Mann anwuchs. Allein arab. Staaten unterstützten M. 1972–1978 mit über 1 Mrd. US-$, der Schuldendienst erreichte nach Weltbankangaben 1976 mit 354 Mio. US-$ oder 33,2 % der Exporte den höchsten Prozentsatz aller afrikan. Staaten. Hinzu kamen die noch nicht überwundenen sozialen und ökon. Folgen der Dürrekatastrophe. Fast die Hälfte der Nomaden (1977 nur noch etwa 36 % der Ew.) war gezwungen, (wohl für immer) seßhaft zu werden, der *Urbanisierungsgrad stieg sprunghaft auf 1977 ca. 36 % an, wobei die 1958 erbaute Hs Nouakchott von 1960 5 800 auf 1977 135 000 Ew. anschwoll, von denen die meisten in Zelten oder Blechhütten an der Peripherie hausen.

Um den totalen Zusammenbruch zu verhindern, stürzte 1978 das Militär Präs. Ould Daddah. Durch den 1979 mit der POLISARIO ausgehandelten Verzicht auf die Westsahara, der einen scharfen Konflikt mit Marokko zur Folge hatte, wurden aufgrund der Einstellung der militär. Aktionen der POLISARIO in M. die äußeren Bedingungen für die Wiederaufnahme des Exports und damit für die Einnahme der Devisen wiederhergestellt. Frankreich, das 1979 15 Mio. FF zur Deckung des mauret. Haushalts zahlte, soll in einem Dreier-Geschäft für die zukünftige Entwicklung M.s die *Technologie, Saudi-Arabien die Finanzen beitragen. Priorität genießt die Erreichung der Autarkie im Ernährungsbereich. Hierzu sollen die mehrere hundert km lange Ebene zwischen Nouakchott und dem Senegal urbar gemacht und frühere Projekte wie der Anbau von Zuckerrohr und Reis reaktiviert werden, v. a. jedoch die Intensivierung des Fischfangs vor der mauret. Küste und der Aufbau einer fischverarbeitenden Industrie. kz

MCCA

Gemeinsamer Mittelamerikan. Markt, nach Vorstudien der *CEPAL Dez. 1960 zwischen Guatemala, El Salvador, Honduras und Nicaragua abgeschlossen; Costa Rica trat 1962 bei. *Ziele:* Schaffung eines gemeinsamen Marktes innerhalb von 5 Jahren und einer Zollunion; Förderung der *Industrialisierung. *Organe:* Wirtschaftsrat (CEC), bestehend aus den Wirtschaftsministern; Exekutivrat (CETG), bestehend aus stellvertretenden Wirtschaftsministern und hohen Personen der SIECA; ständiges Sekretariat (SIECA); Zentralamerikan. Bank für Wirtschaftsintegration (BCIE). *Ergebnisse:* Steigerung des intrazonalen Handels und des Wirtschaftswachstums in den 60er J.; erhebliche Zunahme ausländ. Investitionen in den MCCA-Ländern, v. a. im Ind.-Sektor; Verlangsamung von Wachstums- und Integrationsprozeß, kennzeichnend dafür der sog. Fußballkrieg zwischen Honduras (das sich im MCCA benachteiligt fühlt) und El Salvador; Verschärfung der Dependenzsituation und *struktureller Heterogenität (erhöhte Profite der Auslandskapitale, wachsende interne Einkommensdifferenzen). Der Krise des MCCA (seit 1969) sind Versuche der Neuorientierung (1972, 1976; statt ausschließlich Handel wirtsch. und soziale E., ausgeglichenes Wachstum) und Unsicherheiten aufgrund der revolutionären Prozesse in Nicaragua und El Salvador gefolgt. dn

Meistbegünstigung(sklausel)

In bi- und multilateralen Zoll- und Handelsabkommen besagt der Grundsatz der M. die Verpflichtung der vertragschließenden oder beitretenden Staaten, einem Vertragspartner die gleichen Vorteile, Vergünstigungen, Vorrechte und Befreiungen, die für Waren einer Vertragspartei gewährt werden, unverzüglich und bedingungslos für alle gleichartigen Waren zu gewähren, die aus Gebieten anderer Vertragsparteien stammen. Ausnahmen: bereits bestehende Präferenzsysteme, Zollunion, Freihandelszone; in einigen Fällen auch Erhebung von Antidumpingzöllen und in Ausnahmesituationen diskriminierende Anwendung von Einfuhrbeschränkungen. →GATT, →Lomé-Abkommen hk

Menschenrechte

Die M. sind ursprüngliche, unverletzliche und unveräußerliche Grundrechte jedes einzelnen Menschen, deren Bestehen nicht von staatl. Anerkennung abhängt. Sie sind vielmehr dem Menschen (je nach weltanschaulichem Standpunkt von Gott oder der Natur) verliehen und kommen ihm aufgrund seiner Menschenwürde zu.

Für die int. Gemeinschaft wurden die M. zuletzt 1948 von der *UN-Generalversammlung proklamiert. Diese sind im einzelnen: Verbot der Diskriminierung, Recht auf Leben und Freiheit, Verbot der Sklaverei, Verbot der Folter, Anspruch auf Anerkennung als Rechtsperson, Gleichheit vor dem Gesetz, Anspruch auf Rechtsschutz, Schutz vor Verhaftung und Ausweisung, Anspruch auf rechtl. Gehör, Unschuldsvermutung, keine Strafe ohne Gesetz, Schutz der Privatsphäre, Freizügigkeit, Recht auf Auswanderung, Asylrecht, Anspruch auf Staatsangehörigkeit, Schutz der Familie, Recht auf Eigentum, Gewissens- und Religionsfreiheit, Meinungs- und Informationsfreiheit, Versammlungs- und Vereinigungsfreiheit, allgemeines und gleiches Wahlrecht, Recht auf soziale Sicherheit, Recht auf Arbeit und gleichen Lohn, Koalitionsfreiheit, Anspruch auf Erholung und Freizeit, Recht auf Bildung, Elternrecht und Freiheit des Kulturlebens. Analog zu dieser Deklaration wurde 1948 in Bogotá die Amerik. M.-Deklaration verkündet. 1959 wurde durch eine Resolution der *OAS eine interamerik. Kommission für M. eingesetzt. Dieses unabh., aus 7 Mitgl. bestehende Organ der OAS wurde 1967 vertraglich bestätigt. Die Mitgl.-Staaten betrachten es als eine beratende Forschungsgruppe für M., welche die M. eher fördern als durchsetzen soll. Verschiedene weitere Organisationen bemühen sich um die Überwachung der Einhaltung der M. in den Ländern der Dritten Welt: U. a. UN-M.-Kommission und *amnesty international. Am energisch-

sten setzen sich regierungsunabh. Organisationen für die Verteidigung der M. ein. Die UN haben 251 solcher Organisationen beratenden Status eingeräumt, 280 weitere Organisationen werden nur von bestimmten UN-Vertretungen anerkannt.
Wie *amnesty*-Kampagnen gegen die Folter, wie die Zahlen über pol. Gefangene und wie die mannigfachen Formen innenpol. Repression, Militärherrschaft und Diktaturen täglich vor Augen führen, werden die M. in den EL zumeist mißachtet. Auch der Anstoß, den anfänglich der Regierungsantritt des US-Präs. Carter (1976) für eine stärkere Beachtung der Fragen der M. in der US-Außenpolitik bedeutete, blieb ohne große Konsequenzen. In den Ländern LAs reagierte man, wenn überhaupt, mit formaldemokrat. Manövern (begrenzter Elitenaustausch durch Wahlen), die sozialen M. (Recht auf Arbeit, Bildung usw.) wurden jedoch weiterhin ignoriert. Gerade deren Vernachlässigung ist Anlaß zur Kritik der westl. M.-Politik durch die sozialist. Länder. Kapitalismus in den EL, so die Argumentation, mag zwar formale bürgerl. Freiheiten (oft nicht einmal diese) zu garantieren, vernachlässigt aber die dringendsten täglichen (Über-)Lebensbedürfnisse des einzelnen. Der Kampf ums Dasein wird zum einzigen Lebensinhalt und läßt alle pol. Freiheiten zur Farce werden, da der einzelne, selbst wenn er es wollte, nicht in der Lage ist, sie wahrzunehmen.
Die int. Verständigung über das, was M. beinhalten, wird zunehmend schwieriger, seit die EL das „Recht auf Entwicklung" auf die Tagesordnung der M.-Kommission der UN gesetzt haben (März 1980). Darunter wird der Anspruch auf Arbeit, Erziehung, Gesundheit und angemessene Ernährung, auf einen menschenwürdigen Lebensstandard begriffen. Die Erfüllung der *Grundbedürfnisse sei nicht nur Aufgabe des eigenen Staates, sondern der Völkergemeinschaft und am ehesten über die Errichtung einer *Neuen Weltwirtschaftsordnung erreichbar.

Lit.: Amnesty International, Bericht über die Folter, Frankfurt 1975; D. Cramer, Bürgerrechte '77, Köln 1977; J. Schwartländer (Hrsg.), Menschenrechte, Bd. 1, Tübingen 1978; E. Schwab, Human Rights and the International Community: The Roots and Growth of the Universal Declaration of Human Rights, 1948 – 1963, Chicago 1964; B. Simma/U. Fastenrath (Hrsg.), Menschenrechte. Ihr internationaler Schutz, Nördlingen 1979.
rs

Metropole

Griech. Ursprungs, zunächst gebräuchlich für Hauptstadt und damit Ausdruck für das innerstaatl. Verhältnis von Hauptstadt (etwa Paris) und Provinz, dann übertragen auf das Verhältnis von Ländern und Ländergruppen zueinander, wobei in den Begriff nicht nur die E.-Differenzen (modern/dynamisch/attraktiv – rückständig/statisch/provinziell) eingegangen sind, sondern auch Vorstellungen über die Verursachung der E.-Differenzen: Ausbeutung durch die metropolitanen Länder, die mit den westl. IL, insbesondere mit ihren führenden Wirtschaftsmächten identisch sind. dn

Mexiko

M.s Entwicklung ist durch scharfe Widersprüche gekennzeichnet. Das Land, in dem die erste anti-imp. *Revolution in der Dritten Welt stattfand, scheint von den verbal stets neu bekräftigten Revolutionszielen weiter entfernt denn je. Die großen Erdölfunde der 70er J. bedeuten eine neue E.-Chance für das int. bereits zu den fortgeschrittenen EL gezählte Land, aber auch die Gefahr der Verfestigung der internen Strukturen der UE.
1. Mit einer Fläche von 1,98 Mio. qkm ist M. nach Brasilien und Argentinien das drittgrößte Land LAs. Ca. 80 % der Landfläche nehmen trockene und halbtrockene Gebiete ein, die ohne künstliche Bewässerung ackerbaulich nicht nutzbar sind. Die Hälfte des gesamten Ackerlandes wird vom Mais, dem trad. Hauptnahrungsmittel, beansprucht. Im feuchtheißen S werden Kaffee, Kakao, Bananen und Tabak angebaut; im trockenen N wird eine extensive Viehwirtschaft betrieben. Die Fischgründe in den mex. Hoheitsgewässern sind mit einem Fischfangpotential von 9 Mio. t j. außerordendlich ergiebig; jedoch wurden 1979 erst ca. 10 % ausgenutzt.
M. ist reich an Bodenschätzen. Durch spektakuläre Erdölfunde in der 2. Hälfte der 70er J. erhöhten sich die nachgewiesenen Reserven von 6,1 Mrd. Faß (1975) auf 47,3 Mrd. Faß (Jan. 1980). Damit nimmt

M. den 6. Rang unter den Erdölländern ein. Sollten sich die Schätzungen der potentiellen Reserven (200 Mrd. Faß) als richtig erweisen, würde M. nur noch von der UdSSR (259 Mrd. Faß) übertroffen. Die z. Z. ertragreichsten Erdölfelder liegen im Chiapas-Tabasco-Gebiet nahe der Golfküste; wahrscheinlich sind die *offshore*-Vorkommen noch weit ergiebiger. Außerdem ist M. ein führender Produzent von Silber, Blei, Zink, Kupfer, Mangan, Schwefel und Flußspat.

2. Mit mehr als 70 Mio. Ew. (1980) ist M. die größte span.-sprachige Nation und nach Brasilien das volkreichste Land LAs. Die Ew.-Zahl hat sich innerhalb der letzten 20 J. verdoppelt. Die Bev.-Explosion ist v. a. eine Folge der im Gesundheitswesen erzielten Fortschritte. Die LE ist stark gestiegen (1975: 66 J. Frauen, 62 J. Männer). Seit 1972 gibt es eine staatl. geförderte *Familienplanung, die allerdings angesichts des verbreiteten *machismo*, eines überzogenen Männlichkeitsideals, und des kirchl. Einflusses sehr behutsam vorgehen muß. Über 96% der Bev. bekennen sich zum Katholizismus, der trotz einer radikalen Trennung von Kirche und Staat eine überaus starke gesellschaftl. Kraft ist. Der Anteil der indian. Bev. wird auf 10–15% geschätzt. Bis auf eine äußerst geringe Minderheit rein Weißer besteht die übrige Bev. aus Mestizen. Die Indios, die des Span. nicht mächtig sind, machten 1970 nur noch 2,1% der Bev. aus; weitere 5,7% sprachen allerdings sowohl Spanisch als auch eine indian. Sprache. Während im nördl. M. die Indianersprachen nahezu ausgestorben sind, sind sie im zentralen Hochland und v. a. im S und O noch rel. stark vertreten. Dort beherrschten 1970 rd. 3 Mio. Personen eine der Indianersprachen (Nahuatl, Maya, Zapoteco usw.). Bev.-Explosion und *Landflucht verursachten einen raschen *Urbanisierungsprozeß. Allein im Großraum Mexiko-Stadt leben mit mehr als 15 Mio. Ew. (1980) mehr Menschen als in irgendeinem anderen städt. Ballungsgebiet der Erde (weitere Mio.-Städte: Guadalajara und Monterrey). Die Regierung ist bemüht, der wachsenden Umweltbelastung in den Ballungsräumen entgegenzutreten.

3. Die erste große Revolution unseres Jh.s brach 1910 in M. aus. Sie beendete die über 30 J. andauernde Diktatur des Generals Porfirio Diaz, der im Zusammenspiel mit dem Auslandskapital die wirtsch. Modernisierung des Landes betrieb. Fast ⅔ der mex. Investitionen wurden zwischen 1900 und 1910 auslandsfinanziert. Während des Porfiriats wurden die *Campesinos* mit allen möglichen Mitteln genötigt, ihr Land abzutreten, und gerieten auf den expandierenden *Latifundien in Schuldknechtschaft. Schließlich waren über 90% der Bauern landlos. Da die Großgrundbesitzer die Landw. zunehmend von den Grundnahrungsmitteln auf gewinnträchtige Rohstoffe für den Binnenmarkt und Exportgüter umstellten, stiegen die Lebenshaltungskosten beträchtlich an, während die Nominallöhne stagnierten. Ursprünglich eine Erhebung liberaler bürgerl. Kräfte gegen das repressive und personell verkrustete Regime, wurde die Revolution immer mehr zum Aufstand der besitzlosen Bauern. Die alte Oligarchie wurde liquidiert. Nach Abflauen des Bürgerkrieges, in dem über 1 Mio. Mexikaner umkamen, wurde 1917 die noch heute gültige Verfassung verabschiedet. Sie verfügte erstmals direkte Wahlen und untersagte die Wiederwahl des Präsidenten. Sie enthält detaillierte, seinerzeit richtungweisende Bestimmungen für eine umfassende *Agrarreform und den Schutz der Arbeiter und ist nationalistisch und antiklerikal. In den folgenden Jahren bestimmten z. T. gewaltsame Machtkämpfe der *jefes revolucionarios* das pol. Geschehen. Nachdem 1928 der unbestrittene **Caudillo* Obregón von einem religiösen Fanatiker ermordet worden war, nahm der scheidende Präsident Calles die Krise zum Anlaß, um die an der Revolution beteiligten Kräfte in einer Partei zu vereinigen. Die Befriedung des Landes war zum allg. anerkannten Nahziel der Revolution geworden; an die Stelle des **caudillismo* sollte eine institutionenbezogene Politik treten.

Die als „offiziell" bezeichnete Partei, seit 1946 *Partido Revolucionario Institucional* (PRI), stellt seit ihrer Gründung alle Staatspräsidenten, die Gouverneure aller Bundesstaaten und nahezu alle Bürgermeister der rd. 2 400 Munizipien. Der PRI ist in drei Sektoren untergliedert: in den *sector agrario* (1971: 6 Mio. Mitglieder), den *sector obrero* (1971: 3 Mio. Mitgl.) und den *sector* *popular* (1971: 2 Mio. Mitgl.). Die Sektoren sind im wesentlichen mit den Dachverbänden der Landarbeiter und Kleinbauern, der *Gewerkschaften und der mittelständischen Vereinigungen identisch. Über die Parteisektoren werden die Forderungen der gesellschaftl. Gruppen kanalisiert. Offene Konkurrenz findet beim innerparteilichen Willensbildungsprozeß nicht statt; stets ist er der Regierungspolitik untergeordnet. Ohne ein Parteiamt innezuhaben, übt der jeweilige Staatspräsident die eigentliche Parteiführung aus. Während seiner 6j. Amtszeit ist er mit einer nahezu absolutistischen Machtfülle ausgestattet. Unter Heranziehung eines engen Führungszirkels, der sog. *familia revolucionaria*, trifft er auch die Auswahl des Präsidentschaftskandidaten des PRI, d.h. seines Nachfolgers. Oppositionsparteien werden seit den 60er J. verstärkt in das System einbezogen; mit Hilfe eines ständig perfektionierten ausgeklügelten Parteien- und Wahlrechts werden sie vom Regime kooptiert bzw. kontrolliert. Durch ihre Teilnahme an den Wahlen tragen sie zur Legitimation des Systems bei und werden dafür mit einer begrenzten Anzahl von Mandaten entlohnt; der Weg zur Regierung bleibt ihnen versperrt. Seit 1979 sind 100 der 400 Parlamentssitze für Oppositionsabgeordnete reserviert. Die bedeutendste Oppositionspartei ist der *Partido Acción Nacional* (PAN), die Partei des kath. orientierten, städt. Mittelstandes. Durch eine geschickte Bündnispolitik mit anderen Linksgruppen hat sich in den letzten J. der *Partido Comunista Mexicano* (PCM) in den Vordergrund geschoben; 1978 erlangte er die rechtl. Anerkennung als Partei. Bei den Abgeordnetenwahlen 1979 erreichte der PRI 70% der Stimmen und 296 Mandate; auf den PAN entfielen 11% (43 Mandate) und auf den PCM 5% (18 Mandate). Trotz Wahlpflicht blieb jeder 2. Bürger den Urnen fern – letztlich die Konsequenz daraus, daß Wahlen in M. die Machtverhältnisse nicht zu ändern vermögen.

4. 20 J. nach Ausbruch der Revolution waren ihre zentralen Postulate wie die Aufteilung der großen **Haciendas* und die Wiedergewinnung der nat. Souveränität über die Rohstoffvorkommen nur ansatzweise verwirklicht. Die Regierungspolitik hatte zunehmend konservative Züge angenommen. Das Auslaufen der ohnehin spärlichen Landverteilung und die sozialen Auswirkungen der Weltwirtschaftskrise von 1929 steigerten die Unzufriedenheit der *Campesinos* und Arbeiter. Mit dem Amtsantritt des Präs. Cárdenas (1934–40) fand ein Kurswechsel statt. Es wurde eine weitreichende Agrarreform zugunsten der *ejidos*, der auf Gemeinschaftsbesitz beruhenden Landkommunen, durchgesetzt. Cárdenas ließ mit rd. 18 Mio. ha – über 9% der ges. Landfläche M.s – mehr Land verteilen als alle seine Vorgänger zusammen. 1938 wurde die sich im ausländ. Besitz befindende Erdölindustrie verstaatlicht. Daraufhin einsetzende US-amerik. Import- und Kreditrestriktionen brachten das Land in wirtsch. Schwierigkeiten, die durch Kapitalflucht und Preisanstieg verstärkt wurden.

Die nachfolgenden Regierungen steuerten einen zwar nicht einheitlichen, insges. aber deutlich konservativen Kurs. Sie förderten eine kapital. Modernisierung und stärkten die Privatinitiative von Handel, Banken und Industrie. Begünstigt durch die vom II. Weltkrieg entfachte Nachfrage setzte in M. ein enormes Wirtschaftswachstum ein, das bis in die 70er J. hinein im jährlichen Durchschnitt über 6% betrug. Auch in anderen Sektoren konnten Erfolge vermeldet werden, so z. B. im Gesundheitswesen und im Bildungswesen; die Analphabetenrate konnte immerhin von 58,0% (1940) auf 23,8% (1970) verringert werden. Doch gleichzeitig führte das *milagro mexicano* – das „mex. Entwicklungswunder" – zu einer Verschärfung der regionalen und sozialen Disparitäten. Das Gefälle zwischen den 32 Bundesstaaten hat sich zwischen 1940 und 1970 kontinuierlich vergrößert. Die Einkommensunterschiede haben ständig zugenommen; die 10% reichsten Familien konnten ihren Anteil am Gesamteinkommen von 35,7% (1958) auf 39,2% (1970) steigern, während der Anteil der ärmsten 10% von 2,3% auf 1,4% absank.

Die Regierung Echeverría (1970–76) versuchte die Strategie zu ändern und betrieb eine kostspielige infrastruktur- und verteilungsorientierte Reformpolitik. Staats- und Auslandsverschuldung schnellten empor, das Defizit in der Außenhandelsbilanz und die jahrelang zurückgestaute Inflation

wachsen rasch an. Immer offener und heftiger wurde die Konfrontation zwischen Regierung und privaten Interessen ausgetragen; schließlich transferierten die Unternehmer riesige Geldmengen ins Ausland. 1976 erlebte das postrevolutionäre M. seine größte Wirtschaftskrise (Rückgang der JZ der BIP von 7,6% 1973 auf 1,7% 1976; erste Abwertung des Peso seit 22 J.).
Mit einer Beschleunigung der Erdölförderung und einer unternehmerfreundlichen Politik erzielte die nachfolgende Regierung López Portillo (1976–82) erneut ein hohes Wirtschaftswachstum. Die Inflation hielt hingegen unvermindert an. Zwischen 1977 und 1979 blieben die Erhöhungen der gesetzl. Mindestlöhne (1979: rd. 16%) stets unter der Inflationsrate (1979: rd. 20%); das Ziel einer Umstrukturierung der Besitzverhältnisse wurde einmal mehr hintangestellt. Trotz fortschreitender *Industrialisierung waren Ende der 70er J. noch knapp 40% der Erwerbstätigen in der Landw., die nur rd. 9% zum BIP beitrug, beschäftigt. Über die Hälfte aller Agrarbetriebe sind subsistenzwirtsch. *Minifundien, die in der Regel ihre Besitzer nur unzureichend ernähren. Die landw. Produktion bleibt hinter dem raschen Bev.-Wachstum zurück. M., das bis in die 70er J. autark war, muß zunehmend Grundnahrungsmittel importieren. Der mex. Agrarexport ist heute auf wenige Produkte konzentriert: Kaffee, Tomaten und Baumwolle. Auch wenn sich die Ind. (BIP-Anteil: ca. 37%, Beschäftigtenanteil: ca. 25%) mit JZ-Raten von rd. 10% (1979) ausgesprochen dynamisch entwikkelt, kann sie nur einen Bruchteil der Arbeitslosen und Unterbeschäftigten absorbieren, die etwa die Hälfte der arbeitsfähigen Bev. ausmachen. Auch wenn man eine Repatriierung der schätzungsweise 7 Mio. mex. Wanderarbeiter, die sich illegal in den USA aufhalten, außer acht läßt, werden jährlich rd. 800 000 Arbeitsplätze benötigt. Um die Situation auf dem Arbeitsmarkt zu verbessern, bemüht sich die Regierung verstärkt um ausländ. Investoren. Von den 300 größten Firmen der verarbeitenden Industrie waren bereits 1972 ein Drittel zu 50 und mehr Prozent im Besitz *multinat. Unternehmen, welche sich vornehmlich auf Branchen mit hochentwickelter *Technologie und mit großem Kapitalbedarf konzentrierten. Die Firmen mit mehrheitlicher Auslandsbeteiligung spielten in ihren jeweiligen Branchen meistens eine führende Rolle. 1979 stammten 70% der ausländ. *Direktinvestitionen aus den USA. Entgegen allen Bemühungen zur *Diversifizierung des Außenhandels wird er immer noch zu rd. ⅔ mit den USA abgewickelt. Ein chronisches Negativsaldo in der Außenhandelsbilanz und eine wachsende staatl. Auslandsverschuldung sind weitere Charakteristika der mex. Dependenzsituation und lasten als Hypothek über dem neuen Erdölreichtum des Landes. Die führende Rolle, die M. seit Echeverrías *Charta der wirtschaftl. Rechte und Pflichten der Staaten in der Dritten Welt übernommen hat, rührt im wesentl. vom Interesse des Landes, seine Verhandlungsbasis gegenüber den USA zu stärken. Die Erdölvorkommen haben zwar einerseits M.s Position gegenüber dem „Koloß im Norden“ in etlichen bilateralen Fragen verbessert; andererseits jedoch wird die E. der mex. Energiewirtschaft und damit die Industrialisierungsstrategie des Landes *de facto* von den USA diktiert. Angesichts der ohnehin labilen sozialen Verhältnisse ist damit zu rechnen, daß die raschen sozio-ökon. Veränderungen im Gefolge des Erdölbooms das herrschende pol. System erheblichen Spannungen aussetzen werden.

Lit.: R. D. Hansen, The Politics of Mexican Development, Baltimore 1971; M. Mols/H. W. Tobler, Mexiko. Die institutionalisierte Revolution, Köln 1976; F. Wehner, Grundlagen einer mexikanischen Verfassungsgeschichte, Hamburg 1976; W. Grabendorff, Bestimmungsfaktoren und Dimensionen der Außenpolitik Mexikos, Ebenhausen 1977. vl

Militärregime

1. Die Intervention der Militärs in der Politik und die Bildung von ihnen beherrschter Regime ist ein fast ausschließlich in der Dritten Welt zu beobachtendes Phänomen. Zwischen 1946 und 1979 fanden ca. 350 Staatsstreiche und Staatsstreichversuche in 74 Ländern statt, darunter in einigen europ. Ländern (Frankreich, Griechenland, Portugal). In 159 Fällen in 61 Ländern gelang der Sturz der amtierenden Regierung und die Errichtung (oder Fortsetzung) von M.n. Ein Putsch fand statt in 25 Ländern: Ägypten, Bangla Desch, Chile, Grenada, Indonesien, Kambodscha, Kuba, Libyen,

Madagaskar, Mali, Mauretanien, Nepal, Nicaragua, Niger, Nigeria, Oman, Portugal, Qatar, Ruanda, Senegal, Somalia, Südkorea, Tschad, Türkei, Untervolta;
2 Putsche in 13 Ländern: Äquatorialguinea, Afghanistan, Algerien, Burma, Dominik. Republik, Griechenland, Kolumbien, Kongo, Laos, Sierra Leone, Togo, Zaire, Zentralafrik. Republik;
3 in 9 Ländern: Athiopien, Brasilien, Burundi, Ghana, Guatemala, Panama, Paraguay, Uganda, Venezuela;
4 in 4 Ländern: Haiti, Honduras, Pakistan, Sudan;
5 in 5 Ländern: El Salvador, Equador, Irak, Peru, Südvietnam;
6 in 2 Ländern: Dahomey, Thailand;
9 in 2 Ländern: Argentinien, Syrien;
den Rekord hält Bolivien mit 10 Putschen.

2. Unter militär. Intervention oder Staatsstreich versteht man jede Art erfolgreicher Absetzung einer zivilen oder Militärregierung durch die Gesamtheit der Streitkräfte oder Teilen von ihnen, mit oder ohne Beteiligung von zivilen Kräften (E. Fossum). Um ein M. handelt es sich dann, wenn eine Gruppe von Militärbefehlshabern gleich welchen Ranges im Namen der Streitkräfte die Regierungsmacht übernimmt und diese mit deren Unterstützung ohne Legitimation durch das Volk ausübt. Im breiten pol. Spektrum der Dritten Welt weisen sowohl die Militärinterventionen als auch die daraus hervorgehenden M. eine große Vielfalt an pol. Orientierungen und institutionellen Merkmalen auf. Wir finden konservative, reformistische und revolutionäre M., direkte und indirekte Interventionen, zeitlich befristete und unbegrenzte M., personalistisch und institutionell verankerte M. Durch Kombination pol. und institutioneller Merkmale lassen sich bestimmte Typen von M.n entwickeln.

Aussagen über das zeitliche Auftreten von M.n sind eher widersprüchlich. In der Literatur werden Militärinterventionen vielfach dem Zeitpunkt der Staatenbildung in der Dritten Welt zugeordnet: in LA im 19. Jh., in Afrika und Asien nach der *Dekolonisation seit den 50er J. Doch die Häufigkeit von M.n in LA seit Mitte der 60er J. ist ein eindeutiges Zeichen dafür, daß Militärinterventionen nicht nur in einer bestimmten Phase des **nation-building*-Prozesses, sondern unter bes. gesellschaftl. und pol. Bedingungen auftreten, die nicht eindeutig zeitlich zu verorten sind.

3. Es gibt zwei Gruppen von Ansätzen zur Erklärung von Militärinterventionen: solche, die sich auf den sozialen Kontext stützen, und solche, die die Institution des Militärs in den Mittelpunkt rücken. Zur ersten Gruppe gehören sowohl die angelsächsischer wie auch die marx. oder neomarx. Prägung. Sozioökon. Daten werden mit der Häufigkeit von Militärinterventionen in Beziehung gebracht (korreliert). Es wird ein Zusammenhang zwischen der Militärintervention und dem Auftreten bestimmter Fehlentwicklungen oder Mängel im Modernisierungsprozeß der Gesellschaft angenommen. Innere Konsistenz und Erklärungskraft der Ansätze variieren freilich im einzelnen. Der umfassendste Ansatz stellt eine Verbindung zwischen Militärintervention und pol. Instabilität her. Danach ist die Militärintervention das Ergebnis der fehlenden Harmonie zwischen der wirtsch. E., dem Grad pol. Institutionalisierung und dem Grad sozialer Mobilität. Der Grad der pol. Partizipation übersteigt den Grad der pol. Institutionalisierung in den sog. prätorianischen Gesellschaften (Huntington). Eine Variante der „angelsächsischen" Erklärung besteht darin, Militärinterventionen mit Mangel an *politischer Kultur zu begründen. Die Häufigkeit von Militärinterventionen steht im Verhältnis (korreliert negativ) mit der Anerkennung (Konsensus) der pol. Organisationen und des Machttransfers (Finer). Die marx. Erklärungen interpretieren die Militärintervention – und besonders deren Orientierung – entsprechend des in der Gesellschaft im Hinblick auf die Kontrolle über die Produktionsmittel herrschenden Kräfteverhältnisses. Bei der Analyse der meisten Interventionen in LA werden daher im Rahmen dieses Ansatzes die Streitkräfte als „bewaffneter Arm" der Oligarchie und/oder der Bourgeoisie charakterisiert, die diese zur Aufrechterhaltung ihrer Macht heranziehen. Dieser Ansatz beurteilt die Streitkräfte in den meisten Ländern Asiens und Afrikas, wo es zu Militärinterventionen gekommen ist, als eine wichtige Gruppe in den „nationalen *Befreiungsbewegungen".

Die Erklärungen, die sich auf die militär.

Institution selbst stützen, fußen auf unterschiedl. Annahmen. Einige gehen vom Professionalisierungsgrad der Streitkräfte und ihrer Tendenz zur Intervention aus, eine Relation, die positiv oder negativ sein kann. Andere Erklärungsansätze sehen einen Zusammenhang zwischen der numerischen Macht (Waffen und Soldaten) und der Zahl der Bev. des jeweiligen Landes – eine sehr fragwürdige These – oder deuten die Intervention als Ergebnis äußerer Einflüsse (mittels Ausbildung und Ausrüstung) auf die Armeen der EL. Schließlich wären noch die Ansätze zu nennen, die sich auf die soziale Struktur des Offizierskörpers und auf die in einem bestimmten Moment von ihnen verkörperten Interessen stützen, welche sie zum pol. Handeln veranlassen (Nun).
Beide Erklärungsansätze fließen jedoch in noch umfassendere Theorien zur Erklärung und Begründung von M.n ein. Beispiele dafür liefern: a) die These, daß in den neuen Gesellschaften (bes. in Afrika) die Streitkräfte aufgrund ihrer Organisation und Ausbildung die besten Voraussetzungen zur Durchführung des Modernisierungsprozesses der Gesellschaft haben (Pye) b) die These, daß die Streitkräfte aufgrund des Einflusses von außen bei der militär. Ausbildung (die oft in IL stattfindet) für die herrschenden Sektoren in abh. Gesellschaften einen Garanten zur Verhinderung struktureller Veränderungen darstellen (Lindenberg).
4. Unabhängig von den Erklärungsansätzen haben die M. während der letzten Jahrzehnte, bes. in LA, Formen angenommen, die durch folgende Faktoren gekennzeichnet sind: a) die Erarbeitung einer auf militär-theoret. Erwägungen (Geopolitik) gestützten ideolog. Konzeption (*Doktrin der Nationalen Sicherheit) in den militär. Studienzentren; b) der militär. institutionelle Charakter der Machtausübung, der über einen längeren Zeitraum hinweg bis zur Reformierung des Staates beibehalten werden soll; c) der technokratische Charakter der Streitkräfte, die eher bei den technokratischen, zivilen als bei den pol. Sektoren Unterstützung suchen.

Lit.: S. Finer, The Man on Horseback, New York 1962., E. Fossum, Factors Influencing the Occurrence of Military Coups d'état in Latin America, in: Journal of Peace Research 3 (1967), S. 229 ff.; V. Matthies, Militärische Staatsstreiche und Militärregime in Afrika südlich der Sahara, in: Afrika Spectrum 1 (1971), S. 5 ff.; L.W. Pye, Die Rolle der Armeen im Prozeß politischer Modernisierung, in D. Berg-Schlosser (Hrsg.), Die politischen Probleme der Dritten Welt, Hamburg 1972, S. 230 ff.; F. Büttner/K. Lindenberg u. a., Reform in Uniform? Militärherrschaft und Entwicklung in der Dritten Welt, Bonn/Bad Godesberg 1976; E. A. Nordlinger, Soldiers in Politics. Military Coups and Government, New Jersey 1977. mfb

Minifundium/Minifundismus

Unter M. versteht man einen landw. Klein- oder Kleinstbetrieb. Das M. steht meist in engem Wechselverhältnis zum *Latifundium; man spricht von einem Komplex Latifundium – Minifundium. Die Bodenkonzentration gestattet dem *campesino* nur kleine, abgelegene, minderwertige Böden zu erhalten. Eine andere Entstehungsursache ist die Erbteilung. Zwar gibt es für spezielle Kulturen auch einen marktorientierten *Plantagen-Minifundismus (z. B. Kaffee in Kolumbien), doch verbindet sich mit M. in der Regel *Subsistenzwirtschaft. Technolog. Fortschritte sind durch Ausbildungs- und Informationsmangel, Kapitalknappheit, Beschränkungen bei der Kreditaufnahme und die Begrenztheit der Bewirtschaftungsfläche behindert. dn

Misereor

Bischöfliches Hilfswerk M. e. V., gegr. 1958, Geschäftsstelle in Aachen, Mitarbeiter ca. 180; *Aufgaben*: Kirchl. E.-Arbeit auf den Gebieten der Ausbildung und des Gesundheitswesens: Förderung von Handwerksschulen und Ausbildungsstätten für Techniker, Schulung sozialer Führungskräfte, Unterstützung kirchl. Stellen, landw. *Genossenschaften und anderer *Selbsthilfe-Gruppen, insbes. der Marginalbev.; Durchführung von Projekten verbleibt bei einheim. Partnern. Keine Missions- oder seelsorgerische Tätigkeit (→Adveniat, →Missio). *Finanzierung*: hauptsächlich durch Spenden, die sich jährl. erhöht haben: 1959: 35,5 Mio., 1977: 82 Mio. DM; seit 1962 Zuwendungen von staatl. Seite. Organe: Leitung durch eine Kommission der Deutschen Bischofskonferenz, entscheidet über Projektanträge nach Anhörung des Beirats, zusammengesetzt aus den Leitern der anderen kath. Werke für E.-Arbeit. Grundsätze der Misereor-Hilfe: 1. Orientierung an *Grundbedürfnissen; 2. Beitrag zur Veränderung gesellschaftl. Strukturen, sofern ohne Gewaltanwendung; 3. Projekte aus den EL und den Verhältnissen angepaßte Lösungen; 4. Hilfe zur *Selbsthilfe; 5. Wenn möglich Vergabe von Darlehen, Rückflüsse bleiben in EL für andere Projekte; 6. Erfolgskontrolle (*Evaluierung). dn

Missio

Pastoralhilfe der kath. Kirche für Afrika und Asien, Sitz in Aachen. →Adveniat dn

Mixed Economy

Gemischtwirtschaftl. Ordnung der Volkswirtschaft, in der die Kapitalanteile der Unternehmen teilweise bei der Privatwirtschaft, teilweise bei der öffentl. Hand liegen. In EL ist in aller Regel zwischen drei Anteilseignern zu unterscheiden: dem privaten nationalen, dem staatl. nationalen und dem Auslandskapital. dn

Modernisierungstheorien

Eine grobe Unterscheidung der Problemperspektiven, die gegenwärtig in der E.-Theorie vorherrschen, führt zur Alternative der konkurrierenden Theorien Modernisierung und **Dependencia*. Theoriegeschichtlich ist diese Eingruppierung der verschiedenen Teiltheorien und Erklärungsansätze von UE in zwei Theorierichtungen sicherlich problematisch. Für die unter M. subsumierten Theorien (*Wachstumstheorien, Theorien des *sozialen Wandels etc.) ist dies dadurch gerechtfertigt, daß die verschiedenen Theorien alle von einem Prozeß der Nachahmung und der Angleichung unterentwickelter Gesellschaften an die entwickelten Gesellschaften der westl. IL ausgehen. Für den Modernisierungsprozeß markieren die Begriffe Tradition und Moderne Ausgangspunkt und Endpunkt des Weges, den die EL-Gesellschaften zu durchlaufen haben. Im Laufe dieses Prozesses, der von außen, *exogen, in Gang gesetzt wird, werden die trad. Werte, Denk- und Verhaltensweisen, gesellschaftl. Strukturen dynamisiert und modernisiert. Einzelne Bereiche der Politik und verschiedene wissenschaftl. Disziplinen haben es mit den Teilbereichen des Modernisierungsprozesses zu tun (kulturelle, wirtsch., gesellschaftl., pol.-institutionelle, technolog. Modernisierung), den die Modernisierungstheoretiker sich ursprünglich uniform (für alle EL gleich) und unilinear (nur geradlinig auf eine gesellschaftl. Zielvorstellung zulaufend) vorstellten. Von dieser sehr engstirnigen Bestimmung, die sich u. a. auf die Fragwürdigkeit der Schlüsselbegriffe gründete (unter Tradition wurde alles das verstanden, was nicht modern war, und die Modernität der westl. IL-Gesellschaften als Leitbild der E. verabsolutiert), sind die M. inzwischen abgekommen. Die Vielfalt alternativer E.-Wege wird anerkannt.

Für die M. sind folgende Vorstellungen und Grundannahmen kennzeichnend: 1. Theoret. Verortung des Problems: UE ist ein frühes Stadium gesellschaftl. E. Unterentwickelte Gesellschaften entsprechen Übergangsgesellschaften auf dem Wege von der Tradition zur Moderne; 2. Entstehung des Problems: Die Frage der Verursachung von UE wird von den M. kaum gestellt. M. gehen vom Tatbestand UE aus und fragen nach den Faktoren, welche *sozialen Wandel hindern, wobei diese Faktoren hauptsächlich *endogen verortet werden. M. betonen die internen Bedingungen von UE. Externe Einflüsse erhalten im wesentl. positive Funktionen (als Vorbild, dynamische Elemente, *inputs*) und werden nicht danach befragt, inwieweit sie UE mit verursachten bzw. mit aufrechterhalten; 3. Definition des Beziehungsmusters zwischen EL und IL: Für die M. bilden die IL das Vorbild und Ziel des E.-Prozesses als Nachahmung; 4. Konzeptualisierung der internen Strukturprobleme unterentwickelter Gesellschaften: Die interne Struktur der EL ist dualistisch. Es gibt moderne und traditionelle Sektoren (Räume, Branchen etc.) und Verhaltensweisen. Sie existieren rel. beziehungslos nebeneinander; 5. Konzeptualisierung des Entwicklungsprozesses: Die heute unterentwickelten Länder vollziehen die E. der heute entwickelten Länder in vergleichbaren Schritten nach, wobei Unterschiede in der Faktorausstattung (*Ressourcen, Kapital, Arbeit) und ihrer Inwertsetzung das Tempo des E.-Prozesses bestimmen (Meßbarkeit anhand von sozialen *Indikatoren). Durch *Akkulturation, Ausdehnung der städt. Kultur, des modernen Sektors auf die trad. Segmente und Räume, per Durchkapitalisierung der Volkswirtschaft und das Erreichen des **take-off* wird der interne *Dualismus und damit UE überwunden.

Im Rahmen der M. gingen Forschungen neben Fragestellungen wirtsch. Wachstums und sozialen Wandels, die schon vor Aufkommen der M. bearbeitet wurden und sich problemlos in die modernisierungstheoretische Perspektive integrieren ließen, von folgenden Ansätzen aus: 1. sozialpsychologische Ansätze: Studien zur Leistungsmotivation, mobilen Persönlichkeit und mobilen Gesellschaft, angewandt v. a. auf gesellschaftl. Eliten zur Erforschung ihrer Fähigkeit, Innovationen (Neuerungen) einzuleiten; Begriffe der Empathie: die Fähigkeit, sich selber in der Situation eines anderen zu sehen; 2. kommunikationstheoretische Ansätze: Studien zum Kommunikationswandel in trad. und modernen Gesellschaften; Wandel von personaler, direkter Kommunikation zu über Medien (Presse, Rundfunk, Fernsehen) vermittelter, indirekter Kommunikation, etc.; 3. **nation-building*-Ansätze: Studien zur Nationswerdung von EL und Übertragung lokal gebundener (parochialer) Loyalitäten auf das Gemeinwesen, d. h. Schaffung eines nat. Bewußtseins; 4. *political-culture*-Ansätze: Studien zur strukturellen Anpassung pol. Systeme an moderne Erfordernisse hinsichtlich verschiedener, notwendiger Fähigkeiten bzw. Leistungskriterien: Handlungskapazität, Beteiligungskapazität, Wohlfahrts- und Umverteilungskapazität etc. Innerhalb der verschiedenen Ansätze wurden unterschiedl. Teiltheorien der Modernisierung aufgestellt, was hier nicht weiter behandelt werden kann. Ein Beispiel bildet der Problembereich pol. *Partizipation, für den einerseits festgestellt wurde, daß pol. Beteiligung mit zur notwendigen Ausdifferenzierung pol. Systeme im Modernisierungsprozeß gehört, andererseits von S. Huntington die These vorgebracht wurde, daß, wenn pol. Partizipation der pol. Institutionalisierung zu weit voranschreitet, pol. Instabilität und *Militärregime die Folge sind. Militärregime ihrerseits widersprechen einerseits der pol. Kultur westl. Demokratien, die dem Modernisierungsprozeß der EL als Leitbild dient; andererseits wird das Militär von L. W. Pye als Modernisierungselite bezeichnet. Die Kontroversen der Teiltheorien stehen jedoch auf dem Boden eines von allen Modernisierungstheoretikern geteilten empirisch-analytischen Wissenschaftsverständnisses. Die Theorierichtung der M. hebt auf mikrosoziologische und behavioristische Forschung ab – im Gegensatz zur Dependencia, die makrosoziologisch und auf Strukturfragen hin orientiert ist.

An den M. wurde im wesentlichen kritisiert: 1. Fixiertheit des Modernitätsleitbildes auf die westl.-kapitalist. Industriegesellschaft; 2. analytisch fehlgreifende Definition von Tradition in doppelter Hinsicht: zum einen als Sammelbegriff (Residualkategorie) für alles Nicht-Moderne und damit Einordnung höchst unterschiedl. sozio-pol. Verhältnisse und sozialer Verhaltensweisen unter einen Begriff; zum anderen Nichtberücksichtigung kolonialer Deformationen der EL-Gesellschaften; 3. Konzentration der Problemperspektiven auf die internen Strukturen und *endogenen entwicklungshemmenden Faktoren; Ausblenden der int. Dimension und externer entwicklungshemmender Faktoren; 4. Konzentration der einzelnen Ansätzen verpflichteten Arbeiten auf partielle Faktoren; etwa Fehlen von Leistungsmotivation als UE erklärender Faktor in sozialpsychologisch argumentierenden Studien, d. h. Tendenz zu monokausalen Erklärungsmustern; 5. Scheitern in der Praxis infolge realitätsfremder Überwindungsstrategien von UE, etwa Strategie der *Integration in den Weltmarkt auf der Basis der neoklassischen Außenwirtschaftstheorie ohne Berücksichtigung der asymmetrischen Struktur der Wirtschaftsbeziehungen zwischen EL und IL (→internationale Arbeitsteilung).

Lit.: G. A. Almond/J. S. Coleman, The Politics of the Developing Areas, Princeton 1960; D. E. Apter, The Politics of Modernization, Chicago 1965; S. P. Huntington, Political Order in Changing Societies, New Haven und London 1968; D. Berg-Schlosser (Hrsg.), Die politischen Probleme der Dritten Welt, Hamburg 1972; S. N. Eisenstadt/S. Rokkan, Building States and Nations, 2 Bde., Beverly Hills und London 1973; H. C. F. Mansilla, Entwicklung als Nachahmung, Meisenheim 1978. dn

Mongolische Volksrepublik

1. Das Klima und die Oberflächenformen (Gebirge, Wüste Gobi, Steppe) der zwischen der UdSSR und der VR China gele-

genen M. ermöglichen Landw. nur auf 0,32 % der 1,56 Mio. qkm großen Fläche des Landes (vorwiegend Staatsfarmen). 11 % der M. sind mit Wald bedeckt. Der Ertrag der Jagd macht 20 % des Exportwertes aus. Die trad. Viehzucht, die seit Abschluß der Kollektivierung von 1958 von ca. 45 % der Bev. mit 73 % des Viehbestandes in *Genossenschaften betrieben wird, ist der dominierende Wirtschaftszweig des Landes. Wegen der zahlreichen Vorkommen unterschiedlicher Bodenschätze gewinnt in jüngster Zeit deren Förderung und Verarbeitung immer mehr an Bedeutung.
2. Das mongol. Volk, dessen bedeutendste Führer Dschingis Khan (1155–1227) und Kubilaj (gest. 1294) einst über eines der mächtigsten Reiche der Erde herrschten, sank in späterer Zeit unter chin. Oberhoheit zu völliger Bedeutungslosigkeit herab. Im Zusammenhang mit den Kämpfen der russ. Revolution wurde das Land 1924 unabh. und die führende Mongol. Revolutionäre Partei errichtete in der M. eine Volksdemokratie nach dem Moskauer Modell (Staatsoberhaupt und 1. Sekretär des Politbüros: Yumjaagiyn Tsedenball).
3. Die Bev. der M. betrug 1978 (gesch.) 1,58 Mio. Ew./ ca 1 Ew. je qkm (Hs Ulan Bator 1976: 332 T. Ew., *Urbanisierungsgrad: 46 %). 80 % der Bev. sind Mongolen (daneben: Turkvölker, Chinesen, Russen). Nach der amtl. Klasseneinteilung zählen 56 % der Bev. zu den Werktätigen, der Rest sind Viehzüchter. Seit 1960 besteht allg. Schulpflicht (nur 5 % Analphabeten). Im Gesundheitswesen stehen 10 Krankenhausbetten und 2 Ärzte für 1 000 Ew. zur Verfügung (LE: 59 J.).
4. Die M. ist völlig von der Sowjetunion abh. Die E.-Pläne des Landes sind an den Bedürfnissen des COMECON orientiert, auf den sich der Außenhandelt der M. fast total beschränkt. Damit befindet sich die M. im Konflikt mit der VR China, in der bedeutend mehr Mongolen leben als in der M. und die in China die eigentliche Heimat der Mongolen sieht. rs

Monokultur/Monostruktur

Unter M. wird die Ausrichtung der Landwirtschaft/Volkswirtschaft auf im wesentlichen ein (Rohstoff-)Erzeugnis verstanden, welches den Export bestimmt. Viele EL sind von M. gekennzeichnet (Beispiele: Sambia Kupfer 92 % des Exports, Gambia 92 % Erdnüsse, Burundi 76 % Kaffee, Dominik. Republik 64 % Zucker), teilweise, weil sie nur über eine wesentliche *Ressource verfügen, teilweise, weil sie von den Kolonialmächten in die koloniale *int. Arbeitsteilung hineingezwungen wurden. Entgegen dem Theorem der *komparativen Kosten erweist sich M. für die EL als E.-Falle. Gegen M. sind die entwicklungspol. Maßnahmen der *Diversifizierung und *Industrialisierung gerichtet, aber auch andere Maßnahmen zur Herstellung vollständiger Wirtschaftskreisläufe in den EL-Ökonomien. →autozentrierte Entwicklung →Dissoziation. dn

Monroedoktrin

Botschaft des amerik. Präsidenten James Monroe an den Kongress vom 2. Dez. 1823, in der er sich gegen die Interventionsabsichten der ehemaligen europ. Kolonialmächte in den unabh. lateinamerik. Republiken richtete; sie betraf jedoch nicht die noch bestehenden Kolonien. Eine offensive Durchsetzung des Prinzips „Amerika den Amerikanern", bzw. der kompletten Trennung von Alter und Neuer Welt lag seinerzeit noch außerhalb der Macht der USA. Mit der M., zunächst mißverstanden als Kooperationsangebot der USA an die lateinamerikan. Nachbarn (*Panamerikanische Initiativen), im Laufe des 19. Jh.s radikal umgewendet in einen Vorherrschaftsanspruch der USA in der westl. Hemisphäre (Roosevelt-Erklärung 1904), begannen die schwierigen US-lateinamerik. Beziehungen.

Lit.: H. U. Wehler, Der Aufstieg des amerikanischen Imperialismus, Göttingen 1974; L. Brock, Entwicklungsnationalismus und Kompradorenpolitik, Meisenheim 1975 dn

Mozambique

Die Volksrepublik M. (*MSAC) scheint im Begriffe, einen Wechsel in der E.-Strategie vorzunehmen und nach einer wenig erfolgreichen Phase sozialist. Experimentierens auf Privatinitiative, Auslandskapital und Zusammenarbeit mit den westl. IL zu setzen. Diese sich abzeichnende Neuorientierung muß im Zusammenhang der durch die Unabh. Zimbabwes eingetretenen Veränderungen im südl. Afrika gesehen werden.

1. M., im SO Afrikas gelegen (Fläche 799 380 qkm), bietet gute landw. Anbaumöglichkeiten v. a. in den Tälern des Sambesi und des Limpopoflusses. Die Bodenschätze des Landes sind kaum erforscht. Erdöl- und Erdgasvorkommen werden vermutet, Vorkommen von Steinkohle, Eisenerz, Kupfer, Nickel, Zinn, Chrom, Bauxit, Magnesium und Halbedelsteinen wurden bereits entdeckt. M. hat große Wasserkraftreserven.

2. Seit dem 17. Jh. entwickelte sich in M. der Sklavenhandel für den brasilian. Bedarf. Portugal initiierte im 19. Jh. die Unterwerfung der moz. Stämme im Landesinnern, deren Widerstand bis 1920 anhielt. Die afrikan. Bev. wurde durch die Einführung von Kopfsteuern, Zwangsarbeit sowie Landraub und die Errichtung von *Latifundien für die Exportproduktion wirtsch. ausgebeutet.

3. 1978 betrug die gesch. Bev.-Zahl M.s 9,94 Mio. Ew. Etwa 15 % der Moz. leben in Städten (Hs Maputo 1970: 354684 Ew.). Mitte 1977 hielten sich einige T. Weiße (v. a. Portugiesen) in M. auf und ca. 20 T. Asiaten. Die über 90 % afrikan. Bev. (Bantus, Zulus) ist sehr heterogen. Es gibt 15 größere Sprachgruppen. **Lingua franca* ist Swahili. Portugiesisch blieb auch nach der Unabh. M.s als Amtssprache bestehen. Im N und an der Küste ist der Islam verbreitet (10 % der Bev.), 50 % der Bev. sind Amuristen, 18–20 % Katholiken u. 4–5 % sind Protestanten. Die med. Versorgung der Bev. ist schlecht. 1969 kam auf 16 500 Ew. 1 Arzt, die LE beträgt 42 J. Ärzte arbeiten v. a. in den Städten. 1974 verschlechterte sich die Situation im Erziehungs- und Gesundheitswesen, da viele Ärzte und Lehrer als Reaktion auf den *Dekolonisierungsprozeß M. verließen. Um dem Problem der über 90 % Analphabeten Herr zu werden, führt die Regierung M.s heute eine bisher erfolgreiche *Alphabetisierungskampagne durch.

4. Der bei weitem bedeutendste Sektor der Wirtsch. des Landes ist die Landw. (1970 waren hier ca. 88 % der Erwerbstätigen beschäftigt). Die wichtigsten Exportgüter sind landw. Produkte (Zucker, Sisal) und werden mit Ausnahme der Baumwolle und der Cashew Nüsse (M. ist größter Cashew-Erzeuger der Welt) in früher vorwiegend in ausländ. Hand befindlichen Großbetrieben erzeugt. Während der portug. Kolonialherrschaft wurde die afrikan. Bev. gezwungen, ihre Anbauflächen von den ausländ. Unternehmen zu pachten und die Produkte anzubauen, auf die sich diese Unternehmen spezialisiert hatten. Die Afrikaner durften ihre Ernte nur an die ausländ. Unternehmen verkaufen, die die Preise immer so festlegten, daß sie unter denen des Weltmarkts lagen. Der panikartige Exodus der Portugiesen seit 1974 ließ ein wirtsch. Chaos zurück, dessen Beseitigung die dringlichste Aufgabe der neuen moz. Regierung war. Banken, Versicherungen, größere Fabriken und eine Reihe von ihren Besitzern verlassene Plantagen wurden nach der Unabh. vom Staat übernommen. Die Regierung versuchte mit gewissem Erfolg, den Problemen der Landw. durch die Schaffung von Gemeinschaftsdörfern, die etwa nach dem Vorbild der israelischen *Kibbuzim* arbeiten, abzuhelfen. Weiter entwickelte Dörfer haben bereits Elektrizität, Schulen, Krankenstationen und Vertriebskooperativen. Den Verlust an **Know-how*, den der portug. Abzug v. a. bedeutete, versucht die Regierung durch Kooperation mit westl. und östl. Fachkräften abzumindern.

5. 1975 wurde M. nach fast 5 Jahrhunderten *Kolonialismus unabh. Dies war das Ende des von der FRELIMO (Front für die Befreiung von M.) seit 1964 geführten Kampfes gegen die portug. Herrschaft. Die FRELIMO ist heute „Partei des Bündnisses der Vorhut der Arbeiter und Bauern" (ca. 2,5 Mio. Mitglieder), die Einheitspartei in der nach Moskauer Vorbild etablierten sozialist. Volksrepublik M. Ihr Präsident, Samora Moises Machel, ist gleichzeitig Staatspräsident.

6. M.s Verhältnis zu seinem Nachbarn Südafrika ist problematisch. Einerseits lehnt es dessen kapitalist. System und dessen *Apartheidpolitik ab, andererseits bestehen enge wirtschaftl. Bindungen, die für M. lebensnotwendig sind. Bis Verbindungswege nach Sambia und Tansania fertiggestellt sind, führen die Landwege über Südafrika; ein Großteil der Importe M.s kommt vom südl. Nachbarn; notwendige Devisen brin-

gen die 70 T. Wanderarbeiter in den südafrikan. Minen; der Hafen von Maputo, ebenfalls ein wichtiger Devisenbringer, lebt ganz vom Transitverkehr nach und von Südafrika; M.s in Kooperation mit Südafrika errichteter Cabora Bassa-Staudamm versorgt die Südafrikaner mit Strom, die als Gegenleistung täglich umgerechnet ca. 150 T. DM zahlen; 1980 soll der südafrikan. *Tourismus nach M. wiederaufgenommen werden. Nach der gelungenen *Dekolonisation hat sich das bis dahin gespannte Verhältnis zu Rhodesien/Zimbabwe normalisiert und bietet heute entwicklungspol. Möglichkeiten (Ausbau der Handelsbeziehungen, Verbesserung der Verkehrswege, regionale Wirtschaftsintegration). Int. Beobachter sind sich einig, daß M. durch eine Politik ohne ideolog. Scheuklappen sich insges. gesehen auf dem Wege der wirtsch. Konsolidierung befindet.

Lit.: M. Kuder, Moçambique. Eine geographische, soziale und wirtschaftliche Länderkunde, Darmstadt 1975; K.-P. Treydte, Mozambik, Bonn-Bad Godesberg 1975; P. Meyns, Mozambique im Jahre 2 der Unabhängigkeit, Berlin 1977. rs

MSAC

Most Seriously Affected Countries, Gruppe der EL, die nach Festlegung des UN-Generalsekretariats von der Krise der Weltwirtschaft im Anschluß an die Energieverteuerung am meisten betroffen wurde. Für sie hatte die 6. *UN-Sondergeneralversammlung im Mai 1974 ein spezielles Programm beschlossen. Als Kriterien für die Zuordnung von EL zu MSACs wurden bestimmt: Niedriges *Pro-Kopf-Einkommen; scharfer Preisanstieg bei wichtigen Importen im Vergleich zu den Exporten; gestiegene Transport- und Transitkosten; Schwierigkeiten, ausreichende Exporterlöse zu erzielen; hoher *Schuldendienst; niedrige Währungsreserven; rel. große Bedeutung des Außenhandels für den E.-Prozeß. Aufgrund der gegenüber der *LLDC-Liste weicheren Kriterien hat sich die Zahl der MSAC rasch erhöht. Ursprünglich standen 28 EL auf der MSAC-Liste; ihre Zahl stieg über 33 und 42 auf 1976: 45. Mit einer Mrd. Menschen lebt über die Hälfte der Bev. der Dritten Welt in den MSACs. →Tabelle 1 im Anhang dn

Multinationale Konzerne

Mit MK (auch Transnationale K./Int. K./M. Unternehmen) sind im allg. Verständnis die Weltkonzerne Exxon, Shell, Texaco, BP (→Ölkonzerne), General Motors, Ford, Chrysler, Daimler-Benz, Volkswagen, Toyota, General Electric, IBM, ITT, Philips, Siemens, Höchst, BASF usw. gemeint. Wann ein Konzern als multinat. oder besser int. bezeichnet werden soll, ist umstritten. Eine *Minimaldefinition* könnte lauten, daß int. jeder Konzern ist, der in mehr als einem Staat abh. Unternehmen besitzt, unabh. also von der Größe oder dem Umsatz eines jeweiligen Konzerns. Trotz der Internationalität ihrer Geschäftstätigkeit bleiben die MK national hinsichtlich ihres Stammkapitals, ihrer Konzernzentrale und ihrer Interessenpolitik. Gemessen am Weltumsatz dominieren heute die US-amerikan. Konzerne, gefolgt von den MK der BRD und Japans.

Die **Direktinvestitionen* der MK konzentrieren sich seit Anfang der 70er J. etwa im Verhältnis 70:30 auf IL:EL, was v. a. auf die größeren Märkte in den IL und deren größere pol. Stabilität zurückzuführen ist. Direktinvestitionen (*Kapitalhilfe) in den EL werden vorwiegend zur Sicherung von Rohstoffquellen, zur Senkung von Nebenkosten (Transport, Zölle, Umweltschutz etc., Ansiedelung in freien Produktionszonen), zur Sicherung von Absatzmärkten und zur Lohnkostenersparnis (Niedriglohnländer) getätigt.

Aus der *Sicht der EL* wird häufig Kritik an der Tätigkeit der MK geübt. Zwar schaffen deren Investitionen Arbeitsplätze und beseitigen vordergründig teilweise den von der *Modernisierungstheorie als entscheidende Ursache für UE betrachteten Kapitalmangel, insges. aber überwiegend die als *Neokolonialismus kritisierten negativen Aspekte ihres Engagements. 1. Arbeitsplätze werden nur rel. wenige geschaffen, denn die MK behalten ihre in den IL entwickelten kapitalintensiven Produktionsmethoden bei. Häufig ruinieren sie kraft ihrer überlegenen *Produktivität trad. *arbeitsintensive Betriebe des heimischen Handwerks und der Kleinindustrie (Verdrängungsindustrialisierung). Wenn auch die Arbeitsplätze in den MK häufig überdurchschnittl. entlohnt werden, so stehen Lohn- und Sozialleistungen in keinem Verhältnis zu denen in den den MK als Maßstab dienenden IL. 2. Der *Technologietransfer, den die Tätigkeit der MK in den EL für letztere bedeutet, beschränkt sich auf fertige Anlagen und Produkte. Das *Know-how* bleibt selbst bei *joint ventures* bei den ausländ. Technikern und der Konzernzentrale und wird allenfalls gegen hohe Lizenzgebühren preisgegeben. Einheimische, die von den MK ausgebildet werden, suchen Aufstiegschancen eher in den IL (→*brain drain*). 3. Die Steuern und Abgaben, die die EL von den MKs erhalten, sind bei weitem niedriger als die Gewinne, die sie in die IL retransferieren, zumal ihnen zahlreiche Wege zur konzerninternen Gewinnverschleierung offenstehen und ihnen häufig von den EL zahlreiche Privilegien (kostenloser Baugrund, keine Umweltauflagen, Steuer- u. Abgabenfreiheit etc.) eingeräumt werden. 4. MK tragen wesentlich zur Aufrechterhaltung der *strukturellen Heterogenität der EL bei. Sie sind mit der heimischen Volkswirtsch. unverbundene E.-Pole, denen sich Teile der nat. Wirtschaft als Zulieferer unterordnen, aus deren Wirkungsbereich aber der große Teil der Bev. der EL ausgespart bleibt. MK bevorzugen als Standorte bereits erschlossene Gebiete und erhöhen damit die regionalen Ungleichgewichte der EL. Wie das Beispiel ITT in Chile zeigte, sind die MK bereit, auch pol. für ihre Interessen in den EL selbst und in ihrem Herkunftsland zu intervenieren. Die Souveränität der Staaten der Dritten Welt kann so durch die MK ernsthaft in Frage gestellt werden.

Lit.: K. Busch, Die multinationalen Konzerne, Frankfurt 1974; O. Kreye (Hrsg.), Multinationale Konzerne, München 1974; V. Bethke/G. Koopmann, Multinationale Unternehmen und Entwicklungsländer, Hamburg 1975; D. Senhaas/U. Menzel (Hrsg.), Multinationale Konzerne und Dritte Welt, Opladen 1976; G. Breidenstein, Internationale Konzerne, Reinbek 1977; W. Däubler/K. Wohlmuth (Hrsg.), Transnationale Konzerne und Weltwirtschaftsordnung, Baden-Baden 1978; U. Holtz, Europa und die Multis. Chance für die Dritte Welt?, Baden-Baden 1978; J. Biel, Multinationale Unternehmen, München 1979; O. Niedermayer, Multinationale Konzerne und Entwicklungsländer, Königstein/Ts. 1979. rs

Nahostkonflikt

Die Wurzeln des als N. bezeichneten arab.-israel. Konflikts liegen in der unter dem Druck des wachsenden Antisemitismus gegen Ende des 19. Jh. in Europa (Judenpogrome Polen, Rußland) entstandenen national-jüd. Bewegung des pol. Zionismus, dessen Ziel – 1897 von Th. Herzl auf dem I. Zionist. Weltkongreß in Basel formuliert – es war, durch Gründung eines jüd. Staates (*national home*) die Diaspora der jüd. Glaubensgemeinschaft zu beenden. Nach dem Zerfall des Osman. Reiches und der Aufteilung des Vorderen Orients in franz. und brit. Interessensphären (Sykes-Picot Abkommen 1916) unterstützte GB, das Palästina von 1922–1948 als Völkerbundmandat verwaltete, mit der Balfour-Deklaration (1917) die Einwanderung von Juden, die mit Finanzkraft ausgestattet durch systemat. Bodenaufkäufe die einheim. arab. Bev. immer mehr verdrängten. Die Aufstände der Araber (Generalstreik 1936–39) wurden von GB zunächst unterdrückt, doch angesichts der wachsenden Kritik der arab. Staaten, in denen GB seine kolonialen Interessen zu wahren hatte, wurde die jüd. Immigration allmählich reduziert (1939, Weißbuch). Das Anwachsen der illegalen Einwanderer führte am Ende des II. Weltkriegs schließlich zum beginnenden brit.-jüd. Konflikt, der den von Terror und Gegenterror geprägten Konflikt zwischen Arabern und Juden zu überlagern begann. Am 29. 11. 1947 wurde von der *UN die Teilung Palästinas in einen jüd. Staat, einen arab. Staat und eine int. Zone Jerusalem beschlossen, doch durch die Gründung des Staates Israel (14. 5. 1948) wurde diese Lösung verhindert, und bereits einen Tag später begann der 1. arab.-israel. Krieg, in dessen Verlauf Israel sein Staatsgebiet vergrößern konnte und ca. 750 000 Palästina-Flüchtlinge ihre Heimat verloren. Das Westufer des Jordan (West-Bank) wurde von Jordanien besetzt und Ägypten übernahm die Verwaltung des Gaza-Streifens. Der II. arab.-israel. Krieg (1956), in dem das von Präs. *Nasser geführte Ägypten von Israel, Frankreich und GB (Suez-Krise) angegriffen wurde, konnte durch die Intervention der USA und der Sowjetunion, die an der Erhaltung des Status quo im Nahen O interessiert waren, beigelegt werden. Seit Mitte der 50er J. begannen die USA auf seiten Israels und die UdSSR auf seiten der antiwestl., sozialist. orientierten arab. Staaten (Ägypten, Syrien) zu agieren, um ihre globalen Interessen (Beherrschung des östl. Mittelmeers, der Golf-Region und des Zugangs zum Ind. Ozean) in dieser Region zu wahren. Im 3. arab.-israel. Krieg (1966, 6-Tage-Krieg) gelang es Israel, in einem Präventivschlag die verbündeten arab. Staaten (Ägypten, Jordanien, Syrien) zu besiegen; die Sinai-Halbinsel, die West-Bank, Ost-Jerusalem und die Golan-Höhen wurden von Israel besetzt. Die UNO-Resolution 242, die den „Erwerb von Gebieten mit Waffengewalt" ablehnt und den Rückzug der israel. Truppen aus den besetzten Gebieten fordert, hatte wenig Erfolg. Israel begann mit der Errichtung jüd. Siedlungen in den besetzten Gebieten. Auch das Erstarken der national-palästin. Organisation *PLO, die seit 1964 die Interessen der auf ca. 883 000 (1978) geschätzten *Flüchtlinge vertritt und durch zunehmende Terrortätigkeit die starre Haltung Israels verstärkte, war neben der Uneinigkeit der arab. Staaten und der unzureichenden Bemühungen der USA, Israel zu Konzessionen zu bewegen, mitverantwortlich für das Scheitern der Friedensbemühungen (1967–71) auf der Basis der UN-Resolution 242. Nach dem Tod Nassers verlor die Sowjetunion mit der Aufkündigung des Freundschaftsvertrages (1972) durch den ägypt. Präs. Sadat in der Region eine strateg. wichtige Position. Im 4. arab.-israel. Krieg (1973, *Yom-Kippur*-Krieg) errangen die Araber durch die Rückeroberung eines Teils des Sinai einen Erfolg, der die USA zur Wiederaufnahme – der insgesamt wenig erfolgreichen – Friedensbemühungen veranlaßte (Genfer Nahost-Konferenz 1974, Truppenentflechtungsabkommen zwischen Israel und Ägypten/Syrien). Rückzug Israels auf die Grenzen von vor 1967, Gründung eines Palästina-Staates (West-Bank, Gaza-Streifen), Frieden zwischen Israel und den arab. Staaten waren bei den Friedensbemühungen die wichtigsten, von den USA und der Sowjetunion gemeinsam getragenen Forderungen. Durch den Einsatz der „Ölwaffe" (1973/74) durch die *OPEC, die UN-Resolutionen 3236/3237, die die legitimen Rechte des palästin. Volkes auf Selbstbestimmung und nat. Unabh. anerkennen, und v. a. aufgrund der wachsenden int. Anerkennung der PLO verschlechterte sich seit 1973 das weltpol. Meinungsbild zuungunsten Israels. Der nach der Friedensinitiative Präs. Sadats (Reise nach Israel, 1978) unter der Schirmherrschaft US-Präs. Carters zustandegekommene Friedensvertrag von Camp David zwischen Ägypten und Israel (26. 3. 1979) führte zwar zu einem Separatfrieden zwischen den beiden Staaten (Rückgabe des Sinai und der Ölfelder, Botschafteraustausch, Grenzöffnung), die eigentliche Problematik des Nahost-Konflikts, nämlich die Frage eines autonom. Palästina-Staates, blieb aufgrund der divergierenden Ansichten bislang ungelöst. Den Forderungen Kairos nach völliger pol. Autonomie für die palästin. Bev., freien Wahlen in allen besetzten Gebieten einschließlich Jerusalems und dem Moratorium für die Gründung neuer und der Erweiterung bereits bestehender jüd. Siedlungen steht der Standpunkt der israel. Reg. gegenüber, die auf der weiteren Präsenz israel. Truppen zur Garantie der Sicherheit Israels in den autonomen Gebieten besteht und die Autonomie auf die Verwaltungsvollmacht beschränken will. Der Friedensvertrag ist bei den meisten arab. Staaten – auch bei den gemäßigten (Saudi Arabien) – auf Ablehnung gestoßen; Ägypten wurde aufgrund des „Verrats" Präs. Sadats aus der *Arab. Liga ausgeschlossen (1979).

Der Abbruch der Autonomieverhandlungen wegen der starren Haltung Israels durch den sich immer mehr isoliert sehenden Präs. Sadat (Mai 1980), die undurchsichtige Haltung der israel. Reg. gegenüber der Errichtung von neuen „illegalen" Siedlungen in der West-Bank durch die national-radikale „*Gush Emunim*-Bewegung", die zu erneuten Terrorakten der PLO und Gegenterror israel. Ultras geführt hat, und die innere Krise des Staates Israel (ca. 100% Inflation, pol. Instabilität durch Ministerrücktritte, wachsende Auslandsverschuldung) haben zusammen mit dem andauernden Konflikt zwischen Iran und USA in der benachbarten Golf-Region die Chancen auf einen dauerhaften Frieden im Nahen Osten sinken lassen.

Lit.: A. Amad u. a., Nahostkrise, Strukturen, Probleme, Lösungen, Basel 1976; United Nations, Die UN-Resolutionen zum Nahost-Konflikt, Berlin 1978; G. von Paczenski, Faustrecht am Jordan? Zur Entwicklung des arabisch-israelischen Konflikts, Tübingen und Basel 1978; A. Irabi, Sozialgeschichte Palästinas, Basel 1978. ah

Namibia

N., das ehemalige Deutsch-Südwestafrika, steht im Prozeß der *Dekolonisation. Südafrikas militär. Präsenz und Entschlossenheit, eine Regierung der auch von den *UN anerkannten *Befreiungsbewegung SWAPO zu verhindern, läßt eine friedliche Lösung des N.-Konfliks als fraglich erscheinen.

1. Fläche: 823 168 qkm (ohne Walfischbucht), Ew.: 931 000 (1978), Ethnische Gliederung: Ovambo 46,8 %, Weiße 11,4 % (2,8 % deutschsprachige), Damara 8,5 %, Herero 6,6 %, Kavango 6,6 %, Hottentotten 4,3 %, Mischlinge (*Coloureds*) 3,8 %, und kleinere Gruppen (Ost-Caprivier, Buschmänner etc.), städt. Bev.: 10 %, ohne Schulbildung: mehr als 60 %, BSP/Kopf: 1 000 US-Dollar (1979), Ausfuhr: Diamanten, Uranerz, Kupfer, Viehzuchtprodukte, Hs: Windhuk (72 000 Ew.).

2. Nach Beendigung der deutschen Kolonialherrschaft (Deutsch–Südwestafrika 1884/90–1915) wurde das Territorium 1915 Südafrika (S.A.) als Mandat zugesprochen. S.W.A., das 1925 eine Verfassung erhielt, wird bis heute von sich als Afrikaner verstehenden Weißen pol. geleitet (Parlament, Ausführender Rat, seit 1977: General-Administrator). Die Weigerung S.A.s (1946), S.W.A. der UN als Treuhandgebiet zu überlassen, und die Anwendung der *Apartheid-Politik führte 1966 auf Beschluß der UN-Generalversammlung zum Entzug des Mandats; das in N. umbenannte Gebiet wurde dem UN-Rat für N. unterstellt, verblieb aber aufgrund der Ablehnung dieses Beschlusses durch S.A. *de facto* bei S.A. Die Ablehnung der nach UN-Auffassung illegitimen südafrikan. Verwaltung und die Aufforderung zum Befreiungskampf durch die UN-Generalversammlung (1973), wurde von S.A. per Verfassungsänderungen mit der verstärkten Integration N.s (Errichtung von *homelands,* Ausdehnung der Apartheid) beantwortet.

3. Eine Änderung dieser Politik begann 1975 mit der Einsetzung einer Verfassungskonferenz („Turnhallenkonferenz"), bei der allerdings die Gruppierungen, die die Einbeziehung ethnischer Prinzipien für die Delegiertenwahl nicht anerkannten (SWAPO/*South West African People's Organization*), nicht vertreten waren. Wichtigste Beschlüsse der Turnhallenkonferenz waren: Unabh. bis 31. 12. 78, Abschaffung der Rassendiskriminierung und multirassiale Übergangsregierung. Die Verabschiedung des Verfassungsentwurfs der Konferenz vom 18. 3. 77 (dreistufiger, zentralistischer Staat, freie Marktwirtschaft) wurde im Juni 77 nach Intervention der 5 westl. Mitglieder des Sicherheitsrates im südafrikan. Parlament zurückgestellt. Nachdem der sogenannte „Waldheim-Plan" (Vorbereitung von Unabh. und Wahlen unter UN-Aufsicht, Beseitigung der südafrikan. Verwaltung) von S.A. abgelehnt wurde, führte S.A. vom 4.–8. 12. 78 einseitige Wahlen zur Verfassungsgebenden Versammlung durch, an denen die aus dem Exil geführte, radikale Sam Nujoma SWAPO, ihr „Inlandsflügel" (D. Tjongarero) und die gemäßigte SWAPO-*Democrats,* ebenso wie die *Namibia National Front* (NNF/Damara, Mischlinge, Weiße) und die *Namibia People's Liberation Front* (NPLF/Nana, Damara, Mischlinge) nicht teilnahmen. Die „Demokrat. Turnhallenallianz" (DTA/gemischtrassig) unter D. Mudge und die konservative AKTUR wurden bei den von der UNO aufgrund des Verdachts von Manipulationen abgelehnten Wahlen stärkste Parteien. Die am 14. 5. 79 zur Nationalversammlung erhobene Versammlung beschloß im Juli 1979 ein Gesetz zur Abschaffung der Rassendiskriminierung, die Exekutive verbleibt aber weiterhin beim südafrikan. Generaladministrator. Bei der von UN-Gneralsekretär Waldheim Mitte Nov. 1979 initiierten Genfer N. Konferenz, an der auch die von der UNO nicht anerkannten Parteien der Windhuker Nationalversammlung teilnahmen, wurde über die Einrichtung einer Pufferzone zwischen N. und Angola beraten, die von den 5 Frontstaaten, der SWAPO und S.A. grundsätzlich akzeptiert wird. S.A. ist zu einer Zustimmung allerdings nur dann bereit, wenn neben der Stationierung von UN-Truppen der Verbleib von südafrikan. Stützpunkten in der entmilitarisierten Zone gewährleistet ist, und die Forderung der

SWAPO, Stützpunkte in N. zu errichten, abgelehnt wird. ah

Nasser, Gamal Abdel

N. wurde am 15. 1. 1918 als Sohn eines oberägyptischen Postbeamten geboren. Schon als Gymnasiast nahm er 1935/36 aktiv an anti-brit. Demonstrationen teil. Nach einem Semester Jurastudium trat er 1937 als Kadett in die ägypt. Armee ein, etwa zur gleichen Zeit wie fast alle Mitgl. der späteren Gruppe der „Freien Offiziere", nachdem seit 1936 die Offizierslaufbahn auch Nichtmitgl. der grundbesitzenden Oberschicht offenstand. Nach der „Revolution vom 23. Juli" 1952 wurde zunächst der populäre General Nagib Vorsitzender des Revolutionsrates sowie Staats- und Regierungschef. Nach pol. Auseinandersetzungen mit Nagib trat N., führender Kopf der „Freien Offiziere", 1954 selbst an die Spitze von Revolutionsrat und Staat. Durch seine betont anti-koloniale bzw. anti-imp. Politik der nat. Unabh. wurde N. nicht nur zum anerkannten nat. Führer Ägyptens und zur Symbolfigur des Strebens nach nat. Einheit in der gesamten arab. Welt, sondern auch zur pol. Führungsfigur der Dritten Welt, insbes. durch seine Aktivitäten im Rahmen der *Blockfreienbewegung. N. starb am 28. 9. 1970. hpk

Nasserismus

Der N. gehört zu den zahlreichen Theorievarianten eines *Dritten Weges zwischen Kapitalismus und Kommunismus. Charakteristisch für den N. ist, daß die Theorie auf die pol. Aktion folgte. Eine gesellschaftl. Gruppe, die „Freien Offiziere", ergriff die pol. Macht mit der äußerst vagen Zielsetzung, „der Tyrannei und der Korruption ein Ende zu setzen und ein freies und starkes Ägypten zu schaffen". Erst im Zuge der Konsolidierung der eigenen Macht wurde die Notwendigkeit erkannt, diese Macht ideolog. abzusichern. Noch 1954 schrieb Nasser seinem Traktat „Die Philosophie der Revolution" die theoret. Aufgabe zu, „Ziele auszukundschaften, die wir anstreben können". Erst mit seiner „Charta der Nat. Aktion" von 1962 gelang Nasser, einen einigermaßen kohärrenten ideolog. Rahmen für den seit 1957 propagierten „Demokratischen Kooperativen Sozialismus" zu schaffen. Da die „Freien Offiziere" ihren pol. Führungsanspruch aus ihrer eigenen, vermeintlich über den Klassengegensätzen stehenden gesellschaftl. Position ableiteten, war ihr Sozialismus-Konzept ein klassenharmonisches, das die Klassengegensätze durch Kooperation der Klassen überwinden wollte. Der Islam wurde zu einer sozialist. Religion erklärt, um die in allen Bev.-Schichten verbreitete Religiosität zur Systemstabilisierung einzusetzen bzw. zu funktionalisieren. Weitaus schlüssiger als der „Arab. Sozialismus ägypt.-nasserischer Prägung", den man unter N. verstehen kann, sowie innen- und außenpol. attraktiver sind die außenpol. Elemente des N., die sich in den Zielsetzungen Anti-Imp. und „Positive Neutralität" im Sinne der *Blockfreienbewegung ausdrücken. hpk

Nationalisierung

Unter N. wird die Überführung der in privater ausländ. Hand befindlichen Produktionsmittel (Sachkapital) und *Ressourcen (Grund und Boden, Rohstoffvorkommen) in die Verfügungsgewalt nat. Entscheidungsträger verstanden. N. fußt auf staatl. Maßnahmen, kann verhandelt aber auch revolutionär durchgeführt werden. In aller Regel ist die Änderung der Eigentumsverhältnisse mit dem Aufbau oder der Erweiterung eines staatl. oder sozialisierten Sektors der Wirtschaft verbunden (→*mixed economy*), in den die strategischen Zweige und Unternehmen in das Eigentum der öffentl. Hand überführt werden, so daß auch privates nat. Kapital im Wege der Verstaatlichung betroffen sein kann. In der Literatur wird vielfach zwischen N. und Verstaatlichung nicht unterschieden. Auch werden beide Begriffe mit Vergesellschaftung, Sozialisierung, die sich v. a. auf die Organisationsform (genossenschaftlich-staatsbetrieblich), d. h. die Frage, welche Instanzen die Kontrolle über das enteignete Unternehmen besitzen, vielfach synonym verwandt. Immer ist die Frage der Entschädigung von großer pol. Tragweite. Ihr angefügt ist das Problem, ob nat. oder int. Recht bei der N. anzuwenden sei. Die EL verfechten die Position der Anrechnungsfähigkeit von Extraprofiten der ausländ. Unternehmen auf die

Entschädigungssumme und grundsätzlich die Zuständigkeit nat. Entscheidungsinstanzen. Die gegen die westl. IL verabschiedete *Charta der wirtschaftl. Rechte und Pflichten der Staaten von 1974 anerkennt in Art. 2 das Recht eines jeden Staates, ausländ. Eigentum zu nationalisieren, und zwar nach innerstaatl. Recht: „Ist die Entschädigungsfrage im Einzelfall umstritten, so wird sie nach innerstaatl. Recht des nationalisierenden Staates und von seinen Gesetzen geregelt ...". Demgegenüber beharren die IL auf der Gültigkeit int. Rechts und fairer Regelung der Entschädigung in Höhe und Verfahren, eine Position, die sie durch ihr Droh- und Kreditverweigerungspotential in den int. Kreditinstitutionen *Weltbank und *Int. Währungsfonds wenn nicht unmittelbar noch Jahre später durchzusetzen vermögen, wie einige Beispiele aufzeigen (Chile, Peru).
Motive für N. liegen in den EL v. a. in der Verhinderung von Kapitaltransfers aus den EL in die IL durch ausl. Unternehmen, in der Überführung von Entscheidungsgewalt und Kontrolle über Produktion und Preise in einheim. Hände, in der Nutzbarmachung der Unternehmensgewinne für Ziele nat. sozio-ökon. Entwicklung, in der Verbesserung der Rahmenbedingungen nat. *Entwicklungsplanung und in der entwicklungspol. für notwendig erachteten Neustrukturierung der Wirtschaft zugunsten eines ausgedehnten staatl. Sektors. In der pol. Diskussion überwiegen zumeist ideolog. Motive (Anti-*Imperialismus, Anti-*Neokolonialismus). In der Praxis zeigt die Politik der N. in den EL, die nach Anfängen in den 30er J. ihren Höhepunkt zu Beginn der 70er J. erlebte, entwicklungspol. durchaus zweischneidige Ergebnisse. Sieht man von den *OPEC-Ländern ab, die aufgrund einer gut funktionierenden Kartellpolitik ihre Preispolitik und N. erfolgreich durchsetzen konnten, so hat für andere Rohstoffe N. keinen Durchbruch beinhaltet; verschiedentlich wurde sie wieder aufgeweicht oder gänzlich rückgängig gemacht. In etlichen Fällen erreichten die Unternehmen nach der N. nicht mehr die frühere Rentabilität; wo pol.-ideolog. Motive die ökon. verdrängten sowie N. und Verstaatlichungen ungeordnet erfolgten, belastete der staatl. Sektor bald die öffentl. Hand. Entwicklungspol. bedeutsam sind v. a. die Fälle erfolgreicher N.; das sind zunächst einmal solche, in denen erhebliche Erlöse nun den EL-Gesellschaften verblieben. Hier zeigt sich jedoch, daß der neue Reichtum nach den überkommenen sozialen Strukturen verteilt wurde und sich der früher bestehende Abstand zwischen arm und reich noch vergrößerte. Dann bedeutet N. nur den Transfer bereits vorhandener Ressourcen von ausländ. Besitz auf eine einheimische Bourgeoisie. Wenn N. jedoch nicht der Stabilisierung der herrschenden Eliten in den EL dienen soll, so ist die Forderung nach N. entwicklungsstrategisch mit derjenigen nach grundlegenden Strukturreformen im Innern der EL zu verbinden. dn

Nationalismus

Der Begriff des N. ist wissenschaftl. äußerst umstritten. Einigkeit besteht eigentlich nur darüber, daß es nicht möglich ist, eine für alle Fälle gültige Begriffsdefinition zu geben. Eine Minimaldefinition könnte lauten, daß unter N. diejenige Politik zu verstehen ist, die sich die Durchsetzung nat. Ziele zur Aufgabe gemacht hat. Weitergehende Festlegungen fallen auch im Falle des N. in der Dritten Welt schwer. Wenn es auch hier Bemühungen um staatenübergreifende Solidarität gab und gibt (*Pan-Bewegungen), so bezieht sich nationalistische Politik in der Regel doch auf die durch den *Dekolonisationsprozeß souverän gewordenen staatl. Einheiten.
Nationalismen in der Dritten Welt können unterschieden werden im bezug auf die Zielrichtung des N. (Modernisierung, Anti-*Kolonialismus, nationale Befreiung, *Sozialismus) oder seine sozialen Träger (*Populismus, N. ethnischer Gruppen, N. nat. Oligarchien). Nach innen macht nationalistische Politik den Versuch des **nation-building;* sie bemüht sich, trotz weitgehend noch regionaler bzw. einseitig mit dem Weltmarkt verknüpfter Märkte, trotz *Tribalismus, trotz geringer innerstaatl. Kommunikationsmöglichkeiten (keine auf die Bedürfnisse des Landes ausgerichteten *Infrastruktur-Einrichtungen) und trotz eines wenig entwickelten Ausbildungssektors eine gemeinsame staatl.-nat. Tradition zu schaffen. Maßnahmen zur *Nationalisie-

rung der Volkswirtschaften in Ländern der Dritten Welt oder die bewußte Auswechslung pol. Eliten nichteinheim. Herkunft (Afrikanisierung etc.) sollen dazu dienen, den *Neokolonialismus zu überwinden und nach der pol. Unabh., die völkerrechtlich dem Grundsatz des Rechts auf nat. Selbstbestimmung entspricht, auch die ökon. Unabh. der jeweiligen Länder zu erkämpfen. Nach außen ist der N. die adäquate Reaktion der EL in einer Welt der Nationalstaaten, wobei es den Ländern der Dritten Welt um die Vertretung staatl. Interessen auf int. Ebene geht. In Themen wie der *Neuen Weltwirtschaftsordnung, in denen sich ein Wirtschaftsn. der EL auszudrücken scheint (→Nationalisierung), verlangen die EL gleichberechtigte Partnerschaft in den int. Wirtschaftsbeziehungen, in den einzelnen Regelungen des Verhältnisses zwischen EL und IL freilich Lösungen, die über die Gleichbehandlung hinausgreifen und Präferenzabkommen entsprechen.

Lit.: T. Hodgkin, Nationalism in Colonial Africa, London 1956; R. Emerson, From Empire to Nation, Boston 1960; S. Haim (Hrsg.), Arab Nationalism, Berkeley and Los Angeles 1962; K. H. Silvert, Expectant Peoples, New York 1963; C. Hemsath, Indian Nationalism and Hindu Social Reform, Princeton 1964; K. Masur, Nationalism in Latin America, London 1966; A. P. Whitaker/D. C. Jordan, Nationalism in Contemporary Latin America, New York 1966; L. Snyder, The New Nationalism, Ithaca 1968; H. S. Wilson (Hrsg.), Origins of West African Nationalism, London 1969; E. Kedourie (Hrsg.), Nationalism in Asia and Africa, London 1971, Bassam Tibi, Arab Nationalism: A Critical Inquiry, London and Basingstoke 1980. rs

Nation-Building

Der *nation-building*-Ansatz wird in der wissenschaftl. Literatur v. a. auf die Arbeiten K. W. Deutschs zurückgeführt. Deutsch hat versucht, gestützt auf die historischen Erfahrungen Westeuropas, diejenigen gesellschaftl. Entwicklungen herauszuarbeiten, die zur Herausbildung nat. Einheiten geführt haben. *Industrialisierung und ökon. Wachstum werden von ihm als entscheidende Variablen zur Ingangsetzung von Prozessen des *sozialen Wandels, der wachsenden innergesellschaftlichen Kommunikation, der verstärkten sozialen Mobilisierung der Bev. und der gesellschaftl. Modernisierung identifiziert, deren Ergebnis die heutige Gesellschaftsstruktur der IL ist. Die Übertragung des *nation-building*-Ansatzes auf die EL geschah im Kontext der *Modernisierungstheorien. Erwartet wurde m. a. W., daß sich die gesellschaftl. E. der EL, wenn auch zeitverschoben, analog der westl. IL vollziehen würde, eine Annahme, die von der *Dependencia-Theorie falsifiziert wurde.

Lit.: K. W. Deutsch/W. J. Foltz (Hrsg.), Nation-Building, New York 1963; K. W. Deutsch, Nationenbildung, Nationalstaat, Integration, Düsseldorf 1972; S. N. Eisenstadt/S. Rokkan, Building States and Nations, 2 Bände, Beverly Hills und London 1973. rs

Négritude

(„Negertum"), von franz.-sprachigen afrik. und afro-amerik. Schriftstellern Ende der 30er J. geprägter Begriff, der – z. T. als Reaktion auf die rigorosen Assimilierungsversuche der franz. Kolonialmacht – die Rückbesinnung auf die Werte altafrik. Kultur fordert. Wichtig für das Selbstverständnis einer ganzen Generation afrik. Intellektueller, denen sie eine als befreiend empfundene kulturelle Identitätsfindung und eine Rückgewinnung ihrer Selbstachtung ermöglichte, verfällt die N. nicht in einen umgekehrten Rassismus, sondern hebt auf einen von Grundwerten afrik. Kultur getragenen Humanismus ab, der auch mit ihm zu vereinbarende Elemente anderer Kulturen aufnimmt („assimilieren, nicht assimiliert werden"). Die wichtigsten Vertreter der N. sind L. S. *Senghor und der von Martinique stammende Schriftsteller und Politiker Aimé Césaire (Jahrgang 1913). kz

Neokolonialismus

Den westl. Industrieländern wird von den Ländern der Dritten Welt häufig eine neokolonialistische Politik vorgeworfen. Gemeint ist damit zunächst, daß sich die Haltung der ehem. Kolonialmächte gegenüber ihren früheren Kolonien, aber auch gegenüber anderen EL im Grunde nicht geändert habe, daß letztere heute zwar pol. unabh. seien, diese pol. Unabh. aber in Wirklichkeit nicht mehr als eine formale Scheinunabh. sei. N. ist damit eine Ausprägung des *Imperialismus. Die direkte Beherrschung der Länder der Dritten Welt in der Kolonialzeit wurde durch eine um so wirkungsvollere, sich nicht auf staatl. Ebene allein vermittelnde und deshalb weit schwieriger anzuprangernde Politik indirekter Beherrschung abgelöst.

Die Mechanismen des N. folgen v. a. den vom kapital. Weltmarkt diktierten Spielregeln für die Interaktion zwischen IL und EL. Die führende Wirtschaftsmacht der Welt, die USA, wird auf staatl. und nichtstaatl. Ebene nach dem II. Weltkrieg zum meistbegünstigten des Systems der neokolonialistischen Ausbeutung. Der N. kann zahlreiche Formen annehmen und sich durch viele unterschiedl. gesellschaftl. Gruppen vermitteln. Die Durchsetzung des N. wird erleichtert, wenn die Ind.-Staaten in dem betreffenden EL eine einheim. Oberschicht vorfinden, die bereit ist, das Land gemäß den Erfordernissen des Weltmarkts zu führen. Welche Formen der N. auch immer annimmt, letztendlich wirkt er sich so aus, daß sich die relative Position der EL zu den IL verschlechtert. Mechanismen des N. sind:

a) *Militärische:* Ausbildung der Offiziere, der Polizei und des Militärs eines E.-Landes im Ind.-Land und die daraus meist folgende Bereitschaft dieser, sich für den internen *status quo* und die „Werte" ihres Ausbildungslandes einzusetzen. Belieferung der EL mit Waffen (Abh. von Ausbildern und Ersatzteilen). Tätigkeit von Geheimdiensten in EL.

b) *Politische:* Aufbau von Einflußzonen und int. Organisationen durch westl. IL v. a. angesichts des Ost-West-Konflikts (Gegenbewegung der Länder der Dritten Welt: Bewegung der *Blockfreien).

c) *Kulturelle:* Missionstätigkeit in den EL, die ebenso wie kommerzielle von den IL aufgebaute Radio- und Fernsehstationen sowie Kinos die kulturelle Identität des jeweiligen E.-Landes schwächen. Hollywood-Helden ersetzen als soziale Orientierungspunkte trad. Werte. Seltener: Einflußnahme der IL beim Aufbau des Bildungswesens.

d) *Kommunikative:* Aufbau eines Post- und Fernmeldewesens und einer Fluglinie durch ein Ind.-Land im E.-Land (Abh. von Ersatzteilen und Ausbildern). Weltweit kontrollieren die IL das transkontinentale Transportwesen und andere kommunikative Einrichtungen (z. B. Satelliten).

e) *Technologische:* Abh. der EL vom **Know-how* und Technologieimport entwickelter Länder.

f) *Soziale:* **brain drain* von Akademikern und Facharbeitern, Abwanderung in die IL. Bemühen der Oberschicht der EL, den Lebensstandard der IL zu erreichen und deren Lebensgewohnheiten nachzuahmen.

g) *Finanzielle:* Die Abh. der EL von Krediten und Entwicklungshilfegeldern (und -leistungen) führt zu Versuchen finanz. Kontrolle. Besonders zu nennen sind hier die int. Finanzierungsinstitutionen wie die *Weltbank oder der *IWF, die Gelder nur dann an EL vergeben, wenn deren Wirtschaftspolitik den von ihnen gesetzten und überwachten Bedingungen entspricht.

h) *Wirtschaftliche:* Die Ausbeutung der Dritten Welt durch *multinationale Konzerne, die weit mehr Kapital aus den EL in ihre Herkunftsländer retransferieren als sie in ersteren investieren. Der über ungerechte **terms of trade* vermittelte *ungleiche Tausch zwischen IL und EL, der letzteren weit weniger Gegenleistung für ihre Rohstoffe zuweist als den IL für ihre Fertigprodukte.

Systematisch wurden diese Zusammenhänge in der Dritten Welt erstmals von Kwame *Nkrumah thematisiert. Nkrumah sieht im N. das letzte Stadium des *Imperialismus. Das Wesen des N., so Nkrumah, besteht darin, daß der neokolonialistisch beherrschte Staat theoretisch unabh. und mit allen Merkmalen eines unabh. Staates ausgestattet ist, in Wirklichkeit aber sein Wirtschaftssystem und damit seine Politik von außen gelenkt wird. Nkrumah sieht in der Teilung Afrikas in Kleinstaaten eine Strategie, die die neokolonialistische Beherrschung des Kontinents erleichtert. Er setzt sich für ein vereinigtes Afrika ein. Mit Hilfe der sozialist. Länder, so meint Nkrumah, sollte es auf der Basis afrikan. Einigungsbestrebungen möglich sein, die sich im N. herausbildende neue Erscheinung des Klassenkonflikts, dessen Frontlinien nicht mehr innerhalb der Ind.-Nationen, sondern zwischen den reichen und armen Ländern verlaufen (die Arbeiter der Ind.-Nationen profitieren vom N.), zum Vorteil der afrikan. EL auszutragen.

Lit.: K. Nkrumah, Neo-Colonialism. The Last Stage of Imperialism, London/Ibadan/Nairobi 1965; J.

Cotler/R. R. Fagen (Hrsg.): Latin America and the United States, Stanford 1974; P. Friedländer/G. Liebscher, Neokolonialismus in der Krise, Berlin (DDR) 1978. rs

Nepal

1. Das Königreich N. (Fläche 145 000 qkm) gliedert sich in die an Nordindien grenzende Ebene (Terrai), eine Mittelgebirgsregion mit fruchtbaren Flußtälern (z. B. Kathmandu) und die Himalaya-Hauptkette (u. a. Mount Everest). Bisher fand man in N., das zu den *LLDCs zählt, kaum Bodenschätze.
2. Die Bev., die zu ⅔ in der Mittelgebirgsregion lebt (rel. Überbev. und Hungersnöte führten zur verstärkten Abwanderung ins Terrai), ist v. a. in der Landw. (94,4 % der aktiven Bev.) tätig.
3. Die staatl. Tradition N.s geht auf das 18. Jh. zurück, als Kathmandu von einer aus Indien stammenden Dynastie erobert wurde. Zu Beginn des 19. Jh.s kam es zu Auseinandersetzungen mit Brit.-Indien, die jedoch Mitte des Jh.s durch die Machteroberung der pro-brit. Rana-Dynastie beigelegt wurden (bis zum Ausbau des *Tourismus in der 2. Hälfte des 20. Jh.s bildete die Entlohnung der Ghorka-Söldner der brit. Armee den größten Positivposten der Zahlungsbilanz N.s).
4. Seit 1972 ist Maharajadhiraja Birenda Bir Bikram Shàv Dev König. Bei einem Referendum am 2. Mai 1980 sprachen sich 45,3 % der Wähler für die Einführung eines parl., von Parteien getragenen Systems aus, die Mehrheit (54,7 %) votierte dagegen.
5. Die Bev. N.s betrug 1978 (gesch.) 13,42 Mio. (= 95,3 Ew. je qkm). Weniger als 10 % leben in den Städten (Hs Kathmandu 1971 [Agglomeration]: über 400 T. Ew.). Pol., religiös und sozial führend sind heute jene Volksgruppen (neben der altnepal. Gruppe der Newar: (1967), 4 % der Bev.), die im 12. Jh. auf der Flucht vor der muslimischen Eroberung aus Indien in N. eindrangen, die Brahmanen und Chettris (Bev.-Anteil 1967: 50,1 %). Auf sie geht die Landessprache (Nepali), der Hinduismus (87,5 % der Bev.) und die Bewertung und entsprechende Besetzung von Berufen nach den Maßstäben der Kastengesellschaft zurück. Das Gesundheits- (1 Arzt pro 4o T. Ew., LE: 40 J.) und das Bildungswesen (über 80 % Analphabeten) N.s sind kaum entwickelt.
6. Ökon. ist N. fast völlig von Indien abh. 75 % der Exporte des Landes (v. a. Reis) gehen nach Indien und von dort kommen 90 % der Importe.

Lit.: W. Donner, Nepal, Hamburg 1972. rs

Neruda, Pablo

P. N., geb. Neftalf Rryes, in Parral/Chile am 12. Juli 1904; Dichter, Diplomat und Politiker. Zwischen 1927 und 1940 Konsul Chiles in mehreren Ländern; 1945 chil. Nationalpreisträger für Literatur; ab 1945 Senator im Chil. Kongreß als Vertreter der kommunist. Partei. Von 1949 bis 1952 Exil; 1971 Nobelpreis für Literatur. Höhepunkt seines lit. Schaffens. 1971–1973 Botschafter Chiles in Frankreich. Das angebliche Gedicht Nerudas zum Putsch in Chile, das kurz nach seinem Tod (22. Sept. 1973), der Weltöffentlichkeit bekanntgegeben wurde, und mit dem Satz „Nixon, Frei und Pinochet ..." beginnt, ist jedoch eine Fälschung. Es handelt sich in der Tat um das Gedicht von 1948 „Las satrapías" (Die Satrapen) aus dem „Canto General", das mit dem Satz „Trujillo, Somoza, Carías ..." anfängt.

Werke: Obras Completas, Buenos Aires 1967; Ich bekenne, ich habe gelebt, Darmstadt 1974; Letzte Gedichte, Darmstadt 1975. obs

Nettoleistungen

bzw. finanzielle Nettoleistungen; Begriff zur Erfassung der Nettobeträge von Kapitalhilfe vom Gesamtvolumen jährl. Leistungen der IL (oder eines IL) an die EL werden die Tilgungszahlungen auf frühere Kredite sowie das in die IL zurückgeflossene Kapital abgezogen, um die finanziellen Nettoleistungen zu erhalten. dn

Neue Weltinformationsordnung (NIO)

Zu Beginn der 70er J. erhoben die EL die Forderung nach Überwindung der Abhängigkeit von den Informationsträgern der westl. IL. Empirische Untersuchungen ergaben einen Informationsaustausch zwischen IL und EL von 100 zu 1. Die EL sind weitgehend von den 4 wichtigsten

Nachrichtenagenturen der IL (UPI und AP der USA, Reuters/GB und AFP/Frankreich) abhängig. Diese Agenturen informieren nicht nur die EL über die IL, sondern auch die EL über sich selbst. Der *UNESCO zufolge hatten 1976 in 16 Staaten in Afrika, 11 in Lateinamerika und 6 in Afrika keine nat. Nachrichtenagentur. Ziel der NIO ist, von einer einseitig ausgerichteten zu einer vielseitigen Struktur der Weltinformation zu gelangen, von einem IL-zentrierten zu einem kulturell pluralistischen und multinat. Informationswesen.
Im Aktionsprogramm für *ECDC der *Blockfreienbewegung vom Sept. 1973 in Algier faßten die EL zum ersten Mal eine Zusammenarbeit auf dem Gebiet des Informationswesens ins Auge. 1976 wurde ein „Pool der Nachrichtenagenturen“ gegründet, über den Informationen nat. Nachrichtenagenturen unter der Dritten Welt ausgetauscht werden. Er ist offen für alle Blockfreien. 1977 beteiligten sich bereits 40 Nachrichtenagenturen. Die NIO wird im Rahmen der UNESCO verhandelt. 1976 richtete sie eine Studienkommission unter dem Vorsitz des Nobelpreisträgers Sean McBride (Irland) ein, deren Abschlußbericht auf der 21. UNESCO-Generalkonferenz Herbst 1980 vorgelegt wird.

Lit.: Information und Dritte Welt, Neue Entwicklungspolitik, Jg. 5, Heft 1, Wien 1979. dn

Neue Weltwirtschaftsordnung (NWWO)

Seit *UNCTAD III von Santiago de Chile 1972 ist die Forderung der EL nach einer NWWO das beherrschende Thema der int. Konferenzen, insbes. im Rahmen des *UN-Systems. Der *Begriff* selbst meint im wesentl., daß die bisherigen int. Wirtschaftsbeziehungen zwischen EL und IL, welche die IL begünstigen, durch Reformen so verändert werden müssen, daß die EL stärker am Nutzen der Weltwirtschaft teilhaben. Die Vorstellung beinhaltet nicht unbedingt, daß die Ordnung der Weltwirtschaft grundlegend zu verändern sei, was radikale Positionen fordern und konservative bzw. liberale Positionen befürchten.
Die Forderung nach einer NWWO mündete 1974 in die Verabschiedung zweier Erklärungen durch die UN-Vollversammlung: Erklärung und Aktionsprogramm zur Errichtung einer NWWO vom 9. Mai 1974 und *Charta über die wirtsch. Rechte und Pflichten der Staaten vom 12. Dez. 1974 (Texte dtsch. in: Jonas/Tietzel). Sie begründet sich im wesentl. mit zwei Argumenten: 1. Die IL müssen zu einem Ausgleich der Schäden bereit sein, die sie den EL durch *Kolonialismus und *Neo-Kolonialismus, durch Ausbeutung während und ungerechte Handelsbeziehungen nach der Kolonialherrschaft angerichtet haben; 2. Partnerschaft und Gleichberechtigung zwischen IL und EL setzen voraus, daß die EL nicht durch *Handelshemmnisse benachteiligt werden, welche die IL errichten, und daß die IL den EL in ihrer Entwicklung durch *Ressourcentransfer helfen bzw. zur Übertragung von Kapital, Technologie etc. verpflichtet sind.
Einer Zusammenstellung des *BMZ zufolge enthält der Forderungskatalog der EL nach einer NWWO folgende Einzelpunkte: 1. *Globale Politik:* Anerkennung der EL als vollwertige und gleichberechtigte Partner der int. Gemeinschaft; Anerkennung des Rechts eines jeden Staates auf einen eigenen E.-Weg; Anerkennung der vollen Souveränität eines jeden Staates über seine Bodenschätze einschließlich des Rechts der *Nationalisierung ausländ. Eigentums nach nationalstaatl. Regelungen; 2. *Handel und Wirtschaft:* Änderung der *int. Arbeitsteilung, um den EL einen größeren Anteil an der Weltind.-Produktion zu sichern (→UNIDO) und es ihnen zu ermöglichen, ihren Bedarf zu decken; Abbau *protektionistischer Maßnahmen; Zugang zu den Märkten der IL für Halb- und Fertigwaren aus den EL; Abschaffung von tarifären und nichttarifären *Handelshemmnissen; *Präferenzabkommen für EL im Handel und anderen Bereichen; Regelung und Kontrolle der Tätigkeit *multinat. Konzerne (Verhaltenskodex); Förderung der Zusammenarbeit der EL untereinander (*ECDC, *TCDC, **Collective self-reliance*); 3. *Rohstoffe:* Vereinbarung von *Rohstoffabkommen für einzelne Rohstoffe als Bestandteile eines *Integrierten Rohstoffprogramms; Förderung der Weiterverarbeitung von Rohstoffen in den Erzeugerländern und dadurch Erhöhung ihres Wertes; Billigung von *Rohstoffkartellen; Verbesserung der

Wettbewerbsfähigkeit von Naturprodukten gegenüber synthetisch hergestellten Erzeugnissen; Verhinderung der Vergeudung natürlicher Ressourcen; angemessener Zugang der EL zu den Erträgen des Tiefseebergbaus (→Seerechtskonferenz); 4. **Industrialisierung:* Steigerung der *Investitionen im Ind.-Sektor, um einen höheren Anteil der EL an der Weltind.-Produktion zu erreichen (Lima-Ziel von 25 % bis zum Jahre 2000); 5. **Energie und Technologie:* Einsicht in die Begrenztheit von Erdöl- und Erdgasvorkommen; Sicherung der Kaufkraft der Einkünfte aus dem Energieexport; E. neuer Energie-Quellen (regenerative und umweltfreundliche Energien); Förderung der E. *angepaßter Technologien für die EL; *Technologietransfer aus den IL zu Vorzugsbedingungen (Patente, Lizenzen etc.); 6. *Dienstleistungen:* Erhöhung der Beteiligung der EL am Seetransport, am Versicherungswesen sowie am *Tourismus; 7. *Landwirtschaft:* Hebung und *Diversifizierung der Agrarproduktion der EL zur Dekkung ihres Nahrungsbedarfs (→Ernährung); Erhöhung der Finanzhilfen für die E. der Landw.; Verbesserung der bestehenden Nahrungsmittel-Hilfsprogramme (→WFP); 8. *Währung und Finanzen:* Berücksichtigung der Interessen der EL bei der Neuordnung des Weltwährungssystems; besserer Zugang der EL zu den Kapitalmärkten; mehr Mitbestimmung der EL in den int. Finanzorganisationen, besonders im *Int. Währungsfonds, und Verzicht auf Detail-Kontrollen bei der Verwendung von Mitteln dieser Organisationen zu Sanierungsmaßnahmen; Steigerung der Finanzmittel für den Ausgleich der Zahlungsbilanz; Maßnahmen zum Schutz der EL gegen die Folgen der Inflation; neue Maßnahmen zur Milderung der Situation der *Verschuldung der EL; 9. **Entwicklungshilfe:* Verwirklichung der E.-Hilfe-Ziele seitens der IL (0,7 % des BSP an *öffentl. Hilfe); Anpassung und Erleichterung der Vergabebedingungen von E.-Hilfe; Erhöhung der Finanzmittel für die int. E.-Hilfe-Organisationen (nach Journalisten-Handbuch Entwicklungspolitik, 1979, S. 169 ff.).

V. Matthies zieht folgende Zwischenbilanz des Streits um die NWWO: „Trotz der zahlreichen Konferenzen und Verhandlungen der letzten Jahre blieben – gemessen an dem Umfang und der Reichweite des Forderungskatalogs der EL – die materiellen Ergebnisse der bisherigen Bemühungen um eine Verwirklichung der NWWO relativ gering. Nach jahrelangen ergebnislosen Verhandlungsrunden gelang es den Kontrahenten immerhin, im Vorfeld der V. UNCTAD-Konferenz in Manila einen Kompromiß über grundlegende Elemente des *Gemeinsamen Fonds zur Finanzierung des *Integrierten Rohstoffprogramms zu erzielen (März 1979). Doch wird es nach diesem „Durchbruch" in den rohstoffpol. Verhandlungen zwischen EL und IL noch weiterer langwieriger Debatten bedürfen, bevor das projektierte Rohstoffprogramm – in weit bescheideneren Dimensionen als ursprünglich geplant – lebendige Gestalt annehmen kann. Im Vergleich zu der euphorischen Aufbruchstimmung auf seiten der EL und der hektischen pol. Nervosität auf seiten der IL im Jahre 1974 werden heute allenthalben eher Ermüdungs- und Abnutzungserscheinungen sichtbar."

Lit.: R. Jonas/M. Tietzel (Hrsg.), Die Neuordnung der Weltwirtschaft, Bonn-Bad Godesberg 1976; T. Dams/G. Grohs (Hrsg.), Kontroversen in der internat. Rohstoffpolitik, München/Mainz 1977; V. Matthies, Neue Weltwirtschaftsordnung. Hintergründe, Positionen, Argumente, Opladen 1980. dn

Nicaragua

Der Sieg der sandinistischen Befreiungsfront im Bündnis mit verschiedenen zivilen und bürgerlichen Oppositionsgruppen über das Somoza-Regime hat Hoffnungen und Befürchtungen geweckt. Die grundlegende Frage ist, ob N. einen eigenen Weg aus der UE und dazu die uneigennützige Hilfe aus dem Ausland finden kann, oder ob die angestrebte sozialist. Entwicklung in der Kopie bereits bekannter Modelle versinkt.

1. Mit einer Fläche von 139 T. qkm ist N. das größte zentralamerik. Land. Nur 35 % des Bodens (landw. Nutzfläche ca. 70 %) wird genutzt, davon 8 % agrikulturell, 27 % für Viehzucht. Infolge einer rel. erfolgreichen *Diversifizierungsstrategie der Somoza-Diktatur weist N. eine differenzierte Agrarstruktur auf. Hauptanbau- und Exportprodukte: Kaffee (Exportanteil 1978: 30,2 %), Bananen, Zuckerrohr (3,3 %), Baumwolle (22,7 %). Viehzucht und Fischerei wurden v. a. für den Export ge-

fördert (Exportanteil Fleisch: 10,1 %). Der Ausbau der agrar. Exportkulturen ging allerdings zu Lasten der internen Nahrungsmittelversorgung. N. besitzt v. a. im O einige Rohstoffvorkommen, von denen Gold, Silber, Kupfer, Blei und Zink abgebaut werden. Seit 1960 gewinnt der Industriesektor zunehmend an Bedeutung. *Industrialisierung und Ausbau der Agrarexportenklaven konnten nur durch *Direktinvestitionen und Kredite, denen die Somoza-Diktatur durch pol. Unterdrückung sichere Anlagemöglichkeiten garantierte, realisiert werden. Höhere wirtsch. Wachstumsraten wurden zum Preis einer Verschärfung der *strukturellen Heterogenität und sozialer Gegensätze sowie einer Erhöhung der Abh. vom Ausland erzielt. Der Bürgerkrieg gegen Somoza 1979 führte zur fast völligen Zerstörung der industriellen Produktionsanlagen und zu Ernteausfällen.

2. N. wurde 1522–24 von den Spaniern erobert. Schon früh entwickelten sich Rivalitäten zwischen der Agrar- und Handelsoligarchie, die in der postkolonialen Zeit zu konkurrierenden Parteibildungen (Liberale, Konservative) und Bürgerkriegen führten. Aufgrund seiner strategischen Lage geriet N. in die span.-brit. Kolonialrivalitäten und wurde Opfer zahlreicher Interventionen (England, USA). Erst unter Präsident Zelaya (1893–1909) konnte die nic. Zentralregierung die Kontrolle über das ges. Territorium erlangen, jedoch führte die Weigerung Zelayas, den USA Kanalrechte zu gewähren, 1909 zur erneuten Besetzung des Landes durch die USA, die (außer 1925/27) bis 1933 das Land besetzt hielten.

Die Wirtschaft N.s, die erst seit Zelaya durch Ausbau der *Infrastruktur und Aufbau von *Exportkulturen (Kaffee, Bananen, Zucker) auf Grundlage kapitalistischer Plantagenproduktion einen Modernisierungsprozeß durchlief, geriet nun völlig in Abh. vom US-Kapital, das neben einzelnen *Plantagen v. a. das Transport-, Bank- und Zollwesen kontrollierte. Pol. sicherten sich die USA ihre Interessen durch Marionettenregierungen und den Aufbau einer Nationalgarde unter General A. Somoza ab. Somoza kam 1936 durch einen Putsch an die Macht und begründete damit die bis Juli 1979 dauernde Herrschaft der Somoza-Familiendynastie. Während der 42jährig. Herrschaft des Somoza-Clans wurde N. zum treuesten Verbündeten der USA und zum Inbegriff pol. Reaktion. Die brutale Unterdrückung jeglicher Opposition, die Personalunion von ökon. und staatl. Macht und zunehmende Mißwirtschaft führten seit den 60er J. zu wachsender Opposition gegen den Somoza-Clan. 1962 wurde die Sandinistische Befreiungsfront (FSLN) gegründet (benannt nach dem Freiheitskämpfer A. C. Sandino, der ab 1926 gegen die US-Besatzung kämpfte und 1934 von der Nationalgarde ermordet wurde), die mit Unterstützung der bürgerl. Opposition (*Frente Amplio Opositor* [FAO]), des Links-Mitte-Bündnisses FPN (*Frente Patriótico Nacional*) und des linken Oppositionsbündnisses MPU (*Movimiento Pueblo Unido*) nach einem Volkskrieg Somoza am 17. 7. 79 stürzen konnte.

3. 1978 wurde die Bev. N.s auf 2,4 Mio. Ew. geschätzt, die sich aufgrund des Bürgerkriegs (40 T. Todesopfer, 250 T. *Flüchtlinge, meist aus den Führungsschichten) allerdings reduziert hat. Die Bev.-Dichte ist regional sehr unterschiedl. Im wirtsch. Zentrum des W leben ca. 50 % der Bev. auf nur 7 % der Gesamtfläche. Der *Urbanisierungsgrad beträgt 52 %, davon entfielen 1973 auf die Hs Managua 499 568 Ew. Die in den 60er J. verstärkte ländl. *Marginalisierung erhöhte die Abwanderung in die Städte und vergrößerte die Elendsviertel um die großen Städte, da die neuen *kapitalintensiven Industrien mit geringen Arbeitsmöglichkeiten den Zuwandererstrom nicht produktiv absorbieren konnten. Ethnische Zusammensetzung der Bev.: 60–70 % Mestizen, 10–15 % Neger, Mulatten, Sambos, 8–10 % Weiße, 4–6 % Indios. Sprache und Religionszugehörigkeit der Nicar. spiegeln den Einfluß der span. Kolonialzeit und der USA wider. Landessprache ist Spanisch, als Verkehrssprache ist Englisch wichtig. Die Indios sprechen daneben ihre eigenen Sprachen (v. a. Chibcha). Ca. 80 % der Bev. sind kath.

4. Vorrevolutionäre Strukturen: Ausrichtung der Wirtsch.-Tätigkeit (*Investitionen, *Infrastruktur) auf die Agrarexport-*Plantagen und den kapitalintensiven industriellen Exportsektor, die als z. T. ausländ. *Enklaven nicht in den nat. Wirtsch.-Kreis-

lauf integriert waren. Hohe *Arbeitslosigkeit und Unterbeschäftigung (ca. 50 % der Erwerbsfähigen) durch ländl. Marginalisierung, Saisonarbeit und kapitalintensive *Industrialisierung mit wenig Arbeitsplätzen. Extreme Besitzkonzentration: Die Somozafamilie besaß oder kontrollierte ca. 50 % des nat. Reichtums (Vieh-*Haciendas, Baumwoll-, Kaffee-, Zuckerplantagen, Goldminen, Industriebetriebe, Bau- und Transportunternehmen, die nat. Flug- und Schiffahrtsgesellschaft). Auslands(US-)kapital kontrollierte Bananenplantagen, Holzwirtsch., Bergbau, Exportindustrie. Bodenbesitzstruktur: 1,5 % der Betriebe besaßen 41,2 % des bebauten Landes, 50,8 % der Betriebe verfügten über nur 3,5 % der Nutzfläche. *Einkommensverteilung: 5 % der Bev. erhielten 30 % des Volkseinkommens, die unteren 50 % nur 15 %.
Erste Maßnahmen nach der *Revolution waren die Verstaatlichung des ges. Somozabesitzes, des Grundbesitzes der mit Somoza liierten Oligarchie und des ges. nicht bearbeiteten Bodens und die Durchführung einer *Agrarreform. Die Agrarreform sieht drei Besitz- und Betriebsformen vor: Reorganisierung der verstaatl. Großplantagen und agroind. Komplexe (Kaffee, Fleisch, Tabak, Zucker) in staatl. verwaltete Großbetriebe; Gründung von *Genossenschaften durch Verteilung von Neuland und Zusammenschluß von Minifundien; Weiterbestehen des nicht verstaatl. Privatsektors. Spontane Landbesetzungen privater landw. Betriebe wurden wieder rückgängig gemacht. Weiterhin wurden der nat. Bank-, Finanz- und Versicherungssektor, der Bergbau, die Fisch- und Holzindustrie, der Exporthandel, die wichtigsten Importunternehmen und ein Teil des Binnenhandels verstaatlicht. Entschädigungen (außer Somoza) sind vorgesehen. Der verbleibende Privatsektor (auch die US-Bananenplantagen) soll nicht verstaatl. werden. Privateigentum und Staats- und Gemeineigentum müssen aber laut „Statut über Rechte und Garantien des Bürgers N.s" eine soziale Funktion besitzen. Die Rechte des Privateigentums können daher, aus daraus abgeleiteten Gründen, gewissen Vorschriften und Einschränkungen unterworfen werden. Ein Planungsministerium soll die weitere Wirtsch.-Tätigkeit N.s koordinieren. Um die Arbeitslosigkeit bis Ende 1980 auf 20 % zu senken, ist im Wirtsch.-Plan von 1980 die Schaffung von 90 T. neuen Arbeitsplätzen vorgesehen.

5. Vordringlichstes Ziel der nic. Revolution ist die Beseitigung der aus der Somozazeit resultierenden sozialen Probleme: *Armut, Unterernährung, Krankheit, Unwissenheit. Aufgrund der zerstörten Wirtsch. und Ernten ist N. vorerst auf Lebensmittellieferungen aus dem Ausland angewiesen. Besondere Bedeutung besitzt der Ausbau des unter Somoza vernachlässigten Bildungs- und Gesundheitswesens, v. a. die Beseitigung des *Analphabetismus (40 % der Bev.). Gegenwärtig mangelt es aber noch an Lehrern und Schulen. 1 200 kuban. Lehrer helfen daher bei der *Alphabetisierung der Bev. Ebenso sind 1 200 kuban. Ärzte und Krankenschwestern zur Verbesserung der med. Versorgung der Bev. gegenwärtig in N. 1980 sollen 62 % des Staatshaushalts für das Gesundheits- und Bildungswesen und den Wohnungsbau aufgewendet werden.
Die nach der Revolution gebildete, bis zu den Wahlen amtierende Regierung besteht aus einer 5köpfigen „Junta für den nat. Wiederaufbau" (3 FSLN-Mitgl., 2 Mitgl. der bürgerl. Opposition) und einem Kabinett mit 20 Ministern, das ebenfalls von Mitgl. versch. früherer Oppositionsgruppen gebildet wird. Ein 33köpfiger Staatsrat soll eine neue Verfassung ausarbeiten und bis zu den Wahlen die Rolle der Legislative übernehmen. Freie Wahlen sollen erst in 3–4 J. durchgeführt werden. Trotz Regierungskoalition zwischen FSLN und Vertretern der Bourgeoisie üben die Sandinisten *de facto* die pol. Macht aus, da sie die Unterstützung des Volkes besitzen und außerdem die aus den Volksmilizen gebildete neue Volksarmee und Polizei stellen. Wichtigste Basisorganisationen der Sandinisten sind die „Sandinistischen Verteidigungskomitees" (CDS), denen als lokale Organe der Volksmacht beim Aufbau neuer pol. Strukturen besondere Bedeutung zukommt. Ihre Organisationsstruktur reicht von den Basiskomitees (jeweils für einen Häuserblock zuständig) über Bezirks- und Zonenkomitees bis zum Departementkomitee. Ihr Aufgabenbereich umfaßt die öffentl. Sicherheit, pol. Schulung, öffentl. Gesundheit, Lebensmit-

telverteilung, Aufräumarbeiten und Probleme der Anwohner.
7. Das gegenwärtige Primat einer pol. Allianz zw. nat. Bourgeoisie und FSLN sowie der Einheit der FSLN selbst verhindert noch die Austragung offener pol. Auseinandersetzungen und Fraktionskämpfe. Zwar ermöglichen die großen staatl. Landreserven und die Größe des verstaatl. Somozabesitzes den Sandinisten, die Agrarreform ohne Friktionen mit dem Privatsektor durchzuführen, andererseits zeigt die antisomozistische Oligarchie aber wenig Interesse, unter den veränderten Voraussetzungen (erhöhte Steuerabgaben, höhere Löhne), die ihre Profite schmälern werden, zu investieren. Auf der anderen Seite fordert ein Teil des Volkes von der Regierung, nicht bei einer halben Agrarreform und Sozialisierung stehenzubleiben. Bei der zu erwartenden Zuspitzung der Klassenkonflikte werden die Sandinisten vor der Alternative stehen, entweder die Radikalisierung der Basis unter dem Druck der nat. Bourgeoisie und Oligarchie und der westl. Kreditgeber zu bremsen, oder dem Druck der Basis nachzugeben und durch weitere Verstaatlichungen einen Bruch der pol. Allianz mit der Bourgeoisie zu riskieren.
8. Die BRD hat die E.-Hilfe für N., die während des Bürgerkrieges eingestellt worden war, nach der Revolution wieder aufgenommen.

Lit.: F. Nuscheler, Nicaragua, in: HDW, Bd. 3, Hamburg 1976, S. 341 ff.; H. Schulz, Ein Land wie Pulver und Honig. Ernesto Cardenals Brüder: Verzweifelte und Hoffende, Gütersloh 1978; Informationsbüro Nicaragua (Hrsg.), Nicaragua oder ein Volk in Familienbesitz, Hamburg 1979. ks

Nichtstaatliche Organisationen

Im Bereich der E.-Politik der BRD gehören zu den NGO.s (*Non Governmental Organizations* die *Kirchen, die *pol. Stiftungen und sonstige private Träger von E.-Hilfe, deren wichtigste sich im *Bensheimer Kreis zusammengeschlossen haben. Ihre Unterstützung sieht die Bundesregierung als wesentl. Element der bundesdeutschen E.-Politik an. 1978 hat die Bundesregierung den NGOs ca. 353 Mio. DM zur Verfügung gestellt, die Gesamtsumme beläuft sich für die Jahre 1962–1978 auf 2,25 Mrd. DM. Der Anteil der NGOs am ges. E.-Haushalt liegt gegenwärtig bei 5–6 %. Die eigenen Leistungen der NGOs übertrafen im Jahre 1976 die öffentl. Zuschüsse um etwa das 2½fache. Die staatl. Förderung privater E.-Hilfe-Organisationen wird damit begründet, daß nicht-staatl. Träger geeignet seien, gesellschaftl. Zielgruppen in den EL direkt anzusprechen und mit ihnen zusammenzuarbeiten. Es wird auch betont, daß sie den *Selbsthilfe-Willen der Bev. im EL besser mobilisieren und mit gesellschaftl. Gruppen zusammenarbeiten können, die zu den Unterprivilegierten gehören oder in *Marginalität dahinvegetieren. Nicht unwichtig ist, daß die deutschen Träger durch den unmittelbaren Zugang zu den Menschen in den EL sich den pol. und sozialen Problemen der EL aufgeschlossener zeigen und auf das pol. Bewußtsein in der BRD zurückwirken können. Die NGO.s haben seit Mitte der 70er J. die entwicklungspol. Bildungsarbeit in der BRD verstärkt. dn

Niger

Die Republik N. (*LLDC, *MSAC, *AKP) ist entwicklungspol. im wesentlich von einer Ressource abhängig: Uran.
1. N., seit 1960 unabh., liegt geograph. wie ethnograph. in der Übergangszone zwischen Nord- und Schwarzafrika. Die Sahara bedeckt drei Viertel der 1 187 000 qkm N.s (im N weniger als 0,1 Ew. pro qkm), im südl. Viertel konzentrieren sich 85 % der knapp 5 Mio., zu fast 90 % auf dem Land lebenden Bev. Die nomadischen Tuareg (vor der Dürrekatastrophe zu Beginn der 70er J. 11 % der Ew.) und die inzwischen seßhaften Peul (Fulbe, 14 %) gelten als „Weißafrikaner". Mit der übrigen Bev. verbindet sie der Islam (90 % Moslems, 8 % Animisten, 2 % Christen). Die 45 % der Ew. umfassenden Haussa-sprechenden Völker, deren Sprache fast überall in N. verstanden wird, dominieren den Handel, während die in der Hs Niamey (200 000–250 000 Ew.) lebenden Djerma und Sonphai (21 % der Bev.) bis heute die unter der Kolonialherrschaft erworbenen pol. Schlüsselpositionen verteidigen.
2. In der Kolonialzeit wurde die sozioökon. *Infrastruktur des rund 700 km von der nächsten Küste abgeschnittenen und für

die Franzosen wirtsch. wenig interessanten N. kaum entwickelt, so daß noch zu Beginn der 70er J. die Scholarisationsrate bei nur 10,3 % (1960: 4,7 %) lag, auf 1 000 Ew. 0,02 Ärzte und 5,6 Krankenhausbetten entfielen etc. Nur etwa 1 % der aktiven Bev. sind regelmäßige Lohn- und Gehaltsempfänger, 95 % sind in der Landw. tätig, die bis 1972 über die Hälfte des BIP erwirtschaftete (10,3 % eine bescheidene verarbeitende Ind., 38,5 % Handel und Dienstleistungen), wobei durch Erdnüsse und Vieh fast 75 % der Exporterlöse erzielt wurden. Durch die Dürrekatastrophe verendeten etwa 50 % der 1970 4 Mio. Rinder und 2,8 Mio. Schafe, 75 % der 350 000 Kamele u. a.

3. Das 1958 noch von den Franzosen installierte Regime Diori Hamanis (ab 1960 Staatspräs. in einem formal der Verfassung der 5. franz. Republik nachgebildeten Verfassungssystem), das erst Mitte der 60er J. die Untergrundarbeit der verbotenen nationalistischen Sawaba-Partei Djibo Bakanis unter Kontrolle bekam, offenbarte sich nun endgültig als immobiles und korruptes Regime, dessen Einheitspartei (PPN/*Parti Progressiste Nigérien*) sich nur auf eine schmale urbane Elite stützte. 1974 übernahm das Militär unter Seyni Kountché die Macht, der N. noch auf lange Zeit als nicht reif für eine Demokratie westl. Typs betrachtete.

4. Erheblich stabilisiert hat sich unter der Militärherrschaft die Finanzlage, während die Wirtschaft durch die seit Beginn der 70er J. angelaufene Uranförderung (mehrere **joint ventures* unter Beteiligung des nig. Staates) völlig neue Perspektiven erhalten hat. Ab 1981 ist N. voraussichtlich viertgrößter Uranproduzent der Welt (geschätzte Vorräte 400 000 t). Bereits 1978/79 machten die Einkünfte aus dem Uranexport 37 % der Haushaltseinnahmen aus. 1975 wurden erstmals 89,3 % der Importe durch Exporte gedeckt (1969: 49,7 %), wobei Frankreich bei rückläufigen Anteilen immer noch das wichtigste Abnehmer- (54 %) und Lieferland (43 %) ist. Priorität bei der E.-Planung besitzt die Errichtung von Staudämmen im Nigertal zur Elektrizitätsgewinnung und zur künstlichen Bewässerung, die die Ernteerträge von klimatischen Faktoren weniger abh. machen soll, sowie der zur Ausbeutung der Bodenschätze (qualitativ und quantitativ noch unsichere Vorkommen an Zinn, Phosphat und Erdöl sind bereits prospektiert) notwendige Ausbau des Straßennetzes u. der Anschluß Nigers an eine Eisenbahnlinie zur Küste. kz

Nigeria

Die Bundesrepublik N. (*OPEC, *AKP) entwickelt sich aufgrund der Erdölerlöse zur ökon. und pol. Führungsmacht Schwarzafrikas. Der Erdölboom hat dem Land jedoch nicht nur hohe wirtschaftl. Wachstumsraten, sondern auch große entwicklungspol. Probleme beschert: Vernachlässigung des Agrarsektors, *Landflucht, *Inflation, Versorgungsengpässe, Fachkräftemangel etc. Nachdem die Militärregime die ethnischen Konflikte durch die staatl. Neugliederung in den Griff zu bekommen versuchten, steht die wiedererrichtete Demokratie unter dem Druck der wachsenden sozialen und strukturellen Folgeprobleme wirtsch. Entwicklung.

1. N. (923 772 qkm) ist mit ca. 80 Mio. Ew. das bev.-reichste Land Afrikas. Ethnisch ist die ehemals brit. Kolonie, die am 1. Okt. 1960 unabh. wurde, äußerst komplex (250–300 unterschiedl. ethnische Gruppen). Die 3 größten Völker: Haussa/Fulbe (17,5/9,6 %) im N, der Yoruba (14,4 %) im SW und der Ibo (16 %) im SO stellen knapp 60 % der Gesamtbev. und dominieren eindeutig ihre Regionen. Der ethnischen Vielfalt entspricht eine linguistische und religiöse Heterogenität. Die brit. Kolonialpolitik, die dem islam. N innere Selbstverwaltung und kulturelle Nichteinmischung im Rahmen der **indirect rule* garantierte, während der S unter dem Einfluß der christl. Missionen rel. schnell durchdrungen wurde, führte zu einem bedeutenden Bildungsgefälle und trug wesentl. zum Nord-Süd-Gegensatz bei, der gemeinsam mit dem interethnischen Konkurrenzdenken zur entscheidenden Triebfeder des pol. Prozesses in N. wurde. Ethnische Rivalitäten und ein den *Tribalismus begünstigender Verfassungsrahmen waren Voraussetzungen für Unruhen, Machtübernahme der Militärs und einen dreijährigen Bürgerkrieg. Die Wiederherstellung der Demokratie im Okt. 1979 nach 13jähriger Militär-

herrschaft macht N. zum Vorreiter der Redemokratisierung in Schwarzafrika.

2. Mit einer mittleren Bev.-Dichte von 86 Ew./qkm zählt N. zu den am dichtesten besiedelten Ländern Afrikas. Eine ständig anhaltende *Landflucht hat die Städte rapide anwachsen lassen. 1975 lebten bereits 29% der Bev. in Städten (1960: 18%). 45% aller Nigerianer waren 1975 jünger als 15 Jahre. Die JZ der Bev. liegt bei 2,5% (in Städten 7,0%). Die LE erhöhte sich seit 1960 (34 J.) auf 41 J. 1975.

3. Die nig. Wirtschaftsstruktur ist durch insuläre Einlagerung eines modern organisierten, monetär-wirtsch. Exportsektors in die trad. autochthone Wirtschaft ohne eine systematische Integration bestimmt. Der Mitte der 60er J. einsetzende Ölboom ermöglichte zwar eine starke strukturelle Wandlung, der Agrarsektor ist jedoch eher nur optisch an den Rand gerückt. Fast ¾ der erwerbstätigen Bev. sind noch in der Landw. tätig, der Erdölind.-Sektor beschäftigt lediglich 0,05% der Erwerbstätigen.

Der Anteil der agrar. Produkte (Kakao, Erdnüsse, Palmprodukte, Kautschuk) an der Gesamtausf. fiel von 1960 85% auf weit unter 10% 1974. Die bis 1965 defizitäre Handelsbilanz wurde durch den Erdölboom überwunden und durch Exportüberschüsse abgelöst. Seit 1974 biete t sich N. seinen Nachbarn als Kreditgeber an, um einerseits die regionale *Integration Westafrikas zu fördern und um andererseits damit seinen potentiellen Markt zu erweitern (→ECOWAS). Der Ind.-Sektor – der größte Schwarzafrikas – ist mit einer JZ von 11% der am stärksten expandierende Sektor. 1976 trug der Ind.-Sektor 50%, der Agrarsektor 23% und der Dienstleistungssektor 27% des BSP. Durch die E. einer eigenen Konsumgüterindustrie (Getränke, Tabak, Textilien, Papier) verschob sich der Hauptteil der Importe auf Maschinen und Fahrzeuge. Trotz aller *Industrialisierungsbemühungen werden jedoch bislang fast nur Rohmaterialien (Agrarprodukte, Erdöl, Zinn, Kolumbit) exportiert, die nur selten eine erste Verarbeitungsstufe durchlaufen haben. Mit dem Aufbau einer Investitionsgüterind. wurde in den letzten J. begonnen (Stahlind., Raffinerien, Fahrzeugbau). Als Unterzeichner des *Lomé-Abkommens genießt N. EG-Präferenzen.

4. Sprachenvielfalt und der Einfluß der Religionen stehten der nat. Integration entgegen. Die wichtigsten Sprachen sind die der drei großen Ethnien Haussa, Yoruba, Ibo und Englisch als Amtssprache. Während das Christentum besonders im S verbreitet ist, bestimmt der Islam die Sozialstruktur des N. Etwa 44% aller Nig. bekennen sich zum Islam, 22% zum Christentum und der Rest verteilt sich auf zahlreiche afrikan. Religionen. Die Alphabetenziffer lag bisher bei lediglich 10%, in weiten Teilen des S bei 25%. Die Einführung der allg. Schulpflicht 1976 soll das Bildungsgefälle zwischen N und S verringern. Die Heterogenität von Entwicklungsstufen in Nig. hat zu einem Nebeneinander von Gesellschaftsformationen geführt, das von urgesellschaftlichen Formationen bis hin zum modernen Industrieproletariat reicht. Die zunehmenden sozialen Disparitäten, die Landflucht und Slumbildung in den Städten und die steigende *Arbeitslosigkeit schaffen ein soziales und pol. Konfliktpotential.

5. Die nig. Unabh.-Verfassung war weitgehend am brit. *Westminster-Modell orientiert. Ihre Hauptmerkmale waren ein Zweikammerparlament auf Bundes- und Regionalebene, eine parl. verantwortliche Regierung sowie die rel. Mehrheitswahl in Einerwahlkreisen. Die unausgewogene föderative Struktur – drei Regionen N, W und O – führte jedoch zur Herausbildung regionaler Parteien, die in der pol. Tradition der jeweiligen Majoritätsethnien wurzelten. Die rel. Mehrheitswahl führte zur Verfestigung von Einparteiensytemen in den Regionen und behinderte die nat. Integration. Angesichts der wirtsch. UE und den E.-Differenzen zwischen den Regionen leitete dies gemeinsam mit einer Politik der Zuspitzung ethnischer Gegensätze den Niedergang der „afrik. Musterdemokratie" ein. Nach dem 2. Militärputsch im Juli 1966 wurde die alte Föderalstruktur zerschlagen. Legislative und Exekutive von Bund und 12 Bundesstaaten wurden von den Streitkräften kontrolliert. Nach 1976 wurde mit einer schrittweisen Redemokratisierung begonnen. Im Okt. 1979 trat die Verfassung der 2. Republik N. in Kraft. An der Spitze des Staates steht ein vom Volk gewählter Präs.

mit weitgehenden Vollmachten nach amerik. und franz. Vorbild. Das präsidialdemokrat. Regierungssystem sieht 2 Kammern (Senat 95 Mitgl./Repräsentantenhaus 449 Mitgl.) auf Bundesebene vor. Auch die 19 Gliedstaaten besitzen 2 Kammern. Die rel. Mehrheitswahl in Einerwahlkreisen zum Repräsentantenhaus wurde beibehalten. Um einer regionalistischen bzw. von Stammesloyalitäten bestimmten Parteienstruktur vorzubeugen, wurde die überregionale Verbreitung von Parteien zur Voraussetzung für deren Neugründung nach der Aufhebung des Verbots pol. Parteien 1978. Die Wahlergebnisse bestätigen jedoch die Kontinuität von Stammesloyalitäten im Wahlverhalten der Nig. (*National Party of Nigeria* – Haussa, *United Party of Nigeria* –Yoruba, *Nigerian People's Party* – Ibo).

6. Die sozialen Probleme Nigerias wurden durch die immensen Öleinnahmen bislang kaum gemildert. Das j. *Pro-Kopf-Einkommen konnte dadurch zwar um 100 US-Dollar auf ca. 250–300 US-Dollar erhöht werden, die Einkommensschere zwischen der kleinen vom Öl profitierenden Oberschicht und den Massen, zwischen Stadt- und Landbewohnern, zwischen N und S öffnet sich jedoch immer weiter. Die in der Landw. erzielten höheren Einnahmen wurden von der Inflationsrate (1970–76 j. 16,1 %) aufgefressen. Landflucht, Slumbildung und Arbeitslosigkeit in den Städten – das ind. Wachstum beruht weitgehend auf *kapitalintensiver *Technologie – nehmen zu. Allein die Zahl der Schulabgänger ist sechsmal höher als die neuer Arbeitsplätze. Die bereits unter den Militärregierungen angestrebten Verbesserungen der *Infrastruktur und der wirtsch. Leistungsfähigkeit will die neue zivile Regierung nach ihrem Programm forcieren. Der dabei geplante Neubau einer Hs im Landesinneren scheint der einzige Weg, um dem zunehmenden Chaos in Lagos Herr zu werden. Die seit einem Jahrzehnt proklamierte *„grüne Revolution" zur Steigerung der landw. *Produktivität soll jetzt endlich verwirklicht werden. Zur Zeit ist N. nicht in der Lage, seine Bev. aus eigener Produktion zu ernähren. Auf ind. Gebiet soll der im Aufbau befindlichen Eisen- und Stahlind. Vorrang gegeben werden. Inwieweit die angestrebte *Diversifizierung der nig. Wirtschaft realisiert werden kann, bleibt angesichts der sozialen Spannungen und ethnischen Rivalitäten fraglich.

Lit.: G. Arnold, Modern Nigeria, London 1977; G. Williams (Hrsg.), Nigeria. Economy and Society, London 1976; P. E. Ollawa, Militärherrschaft und pol. Stabilität: der Fall Nigeria, in: APuZ 22/1976, S. 15 ff.; O. Oyediran (Hrsg.), Nigerian Government and Politics under Military Rule 1966–79, London 1979.

rn

Nkrumah, Kwame

Erster Regierungschef eines unabh. schwarzafrikan. Staates, des 1957 unabh. Ghana (früher Goldküste). 1909 geboren, studierte er ab 1935 zehn Jahre in den USA mit Examina in Soziologie, Theologie, Erziehungswissenschaften und Philosophie und schloß daran ein Jurastudium an der *London School of Economics* an. Bereits in den USA unter den afrikan. Studenten pol. aktiv, entwickelte er seine panafrikan. und sozialist. Ideen in GB weiter, organisierte dort die 6. Konferenz des Pan-Afrikanischen Kongresses und nahm 1947 den an ihn ergangenen Ruf der Unabh.-Bewegung in der Goldküste an, den Kampf gegen die Kolonialmacht zu führen. N. gründete 1949 die *Convention People's Party* (CPC), die er mit Hilfe seiner charismatischen Fähigkeiten zur Mehrheitspartei machte. Nach Erreichen des Unabh.-Ziels errichtete N. ein äußerst repressives Regime, ideolog. begründet durch den Kampf gegen den *Neokolonialismus. Sich selbst ließ er in einer Verbindung magischer und religiöser Vorstellungen als Messias verehren. Ihm gelang es jedoch weder, seine panafrikan. Ideen zu verwirklichen, noch sein innenpol. Programm radikaler Strukturreformen zum Erfolg zu führen. Sein Sturz (1966) war Ausdruck seines Scheiterns. dn

Nord-Süd-Konflikt

bezeichnet die Konfrontation zwischen EL und IL, die zum zentralen Problem der int. Beziehungen im letzten Drittel unseres Jh.s geworden ist. Die Kluft zwischen arm und reich im Weltmaßstab, die Vertiefung der Kluft durch Prozesse nicht nur der rel., sondern der absoluten Verarmung und Verelendung in den EL, haben die Konfliktstruktur in den int. Beziehungen nach dem II. Weltkrieg vom Ost-West- auf den

Nord-Süd-Gegensatz verlagert, ohne daß freilich der Ost-West-Gegensatz entscheidend abgebaut worden wäre, noch daß der Nord-Süd-Gegensatz gänzlich unabhängig vom Ost-West-Gegensatz zu bewerten ist. Vielmehr überschneiden sich in vielfältiger Weise Ost-West-Konflikt und Nord-Süd-Konflikt, wie eine Reihe von Beispielen inzwischen aufzuzeigen vermag (Vietnam, *Dekolonisation im südl. Afrika, Afghanistan, Iran etc.). In Ost und West wird der Süden als ein Raum betrachtet, in welchem es Einflußbereiche zu sichern gilt, welche den Zugriff auf *Ressourcen ermöglichen, die für die Aufrechterhaltung und Weiterentwicklung des Lebensstandards in den westl. und östl. IL wichtig oder gar entscheidend sind wie im Falle des Erdöls. Hinter der Nord-Süd-Konfliktdimension verbergen sich folglich weiterbestehende und durchaus akute Ost-West-Konfliktstrukturen. Sie machen aber nicht selbst den Nord-Süd-Konflikt aus, sondern spielen in ihn hinein. Insofern ist es schon berechtigt, von einem Wandel in der Struktur der int. Beziehungen seit Beginn der 70er J. zu sprechen, als sich die Forderungen der EL an die IL in der *Neuen Weltwirtschaftsordnung (NWWO) konkretisierten. Der Streit um die NWWO ist seither der pol. Kern des Konflikts. dn

Nyerere, Julius Kambaragene

N., Sohn des Häuptlings Burito, wurde 1922 in Butiama am Viktoriasee geboren. Am Makerere College in Uganda wurde er zum Lehrer ausgebildet und unterrichtete von 1946–49 in Tabora, Tanganjika. Von 1949–52 studierte er an der Universität Edinburgh (Schottland). Nach seiner Rückkehr nach Tanganjika war N. von 1953–55 erneut als Lehrer tätig. 1954 gründete er die *Tanganjika African National Union* (TANU) und wurde 1960 MP von Tanganjika. Seit 1964 ist er Präs. Tansanias. N.s Idee der **self-reliance* und der von ihm propagierte Sozialismus (**Ujamaa*) haben in der Dritten Welt und in der Diskussion um alternative *E.-Modelle großen Einfluß gewonnen und viel zum Selbstbewußtsein der EL beigetragen.

Lit.: Nyerere, J. K., Afrikanischer Sozialismus, Texte zur Arbeit Dienste in Übersee, 5, Stuttgart 1974; Ders., Freiheit und Entwicklung, Text 10 zur Arbeit Dienste in Übersee, Stuttgart 1975; Ders., Bildung und Befreiung, Frankfurt/M. 1977. ah

OAPEC

Der *Organization of Arab Petroleum Exporting Countries* (OAPEC) gehören derzeit 10 Förderländer an, von denen 7 zugleich Mitgl. der *OPEC sind (Saudi Arabien, Irak, Kuwait, Vereinigte Arabische Emirate [VAE], Katar, Libyen und Algerien), während Syrien, Bahrain und Ägypten (Mitgl.schaft seit 1979, wegen des bilateralen Friedensvertrages mit Israel supendiert) nur Mitgl. der OAPEC sind. Die beiden arab. Förderländer Oman und Tunesien gehören bisher keiner der Organisationen an. Mit einer Förderung von etwa 970 Mio. Jahrestonnen (jat) stellten die OAPEC-Mitgl. 1970 über 40% der Weltproduktion außerhalb des RGW und Chinas und fast zwei Drittel der gesamten OAPEC-Produktion. Bei diesem Produktionsniveau waren die techn. Förderkapazitäten der OAPEC etwa zu drei Viertel ausgelastet. Wichtigstes Förderland ist mit über 400 Mio. jat Saudi Arabien, gefolgt vom Irak mit ca. 130 Mio., Kuwait und Libyen mit jeweils etwa 100 Mio., den VAE mit 90 Mio. und Algerien mit rund 60 Mio. jat; der Rest verteilt sich auf die vier übrigen Mitgl.-Länder.

Mit 45 Mrd. t verfügen die OAPEC-Länder über ca. 60% der bekannten Welterdölreserven außerhalb von RGW und China, das entspricht etwa 75% der gesamten OAPEC-Reserven. Davon entfallen allein auf Saudi Arabien rund 22 Mrd. t. Fast 95% der arab. Erdölproduktion steht potentiell für den Export zur Verfügung.

Gegr. wurde die OAPEC 1968 von den drei arab. Monarchien Saudi Arabien, Kuwait und Libyen, mit dem Ziel einer regionalen Kooperation bei der Planung von Industrien im Bereich Erdölraffinerie, Petrochemie und Schiffahrt. Das Bündnis der drei konservativen Staaten zerbrach jedoch mit dem Sturz der Monarchie in Libyen 1969 und es begann eine Phase der Politisierung innerhalb der OAPEC, nachdem 1970 Algerien und die vier Golfstaaten Katar, Abu Dhabi, Bahrain und Dubai beigetreten waren. Nach heftigen Kontroversen, die bis zur vorübergehenden Auflösung führten, wurden 1972 auch der Irak und die damals noch ölimportierenden Länder Ägypten und Syrien aufgenommen. Diese Konzessionen seitens der Ölmonarchien waren Ausdruck der wachsenden Unzufriedenheit in der arab. Welt über das Ausbleiben einer Lösung des Palästina-Problems. Im Gefolge des Oktoberkrieges 1973 setzte sich innerhalb der OAPEC ein Selbstverständnis durch, welches neben den wirtsch. Aspekten einer koordinierten Rohstoffpolitik v. a. die Nutzbarmachung der Organisation als Instrument einer gemeinsamen Außenpolitik betont. Erstes augenfälliges Resultat einer solchen kombinierten Rohstoff- und Außenpolitik war die Ölkrise 1974. Auch die in den letzten Jahren zunehmend ausgewogenere Haltung der westl. IL zum *Nahostkonflikt allg. und zum Problem der nat. Rechte des palästinischen Volkes (→PLO) im besonderen, dürfte von der arab. Erdölpolitik entscheidende Impulse erfahren haben. hpk

OAS

Organisation Amerikanischer Staaten, wurde als erste regionale Mehrzweckorganisation der *UN 1948 auf der IX. Interamerik. Konferenz in Bogotá gegründet. Bereits 1 J. zuvor hatten sich die USA und die lateinamerik. Staaten – angesichts des aufziehenden Kalten Krieges – im Rio-Pakt zum kollektiven Beistand gegenüber Angriffen extrakontinentaler Mächte verpflichtet. Diese Verpflichtung wurde in die Charta der OAS aufgenommen. Weiterhin vereinbarten die Signatarstaaten der OAS, etwaige Streitigkeiten untereinander friedlich zu regeln, wechselseitig ihr Selbstbestimmungsrecht zu respektieren und die wirtsch. und kulturelle Zusammenarbeit zu fördern.

Oberstes Organ der OAS war zunächst die Interamerik. Konferenz; 1967 wurde sie durch die j. tagende Vollversammlung abgelöst. Mit dem Ständigen Rat und dem Generalsekretariat ist Washington der Hauptsitz der OAS. Weitere Organe sind der Wirtschafts- und Sozialrat, der Rat für Erziehung, Wissenschaft und Kultur, die *Menschenrechtskommission, der Verteidigungsrat usw.

Von der Gründung der OAS versprachen sich die lateinamerik. Staaten eine weitere Förderung ihrer wirtsch. E. Ihre Forderungen kamen jedoch kaum zum Zuge; statt dessen wurde die OAS immer mehr zu einem Instrument zur Abwehr linksgerichteter Aktivitäten. Angesichts der kuban. Revolution wurde 1962 der Marxismus-Leninismus als für unvereinbar mit dem Interamerik. System erklärt und Kuba aus der OAS ausgeschlossen. Nach ihrer Invasion in der Dominikan. Republik 1965 gelang es den USA durch die Billigung der OAS, ihre Besatzungstruppen mittels Hinzufügung einiger lateinamerik. Soldaten zur interamerik. Streitmacht zu erklären.

1969 formulierten die lateinamerik. Staaten in dem OAS-Sonderausschuß CECLA erstmals eine einheitliche und USA kritische Grundsatzerklärung zur *internationalen Arbeitsteilung. In den folgenden Jahren betrieben sie innerhalb der OAS eine immer selbstbewußtere Interessenvertretung gegenüber den USA und ließen deren Versuch von 1974, in einem sog. „Neuen Dialog" Gegensätze informell zu behandeln, scheitern. Gleichzeitig wurden die Bemühungen verstärkt, außerhalb der OAS – unter Ausschluß der USA, aber unter Einschluß Kubas – neue Kooperationsformen und -institutionen zu entwickeln.

Lit.: L. Brock, Entwicklungsnationalismus und Kompradorenpolitik. Die Gründung der OAS und die Entwicklung der Abhängigkeit Lateinamerikas, Meisenheim am Glan 1975. vl

OAU

Organisation für *Afrikan. Einheit (*Organization of African Unity*) nach vergeblichen Anläufen 1958 (Accra) und 1960 (Addis Abeba) im Mai 1963 in Addis Abeba gegr. von den seinerzeit 30 unabh. Staaten Afrikas; 1979 49 Mitgl., Sitz Addis Abeba. Laut Gründungscharta verfolgt die OAU folgende Ziele: 1. Förderung der Einheit und Solidarität zwischen den afrikan. Staaten; 2. Koordinierung und Festigung ihrer Zusammenarbeit zur Verwirklichung eines besseren Lebens für die Völker Afrikas; 3. Verteidigung ihrer Souveränität, ihrer territorialen Integrität und Unabh.; 4. Ausrottung aller Formen des *Kolonialismus in Afrika; 5. Förderung der int. Zusammenarbeit auf der Grundlage der UN-Charta und der Erklärung der *Menschenrechte. *Organe:* Versammlung der Staats- und Regierungschefs (Gipfelkonferenz), tagt zumindest einmal im J. in jeweils einem anderen Land; faßt Grundsatzbeschlüsse (mit Zweidrittelmehrheit) und wählt den Präs. der OAU (in der Regel der Staatschef des Gastgeberlandes); Ministerrat, zusammengesetzt normalerweise aus den Außenministern, tagt mindestens zweimal im J., bereitet die Gipfelkonferenzen vor und führt deren Beschlüsse aus; Generalsekretariat, vom Ministerrat bestellt, koordiniert die Aktivitäten der OAU zwischen den Konferenzen; Kommission für Vermittlung, Schlichtung und Schiedssprüche (soll bei Streitigkeiten zwischen den Mitgl. friedliche Regelungen herbeiführen helfen); 5 ständige Spezialkommissionen für Wirtschaft und Soziales, Erziehung und Kultur, Gesundheit, Verteidigung, Wissenschaft. Daneben das bereits 1963 gegründete Befreiungskommitee ALC (*African Liberation Committee*), das aufgrund seines entschlossenen Kampfes gegen die Kolonialherrschaft und seiner Unterstützung der nat. *Befreiungsbewegungen einen wichtigen Beitrag zur Unabh. der Völker Afrikas geleistet hat.

Lit.: F. Ansprenger, Die Befreiungspolitik der OAU 1963–1975, München/Mainz 1975. dn

Obervolta

Die Republik O. *LLDC, *MSAC, *AKP) ist eines der ärmsten EL (*Pro-Kopf-Einkommen zu Beginn der 70er J. ca. DM 170). Ohne direkten Zugang zum Meer stellen die *Infrastruktur und – angesichts fortschreitender Wüstenbildung (*Desertifikation) – die Wasserversorgung und die Landwirtschaft die größten E.-Probleme dar. Die pol. E. seit der Unabh. (1960) ist eine der interessantesten in Westafrika, da nach Militärputschen zweimal die Wiedereinführung eines Mehrparteiensystems versucht wurde.

1. Für O. (274 122 qkm, 1976 ca. 5,6 Mio. Ew.), das in der westafrikan. Savannen- und Sahelzone liegt, bildet die Eisenbahnlinie von der Hs Ouagadougou (1976: 170 000 Ew.) nach Abidjan die wichtigste Verkehrsachse. Das ressourcenarme Land steht auch nach der Unabh. (1960) in einem wirtsch. Abh.-Verhältnis zur benachbarten Elfenbeinküste. Mit knapp der Hälfte der Bev. stellen die im Zentrum O.s lebenden Mossi die dominierende Ethnie, deren nach „feudalen" Verwaltungsstrukturen organisierten Reiche mit einem bis heute einflußreichen *Mogho Naba* (Kaiser) an der Spitze bis ins 12. Jh. zurückreichen. Im N leben noch z. T. nomadische Peul (Fulbe) und Tuareg (gut 10% der Bev.), im W die Bobo, Lobi, Mande-Völker (je etwa 7%), je 5% machen die Senufo und die Gurunsi aus. Über 25% der Bev. sind Moslems, rund 70% Animisten, etwa 5% Christen, deren Einfluß v. a. auf die Führungsschicht durch das kath. Schulwesen aber weit höher ist. Die Einschulungsrate von 10,1% (1978 noch immer 92,5% der E. Analphabeten) gehört zu den niedrigsten in ganz Afrika.

92% der aktiven Bev. arbeiten im Landw.sektor (in den Städten mit mehr als 10 000 Ew. lebten 1973 5,8%, in den Orten über 5 000 Ew. 12% der Bev.), dessen Produktion (Sorghum, Hirse, Mais, Reis, Erdnuß u. a.) zu etwa 60% der Selbstversorgung der Bauern dient. Baumwolle (1976: 45,6%), Erdnüsse u. a. Ölfrüchte (16,5%) sowie lebende Tiere (11,7%), der gegenüber der Zeit vor der Dürrekatastrophe in der Sahelzone (1969–74) drastisch reduzierte Tierbestand belief sich 1974 auf etwa 1,4 Mio. Rinder, 1 Mio. Schafe, 2 Mio. Ziegen u. a.) bilden die wichtigsten Exportartikel bei einer chronisch defizitären Handelsbilanz. Eine verarbeitende Ind. (ca. 5% des BIP) ist erst an Ansätzen vorhanden. Seit mehreren Jahren bekannte Bodenschätze (u. a. Manganvorkommen im Grenzgebiet zu Niger und Mali) wurden bisher nicht ausgebeutet, weil die verkehrsmäßige *Infrastruktur dafür noch nicht bereitgestellt ist.

3. Trotz einer nach dem Militärputsch von 1966 soliden, von *Austerity*-Denken geprägten Finanzpolitik muß Frankreich häufig ein Defizit im Staatshaushalt ausgleichen. Neben Frankreich hat die Elfenbeinküste die größte wirtsch. Bedeutung für O., da v. a. Mossi seit der Kolonialzeit aufgrund mangelnder Verdienstmöglichkeiten im eigenen Land zur Wanderarbeit gezwungen sind. Ihre Überweisungen nach Hause entsprechen in etwa dem Betrag der offiziell gewährten *E.-Hilfe und bilden eine spürbare Entlastung der Zahlungsbilanz.

4. Nachdem das autoritäre und korrupte Einpartei-System des ersten Staatspräsidenten M. Yaméogo Anfang 1966 zusammenbrach, bereitete das Militär unter dem seitherigen Präs., General S. Lamizana, bis 1970 die Rückkehr zu einer verfassungsmäßigen Ordnung vor (durch Referendum gebilligtes Präsidialsystem in Anlehnung an die franz. V. Republik, die dem Militär allerdings eine gewisse Machtposition festschrieb u. a. ⅓ der Ministerposten). Als im Vorfeld neuer Präsidentschaftswahlen persönl. Rivalitäten zwischen Ministerpräsident G. K. Quédraogo und Parlamentspräsident J. Quédraogo in regionale Konflikte zwischen zwei rivalisierenden Mossi-Zentren (mit Gefahr eines Übergreifens auf die Armee) zu münden drohte, übernahm die Armee 1974 erneut die Macht. 1977 wurde durch Referendum eine neue, ebenfalls am franz. Vorbild orientierte Verfassung angenommen, 1978 Parlaments- und Präsidentschaftswahlen abgehalten. Wie 1970 gewann die bei den Mossi verankerte UDV-R.D.A. (*Union Démocratique Voltaïque – Rassemblement Démocratique Africain*) die Mehrheit der Sitze (28 von 57), gefolgt von der dem R.D.A. abgespaltenen UNDD (*Union nationale pour la défense de la démocratie*) Hauptgegner der neuen, bis auf die UPV (*Union progressiste voltaïque*) von allen Parteien getragene Regierung unter MP J. Conombo dürften die zahlenmäßig schwachen, pol. aber sehr einflußreichen *Gewerkschaften sein, die auch Präs. Lamizana kritisch gegenüberstehen.
5. Die BRD ist neben Frankreich das wichtigste Geberland von E.-Hilfe für O.

Lit.: F. Ansprenger, Obervolta, in: HDW, Band 2, Hamburg 1976, S. 439 ff.; H. F. Illy, Obervolta. Neue Dynamik in Politik und Wirtschaft, in: Int. Afrikaforum, 14. Jg., München 1978, S. 70 ff.; K. Ziemer, Obervolta, in: F. Nuscheler, K. Ziemer, Politische Organisation und Repräsentation in Afrika, Berlin 1978, S. 1155 ff. kz

ODECA

Organisation Zentralamerikanischer Staaten, 1951 von Costa Rica, El Salvador, Guatemala, Honduras und Nicaragua gegr., Rahmen zentralam. Integrationsbemühungen (→MCCA).
Ziel: Herstellung der pol. Einheit Zentralamerikas. Über verbale einzelstaatl. Beteuerungen und zweischneidige gemeinsame Erklärungen (u. a. 1963 von den USA im Rahmen der **Counterinsurgency*-Strategie initiiert) nicht hinausgekommenes Projekt. dn

OECD

Organisation für wirtsch. Zusammenarbeit und Entwicklung (*Organization for Economic Cooperation and Development*), 1961 gegr., Sitz Paris, 24 Mitgl.: Australien, Belgien, BRD, Dänemark, Finnland, Frankreich, Griechenland, Irland, Island, Italien, Japan, Luxemburg, Neuseeland, Niederlande, Österreich, Portugal, Schweden, Schweiz, Spanien, Türkei, GB, USA, Kanada. Jugoslawien assoziiertes Mitglied. Bedeutendste Organisation der westl. IL (60% Anteil an der Weltindustrieprod., 73% Anteil am Welthandel), Koordinierungsinstrument der Wirtschaftspolitik der westl. IL. Ziele: hohes Wirtschaftswachstum, hoher Beschäftigungsstand, finanz. Stabilität in den Mitgl.-Ländern; Steigerung des Welthandels; Unterstützung der EL (handelspol. Maßnahmen, Kredithilfe, insges. über ⅘ der weltweiten E.-Hilfe).
Organe: Rat, bestehend aus allen Mitgl.; tagt einmal jährl., Vorsitz jährl. neu gewählt; Generalsekretär; Ausschüsse u. a. *E.-Hilfe-Ausschuß *DAC. 1974 Gründung der Int. Energie-Agentur (IEA) zur Überwindung von Schwierigkeiten in der Energieversorgung und der *Zahlungsbilanz. Laufende Veröffentlichungen von Kommuniqués und Leitsätzen zur int. Zusammenarbeit und E.-Politik, u. a. OECD-Leitlinien für *Multinationale Unternehmen/Juni 1976. OECD-Informationsbüro in der BRD: Simrockstr. 4, 5300 Bonn.

Lit.: H. Hahn/A. Weber, Die OECD, Baden-Baden 1976 dn

Öffentliche Entwicklungshilfe

Int. übliche Abkürzung ODA (*Official Development Assistance*); nach der *DAC-Definition werden unter ODA alle Mittelzuflüsse von staatl. Stellen einschließl. der von Ländern und Gemeinden oder ihren Vertretungen an EL und multilaterale Institutionen für wirtsch. E. und die Verbesserung der Lebensbedingungen in den EL verstanden, die grundsätzlich zu vergünstigten Bedingungen vergeben werden (bei Darlehen und Krediten mit einem *Zuschußelement von mindestens 25%). ODA

grenzen sich ab gegen Leistungen der privaten Wirtschaft und solchen öffentl. Leistungen, die nach Marktbedingungen erfolgen (→Direktinvestitionen).
Das int. Ziel der öffentl. E.-Hilfe seit der II. E.-Dekade lautet 0,7 % des BSP. Dieses Ziel wurde in den 70er J. bei weitem unterschritten. Die ODA der DAC-Länder pendelte sich bei 0,33 % ein. Nur 4 Staaten erfüllten 1978 das 0,7%-Ziel: Norwegen und Schweden mit 0,9 %, die Niederlande mit 0,82 % und Dänemark mit 0,75 %. Die BRD trug 1978 mit knapp 2 Mrd. US-Dollar 10,8 % der ODA der westl. IL, lag damit hinter den USA (26,5 %), Frankreich (14,7 %) und Japan (12,1 %) an vierter Stelle. Einen beachtlichen Teil der öffentl. E.-Hilfe leisten inzwischen die finanzstarken *OPEC-Länder (1978: 6,6 Mrd. gegenüber 18,3 Mrd. der DAC-Länder). Die ODA der sozialist. Länder Osteuropas belief sich 1978 auf 0,8 Mrd. US-Dollar oder 0,04 % des BSP. dn

OIC

Islamische Konferenz (*Organization of the Islamic Conference*) Mai 1971 in Jidda/Saudi Arabien gegründete Konferenz, der 1979 40 Mitgl.-Länder (einschl. der *PLO) angehörten. Die Mitgliedschaft Afghanistans wurde nach der Invasion des Landes durch sowjetische Truppen suspendiert. Zielsetzungen: Förderung der islam. Solidarität unter den Mitgl.-Ländern und Schutz des islam. Glaubens; Kampf gegen Rassendiskriminierung und *Kolonialismus, Unterstützung für die PLO; Zusammenarbeit auf wirtschaftl., sozialem, wissenschaftl. und kulturellem Gebiet. Zu diesem Zweck wurde im Rahmen der OIC 1972 eine gemeinsame Nachrichtenagentur IINA (*International Islamic News Agency*), 1974 die Islamische Entwicklungsbank IDB (*Islamic Development Bank*) und in ihrem Rahmen der Islamische Solidaritätsfonds ISF (*Islamic Solidarity Fund*) gegründet. Nach der Afghanistan-Besetzung sind die Aktivitäten der OIC stärker ins Bewußtsein der Weltöffentlichkeit getreten. dn

Ökologie, Öko-System

In der neueren entwicklungstheoretischen und -strategischen Debatte spielen Umweltprobleme eine verstärkte Rolle. Dies ist nicht nur Folge der in den IL aufgetretenen Umweltbelastungen und erkannten Wachstumsgrenzen (→Weltmodelle), sondern spiegelt auch die in den EL mit herkömmlichen, wachstumsorientierten *E.-Strategien gemachten Erfahrungen wider. Diese E.-Strategien waren mit hohen Belastungen und Folgekosten der physischen und sozialen Umwelt verbunden. Beispielhaft dafür sind die mit der *Grünen Revolution gemachten Erfahrungen: der Anbau hochgezüchteter Kulturen machte große Mengen an Wasser, Energie, Düngemitteln, Pflanzenschutz etc. notwendig; die kapital- und energieintensiven Erzeugnisse belasteten stark das regionale oder lokale Öko-System. Nicht minder nachteilig waren die sozialen Kosten: *Arbeitslosigkeit, ungleichere *Einkommensverteilung, höhere Abh. von ausländ. *Investitionen. Dieses Beispiel macht auch verständlich, weshalb die EL unter Ökologie, Öko-System und Umwelt mehr als nur die physische Umwelt, Natur und Landschaft verstehen, sondern auch die sozialen Probleme und sozialen Kosten sozio-ökon. Veränderungen. Diese Definition wurde von den EL auf der Stockholmer *Welt-Umweltkonferenz 1972 eingebracht und bestimmt auch die Empfehlungen und Aktivitäten des *UNEP, in dessen Aktionsplan für eine humane Umwelt (1973) Maßnahmen des Umweltschutzes einen integralen Bestandteil der wirtsch. und sozialen E. bilden. D. h. es wird gefordert, daß E.-Strategien und *Entwicklungsplanung die öko-sozialen Kosten und Folgeprobleme von Investitionen mitberücksichtigen. Man spricht hier von Öko-Entwicklung, Öko-Technologie etc. Die Berücksichtigung ökolog. Gesichtspunkte führt in der Tat zu alternativen E.-Strategien, zur Verwendung *angepaßter bzw. situationskonformer Technologien, die das ökolog. Gleichgewicht bewahren, zu *arbeitsintensiven Investitionen, welche die sozialen Mißstände verringern helfen. →Grundbedürfnisse, →ländliche Entwicklung.

Lit.: K. W. Kapp, Sozialökonomische Entwicklung und Umwelt, in: APuZ 7/1978, S. 19 ff.; W. Weischet, Die ökologische Benachteiligung der Tropen, Stuttgart 1977. dn

OLAS

Organisation lateinamerikan. Solidarität (*Organisación Latino-Americana de la Solidaridad*), 1966 gegr., Organisation zur Unterstützung revolutionärer *Befreiungsbewegungen in LA bzw. des Exports der kubanischen Revolution. Seit Ende der 60er J., zusammenfallend mit dem Scheitern der *Guerilla in LA, ohne Aktivität. dn

Ölfazilität

Sonderkonto des *Int. Währungsfonds, das im Anschluß an die Preiserhöhungen des Erdöls 1974 eingerichtet wurde. Von den 3,05 Mrd. *Sonderziehungsrechten (SZR) wurden 2,6 Mrd. von den *OPEC-Ländern eingezahlt. Aus der Ölfazilität können EL und IL Kredite zu einem Zinssatz von 6 bis 7 % und einer Laufzeit von höchstens 7 J. ziehen. Sie wurde jedoch hauptsächlich von EL in Anspruch genommen. dn

Oman

O. ist ein strategisch höchst bedeutsames Gebiet. Zum einen kann von hier aus die Straße von Hormuz beherrscht werden, die eine der wichtigsten Öltankerrouten der Welt ist, zum anderen ist O. im aggressiveren Konzept der US-Außenpolitik zu Beginn der 80er J. bei Planspielen potentieller Ausgangspunkt kriegerischer Aktionen bei einer „Verteidigung" der Ölfelder.

1. Das Gebiet des Sultanats O. (300 000 qkm) umfaßt auch die Halbinsel Musadam (hier passieren ca. die Hälfte der Öltanker der Welt die Straße von Hormuz), die durch das Territorium der Vereinigten Arab. Emirate vom Rest des Landes getrennt ist. O. ist Wüstengebiet. Nur ca. 65 % des Landes können von Beduinen durch Wanderviehwirtschaft (Kamele, Schafe, Ziegen, Rinder) genutzt werden. Weniger als 1 % der Fläche O.s nehmen Oasen ein und können landw. genutzt werden (Datteln, Kokos, Papaya, Bananen, Zitronen, Getreide). O. besitzt – rel. bescheidene – Erdölvorkommen und andere Rohstoffe (v. a. Kupfer und Gas). Mit neuseeländ. Hilfe nutzt O. den Fischreichtum seiner Gewässer.

2. Die Geschichte O.s ist geprägt vom Konflikt zwischen Imams- (= geistl. Oberhaupt der Ibaditen, von den Stämmen Inner-O.s unterstützt) und Sultanatsherrschaft. Mit dem Verfall des oman. Handelsimperiums wurde das Sultanat immer mehr von brit. Unterstützung abh., mit deren Hilfe sich der Sultan mehrmals und endgültig gegen den Imam durchsetzte. Seit 1970 ist das Sultanat O. ein souveräner Staat. Die engen Beziehungen zu GB bestehen jedoch weiter (brit. Berater/der heutige Sultan Qaboo bin Said, in Sandhurst ausgebildet, setzte 1970 mit brit. Hilfe seinen Vater ab).

3. Die Bev. O.s wird zwischen 450 T. und 1,5 Mio. gesch. ⅔ der Bev. verteilen sich auf kleine verstreute Oasen (Hs-Gebiet Maskat 1978 ca. 80 T. Ew.). Die ehemalige Ausdehnung der osman. Macht hat deutlichen Einfluß auf die heutige Zusammensetzung der Bev. O.s. Neben Nicht-Omanis (westl. Spezialisten/alteingesessene indische Händlerfamilien/neu zugewanderte Inder und Pakistaner, die einfache Arbeiten verrichten) leben Omanis afrikan. (2 %), persischer (3 %) und belutschistanischer Herkunft (4 %) neben den Angehörigen der zahlreichen einheim. Stämme.

4. Die Nachkommen ehemal. Sklaven werden noch mehr als die nichtarab. Omanis sozial diskriminiert. Sie bilden mit den ausländ. Arbeitskräften die Unterschicht, die im rasch wachsenden Gebiet der oman. Städte lebt. Gesellschaftlich führend sind neben den trad. Stammesoberhäuptern, die neue Kaufmanns- und Unternehmerschaft und die höheren Regierungsbeamten.

5. Die pol. E. O.s wurde in den 60er und 70er J. vom Konflikt des als absoluter Herrscher regierenden Sultans mit Aufständischen in der Südprovinz Dhofar (seit 1879 bei O.) bestimmt (1965–1975). Unterstützt von der DVR Jemen versuchte die PFLOAG (= Volksfront für die Befreiung des besetzten Arab. Golfs) von hier aus, eine Bewegung zur Absetzung aller trad. Herrscher zu initiieren. 1974 änderte sie ihren Namen zu PFLO und konzentrierte ihre Aktivitäten auf O. Das Ende einer wirksamen Aufstandsbewegung wurde durch den Entzug der Unterstützung für die PFLO durch die DVR Jemen (auf Druck Saudi-Arab.), die Verstärkung der Streitkräfte O.s durch GB, eine Generalamnestie für Aufständische und Geld-, Kleider-,

Nahrungs- und Hausratsgeschenke an die Bev. Dhofars sowie den Ausbau der dortigen *Infrastruktureinrichtungen erreicht.
6. Für die zukünftige E. O.s ist die Verwendung der Öleinkünfte von entscheidender Bedeutung. 1974 übernahm die Regierung 60 % der *Petroleum Development Ltd. O.* Die Anreize, die von der staatl. Wirtschaftspolitik und der trad. Wertehierarchie der Omanis bisher ausgehen, führten zur Konzentration der *Investitionen auf das Baugewerbe (jedem Omani wird per Gesetz kostenlos ein Grundstück zugewiesen) und den Handel (Fehlen von Zollschranken). Letzteres hatte die Vernachlässigung der häufig kostenungünstiger produzierenden einheim. Landw. und des einheim. Gewerbes zur Konsequenz. rs

OPEC

Organisation erdölexportierender Länder (*Organization of the Petrolium Exporting Countries*), 1960 in Bagdad von Iran, Irak, Kuwait, Saudi-Arabien und Venezuela gegründet, Hauptsitz in Kuwait. Beitritte: Katar 1961, Indonesien und Libyen 1962, Abu Dhabi 1967 (ab 1974 VAE), Algerien 1969, Nigeria 1971, Ecuador 1973, Gabun 1975 (jeweils Datum der Vollmitgliedschaft). *Organe:* Konferenz, bestehend aus den Delegationen der Mitgl.-Länder, höchstes Organ, tagt zweimal im J., jedes Land hat eine Stimme, Entscheidungen erfordern Einstimmigkeit, bei Neuaufnahmen ¾-Mehrheit der Vollmitgl. und Einstimmigkeit der Gründungsmitgl. (Kriterium für Aufnahme: Rohölexport muß die hauptsächl. Wirtschaftsgrundlage darstellen). Gouverneursrat, bestehend aus den von den Mitgl. vorgeschlagenen und von der Konferenz bestätigten Gouverneuren. Unter seiner Kontrolle werden die Entscheidungen der Konferenz vom Sekretariat ausgeführt, dem ein Generalsekretär vorsteht, Amtszeit 2 Jahre, rotierend nach Mitgl.-Ländern entsprechend Datum des Beitritts. Das Sekretariat hat seinen Sitz seit 1965 in Wien. *Zielsetzung* der OPEC laut Statut: Koordination und Vereinheitlichung der Ölpolitik der Mitgl.-Länder sowie Schutz ihrer individuellen und kollektiven Interessen; Stabilisierung der Erdölpreise auf den int. Märkten; Sicherung der Einkommen für die Förderländer, der ausreichenden und regelmäßigen Versorgung für die Verbraucherländer und der fairen Verzinsung ihres Kapitals für die ausländ. Investoren.
Im ersten Jahrzehnt nach ihrer Gründung ging es der OPEC im wesentlichen um Preisstabilisierung für Rohöl und um eine Steigerung des Anteils der Förderländer an den Einnahmen aus dem Energieträger, den ausländ. Unternehmen förderten, exportierten, vermarkteten etc. Die Erfolge der Kartellpolitik, welche harte Auseinandersetzungen mit den Ölkonzernen beinhalteten, stellten sich hauptsächlich erst zu Beginn der 70er J. ein. Stiegen die j. durchschnittl. Einnahmen der OPEC-Mitgl. von 1962 auf 1970 um 13,5 %, so erhöhten sie sich von 1970 auf 1971 um 55,3 %, obwohl die Exportmengen von 1962 auf 1970 j. durchschnittl. um 12,9 % von 1970 auf 1971 hingegen nur um 7,4 % zunahmen. Diese Erfolge und Veränderungen auf dem Ölmarkt, insb. die Verknappung des Erdöls als Folge des Teilembargos der arab. Förderländer, führten zur raschen Durchsetzung weitreichenderer Ziele der OPEC-Länder, die Ende der 60er J. zu formulieren begonnen wurde. Sie bestanden zunächst in der Beteiligung am Aktienkapital der auf Konzessionsbasis in den Förderländern arbeitenden int. Ölfirmen, wobei die geforderten Beteiligungssätze schwankten. Als wirksames Konzept der Beteiligung wurde nach 1971 allein eine Partizipation von 51 % der Aktien begriffen, d. h. eine Mehrheitsbeteiligung, welche die Entscheidungsgewalt über die Produktion in die Hände der Förderländer legt. In sog. **joint venture*-Unternehmen sollten Kooperation mit den über Kapital und Technologie verfügenden Ölfirmen gesucht und Profitmöglichkeiten für das int. Kapital gegeben bleiben. Sozialrevolutionäre Regierungen gingen in den nachfolgenden Jahren über diese noch gemäßigten Zielsetzungen hinweg und setzten die vollständige *Nationalisierung der Erdölindustrie durch (Algerien 1970, Irak 1972, Libyen 1973; auch Venezuela 1975). Damit gelangte die Kontrolle über das Erdöl hinsichtlich Produktion und Preis in die Hände der OPEC-Länder, die seither praktisch den Weltmarktpreis für Erdöl bestimmen.
Die OPEC gilt seither als Modell eines er-

folgreichen *Rohstoffkartells; sie hat sich zu einem Wortführer der Dritten Welt entwickelt, ungeachtet der großen Unterschiede, die ihre Mitgl. hinsichtlich ihrer pol. Systeme und ihrer gesellschaftspol. Zielvorstellungen auszeichnen, und ungeachtet der fortgesetzten Spannungen zwischen ihnen über die zu verfolgende Erdölpolitik (Preispolitik und Bevorratungspolitik). Die negativen Auswirkungen ihrer Preispolitik auf die energieimportierenden EL suchen die OPEC-Länder durch bilaterale Kredit vereinbarungen sowie nat. und multinat. Fonds für zinsgünstige Kredite zu mildern, deren Volumen allerdings den Entzug von Kapital der anderen EL nur zu etwa 70% wettmachen kann. Die OPEC-Länder leisten auch erhebliche Beiträge zur Finanzierung der Tätigkeiten von * Weltbank und *IWF, allerdings zu kommerziellen Konditionen. Der 1976 gegründete OPEC-Sonderfonds zur Unterstützung von EL soll in ein OPEC-Institut für *E.-Hilfe verwandelt werden, das Zuschüsse und zinsgünstige Kredite an EL vergibt bei günstigeren Konditionen als *IWF und * Weltbank. Zugleich ist geplant, eine OPEC-E.-Agentur für wirtschaftl. und technologische Zusammenarbeit unter EL zu gründen, die auch für den Dialog mit IL beitragen soll.

Lit.: A. Gälli, Die sozio-ökonomische Entwicklung der OPEC-Staaten – Auswirkungen und Perspektiven des Devisenreichtums, München 1979; W. Ochel, Die Industrialisierung der arabischen OPEC-Länder und des Iran – Erdöl und Erdgas im Industrialisierungsprozeß, München 1979. dn

Pädagogik der Befreiung

Die PdB gehört im weitesten Sinne zum Problemfeld *Bildung/Ausbildung in der Dritten Welt. Anders als in Programmen zur Verbreitung von Kenntnissen und Fertigkeiten der westl. IL in EL versucht die PdB Hilfe zur *Selbsthilfe anzuregen, v. a. dadurch, daß sich insbesondere die Unterprivilegierten ihrer objektiven sozialen Lage bewußt werden und diese selbst aktiv zu verändern trachten. Jeder Lernvorgang, etwa *Alphabetisierung, muß deshalb zugleich Beitrag zur E. eines kritischen Bewußtseins sein und als solcher „schöpferische Akte" (Freire) anregen.
Für die PdB gehören Theorie und Praxis, Aktion und Reflexion, aufs Engste zusammen. Sie existiert daher nicht nur als Lehre, sondern fand ihren spezifischen Ausdruck in einer großangelegten Volksbildungsbewegung in Brasilien. Initiator war Paulo Freire, dem es unter der Regierung Goulart (1961–1964) gelang, an die 20 000 „Kulturzirkel" ins Leben zu rufen, in denen Analphabeten in ca. 30 Tagen nicht nur lesen und schreiben lernten, sondern auch ein neues Selbstbewußtsein gewannen. Obwohl Freires Volksbildungspraxis nicht die Verbreitung irgendwelcher Ideologien, sondern lediglich eine konsequente Humanisierung zum Ziel hatte, bewerteten die Etablierten seine Ideen wegen ihrer möglichen Folgen dennoch als subversiv. Freire wurde 1964 nach dem Militärputsch aus Brasilien ausgewiesen; seit 1973 ist er auch in Chile unerwünscht, wo schon unter *Frei ebenfalls nach seinem Programm gearbeitet wurde. Freire geht deshalb heute davon aus, daß sich die PdB kaum innerhalb „normaler Systeme" wird etablieren können.

Lit.: P. Freire, Erziehung als Praxis der Freiheit. Stuttgart 1974; H.-P. Gerhardt, Zur Theorie und Praxis Paulo Freires in Brasilien, Frankfurt 1979. kmj

Pakistan

Die Islam. Republik P. (MSAC), seit der pol. Unabh. innenpol. instabil, hat durch die Ereignisse in der Region (Iran, Afghanistan) an strategischer Bedeutung gewonnen. Seither stehen soziale E. und demokratische Postulate noch mehr in Gefahr, dem außenpol. Konfrontationsdenken geopfert zu werden.
1. P. bildet den nordwestl. Teil des indopakistanischen Subkontinents und den Übergang zu Südwestasien (Iranisches Hochland). Mit einer Fläche von 801 940 qkm ist P. mehr als dreimal so groß wie die BRD. Seine Bev. (Jan. 1980): ca. 80 Mio., JZ 1970–77: 3,2%. Die Hälfte des Staatsgebiets entfällt auf unfruchtbares Bergland im W sowie auf die Wüsten und Wüstensteppen entlang der ind. Grenze (Thar), weitere Gebiete sind nur als Weideland nutzbar. Der größte Teil der landw. Produktion findet auf dem verbleibenden Viertel des Territoriums entlang des Indus und seiner Nebenflüsse im Fünfstromland (Punjab) statt; hier wohnen auch drei Viertel der Bev. und befinden sich fast alle grö-

ßeren Städte. Die Bev.-Dichte ist entsprechend höher als die durchschnittl. 100 Ew./qkm; der Anteil städt. Bev. beträgt ca. 30%. Hs ist Islamabad (250000 Ew.), größte Stadt Karachi (3,5 Mio. Ew.).
Der E.-Stand P.s ist dem des benachbarten Indien vergleichbar und höher als in Afghanistan oder Bangladesch; das *Pro-Kopf-Einkommen betrug 1978–79: 250 US-Dollar, die *Einkommensverteilung ist sehr ungleich. Nach *FAO-Schätzungen erreichen 26% der Bev. nicht die als Existenzminimum angesehenen 1 512 Kcal pro Tag an Nahrung (Durchschnitt: 2 132 Kcal); 78% der Bev. über 10 Jahren sind Analphabeten. Nur 26% der Bev. haben Zugang zu unbedenklichem Trinkwasser und knapp 10% besitzen eine richtige Abwasserbeseitigung. 1 Krankenhausbett entfällt auf 1 700 Ew., 1 Arzt auf 6 000 Ew.; LE beträgt 49 J.
2. Die jüngste E. in Iran und Afghanistan hat wieder die geopol. Bedeutung P.s gezeigt: P. trennt sowohl die Sowjetunion (abgesehen von einem schmalen afghan. Landstreifen) als auch China vom Indischen Ozean und sieht sich territorialen Ansprüchen seiner Nachbarn Afghanistan (Pashtunistan) und Indien (Kashmir) ausgesetzt. Gute Beziehungen hat P. dagegen mit den beiden anderen Nachbarländern: Mit dem Iran verbindet P. das Problem ihrer Beludschen-Minderheit im Grenzgebiet und seit neuestem auch die betont konservative Haltung in religiösen Fragen. In dem mit Indien verfeindeten China sieht P. einen natürlichen Verbündeten; China finanzierte und baute auch eine Straßenverbindung von Kashmir nach Sinkiang (Karakorum), deren militär. Wert aber umstritten ist.
3. Politik und Religion sind für P. seit jeher bestimmend gewesen: Vor seiner Unabh. gehörte P. zu Brit.-Indien, bildete aber keine eigene pol. oder verwaltungsmäßige Einheit. Auch in vorkolonialer Zeit waren die einzelnen Teilgebiete entweder selbständig oder unterstanden den Großreichen der Region, zuletzt dem Moghul-Reich (→Indien) bzw. nach dessen Eroberung durch Nadir Shah (1739) den Afghanen (ab 1747), die aber keine wirksame Kontrolle ausübten. Die *de facto* autonomen Staaten im Sind, Baluchistan und das Sikh-Reich im Punjab wurden von den Briten in der letzten Phase ihrer territorialen Expansion (1836–46) erobert, die Stammesgebiete entlang der afghan. Grenze wurden nie völlig unterworfen und genossen weitgehende Autonomie, die teilweise auch heute noch von der pak. Regierung anerkannt wird. Obwohl die Briten in dieser Region ursprüngl. von strategischen Überlegungen geleitet wurden, begannen sie sehr bald mit der wirtsch. Erschließung des Indus-Tals durch den Bau von Kanälen (1859) und Eisenbahnen (1860), der Punjab und Sind wurden zu einem wichtigen Lieferanten landw. Rohstoffe (Baumwolle, Weizen, Reis), die hier aber nicht verarbeitet wurden.
Aus Furcht vor einer Majorisierung durch die Hindus nach der in ganz Indien angestrebten Unabh. entstand die Forderung nach einem eigenen Moslem-Staat, dessen territoriale Abgrenzung dadurch Probleme hervorrief, daß außer in Baluchistan und der NW-Grenzprovinz keine Gebiete rein islam. waren; in ganz Nordindien lebten Moslems und Hindus (im Punjab auch Sikhs) mit wechselnden Mehrheiten nebeneinander. Der Staat, der schließlich am 14. 8. 1947 (zugleich mit Indien) unabh. wurde, bestand schließlich aus zwei über 1 500 km auseinanderliegende und durch indisches Territorium getrennte Teile: im W bestehend aus Baluchistan, der NW-Grenzprovinz, Sind und dem westl. Teil des Punjab und im O aus dem östl. Teil Bengalens (→Bangladesh). Die Teilung Indiens und der Streit um den Besitz Kashmirs führte zum (ersten) Krieg mit Indien und zur Verfolgung und Vertreibung religiöser Minderheiten, v. a. im Punjab: Jeweils etwa 7 Mio. Moslems bzw. Hindus (und Sikhs) mußten ihre Heimat verlassen, Kashmir wurde geteilt, ein zweiter Krieg mit Indien (1965) um den Besitz des Rann von Kutch, in dem Erdöl vermutet wurde, endete mit einer Wiederherstellung des *status quo.* Wachsende Spannungen zwischen Ost- und Westpakistan führten 1971 zum Bürgerkrieg in Ostp., zur zeitweisen Flucht von rd. 10 Mio. Bengalen nach Indien und dem dritten Krieg, der in Ostp. mit der Kapitulation der pak. Truppen und der Unabh. Bangladeshs endete. Auf der Suche nach Verbündete hat sich P. an die westl. Staa-

ten, insbesondere an die USA angelehnt, ist dem *CENTO beigetreten und hat mit Iran und der Türkei eine regionale Entwicklungsgemeinschaft (RCD) gegründet, die aber über das Planungsstadium nicht hinauskam.

4. Mit der Anlehnung an die USA wurde nach einer ersten Dekade der pol. Konsolidierung und wirtsch. Stagnation (Eingliederung bzw. Ersatz der Flüchtlinge, Auflösung der Fürstenstaaten, Verfassungsdiskussion) und der Machtübernahme durch das Militär (Ayub Khan) ein Kurs des forcierten wirtsch. Wachstums verfolgt, der auf *Importsubstitution bei einfachen Konsumprodukten und Exportdiversifikation bei Verarbeitungsprodukten auf der Basis landw. Erzeugnisse (Baumwolltextilien) basierte. Nach anfänglichen Erfolgen, die P. den Ruf eines „Modells" für EL einbrachte, stellten die westl. IL nach Ausbruch des Krieges mit Indien (1965) ihre E.-Hilfe ein – ein Schlag, von dem sich die pak. Industrie bis heute noch nicht richtig erholt hat. Dafür führte Einsatz von Hochertragssorten in der Landw. (Weizen) zu einem sprunghaften Anstieg der Produktion (*Grüne Revolution), so daß P. (West-P.) während der 60er J. wirtsch. Wachstumsraten von bis zu 8 % aufweisen konnte. Unzufriedenheit mit der sozialen E., Verschleißerscheinungen der Militäradministration und pol. Unterdrückung führten zum Sturz Ayub Khans (1969) durch das Militär unter General Yahya Kahn, der – in der Einsicht, daß das Militär durch die Regierung überfordert und korrumpiert würde – die ersten allg. und freien Wahlen zum Parlament ausschrieb, die im W von Zulfikar Ali Bhutto und seiner *People's Party* mit einem Programm des „Islamischen Sozialismus" und im O von Sheikh Mujibur Rahman und seiner *Awami Liga,* die eine weitestgehende Autonomie für Ostpak. anstrebte, gewonnen wurden. Aufgrund des fast totalen Wahlsiegs Mujibs in Ostpak. und dem 55%igen Bev.anteil Ostp.s wären die Parlamentsmehrheit und die Regierung erstmals an Ostp. gefallen. Die Weigerung Bhuttos und des Militärs, die Regierung an Mujib zu übergeben und die Autonomie Ostp.s hinzunehmen, führte zum Bürgerkrieg und schließlich zum Verlust Ostp.s., das selbständig wurde. →Bangladesh besteht seither nur aus dem ehemaligen westl. Landesteil.

Wirtsch. und pol. führte der Bürgerkrieg zur int. Isolation P.s, aus der es Bhutto durch eine Anlehnung an China, den Iran, Libyen und die arab. Staaten, eine rasche Einigung mit Indien, die Anerkennung der Unabh. Bangladeshs und die Annahme sowjet. Wirtschaftshilfe (Stahlwerk Karachi) geschickt löste. Seine *Nationalisierungspolitik (Großindustrie, Banken, Versicherungen) führte jedoch zu einer Lähmung der Wirtschaft, die verkündeten sozialen Programme (allg. Grundschulausbildung, *Familienplanung, Landreform) kamen über Anfänge nicht hinaus. Lediglich die wieder angelaufene umfangreiche Wirtschaftshilfe der westl. IL und seit 1973 auch des Iran und der arab. Staaten sowie die Überweisungen der pak. Arbeiter im Ausland (v. a. in Saudi-Arabien, Kuwait und den Vereinigten Arab. Emiraten) ermöglichen P. eine wachsende Güterversorgung durch Importe, die die Exporte bei weitem übertreffen. Während sich die Wirtschaft Mitte der 70er J. zu erholen begann, nahmen die pol. Schwierigkeiten zu. Bhutto stützte sich auf seine große Popularität v. a. unter der Landbev., den Industriearbeitern und einem Teil der Bürokraten und Intellektuellen. Die um sich greifende Günstlingswirtschaft innerhalb der Partei, die Bespitzelung durch den Geheimdienst und Übergriffe der Polizei führten – zusammen mit steigenden Preisen und der allg. Enttäuschung über den Mißerfolg des sozialpol. Programms – zur wachsenden Unzufriedenheit und zu einem Zusammenschluß der Opposition, die die im März 1977 abgehaltenen Parlamentswahlen (ursprünglich gedacht zur Stärkung von Bhuttos Position) zwar verloren, mit ihrem Vorwurf der Wahlmanipulation aber einen so großen Widerstand mobilisierten, daß es zu bürgerkriegsähnlichen Unruhen und – am 5. 7. 1977 – zu einem Militärputsch unter General Zia-ul-Haq kam, der seitdem, gestützt auf den islam. Klerus und die orthodoxe *Jamaat-i-Islam,* eine Politik der *Islamisierung betreibt, einschl. der Einführung inslam. Rechts und einer „islam. Wirtschaftsordnung" (religiöse Einkommens- und Vermögenssteuern, Abschaffung des Zinses).

5. Nach wie vor ist die Landw. P.s der dominierende Sektor (35 % des BIP). Das hier gegebene Produktionspotential ist bei weitem nicht voll genutzt. Dies erfordert Einsatz von verbesserten Sorten, Düngemitteln, Pflanzenschutz, verbesserter Information und Beratung und einen Ausbau der Vermarktungswege sowie des Agrarkredits. Eine Ausweitung der Anbaufläche ist aber nur noch auf Böden vergleichsweise geringerer Ertragskraft möglich; dies macht die verstärkte Rekultivierung von Flächen, die durch unzureichende bzw. unsachgemäße Bewässerung (Versalzung, Vernässung, Erosion) unfruchtbar geworden sind, sowie Maßnahmen zur Verhinderung des Verlusts weiterer landw. Flächen notwendig. Maßgeblich dafür ist der weitere Ausbau des Bewässerungssystems, das sich praktisch über das ganze Tal des Indus und seiner Nebenflüsse erstreckt und zu den größten der Welt gehört. Nachdem in den letzten Jahrzehnten große wasserbauliche Anlagen entstanden sind (Tarbela, Mangla) und das Land von z. T. mehrere hundert Kilometer langen Kanälen durchzogen wird, liegen die Probleme der Zukunft vor allem im Hochwasserschutz, in weiteren Verteilungskanälen und Pumpen (zur Nutzung des Grundwassers) und einer Neuordnung des Wasserrechts. Nicht weniger erforderlich sind Maßnahmen im institutionellen Bereich, vor allem durch eine neue Landreform, da die bisher durchgeführten (1960, 1972) leicht umgangen werden konnten und wenig wirksam waren, vor allem im Sind.

Besonders kritisch ist dabei die Einbeziehung der landlosen Landarbeiter; die virulente *Landflucht führt zu einer Verlagerung des Problems der *Arbeitslosigkeit und Unterbeschäftigung in die Städte. Karachi zählt zu den am schnellsten wachsenden Städten der Welt, für 1985 wird mit 9,2 Mio. Ew. gerechnet. Bei dem niedrigen E.-Stand der pak. Industrie ist ihre Aufnahmefähigkeit für die rasch wachsende Zahl der Erwerbsfähigen zu gering. Nach wie vor liegt das Schwergewicht bei der Textilindustrie, der Aufbau einer eigenen Grundstoffindustrie kommt nur schleppend voran, das vorhandene Exportpotential etwa bei Zement wird bisher nicht genutzt. Bei der im Aufbau befindlichen (mit einheim. Gas betriebenen) Düngemittelindustrie ist dagegen damit zu rechnen, daß P. zu spät auf den Weltmarkt kommt und nicht konkurrenzfähig ist; vorerst reicht die Produktion aber noch nicht für die inländ. Versorgung aus.

Langfristig stehen P. das erst zum Teil genutzte Wasserkraftpotential und die umfangreichen Erdgasvorkommen für die Energieversorgung sowie offensichtlich beträchtliche Vorkommen an Kupfer und Chrom für die Verhüttung und Verarbeitung zur Verfügung; die Vorkommen an Kohle und Eisenerz sind dagegen qualitativ zu schlecht und/oder liegen in verkehrsmäßig kaum erschlossenen Gebieten.

Überhaupt ist das Regionalproblem von besonderer Brisanz, da es in Baluchistan eine starke sezessionistische Bewegung gibt, die im Lichte der afghan. Territorialansprüche und dem sowjet. Drang zum Ind. Ozean zu sehen ist. Mit wachsenden regionalen Spannungen ist auch im Sind und in der Nordwestgrenzprovinz zu rechnen, da allgemein das Übergewicht der Punjabi, die fast 60 % der Bev. stellen, beklagt wird. Durch die außen- und innenpol. Spannungen dürfte die überragende Bedeutung des Militärs im pol. und wirtsch. Leben P.s auch weiterhin anhalten: In manchen Jahren verschlingt der Militärhaushalt mehr als die Hälfte der laufenden Einnahmen der Zentralregierung, E.-Maßnahmen können deshalb fast nur durch eine zunehmende *Verschuldung im Inland und Ausland durchgeführt werden, Pakistans Abh. vom Ausland ist in den letzten Jahren noch gewachsen, eine Finanzierung der hohen Importüberschüsse wäre ohne die Überweisungen der pak. Arbeiter im Ausland gar nicht möglich. Die regionalen Spannungen überlagern aber nur die sozialen, die zum Ausbruch kommen können, sobald das Ventil der Auswanderung in die Staaten des Nahen Ostens etwa bei einer Furcht dieser Staaten vor Überfremdung oder einer allgemeinen int. Rezession geschlossen wird und der pol. Druck in P. steigt.

Lit.: M. U. Malik/M. Schimmel, Pakistan. Das Land und seine Menschen. Tübingen und Basel 1976; W. Urff u. a., Die wirtschaftl. Lage Pakistans nach der Sezession Bangladeshs, Wiesbaden 1974; W.-P. Zingel, Die Problematik regionaler Entwicklungsunterschiede in EL. Eine theoretische und empirische Analyse Pakistans, Wiesbaden 1979. wpz

Panama

Die Republik P. hat im Konflikt mit den USA die Kanalverträge verändern können. Die teilweise sehr scharf geführten Auseinandersetzungen hat das Auslandskapital nicht davon abhalten können, P. zu einem int. Finanz- und Bankenzentrum auszubauen. Die Abhängigkeit P.s von den USA, für den Anti-Amerikanismus in Lateinamerika in Form der US-amerikan. Hoheitsrechte über pan. Land von hohem symbolischen Wert, hat sich unter der Hand in einen anderen Bereich verlagert.

1. P. hat eine Gesamtfläche von 75 650 qkm (mit Kanalzone) und liegt am südl. Ende und schmalsten Teil der mittelamerik. Landenge. Die seit 1979 von den USA und P. gemeinsam verwaltete Kanalzone trennt das Land in 2 Teile. P. wird von mehreren Gebirgsketten durchzogen, die das Land in 2 klimatische Zonen mit unterschiedl. Vegetation teilen, die nördl., immerfeuchte karibische Seite (v. a. Urwald) und die pazif. Seite mit trop. Wechselklima (v. a. landw. Nutzfläche). Weite Teile des Landes sind kaum erschlossen (Indianergebiete). Über 50% des Landes ist mit Wäldern bedeckt, die wegen der mangelnden infrastrukturellen Erschließung der Waldgebiete kaum forstwirtsch. genutzt werden. P.s geograph. Lage (Transitweg zwischen den beiden Weltmeeren) und der Panamakanal stellen die wichtigste E.-Ressource dar, die allerdings wegen der Hoheitsrechte der USA über den Kanal von P. kaum genutzt werden kann. Trotzdem bestimmt der Kanal die Wirtschaftsstruktur P.s, die durch Abh. vom Tertiärsektor gekennzeichnet ist (Anteil am BIP 1975: Dienstleistungssektor: 29,3%, Handel: 13,1%). Daneben stellt der Boden ein natürliches E.-Potential dar. Hauptanbau- und Exportprodukte sind Bananen (US-Enklaven, z. T. nationalisiert), Rohrzucker, Kaffee, Kakao. Für den Binnenmarkt werden u. a. Reis, Mais, Bohnen und Tabak angebaut. Daneben gewinnen die Viehwirtschaft (Binnenmarkt) und der Fischfang (Export von Schalentieren) an Bedeutung. Anteil der Landwirtschaft am BIP: 1977: 19,2%. Anteil landw. Güter am Gesamtexport 1975: Bananen 22%, Zucker 18%, Krabben 7%.

P. besitzt erhebliche Bodenschätze (Kupfer, Bauxit, Antimon, Kalkstein, Eisen, Molybdän, Nickel, Zinn, Kaolin, Wolfram, Zink). Nur der Kupferabbau ist geplant. Der Ind.-Sektor (v. a. Nahrungs- und Genußmittelind. für den Binnenmarkt) entwikkelt sich nur langsam. Daneben bestehen einige ausländ. Ind.-Betriebe, z. B. die Erdölraffinerie in Colón, die Erdöl aus Venezuela für den Export verarbeitet (Anteil der verarbeitenden Ind. am BIP: 15,1%). Ein neues Bankengesetz von 1970 hat die Weiterentwicklung P.s zu einem int. Finanzzentrum ermöglicht. Seit der Ratifizierung des neuen Kanalvertrags sollen mit Hilfe erhöhter Kanaleinnahmen und ausländ. Kredite große *Infrastrukturprojekte (Container- u. Fischereihafen, Ausbau der Freihandelszone Colón, Wasserkraftwerke, Trans-Isthmus-Pipeline) in Angriff genommen werden. Ebenso ist der Bau eines neuen Kanals mit japan. Finanzhilfe geplant. Der Industrialisierungsprozeß und erhöhte Investitionen zum Ausbau der Infrastruktur haben eine erhöhte Importrate, ein chronisches Handelsbilanzdefizit und eine erhöhte öffentl. Verschuldung bewirkt.

2. P. wurde 1502 von Kolumbus entdeckt und für Spanien erobert. Die strategisch wichtige Lage P.s (schon in der Kolonialzeit besaß die Landenge Transitfunktion für den Handel) prägte seine weitere Geschichte und begünstigte das Entstehen einer Handelsoligarchie als dominierende herrschende Klasse. 1821 wurde P. als Provinz in den Freistaat Kolumbien integriert, aus dem es sich 1903 unter Einfluß der USA löste und pol. unabh. wurde. Die Abtrennung P.s von Kolumbien geht auf das Interesse der USA und der pan. Handels- u. Großgrundbesitzeroligarchie am Bau eines Kanals zwischen Atlantik und Pazifik zurück. Der Kanalvertrag von 1903 sicherte den USA zeitlich unbegrenzte Nutzungs- und Hoheitsrechte über den Kanal und eine 10 Meilen breite Kanalzone zu. Zur Verteidigung des Kanals errichteten die USA Militärbasen in der Kanalzone. Wachsende pan. und int. Kritik führten 1936 zu einer Revision des Vertrags (Aberkennung der US-Interventionsrechte, Erhöhung der Pachtgebühren), 1960 zur nominellen Anerkennung der Souveränität P.s über die Kanalzone, 1963 als Folge des

Flaggenstreits zum Abbruch der dipl. Beziehungen zwischen P. und den USA und 1979 zur Ratifizierung eines neuen Vertrags, der die Übergabe des Hoheitsrechts über den Kanal und die Kanalzone an P. bis zum Jahr 2000 vorsieht. Weiterhin beinhaltet der Vertrag: 1. Garantie der Neutralität des Kanals. 2. Recht der USA, den Kanal unter US-Militärkontrolle zu stellen, falls die Neutralität gefährdet ist. 3. Sofortige Übergabe von 55 % der Kanalzone an P. 4. Verwaltung des Kanals von einer US-pan. Kommission unter Vorsitz des bisherigen Militärkommandanten der Kanalzone. 5. Neuregelung der Kanaleinnahmen P.s. Punkt 2 und 4 sind weiterhin Streitpunkte zwischen P. und den USA, da der ursprüngliche Vertragstext vom US-Kongreß bei der Ratifizierung durch Zusatzanträge eingeschränkt wurde.

3. Die Bev. P.s betrug 1978 (ohne Kanalzone) 1 823 000 Ew. Sie konzentriert sich auf das wirtsch. Zentrum um die Kanalzone. Die Bev. der Kanalzone betrug 1976 41 800 Ew., davon waren ca. 38 000 US-Bürger. Der *Urbanisierungsgrad betrug (1977) 51,8 %; die Hs Panama-City zählt 550 000 Ew. Die anhaltende Land-Stadt-Migration oder *Landflucht führt bei fehlenden Beschäftigungsmöglichkeiten zu einem Anwachsen der urbanen *Marginalität. Das Bev.-Wachstum beträgt 3,1 % (1970–76). Ethnische Zusammensetzung der Bev. (ohne Kanalzone): 60 % Mestizen, 20 % Neger und Mulatten, 10 % Weiße, 8 % Indianer (davon ca. 35 000 Guaymi, ca. 20 000 Guna), 2 % Asiaten.

4. Durch die bestehende Ind.-Struktur (v. a. Klein- u. Mittelbetriebe bis 50 Beschäftigte und *kapitalintensive Ind. mit wenig Beschäftigungsmöglichkeiten) konnte *Arbeitslosigkeit (10 % der Erwerbstätigen) nicht verhindert werden.

Ca. 8 % der Erwerbstätigen sind in der Ind. beschäftigt. Geplante Infrastrukturprojekte sollen die Arbeitslosigkeit auf 5 % reduzieren. Mit der *Agrarreform ab 1968 ist der Anteil der Erwerbstätigen in der Landw. wieder angestiegen (1972: 38,5 %). Neben der Enteignung einzelner Latifundien (Bananen, Zuckerrohr) wurden neu erschlossenes Land und Rechtstitel an Bauern vergeben (u. a., um die Landflucht aufzuhalten). Bodenbesitzstruktur 1971: 0,5 % der Betriebe (über 500 ha) besitzen 25 % der landw. Fläche, 46 % der Betriebe verfügen über weniger als 5 ha Land. 60 % besaßen keinen Rechtsanspruch auf das von ihnen bebaute Land.

5. P.s offizielle Landessprache ist Spanisch, die Amtssprache der Kanalzone Englisch, das auch in P. als Verkehrssprache von Bedeutung ist. 93 % der Bev. sind kath. Die Indios konnten sich dank ihrer Isolierung ihre eigenen Sprachen (Chibscha), Religion und Bräuche weitgehend erhalten. Die soziale Struktur P.s ist eine der unausgeglichensten (sektoral wie regional) LAs. 1970 erhielten 10 % der Einkommensempfänger 43 % des Gesamteinkommens, dagegen 20 % (untere Einkommensklasse) nur 1,2 % des Gesamteinkommens. Die Einkommen in der Kanalzone unterscheiden sich nach Staatsangehörigkeit (monatlicher Bruttoverdienst für US-Bürger 1973: 1 324 $, für Panamesen: 523 $). P. hat eine entwickelte Arbeitsgesetzgebung (Garantie von Mindestlöhnen, Garantie des Arbeitsplatzes nach 4jähr. Beschäftigung, 13. Monatsgehalt, Förderung der *Gewerkschaften). Das Gesundheitswesen wurde seit 1968 ausgebaut (Rückgang der Kindersterblichkeit von 56,5 [1960] auf 32,1 [1973] pro Tsd.). Allerdings besteht wie auch im Bildungswesen ein starkes Stadt-Land-Gefälle. Die Analphabetenrate beträgt 20 % (Stadt: 6 %, Land: 35 %, Indios: 80 %). Es besteht Schulpflicht vom 7.–15. Lebensjahr. Der Unterricht ist kostenlos. 1977 wurden für das Bildungswesen 20 %, für das Gesundheitswesen 10 % des Staatshaushalts aufgewendet.

6. 59 Putsche seit der Unabh. kennzeichnen die instabile pol. E. P.s. 1968 gelangte General O. Torrijos durch einen Militärputsch an die Macht. Durch Reformmaßnahmen und den Kampf um die Souveränität in der Kanalzone gewann er bereits Unterstützung und konnte ein rel. soziales Gleichgewicht herstellen, das mit den wirtsch. Schwierigkeiten allerdings brüchig zu werden beginnt. 1972 wurde mit einer neuen Verfassung die pol. Struktur P.s festgelegt: eine Versammlung nat. Repräsentanten (505 Mitgl.) wählt die 25köpfige Nationalversammlung, den Präsidenten, Vizepräsidenten und Regierungschef, der alle Macht auf sich konzentriert (Amtszeit:

6 J.). 1978 wurde auf Vorschlag Torrijos A. Royo zum Präsidenten und Regierungschef gewählt. Da die Parteien, außer der KP, seit 1968 verboten sind, haben sich die Gewerkschaften zu Zentren pol. Willensbildung und Konfliktaustragung entwickelt.

Lit.: A. Ebbecke/D. Nohlen, Panama, in: HDW, Band 3, Hamburg 1976, S. 359 ff. ks

PAN-Bewegungen

Als P. werden solche pol. Kräfte bezeichnet, die in sprachlich oder religiös-kulturell einheitlichen, aber durch pol. Grenzen zergliederten Räumen auf die enge Zusammenarbeit und letztlich auf die Vereinigung der verschiedenen Staaten hinarbeiten. P. haben ihren historischen Ursprung im 19. Jh. Der erste *panamerikanische* Kongreß fand 1826 in Panama statt. Grundlegend waren die Ideen *Bolivars für eine lateinamerik. Konföderation. Panlatein (bzw. -ibero-)amerik. Zielsetzungen wiesen auch das *APRA-Programm und der Indigenismus auf. Der von den USA vertretene Panamerik. strebte hingegen – auf der Grundlage der *Monroe-Doktrin – nach hemisphärer Zusammenarbeit. Diese Konzeption setzte sich historisch (*OAS, *Allianz für den Fortschritt) durch, wurde aber in den 70er J. mehr und mehr in Frage gestellt. Seither lateinamerik. Bewußtsein gestärkt, regionale Organisationen und wirtsch. *Integrationsversuche. →CECLA →ALALC →Andenpakt →SELA →MCCA →CARICOM *Panafrikanische* Ideen konzentrierten sich zunächst auf die Lage des Negertums und die afrikan. Problematik. Sie waren gegenwärtig, als mit der ehemaligen Goldküste 1958 der erste schwarzafrikan. Staat unabh. wurde und damit die pol. Landkarte des heutigen Afrika sich auszuprägen begann. Der Verkünder des Panafrik., *K. Nkrumah, versuchte, ihn in die E. der unabh. afrikan. Staatengemeinschaft einzubringen. Auch wenn die *OAU ihre Politik an den von Kolonialmächten gezogenen pol. Grenzen orientierte, sind aus ihrer Entstehungsgeschichte die panafrikan. Ideen nicht wegzudenken. *Panarabismus* und *Panislamismus* wurden zu wirkungsvollen Bewegungen durch die den Nahen Osten bestimmenden Konflikte. →Nahost-Konflikt, →Arabische Liga, →Islamisierung dn

Papua-Neuguinea

1. Der pazif. Staat P.N. (Fläche 461 691 qkm) besteht aus dem Westteil der Insel Neuguinea, dem Bismarck-Archipel, New Hannover, New Ireland, New Britain, Bougainville, den D'Entrecasteaux Islands, dem Louisiade-Archipel, den Trobriand-Inseln, der Woodland-Inselgruppe und weiteren kleinen Inseln. Der größte Teil des Landes ist von Wäldern bedeckt. 80% der Bev. leben auf Subsistenzniveau von landw. Tätigkeit. Demgegenüber steht eine *kapitalintensive Exportökonomie, die sich auf die landw. *Ressourcen (Kakao, Kaffee, Kobra, eine der größten Ölpalmenplantagen der Welt auf New Britain) und die Bodenschätze P.N.s (Kupfer = 70% des Exportwertes, Chrom, Erdöl und -gas werden vermutet) gründet.

2. Im 16. Jh. kamen erstmals europ. Seefahrer nach P.N. Das heutige P.N. geriet im 19. Jh. z. T. unter deutsche, z. T. unter brit. Kolonialherrschaft. 1905 traten die Briten ihren Besitz an Australien ab, das nach dem I. Weltkrieg die ehemals deutschen Gebiete als Völkerbundmandat mitverwaltete. 1946 wurde P.N. von der UN Australien als Treuhandgebiet unterstellt. 1975 wurde das Land unabh. Australien leistet weiterhin Budgethilfe und stellt das Führungspersonal in Verwaltung, Wirtschaft, Bildungs- u. Gesundheitswesen und kontrolliert die Exploration der Rohstoffe.

3. Die Bev. P.N.s betrug 1978 (gesch.) 3 Mio. Ew. (= 6,5 Ew. je qkm). 14% der Bev. lebt in den Städten (Hs Port Moresby 1971: 113 449 Ew.). Im Land leben etwa 1 000 verschiedene Völkerschaften. Zu den großen gehören: Enga (120 T.), Tolai (70 T.), Chimbu (65 T.), Medlpa-Hagenstämme (65 T.), Sepikgruppen (60 T.), Huli (57 T.), Komano-Kafe (50 T.), Wahgi (50 T.). Da fast jeder Stamm seine eigene Sprache hat, kann man über 600 Sprachen (ohne Dialekte) unterscheiden. Amts- u. Unterrichtssprache ist Englisch. Als Umgangssprache hat sich das von ca. ½ Mio. Ew. P.N.s gesprochene Neumelanesisch herausgebildet. Ca. 70% der Bev. ist nicht alphabetisiert. *Infrastruktureinrichtungen bestehen ebenso wie – trotz staatl. Bemühungen – das Gesundheitswesen mit dem besonderen Problem der Seuchenbekämp-

fung erst in Anfängen. Ein Großteil der Bev. P.N.s bekennt sich zu dem von lutherischen und kath. Missionaren verbreiteten christl. Glauben, Naturreligionen herrschen jedoch in der Bev. vor (Cargo-Kult u. a.).
4. Die staatl. Einheit P.N.s ist wegen der Autonomiebestrebungen verschiedener Stammesgruppen labil. Um diesen Bestrebungen vorzubeugen, haben neben der Hs, Bougainville, East New Britain und Eastern Highland eine größere Provinzautonomie. P.N. ist Mitgl. des brit. *Commonwealth. Die brit. Königin ist Staatsoberhaupt des Landes. Dem Einkammerparlament gehören neben 20 gewählten Provinzvertretern 89 in Wahlkreisen gewählte Abgeordnete an. Im März 1980 wurde der zuletzt bei den Wahlen von 1977 bestätigte Premierminister Michael Somare (*Pangu Party*) durch ein Mißtrauensvotum des Parlaments von Julius Chan (*People's Progress Party*) im Amt abgelöst. rs

Paraguay

Das *Binnenland P., eine der ältesten Militärdiktaturen in LA, ist eines der am wenigsten entwickelten Länder der Region, steht aber durch die Kooperation mit Brasilien im Rahmen der *La-Plata-Gruppe in einem beschleunigten Prozeß wirtsch. Wachstums. Er dürfte einen sozialen Strukturwandel auslösen, die bisherigen Verteilungsmuster und pol. *Partizipationsmöglichkeiten aber kaum ändern: Wachstum ohne Entwicklung.
1. Die Ressourcen P.s (Fläche: 406 752 qkm), das über das Flußsystem des Paraguay eine direkte Verbindung zum Meer besitzt, beschränken sich auf land- u. viehwirtsch. Nutzung des Bodens (Anbau von Maniok, Zuckerrohr, Mais, Bohnen, Erdnüsse, Baumwolle, Reis und Tabak), wenige Bodenschätze (Mangan, Eisen, Kupfer, Porphyr), deren Ausbeutung kaum Bedeutung hat, und die jüngst in Wert gesetzten bzw. in Ausbeutung begriffenen hydroelektrischen Reserven.
2. 1536 wurde Asuncion zur Hs der span. Kolonie Río de la Plata. Im 17. und 18. Jh. kolonisierten die Jesuiten das Gebiet des heutigen P. Sie faßten die verschiedenen Stämme der Guarani in sog. Reduktionen (= Siedlungen) zusammen und versuchten, die nomadischen Indios seßhaft zu machen. Die wirtsch. Organisation der Gemeinschaften beruhte auf kollektiver Arbeit und Verteilung der Güter nach den Bedürfnissen, wobei die Alten, Kranken und Kinder auf Kosten aller unterhalten wurden. Die Jesuiten förderten Sprache und Kultur der Indios. Dieses vorbildliche Sozialwesen brach 1768 zusammen, als die Ordensbrüder aus LA vertrieben wurden, nachdem die weißen Siedler der benachbarten Gebiete durch dipl. Schachzüge beim Vatikan ihre Ausweisung erwirkt hatten. Die völkerrechtl. Unabh. erkämpfte sich P. 1811–14 im Krieg gegen Argentinien und Spanien. Seine heutigen pol. Grenzen resultieren aus einem Krieg (1865–70) gegen die von England finanzierte Dreierallianz Brasilien, Argentinien und Uruguay, der das Land nicht nur große Gebietsteile, sondern auch weit über die Hälfte seiner damaligen Bev. kostete, und aus dem Chaco-Krieg (1932–35) gegen Bolivien, das ⅔ des strittigen Gebiets P. überlassen mußte. Nach der militär. Katastrophe von 1870, die auch das Ende der autonomen E. P.s und die Öffnung des Landes für den Weltmarkt bedeutete, bildeten sich pol. Parteien, die die verschiedenen Fraktionen der Oligarchie widerspiegelten, aber nicht in der Lage waren, stabile Regierungen zu bilden (*Colorados:* Liberale und Antiklerikale/ *Azules:* Klerikale, Großgrundbesitz). Kaum eine Regierung erreichte das Ende ihrer Mandatszeit, viele Präsidenten schieden nicht lebend aus dem Amt. 1954 putschte die Armee unter General Alfredo Stroessner, der sich hernach zum Präsidenten wählen ließ und seither das Land (zuletzt wiedergewählt 1978) regiert.
3. Die Bev. P.s wurde 1978 auf 2,89 Mio. Ew. gesch. (+ ca. 30 T. Waldindianer). Die Bev.dichte beträgt 7,1 Ew./qkm. Die Wachstumsrate der par. Bev. ist die höchste LAs. Über 60% der Bev. leben auf dem Lande. 65% der Gesamtbev. konzentrieren sich allerdings in Asunción (1972: 565 363 Ew.) und innerhalb eines Halbkreises mit einem Radius von ca. 200 km um die Hs. Nur 4% der Bev. bewohnt den Chaco, ein Gebiet von der Größe der BRD. Die par. Bev. ist ethnisch rel. homogen (über 90% Mestizen, 1–5% Indianer, ca. 3% Weiße). Etwas über die Hälfte der

Bev. beherrscht die Amtssprache Spanisch, der weitaus größere Teil (über 95%) spricht die Verkehrssprache Guaraní. Ca. 89% sind Katholiken, ca. 2% Protestanten.
4. P. ist ein ausgesprochenes Agrarland. Über 50% der Erwerbstätigen sind in der Landw. beschäftigt und erzeugen dort über 30% des BIP. Nahezu der ges. Export P.s besteht aus landw. Erzeugnissen (Baumwolle, Fleisch und Fleischextrakt, Holz, Ölsaaten, Tabak). Wie kaum in einem anderen Land LAs vermischen sich in P. die Interessen des Großgrundbesitzes mit den Interessen des ausländ. Kapitals. Besonders im Bereich der Viehwirtsch., in dem über ⅔ des Rinderbestandes sich im Besitz von nur 1% der Produzenten befinden, kontrollieren ausländ. Firmen die Inlandsmärkte und v. a. den Export. Der Waldreichtum P.s macht die Forstwirtsch. zum zweitwichtigsten Exportsektor. Ca. 90% der nutzbaren Wälder sind in – meist ausländ. – Privatbesitz (Kahlschlag ohne Wiederaufforstung). P.s *Industrialisierung ist eine der niedrigsten LAs (über 70% der Ind.produktion im Raum Asunción). Die völlige Abh. P.s vom Export landw. Produkte und die dominierende Rolle des Auslandskapitals (30% des Landesterritoriums und 20% des Viehbestandes im ausländ. Besitz; 80% der Exportgeschäfte erledigen Auslandsfirmen; hoher Kapitalabfluß ins Ausland) begründen die strukturelle Abh. P.s vom Weltmarkt. In dieser Hinsicht sichern durch innenpol. Repression garantierte Stabilität und staatl. Vorleistungen (wie *Infrastruktur) auch in Zukunft ein „günstiges Investitionsklima".
5. Die soziale Struktur P.s ist äußerst ungleich. Während 5% der Einkommensbezieher über 50% und in der nachfolgenden Kategorie 15% über 20% des Ges.einkommens verfügen, verteilen sich 30% des Einkommens auf 80% der unteren Einkommensklassen. Große Teile der Bev. leben auf dem Subsistenzniveau. Die Landarbeiter finden vielfach nur in der 3- bis 6monatigen Erntezeit Beschäftigung (verdeckte *Arbeitslosigkeit 1960: Landw. = 24,9%; Handel = 26,7%). Ohne Schulbildung sind etwa 21% der Bev. Im Gesundheitswesen bestehen auffallende Unterschiede zwischen Stadt und Land. ¼ aller Krankenhäuser (50% der Betten) befindet sich in Asunción. An der 1943 gegründeten Sozialversicherung partizipieren nur 10% der Bev. (LE: 61 J.). Die Armee, die eng mit dem Auslandskapital und den Interessen der einheim. Oligarchie verbündet ist, kontrolliert die Politik des Landes (20% der Staatsausgaben für das Militär). Wahlen werden manipuliert, linke Parteien sind verboten, das Zweikammerparlament ist lediglich demokrat. Fassade. Seit 32 Jahren ist der Ausnahmezustand in Kraft, der alle 3 Monate verlängert wird. Das gültige Wahlgesetz räumt derjenigen Partei jeweils ⅔ der Sitze in beiden Kammern ein, die die einfache Stimmenmehrheit erhält. Regierungspartei ist seit 1947 die *Asociación Nacional Republicana (Colorados).* Der Eintritt in öffentl. Ämter oder das Militär ist von einer Mitgliedschaft in dieser Partei abh. Die zukünftige E. P.s scheint von einer starken Anlehnung an den brasilian. Nachbarn gekennzeichnet, sowohl was E.-Projekte betrifft (gemeinsamer Bau des Wasserkraftwerks *Itaipú), als auch hinsichtlich des E.-Stils und der Außenpolitik.

Lit.: K. Schäffler, Paraguay, in: HDW, Band 3, Hamburg 1976, S. 371 ff.; D. Laino, Paraguay: Fronteras y penetración brasilena, Asuncion 1977; A. Miranda, Apuntes sobre el desarrollo paraguayo, Asunción 1979. rs

Partizipation

Für den Begriffsbereich der P. ist zuallererst zwischen pol. P. im Sinne der Mitwirkung am pol. Prozess und P. im Sinne der Teilhabe an materiellen und kulturellen Gütern einer Gesellschaft zu unterscheiden. In neueren *Entwicklungstheorien und neueren Versuchen, den Begriff von *Entwicklung zu definieren, werden beide Aspekte von P. in engster Verbindung zueinander gesehen. Auch in UN-Dokumenten herrschen seit Mitte der 70er Jahre Definitionen von P. vor, welche pol. Mitwirkung und soziale Teilhabe verknüpfen und noch um einen dritten Aspekt, den der aktiven Beteiligung der Bev. am E.-Prozeß, erweitern. So bestimmte etwa eine Studie des UN-Sekretariats 1976 P. als einen „Handlungsprozeß, der die Bev. einbegreift in a) die pol. Entscheidungsfällung . . . , b) die Beteiligung an den E.-Anstrengungen, c) die gerechte Verteilung der erwirtschafteten Güter". Die entwicklungsstrategisch wohl begründete Mehrdimensionalität des P.-Begriffs zieht freilich einige analytische Probleme nach sich. Wenn beispielsweise gerechte Verteilung bereits per Definition Bestandteil von P. ist, droht damit die Frage, ob eine stärkere pol. Beteiligung der Bev. die Verteilungsmuster wesentlich verändern kann, nicht mehr als Problem begriffen zu werden. Diese Frage ist um so berechtigter, je weniger sich der P.-Begriff auf das Verhältnis der arbeitenden Bev. zu den Produktionsmitteln bezieht. Andererseits schließt der mehrdimensionale Begriff Fehlentwicklungen nach der Art jener Konjugation aus, die Mai 1968 an den Wänden der Pariser Sorbonne zu lesen war: *„je participe, tu participes ... vous participez, ils profitent"*. Eine nur formal bleibende pol. Beteiligung kann den entwicklungspol. Anforderungen an den P.-Begriff nicht mehr gerecht werden.

Diese Aussage fußt auf den Erfahrungen, die bei der Übertragung westl. Demokratievorstellungen auf die EL in der Dritten Welt gemacht wurden. Wahlfreiheit und pluralistische Organisationsfreiheit, neben der lokalen Mitwirkungschance in formellen und informellen pol. Institutionen die Kernelemente des P.-Begriffs bei Adelman/Morris, stärkten keineswegs wirtschaftl. Wachstum und *sozialen Wandel entsprechend den Annahmen der sog. Diffusionisten europ. Demokratievorstellungen. Die daraus gezogene Konsequenz bestand theoretisch in der nun verkündeten Gegensätzlichkeit von P. oder westl. Demokratie und Freiheit einerseits und wirtschaftl. Wachstum andererseits. R. Löwenthal formulierte: „Jeder Grad an Freiheit wird mit etwas Verlangsamung der Entwicklung, jeder Grad an Beschleunigung mit etwas Verlust an Freiheit bezahlt." Und S. Huntington konstruierte das E.-Dilemma von Institutionalisierung pol. Herrschaft und pol. Partizipation: Sei der Grad pol. Partizipation höher als der Grad der Institutionalisierung des pol. Prozesses, d. h. der Anerkennung verbindlicher Spielregeln, so seien pol. Instabilität und sog. prätorianische Gesellschaften die Folge, in denen das Militär als Entwicklungselite die pol. Macht ergreife. Die *Modernisierungstheorien gaben partizipatorische Vorstellungen – auch wenn diese nur auf den formalen Aspekt begrenzt waren – zugunsten von Stabilitäts- und Wachstumszielen weitgehend auf. Empirisch folgte aus der gegensätzlich begriffenen Alternative Wachstum oder Demokratie in den meisten EL eine Politik der Zerschlagung der Institutionen formeller und informeller, direkter und indirekter P. und der Versuch, die soziale Mobilisierung wieder rückgängig zu machen. Diese Politik nahm besonders repressive Formen an, wenn die bisher unterprivilegierte Bev. sich mit pol. P. im formalen Sinne nicht mehr zufrieden gab und entsprechend einem umfassenderen P.-Begriff strukturelle Veränderungen im Herrschaftssystem und soziale Umverteilung forderte. Die Machtfrage zu stellen und neu zu beantworten – unabdingbare Voraussetzung vielfach wirklicher P. der Masse der Bev. –, kostete in einer Reihe von EL, die ein rel. gut funktionierendes liberal-pluralist. Institutionensystem besaßen (wie beispielsweise Chile, Uruguay) den Verlust der demokrat. Grundfreiheiten. Es ist ganz und gar verfehlt, partizipatorische Öffnungen solcher Regime zu erwarten, die wirtschaftl. Wachstum im Rahmen von neoliberalen Modellen (Chicago-Schule) Vorrang eingeräumt haben. Voraussetzung der Implementierung (Durchsetzung) solcher pervertierter E.-Modelle ist die Ausschaltung jeglicher P.; bei Zulassung von P., die über fassadendemokratische Formen hinausgeht, wären sie nicht überlebensfähig.

Die Aufgabe westl. Demokratievorstellungen ist jedoch keinesfalls identisch mit einer generellen Absage an P. Entwicklungspol. und partizipatorischen Anforderungen kann möglicherweise in Einpartei-Systemen besser entsprochen werden als in Mehrparteien-Systemen. Die afrikan. Erfahrungen deuten wenigstens darauf hin, lassen aber auch dort, wo pol. Mobilisierung auf der untersten Ebene versucht wird, schwerwiegende P.-Defizite erkennen.

In der neueren entwicklungsstrategischen Debatte bilden *self reliance*- und *Grundbedürfnisstrategien mit ihrer Betonung der Eigenanstrengungen und des Vertrauens auf die eigenen Kräfte, der Beschäftigung, *arbeitsintensiver Technologie, *ländlicher Entwicklung etc. einen neuen Ansatz für das Problem der P., insofern diese Strategien die unmittelbare Lebens- und Arbeitswelt des Menschen ansprechen. Hier können sich neue Motivationen und Formen der P. ergeben, durchaus im Sinne des umfassenden P.-Begriffs. Das pragmatische Abwägen notwendiger P., welche Planung und Durchführung von E.-Maßnahmen erleichtert, und gegenläufigen Wirkungen, die dabei erzielten Lerneffekte, der gesellschaftl. Aufbau von unten nach oben etc. könnten der P. als Mittel und Ziel von E. eine neue Perspektive verschaffen.

Lit.: I. Adelman/C. T. Morris, Die Messung institutioneller Merkmale von Nationen. Methodologische Betrachtungen, in: HDW, Band 1, Hamburg 1974, S. 286 ff.; R. Löwenthal, Staatsfunktionen und Staatsform in den Entwicklungsländern, in: ders. (Hrsg.), Die Demokratie im Wandel der Gesellschaft, Berlinu1973, S. 180 ff.; D. Berg-Schlosser (Hrsg.) Die politischen Probleme der Dritten Welt, Hamburg 1972; D. Nohlen, Wahlsysteme der Welt, München 1978; F. Nuscheler/K. Ziemer, Politische Organisation und Repräsentation in Afrika, 2 Bände, Berlin/New York 1978; HDW 2, Band 1, Hamburg 1981.

dn

Pazifische Inselwelt

1. Auf den pazif. Inseln (Fläche 985 519 qkm) leben zwischen 6 und 7 Mio. Menschen. Hier werden etwa 1 200 Sprachen und noch mehr Dialekte gesprochen. Einige der Ministaaten, die von bereits unabh. Inseln gebildet werden, haben weniger Ew. als eine kleine Provinzstadt. Die meisten sind arm, mit geringen *Ressourcen ausgestattet oder auf ein einziges Produkt ausgerichtet; sie können kaum aus eigener Kraft die Wirtsch. entwickeln, die notwendige materielle und soziale *Infrastruktur aufbauen, die extrem schnell wachsende Bev. ernähren und mit Arbeit versorgen; ihre koloniale *Exportökonomie verzerrt die Produktionsstruktur und unterliegt den Preisschwankungen des Weltmarkts; die großen Entfernungen schaffen zusätzliche Wettbewerbsnachteile. Wollen die pazif. Kleinstaaten ihre Abh. von den ehemaligen Kolonialmächten beenden, so sind sie auf die Dauer auf eine regionale Zusammenarbeit angewiesen.

2. Ethnisch-kulturell unterscheidet man 3 pazif. Großräume: I. MELANESIEN (die schwarzen Inseln, Fläche 956 883 qkm, Bev. ca. 5 Mio.): 1. Fidschi (siehe Stichwort). 2. Neu Kaledonien (Fläche: 18 726 qkm, Bev. 1978: 140 T., Hs Noumé: 72 T., franz. Territorium). 3. Neue Hebriden (Fläche: 14 763 qkm, Bev. 1978: 100 T., Hs Vila: 17 367, franz.-brit. Kondominium). 4. Papua-Neuguinea (siehe Stichwort). 5. Salomonen (Fläche: 29 788 qkm, Bev. 1978: 210 T., Hs Honiara: 1976, 14 993 Ew., unabh. seit 1978). 6. Irian Jaya (Fläche: 412 800 qkm, Bev. 1 Mio., Indonesische Provinz). II. MIKRONESIEN (die kleinen Inseln, Fläche: 2 975 qkm, Bev. ca. 280 T.): 1. Kiribati (Fläche: 886 qkm, Bev. 1979: 60 T., Hs Bairiki: über 10 T., unabh. seit 1979). 2. Guam (Fläche: 549 qkm, Bev. 1978: 110 T., Hs Agana 1970: 2 119, US-Territorium mit Selbstverwaltung). 3. Karolinen (Fläche: 1 173 qkm, Bev. 1972: 77 031, US-Treuhandgebiet). 4. Marianen (Fläche: 404 qkm, Bev. 1972: 13 486, US-Treuhandgebiet). 5. Marshall-Inseln (Fläche: 181 qkm, Bev. 1972: 24 128, US-Treuhandgebiet). 6. Nauru (Fläche: 21,4 qkm, Bev. 1976: 8 007, Hs Yaren, unabh. seit 1968). III. POLYNESIEN (die vielen Inseln, Fläche: 25 661 qkm, Bev. ca. 1,3 Mio.): 1. Cook Inseln (Fläche: 240,6 qkm, Bev. 1978: 30 T., Hs Avarua 22 T., Assoz. mit Neuseeland mit Selbstverw.). 2. Oster-Inseln (Fläche: 165 qkm, Bev. 1 400, Hauptort: Mataveri, chilen. Territorium). 3. Franz. Polynesien (Fläche: 4 200 qkm, Bev. 1978: 150 T., Hs Papéete 1971: 36 784, franz. Territorium). 4. Hawaii (Fläche: 16 705 qkm, Bev. 1974: 846 900, Hs Honolulu 1970: 324 871, seit 1959 50. US-Bundesstaat). 5. Niue (Fläche: 259,1 qkm, Bev. 1975: 4 048, Hauptort Alofi: 3 T., Assoz. mit Neuseeland mit Selbstverw.). 6. Pitcairn (Fläche: 4,6 qkm, Bev. 1976: 74, brit. Territorium). 7. Samoa (Fläche: 197 qkm, Bev. 1978: 30 T., Hauptort Pago Pago 1970: 2 451, Regierungssitz Fagatogo: 1 340, US-Territorium mit Selbstverwaltung). 8. Samoa (i Sisifo) (Fläche: 2 842 qkm, Bev. 1978: 150 T., Hs Apia 1974: 32 616, unabh. seit 1962). 9. Tokelau Inseln (Fläche: 10,1 qkm, Bev. 1975: 1 603, Hauptort Fakaofo, neuseeländ. Territorium). 10. Tonga (Fläche: 699 qkm, Bev. 1978: 90 T., Hs Nuku'alofa 25 T., unabh. seit 1970). 11. Tuvalu (Fläche: 24,6 qkm, Bev. 1977: 7 T., Hs Funafuti 900, unabh. seit 1978). 12. Wallis und Futuna (Fläche 255 qkm, Bev. 1976:

9 900, Hauptort Mata Utu, franz. Territorium). rs

Pearson-Bericht

Von der *Weltbank einer Expertengruppe unter Leitung des ehem. kanadischen Außenministers Lester Pearson in Auftrag gegebene Untersuchung über die Resultate von 20 Jahren *Entwicklungshilfe, begangene Fehler und bessere Methoden für die Zukunft. Der 1969 vorgelegte Bericht, der die Erfahrungen nur derjenigen Länder auswertete, die westl. E.-Hilfe erhielten und der *Modernisierungsstrategie folgten, kam zu folgenden Ergebnissen und Empfehlungen: 1. Importe aus EL sollten liberalisiert werden; 2. bei Agrarprodukten und Rohstoffen sollten die IL stärker die Lage der EL berücksichtigen; 3. Förderung von *Direktinvestitionen in den EL; 4. Verbesserung des Investitionsklimas in den EL; 5. günstigere Bedingungen für *öffentliche Hilfe an die EL (Reduzierung der Zinssätze, längere Laufzeiten, Abbau der *Lieferbindung); 6. Erhöhung der E.-Hilfe der IL auf 1 %, der öffentl. Hilfe auf 0,7 % des BSP (bis 1975); 7. Zahlungserleichterung für EL – *Schuldendienst; 8. Erhöhung des Anteils der multilateralen E.-Hilfe an der öffentl. Hilfe von 10 % bis 1975 auf 20 %; 9. bessere Abstimmung von *Kapital- und *Technischer Hilfe; 10. Maßnahmen gegen das hohe Bev.-Wachstum; 11. Ausbau der Bildungs- und Forschungshilfe. Die IL – westl.-kapital. E.-Modellen verpflichtet – begrüßten den Bericht, während er in den EL überwiegend skeptisch aufgenommen wurde.

Lit.: L. Pearson, Partners in Development, Report of the Commission on International Development, New York, Washington, London 1969. dn

Peripherer Kapitalismus

Dieter Senghaas bezeichnet mit dem Begriff p.K. seinen Versuch, unterschiedl. Aspekte und Untersuchungsergebnisse *dependenztheoret. Arbeiten in *einen* wissenschaftstheoret. Ansatz zu integrieren. Das Attribut „peripher“ zur Qualifikation der kapital. E. der Länder der Dritten Welt steht dabei für mehr als nur deren rel. unterprivilegierte Position oder deren – aus der Sicht der IL – geograph. Randlage. Wesentl. für die Theorie des p.K. ist, daß sie UE als „ein sich historisch entfaltendes integrales Moment des von kapital. Metropolen dominierten int. Wirtschaftssystems und damit der int. Gesellschaft“ begreift. Das bedeutet auf der Ebene der Ökonomie, daß dem Strukturwandel in den IL ein durch den Weltmarkt vermittelter Wandel in den EL entspricht, die E. der Ersten und die UE der Dritten Welt sind komplementär.

Senghaas distanziert sich damit von *modernisierungstheoretischen Modellvorstellungen, die in dem gegenwärtigen E.-Stand der Länder der Dritten Welt nur ein Durchgangsstadium zum Erreichen der Struktur westl. Industrieländer sehen (in der Sprache des Journalismus: „Das Land X befindet sich noch im Mittelalter“). Er unterscheidet sich aber auch von jenen Dependenztheoretikern, die die „Entwicklung der Unterentwicklung“ (Frank) als einen wachsenden Transfer des Mehrprodukts der Länder der Dritten Welt in die IL charakterisieren, was erstere in ihrer E. immer weiter zurückwerfen muß. Brasilien ist ein Beispiel für ein EL mit einer am Wachstum des BSP ablesbaren ökon. Dynamik. Die Theorie des p.K. betont jedoch, daß wirtsch. Wachstum in der Dritten Welt durch deren Einbindung in den kapital. Weltmarkt deformiertes Wachstum ist.

Deformation bedeutet konkret, daß die Spezialisierung der EL (historisch als Konsequenz des *Kolonialismus) nicht selbst gewählt ist, sondern sich primär nach den Bedürfnissen der IL richtet. Der Kapitalismus der Peripherie hat folgende Merkmale:

a) Rel. stagnierende *Produktivität im nicht-exportorientierten landw. Sektor (Unterversorgung); b) Fehlen bzw. stagnative E. der Produktion von Massenkonsumgütern im Unterschied zu der zum Teil florierenden Produktion von Luxuskonsumgütern (Spiegel der Einkommensstruktur); c) Fehlen bzw. stagnative E. eines eigenständigen Produktionsgütersektors, der die Ausrüstungsgüter für die Produktion von Konsumgütern, von Zwischenprodukten und Produktionsmitteln bereitstellen würde (technolog. Abh.); d) Als Resultat a-c: mangelnde Rückkopplung einer Produktion von Produktionsgütern mit einer Produktion von Massenkonsumgütern unter Eingliederung des landw. Sektors.

Senghaas betont, daß auch die IL von den EL abh. sind (Rohstoffe, Kapitalanlagesphäre, Arbeitskräftereservoir), diese Abh. ist jedoch eine qualitativ andere als die *strukturelle* Abh. der EL von den IL. Während der Kapitalismus der Metropolen sich innerhalb einer kohärenten Reproduktionsstruktur entwickelt, also Bedürfnissen folgt, die sich aus der Logik und dem Gleichgewicht der eigenen Produktionsstruktur ergaben, trägt der p.K. nicht den Bedürfnissen der Länder der Dritten Welt, sondern denen der IL Rechnung.
*Strukturelle Heterogenität ist die gesellschaftl. Konsequenz in den EL. Sozial hervorstechend ist dabei die Rolle und das Erscheinungsbild der „Klientel-Eliten" in diesen Ländern. Es handelt sich bei diesen „internationalisierten *Brückenköpfen" um die Hauptgruppen der herrschenden Klasse in den Peripherien, also die Zentren in den Peripherien, die sich als privilegierte Subzentren in das int. Wirtschaftssystem integrieren und die eigenen Gesellschaften einem wachsenden Desintegrations- und Entnationalisierungsprozeß (bis hin zur wachsenden Übernahme nat. Industrien durch *multinat. Konzerne) aussetzen. Das Proletariat in den Ländern der Dritten Welt bleibt gespalten zwischen jenem meist dem int. Sektor verbundenen Teil, der den Status einer Arbeiteraristokratie einnimmt und jenem Teil, der zwischen chronischer *Arbeitslosigkeit, Unterbeschäftigung und *Marginalität, sei es in den urbanen Zentren oder auf dem Lande, ein entrechtetes und geknechtetes Dasein auf oder unter dem Existenzminimum führt.
Senghaas empfiehlt als Ausweg aus der UE den Ländern der Dritten Welt eine Strategie der *Dissoziation vom kapital. Weltmarkt. Dadurch soll es ihnen ermöglicht werden, ihre strukturelle Abh. zu überwinden und einen E.-Weg gemäß ihren eigenen Bedürfnissen (*autozentrierte E.) zu gehen.

Lit.: D. Senghaas (Hrsg.), Peripherer Kapitalismus, Frankfurt 1974; ders., Weltwirtschaftsordnung und Entwicklungspolitik, Frankfurt 1977. rs

Peripherisierung

P. bezeichnet in der Theorie des *peripheren Kapitalismus die Herausbildung bzw. Verfestigung von (*Metropolen und) Peripherien im Rahmen der *internationalen Arbeitsteilung, wenn hochentwickelte IL-Ökonomien mit EL-Ökonomien Güter austauschen. „Die weniger leistungsfähige Ökonomie kauft auf dem Weltmarkt Erzeugnisse leistungsfähiger Ökonomien kostengünstiger ein, als sie selbst produzieren könnte – und handelt sich dafür grundlegende Strukturdefekte ein. Sie erspart sich die für den Aufbau einer leistungsfähigen Ökonomie unerläßlichen Lernkosten, um am Ende der Fähigkeit zur Erfindung, Weiterentwicklung, Anpassung und Produktion von eigenem und fremdem Handwerkzeug, von Ausrüstungsgütern und Technologien, von Massenkonsum- und Luxusgütern entkleidet zu sein" (D. Senghaas). Mit dem Begriff P. wird somit auf die Konsequenzen einer am Theorem *komparativer Kostenvorteile orientierten Weltmarktintegration der EL aufmerksam gemacht. Voraussetzung einer Vermeidung von P. ist eine gleiche Arbeitsteilung bzw. eine symmetrische Handelsstruktur, zu deren Herbeiführung von den Dissoziationstheoretikern Dissoziation aus dem Weltmarkt oder *selektive Teilnahme an ihm gefordert wird. dn

Personelle Hilfe

Unter P.H. ist die Entsendung von *Entwicklungsexperten (Fachkräften) und die fachliche Aus- und Fortbildung von Personen aus den EL zu verstehen. P.H. zielt auf die Vermittlung von **Know-how* in den verschiedensten Bereichen, z. B. Landw., Ind., Bildung und Wissenschaft, materielle und soziale *Infrastruktur etc. Die BRD betont unter dem Grundsatz des geringsten Eingriffs: 1. Aus- und Fortbildung von Fachkräften möglichst im gegebenen sozialen und kulturellen Raum, sprich jeweiligen EL; 2. Einsatz deutscher Fachkräfte unter Rücksichtnahme auf die sozialen und kulturellen Gegebenheiten des EL und nur, wenn keine einheim. Fachkraft zur Verfügung steht. Die Abwicklung der P.H. erfolgt über *CDG, *DSE und ZAV (Zentralstelle für Arbeitsvermittlung), zwischen denen eine gewisse Aufteilung der Aufgabenbereiche besteht. dn

Peru

Das von den Militärs nach ihrer Machtübernahme 1968 verfolgte E.-Modell eines

*Dritten Weges scheiterte und wurde noch vor der Machtübergabe an die Zivilisten 1980 (unter den Bedingungen des *IWF für eine Stabilisierung der per. Wirtschaft) zugunsten eines neo-liberalen Wirtschaftsmodells aufgegeben. Katastrophale Verschlechterungen der Lebensverhältnisse der Masse der Bev. zugleich mit sozialer Mobilisierung und Politisierung lassen extreme soziale Spannungen und pol. Instabilität für die Zukunft erwarten.

1. P. (Fläche 1 285 216 qkm) gliedert sich topographisch in 3 Großräume: 1. Das Küstentiefland. Es ist lediglich in ca. 50 Flußoasen fruchtbar; der größte Teil ist Wüste. Trotzdem liegt ⅓ des gesamten kultivierbaren Landes in dieser Region, wo 45 % der landw. Produktion realisiert werden. Die Produktpalette setzt sich aus agroind. Exportprodukten (Baumwolle, Zucker, Reis) und Nahrungsmitteln für den städt. Inlandsbedarf (Gemüse, Tabak, Wein) zusammen. Die per. Fischereiflotte brachte 1970 mit über 12 Mio. t ⅙ der Weltfänge ein (1. Platz in der Welt) und bestritt damit 37 % der Exporte des genannten Jahres (v. a. Fischmehl). Wegen jahrelanger rücksichtsloser Überfischung ging die Ausbeute jedoch drastisch zurück. Fast die ges. per. Ind. konzentriert sich in der Küstenregion. Allein auf Lima entfallen ⅔ der Bruttoproduktion (71 % der Ind.-Arbeiter). Außerhalb von Lima liegen lediglich Industrien, die standortgebundene landw. oder mineral. Rohstoffe verarbeiten. Insgesamt sind ca. 80 % der Exporte der Küste zuzurechnen. 2. Das Andenmassiv ist Hauptsiedlungsgebiet der Indios (Indioanteil an der Bev. 42 %), die entweder für die eigene *Subsistenz oder die lokalen Märkte Ackerbau und Weidewirtsch. betreiben. Von weit größerem gesamtwirtsch. Gewicht ist der Abbau mineral. Rohstoffe. Bei Kupfer, Silber und Zink gehört P. zu den weltgrößten Förderländern. Blei, Eisen und Kohle wird in nennenswerten Mengen abgebaut. Ein Teil der geförderten Metalle wird vor Ort verhüttet bzw. raffiniert. 3. Das östl. Urwaldbecken ist ein von zahlreichen Flüssen des Amazonassystems durchzogener trop. Regenwald, wo lediglich im Übergang zum Andenmassiv Kaffee und Tee für den Export und Nahrungsmittel für den internen Konsum produziert werden. Weiter östl. ist neben Kautschuk und trop. Hölzern die Ölförderung von Bedeutung, deren Zentrum allerdings an der N-Küste liegt (*on-shore* und *off-shore*).

2. 1980 wird P. eine Gesamtbev. von ca. 17,8 Mio. Ew. haben (13,57 Mio. Ew. nach der Bev.-Zählung von 1972). P.s Bev.-Dichte liegt mit 13,8 Ew./qkm zwar relativ niedrig die regionale Wanderungsbewegung hat aber dafür gesorgt, daß auf den 12 % der Fläche des Küstentieflandes 46 % der Bev. leben (Anden 44 %, Urwald 10 %, jeweils 1972). 67 % der Bev. leben in Städten, wobei die Hs Lima mit ca. 5 Mio. Ew. (1980) 28 % der Bev. aufnimmt. Das urbane Bev.-Wachstum wird von 1980 bis 1985 3,8 % jährl. betragen (ländl. 0,6 %) und weiterhin die Unterbeschäftigung vom Land in die städt. Randzonen tragen. Der Anteil jugendl. Bev. ist hoch: 0–19 J.: 53 % (1980). Ethnische Zusammensetzung der Bev. (gesch.): 42 % Indios, 38 % Mestizen, 19 % Weiße.

3. Das ab Mitte des XV. Jh.s durch die militär. Expansion der Incas gegründete *Tawantinsuyo* (Vereinigung der vier Reiche), das die span. Eroberer Anfang des XVI. Jh.s vorfanden, erstreckte sich über das Territorium des heutigen Peru, Ecuador, Bolivien, Nord- und Mittelchile sowie den argent. NW. In der auf Landw. basierenden indian. Hochkultur, in der der Boden bis auf einige Ausnahmen Gemeineigentum war, erfolgte die Aneignung des gesellschaftl. Mehrprodukts durch die Herrschenden (Incas, Adel, Bürokratie) hauptsächlich auf dem Wege der Verfügung über die Arbeitskraft des *Ayllu* (Familienclan). Als Gegenleistung für die Dienste des *Ayllus* nahm der Staat eine Reihe von Schutzfunktionen wahr.

Die folgenden 300 J. Kolonialzeit brachten P. die Zerstörung dieser Selbstversorgungswirtsch. und ihre Ersetzung durch eine ökon. Struktur, deren Grundpfeiler der exportorientierte Bergbau (Edelmetalle) und das den internen Markt mit Lebensmitteln versorgende *Latifundium bildeten. Nach der Unabh. (1821) verlor P. durch Rückgang der Weltnachfrage nach Guano und den Verlust der Salpetervorkommen im Pazifikkrieg gegen Chile (1879–1883) zwei seiner wichtigsten Exportgüter. Die Export-Erlöse des Guano-Booms (1840–

79) hatten zur Entstehung von landw. Export-*Enklaven geführt (Baumwolle, Zukker), denen erst in der „Aristokratischen Republik“ (1895–1919), in der Exporteure, präkapital. produzierende Großgrundbesitzer und ausländ. Kapital (bis zur Jahrhundertwende brit., später US-amerik.) dominierten, Bergbau- und weitere Agroenklaven hinzugefügt wurden. Die Unfähigkeit des oligarchischen Staates, die Forderungen des wachsenden städt. und ländl. Proletariats und der Mittelschichten nach pol. *Partizipation und sozialen Reformen zu integrieren, führte angesichts einer starken anti-oligarchischen und anti-imp. Massenbewegung (organisatorischer Ausdruck: die von Mariátegui gegründete Sozialist. Partei und die bedeutendere *populistische *APRA) zum Rückgriff der Herrschenden auf Diktaturen (Leguía: 1919–30, Sanchez Cerro: 1930–33, Benavides: 1933–39, Odría: 1948–56). Während einiger „demokrat.“ Zwischenspiele (die Regierungen Prado, 1939–45, Bustamante, 1945–48, und die *Convivencia* APRA-Prado 1956–62) manifestierte sich die Rechtswendung der APRA, die den Vertretern oligarchisch-bürgerl. Interessen durch ihre Unterstützung zum Wahlsieg verhalf.

Nach dem II. Weltkrieg setzte unter starker Beteiligung des US-Kapitals ein Prozeß *importsubstituierender Industrialisierung ein. Bauernrevolten, Migration der Landbev. in die Städte, Radikalisierung von Teilen der Mittelschicht und Entstehen einer „nat.“ Bourgeoisie veränderten das Kräfteverhältnis zugunsten reformistischer Optionen, die sich aber im Rahmen der parl. Demokratie wegen mangelnder Kohärenz und des immer noch starken, nunmehr von der APRA unterstützten Widerstandes der Oligarchie nicht durchsetzen konnten. Der Putsch der Militärs, die 1968 die gescheiterte Reformregierung Belaúnde absetzten, leitete den Versuch der Streitkräfte ein, durch Strukturreformen die Bedingungen für eine kapitalist. Modernisierung des Landes zu schaffen. Das Scheitern dieses Vorhabens führte zur Rückkehr zum *Exportmodell und zur parl. Demokratie (Präsidentschaftswahlen 1980).

4. P. ist auf vielfache Weise in die *int. Arbeitsteilung integriert: als Lieferant mineral. Rohstoffe (Kupfer, Silber, Blei, Zink, Eisen = 52 % der Gesamtexporte 1977), als Lieferant nur minimal verarbeiteter Agrarprodukte (Kaffee, Zucker, Baumwolle, Wolle = 20 % der Exp. 77) und als Lieferant von Fischprodukten (Fischmehl, Konserven etc. = 12,5 % der Exp. 77). Zulieferungen für den Exportsektor und Verarbeitung bzw. Halbverarbeitung von Exportprodukten lasten 45 % der ges. Ind.-Kapazität aus.

Auf der anderen Seite tritt P. auf dem Weltmarkt als Käufer vor allem von Zwischengütern und *Investitionsgütern auf (48,5 % bzw. 21,7 % der Importe 1977). Die Importkapazität hängt unmittelbar von den Absatzmöglichkeiten und Preisen auf dem Weltmarkt für Rohstoffe ab. 1979 verdoppelten sich die Deviseneinnahmen bei fast allen Metallen, ohne daß die Produktion nennenswert gesteigert wurde; für 1980 wird mit weiteren Zuwächsen gerechnet. Die Ölproduktion konnte seit 1976 mehr als verdoppelt werden. Bedingt durch steigende Weltmarktpreise stiegen die Exporterlöse im gleichen Zeitraum auf das Zwölffache. Die starke Ausrichtung der Produktion auf externe Nachfrage ist wesentlich darauf zurückzuführen, daß sich die per. Industriestruktur bis Anfang der 50er J. lediglich in Funktion der Bergbau- und Agrarexportsektoren entwickelte. Ausländ. Kapital spielt in P. traditionell eine dominierender Rolle. Nach der Jahrhundertwende löste das US-Kapital das bis dahin vorherrschende brit. (Schwerpunkt: Handel, Finanzsystem und Transportwesen) ab und konzentrierte die Investitionen in produktiven Bereichen (Minen, Öl, Landw.). An der *importsubstituierenden Industrialisierung partizipierten Ausländer massiv. Heute besteht in den dynamischen Wirtschaftssektoren (pharmazeutische, chemische Ind., Maschinenbau, Transportausrüstungen, Konsumgüter) ein Übergewicht ausländ. Firmen, das allerdings durch die Industriereform der Regierung Velasco merklich reduziert wurde. Gegenwärtig kontrollieren Ausländer 23 % der Bruttoproduktion, allerdings mit steigender Tendenz, da das Industriereformgesetz nach und nach an den neoliberalen Kurs der Regierung angepaßt wird. (Wesentliche Punkte: Reduzierung des staatl. Produktionsbereichs, Abbau der Kontrolle ausländ.

Investitionen, Aushöhlung der Beteiligungspflicht von nat. Kapital an ausländ. Investitionen, Verwässerung des Mitbestimmungsgesetzes.)
Mit Abstand wichtigste Einkommensquelle der Bev. ist immer noch die Landw., wo 45 % der Erwerbsbev. beschäftigt sind. Im Andenhochland überwiegt die *Subsistenzproduktion, während an der Küste in kooperativer Form Exportprodukte angebaut werden. Die insges. niedrige *Produktivität drückt sich u. a. im niedrigen Beitrag zum BIP aus (15 %) (Industrie: BIP-Anteil 22 %, 15 % der Arbeitsplätze). Die von der Velasco-Regierung in Gang gesetzte *Agrarreform hat zwar die Besitzverhältnisse partiell verändert und die alte Landoligarchie ihrer ökon. und pol. Basis beraubt, die Probleme jedoch eher verschärft als gelöst: *Arbeitslosigkeit, Unterbeschäftigung durch Landknappheit und Verelendung kennzeichnen die Lage der Landbev. Besonders im informellen Bereich des tertiären Sektors (ambulante Händler etc.) hat sich der Konkurrenzkampf in den letzten Jahren deutlich verschärft, da nicht nur Migranten, sondern auch entlassene Industriearbeiter dort eine Überlebensmöglichkeit suchen (tertiärer Sektor insges. ⅓ der Erwerbstätigen, 50 % des BIP).

5. Seit 1973 hat sich die soziale Lage der Mehrheit der Bev. in P. in einem schier unvorstellbaren Ausmaße verschlechtert. Die Reallöhne sind bei Preissteigerungen um fast T. % von 1973 bis 1980 um mehr als die Hälfte gesunken. Von der Krise sind mittlerweile fast alle Bev.-Schichten betroffen. Selbst Familien mit mittlerem Einkommen sind 1978 in ihrem Kalorienverbrauch wesentlich unter die *FAO-Empfehlung von 2 400 Kalorien pro Kopf und Tag gefallen. Sie verbrauchten in Lima 2 040 Kal., während Familien mit unterem Einkommen gerade 1 752 Kal. erreichten. Gleichwohl bleibt die *Einkommensverteilung extrem ungleich: Während 1 % der Peruaner 30 % des Volkseinkommens erhält, teilen sich 30 % der Ärmsten gerade 5 %. Arbeitslosigkeit und Unterbeschäftigung haben ein katastrophales Ausmaß angenommen. Etwa die Hälfte der erwerbsfähigen Bev. (ca. 6 Mio.) gilt als unterbeschäftigt, nur 8 % werden statistisch als arbeitslos ausgewiesen (1980). Etatkürzungen in allen sozialen Bereichen haben die Versorgung der Bev. mit sozialen Leistungen weiterhin erheblich verschlechtert. Chronische Überbelegung der schlecht ausgestatteten Krankenhäuser und kaum funktionierende Sozialversicherung kennzeichnen die Situation im Gesundheitssektor. Die verschärfte Unterernährung hat zu der höchsten Kindersterblichkeit in Lateinamerika geführt. Im 1. Lebensjahr sterben in Peru von T. Kindern 114. Auch die ehrgeizigen Reformpläne der Militärs im Erziehungsbereich waren aufgrund der krisenhaften E. nicht realisierbar: Jedes 3. Kind durchläuft nicht einmal die sechs Klassen der Grundschule und ein großer Teil der ärmeren Schulkinder arbeitet zusätzlich als Straßenhändler, Schuhputzer oder Zeitungsverkäufer.

6. 1977 verkündeten die innenpol. isolierten Militärs ihren Plan zur Machtübergabe an eine zivile Regierung, der die Wahl einer Verfassunggebenden Versammlung ermöglichte und für 1980 Präsidentschafts- und Parlamentswahlen vorsieht. Die Verfassunggebende Versammlung (Juli 1978 – Juli 1979) definierte den per. Staat als „demokrat. und soziale Republik", die auf den Prinzipien der sozialen Marktwirtschaft beruht. Für den Präsidenten und das Zwei-Kammer-Parlament (Senatoren und Abgeordnete) ist eine 5jähr. Amtszeit vorgesehen.
Die wichtigsten Parteien sind die seit dem Tod ihres Gründers Haya de la Torra unter Führung des sozialdemokrat. Flügels (Villanueva) stehende APRA; die *Acción Popular* von V. Beláunde, der die Präs.-Wahlen von 1980 gewann, und die am rechten Rand des christdemokrat. Spektrums angesiedelte *Partido Popular Cristiano.* Nur die beiden ersten haben jedoch Aussicht, den Präsidenten zu stellen. Die Linke hatte durch ihre Einigung auf zwei Wahlbündnisse (mit reformistischer bzw. revolutionärer Orientierung) in der von der Wirtschftskrise hart betroffenen Bev. große Hoffnungen geweckt, ist nach der Aufsplitterung in 5 Blocks jedoch nicht nur kein wichtiger Faktor mehr für die Wahlen, sondern in ihrer trad. Einflußphäre, den Gewerkschaften, mit einer wachsenden Kritik der Basis an der Spaltung und den Aktivitäten der APRA zur Rückerobe-

rung der Arbeiterorganisationen konfrontiert.
Die zur Bildung einer regierungsfähigen Mehrheit nach den Wahlen notwendige Parteienkoalition läßt in allen denkbaren Kombinationen eine pol. Instabilität erwarten, die zur erneuten Intervention der Militärs führen könnte.
7. Mit Hilfe des Handelsbilanzüberschusses wird P. in den nächsten Jahren versuchen können, die Auswirkungen seiner entscheidenden strukturellen Defizite abzuschwächen. Liberalisierung der Importe und Ausbau bzw. Stützung von auf den Export gerichteter Wirtschaftssektoren als Kennzeichen des herrschenden Neo-Liberalismus werden weder Verzerrungen der per. Wirtschaftsstruktur vermindern, noch dazu beitragen, die sozialen Probleme zu lösen. Wenngleich sich eine Reihe von per. Industriellen dieser wirtsch. Öffnung widersetzt, kann doch nicht die Rede davon sein, daß sich eine nat. Bourgeoisie dem E.-Modell entgegenstellt. Vielmehr zeigen gerade die Wahlen von 1980 die deutliche Intention aller bürgerl. Parteien, die von den Militärs eingeleitete Rückkehr zum *Exportmodell aufrechtzuerhalten und auszubauen.

Lit.: A. F. Lowenthal (Hrsg.), The Peruvian Experiment. Continuity and Change under Military Rule, Princeton 1975. J. Cotler, Clases, estado y nación en el Perú, Lima 1978; G. D. E. Philip, The Rise and Fall of the Peruvian Military Radicals 1968–1976, London 1978; K.-H- Kimmig, Die Industriereform in Peru, Meisenheim 1978; D. Gremliza, Die Agrarreform in Peru von 1969, Meisenheim 1979. dd/uw

Philippinen

Die P. gehören zu der immer kleiner werdenden Gruppe der Länder der Dritten Welt, in denen eine von den USA unterstützte Diktatur ein Land zugunsten einer schmalen Oberschicht brutal ausbeutet.
1. Mit 7 107 Inseln sind die P. (Fläche: 300 T. qkm) der größte Archipel der Erde. Dessen Hauptinseln sind von N nach S: Luzon (mit der Hs Manila), die Inselgruppe der Visayas und Mindanao. Bergketten durchsetzen das Land. An ihren Hängen und in den Ebenen ist Landw. möglich. P. ist reich an trop. Edelhölzern und hat Kupfer, Gold, Silber, Eisenerz und Zinkvorkommen.
2. 1521 wurden die P. durch Magalhães entdeckt. Der spanischen Herrschaft (1565–1898), gegen die sich die Filipinos in Befreiungskämpfen zur Wehr setzten (1870–1901), folgte 1899 die gewaltsame Annexion des Landes durch die USA als Resultat des span.-amerik. Krieges, nur unterbrochen durch die japan. Besetzung im II. Weltkrieg. Die Entlassung der P. in die Unabh. (1946) wurde von den USA mit einer Reihe von Bedingungen verbunden, wie der Gewährung von Pachtrechten für die beiden größten US-Militärstützpunkte im Pazifik, der Garantie weitgehender Sonderrechte für US-Bürger (bis 1974 waren US-Unternehmen einheim. gleichgestellt) und Vetorechten in der phil. Außenhandelspolitik.
3. Die Bev. des Landes betrug 1978 (gesch.) 46,35 Mio. Ew. (= 154,5 Ew. je qkm). Rund 35 % der Bev. lebt in den Städten und der Zustrom vom Lande hält an. Alleine in Manila leben fast 7 Mio. Menschen, nahezu 1 Mio. als *Marginalisierte in den Slums. Wegen der vielen unterschiedl. ethnischen Gruppen ist die Sprachvielfalt groß. 1970 wurden 76 indigene Sprachen registriert. Nur 7 Sprachen werden von jeweils 1 Mio. Menschen gesprochen, die beiden Hauptsprachen Tagalong und Cebuano von jeweils knapp ¼ der Filipinos. Die Staatssprache Pilipino (praktisch Tagalong) spricht mehr als die Hälfte der Bev. (in den Städten ¾), Englisch sprechen fast 45 %. 80 % der Bev. des Landes sind kath. Der *Analphabetismus konnte durch beträchtliche Anstrengungen im Bildungswesen auf 18–20 % gesenkt werden. Auch die gesundheitliche Versorgung wurde verbessert (LE = 58 J.). Schon seit Jahren ist der Großteil der phil. Streitkräfte auf Mindanao im Kampf gegen die dortige ca. 10 T. Mann starke „Nationale Moro-Befreiungsfront" (MNLF) eingesetzt. Die MNLF stützt sich auf die 2 Mio. Moslems der Insel und wird von den Islam. Staaten unterstützt. Auf Mindanao konzentriert sich nicht nur der moslem. Teil der phil. Bev., die Insel ist auch rückständiger und im Vergleich zu Luzon seit der span. Kolonialzeit administrativ vernachlässigt. Hier hat sich als Umgangssprache noch ein von lokalen Ausdrücken durchsetztes Spanisch erhalten.
4. Mit der Schaffung einer Freihandelszone zwischen den USA und den P. (1909/13) wurde die phil. Wirtschaft strukturell in

den Weltmarkt eingegliedert. Im Agrarsektor wurden neben mehr Reis und Mais für den internen Markt zunehmend **cash crops* (Zuckerrohr, Kokosnüsse, Abacá-Fasern, Tabak) angebaut. Über die Einführung bisher unbekannter Landtitel sowie über Verschuldungsprozesse wurden die Bauern zu Pächtern, die meist 50% ihrer Ernte an die Landbesitzer abzuliefern haben, oder zu landlosen Arbeitern. Proletarisierung und Verarmung weiter Teile der Landbev. wurden durch das Bev.-Wachstum beschleunigt. Bis heute blieben die P. Rohstoffexportland. Exportiert werden: Zucker (25–30% des Exportwertes), Kokosnüsse u. -Öl sowie Kopra (20–25%), Holz- und Holzwaren (bis 10%) und Kupfer, Nickel, Mineralien und Abacá. Nach dem II. Weltkrieg versuchte der phil. Staat durch Importkontrollen, selektive Zollpolitik, Steuererleichterungen und billige Kredite eine *Importsubstituierende Industrialisierung zu ermöglichen. Diese Politik kam allerdings v. a. den finanzstarken Landbesitzern und der Handels- u. Finanzbourgeoisie zugute und scheiterte insbes. an der geringen Aufnahmefähigkeit des inneren Marktes. Die Ind. vermochte nicht, die in der Landw. freigesetzten Arbeitskräfte zu absorbieren, lediglich der tertiäre Sektor wurde personell aufgebläht. Die Krise des Agrarsektors hatte auch Auswirkungen auf den urbanen Bereich, wo die durchschnittl. *Produktivität, die Löhne und – durch die steigenden Agrarpreise – auch die Realeinkommen sanken.

5. Das Volkseinkommen in den P. ist heute stark ungleich verteilt. 4% der Gesamtbev. verfügt über die Hälfte des Volksvermögens. Die Macht lokaler, weitgehend landbesitzender Oligarchien ist ungebrochen. Erst langsam werden sie durch Politiker aus der Mittelklasse ersetzt. Durch Kontrolle der privatwirtsch. und staatl. Ressourcen (Patronage etc.) sind diese Oligarchien in der Lage, durch Bildung von *Klientelbeziehungen die Unterschichten für ihre Fraktionen zu gewinnen. Demokrat. Institutionen drohen so zur Fassade zu werden.

6. Die 1934/35 ausgearbeitete bis 1972 gültige Verfassung der P. lehnte sich stark an das amerik. Vorbild an: Präsident, Legislative aus 2 Kammern (Repräsentantenhaus, Senat), zwei Parteien (Liberale, *Nacionalistas*), die um die staatl. Macht konkurrierten, alle 4 Jahre getrennte Wahlen zur Präsidentschaft und zu den legislativen Körperschaften. Demokrat. Entscheidungsprozesse wurden allerdings durch den Einsatz privater Schlägertrupps, Wahlbetrug und Korruption im Interesse einzelner Fraktionen der Oligarchie stark beeinträchtigt. Mit dem Aufschwung von *Guerilla-Bewegungen Ende der 60er und Anfang der 70er J. und ökon. Krisenerscheinungen im Lande sah der seit 1965 regierende Präsident Fernando E. Marcos sowohl das pol. System als auch seine persönl. Herrschaft bedroht. Er verhängte im Sept. 1972 den Ausnahmezustand gegen den Widerstand von Teilen der Oligarchie, der trotz wachsender Proteste, z. B. auch der kath. Kirche, bis heute fortdauert. Das Kriegsrecht ermöglicht Marcos zusammen mit seiner Frau eine diktatorische Herrschaft, die er als Weg zu einer „Neuen Gesellschaft" ideolog. zu verbrämen sucht. Imelda Marcos ist an der Machtfülle ihres Mannes entscheidend beteiligt. Sie ist nicht nur Gouverneur von Groß-Manila, sondern auch Siedlungsministerin und als solche weisungsbefugt gegenüber allen anderen Ministerien, um umfassende Maßnahmen zur Slumsanierung zu ermöglichen. Die Familiendiktatur der Marcos versucht sich durch Plebiszite und scheindemokrat. Institutionen gegenüber dem phil. Volk zu legitimieren. Seit 1976 besteht ein Legislativrat, dessen Mitglieder vom Präsidenten ernannt werden. 1978 wurde eine provisorische Nationalversammlung (*Interim Batasang Pambansa*) gewählt. Auf die von der Regierung gelenkte „Bewegung für eine neue Gesellschaft" (*Kilusan ñg Bagong Lipunan*/KPL) entfielen 135 der 149 direkt gewählten Mandate, auf die *Pusyon Bisaya* 13 u. die *Mindanao Alliance* 1 Sitz, während die behinderte Opposition (*Laban* bzw. „Kampf") ohne Mandate blieb.

Lit.: B. Dahm, Emanzipationsversuche von kolonialer Herrschaft in Südostasien. Die Philippinen und Indonesien. Ein Vergleich, Hamburg 1974; D. Bronger, Die Industrie der Philippinen, Hamburg 1979 rs

Plantage(nwirtschaft)

Unter P. wird diejenige agrarwirtsch. Betriebsform in den EL verstanden, bei der *arbeitsintensiv und/oder *kapitalintensiv

in rationeller Produktionsweise zumeist *Monoprodukte für den Weltmarkt erzeugt werden. In aller Regel sind Anlagen zur Verarbeitung der angebauten Erzeugnisse Bestandteil einer P., so daß sie auch als landw. und ind. Großbetrieb bezeichnet werden kann.
Typische **cash-crop*-Erzeugnisse der P. sind: Baumwolle, Zuckerrohr, Kaffee, Tee, Kakao, Tabak, Erdnüsse, Bananen, Kautschuk. P. wurden historisch von den Europäern in den heutigen EL zur Befriedigung der europ. Nachfrage aufgebaut, wobei sie den komparativen Vorteil (Klima, Boden) in Übersee nutzten und die bestehenden Arbeitskräfteprobleme über Versklavung (Neger) oder Anwerbung von Menschen (Asiaten) lösten.
Vorteil: moderner, auf dem Weltmarkt konkurrenzfähiger Großbetrieb; Deviseneinkünfte; abnehmende Arbeitsintensität der Produktion. Nachteil: Weltmarktintegration zu Lasten der nat. *Integration und Versorgung; Auslandskapital. dn

PLO

Palästinensische Befreiungsorganisation (*Palestine Liberation Organization),* 1964 auf Betreiben *Nassers gegründete Dachorganisation fast aller paläst. *Guerilla-Gruppen, unbestrittene Repräsentantin aller Palästinenser, seit 1969 unter der Führung von Yassir Arafat. Ihr Ziel, die Einrichtung eines demokrat. und weltlichen Staates in den Grenzen von 1948, in dem Moslems, Juden und Christen gleichberechtigt nebeneinander leben können (*National Charta,* Art. 2 und 19) ist unvereinbar mit der Existenz Israels. Zur Durchsetzung dieses Ziels lassen sich grob drei bislang verfolgte Strategien unterscheiden: 1. Kriegerische Auseinandersetzung mit Israel; angesichts der militär. Niederlagen der arab. Länder (oder allenfalls Achtungserfolge) wenig erfolgreich; Israel konnte vielmehr weiteres palästinensisches Land besetzen; 2. Guerilla-Aktivitäten; lenkten zwar die Weltöffentlichkeit auf das Palästina-Problem, konnten Israel jedoch nicht in die Knie zwingen; 3. Pol. Lösungen; insbes. nach 1973 auf Druck einiger arab. Staaten ins Auge gefaßt, konzentriert auf eine kleinstaatl. Verwirklichung des Selbstbestimmungsrechts im von Israel besetzten Westufer und im Gaza-Streifen. Die sog. Ablehnungsfront innerhalb der PLO lehnt pol. Lösungen (d. h. Verhandlungen) ab; für die Mehrheit tritt der Versuch pol. Lösungen nicht an die Stelle, sondern neben die weiterhin als notwendig erachteten militär. Aktionen; die kleinstaatl. Lösung wird überdies nur als gesicherte Ausgangsposition für die Durchsetzung der Forderung nach einem gesamtpalästin. Staat begriffen. Vereinzelte Erklärungen lassen jedoch darauf schließen, daß die PLO durchaus die Koexistenz mit Israel akzeptieren könnte. Wesentlicher Faktor scheint hier die Haltung der arab. Länder zu sein, die stets die pol. Linie der PLO entscheidend mitgeprägt haben. Die PLO hat sich v. a. seit Mitte der 70er J. int. Anerkennung verschaffen können, nicht zuletzt bedingt durch die Ölkrise und Sorge westl. IL um ausreichende Ölversorgung aus den arab. Staaten. Die Ölwaffe scheint letztlich das bisher erfolgreichste Instrument palästin. Politik. Die PLO ist Mitglied der *Blockfreien. Die dipl. Anerkennung von seiten westl. Länder eröffnete Österreich 1980. dn

Politische Stiftungen

In der BRD arbeiten 4 PStift. im entwicklungspol. Feld. Es sind dies die den 4 großen Parteien nahestenden Stift. Friedrich-Ebert-Stiftung (*FES), Konrad-Adenauer-Stiftung (*KAS), Friedrich-Naumann-Stiftung (*FNS) und die Hanns-Seidel-Stiftung (*HSS). Sie gehören zu den von staatl. Seite unterstützten *Nichtstaatl. Organisationen, die E.-Hilfe leisten. Sie arbeiten eng mit gesellschaftl. und pol. Gruppen in den EL zusammen, die für die soziale und pol. E. von großer Bedeutung sind: pol. Parteien, *Gewerkschaften, *Genossenschaften, *Selbsthilfe-Organisationen, Jugend- und Frauenverbände; sie kooperieren auch mit Ausbildungseinrichtungen (v. a. im Medienbereich) und Forschungsinstituten, wobei einige Institutionen staatl. oder halbstaatl. Charakter haben. Die Zahl der Projekte der PStift. belief sich 1978 auf 283, die Mittel zu ihrer Förderung aus dem Bundeshaushalt (*Sozialstrukturhilfe) 124 Mio. DM, von 1962–78 insges. ca. 733 Mio. DM. Anfang 1979 waren 193 *Entwicklungsexperten der PStift. in EL tätig (FES 101, KAS 49, FNS 38, HSS 5).

Im Unterschied zur offiziellen E.-Hilfe der BRD können die Stift. in eigener Verantwortung mit gesellschaftl. Gruppen aus den EL zusammenarbeiten, die nicht Teil der bestehenden Herrschaftsstruktur zu sein brauchen. PStift. haben somit einen größeren Handlungsspielraum als die staatl. E.-Politik. Daß sie manchmal – in Konkurrenz zu den Botschaften – die einflußreicheren Vertreter der BRD in den EL stellen, zeigt Erfolge und zugleich Gefahren der pol. Arbeit der Stift. auf. Hervorzuheben ist ihr Beitrag zur Erforschung der EL und E.-Problematik durch den Unterhalt von Forschungsinstituten in Übersee und Stipendienprogramme. Große Verdienste kommen hier insbes. der FES zu.

Lit.: H. von Vieregge, Parteistiftungen, Baden-Baden 1977. dn

Populismus, populistisch

P. ist ein viel verwandter Begriff für ausgesprochen unterschiedl. pol. Bewegungen in Raum und Zeit. Wenn auch die verschiedenen Autoren, die den Begriff benutzen, keine Einigung über seinen Inhalt erzielen, so lassen sich doch einige Kernelemente des P. herausstellen: 1. Bei P. handelt es sich um pol. Bewegungen mit Massenbasis, nicht um pol. Parteien. Die Zugehörigkeit zu ihnen ist nicht formal bestimmt, die Organisation ist locker, die Bindung oft personenzentriert (Personalismus). 2. Pop. Bewegungen entstehen in Phasen raschen gesellschaftl. Wandels, in denen sich die bisherigen trad. und/oder autoritären Herrschaftsstrukturen auflösen bzw. diese zumindest in die (Hegemonie-)Krise geraten. Aber nicht jede Krise oder jeder Reformprozeß gebiert pop. Bewegungen. 3. P. ist kein klassenspezifisches Phänomen, vielmehr besteht seine soziale Basis aus verschiedenen Schichten bzw. Sektoren sozialer Schichten; deren Gewicht (städt./ländl. Mittelschichten/proletarisch) kann wechseln und muß im Einzelfall bestimmt werden. 4. Träger sind jedoch in aller Regel solche soziale Schichten, die durch die bestehende gesellschaftl. und pol. Ordnung benachteiligt sind und bessere E.-Möglichkeiten und eine ihrer (möglicherweise wachsenden) wirtsch. Bedeutung angemessenere Beteiligung an den pol. Entscheidungsprozessen fordern (allg. Wahlrecht). Den unterprivilegierten Schichten schließen sich jedoch zumeist Splitter höherer Schichten an, die ebenfalls gegen die Beschränkung durch bestehende Ordnung opponieren, und bilden vielfach die Führer und Kader pop. Bewegungen. 5. Die programmatischen Forderungen des P. lassen sich auf *Nationalismus (deshalb auch vielfach Nationalpopulismus) und wirtsch. E. (*Wachstum) als dem ideolog. Kern reduzieren. P. läßt sich für LA wie folgt näher bestimmen: zeitlich nach 1929, durch die Weltwirtschaftskrise und den *Industrialisierungsprozeß ausgelöst, getragen hauptsächlich von urbanen Sektoren, die in wachsendem Maße das pol. System bestimmten. dn

Präferenzabkommen

Nach Ländern oder Ländergruppen differierende Behandlung von Importen, wie sie beispielsweise im *Lomé-Abkommen der EG mit den *AKP-Staaten vereinbart wurde. Die präferentielle Behandlung verstößt zwar gegen den Grundsatz der *Meistbegünstigung, ist jedoch im *GATT vorgesehen. Beurteilungsmaßstab von P. sind die sog. handelsschaffenden oder handelsablenkenden Effekte, die erzielt werden. Verdrängen Präferenzen einheim. kostenungünstige Produkte durch kostengünstige importierte Produkte, so bezeichnet man dies als Handelsschaffung. Handelsablenkung kommt zustande, wenn ein kostengünstiger Hersteller aus einem nichtpräferierten Land durch einen weniger kostengünstigen Produzenten aus einem präferierten Land verdrängt wird. Weltwirtsch. gesehen wird Handelsschaffung als positiv, Handelsablenkung als negativ bewertet, wenn zum Maßstab die bestmögliche Allokation der *Ressourcen erhoben wird. dn

Prebisch, Raúl

Argentin. Wirtschaftswissenschaftler, geb. 1901 in Tucuman/Arg., Generalsekretär der *CEPAL 1949–1963, danach des *ILPES; seine wirtschaftswissenschaftl. Untersuchungen, die die Grundlage des **Cepalismos/Desarrollismo* bilden, erlangten große Bedeutung für die E.-Politiker einiger lateinamerik. Länder (Argentinien unter Frondizi, Brasilien unter Kubitschek, Venezuela unter Betancourt) und für die Position der EL auf den Konferenzen von *UNCTAD I und UNCTAD II. Sein Einfluß nahm seit Vordringen der *Dependencia-Theorien ab. dn

Produktionsquote

Auch Produktionskontingent, bezeichnen Produktionsmengen, auf die sich die Erzeugerländer und Exporteure bestimmter Güter einigen, um ein Überangebot des Produkts auf dem Weltmarkt und damit einen nach dem freien Marktmechanismus fast unvermeidlichen Preisverfall zu verhindern. dn

Produktivität

Unter P. ist das Verhältnis des Produktionsertrags (*output*) zum Einsatz (*input*) an Produktionsfaktoren (Arbeit, Kapital etc.) zu verstehen. Gemessen wird, wieviel mit einem bestimmten Faktoreinsatz (aller Einsatzmengen = globale P.; eines bestimmten Faktors = faktorbezogene P., etwa Kapitalproduktivität) hergestellt wird. Die Einsatzmenge des Faktors Arbeit wird mit der Anzahl der Beschäftigten und der von ihnen insges. geleisteten Arbeitszeit bemessen. dn

Programmhilfe

Spezielle Form der *Projekthilfe, beinhaltet die Förderung sektoral und regional abgrenzbarer Investitionsvorhaben. Sie dient der (Teil-)Finanzierung vollständiger E.-Programme und hat den Vorteil, die Förderungsmittel koordinierter einzusetzen. Zugleich ergeben sich Möglichkeiten, entsprechend notwendige Mittelumschichtungen im Programmablauf vorzunehmen. Man unterscheidet integrierte Sektor- oder Regionalprogramme (Beispiel: Verkehrswege plus * Agrarreform, Bewässerung, Kreditversorgung etc.) und Parallelprogramme (Beispiel: Krankenhäuser, Schulen). Für Programmhilfe stellte die BRD 1978 173 Mio. DM bzw. 7% der bewilligten *Kapitalhilfe zur Verfügung. dn

Projekthilfe

Auch projektgebundene Hilfe, Teil der *Kapitalhilfe an EL, welche die Finanzierung von E.-Vorhaben, die zeitlich, techn. und ökon. abgrenzbare Investitionen beinhaltet. Beispiele: Eine Straße von A nach B, eine Brücke, eine Düngemittelfabrik. Die trad. Projekthilfe der BRD betrug 1978 1,4 Mrd. DM bzw. 52% der zugesagten Kapitalhilfe. →Programmhilfe → Warenhilfe dn

Pro-Kopf-Einkommen

Einer der wichtigen *Indikatoren wirtsch. E. im Ländervergleich, auch wenn die Aussagekraft begrenzter ist als vielfach bei seiner Verwendung angenommen wird. Das Pro-Kopf-Einkommen entsteht durch die Division des BIP oder BSP (→Sozialprodukt) durch die Anzahl der Bev. eines Landes. Es wird verwandt als Kernindikator für den E.-Stand eines Landes in eigentlich sämtl. Versuchen, EL zu gruppieren, so v. a. für die Reihung der EL nach dem E.-Stand (*Ranking*) der *Weltbank. Wirtschaftl. Wachstum wird vor allem an den JZ.en des Pro-Kopf-Einkommens festgemacht.

Auch nachdem das Pro-Kopf-Einkommen kaum noch als einziger Indikator für E. herangezogen wird, wie dies in den ökon. *Wachstumstheorien weitgehend der Fall war, bleibt Kritik am Indikator Pro-Kopf-Einkommen bestehen. Da das Sozialprodukt nur marktwirtsch. bewertete Güter und *Dienstleistungen mißt, ist es inbes. in EL unvollständig, in denen ein Teil der Produktion und der Befriedigung von Bedürfnissen (Nahrung, *Wohnen) in *Subsistenzwirtschaft, d. h. nicht über den Markt, erfolgt. Aus der Unvollständigkeit folgen Fehlbewertungen von E.-Prozessen, die mit Hilfe des Einkommens anzugeben versucht werden. Ergeben sich Steigerungen der Versorgung und der Lebensbedingungen eines Großteils der Bev., so bleibt dies für die Berechnung des Sozialprodukts unberücksichtigt. Ergeben sich hingegen Produktivitätssteigerungen in den Sektoren und Unternehmen, die für den Markt und insbes. den Weltmarkt produzieren, so schlägt sich dies in Form des Wachstums des Sozialprodukts nieder, ohne daß sich die Lebensbedingungen der Bev. entsprechend verändert hätten. Bedenkt man zudem die Struktur der *Einkommensverteilung in EL, so mißt das Sozialprodukt im wesentl. Einkommen und Einkommenssteigerung der oberen 40 % der Bev., auf die etwa 75–80 % des BSP entfallen. dn

Protektionismus

Außenhandelspolitik, die die inländ. Produzenten gegenüber ausländ. Konkurrenten durch Zölle, Kontingentierungen etc. schützt. Gegensatz: Freihandel. →Handelshemmnisse →GATT →Meistbegünstigung →Präferenzabkommen. dn

Puerto Rico

P.R. ist kein unabh. Land. Man spricht von „Puertorikanisierung", wenn man die Art und Weise bezeichnen will, wie lateinam. Länder zunächst wirtsch., sodann pol. unter die Dominanz der USA fallen können. Für die 80er J. kündigt sich ein Prozeß soziokultureller Rückbesinnung und der Konflikt der einheim. Nationalisten mit den USA an, der Auswirkungen auf die ges. Region haben dürfte.

1. P.R. ist die kleinste und östlichste Insel der Großen Antillen (Fläche: 8 897 qkm). Ein natürl. E.-Potential besitzt P.R. in der Landw.: Zuckerrohr, Tabak, Kaffee, Zitrusfrüchte und Rinderhaltung (30 % des landw. Produktionswerts). P.R. hat verschiedene Erze, von denen nur Kupfer kommerziell abgebaut wird, sowie einige Ölvorkommen. Weitere Einnahmequellen bilden der *Tourismus und der Fischfang.

2. P.R. war bis 1899 span. Kolonie. Im 19. Jh. entstanden v. a. in den Küstenebenen Zuckerrohrlatifundien, die für den Export nach Europa produzierten. Unter der US-Kolonialherrschaft kennzeichnen 2 Phasen struktureller Abh. die E. P.R.s: 1. Mit dem Eindringen des US-Kapitals in die Landw. setzte sich in P.R. die monokulturelle *Plantagenproduktion von Zucker durch. Die Wirtsch. P.R.s wurde auf die Bedürfnisse des US-Marktes ausgerichtet und diente als wichtiger Absatzmarkt für US-Fertigwaren. 2. Ab 1940 setzte mit dem sozialreformerischen Präsidenten Luis Muños Marín eine rapide, von den USA abh. kapitalist. E. ein. Der Aufbau einer verarbeitenden Ind. konnte die Abh. von der *monokulturellen Zuckerproduktion zwar beseitigen, aber die Exportausrichtung der Wirtsch.-Struktur und damit die Importabh. von den USA nicht mindern.

3. 1978 betrug die Bev. P.R.s 3,32 Mio. Ew., die Bev.-Dichte 373,1 Ew. pro qkm, der *Urbanisierungsgrad als Folge des *Industrialisierungsprozesses (1970): 58 % (Hs San Juan 1977: 820 442 Ew.). Die Bev.-Explosion wurde durch die in den 50er J. einsetzende Emigrationswelle in die USA und Maßnahmen der *Familienplanung gedrosselt. Ethnisch setzt sich die Bev. zusammen aus einer weißen Mehrheit (ca. 75 %), Mulatten und Mestizen (20 %), Schwarzen (5 %).

4. Als Folge des raschen wirtsch. Wachstums haben sich breite Mittelschichten entwickelt. Mangelnde Beschäftigungsmöglichkeiten in der Landw. v. a. im Zuckersektor hatten eine Abwanderung der Landbev. in die Städte oder die USA zur Folge. Trotz *Agrarreform veränderte sich die ungleiche Verteilung des Bodens kaum: 1952: 3 % der Betriebe besitzen 56,8 % des Bodens, 94 % der Betriebe verfügen über ca. 33 % des Bodens. Der Rückgang der Beschäftigten in der Ind. seit den 60er J. spiegelt den Trend zu *kapitalintensiver Ind.-Produktion mit wenigen hochqualifizierten Beschäftigungsmöglichkeiten wider und die Verlagerung *arbeitsintensiver Industrien auf andere Karibikinseln (bedingt durch die steigenden Löhne und den Ablauf der Steuervergünstigungen). Vorherrschendes Problem ist daher die Verschärfung der *Arbeitslosigkeit und die *Marginalisierung eines Teils der Bev. Auf diesem Hintergrund erweist sich das E.-Modell P.R.s trotz hoher Wachstumsraten und einem hohen durchschn. *Pro-Kopf-Einkommen als problematisch. 25 % der Bev. lebt in extremer Armut, 20 % der ärmsten Familien teilen sich 5 % des Gesamteinkommens, 20 % der obersten Einkommensklasse 51 % des Gesamteinkommens. Die staatl. induzierte Industrialisierung und die Ankurbelung des Tourismus führten außerdem zu einer Zunahme der Auslandsverschuldung und einer negativen Handelsbilanz.

5. Der span. Einfluß der Kolonialzeit schlägt sich u. a. in der Religionszugehörigkeit der Puertorik. (85 % Katholiken) und der Sprache nieder. Amtssprache ist Spanisch und Englisch, 16 % der Bev. sind 2sprachig, die übrigen haben Spanisch als Muttersprache. Im Wertsystem und Lebensstil der Ober- und Mittelschicht und

der Arbeiteraristokratie ist der span. Einfluß einer Assimilation an die Werte der USA gewichen. Erhebliche Fortschritte wurden in der *Alphabetisierung (1974: 90%) und der Scholarisationsrate erreicht sowie in der ärztl. Versorgung der Bev. (1969: 0,84 Ärzte pro T. Ew.).

6. P.R. erhielt 1952 den Status eines mit den USA frei assoziierten Staates (*Estado Libre Asociado*). P.R. ist wie ein US-Staat den US-Bundesgesetzen und der US-Regierung unterworfen. Die Puertorik. besitzen die US-Staatsbürgerschaft und wählen alle 4 J. einen *Comisionado Residente,* der P.R. im US-Kongreß vertritt, aber kein Stimmrecht besitzt. P.R. kann daher nicht an der Präsidentschaftswahl teilnehmen, es zahlt keine US-Bundessteuern, es bestehen keine Zollschranken zwischen den USA und P.R. Die Verfassung von 1952 legt die Wahl eines Gouverneurs und des Kongresses (bestehend aus Senat und Repräsentantenhaus) alle 4 J. fest. Diese pol. Institutionen sind u. a. für Polizei, Schulwesen, Gerichtswesen und Kommunikation zuständig. Die in den 50er J. starke Unabh.-Bewegung hat angesichts der wirtsch. E. ihren Einfluß weitgehend eingebüßt. Die beiden größten pol. Parteien P.R.s unterscheiden sich v. a. durch ihren unterschiedl. Standpunkt zum pol. Status P.R.s. Die Neue Progressistische Partei (PNP), gegenwärtig in der Regierung, strebt die Eingliederung P.R.s in den Staatenbund der USA als 51. Bundesstaat an. 1967 haben sich in einem Referendum 60,5% der Puertorik. für den gegenwärtigen Status, 38,9% für Integration in den US-Staatenbund, 0,6% für die Unabh. P.R.s entschieden.

Lit.: D. Nohlen, Puerto Rico, in: HDW, Band 3, Hamburg 1976, S. 529 ff.; I. Jung, Puerto Rico, in: Lateinamerika 2, Berlin 1978, S. 337. ks

Quotensystem

Festsetzung von Produktions- und Exportvolumen von Rohstoffen durch int. Abkommen. Q. dienen der Preisstabilisierung von Rohstoffen. →Rohstoffabkommen →Bufferstocks →Integriertes Rohstoffprogramm dn

RE (Rechnungseinheit)

Int. Währungsschlüssel, der unabh. von nat. Währungsschwankungen ist; die RE nach der sog. Korbmethode setzte sich aus neun Mitgliedswährungen zusammen (1976: 1 RE = 3,08 DM); 1978 durch den *ERE abgelöst. dn

Regionale Entwicklungsbanken

wurden zur Förderung der wirtsch. *Entwicklung in LA, Afrika und Asien gegründet und bilden heute wichtige Instrumente der E.-Finanzierung, insbes. im System multilateraler *Entwicklungshilfe. Zu den Mitgl.-Ländern der reg. E.-Banken zählen auch nicht der Region angehörende Länder; die zur Verfügung gestellten Mittel bleiben jedoch hinsichtlich ihres Einsatzes regional gebunden. Die Vergabekonditionen variieren zwischen Schenkungen, zinsgünstigen Krediten und kommerziellen Bedingungen, so daß sie nicht sehr verschieden sind von denen der *Weltbank auch hinsichtlich der organisatorischen Aspekte (Bildung von Tochterinstituten und speziellen Fonds, die günstigere Kreditkonditionen einräumen können). Durch Vergabepolitik können entwicklungsstrategische Akzente gesetzt werden, u. a. durch Begünstigung der *LLDCs, durch Förderung von *Investitionen im Bereich der Befriedigung von *Grundbedürfnissen und zur *ländl. Entwicklung. Während der *BID sich in LA zur Hauptquelle auswärtiger öffentl. Finanzierung entwickelt hat, gehen von *AFDB und *ASDB noch nicht ähnliche entwicklungspol. Impulse aus. dn

Reintegration

Unter R. wird die Wiedereingliederung von ausländ. Absolventen deutscher Fach- und Hochschulen und qualifizierter Arbeitskräfte in ihre Heimatländer verstanden. Die entwicklungspol. Zielsetzung der Förderung von R., für die die BRD gezielte R.-Hilfen bereitstellt, ist, bessere Voraussetzungen für die aktive Beteiligung rückkehrwilliger Fachkräfte an der sozialen und wirtsch. E. ihrer Heimatländer zu schaffen. →*Brain drain* dn

Ressource

Im allg. Verständnis: Hilfsmittel, Hilfsquellen. In der E.-Ökonomie werden unter R. alle Mittel verstanden, die für die Produktion von Gütern und Dienstl. und die wirtsch. und soziale E. eines Landes geeignet sind, insbes. Bodenschätze/Rohstoffe, landw. nutzbarer Boden, hydroelektrisch verwertbare Wasserläufe, Kapital, Ausbildungsstand der Bev. (*human capital*), Arbeitskraft etc. dn

Reunion

1. Die durch ein bis zu 3 069 m hohes Bergmassiv mit einem noch tätigen Vulkan in verschiedene Klimazonen (von trop.-feucht bis gemäßigt kühl) geteilte Insel R. (2 512 qkm) ist seit ihrer Besiedelung durch Franzosen im 17. Jh. auf den Export von *Monokulturen ausgerichtet (zunächst Kaffee, seit Anfang des 19. Jh.s Zuckerrohr). Die Nachkommen der in mehreren pol. (1848 Aufhebung der Sklaverei, seinerzeit 60 000 Sklaven bei 50 000 Freien) und wirtschaftskonjunkturell begründeten Phasen nach R. (bis 1848: Ile Bourbon) gebrachten Arbeitskräfte verleihen der Insel eine extreme ethnische Vielfalt: Neben den v. a. im 18. und Mitte des 19. Jh.s eingewanderten Weißen (ca. ¼ der Ew.) bilden Madegassen und Afrikaner, Inder und Chinesen sowie zahlreiche Mischlinge die Mehrheit der Ew., die ein mit Eigenausdrücken durchsetztes Franz. sprechen und fast durchweg kath. sind. Die nach dem II. Weltkrieg einsetzende Bev.-Explosion (JZ über 3%) ließ die Bev.-Zahl von 1946: 241 000 auf 1978: über 500 000 emporschnellen, was die in wirtsch. Entwicklungen begründeten (*Landflucht aufgrund von Konzentrationsprozessen im Zuckerrohranbau) sozialen Probleme verschärfte (1978: 50–60 000 Arbeitslose, staatl. geförderte Auswanderung von jährl. ca. 6 000 jungen Leuten nach Frankreich, wo bereits 60 000 Emigranten aus R. leben).

2. Die Wirtschaft R.s ist fast ausschließlich auf Zucker und Zuckerprodukte (Rum, Melasse) ausgerichtet (über 80% der Exporte) und seit Jahren krisenanfällig. Die ständig rückläufige Produktion der übrigen Landw. deckt nur den inländ. Bedarf (Lebensmittel bilden 30% der Importe). Von Bedeutung ist nur der Fischfang (1977: 1 100 t).

3. Seit 1946 ist R. franz. Übersee-*Département* (3 Abgeordnete in der Franz. Nationalversammlung, u. a. seit 1963 M. Debré). Die wachsenden sozialen Spannungen – 60% der Bev. sollen von irgendeiner Form von Sozialhilfe abhängen – schlagen sich seit Jahrzehnten in schweren, häufig gewalttätigen pol. Auseinandersetzungen zwischen rechten und linken Parteien (in etwa dem Parteienspektrum Frankreichs entsprechend) nieder, wobei die massive Begünstigung durch die franz. Verwaltung von Konservativen bisher die Mehrheit sicherte. Seit Beginn der 70er J. fordert die Mehrheit der Linken unter der Führung des populären KP-Chefs P. Vergès (Mitgl. des Europa-Parlaments) Autonomie (größere Selbstverwaltungsrechte für TR., was seit Ende der 70er J. von der *OAU aufgegriffen, von den Konservativen und der franz. Regierung jedoch kategorisch abgelehnt wird. kz

Revolution

Der pol. Sprachgebrauch verwendet den Begriff R. wenig differenziert. Aber auch in der Wissenschaft herrscht keine Einigkeit über den Begriffsinhalt. Verständigung wird noch am ehesten darüber erzielt, daß es sich bei einer R. um die grundlegende Veränderung des pol. Systems und der Gesellschaftsordnung handelt. Das Ausmaß des pol. und gesellschaftl. Wandels ist damit der wichtigste Bestimmungsgrund. Je intensiver und umfassender die Umwälzung ist, desto berechtigter ist die Verwendung des Begriffs R. Palastrevolten, Putsche oder Staatsstreiche, die keine oder nur minimale Veränderungen in der sozio-ökon. Struktur eines Landes auslösen und nur die Personengruppen auswechseln, welche die pol. Herrschaftspositionen einnehmen, fallen somit aus dem Begriff heraus. Umstritten ist, inwieweit die Gewaltanwendung Merkmal einer R. ist, fraglich auch, ob eine R. abrupt zu verlaufen habe. Es handelt sich dabei um die Verlaufsform von R.en, die gewaltsam und blutig sowie spontan und radikal vonstatten gehen, aber auch rel. friedlich und über eine längere Periode ablaufen können. Neuere revolutionstheoretische Ansätze warnen vor der Überbetonung des Gewaltaspekts. Auch zeigt sich eine Tendenz, R.en als eine Subgruppe von Erscheinungen sozialen und pol. Wandels zu begreifen.

Beide jüngeren Vorstellungen zum R.-Begriff erhöhen seine Anwendbarkeit auf die EL, heute ohnehin die Staatengruppe, in der revolutionäre Erscheinungen/Prozesse am ehesten auftreten bzw. zu erwarten sind. In der Tat bilden R.en in vielen Fällen die unabdingbaren Voraussetzungen von durchgreifenden E.-Fortschritten. Sie richten sich gegen die bestehenden ausbeuterischen Gesellschaftsstrukturen und pol. Herrschaftsverhältnisse, welche UE intern zementieren. Die westl. IL verschließen vielfach die Augen vor solchen gesellschaftl. und pol. Verhältnissen in den EL und helfen – auf der Basis sehr kurzsichtig definierter Eigeninteressen – diesen Regimen, sich an der Macht zu halten.

Revolutionstheorien machen Aussagen über die Ursachen von R., denen sich die R.-Forschung zuwendet. Strittig ist hier, ob jeweils einzigartige historische Bedingungen in den Ländern vorliegen, in denen R.en stattfinden, oder ob Vergleichbarkeit der Bedingungen besteht. Die empirische R.-Forschung, die von der Vergleichbarkeit ausgeht, hat sich v. a. mit der Frage befaßt, wann R.en auftreten, unter welchen sozialen und pol. Bedingungen insbes. die gewaltsamen und abrupten Veränderungen stattfinden bzw. wahrscheinlich sind. Ein Ergebnis dieser Untersuchungen ist, daß R.en sich weniger dann ereignen, wenn die sozialen Verhältnisse die Menschen dazu zwingen, sich zuallererst um die Sicherung ihrer Existenz und ihres Überlebens zu kümmern (→Marginalität), sondern in Zeiten des wirtsch. und sozialen Aufschwungs der jedoch mit den von ihm ausgelösten Erwartungen nicht standhält. Die wachsende Differenz zwischen gesellschaftl. Ansprüchen und den Leistungen erhöht das R.-Potential. Diesen Zusammenhang erfaßt in gewisser Weise die auf die Dritte Welt gemünzte These von der R. der steigenden Erwartungen.

R.en können danach unterschieden werden, welche gesellschaftl. Klasse/Schicht das revolutionäre Substrat bildet, gegen welche gesellschaftl. und pol. Verhältnisse sie sich richten, mit welchen gesellschaftspol. Zielvorstellungen die Umwälzung unternommen wird. Diese Kriterien führen zu den beiden Typen der bürgerl.-demokrat. und der sozialist. R. Die Kontroverse darüber, welche der beiden in den EL angesichts der vormodernen, vorind. Strukturen ihrer Gesellschaften auf der Tagesordnung der Geschichte stehe, hat einen großen Teil der Debatten und Fraktionskämpfe unter der pol. Linken bestimmt. Unterschieden werden kann schließlich auch zwischen einer gesamtgesellschaftl. R. und grundlegenden Umwälzungen in Einzelbereichen der Gesellschaft. So wird berechtigterweise von ind. R., Agrar-R. oder technolog. R. gesprochen. Dieser Sprachgebrauch verweist noch einmal auf durchaus friedlich verlaufende Umwälzungen, die mit dem Begriff R. belegt werden können.

Lit.: K. Lenk, Theorien der Revolution, München 1973; K. von Beyme (Hrsg.), Empirische Revolutionsforschung, Opladen 1973; G. Chaliand, Revolution in the Third World, Harmondsworth 1978. dn

Rohstoffabkommen

Vereinbarungen zwischen Erzeuger- und Verbraucherländern über Produktion, Export und Preis von Rohstoffen. Als Rohstoff-Exporteure sind EL an R. zur Stabilisierung der Exporterlöse interessiert, da sie die EL vor kurzfristigen Preisschwankungen ihrer Exportprodukte sowie langfristigem Preisverfall (→*terms of trade*) schützen können. Allerdings geling dies den unterschiedl. Verfahren in ungleichem Umfang. Zu unterscheiden ist zwischen: 1. *long term contract*-Verfahren, langfristige vertragl. Abnahmegarantien zu bestimmten Preisen; 2. Quoten-Verfahren, Vereinbarungen über das Volumen der Produktion und des Exports von Rohstoffen; 3. **Bufferstock*-Verfahren, Schaffung von Marktausgleichslagern.

Seit Mitte der 50er J. wurden R. abgeschlossen. Für folgende Rohstoffe bestehen (oder bestanden) Abkommen: Zinn seit 1956; Weizen seit 1962; Baumwolle seit 1962; Olivenöl seit 1963, Kaffee seit 1968; Zucker seit 1969; Kakao seit 1973 (1980 nicht wieder verlängert); Kautschuk seit 1979. dn

Rohstoffkartelle

R. sind Rohstofferzeugerorganisationen (nicht nur von EL) mit dem Ziel, den Erzeugern die Kontrolle über die Rohstoffpreise zu gestatten. Die EL versprechen sich von ihnen eine höhere Beteiligung an Verarbeitung und Vermarktung der Rohstoffe.

Das epochemachende Beispiel für ein erfolgreiches R. ist die *OPEC. Im Anschluß

an die Ölkrise versuchten Anbieter anderer Rohstoffe auf dem Weltmarkt, eine an dem Vorbild der OPEC orientierte und teilweise von OPEC-Mitgliedern finanziell unterstützte Kartellpolitik bei Phosphat, Kaffee, Bauxit, Bananen, Quecksilber, Kupfer, Eisenerz, Kautschuk, die teilweise schon in den 60er J. einsetzte (CIPEC). Die Kartellpolitik fußte jedoch nicht auf ähnlich günstigen Voraussetzungen wie beim strategischen Rohstoff Erdöl (stärkere Kontrolle der IL über Rohstoffreserven, Substituierbarkeit eines Teils dieser Rohstoffe). Zudem fehlte es auch an Solidarität unter den EL sowie an Konzessionsbereitschaft der IL, dem Druck der EL nachzugeben, zumal die IL die Weltwirtschaftskrise schneller als erwartet einigermaßen in den Griff bekamen.
Mai 1978 wurde eine Dachorganisation aller Vereinigungen von Rohstoffproduzenten und -Exporteuren (APEC) gegründet. Die *Charta erkennt allen Staaten das Recht zu, sich zu Rohstofferzeugerorganisationen zusammenzuschließen. dn

Rüstung

R. und Rüstungswettlauf sind weltweite Erscheinungen, von denen die Dritte Welt nicht verschont bleibt. Im Gegenteil: sie haben die EL insbes. seit der zweiten *Entwicklungsdekade erfaßt. Militär. Konflikte (Kriege, Grenzkriege, Befreiungskriege, Kämpfe um nat. Autonomie) treten heute v. a. in der Dritten Welt auf. Auch der Ost-West-Gegensatz wird mit kriegerischen Mitteln hauptsächlich im Süden ausgetragen (Vietnam, Afghanistan). Zugleich hat sich das Bedürfnis nach nat. Sicherheit (nach außen und innen) der EL erhöht (→Doktrin der nat. Sicherheit), zumal unterhalb des atomaren Patts der Supermächte kriegerische Verwicklungen mit konventionellen Waffen ausgetragen werden. Nichtnukleare Waffen machen 80% der Weltrüstungsausgaben aus. Die Militärausgaben der Welt erreichen j. etwa 450 Mrd. US-$. Der Vergleich zu den j. etwa 20 Mrd. E.-Hilfe an *öffentl. Hilfe macht verständlich, weshalb insbes. den entwicklungspol. Engagierten R. als eine enorme Ressourcenverschwendung erscheint.
Der Prozeß der Aufrüstung in den EL fußt im wesentl. auf Rüstungstransfers (Rüstungsgüter, →Technologien, Berater) aus den westl. IL und den sozialist. Ländern. Er verstärkt die technolog. Abh. und schlägt sich auch außenwirtsch. für die EL negativ nieder. Seit Beginn der 70er J. werden jedoch Rüstungsproduktionsanlagen in den EL aufgebaut. Brasilien deckt inzwischen einen Teil seines Waffenbedarfs und exportiert bereits in andere Länder. Das Stockholmer int. Institut für Friedensforschung (SIPRI) schätzt, daß sich die Militärausgaben der Dritten Welt in den 70er J. verdoppelten. SIPRI zufolge erhöhten sich die Rüstungsexporte in die Dritte Welt zwischen 1974 und 1979 um j. 25%. Sie betrugen 1978 14 Mrd. US-$ und entfielen anteilsmäßig auf die USA 47%, UdSSR 27%, Frankr. 11%, GB 4% und Italien 4% (Rest 7%).

Lit.: U. Albrecht/B. Sommer, Deutsche Waffen für die Dritte Welt. Militärhilfe und Entwicklungspolitik, Reinbek 1972; P. Lock/W. Wulf, Rüstung und Unterentwicklung, in: APuZ 18/1979, S. 3 ff.; Stockholm International Peace Research Institute (Hrsg.), World Armaments and Disarmament, London 1979.
dn

Rwanda

R. gehört zu den kleinsten und ärmsten Staaten Afrikas. Es ist sowohl *LLDC als auch *MSAC und *Binnenland. Hauptproblem ist die Agrarprod. und die Versorgung der Bev. mit Nahrungsmitteln.
1. Die Ges.-Fläche R.s (26 338 qkm) ist zu fast 90% landw. nutzbar. Ca. 65% davon dienen zur Deckung des Eigenbedarfs (Anbau von Maniok, Jamswurzeln, Mais, Bananen, u. a.). Der extensiv betriebenen Viehwirtschaft (Watussirind) stehen wegen der zunehmenden Umwandlung in Kulturland immer geringer werdende Weideflächen zur Verfügung. Die Erträge der Restfläche (Baumwolle, Ölfrüchte, Pyrethrum, Kaffee, Tee) werden überwiegend ausgeführt und machen 60% des gesamten Exportwertes aus. Von den Bergbauprodukten spielen lediglich Cassiterit und Wolfram eine Rolle (Anteil am Gesamtexportwert weniger als 20%).
2. Nach dem II. Weltkrieg förderten die belg. Kolonialmacht und die christl. Missionen die sich regenden Emanzipationsbestrebungen der Hutu-Bev.-Majorität. 1962 wurde R. unabh., wenig später verankerte die Verfassung ein Präsidialregime nach dem Vorbild der franz. V. Republik.
Die pol. und ökon. Schwächung der Zen-

tralregierung wie die Unzufriedenheit der jungen Partei-Elite, die sich von den regionalen Pfründen ausgeschlossen sah, führten zu einer Staatskrise. Im Juli 1973 putschte die Nationalgarde, setzte den Präsidenten Kayibanda ab und löste alle pol. Organisationen auf.

3. Die Bev. R.s wurde 1978 auf 4,51 Mio. geschätzt. Mit 171 Ew./qkm ist R. das am dichtesten besiedelte Land Afrikas. Außer der Hs Kigali mit ca. 100 T. Ew. gibt es kaum nennenswerte Städte (*Urbanisierungsgrad 0,5 %). Der Populationsdruck war bereits in den 50er J. so stark, daß jährl. mehr als 300 T. Wanderarbeiter aus R. und Burundi außerhalb der Landesgrenzen lebten. Die Bev. gliedert sich in 3 ethnische Gruppen: Rund 9/10 sind Bantu (die sog. Hutu), knapp 1/10 sind Tutsi, knapp 20 T. sind Twa. Die Bev. ist etwa zur Hälfte erwerbsfähig, davon ist über 90 % im landw. Sektor tätig.

4. Die sozio-ökon. Strukturen haben sich nach der Abschaffung der Monarchie im Jahre 1962 grundlegend geändert. Mit der Vertreibung des Königs und der Tutsi-Oligarchien brach das jahrhundertealte Feudalsystem zusammen, und der Boden, der zuvor Eigentum des Königs bzw. Lehen der Aristokratie war, wurde an die Bauernbev. verteilt. Nach der Aufteilung des Großgrundbesitzes entstanden ca. 700 000 kleinbäuerl. Familienbetriebe mit einer durchschn. Betriebsgröße von 1 ha. R.s Wirtsch. ist abh. von den ind. entwickelten *Exportkulturen (Kaffee, der 45 % der Devisenerträge bringt).

5. Das nach der Unabh. weitgehend beibehaltene koloniale Erziehungssystem (bei einem Bev.-Anteil von nur 10 % waren 6 von 10 Sekundarschülern Tutsi) erlaubte nur schrittweise ein Aufrücken der neuen Hutu-Elite in die Führungspositionen. Zwar lag die *Alphabetisierungsrate in R. schon vor der Unabh. mit über 50 % an der Spitze aller afrikan. Länder, über die Primärstufe kam jedoch nur ein winziger Teil der Absolventen hinaus. Der Erziehungssektor lag fast ausschließl. in Händen der christl. Missionsschulen, die auch im Gesundheitswesen eine führende Rolle spielten. Amtssprachen sind das Kinya-Ruanda und Franz., ein Großteil der Bev. spricht außerdem Kisuaheli. Etwa die Hälfte der Ew. R.s gehören einer christl. Religionsgemeinschaft an.

Lit.: W. R. Louis, Ruanda-Burundi, 1884–1919, Oxford 1963; G. Adler, Länderanalysen Burundi-Ruanda, Karlsruhe 1972; G. Philipp, Rwanda, in: F. Nuscheler/K. Ziemer, Politische Organisation und Repräsentation in Afrika, Berlin/New York 1978, S. 1691 ff.; L. Ackermann, Erziehung und Bildung in Rwanda, Frankfurt 1978. gp

Sambia

Das *Binnenland S. (*AKP) ist mit dem *Monoprodukt Kupfer in den Weltmarkt eingebunden. Zusammen mit der erst in geringem Maße entwickelten Landw. ist es seine wichtigste *E.-Ressource, die jedoch äußerst schwankende Erlöse abwirft. Am *integrierten Rohstoffprogramm ist S. deshalb besonders interessiert. Die jahrelange Beeinträchtigung seiner E.-Möglichkeiten durch den Konflikt im südl. Afrika scheint durch die *Dekolonisation Zimbabwes beseitigt.

1. Ca. die Hälfte der Fläche S.s (insg. 752 614 qkm) ist mit Wald bedeckt. Außerhalb weniger Flußniederungen kann neben Viehhaltung Ackerbau kaum anders als in Formen des Wanderhackbaus betrieben werden. An Bodenschätzen besitzt das Land ca. 1/4 der Weltvorräte an sulfidischen Kupfererzen; daneben auch Kohle-, Zink-, Blei-, Kobalt-, Kadmium-, Mangan-, Silber- und Golderze sowie Edelsteine, mit deren Erschließung erst begonnen wurde.

2. Mitte des 19. Jh.s wurde fast das ges. Gebiet S.s von Livingstone erforscht. Die von Cecil Rhodes gegr. *British South African Company* (BSAC) konnte ab 1890 durch „Verträge" mit einzelnen Häuptlingen nahezu alle Rechte auf Land und Bodenschätze an sich bringen. Die erste Phase der „nordrhodesischen Kupferrevolution" begann Anfang der 20er J. aufgrund technolog. Fortschritte, die den Kupferabbau in S. rentabel machten und gestützt auf brit.-amerik.-südafrik. Kapital. 1924 ging die Verwaltung S.s von der BSA an die brit. Krone über. Das Verwaltungsprinzip der **indirect rule* führte neben einer vordergründigen Stärkung der Häuptlingsherrschaft später auch zur Bildung von Repräsentativorganen mit afrikan. Beteiligung.

3. Die Bev. S.s wurde 1978 auf 5,47 Mio. Ew. gesch. Die Bev.dichte beträgt 7,3 Ew./qkm. Sie entwickelt sich jedoch sehr

ungleichmäßig mit höheren Wachstumsraten im Umkreis der Kupferproduktion. S. hat mit über 40 % den höchsten *Urbanisierungsgrad aller schwarzafrikan. Länder (Hs Lusaka 1974 gesch.: 415 T. Ew.). Die Mehrheit der Bev. gehört Bantu-Stämmen an (CiBemba ca. 40 %, CiTonga ca. 17 %, CiNyanja ca. 16 %, Lunda-Luvale ca. 12 %; Silozi ca. 10 %; Mambwe ca. 5 %). 10 T. Asiaten spielen im Handel des Landes eine wichtige Rolle, während die einigen T. Europäer S.s v. a. führende Positionen in den Minen, der Verwaltung und der Farmwirtsch. einnehmen. Die Bev. hängt mehrheitlich Naturreligionen an. Es bestehen starke christl. Minderheiten (10 % Protestanten, 20 % Katholiken).

4. Die wirtsch. Dominanz der Kupferindustrie begründet die strukturelle Abh. S.s vom Weltmarkt (90–95 % der Exporterlöse, ca. 60 % der Staatseinnahmen). 1969 übernahm die staatl. Holding *S. Mining and Industrial Development Corporation* 51 % der Minen. Die betroffenen *multinat. Konzerne wurden voll entschädigt. Bis 1974 behielten sie die Kontrolle über Handel und Verkauf des Kupfers, bis heute bleibt S. von ihrer technolog. Hilfe abh. Auch in der verarbeitenden Ind. behaupteten die Multis *de facto* ihre Dominanz. Sie stellen in der Regel das Management, liefern Ausrüstungen und Maschinen, steuern die Produktion und halten eine Anteilminorität, während die beteiligten Ministerien für ein attraktiveres Investitionsklima, die soziale und materielle *Infrastruktur und einen sicheren Markt sorgen. Die Folge ist der Aufbau *kapitalintensiver Produktionsstätten, orientiert an den Konsumbedürfnissen einer Minderheit und den Interessen der ausländ. Partner. Die Landw. ist Existenzgrundlage für ⅔ der Bev. (hauptsächlich *Subsistenzwirtsch./nur 6–8 % des BIP). In Abh. von der Kupferkonjunktur entstand zur Versorgung der Minenstädte ein auf afrikan. Lohnarbeit beruhender farmwirtsch. Sektor. Heute noch produzieren 500–700 meist europ. Farmer den größten Teil der landw. Produkte (Nahrungsmittel werden importiert).

5. Die *Einkommensverteilung ist in mehrfacher Hinsicht ungleich: 1. Die städt. Bev. (ca. 40%) erhielt 1970 über 90% des BIP. 2. Es bestehen krasse Unterschiede zwischen der höheren Bezahlung der Lohnarbeit in den Minen (gewerkschaftl. Organisation) und den niederen Einkommen in der Landw. 3. Nichtafrikaner verdienen häufig mehr als Afrik. 4. In den Städten beziehen die oberen 10 % der am höchsten bezahlten über 45 % der ges. Löhne. 5. Für einen Großteil der in den Städten lebenden Familien – und v. a. die ca. 20 % Arbeitslosen – ist kaum das Überleben garantiert.

6. S. wurde mit einem extrem niedrigen und zugleich rassisch ungleichen Bildungsstand unabh. (heute sind über 50 % ohne Schulbildung). Die Krux des samb. Bildungswesens liegt darin, daß die Curricula ohne Anpassung an die entwicklungspol. Bedürfnisse aus der Kolonialzeit übernommen wurden. Die Versorgung der in die Städte migrierenden Bev. mit Arbeit und sozialer *Infrastruktur ist eines der größten Probleme des Landes (LE 44 J.). Die besonderen Schwierigkeiten, die sich aus der Unterbrechung der Transportwege durch rhodes. Truppen für das *Binnenland S. ergaben, wird S. nach der 1980 erfolgten Dekolonisation Zimbabwes und dem Wiederaufbau der Außenbeziehungen in naher Zukunft überwinden können.

7. S. wurde 1964 unter Führung der stärksten antikolonialistischen Partei UNIP (Vereinigte Nat. Unabh. Partei) unter Kenneth D. *Kaunda unabh. S. ist eine präsidiale Republik, an deren Spitze noch immer Kaunda steht. 1973 setzte er eine Verfassungsänderung durch, die die UNIP zur Einheitspartei des Landes machte. Kaundas Herrschaft errang dadurch jedoch allenfalls einen marginalen Legitimitätsginn. Das Patronagepotential (Korruption, Nepotismus) wurde erweitert, Transparenz und *Partizipation der Basis im Sinne der von Kaunda geforderten „partizipatorischen Demokratie" des „Samb. Humanismus" wurden aber nicht erhöht, wenn auch parteiinterne Vorwahlen bei der Kandidatenaufstellung eingeführt wurden.

Lit.: H. und U. E. Simonis (Hrsg.), Socio-economic Development in Dual Economies. The Example of Zambia, München 1971; K. Wohlmuth, Sambia – Modell einer gescheiterten Dekolonisation, in: G. Grohs/B. Tibi (Hrsg.), Zur Soziologie der Dekolonisation in Afrika, Frankfurt 1973, S. 146 ff.; W. Tordoff (Hrsg.), Politics in Zambia, Manchester 1974; E. Adam, Zambia. Reflexion zu Partei und Gesellschaft im Entwicklungsstaat, Heft 47, Abtl. Entwicklungsländerforschung *FES, Bonn 1977. rs

Sao Tomé u. Príncipe

Die beiden vor der Küste Gabuns gelegenen Inseln (S.T.: 836 qkm, P.: 128 qkm) besitzen aufgrund der Höhendifferenzierung des Klimas, des Wasserreichtums und der fruchtbaren vulkan. Böden günstige E.-Ressourcen für die trop. Landwirtschaft. Die zu 30% städt. Bev. (1978: Gesamtbev. 80 000 Ew., Hauptstadt Sao Tomé) besteht neben Mulatten und einer portug. Restgruppe vorwiegend aus z. T. vom benachbarten Festland stammenden Negern. Die Analphabetenquote der mehrheitlich kath. Bev. ist recht hoch. Wichtigste Exportgüter des dominierenden Agrarsektors sind Kakao, Kaffee, Kopra und Palmöl, Haupthandelspartner Portugal, BRD u. a. EG-Staaten.
Die beiden 1471 von portug. Seefahrern entdeckten Inseln waren Drehscheibe des Sklavenhandels mit Nord- und Südamerika. Seit der Besiedlung (1486) mit Strafgefangenen, Juden und Negersklaven begannen die Portugiesen auf den Großplantagen (*rocas*) anfangs mit Sklaven, später mit ihrer realen Situation nach sklavenähnlichen Kontraktarbeitern aus Angola, Mozambique und den Kapverden zunächst mit dem Anbau von Zuckerrohr, dem Ende des 18. Jh.s Kaffee und seit 1822 Kakao folgten. Nachdem S.T. und P. 1955 den Status einer portug. Überseeprovinz erhalten hatten, gewährte Portugal unter dem Druck der Befreiungskämpfe in seinen Kolonien 1974 die innere Autonomie. Durch die Verhandlungen zwischen der portug. Militärregierung und M. P. da Costa, dem Führer der seit dem Beginn der 60er J. von Gabun aus mit verbalen Manifestationen für die Befreiung S.T.s und P.s operierenden MLSTP, wurde 1975 die Unabh. erreicht. Langfristiges Ziel der 1975 mit der *Nationalisierung aller ausländ. Plantagen eingeleiteten * Agrarreform ist die Sicherung der Versorgung mit Grundnahrungsmitteln, deren Import einen Großteil der Devisen aufzehrt. Für das dem Auslandskapital aufgeschlossene *AKP-Land ist die Stabilisierung der Kakaoerlöse (1975 im Kakao-Abkommen angestrebt, 1980 nicht wieder erneuert) ebenfalls von entscheidender entwicklungspol. Bedeutung. S.T. und P. sind zweitgrößter Kakaoexporteur der Welt. ah

Saudi-Arabien

Wichtigste E.-Ressourcen SA.s sind die reichen Erdöl- und Erdgasvorkommen, die SA. nicht nur zum größten Rohölexporteur der Welt, sondern auch – gemessen am BSP (1977 4 980 US-Dollar) – zu einem der wohlhabendsten Staaten der Welt machen. Die Nutzung des Reichtums für die Landesentwicklung ist v. a. durch die extrem dünne Besiedlung sowie die Größe und Unwirtlichkeit des Landes bislang erschwert.
1. Mit einer Fläche von 2 149 690 qkm umfaßt SA. den Hauptteil der Arab. Tafel, die im W entlang des Roten Meeres durch Grabenbrüche von Afrika getrennt und steil gegen die Küstenebene (Tihana) abgesetzt, von bis zu 3 000 m hohen Gebirgen (im N Hochland von Hedschas, im S Asir) begrenzt wird. Das sich nach O bzw. SO abdachende Land ist abgesehen von den randlichen Hochgeb. im W und der Tihana mit aufgrund höherer Niederschläge günstigem Agrarpotential (Regelfeldbau/Asir, Bewässerungsfeldbau/Tihana) vorwiegend vegetationsarme Halb- und Vollwüste.
2. Die 8,6 Mio. Ew. (1976) konzentrieren sich neben den Erdölförderungs- und Verarbeitungsgebieten sowie den urbanen Zentren (Hs Er Rijad 1974: 666 840 Ew.) auf die durch Wasservorkommen begünstigten Gebiete (Asir, Oasen). Die überwiegend arab. einheim. Bev. mit Negerminderheit (ehem. Sklaven) wird durch die Zuwanderung von ca. 2 Mio. Gastarbeitern (arab. Nachbarstaaten, Indien) und durch Fachleute aus den IL ergänzt. Die Zuwanderung aus dem Ausland, die sich auf die Städte und die Zentren der expandierenden Erdölförderung hinbewegt, verstärkt zusammen mit der Binnenwanderung den *Urbanisierungsprozeß. Seit dem Umsturz im Iran bereitet die als notwendig erachtete verstärkte Kontrolle und Überwachung der z. T. fluktuierenden Gastarbeiter ebenfalls Probleme. Es wird angenommen, daß ca. 2 Drittel der Bev. halb- oder vollnomadisch lebende Kamel- und Kleintierbeduinen sind, deren *Akkulturation vielfältige Probleme (Seßhaftmachung, Gewöhnung an geregelte

Arbeitszeit) mit sich bringt. 12 % der Bev. sind Bauern und rund 28 % leben in den Städten (Er Rijad, Dschidda, Mekka). Qualitativ und quantitativ mangelhafte Ernährung und schlechte ärztl. Versorgung führen bei den Beduinen zu hoher Säuglings- und Kindersterblichkeit sowie niedriger LE. Von schiitischen Minderheiten und Ismaeliten abgesehen bekennt sich die Mehrheit der Bev. zur strenggläubigen Wahabitensekte des sunnit. Islam.

3. Der Anteil der einheim. Erwerbsbev., der im Primärsektor ab- und im Sekundär- und Tertiärsektor ständig zunimmt, ist in der *kapitalintensiven, hochtechnologisierten Erdölförderung aufgrund der bislang fehlenden fachl. Ausbildung rel. gering (20 % ausländ. Fachkräfte). Die Erdöleinnahmen haben im Gesundheitswesen, Bildungswesen und Verkehrssektor zu hohen *Investitionen geführt, die die materielle *Infrastruktur – wenn auch nur partiell – in erheblichem Maße verbesserten. Entwicklung der Volksbildung (kostenloser Schulbesuch) v. a. aber die Förderung der Erwachsenenbildung sollen künftig den Mangel an qualifizierten Arbeitskräften beseitigen. 75 % der Bev. verdient ihren Unterhalt in der durch Wasserknappheit stark gehemmten Landw., die allerdings nur 1 % zum BSP beiträgt.

4. Bei einer Ackerlandfläche von weniger als 1 % ist die *ländl. Entwicklung neben akutem Wassermangel durch überkommene Boden- und Wasserrechte sowie oriental. Rentenkapitalismus behindert. Durch Mechanisierung der Landw, Ausbau der Oasengebiete (Al Hasa, Kalif, Dschisan) und Bewässerungs- und Drainageprojekten, die mit Ansiedlungsprogrammen für die Beduinen gekoppelt sind, versucht man, die landw. Produktion zu verbessern. Außerdem wurde 1968 durch die – wenn auch bescheidene – Landreform die Ausweitung der Agrarfläche und die Schaffung von Privateigentum angestrebt. Wichtigstes Exportprodukt der vornehmlich für die *Subsistenz betriebenen Landw. sind neben den Viehzuchtprodukten (Häute, Felle, Wolle) Datteln. 80 % der Landesfläche werden von den Beduinen auf der Grundlage von staatl. Weidekonzessionen durch Schafe und Ziegen genutzt.

Tragende Säule der Volkswirtschaft SA.s sind die reichen Erdölvorkommen der Fördergebiete Ghawar, Abkaik und Safaniya (SA.: ein Viertel der Weltvorräte, zweite Position in der Weltförderung). Unter den ausländ. Ölgesellschaften (*Getty Oil Co.*, japan. *Arabian Oil Co.* mit arab. und kuwait. Beteiligung) erreichte die 1944 von vier amerik. Ölgesellschaften geründete *Arabian American Oil Co.* (ARAMCO) 1975 allein 95 % der Erdölförderung SA.s. 1979 wurde die ARAMCO vollständig verstaatlicht und durch die *Saudi National Petroleum Co. (SNPA)* ersetzt. Eine weitere staatl. Erdöl- und Erdgasgesellschaft ist die PETROMIN, die 1962 gegründet als staatseigener Konzern für die Errichtung und Leitung von Großbetrieben der Rohstoffgewinnung und -verarbeitung verantwortlich war, eine Aufgabe, die heute dem Ministerium für Ind. und Elektrizität zugeordnet ist. Neben der Errichtung weiterer Raffinerien und der Durchführung der für die geplanten Industrieanlagen bedeutungsvollen Erdgassammel- und Verteilungsprojekte ist der Ausbau der petrochem. Ind. geplant. Der Mangel an qualifizierten Arbeitskräften einerseits und der Überfluß an Erdöl, Erdgas und Kapital andererseits haben SA. in starke Abh. vom Weltmarkt gebracht. Dem überwiegend in westl. IL gerichteten Export von Erdöl und Erdölderivaten steht der Import von *Investitionsgütern und Nahrungsmitteln gegenüber. Mit direkten Eingriffen (Gründung von Staatsbetrieben) und indirekten Maßnahmen (Investitionsanreize) versucht SA., durch Fünfjahrespläne im Rahmen der auf Privateigentum und liberaler Wirtschaftspolitik beruhenden Marktwirtschaft die extreme Abh. vom Erdöl zu beseitigen und die *Diversifizierung der Volkswirtschaft voranzutreiben.

5. Nach der Befreiung von der Osmanenherrschaft und der Unterwerfung und Einigung der arab. Stämme wurde 1932 durch Ibn Saud das Königreich SA. ausgerufen, in dem bis heute der Koran als Verfassungs-, Gesetzes- und Lebensformquelle eine entscheidende Rolle spielt. Die Exekutivgewalt liegt beim König (derzeit Chalid ibn Abdul Asis), der aus dem Kreis der königl. Familie durch Familienrat und den Rat der Rechts- und Religionsgelehrten gewählt wird. Dem seit 1953 existierenden Mini-

sterrat steht als Ministerpräs. stets der König oder der Kronprinz (derzeit Fahd ibn Abd Asis) vor. SA., das im Mittleren Osten zu den verläßlichsten Partnern der USA und des Westens gezählt wird, hat durch den Abbruch der dipl. Beziehungen zu Ägypten 1979 sein ablehnende Haltung zu dem israel.-ägypt. Friedensvertrag bekundet. Der außenpol. Konflikt zwischen SA. und dem Südjemen, Anzeichen innerer Unruhe (Anschläge auf Erdölfelder), der zunehmende Druck der radikalen arab. Staaten auf SA. in der Palästina-Frage und das als Untätigkeit empfundene und als Unzuverlässigkeit interpretierte Verhalten der USA beim Sturz des Schahs sind Faktoren, die das aktuelle pol. Geschehen in SA. bewegen.

Lit.: H. Turky, Die wirtschaftliche Bedeutung der Erdölproduktion für die wirtschaftliche Entwicklung Saudi-Arabiens, Diss. Wirtschafts- und Sozialwiss. Fak. der Univ. Freiburg/Schweiz, 1974; H. Blume (Hrsg.), Saudi-Arabien, Natur, Geschichte, Mensch und Wirtschaft, Tübingen/Basel 1976; J. L. Soulié/G. Champenois, Le Royaume d'Arabie Saoudite à l'épreuve des temps modernes, Paris 1978. ah

Schuldendienst

Zins- und Tilgungsleistungen auf gewährte Kredite. Der S. wurde in den 70er J. zu einem für viele *EL, insbes. die Gruppe der ärmsten EL, nicht mehr lösbaren Problem. Das Ausmaß läßt sich bestimmen mit Hilfe des Schuldendienstquotienten, der den Schuldendienst auf die öffentl. Verschuldung in % der Exporte von Gütern und *Dienstl. angibt. Den grundlegenden Trend zeigen die Zuwachsraten des Schuldendienstes und der Exporteinnahmen auf. Während der Schuldendienst der EL in den 60er J. um jährl. 9 % wuchs, erhöhten sich die Exporteinnahmen um jährl. 7,5 %. Diese Schere zwischen den Wachstumsraten hat sich für die meisten EL in den 70er J. dramatisch weit geöffnet. Lösungs- bzw. Linderungsmöglichkeiten liegen in *Umschuldungen und in Verbesserungen der Struktur der Kredite (mehr *öffentl. Hilfe, weniger Bankkredite zu marktüblichen Konditionen), neben einer Vielzahl anderer entwicklungspol. Maßnahmen. dn

Schwellenländer

Als S. werden fortgeschrittene EL bezeichnet. Nach einer Definition des *BMZ sind S. „EL mit einem verhältnismäßig fortgeschrittenen wirtsch. Entwicklungsstand, deren wirtsch. Eigendynamik es ihnen voraussichtlich erlauben wird, die Strukturmerkmale eines typischen E.-Landes mehr und mehr zu überwinden. Ihre Wirtschaft ist im allg. gekennzeichnet durch einen rel. hohen Grad der *Diversifizierung, ein schnelles ind. Wachstum und durch eine zunehmende *Integration in die Weltwirtschaft".

Typisch für viele S. sei, „daß die gesellschaftl. und soziale E. mit der wirtsch. nicht Schritt gehalten hat. Neben bestehenden wirtsch. und sozialen Ungleichgewichten bilden sich im Laufe des Modernisierungsprozesses vielfach Disparitäten und Verzerrungen heraus, die eines Ausgleichs bedürfen (z. B. Proletarisierung, *Urbanisierungsprobleme, *Ökologieprobleme, Probleme der sozialen Sicherung, personelle und regionale Verteilungsprobleme). Insbes. ist auch die E. gesellschaftl. und pol. Institutionen zurückgeblieben".

Die Definitionsmerkmale für S. fußen auf *modernisierungstheoretischen E.-Konzepten. Wichtigster *Indikator ist der E.-Stand, gemessen am *Pro-Kopf-Einkommen. EL, die 1976 ein jährl. Pro-Kopf-Einkommen von über 630 US-Dollar erreichten, zählen zu den S. Die Grenzziehung ist jedoch problematisch. Durch Zuhilfenahme weiterer Indikatoren (Industrieanteil am BIP, *Energieverbrauch pro Ew., *Alphabetisierungsquote, Einschulungsraten, LE) wurden v. a. die erdölexportierenden Länder mit hohem Pro-Kopf-Einkommen ausgegrenzt. Als S. galten 1978: Algerien, Argentinien, Brasilien, Chile, Costa Rica, Dominik. Rep., Ekuador, Jamaika, Libanon, Malaysia, Mexiko, Nicaragua, Panama, Singapur, Syrien, Taiwan, Trinidad, Tunesien, Uruguay und Venezuela. Differenzierung und Begriff S. wurden – unter Berücksichtigung der Kritik von seiten der EL, die in ihm eine Gefährdung der Aktionseinheit der *Dritten Welt sehen – im 4. E.-Bericht der Bundesregierung von 1980 aufgegeben. dn

Seato

Südostasien-Pakt (*South-East Asia Treaty Organization*), 1954 in Manila gegr.,

Mitgl.: USA, Frankreich, GB, Australien, Neuseeland, Pakistan, Thailand, Philippinen; Zielsetzung: Abwehr des Kommunismus in der Region; Aufbau eines der NATO vergleichbaren Bündnisses. Nachdem Frankreich sich 1967 *de facto* zurückzog und Pakistan 1972 ausschied, löste sich das Bündnis Juni 1977 infolge des Scheiterns der angestrebten Ziele auf. dn

Seerechtskonferenz

der *UN, Abk. UNCLOS (*UN Conference on the Law of the Sea*), gegr. 1958 (UNCLOS I), fortgesetzt 1960 (UNCLOS II, Mitgl. 50 Staaten). Seit 1974 UNCLOS III, Mitgl. 150 Staaten; Sitzungsperioden bisher 8 bis Ende 1979.
Aufgabe: Weltweite Regelung der Fragen, die die Nutzung der Meere und insbes. der Schätze des Meeresbodens betreffen. Geplant: Errichtung einer Int. Kontrollbehörde für Meeresbodenschätze ISRA (*Int. Seabed Resources Agency*) zur Regelung und Kontrolle des Abbaus von Bodenschätzen des Meeres (Tiefseebergbau) außerhalb der 200-Meilen-Hoheitszone. Dies ist die Forderung der EL, welche die Schätze des Meeresbodens als gemeinsames Erbe der Menschheit ansehen und das Zugangsrecht allein der ISRA überlassen wollen. Demgegenüber plädieren die IL für die Berechtigung auch von Einzelstaaten und in diesen ansässigen Unternehmen, Tiefseebergbau zu betreiben. Nur unter Anerkennung des sog. Parallelsystems (ISRA plus Einzelstaaten) sind die IL bereit, ISRA zu unterstützen. Die USA und die BRD haben bis zum Inkrafttreten der geplanten Konvention nat. Gesetzesinitiativen ergriffen, um die Aufsuchung und Gewinnung mineral. Rohstoffe vom Meeresboden vorläufig zu regeln. dn

SELA

Einer Anregung des damaligen mexikan. Staatspräsidenten Echeverria folgend, schlossen sich 1975 durch das Abkommen von Panama alle lateinamerik. Staaten zur SELA (*Sistema Económico Latinoamericano* – Lateinamerik. Wirtschaftssystem) zusammen; 1978 trat Surinam der SELA bei, wodurch sich die Anzahl der Signatarstaaten auf 26 erhöhte. Mit der SELA schufen sich die lateinamerik. Staaten ein eigenes permanentes Forum und Koordinationsinstrument, das im Gegensatz zur *OAS unabh. von den USA ist und Kuba mit einbezieht.
Die SELA arbeitet auf drei Ebenen: 1. Ihr oberstes Gremium ist der *Lateinamerik. Rat,* in dem alle Mitgl.-Staaten durch Minister (in der Regel: Wirtschaftsminister) vertreten sind. 2. Als techn.-administratives Exekutivorgan fungiert das *Ständige Sekretariat* mit Sitz in Caracas, Venezuela. 3. Für die Vorbereitung und Ausführung von Projekten sowie zur Ausarbeitung gemeinsamer Verhandlungspositionen sind *Aktionskomitees* vorgesehen.
Bis 1979 wurden in 13 Fällen Aktionskomitees für intraregionale Projekte gebildet. Die meisten Projekte – insges. 5 – wurden auf dem Agrarsektor eingeleitet. Mit der Gründung der Düngemittel-Handelsgesellschaft Multifert, die im Besitz privater und öffentl. Aktionäre der Region ist und 1980 ihre Arbeit aufnahm, und der Schaffung eines „Lateinamerik. Technolog. Informationssystems" wurden Versuche unternommen, die *Abh. der SELA-Länder von den *IL zu begrenzen.
Nach außen hat sich SELA im Namen aller lateinamerik. Staaten gegen den *Protektionismus der EG und USA gewandt sowie gegen die *Diskriminierung Kubas und der *OPEC-Mitgl. Venezuela und Ecuador durch das US-amerik. Außenhandelsgesetz. Im Rahmen der SELA stimmen die lateinamerik. Regierungen ihre Positionen für int. Konferenzen ab.

Lit.: M. Mols, SELA – das jüngste lateinamerik. Koordinationsinstrument. In: Berichte zur Entwicklung in Spanien, Portugal und Lateinamerika, 15 (1978), S. 14 ff. vl

Selbsthilfe (-Organisationen)

Unter S. ist die aktive Teilnahme von Bev.-Gruppen an der Gestaltung der unmittelbaren Lebensbedingungen und der wirtsch. und sozialen E. jeweiliger EL zu verstehen. S. durch E.-Hilfe zu fördern kann bewirken, Eigeninitiativen anzuregen sowie humane und materielle Reserven einer Gruppe von Menschen freizusetzen (Mobilisierung), die Lebensverhältnisse der an einer S. Beteiligten individuell und kollektiv zu verbessern, ihnen durch Organisationen stärkeres pol. Gewicht zu verschaffen und damit verbesserte *Partizipationsmöglichkeiten am pol. Entscheidungsprozeß.

Das *BMZ hat 1977 allg. Grundsätze für die Förderung von S.-Organisationen (SHO) aufgestellt. Danach werden als SHO begriffen „solche Organisationen, deren (personelle) Mitgl. sich aufgrund gemeinsamer Interessen zusammengeschlossen haben, um die dauerhafte Verfolgung ihrer übergeordneten Ziele durch Verbesserung ihrer wirtsch. und sozialen Situation anzustreben. Dabei soll diese Verbesserung nicht durch geldliche Zuwendungen (...), sondern durch die Erbringung von *Dienstleistungen im weitesten Sinne erreicht werden. Diese Definition umfaßt nicht nur registrierte *Genossenschaften und bäuerl. Vereinigungen, sondern auch alle Arten präkooperativer Gruppierungen (z. B. *Communauté Rurale, Better Living Societies, Ligas Campesinas* u. ä.)". Die Förderung von S. versteht sich als Instrument zur E. von SHO, welche (nach BMZ) folgende Phasen durchläuft: 1. Initiierung von S. und Entwurf eines operativen Konzepts; 2. Motivierung und Schulung von SHO-Gründungsmitgl.; 3. Organisatorische und ggfs. rechtl. Gründung der SHO; 4. Herstellung der Betriebsbereitschaft eines Wirtschaftsbetriebs im Falle formaler SHO; 5. Einübung des Dauerbetriebs bis zur Verselbständigung; 6. selbständiger Dauerbetrieb mit Förderungsbedarf; 7. Dauerbetrieb ohne Förderung. dn

Selektive Teilnahme

Bezeichnet die teil- und wahlweise Partizipation der EL am Weltmarkt, als E.-Strategie vom Dag Hammarskjöld-Bericht 1975 vorgeschlagen. Zielsetzungen: „Abh. so weit wie möglich zu verringern; Unabh. so weit wie möglich zu vergrößern und gegenseitige Abh. so ausgewogen wie möglich zu erreichen." SL soll in Verbindung mit qualitativ anderen Beziehungen zu den IL-Ökonomien erfolgen und ausgehend von den je eigenen nat. Voraussetzungen für die Anwendung einer solchen Strategie beitragen zu einem nat. bestimmten E.-Prozeß und zu nat. bestimmten int Wirtschaftsbeziehungen eines EL. dn

Self-Reliance

In der kritischen Auseinandersetzung mit westl.-kapitalist. E.-Strategien entstandenes E.-Konzept, das – ausgehend vom Vertrauen auf die eigenen Kräfte – die eigenen *Ressourcen zur Befriedigung der menschl. *Grundbedürfnisse einsetzen will und dies per Massenmobilisierung, Konzentration auf den Binnenmarkt und *Partizipation der Bev. an den pol. Entscheidungen auf den verschiedenen Ebenen zu erreichen sucht. SR ist verbunden mit der Suche nach einem eigenen, den jeweiligen Traditionen eines EL angepaßten E.-Weg und kann als Alternative zu wachstums- und weltmarktorientierten E.-Strategien begriffen werden.

dn

Senegal

Die Republik S. (*MSAC, *AKP) ging aus der ältesten der franz. Kolonien in Schwarzafrika hervor. S. besitzt seit dem 19. Jh. eine ununterbrochene Erfahrung mit „modernen" pol. Institutionen und ist von allen EL der Region am engsten mit Werten und Normen westl. Demokratie vertraut. Sein E.-Weg ist eng an die westl. IL und insbes. Frankreich angelehnt.

1. Bei 1967 gesch. 5,1 Mio. Ew. (Wolof ca. 35 %, Peul und Tukulör 18 bzw. 9 %, Serer 17 % u. a.) teilt sich das 197 000 qkm große Land in 4 Hauptklimazonen: die Sahelzone im N, die fruchtbaren Gebiete im nördl. Küstengebiet und im O sowie die „grüne Waldzone" in Casamance im S, das durch Gambia vom übrigen Senegal etwas getrennt ist. Wichtigster Anziehungspunkt zahlreicher Migrationen ist die Halbinsel Cap Vert mit der Hs Dakar (über 700 000 Ew.), wo auf 0,28 % der Gesamtfläche 18,3 % aller Ew. leben, während der O (4 % der Fläche) nur 6 % der Ew. zählt. Fast die ges. Bev. bekennt sich zum Islam, dessen Bruderschaften (Mouriden, Tidjaniya, Quadriya) großen pol. und wirtsch. Einfluß besitzen.

2. Das bis zu Beginn des 20. Jh.s landw. in etwa autarke Gebiet wurde in stillschweigender Zusammenarbeit zwischen franz. Unternehmen und der Kolonialverwaltung einerseits und den Führern der Mouriden, die heute etwa die Hälfte der Ernte kontrollieren, andererseits, ganz auf Erdnußanbau umgestellt, der die Bedeutung einer *Monokultur erlangt hat (Erdnuß und Erdnußprodukte machen über die Hälfte der

Exportwerte aus, 1976: 55,8 %). Nach der Unabh. von 1960, der eine nur zwei Monate dauernde Föderation mit dem heutigen Mali vorausging, wurden zwar fast alle Bauern in *Genossenschaften zusammengefaßt, an ihrer tatsächlichen Abh. von den islam. Führern und oft in gesetzl. „Grauzonen“ arbeitenden Aufkäufern hat sich wenig geändert. Nachdem Präs. *Senghor Ende 1962 die Machtprobe mit MP Mamadou Dia durch Militäreinsatz zu seinen Gunsten entschied, dominierte in der Praxis eindeutig eine pri vatwirtsch. orientierte Wirtschaftspolitik. So kontrolliert ausländ., insbesondere franz. Kapital weiter die meisten Betriebe. Diese verarbeiten v. a. landw. Erzeugnisse (Ölmühlen sind die mit Abstand größten Unternehmen), wobei sich auch der Aufschwung von seit Mitte der 60er J. im Küstenbereich errichteten Unternehmen des Agrobusiness (Anbau von Gemüse, Obst, Reis, ferner Baumwolle) und die wachsende Bedeutung des Fischfangs niederschlägt (Export von Obst- und Fischkonserven). Große Bedeutung erlangte nach der Erhöhung der Weltmarktpreise Mitte der 70er J. der Export von Phosphaten (1976: 16,5 % der Exporterlöse), während an übrigen Mineralien nur Salz gewonnen wird. Da die Erdnußproduktion aufgrund u. a. klimatischer Gegebenheiten (Trockenheiten) stark schwankt, bildet sie einen ständigen Unsicherheitsfaktor für die chronisch defizitäre Handelsbilanz (Frankreich bleibt mit weitem Abstand wichtigster Abnehmer und Lieferant). Fernziele für das Jahr 2000, die die Wirtschaft stabilisieren sollen sind die Projekte einer „ind. Freihandelszone Dakar“, der Bau einer Werft bei Dakar, die Errichtung eines petrochem. Komplexes und einer Anlage zur Phosphor-Aufbereitung, Reisplantage in Casamance u. a.

3. Wie in den meisten afrikan. Staaten bestehen krasse Einkommensunterschiede zuungunsten der Bauern, die in S. noch rund ⅔ der Bev. ausmachen. Mitte der 70er J. verdiente ein Industriearbeiter etwa 10mal mehr als ein Bauer, ein Stenotypist etwa 20mal und ein Ingenieur gar 200mal soviel, wobei die Abstände noch zunehmen. Europäer, insbes. Franzosen, haben weiterhin Schlüsselpositionen in der Wirtschaft wie im öffentl. Dienst (1972: 1 500 Franzosen, davon die Hälfte Lehrer) inne. Eine wichtige Rolle v. a. im Zwischenhandel spielt noch immer die libanesische Minderheit.

4. Die pol. Kultur S.s ist geprägt durch die über 100jährige Erfahrung mit Wahlen und Parlamenten (1848 und ab 1876 in den „4 Küstenstädten“ Wahl eines Abgeordneten in die Franz. Nationalversammlung; Territorial- und Kommunalparlamente) und das Bestehen sich ständig neu formierender pol. „Clans“, das auch in Zeiten des Einparteisystems eine rege, öffentlich ausgetragene innerparteiliche Konkurrenz bewirkte. Pol. Parteien bestanden seit den 30er J., doch konnte sich die Partei L. S. Senghors und M. Dias bis zur Unabh. 1960 als dominierende Partei durchsetzen und nach dem Verbot bzw. der Absorption der restlichen Parteien von 1966–1975 als Einheitspartei regieren. Seither sind durch Gesetz vier Parteien zugelassen. Auch bei den Gewerkschaften hat sich erneut ein Pluralismus ausgebildet. L. S. Senghor, ebenso Literat und Philosoph (Urheber des **Négritude*-Gedankens) wie Politiker, seit 1960 Staatspräs. und Chef der dominierenden Partei (jetzt: *Parti Socialiste*), wurde 1978 mit 82 % der gültigen Stimmen wiedergewählt. Die wichtigste Oppositionspartei (*Parti Démocratique Sénégalais*) stellt in der Nationalversammlung 17 von 100 Abgeordneten.

Lit.: I. L. Markovitz, Léopold Sédar Senghor and the Politics of Negritude, London 1969; K. Ziemer, Verfassung und Politik in Senegal seit der Unabhängigkeit, in: VRÜ, 7. Jg., 1974, S. 155 ff.; L. S. Senghor, Liberté 3. Négritude et Civilisation de l'Universel, Paris 1977.

kz

Senghor, Léopold Sédar

Als Sohn wohlhabender afrikan. Eltern 1906 in Joal (Senegal) geboren, in Missionsschulen und in Frankreich erzogen, bestand S. nach dem Besuch der Sorbonne als erster Afrikaner das Examen für das höhere Lehramt und blieb bis 1945 als Studienrat in Frankreich. S. formulierte maßgeblich die **Négritude* mit, betonte die Eigenart und die Würde der Afrikaner und ihrer Kultur und versuchte einen Brückenschlag zwischen afrikan. und europ. Kultur. Er ist zeitlebens ebensosehr Philosoph und Dichter wie Staatsmann geblieben (1968 Friedenspreis des Deutschen Buchhandels).

1945 bis 1948 senegales. Abgeordneter in der Franz. Nationalversammlung (zeitweilig auch franz. Staatssekretär) und 1959–60 Präs. der Bundesversammlung der kurzlebigen Mali-Föderation, ist der Katholik seit 1960 ununterbrochen Präs. des überwiegend islam. Senegal (zuletzt wiedergewählt 1978). 1948 gründete er eine pol. Partei, die rasch dominierend und von 1966 bis 1975 Einheitspartei war. Seit der Ausschaltung Mamadou Dias 1962 unbestritten mächtigster Politiker Senegals, hat S. trotz Phasen stärkerer Repression (in sozialen und ökon. Krisensituationen wie 1968) ein von seinem franz.-westl. Verfassungsverständnis geprägtes, im Kontext der Region bemerkenswert liberales Regime etabliert und als bisher einziger Präs. Schwarzafrikas 1975 die Gründung weiterer (drei) Parteien als Konkurrenz zu der von ihm geführten (jetzt in *Parti Socialiste* umbenannten) bisherigen Einheitspartei gestattet. kz

Seychellen

1. Die im westl. Indischen Ozean verstreut liegenden 92 kleinen Inseln der S.-Gruppe bilden mit nur 280 qkm Landfläche den kleinsten Staat Afrikas. Auf den 56 bewohnten Inseln lebten 1977 61 430 Menschen (JZ 1970–77: 2,6 %), davon fast 90 % auf der Hauptinsel Mahé (143 qkm), ca. 25 % in der Hs Victoria. Die *Seychellois,* Nachkommen franz. Siedler und deren Sklaven, sprechen ein stark franz. geprägtes Kreolisch (Alphabetisierungsrate 60 %). Eine schmale, reinrassig weiße Insel-Oligarchie (*Grand Blond Set*) besitzt ¾ des Landes und stellt bis heute die nat. Elite.

2. Der im 16. Jh. von Portugiesen entdeckte, bis dahin unbewohnte Archipel gelangte nach franz. Okkupation (1756–1810) 1914 zusammen mit Mauritius in brit. Besitz und wurde 1903 zur Kronkolonie erklärt. Die von France-Albert René 1964 gegr. *Seychelles People's United Party* (SPUP) erhob erstmals – von Tansania und der *OAU unterstützt – den Ruf nach baldiger Unabh. Die eine Woche später von J. Mancham als Interessenvertretung des insularen Besitzstandes ins Leben gerufene *Seychelles Democratic Party* (SDP) setzte dem die Forderung nach enger Anlehnung an das koloniale Mutterland entgegen. Hieran verlor aber GB mit Beginn der 70er J. das Interesse und forcierte, nicht zuletzt, um sich der int. *Kolonialismus-Kritik zu entziehen, die *Dekolonisation (1970 Verfassungsreform, 1975 innere Autonomie, 1975/76 Londoner Verfassungskonferenzen, 29. 5. 1976 völkerrechtl. Unabh.).

3. Die heftigen Kontroversen nach den 1974er Wahlen (SDP: 52,4 %/13 der 15 Mandate; SPUP: 47,6 %/nur 2 M.) wurden erst unter brit. Druck durch Bildung einer großen Koalition – in einem präsidentiellen System wurde Mancham Staatspräsident, René (als Juniorpartner) Premierminister – vordergründig beigelegt.

Diese instabile Regierungskonstellation fand ihr Ende, als im Mai 1977 eine kleine Gruppe bewaffneter SPUP-Anhänger den gerade im Ausland weilenden Mancham stürzte und René die Staatsführung übernahm. Nach dem strikt prowestl. eingestellten Mancham orientierte nun René seine Politik stark an den sozialist. Leitlinien Tansanias. Demgemäß baute er die SPUP zur sozialist. Einheitspartei aus, änderte die Verfassung (März 1979) und verbuchte bei den Wahlen im Juni 1979 schließlich 97,9 % der Stimmen und alle 25 Sitze der Volksversammlung. Außenpol. bemüht er sich innerhalb der *Blockfreien nun auch um gute Beziehungen und wirtsch. Kooperation mit Ostblockstaaten und der VR China. Innenpol. wurde neben sozialpol. Maßnahmen (Lohnanhebungen, Förderung des sozialen Wohnungsbaus und des Erziehungswesens) eine umfassende *Agrarreform angekündigt. Neben einer Förderung der schwer vernachlässigten Land- und Fischereiwirtsch. zielt man insgesamt auf eine stärkere staatl. Wirtschaftskontrolle, v. a. in dem fast völlig von brit. Kapital kontrollierten *Tourismus-Sektor. Verbalrevolutionär-sozialist. Rigorosität und eine eher verhaltene pol. Praxis stehen jedoch in Widerspruch zueinander.

4. Die Inselökonomie (BSP/Kopf 1978: 1 060 US-$/reale JZ 1970–77: 3,8 %) exportiert geringe Mengen an Zimt, Zimtöl, Kopra und Kokosnüssen (Haupthandelspartner: EG, Ostafrika, Südafrika). Der Abgeschiedenheit der ehem. rein agrar. strukturierten Inseln – die Bev. betrieb mehrheitlich *Subsistenzwirtschaft oder Fischfang – setzte die Eröffnung des int.

Flughafens 1971 ein Ende und leitete eine rigorose Umstrukturierung der insularen Volkswirtsch. ein: Binnen weniger Jahre wurde der Ferntourismus zum dominanten Wirtsch.bereich: 1971: 3 175 Touristen, 1972: 15 197, 1976: 50 000; davon Briten 25 %, Franzosen 16 %, Südafrikaner 11 %). Bereits 1974 trug der tertiäre Sektor 61,8 % zur ges. volkswirtsch. Wertschöpfung bei, die damit eng verknüpfte Bauwirtsch. 13,3 % (Ind. 3,9 %, Landw. 21 %). Diese Zahlen kennzeichnen die Grundstruktur der seychell. Wirtsch.: Angesichts fehlender Rohstoffe und geringer Möglichkeiten zur *Industrialisierung (begrenzter Markt) ist die Nutzung des Landes als Ferienparadies wohl das zentrale E.-Potential der S. Den positiven Auswirkungen dieser E. (Tourismus beschäftigt ⅓ aller Lohnabh., Lohnniveauanstieg durch Knappwerden von Arbeitskraft, positive Zahlungsbilanz durch Ausgleich der defizitären Handelsbilanz) stehen allerdings eine ganze Reihe bedenklicher Folgen (Inflation und Kaufkraftverlust, *Landflucht und damit sinkende Agrarproduktion, überhandnehmende Importe, Bodenspekulation, kulturelle Entfremdung) gegenüber. Als weiteres Problem stellt sich die strukturbedingte Außenabh. dar: Zentrale Bereiche der Inselökonomie (*Agro-business,* Touristik) sind fast völlig von ausländ. Nachfrage abh. Sie bestimmt, direkt oder indirekt, das Einkommen eines Großteils der Bev., und ebenso, via Steuern und Abgaben, den Umfang des (1978 zu ⅓ auslandsfinanzierten) Staatsbudgets.

Lit.: W. Marquardt, Seychellen – Komoren – Maskarenen, München 1976; F. Nuscheler, Seychellen, in: F. Nuscheler/K. Ziemer, Politische Organisation und Repräsentation in Afrika, 871 ff. bg

Sierra Leone

1. Etwa 6 % der Fläche von S. L. (71 740 qkm) werden landw. genutzt, allerdings hauptsächlich in Brandrodung; über 40 % sind bereits landw. beeinflußt (ohne Weiden), Hauptprodukt des Landes sind Diamanten, deren Förderung die Wirtsch.-Struktur S.L.s prägt (über die Hälfte des Ausf.-Werts). Daneben werden Eisenerze abgebaut, die aber aufgrund steigender Förderkosten allmählich ihre Rolle als zweitgrößter Devisenbringer verlieren dürften. An ihre Stelle könnte in der Zukunft Rutil treten.

2. S.L. wurde 1808 der brit. Krone unterstellt. Erst 1890–96 dehnte GB seine Herrschaft mit militär. Gewalt auf das Hinterland aus. Das Protektorat S.L. wurde gemäß der brit. Kolonialpolitik (**indirect rule*) von den trad. Fürsten verwaltet. Hauptexportprodukte waren Palmkerne und -öl. In den 30er J. des 20. Jh.s begann der Abbau von Eisenerzen und Diamanten. Über den Bergbausektor (80 % der Devisenerlöse) wurde S.L. in den Weltmarkt integriert und ist bis heute von dessen Nachfrageschwankungen abh. Auch die 1961 erreichte Unabh. des Landes unter Führung der *S.L. People's Party* (SLPP) hat an dieser Situation nichts geändert. Nach gewaltsamen Auseinandersetzungen wurde die SLPP 1968 vom *All People's Congress* (APC) als Regierungspartei abgelöst. Trotz zahlreicher für ihn bedrohlicher Situationen (1971 konnte er sein Regime nur mit Hilfe guineischer Truppen retten) regiert seither Siaka Stevens. Er setzte 1978 durch, daß S.L. zu einem Einparteistaat unter Führung seines APC wurde.

3. Die Bev. S.L.s betrug 1968 (gesch.) 3,2 Mio. Ew. (= 44,6 Ew./qkm). Sie wächst rasch und konzentriert sich entsprechend der E.-Pole des Landes: großflächige quasiurbane Konzentration in Diamantenschürfgebieten, mittelstädt. Ansiedlungen um Verkehrsknotenpunkte und Handelsorte und die großstädt. Agglomeration der Hs Freetown (1974: 214 443 Ew.). Probleme regionaler E. werden von ethnischen Rivalitäten verstärkt. Die quantitativ bedeutsamsten Gruppen sind die Mende und die Temne, daneben: Soso, Kuranko, Limba. Weit überproportional vertreten in Wirtschaft, Verwaltung und Bildungswesen ist die sehr kleine Gruppe der Kreolen (2 %). Ihre Sprache, das aus dem Englischen stammende Krio, ist **lingua franca* geworden (Amtssprache: Englisch). Die Kreolen sind überwiegend Christen (insges.: 70 T. Protestanten und 58 500 Katholiken), daneben ⅓ Moslems in S.L. (bes. Temne). Die überwiegende Mehrheit der Bev. hängt Naturreligionen an.

4. Die Landw. S.L.s erbringt noch immer 29 % des BIP, gefolgt vom Bergbau (18 %) Da jedoch rd. 70 % der Agrarproduktion in

den Bereich der *Subsistenzwirtschaft fallen, ist der Bergbau der größte „Marktsektor", gefolgt vom Handel. Ca. 75 % der Erwerbstätigen sind in der Landw. beschäftigt, im v. a. kleinbetriebl. Verarbeitungsbereich 4,8 % und 3,7 % im Bergbau. (Der Staat hat eine Mehrheitsbeteiligung an der DIMINCO-Gesellschaft, die zwischen ¼ und ⅓ der ges. Exporterlöse erwirtschaftet.) Der Agrarsektor und die nicht-agrar. Kleinbetriebe sind mit dem „modernen" Wirtsch.sektor (v. a. Bergbau) nicht vermascht und erhalten auch vom Staat nur geringe E.-Impulse. Grundnahrungsmittel müssen importiert werden.

5. Für die einheim. Machtstruktur ist weniger das formale Eigentum an Produktionsmitteln bestimmend als die effektive Kontrolle über Rechte, Nutzungsmöglichkeiten, Pfründe etc. (Rolle der trad. Fürsten). Ethnische Herkunft, Zugang zu Bildungsmöglichkeiten und spätere berufl. Aufstiegsmöglichkeit hängen eng zusammen. Die regional und sektoral stark ungleiche *Einkommensverteilung wird von der ungleichen Einbeziehung der Bev. in die Tauschwirtschaft und ungleichen sozialen und berufl. Positionen der einzelnen verursacht.

6. Unzulängliche Ernährung, unhygienische Verhältnisse und mangelhafte Wasserversorgung beeinträchtigen die *Gesundheit der Bev. (Malaria, hohe Säuglingssterblichkeit, LE: 44 J.). ⅔ der Ärzte und die Mehrheit der Krankenhäuser konzentrieren sich in Freetown (insges. 1 Arzt auf 17 300 Ew.). Etwas mehr hat S.L. für das Bildungswesen getan (*Analphabetismus dennoch 85 %). Das Ausbildungssystem leidet unter dem regional stark unterschiedl. Zugang zu Bildungseinrichtungen und der unzulänglichen Orientierung des Bildungswesens auf afrikan. Werte und die Anforderungen des Arbeitsmarktes.

7. Die bisherigen entwicklungspol. Anstrengungen S.L.s haben nicht das Stadium von *Entwicklungsplanung mit der Folge konkreter Verbesserungen für die Mehrheit der Bev. erreicht. Die Probleme des Landes, die bereits heute drängend sind, werden sich bei der Beibehaltung des *status quo* verschärfen, wenn in absehbarer Zeit die Diamantenproduktion zurückgehen wird.

Lit.: F. Mühlenberg, in: HDW, Band 2, Hamburg 1976, S. 471 ff. rs

Singapur

Der Stadtstaat S. hat sich voll in die neue *internationale Arbeitsteilung integriert. Seine E. ist ein markantes Beispiel für das enge Zusammenwirken wirtsch. und pol. Faktoren im Prozeß beschleunigten Wachstums.

1. Auf der Inselfläche von S. 613 qkm (kleiner als die Hansestadt Hamburg) leben insges. 2,3 Mio. Ew. (1979). Nur 17 % der Fläche können landw. genutzt werden, 6,3 % bestehen aus Wald und Parkanlagen. S. verfügt über keine Bodenschätze oder sonstige natürliche Ressourcen außer einer günstigen geograph. Position auf dem Handelsweg nach Fernost und Australien (weshalb die Kolonialmacht GB S. zum Stützpunkt ausbaute), guten Hafenanlagen und der Arbeitskraft seiner Bev. Bis zur pol. Unabh. 1965 (seit 1959: innere Selbstverwaltung; 1963–65: Bestandteil von Malaysia) lebte der größte Teil der Bev. von der Hafenarbeit, dem Umschlag und der Verarbeitung von Gütern aus dem malaiischen Hinterland und Sumatra (Indonesien) sowie von Kleinind. und Dienstl. (Hotelgewerbe), als den Aktivitäten im Rahmen einer kolonialen Arbeitsteilung. Durch den Abzug der brit. Truppen verlor S. seine Einkünfte aus der Flottenbasis und durch die Unabh. von Malaysia und Indonesien auch einen Teil des Zwischenhandels, da beide EL eigene Hafen- und Verarbeitungskapazitäten aufbauten. Für das von Malaysia abgetrennte S. blieb nur der Weg einer rapiden *Industrialisierung und der weitere Ausbau der Stadt zu einem int. Reparatur-, Handels- und Dienstl.-Zentrum übrig. Da es dazu an einheim. Kapital fehlte, mußten ausländ. Investoren ins Land geholt werden, um die Lebensfähigkeit des Inselstaates zu sichern. Voraussetzung dafür wiederum waren Niedriglöhne und andere Vorleistungen S.s, insbes. die Bereitschaft, die Produktion nicht an den Bedürfnissen der einheim. Bev., sondern am Weltmarkt auszurichten. Die *People's Action Party,* die bei den Wahlen seit 1959 alle Mandate gewann, war gewillt, eine investorenfreundliche Politik durchzusetzen, die ihr schon 1959 einen scharfen Konflikt mit den damals noch unabh. *Gewerkschaften einbrachte.

2. Dem abh. Industrialisierungsmodell folgend hat S. seit 1960 eine gewaltige Umstrukturierung von Wirtschaft und Politik erlebt. Von den rd. 1 Mio. Beschäftigten (1979) sind nur noch 1,0 % in Landw. und Fischerei tätig (1960: 3,7 %), 28,2 % arbeiten im Ind.-Sektor (1960: 11,8 %) und 45 % im Dienstl.-Sektor (davon allein 22 % im staatl. und halbstaatl. Bereich). Zugenommen hat demnach v.a. die Beschäftigung in der „angelagerten" (Textil- und Elektro-) Ind., was das Problem der *Arbeitslosigkeit weitgehend gelöst hat. In wirtsch. Boomphasen mußte S. sogar bis zu 100 000 „Gastarbeiter" (1973) in den Nachbarländern rekrutieren. Der Hafen von S. wurde zum viertgrößten Warenumschlagplatz der Welt ausgebaut, riesige Wohnsilos entstanden, die Hotelkapazität wurde verzehnfacht. Innerhalb von 20 J. entwickelte sich aus der *colonial city* eine moderne *global city,* das bedeutendste Investitions- und Bankenzentrum der Region.

3. Das spektakuläre Wachstum steht jedoch auf einem schmalen Sockel, da die wirtsch. Zukunft des Inselstaates weitgehend von äußeren Faktoren (Weltmarkt) abh. ist. Hinzu kommen die sozialen und pol. Kosten. Angesichts einer rel. heterogenen Bev.-Struktur (76 % Chinesen, 11 % Malaien, 7 % Inder und Pakistanis sowie 6 % Eurasier, Europäer und andere) wurden die Früchte des wirtsch. Fortschritts unter diesen Gruppen sehr ungleich verteilt. Einerseits kam es zur Bildung einer neuen Mittelklasse (v.a. jene, die in den modernen Sektoren der Wirtschaft und der Hotelind. eine leitende Stelle haben, sowie Ärzte, Rechtsanwälte, Universitätslehrer usw.), andererseits hat sich die Einkommenssituation der unteren 50 % kaum verbessert (unter den Malaien gibt es die meisten Unterbeschäftigten). Familien können nur durch die Mitarbeit fast aller Mitgl. ihren Lebensunterhalt und die steigenden Kosten einigermaßen decken. Aufgrund des niedrigen Lohnniveaus (durch die Konkurrenz anderer Billiglohnländer – Taiwan, Südkorea – verfestigt) konnte auch nur ein geringer lokaler Kaufkraftzuwachs entstehen. Darüber hinaus ist die Industrialisierung von S. im weitesten Sinne als „abhängig" zu bezeichnen, da vor Ort kaum neue Innovationen oder techn. Verbesserungen aus eigenen Kräften durchgeführt werden und die meisten Gewinne sofort wieder abfließen.

Als Fazit kann festgestellt werden, daß S. seinen alten Charakter teilw. behalten hat (Zwischenhandel und Reparaturhafen); ausgebaut wurde der Ferntourismus (1977: 1 Mrd. DM Einkünfte), neu angelegt die riesige „Freie Industriezone", von deren Gewinnen jedoch der Staat und die dort Beschäftigten nur einen sehr geringen Teil bekommen, da die angesiedelten Unternehmen sich vorwiegend in ausländ. Hand befinden. Parallel zum wirtsch. Wachstum von S. läßt sich eine zunehmende Entpolitisierung der Bev. beobachten sowie die Herausbildung eines staatl. Wirtschaftssektors und einer „Staatsklasse" von hohen Beamten und Regierungstechnokraten, die den Inselstaat in Form einer Zivildiktatur verwaltet. Gerade diese Form der strengen pol. Kontrollen (z. B. staatl. kontrollierte Gewerkschaften, Pressezensur usw.) wird von der Regierung mit den oben bezeichneten sozioökon. „Sachzwängen" begründet und als Grundlage der „Lebensfähigkeit" S.s legitimiert. Auf eine pol. Liberalisierung und auf dem Zuwachs der *Produktivität angemessene Reallohnsteigerungen hoffte die Bev. bisher vergeblich.

Lit.: H. U. Luther, Ökonomie, Klassen und Staat in Singapur, Frankfurt 1980. hul

Somalia

S. gehört mit einem *Pro-Kopf-Einkommen von (1977) 112 US-$ zu den ärmsten EL, zur Ländergruppe der *LLDC und *MSAC. Daneben ist es auch *AKP-Staat. Es hat in den letzten Jahren sowohl unter klimatischen (Dürrekatastrophe) als auch pol. Faktoren (Ogaden-Konflikt) gelitten und sich gezwungen gesehen, das weltpol. Lager zu tauschen. Die Konsequenzen dieses außenpol. Frontwechsel für die E.-Politik der sozialist. Republik sind noch nicht abzusehen.

1. Die Landesnatur S.s (Fläche 637 657 qkm) ist durch Niederschlagsarmut und hohe Temperaturen (20–50 Grad) geprägt, die in den flußarmen und größtenteils von Trockensavannen bestimmten Landesteilen lediglich nomad. und halbnomad. Viehzucht ermöglichen. Allein die Bewässerungsgebiete an der Küste und zwischen den beiden einzigen beständig wasserfüh-

renden Flüssen Juba und Shebelle im S bieten Voraussetzungen für *Plantagenwirtschaft (Bananen, Zucker). Außer Eisenerzen, Gips-, Kalk- und Berylliumlagerstätten ist S. arm an abbauwürdigen mineral. Ressourcen.

2. Die Bev., von der über 40% Nomaden sind, zeichnet sich durch ethnisch-kulturelle Homogenität aus. 95% der Bev. gehören zu kuschitischen Somalstämmen äthiop. Rasse (Digil, Dir, Issas, Hawiya etc.), hinzu kommen negride Bev.-Anteile (Bantu), 30 000 Araber sowie indische, pakistan. und europ. Minderheiten. Seit 1972 ist Somali Amtssprache, Arab., Ital. und Engl. fungieren als Handelssprache. Staatsreligion ist der sunnitische Islam (2 300 Katholiken). Eine JZ der Bev. von 2,3% (1970–77), eine LE von 40 J. und ein *Urbanisierungsgrad von 27% (1975); Hs Mogadischo 350 000 Ew.) kennzeichnen die demograph. Situation. Der Ausbau des öffentl. Gesundheitsdienstes hat die med. Versorgung in den letzten Jahren verbessert, dennoch ist die Betreuung der nordsomal. Nomadenbev. aufgrund der geringen Seßhaftigkeit erschwert. Seit der Einführung der Schriftsprache für das Somalische (1972) und einer *Alphabetisierungskampagne (1974/75) sank der *Analphabetismus von 75% auf weniger als 40%. Im Rahmen der unter S. Barre eingeleiteten und von Ideen des *Sozialismus und des Islams getragenen Umgestaltung der somal. Gesellschaft spielt das Erziehungswesen für die Mobilisierung der Bev. für den sozialist. E.-Prozeß und bei der Reduktion von Clanaffinitäten eine zentrale Rolle.

3. Nur 10% der Erwerbstätigen sind im produzierenden Gewerbe und im Dienstleistungsbereich beschäftigt, *Subsistenzwirtschaft (Viehzucht, Feldarbeit) bestimmen den Lebensunterhalt der mehrheitlich nomad. Bev. Schwerpunkt der Landw. ist die Viehhaltung, die mehr als ⅔ der Ausfuhr (Viehzuchtprodukte, Bananen, Gemüse, Holz, Baumwolle) hervorbringt. Der Export von Viehzuchtprodukten konzentriert sich auf arab. Staaten (Saudi-Arabien, VR Jemen). Bei ständig wachsender hoher Auslandsverschuldung führt das niedrige Niveau der landw. Produktion zur verstärkten Abh. von Nahrungsmittelimporten aus vorwiegend westl. Ländern (Italien, EG assoz.). Die Ind. S.s steht noch am Anfang (Anteil am BSP 10%; vorwiegend Weiterverarbeitung einheim. Agrarprodukte und Produktion von Konsumgütern).

4. Das Horn von Afrika geriet im 19. Jh. in den Interessenbereich Frankreichs (1884/85 Djibouti), GBs (1886 Protektorat Brit. Somali-Land), Italiens (1889 Ital. Somali-Land) und des nach O expandierenden Äthiopiens. Brit.- und Ital. Somali-Land wurden am 1. 7. 1960 unabh. und vereinten sich zur Rep. Somalia. Das in der Verfassung von 1961 festgelegte Ziel, das durch die Grenzen zu Äthiopien (Ä.) und Kenia (K.) in drei Teile zergliederte Volk der Somali in einem Staat wiederzuvereinigen, ist Ursache für die ständigen Auseinandersetzungen mit Ä. und K. Bei pol. Annäherung an den W unter Staatspräs. Shermarke und MP Egal führte die seit 1967 betriebene Entspannungspolitik zur einstweiligen Entschärfung der Spannungen mit Ä. und K. Nach der Ermordung Shermarkes (1969) und dem Armeeputsch unter General M. Z. Barre wurde S. Demokrat. Republik sozialist. Orientierung. Es folgten *Nationalisierung ausländ. Unternehmen, Intensivierung der Beziehungen zum sozialist. Lager bei gleichzeitiger Anlehnung an die arab. Staaten. Die UdSSR erhielt für ihre Flotte Hafenrechte und rüstete die somal. Armee zu einer der besten in Schwarzafrika auf. Barre konzentrierte die pol. Macht in seiner Person (seit 1976 Staatspräs., Regierungschef und Generalsekretär der „Somal. Sozialist. Revolutionspartei") und unterstützte militär. die Westsomalische Befreiungsfront (WSLF) im Kampf um den Ogaden, den die WSLF fast gänzlich kontrollierte. 1977 Beginn der außenpol. Kehrtwendung. Ausweisung der militär. und zivilen Berater der UdSSR, die in der Folge zusammen mit Kuba Ä. unterstützte, was zur Rückeroberung des Ogadens und zur militär. Niederlage S.s führte. Verbesserung der Beziehungen zu den konservativen arab. Staaten (Saudi-Arabien, VAR), die an die Wahrung des arab. Einflusses in der Roten-Meer-Region interessiert sind, und zum W, der allerdings die Hoffnung auf militär. Unterstützung nicht erfüllte. S. wurde durch die ständig steigende Zahl von *Flüchtlingen aus dem Ogaden, wo die WSLF den Kampf fortsetzt,

schweren finanz. Belastungen ausgesetzt. In der neuen Verfassung, die 1979 per Referendum angenommen wurde, fehlt der Wiedervereinigungsgedanke, offensichtlich ist S. an besseren Beziehungen zu Ä. und K., das während des Ogaden-Konflikts S. verurteilt hatte, interessiert.

Lit.: P. Decraene, L'éxperience socialiste somalienne, Paris 1977. V. Matthies, Der Grenzkonflikt Somalias mit Äthiopien und Kenia, Hamburg 1977; H. Heinzlmeier, Der Konflikt am Horn von Afrika, in: APuZ, 16/1978. ah

Sonderziehungsrechte (SZR)

Die auf der IWF-Tagung in Rio de Janeiro 1967 beschlossene Einführung von Sonderziehungsrechten (*Special Drawing Rights,* SDR) als zusätzliches Reservemedium (gleichwertig neben Gold, Devisen, Fondspotionen) trat 1969 in Kraft. Dabei handelt es sich um ein durch int. Vertrag geschaffenes synthetisches Weltgeld, das auf Sonderkonten beim IWF gehalten und nur im Zahlungsverkehr zwischen den Zentralbanken verwendet wird. Die SZR, die jedem IWF-Mitglied eingeräumt werden, stellen Bezugsscheine dar, die, nach bestimmten Quoten zugeteilt, auf befristete Zeit zum Erwerb konvertibler Währungen berechtigen, d. h. konvertible Währungen gegen Abgabe von SZR zu ‚ziehen'. Die SZR sind somit Kredit- und Zahlungsmittel gleichzeitig und stellen im Gegensatz zu den übrigen Ziehungsrechten zusätzliche Währungsreserven für die einzelnen Staaten dar. Wenn SZR beschlossen und zugeteilt werden, kann jedes Land sie ohne Erlaubnis und weitere Auslagen in Anspruch nehmen. Innerhalb eines limitierten Zeitraumes müssen sie jedoch zumindest teilweise mittels konvertibler Währungen wieder zurückgekauft werden. Die erste Zuteilung wurde vom Gouverneursrat 1969 für die Jahre 1970–72 in Höhe von 9,5 Mrd. SZR beschlossen. Während ursprünglich das SZR in Gold bewertet wurde und 1 SZR einem US-$ entsprach, wird seit 1972 der Wert des SZR täglich auf der Basis eines ‚Korbes' der 16 wichtigsten Währungen der IWF-Mitgl. berechnet, wobei die Gewichtung der einzelnen Währungen je nach Bedeutung der betreffenden Länder abgestuft sind. Mit der Ratifizierung der zweiten Änderung des Fonds-Übereinkommens 1978 wurde der offizielle Goldpreis abgeschafft, verpflichteten sich die IWF-Mitgl., das SZR zum hauptsächlichen Reservemedium zu machen und wurde das SZR die Rechnungseinheit des IWF. hk

Sozialer Wandel

In der wissenschaftl. Literatur häufig verwandter, aber kaum einheitlich definierter Begriff. T. Parsons versteht unter s.W. die Veränderung der Struktur sozialer Systeme, andere Autoren sprechen von Veränderungen der Sozialstruktur, wieder andere beziehen den Begriff auf „Veränderungen des Personals in den Führungspositionen von Herrschaftsverbänden" (R. Dahrendorf) oder auf Veränderungen „der institutionellen Struktur eines sozialen Systems" (D. Lockwood) oder auf die „sozial-kulturellen Aspekte des wirtsch. Wandels" (B. Hoselitz). F. Berendt hat s.W. eng mit dem Begriff der Mobilität verknüpft. Er sieht s.W. „in der Mobilität der Gesellschaftsstruktur, in ihrer wachsenden Differenzierung in bezug auf Rollen und Funktionen ihrer Mitgl. und in der wachsenden Ausweitung sowohl der horizontalen (geograph.) wie der vertikalen (schichtungsmäßigen) Mobilität". Er grenzt s.W. gegenüber techn. und wirtsch. Wandel ab und räumt s.W. eine vorrangige Bedeutung ein, da es sich um „Wandlungen grundlegender und gewöhnlich tief verwurzelter Leitideen, Verhaltensweisen und Institutionen (handelt), von denen die Entscheidung über die Ziele wirtsch. und gesellschaftl. Betätigung und über den Einsatz techn. und wirtsch. Faktoren abhängt".

Das Forschungsinteresse an s.W. in EL ging zunächst von der Fragestellung aus, welche sozialen und kulturellen Prozesse Folge der wirtsch. Entwicklung zu höherer *Produktivität seien. Als die *Wachstumstheorien versagten, verlagerte sich das Forschungsinteresse auf die Frage, inwieweit s.W. möglicherweise Voraussetzung dafür sei, daß wirtschaftl. E. eingeleitet bzw. dauerhaft stattfinden könnte. Unter s.W. wurden sodann die wachstumsnotwendigen Wandlungen in der Sozialstruktur der EL (W. G. Hoffmann) verstanden. E. wurde dementsprechend als wirtsch. E. und s.W. begriffen und die Forderung nach einer sozialen E.-Strategie erhoben, die sich an den

Begriffen *Kulturwandel und *Akkulturation festmachte. Die aufkommenden *Modernisierungstheorien erweiterten den Ansatz, der – bei zutreffender Problematisierung der sozio-kulturellen Probleme importierter Moderne – seine entscheidende Begrenzung darin hat, den exogenen Faktoren (als dynamische) allein positive Funktionen zuzuschreiben. Rückbesinnung, die Suche nach kultureller Identität, ist heute die Antwort vieler EL auf eine von Anmaßung nicht freie Politik des s.W. von seiten der IL.

Lit.: W. Zapf (Hrsg.), Theorien des sozialen Wandels, Köln–Berlin 1979; Fritsch, B. (Hrsg.), Entwicklungsländer, Köln–Berlin 1968; R. F. Berendt, Soziale Strategie für EL, Frankfurt 1965; G. Wisede/T. Kutsch, Sozialer Wandel, Darmstadt 1978. dn

Sozialismus

Der Begriff S. hat in der Dritten Welt einen weitgefächerten Bedeutungsinhalt. Er läß sich kaum auf einige wesentliche Begriffselemente reduzieren. War für den Begriff des S. in den europ. Ländern theoretisch die Abschaffung des Privateigentums an den Produktionsmitteln zwecks Herstellung einer freien und harmonischen Gesellschaft grundlegend und folglich die revolutionäre Umgestaltung der Produktionsverhältnisse als pol. Zielsetzung für sozialist. Bewegungen und Parteien zwingend, so verweist die pol. Programmatik sozialist. Bewegungen und Parteien in der Dritten Welt auf bedeutend breitgestreutere und weniger allg. verbindliche Begriffsinhalte.

Wesentliche Bestimmungsgründe dafür sind: 1. Die unterschiedlichen gesellschaftl. Voraussetzungen und Entwicklungen in den Ländern der Dritten Welt (u. a. Fehlen von Feudalismus, zurückbleibende *Industrialisierung, Dominanz des Agrarsektors, d. h. Ungleichzeitigkeit von Basis und Überbau). 2. Der Anspruch von EL auf eigene *Dritte Wege zwischen Kapitalismus und Kommunismus, d. h. die Ablehnung der von den europ. Nationen geprägten gesellschaftl. Leitbilder. 3. Der Versuch, das vorkoloniale gesellschaftl. und kulturelle Erbe mit S. zu verknüpfen bzw. die vorkolonialen gesellschaftl. Verhältnisse zu Leitideen sozialist. E. zu erklären. 4. Spezifische, durch Anti-*Kolonialismus, Anti-*Imperialismus und Befreiungskampf um nat. Unabh. von EL gesetzte Akzente und gemachte Erfahrungen. 5. Durch strukturelle *Abhängigkeit und UE bedingte Konfliktstrukturen und pol. Zielsetzungen zur Veränderung der Beziehungen zwischen EL und IL und dadurch ausgelöste, unterschiedl. interne Umgestaltungen von Wirtschaft, Staat und Gesellschaft. 6. Die ideologische Konfrontation unterschiedl. Sozialismen auf Weltebene, insbes. der unterschiedl. E.-Wege der im sozialist. Lager dominierenden Pole (UdSSR, VR China). 7. Die konkrete Erfahrung sozialist. Systeme in EL und deren Rückwirkung auf die Konzeption von S. in den Ländern der Dritten Welt. Letztlich bilden somit die Begriffsinhalte von S. Antworten auf die je besonderen Herausforderungen gesellschaftl. und pol. Emanzipation, denen sich die verschiedenen EL in unterschiedl. Phasen ihrer E. gegenübersehen. Vor diesem Hintergrund entwickelten sich unterschiedl. Theorien und Varianten von S. (arabischer, afrikanischer, islamischer, kubanischer, chilenischer, burmetischer, etc. S.; Siehe dazu die Länderbeiträge dieses Lexikons sowie →chil. Weg zum Sozialismus →chin. Entwicklungsmodell →Nasserismus →Ujamaa).

Sozialprodukt

Das SP ist ein Maßstab für das Ergebnis der ökon. Aktivitäten einer Volkswirtschaft in einer gegebenen Wirtschaftsperiode. Es entspricht dem Wert aller in einer Periode – zumeist in einem Jahr – produzierten Güter (Waren und Dienstleistungen) abzüglich des Wertes der Güter, die in der gleichen Periode wieder in den heimischen Produktionsprozeß eingesetzt werden. Der Umfang des SP soll somit ein Maßstab für die gesamte Jahresleistung einer Volkswirtschaft abgeben und zeigt an, was im Verlauf eines bestimmten Zeitraumes von der gesamten Wirtschaft an Sachgütern und Dienstleistungen neu geschaffen worden ist, was den Produktionsfaktoren zugeflossen ist und schließlich für den Verbrauch und die *Investition zur Verfügung steht. So bilden Entstehung, Verteilung und Verwendung des SP die zentralen Grundlagen der Volkswirtsch.-Gesamtrechnung (VGR).

Das SP ist jedoch ein unscharfes Konzept. Zur genaueren Bezeichnung der gesamtwirtsch. Leistungen werden drei Begriffspaare verwandt: 1. Brutto- und Nettoprodukte. In Nettoprodukten werden die Abschreibungen (für Abnutzung, Verschlechterung des Produktivvermögens) abgezogen. 2. Marktpreise und Faktorkosten. In den Marktpreisen sind Subventionen des Staates und von ihm erhobene Steuern enthalten, um die die Faktorkosten bereinigt sind. 3. Inlands- und Sozialprodukte. Im Inlandskonzept sind nur im Inland entstandene Güter bzw. Einkommen (auch ausländ. Produktionsfaktoren) enthalten. Hingegen bezieht sich das Sozialprodukt auf die den inländ. Wirtschaftseinheiten unabh. vom geograph. Einsatzort (auch aus Produktionstätigkeit im Ausland) zufließenden Erwerbs- und Vermögenseinkommen. Zu unterscheiden sind: 1. *Bruttosozialprodukt zu Marktpreisen* (BSP), welches sich aus der Addition des privaten und staatl. Konsums, den Nettoinvestitionen und dem Saldo aus Export und Import (Außenbeitrag) ergibt. 2. *Nettosozialprodukt zu Marktpreisen* (NSP) = BSP minus Abschreibungen. 3. *Volkseinkommen* = NSP minus indirekte Steuern plus Subventionen. 4. *Bruttoinlandprodukt zu Marktpreisen* (BIP), ist das Ergebnis aller Produktionsprozesse innerhalb der geograph. Grenze eines Landes. 5. *Nettoinlandprodukt zu Marktpreisen* (NIP) = BIP minus Abschreibungen. 6. *Nettoinlandprodukt zu Faktorkosten* = NIP minus indirekte Steuern plus Subventionen.

Die verschiedenen SP-Größen können zu jeweiligen Preisen oder auch zu Preisen eines Basisjahres, zu realen und konstanten Preisen berechnet werden. Das *Pro-Kopf-Einkommen setzt das BIP in ein Verhältnis zur Bev. eines Landes. Die Wiedergabe der Leistungen einer Wirtschaftsgesellschaft in SP-Größen ist in den letzten Jahrzehnten immer stärker hinterfragt worden. Der VGR wurde im Rahmen der Forschungen zu sozialen *Indikatoren das noch näher zu bestimmende Konzept einer sozialen Gesamtrechnung entgegengehalten, das Tatbestände wie die Verteilung von Gütern und Einkommen, Chancengleichheit, soziale Sicherheit, Gesundheitsstand einer Population, Umweltfaktoren etc. einbegreifen soll. Für die EL-Gesellschaften ist die Kritik an den herkömmlichen ökon. Kennzahlen um so berechtigter, als monetäre Faktoren eine geringere Aussagekraft allein bereits im wirtsch. Bereich besitzen (→Subsistenzsektor) sowie Zieldaten und *Evaluierung von E. in enger Anlehnung an ökon. Wachstum der E.-Problematik mit Sicherheit nicht gerecht werden. hk/dn

Sozialstrukturhilfe

Umfaßt Maßnahmen zur Förderung von *Genossenschaften, *Selbsthilfe-Organisationen, **Community-Development*, Sozialarbeit, Radio- und Fernsehschularbeit, Jugendarbeit etc., also ein breites Gebiet grundsätzlich verschiedener entwicklungspol. Tätigkeiten, deren Finanzierung im Titel Sozialstrukturhilfe des Bundeshaushalts ausgewiesen wird. dn

Sparquote

Prozentualer Anteil des Volkseinkommens (→Sozialprodukt), der nicht dem sofortigen Konsum zugeführt, sondern gespart wird. Die S. ist ein *Indikator für die Kapitalbildung eines Landes und damit seine Fähigkeit zu produktiven *Investitionen. In EL ist aufgrund des niedrigen Einkommensniveaus die Sparquote niedrig, ihre Steigerung eine wesentl. Voraussetzung für die Zunahme der einheim. Kapitalbildung und Verringerung der Abh. von Kapitalimporten. →Kapitalhilfe, →Direktinvestitionen. dn

SPD – entwicklungspolitische Leitlinien

Bereits im Godesberger Programm von 1959 hat die SPD den Anspruch der EL auf „großzügige und uneigennützige Hilfe" von seiten der IL anerkannt. Im Orientierungsrahmen für die Jahre 1975–1985 vom Nov. 1975 forderte sie „eine intensivere, quantitativ und qualitativ bessere E.-Politik", erkannte aber auch, daß „zur Zeit die Probleme schneller zu(nehmen) als die Bereitschaft und die Fähigkeit, die vorhandenen Lösungsmöglichkeiten auszuschöpfen". Auf dem Hamburger Parteitag vom Nov. 1977 beschloß die SPD entwicklungspol. Leitlinien, die ausgehen von einer Definition des *Nord-Süd-Konflikts als der int. sozialen Frage des 20. Jh.s. E.-Politik wird als Politik der Friedenssicherung begriffen, Südpolitik als dritte Säule gleichberechtigt neben West- und Ostpolitik gestellt. Allg. Orientierungen für die entwicklungspol. Zusammenarbeit bilden die *Grundbedürfnisse und der Vorrang der ärmsten Länder, Regionen und Bev.-Schichten, *arbeitsintensiver Produktionsverfahren und *ländlicher Entwicklung. „Unabh. von äußeren Formen des Regierungssystems und der außenpol. Orientierung der EL muß sozialdemokrat. E.-Politik dort ansetzen, wo Erfolge im Kampf für bessere Lebensbedingungen für die Mehrheit der Bev. zu erwarten sind." *Zu einzelnen Problemfeldern* bezieht die SPD wie folgt Position: 1. Eigenverantwortlichkeit der EL: Hilfe der IL ist Hilfe zur *Selbsthilfe; die Hauptlast im Kampf gegen Armut, Abh. und UE tragen die EL selbst; sie haben ein Recht auf eigenständige E., d. h. Befreiung von wirtsch. und kultureller Abh. von den IL; ihre Zusammenarbeit untereinander dient diesem Ziel; Verwirklichung der *Menschenrechte, Verantwortung für den Weltfrieden und Umverteilung der Einkommen in den EL zur Befriedigung der Grundbedürfnisse sind Forderungen, die an die EL zu stellen sind. 2. Finanzierung der Nord-Süd-Politik: Erhöhung der finanz. Anstrengungen der leistungsstarken IL; Anerkennung des 0,7-%-Ziels *öffentl. Hilfe am BSP; Erhöhung der unentgeltlichen *techn. Hilfe und des *Zuschußelements bei der öffentl. Hilfe; Verzicht auf *Lieferbindung, 3. Handel und Rohstoffe: Die Weltwirtschaftsordnung benachteiligt die EL und liegt auf die Dauer nicht im Interesse der IL; Ausbau der *Präferenzabkommen der EG mit EL; Abbau tarifärer und nicht-tarifärer *Handelshemmnisse; Öffnung des EG-Marktes auch für Halbfertig- und Fertigwaren aus den EL; das *Integrierte Rohstoffprogramm enthält berechtigte Forderungen der EL; v. a. *Rohstoffabkommen und *Gemeinsamer Fonds; *Lomé-Abkommen bedeuten wichtige Schritte auf dem Wege zu einer Reform der Weltwirtschaft; 4. *Direktinvestitionen: Privatwirtschaftl. Aktivitäten liegen im Interesse der EL und der IL, wenn sie sich in die entwicklungspol. Anstrengungen einfügen; *Multinat. Konzerne sollen sich einem int. verbindlichen Verhaltenskodex unterwerfen; 5. Struktur- und Beschäftigungspolitik: die wirtsch. und soziale E. der EL dient den Arbeitnehmern in den EL und den IL; Veränderungen in der *int. Arbeitsteilung haben Auswirkungen auf die Wirtschaftsstruktur der IL, Beschäftigungschancen ergeben sich in den IL durch die Kaufkraftsteigerung in den EL und wachsende Nachfrage nach Investitionsgütern; erforderlich ist eine vorausschauende Strukturpolitik in enger Zusammenarbeit mit den *Gewerkschaften.

Auf dem Berliner Parteitag vom Dez. 1979 wurde im Leitantrag 103 zur E.-Politik u. a. gefordert: 1. ein verbindlicher Stufenplan für die Erreichung des 0,7-%-Ziels bis 1985; 2. ein weniger aufwendiger und stark Rohstoffe sparender Konsum- und Produktionsstil in den IL; 3. Eintreten der Bundesregierung dafür, daß die Auflagen des *Int. Währungsfonds den entwicklungspol. Zielen und Möglichkeiten der EL besser entsprechen. In sämtl. Dokumenten der SPD zur E.-Politik bilden die Begriffe Solidarität, Partnerschaft, Frieden das Leitmotiv. Insbes. der Frieden hat einen hohen Stellenwert im Begründungszusammenhang sozialdemokrat. E.-Politik: „in einer Welt unerträglicher Ungleichheit, in der Wohlstand und Hunger nebeneinander auftreten, in der Überfluß und schreckliches Elend nebeneinanderstehen, kann es keinen Frieden geben. Es ist also nicht allein eine Frage der Moral, sondern eine Frage der Vernunft, mit mehr und besserer E.-Zusammenarbeit bzw. gerechteren Wirtschaftsstrukturen Hunger und Elend zu bekämpfen und eine partnerschaftliche Politik im Weltmaßstab zu betreiben" (SPD-Parteitag 1979, Leitantrag 103). dn

Spill-over-Effekt

(engl. Überlauf) bezeichnet die Übernahme von Zielen, Verhaltensweisen, Produktionstechniken, Leistungen etc. eines Sektors, einer Branche, eines Betriebs etc. durch andere Einheiten. Von Bedeutung ist das Konzept des *spill-over* in Theorien, die von Ungleichgewichten ausgehen und diese als funktional betrachten für Fortschritte in anderen Sektoren, welche aufgrund sachlich gegebener Interdependenzen mit Angleichung an das Niveau des entwickelteren Sektors reagieren. →Wachstumstheorien, →*unbalanced growth* dn

Squatters

Siedler, die ohne Rechtstitel Land (illegal) besetzen und eine Bleibe errichten. Die Behausungen sind in aller Regel äußerst primitiv, ohne Wasser- und Elektrizitätsversorgung, ohne Müllabfuhr, so daß Tendenz zur *Slum-Bildung entsteht. Squatters gehören im allg. zu den ärmsten Bev.-Schichten. dn

Sri Lanka

Die Inselrepublik SL, bis 1972 Ceylon, seit 1948 unabh. Mitgl. im brit. **Commonwealth*, ist Agrarland mit großen Problemen, die Eigenversorgung der Bev. sicherzustellen. Neben der landw. E. wird die *Industrialisierung u. a. im Rahmen der neuen *internationalen Arbeitsteilung angestrebt, da ein weiteres Problem die *Arbeitslosigkeit darstellt. SL ist *MSAC.

1. Klimatisch gliedert sich die Insel (Fläche: 65 610 qkm) in 2 große Regionen: die trockene Tieflandzone im N, O und SO sowie die Feuchtzone im SW der Insel. Die Bev. (1976: 14,2 Mio.; Bev.-Dichte: 217 Ew. pro qkm) konzentriert sich in der Feuchtzone (75 % auf 40 % der Fläche).

SL ist rel. arm an mineral. Rohstoffen und natürlichen Brennstoffen, verfügt jedoch in Land- und Forstwirtsch. aufgrund der klimatischen Gegebenheiten über ein beträchtliches E.-Potential. Das Schwergewicht der Landw. liegt seit der brit. Kolonialzeit (1796) im Bereich der exportorientierten *Monokulturen (Tee, Kautschuk, Kokosprodukte). Während Portugiesen (1505–1685) und Holländer (1658–1796) hauptsächlich an der Monopolisierung des Gewürzhandels interessiert waren, führten die Briten den *plantagemäßigen Anbau von Kaffee (ab 1823; 1877 wurden die Kaffeeplantagen durch Pilzbefall vernichtet), danach von Tee (ab 1867) ein und damit die folgenreiche Außenorientierung der ceylon. Wirtschaft herbei. Die bäuerl. Reislandwirtsch. wurde vernachlässigt, zur Eigenversorgung mußte Reis eingeführt werden. Plantagen und Banken, Export- und Importhandel lagen zunächst ausschließl. in europ. Hand. Ein weiteres Problem entstand durch den Import südindischer tamilischer Arbeitskräfte, den die Teeplantagenwirtsch. erforderte.

2. Beherrschendes Merkmal der ceylon. Bev. ist die ethnische und religiöse Vielfalt. Die dominante Gruppe stellen die Singhalesen (Tieflandsinghalesen, stärker westlich beeinflußt, 42,9 %; Kandysinghalesen 29,1 %). Die zweitwichtigste Gruppe bilden die Tamilen, die sich in Ceylon-Tamilen (11,1 %) und zugewanderten Indien-Tamilen (9,4 %) aufteilen. Daneben stellen die Mohrenen, Nachkommen arab. Händler mit 6,7 % der Bev. noch eine rel. starke Minderheit dar. Zahlenmäßig gering sind die Nachkommen der holländ. und brit. Kolonisatoren (Burghers und Eurasier; zusammen mit den Malayen 1 %). Die religiöse Gliederung entspricht in etwa der ethnischen: 67,3 % Buddhisten, 17,6 % Hinduisten, 7,9 % Christen, 7,1 % Moslems.

Die JZ ist aufgrund von Maßnahmen der *Familienplanung und durch die 1964 einsetzende Rückwanderung von indischen Tamilen nach Südindien rückläufig und lag 1976 bei 1,7 %. 51,6 % der Gesamtbev. waren jünger als 20 J. (LE 1974 bei 64,8 J. [Männer] und 66,9 J. [Frauen]). Trotz zunehmender Urbanisierungstendenzen lebten 1971 noch 78 % der Bev. auf dem Land.

3. 1971 lag der Anteil der Erwerbspersonen an der Gesamtbev. (12,69 Mio.) bei 28,7 % (davon 77,8 % Männer und 22,2 % Frauen). Der weitaus überwiegende Teil (50,1 %) davon war in der Land- und Forstwirtsch. und Fischerei beschäftigt. Dagegen war der Anteil im verarbeitenden Gewerbe (inkl. Baugewerbe) mit 12,1 % rel. niedrig, wohingegen 25,3 % im Tertiärsektor tätig waren. Das Problem der *Arbeitslosigkeit hat in den letzten J.en ständig an Bedeutung gewonnen (offiziell 1973 790 000 Arbeitslose, über 20 % der Erwerbstätigen). Besonders betroffen sind Jugendliche im Alter von 15–24. Sie stellen im städt. Bereich 74 %, im ländl. 83 %, im Plantagensektor sogar 94 % der Arbeitslosen. Gleichzeitig steigt auch die Zahl der Arbeitslosen mit rel. hoher Schulbildung. Schon 1969 waren 63 % der Sekundarschulabgänger ohne Arbeit. Das j. *Pro-Kopf-Einkommen betrug 1974 130 US-Dollar. Die *Einkommensverteilung nach sozioökon. Bereichen ist sehr ungleich. Ein monatl. Einkommen von weniger als 33,7

US-Dollar hatten (1970) im städt. Bereich 21,2% der Haushalte (ländl. Haushalt: 46,1%; Plantagenhaushalt: 59,6%). Über 100 US-Dollar pro Monat verfügten in den Städten 21,1%, auf dem Land 5,9% und im Plantagensektor nur 1,1% der Haushalte (durchschnittl. 5,8 Personen/Haushalt bei 1,7 Verdiener/Haushalt).
Im Gegensatz zur Einkommensverteilung stehen die sozialen Leistungen. Kaum ein EL Asiens hat so wenig *Analphabetismus wie SL (1970: 17,4%). Dies liegt einerseits an vorkolonialen buddhistischen Traditionen, andererseits daran, daß 1951 die kostenlose Schulbildung vom Kindergarten bis zur Universität eingeführt wurde. SL verfügt über ein rel. gutes, für den Patienten kostenloses, med. Versorgungssystem. 1970 kamen auf 3 700 Ew. ein Arzt (Indien 4 830) und auf 330 Ew. ein Krankenhausbett.
4. In den Verfassungen von 1948 und 1972 folgte Ceylon/Sri Lanka weitgehend dem *Westminster-Modell. Die Verfassung von 1978 räumte dem Staatspräs. umfangreiche Exekutivbefugnisse nach franz. und nordamerik. Vorbild ein. Künftig wird das Parlament nicht mehr nach Mehrheitswahl, sondern nach Verhältniswahl gewählt. Das dürfte die Chancen parteipol. Kontinuität erhöhen, denn seit der Unabh. gab es fast bei jeder Wahl einen Machtwechsel zwischen der konservativ-westl. orientierten, einen Teil der ethnisch-religiösen Minderheiten (Tamilen, Mohrenen, Christen) bindenden *United National Party* (UNP; Mehrheitspartei 1948–1956, 1965–1970, seit 1977) und singhalesisch-buddhistisch und sozialist. orientierten *Sri Lanka Freedom Party* (SLFP; 1956–1965, 1970–1977). Bei den Wahlen 1977 erlitt Frau Bandaranaike, die ihrem Mann (ermordet 1959) in der Führung der SLFP nachgefolgt war, eine vernichtende Niederlage, nachdem sie – im Anschluß an eine von maoistischen Jugendlichen getragene Aufstandsbewegung 1971 – tiefgreifende Veränderungen der pol. und gesellschaftl. Struktur in die Wege geleitet hatte. Die UNP erhielt 139 von 168 Abgeordnetensitzen. Die größte Oppositionspartei wurde nicht die SLFP (nur 8 Mandate), sondern die 1972 gegründete Vereinigte Tamilische Befreiungsfront (TULF), die im tamilisch-hinduistischen N und O 17 Mandate errang.
5. SL konnte bis heute die Exportorientiertheit seiner Wirtsch. (bei zunehmender Verschlechterung der **terms of trade*) nicht überwinden. Angesichts der unzureichenden Nahrungsmittelproduktion, der mangelnden *Industrialisierung und des Rohölbedarfs ist seine Wirtsch. stark importabh. Da die pol. Eliten im Rahmen der parlam. Demokratie auf das Wählervotum angewiesen waren, setzten sie die Prioritäten ihrer Politik zugunsten einer umfassenden Sozialversorgung der Bev. Die hohen Ausgaben zur Aufrechterhaltung dieser Sozialleistungen übersteigen inzwischen bei weitem die Leistungsfähigkeit der Volkswirtsch. 1975 wurden 45,8% der Staatsausgaben für wohlfahrtsstaatl. Belange (inkl. Subventionen für die Reisversorgung) aufgewendet. Für eigentliche E.-Investitionen im *Infrastrukturbereich, in Landw. und Ind. blieben nur 3,4% des Staatshaushalts übrig. Die defizitäre Ausgabenpolitik des Staates führte zu einer hochgradigen *Verschuldung. Die ungünstige Wirtschaftslage fand schließlich ihren Ausdruck noch in einer zunehmenden Inflationsrate (1965: 6,8%; 1974: 18,1%). Die Abh. von E.-Hilfe und Auslandskapital wächst. Die von der Jayewardene-Regierung angestrebte Freihandelszone (ausländ. Unternehmen sollen in dieser Zone die Möglichkeit erhalten, v. a. für den Export bestimmte Güter herzustellen oder zu montieren) soll neue Investitionen aus den IL nach SL bringen und v. a. das Problem der *Arbeitslosigkeit entschärfen. Neben Steuervergünstigungen für Kapital und Erträge und zollfreier Einfuhr der Anlagegüter sind als Investitionsanreiz auch Ausnahmen von arbeitsrechtl. Vorschriften vorgesehen. Die Freihandelszone scheint damit Exportorientierung und Importabh. eher noch zu verstärken.
Der *Tourismus auf Ceylon wächst beständig und stellt für die Wirtsch. SL.s mittlerweile einen bedeutenden Faktor dar. Die Anzahl der ausländ. Touristen stieg von 1965: 19 781 auf 1976: 118 971.

Lit.: K. M. De Silva (Hrsg.), Sri Lanka, A Survey, Hamburg 1977; E. Kulke, Sri Lanka, in: HDW, Band 4, Hamburg 1978, S. 603 ff. rn

Staatshandelsländer

Albanien, Bulgarien, VR China, DDR, DVR Korea[x], Kuba[x], Polen, Rumänien, Sowjetunion, Tschechoslowakei und Ungarn. Die mit x versehenen Länder werden vom *DAC als EL geführt. dn

STABEX

System der *Stab*ilisierung von *Ex*porterlösen im Rahmen der *Lomé-Abkommen der EG mit den *AKP-Staaten für landw. *Grundstoffe. Die Liste der Waren und Nebenprodukte, die von Stabex erfaßt werden, wurde 1979 von ursprünglich 29 auf 34 und durch Lomé II auf 44 erhöht. Die Mittel zur Finanzierung von Stabex wurden 1979 von 382 auf 550 Mio. *ERE aufgestockt. Die Schwellen für das Einsetzen von Kapitaltransfers nach dem Stabex-System wurden wie folgt gesenkt: 1. Sog. *Abhängigkeitsschwelle*, d. h. Mindestanteil eines Exportprodukts am Gesamtexport von 7,5 % auf 6,5 % (Sisal 5 %); 2. sog. *Auslösungsschwelle*, d. h. Rückgang der Ausfuhrerlöse im Vergleich zum Mittelwert für die vorausgegangenen 4 Jahre, von 7,5 % auf 6,5 %. Besonders begünstigt werden die ärmsten EL, *LLDCs, *Binnen- und Inselstaaten, insges. 35, deren Schwellenwerte von 2,5 auf 2,0 % gesenkt wurden. Diesen EL, auf die 42 % der Bev. der AKP-Staaten und 64 % der programmierten Hilfe entfallen, werden die Stabex-Mittel rückzahlungsfrei zur Verfügung gestellt, den anderen EL zinslos. Rückzahlung bei 2 Freijahren innerhalb von 7 Jahren.
Für Bergbauprodukte (bisher war nur Eisenerz in Stabex integriert) ist in Lomé II eine Versicherung (280 Mio. *ERE) gegen Risiko (Unfall) vorgesehen (→Lomé-Akommen), die mit Darlehen (Laufzeit 40 Jahre, 10 Freijahre, 1 % Zinsen, für LLDCs 0,75 %) das bestehende Bergbaupotential sichern und seine E. fördern will. dn

Sterblichkeitsrate/Sterberate

Maßzahl für den Pro-Tausend-Anteil der Sterbefälle (Mortalität) an der Gesamtbev. in einer bestimmten Periode. Bestimmt zusammen mit der *Geburtenrate – wenn wir von Migrationen absehen – die Wachstumsrate der Bev. und die Bev.-Dynamik. dn

Strukturelle Gewalt

Der Begriff der s.G. wurde von dem Norweger Johan Galtung im Kontext der Diskussion um eine kritische *Friedensforschung entwickelt. Nach Galtung liegt G. dann vor, „wenn Menschen so beeinflußt werden, daß ihre aktuelle somatische und geistige Verwirklichung geringer ist als ihre potentielle Verwirklichung." G. ist also Ursache für die Diskrepanz zwischen den Möglichkeiten des Menschen und deren Verwirklichung. Galtung unterscheidet u. a. zwischen „personaler" und s.G. Während bei ersterer G. auf konkrete Akteure zurückzuführen ist, ist das im zweiten Fall unmöglich geworden: die G. ist in das gesellschaftl. System eingebaut und äußert sich in ungleichen Machtverhältnissen und folglich ungleichen Lebenschancen (z. B. Ungleichheit der *Einkommensverteilung, der *Bildungschancen etc.). Galtung gebraucht den Begriff der s.G. synonym mit dem Begriff „soziale Ungerechtigkeit". Hier trifft sich Galtungs Analyse mit der Kritik am Kapitalismus in den EL. Sie legitimiert den Kampf gegen sozial ungerechte Systeme (*Guerilla etc.), auch wenn diese weitgehend auf direkte Unterdrückungsmaßnahmen verzichten. Die Kritik an dem Begriff der s.G. wendet sich gegen den umfassenden Vorwurf an pol. Systeme, mit ihren Institutionen und Gesellschaftsformen gleichzeitig Gewaltverhältnisse zu begründen und glaubt, daß soziale Ungerechtigkeit reformistisch, also ohne grundlegenden Strukturwandel, beseitigt werden kann.

Lit.: J. Galtung, Gewalt, Frieden und Friedensforschung, in: D. Senghaas (Hrsg)., Kritische Friedensforschung, Frankfurt/M. 1971, S. 55 ff., J. Galtung, Feudal Systems, Structural Violence and the Structural Theory of Revolutions, in: Proceedings of the International Peace Research Association Third General Conference, Assen 1970, S. 207 ff. rs

Strukturelle Heterogenität

Das Konzept der SH wurde in der EL-Forschung aus der Kritik an dem zur Charakterisierung der gesellschaftl. Strukturen der Länder der Dritten Welt in der wissenschaftl. Diskussion allg. verwandten *Dualismusmodell entwickelt.
Mit einer kritischeren Haltung gegenüber den Auswirkungen des Weltmarkteinflusses auf die gesellschaftliche E. der EL verband

sich in den 60er Jahren (*Dependenz-Theorie) eine genauere Untersuchung der von diesem verursachten gesellschaftl. Deformationen. Es wurde festgestellt, daß diese sich nicht auf eine einseitige Weltmarktausrichtung des modernen Sektors beschränken, sondern daß diese auch vermittelt über ein Geflecht von Abhängigkeiten auf die unterschiedl. entwickelten Bereiche des trad. Sektors zurückwirken. Damit erwies sich die These von einem bloßen Nebeneinander zweier oder mehrerer Sektoren als Grundstruktur der EL-Gesellschaften als falsch. Das Dualismusmodell konnte den neuen Forschungsergebnissen nicht gerecht werden.

Ein neuer theoretischer Zugriff zum Problem der Charakterisierung der Gesellschaftsstrukturen von EL wurde mit dem Konzept der SH gefunden. Seine Erarbeitung steckt noch in den Anfängen und konzentrierte sich zunächst auf die Analyse der ökon. Struktur von EL. Die Absicht des Konzeptes ist jedoch, eine gesamtgesellschaftl. Analyse zu entwickeln, also auch die den ökon. Bereichen entsprechenden Bereiche der Kultur, der gesellschaftl. Schichtung oder der Wertemuster gesellschaftl. Gruppen beispielsweise, in ihrer wechselseitigen Abh. herauszuarbeiten. Das Konzept der SH geht davon aus, daß in der binnengesellschaftl. Struktur (kapital.) EL auf der Ebene der Ökonomie mehrere „ökonomische Systeme" (Córdova/Michelena) in Abh. voneinander koexistieren. Bestimmend für deren Verhältnis, E.-Grad und Organisation ist der höchst entwickelte und damit dominierende, auf den Weltmarkt bezogene Sektor. Quijano und Senghaas haben herausgearbeitet, daß mit dieser allg. Definition alle historischen Phasen der abh. E. eines Landes als Phasen SH beschrieben werden können, von der Phase des *Kolonialismus (dominierender Sektor beispielsweise die *Plantagenwirtschaft) bis zur heutigen Phase des *peripheren Kapitalismus (dominierender Sektor beispielsweise mit *multinationalen Konzernen verbunden).

Ein bisher noch nicht gelöstes analytisches Problem taucht allerdings dann auf, wenn es gilt, theoretisch die Merkmale der „ökonomischen Systeme" zu bestimmen. Hier können nur durch empirische Analysen (die auch die gesamtgesellschaftl. Totalität besser miteinbeziehen könnten) weitere Anstöße zur Begriffserklärung und zur Verbesserung der Brauchbarkeit des Konzeptes der SH in der wissenschaftl. Arbeit erfolgen, denn die bisherigen theoret. Bemühungen stagnieren.

Z. T. sind dafür begriffslogische Fehlschlüsse verantwortlich. In der Lit. (Senghaas, Hamburger Autorenkollektiv u. a.) wird häufig unter „ökon. System" Produktionsweise (PW) verstanden. Der damit erfolgte Rückgriff auf die Marxsche Terminologie führt das Hamburger Autorenkollektiv zu der These, daß zur Analyse der SH von EL diese auf das Vorhandensein bzw. Fehlen folgender 6 PW zu untersuchen sind: Urgemeinschaft, Clan-/Stammesgemeinschaft, Asiatische PW, Feudalismus, Kapitalismus, Sozialismus. Dabei bleibt jedoch das Problem der gegenseitigen Abhängigkeiten und Beeinflussungen dieser PW ungelöst, das Problem also, wie sich die Dynamik des jeweils dominierenden Sektors auf die weniger entwickelten Sektoren (PW) auswirkt. Zudem umfassen diese 6 PW nicht alle in den Ländern der Dritten Welt vorfindbaren „ökon. Systeme". Namentlich die von Oesterreich als „autochthones Wirtschaftssystem" bezeichneten Überlebensnischen des wachsenden Anteils der in die *Marginalität abgedrängten Bev. der EL ignorieren diese. Ein weiteres Problem ergibt sich aus der vom Hamburger Autorenkollektiv nahegelegten undifferenzierten Betrachtung der kapital. PW. Sie verstellt den Blick auf die bei der Analyse von EL-Gesellschaften in der Regel zu beobachtenden Abhängigkeitsbeziehungen zwischen dem internen konkurrenzkapital. Sektor und dem externen, die Ökonomie des jeweiligen Landes dominierenden oligopolistisch-kapital. Sektor und berücksichtigt auch nicht die Sonderrolle, die der staatskapital. Sektor häufig spielt. Das Gleichsetzen des Terminus „ökon. System" mit dem Begriff der Produktionsweise im marx. Verständnis erweist sich somit als untauglicher Versuch, durch diese konzeptuelle Auffüllung des SH-Modells der Realität der EL näher zu kommen.

Senghaas hat darauf hingewiesen, daß die Charakterisierung der „ökon. Systeme" und ihre gegenseitige Abh. miteinander verbundene Probleme sind. Die Abh.-Strukturen deformieren die „ökon. Systeme", so daß nicht ein nebeneinander definitorisch klar faßbarer PW, sondern „Mischformen eigener Art" entstehen. Diese vage Aussage charakterisiert in etwa den Stand der wissenschaftl. Diskussionen zu diesem Aspekt des Konzepts der SH.

Lit.: A. Cordova/H. S. Michelena, Die wirtschaftl. Struktur Lateinamerikas, Frankfurt 1969; Hamburger Autorenkollektiv, Zur Analyse der strukturellen Heterogenität unterentwickelter Gesellschaften, in: HDW, Band 1, Hamburg 1974, S. 115 ff.; A. Martinelli, Dualismus und Abhängigkeit, in: D. Senghaas (Hrsg.), Imperialismus und strukturelle Gewalt, Frankfurt 1972, S. 356 ff.; J. Oesterreich, Nischen für das Überleben in den Brückenköpfen der Weltwirtschaft, in: Entwicklungspolitik 14 (1978), S. 430 ff.; H. J. Puhle (Hrsg.), Lateinamerika. Historische Realität und Dependencia-Theorien, Hamburg 1977; D. Senghaas, Weltwirtschaftsordnung und Entwicklungspolitik, Frankfurt 1977. rs

Subsistenzwirtschaft

Landw. Produktion, die primär oder völlig der Eigenversorgung und nicht bzw. nur in geringem Maße der Belieferung von Märkten dient. Sie verbleibt außerhalb des monetären Kreislaufs bzw. der Volkswirtschaft eines EL. S. bedeutet ein Leben auf dem Subsistenzniveau. Die Subsistenzbauern – zu ihnen gehört auch ein großer Teil von Landarbeitern ohne eigenen Besitz – bilden einen erheblichen Teil der armen ländl. Bev., die in den E.-Prozeß noch nicht einbezogen wurden. Ihre Aktivierung ist jedoch aufgrund verfestigter Strukturen (Tradition, Bildung, Agrarstruktur etc.) nicht einfach. dn

Sudan

Der S., mit 2 505 913 qkm größter Staat Afrikas, gehört zu den ärmsten EL (*LLDC, *MSAC). Wesentliche E.-Ressource ist das Agrarpotential, das bisher nicht voll ausgeschöpft wurde. Die E.-Politik sollte sich auf die Förderung der Landw., den Ausbau der *Infrastruktur und des Bildungswesens konzentrieren. Für die *Entwicklungshilfe der BRD ist der S. ein Schwerpunktland in den genannten Bereichen. S. ist *AKP-Staat.

1. Die landw. E.-Möglichkeiten sind regional recht unterschiedlich. Auf die vegetationslosen Sand- und Halbwüsten (zus. 50 % der Fläche), wo vom Akazienprodukt Gummiarabicum (80 % der Welterzeugung) abgesehen und außerhalb des Niltals (ca. 60 % der Bev.) keine agrar. Nutzungsmöglichkeit besteht, folgen Busch- und Grassteppen (Sümpfe des Bhar al Ghasal), in denen durch Bewässerung Nahrungsmittel für die Subsistenz und Baumwolle für den Export (60 % des Ausf.-Werts) produziert werden. In der südl. Regenwaldregion sind der forstwirtsch. Nutzung von trop. Edelhölzern durch fortdauernde pol. Instabilität und mangelnde Verkehrserschließung noch immer Grenzen gesetzt. Abbauwürdige Bodenschätze sind nicht bekannt.

2. Die Bev. (1979: 17 387 000) ist durch große ethnisch-kulturelle, religiöse und sprachliche Heterogenität gekennzeichnet. Die Sudanaraber (40 % der Bev.), Nubier, Kuschiten, Niloten und andere Schwarzafrikaner gliedern sich in ca. 600 Stämme. Die Gegensätze zwischen dem von Arabisierung und *Islamisierung geprägten N und dem negroiden S behindern den **nation-building* Prozeß und verursachten 1955–72 im S Aufstände gegen die Vorherrschaft des N und die Arabisierungspolitik der Regierung. Staatssprache ist Arab., hinzu kommen Engl. als Bildungs- und Handelssprache sowie nilotische, hamitische und sudan. Sprachen. 50–60 % der Bev. bekennen sich zum Islam, und im S überwiegen neben Katholiken und Kopten die Anhänger von Naturrelig. Ein für Afrika rel. hohes Bev.-Wachstum von 2,6 % (1970–77), geringe LE (48 J.), unbefriedig. *Gesundheitszustand der Bev. und der geringe *Alphabetisierungsgrad unter den Erwachsenen (1975: 20 %) kennzeichnen die soziale E.-Problematik.

3. Seit Beginn des 20. Jh.s entstand – durch den Aufstieg der in den Kolonialverwaltungen ausgebildeten Angestellten und Technokraten – eine nach Ausbildung, Funktion und Einkommen differenzierte Elite, innerhalb der neben Kaufleuten, Ind. Unternehmern und den *gewerkschaftlich rel. hoch organisierten Ind.- und Transportarbeitern (Generalstreik 1964/Sturz des *Militärregimes) v. a. die Militärs als wichtigste Statusgruppe pol. hervortreten. Im Gegensatz zu den Nomaden und Subsistenzbauern der Peripherie können die auf den modernisierten *Exportkulturen beschäftigten Erwerbsbauern aufgrund der gezielten Förderung der marktorientierten Landw. rel. hohe Einkommen erzielen.

4. Unter den staatl. dominierten Wirtschaftssektoren besitzt die Landw. mit ca. 2 Drittel aller Beschäftigten die größte Bedeutung. Baumwolle und Baumwollsamen, Erdnüsse, Sesam, Gummiarab. und Viehzuchtprodukte beherrschen den Export (EG, USA), lediglich 1 % des Exportwertes entfallen bislang auf verarbeitete Produkte. Die aufgrund von Kapitalmangel, *Infrastrukturproblemen, unzureichendem **Knowhow* und Binnenmarktenge wenig entwickelte Ind. dient der *Importsubstitution und beschränkt sich noch weitgehend auf die Verarbeitung einheim. Erzeugnisse (Textil- und Nahrungsmittelindustrie).

5. In der langfristigen E.-Strategie (1977/78–1994/95) wird die Landw. weiterhin wichtigster Sektor des zusammen mit Kuwait (AFESI) ausgearbeiteten E.-Programms bleiben. Durch die Kanalisierung des Weißen Nils (Jonglei-Projekt) sollen die bisher im Sud. Morast versikkernden Wassermengen zur Bewässerung im N verwendet werden und S. zur „Kornkammer der arab. Staaten" machen. Außerdem ist durch den Straßenbau zwischen der Hs Khartoum (1973: 334 000 Ew.) und dem Hafen Port Sudan die Verbesserung der Verkehrsstruktur geplant.

6. Nach der anglo-ägypt. Eroberung 1898 unterstand S. der brit. Kolonialverwaltung. Im Verlauf der Auseinandersetzungen mit den Kolonialbehörden (Militäraufstand 1924) spaltete sich die von der einheim. Bildungselite getragene nat. Bewegung in einen proägypt. Flügel, der für die Union mit Ägypten eintrat, und in einen die völlige Unabh. fordernden Flügel. Nachdem die im Rahmen der ägypt. Revolution (1952) entstandenen Auseinandersetzungen zwischen GB und Ägypten bzgl. der Sudanfrage 1953 in einem Abkommen, das das Selbstbestimmungsrecht des S. garantierte, beigelegt waren, erhielt S. 1956 die völkerrechtl. Unabh. Die aus der nat. Bewegung hervorgegangenen Parteien (*Umma P.*/unter Führung des Sohn von Mahdi, Nat. Unionspartei) waren nicht in der Lage, die wirtsch. Probleme und das S.-Sudan Problem zu lösen. 1958 putschte die Armee gegen die von der *Umma P.* geführte zivile Koalition und intervenierte 1969 nach einer weiteren demokrat. Phase (1964–69) unter Oberst Numeiri ein zweites Mal. Nach der Ausschaltung des Widerstands (Moslem-Bruderschaft, Mahdi-Anhänger, Putschversuche linker Militärs) beendete das Militärregime den Bürgerkrieg im S-Sudan, dem in der neuen Verfassung (1973) fortan regionale Autonomie zugestanden wurde. Seit der Wahl von 1974 stellt die neugegründete „Sudan. Sozialist. Union" alle 125 Abgeordneten. Erneute Putschversuche (1975, 1976), Studentenunruhen (1979), die zur Solidarisierung der Armee mit Präs. Numeiri führen, und der zunehmende Einfluß der Muslim-Bruderschaft (1979 Berufung ihres Führers Hassan al Turabi zum Justizminister) kennzeichnen zusammen mit dem gestörten Verhältnis zu Äthiopien (Eritrea-Problem) die labile pol. Situation.

Lit.: P. K. Bechtold, Politics in the Sudan. Parliamentary and Military Rule in an Emerging African Nation, New York 1976; M. W. Dustan (Hrsg.), The Southern Sudan. The Problem of National Integration, London 1973. ah

Süd-Süd-Beziehungen

Unter SSB wird die Zusammenarbeit der EL untereinander verstanden (*Cooperation among Developing Countries*, CDC). Das Bewußtsein, CDC zu verstärken, ist im letzten Jahrzehnt rasch gewachsen, befindet sich konzeptionell (**Collective Self-Reliance*) und organisatorisch (*ECDC und *TCDC, wirtsch. und techn. Zusammenarbeit) aber noch in der Anfangsphase. Die Notwendigkeit, CDC zu verstärken, wird vor allem von der *Gruppe der 77 und von der *Blockfreienbewegung betont, aber auch die IL stehen ihr aufgeschlossen gegenüber. Der Anteil des „Binnenhandels" der Dritten Welt am Welthandel, der von 1955 bis 1977 von 6,2 auf 5,3 % sank, verdeutlicht die gegenwärtige Problemlage. dn

Sukarno, Achmed

(1901–1970), einer der wichtigsten Führer der Dritten Welt im Kampf um die pol. Unabh. Wurde unter der niederländ. Kolonialherrschaft zum Symbol indonesischer Einheit und nat. Befreiung. Nach der Unabh. 1949 Präsident Indonesiens, vereinte – nicht zuletzt durch die Zerstrittenheit der pol. Parteien – immer mehr Macht auf sich. S. formulierte das Konzept einer „gelenkten Demokratie" und den E.-Weg über *Nationalisierungen und Verstaatlichungen (nat. und demokrat. Phase) zu einer sozialist. Wirtschaft. Wachsende wirtsch. Probleme, die Beteiligung der Kommunisten an der Macht und der Konfrontationskurs gegenüber Malaysia riefen 1963 Militärputsch hervor. Die Verdrängung S.s aus sämtl. Ämtern folgte erst 4 J. nach seiner Entmachtung. dn

Surinam

1. 80% der Fläche (163 265 qkm) von S. sind von trop. Regenwald bedeckt. Die hier mögliche Gewinnung und Verarbeitung von Holz, dominiert durch das niederl. Unternehmen Bruynzeel, hat jedoch im letzten Jahrzehnt wegen steigender Produktionskosten und Absatzproblemen an Bedeutung verloren. Landw. genutzt (potentielle Nutzfläche 40% des Landes) wird nur der fruchtbare Küstenstreifen (80% Ackerland, 20% Weideland). Zahlreiche Rohstoffe werden in S. vermutet bzw. wurden nachgewiesen. Die Wirtschaft S.s beherrscht das Bauxit (inklusive Produkten aus seiner Verarbeitung: 90% des Exports). Die einzige heimische Energiequelle ist die Wasserkraft (Kraftwerk Brokopondo).

2. 1667 eroberten die Niederländer S. (bestätigt durch Frieden zu Breda gegen Abtretung von Neu-Amsterdam, dem späteren New York, an GB und machten es aufgrund ihres technolog. Vorsprungs in der Zuckerrohrverarbeitung und der Deichbautechnik auf der Grundlage von Sklavenarbeit und *Plantagenwirtschaft zur blühendsten Plantagenkolonie der Karibik. In der 2. Hälfte des 19. Jh.s ökon. Niedergang S.s: Verbot der Sklaverei (1863); Verfall der Weltmarktpreise für Zucker; Öffnung des Suezkanals (Ostindien für *Investitionen lohnender); Verlust des technolog. Vorsprungs.

Die zu Beginn des 20. Jh.s gefundenen Bodenschätze leiten eine Umorientierung der Wirtschaft des Landes auf das Hauptexportgut Bauxit ein. 1954 erhielt die Kolonie S. (im „Königreichsstatut") innere Selbstverwaltung, 1975 die volle Unabh.

3. Die 1977 auf 450 T. Ew. gesch. Bev. S.s (2,7 Ew. je qkm) konzentriert sich auf das Küstengebiet (11 Ew. je qkm) und die Städte (etwa 80% der Gesamtbev. wohnen im Umkreis von 40 km um die Hs Paramaribo). Die JZ der Bev. (2,7% von 1970–77) wird durch Emigration in die Niederlande verringert. Die Zusammensetzung der Bev. spiegelt die Etappen kolonialer Politik wider. Nachkommen der Negersklaven (⅖ der Bev. sind Kreolen) und Nachkommen der nach dem Verbot der Sklaverei eingeführten Kontraktarbeiter aus Indien (37% d. Bev.) und Java (15%) bilden die drei größten Gruppen.

4. Die Wirtschaftsstruktur S.s ist bestimmt durch ein hohes Maß externer Abh. und sektoraler Ungleichgewichte. Der dynamische und für den Export produzierende externe kapital. Sektor, bestehend aus der trad. Plantagenwirtschaft, der Forstwirtschaft und der Bauxitproduktion und -verarbeitung (SURALCO, Tochtergesellschaft des US-Konzerns ALCOA), koexistiert mit einem intern-kapital. Sektor aus Kleinind., Handels- und Dienstleistungsbetrieben und der nichtkapital. Landw. der indischen und javanischen Reisbauern (Reisanteil am Agrarexport über 50%, 74% besitzen 26,5% der Nutzfläche).

5. Die Oberschicht des Landes setzt sich aus den ausländ. Leitern und Teilhabern in S. operierender *multinat. Konzerne, wenigen einheim. Industriellen, einer Gruppe von Großhändlern und Freiberuflern sowie Spitzenfunktionären des Staates zusammen. Die Mittelschicht wird von mittleren Beamten, Führungskräften im Handels- und Dienstleistungssektor und Facharbeitern bei den ausländ. Unternehmen gebildet. Arbeitslose (Quote: 25–30%) und Arbeiter in der einheim. Kleinindustrie und den landwirtschaftl. Staatsbetrieben bilden die Unterschicht.

6. S.s koloniale Vergangenheit ist auch für die religiöse (⅕ Protestanten, ¼ Hindus, ⅕ Katholiken, ⅕ Moslems) und sprachliche Vielfalt (neben den Dialekten der ethnischen Gruppen sprechen 78% Sranang [„Negerenglisch"], ⅔ Niederländisch., Englisch ist Geschäftssprache, nach dem Willen der Regierung soll Span. Landessprache werden) verantwortlich. Die Gesundheitsfürsorge S.s. ist gut (öffentl. Gesundheitsdienst, seit 1960 staatl. Krankenkasse, LE: 64 J.). Schulpflicht besteht zwischen dem 6. u. 12. Lebensj., wobei nur das dichtbesiedelte Küstengebiet erfaßt

wird. Die Ausbildung folgt niederl. Vorbild. Die Grundschulbildung ist gebührenfrei (*Analphabetismus 16,4%).
7. S. ist eine parl. Demokratie (Einkammerparlament = *Staten van Suriname* mit 39 auf 4 J. gewählten Abg.). Nach einem Militärputsch 1980 übernahm ein Militärrat die Leitung des Landes. Wahlen sind angekündigt und die Prinzipien der bestehenden Verfassung sollen beachtet werden. Das pol. System S.s ist durch eine Überlagerung sozialer Konfliktlinien durch ethnische gekennzeichnet. Die Funktionsfähigkeit des Regierungssystems wird durch die Kooperation der Spitzen der gegenseitig rel. abgeschlossenen ethnischen Gruppen hergestellt. Es entsteht ein „Elitenkartell", das zumindest 1973–80 einen kreolisch-javanischen Kompromiß auf Kosten des indischen Bev.-Teils verkörpert. Als Problemfaktor für die E. S.s treten damit neben die Hindernisse, die die externe Kontrolle der Ökonomie des Landes aufwerfen, und soziale Gegensätze die Konflikte, die sich aus unterschiedl. ethnischer Gruppenzugehörigkeit ergeben. rs

Sur-Place-Programme

Im Bereich der *Bildungshilfe Förderung von Personen aus EL in EL, d. h. in den jeweiligen Heimatländern oder in benachbarten Drittländern. *Sur-Place*-Programme sind den örtl. Gegebenheiten in EL stärker angepaßt: sie finden in der einheim. Sprache statt (Wegfall der kostspieligen Sprachausbildung); es entfallen Probleme der Anrechnungsfähigkeit (Äquivalenz) der Schul- und Hochschulzeugnisse und ebenso solche der *Reintegration. *CDG, *DAAD und Goethe-Institute wickeln *Sur-Place*-Programme ab. dn

Surplus

S. ist der Überschuß einer Produktion nach Abzug des Existenzbedarfs der produzierenden Menschen und nach Abzug des Ersatzes verbrauchter Produktionsmittel. Der S.-Begriff beinhaltet die Frage nach Bildung, Aneignung und Verwendung dieses Überschusses auf zwei Ebenen: 1. nat.: Die Frage nach denjenigen, die im jeweils gegebenen ökon. System von diesem profitieren. 2. int.: Die Frage nach Ausbeutungsbeziehungen zwischen IL und EL. Wie T. Hurtienne feststellte, gab es v. a. in den 60er J. in der EL-Diskussion die Tendenz, die Ursachen von UE im „ständigen S.-Transfer von den letzten Satelliten über die abh. *Metropolen in die Hauptmetropolen" zu sehen (Baran/Sweezy, Frank u. a.). Je stärker die Abh. eines EL, desto geringer wären nach dieser These seine E.-Chancen.
Gegen die These, daß sich die EL wegen des ständigen Transfers ihres volkswirtsch. Überschusses in die IL nicht entwickeln können, wurde eingewandt: 1. Der Umfang des S.-Transfer ist nicht empirisch belegt. 2. Konzentriert man die Aufmerksamkeit auf den (Teil-)Abzug des S., vernachlässigt man die tatsächliche Organisation der jeweiligen nat. Produktion, deren E.-Stand jeweils deutlich unterschiedlich ist.

Lit.: T. Hurtienne, Zur Ideologiekritik der lateinamerik. Theorien der Unterentwicklung und Abhängigkeit, in: Probleme des Klassenkampfs 14/15 (1974), S. 213 ff.; P. Baran, Pol. Ökonomie des Wachstums, Neuwied/Berlin (West) 1966 (zuerst engl. 1957); P. Baran/P. Sweezy, Monopolkapital, Frankfurt/M. 1966, A. G. Frank, Kapitalismus und Unterentwicklung in LA, Frankfurt/M. 1968. hk/rs

Swaziland

Die Bev. (1978: 540 000 Ew., JZ 2,7%, LE 44 J., 60% Christen, 40% Animisten) des nach Gambia kleinsten afrikan. Landes (Fläche 17 363 qkm, Hs Mbabane) gliedert sich ethnisch in Swasi (90%), Zulu, Shangaan, Njassa, Sotho sowie einige T. Weiße und Mischlinge. Neben dem Reichtum an Bodenschätzen (Eisenerz, Kohle, Asbest) – der allerdings bald erschöpft sein wird – sind für Land- und Forstw. günstiges Klima und fruchtbare Böden zusammen mit der Landschaft (*Tourismus) wichtigste E.-*Ressourcen. Kennzeichnend für die E.-Problematik S.s ist der krasse *Dualismus zwischen einheim., rel. unproduktivem, trad. *Subsistenzsektor und dem *kapitalintensiven, weitgehend von ausländ. Interessen bestimmten, exportorientierten „modernen" Sektor, der S. zu einem Musterbeispiel für ein außenorientiertes und abh. ökonom. System macht, das infolge der totalen Fremdbestimmung der Exportwirtschaftsenklave – 65% des BIP wird von ausländ. Gesellschaften erwirtschaftet – nicht in der Lage ist, den Lebensstandard der Masse der Bev. zu verbessern. Die Fremdbestimmung der Ökonomie S.s wurde seit 1879 (Goldfunde) von südafrikan. Gesellschaften eingeleitet, die sich einen Großteil des Landes und der Schürfrechte von dem mit dem europ. Eigentumsbegriff nur wenig vertrauten Swasi-König Mbandzeni aneigneten. Auch nachdem die Briten 1903 mit der Errichtung des nach dem Muster der *indirect rule* regierten Protektorats S. den Expansionsdrang der südafrikan. Buren gestoppt hatten, blieben bis zur völkerrechtl. Unabh. (1968) ca. 44,7 % des Bodens im Besitz südafrikan. Gesellschaften. Bis heute werden Exportw. (Bergbau, Viehzuchtfarmen, *Plantagen/Zucker, Baumwolle), weiterverarbeitende Betriebe der Forst- und Agrarprodukte und die wichtigsten Kredit-, Handels-, und Touristikunternehmen von ausländ. Kapital (Südafrika, Japan) kontrolliert, das im Rahmen einer Strategie zwischen *Importsubstitution und neuer *int. Arbeitsteilung günstige Investitionsbedingungen (Billiglöhne etc.) vorfindet. Nicht nur durch *Direktinvestitionen, sondern auch durch die *Rand*-Zoll- und Währungsunion, die geopol. Umklammerung und die Interventionsdrohung bei unerwünschter pol. E., steht S. in enger Abh. von Südafrika. In den Wachstumsbranchen, v. a. im Bergbau, sind die Beschäftigungseffekte gering, und weiterhin besteht ein „rassisches" Lohngefälle zwischen Weißen und Schwarzen, denen der Aufstieg zu Spitzenpositionen nur selten möglich ist. Der *Subsistenzsektor (Anbau von Sorghum u. Kartoffeln; extensive Weidewirtsch.) ist aufgrund der strukturellen Defekte nicht in der Lage, die Bev. zu ernähren. Bodenentwertung durch Überweidung (Vieh/Statussymbol), Widerstand der autokrat. Häuptlinge gegen Bodenreform und die Tatsache, daß sich das beste Weideland oft ungenutzt im Besitz weißer Farmer befindet, hemmen nicht nur die *Produktivität, sondern zwingen auch die Subsistenzbauern zur Lohnarbeit auf den ausländ. Plantagen. Außerdem arbeiten ca. 33 000 Swasi als Wanderarbeiter in südafrikan. Bergwerken. Qualitative und quantitative Mängel bei der *Ernährung und Schäden der *Gesundheit sind infolge der Außensteuerung der Ökonomie soziale Fehlentwicklungen, die durch den schlechten Zustand der *Infrastruktur (z. B. *Massenkrankheit Typhus infolge schlechter Wasserversorgung) verschlimmert werden. Langfristig gesehen könnte aufgrund der Ressourcen die E. von Land- und Forstw. Grundlage für eine *autozentrierte E.-Politik sein, deren Einleitung unter dem derzeitigen König Sobhuza II., der S. seit 1921 autokrat. regiert (1973 Verbot der Parteien, 1977 Abschaffung des Parlaments), nicht zu erwarten sein wird. ah

Syrien

Die Arab. Republik S. befindet sich als Ölland in einer für EL durchaus günstigen Lage. Als „Frontstaat" im *Nahost-Konflikt kann es allerdings die Einnahmen aus der strategischen *Ressource nicht voll für seine E. einsetzen.

1. Die Hälfte der Landesfläche (insges. 186 480 qkm) ist landw. nutzbar. Der gebirgige Mittelmeerküstenstreifen und die sich östl. anschließenden Ackerebenen sind die trad. Siedlungsgebiete S.s, in denen auch mit den Städten Aleppo, Hama und der Hs Damaskus (1,2 Mio. Ew.) die wichtigsten Ind.- und Handelszentren liegen. Erst in jüngerer Zeit wurden auch die Steppengebiete, die den Übergang zu den Wüstenflächen im O bilden, besiedelt.

2. Das heutige Staatsgebiet S.s umfaßt nur einen Teil der ehem. osmanischen Provinz S., zu der auch die jetzigen Staaten Jordanien, Israel und die von Israel besetzten Gebiete gehörten. Erst im I. Weltkrieg gelang es der in S. besonders starken arab. Nationalbewegung in Zusammenarbeit mit GB, sich von der türkischen Herrschaft zu befreien. S. erhielt jedoch nicht die von den Engländern versprochene Unabh., sondern wurde gemäß dem geheimen Sykes-Picot-Abkommen von 1916 (→Nahost-Konflikt) 1920 franz. Mandatsgebiet, Libanon und Palästina wurden von S. abgetrennt. Die Zeit zwischen dem Weltkriegen ist gekennzeichnet von ständig wachsendem Widerstand gegen die franz. Besetzung, so daß nach einem nat. Aufstand 1945 S. im April 1946 schließlich seine volle Unabh. erhielt.

3. Bis zur Union mit Ägypten 1958 in der Vereinigten Arab. Republik durchläuft S. eine Epoche pol. und wirtsch. Instabilität mit häufigen Regierungswechseln und Militärputschen. Die Einigung mit Ägypten war v. a. von der Baath-Partei (→Irak) pro-

pagiert worden, um in S. eine Machtübernahme der Kommunistischen Partei zu verhindern. Das ägyptische Übergewicht in der Allianz führte jedoch schon bald zu heftigem Widerstand und nach einem Militärputsch schied S. 1961 wieder aus der Union aus. Zum bis heute einschneidendsten Ereignis wurde der Militärputsch vom 8. März 1963, der die Baath-Partei an die Macht brachte. Nach verschiedenen Flügelkämpfen innerhalb der Baath-Partei, die u. a. auch zur bis heute bestehenden Spaltung zwischen syrischer und irakischer Baath-Partei führten, übernahm der von Hafiz al-Assad, dem heutigen Präs., geführte militär. Flügel der Baath-Partei 1970 die Regierung. Unter der Bezeichnung „Korrekturbewegung" wurde eine Politik eingeleitet, die sich durch gemäßigte pol. Reformen und eine rel. liberale Wirtschaftspolitik auszeichnet. Seit 1972 regiert die von der Baath-Partei dominierte „Progressive Nat. Front" der neben der Baath-Partei die „Syrische Arab. Sozialist. Union". die „Organisation Sozialist. Unionisten", die „Bewegung der Arab. Sozialisten" und die KP angehören.

Nach der Verfassung von 1973 ist S. eine Volksdemokratie. Der Volksrat (Parlament) wird alle vier J. gewählt. Er verabschiedet die Gesetze, den Staatshaushalt und die *Entwicklungsplanung. Der Staatspräs. ist mit besonderen Vollmachten ausgestattet. Er übt die Exekutivgewalt in Vertretung des Volkes aus, er erläßt die Gesetze und er kann den Volksrat auflösen, allerdings nicht mehr als einmal aus dem gleichen Grund.

4. Nahezu die Hälfte der 8,1 Mio. Syrier (Schätzung Mitte 1978) lebt in Städten. Die meisten (ca. 80%) sind sunnitische Muslime, während Christen mit 10% und Alawiten mit 7% die wichtigsten religiösen Minderheiten bilden. Bei einem JZ der Bev. von 3,2% erreichte das *Pro-Kopf-Einkommen 1977 $ 910. Das BIP verteilte sich 1977 wie folgt: Landw. 17%, Ind. und Bergbau 36%, Dienstl. 47%, allerdings ist noch mehr als ein Drittel der 1,8 Mio. Erwerbstätigen in der Landw. beschäftigt.

5. Der gegenwärtige Fünfjahresplan 1976–1980 sah ursprünglich *Investitionen von $ 17,825 Mrd. vor, mußte dann jedoch nach wirtsch. Rückschlägen und stark gestiegenen Rüstungsausgaben durch den syr. Einmarsch im Libanon (→) 1976/77 auf $ 13,754 Mrd. gesenkt werden. Etwa ein Viertel wird in die Landw. investiert, wobei für den Euphratdamm, Syriens größtem Einzelprojekt, $ 1,885 Mrd. bestimmt sind. Dieses Projekt soll mit 640 000 ha die Fläche bewässerten Kulturlandes in den nächsten 30 J. mehr als verdoppeln. Bis jetzt ist S. jedoch noch auf die Einf. von Lebensmitteln angewiesen. Mit Fertigstellung des Staudammes 1974 wurde die Stromerzeugung aufgenommen, die heute ca. 90% des ges. Stromverbrauchs in S. deckt. Weiterer Schwerpunkt des heutigen Planes ist die Selbstversorgung auf dem Energiesektor. S. verfügt über geschätzte Ölreserven von 1 300 Mio. t, während die Erdgasvorkommen auf 700 000 Kubikfuß geschätzt werden. 1978 wurden 9 Mio. t Erdöl exportiert, damit wurden 62% des ges. Exporterlöses erzielt, gefolgt von Baumwolle mit 19% und Textilien mit 4,5%.

Durch die Verbesserung der Beziehungen zum Irak seit Anfang 1979 und die damit verbundene Wiedereröffnung der Pipeline Kirkuk–Banias sowie die im Gefolge der arab. Gipfelkonferenz von Bagdad beschlossene Unterstützung in Höhe von $ 1,85 Mrd. an S. als „Frontstaat" (→Jordanien) konnte der Jahreshaushalt 1979 um 17% gegenüber dem Vorj. auf $ 5,756 Mrd. erhöht werden, wovon 968 Mio. auf Ind.-Investitionen entfallen. Die 1979 erheblich gestiegenen Ölpreise tragen ebenfalls zu einer weiteren Konsolidierung der syr. Wirtschaft bei.

Innenpol. jedoch sieht sich Präsident Assad, der sich v. a. auf die alawitische Minderheit stützt, mit einer wachsenden Opposition vor allem von muslimischen pol. Gruppen konfrontiert, die die syr. Bündnispolitik mit der Sowjetunion heftig angreifen, welche durch den geplanten Zusammenschluß mit Libyen noch verstärkt werden dürfte. hpk

Take-off

Schlüsselbegriff der entwicklungstheoretischen Diskussion der 50er und 60er J., bezeichnet die zentrale Phase wirtsch. Wachstums im zunächst Drei-Stadien-, dann Fünf-Stadien-Modell von Walt W. Rostow, die in Analogie zum Abheben eines

Flugzeugs eine Volkswirtschaft zu sich selbst tragendem Wachstum (*self-sustained growth*) führt. Die einzelnen Stadien lauten: 1. Traditionale Gesellschaft; 2. Schaffung der Voraussetzungen des *take-off*; 3. *Take-off*-Phase; 4. Weg zur wirtsch. Reife; 5. Zeitalter des Massenkonsums. Rostow nennt 3 Bedingungen zur Erreichung der *take-off*-Phase: 1. Anstieg produktiver *Investitionen von 5 % oder weniger bis auf 10 % oder mehr des Volkseinkommens; 2. Entwicklung eines oder mehrerer wesentl. ind. Sektoren mit einer hohen Wachstumsrate; 3. Vorhandensein oder schnelles Entstehen eines pol., sozialen und institutionellen Rahmens.

contra: allzu starrer E.-Fahrplan, aus der historischen E. der IL gewonnen, unterstellt Übertragbarkeit auf heutige EL, lokalisiert die E.-Hemmnisse im wesentlichen intern; geringe kausale Erklärungskraft und geringe Prognosefähigkeit.

Lit.: W. W. Rostow, The Process of Economic Growth, New York 1952; Ders., Stadien wirtschaftl. Wachstums, Göttingen 1960. dn

Tansania

T. gilt als Modell sozialist. E. in Afrika. Das, was unter afrikan. *Sozialismus verstanden werden könnte, wird vielfach an T. und den Prinzipien des hier verfolgten E.-Weges festgemacht. T. ist *LLDC und *MSAC und auch *AKP-Staat. Es ist Hauptemfängerland der deutschen *Entwicklungshilfe in Schwarzafrika.

1. Das Klima T.s (Fläche: 945 087 qkm) erlaubt nur in ⅓ des Landes intensive Landw. (Kaffee, Tee, Baumwolle, Sisal, Pyrethrum, Erdnüsse). Diamanten und Kohle sind bislang die einzigen nennenswerten mineral. Vorkommen. Der Küste vorgelagert sind die Inseln von Sansibar (S.).

2. Mehr als ⅔ der Bev. (1978: 17 557 000) leben auf einem Zehntel der Fläche; den dichtbesiedelten Landesteilen (Kilimandscharo, Küste, Binnenseen) stehen fast menschenleere Gebiete gegenüber (Bev.-Dichte 17,5 Ew./qkm). Die afrikan. Bev. auf dem Festland besteht aus Bantu-Gruppen (50–60 %), hamit. Massai und arab. negr. Suaheli. Hinzu kommt neben Europäern (Briten) und Arabern (S.) eine ind.-pakistan. Minderheit, die wegen ihrer beherrschenden Position in Handel und Wirtschaft und aufgrund ihrer mangelnden Bereitschaft zur Integration in die tans. Gesellschaft Probleme mit sich bringt. Die *Nationalisierungspolitik der letzten J. hat zur Abnahme des asiat. Bev.-Anteils geführt. Seit 1967 ist Kisuaheli Landessprache, Engl. fungiert weiterhin als Handels- und Bildungssprache. Die Religionsgruppen gliedern sich in Moslems (30 %), Christen (30 %), Hindus und Animisten (Bantu-Stämme). Eine geringe Bev.-Quote im erwerbsfähigen Alter, rasches Bev.-Wachstum (1970–77: 3 %) und eine mit niedrigem wirtsch. E.-Niveau einhergehende geringe *Urbanisierung (8 % der Bev. in Städten) kennzeichnen die demograph. Situation.

3. Mehr als die Hälfte der Agrarproduktion entfällt auf die *Subsistenz, der Anteil der Marktproduktion wird in genossenschaftlich organisierten **Ujamaa*-Dörfern, in Staatsfarmen, durch Großbauern und in exportorientierten *Plantagen (Sisal) erbracht. Durch Preisverfall auf dem Weltmarkt und Mißernten erlitt T. bei der Sisalerzeugung (1976: dritte Stelle in der Welterzeugung) schwere Einbußen, die Kaffeeproduktion hingegen erhielt durch den Preisanstieg der letzten J. Auftrieb. Die Importabh. bei den Grundnahrungsmitteln konnte trotz der im Rahmen des *Ujamaa*-Konzepts gezielten Förderung des Agrarsektors bisher nicht beseitigt werden. Im Bergbau, der vorwiegend Diamanten fördert, wird seit 1975 durch die Fertigstellung der mit chines. Hilfe gebauten Tansam-Bahn (Kupfererztransporte, Sambia) die Erschließung der Kohlevorkommen ermöglicht. Die Ind. (1977: 9 % des BIP) befindet sich noch in den Anfängen, neben wenigen Großbetrieben dominieren Kleinind. (Konsumgüter, Verarbeitung von einheim. Agrarerzeugnissen, landw. Produktionsmittel) und Handwerk. Der Export des von Fertig- und Halbfertigwarenimporten abh. T. konzentriert sich auf Rohstoffe (Kaffee: 40 % der Ausf., Baumwolle, Diamanten, Tee). Wichtigste Außenhandelspartner sind die EG, USA, Japan, VR. China, Kenia und Indien. Die regionale Wirtschaftsintegration mit Kenia und Uganda ist seit der Auflösung der *EAC funktionsunfähig.

4. Vor dem Beginn des europ. Einflusses (16. Jh.) wurde die ostafrikan. Küste von den Arabern kontrolliert. Im Gebiet des heutigen T. konnten sich infolge der mit Sklavenhandel und Bev.-Bewegungen verbundenen kriegerischen Konflikte bei den Stämmen Kriegshäuptlinge durchsetzen. Die während der Kolonialzeit im Rahmen des deutschen und brit. **indirect rule* gestärkte Position der Häuptlinge, die durch die starke Abh. von der Kolonialverwaltung bei der Bev. allmählich an Ansehen verloren, wurde mit der Abschaffung des Häuptlingssystems nach der Unabh. beseitigt. Nach dem I. Weltkrieg wurde das seit 1891 als Deutsch-Ostafrika vom Deutschen Reich beherrschte Gebiet von GB als Völkerbundsmandat übernommen. Der bereits von den Deutschen initiierte Anbau von *Exportprodukten wurde von den Briten fortgesetzt; ihr koloniales Engagement war aber im Gegensatz zu Brit. Ostafrika (Kenia) wegen der unsicheren Rechtslage Tanganyikas (Tg.) als Mandatsgebiet/UN-Treuhandgebiet gering. Hierdurch begünstigt und aufgrund der geringen Divergenzen zwischen den 120 Stämmen konnte durch die Unabh.-Bewegung TANU (*Tanganyika African National Union*) unter der Führung des heutigen Präs. J. K. *Nyerere 1961 auf friedliche Weise die Unabh. Tg.s erreicht werden. Sansibar, das nach dem Helgoland-Sansibar-Vertrag seit 1890 als brit. Protektorat durch arab. Sultanat regiert wurde, erreichte 1963 die Unabh. Im Rahmen der brit. **indirect-rule* konnten die Araber und Asiaten während der brit. Kolonialzeit als S.s pol. und wirtschaftl. Elite ihre trad. Position wahren und den Afrikanern jegliche Aufstiegsmöglichkeit verwehren. Nach jahrelanger Unterdrückung durch arab. beherrschte Parteien, die bei Wahlen aufgrund von Wahlkreismanipulationen ihre Stimmenminderheit stets in eine Mandatsmehrheit transferieren konnten, putschte 1964 die afrikan. Interessen vertretende ASP (*Afro Shirazi Party*). Die arab. Elite wurde liquidiert und S. bis 1977, als zum 1. Mal seit 1963 wieder Wahlen stattfanden, unter dem Diktator Karume despotisch regiert. 1977 erfolgte der Zusammenschluß von Tg. und S. zur Vereinigten Rep. von Tansania. Unter dem Nachfolger Karumes (1972 ermordet), Jumbe, schlossen sich ASP und TANU zur neuen Einheitspartei CCM (*Chama Cha Mapinduzi* = Partei der Revolution) zusammen. Trotz des bei den Eliten der beiden Landesteile gemeinsamen afrikan. Bewußtseins ist die Integration T.s durch zahlreiche Gegensätze (z. B. T./christl., ländl. – S./mohammedan., städt.) erschwert. Innerhalb des durch starkes Präsidialsystem (1962) und Einparteidemokratie (1965) gekennzeichneten pol. Systems T.s spielt die TANU-Partei als Impulsgeberin für die gesellschaftspol. Zielvorstellungen und E.-Konzeptionen eine dominierende Rolle.

5. 1967 wurde mit der *Arusha-Erklärung das weitgehend von Präs. und Parteivorsitzenden J. K. Nyerere entwickelte Modell des *Ujamaa*-Sozialismus entworfen, das durch Verbindung von Wirtschaftswachstum, Abbau von einseitiger Auslandsabh., Demokratisierung von Wirtschaft und Gesellschaft und Ausgleich sozialer Unterschiede den Aufbau eines den spezif. tans. Verhältnissen angepaßten sozialist. Staates anstrebt. Den Ansatzpunkt der vom chines. Vorbild und den idealisierten Ideen der afrikan. Tradition des *Kommunalismus geprägten *autozentrierten E.-Strategie bildet gemäß dem Prinzip der **self-reliance* die gezielte E. des Agrarsektors. Durch die Zusammenfassung der Landbev. in genossenschaftlich organisierte Ujamaa-Dörfer wird neben kollektiver Produktion und verbesserter *infrastruktureller Versorgung durch die Erziehung zur *Partizipationsfähigkeit an allen Entscheidungsprozessen das für den Aufbau einer direkten Demokratie erforderliche pol. Bewußtsein der Bev. mobilisiert. Zur Verwirklichung der *self-reliance* spielt daher neben der Mobilisierung der Bev. für *Selbsthilfeprojekte und der Verwaltungsdezentralisation v. a. auch die Neuorientierung des Erziehungswesens weg von formeller – hin zur praxisbezogenen Ausbildung eine wichtige Rolle. Trotz erheblicher wirtsch. Schwierigkeiten kann das ländl. *E.-Modell T.s im Vergleich zu anderen EL und gemessen an den Kriterien sozialer und pol. E. als erfolgreich bezeichnet werden. Im Ind.-Sektor, für den aufgrund der Priorität der *ländl. E. bislang eine differenzierte E.-Strategie fehlt, wurden seit 1967 die Unternehmen ver-

staatlicht oder teilverstaatlicht und zur staatl. Holdinggesellschaft NDC (*National Development Corporation*) zusammengefaßt. Förderung der Kleinind. in den Dörfern und Dezentralisierung des als **mixed economy* zu bezeichnenden Ind.-Bereichs stehen im Mittelpunkt der auf *Importsubstitution bedachten *Industrialisierungspolitik. Unterstützung der nationalen *Befreiungsbewegungen im südl. Afrika, Panafrikanismus, *Blockfreiheit und die Forderung nach einer stärkeren Rolle der EL bei der Gestaltung einer *neuen Weltwirtschaftsordnung kennzeichnen die tans. Außenpolitik. Im Gegensatz zu den guten Bez. zu Mozambique und Sambia dauern die seit dem Zusammenbruch der EAC bestehenden Gegensätze zwischen dem sozialist. T. und dem wirtsch. recht erfolgreichen, marktwirtsch. orientierten Kenia an. Uganda bildet nach dem Sturz Idi Amins und dem Einmarsch tans. Truppen einen weiteren Konfliktpunkt zwischen Kenia (Lule/Exil) und T. (Obote/Exil).

Lit.: V. Hundsdörfer/W. Küper, Bibliographie zur sozialwissenschaftl. Erforschung Tansanias, München 1977; J. Nyerere, Die Arusha-Deklaration 10 Jahre danach, Verlag Internat. Solidarität, 1977; P. Meyns, Nat. Unabh. und ländl. Entwicklung in der Dritten Welt. Das Beispiel Tansania, Berlin 1978; W. Pfennig/K. Voll/H. Weber (Hrsg.), Entwicklungsmodell Tansania: Sozialismus in Afrika, Frankfurt 1980. ah

TCDC

Technische Zusammenarbeit unter EL (*Technical Cooperation among Developing Countries*), im Rahmen der *Süd-Süd-Beziehungen entwickeltes Feld der Zusammenarbeit unter EL (*CDC), welche sich auf das Konzept der **Collective Self-Reliance* gründet. 1. Konferenz in Buenos Aires Sept. 1978; dort Verabschiedung des *Buenos-Aires-Plans. Konferenzbericht in HIZ III A 03, 17. dn

Technische Hilfe/Zusammenarbeit

Neben der *Kapitalhilfe das wichtigste Instrument der E.-Politik. T. H. zielt darauf ab, techn., wirtsch. und organisatorische Kenntnisse und Fähigkeiten den EL zu vermitteln und die Voraussetzungen ihrer Anwendung zu verbessern. So jedenfalls erläutert das *BMZ die T. H. und bietet folgende in der Regel unentgeltliche Leistungen an: Entsendung und Finanzierung von Beratern, Ausbildern, Sachverständigen, Gutachtern und sonstigen Fachkräften (→Personelle Hilfe); Lieferung von Ausrüstung und Material; Lieferung von ind. und landw. Produktionsmitteln (→Warenhilfe); Bereitstellung von Dienst- und Werkleistungen; Finanzierungsbeiträge zu Projekten und Programmen einheim. Träger (→Projekthilfe). T. H. erfolgt nach dem Grundsatz des geringsten Eingriffs: 1. Eigeninitiative und -verantwortlichkeit stärken oder wecken; 2. Deutsche Experten nur insofern, als keine einheim. Fachkräfte zur Verfügung stehen; 3. Übertragung unangepaßter Vorstellungen, Problemlösungen und Technologien vermeiden. T. H. wird im Rahmen der entwicklungspol. Leitlinien der Bundesregierung über die *GTZ abgewickelt. dn

Technologietransfer (TT)

Eine breitere Öffentlichkeit ist erst vor wenigen J.en auf das Fehlen von Technologie (T) in den EL und Probleme des TT aus den IL aufmerksam geworden. Der *UN wurden die Schwierigkeiten aus dem Transfer von IL-Technologien in EL schon lange vorher zum Problem. Bereits vor *UNCTAD I (1964) wurde eine Konferenz über den Nutzen von Wissenschaft und Technik in wenig entwickelten Regionen abgehalten. In einem ständigen Ausschuß (UNACAST) erhielt die T.-Diskussion einen institutionellen Rahmen. Seit UNCTAD III (1972) gehören Probleme des TT zu den zentralen Diskussionspunkten. Das Thema blieb von da an im Gespräch (u. a.: *TCDC 1978, *UNCSTED 1979). Der Begriff T., der sich ursprünglich nur auf techn. Verfahrenskunde bezog, wie sie von den Ingenieurwissenschaften gelehrt wird, hat durch die int. Diskussion eine Bedeutungserweiterung erfahren. Er bezeichnet heute jedes angewandte oder anwendbare techn. Wissen, das ökon. verwertbar ist, wodurch die Grenze zwischen Technik und T. verschwimmt. Wenn von T. die Rede ist, können also gleichermaßen Pläne, Beschreibungen, wissenschaftl. Veröffentlichungen, in Maschinen oder Produktionssystemen vergegenständlichte T.en sowie das techn. Wissen und Organisationswissen (**Know-how*), das zu ihrem Betreiben notwendig ist, gemeint sein. TT ist demnach die Übertragung von techn. Wissen in Form von Produkten (*embodied technology*) oder in nicht gegenständlicher Form (z. B. Blaupausen, techn. Beratung = *disembodied technology*). Kein EL ist in der Lage, die benötigten T.en selbst herzustellen. Die Produktion von T. ist Monopol der IL. Sie geben 98 % des Weltwissenschaftsetats aus und halten 95 % der Weltforschungskapazitäten. Sie investieren bis zu 3,4 % (USA) ihres BSP in Forschung und Entwicklung (F&E); der Großteil der EL bedeutend weniger als 0,5 %. Die Ausgaben der BRD für die F&E sind höher als das BSP vieler EL. In den IL kommen auf 10 000 Ew. 112 Wissenschaftler, in LA 69, in Afrika 6. Über 94 % aller Patente sind in den IL registriert. Von den restlichen knapp 6 %, die von den EL gehalten werden, sind 4/5 in der Hand von Ausländern. Der größte Teil wird nicht genutzt und dient lediglich dazu, T. unter Verschluß zu halten.

Neue Industrien aufzubauen ist ohne T. unmöglich. Fast alle EL betreiben heute eine (wie auch immer geartete) *Industrialisierungspolitik. Die dafür nötigen T.en werden bis zur letzten Schraube importiert. Außerdem werden laufend technolog. Zulieferungen für die Unterhaltung der bereits bestehenden Ind. benötigt: für den Abbau mineral. Rohstoffe, für die modernen Sektoren der Landw., für die Konsumgüterind. Auch diese kommen zum überwiegenden Teil aus den IL. Die Zahlungsbilanzen der EL werden durch die T.-Importe stark belastet. So machen die Investitionsgüterimporte in Kolumbien, Bolivieen und Venezuela zwischen 34 % und 47 % der Gesamtimporte aus (1977). Von heute bis zum J. 2000 werden die EL für schätzungweise 260 Mrd. US-Dollar *Investitionsgüter importiert haben. Mexiko gibt jedes J. um 200 Mio. US-Dollar allein für Patentrechte, *Know-how*, Handelsmarken, Managementberatung und techn. Beratung aus (16 % der Exporterlöse), Argentinien und Brasilien Summen in der Größenordnung von 100 Mio. US-Dollar (um 5 % der Exporterlöse). Diese Aufwendungen sind um so höher, je komplexer und moderner die Industriestruktur eines EL bereits ist. Außerdem ist zu berücksichtigen, daß die meisten EL-Ökonomien von einer oder einigen wenigen *Exportkulturen abh. sind. Die Höhe der Exporterlöse, die sich durch Schwankungen der Weltmarktpreise für Rohstoffe häufig ändern, bildet eine Begrenzung der Summe, die für Importe ausgegeben werden kann. Die importabh. Industrialisierung trägt wesentlich zur notorischen öffentl. *Verschuldung vieler EL bei. Die Unfähigkeit der EL, T. zu produzieren, hat ihren Grund in der trad. *ind. Arbeitsteilung und in der Art ihrer Industrialisierung. Im klassischen *Exportmodell wurde von den Exporterlösen aus Rohstoffen und Agrarprodukten der Import sämtl. in den einzelnen Ländern verbrauchter, ind. gefertigter Konsumgüter finanziert, die allerdings nur für den Konsum der oberen Schichten bestimmt waren. Anfang unseres Jh.s begann in einigen lateinamerik. Ländern punktuell der Aufbau von Konsumgüterindustrien, die während der Weltwirtschaftskrise und im II. Weltkrieg starke Wachstumsimpulse erhielten, so daß ein großer Teil der Konsumgüterimporte durch Eigenproduktion ersetzt werden konnte. Statt fertiger Konsumgüter mußten nun allerdings Investitions-(Ausrüstungs-)Güter zu ihrer Herstellung eingeführt werden. Kaum einem EL ist es bisher gelungen, einen nennenswerten Teil dieser Importe durch Eigenproduktion zu ersetzen. Die entstandenen Industrien sind nur Bruchstücke von Wirtschaftskreisläufen, bei denen die wichtigsten Glieder, Schwerindustrie, *Grundstoffindustrie und Investitionsgüterindustrie fehlen. Damit entfallen nicht nur die dynamischsten Wirtschaftszweige, sondern der gesamte Bereich der T.-Produktion. Obwohl die Tochterunternehmen *multinationaler Konzerne in vielen EL ganze Branchen dominieren und dort mit der gleichen hochentwickelten T. wie in ihren Stammländern produzieren, hat dies weder zum Aufbau von F&E-Kapazitäten noch zu einem leichteren Zugang einheim. Unternehmen zu moderner T. geführt. Letzteres wird durch Patentierung, Betriebsgeheimnis und Nichtweitergabeabmachungen der Unternehmen aus den IL verhindert. Daß in den EL keine F&E-Kapazitäten aufgebaut werden, liegt v. a. an den viel günstigeren Produktionsbedingungen für T. in den IL. In der IL stehen nicht nur qualifizierte Fachkräfte in ausreichender Zahl zur Verfügung, auch die meist großzügige staatl. Förderung der Industrieforschung, die staatl. finanzierte Grundlagenforschung an den Universitäten und die produktionsbezogene Forschung in staatl., nicht-universitären Forschungseinrichtungen sind neben einem feingesponnenen Netz von Informationssystemen und Datenbanken für einen Privatunternehmer Gründe, Forschungs-, Entwicklungs- oder Konstruktionsabteilungen nicht in EL auszulagern. Das, was die IL zu fortlaufender technolog. Innovation fähig macht, die enge Verflechtung und Koordination von staatl. Stellen, Forschungsinstitutionen und Industrie, wo alle Beteiligten unter erheblichem Mitteleinsatz aufeinander zuarbeiten, fehlt in den EL bis auf einige Bruchstücke völlig: die Verflechtung von Forschung und Produktion ist gering, und der Staat ist zu Planung und Koordination nicht in der Lage. Auch die nat. Unternehmer sind zum Aufbau von F&E-Einrichtungen genausowenig bereit, denn dabei handelt es sich um Risikoinvestitionen, bei denen nicht abzusehen ist, ob sie sich jemals lohnen werden, und außerdem ist T. auf dem Weltmarkt leicht und schnell zu bekommen. Der Staat hat die T.-Politik erst in allerjüngster Zeit entdeckt. Die größten Anstrengungen wurden bisher in LA unternommen. Am weitesten gediehen ist bislang die Konzipierung einer T.-Politik im Rahmen des *Andenpaktes, wo Anstrengungen zur Kontrolle des TT und der Aufbau von Kapazitäten zur T.-Produktion einen integralen Bestandteil der Politik gegenüber dem Auslandskapital darstellten. Die andine T.-Politik wird allerdings in absehbarer Zeit das Stadium der Konzeptionalisierung und der Pilotprojekte nicht verlassen.

Für die EL ist die technolog. Abh. nicht nur ein quantitatives, sondern v. a. ein qualitatives Problem. Die IL-Technologien tragen der spezifischen Ressourcen- und Faktorausstattung der EL nicht Rechnung. Die IL-T.en sind für eine Situation rel. Arbeitskräftemangels bei gleichzeitiger leichter Verfügbarkeit von Kapital entwickelt worden. Die EL leiden aber fast ausnahmslos an einer hohen strukturellen *Arbeitslosigkeit und Kapitalmangel. Außerdem sind die IL-T.en für große Märkte ausgelegt; sie können in den EL ihre Kapazitäten selten ausfahren und produzieren deshalb teuer. Sog. *angepaßte T.en (*intermediate technologies, tecnologías adecuadas*), die diesem Problem Rechnung tragen, gibt es noch kaum. Weniger als 1 % des Weltwissenschaftsetats wird für ihre E. ausgegeben. Es ist nicht damit zu rechnen, daß die EL in absehbarer Zeit ihre Situation angemessene T.en selbst herstellen werden. Das Problem, das es vorher zu lösen gilt, ist, eine Assimilationsfähigkeit für die T.en aus den IL zu schaffen. Heute muß für jede Fachinformation und für jede Ingenieurleistung beim Ingangsetzen einer transferierten T. auf europ. oder US-amerik. Consultingfirmen zurückgegriffen werden. Allerdings setzt Unabh. in diesem Punkt sowohl einschneidende Veränderungen im Ausbildungssystem (Techniker-, Facharbeiterausbildung, Ingenieure) als auch den Aufbau eines Institutionsverbunds voraus, der in der Lage ist, Informationen über neue techn. E. zu speichern und allg. zugänglich zu machen, sowie sich aus den besonderen Standorten in den einzelnen EL ergebende notwendige Veränderungen (Anpassung, Vereinfachung) vorzunehmen.

Lit.: E. Fuenzalida: Technologische Innovation in Lateinamerika, in: Technologie und Politik 1976, H. 6 (der Autor wird irrigerweise als E. F. Faivovich geführt); L. Brock: Entwicklung mit Hacke und Schaufel? Zum Problem der Angemessenheit von Technologien für die Länder der Dritten Welt, Technologie und Politik 1980, H. 15; G. Kratochwil: Wissenschaftlich-technologische Entwicklung und internationale Zusammenarbeit in Lateinamerika, Tübingen und Basel 1976; Agarwal/Donges/Horn/Neu: Übertragung von Technologien in Entwicklungsländer, Tübingen 1975; M. Mundkowski: Kapital- und Technologiepolitik in Lateinamerika, Kiel 1978 (Diss.); K. W. Menck/S. Greif, Technologietransfer in Entwicklungsländer, München 1979. dd

Terms of trade (TOT)

Die „Theorie der säkularen Verschlechterung der TOT“ ist von dem argentinischen Ökonomen Raúl *Prebisch in verschiedenen Publikationen formuliert worden, deren erste und wichtigste 1950 erschien. Prebisch versucht den Nachweis zu führen, daß – entgegen den Annahmen der neo-klassischen Außenhandelstheorien – der aus den int. Handelsbeziehungen zwischen den vorwiegend Primärgüter exportierenden EL und den auf Industriegüterexporte spezialisierten IL resultierende Nutzen sich nicht gleichmäßig auf beide Ländergruppen verteilt, sondern einseitig den IL zugute kommt. Diese These stützt sich auf langfristige Vergleiche der Preise von Primärgütern (Nahrungsmittel, Rohstoffe) und Industriegütern, aus denen hervorgeht, daß sich das Austauschverhältnis zwischen beiden Gütergruppen über längere Zeiträume hinweg kontinuierlich zuungunsten der Primärgüter verändert habe, mit dem Resultat, daß ständig steigende Mengen von Primärgütern exportiert werden müssen, um eine konstante Menge von Industriegütern importieren zu können.

Die unterschiedl. Preisentwicklung bei den Primärgütern und den ind. Fertigwaren erklärt Prebisch im wesentl. mit zwei Faktoren: Mit der niedrigen Einkommenselastizität der Nachfrage nach Primärgütern in den IL und der hohen Einkommenselastizität der Nachfrage nach Industriegütern in den EL einerseits, und andererseits mit der unterschiedl. Diffusion des techn. Fortschritts, der in den IL gleichmäßig alle Wirtschaftszweige erfasse, während er in den EL mehr oder weniger auf den Exportsektor beschränkt bleibe. Aus dem Zusammenwirken beider Faktoren leitet Prebisch ab, daß angesichts der relativen Arbeitskräfteknappheit in den IL der starke Produktivitätszuwachs in der Industrieproduktion von den ebenso rasch oder sogar noch schneller steigenden Löhnen aufgefangen werde und sich somit nicht in sinkende Preise für die Industriegüter umsetze, während umgekehrt das Überangebot an Arbeitskräften in den EL dort zu einem einheitlich niedrigen Lohnniveau führe, was zur Folge habe, daß der Produktivitätszuwachs in der Exportproduktion die Preise der Exportproduktion sinken lasse, womit der Produktivitätszuwachs im Exportsektor der EL den IL zugute käme. Die IL seien somit in der Lage, die Früchte des techn. Fortschritts für sich zu monopolisieren. Damit beinhalte der Verfall der TOT bei den Primärgütern einen Realeinkommenstransfer von den EL nach den IL, der in einen ursächlichen Zusammenhang mit den typischen Entwicklungsschwierigkeiten vieler EL gebracht wird: Mit dem chronischen Devisenmangel und den Zahlungsbilanzdefiziten, und damit verbunden mit der sinkenden Importkapazität, die sich besonders nachteilig bei den für das weitere ind. Wachstum wichtigen Kapitalgüterimporten auswirkt.

Die skizzierte Theorie ist in den EL weit verbreitet, nicht zuletzt, weil sie diesen Ländern in ihren Bemühungen um eine strukturelle Verbesserung der Handelsbedingungen eine argumentative Grundlage bietet (→UNCTAD). In der wissenschaftl. Diskussion hat die Theorie sowohl die Unterstützung namhafter Ökonomen gefunden (G. Myrdal, W. A. Lewis), wie auch vielfältige Kritik unterschiedl. Reichweite.

Auf empirischer Ebene konnte darauf verwiesen werden, daß keineswegs bei allen Rohstoffen eine Verschlechterung der TOT nachzuweisen sei, was einmal die universelle Wirksamkeit der von Prebisch genannten Faktoren, die die Verschlechterung der TOT für Primärgüter verursachen sollen, in Frage stellt, und darüber hinaus die Übertragung pauschaler Aussagen zu den TOT von Primärgütern auf die Austauschverhältnisse einzelner Länder verbietet, da sich die Preise bei den jeweiligen Primärgüterexporten eines Landes anders verhalten können als die der Primärgüter insgesamt. Sofern der Verfall der TOT für Primärgüter als einzige oder wichtigste Variable bei der Erklärung von UE herangezogen wird (UE als Resultat eines ständigen Ressourcenverlustes), kann dagegen eingewandt werden, daß auch bei EL, deren Exportprodukte anhaltend günstige Austauschverhältnisse aufweisen, ein Fortbestehen der typischen Strukturen der UE zu beobachten ist.

Auf theoret. Ebene wurde vor allem von amerik. Ökonomen auf diverse Unstimmigkeiten in der theoret. Konstruktion verwiesen, die es verböten, die Schlußfolgerungen v. a. hinsichtlich des Ausbeutungscharakters der Austauschbeziehungen zwischen IL und EL zu akzeptieren. Von marx. Seite wurde kritisiert, daß eine Analyse der Austauschbeziehungen auf der Ebene der Preise insofern oberflächlich und irreführend sei, als der in die Produktion der Exportgüter eingehende nat. Arbeitsaufwand bzw. die nat. und int. Wertbildung unberücksichtigt bleiben. Die verschiedenen Theorien des *ungleichen Tauschs können als marx. Variante der Theorie der säkularen Verschlechterung der TOT gelten.

Bei aller Kritik darf nicht übersehen werden, daß der Ansatz Prebischs die in der nicht-marx. Außenhandelstheorie nachgerade zu einem Dogma erhobene Annahme vom allseitigen Nutzen der Austauschbeziehungen im gegenwärtigen System der *internationalen Arbeitsteilung nachhaltig erschüttert und zu einer kritschen Überprüfung der bis dahin allgemein akzeptierten Prämissen und Untersuchungsmethoden geführt hat. Darüber hinaus hat er wesentlich dazu beigetragen, daß die in der nicht-marxist. EL-Forschung lange Zeit übliche Beschränkung auf die Analyse interner, *endogener E.-Hemmnisse überwunden wurde und daß sich das Augenmerk wieder stärker auf die im Bereich der int. Beziehungen angesiedelten Ursachen von TOT gerichtet hat.

Lit.: R. Prebisch, Change and Development, Latin America's Great Task, Washington 1970; H. Sieber, Die realen Austauschverhältnisse zwischen Entwicklungsländern und Industriestaaten, Tübingen/Zürich 1968; W. Bärtschi, Ausbeutung und Einkommensumverteilung in den int. Wirtschaftsbeziehungen, Berlin 1976; A. Boeckh, Interne Konsequenzen externer Abhängigkeit, Meisenheim 1979. ab

Terre des Hommes

Kinderhilfsorganisation, 1967 gegr., zunächst Hilfsmaßnahmen für schwerkriegsverletzte Kinder aus Krisengebieten (Biafra, Vietnam), Behandlung und Rehabilitation in der BRD (SOS-Dörfer). Seit Beginn der 70er J. Hilfsmaßnahmen vor Ort, Unterstützung von Projekten und *Selbsthilfeinitiativen im Bereich *Gesundheit, *Bildung und Ausbildung, **Community-Development*. In der BRD etwa 130 Arbeitsgruppen, 2 000 ehrenamtliche Mitarbeiter; keine Entsendung dtsch. Mitarbeiter in die EL. Eigenmittel: ca. 10 Mio. DM jährlich. →Bensheimer Kreis. Adresse: Ruppenkampstr. 11a, 4500 Osnabrück. dn

Thailand

T. gilt als „letzte Bastion" des Westens auf dem südostasiatischen Festland. Eine solche Sichtweite übersieht jedoch nicht ohne Absicht, daß diese „Bastion" von einem *Militärregime gehalten wird, dem es nicht einmal gelingt, eine *Agrarreform in Gang zu setzen, ohne die die Entwicklungsprobleme des Landes nicht zu lösen sind.

1. Das Gebiet T.s umfaßt 514 000 qkm. Die Ebene des Mae Nam Chao Phraya in der Zentralregion ist die Reiskammer T.s. In höheren Lagen werden auch Mais, Maniok, Hanf, Baumwolle und in der Nähe von Bangkok Obst und Gemüse angebaut. Aus dem S des Landes kommen v. a. Gummi und Zinn.

2. T. ist der einzige von kolonialer Herrschaft freigebliebene Staat SO-Asiens. Seine Geschichte beginnt mit der Etablierung des Königreich Sukothai im 13. Jh. Das Thaireich erreichte im 17. Jh. die größte Flächenausdehnung und den Höhepunkt seiner Macht. Im Laufe der Kolonialisierung der thail. Nachbarstaaten erhöhte sich in der Folgezeit der Druck europ. Mächte auf Siam (erstmals umbenannt in T. 1939 und erneut 1947). T. mußte eine Reihe ungleicher Verträge schließen, das Land für die von China ausgehende Arbeitskräftewanderung öffnen, etwa ⅓ des Hoheitsgebiets an franz. und brit. Kolonien abtreten und v. a. als Reislieferant für die Versorgung der Bev. dieser einseitig auf *Exportkulturen ausgerichteten Kolonien fungieren. 1782 wurde die heute noch regierende Chakri-Dynastie durch Rama I. begründet (Staatsoberhaupt heute: König Bhumibol Adulyadej). Seit der Mitte des 19. Jh.s leitete das Herrscherhaus einen Modernisierungsprozeß ein: die Sklaverei wurde abgeschafft; nach westl. Muster wurden Bank-, Bildungs- und Gesundheitswesen aufgebaut und die Verwaltung reorganisiert. Durch die *Revolution von 1932 wurde T. von einer absoluten zu einer konstitutionellen Monarchie. Dies war jedoch nur der Beginn der Machtkämpfe zwischen den konkurrierenden Gruppen: Führungskader der Streitkräfte, Finanzkapital, technokratische, bürokratische und gesellschaftl. Eliten. Zahlreiche Regierungsstürze und -umbildungen waren die Folge. Die Phasen parl. Demokratie waren ungleich kürzer als die langanhaltenden Perioden wiederholter Militärregime. Seit Herbst 1977 besteht ein „Nat. Pol. Rat" aus hohen Offizieren, der *de facto* die pol. Entscheidungsgewalt innehat (Regierungschef mit bes. Vollmachten: General a. D. Kriangsak Tschamanand). Die im Dez. 1978 in Kraft getretene Verfassung sieht ein Zweikammerparlament vor aus: 1. Senat (Mitglieder ernannt, v. a. hohe Offiziere und Beamte) und 2. Abgeordnetenkammer mit 301 Sitzen (Wahlergebnis 1979: „Soziale Aktionspar-

tei": 82; „Unabhängige": 63; konservat. *Chart Thai*: 38; rechte „Thail. Nat. Volkspartei: 32; „Demokrat. Partei": 32, u. a. Die Kommunist. Partei ist verboten).

3. Die Bev. T.s wurde 1978 auf 45,1 Mio. Ew. gesch. (Bev.-Dichte 87,7 Ew./qkm). Die Bev. konzentriert sich in den landw. nutzbaren Gebieten. In den Städten leben nur 15–20%, wegen der schlechten Lebensbedingungen auf dem Lande wächst jedoch die *Landflucht v. a. nach Bangkok (ca. 5 Mio. Ew., 1,5 Mio. in Slums). Die Bev. T.s besteht zu 85% aus Thaivölkern, v. a. Siamesen, Schan und Lao, außerdem der Herkunft nach Chinesen: 6–10%, Malaien: 3% und jüngst zugewanderten Flüchtlingen aus Kambodscha. Der Hinajana (Theravada-)Buddhismus, dem 93% der Bev. angehören, ist Staatsreligion. Eine entsprechend große Rolle spielen die Klöster und die buddh. Lebensregeln in der Gesellschaft T.s. Andere Religionen des Landes sind der Islam (3–4%, Malaien im S) und das Christentum (0,5%, v. a. Katholiken). Die ersten öffentl. Schulen T.s wurden 1878 gegr., seit 1921 besteht allg. Schulpflicht (ohne Schulbildung heute: 19%). Amtssprache ist T'hai (Siamesisch), Handelssprache ist Englisch. Der öffentl. Gesundheitsdienst hat Krankenhäuser in Bangkok, in sämtl. Provinzhauptorten und einigen Städten. Das ges. Land ist überzogen mit einem Netz öffentl. Gesundheitsstationen (LE: 59 J.).

4. Seit dem II. Weltkrieg haben die Ind. Produktion (1978: 21% des BSP) und der tertiäre Sektor (rasche Zunahme des *Tourismus) an Bedeutung gewonnen. T. bleibt aber weiterhin abh. vom Rohstoff- und Nahrungsmittelexport. Wichtigste Ausf.-Güter: Reis bis 20% d. Ausf.-Wertes, Kautschuk und Mais (je 10–12%), Zucker und Zinn (je 5–10%), Jute, Kenaf, Tapioka, Holz. Die Landw. ist mittel- bis kleinbäuerlich strukturiert. Ca. 75% aller landw. Betriebe sind kleiner als 5 ha. Etwa ⅔ der Betriebe werden von den Eigentümern allerdings mit wenig produktiven Methoden bewirtschaftet. Großgrundbesitz wurde vornehmlich von Offizieren und Beamten in Bangkok neu erworben, die den verschuldeten Eigentümern das Land billig abkauften, sich aber nicht um die Lage ihrer Pächter kümmern. Das Hauptproblem der Agrarpolitik ist die hohe Schuldenlast der Bauern. Ein großer Teil hängt von chines. Mittelsmännern ab, denen sie Wucherzinsen von 10–12% im Monat zu zahlen haben und die ihre Ernten meist im voraus verkaufen. Ca. 60% der Bauern sind so verschuldet, daß sie ihre Schulden kaum werden zurückzahlen können. Die Einkommensdiskrepanz zwischen Stadt und Land wächst (9 Mio. Menschen leben auf dem Lande am Rande des Existenzminimums). *Arbeitslosigkeit in T. ist v. a. strukturelle Unterbeschäftigung, die sich in einem Überbesatz mit Arbeitskräften in Familienbetrieben äußert. Daneben ist die saisonale Unterbeschäftigung in der Landw. weit verbreitet. Die Regierung ist das Hauptproblem T.s, die Krise seiner Landw., bisher nur zögernd angegangen und hat versucht, durch das Verfügbarmachen von Staatsland und Neulandgewinnung eine den Großgrundbesitz tangierende Agrarreform zu vermeiden. Die soziale Unruhe unter der Bauernschaft wächst jedoch, die Forderungen nach grundlegender Veränderung der Organisation der Landw. werden lauter.

Lit.: W. Donner, The Five Faces of Thailand. An Economic Geography, London 1978. rs

Theologie der Befreiung

Unter T.d.B. wird heute eine Reihe von Vorstellungen lateinamerik. Theologen zusammengefaßt, die unmittelbar mit Themen wie *Unterentwicklung, *Abhängigkeit und Unterdrückung in LA zu tun haben. Gustavo Gutiérrez aus Peru versteht die T.d.B. als Versuch, „eine Reflexion zu entwerfen, die zugleich vom Evangelium und von den Erfahrungen der Männer und Frauen ausgeht, die sich in diesem von Unterdrückung und Beraubung beherrschten lateinamerik. Kontinent dem Prozeß der Befreiung verpflichtet haben. Es handelt sich um eine theologische Reflexion, die aus dieser Erfahrung entsteht, denn sie teilt das Bemühen, die gegenwärtige, von Ungerechtigkeit gekennzeichnete Lage zu beseitigen und eine andere, freiere und menschlichere Gesellschaft zu schaffen."

Der Begriff „Befreiung" hat für diese Theologie drei Bedeutungsebenen: „1. Die Erwartung der unterdrückten Völker, Klassen und Sektoren, 2. Die Konstruktion einer qualitativ anderen Gesellschaft und 3.

den eigentlich theologischen Aspekt, nämlich Christus als Erlöser, der den Menschen von der Sünde befreit, die ihn sowohl individuell-psychologisch wie strukturell betrifft" (Zwiefelhofer, S. 58). Für die Auseinandersetzung um eine T.d.B. ist kennzeichnend, daß sie quer durch die konfessionellen Grenzen geht. Theologen wie der Katholik H. Assmann und Protestanten wie J. Miguez Bonino und R. Alves gehören dieser Bewegung an. Grundzüge, die in den einzelnen Positionen der T.d.B. zu finden sind: „1. Als Ausgangspunkt theologischer Reflexion ist die UE LAs und die christl. Praxis in der von ihr geprägten Situation anzusehen. 2. Die notwendige Überwindung jeder Form von Abh. und Unterdrükkung, die sich in dem Konzept der Befreiung ausdrückt, ist auf den biblisch-christl. Befreiungsbegriff zu beziehen. 3. Die religiös-sozial begründete Neubesinnung des lateinamerik. Katholizismus führt zu einer Kritik gegenüber der eigenen Tradition und zu dem Versuch, der Kirche veränderte Funktionen zuzuschreiben. 4. Der Bezug von Glaube und Theologie auf die konkreten Bedingungen der Gegenwart sowie das engagierte Handeln der Kirche sind hervorragend im Bereich der Bewußtseinsbildung des Volkes zum Tragen zu bringen" (Lembke, S. 154).

Lit.: G. Gutiérrez, Theologie der Befreiung, München/Mainz 1973; H. Zwiefelhofer, Christen und Sozialismus in Lateinamerika, Wuppertal 1974; I. Lembke, Christentum unter den Bedingungen Lateinamerikas. Die Katholische Kirche vor den Problemen der Abhängigkeit und der Unterentwicklung, Frankfurt/M. 1975. obs

Tito

J. Broz, geb. am 25. 2. 1892 als Kleinbauernsohn in Kumrovec (Kroatien), war beim Ausbruch des I. Weltkrieges Metallarbeiter. Von 1915–17 wurde er als Angehöriger der österr.-ungar. Armee in Rußland gefangengehalten. 1917 nahm er an der Oktoberrevolution teil und arbeitete nach seiner Rückkehr nach Jugoslawien in der KPJ, deren Generalsekretär er 1937 wurde (seit 1952: Bund der Kommunisten Jugoslawiens = BKJ). In den Jahren der illegalen pol. Tätigkeit nahm Broz das Pseudonym Tito an. Nach der deutschen Invasion (1941) organisierte er den Partisanenkampf gegen die Besatzer. Nach der Befreiung Jugoslawiens nahm Tito führende Partei- und Staatsfunktionen ein. 1948 brach die KPJ mit Moskau. Innenpol. war damit der Weg für ein eigenes jugoslaw. Modell des *Sozialismus (Arbeiterselbstverwaltung) geebnet. Außenpol. suchte Tito einen Weg zwischen den von den USA bzw. der UdSSR angeführten Blöcken. Zusammen mit führenden Politikern der Dritten Welt (*Nasser, Nehru) gründete er 1961 die „Bewegung der *Blockfreien", deren 1. Gipfelkonferenz in Belgrad stattfand. Als Vermächtnis des am 4. Mai 1980 verstorbenen T. gelten neben der Einigung der Nationalitäten im Vielvölkerstaat Jugoslawiens eigener Weg und das Prinzip der Blockfreiheit. rs

Togo

Die Republik T. gehört zu den kleinsten, zugleich aber auch zu den am dichtesten besiedelten Staaten Afrikas. Im Rahmen einer dem Auslandskapital gegenüber insg. freundlichen Politik hat T. einen beachtlichen wirtschaftl. Aufschwung erlebt, der jedoch durch die Schwankungen der Erlöse für das *Monoprodukt Phosphat und die wachsende *Verschuldung gefährdet bleibt. T. ist *AKP-Staat.

1. Auf 56 600 qkm lebten 1978 ca. 2,3 Mio. Ew. An der Küste und ihrem unmittelbaren Hinterland werden überwiegend Mais und Maniok, Öl- und Kokospalmen angebaut. In der sich anschließenden Hochebene gedeihen Kakao, Kaffee und Baumwolle, noch immer die wichtigsten agrar. Exportprodukte (1976: Kakao 16,6%, Kaffee 16% aller Exportwerte). Während Zentral- und N-T. (trockene, hügelige Savannensteppe mit allmählichem Übergang zur Sahelzone) dünn besiedelt sind, ist die Region um Lama Kara fast ebenso übervölkert wie das Küstengebiet, was hier zu Landverknappung führt, obwohl in T. insges. nur ca. ⅓ der nutzbaren Fläche (60%) bebaut wird.

2. Ethnisch ist T. – je nach den zugrundegelegten Kriterien – in 27 bis 40 Gruppen zersplittert, unter denen die Ewe im S (44% der Gesamtbev.) deutlich vor der Kabre-Gruppe (23%) in Mittel- und N-T. dominieren.

3. Kennzeichnend für T. ist ein z. T. schar-

fer Nord-Süd-Gegensatz im Bereich von Wirtschaft und sozio-ökon. *Infrastruktur (Schulwesen, Verkehrswege usw.), der nur z. T. auf natürliche Gegebenheiten, v. a. aber auf die Politik der Kolonialmächte zurückzuführen ist. Bereits das Deutsche Reich betrachtete in seiner „Musterkolonie“ (1884–1914) den N vorwiegend als Arbeitskräfte-Reservoir für den S, auf den sich die *Investitionen im Schul- und Verkehrswesen (u. a. drei Stichbahnen von Lomé ins Hinterland) sowie in der *Plantagenwirtschaft konzentrierten. Protegiert von den „Schutzmächten“ (im heutigen Togo ab 1914 Frankreich, der westl. Teil des deutschen Togo fiel an GB und später an Ghana), konnte sich unter den „Brasilianern“ (Nachfahren freigelassener brasilian. Sklaven) eine schmale autochthone Bourgeoisie entwickeln, zu der auch die bis heute pol. einflußreichen Marktfrauen (*Revendeusen*) im Küstengebiet zählen.

4. In Wahlen unter *UN-Aufsicht siegte 1958 die zuvor wegen antifranz. Tendenzen diskriminierte *Ewe*-Partei, deren Führer S. Olympio nach der Unabh. 1960 auch Staatschef wurde. Unter Olympios zunehmend repressiveren Regime wurden alle konkurrierenden Parteien ausgeschaltet. Nach seiner Ermordung im Januar 1963 durch Armeeangehörige, die ihre Entlassung befürchteten, versuchten die wiedergegründeten vier Hauptparteien unter Präs. Grunitzky vergeblich, sich über die Grundlagen eines zivilen Regierungssystems zu einigen. Anfang 1967 übernahm die Armee definitiv die Macht. Unter dem neuen, dem ersten aus dem N stammenden Präs., Eyadema, wurden die bestehenden Parteien verboten und 1969 eine Einheitspartei (RPT/*Rassemblement du Peuple Togolais*) gegründet. Erst Ende 1979 wurde durch Referendum eine neue Verfassung verabschiedet, die das RPT als Einheitspartei bestätigte. Gleichzeitig wurden erstmals seit 1963 eine Nationalversammlung und ein Staatspräs. (Eyadema) gewählt (je RPT-Einheitsliste). Auch das Regime der „III. Republik“ (Proklamation am 13. 1. 1980) beruht auf einer Koalition zwischen Militärs, Bürokratie und weiteren Schlüsselgruppen (trad. Häuptlingen, Marktfrauen, *Gewerkschaft), die fast durchweg dem RPT integriert sind.

5. Wichtigster Devisenbringer ist seit Anfang der 70er J. T.s einziger Bodenschatz, Phosphat, dessen Weltmarktpreis allerdings beträchtlichen Schwankungen unterworfen ist. T. ist heute viertgrößter Phosphatexporteur der Welt und nahm 1976 in diesem Bereich 52,3 % seiner Exporterlöse ein. Abgesehen von 1974 ist die Handelsbilanz jedoch ständig negativ. Das Verhältnis zu ausländ. Unternehmen wurde 1974 getrübt, als Eyadema einen Flugzeugabsturz, den er nur durch ein Wunder überlebte, mit der *Nationalisierung der Phosphatgesellschaft CTMB in Verbindung brachte. Die Bedingungen für private Investitionen in T. sind jedoch nach wie vor günstig.

6. Der Fünf-Jahres-Plan 1976–1980 (Investitionsvolumen 250 Mrd. F CFA, ca. 2,15 Mrd. DM) legte das Schwergewicht (40 % der Zuweisungen) auf den Agrarsektor, wo die als Ziel proklamierte Selbstversorgung bis auf Reis und Weizenmehl 1979 weitgehend erreicht war. In den übrigen Sektoren wurde im Rahmen dieses Planes eine nigerianisches Erdöl verarbeitende Raffinerie in Lomé in Betrieb genommen (Jahreskapazität 1 Mio. t, 750 000 t Erdölprodukte werden ausgeführt) sowie Unternehmen der Metallverarbeitung, der Stromerzeugung usw. errichtet. Die Hotelkapazität hat sich von 1976 1 000 auf 1978 über 2 000 Betten verdoppelt. Priorität genießen ferner der Ausbau des Hafens von Lomé und die Erweiterung der Straßen- und Eisenbahnverbindungen nach N, die auch die Bedeutung des Hafens für die Nachbarländer erhöhen sollen. kz

Tokio-Runde

Die nach der *Kennedy-Runde 7. Zollsenkungsrunde im *GATT, die im Frühjahr 1975 aufgenommen und im April 1979 abgeschlossen wurde. Die IL machten den EL Zugeständnisse bei tarifären und nichttarifären *Handelshemmnissen. Außerdem wurden den *LLDCs Vorzugsbehandlungen über die *Meistbegünstigtenklausel des GATT eingeräumt sowie den EL Subventionen ihrer eigenen Industriegüterexporte ermöglicht. dn

Torres, Camilo

Camilo Torres ist am 3. 2. 1929 in Bogotá, Kolumbien, geboren. 1947 wählte er den Priesterberuf in der kath. Kirche. Nach seiner Priesterweihe 1954 studierte er zwei J. an der Universität Löwen in Belgien. 1959 wurde er zum Studentenpfarrer an der Nationaluniversität Bogotá ernannt, wo er zusammen mit anderen Akademikern die Soziologische Fakultät gründete, an der er bis 1962 als Professor lehrte. Sozialpol. Konflikte, in denen sich Torres stark engagierte, führten ihn zum Bruch mit der kirchl. Hierarchie. Am 18. Oktober 1965 schloß Torres sich der *Guerrilla an. Er starb am 15. Februar 1966 in einem Gefecht seiner Einheit mit Regierungstruppen. Torres hat seinen Weg zu einer sozialist. und revolutionären Einstellung von der christl. Soziallehre über die Soziologie genommen.

Lit.: H. Lüning, Camilo Torres, Hamburg 1969. obs

Tourismus

T. aus den IL in die Länder der Dritten Welt wird von diesen in der Regel wegen der erwarteten Deviseneinnahmen (1971–73 Anteil des T. an Devisenerlösen: Mexiko 29%; Tunesien 26%; Jamaika 20%; Marokko 20%; Kenia 11%; Thailand 8%) und neuen Beschäftigungsmöglichkeiten im rel. *arbeitsintensiven T.-Sektor begrüßt. Die gleichen Erwägungen haben bisher – wenn auch die Bedenken wachsen – westl. Regierungen veranlaßt, im Rahmen der E.-Politik den T. zu fördern. Die angenommenen Vorteile des T. für die EL werden jedoch von kritischen Untersuchungen in Frage gestellt.

1. Der tatsächliche finanz. Nutzen des T. für die EL ist gering. Ungefähr die Hälfte aller touristischen Ausgaben gehen gar nicht erst außer Landes, sondern werden für die Anreise und andere Urlaubswarenkäufe aufgewendet. Für den T., der sich meist in entlegenen Gebieten konzentriert, sind hohe *Infrastrukturinvestitionen nötig und neue Angebote und Einrichtungen, die den Verbrauchsgewohnheiten der Touristen entsprechen. 60–70% der einfließenden Devisen müssen deshalb wieder für Importe ausgegeben werden. Weitere Devisen fließen in den mit dem T. sich ausdehnenden Luxuskonsum der Oberschichten der EL, in die Abführung von Zinsen, Gehältern und Profiten ausländ. Kapitalgeber, Steuererleichterungen für ausländ. Investoren und Aufwendungen zur Werbung in den Herkunftsländern der Touristen.

2. Das Auftreten der Touristen verzerrt die lokale Produktions-, Arbeitskräfte- und Marktstruktur. Die touristischen Preise wachsen schneller als die landesüblichen, beeinflussen diese aber. Die touristische Nachfrage nach Lebensmitteln, Unterkunft, Taxis etc. spannt die Versorgung an, ändert die Angebotsstruktur und treibt die Preise in die Höhe. Der veränderte und verteuerte Konsum bringt es mit sich, daß z. B. die Landw. kein auskömmliches Leben mehr erlaubt und *Landflucht einsetzt.

3. Die neuen Beschäftigungsmöglichkeiten der Einheimischen beschränken sich zumeist auf ungelernte Tätigkeiten und sind saisonal begrenzt. Das Management der Hotels und das touristische **Know-how* wird von den IL gestellt. Obendrein fördert der T. Bettelei, Prostitution und Kriminalität als Wege für den einzelnen aus der Armut. Das Beispiel eines bettelnden schulschwänzenden Kindes, das mehr als sein Vater verdient, deutet an, daß die Erniedrigung heute auch Konsequenzen in der Zukunft hat.

4. Auch der Hinweis auf die durch T. mögliche Völkerverständigung, die Möglichkeit der erhöhten Sensibilisierung der Touristen aus den IL für die Probleme der EL, läßt den T. in die EL in keinem positiveren Licht erscheinen. Die Touristen begegnen den Einheimischen nicht auf gleicher Ebene. Sie leben zumeist in nach außen abgeschlossenen Feriengebieten. Ihr Lebensstil als „weiße Götter" in Nichtstuer-Attitüde und ihre Ignoranz gegenüber trad. und religiösen Werten der Gastländer vergrößert zudem die Distanz zu den Einheimischen, ruft Aggressionen hervor oder produziert den Wunsch nach Nachahmung (Demonstrationseffekt). Die einheim. Kultur gerät in Gefahr. Gastfreundschaft und Gemeinschaftssinn weichen dem reinen Geldverhältnis, die Kleinproduktion verkitscht, Landschaften, trad. Tänze etc. werden zu touristischen Schauobjekten.

5. Die strukturelle *Abh. der EL macht auch vor dem T. nicht halt. Ihre Marktvorherrschaft und ihre Finanzstärke erlaubt den T.-Unternehmen in den IL, Markt und Preis in den EL wesentl. mitzubestimmen. Profite werden in die IL im großen Umfan-

ge retransferiert. Der *ungleiche Tausch, ungünstige Währungskurse und ihre Abh. von dem von den IL beherrschten Transportwesen benachteiligen die EL.

Lit.: G. Armanski, Die kostbarsten Tage des Jahres, Berlin (West) 1978; BMZ, Tourismus und Entwicklungspolitik, Materialien Nr. 54, Bonn 1976; K. Ferntrup, Die ökonomische Bedeutung des internationalen Tourismus für die Entwicklungsländer, Hamburg 1969; A. J. Wirth, Massentourismus und abhängige Entwicklung, Diss. Marburg 1976; W. F. E. Resch, Fremdenverkehr und Dritte Welt, Nürnberg 1977; T. Høivik/T. Heiberg, Centre-Periphery Tourism and Self-Reliance, in: International Social Science Journal 32 (1980), S. 69 ff. rs

Tribalismus

Bezeichnung für eine an Stammesgruppen gebundene – und von Stammesdenken bestimmte Politik, die besonders in den nach dem II. Weltkrieg unabh. gewordenen afrikan. Staaten in Erscheinung tritt. Der T., der sich häufig in Form von partikularistischer Regionalpolitik oder durch die Bevorzugung bestimmter Stämme bei der Vergabe von Positionen in Staat, Wirtschaft und Gesellschaft bemerkbar macht, ist ein hemmender Faktor für die innerstaatl. Integration und den **nation-building* Prozeß. ah

Trickle-down-Theorie

Durchsicker-Theorie; Annahme, daß die durch Kapitaltransfer (*öffentliche Hilfe, *Direktinvestitionen) in den EL ausgelösten Wachstumsprozesse (*Pro-Kopf-Einkommen) durchsickern und somit nicht nur den Lebensstandard der sozialen Elite erhöhen, sondern auch die Lebensverhältnisse der Masse der Bev. verbessern. dn

Trinidad und Tobago

T. u. T. ist eines jener EL, die versuchen, notwendigen inneren Reformen und umfassenden Entwicklungsbemühungen gestützt auf Ölreichtum und die Zusammenarbeit mit ausländischen Unternehmen aus dem Wege zu gehen.

1. T. u. T. sind mit einer Fläche von 5 128 qkm (Trinidad: 4 828 qkm, in 34 km N-O-Entfernung Tobago: 300 qkm) die südlichsten Inseln der Kleinen Antillen. Die agrar. Produktion konzentriert sich auf die Hauptexportprodukte Zucker (westl. Tiefland) und Kakao (Hügel- und Bergland u. Tobago). Daneben Export von Kaffee, Zitrusfrüchten, Kokosnüssen und Anbau von Reis, Bananen, Maniok u. a. für den eigenen Verbrauch (wegen der Orientierung der Produktion am Export müssen aber rd. die Hälfte der Nahrungsmittel importiert werden). Dominiert wird die Wirtschaftstätigkeit von der Erdöl- und Erdgasförderung (*Onshore* seit 1909, *Offshore* seit 1954) und -verarbeitung (Rohölreserven [gesch.]: 700 Mio. *Barrels*, Erdgasreserven [gesch.]: insges. 31,2 *Bio cubic feet*, förderbar 16,6 Bcf. Seit Mitte der 70er J. fast 50 % des realen BIP und 80 % der Exporte durch Erdöl- und Erdgasindustrie).

2. In der Kolonialzeit wurden T. u. T. in den Dreiecksverkehr: Afrika (Sklavenlieferant)–Karibik (trop.-subtrop. Produktionsgebiet)–Europa (Bedarfsgebiet und Steuerzentrum) zur *monokulturellen *Plantagenprod., v. a. von Kakao und Zucker, eingegliedert. Diese agrar. Abh. des Landes vom Weltmarkt konnte auch die Aufhebung der Sklaverei (1833) nicht verändern (Ablösung durch *apprenticeship* und Indentur: von 1845–1917 kamen ca. 145 T. meist hindisprachige Inder), wenn auch die wachsende Konkurrenz (Anteil der europ. Rübenprod. am brit. Zuckerimport 1853: 14 %, 1896: 75 %) und Überproduktion die ökon. Bedeutung der agrar. Prod. verringerte. Eine neue, bis heute andauernde Phase struktureller *Abhängigkeit, verbunden mit der allmählichen Hinwendung zur USA (Ölmultis: AMOCO, TEXACO), begann mit den Ölfunden am Anfang des 20. Jhs.

3. T. u. T. hatte zur Jahresmitte 1977 (gesch.) 1 114 800 Ew. (Trinidad 1970: ca. 940 T., Tobago 35 T.), 209 Ew. je qkm. Diese leben v. a. an der Westküste Trinidads (Golf von Paria), z. T. in den beiden größeren Städten San Fernando (1972: 37 T. Ew.) im S und der Hs Port-of-Spain (1978 ca. 94 T., mit Vororten 200 T. Ew.), überwiegend aber unverändert in dörflichen Siedlungen. (Verdoppelung der Bev. seit 1945, u. a. durch Immigration, angelockt durch das höchste *Pro-Kopf-Einkommen der Karibik [1976: 2 298 US $]. Ethnische Zusammensetzung 1978: 43 % afrikan., 41 % indischer, 14,4 % gemischter, 2 % europ. und sonstiger Abstammung. Ein markanter Unter-

schied besteht zwischen T. u. T. Auf Tobago leben fast nur Schwarze.
4. Erdöl- und Erdgasindustrie (weniger als 4 % der Beschäftigten produzieren 60 % des Staatshaushalts) und die mit ihr verbundene Teil-*Industrialisierung (1970: 21 % der Besch. in Bergbau/Ind.) konnten den Rückgang der Beschäftigungsmöglichkeiten in der Landw. (1955: 28,3 % der Besch., 1976: rd. 15 %, die ca. 3 % des BSP produzieren) nicht auffangen. Ungleiche Bodenverteilung: 1972: 11 Großplantagen mit rd. 35 T. ha, 13 % der Betriebe mehr als 200 ha, 80 % weniger als 4 ha, 50 % der Landbev. besitzt keinen Boden.
Die *Arbeitslosigkeit betrug 1977 ca. 17 % (Erwerbstätige Mitte 1977 etwa 431 T.), demgegenüber steht ein Mangel an Fachkräften, die bei den *multinat. Konzernen Spitzenlöhne beziehen. In den Städten vergrößert sich (u. a. als Folge der sich durch die Industrialisierung verschärfenden Lohnunterschiede zwischen Stadt und Land) die Zahl der *Marginalisierten. Es besteht eine Kluft zwischen der Minorität wohlhabender Ausländer und Einheimischer und der weitaus ärmeren Masse der Bev.
5. T. u. T.s Landessprache ist Englisch, daneben werden als Umgangssprache Spanisch, ein franz. Patois und Hindimundarten gesprochen. 1977 waren 36,5 % der Bev. Katholiken, 18 % Anglikaner, 9,5 % sonst. Christen, 25 % Hindus, 6 % Moslems und 5 % anderen Glaubens. In T. u. T. besteht Schulpflicht vom 6.–12. Lebensj., 1977 waren nur noch 7,5 % der Erwachsenen Analphabeten. Die meisten Schulen werden nach dem Dualsystem geführt, wobei die Regierung mit Kirchen, Erdölgesellschaften u. a. zusammenarbeitet. Als Folge der raschen Industrialisierung entstanden soziale Probleme, deren Bewältigung zum großen Teil noch aussteht: u. a. Preissteigerungen, *Wohnungsnot, *Infrastrukturprobleme (Mangel an Wasser, Strom, Telephonen), Vernachlässigung der *Gesundheitsversorgung der Landbev. und der Marginalisierten. 1975: LE 67 J. Ärztl. Betreuung kostenlos, 1968: 1 Arzt je 2 313 Ew. 1972 wurde ein Pflichtversicherungssystem eingeführt (Rente, Krankheit, Invalidität, Mutterschaft) und seit 1976 wird ein Mindestlohn garantiert.
6. Die pol. Institutionen T. u. T.s entsprechen dem brit. Modell des *„responsible government“*: Parlament aus Senat (z. Z. 31 Mitgl. vom Präsidenten ernannt: auf Vorschlag des Premiers 16, des Oppos.-Führers 6 und 9 direkt) und Repräsentantenhaus: seit 1966 36 Mitgl. für 5 J. nach rel. Mehrheitswahl gewählt.
*Dekolonisation: Trinidad 1498–1797 span., 1797 brit. Kolonie, 1802 erste Kronkolonie; Tobago ab 1498 span., im 17. u. 18. Jh. wegen seiner strategischen Lage umkämpft, nacheinander holl., franz., span., 1814 brit. Kolonie; 1889 Vereinigung von T. u. T. zur Kronkolonie, 1958–61 Mitgl. der Westindischen Föderation, 1962 (31. Aug.) unabh., 1976 (1. Aug.) Republik. Das formal offene Parteiensystem tendiert *de facto* zur Einparteiherrschaft des PNM (*People's National Movement*), dominiert von Dr. Eric E. Williams, der Premierminister (seit 1956) und Minister für Finanzen, Planung und Entwicklung ist. (PNM 1976: 24 Sitze, *United Labour Front* 10, *Democratic Action Congress* 2. Das. 1950 gegr. PNM wird v. a. vom afrikan. Bev.teil getragen, während sich die ULF auf den indischen stützt. Die ULF ging aus den linken *Gewerkschaften der Erdöl- und Zuckerindustrie hervor, spaltete sich jedoch 1977. Der DAC findet Unterstützung in Tobago.) Williams, der sich als Gegenspieler Castros versteht, muß v. a. mit der Opposition der Gewerkschaften, die allerdings in eine Vielzahl von Einzelgewerkschaften zersplittert sind, rechnen. (Organisationsgrad insges.: 1977 rd. 30 %.) Diese wenden sich insbes. gegen Disziplinierungsmaßnahmen durch die Arbeitsgesetzgebung (staatl. regulierte Schlichtung), durch die die Regierung die ihrer Meinung nach für den Entwicklungsprozeß dysfunktionale Tarifhoheit einzuschränken versucht. Außenpol. strebt T. u. T. die Kooperation mit westl. IL an, von denen es sich technolog. Hilfe und die Öffnung der Märkte erhofft. Wegen des ökonom. Gefälles zu seinen karib. Nachbarn ist eine Zusammenarbeit mit diesen erschwert, mit Venezuela (kürzeste Entfernung ca. 11 km) schwelt ein Konflikt um die Ölvorkommen vor den Küsten beider Länder.
7. Das Scheitern des Konzepts der *„industrialization by invitation“* führte nur teilweise zu dessen Rücknahme. Gestiegene

Staatseinnahmen durch die Vervierfachung der Ölpreise seit der Ölkrise 1973 (T. u. T. ist nicht in *OPEC) sollen es ermöglichen, die Wirtschaft neu zu strukturieren, ohne in Konflikt mit den multinat. Konzernen zu geraten. (Die gleiche Strategie der Anerkennung der bestehenden Besitzverhältnisse wird auch in der Agrarpolitik verfolgt. Sie beschränkt sich weithin auf die Neusiedlung und Vergabe von Land aus dem in Trinidad 35 % ausmachenden Staatsbesitz.) Die angestrebte Industrialisierung v. a. im Bereich der Schwerindustrie bringt T. u. T. in neue (technolog.) Abh. Ob dieser durch die geplanten Ausbildungsprogramme und dem Bemühen um **joint ventures* entgegengewirkt werden kann, ist fraglich.

Lit.: R. O. Schulze, Trinidad und Tobago, HDW, Band 3, Hamburg 1976, S. 428 ff. rs

Tschad

1. Die Republik T. (1 285 000 qkm, rund 4 Mio. Ew.) leidet von allen im Übergangsbereich zwischen der Sahara und Schwarzafrika gelegenen Staaten bis heute am meisten unter den Folgen der unsinnigen kolonialen Grenzziehung. Das Territorium erstreckt sich von der Wüste über die Sahelzone bis zu den Waldsavannen im S, wo sich die Mehrheit der Bev. konzentriert (bis zu 30 Ew. pro qkm), während in der nördlichsten Region (46 % der Fläche) nur 1,9 % der Bev. leben (ca. 0,1 Ew. pro qkm). Die machtpol. Verhältnisse zwischen den in der Präkolonialzeit dominierenden islam., häufig nomadischen Tibbu und Kanuri (ca. 10 % der Ew.) im N, Haussa-Gruppen im Gebiet des Tschadsees (ca. 10 %) und Gruppen der Sudan-Araber (ca. 30 %) einerseits und den seßhaften Sudan-Negern (v. a. Sara) und äthiopischen Gruppen im S (Animisten, z. T. christianisiert) andererseits haben sich bis zur Unabh. (1960) umgekehrt, da insbes. die Sara in die franz. Kolonialverwaltung eintraten und bis in die 70er J. die pol. Schlüsselpositionen fast monopolisierten.

2. Der vom Meer abgeschnittene T. gehört zu den 25 ärmsten Staaten der Erde. Seine Scholarisationsrate war (bei einem drastischen S-N-Gefälle) mit 1972: 35 % eine der niedrigsten in Afrika. Mitte der 70er J. lebten nur etwa 12 % der Bev. in den vier größeren Städten (N'Djamena 1978 knapp 400 000, Sarh 45 000, Moundou 35 000, Abéché 25 000 Ew.), die Landw. erzeugte etwa 80 % des BIP. Für den Eigenbedarf werden im agrar. allein nutzbaren S Hirse, Sorghum, Maniok, Süßkartoffeln u. a. angebaut. Wichtigstes Exportprodukt ist die von den Franzosen zwangsweise eingeführte Baumwolle, die in einem der wenigen (fast durchweg weiterverarbeitenden) Ind.-Betriebe (ferner: Textilfabrik, Fleischwarenfabrik, Brauerei u. ä.) zu Fasern verarbeitet wird. Steigern ließe sich die landw. Produktion bes. im Gebiet des Tschadsees und der Überschwemmungsgebiete des Schari und des Logone, wo bereits Reis angebaut wird. Zweitwichtigster Exportartikel ist Vieh, das in erster Linie von den Nomaden im N aus Prestigegründen in übergroßer Zahl gehalten wird (und durch Überweidung zur Versteppung und zum weiteren Vordringen der Wüste beiträgt), doch ging bei der Dürrekatastrophe zu Beginn der 70er J. ein hoher Prozentsatz zugrunde. Ähnlich wie bei anderen Produkten (z. B. Gummiarabicum) ist bei Vieh der Schmuggel in Nachbarländer mit höheren Aufkaufpreisen beträchtlich.

3. Die in den demographischen, religiösen, geograph.-ökon. und sozio-pol. Gegensätzen angelegte Nord-Süd-Spannung verschärfte sich dramatisch, als die autoritäre Ein-Partei-Regierung unter Präsident Tombalbaye Mitte der 60er J. den Häuptlingen schrittweise Kompetenzen entzog – was v. a. den N betraf – und die primär aus Sara bestehende „moderne" Verwaltung sich im N wie ein Besatzungsregime aufführte. Nach mehreren lokalen Revolten (hervorgerufen u. a. durch mehrfache Eintreibung der Steuern) versuchte seit 1966 von Libyen aus der Arzt Dr. Abba Siddick den disparaten Widerstand im FROLINAT (*Front de libération nationale du Tschad*) zu koordinieren. Nach dem Zusammenbruch der Verwaltung im N rief Tombalbaye 1968 franz. Truppen zu Hilfe, deren logistische Überlegenheit die Rebellen rasch zurückdrängte. Tombalbayes zunehmend despotischeres Regime, dessen Korruption in der Dürrekatastrophe besonders deutlich hervortrat, konnte auch durch eine „Authentizitäts"-Kampagne (obligatorischer Ersatz europ. Vornamen durch afrikan., Umbenennung von Städten und Stra-

ßen mit europ. Namen etc.) und die Ersetzung der bisherigen Einheitspartei durch eine neue (1973) keinen größeren Rückhalt in der Bev. gewinnen. 1975 putschte das *Militär, dessen Führung Tombalbaye aus Furcht vor einem Putsch ständig ausgewechselt hatte. Der neue Staatspräs., General Felix Malloum, konnte jedoch den zunehmenden Auflösungsprozeß des Staates nicht verhindern. Die Zahl der miteinander rivalisierenden bewaffneten Gruppen wuchs auf 11 an, nachdem das FROLINAT endgültig in mehrere Fraktionen zerfiel.

4. Trotz mehrerer Konferenzen unter Beteiligung der Nachbarstaaten und „Versöhnungsabkommen" unter den 11 Parteien 1979 unterblieb bis Anfang 1980 eine Demilitarisierung der Hs und die Regierung der „nationalen Versöhnung" (Regierungschef ist seit 1979 der Führer der stärksten FROLINAT-Fraktion, Goukou Queddei), in der alle 11 Richtungen beteiligt sind, blieb weitgehend Fiktion. Der Staat ist bankrott, 40% des Budgets verschlingt das Militär. Der trad. extrem defizitäre Außenhandel ist 1979 fast zum Erliegen gekommen, der Schmuggel blüht wie nie zuvor. Selbst etwa 8 von der US-Gesellschaft CONOCO prospektierte „interessante" Erdölvorkommen, deren Ausbeutung die ökon. Lage T.s schlagartig verändern würde, können nicht genutzt werden, da sich die rivalisierenden Bürgerkriegsparteien gegenseitig blockieren. Der Schlüssel für die Lösung der pol. Konflikte, ohne die das wirtsch. Leben völlig lahmgelegt bleibt, liegt bei zwei auswärtigen Mächten: bei Libyen, das einen bis zu 200 km breiten Streifen im N von T. (wo Erdöl vermutet wird) besetzt hält und die wichtigsten FROLINAT-Fraktionen kontrolliert, sowie bei Frankreich, das aufgrund seiner Interessenlage südl. der Sahara ein Übergreifen der Unruhen auf andere Staaten der Region vermeiden will. Ohne die beträchtlichen finanz. und wirtsch. Hilfen aus Frankreich und v. a. ohne die andauernde franz. Truppenpräsenz wäre T. als Staat bereits völlig zusammengebrochen. kz

Tunesien

Trotz insges. rel. günstiger Wirtschaftsentwicklung (*Tourismus) und einiger Erfolge des liberal-islam. „Bourgibismus" im Bildungswesen und bei der *Familienplanung sind *Arbeitslosigkeit und unbefriedigende *Produktivität der Landw. weiterhin wichtige E.-Probleme. Die innenpol. Situation des im *Nahostkonflikt eine gemäßigte Haltung einnehmenden Landes ist gespannt.

1. T. (Fläche 163 610 qkm) gliedert sich in die mediterran-feuchte Nordregion des „Tell" (Binnenraum/Getreideanbau, mediterrane Kulturen/Küstensaum), die Steppen- und Wüstensteppenregion (Weidewirtschaft) mit mediterran beeinflußter Küste (Gartenbau, Ölbaumkulturen/Sahel von Sousse und Sfax; Zarzis, Djerba) und den sahar. Wüstenraum mit Sanddünen (Grand Erg Oriental) und Salztonebenen (Schott Djerid). Neben den reichen Bodenschätzen (Erdöl, Phosphat, Blei, Kupfererze) sind die landschaftlichen Reize (Tourismus) wichtigste E.-Ressource.

2. Der starken Konzentration der 6 175 000 Ew. (1979) auf den N (Hs Tunis 873 513 Ew. u. Bev.-Dichte von 1 160 qkm) und die östl. Küstengebiete (Sousse, Sfax) stehen die außerhalb von Oasen nur von wenigen Nomaden bewohnten Steppen- und Wüstengebiete gegenüber (Médenine, Bev.-Dichte 6 Ew./qkm). Der Anteil der städt. Bev. nimmt durch Binnenwanderung ständig zu und liegt bei 49% (1975). Der Geburtenüberschuß der jährl. um 2,6% (1970–77) wachsenden Bev. wird durch den Auswandererüberschuß (Gastarbeiter) der letzten J. gemindert, dennoch ist aufgrund der hohen Bev.-Konzentration die Tragfähigkeitsgrenze T.s gemessen am derzeitigen E.-Stand bereits erreicht. Im Zeitraum 1960–75 konnte die Zahl der Alphabeten unter den Erwachsenen von 16% auf 55% erhöht werden, der Besuch der nach franz. Vorbild aufgebauten Bildungsinstitutionen ist unentgeltlich. Die Bev., von der über die Hälfte jünger als 20 J. ist, bekennt sich zu 95% zum sunnit. Islam (9 000 Juden, 20 000 Kath. und kleinere protestant. Gruppen). Neben der arab. Staatssprache ist Franz. weiterhin wichtige Handels- und Bildungssprache. Größtenteils besteht die Bev. aus Arabern und arabisierten Berbern, dazu kommen franz. und ital. Minderheiten sowie z. T. noch in geschlossenen Stammesverbänden

lebende Berbergruppen. Das Problem hoher Arbeitslosigkeit – neuerdings verstärkt durch die zunehmende Gastarbeiterrückkehr – überschattet die Erwerbstätigkeit, die sich mit einem Drittel aller Erwerbspersonen auf die Landw. konzentriert (Bergbau: 1,7 %, Dienstl.: 25 %).

3. Die Landw. (Export: Datteln, Oliven, Wein, Obst, Zitrusfrüchte, Getreide), auf die mehr als 50 % der Landesfläche entfallen und von der ca. 65 % der Bev. direkt abh. sind, beherrscht die tunes. Volkswirtschaft. Im laufenden E.-Plan (1977–81) soll die unbefriedigende Produktivität durch den Bau von Staudämmen (Sidi Salem, Sidi Saud) und Bewässerungssystemen verbessert – und so die angestrebte Selbstversorgung erreicht werden. Trotz der günstigen Voraussetzungen ist die Fischerei bislang wenig entwickelt. Die noch wenig fortgeschrittene *Industrialisierung ist durch die Verarbeitung von einheim. Agrarprodukten und Rohstoffen gekennzeichnet. Innerhalb der verarbeitenden Ind. ist nach der Textilind. die Nahrungs- und Genußmittelind. der bedeutendste Zweig. Der Reichtum an mineral. Ressourcen (viertgrößter Phosphatlieferant der Welt/Gafsa) und Erdöl (40 % des Exports) wird durch die 1980 geplante Erschließung der Erdgasreserven im Küstenbereich von Gabès ergänzt. Neben dem Ausbau der Exportind., der Exportsteigerung, Schaffung von 233 000 neuen Arbeitsplätzen und der *Diversifizierung der Agrarproduktion sieht der E.plan (1977–81) vor allem eine breitere regionale Streuung der bisher auf Tunis, Sfax, Biserta und Gabès konzentrierten Ind.-Zonen vor. Bedeutendster Devisenbringer ist zusammen mit Erdöl und den Gastarbeiterüberweisungen der ständig wachsende Tourismus, der neben direkten Beschäftigungseffekten v. a. auf Baugewerbe, Handwerk und Nahrungsmittelind. positive Auswirkungen besitzt. Der vorherrschende Massen-Badetourismus konzentriert sich auf die bereits rel. entwickelten östl. Küste, während der Binnenraum von dem noch rein komplementären Sahara- und Bildungstourismus in geringerem Maße profitiert.

4. T., das als Teil des wirtsch. zerrütteten Osman. Reichs unter den husseinitischen Herrschern 1871 die Autonomie von der Hohen Pforte erreicht hatte, wurde von 1881–1956 franz. Protektorat, in dem die einheim. Dynastie zwar erhalten blieb, die Regierungsgewalt aber von den Franzosen ausgeübt wurde. Mit dem Ziel der Unabh. für T. gründet H. Bourgiba 1934 die *Néo-Destour*-Partei. 1956 wurde T. unabh., und nach allg. Wahlen Bourgiba vom Bey zum Ministerpräs. ernannt. Nach der Absetzung des Bey wurde T. 1957 präsidiale Rep. (Staatspräs., ab 1974 auf Lebenszeit, H. Bourgiba) mit Einkammerparlament, in dem die nationalist. Einheitspartei *Parti Socialiste Destourien* (früher *Néo-Destour* P.) alle Sitze einnimmt. Den Erfolgen des Bourgibismus in *Bildung, *Familienplanung und der Liberalisierung des islam. Erbes stehen steigende Arbeitslosigkeit, zunehmende Teuerung, *Landflucht, **brain drain* und hohe *Verschuldung gegenüber. Der Einfluß des im Exil lebenden Oppositionsführers Ben Salah und der 1978 von den *Gewerkschaften ausgerufenen und militär. unterdrückte Generalstreik sind Merkmale der Unruhe innerhalb der für afrikan. und arab. Verhältnisse außergewöhnlichen Stabilität des Landes. T., das im Nahost-Konflikt eine gemäßigte Haltung vertritt, wurde nach dem Bruch der arab. Staaten mit Ägypten 1979 Sitz der *Arabischen Liga.

Lit.: P. Frankenberg, Tunesien – Ein EL im magrebhinischen Orient, Stuttgart 1979; H. Mensching, Tunesien – eine geographische Landeskunde, 3. Aufl., Darmstadt 1979. ah

Uganda

Seit dem Sturz I. Amins durch die Intervention tans. Truppen kennzeichnen Hungersnot, Flüchtlingselend und der Zusammenbruch des Wirtschaftslebens die labile pol. Situation. Mit der Rückkehr M. Obotes aus dem tans. Exil (Juni 1980) ist eine enge pol. und wirtschaftl. Orientierung am E.-Modell Tansania zu erwarten.

1. U. ist ein *Binnenland (Fläche: 236 000 qkm). Sein trop. Klima bedingt, vom trokkenen NO (extensive, halbnomad. Viehzucht) abgesehen, U.s günstiges Agrarpotential (Kaffee, Tee, Baumwolle, Erdnüsse). Dem Fischreichtum der Seen und den großen Reserven an Wasserkraftenergie stehen bislang nur wenige abbauwürdige mineral. Ressourcen (Kupfer) gegenüber.

2. Die Bev. (1978: 12 780 000), von der ein Zehntel in Städten (Hs Kampala, 1969: 330 700 Ew.) lebt, konzentriert sich auf die Anbaugebiete um den Viktoria-See. Hohe JZ der Bev. (1970–77: 3%), geringe LE (48 J.), *Analphabetismus unter den Erwachsenen von 70–75% und ein hoher Anteil an Jugendlichen (46% jünger als 15 J.) kennzeichnen die E.-Problematik. Neben sudan., nilot. und hamit. Gruppen sowie ind. und arab. Minderheiten überwiegen die Bantu (50% der Bev.). Mit 18% der Bev. sind die Baganda der größte unter den Stämmen. Der Anteil der in Handel, Gewerbe und höherqualifizierten Berufen dominierenden Inder wurde unter Amin durch die Ausweisung der „U.-Asiaten" 1972 stark reduziert. Wichtigste Sprachen sind Engl. und Kisuaheli; ca. zwei Drittel der Bev. sind Christen. In den Bantu-Gebieten kommen Animisten hinzu, der Anteil der Moslems und Hindus sank infolge der Ausweisungen.

3. Der Agrarsektor bildet die wirtsch. Basis U.s. Auf ihn entfallen 50% des BIP, und mehr als 90% der Bev. sind von ihm abh. Bei recht unterschiedl. Anbausystemen und Bodenrechtsverhältnissen der einzelnen Stämme wird mehr als die Hälfte der Agrarprodukte für die *Subsistenz erwirtschaftet. Durch die Förderung von Vanille- und Kakaoanbau wird über Staatsfarmen und Auslandshilfe eine *Diversifizierung der Agrarproduktion angestrebt. Neben der Viehzucht (Zeburinder) und der bisher wenig entwickelten Forstwirtschaft eröffnen v. a. die reichen Süßwasserfischreviere günstige Zukunftschancen. Die Ind., deren Anteil am BIP 1977 bei 6,5% lag, entwickelte sich nur langsam. Durch den Standortnachteil einer hohen Distanz zur Küste behindert, konzentriert sich die weitgehend auf der Verarbeitung einheim. Agrarprodukte beruhende Konsumgüterindustrie regional auf Kampala und Jinja/Njeru, wo 60% der ind. Produktion erbracht werden. Der öffentl. Sektor und die staatl. Beteiligungen in privatwirtschaftl. Unternehmen haben seit der Asiatenausweisung stark zugenommen. Im Rahmen der Ugandinisierungspolitik I. Amins wurden die Teeplantagen und 8 größten Handelsunternehmen verstaatlicht; 1973 war die Wirtschaft U.s weitgehend afrikanisiert.

4. Das von Rohstoff- und Nahrungsmittelimporten abh. U. weist im Außenhandel warenmäßig (Kaffee: 70% der Ausfuhr) und regional (EG, USA, Japan Kenia) einen hohen Konzentrationsgrad auf. Der Anteil der Agrarerzeugnisse am Gesamtexport beträgt 90%. Der durch gemeinsame Außenzölle geschützte Binnenmarkt der Ostafrikanischen Gemeinschaft (Tansania, Kenia, Uganda) und die Perspektiven wirtsch. *Integration gingen 1977 durch die Auflösung der *EAC verloren. Die wirtsch. Rückschläge seit Beginn der Afrikanisierungspolitik lassen sich aufgrund der schlechten Datenlage nur schwer ermitteln; die weitere Wirtschaftsentwicklung wird davon abhängen, ob U. durch seinen Kaffee-Export die benötigten Devisenerlöse für die im Drei-Jahresplan (1977–80) vorgesehenen Förderungsmaßnahmen erzielen kann.

5. 1896 wurde U., das unter der Führung des Königreichs Buganda aus mehreren Herrschaftsgebieten bestand, brit. Protektorat. Die wichtigsten kolonialen Prägungen im Rahmen der brit. **indirect rule*-Politik sind die Ausrichtung U.s auf den Tee- und Kaffee-Export für den Weltmarkt, eine rel. gute Verkehrsstruktur und der Aufstieg der Asiaten, die ursprünglich für den Eisenbahnbau ins Land geholt wurden, zur Führungsschicht in Wirtschaft und Handel. Die bestehende tribale und ethnische Differenzierung, die partikularistischen Tendenzen einzelner Gruppen, v. a. aber die Differenzen zwischen Buganda (Baganda-Stamm) und den anderen Gebieten (kath. *Democratic Party*, *Uganda People's Congress*/M. Obote) belasteten U.s Weg in die Unabh. (1962). Obote, zunächst Premierminister in einer parl.-föderativen Demokratie bei bevorzugter Stellung Bugandas, setzte den Einparteistaat durch (E.-Ideologie des *Move to the Left*) zum Aufbau einer sozialist. Gesellschaft. Obotes Ideen blieben, da sie den Agrarsektor unterbewerteten, im Volk ohne Echo. 1971 begann nach einem Militärputsch die brutale Diktatur I. Amins; seit 1971 fielen über 100 000 pol. Gegner der Lynchjustiz der Soldateska zum Opfer. Korruption, eine seit Anfang der 70er J. in der Krise steckende Wirtschaft, sinkende Kaffeepreise auf dem Weltmarkt und ein ständig größer werden-

des Haushaltsdefizit führen dazu, daß das innerhalb Afrikas außenpol. isolierte U. seine finanz. Verpflichtungen gegenüber anderen Ländern nicht mehr erfüllen kann. 1979 eroberten *Guerilla-Einheiten von Exil-Ugandern zusammen mit tansanischen Truppen U. und zwangen Amin zur Flucht. Nachdem der von Obote-Anhängern und Angehörigen des Aminfeindlichen Baganda-Stammes gleichermaßen akzeptierte Y. Lule kurzfristig die Führung der provisorischen Regierung innehatte, wurde er im Juni 1979 durch den Vorsitzenden des Konsultativrates, G. Binaisa, abgesetzt. Unter der Führung des neuen Staatsoberhaupts Binaisa übernimmt der „Nationale Konsultativrat“ bis zu den für 1981 vorgesehenen Wahlen die Aufgaben eines Parlaments. Pol. und ethnische Streitigkeiten, Plünderungen, wachsender Widerstand gegen die als Besatzer empfundenen tans. Verbände (seit April 1980 Beginn des Truppenabzugs) und der Zusammenbruch des Wirtschaftslebens in den Städten kennzeichnen die labile pol. und wirtsch. Situation.

Lit.: A. J. Halbach, Uganda, in: HDW, Band 2, Hamburg 1976, S. 581 ff.; E. Jouve, Le coup d'Etat ougandias et ses suites, in: Revue française d'Etudes politiques Africaines 135 (1977), S. 21 ff.; P. Woodward, Ambiguos Amin, in: African Affairs 307 (1978), S. 153 ff.; S. Kiwaunza, Amin and the Tragedy of Uganda, München/London 1979. ah

Ujamaa

Auf Swahili „wie eine Familie leben“, ideolog. Grundlage des tansanischen *Sozialismus. Anknüpfend an die idealtypisch verklärten Elemente der nach J. K. *Nyerere klassenlosen traditionalen afrikan. Bauerngesellschaft (gemeinsames Eigentum, gemeinsame Arbeit, gerechte Güterverteilung, gegenseitige Achtung) sind die wichtigsten Ziele des *Ujamaa*-Sozialismus: Vergesellschaftung der Produktionsmittel, gleiche *Einkommens- und Vermögensverteilung, Einbeziehung der gesamten Bev. in den E.-Prozeß, Beendigung der Abh. und Ausbeutung, **self-reliance*, freiwillige Annahme des Sozialismus durch das Volk. Diese Prinzipien finden sich in der *Arusha-Erklärung von 1967.

Seit 1967 wurde die verstreut siedelnde Landbev. (zunächst auf freiwilliger Basis, später unter Zwang) in *Ujamaa*-Dörfern konzentriert (1974: Politik der geplanten Dörfer), die eine verbesserte *Infrastruktur (Wasser, Schulen, Krankenhäuser) und verbesserte *Partizipation der Bev. am pol. Entscheidungsprozeß ermöglichen sollten. Neben den obengenannten *Ujamaa*-Prinzipien wurden im Erziehungsbereich die Verbindung von körperlicher und geistiger Arbeit sowie praxisorientierte Ausbildung und Erziehung zur Selbständigkeit und zu gegenseitiger Hilfe zu verwirklichen versucht. Trotz erheblicher Schwierigkeit (arbeitsorganisatorische Mängel, unzureichende Niederschläge, Preisstürze der Exportprodukte) und berechtigter Kritik am z. T. gewaltsamen Vorgehen lokaler Behörden (1975: 5 Mio. Bauern in *Ujamaa*-Dörfern) bildet der *Ujamaa*-Weg einen durchaus erfolgversprechenden Mobilisierungsansatz.

Lit.: R. D. Baldus, Zur operationalen Effizienz der Ujamaa-Kooperativen Tansanias, Marburg 1976; J. Boesen u. a., Ujamaa-Socialism from above, Uppsala 1977. dn

Umschuldung

Unter U. versteht man die vertraglichen Neuvereinbarungen zwischen EL und Gläubigerländern über günstigere Rückzahlungsbedingungen der aufgenommenen Kredite. U. sind Folge der wachsenden *Verschuldung der EL und zunehmender Schwierigkeiten, dem *Schuldendienst nachzukommen. dn

UN

Vereinte Nationen (*United Nations*); die Organisation der Vereinten Nationen (*United Nations Organization*, UNO) wurde am 24. Okt. 1945 in San Francisco auf einer Konferenz der Siegerstaaten des II. Weltkrieges gegründet. Gründungsmitgl. waren 49 souveräne Staaten und 2 abh. Gebiete. Im Zuge der Entwicklung der UN zu einer Weltorganisation mit Universalitätsanspruch traten den UN immer mehr Staaten bei, insbes. (nach der *Dekolonisation) afro-asiatische Staaten. Die Mitgl.-Zahl von EL entwickelte sich wie folgt: 1945: 29, 1950: 36, 1960: 64, 1970: 89, 1975: 103, 1979: 107. Die EL stellen damit die überwältigende Mehrheit der Mitgl. (1979: 151). Der Wandel der Mitgliedschaft ist nicht ohne Auswirkungen auf die Struktur der UN geblieben (neue Mehrheitsverhältnisse, Einrichtung neuer Organe). Auch die Bedeutung der Organe und die Themen, mit denen sie sich beschäftigen, hat sich seit der numerischen Vorherrschaft der EL stark gewandelt. Im wesentl. unverändert blieb allein die Charta der UN vom 26. Juni 1945, in der die Zusammensetzung und die Funktionen der 6 Hauptorgane der UN geregelt sind: 1. Generalversammlung (GV), setzt sich aus den Mitgl.-Staaten zusammen, tagt j. am Sitz der UN in New York. Die GV entscheidet über die Zusammensetzung der anderen Hauptorgane, übt die Kontrolle über den Haushalt und die Verwaltung der UNO aus, sie kann alle Fragen und Angelegenheiten erörtern, die im Rahmen der Charta liegen oder die Befugnisse und Funktionen jedes anderen Organs betreffen, und entsprechende Empfehlungen an die UN-Mitgl., den Sicherheitsrat oder an beide richten; der *ECOSOC und der Treuhandrat stehen unter der Aufsicht der Generalversammlung. 2. Sicherheitsrat (SR), bestehend aus 5 ständigen (VR China, Frankreich, GB, Sowjetunion, USA) und 10 nichtständigen Mitgl., die von der GV aus ihrer Mitte für 2 J. gewählt werden; 3. *ECOSOC (Wirtschafts- und Sozialrat); 4. Treuhandrat, zusammengesetzt aus den 5 ständigen Mitgl. des SR, zuständig für Fragen der *Dekolonisation; 5. Int. Gerichtshof mit Sitz in Den Haag; 6. Sekretariat mit dem Generalsekretär als höchstem Verwaltungsbeamten der UN an der Spitze, der aber auch pol. Funktionen gegenüber den anderen Hauptorganen, insbes. der GV und dem SR, ausübt. Er wird auf Vorschlag des SR von der GV für eine Amtsperiode von 5 J. gewählt. Zum UN-System gehören Ausschüsse, die GV und SR einrichten können (es bestehen 7 Hauptausschüsse), Kommissionen, die *ECOSOC bestellen kann (5 regionale Wirtschaftskommissionen); Spezialorgane, die von der GV eingesetzt werden, u. a. *UNCTAD, *UNCDF, *UNDP, *UNEP, *UNHCR, *UNICEF, *UNIDO, *UNITAR; Sonderorganisationen, die aufgrund zwischenstaatlicher Übereinkünfte auf den Gebieten der Wirtschaft, des Sozialwesens, der Kultur, der Erziehung und der Gesundheit gegründet und durch besondere Abkommen mit den UN in Verbindung gebracht werden. Zu den gegenwärtig 14 Sonderorganisationen gehören: *FAO, *ILO, *Weltbank, *IFC, *IDA, *IWF, *UNESCO, *WHO. *IAEA und *GATT zählen nicht zu den Sonderorganisationen und nehmen eine Sonderstellung ein.

Lit.: K. Hüfner/J. Naumann, Das System der Vereinten Nationen, Düsseldorf 1974; P. Pawelka, Vereinte Nationen und strukturelle Gewalt, München 1974. dn

Unbalanced Growth

Das im Gegensatz zum **balanced growth* von A. O. Hirschman vertretene Konzept geht von der – wohl richtigen – Annahme knapper Investitionsmittel aus und empfiehlt ihren Einsatz in der zunächst einseitigen Förderung einiger Industrien. Dadurch entstünden Engpässe in den vor- und nachgelagerten Sektoren und Branchen, welche die Unternehmer jener Bereiche zu erhöhten *Investitionen anregen würden. Derselbe Effekt würde erneut in weiteren Sektoren und Branchen auftreten. Die systematische und bedachte Herbeiführung von Ungleichgewichten soll danach wirtsch. E. auslösen und verstärken. contra: Die Kritik hebt darauf ab, daß das Konzept vom Typ eines rationalen und dynamischen Unternehmers ausgeht, an dem es aber gerade in den EL fehlt. Bemerkenswert ist auch, daß ein wesentl. Element in der wirtschaftswissenschaftl. Analyse von UE, der *Dualismus, hier zum strategischen Faktor der Überwindung von UE umgemünzt wird.
F. Perroux hat das *unbalanced growth*-Konzept weiterentwickelt und geograph. begrenzte Wachstumszentren, sog. Entwicklungspole, als Instrumente einer langfristig erfolgreichen E.-Strategie propagiert. Demgegenüber hat G. Myrdal nachgewiesen, daß sich die als nur zeitweilig eingeplante Verstärkung regionaler E.-Unterschiede nicht wieder verringert, sondern die reicheren Regionen immer reicher und die ärmeren Regionen immer ärmer würden. Er übertrug damit die Vorstellung des **circulus vitiosus* bzw. der zirkulären Verursachung auf die Entwicklungspol-Strategie.

Lit.: A. O. Hirschman, The Strategy of Economic Development, New Haven 1958; G. Myrdal, Asian Drama. An Inquiry in the Poverty of Nations, 3 Bde, New York 1968. dn

UNCDF

UN-Kapital-Entwicklungsfonds (*UN-Capital Development Fund*), als Instrument der *Kapitalhilfe für die EL 1966 von der Generalversammlung mit den Stimmen der EL beschlossen, gedacht als Alternative zu den von den Kapitalgeberländern, den westl. IL, beherrschten int. Finanzierungsinstituten *Weltbank und *IWF. UNCDF sollte der Kontrolle der *UN-Vollversammlung und damit der Mehrheit der EL unterstehen und deren Volkswirtschaften durch Zuschüsse und Kredite zu langfristigen und zinsgünstigen Bedingungen Ressourcen transferieren. Das Kernproblem, die Mittelaufbringung, konnte bislang nicht gelöst werden, da die westl. IL den Beitragszusagekonferenzen fernblieben.

dn

UNCST

Weltkonferenz der *UN über Wissenschaft und Technik im Dienste der Entwicklung (*UN-Conference on Science and Technology for Development*), vom *ECOSOC einberufen, tagte vom 20.–31. Aug. 1979 in Wien. Thema: Probleme der int. Arbeitsteilung im Bereich von Wissenschaft und Technologie, u. a. die technologische Abh. der EL von den IL, Rahmenbedingungen des *Technologietransfers, E.-Effekte importierter Technologie, Förderung *angepaßter Technologien, Stärkung lokaler wissenschaftl. und technologischer Fähigkeiten in EL. Die Konferenz brachte keine wesentlichen Fortschritte.

dn

UNCTAD

*UN-Konferenz für Welthandel und Entwicklung (*UN-Conference on Trade and Development)*, wurde auf Drängen der EL eingerichtet und 1964 auf Beschluß des *ECOSOC zum ersten Mal einberufen. Entgegen den Vorstellungen der EL wurde mit der UNCTAD keine eigenständige Welthandelsorganisation gegründet, sondern ein ständiges Organ der UN-Vollversammlung. UNCTAD übernahm jedoch immer mehr Funktionen des ECOSOC. Konferenzen finden seit 1964 in regelmäßigen Abständen von vier J. statt, zwischen UNCTAD IV und UNCTAD V ausnahmsweise 3 J.: UNCTAD I, Genf 1964; UNCTAD II, Neu Dehli 1968; UNCTAD III, Santiago de Chile 1972; UNCTAD IV, Nairobi 1976; UNCTAD V, Manila 1979. Der UNCTAD gehören alle Mitglieder der UN und ihrer Sonderorganisationen an (1979: 159). Ständiges Organ der UNCTAD zwischen den Konferenzen ist der Rat für Handel und Entwicklung (TDB), dem bis 1972 55 Mitgl. angehörten, deren Zahl auf der UNCTAD III auf 68 erweitert wurde. Er tagt in die Kontinuität der Arbeit wahrenden, regelmäßigen Abständen, mindestens zweimal im J.; Beschlußfassung mit einfacher Mehrheit. Als Verwaltungsorgan besteht ein ständiges Sekretariat (Sitz: Genf), dem ein Generalsekretär vorsteht (bisherige Generalsekretäre: Raúl *Prebisch/Argentinien bis 1969, Manuel Pérez-Guerrera/Venezuela bis 1974, Gamani Corea/Sri Lanka seit 1974).

Die Verhandlungen innerhalb der UNCTAD erfolgen auf der Basis interner Gruppenbildung, die zunächst von der A-, B-, C-, D-Ländereinteilung ausgingen, seit 1972 verstärkt folgende Struktur hat: *Gruppe der 77 (gegenwärtig 119 EL, Gruppe A und C ohne Israel); Gruppe B (westl. IL oder *OECD-Länder); Gruppe D (sozialist. Länder Osteuropas). Die VR China tritt als eigene Gruppe auf. Das numerische Übergewicht der EL kommt auch in der Zusammensetzung des TDB zum Ausdruck, bis 1972: A-Länder 22, B-Länder 18, C-Länder 9, D-Länder 6; seit 1972: Gruppe der 77 40, B-Länder 21, D-Länder 7.

dn

UNDP

Entwicklungsprogramm der *UN (*UN-Development Programme*). Gegr. 1965 durch Verschmelzung der EPTA (Erweitertes Technisches Hilfsprogramm) und SF (Sonderfonds) Sonderorgan der UN, unter der pol. Kontrolle der Vollversammlung und des *ECOSOC, durch Reform des UN-Entwicklungssystems seit 1970 Mittelpunkt und Koordinationsstelle aller UN-Organisationen, die der E.-Hilfe (*Technische Hilfe) dienen.

Organe: Verwaltungsrat, 48 Mitgl. auf 3 J. im Auftrag der Vollversammlung vom ECOSOC gewählt (EL 27, westl. IL 17, sozialist. Länder 4); Entscheidungen nach einfacher Mehrheit, bisher stets einstimmig. Verwaltungschef ist ein „Administrator", auf 4 J. vom Verwaltungsrat gewählt. *Aufgabe:* *Projekthilfe (Programmierung, Konkretisierung, Durchführung, *Evaluierung von Projekten). Schwerpunkte: 1. Erschließung und Nutzbarmachung natürlicher *Ressourcen; 2. Ausbildung von Fachkräften; 3. Verbesserung der öffentl. Verwaltung; 4. Bekämpfung von Krankheiten/Ausbau des Gesundheitswesens; 5. Anpassung und Anwendung geeigneter Technologien für die E.; 6. Schaffung von Anreizen für erhöhten Kapitaltransfer von seiten privater Sektoren; 7. Verbesserung der wirtsch. Zusammenarbeit unter EL. *Finanzierung:* Aus freiwilligen Beiträgen der Mitgl. (1977 523 Mio. US-Dollar; 1977 unterstützte UNDP 3 800 Projekte in ca. 150 Staaten und Territorien). 82% der Mittel wurden für Länderprojekte eingesetzt, der Rest auf subregionale, regionale, interregionale und globale Projekte verteilt. dn

UNEP

Umweltprogramm der *UN (*UN-Environment Programme*), errichtet als Folge der *Welt-Umweltkonferenz in Stockholm Juni 1972, mit Sitz in Nairobi. *Aufgabe:* Koordination von Projekten der Organe und Sonderorganisationen der UN auf dem Gebiet des Umweltschutzes; Anregung int. Zusammenarbeit, Sammlung und Auswertung von Daten und Kenntnissen über die int. Umweltprobleme. →Ökologie. dn

UNESCO

UN-Organisation für Erziehung, Wissenschaft und Kultur (*UN-Educational, Scientific and Cultural Organization*), 1945 gegr., 1979 144 Vollmitgl., Sitz in Paris. *Aufgabe:* die int. Zusammenarbeit auf den Gebieten der Erziehung, Wissenschaft, Kultur und des Informationswesens zu fördern in Funktion der Friedenssicherung und der Mehrung des allg. Wohlstandes der Menschheit (laut Verfassung der UNESCO). 1950: Ausdifferenzierung in die 7 Hauptbereiche: Erziehung, Naturwissenschaften, Sozialwissenschaften, Kultur, Personenaustausch, Kommunikationswesen, Hilfsdienste. Die UNESCO nimmt Aufgaben wie die Bekämpfung des Analphabetismus in EL, Denkmalschutz (Rettung der Kunstdenkmäler des alten Ägypten), Abkommen zum Urheberrecht und -schutz, Forschungen zur Verwendung von Wissenschaft und Technologie in EL, Beratungen über Kommunikation (McBride-Kommission, →Neue Weltinformationsordnung) wahr. In den 70er J. hat sich die UNESCO immer stärker entwicklungspol. Fragen und Aktivitäten zugewandt (enge Zusammenarbeit bei *UNDP). Auch in ihren Gremien werden Entschließungen zur *Neuen Weltwirtschaftsordnung beraten und gefaßt. *Organe:* Generalkonferenz, tagt alle 2 Jahre; Exekutivrat: 40 Mitgl. (EL 26, IL 10, Sozialist. Länder 4); Generalsekretär, vom Exekutivrat vorgeschlagen, von der Generalkonferenz gewählt. dn

UNFPA

UN-Bevölkerungsfonds (*UN-Fund for Population Activities*), 1967 gegr., 1969 dem *UNDP unterstellt, seit 1971 Zentrum für alle bev.-pol. Bemühungen der *UN. *Aufgaben:* 1. Sammlung von Grunddaten, Beteiligung an Bev.-Erhebungen in den EL; 2. Erarbeitung und Bereitstellung von bev.-wissenschaftl. Erkenntnissen, Ausbildung von Sozialdemographen; 3. Ausarbeitung bev.-pol. Programme (u. a. Organisation von [Welt-]Konferenzen); *Familienplanung: Einrichtung regionaler Verteilersysteme für empfängnisverhütende Mittel und Beratung in Techniken der Fruchtbarkeitsregulierung; Information und Werbung für Familienprogramme; 5. Unterstützung von Maßnahmen der sozialen *Infrastruktur (Gesundheits-/Bildungswesen). Auf die Familienplanung entfallen 60% der Aufwendungen von UNFPA, das sich durch freiwillige Spenden und öffentl. Zuwendungen (hauptsächl. der IL) finanziert. dn

Ungleicher Tausch

Die marx. *Imperialismus-Diskussion hat sich lange Zeit darauf beschränkt, die Beziehungen zwischen kapital. IL und den Kolonien bzw. Halbkolonien unter dem Aspekt der Probleme der *Akkumulation nationalstaatl. verfaßter Kapitale zu betrachten. Int. Austauschbeziehungen wurden, wenn überhaupt, dann nur am Rande behandelt. Nicht zuletzt unter dem Eindruck der von Raúl *Prebisch formulierten Theorie des säkularen Verfalls der **terms of trade* hat in dieser Beziehung eine Umorientierung eingesetzt. Indem man den preistheoret. Ansatz Prebischs in einen an der Marxschen Arbeitswerttheorie orientierten werttheoret. Ansatz überführte, versuchte man, einmal den auf der Ebene der Preise zu beobachtenden Verfall der *terms of trade* für Primärprodukte als die Folge eines u. T.s von nat. Werten bzw. von unterschiedl. nat. Arbeitsquanta zu erklären, und darüber hinaus das unterschiedl. E.-Tempo zwischen EL und IL bzw. das Phänomen der UE insges. auf die für die EL nachteiligen, für die kapital. IL positiven Folgen des als Ausbeutung verstandenen u. T.s zurückzuführen. (Die Möglichkeit eines u. T.s innerhalb des sozialist. Lagers und zwischen sozialist. Ländern und EL wird fast nirgendwo thematisiert). Die Diskussion um den u. T. nahm ihren Ausgang von einer im Jahre 1969 veröffentlichten Arbeit von A. Emmanuel, die rasch eine Reihe weiterer Publikationen zum selben Thema nach sich zog, von denen v. a. die Arbeiten von Christian Palloix, Samir Amin und Ernest Mandel eine gewisse Prominenz erlangt haben. In der deutschen Diskussion, die sich an der Kritik an Emmanuel entzündete, sind v. a. W. Schoeller, K. Busch, C. Neusüß, E. Altvater und W. Bärtschi zu nennen.

Die Diskussion um das Konzept des u. T.s hat eine Vielzahl von Ansätzen hervorgebracht, die sich hinsichtlich ihrer Prämissen, ihrer theoret. Konstruktionen und ihrer Vorstellung von den konstitutiven Elementen des u. T.s stark voneinander unterscheiden. Der eigentliche Wert der Diskussion liegt weniger darin, daß die analytische Brauchbarkeit des Konzepts nachgewiesen worden wäre, sondern in der gegenseitigen Kritik der verschiedenen Ansätze, in der recht überzeugend die Begriffsverwirrungen, Selbstwidersprüche, methodischen Fehlleistungen und empirischen Schwächen der jeweils anderen Positionen herausgearbeitet werden.

Trotz dieser gravierenden Schwächen und ungeachtet des völligen Mangels an empirischer Untermauerung ist das Konzept in einigen Ansätzen der EL-Forschung (*Dependencia-Theorien, Theorie des *peripheren Kapitalismus) ebenso begeistert wie unkritisch aufgegriffen worden und hat dort z. T. zu recht weitreichenden Schlußfolgerungen hinsichtlich der Ursachen von UE (Ausbeutung qua u. T.), der qualitativen E.-Möglichkeiten im abh. Kapitalismus (keine) und der Systemnotwendigkeit von Ausbeutung der EL für den entwickelten, metropolitanen Kapitalismus Anlaß gegeben. Diese Euphorie ist in der letzten Zeit offenbar ein wenig abgeklungen, nicht zuletzt, weil man erkannt hat, daß die Diskussion um den u. T. und den Erklärungswert dieses Konzepts in die „Sackgasse" geraten ist (M. Massarrat). Die Möglichkeiten, mit diesem Konzept UE erklären und E.-Strategien formulieren zu können, werden heute auch von marx. Autoren wesentlich skeptischer beurteilt, als dies noch vor kurzer Zeit der Fall war.

Lit.: A. Emmanuel, L'échange inégal, Paris 1969; W. Bärtschi/H. D. Jakobsen, Kritische Einführung in die Außenhandelstheorie, Hamburg 1976; M. Massarrat, Die Theorie des ungleichen Tausches in der Sackgasse, in: Dritte Welt 6 (1978), S. 40 ff.; A. Schmidt, Internationale Arbeitsteilung oder ungleicher Tausch, Frankfurt 1980. ab

UNHCR

Amt des Hochkommissars der *UN für Flüchtlinge (*UN-High Commissioner for Refugees*), 1951 von der UN-Vollversammlung eingerichtet, Sitz: Genf. *Aufgabe:* Personen zu schützen und zu unterstützen, die ihr Heimatland als *Flüchtlinge verlassen haben. Das Mandat des UNHCR ist weltweit, zeitlich jedoch befristet und muß von der Vollversammlung alle 4 J. verlängert werden. Die Zuständigkeit von UNHCR ist dann eingeschränkt, wenn andere UN-Organisationen Flüchtlinge schützen. Gegenwärtig sind dies die palästinensischen Flüchtlinge als Folge des *Nahost-Konflikts, die vom *UNRWA betreut werden. Der Hohe Kommissar wird jeweils auf Vorschlag des Generalsekretärs von der Vollversammlung gewählt und bleibt ihr und dem *ECOSOC verantwortlich, denen er jährlich Bericht erstattet. Ihm zur Seite steht ein (weisungsberechtigter) Verwaltungsrat aus 31 Mitgl. (Staatenvertretern), der die Programmziele festlegt und die einzelnen Projekte genehmigt. Die Aufgaben lassen sich gliedern in Rechtsschutzmaßnahmen, wobei die Sicherung der Rechtsstellung der Flüchtlinge sich an den *Menschenrechten orientiert, und Maßnahmen zur Lösung von Flüchtlingsproblemen in Form der Eingliederung in die Aufnahme- oder der Rückkehr in die Herkunftsländer. dn

UNICEF

Welt-Kinderhilfswerk der *UN (*UN-Children's Fund*), 1946 von der Generalversammlung der UN eingerichtet, bis 1953 zeitlich begrenztes Hilfsprogramm, seither ständiges UN-Programm; *Aufgabe:* Kinder in aller Welt vor Hunger und Krankheit zu bewahren, Beitrag zur Schulbildung. Finanzierung überwiegend durch freiwillige Beiträge der Länder, etwa 20% durch private Spenden und Verkaufserlöse (Glückwunschkarten). *Leitung:* Verwaltungsrat, 30 Vertreter von Mitgl.-Staaten der UN, vom *ECOSOC gewählt. UNICEF wird nur auf Ersuchen von betreffenden Regierungen (vor 1950 auch in IL, seither in EL) tätig. dn

UNIDO

UN-Organisation für die industrielle Entwicklung (*UN-Industrial Development Organization*), auf Forderung der EL (UNCTAD 1964) zur Förderung der exportorientierten *Industrialisierung der EL 1965 von der UN-Vollversammlung beschlossene Exekutiv-Organisation des *UNDP, löste den bereits 1960 eingerichteten UN-Ausschuß für ind. E. ab. *Zielsetzung:* Beschleunigung des Industrialisierungsprozesses in den EL; Koordinierung und Intensivierung der multilateralen Anstrengungen. 1. Konferenz Juli 1971, Santiago de Chile; 2. Konf. März 1975, Lima; 3. Konf. Februar 1980, Neu Delhi (2 500 Delegierte aus 133 Ländern).
Auf der 2. Konferenz wurde das sog. Lima-Ziel vereinbart, das besagt, daß die EL bis zum J. 2000 ihren Anteil an der ges. Industrieproduktion von bisher 9% auf 25% steigern sollten. Auf der 3. Konferenz forderten die EL die Einrichtung eines Fonds für die Industrialisierung der EL in Höhe von 300 Mrd. US-Dollar bis zum J. 2000, der von den IL und den Ölstaaten gespeist und von den EL verwaltet und kontrolliert werden soll. UNIDO III endete mit einem Fehlschlag. In der Schlußabstimmung stimmten die sozialist. Länder zwar mit den EL für die „Dehli Deklaration und Aktionsprogramm", doch lehnten auch sie den Fonds ab, ebenso wie die 22 IL, an die fast alle Forderungen gerichtet waren. dn

UNITAR

*UN-Ausbildungs- und Forschungsinstitut (*UN-Institute for Training and Research*); 1965 vom UN-Generalsekretär eingerichtet, versteht sich als Bindeglied zwischen dem UN-System und der akademischen Welt. *Aufgaben:* Ausbildung von Personen aus EL und vorrangig für die konkreten Bedürfnisse der UN (int. Beamten), Forschung bezogen auf Struktur und Funktionsweise der UN, Verfahrensprobleme, friedliche Konfliktschlichtungsmuster, Entwicklung des Völkerrechts durch die UN, *Menschenrechte etc. Finanzierung hauptsächl. durch freiwillige Beiträge.
Konvergenz und Annäherung der Funktionen durch die Universität der Vereinten Nationen (UNU), die 1972 gegründet wurde und die weltweit verstreute Institute und Forschungseinrichtungen vereint. Hauptsächliche Forschungsschwerpunkte: Hunger in der Dritten Welt, Management und Nutzung natürlicher Ressourcen, menschliche und soziale Entwicklung. dn

United Fruit Company

Größter Bananenproduzent der Welt, 1899 gegr., im Besitz großer Bananenplantagen in Mittelamerika und der Karibik; nach Niederringung von Konkurrenzunternehmen Monopolstellung im Bananensektor, Dominanz über die Wirtschaft der Bananenrepubliken; kontrolliert wesentliche Teile der materiellen *Infrastruktur der Länder, in die sie eindringt (Eisenbahnen, Häfen, Schiffe, Telefon). dn

UNRISD

*UN-Forschungsinstitut für soziale Entwicklung (*UN-Research Institute for Social Development*), 1964 als autonome Institution im Rahmen der UN gegr., Sitz in Genf, 12 Forscherbeamte neben Experten und Beratern; *Aufgabe*: Forschung auf dem Gebiet der sozio-ökon. Entwicklung und

Planung, Unterstützung regionaler und nat. Forschungs- und Planungsinstitutionen. Schwergewicht bisher in der *Indikatoren-Forschung. dn

UNRWA

Hilfswerk der *UN für Palästina-Flüchtlinge (*UN-Relief and Works Agency for Palestinian Refugees*), nahm Mai 1950 seine Tätigkeit auf. Wird aus freiwilligen Beiträgen finanziert, Umfang der Maßnahmen von schwankenden Einnahmen abh. 1978 besaß UNRWA rund 16 500 örtliche Angestellte. Nach einer UNRWA-Statistik aus dem J. 1976 betrug die Zahl der Palästina-Flüchtlinge insg. 1 688 205, davon 505 299 in Lagern lebend. Es entfielen auf das Ostufer 644 669 (89 214), das Westufer 296 628 (74 941), den Gazastreifen 339 824 (201 960), den Libanon 198 637 (102 136) und Syrien 188 447 (35 550). Der Haushalt der UNRWA belief sich 1978/79 auf rund 143 Mio. US-Dollar. Davon wurden 55,5 % für Ausbildungsvorhaben (mehr als 320 000 Kinder werden in UNRWA-Schulen unterrichtet), 25,7 % für Hilfsprogramme (Nahrungsmittel) und 16,1 % für Gesundheitsdienste aufgewendet. dn

Urbanisierung

U., Begleiterscheinung und dynamisierender Faktor wirtsch. und sozialen Strukturwandels, ist in den letzten Jahrzehnten zu einem Problem der EL geworden. Betrug der Urbanisierungsgrad (Bev. in Städten über 20 000 Ew. laut UN-Statistiken) 1960 noch 15 %, so ist er aufgrund einer JZ der städt. Bev. von 4,0–4,2 % auf 1980 28 % gestiegen. Heute leben 800 Mio. Menschen in Städten; wird die JZ aufrechterhalten, werden es im Jahre 2000 fast 2 Mrd. Menschen sein oder 41 % der Gesamtbev. der EL. 1950 gab es in der Dritten Welt nur eine Millionenstadt: Buenos Aires; im Jahre 2000 wird es 40 Städte mit über 5 Mio. Ew. geben. Eine Studie des *BMZ stellt dazu fest: „Die übermäßig rasche, meist unkontrollierte, auf wenige Zentren konzentrierte und sozial sehr unausgewogene Urbanisierung führt in vielen EL dazu, daß die Leistungen der Städte immer deutlicher hinter den *Grundbedürfnissen ihrer Ew. (Arbeit, *Wohnen, Trinkwasser, menschenwürdige Umweltbedingungen, *Gesundheit, *Bildung, *Partizipation) zurückbleiben und daß notwendige Funktionen der Städte für die Landes- und Regionalentwicklung (z. B. Absatzmarkt, Dienstleistungs- und Verwaltungszentrum) immer unzureichender erfüllt werden. Ungelöste städt. Probleme beeinträchtigen zunehmend die Erfüllung übergeordneter entwicklungspol. Ziele und gefährden die wirtsch. und pol. Handlungsfähigkeit der EL“ (Sektorpapier Urbanisierung, 1978). Die Gründe für die U. liegen in den die *Landflucht auslösenden Faktoren, in den verkrusteten sozialen und wirtsch. Strukturen, den geringeren E.-Chancen und dem Massenelend auf dem Lande; sie ist damit auch eine Folge der eingeschlagenen E.-Strategie, des Vorrangs der Ind. gegenüber der Landw., dem Ausbau der Städte als Produktions- und Dienstleistungszentren, der in den ländl. Massen die Hoffnung auf bessere Lebensverhältnisse in den Städten aufkommen ließ. Doch nur in wenigen EL konnte die Ind. ausreichend Arbeitsplätze bereitstellen. In den Slums der EL-Städte leben heute etwa 200 Mio. Menschen, also durchschnittl. ¼, manchmal aber auch über ⅖ der städt. Bev. unter menschenunwürdigen Bedingungen.

Entwicklungspol. Maßnahmen haben zweigleisig anzusetzen: zum einen den weiteren Zuzug in die Millionenstädte zu verringern durch *ländl. Entwicklung und rechtzeitigen Ausbau kleinerer und mittlerer Städte zu regionalen Zentren; zum anderen die U.-Folgen zu bewältigen durch Bekämpfung der *Arbeitslosigkeit und Wohnungsbaumaßnahmen, durch Förderung von *Selbsthilfe-Organisationen, durch Stärkung der Planungs-, Organisations- und Durchführungskapazitäten urbaner Verwaltungen etc. dn

Uruguay

Die Republik U. stellte aufgrund ihrer wohlfahrtsstaatl. Entwicklung in den ersten Jahrzehnten des 20. Jh.s und der Stabilität ihrer demokrat. Institutionen eine Ausnahme unter den lateinamerik. Ländern dar. Nach krisenhafter Zuspitzung der wirtsch. und sozialen Probleme sowie Verschärfung der pol. Konflikte übernahm Anfang der 70er J. das Militär die Macht. Die Frage ist, warum es U. nicht möglich war, die Sonderstellung zu bewahren, warum es sich „lateinamerikanisierte".

1. U. gehört mit einer Fläche von 186 926 qkm zu den kleinsten Ländern Südamerikas. Es ging als Pufferstaat zwischen Brasilien und Argentinien aus den Unabh.-Kriegen und den Rivalitäten der beiden Nachbarn 1828 hervor. Die wesentliche Ressource U.s liegt in Boden und Klima, die sich hervorragend für Agrar- und insbes. Weidewirtsch. eignen (flachwelliges Hügelland, gemäßigtes Klima; 88% der Gesamtfl. sind landwirtsch. nutzbar). Mineralische Rohstoffe (Eisenerz, Gold, Silber, Kupfer etc.) wurden zwar nachgewiesen, angesichts geringer Vorkommen bisher kaum abgebaut. Die Bev. U.s betrug 1978 2,86 Mio. Ew., die JZ in der Periode 1975–1980 0,6%. Hoher Urbanisierungsgrad: 83%; ebenso hohe Alphabetisierungsrate: 89,8%.

2. Wesentliche Voraussetzung für die Stabilisierung des pol. Systems im letzten Drittel des 19. Jh.s war die sehr erfolgreiche wirtsch. Integration U.s in den Weltmarkt. U. nutzte die *komparativen Kostenvorteile seiner Weidewirtsch. in Form einer wesentlich auf den Export agrarischer Erzeugnisse (Lebendvieh, Leder, Felle, Horn, gesalzenes Fleisch) orientierten inländ. Produktion. Die beiden trad. Parteien, *Colorados* (Vertreter der Handelsinteressen) und *Blancos* (Großgrundbesitz), die sich vorher gewaltsam bekämpft hatten, verständigten sich (als Fraktionen der herrschenden Klasse) auf Teilung der Macht. Zugleich öffneten sich die Parteien, insbes. die *Colorados,* neuen sozialen Sektoren, die im Zuge der wirtsch. E. entstanden und (auch infolge hoher Einwanderung) in weiterer Ausdehnung begriffen waren: Mittelschichten und städt. Unterschichten, bestehend aus freigesetzter ländl. Arbeitskraft als Folge der Modernisierung der Agroexportwirtsch. Nachdem im 19. Jh. fast sämtliche Güter des täglichen Bedarfs importiert werden mußten, entwickelten sich verstärkt seit Beginn unseres Jh.s gewerbliche Betriebe für die Versorgung des einheim. Marktes. Einen erheblichen Aufschwung nahm auch der Dienstleistungsbereich. Wachsende Widersprüche in der gesellschaftl. E. (hohe *Urbanisierung, wachsende Unterschiede in der Verteilung des Reichtums, zunehmende Arbeitslosigkeit) drängten den Staat auf eine aktivere Rolle im Wirtschaftsleben. Unter dem sozial fortschrittl. Präsidenten José Battle y Ordonez (1903–1907 und 1911–1915) wurden wesentliche Bereiche der *Infrastruktur des Landes, die bislang im Besitz hauptsächl. ausländ. Kapitaleigner waren, nationalisiert bzw. verstaatlicht (Energiewirtsch., Transport, Kreditwesen, Versicherungen, Häfen etc.). Durch den dazu notwendigen Verwaltungsapparat, weitere Investitionstätigkeit und die Gründung eigener Betriebe dehnte der Staat den Arbeitsmarkt aus. Zugleich erließ er eine sehr fortschrittl. und im lateinamerik. Vergleich einzigartige Sozialgesetzgebung (Achtstundentag, Mindestlöhne für Landarbeiter, Arbeitsunfallgesetz, Schutzbestimmungen für Frauenarbeit, Renten etc.). Die neuen Schichten wurden sozial voll integriert und die pol. Macht von den ehemals hegemonialen gesellschaftl. Gruppen auf die Mittelschichten verlagert. Die beiden trad. Parteien einigten sich auf ein pol. System, das – dem Kollegialsystem der Schweiz vergleichbar – die pol. Opposition bzw. Minderheit an der Führung des Landes beteiligte.

Wohlstand, geringer Intensitätsgrad sozialer Konflikte, funktionierendes pol. Institutionensystem waren jedoch in bedenklichem Maße außenwirtschaftsabhängig. In der Tat zeigten Veränderungen des Weltmarktes, in Form geringerer Erlöse für die trad. Exportprodukte, unmittelbare interne Auswirkungen. Nachteilig mußte sich v. a. bemerkbar machen, daß die enormen Außenhandelsgewinne in den Zeiten der florierenden Exportwirtsch. nicht zur Erweiterung des Produktionsapparates genutzt, sondern von einer sozialen Minderheit in Luxuskonsum vergeudet wurde. Die Weltwirtschaftskrise von 1929 führte dem Land die Krisenanfälligkeit des Exportmodells vor Augen, doch konnte seinerzeit ziemlich erfolgreich auf *Industrialisierung zur *Importsubstitution umgeschaltet werden. Probleme des Arbeitsmarktes wurden neben einem erheblichen Wachstum des Industriesektors durch Ausdehnung des staatl. Verwaltungsapparates gemildert, so daß die wohlfahrtsstaatl. abgesicherte Arbeiterschaft ebenfalls in das pol. System integriert wurde und wenig Neigung zu pol. Extremismus zeigte. Die neuen, abh. Mittelschichten wurden zur *Klientel des pol. Systems und der sie tragenden Parteien und entwickelten ein vitales Interesse an der Aufrechterhaltung der bestehenden pol. Strukturen.

Nach Ende des Korea-Booms, der noch einmal einen Anstieg der Exporterlöse brachte, konnte das für die Aufrechterhaltung des Sozialstaats notwendige Wirtschaftswachstum nicht mehr über die Agrarexporte noch über die sich inzwischen erschöpfende Industrialisierung zur Importsubstitution realisiert werden. Mit der Krise der urug. Wirtschaft – bedingt durch die spezifische Form der wirtsch. Einbindung U.s in den Weltmarkt, also das Muster der *int. Arbeitsteilung – verschärften sich die sozialen Auseinandersetzungen. Die distributiven Fähigkeiten des Staates, die vordem systemstabilisierend gewirkt hatten, ließen nach, ja der frühe sozialstaatl. Ausbau des Landes und v. a. der aufgeblähte Verwaltungsapparat (er umfaßte 1961 21,1 % der erwerbsfähigen Bev., band etwa 35 % der Staatsausgaben) machten den Staat im Investitionsbereich manövrierunfähig. Sämtliche sozialen Schichten von der oberen Mittelschicht abwärts erlitten in den folgenden Jahrzehnten empfindliche Einbußen im Realeinkommen und im Lebensstandard bei wachsenden Ungleichgewichten in der *Einkommensverteilung. In dieser Krise nahm die pol. Auseinandersetzung Formen offener Gewalt (und Gegengewalt) an, sichtbar im bewaffneten Kampf der Tupamaros gegen das pol. System und in der zur gleichen Zeit Ende der 60er J. einsetzenden pol. Repression von oben, zunächst der noch demokrat. gewählten Regierungen, dann der in einem kalten Staatsstreich die Macht an sich reißenden Militärs.

3. Unter dem *Militärregime wurde die Struktur der urug. Wirtsch. grundlegend verändert. Dies geschah auf der Basis folgender wirtschaftspol. Orientierungen: 1. Liberalisierung: Abbau der Protektion (Schutzzölle) zugunsten einheim. Erzeugnisse des Ind.- und Agrarsektors; 2. Privatisierung: Überführung der staatl. Betriebe im Ind.-Sektor (Kühlhäuser, Zementfabrik) und im Dienstleistungssektor (Telefon) in Privatbesitz; 3. Förderung der nicht-trad. Exportind., d. h. solcher Unternehmen, die bislang hauptsächl. für den inländ. Markt produzierten (Lebensmittel, Lederwaren, Textilien, nichtmetallische Mineralien); 4. Förderung ausländ. *Direktinvestitionen. Das neue Exportmodell hat bislang nicht die erwarteten Ergebnisse gebracht. Einem Wirtsch.-Wachstum rel. geringen Ausmaßes stehen unverändert hohe Inflationsraten, drastische Verringerungen der Reallöhne und damit weitere Einbußen im Lebensstandard der Bev. sowie eine wachsende *Verschuldung gegenüber. Schwer wiegen v. a. die sozialen und pol. Kosten dieser Wirtsch.-Politik: Unterdrückung der bürgerl. Freiheiten (7 000 pol. Gefangene), schwere Verletzungen der *Menschenrechte, u. a. durch Anwendung von Folter, Exodus von etwa 600 000 Uruguayern, v. a. qualifiziertes Personal (Akademiker, Facharbeiter, Künstler).

4. Das Militärregime hat sich schrittweise herausgebildet. Nach den Wahlen von 1971 wurde unter Präsident Bordaberry, d. h. in Übereinstimmung von Militärs und zivilen Machtgruppen, nach und nach bis zu dessen formaler Amtsenthebung 1976 der Wechsel von der Demokratie zur Diktatur vollzogen: Auflösung des Parlaments im Jahre 1973; in den folgenden Jahren Zentralisierung der Macht durch Vereinigung aller Waffengattungen unter Einschluß der militarisierten Polizeikräfte in einer „Oberstenkommandeursjunta", Ausschaltung von Parteien und Verbänden, Unterstellung lokaler Behörden und gesellschaftl. Bereiche (Staatsbetriebe, Hochschulen, Schulen) unter milit. Führung (Interventoren) etc.

An die Stelle der aufgelösten Organe traten durch sog. Institutionelle Akte neue Institutionen, die den Schein legaler Kontinuität wahren sollen. Das Parlament wurde durch einen aus Militärs und Zivilisten zusammengesetzten Staatsrat (*Consejo del Estado*) ersetzt. Seine 25 Mitgl., die von der Regierung ernannt werden, bilden zusammen mit den 20 ranghöchsten Offizieren den Rat der Nation (*Consejo de la Nación*), der neben Gesetzgebungsfunktionen die Aufgabe hat, den Präsidenten zu wählen. Das wichtigste Organ, in welchem sich die eigentliche Macht konzentriert, ist der Nationale Sicherheitsrat COSENA (*Consejo de Seguridad Nacional*), der bereits vor der Machtübernahme durch die Militärs eingerichtet wurde und dem der Präsident, die Minister des Inneren und der Verteidigung, der Generalstabschef und die Chefs der drei Waffengattungen angehören. Ideolog. Grundlage des Militärregimes ist die von brasilian. Militärtheoretikern entwickelte *Doktrin der Nationalen Sicherheit.

5. Alternativen zum Militärregime haben sich bisher nicht einmal in Umrissen abzuzeichnen vermocht. Die Re-Demokratisierungsofferte des Militärregimes selbst reicht nicht über scheindemokrat. Lösungen hinaus. Zweifel ergeben sich insbes. aus der Unverträglichkeit eines pluralist. Demokratiemodells mit dem von den Militärs bzw. den mit ihnen kooperierenden zivilen Machtgruppen verfolgten ökon. Modell, in welchem wirtsch. Wachstum zu Lasten der Mehrheit der Bev. zu realisieren versucht wird (Absinken der Reallöhne von 1971 auf 1978 um 44%). An die demokrat. Traditionen des Landes wird folglich kaum angeknüpft werden. Insofern ist die Annahme berechtigt, daß die Krise U.s fortdauern wird. Von der Zusammenarbeit mit Brasilien im Rahmen der La-Plata-Kooperation dürfte angesichts der ideologischen Verwandschaft der beiden Regime eine Bekräftigung der Doktrin der Nationalen Sicherheit ausgehen, welche die Grundlage bildet für die real ergriffenen pol. und entwicklungspol. Maßnahmen der nächsten Jahre.

Lit.: H.-J. Puhle, Politik in Uruguay, Hannover o. J.; D. Nohlen, Uruguay, in: HDW, Band 3, Hamburg 1976, S. 444 ff.; M. Weinstein, Uruguay: The Politics of Failure, Westport, Conn. 1975. dn

Venezuela

1. V. (Fläche 912 050 qkm) hat gemeinsame Grenzen mit Kolumbien, Brasilien und Guyana. Mit Kolumbien bestehen Differenzen über den Verlauf der Grenze im Küstengebiet (Öl), und vom Staatsgebiet Guyanas beansprucht V. ca. ⅔ (Eisen).

Die Erdölförderung im W und O des Landes ist die bestimmende Wirtschaftsaktivität V.s. 1977 betrug der Exportwert von Erdöl und Erdölproduken 95,4% des Werts der Gesamtexporte. Die Erdölreserven werden auf ca. 14 Mrd. *Barrels* geschätzt, nicht gerechnet eine der größten Energiereserven der Erde, die Teersande des Orinoco (ca. 700 Mrd. *Barrels*). Die seit Jahrzehnten vernachlässigte Landw. trug 1977 zum BIP 5,8% bei. Die wichtigsten Anbauprodukte sind Zuckerrohr, Mais, Bananen, Maniok und Zitrusfrüchte. Fast die Hälfte des landw. Produktionswerts stammt aus der schwerpunktmäßig in den Llanos betriebenen Viehzucht, die damit größere Bedeutung gewann. Trotz aller Versuche, die landw. Produktion zu steigern, ist V. von Importen abh. und importierte 1977 für 833 Mio. US-Dollar Lebensmittel. Die Fischerei ist verglichen mit den Möglichkeiten noch rel. unbedeutend.

2. V. wurde 1498 von Kolumbus entdeckt, spielte aber für die span. Kolonialmacht keine überragende Rolle, da es keine großen *Ressourcen an Edelmetallen gab. 1527 verpfändete Karl V. das Gebiet an die Welser, die es 1546 wieder aufgaben. Ab 1718 gehörte V. zum Vize-Königreich Neu-Granada, bis 1819 von Bolivar und Sucre die Vereinigte Republik Kolumbien (1819–1830) proklamiert wurde (definitive Unabh. V.s 1821). Nat. und pol. E. im 19. Jh. waren durch Militarismus und **Caudillismo* geprägt, die herrschende Klasse von Großgrundbesitzern und Kaufleuten war die gleiche geblieben wie vor der Unabh., allerdings befreit von Steuerlasten und Handelsmonopol des span. Staates. V. a. nach dem Föderationskrieg (1861–1868, Verteidigung einer föderalistischen Verfassung) wurde gewaltsamer Machtwechsel zur Regel. Auf der pol. Ebene wurde ein gewisses Maß an „Stabilität" im ersten Drittel des 20. Jh.s unter der korrupten Diktatur des Generals Gómez (1908–1935) erreicht, weil er die rivalisierenden **Caudillos* ausschaltete und die ökon. Macht in seinen eigenen Händen konzentrierte. Außerdem konnte durch Beginn der kommerziellen Ausbeutung der Erdölvorräte das auf die trad. *Latifundienwirtschaft gegründete Agrar-*Exportmodell (Kaffee, Kakao, Leder) verlassen und unter neuen Voraussetzungen ein hochproduktiver kapital. Sektor entwickelt werden. Voraussetzungen für pol. Demokratisierung wurden Mitte der 40er J. von den

Generälen Lopez Contreras und Medina Angarita geschaffen. Die 1941 gegründete *Acción Democrática* (AD) mit Rómulo Betancourt an der Spitze, erste Massenpartei mit ländl. Basis und sozialpol. Programm, löste in einer militär.-zivilen Koalition 1948 die Generäle ab. Nach einem Putsch 194 herrschte General Marcos Pérez Jiménez bis 1958 diktatorisch; nach einer Übergangsregierung wurde Betancourt zum Präsidenten V.s gewählt. Die AD blieb bis zum Wahlsieg der christl.-sozialen COPEI 1968 trotz verschiedener Rechtsputsche und einer der größten *Guerillabewegungen des Kontinents an der Macht. 1973 siegte bei den Wahlen wiederum mit erheblichem Vorsprung die AD, um 1978 erneut die Macht an die COPEI abzutreten.
3. 1980 wird V. eine Gesamtbev. von ca. 14 Mio. Ew. haben (12,74 Mio. nach der Volkszählung von 1977). V.s Bev.-Dichte beträgt im Mittel 15,3 Ew. pro qkm bei sehr unterschiedl. Verteilung auf die Regionen. 79 % der Bev. lebt in Städten, über die Hälfte konzentriert sich mittlerweile auf die Hs Caracas (2,58 Mio. Ew.) und die umliegende Zentralregion.

Die ethnische Zusammensetzung hat sich in den letzten Jahrzehnten nicht wesentl. geändert (34 % Mestizen, 33 % Mulatten, 20 % Weiße, 9 % Neger, 2 % Indianer, 2 % andere). Die Indianer konzentrieren sich auf die Region des Orinocodeltas und den NW und sind kaum integriert. 84 % der Bev. sind röm.-kath., ca. 50 000 Protestanten, 9 000 Juden. 2–3 Mio. Kolumbianer leben illegal in V.

4. Seit Beginn der kommerziellen Ausbeutung des Erdöls in den 20er J. befindet sich V. in einer Situation extremer struktureller Abh. Die von V. initiierte Gründung der *OPEC (1960) und die Ölpreissprünge in den 70er J. sowie V.s höhere Beteiligung an der Erdölproduktion des eigenen Landes 1947 bis 1975 und schließlich die *Nationalisierung 1976 verbesserte die Verfügungsgewalt über die eigene Ressource. Die Nationalisierung war zum damaligen Zeitpunkt pol. zu billigen Bedingungen zu haben und bedeutete ein gutes Geschäft für die *multinat. Konzerne. Ihre Konzessionen wären ohnehin 1983 abgelaufen, seit Jahren hatten sie nur noch die ergiebigsten Bohrlöcher ausgebeutet und die Ausrüstung nicht mehr erneuert.
Um die nat. Förderunternehmen koordinieren zu können, wurde die Gesellschaft PETREN 1975 gegründet. Mittlerweile gehen die Reserven an leichtem und mittelschwerem Rohöl zur Neige und PETROVEN muß neue Bohrungen mit hohem Risikofaktor niederbringen. Damit werden sich die Produktionskosten des ven. Erdöls erheblich erhöhen. Für den Abbau der Orinoco-Teersande ist die Technologie noch nicht ausgereift (Zusammenarbeit mit der BRD angestrebt). Zweitwichtigstes Exportprodukt V.s sind Eisenerze. Die Nationalisierung der Eisenerzproduktion 1975 (Entschädigung 110,7 Mio. US-Dollar für die ausländ. Gesellschaften, die in 24 J. bei *Investitionen von 344 Mio. US-Dollar über 800 Mio. US-Dollar Gewinne erzielt hatten) ging einher mit dem Plan, die Produktion zu erhöhen und die Eisen- und Stahlerzeugung in ven. Hände zu legen. Die Industrialisierung hat in V. erst in den 50er J. eingesetzt, ist aber bis heute bestimmt durch wachsende Kapitalinvestitionen ausländ. Großunternehmen. Ein Haupthindernis für die nat. E. ist die anhaltende Stagnation der Landw. Sie liefert weder Nahrungsmittel noch ind. Rohstoffe in ausreichendem Maße, so daß V. mittlerweile für ca. 1 Mrd. US-Dollar Lebensmittel einführen muß. Die sog. *Agrarreform von 1960 hatte zwar bis 1971 5,2 Mio. ha Land an 118 000 Bauernfamilien verteilt, davon stammten aber nur 1,8 Mio. ha aus privatem Großgrundbesitz, der gegen hohe Entschädigungen an den Staat verkaufte. Weiterhin sind mehr als 400 000 Bauern ohne Land und ca. 80 % des Bodens der Großgrundbesitzer liegt brach.
V. plant in der Zukunft v. a. den Ausbau der *kapitalintensiven *Grundstoffindustrie, die nur einen Bruchteil der j. neu auf dem Arbeitsmarkt erscheinenden Arbeitskräfte wird absorbieren können.
5. Die ven. *Einkommensverteilung zeigt regionale und sektorale Disparitäten wie in kaum einem anderen lateinamerik. Land: ca. ¾ der Industriearbeiter, der Ind.-Betriebe und des Ind.-Produkts konzentrieren sich auf den Großraum Caracas; das landw. Durchschnittseinkommen beträgt etwa 1/10 desjenigen der Beschäftigten im

Erdölsektor; die reichsten 10% der Bev. verfügen über 40% der Gesamteinkommen und die untere Hälfte der Einkommensbezieher erreicht nur ca. 14% des Gesamteinkommens. 70% der ven. Bev. lebt unter dem Existenzminimum, 55% der Kinder unter 5 J. leiden an Unterernährung. Ein schier unlösbares Problem stellt die *Arbeitslosigkeit dar (über 30% der erwerbsfähigen Bev.). Ca. 700 000 Kinder im schulpflichtigen Alter müssen der Schule fernbleiben, um für ihren Lebensunterhalt und den ihrer Familie selbst aufzukommen. Der Fehlbestand an Wohnungen beträgt ca. 1 Mio. Einheiten und wird trotz Wohnungsbauprogramm weiter ansteigen.

6. Seit 1958 hat sich in V. ein Zweiparteiensystem verfestigt, bei dem sich seit 1963 AD und COPEI an der Macht abwechseln. Die 1961 in Kraft getretene 26. Verfassung des Landes hat die erste bislang funktionierende Präsidialdemokratie (mit Abgeordnetenkammer und Senat) eingerichtet. Den sieben Parteien bürgerl. Orientierung (sozialdemokrat. bis rechtsgerichtet) stehen eine Anzahl von Linksparteien gegenüber. Die älteste von ihnen ist der 1931 gegr. *Partido Comunista Venezolano* (PCV), der zusammen mit der AD-Abspaltung MIR (*Movimiento de la Izquierda Revolucionaria*) 1960–1965 den bewaffneten Guerillakampf führte. V. a. nach Scheitern der Guerrilla 1968 und der folgenden Befriedungspolitik ist die Linke in V. bislang keine konkrete Alternative geworden. Die *Gewerkschaften (ca. 5 000 Einzelgew., 1,5 Mio. Mitglieder) sind integrierter Bestandteil des ven. Machtkartells. Streiks werden meist gegen den Widerstand der Gewerkschaftsführung durchgeführt und Beteiligte werden von Militärgerichten abgeurteilt.

Lit.: O. Araujo, Venezuela. Die Gewalt als Voraussetzung der Freiheit, Frankfurt 1971; K. Lindenberg/D. Nohlen, Venezuela, in: HDW, Band 3, Hamburg 1976, S. 461 ff. kt

Vernacular

Engl. Begriff für Volkssprachen, die zugleich Muttersprachen und auch Landessprachen sein können. Volkssprachen unterscheiden sich von den sog. Kultursprachen dadurch, daß sie literaturlos oder noch literaturarm sind und sich dann auf eine Literatur beschränken, die im wesentl. nur der Grundschulbildung und der Erziehung zu pol. Bewußtsein dient. In höheren Schulklassen wird der Unterricht in einer der Kultursprachen erteilt. Die Unterscheidung und die mit ihr einhergehenden bildungspol. Folgen stehen im engen Zusammenhang der Kolonialherrschaft und der von ihr betriebenen Sprachen-, Kultur-, Assimilierungs- und Entfremdungspolitik. Seit der *Dekolonisation haben sich die Volkssprachen nur langsam in Richtung auf die Kategorie der Kultursprachen hin fortentwickelt. dn

Vereinigte Arabische Emirate

Die VAE sind ein Ölland, das aus einer Föderation rel. autonomer Teilstaaten mit traditionell-konservativer Sozialstruktur besteht. Beachtlich ist, daß die VAE ihren Ölreichtum in der Form von *Entwicklungshilfe auch anderen Ländern der Dritten Welt zugute kommen lassen.

1. Die VAE (Gesamtfläche ca. 84 T. qkm) entstanden 1971 durch den Zusammenschluß von Abu Dhabi (Fläche 75 T. qkm), Dubai (3 750 qkm), Scharjah (2 500 qkm), Fujairah (1 150 qkm), Umm al-Quawain (780 qkm), Ajman (250 qkm) und (Beitritt 1972) Ras al-Khaimah (1 625 qkm). Das Territorium der VAE ist wüstenhaft, etwa ⅔ sind Sandwüste. Weniger als 1,5% der Gesamtfläche der VAE können landw. genutzt werden. Die bedeutendste Oase des Landes ist die zwischen dem Sultanat Oman und dem Emirat Abu Dhabi geteilte Region von Buraimi und Al Ain (Datteln, Zitrusfrüchte, Mango, Bananen, Gemüse, Viehfutter, Korn). Ein Teil der Bev. der VAE lebt als Halbnomaden und kombiniert Dattelkulturen, Gartenbau und Weidewirtschaft mit Ziegen. Die Förderung von Erdöl (v. a. in Abu Dhabi) prägt die VAE in ihrem Charakter als Ölland.

2. Vom Mittelalter bis zu Beginn des 19. Jh.s war die heutige Küste der VAE Sklavenhandels- und Seeräubergebiet. 1820 schloß die brit. Ostindiengesellschaft einen Friedensvertrag mit dem primär für diese Piraterie verantwortlichen Stamm der Qawasim. 1893 übernahm GB auch den militär. Schutz der Emirate, die Scheichtümer sicherten zu, daß sie keiner ausländ. Macht – außer GB – erlauben würden, sich

auf ihrem Gebiet niederzulassen. 1968 wurde ein *„Federal Agreement"* über die Begründung einer Föderation durch 9 Emirate, einschl. Bahrein und Katar, unterzeichnet. Letztere beschlossen jedoch, als die Föderation 1971 verwirklicht wurde, vorläufig nicht beizutreten.

3. Die Bev. der VAE betrug nach der Volkszählung von 1975 insges. 655 937 Ew. (Abu Dhabi: 235 662 Ew./Ajman: 21 566 Ew./Dubai: 206 861 Ew./Fuiairah: 26 498 Ew./Ras al-Khaimah: 57 298 Ew./Scharjah: 88 188 Ew./Umm al-Quawain: 16 879 Ew.). Mit Ausnahme der Oase von Buraimi und Al Ain liegen nach wie vor alle wichtigen Siedlungspunkte an der Küste des Landes. Die mit dem Ölboom seit den 60er J. stattfindende Bev.-Explosion konzentriert sich auf die Städte Abu Dhabi mit Al Ain, Dubai und Scharjah, wo 77% der Gesamtbev. wohnen. Verantwortlich für das *Bev.-Wachstum ist der Zustrom von Einwanderern (Ungelernte und Facharbeiter) aus Pakistan, Oman, dem südl. Iran, Indien, anderen arab. Ländern und Europa. Der Anteil der Einheimischen an der Gesamtbev. ging von 1906 bis 1976 von 90% auf ca. 35–40% zurück. 70% der Bev. sind heute Arab. (10% Nomaden). Staatssprache ist Arab. Englisch ist als Verkehrssprache wichtig. Die Bev. bekennt sich zum Islam (95% Sunniten). Aus den Öleinnahmen wurden das Erziehungswesen (Schulpflicht seit 1972, fast allen Kindern wird der Schulbesuch ermöglicht), das Gesundheitswesen und andere *Infrastruktureinrichtungen ausgebaut.

4. Sozial bestimmend für die Gesellschaft der VAE bleiben trad. Stammesstrukturen. Daneben entwickelt sich eine neureiche einheim. Unternehmerschicht, die von der Vorschrift profitiert, daß alle ausländ. Unternehmer, die sich in den VAE niederlassen wollen, einen einheim. Partner haben müssen, der am Gewinn des jeweiligen Unternehmens zu beteiligen ist.

5. Die VAE sind eine Föderation weitgehend autonomer patriarchalisch-autokratischer Emirate. Die vorläufige Verfassung sieht einen Obersten Rat der Regenten der sieben Mitgl.staaten vor, aus deren Mitte der Präs. für fünf J. gewählt wird (z. Zt. Scheich Said Ibn Sultan an Nahjan, Herrscher von Abu Dhabi / Regierungschef: Raschid Bin Said al Maktum, Herrscher von Dubai). Im Obersten Rat haben Abu Dhabi und Dubai Vetorecht. Es besteht außerdem eine beratende Versammlung aus 40 Mitgl., die jeder Teilstaat ernennen oder wählen lassen kann. Abu Dhabi und Dubai haben je acht Vertreter, die anderen Staaten entsprechend ihrer Größe sechs oder vier.

6. Die Teilstaaten der VAE unterscheiden sich erheblich voneinander, sowohl hinsichtlich ihrer Fläche und der Zahl der Ew. als auch hinsichtlich ihres Wirtschaftspotentials. Die Gelder für die zentrale Verwaltung wurden bisher fast ausschließlich von dem ölreichen Abu Dhabi aufgebracht. Abu Dhabi, Dubai und Scharjah dominieren die VAE. Dubais Bedeutung liegt v. a. in seiner Funktion als Zwischenhandelsplatz, der mit einer entsprechenden Dienstleistungsindustrie verbunden ist. Für die VAE insgesamt ergeben sich dank des Zuwachses der Einnahmen aus Ölexporten keine Probleme bei der Finanzierung wirtsch. Vorhaben, ja, es ist den VAE sogar möglich, Staaten der Dritten Welt *Entwicklungshilfe zu leisten.

rs

Verschuldung

Die wachsende V. der EL gegenüber den IL ist eines der drängendsten Probleme der int. Wirtschaftsbeziehungen. Nach den Daten der *Weltbank belief sich die Gesamtverschuldung der EL 1979 auf 366 Mrd. US-$. Die Zunahme der V. betrug 1978 ca. 25%, 1979 ca. 12%. Das eigentliche Problem ist jedoch nicht das Volumen der V. – wie kurzschlüssig immer wieder gemeint wird –, sondern der Tatbestand, daß die durch Kapitalimport getätigten *Investitionen in EL nicht den Zuwachs an *Produktivität der Volkswirtschaft erbringen, der es gestatten würde, den anfallenden *Schuldendienst zu erfüllen. Dabei spielt auch eine Rolle, daß EL neben *öffentl. Hilfe in wachsendem Maße Kredite zu normalen Bedingungen auf dem privaten Kapitalmarkt in Anspruch nehmen und sich damit die Struktur des Kapitalimports zu ungunsten der EL veränderte. 1979 bestanden über 50% der *DAC-Leistungen an die EL in kurz- bis mittelfristigen Krediten zu kommerziellen Zinsen. Diese Kapitalaufnahmen führen zu enormen finanz. Belastungen der EL, denen sie nicht mehr gewachsen sind, wenn der Schuldendienstquotient, das Verhältnis von *Schuldendienst zu den Exporterlösen, einen kritischen Punkt erreicht. Er liegt bei 20,0%. Abhilfen bestehen in *Umschuldungen, in der Anpassung der *Kapitalhilfe der westl. IL an die Bedingungen des Kapitalbedarfs vor allem der *LLDCs und *MSACs und in einer Veränderung der Struktur der Kredite (mehr öffentl. Hilfe, weniger Eurokredite). Die BRD hat die Bedingungen der Kapitalhilfe für die ärmsten EL verbessert, ebenso wie die EG, *IDA und *IWF. Die EL haben auf der *UNCTAD V in Manila 1979 die rückwirkende Konditionenanpassung der Kapitalimporte aller ärmeren EL gefordert, d. h. Schuldenerlaß. Die Begünstigung eines EL bleibt jedoch entgegen dieser Forderung noch dem Geberland überlassen. Eine andere Lösung des Problems bietet der von der *Brandt-Kommission eingebrachte Vorschlag einer automatischen Kapitalübertragung von EL in Form einer nat. oder int. E.-Steuer.

Lit.: R. Duttweiler, Internationale Investitionsfinanzierung und Zahlungsbilanz – ein Beitrag zur Außenverschuldungsproblematik der Entwicklungsländer, Diessenhofen (Schweiz) 1978. dn

Vierte Welt

Unterschiedl. E.-Voraussetzungen in den EL haben in Verbindung mit unterschiedl. verlaufenden E.-Prozessen zu einer Differenzierung der *Dritten Welt in verschiedene Länderkategorien geführt. Unter der Vierten Welt sind besonders rohstoff-, kapital- und exportschwache EL zu verstehen, die am wenigsten entwickelt (nach dem *Weltbank-Kriterium liegt ihr *Pro-Kopf-Einkommen unter 300 US-$) und mit den *LLDCs identisch sind. Die nat. und int. E.-Politik entspricht der bes. Bedürftigkeit dieser EL durch Orientierung der E.-Hilfe an den *Grundbedürfnissen, durch Förderung von Programmen *ländl. E., durch unentgeltliche *Kapitalhilfe, durch Sonderpräferenzen im Handelsaustausch etc.

Der Begriffsbildung Vierte Welt liegt jedoch implizit die Vorstellung zugrunde, als sei UE ein Problem des E.-Standes, als befinde sich die von den ärmsten EL positiv abgesonderte Dritte Welt auf dem Weg zur Erreichung der v. a. wirtschaftl. Zieldaten von E. UE ist jedoch zuallererst ein Strukturproblem, das sowohl die ärmsten EL als auch die nach ökon. Kennziffern bereits fortgeschrittenen Länder betrifft. dn

Vietnam

Die größten Probleme, denen sich V. heute gegenübersieht, sind die Beseitigung der Schäden, verursacht von den beiden Indochinakriegen und der Auseinandersetzung mit China, die Finanzierung des Militärapparats des Landes und der in Kambodscha stationierten Truppen, die Schaffung einer einheitlichen Wirtschaftsstruktur N- und S-V.s, die Überwindung des Nord-Süd-Gegensatzes („korrumpierender" Einfluß des reicheren S-V.), die Sicherung der Nahrungsmittelversorgung und die Verbesserung des Lebensstandards der Bev.

1. Der N.V.s (Gesamtfläche V.s: 332 556 qkm) ist überwiegend bergig und mit dichtem Dschungel bewachsen, nur ca. 15–20% der Ges.fläche des ehemal. N-V. sind eben. Die meisten Nordvietnam. leben im Delta des Roten Flusses, einem der dichtestbesiedelten Gebiete der Erde. Die ständigen Überflutungen des niedriggelegenen Deltas, die ein weitverzweigtes Deich- und Kanalsystem nutzt, das günstige Klima und der fruchtbare Boden machen es zu einem hervorragenden Reisanbaugebiet. Seine Entsprechung findet es im Mekongdelta im S.V.s (40% der Ges.fläche des ehemal. S-V.). Im zentralen Hochland des S werden Kaffee, Tee, Tabak und Kautschuk angepflanzt, im zentralen Tiefland überwiegen Reisanbau, Fischfang und Kleinind.

2. 111 v. Chr.–939 n. Chr. unter direkter chines. Herrschaft, erhält das unabh. gewordene V. 3 pol. Schwerpunkte: Tongking (Hs Hanoi) im N, Annam (Hs Hué) im Mittelteil und Cochinchina (Hs Saigon) im S. Zwischen den Bev. des S und des N gab es seit dem 16. Jh. Spannungen, als der S begann, eine eigene Identität zu entwikkeln. Mehr als 2 Jh.e (1593–1802) blieben die Grenzen zwischen beiden Teilen geschlossen und wurden nur gelegentlich durch Armeen und Expeditionen durchbrochen. Die nat. Wiedervereinigung (1802) wurde ebenfalls militär. herbeigeführt und vom N nur widerwillig akzeptiert, da die spätere Nguyen-Dynastie aus dem S kam.

Im 19. Jh. wurde V. auf dem Hintergrund des erwachten europ. Interesses für einen Zugang zu China in das System der Kolonialherrschaft eingegliedert. Frankreich intervenierte 1858 und schloß bis 1887 V., Laos und Kambodscha in der franz. Indochines. Union zusammen. Der franz. *Kolonialismus förderte die trad. Nord–Süd-Rivalitäten. Für die armen Bauern V.s bedeutete er ein System doppelter Ausbeutung. Sie hatten Steuern an die Kolonialmacht zu entrichten und waren dem Wucher der Großgrundbesitzer ausgeliefert. Dazu kam die korrupte Willkürherrschaft der von der Kolonialverwaltung eingesetzten Mandarinatsbürokratie. Viele Bauern waren gezwungen, ihren Besitz zu verkaufen oder zu verpfänden. So entstand der Tagelöhner, der Kuli, der häufig auf *Plantagen im S angeheuert wurde. Die Oberschicht des Landes wurde durch die ökon. Privilegien des franz. Kapitals und die pol. Entmündigung zum gemeinsamen Widerstand auch mit sozialist. Strömungen angeregt. Im Juni 1940 nahm Japan V. unter eine Art Schutzherrschaft und entlastete Frankreich bei der Verwaltung des Landes. Als die Japaner am 9. 3. 1945 V. die Unabh. zurückgaben, brachen sie damit die japan.-franz. Vereinbarungen. Am 11. 3. kündigte der annamitische Kaiser Bao Dai den Protektoratsvertrag mit Frankreich von 1884 auf. Da dieser nur Annam und Tongkin betraf, blieb Cochinchina weiterhin unter ausländ., jetzt japan., Kontrolle. Kaiser Bao Dai trat am 25. 8., um einen Bürgerkrieg zu vermeiden, die Macht an den Vietminh (gegründet als antikolonial. *Befreiungsbewegung im Mai 1945, Vorläufer: u. a. Indochines. Kommun. Partei, gegr. 1930 von *Ho Chi Minh) ab.

3. Am 2. 9. 45 proklamierte Ho Chi Minh die Demokratische Republik V. (DRV). Diese wurde im März 1946 zwar von Frankreich anerkannt, im 1. Indochinakrieg (1946–54) versuchte die ehem. Kolonialmacht jedoch, die eingetretenen Entwicklungen zu revidieren. Den Angriff auf den N verbanden die Franzosen mit dem Versuch, im S eine einheim. Gegenregierung zu installieren. Kaiser Bao Dai ließ sich dazu überreden, 1949 feierlich auf seinen Thron zurückzukehren. Nach der militär. Niederlage der Franzosen bei Dien Bien Phu wurde auf der Genfer Indochinakonferenz der 17. nördl. Breitengrad als Demarkationslinie zwischen N-V. und S-V. festgelegt und damit die völkerrechtl. Grundlage für die getrennte E. beider Landesteile geschaffen, die auch auf das trad. Regionalbewußtsein im N und S aufbauen konnte. Während der gesellschaftl. Umbau und der wirtsch. Aufbau der DRV unter Führung Ho Chi Minhs und unterstützt von der UdSSR und der VR China nach marx.-len. Kriterien erfolgte (Einparteiherrschaft, Zentralismus, Planwirtschaft), lösten im S die USA Frankreich schnell als bestimmenden Machtfaktor ab. 1955 stürzte der Diktator Ngo Dinh Diem den Kaiser und übernahm die Präsidentschaft des zur Republik ausgerufenen Staates. Als demokrat. Fassade erhielt S-V. ein J. später eine an der amerik. Präsidialdemokratie ausgerichtete Verfassung. Der durch massive amerik. Hilfeleistung (seit 1958 finanzierten die USA weit mehr als die Hälfte des Haushalts S-V.s) einsetzende wirtsch. Aufschwung kam jedoch lediglich der alten Oberschicht und US-amerik. Interessen zugute. Die *Agrarreform von 1956 beseitigte die Not der Bauern nicht. Die Großgrundbesitzer (2% der Bev.) besaßen weiterhin 45% des kultivierbaren Bodens. Die überproportionale Repräsentation der Katholiken in der Regierung förderte die buddhistische Opposition. Nach dem Sturz Diems 1963, an dem die *CIA nicht unbeteiligt war, kam es zu einer Reihe von Staatsstreichen und Regierungswechseln und einer immer stärkeren Einbindung der Armee in die Regierung. Dies war logische Folge der wachsenden innersüdvietnam. bewaffneten Auseinandersetzungen im 2. Indochinakrieg (Vietnamkrieg). Von der Bev. unterstützt eroberten die *Guerilla der Nat. Befreiungsfront (NLF/Vietkong) weite Teile S-V.s und attackierten im Jan. 1968 auch die großen Städte (*Tet*-Offensive). Die USA, die bis zum Dez. 1966 400 T. Mann in S-V. stationierten, sahen sich zum einen wachsenden weltweiten Protesten gegen ihr militär. Engagement gegenüber, zum anderen wurde die Erfolglosigkeit ihres brutalen militär. Vorgehens offensichtlich (Bombardisierung N-V.s „in die Steinzeit“, Entlaubung und Vergiftung riesiger Flächen des Landes, Einsatz von Napalm-

und Splitterbomben). Seit 1968 trafen sich die am Konflikt Beteiligten zu Friedensgesprächen in Paris, die 1973 mit einem Waffenstillstandsabkommen beendet wurden. Die USA begannen ihren militär. Rückzug und änderten die Form ihrer Unterstützung des Saigoner Regimes (Vietnamisierungspolitik). Der Konflikt war damit jedoch nicht zu beenden. 1975 überrannte die Armee N-V.s Saigon und stellte die Einheit V.s wieder her (2. 7. 76: Sozialistische Rep. V.).

4. Anstrengungen für den Wiederaufbau des Landes lehnten sich nach anfänglichem Einräumen einer Sonderstellung S-V.s und Auseinandersetzungen an der Spitze der Kommun. Partei V.s (KPV) um die Hinwendung zur UdSSR oder zur VR China zunehmend an das Moskauer Modell an. Die Sowjetunion und andere Mitglieder des RGW, dem V. 1978 beitrat, liefern Waffen und Ausrüstungsgegenstände. China unterstützte das benachbarte Kambodscha, das sich u. a. wegen des Hegemoniestrebens V.s in Indochina (enge Anbindung von Laos an V.) immer mehr von V. entfremdete. Wirtsch. und pol. Maßnahmen gegen die große Bereiche des kapital. strukturierten Handels und Gewerbes S-V.s dominierende starke chines. Minderheit, die folgenden Emigrationswellen (*Boat People*-*Flüchtlinge), der Streit um Inseln in ölhöffigen Bereichen des Südchines. Meeres und der Abschluß eines Freundschafts- und Kooperationsvertrages V.s mit der UdSSR (3. 11. 78) verstärkten den chines.-vietnam. Konflikt, der nach der Besetzung Kambodschas durch vietnam. Truppen Anfang 1979 in kriegerische Auseinandersetzungen eskalierte. Vom 17. 2. 79 bis zum 5. 3. 79 dauerte die chines. „Strafaktion" gegen V., in deren Verlauf chines. Truppen einen 20–25 km breiten Grenzstreifen im N V.s besetzten und zahlreiche Grenzorte zerstörten.

5. Die Bev. V.s wurde 1978 auf 49,89 Mio. Ew. gesch. Mehr als ½ Mio. dürfte heute in Flüchtlingslagern im Ausland leben. Hs ist Hanoi (1976 gesch. 1 443 500 Ew.), Saigon (3 460 000 Ew.) wurde 1976 in Ho-Chi-Minh-Stadt umbenannt. Der Mahajana-Buddhismus ist der dominierende religiöse Glaube, daneben gibt es eine starke kath. Minderheit (insges. 5–6 %, zu ⅔ im S) und Taoisten, Konfuzianer und Anhänger zahlreicher Sekten. Vietnamesisch ist Staatssprache, Handels- u. Bildungssprache ist z. T. Franz., im S auch Englisch. 83 % der Bev. V.s sind Vietnamesen (Kinh), daneben gibt es kleine siamochines. Volksgruppen und eine bedeutende (früher 2–3 %), heute allerdings dezimierte, chines. Minderheit.

6. Am 25. 4. 76 wurden in eine ges.vietnam. Nat.versammlung mit Einheitslisten 492 Abgeordnete gewählt (249 aus N-V., 243 aus S-V.). Die entscheidende Kraft des Landes ist die KPV (Generalsekretär Le Duan), Regierungschef ist MP Pham Van Dong.

Lit.: H. U. Luther, Der Vietnamkonflikt, Berlin 1969; R. R. Turner, Vietnamese Communism, Stanford 1971; H. Dohmen, Vietnam, in: HDW, Band 4, Hamburg 1978, S. 733 ff. rs

Wachstumstheorien

Auch ökon. *Entwicklungstheorien; die von den Wirtschaftswissenschaftlern unterbreiteten E.-Theorien, die sich v. a. auf den Aspekt wirtsch. Wachstums konzentrieren, das als fast identisch mit dem *Entwicklungsbegriff angesehen wird. Ausgehend von **circulus vitiosus*-Vorstellungen und der Annahme, daß UE ein Stadium gesellschaftl. E. auf dem Wege von der Tradition zur Moderne sei, wird E. wesentlich als ein Problem des Volumens und der Allokation von *Investitionen begriffen. Der Kapitalschub (**big push*) bewirke eine Dynamisierung der EL-Ökonomien und die erforderlichen Wachstumseffekte in Zielrichtung auf ein sich selbst tragendes Wachstum, das mit dem Stadium des **take-off* erreicht wird. Die Zieldaten wirtsch. Wachstums werden mit *Sozialprodukt-Größen (BSP, BIP) und ihren für notwendig erachteten jährl. Steigerungsraten (in %) angegeben. Sie dienen auch dazu, den Erfolg der E.-Maßnahmen zu messen. Insbes. das *Pro-Kopf-Einkommen und seine JZ wurden zu *Indikatoren für E.-Stand und E.-Fortschritt.

Kontroversen innerhalb der WT beschränken sich im wesentlichen auf: 1. den Einsatzort der Finanzmittel, ihre Allokation (**balanced* oder **unbalanced growth*) regional oder sektoral, konzentriert oder ausgewogen; 2. die Höhe der Kapitalmenge;

diese Frage bestimmt auch die Allokation der Mittel mit; 3. die gesellsch., kulturellen und pol. institutionellen Voraussetzungen für wirtsch. Wachstum, die im Zusammenhang der Theorien des *sozialen Wandels thematisiert wurden und die Wirtschaftswissenschaftler zu berücksichtigen begannen, als die erwarteten Wachstums- und E.-Erfolge ausblieben. Wirkliche Verteilungsfragen interessieren die WT nur am Rande, da sie auf die dynamisierenden Wirkungen wirtsch. Wachstums für Kaufkraft und Lebensstandard der Bev. vertrauen und von *_trickle down_-Annahmen ausgehen. 4. Binnenmarkt- oder Exportorientierung, *Importsubstitution oder *internationale Arbeitsteilung (Weltmarktintegration), die in der Regel zugunsten der klassischen Außenhandelstheorie, festgemacht am Theorem der *komparativen Kosten, entschieden wird.

Lit.: A. O. Hirschman, The Strategy of Economic Growth, New Haven 1958; W. W. Rostow, The Stages of Economic Growth, Cambridge 1960; B. Fritsch (Hrsg.), Entwicklungsländer, Köln–Berlin 1968; M. Bohnet (Hrsg.), Das Nord-Süd-Problem, 3. Aufl. München 1974. dn

Warenhilfe

Teil der *Kapitalhilfe an EL, die nicht projekt- oder programmgebunden ist, zur laufenden Finanzierung des Einfuhrbedarfs an zivilen Gütern und Leistungen (für die Instandhaltung, die Ingangsetzung, den Betrieb und die Erweiterung bestehender Produktionsanlagen). Im Zuge der Dynamisierung der Formen der Kapitalhilfe vergibt die BRD seit 1975 auch projekt- und programmgebundene Warenhilfe, sofern ein geeigneter Projekt- oder Programmträger im EL existiert. 1978 erreichte die Warenhilfe der BRD 637 Mio. DM, sie macht 24% der Kapitalhilfe aus; projekt- und programmgebundene Warenhilfe: 135 Mio. DM, 5%. Unterschied: →Projekthilfe. dn

WCARRD

Weltkonferenz über *Agrarreform und *ländl. Entwicklung (*World Conference on Agrarian Reform and Rural Development*), von der *FAO einberufen, tagte vom 12.–20. Juli 1979 in Rom. dn

WCC

Weltkirchenrat, od. Ökumenischer Rat der Kirchen (*World Council of Churches*), gegr. 1948, Sitz: Genf; Mitgl.: 286 nichtkath. christl. Kirchen und Hilfswerke aus über 100 Ländern: *Aufgabe:* Verbreitung des Evangeliums und des christl. Glaubens in der Welt; Zusammenarbeit unter den Mitgl.-Kirchen und -Organisationen; Förderung der Missionen. dn

WFC

Welternährungsrat (*World Food Council*), 1974 auf der *Welternährungskonferenz gegr., seit 1975 tätig, Sitz: Rom; Mitgl. 133 Länder und zahlreiche int. Organisationen; Exekutive: 36 nat. Vertreter wechselnd im 3-Jahres-Rhythmus. Der WFC ist höchstes Organ und zentrales Steuerungsinstrument der Welternährungspolitik der *UN. *Aufgaben:* Analysen und Erklärungen zur Welternährungslage; Lenkung der Nahrungsmittelproduktion im weltweiten Maßstab; Unterstützung der UN-Hilfsprogramme (→WFP). dn

WFP

Welternährungsprogramm (*World Food Programme*), gegr. 1961 im Rahmen der *FAO auf Beschluß der *UN-Vollversammlung, seit 1963 tätig, Sitz: Rom; wichtigstes Instrument zur Bekämpfung akuter Hungersnöte. Das WFP verfügt über einen eigenen Fonds (45 Mio. US-$), eine Notreserve von 500 000 t Getreide und kann weitere Nahrungsmittelreserven von 1,3 Mio. t Getreide aufgrund von Verträgen mit Geberländern einsetzen. Hilfsvolumen 1979/80: 950 Mio. US-$. dn

Weltbank (IBRD)

Int. Bank für Wiederaufbau und Entwicklung, im Rahmen der Beschlüsse von Bretton Woods Juli 1944 konzipiert, Dez. 1945 gegr., Sitz Washington D.C. *Aufgabe:* Kapitalbeschaffung für langfristige *Investitionen für den Wiederaufbau (nach dem II. Weltkrieg; diese Aufgabe ist inzwischen entfallen) und in den EL. Unterstützung der wirtsch. E. der Mitgl.-Staaten durch Erleichterung von Kapitalinvestitionen für produktive Zwecke; Förderung von

*Direktinvestitionen durch Garantieübernahmen oder Mitbeteiligung an Projekten; Unterstützung des int. Handels und des Gleichgewichts der Zahlungsbilanzen. Mitgl. der Weltbank können nur Mitgl. des *Int. Währungsfonds (IWF) sein, die sich dessen währungspol. Verpflichtungen unterstellen (1946: 38, 1956: 58; 1966: 103; 1979: 134 Mitgl.). Nicht-Mitgl. ist die Sowjetunion; Austritte: Polen 1950, CSSR 1954, Kuba 1960. Hingegen gehören Jugoslawien, Rumänien, Vietnam, Kambodscha und Laos der Weltbank an. *Organe:* Oberstes Gremium ist der Rat der Gouverneure (und ihrer Stellvertreter), die von den einzelnen Mitgl.-Staaten entsandt werden; jährl. Tagungen, zumeist in Washington. Die Stimmanteile der Gouverneure sind nach dem jeweiligen Kapitalanteil der Mitgl.-Staaten gewichtet. Jedes Land hat 250 Stimmen zuzüglich einer Stimme für jede in seinem Besitz befindliche Aktie. Auf diese Weise besitzen die westl. IL eine Stimmenmehrheit im Gouverneursrat. Die Stimmenanteile folgender Länder beliefen sich zum 30. 6. 1979 auf: USA 21,48 %; GB 8,12 %; BRD 5,52 %; Japan 4,26 %; Frankreich 4,03 %; Kanada 3,52 %; den höchsten Stimmenanteil eines EL besitzt Indien mit 3,58 %, das zu den großen Kreditnehmerländern der Weltbank gehört. Exekutivrat (*Board of Directors*), bestehend aus 20 Direktoren, von denen 5 von den Staaten gestellt werden, die die höchsten Kapitalzeichnungen aufweisen; 15 von den restl. 129 Staaten für eine Amtszeit von 2 J. gewählt werden. Stimmengewichtung: jeder ernannte Direktor hat die Stimmenzahl des Landes, das ihn bestellt hat; jeder gewählte Direktor verfügt über die Gesamtzahl der Stimmen der Mitgl., deren Stimmen bei seiner Wahl angerechnet wurden. Die 5 größten Anteilseigner vereinigten 1979 ein Stimmenpaket von 43,41 % auf sich. Der Exekutivrat wählt den Präs. der Weltbank. Er soll vereinbarungsgemäß ein US-Amerikaner sein. Die bisherigen 5 Präs. waren dies. Der gegenwärtige Präs., Robert McNamara, wurde April 1968 gewählt.
Finanzierung: Zu unterscheiden sind 3 Quellen: 1. das eingezahlte Kapital der Mitgl.; 2. Kreditaufnahmen; 3. Nettoeinnahmen aus den Transaktionen (die Weltbank erhebt eine Provision von 1 %). Die wesentl. Finanzierungsquellen sind Schuldverschreibungen gegenüber Regierungen und privaten Banken. Die regionale Struktur der Anleihen hat sich stark gewandelt. War zunächst der US-amerik. Kapitalmarkt vorherrschend, so stießen in den 60er J. der europ. und der japan. Kapitalmarkt hinzu (insbes. die deutsche und die japan. Zentralbank). In den 70er J. haben die devisenreichen *OPEC-Länder einen erheblichen Teil der Schuldverschreibungen der Weltbank entgegengenommen (so 1975 einen Anteil von 52 % oder 1,8 Mrd. US-$) und dabei eine Kapitalanlage vorgenommen, die zu den sichersten der Welt gehört. Es ergibt sich jedoch die Situation, daß sowohl die Nehmerländer, d. h. die EL, als auch mehrheitlich die Geberländer, d. h. eine Gruppe der EL in den Organen der Weltbank nur eine pol. untergeordnete Rolle spielen.
Kreditvergabe: Da die Weltbank Kapital auf den int. Kapitalmärkten aufnimmt, kann sie es nur in Darlehen zu kommerziellen Bedingungen wieder zur Verfügung stellen. Die Zinsen betragen ca. 8 % bei einer Tilgungszeit von 10–15 J. Die Vergabe unterliegt strengen Maßstäben. Gefördert werden überwiegend einzelne Projekte, die gründlich untersucht werden, bevor eine Zusage erfolgt, und die während der Abwicklung ständig überprüft werden. Auch wird die Vergabe von Krediten an EL von Bewertungen der gesamtwirtsch. Situation eines EL abhängig gemacht. Dabei ist nicht von der Hand zu weisen, daß neben rein ökon. Kriterien (etwa volkswirtsch. Bedeutung des Projekts, Prognose der Möglichkeiten der Kreditrückzahlung) auch pol. Motivationen in die Entscheidungen der Weltbank einfließen, die ökon. zu verschleiern versucht werden. Auch tritt – sicherlich nicht ungewollt – ein gleiches Verhalten von bi- und multilateraler Kapitalhilfe zutage, daß ein EL entweder mit Zusagen von Weltbankkrediten, US-Wirtschaftshilfe und Krediten US-amerik. Banken rechnen kann, oder eben von keiner Seite. Sektoral konzentrierten sich die Kreditzusagen zunächst auf *Infrastrukturmaßnahmen (Verkehrswege, Staudämme etc.; Assuan zu finanzieren lehnte die Weltbank jedoch ab). Seit Mitte der 60er J. ist eine ausgewogenere Streuung festzustellen, verbunden mit einer

seit Mitte der 70er J. propagierten Förderung von Investitionen, die den ärmsten Bev.-Schichten zugute kommen (Erarbeitung integrierter Schwerpunktprogramme für die Ärmsten auf dem Lande 1973 und in den Städten 1975). Allerdings sind die Kreditkonditionen der Weltbank nicht gerade geeignet, den ärmsten Ländern und ihren Bedürfnissen und Möglichkeiten entgegenzukommen. Die Weltbanktochter *IDA hat hier eine wichtige Aufgabe übernommen.

Hervorzuheben sind die *Beratungstätigkeit* der Weltbank sowohl nat. in Projekte von EL eingebunden als auch int. in verschiedenen entwicklungspol. Institutionen, und die inzwischen ausgedehnte Analysetätigkeit. Die Weltbankberichte bilden wichtige Informationsgrundlagen für die int. entwicklungspol. Diskussion, insbes. der von ihr vorgelegte Weltentwicklungsbericht.

Lit.: R. McNamara, Die Jahrhundertaufgabe – Entwicklung der Dritten Welt, Stuttgart 1974; R. Tetzlaff, Die Weltbank. Funktionsweise, Machtverhältnisse und pol. Bedeutung für die Dritte Welt, in: APuZ 42/1978. dn

Weltbevölkerungskonferenz

Von den *UN einberufen, bisher Rom 1954, Belgrad 1965, Bukarest 1974. Insbes. mit der 1974er Konferenz sind Bevölkerungsfragen zum Gegenstand int. Politik geworden. Anerkannt wurde 1., daß Bev.-Politik in enger Verbindung steht mit dem Ziel der Verbesserung der Lebensqualität der Bürger eines Landes; 2., daß *Familienplanung eine soziale Investition sei; 3. der Grundsatz, daß ein Staat souverän sei bei der Formulierung seiner Bev.-Politik. Die 3. Konferenz verabschiedete einen Weltbev.-Aktionsplan mit folgenden Zieldaten bis 1985: Senkung der JZ der Bev. in den EL von 2,4 auf 2,0, in der Welt insges. von 2,0 auf 1,7 % (IL 0,8 auf 0,7 %); Erhöhung der LE von 62 auf 74 J., d. h. eine Steigerung in LA um 12 J., in Asien um 17 J. und in Afrika um 28 J.; Senkung der Geburtenrate in den EL von 38 auf 30 pro T. (in den IL liegt sie bei 15 pro T.). Die Bev.-Entwicklung soll alle 5 J. anhand des Aktionsplans überprüft, der Plan selbst ggfs. vom *ECOSOC korrigiert werden. →Bevölkerung dn

Welternährungskonferenz

Angesichts wachsender Defizite in der *Ernährung der Weltbev. von den *UN (speziell dem *ECOSOC) auf Anregung des US-Außenmin. H. Kissinger und des algerischen Präs. H. Boumedienne als damaligem Sprecher der *Blockfreien und Empfehlung der *FAO eingerichtet, Nov. 1974 nach Rom einberufen. Tagte in 3 Kommissionen: Produktionsförderung, Nahrungsmittel-und Katastrophenhilfe, Weltagrarhandel. *Ergebnisse:* 1. Deklaration zur Beseitigung von Hunger und Fehlernährung. Betont Notwendigkeit der a) Steigerung der Nahrungsmittelproduktion in EL, d. h. Eigenanstrengungen der EL inklusive *Agrarreform und Ausbau der ländl. *Infrastruktur; b) Verbesserung der Ernährungslage bes. gefährdeter Bev.-Teile (*Frauen, v. a. stillende Mütter, Klein- und Schulkinder); c) Sicherung der Welternährung durch Nahrungsmittelhilfe von seiten der IL und Vorratslagerhaltung; d) Ausweitung der Exportmöglichkeiten der EL im Agrarbereich. 2. Einrichtung des Agrarentwicklungsfonds *IFAD. 3. Einrichtung des Welternährungsrates *WFC. 4. Anerkennung des vorrangigen Stellenwerts des Agrarsektors im E.-Prozeß.

Lit.: Welternährung, in: Entwicklungspolitik, Materialien Nr. 59, hrsg. vom BMZ, Bonn 1977. dn

Welt-Umweltkonferenz

Von den *UN 1972 in Stockholm abgehalten; unter den 113 teilnehmenden Ländern fehlten wegen Ausschlusses der DDR die UdSSR, Polen, Ungarn und die Tschechoslowakei. Zentrales Thema war das Verhältnis von Umwelt und Entwicklung, wobei bereits die Definition von Umwelt umstritten war und von den EL nicht allein auf Natur und Landschaft eingegrenzt belassen blieb, sondern auch Hunger und Elend in der Dritten Welt umfaßte. Die EL befürchteten eine durch die *ökologischen Grenzen des Wachstums begründete Verringerung der E.-Möglichkeiten ihrer Volkswirtschaften und wandten sich deshalb gegen die von Wissenschaftlern in die Debatte geworfenen Vorstellungen von Nullwachstum und qualifiziertem Wachstum. Letztlich blieb ihnen dieser Konflikt erspart, da auch die Vertreter von Wirt-

schaft und Staat der IL Wachstum und ind. E. forderten. Die wirtsch. Interessen der Ländergruppen setzten sich in den Empfehlungen der Konferenz weitgehend zu Lasten einer wegweisenden Umweltpolitik im Weltmaßstab durch.
In der Deklaration zur menschlichen Umwelt wurden folgende Punkte hervorgehoben: 1. *Ressourcen vorsichtiger nutzen; 2. giftige Stoffe nicht länger der Umwelt überlassen; 3. Berücksichtigung ökologischer Gesichtspunkte bei *Industrialisierung und E.-Politik; 4. Int. Informationsaustausch und Kooperation auf allen Ebenen; 5. E.-Prozeß in EL soll Hunger und Elend beseitigen; 6. Umweltschutzmaßnahmen dürfen E.-Möglichkeiten in EL nicht einschränken. Für die kontinuierliche Befassung mit Umweltfragen wurde das *UNEP gegründet. dn

Westminster-Modell

Verfassungsmodell, das an der englischen Verfassung orientiert ist, also parl. Regierung, Mehrparteiensystem, rel. Mehrheitswahl in Einerwahlkreisen beinhaltet. GB versuchte, in den aus seiner Kolonialherrschaft entlassenen Staaten das Westminster-Modell durchzusetzen, wobei die andersartigen sozio-ökon. und pol.-kulturellen Voraussetzungen in den EL kaum bedacht wurden. Die Funktionsfähigkeit des Westminster-Modells ließ denn auch sehr zu wünschen übrig. dn

Westsahara

Aufgrund eines Abkommens, das im Nov. 1975 zwischen Spanien, Marokko und Mauretanien in Madrid geschlossen wurde, zogen sich die span. Truppen bis Ende Februar 1976 aus dem früheren span. Kolonialgebiet W. zurück. Marokko und Mauretanien einigten sich auf eine gemeinsame Verwaltung des Landes; das von der *UN geforderte Selbstbestimmungsreferendum, in dem die Bev. der W. selbst über ihre Zukunft bestimmen sollte, fand nicht statt. Durch die Teilung der W. kam Marokko in den Besitz der reichen Phosphatlager des Landes, den zweitgrößten der Welt, an deren Ausbeutung es Mauretanien beteiligte. Seit etwa 1973 machten sahar. *Befreiungsbewegungen durch Attentate und *Guerilla-Aktionen vermehrt von sich reden. Die v.a. von Algerien (Zugang zum Atlantik) unterstützte „Volksfront für die Befreiung von Seguia el Hamra und Río de Oro“ (F. POLISARIO/Führer: Mohammed Abdelasis/Gen.-Sekret.: Mustafa Sajid/Stärke ca. 10 T. Mann) rief nach Abzug der Spanier am 28. 2. 76 die „Demokrat. Arab. Republik S.“ aus, die bis Anfang 1980 von 36 Staaten anerkannt wurde. Der Zermürbungskrieg der POLISARIO und die innenpol. Probleme des Landes veranlaßten Mauretanien, am 5. 8. 79 mit der POLISARIO einen Friedensvertrag zu unterzeichnen und auf das annektierte Gebiet zu verzichten. Marokko erkennt diesen allerdings nicht an und erhebt nun Anspruch auf die ganze W. Das marokkan. Parlament erhöhte am 30. 8. 79 die Zahl seiner Sitze um 3 für die W. 1980 haben die bewaffneten Aktionen der POLISARIO noch an Schlagkraft gewonnen und greifen auch auf marokkan. Staatsgebiet über.

Lit.: M. O. Hinz: DARS – Ein Volk kämpft für seine Freiheit, Bonn 1978 rs

WHO

Weltgesundheitsorganisation (*World Health Organization*), gegr. 1948, Sonderorganisation der *UN, Sitz Genf, 1979: 152 Mitgl.-Länder. *Ziel:* „Allen Völkern der Erde ein Höchstmaß an Gesundheit bringen.“ Dem dienen Programm und Arbeit der WHO in den Bereichen: 1. Seuchenwarndienst; 2. Rauschmittelbekämpfung, 3. Standardisierung von Heilmitteln; 4. Int. med. Forschung; 5. Ausrottung von *Massenkrankheiten (Malaria); 6. Ausbildungshilfe von med. Personal; 7. Tagungen med. Experten; 8. Einzelprojekte: Unterstützung nat. Maßnahmen in Planung und Durchführung des Aufbaus von Gesundheitsfürsorge. Organe: Vollversammlung aller Mitgl., jährl. tagend; Exekutivrat: 24 Sachverständige, auf 3 J. von den Regierungen ernannt, zweimal jährl. tagend; Sekretariat, Generalsekretär.
Besondere Erfolge verzeichnete die WHO in der Bekämpfung von Seuchen. Hingegen konnte sie keinen entscheidenden Beitrag zum Abbau der zwischen den Ländern und innerhalb der Länder (Stadt/Land-Gefälle) höchst ungleichen Versorgung der Bev. mit

gesundheitl. Diensten (Ärzte, Krankenhäuser etc.) leisten. Die 1973 beschlossene neue WHO-Strategie berücksichtigt diesen Sachverhalt. dn

Wirtschaftssektoren

Aufteilung einer Volkswirtschaft in: 1. Primärsektor: *Grundstofferzeugung (Landw., Bergbau); 2. Sekundarsektor; auch Industrie- oder gewerblicher Sektor: Ind. Fertigung (Konsum- und *Investitionsgüterindustrien); 3. Tertiärer Sektor: Verwaltungs- und Dienstleistungsbereiche, Handel, Versicherungen, Kommunikation. In den meisten EL empfiehlt es sich, noch einen weiteren Sektor zu unterscheiden: den Subsistenzsektor oder die *Subsistenzwirtschaft; sie geht in die auf monetärer Basis erstellte volkswirtsch. Gesamtrechnung (→Sozialprodukt) nicht ein. dn

Wohnen

Die Verschlechterung der Lebensbedingungen auf dem Lande hat in den meisten EL die * Landflucht großer Teile der Bev. hervorgerufen, die rasche *Urbanisierung bewirkt und in den Städten sowie deren Umland zu einem enormen Anwachsen von Slums und unkontrollierten Siedlungen aus Primitivstbehausungen (Stroh, Wellblech, Bretter etc.) geführt, in denen sich *marginalisierte Stadtbev. und arbeits- und wohnungssuchende Zuwanderer unter menschenunwürdigen Wohnverhältnissen zusammendrängen. Wohnraumenge und das weitgehende Fehlen von öffentl. Dienstleistungen (Wasser, Abwasser, Müllabfuhr, Transport, Schulen, Krankenhäuser) machen diese Elendsquartiere zu Explosionsherden sozialer Konflikte (Kriminalität) und beeinträchtigen die psychische und körperliche *Gesundheit der Bewohner.

30% der Menscheit leben derzeit unter Wohnverhältnissen, die zu einer unmittelbaren Beeinträchtigung der Gesundheit führen, überwiegend in EL. Das Ausmaß des Problems wird zahlenmäßig im Anteil der Slumbewohner an der ges. Stadtbev. einiger Metropolen der EL deutlich: Caracas 40%, Mexico City 46%, Bogotá 60%, Addis Abeba 90%. Die Befriedigung des elementaren *Grundbedürfnisses des Menschen nach menschenwürdiger Unterkunft, das nicht nur eine urbane Erscheinung ist, sondern integraler Bestandteil auch der katastrophalen Lebensverhältnisse auf dem Lande, wird im Rahmen der Int. Strategie für die zweite *Entwicklungsdekade als wichtiges Element sozialer *Entwicklung verstanden und war Thema der *UN-Konferenz *HABITAT (1976), bei der zahlreiche Lösungsvorschläge zur Überwindung der vielfältigen Probleme erarbeitet wurden. ah

Zahlungsbilanz

Wertmäßige Gegenüberstellung aller außenwirtsch. Transaktionen eines Landes in einer bestimmten Periode, systematisch erfaßt und untergliedert nach Teilbilanzen, z. B. *Handelsbilanz (= Ausfuhren, Einfuhren sowie Transithandel), *Dienstleistungsbilanz; Kapitalbilanz (Kreditnahme/-gabe, Verbindlichkeiten/Forderungen, Gold- und Devisenabfluß/-zufluß); Devisenbilanz (Veränderungen der Währungsreserven eines Landes). dn

Zaire

Der ressourcenreiche *AKP-Staat Z. hat es unter Mobutu nicht vermocht, die dringendsten Probleme der Bev.-Mehrheit (Unterernährung, *Analphabetismus) auch nur in Ansätzen zu lösen. Opposition wird mit blutiger Repression beantwortet. International hat Mobutu es allerdings verstanden, dennoch Unterstützung (z. B. durch franz. und belgische Truppen) und Anerkennung (Papstbesuch 1980) zu finden.

1. Z., im zentralafrikan. Kongobecken gelegen, ist mit 2 345 400 qkm der drittgrößte afrikan. Staat. Das vollständig in der Tropenzone gelegene Land erstreckt sich über verschiedene Klimazonen. Abgesehen von kleinen Gebieten ist Z. landw. nutzbar (landw. genutzte Fläche etwa 25%, Waldfläche um 40%). Etwa die Hälfte der landw. genutzten Fläche dient dem Anbau der vornehmlich für die *Subsistenz notwendigen Produkte (Maniok, Mais, Bananen). *Plantagen, v. a. im NO und O des Landes, liefern den Großteil der agrar. Exportgüter wie Palmöl, Baumwolle, Kaffee und Kautschuk. Wichtigster Wirtsch.-Sektor ist der Bergbau im S und SO (Kasai, Shaba). Z. ist der größte Kobalt- und Indu-

striediamantenproduzent der Welt. Diese und andere Ressourcen wie Kupfer, Zinn-, Mangan- und Zinkerze, Uran, Kohle oder Erdöl werden nur z. T. ausgebeutet.
2. Die sich seit dem 18. Jh. verstärkende Penetration des zentralafrikan. Raumes durch europ. Kaufleute und christl. Missionare fand im späten 19. Jh. ihren Abschluß in der Durchquerung des Kongobeckens durch H. Stanley. Er gründete i. A. des belg. Königs europ. Handelsniederlassungen, ehe 1885 der Kongo (das heutige Z.) als „Freistaat Kongo" quasi Privatbesitz von König Leopold II. wurde. Er vererbte seinen Besitz 1908 als *Congo belge* an den belg. Staat. Die belg. Kolonialdoktrin, der sog. Paternalismus, schloß eine pol. *Partizipation der Afrikaner bis in die 50er J. aus. Die christl.-missionarischen Aktivitäten korrespondierten mit der Paternalismuspol.: Heranbildung von Personal für den eigenen Bedarf und Ausbildung von afrikan. Hilfskräften für Verwaltung, Militär und Wirtsch. Als Z. 1960 unabh. wurde, gab es weder einen autochthonen Arzt noch Ingenieur.
1958 brachen – für Belgien überraschend – heftige pol. Unruhen in einigen urbanen Zentren Z.s aus. Nach Versuchen, die „Kolonialkrise" durch Hinhaltetaktik gegenüber den afrik. *Evolués* zu lösen, mußte Belgien in der *Table Ronde Politique* Anfang 1960 einer provisorischen Verfassung für den Kongo und der Unabh. der Kolonie für den 1. Juli des gleichen Jahres zustimmen. P. E. Lumumba, Führer des bei den 1. Parlamentswahlen als stärkste Partei hervorgegangenen *Mouvement National Congolais,* wurde zum MP der „Demokrat. Republik Kongo" gewählt. Als die Kupferprovinz Shaba (Katanga), deren Wirtsch.-Kraft rund 60% des kongol. Haushalts deckte, ihre Sezession erklärte, stand die junge Republik vor ihrer Auflösung. Die internen Konflikte (Bürgerkrieg, weitere Sezessionen und Rebellionen) und die Anwesenheit von zeitweise fast 20 T. *UN-Truppen in Z. führten dazu, daß das Land bis Mitte der 60er J. einen ständigen pol. Krisenherd bildete.
3. Mit einer Bev. von 1978 (gesch.) 27,75 Mio. gehört Z. zu den volkreichen Ländern Afrikas. Die Bev.-Dichte ist mit ca. 11 Ew./qkm recht gering. Weite Teile des zentralen Z.-Beckens, aber auch Shaba, sind nur dünn besiedelt. Demgegenüber weisen die Randzonen im S und N bis zu 150 Ew./qkm und die Provinz Bas-Z. mit der Hs Kinshasa über 50 Ew./qkm auf. Der *Urbanisierungsgrad liegt bei etwa ⅓ und hat sich im Laufe von 20 J. mehr als verdoppelt (Hs Kinshasa: 1974 gesch.: 2 Mio. Ew.). Hauptursachen für diese Migration in die Städte sind die Bürgerkriegssituation bis Mitte der 60er J., der Zusammenbruch der *Infrastruktur und der Versorgung in weiten Teilen des Landes sowie die vermeintlich besseren Erwerbsmöglichkeiten in den urbanen Zentren.
Die Bev. gliedert sich in die 5 ethnischen Obergruppen der Bantu, Sudan-Völker, Niloten, Hamiten und Pygmäen. Die ungefähr 140 Bantu-sprechenden Stämme machen 70% der Bev. aus, die Sudanvölker im O und NO rund 20%, Niloten und Hamiten (Tutsi) im O weniger als 10% und die Pygmoiden im trop. Regenwald des Z.-Beckens unter 1%. Neben einer Vielzahl von Lokalsprachen haben sich Suaheli, Kikongi, Tshiluba und v.a. Lingala als die großen Verkehrssprachen durchgesetzt. Letztere hat sich als Militärsprache über ganz Z. verbreitet, so daß heute ca. ¼ der Bev. Lingala spricht. Amtssprache ist Franz., das nur von einer kleinen Minderheit beherrscht wird.
4. Der nach der Massenflucht der europ. *Colons* und im Verlauf des Bürgerkriegs (1960–1965) eingetretene Niedergang der landw. Produktion und des Agrarexports hat sich in den folgenden J. verstärkt. Heute muß Z. Nahrungsmittel importieren, um die städt. Bev. zu versorgen. Die verstaatl. Bergbauunternehmen, v. a. der Kupferkonzern GECAMINES, tragen ca. 50% zu den Gesamteinnahmen des Staates bei. Sinkende Weltmarktpreise in diesem Sektor führen regelmäßig zu Finanzkrisen.
Bei der Verteilung der Staatsausgaben dominieren Militär, Erziehungswesen und *Présidence* (das Büro des Staatspräsidenten) mit über 50%, und rund ⅓ aller Beschäftigten entfallen auf den öffentl. Dienst. Der Rückgang der Landw. hat zahlreiche Arbeitskräfte freigesetzt, die von dem trad. aufgeblähten tertiären Sektor nur teilweise absorbiert werden können.
5. Die Masse der Bev. sind *Subsistenzbau-

ern, Hilfskräfte und *Arbeitslose in den Städten (85%); zur unteren Mittelklasse sind etwa 10% zu rechnen, zur oberen Mittelklasse ca. 4%, während die Oberschicht ca. 5000 Personen umfaßt, die öffentl. Führungspositionen einnehmen. Sie haben die belg. Koloniallobby ersetzt. Der Masse der Bev. geht es materiell nicht besser als vor der Unabh. Die dünne Oberschicht absorbiert etwa die Hälfte der ges. Lohnsumme. Die *Ernährungssituation ist angespannt, da Überschüsse aus der Subsistenzproduktion nur selten vermarktet werden können (Transportprobleme). Ca. 80% der Bev. sind kalorienmäßig unterernährt. Das *Gesundheitswesen ist nur in den großen Städten befriedigend. Der Erziehungsbereich lag bis 1960 fast ausschl. bei den Missionen. Sie hatten die Primarschulen gefördert und dadurch zu einer *Alphabetisierung (heute 60%) beigetragen, die zu den höchsten in Schwarzafrika zählte. Die Missionstätigkeit auch im ländl. Bereich führte dazu, daß heute nominell etwa die Hälfte der Zairer einer christl. Kirche (ca. ⅓ Kath., 10% Protestanten, 10% Kimbanguisten/christl.-afrik. Kirche) angehören. Die Moslems machen knapp 1% aus, alle übrigen Ew. hängen Naturreligionen an.

6. Seit der Unabh. ist Z.s E. von einer strukturellen Abh. von den westl. IL über die int. Rohstoffmärkte gekennzeichnet. Die ersten Maßnahmen der 1965 durch einen unblutigen Staatsstreich an die Macht gekommenen Militärs zielten auf eine innenpol. Stabilisierung und die Schaffung eines für westl. Investoren und westl. *E.-Hilfe günstigen Klimas.

An die Stelle des 1965 zerschlagenen Vielparteiensystems trat 1967 die Bewegung *Mouvement Populaire de la Révolution* (MPR) mit dem neuen Staatspräsidenten, General Mobutu, an seiner Spitze, der jeder Zairer von Geburt an angehört. Die pol. Führungsgruppen im MPR-Apparat, in *Présidence,* Ministerien und Armee sind stark ethnisch geprägt.

7. Der repressive Charakter des Regimes hat zu Opposition an den Universität geführt; gleichzeitig mehren sich die Anzeichen, daß sich aufgrund der wirtsch. Lage Z.s (stagnierende Löhne und hohe Preissteigerungen) das Potential der Unzufriedenen in den urbanen Ballungsräumen vergrößert. Die Aufstände in der Kupferprovinz Shaba 1978/79 konnten lediglich durch massiven militär. Einsatz rasch an die zairisch-angolanische Grenze geflogener franz. Fallschirmjägereinheiten niedergeschlagen werden.

Lit.: J. P. Breitengroß, Zaire, HDW, Band 2, Hamburg 1976, S. 596 ff. gp

Zapata

Zapata, Emiliano (1879–1919) war der überragende Bauernführer der mexikanischen *Revolution (1910–1917). Das in Südmexiko operierende Bauernheer Zapatas war maßgeblich am Sturz des Diktators Porfirio Díaz beteiligt gewesen. Als die neue Regierung die versprochene Agrarreform nicht einleitete, riefen die Bauern im Plan von Ayala (1911) ihre eigene Revolution aus und forderten die Rückgabe der Liegenschaften, die den Dorfgemeinschaften unter Díaz geraubt worden waren, sowie – gegen Entschädigung – die Überführung eines Drittels des verbleibenden Großgrundbesitzes in Gemeineigentum. In seiner Grundhaltung war das Dokument, auf das alle *zapatistas* ihren Schwur ablegten, gemäßigt und ging weniger weit als die 1917 verabschiedete und heute noch gültige Verfassung. In den weiter anhaltenden Machtkämpfen wurde Z. 1919 verraten und ermordet. Z. zählt zu den offiziellen Nationalhelden Mexikos; die Lage der mexikan. Landbev. ist jedoch nach wie vor ausgesprochen prekär. Z. ist eine Symbolfigur der lateinamerik. Bauernbewegungen, denen letztlich dauerhafte Erfolge versagt geblieben sind.

Lit.: J. Womack, Sterben für die Indios. Zapata und die mexikanische Revolution. Zürich u. Freiburg i. Br. 1972. vl

Zentral-Afrikanische Republik

Die ZAR wird von Frankreich weiter als Kolonialgebiet behandelt. Der von franz. Truppen eingeflogene neue Präs. Dacko sieht sich heute den E.-Problemen eines vom Ex-Kaiser Bokassa hinterlassenen ruinierten Landes gegenüber, das zu den *LLDCs und *MSACs gehört und *AKP-Staat ist.

1. Die seit 1960 unabh. ZAR (622984 qkm, bei 2,2% JZ 1980 nach offiziellen Schätzungen über 3, vermutlich jedoch weniger als 2,5 Mio. Ew.), die ehem. franz.

Kolonie Ubangi-Schari, gehört zu den ärmsten Ländern der Welt (*Pro-Kopf-Einkommen 1973: 160 US-$) und leidet bis heute an den sozialen und ökon. Folgen der hier bes. brutalen, Anfang des 20. Jh.s von Konzessionsgesellschaften ausgeübten Kolonialherrschaft. Während im O und NO (Trockensavanne) weite Landstriche aufgrund der Dezimierungen während der Kolonialherrschaft fast menschenleer sind (in den 60er J. 71 000 Ew. auf 235 000 qkm), ist die Mehrzahl der Bev. (sudanesische Völker: Baya-Madjiya [40%], Banda [30%], Sara [8%], Bantu-Gruppen im Südwesten [M'Baka, Kaka u. a.] unter 5%) im S (Feuchtsavanne bzw. im SW trop. Regenwald), v. a. an den Ufern des Ubangi und insbes. in der Nähe der Hs Bangui (250 000 Ew., weitere Städte: Berberati [45 000 Ew.], Bouar, Bossangoa, Bambari, je 35 000 Ew.) konzentriert. Die Bev. ist zu gut 30% christl. (ca. 20 000 Moslems, die Mehrheit ist animistisch) und versteht fast durchweg die Verkehrssprache Sango.

2. In der Landw. (1975: 40% des BIP) waren 1970 noch ca. 95% der Erwerbstätigen beschäftigt, davon gut die Hälfte in der aufgrund des Zwangsanbaus in der Kolonialzeit bis heute unpopulären, ständig rückläufigen Baumwollproduktion (1976/77: 41 000 t). Ebenfalls rückläufige Tendenz zeigten in den 70er J. die Produktion von Kaffee (inzwischen wichtigster agrar. Exportartikel) und Holz. Haupt-Devisenbringer (bis zu ⅔) wurde nach der Unabh. der Export von Diamanten (Produktion seit 1972 rückläufig), auf die ein *Rush* mit gravierenden sozialen und wirtsch. Folgen einsetzte (weitere Entvölkerung im O, Zusammenbruch der landw. Produktion in einigen Gegenden). Für die Ausbeutung vielversprechender Uranvorkommen fehlt neben dem Geld für die *Investitionen vor Ort die verkehrsmäßige Erschließung der ZAR (unzureichendes Straßen- und Wasserstraßennetz), insbesondere die Überwindung der weiten Entfernung zum Meer (eine Eisenbahnlinie bleibt ein unsicheres Projekt), die das Kardinalproblem der Wirtschaft der ZAR darstellt. Darunter leidet auch der sekundäre Sektor mit nur wenigen kleinen und mittleren Unternehmen im verarbeitenden Bereich, die fast durchweg in Bangui angesiedelt sind (*Arbeitslosenquoten in den Städten ca. 25%). Trotzdem erhielten die 1966 50 000 regelmäßigen Lohn- und Gehaltsempfänger des privaten und v. a. des öffentl. Bereichs (diese machten 1970 35% aller Angehörigen dieser Gruppe aus u. verschlangen über ⅔ des Staatshaushalts) mit 10 Mrd. F. CFA eine dreimal höhere Summe als die übrige Bev. für ihre Produkte erlöste, so daß auf dem Lande das Gefühl, durch die Städter ausgebeutet zu werden, weit verbreitet ist. Zwar wechseln sich nach permanenten Defiziten seit 1972 positive und negative Handelsbilanzen in etwa ab, doch erreichten die wachsenden Staatsschulden bereits 1972 33,7 Mio. US-$ oder 14% des BSP. Den chronisch defizitären Staatshaushalt deckt weiterhin Frankreich, der mit Abstand wichtigste Handelspartner (1976: 60% der Ein- und 41% der Ausfuhren), Kapitalgeber und Gläubiger.

3. Nachdem der „Vater der Nation", B. Banda, 1959 bei einem bis heute ungeklärten Flugzeugabsturz ums Leben gekommen war, ließen französische Kolonialkreise den damals 29jährigen, völlig von ihnen abh. D. Dacko zum Staats- und Regierungschef küren, der am 1. 1. 1966 vom Militär unter J.-B. Bokassa gestürzt wurde. Bokassa, der eine sprunghaft-bizarre, von Grausamkeiten gekennzeichnete Willkürherrschaft führte, betrachtete den Staat als seinen Privatbesitz (⅓ des Staatshaushalts sollen in seine Privatschatulle geflossen sein), rief Ende 1976 das Kaiserreich aus und ließ sich in einer grotesken Imitation Napoleons 1977 krönen. Eine pol. *Infrastruktur besteht kaum (die von Boganda begründete [seit 1962 Einheits-]Partei führt ein Schattendasein, *Gewerkschaften haben keine große Bedeutung), selbst die Verwaltung ist auf der untersten Ebene nicht überall vollständig entwickelt. Erst als Bokassa 1979 aufgrund seiner weltweit bekannt gewordenen persönl. Beteiligung an der Ermordung von rund 100 Schulkindern und seiner Annäherung an Libyen (Gefahr eines Zweifronten-Angriffs auf den im Bürgerkrieg befindlichen Tschad) für Frankreich, das bisher alle Eskapaden Bokassas finanziert hatte, untragbar geworden war, ließ die franz. Regierung während eines Auslandsaufenthalts von Bokassa den früheren

Präsidenten Dacko von franz. Truppen nach Bangui einfliegen und wieder zum Regierungschef einsetzen. Die weitere innenpol. E. ist zunächst unklar, nur der franz. Einfluß ist vorerst gestärkt. kz

Zentrum-Peripherie-Modell

Das ZPM versucht, die Abh.-Beziehungen in der gegenwärtigen Weltgesellschaft zu erfassen. Es kann zur Analyse von UE auf mehreren Ebenen herangezogen werden.

1. *Int.:* Der int. Rahmen für das ZPM wird durch den Weltmarkt konstituiert. Die höchst entwickelten kapitalistische(n) Nation(en) bilden dessen Zentrum (heute v.a. die USA, die GB seit dem I. Weltkrieg zunehmend als kapital. Führungsmacht ablöste), die EL die Peripherie. In der Senghaasschen Theorie des *peripheren Kapitalismus wird herausgearbeitet, daß das entscheidende Charakteristikum der Peripherie ihre strukturelle *Abhängigkeit vom Zentrum ist.

Die Entwicklung der Peripherie erfolgte bis heute im wesentl. in drei Phasen:

a. Sieht man einmal von der Phase des Raubkolonialismus ab, so war in den meisten Kolonialländern mit wenigen Ausnahmen (wie in den größeren lateinamerik. Ökonomien) noch bis in die fünfziger J. dieses Jahrhunderts die ökon. E. durch eine Kombination exportorientierter Produktion (Export von unverarbeiteten landw. und mineral. Erzeugnissen und Rohstoffen) mit importorientierten Aktivitäten (Import von Fertigwaren, insbes. von Konsumgütern für einkommensstarke Schichten mit einem diversifizierten Verbrauch) gekennzeichnet.

b. In einer zweiten Phase, die in den größeren lateinamerik. Gesellschaften ungefähr 1930 beginnt und sich in afrikan. und asiat. Gesellschaften mit größerem Binnenmarkt nach dem II. Weltkrieg, spätestens seit Mitte der fünfziger J., wiederholt, setzt ein erster *Industrialisierungsschub ein. Herkömmlicherweise importierte Konsumgüter werden durch die Eigenproduktion an Ort und Stelle ersetzt (*Importsubstitution von kurzlebigen Konsumgütern für bestehende Konsummuster).

c. In einer noch späteren Phase kommt es in wenigen peripheren Gesellschaften (wie z. B. Brasilien, Indien) zur Herausbildung eines Sektors für die ind. Produktion langlebiger Konsumgüter, dessen Produkte nur für die Nachfrage höherer Einkommensschichten bestimmt sind. Der Aufbau von Teilbereichen einer eigenständigen *Grundstoffindustrie beginnt, und in wenigen Fällen werden sogar zaghafte Versuche zur Errichtung einer eigenen *Investitionsgüterindustrie unternommen.

Allen diesen Phasen ist gemeinsam, daß sie nicht vermochten, die Bruchstückhaftigkeit, den Mangel an vollständigen Wirtschaftskreisläufen der Peripherie-Ökonomien zu überwinden. Die Peripherie-Ökonomien bleiben strukturell abhängig von den Zentren, die Peripherie-Gesellschaften als Konsequenz strukturell heterogen.

2. *Regional:* Im Vergleich zu anderen Ländern ihrer Region höher entwickelte Länder (wie Israel, Brasilien, Südafrika) können ökon. und, wie Senghaas betont, militär. zu Subzentren werden, zu Zentren in der Peripherie also.

3. *Nat.:* Auch innerhalb von Nationen der Peripherie und des Zentrums kann das ZPM angewandt werden („interner Kolonialismus"). Obwohl in neueren Theorien versucht wird, die rel. UE bestimmter Gebiete in den kapital. Zentralnationen mit den Instrumentarien der *Dependencia-Theorie zu erklären (Debatte um den westeurop. Regionalismus), ist doch hervorzuheben, daß im Kontext *struktureller Heterogenität der Zentrum-Peripherie-Bezug innerhalb eines EL ein qualitativ anderer ist. Nat. Zentren sind meist die großen Städte, in denen alle gesellschaftl. relevanten Entscheidungen fallen. Diese sind (oft an der Küste gelegen) an das int. Banken-, Kommunikations- und Verkehrssystem angeschlossen. Die Verbindung zu den Zentralnationen klappt in der Regel reibungsloser als zum nat. Hinterland, der Peripherie. In den Zentren lassen sich mit Vorliebe die *multinationalen Konzerne nieder; hier entstehen, wenn auch nur in begrenztem Maße, neue Arbeitsplätze; hier repräsentieren importierte Luxuskonsumgüter einen nur für wenige erreichbaren Lebensstandard. Demgegenüber ist die vorwiegend agrar. Peripherie des Landes, die mit technolog. wenig entwickelten Produktionsmitteln ausgestattet ist, wenig produktiv, der Wirtschaftsprozeß basiert z.T. auf dem Tausch-

handel, die Peripherie leidet an dem Problem der Überbev. Die Folge des Zentrum-Peripherie-Gegensatzes ist eine rasche Beschleunigung des *Urbanisierungsprozesses. Die Zentren werden zum magnetischen Anziehungspunkt einer Massenmigration, die allerdings nur die Erwartungen weniger erfüllen kann, den meisten Zuwanderern aber ein Leben in Slums, in der *Marginalität beschert.
Galtung hat in seiner strukturellen Theorie des *Imperialismus den nat. und internat. Aspekt des ZPM verbunden. Für die Aufrechterhaltung struktureller *Abhängigkeit, so Galtung, ist die Kooperation der Oberschicht der Peripherien, die sozial die nat. Zentren repräsentiert, ihr Eingehen auf die über den Weltmarkt sich vermittelnden Interessen der IL entscheidend.

Lit.: siehe Peripherer Kapitalismus rs

Zimbabwe

Trotz jahrelangen blutigen Bürgerkrieges ist es in Z. überraschenderweise gelungen, einen durch Wahlen legitimierten friedlichen Prozeß der *Dekolonisation abzuwickeln. Die E.-Aussichten des Landes sind heute gut, denn zum einen könnte sich Z. aufgrund seiner Wirtschaftskraft zum Führungsland einer ostafrikan. Wirtschaftsgemeinschaft entwickeln, zum anderen zielt die undogmatische Politik des neuen MP Mugabe darauf ab, die bestehende Diskriminierung der Schwarzen ohne totalen Bruch mit den Weißen zu überwinden.
1. Z., das ehemalige Rhodesien (Rh; völkerrechtl. Status bis zur Unabh.: brit. Kolonie Südrhodesien) erlangte am 18. 4. 1980 die int. anerkannte völkerrechtl. Unabh. Das Binnenland zwischen Limpopo und Sambesi umfaßt mit 389 361 qkm etwa die 1½fache Fläche der BRD. Mit günstigen Voraussetzungen im Primärsektor, umfangreichen und strategisch wichtigen Rohstoffen (Chrom, Asbest, Nickel, Kupfer, Gold u. a.) sowie einer hochentwickelten und ausdifferenzierten Ind. hat Z. ein großes Wirtschaftspotential und ausgezeichnete gesamtwirtsch. E.-Voraussetzungen. Die Gesamtbev. von 6,9 Mio. (1978) setzt sich aus 6,6 Mio. Schwarzafrikanern, 260 000 Weißen und rd. 30 000 Mischlingen und Asiaten (meist Inder) zusammen. Das Verhältnis schwarzer zu weißer Bev. von 26 : 1 steigt durch die hohe JZ der Afrikaner (3,6 %) und den Exodus vieler Weißer ständig an. Die Bantu-Bev. besteht aus zwei tribalen Hauptgruppen: Den Shona (Karanga, Korekore, Zezeru, Manyiaka, Ndau) mit ¾ und den Ndebele (Lozwi, Ehnla, Zansi) mit ⅛ der Gesamtbev. Daneben existieren Minderheitsgruppen (Tonga, Venda, Sotho u. a.). Die weißen Siedler stammen überwiegend aus GB und Südafrika, z. T. auch aus dekolonisierten schwarzafrik. Ländern.
2. Mitte des 19. Jh. gelang dem Kriegervolk der Ndebele die Unterwerfung des Shona-Reichs von Z. Cecil Rhodes, nach dem man das spätere Rh. benannte, und seine *British South Africa Company* (BSAC) sicherte sich in einem fragwürdigen Vertrag mit dem Nbedele-König Lobengula (1889) die Exklusivrechte zum Abbau der Bodenschätze. Die BSAC, durch einen königl. Freibrief GBs zur Besiedelung, Verwaltung und wirtschaftl. Erschließung des Landes legitimiert, brachte nach der militär. Niederwerfung des afrikan. Widerstandes (1892–1903) bis 1904 das ges. Land unter ihre Kontrolle. 1891 wurde es brit. Protektorat, blieb aber bis 1923 unter BSAC-Verwaltung, bis es, nachdem die Siedler in einem Referendum gegen einen Anschluß an Südafrika votierten, 1923 als Südrhodesien brit. Kronkolonie mit weitreichender innerer Autonomie (*responsible government*) wurde. 1953–63 war es mit Nordrhodesien (Sambia) und Njassaland (Malawi) zur Zentralafrik. Föderation zusammengeschlossen. Der von den weißen Siedlerinteressen dominierte Zusammenschluß zerbrach schließlich am Widerstand afrikan. Nationalisten aus Sambia und Malawi, denen dann 1964 die Unabh. gewährt wurde. Darauf bestand nun auch das Siedlerregime in Salisbury. GB knüpfte seine Zusage aber an die Bedingung, die Rassendiskriminierung abzuschaffen und die Machtübergabe an eine schwarze Mehrheitsregierung einzuleiten. Ian Smith, Führer der rechtsradikal.-rassistischen *Rhodesian Front* (RF), antwortete mit „niemals zu meinen Lebzeiten“ und reagierte auf diesen „Verrat“ des Mutterlandes, gestützt auf eine breite (weiße) Mehrheit, 1965 mit einer völkerrechtl. illegalen, einseitigen Unabh.-Erklärung *(Unilateral Declaration of Independence,*

UDI). GB, das auf militär. Maßnahmen verzichtete, gelang es nicht, durch Verhandlungen und von der UN mitgetragene, int. Wirtschaftssanktionen das Rebellenregime zur Umkehr zu bewegen. In der Folge scheiterten eine Vielzahl dipl.-pol. Regelungsversuche. Statt dessen drang der zu Beginn der 70er J. von den verschiedenen *Befreiungsbewegungen eingeleitete *Guerillakrieg zunehmend in den Vordergrund und zwang letztlich das weiße Minderheitenregime in der Londoner Rhodesienkonferenz 1979, die Macht an die schwarzafrikan. Mehrheit abzugeben (Unabh. 18. 4. 1980).

3. Die heutigen sozio-ökon. Strukturen entstanden durch Kolonisierung und rassistische Herrschaft: Nach enttäuschten Hoffnungen auf einen zweiten Gold-Rand und der Umstellung auf landw. Nutzung zerstörten die Weißen die konkurrierende schwarzafrikan. Landw. Die BSAC teilte das Land in europ. und afrikan. Gebiet (später *Tribal Trust Land,* TTL, genannt). Während sich die Siedler über die Hälfte des – agro-ökologisch wertvollsten und infrastrukturell erschlossenen – Bodens aneigneten, wurden die Schwarzafrikaner in landw. minderwertigen Reservaten zusammengepfercht. Die dortigen Bedingungen gewährleisteten nicht mehr die eigene *Subsistenz, die Afrikaner waren gezwungen, ihre Arbeitskraft der weißen Wirtschaft (Farmen, Bergbau, Dienstl.) zu verkaufen. Den gleichen Effekt erzielte die Erhebung versch. Steuern (Hütten-, Kopfsteuer). So wurden die TTLs zu einem Reservoir billiger, beliebig verfügbarer Arbeitskräfte, die dem metropolitanen Sektor zudem viele soziale Kosten (Kindererziehung, Krankheits- und Altersversorgung etc.) ersparten.

4. Die von burischen Siedlern eingebrachte *Apartheidsideologie („angeborene Minderwertigkeit der Bantus") führte bereits in der BSAC-Periode zu einer allumfassenden räumlichen, wirtsch., pol. und sozialen Trennung der Bev., zu einer hinter absurden Formeln von „Zivilisation" versteckten, maßlosen Privilegierung der weißen Minderheit und zur sozialen Unterdrükkung, Ausbeutung und rassischen Diskriminierung der schwarzen Mehrheit. Historische Basis der sozialen Ungleichheit ist die Landverteilung (*Land Apportionment Act* 1930/*Land Tenure Act* 1969). 6,9 Mio. Schwarze verfügen über die gleiche Landfläche wie 0,26 Mio. Weiße (je 47% der Ges.fläche, 6% sind nat. Land). Sämtliches Ödland liegt in den TTLs, 98% des sehr intensiv nutzbaren Bodens im europ. Gebiet. Über 70% der arbeitsfähigen männl. Bev. arbeiten, ihre Familien zurücklassend, fast das ganze Jahr in den weißen Zentren. Die Folge ist eine prekäre soziale Situation der TTL-Bev.: Unausgeglichenes Alters- und Geschlechtsverhältnis, Überbev. (Verdoppelung seit 1930), übernutzte und überweidete Böden, extrem niedrige *Produktivität, Hunger, Krankheit und Elend. Die Situation in der Ind. ist bis heute durch eine unglaubliche Differenz zwischen afrikan. und europ. Löhnen gekennzeichnet: 1976 betrug das Jahresdurchschnittseinkommen eines weißen Lohnabh. 5 583 Rh.-$, der eines schwarzen aber nur 517 Rh.-$, also weniger als 1/10 (lt. *Ministry of Finance* 1977). Das *Industrial Relations Act* (1959) sorgte durch *Job-Reservations* für die Privilegiensicherung der weißen und für die Aufstiegsblockierung der schwarzen Bev. Die städt. Schwarzen gelten zwar gegenüber der schwarzen Landbev. als sozial bessergestellt, leben aber zu 84% (1974) unter dem Existenzminimum von 70 Rh.-$.

5. Zwei Strukturmerkmale kennzeichnen die rhod. Wirtschaft (BSP pro Kopf 1978: 480 US-$): 1. Die mit der Hautfarbe korrelierende extreme Ungleichverteilung von *Einkommen. 2. Die Existenz eines (bei schwarzafrik. EL sonst nicht anzutreffenden) bedeutenden modernen Industriesektors. Er trug 1978 21,6% zum BSP bei (Bergbau 6,8%, Landw. 16,8 %) und sein Produktionswert steht in Afrika hinter Südafrika an zweiter Stelle. Dies könnte Z. in der Zukunft zu einer wirtsch. Schlüsselrolle verhelfen: könnte es doch seinen schwarzafrikan. Nachbarn in erheblichem Maße Industrie-, Zwischen- und *Investitionsgüter liefern und so deren Abh. von der RSA abbauen helfen. Die nach der UDI verhängten Wirtschaftssanktionen haben sich nach gewissen Anfangsschwierigkeiten (Reduktion von Konsumgütereinf. und Tabakausf.; der zu 90% in westl. IL gehende Mineralienhandel wurde nicht betroffen) regelrecht positiv auf die Wirtschaftsentw.

ausgewirkt: die aus der Not geborene *Importsubstitutionsstrategie induzierte hohe ind. Wachstumsraten (1968–74: 8,5%), die *Diversifizierung der vorher einseitig auf Tabakexport ausgerichteten Landw. führte letztlich zur Selbstversorgung mit Nahrungsmitteln (ein in Afrika seltenes Phänomen) und ermöglichte sogar den Export (rd. 50% der Ausf.). Allerdings sind gegenwärtig (April 1980) die zu 65% in den TTLs lebenden Schwarzen auf die kargen Erträge ihrer unterentw. Subsistenzwirtschaft (5% des BSP) angewiesen. Auf hohem Produktionsstandard befinden sich nur die 5 200 weißen Farmen. Die beiden Wachstumsbereiche Ind. und Bergbau werden zu über 70% von ausländ. Kapital, zumeist *multinat. Konzernen, kontrolliert (v. a. Lonrho, Rio Tinto/GB; Anglo-American/RSA; Union Carbide/USA). Z.s Bedeutung als Rohstofflieferant liegt für die westl. IL v. a. beim Chrom (Z. hat 34% des Weltvorrats), einem strategisch wichtigen, nicht ersetzbaren Stahlveredelungsmetall. Seit 1975 ist die E. durch einen deutlichen Abwärtstrend gekennzeichnet (realer Rückgang des BSP 1975–79: – 12%). Die Gründe: ausgeschöpftes Importsubstitutionspotential, veraltete *Infrastruktur und Maschinenparks, die Unabh. Mozambiques, zunehmender Guerillakrieg und steigende Kriegskosten (1978/79 40% des Staatsbudgets), Fachkräftemangel durch Militärdienst und Emigration (1978: 13 700). Der pol. Umschwung 1979/80 stoppte allerdings die rückläufige Wirtschaftsentwicklung.

6. Aus verschiedenen Vorläufern hervorgehend entstand unter Führung von Joshua Nkomo, dem Nestor des zimb. *Nationalismus, 1957 der *African National Congress* (ANC) als erst bedeutende Oppositionsbewegung. Nach ihrer Illegalisierung wurde zunächst die *National Democratic Union* und schließlich 1961 die *Zimbabwe African People's Union* (ZAPU) gegründet. 1963 kam es über Strategiefragen und Nkomos Führungsstil zum Bruch und zur Abspaltung der von Pfarrer Ndabaningi Sithole geführten *Zimbabwe African National Union* (ZANU). Ende der 60er J. begannen die beiden Organisationen durch ihre zwischenzeitlich gegr. militär. Flügel (ZAPU: *Zimbabwe People's Revolutionary Army*, ZIPRA; ZANU: *Zimbabwe African National Liberation Army,* ZANLA) mit einzelnen Sabotageakten den bewaffneten Befreiungskampf. Spannungen in und zwischen den beiden Gruppen führten 1971 zur Gründung der *Front for the Liberation of Zimbabwe* (FROLIZI; heute aufgelöst) mit James Chikerema an der Spitze. Im gleichen Jahr entstand als Reaktion auf brit.-rhod. Verfassungsvereinbarungen der *African National Council* (ANC; Führer: Methodistenbischof Abel Muzorewa), der für die „Pearce-Komission", die die afrikan. Haltung zu diesem Verfassungsmodell erkunden sollte, eine nat. Nein-Kampagne organisierte. Unter dem Druck der Frontstaaten (Z.s schwarzafrikan. Nachbarn: Sambia, Angola, Mozambique, Botswana, Tansania) hatten sich 1974 ZANU, ZAPU und FROLIZI unter dem Dach des legal gebliebenen ANC zum „erweiterten" ANC (*United African National Council,* UANC) zusammengeschlossen und verhandelten mit Smith, der sich seit 1974/75 (durch die Unabh. Angolas und Mozambiques war der stützende weiße Militär- und Wirtschaftsblock im südl. Afrika zerbrochen) gesprächsbereiter zeigen mußte. Sept. 1975 scheiterten jedoch die Gespräche, die einzelnen Oppositionsbewegungen trennten sich wieder. Kurz darauf vereinten sich ZAPU und ZANU (jetziger Führer: Robert Mugabe; der ausgebootete Sithole gründete eine neue [Inlands-]ZANU) in einem pol. Zweckbündnis zur *Patriotischen Front* (PF), ZIPRA und ZANLA blieben jedoch getrennt. Von den sozialist. Staaten, der *OAU und insbes. den Frontstaaten (von deren Gebiet aus sie operierten) unterstützt, forcierten sie den Guerillakrieg. 1976/77 scheiterte die nach einer Kissinger-Mission einberufene Genfer Rhodesienkonferenz ebenso wie im Sommer 1977 der US-brit. Regelungsplan (Owen-Young-Plan) an der kompromißlosen Haltung des nur auf Zeitgewinn, Abbau des int. Drucks und Spaltung der Opposition zielenden Smith. Stattdessen arrangierte er sich unter Ausschluß der PF im März 1978 mit den sog. „Gemäßigten" (Muzorewa, UANC; Sithole, Inlands-ZANU; Chief Chirau, ZUPO) in einer „internen Lösung", der die Anerkennung aber weltweit versagt blieb. Bei den „internen Wahlen" im April 1979 (Wahl-

beteiligung 63,9 %) konnte sich der UANC Muzorewas durchsetzen. Unter seiner Regierung änderte sich nichts zugunsten der Schwarzen, der Buschkrieg eskalierte, er galt schnell als Marionette der Weißen. Nach einer Initiative der Frontstaaten auf der *Commonwealth-Konferenz in Lusaka (Aug. 1979) wurde unter der Ägide der neuen brit. Regierung Thatcher eine Allparteienkonferenz unter Leitung des Außenministers Lord Carrington in London abgehalten. Neben dem Geschick der brit. Diplomatie war wohl die Kriegsmüdigkeit aller Beteiligten (v. a. der Frontstaaten Sambia und Mozambique) der entscheidende Grund für den Erfolg der Konferenz. Gemäß dem „Lancaster-House-Abkommen" vom 21. 12. 1979 kehrte Rh. zur Legalität zurück und wurde unter Gouverneur Lord Christopher Soames noch mal für 4 Mon. brit. Kolonie. Die Grenzen wurden geöffnet, die int. Sanktionen aufgehoben, 22 000 PF-Guerillas fanden sich in Sammellagern ein, Nkomo und Mugabe kehrten aus dem Exil zurück. Ohne Beispiel in der Kolonialgeschichte endete am 17./19. 2. 1980 ein 7jähriger, von beiden Seiten grausam geführter Buschkrieg (30 000 Opfer) an den Wahlurnen. Die von Briten organisierten, int. überwachten, „freien und fairen" Wahlen (Wahlbeteiligung 93,6 %) endeten für die Weißrhodesier mit einem Schock: Mugabe, von der Smith-Propaganda jahrelang als „marx. Monster" dargestellt, wurde überragender Sieger. Obwohl im Wahlkampf behindert, errang seine ZANU-PF mit 61,9 % der Stimmen und 57 der 80 für die schwarze Bev. bestimmten Sitze (alle 20 weißen Sitze fielen an die RF) eine überdeutliche Mehrheit. Nkomos Partei (die als PF antrat) erhielt 20, Muzorewa – obwohl von Soames begünstigt und vom W massiv unterstützt – nur 3 Sitze. Doch der ehem. Guerillachef Mugabe gab sich als moderater Staatsmann, predigte Versöhnung und begann den Balanceakt, einerseits die hohen Erwartungen der schwarzen Massen, die ihn gewählt hatten, zu erfüllen und gleichzeitig das Vertrauen der Weißen zu gewinnen.

7. Ersten Verlautbarungen zufolge soll bei der unumgänglichen Umverteilung des Reichtums und der raschen Verbesserung der Lebensbedingungen für die schwarze Mehrheit privates Eigentum garantiert bleiben. Mugabe will einen pragmatischen Kurs steuern, Z. auf der Basis seiner kapitalist. verfaßten Wirtschaft entwickeln und langfristig einen gemäßigten *Sozialismus anstreben. *Nationalisierungen in Ind. und Landw. wurden ausgeschlossen. An die ländl. Bev. soll nur brachliegendes Land (lt. Schätzungen 4,5 Mio. ha) verteilt werden. Mugabe bildete eine Regierung der nat. Einheit (Nkomo wurde Innenminister), berief 2 Weiße in Schlüsselministerien und sicherte sich sogar den Dienst seines ehem. Kriegsgegners, des Armeechefs General Peter Walls (der ZIPRA, ZANLA und die alte rhod. Armee zu einer neuen Streitmacht verschmelzen soll). So wich bei den Weißen das Entsetzen einem vorsichtigen Optimismus, der befürchtete Massenexodus blieb bislang aus.

Lit.: B. Decke/A. Tüllmann, betrifft: Rhodesien, Frankfurt 1974; F. Kürschner, Zimbabwe – Schwerer Weg zur Demokratie, in: W. Weiße, Asania, Namibia, Zimbabwe, Stuttgart 1979. bg

Zinssubventionen

Zuschüsse zu Kreditrückzahlungen an EL, insbes. jene, die nicht in der Lage sind, den *Schuldendienst hoch verzinslicher Kredite zu tragen. Z. bedeuten praktisch eine Senkung der Zinssätze. dn

Zirkuläre Verursachung

→*Circulus Vitiosus;* G. Myrdal entwickelte eine Theorie zirkulärer Verursachung mit kumulativen Wirkungen, nach der – entgegen der klassischen Theorie der *komparativen Kosten – der int. Handel tendentiell die reichen Länder immer reicher und die armen Länder immer ärmer werden läßt.

Lit.: G. Myrdal, Ökonomische Theorie und unterentwickelte Regionen, Stuttgart 1959. dn

Zuschußelement

Meßgröße für den Grad der Vergünstigung eines Darlehens oder Kredits, dessen finanz. Bedingungen (Zinssatz, Laufzeit, d. h. die Zeit bis zur vollständigen Rückzahlung, Freijahre, d. h. die Zeit bis zur ersten Kapitalrückzahlung) von den marktüblichen Bedingungen abweichen. Ein reiner Zuschuß (*grant*) hat ein 100%iges Zuschußelement, bei Marktbedingungen beträgt er gleich Null. dn

ANHANG

TABELLE 1: DRITTE WELT NACH LÄNDERGRUPPEN

Länder	UN Beitritt	Gruppe der 77	Block-frei	LLDC	MSAC	OPEC	AKP
Afghanistan	1946	x	x	x	x		
Ägypten	1945	x	x		x		
Algerien	1962	x	x			x	
Angola	1976						
Äquatorialguinea	1968	x	x				x
Argentinien	1945	x	x				
Äthiopien	1945	x	x	x	x		x
Bahamas	1973	x					x
Bahrein	1971	x	x				
Bangladesh	1974	x		x	x		
Barbados	1966	x					x
Benin	1960	x	x	x	x		x
Bhutan	1971	x	x	x			
Bolivien	1945	x					
Botswana	1966	x	x	x			x
Brasilien	1945	x					
Burma	1948	x	x		x		
Burundi	1962	x	x	x	x		x
Chile	1945	x	susp.				
China VR	1945						
Costa Rica	1945	x					
Djibouti	1977						x
Dominica	1978						x
Dominik. Republik	1945	x					
Ecuador	1945					x	
Elfenbeinküste	1960	x	x		x		x
El Salvador	1945	x			x		
Fidschi	1970	x					x
Gabun	1960	x	x			x	x
Gambia	1965	x	x	x	x		x
Ghana	1957	x	x		x		x
Grenada	1974	x					x
Guatemala	1945	x			x		
Guinea	1958	x	x	x	x		x
Guinea-Bissao	1974	x	x		x		x
Guyana	1966	x	x		x		x
Haiti	1945	x		x	x		
Honduras	1945	x			x		
Indien	1945	x	x		x		
Indonesien	1950	x	x			x	
Irak	1945	x	x			x	
Iran	1945					x	
Jamaika	1962	x	x				x
Jemen VAR	1947	x	x	x	x		
Jemen VDRJ	1967	x	x	x	x		
Jordanien	1955	x	x				
Kamputschea	1955	x	x		x		
Kamerun	1960	x	x		x		x
Kapverden	1975	x	x	x	x		x
Katar	1971	x	x			x	

Länder	UN Beitritt	Gruppe der 77	Block-frei	LLDC	MSAC	OPEC	AKP
Kenia	1963	x	x		x		x
Kiribati							x
Kolumbien	1945	x					
Komoren	1975	x	x	x			x
Kongo	1960	x	x				x
Korea-Nord			x				
Korea-Süd		x					
Kuba	1945	x	x				
Kuweit	1963	x	x			x	
Laos	1955	x	x	x	x		
Lesotho	1966	x	x	x	x		x
Libanon	1945	x	x				
Liberia	1945	x	x				x
Libyen	1955	x	x			x	
Madagaskar	1960	x	x		x		x
Malawi	1964	x	x	x			x
Malaysia	1957	x	x				
Malediven	1965	x	x	x			
Mali	1960	x	x	x			x
Mauritius	1968	x	x				x
Marokko	1956	x	x				
Mauretanien	1961	x	x		x		x
Mexiko	1945	x					
Mozambique	1975	x	x		x		
Mongolei	1961						
Namibia	1)						
Nauru							
Nepal	1955	x	x	x	x		
Nicaragua	1945	x					
Niger	1960	x		x	x		x
Nigeria	1960	x				x	x
Obervolta	1960	x	x	x	x		x
Oman	1971	x	x				
Pakistan	1947	x			x		
Panama	1945	x	x				
Papua-Neuguinea	1975	x					x
Paraguay	1945	x					
Peru	1945	x	x				
Philippinen	1945	x					
Reunion							
Rwanda	1962	x	x	x	x		x
Salomonen	1978						x
Sambia	1964	x	x				x
Samoa	1976			x	x		x
Sao Tome u. Principe	1975	x	x				x
Saudi Arabien	1945	x	x			x	
Senegal	1960	x	x		x		x
Seychellen	1976	x	x				x
Sierra Leone	1961	x	x		x		x
Singapur	1965	x	x				
Somalia	1960	x	x	x	x		x
Sri Lanka	1955	x	x		x		

Länder	UN Beitritt	Gruppe der 77	Block-frei	LLDC	MSAC	OPEC	AKP
St. Lucia							x
St. Vincent							
Sudan	1956	x	x	x	x		x
Surinam	1975	x					x
Swaziland	1968	x	x				x
Syrien	1945	x	x				
Tansania	1961	x	x	x	x		x
Thailand	1946	x					
Togo	1960	x	x				x
Tonga							x
Trinidad u. Tobago	1962	x	x				x
Tschad	1960	x	x	x	x		x
Tunesien	1956	x	x				
Tuvalu							x
Uganda	1962	x	x	x	x		x
Uruguay	1945	x					
Venezuela	1945	x				x	
Ver. Arab. Emirate	1971	x	x			x	
Vietnam							
Zaire	1960	x	x				x
Zentralafrik. Rep.	1960	x	x	x	x		x
Zimbabwe	1)						
Insgesamt Stand Ende 1979	112	103 2)	77 3)	30	45	13	58

Anmerkungen: 1) Beitritt 1980/1981 wahrscheinlich; 2)Der *Gruppe der 77 gehören des weiteren an: die *PLO, Rumänien und Zypern; 3) Den *Blockfreien gehören des weiteren an: Jugoslawien, die PLO, die SWAPO und Zypern.

TABELLE 2: WIRTSCHAFTLICHE INDIKATOREN DER UNTERENTWICKLUNG

Land	BSP/Kopf in US 1977	Wachstumsraten[1] 1960 -70	1970 -77	Industrialisierung[2] 1960	1977	Exportanteil/ Rohstoffe 1976	Schuldendienst[3] 1977	Nahrungsmittel[4] 1976
Afghanistan	647	2,0	4,5				8,2	
Ägypten	320	4,5	7,9	24	30	73	22,8	28
Algerien	1110	4,6	5,3	33	57	99	15,5	18
Angola	300	4,8	-10,4	8	23			
Argentinien	1730	4,2	2,9	38	45	75	15,0	5
Äthiopien	110	4,4	2,5	12	15	98	6,4	6
Bangla Desh	90	3,6	2,3	8	13	39	11,7	42
Benin	200	2,6	2,0		15		5,9	17
Bhutan	80							
Bolivien	630	5,2	6,0	25	29		20,6	
Brasilien	1360	5,3	9,8	35	37	75	18,4	8
Burma	140	2,6	3,7	12	11	99	13,2	
Burundi	130	4,5	1,4		14		2,8	19
Chile	1160	4,5	0,1	38	29	95	32,4	
China VR	390	6,6	5,8					
Costa Rica	1240	6,5	5,7	19	25	71	9,0	8
Dominikan. Rep.	840	4,4	9,1	23	21		7,0	
Ecuador	790		9,2	19	36	98	7,7	8
Elfenbeinküste	690	8,0	6,5	14	20	92	12,2	14
El Salvador	550	5,9	5,1	19	21		5,9	
Ghana	380	2,1	0,4	19	22	99	3,7	
Guatemala	790	5,6	6,0				1,3	
Guinea	220	3,2	5,3				43,5	
Guyana								
Haiti	230	0,1	3,8			49	7,1	31
Honduras	410	5,1	3,5	19	27	90	6,9	10
Indien	150	3,6	3,0	20	25	47	10,5	28
Indonesien	300	3,5	7,7	14	34	98	11,9	15
Irak	1550	6,2	10,8	52	69	100	1,1	15
Iran	2160	11,3	7,8	33	55	99	3,2	11
Jamaika	1150	4,6		36	37	44	14,9	23
Jemen-Nord	430		7,8		14	87	0,2	28
Jemen-Süd	340		5,1		7			
Jordanien	710	6,6	7,0	14	23	79	3,2	26
Kampuchea								
Kamerun	340	4,7	3,4		21	90	6,6	10
Kenia	270	6,0	6,2	18	20	88	4,6	7
Kolumbien	720	5,1	6,4	24	29	78	8,7	12
Kongo	490	2,7	5,6	17	34	87	9,6	17
Korea-Nord	670	7,8	8,9					
Korea-Süd	820	8,5	10,4	19	35	12	8,7	9
Kuba	910	1,1	2,9					
Kuweit	12270	5,7	-1,3			97		
Laos	90				13			
Lesotho	240	4,5	5,2		15		3,3	

Land	BSP/Kopf in US 1977	Wachstumsraten[1] 1960 -70	1970 -77	Industrialisierung[2] 1960	1977	Exportanteil/ Rohstoffe 1976	Schuldendienst[3] 1977	Nahrungsmittel[4] 1976
Libanon		4,9		20			0,7	
Liberia	420	5,1	2,7	37	40		5,1	
Libyen	6680	24,8	-0,3	9	71	100		15
Madagaskar	240	2,9	-0,3	10	19		3,1	
Malawi	140	5,0	6,3	11	18	96	5,0	10
Malaysia	930	6,5	7,8	18	29	84	6,5	17
Mali	110	3,3	3,5	10	17	99	4,0	19
Marokko	550	4,1	4,8	24	31	84	10,9	20
Mauretanien	270		2,3		37		22,6	
Mexiko	1120	7,3	5,0	29	36	69	48,1	8
Mozambique	150	4,6	-5,0	9	12			
Mongolei	830	2,8	3,7					
Nepal	110	2,5	2,8		9		1,4	
Nicaragua	830	7,2	5,8	21	26	84	13,8	9
Niger	160	2,7	1,8	10	17		4,0	
Nigeria	420	3,1	6,2	11	43	99	0,8	10
Obervolta	130	3,0	3,3	13	14		3,8	
Pakistan	190	6,7	3,6	16	23	43	13,6	21
Panama	1220	7,8	3,5	21			12,2	8
Papua-Neuguinea	490	6,5	5,0	13	26	99	4,3	23
Paraguay	730	4,3	7,2	20	22		6,3	
Peru	840	5,4	4,6	29	31		30,3	
Philippinen	450	5,1	6,4	28	35	76	6,4	10
Rwanda	130	2,7	3,9	7			1,0	
Sambia	450	5,0	2,8	63	41		18,6	
Saudi Arabien	6040		12,9		83	100		12
Senegal	430	2,6	2,8	20	24		8,4	
Sierra Leone	190	4,2	1,9		19		9,8	
Singapur	2880	8,8	8,6	18	35	54	0,8	10
Somalia	110	1,0	1,2	17			10,7	
Sri Lanka	200	4,6	3,1	16	21	86	14,6	36
Sudan	290	1,3	5,0	15			8,7	
Syrien	910	5,7	7,0	21	14	90	6,7	17
Tansania	190	6,0	4,5	11	16	91	7,1	10
Thailand	420	8,2	7,1	18	29	81	3,0	5
Togo	300	8,5	3,1	16	31		11,8	13
Trinidad u. Tobago	2380	3,9	3,4	46	62	94	0,5	8
Tschad	130	0,5	0,8	12	14		9,3	
Tunesien	860	4,6	8,4	18	32	74	8,8	14
Uganda	270	5,9	-0,1	13	8	100	3,9	11
Uruguay	1430	1,2	1,6	28	36	66	27,7	6
Venezuela	2660	5,9	5,7	22	17		7,5	
Vietnam	160							
Zaire	130	3,6	1,9	27	25		10,0	
Zentralafrikan. Rep.	250	1,2	0,9	12	36	82	4,5	17
Zimbabwe	500	4,3	3,3	35				

Anmerkungen: 1) % Anteil am BIP; 2) % Anteil des Ind. Sektors am BIP; 3) in % der Exporterlöse; 4) % Anteil am Gesamtimport

Quelle: Weltentwicklungsbericht 1979.

TABELLE 3: SOZIALE INDIKATOREN DER UNTERENTWICKLUNG

Land	Kal[1]	LE	Kindersterblichkeitsrate[2]	Alphabeten[3]		Einschulung[4]	Ew. pro Arzt	Bev. JZ	
	1974	1977	1977	1960	1975	1976	1976	1960-70	1970-77
Afghanistan	83	42	27	8	12	18	28.290	2,2	2,2
Ägypten	113	54	18	26	44	72	1.190	2,3	2,2
Algerien	88	56	16	10	35	89	5.590	2,1	3,5
Angola	86	41	34	5				1,5	2,4
Argentinien	129	71	3	91	93	108	530	1,4	1,3
Äthiopien	82	39	37		10	23	84.850	2,4	2,6
Bangla Desh	92	47	23	22	22	83	11.350	2,9	2,5
Benin	87	46	27	8	11	53	34.380	2,6	2,9
Bhutan	94	41	28			12		2,0	2,2
Bolivien	77	52	22	39	63	80	2.120	2,6	2,9
Brasilien	105	62	9	61	76	90	3.600	2,9	2,9
Burma	103	52	15	60	67	80	5.310	2,2	2,2
Burundi	99	45	28	14	10	22	45.430	2,4	2,0
Chile	117	67	5	84	88	117	2.200	2,1	1,7
China VR	99	64	4					1,9	1,3
Costa Rica	113	70	3		88	111	1.550	3,4	2,5
Dominikan. Rep.	98	60	10	65	67	110	1.870	2,9	2,9
Ecuador	93	60	10	68	74	102	1.570	3,0	3,0
Elfenbeinküste	115	46	27	5	20	87	15.220	3,8	5,9
El Salvador	84	63	8	49	62	77	3.460	2,9	2,9
Ghana	101	48	23	27	30	44	10.200	2,4	3,0
Guatemala	91	57	15	32	46		2.500	2,8	2,9
Guinea	84	44	30	7			15.500	2,9	3,0
Guyana									
Haiti	90	51	23	15	23		11.170	1,5	1,7
Honduras	90	57	14	45	57	89	3.300	3,1	3,3
Indien	89	51	18	28	36	79	3.140	2,3	2,1
Indonesien	98	48	19	39	62	82	16.430	2,2	1,8
Irak	101	55	17	18		99	2.530	3,2	3,4
Iran	98	52	14	16	50	98	2.570	2,8	3,0
Jamaika	119	70	3	82	86	98	3.510	1,4	1,7
Jemen-Nord	83	47	31	3	13	26	18.770	1,8	1,9
Jemen-Süd	84	47	31		27	78	9.210	1,9	1,9
Jordanien	90	56	16	32	59	84	2.250	3,1	3,3
Kampuchea	85	48	19	36				2,8	2,5
Kamerun	102	46	27	19		120	13.980	1,8	2,2
Kenia	91	53	14	20	40	105	8.840	3,4	3,8
Kolumbien	94	62	9	63	81	106	1.820	3,0	2,1
Kongo	98	46	27	16	50	155	7.320	2,1	2,5
Korea-Nord	113	63	5			113		2,8	2,6
Korea-Süd	112	63	5	71	91	109	1.680	2,4	2,0
Kuba	117	72	1		96	122	1.100	2,0	1,6
Kuweit		69	2	47	60	93	850	10,3	6,1
Laos	93	42	27	28		85		2,2	1,1
Lesotho	99	50	21		40	119	17.800	2,2	2,4

Land	Kal[1] 1974	LE 1977	Kindersterblichkeitsrate[2] 1977	Alphabeten[3] 1960	Alphabeten[3] 1975	Einschulung[4] 1976	Ew. pro Arzt 1976	Bev. JZ 1960 -70	Bev. JZ 1970 -77
Libanon	101	65	6					2,9	2,5
Liberia	87	48	23	9		62	10.050	3,2	3,4
Libyen	117	55	17		45	155	1.020	4,0	4,1
Madagaskar	105	46	27		50	92	10.780	2,2	2,5
Malawi	103	46	27		25	63	48.500	2,8	3,1
Malaysia	115	67	3	53	60	94	4.350	2,9	2,7
Mali	75	42	32	3	10	28	32.460	2,4	2,5
Marokko	108	55	17	14	28	65	11.100	2,7	2,8
Mauretanien	72	42	32	5	17		14.140	2,5	2,7
Mexiko	117	65	6	65	76	116		3,3	3,3
Mozambique	84	46	27	8				2,2	2,5
Mongolei	102	63	5			108	480	3,0	3,0
Nepal	95	45	23	9	19	60	38.650	2,0	2,2
Nicaragua	105	55	17		57	85	1.540	3,0	3,3
Niger	78	42	32	1	8	21	42.970	3,3	2,8
Nigeria	88	48	24	15		49	14.810	2,5	2,6
Obervolta	78	42	32	2	5	16	61.800	1,6	1,6
Pakistan	93	51	17	15	21	50	3.780	2,8	3,1
Panama	105	70	3	73	78	124	1.270	2,9	2,7
Papua-Neuguinea	98	48	19	29	32	58	11.990	2,3	2,4
Paraguay	118	63	8	75	80	106	1.190	2,6	2,9
Peru	100	56	16	61	72	110	1.580	2,9	2,8
Philippinen	87	60	7	72	87	105	3.150	3,0	2,7
Rwanda	90	46	27	16	23	61	39.350	2,6	2,9
Sambia	90	48	23		39	95	10.370	2,8	3,1
Saudi Arabien	102	48	28	3		47	2.220	2,6	3,0
Senegal	97	42	32	6	10	45	16.450	2,4	2,6
Sierra Leone	97	46	27		15	37		2,2	2,5
Singapur	122	70	1		75	110	1.340	2,4	1,5
Somalia	79	43	31	2	50	40		2,4	2,3
Sri Lanka	91	69	2	75		77	6.230	2,4	1,7
Sudan	88	46	31	13	20	39	9.760	2,3	2,6
Syrien	104	57	14	30	53	103	2.510	3,2	3,3
Tansania	86	51	20	10	66	70	18.490	2,7	3,0
Thailand	107	61	6	68	82	83	8.460	3,1	2,9
Togo	96	46	27	10	16	103	18.360	2,7	2,7
Trinidad u.Tobago	105	70	3	93	95		1.960	2,0	1,2
Tschad	75	43	30	15		41	41.160	1,9	2,2
Tunesien	102	57	15	16	55	100	4.800	2,0	2,0
Uganda	90	53	17	35		51	28.330	3,7	3,0
Uruguay	116	71	3		94	95	700	1,1	0,3
Venezuela	98	66	5	63	82	104	870	3,4	3,4
Vietnam	111	62	6		87	141	5.340	3,1	3,1
Zaire	85	46	27	31		86		2,0	2,7
Zentralafr. Rep.	102	46	27	7		79	29.410	2,2	2,2
Zimbabwe	108	52	16	39		98	7.110	3,9	3,4

Anmerkungen: 1) Kalorienangebot in % des Bedarfs; 2) 1 - 4 Jahre; 3) unter Erwachsenen; 4) Grundschule.
Quelle: Weltentwicklungsbericht 1979.

REGISTER*

* Das Register hat ergänzenden Charakter (siehe Hinweise für den Benutzer). Ziffern verweisen auf Seitenzahlen, Pfeile auf Stichwörter.

S Ü D A M E R I K A

Venezuela
Guayana
Surinam
Franz. Guayana
Kolumbien
Ecuador
Brasilien
Peru
Bolivien
Paraguay
Chile
Uruguay
Argentinien

ZENTRALAMERIKA UND KARIBIK